KB142310

고구려 유민의 나라 제와 당,
그리고 신라·발해·일본 교류사

고구려 유민의 나라 제와 당,
그리고 신라·발해·일본 교류사

지 배 선 지음

혜안

책 머리에

　　고구려 유민의 중국에서의 활약상에 대한 연구 구상의 시작은 1997년경이었다. 곧 필자가 「선비탁발씨의 씨족분열에 대하여」란 논문으로 석사학위를 받고 정확히 20년이 지난 해였다.

　　필자가 대학원 입시의 구술시험 때였다. 은사 민영규 선생님의 "왜 동양사를 공부하고 싶은가?"라는 질문에 동양역사를 배운 후 한국사를 규명할 생각이라고 답변드렸더니 선생님이 빙그레 웃으셨다. 그 모습이 지금도 눈에 선하다. 그 후 2000년 9월에 「고구려인 이정기의 발자취」(『동방학지』 109집, 연세대 국학연구원 간행)라는 논문으로 한국고대사와 관련된 첫 연구물 발표를 시작하게 되었으니, 예전의 다짐을 생각하면 감회가 새롭다.

　　필자는 '동북공정'이란 해괴한 프로젝트로 고구려 역사를 중국역사의 일부로 조작하려는 움직임이 있기 이전부터 이정기에 관해 연구하였다. 1997년부터 고구려 유민의 활약상을 중국 正史에서 찾으면서 이정기 4대에 관한 중국 측 사료를 정리하였다. 그 당시 필자는 고구려 유민들이 당나라에서 독자적으로 활동한 사실을 읽어내려 갈 때 숨이 멎는 줄 알았다. 물론 한치윤의 『海東繹史』나 『茶山詩文集』·『靑莊館全書』·『五洲衍文長箋散稿』에서 『신·구당서』를 축약해 이정기 4대에 대한 관직만 언급한 기사를 볼 때도 마찬가지였다. 또 이정기의 이름만 언급한 『東國李相國集文集』·『東文選』·『硏經齋全集』을 볼 때도 그랬다. 21세기에 들어 필자가 고구려 유민 이정기가 왜 당에서 제나라를 건국하게 되었는가를 연구할 수 있었던 것은 너무도 큰 은혜였다.

　　한국 역사는 유구하다. 그런데 광대하고 비옥한 영토를 소유하면서 인구마저 많은 중국이 이웃한 한국 역사의 방향타마저 틀어놓겠다고 끊임없이 시도하는 것은 예나 지금이나 똑같다. 세계역사를 보건대, 강력한 국가는 주변 국가를 강제 병합하거나 위성국으로 만들어, 자신의 지배하에 두려는 무서운 관성이 끊이질 않았다. 오늘날 중국이 말하는 '동북공정'의 실체는 한국 역사를 중국이 주관적으로 해석하여 삼국, 고려, 조선시대의 역사의 시간마저 조작함으로써 중국을 더욱 강력한 국가로 만들어 보겠다는 생각으로 대단히 허탄한 욕심이다. 이는 중국이 역사의 개념이 무엇인지조차 알지 못한다는 것을 입증이라도 하려는 시도처럼 보여 몹시 안쓰럽게 느껴진다.

필자가 당나라 시대 황하 하류의 남쪽을 지배한 고구려 유민 이정기의 4대에 관한 사실을 규명하여 하나의 책으로 만들게 된 것은 시대 요청에도 부응하는 일이라고 본다. 고려나 조선시대의 글줄이라도 읽은 유학자라면 중국 정사는 물론이고 그 밖의 중국 역사서를 읽지 않은 인물은 없다. 그들 유학자들도 소위 '대국' 중국을 의식하여 당에 반기를 든 고구려 유민에 대한 역사적인 사실을 전하는 것이 쉽지 않았을 것이다. 어느 실학자도 중국에서 제나라가 건국되었다는 사실을 언급하지 않았다. 대한민국이 건국되고 반세기가 지나서야 고구려 유민에 의한 제나라의 역사적 사실에 대해서 책으로 쓸 수 있게 된 것은 우리나라의 국력 신장과 무관하지 않다고 본다. 지금처럼 부강한 국가를 구가한 시절은 그 옛날 고구려 시대를 제외한다면 우리 역사에서 찾아보기가 쉽지 않다.

당에 의해 고구려가 멸망한 후 당으로 끌려간 고구려 유민들은 중국 안에

중국의 통제를 받지 않는 독자 국가를 세웠다. 당나라 사람들이 그들에게
멸망된 고구려인을 잡아다가 그들의 노예로 부리자, 고구려 유민들은 자신의
활로를 개척하기 위해 당과 대등한 국가를 건설하였다. 이런 사실을 보더라도
중국이 말하는, 고구려가 중국의 연장선이라는 '동북공정'이 얼마나 허무맹랑
한 농간인지 단박에 알 수 있다.

　고구려 유민 이정기의 4대가 세운 제나라에는 고구려 유민이 상당수 포함되
었다. 필자는 3차에 걸쳐서 '고선지루트'를 답사하는 과정에서 중국 신강성
사회과학원의 쉐쭝쩡(薛宗正) 교수와 만났다. 그는 돌궐 연구로 알려진 학자로
서, 중국 내 이민족에 관한 전문연구가이다. 그와 토론 중에 고구려 유민
고선지 장군과 백제인 흑치상지 장군이 당의 서북 변경에서 많은 전공을
올린 사실을 이야기하는 과정에서, 고선지 휘하에 고구려 유민이 많았고
흑치상지 휘하에도 백제 유민이 많았다는 이야기를 들었다. 그와 관련된
사료를 볼 수 있냐는 나의 질문에 그는 당연한 이치인데 무슨 사료가 필요하냐
는 반응이었다. 그렇다면 당나라의 명령으로 움직이는 절도사들의 군대가
이정기 4대를 공격하여도 오랜 세월동안 제나라가 늘 승리할 수 있었던
중요한 이유는 이정기 휘하에 많은 고구려 유민이 있었기 때문이다. 이정기
4대의 휘하에 많은 관료들이 고구려 유민이었다는 사실에 관해서는 사료에서
도 쉽게 찾아 볼 수 있다.

　이정기의 4대가 당으로부터 제수 받은 '해운육운압신라발해양번등사'라는
관직은 고구려 유민의 제나라가 동아시아의 외교·통상권을 장악했다는 사실

을 설명할 수 있는 구체적인 근거가 된다. 이는 고구려 유민의 제나라가 어떻게 동아시아에서 강력한 국가로 부상할 수 있었는가를 설명할 수 있는 중요 사실이다. 제나라와 교역하였던 나라로는 중국내의 절도사들과는 물론이고 신라·발해·일본 등도 포함된다. 이는 제나라가 경제적으로나 군사적으로 강력한 국가였다는 사실에 대한 구체적인 설명 자료라고 본다. 또한 신라와 발해가 해외 교역을 하면서 강력한 국가로 성장하는데, 제나라의 역할도 중요했다는 것을 알리는 관직이라고 본다.

고구려 유민 이정기 일가의 제나라 역사에 대한 연구서를 만들어 준 도서출판 혜안 오일주 사장과 편집실에 고마움을 전한다. 아울러 『고구려 유민의 나라 제와 당, 그리고 신라·발해·일본 교류사』의 출판을 학수고대하는 모든 분들에게도 감사드리고 싶다.

2012년 5월 22일
지배선 삼가 씀

차례

제1장 고구려 유민 이정기의 산동 지배과정

1. 이정기의 출현

고구려 유민 출신의 당나라 절도사로서, 이정기의 아들 이납이 왕국을 건설한 것은 중국사에서 전무후무한 사실이다. 그 제나라의 초석을 마련한 것은 두말할 것도 없이 이정기였다. 그런 이정기의 절도사 왕국이 무려 4대에 걸쳐 세습했다는 사실은 당나라 역사에서도 유일했던 바, 필자는 이를 고구려사의 연장선상으로 생각할 수 있다고 본다. 이정기의 4대가 자신의 영토 내의 백성들로부터 징수한 세금을 당에 바치지 않았을 뿐만 아니라 관리마저 스스로 뽑았다는 데서 제나라가 완전한 독립국가 형태를 유지하였다고 설명할 수 있다.[1)]

---

1) 김문경, 1986, 「唐代 高句麗遺民의 藩鎭」, 『唐 高句麗遺民과 新羅僑民』, 일신사, 25~51 쪽 ; 지배선, 2000, 「고구려 인 이정기의 발자취」, 『동방학지』 109, 115~201쪽 ; 지배선, 2003, 「고구려인 이정기의 아들 이납의 발자취」, 『동방학지』 119, 195~281쪽 ; 지배선, 2003, 「고구려 유민 이정기의 손자, 이사고의 발자취」, 『동방학지』 122, 195~281 쪽 ; 지배선, 2003, 「이정기 일가의 산동 지역 활동」, 『이화사학연구』 30, 719~736쪽 ; 지배선, 2006, 「고구려 유민 이납의 아들 이사고에 대하여─陸運海運押新羅渤海兩蕃 等使에서 발해 중심으로─」, 『백산학보』 74, 185~227쪽 ; 지배선, 2006, 「淄靑절도사 이사도에 대하여─원화 13년 4월 이전을 중심으로─」, 『동방학지』 136, 231~281쪽 ; 지배선, 2007, 『중국 속 고구려 왕국, 제─중국 역사책에는 있지만 우리 국사책에는 없는』, 더불어책, 1~255쪽 ; 정병준, 「平盧節度使 李正己에 대해─代宗時期를 중심으로─」, 『진단학보』 94, 2002, 103~133쪽 ; 정병준, 「安史의 亂과 李正己」, 『동국사학』

14

그런 절도사 이정기의 세력집단이, 安·史의 난 이후 독립 할거된 세력 가운데 영역이 가장 컸을 뿐만 아니라 군사력 또한 제일 으뜸이었다는 사실을 주목하고 싶다. 따라서 고구려 유민 이정기가2) 세운 平盧·淄靑 절도와 그 아들 이납이 '齊'라는 국호를 선포했다는 사실은 여러 모양으로 고려해야 할 부분이 많다. 이때 이정기가 세운 절도사 왕국의 영토가, 오늘날 山東省 전부와, 河南省과 江蘇省 일부를 장악할 정도로 절도사 가운데 제일 강대한 집단이었다. 이런 제나라의 영역은 통일신라의 영토보다 컸다. 이와 같은 사실을 종합적으로 분석한다면 이정기의 절도사 왕국이 근대국가 개념을 충족했다고 말하여도 무리가 아닐 것 같다. 그렇다면『新·舊唐書』에서「李正己 傳」라는 열전형식으로 기록되었다는 사실도 위의 주장과 일맥상통한다고 본다. 게다가『新唐書』의「宰相世系表」에서 '고구려 이씨'라는 별도의 항목으로 이정기 가문의 4대에 걸친 계보를 宰相世系로 자세히 언급하였다.3) 이정기 가문이「宰相世系表」에 기록되었던 것은, 이정기의 4대가 당의 재상의 반열에 오를 정도로 세력이 막강하였다는 것을 증명하는 내용이기도 하다. 정확히 말해 이정기는 당 代宗때 재상 반열에 올랐으며,4) 당 德宗때도 이정기는 물론, 그의 아들 이납, 이납의 아들 이사고가 재상 반열까지 올랐다.5) 당 順宗때와 당 憲宗때도 이사고가 계속해서 재상 반열을 유지하였다.6)

　　이와 같은 사료에 기초하여 필자는 이정기의 4대가 당을 대신할 국가를

37, 2002, 517~559쪽 ; 정병준,「李正己 一家 번진과 고목－온건파와 강경파의 내부분 열과 대립－」,『역사학보』180, 2003, 121~153쪽 ; 정병준,「李正己 一家의 交易活動과 張保皐」,『동국사학』40, 2004, 523~560쪽 ; 정병준,「平盧節度使 侯希逸－安東都護府. 의 군장에서 平盧淄靑節度使로－」,『중국사연구』39, 2005, 41~74쪽.
 2) 劉伯驥, 1954,「對高麗之影響」,『唐代政敎史』, 臺灣中華書局, 382쪽 ; 王承禮, 1988,「당 왕조의 大祚榮 책봉과 발해 정치세력의 발전」,『발해의 역사』(송기호 역, 한림대학 아시아문화연구소, 96쪽).
 3)『新唐書』권75하,「宰相世系表」5下 附'高麗李氏' 正己本名懷玉조, 3448~3450쪽.
 4)『唐會要』권1,「帝號」상 代宗睿文孝武皇帝조, 8쪽.
 5)『唐會要』권1,「帝號」상 德宗神武孝文皇帝조, 9쪽.
 6)『唐會要』권1,「帝號」상 順宗조 ; 憲宗조, 9~11쪽.

만들려고 절치부심하였던 사실을 구체적으로 언급하는 것이 역사연구에서 중요한 시발점이라고 본다. 때문에 이정기 4대가 산동지역을 중심으로 독자적으로 강력한 국가를 만들기 위해 어떻게 노력하였는가에 대한 역사 흔적을 조명하려 한다.

2. 이정기의 청년시절

고구려 유민 이정기가 당의 역사에 등장하게 된 것은, 당에 의한 고구려 멸망 때문이다. 고구려의 연개소문 사후에 그 아들 남생·남건·남산 간의 권력투쟁으로 남생이 고구려로 당군을 끌어들인 결과, 고구려는 멸망의 길로 치닫게 되었다. 당군은 고구려의 서울 평양성을 9월에 포위하기 시작하였는데,[7] 11월이 되어도 평양성을 함락시킬 수 없었다. 그때 성 안의 승려 信誠이 당군과 내통해 평양성문을 고구려 군사 몰래 열어 줌으로써 당군은 성 안으로 진입하였다. 당군의 평양성 분탕질로 인해 고구려 역사는 그 모습을 감추게 되었다.[8] 신성은 당군에게 성문을 열어준 대가로 장안에서 은청광록대부라는 벼슬을 하면서 부귀영화를 누렸다.

고구려 병사 복원도(청아 제공)

고구려 멸망에 결정적 원인 제공자로 승려 신성을 주목하는 이유는 다음과

---

7) 『舊唐書』 권199상, 「高麗傳」 總章元年 9月 勣又移營於平壤城南조, 5327쪽.

8) 지배선, 2006, 「연개소문의 맏아들 남생의 발자취와 고구려 멸망」, 『고구려·백제 유민 이야기』, 혜안, 205쪽 ; 『三國史記』 권22, 「高句麗本紀」 寶藏王下 27年 秋9月조.

고구려가 강성했을 때의 영토. 장도빈의 『조선역사요령』
에서

같다. 당이 평양성을 포위한 후 신성과의 내통으로 평양성을 함락한 때가 음력 11월이었다.[9] 만약 평양성이 당군 포위를 좀더 오래 버틸 수만 있었다면 계절적 요인으로 당군은 추위를 감당하지 못하고 퇴각하였을 것이다. 게다가 고대 전쟁에서는 늘 변수가 많았다는 사실을 고려한다면 고구려는 668년 11월에 멸망하지 않았을 확률이 매우 높다.

당에서 출세하였던 다른 고구려나 백제 유민의 경우처럼 고구려인 이정기는[10] 군인으로서 당에서 기반을 닦기 시작했다. 그런데 이정기가 당나라를 뒤흔들었기 때문인지, 그가 중국 어디서 출생한 사실까지 중국 사서에서 자세히 언급하였다. 이런 까닭에 이정기의 가계는 당에서 두각을 나타냈던 다른 고구려 유민들보다 무척이나 구체적이다. 이와 관련된 소식을 들어보자.

이정기는 고구려 사람이다. 본명은 懷玉이며 平盧에서 출생하였다. 乾元 원년 平盧절도사 王玄志가 죽었다. 그때 황제가 조서를 내려 사신을 파견하여 문안한다고 하자, 懷玉은 玄志의 아들을 절도사로 삼을까봐 걱정이 되어 바로 그(王玄志의 아들)를 죽이고, 군인들과 함께 侯希逸을 軍帥로 옹립하였다. 그런데 侯希逸의 어머니가 바로 懷玉의 고모였다.[11]

---

9) 『舊唐書』 권199상, 「高麗傳」 總章元年 11月 拔平壤城조, 5327쪽.

10) 孫進己, 1987, 「濊貊諸族的源流」, 『東北民族源流』, 黑龍江人民出版社, 144쪽.

11) 『舊唐書』 권124, 「李正己傳」, 3534쪽, "李正己, 高麗人也. 本名懷玉, 生於平盧. 乾元元年, 平盧節度使王玄志卒, 會有救遣使來存問, 懷玉恐玄志子爲節度, 遂殺之, 與軍人共推立侯希逸爲軍帥. 希逸母卽懷玉姑也."

위의 사료는 이정기 열전의 첫 부분이다. 그러나 위에서 이정기의 유년 시절에 관한 언급이 없다. 그러나 이정기가 당의 무인으로 성장하였다는 것을 직감할 수 있는 내용이다. 그의 고종사촌 후희일에 대해 『舊唐書』「侯希逸傳」에서는 平盧人이라 했던 사실을[12] 주목하고 싶다. 이는 이정기가의 출생지역과 동일하다. 곧 平盧는 營州(朝陽市)인데, 당에 의해 패망한 고구려인들이 처음으로 강제 이주된 곳이 平盧였다.

『舊唐書』「李正己傳」의 내용보다 간결하지만, 이정기의 행적을 구체적으로 언급한 것은 『新唐書』「李正己傳」이다. 즉,

> 이정기는 고구려인이다. 營州副將으로 임명되었으며. 侯希逸을 따라 靑州에 진입했는데, 侯希逸의 어머니가 그의 고모였기 때문에, 이로 인해 추천하여 折衝都尉가 되었다.[13]

이정기가 平盧에서 출생하였을 뿐 아니라 그곳에서부터 군인생활을 시작하였다는 내용이다. 그때 이정기가 營州副將이었다는 사실은 그의 행적에 관한 최초 기록이다. 그런데 侯希逸을 따라 靑州로 이동한 후, 이정기의 고모가 후희일의 모친이었기 때문에 후희일의 추천으로 절충도위가 되었다는 사실을 주목하고 싶다. 이정기가 折衝都尉로 임명된 시기는 建中 원년(758) 이후였다.[14] 후희일은 혈연적 이유로 청주에 도착한 후 이정기를 절충도위로 추천했는데, 더불어 고구려 유민들과의 유대감이 큰 역할을 하였다.

후희일이 산동성 영주에서 청주로 이동할 때, 그의 휘하 군사 대부분이 고구려 유민이었고, 이정기도 그 가운데 포함되었다. 이것은 고구려가 멸망한 후 營州로 끌려온 고구려인들이나 그곳에서 출생한 고구려 유민들 대부분이

---

12) 『舊唐書』 권124, 「侯希逸傳」 侯希逸조, 3533쪽.
13) 『新唐書』 권213, 「李正己傳」, 5989쪽, "李正己, 高麗人. 爲營州副將, 從侯希逸入靑州, 侯希逸母卽其姑, 故薦爲折衝都尉."
14) 『舊唐書』 권124, 「李正己傳」 乾元元年조, 3534쪽.

군인의 길을 걷게 되었다는 것을 강하게 암시하는 대목이다. 이런 사실에 대하여 伊瀬仙太郎도 이정기 휘하에 고구려계 장병이 많았다고 생각할 수 있다고 언급하였다.[15] 곧 侯希逸과 후일 이정기가 平盧절도사가 된 배경에는 그들 휘하의 고구려 출신 군사들이 있었다고 말하는 것이 정확한 표현이다.

天寶 15년(756) 6월 평로절도사 劉正臣이 范陽에서 패하여 돌아오자[16] 安東都護 王玄志가 그를 독살했다.[17] 이때 키가 7척이나 되는 侯希逸은[18] 천보말기 안녹산과 함께 반란한 평로절도사 徐歸道를 진압하면서 사서에 등장하였다. 후희일의 키가 7척이나 되었다는 사실은 고구려 유민들이 武人의 조건을 갖추었다는 암시로 들린다. 후희일은 平盧裨將으로 군사를 거느리고 왕현지와 함께 서귀도를 기습 공격해서 그를 죽였다. 乾元 원년(758) 겨울 왕현지가 죽자, 후희일은 평로절도사로 추대되었다.[19] 여기서 간과할 수 없는 사실은 營州에 평로절도사가 있었다는 사실이다. 고구려 멸망 후 고구려 인들이 당나라 각지로 강제이주 당하면서, 다수의 고구려인들이 영주로 소개되었다. 이는 平盧軍 구성의 대부분이 고구려 유민으로 채워졌다는 이야기와 통한다. 평로군은 營州 가까운 柳城에 위치하면서 遼河 以西 지역을 관장했다.[20] 당이 처음에 平盧절도사를 설치한 이유는 室韋와 靺鞨을 鎭撫하기 위해서였다.[21] 그렇다면 平盧軍이란 명칭은 고구려 유민으로 구성된 군대를 지칭했다고 볼 수 있다. 평로절도의 치소는 營州였으며, 平盧軍의 관할 병사 수는 3만 7천 5백인이나 되었다.[22] 후일 평로절도사라는 명칭이 山東지역

15) 伊瀬仙太郎, 1969, 「安史の亂後における周邊諸民族の中國進出」, 『東京學藝大學紀要』21, 93쪽.

16) 『資治通鑑』 권218, 「唐紀」34 肅宗至德元載 6月 平盧節度使劉正臣조, 6980쪽.

17) 『資治通鑑』 권219, 「唐紀」35 肅宗至德二載 正月初 平盧節度使劉正臣조, 7017쪽.

18) 『新唐書』 권144, 「侯希逸傳」 長七尺조, 4703쪽.

19) 『舊唐書』 권124, 「侯希逸傳」 乾元元年冬조, 3533~3534쪽.

20) 『唐會要』 권78, 「諸使中」 平盧軍在柳城조, 1431쪽.

21) 『舊唐書』 권38, 「地理志」1 平盧軍節度使조, 1387쪽.

22) 『舊唐書』 권38, 「地理志」1 平盧軍節度使조, 1387쪽 ; 『資治通鑑』 권215, 「唐紀」31 玄宗 天寶元年 平盧節度조, 6849쪽 ; 那波利貞, 1952, 「唐天寶時代の河西道邊防軍に關する經

으로 옮긴 후에도 그 지역과 상관이 없는데도 불구하고 그 명칭은 계속 유지되었다. 원래 平盧라는 명칭은 營州의 '平'盧와 平州의 '盧'23)에서 각기 一字씩 따온 명칭이다. 다시 말해 平盧는 營州와 平州를 가리킨다. 후일 平盧軍이 黃河이남의 淄靑에 머물러서

베이징 부근 밀운에 남아 있는 당시대 고성. 이정기가 거쳐간 성이다.

도 계속 平盧·淄靑절도사라는 명칭을 사용하게 된 배경에는 淄靑절도사 군사가 平盧軍이 주축인 節度였기 때문에 淄靑 앞에 平盧를 덧붙인 이유가 있다. 이 점에 대하여는 뒤에 다시 언급하겠다.

『資治通鑑』에는 侯希逸이 平盧절도사가 되었던 과정이 앞의 『신·구당서』보다 소상하여, 내용이 중복되는데도 이를 다시 소개한다.

平盧절도사 王玄志가 죽자, 황제는 中使를 파견하여 가서 將士를 안무하도록 하고, 또 軍中에서 세우려고 하는 사람을 살펴가지고 旌旗와 부절을 주도록 하였다. 고구려사람 李懷玉은 裨將이었는데, 왕현지의 아들을 죽이고, 후희일을 추대하여 平盧軍使로 삼았다. 후희일의 어머니는 이회옥의 고모라서 이회옥이 그를 세웠던 것이다. 조정에서는 이로 말미암아 후희일을 節度副使로 삼았다. 절도사가 軍士로 말미암아 폐립된 것은 이로부터 시작되었다.24)

濟史料」, 『京都大學文學部研究紀要』1, 33쪽.

23) 『舊唐書』 권38, 「地理志」1 統平盧·盧龍二軍조, 1387쪽.

24) 『資治通鑑』 권220, 「唐紀」36 肅宗乾元 元年 11月조, 7064쪽, "平盧節度使王玄志薨, 上遣中使往撫將士, 且就察軍中所欲立者, 授以旌節. 高麗人李懷玉爲裨將, 殺玄志之子, 推侯希逸爲平盧軍使. 希逸之母, 懷玉姑也, 故懷玉立之. 朝廷因以希逸爲節度副使. 節度使由

앞에서 언급한『舊唐書』「李正己傳」과 司馬光의『資治通鑑』의 기록을 중심으로 이정기와 후희일 관계를 두 가지 측면으로 분석하고 싶다.

하나는 이정기가 고구려 사람으로 平盧節度使의 治所 營州에서[25] 태어났다는 사실이다.[26] 그런데 이정기가 營州에서 태어나게 된 이유는 平盧軍이 安東도호부까지 관장하였던 사실과 깊은 관계가 있다.[27] 영주에 상당수의 고구려인이 강제로 잡혀와서 생활한 사실과[28] 일치하기 때문이다. 이를 밝히기 위하여, 이정기가 태어난 시기를 규명하는 것이 이해에 도움이 될 것 같다. 이정기가 나이 49세로 建中 2년(781) 8월 신묘일에 죽은[29] 사실에서부터 역산하면, 이정기가 태어난 해는 대략 732년경이다.

平盧節度使는 현종 즉위 초 渤海·奚·契丹·突厥·回鶻·土蕃·南詔 등의 유목 기마민족계가 당의 內地를 자주 침입하였기 때문에, 開元·天寶의 교체기(741~742)에 변경에 10개 절도사(9개 節度使와 1개의 經略使)를 설치할 때 같이 만들어졌다. 平盧節度使는 室韋와 靺鞨 방위를 담당하게 되었다.[30] 이렇게 함으로써 당은 변방의 방어체제를 정비하였다.

앞에서 후희일은 이회옥의 추대로 平盧절도사가 되었는데도 불구하고

軍士廢立自此始."

25) 『舊唐書』권38,「地理」1 平盧軍節度使治 在營州조, 1387쪽 ; 李大龍, 1998,「從高句驪縣到安東都護府」,『民族研究』4, 84쪽 ; 田村實造, 1969,「唐帝國の世界性」,『史林』52-1, 72쪽.

26) 『續通志』권279,「唐列傳」79 '李正己' 李正己高麗人조, 4881쪽(上海 : 商務印書館, 1935) ; 邱添生, 1969,「唐朝起用外族人士的研究」,『大陸雜誌』, 38-4, 22쪽 ; 蘇慶彬, 1967,『兩漢迄五代入居中國之蕃人氏族研究』, 587쪽(香港 : 新亞研究所) ; 章羣, 1955,「唐代降胡安置考」,『新亞學報』1, 315쪽 ; 日野開三郎, 1984,「小高句麗の建國」,『東洋史學論集』8, 三一書房, 77쪽, 주)7.

27) 『舊唐書』권38,「地理」1 安東都護府조, 1387쪽.

28) 金文經, 1996,「唐代의 高句麗遺民 徙民策」,『唐代의 社會와 宗敎』, 숭실대학교 출판부, 12쪽.

29) 『舊唐書』권124,「李正己傳」時年四十九조, 3535쪽 ; 『新唐書』권7,「德宗紀」建中 2년 8월 辛卯조, 186쪽 ; 『資治通鑑』권227,「唐紀」43 德宗 建中 2年 7月 時平盧節度使李正己已薨조, 7306쪽.

30) 田村實造, 앞의「唐帝國の世界性」, 72쪽.

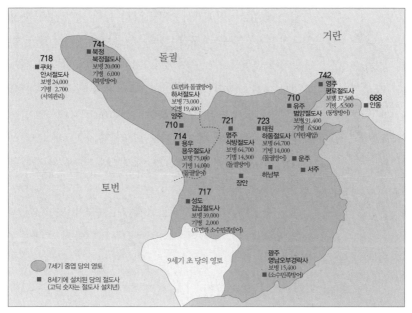

8세기 초 당의 절도사 위치

伊瀨仙太郎은 후희일이 靑州에서 관군과 합류한 충성심을 가상히 여겨 당이 그를 淄靑節度使로 봉하면서 平盧軍이라고 부르게 된 이유라고 설명하고 있다.[31] 그러나 앞서 밝힌 대로 당으로부터 부여받은 관직이 아니라 平盧節度 使 王玄志가 죽자. 그 관직을 이회옥의 노력으로 빼앗았다고 보아야 맞다. 그렇다면 伊瀨仙太郎의 위와 같은 주장은 납득이 불가능하다.

그런데 平盧(治所는 營州)는 오늘날 遼寧省 朝陽시이다.[32] 이정기가 營州에 서 태어난 사실을 설명하기 위해, 이전에 영주로 강제 이주된 고구려인들에 대한 내용을 살펴보자.

우선 당 태종 19년에 요동성을 함락하고 1만 4천 명의 고구려인을 잡아다가 幽州에서 고구려를 공격하였던 당나라 군사들에게 전리품으로 나누어주었던

---

31) 伊瀨仙太郎, 앞의 「安史の亂後における周邊諸民族の中國進出」, 93쪽.
32) 田村實造, 앞의 논문, 72쪽.

양직공도에 나타난 고
구려인의 모습. 대만고
궁박물원소장

사실이 있다.[33] 이때 당은 고구려의 여러 성을 공격하여
고구려인 6만 명을 사로잡아갔다.[34] 그밖에 당이 고구려를
멸망시킨 이듬해(669) 5월경에 3만 8천 2백호를 당의 江·淮의
남쪽과 山南·京西의 여러 州로 강제 이주시켰던 경우도 있
다.[35] 그렇지 않으면, 그 후 儀鳳년간(676~678) 고구려인들
을 河南·隴右의 여러 곳으로 강제 이주시켰을 때[36] 이정기의
조부모도 이때 다시 노예로서 당에서 생활터전을 시작했을
가능성이 크다.

그런데 얼마 지나지 않아서 山南道 江陵府에 생긴 高麗坡
는[37] 위 시기에 강제 이주되었던 고구려인들의 촌락이었
다.[38] 물론 이와 같이 당이 고구려인들을 강제로 이주시켰던 이유는 고구려인
의 반란을 사전에 막으려는 조치였다.[39] 그런데 이때 隴右로 고구려인을

---

33) 『舊唐書』 권199上, 「高麗傳」 唐太宗19年初 攻陷遼東城조, 5326쪽.

34) 內藤雋輔, 1961, 「唐代中國における朝鮮人の活動について」, 『朝鮮史硏究』, 京都大,
481~482쪽. 당군이 蓋牟城 함락 시에 고구려인 1만 명, 卑沙城 함락 시에 고구려
남녀 8천명, 白巖城 함락 시에 남녀 1만 명을 잡아갔다. 그리고 안시성의 싸움에서
고구려 장수 高延壽가 3만 6천 8백 인을 거느리고 당에 항복하였다. 이때 고구려인
7만 명을 당으로 강제 이주시켰다.

35) 『舊唐書』 권5, 「高宗下」 總長 2年 5月 경자조, 92쪽 ; 『資治通鑑』 권201, 「唐紀」17 高宗
總章 2年 4月조, 6359쪽 ; 嚴耕望, 1954, 「唐代篇」, 『中國歷史地理 2』, 臺北 : 中華文化出版
事業, 58쪽 ; 田廷柱, 1993, 「唐代外國人來華與留居述略」, 『社會科學戰線』 1, 191쪽. 田廷柱
는 고구려인 3만여 호를 전쟁에 패한 후 당의 歸化로로 분류하였는데, 이는 잘못된
것이다. 安東도호부에 소속된 고구려들의 독립운동을 강제로 저지하기 위하여
분산 소개시켰기 때문이다. ; 藍文徵, 1970, 「隋唐五代之民族」, 『隋唐五代史』, 臺北 : 商
務印書館, 45쪽.

36) 『舊唐書』 권199上, 「高麗傳」 散向河南·隴右諸州조, 5328쪽 ; 『新唐書』 권220, 「高麗傳」
儀鳳2年조, 6198쪽. 『新唐書』는 당에 잡혀 온 고구려 유민이 河南과 隴右로 강제
이주된 시기를 儀鳳 2年 (677년)이라고 명시하였다.

37) 劉希爲, 1993, 「唐代新羅僑民在華社會活動的考述」, 『中國史研究』 3, 145쪽 ; 『南部新書·
丁集』. 高麗坡란 고구려 사람이 거주하는 지명이라는 뜻.

38) 謝海平, 1978, 『唐代留華外國人生活考述』, 臺北 : 臺灣商務印書館, 23쪽.

39) 內藤雋輔, 앞의 「唐代中國における朝鮮人の活動について」, 482~483쪽.

강제 이주시켰던 이유는 羌戎 방어를 담당시키기 위해서였다.[40] 곧 한족보다 군사적으로 월등히 우수한 고구려인들을 사용하기 위함이었다. 그렇다고 위의 강제 이주 때 平盧로 고구려인을 옮겼다는 기록은 없으니 安東도호부의 治所를 이동시킬 때 함께 고구려인을 강제 이주시켰던 게 틀림없다.

이정기가 평로에서 출생하였다면, 이정기의 조부모가 평로로 잡혀 온 후 그가 출생하였던 것 같다. 이와 같이 추론하는 이유는 이정기가 활약하였던 시기가 고구려가 망한 후, 무려 한 세기 가까운 세월이 지난 때이기 때문이다. 그것도 이정기의 아버지가 나이 30 이후에 이정기를 낳았을 것이라는 가정에서 출발한 가설이다. 당의 平盧에서 출생한 이정기의 가문은 이미 조부 때부터 당에 잡혀왔을 것이다. 어쩌면 이정기의 증조부가 당의 영주로 잡혀왔는지도 모른다.

그렇지 않다면, 고구려가 멸망된 지 몇 십 년 후에, 이정기의 할아버지 혹은 아버지가 평로로 끌려왔을 가능성도 배제할 수 없다. 아무튼 이정기의 본명은 懷玉이었다.[41] 그런데 당으로 옮겨왔던 고구려인은 거의 모두 중국인의 노비였다는 사실을 주목할 필요가 있다.[42] 여기에 이정기 일가도 예외일 수 없다. 따라서 그에게 허용된 출세는 병사가 되는 길밖에 없었다. 그렇다면 이와 같은 방법으로 당의 군인의 길을 걷게 된 이정기에 대하여 胡族의 漢化라는 맥락에서[43] 이해한다면, 이는 억지이다.

다른 하나는 乾元 원년(758) 12월 평로절도사[44] 王玄志가 병들어 죽었을 때[45] 이정기가 평로에서 중심적인 역할을 담당하였다는 사실이다. 달리

---

40) 『舊唐書』 권38, 「地理」1 隴右節度使 以備羌戎조, 1388쪽.

41) 『太平廣記』 권192, 「李正己」 唐李正己조, 1439쪽(北京 : 中華書局, 1990). 『太平廣記』에서는 이정기의 본명을 抱玉이라고 다르게 기록하였다.

42) 伊瀨仙太郎, 1966, 「塞外系內徙民の漢人との接觸交流について(二)－特に唐代を中心として－」, 『東京學藝大學研究報告』 17-10, 17쪽.

43) 築山治三郎, 1967, 「地方官僚と政治」, 『唐代政治制度の研究』, 東京 : 創元社, 367쪽.

44) Robert Des Rotours, "Les Grands Fonctionnaires Des Provinces En Chine Sous La Dynasties Des T'ang", T'oung Pao, 25, 1928, p.293.

말하면, 이정기가 번진을 세습하였던 시기를 章羣은 이때(758)라고 말한다.[46] 이런 까닭에 淄靑節度使가 乾元 원년부터 元和 14년에 이사도가 誅殺될 때까지 60년간 시대를 열게 된 단초가 이때 열렸다고 본다.[47]

위에서 언급된 平盧軍節度使라는 관직의 시초는 開元 7년 윤7월에 張敬忠을 평로군절도사로 임명하면서부터였다.[48] 이후 당나라 역사에서 節度의 명칭이 등장하게 된 것과 맞물린다.

이 무렵 이정기는 王玄志 휘하의 淄靑裨將(副將)이었다.[49] 왕현지가 平盧節度使·營州자사에 임명되었던 때는 758년 2월이었다.[50] 평로절도사 왕현지가 죽자, 그의 후임으로 왕현지의 아들이 임명될 것을 우려한 나머지 왕현지의 아들을 치청비장 이정기가 죽였던 사실이 그것이다.[51] 더 중요한 사실은 이정기가 후희일을 평로군수로 추대한 이유가 고모의 아들이라서 였다는 사실이다. 동족 고구려인이었기 때문에 이정기가 후희일을 평로절도사로 추대하였다는 이야기다. 이 부분을 주목한 이유는 이정기가 동족인 고구려인에 대한 생각이 어떤지를 가늠할 수 있는 중요한 증거가 되기 때문이다. 또 간과할 수 없는 사실은 후희일의 어머니가 이정기의 고모였다는 사실을 『新·舊唐書』의 「李正己傳」이 동시에 기록하였다는[52] 점이다. 이는 侯希逸이

---

45) 『舊唐書』 권124, 「侯希逸傳」 乾元元年冬조, 3533~3534쪽 ; 『資治通鑑』 권220, 「唐紀」36 肅宗 乾元 元年 12月 平盧節度使王玄志薨조, 7064쪽.

46) 章羣, 1986, 「唐代蕃將表」, 『唐代蕃將研究』, 臺北 : 聯經出版, 61쪽.

47) 築山治三郎, 앞의 「地方官僚と政治」, 367쪽.

48) 『唐會要』 권78, 「諸使中」 平盧軍節度使조, 1430쪽.

49) 『新唐書』 권213, 「李正己傳」 爲營州副將조, 5989쪽 ; 『資治通鑑』 권220, 「唐紀」36 肅宗 乾元 元年 12月 高麗人李懷玉爲裨將조, 7064쪽 ; 『冊府元龜』 권396, 「將帥部」 勇敢3 '李正己' 初爲淄靑裨將조, 996쪽 ; 內藤雋輔, 앞의 「唐代中國における朝鮮人の活動について」, 487쪽.

50) 『資治通鑑』 권220, 「唐紀」36 肅宗 乾元 元年 2月 庚午 以安東副大都護王玄志爲營州刺史·充平盧節度使조, 7052쪽.

51) 『新唐書』 권144, 「侯希逸傳」 副將李正己殺其子조, 4703쪽 ; 『資治通鑑』 권220, 「唐紀」36 肅宗 乾元元年 12月 高麗人李懷玉爲裨將, 殺玄志之子조, 7064쪽 ; 『續通志』 권243, 「唐列傳」43 '侯希逸' 因其殺玄志子조, 4700쪽 ; 劉伯驥, 「藩鎭之禍」, 『唐代政敎史』, 32쪽.

平盧절도사가 될 수 있었던 까닭이 고구려 유민들의 절대적 지지라는 사실을 설명하기 위함으로 본다. 그렇다면 平盧에서 靑州로 이동한 사졸 대부분이 고구려 유민이라는 이야기는 맞는 이야기이다.

이정기는 고종사촌 후희일을 절도사로 세우기 위해 왕현지의 아들을 죽였다.[53] 그런데 이는 至德 2載(757)에 平盧裨將 후희일과 安東都護 왕현지가 안녹산이 세운 平盧節度使 徐歸道[54]를 죽이고, 왕현지가 평로절도사가 되었던 사실처럼[55] 하극상이라는 점에서 그 성격이 같다. 그런데 757년에 安東都護 王玄志와 함께 平盧裨將 후희일이 平盧절도사 徐歸道를 죽였을 때, 비로소 侯希逸에 관한 이정기의 행적이 구체적으로 드러나고 있다. 위의『資治通鑑』 마지막에 "절도사가 軍士로 말미암아 폐립된 것은 이로부터 시작되었다"라는 기록은 당의 역사에서 매우 중요한 의미를 갖는다. 그 이유는 이때부터 당이 절도사 임명을 조정의 고유권한으로 행사할 수 없고 軍士의 눈치를 살피면서 절도사를 임명했기 때문이다.

위와 같은 유형의 사건이 연달아 발생하였던 것은 당의 역사에서 보면, 당 현종이 군벌세력의 성장을 묵인한 결과로 발생하였다고 해석하는 것이 옳다. 어쩌면 당 현종이 군벌을 업고 영화를 누렸던 것이, 절도사들 간의 권력투쟁을 야기했다고 표현하는 것이 옳을 성싶다. 그런데 평로절도사 왕현지가 죽자, 숙종이 中使를 파견하였다는 사실을 주목하고 싶다.[56] 그 이유는 황제가 절도사와 업무 연락을 취할 때, 황제는 환관을 이용해 절도의 軍情 동향을 파악했다는 사실을 뒷받침하기 때문이다.[57] 이때 이정기가

---

52)『舊唐書』 권124,「李正己傳」希逸母卽懷玉姑也조, 3534쪽 ;『新唐書』 권213,「李正己傳」 希逸母卽其姑조, 5989쪽.

53) 劉騉, 1954,「政治變革」,『唐代政教史』, 21쪽.

54)『資治通鑑』 권219,「唐紀」35 肅宗 至德 2載 春正月初 祿山以其黨徐歸道爲平盧節度使조, 7017쪽.

55)『舊唐書』 권124,「侯希逸傳」希逸時爲平盧裨將조, 3533쪽 ;『新唐書』 권144,「侯希逸傳」 祿山又以親將徐歸道爲節度使조, 4703쪽.

56)『資治通鑑』 권220,「唐紀」36 肅宗 乾元 元年 12月 上遣中使往撫將士조, 7064쪽.

당 숙종 무덤인 건릉(建陵) 앞에 서 있는
익마석상

고종사촌 후희일을[58] 절도사로 세운 목적은
간단하다. 즉 후희일은 같은 고구려 사람인데
다 가까운 친척이라[59] 평로절도사로 세우겠
다는 것이 이정기의 의도였다. 이런 후희일에
대하여 藍文徵은 단정적으로 고구려인이라고
표현하지 못하고 그럴 가능성만을 인정하였
다.[60] 그러나 필자가 후희일이 고구려인이라
고 단정하는 이유는 간단하다. 당으로 잡혀왔
던 고구려인 모두 중국인의 노비였기 때문이
다. 당에 있던 고구려인들은 중국인과 통혼이
불가능하기 때문에 고구려인들끼리만 결혼
할 수밖에 없는 처지였다.[61] 또한 당시 당은
이민족 출신을 절도사나 장군으로 세웠을 경

우, 그 출신민족과 같은 군사들을 거느리게 했다는 사실에서도 알 수 있다.
이런 까닭에 당에 사는 고구려인과 백제인들이 도성 밖의 한 곳이 아니면
항구의 한 귀퉁이에 그들만의 촌락을 형성했던 것은 자연스러운 현상이다.

758년 이정기가 裨將으로서 평로절도에서 영향력이 대단하였다는 사실은
분명한 것 같다.[62] 그가 평로절도에서 영향력을 발휘할 수 있었던 것은
평로절도 휘하 병사들 대부분이 고구려 유민이었다는 사실과 직결된다.

57) 王壽南, 1972,「唐代宦官得勢的原因及其對當時政局的影響之研究」,『中山學術文化集刊』
    9, 614쪽.
58)『續通志』권279,「唐列傳」79 '李正己' 希逸母卽其姑조, 4881쪽.
59) 章羣,「蕃將的人數與類別」,『唐代蕃將研究』, 61쪽 ; 藍文徵, 앞의「隋唐五代之民族」,
    45쪽 ; 劉驥, 앞의「政治變革」, 22쪽.
60) 藍文徵, 앞의「隋唐五代之民族」, 45쪽.
61) 伊瀨仙太郎, 앞의「塞外系內徙民の漢人との接觸交流について(二)-特に唐代を中心とし
    て-」, 17쪽.
62)『資治通鑑』권220,「唐紀」36 肅宗 乾元 元年 12月 高麗人李懷玉爲裨將조, 7064쪽.

당나라의 기마도용. 제나라 군대의 기마군단도 이와
같은 모습이었을 것 같다.

이를 뒷받침하는 것은 이정기가 평로
절도의 병사들을 선동하여 자신의 고
모 아들인 후희일을 軍帥로 세웠다는
점63)이다. 한편 742년부터 室韋와 靺鞨
을 통제하기 위하여64) 平盧節度使 휘하
에 보병 37,500명과 기병 5,500명이 있
었다는 사실을 주목하고 싶다.65) 742년
경 평로절도는 平盧·盧龍 2軍은 물론이고 楡關守捉과 安東都護府의 營州·平州
를 관리하며 營州에 治所를 두었던 규모의 節度였다.66) 이와 같이 平盧節度에
관한 것을 자세히 언급하는 이유는 후일 이와 같은 병력이 바탕이 되어
이정기가 독립적인 세력으로 성장하기 때문이다.

이정기에 의해 절도사로 추대된 후희일은 范陽의 안녹산 반군을 진압했는
데, 그 내용이 『資治通鑑』 肅宗 上元 2년(761년) 5월조에 실려 있다.

戊戌 일에, 平盧절도사 侯希逸이 史朝義의 范陽 군사를 쳐서, 이를 깨뜨렸다.67)

이는 761년 5월에 평로절도사 후희일이 사조의의 반군을 격파했다는 내용
이다. 이때 기록은 없지만, 이정기의 전공이 컸음은 물론이다. 이렇게 추측하

---

63) 金文經, 「唐代 高句麗遺民의 藩鎭」, 『唐代의 社會와 宗敎』, 35~36쪽 ; 王承禮, 「당
    왕조의 大祚榮 책봉과 발해 정치세력의 발전」, 96쪽 ; 辻正博, 1987, 「唐朝の對藩鎭政策
    について-河南'順地'化のプロセス-」, 『東洋史硏究』, 46-2, 102쪽.
64) 『通典』 권172, 「州郡」2 平盧節度使 鎭撫室韋, 靺鞨조(北京 : 中華書局, 1988), 4481쪽 ; 『資
    治通鑑』 권215, 「唐紀」31 玄宗 天寶 元年 是時 平盧節度鎭撫室韋·靺鞨조, 6849쪽.
65) 三島一·鈴木俊, 1940, 「兵制の推移と藩鎭」, 『中世史』 二, 東京 : 平凡社, 315쪽 ; 『通典』
    권172, 「州郡」2 平盧節度使조(北京 : 中華書局, 1988), 4481쪽. 여기서는 平盧節度使에
    배속된 병사 수 외에 말을 5,500필 보유하였다고 기록하고 있다.
66) 『資治通鑑』 권215, 「唐紀」31 玄宗 天寶 元年 是時의 統平盧·盧龍二軍조, 6849쪽.
67) 『資治通鑑』 권222, 「唐紀」38 肅宗上元 2年 5月조, 7114쪽, "戊戌, 平盧節度使侯希逸擊史朝
    義范陽兵, 破之."

는 까닭은 후일 이정기가 늘 平盧軍士의 마음을 사로잡았다는 사실에서 그 대강을 짐작할 수 있다. 또 후희일의 행적은 上元 2년(761) 建子月(11월)조에,

平盧(치소는 營州)절도사 후희일과 范陽(史朝義 근거지 燕)이 서로 공격한 지 몇 해가 계속되었는데, 구원하는 것이 이미 끊어지고, 또 奚族들의 침략하는 바가 되어, 마침내 그 군사 2만여 명을 모두 들어 가지고 李懷仙을 공격하여, 이를 격파하고, 이어서 군사를 이끌고 남쪽으로 갔다.[68]

평로절도사 후희일은 史朝義의 范陽 군사를 깨뜨리고 난 6개월 뒤에 다시 史朝義의 군사와 엎치락뒤치락하였다. 이렇게 하기를 여러 해였다. 그런데도 조정은 平盧절도사를 구원할 여력이 없는 고립무원의 상황에서 奚族의 침략을 받는 설상가상격인 상황의 연속이었다. 이때 후희일은 재기를 도모하기 위해 남쪽으로 이동하면서 史朝義의 范陽절도사 李懷仙[69]을 격파하고 다시 남쪽으로 방향을 틀어 이동하였다. 이를 구체적으로 설명하는 이유는 이정기가 후희일을 추대했을 뿐만 아니라 范陽을 공격하는 奚族을 막고 史朝義의 范陽절도사 李懷仙을 격파하고 남으로 이동하는데 그의 역할이 절대적이었기 때문이다. 위와 같은 전투가 계속되면서 이정기는 출중한 리더십으로 말미암아 평로군사들의 절대적인 지지를 받았다.

평로군은 다음달(寶應 元年 建寅月)에 오늘날 산동지역에 도착하였다.

戊申 일에 平盧절도사 후희일이 靑州의 북쪽에서 황하를 건너서 田神功·能元皓와 兗州에서 만났다.[70]

---

68) 『資治通鑑』 권222, 「唐紀」38 肅宗上元 2年 建子月조, 7118쪽, "平盧節度使侯希逸與范陽相攻連年, 救援既絶, 又爲奚所侵, 乃悉擧其軍二萬餘人襲李懷仙, 破之, 因引兵以南."
69) 『資治通鑑』 권222, 「唐紀」38 代宗廣德 元年 正月 時朝義范陽節度使李懷仙조, 7139쪽.
70) 『資治通鑑』 권222, 「唐紀」38 肅宗寶應 元年 建寅月조, 7118쪽, "戊申, 平盧節度使侯希逸於靑州北渡河而會田神功·能元皓於兗州."

이는 762년 建寅月에 平盧절도사 후희일이 2만여 군사와 함께 황하를 건너 兗州에서 田神功, 能元皓와 회합한 내용이다. 여기서 주목해야할 것은 후희일과 함께 靑州를 거쳐 兗州까지 이정기가 출정했다는 사실이다. 다시 말해 이정기가 어떤 경로로 영주에서 청주를 지나 연주까지 오게되었는지 알 수 있는 중요한 자료이다. 후일 이는 이정기뿐 아니라 그의 아들과 손자에게 세습된 평로절도사 직에 대한 이야기와 궤적을 같이한다. 참고로 남쪽으로 황하를 건넌 직후에 靑州를 치소로 하였을 때 平盧軍節度使 휘하 屬州는 淄·靑·登·萊 4州에 불과하였다.71)

兗州에서 田神功·能元皓와 회합을 가진 후에 侯希逸은 청주를 함락시켰다. 이에 대해『구당서』의「후희일전」에,

(후희일은) 兗州에서 田神功·能元皓와 회합 후, 드디어 후희일에 의해 靑州가 함락되었다. 조정에서 즉시 조서를 내려 侯希逸을 平盧·淄靑절도사를 추가로 제수하였다. 이때부터 오늘까지, 淄靑절도에 平盧라는 이름이 덧붙여지게 되었다.72)

위와 같은 내용이『資治通鑑』寶應 元年(763) 5월조에 더 자세하게 전하고 있어 이를 소개한다.

甲申 일에, 平盧절도사 후희일을 平盧·靑·淄등 6주 절도사로 삼으니, 이로부터 靑州절도는 平盧라는 명칭을 갖게 되었다.73)

위의 두 사료는 侯希逸이 어떤 이유로 平盧·淄靑절도사라는 관직을 받게

---

71)『舊唐書』권38,「地理志」1 平盧軍節度使조, 1390쪽.
72)『舊唐書』권124,「侯希逸傳」, 3534쪽, "會田神功·能元皓於兗州, 靑州遂陷於希逸, 詔就加希逸爲平盧·淄靑節度使. 自是迄今, 淄靑節度皆帶平盧之名也."
73)『資治通鑑』권222,「唐紀」38 肅宗寶應 元年 5月조, 7126쪽, "甲申, 以 平盧節度使侯希逸爲 平盧·靑·淄等六州節度使, 由是節度有平盧之號."

되었는가와 연관된 사료이다. 그보다 더 중요한 사실은 이정기로부터 그의 손자 이사도까지 모두 淄靑절도사가 아닌 平盧·淄靑절도사라는 관명을 갖게 된 사실에 대한 이유에 관한 사료이다. 애초에 平盧의 치소는 營州였으나 후희일이 靑州를 함락시킨 후에도 淄靑절도사라는 관명 앞에 平盧가 붙게 된 까닭에 대한 설명이다. 여기서 확인된 사실은 侯希逸이 平盧·淄靑절도사로 임명된 시기가 762년 5월이란 점이다. 이때 平盧·淄靑절도사가 관할한 6州는 靑·淄·齊·沂·密·海州였다.[74]

이와 같이 平盧의 변화된 사실에 대해서 『구당서』 「지리지」는 開元 21년에 室韋와 靺鞨을 鎭撫하기 위해 설치하면서 平盧·盧龍·楡關守捉·安東都護府를 통괄했던 것이 平盧軍절도사라 서술했다. 그러나 至德연간(756~757) 이후 平盧軍절도사의 치소가 靑州로 바뀌면서 淄·靑·登·萊의 四州를 관할하게 되어 平盧의 최초 통할 지역이 바뀌었다.[75] 그런데 『구당서』 「후희일전」의 "이때부터 오늘까지, 淄靑절도는 平盧라는 이름을 덧붙였다"는 사실은 필자가 이미 앞에서 언급하였다. 平盧軍이 대부분 고구려 유민으로 구성되었기 때문에 淄靑절도가 고구려인으로 구성되었다는 것을 밝히기 위해 平盧라는 명칭이 덧붙여진 것이다.

아무튼 平盧裨將 이정기의 도움으로 史朝義가 이끄는 范陽 군사를 격파한 공로로 1년 후, 寶應 원년(762) 5월 조정은 후희일을 평로절도사로 임명하였다.[76] 그런데 이때는 長安이 토번에 의하여 한 때 점령되는 혼란기여서[77] 범양군을 격파하였다는 소식은 조정에게 큰 낭보였다. 이는 절도사가 군사에 의해서 추대된 것을 조정이 추인했던 최초 사건이다.[78] 이정기의 고종사촌

---

74) 『資治通鑑』 권222, 「唐紀」38 肅宗寶應 元年 5月 甲申조, 7126쪽, 胡三省註 참조.

75) 『舊唐書』 권38, 「地理志」1 開元二十一年조, 1385~1390쪽.

76) 『續通志』 권243, 「唐列傳」43 '侯希逸' 朝廷因授希逸節度使조, 4700쪽 ; 辻正博, 앞의 「唐朝の對藩鎭政策について－河南'順地'化のプロセス－」, 100쪽 ; 築山治三郎, 앞의 「地方官僚と政治」, 367쪽.

77) 佐藤長, 1975, 「唐代靑海東邊の諸城塞について－『玉樹縣志稿』の紹介を兼ねて」, 『士林』 58-5, 1쪽.

후희일이 이정기와 함께 平盧에 있었다는 사실은, 평로에 이정기 일가가 함께 이동하며 살았다는 방증 자료로 볼 수 있다. 그러나 이정기의 아버지의 이름에 대한 기록을 필자는 사서에서 발견하지 못하였다. 그런데 후희일이 고구려인이었다고 章羣이 주장하였다.[79] 그렇다면 후희일의 아버지도 고구려인이었던 게 분명하다. 그 이유는 중국으로 잡혀왔던 이민족들은 같은 민족끼리 결혼한 것이 보편적인 현상이었기 때문이다.

따라서 위의 사료는 당에서 고구려인들끼리 결혼하면서 살았던 사실을 입증하는 증거로 제시하고 싶다. 당에 의해 패망한 것이 고구려였던 터라, 고구려인과 漢族의 신분이 구별되었기 때문에 고구려인끼리 결혼이 용이하였다. 그런데『구당서』「후희일전」에서 후희일을 '平盧人'이라고 기록한 까닭은 간단하다.『구당서』「후희일전」과 마찬가지로『신당서』「후희일전」에서는 후희일을 '營州人'이라 기록하였다.[80] 즉 이정기와 달리 후희일은 당에 대해 반기를 든 적이 없는 그런 인물이었기 때문이다. 그런 까닭에 후희일은 이정기처럼 平盧(營州)에서 출생했는데도 불구하고 후희일을 平盧(營州)인이라고 하였고, 이정기는 고구려인이라고 다르게 기록했다.

그런데 이정기가 平盧에 살고 있으면서 고종사촌 후희일을 절도사로 옹립하려고 하였던 이유는 무엇인가? 이는 고구려가 망한 후 안동도호부가 몇 차례 옮기었던 것과 무관하게 평로에 고구려인이 많았다는 사실과 연관이 있을 성싶다. 물론 평로에 있었던 고구려인들도 몇 차례에 걸쳐 중국의 內地로 강제 소개시켰던 것은 주지의 사실이다. 이런 일이 있은 후 고구려인은 대량으로 遼西로 이주하였다는 사실과 이정기의 활약과 연관성이 있음은 물론이다. 이와 관련된 소식을 돌궐에서 들어보면

---

78) 金文經, 앞의 「唐代 高句麗遺民의 藩鎭」, 36쪽 ;『資治通鑑』권220,「唐紀」36 肅宗 乾元 元年 12月 節度使由軍士廢立自此始조, 7064쪽.

79) 章羣, 앞의 「蕃將的人數與類別」, 61쪽.

80)『新唐書』권144,「侯希逸傳」侯希逸조, 4703쪽.

　　다음 해, 十姓부락의 左廂五咄六啜·右廂五 弩失畢五俟斤과 그 사위 고구려 막리지 高文簡, 跌跌都督跌跌思泰 등이 각각 무리를 거느리고, 계속해서 (당으로) 투항해 왔다. (그 무리는) 전후 총 萬餘 帳이었다. 황제는 하남의 옛 땅에 살도록 하였으며, (이때) 고문간에게는 左衛員外大將軍과 遼西郡王이라는 관직과 작위를 주었다.[81]

　　이때는 開元 3년(715)으로 고구려가 망한 지 50여 년 뒤의 당의 서쪽변경에서 고구려 유민집단이 당으로 투항하였던 일이 있었다. 이는 암시하는 바가 매우 크다. 몽골고원 서부에서 돌궐과 어울려 독자적인 세력을 형성한 고구려인들이 돌궐 默啜可汗의 사위인 고구려 막리지 고문간을 따라 당에 항복하였기 때문이다.[82] 그런데 대략 세 부중 가운데 당이 제일 먼저 고구려 막리지 고문간에게 중국에서 살도록 허용하였다는 사실을 주목하고 싶다. 이는 萬餘 帳이나 되는 무리 가운데서 고구려인의 집단이 가장 컸다는 것을 암시하기 때문이다. 게다가 위에서 고문간에게 左衛員外大將軍이라는 무관직과 아울러 遼西郡王이라는 왕호를 주었던 사실이 특히 주목된다. 그 이유는 고문간과 함께 휘하의 고구려인들을 요서군왕 휘하에서 살도록 한 조치였다는 사실을 일러주는 중요한 단서를 제공하기 때문이다. 715년부터 당은 요서군왕 휘하에 많은 고구려 유민들이 살도록 하는 기미정책을 썼다. 그 결과 이때 요서군왕 고문간과 함께 그의 휘하의 많은 고구려 유민들이 고구려에서 멀리 떨어진 하남지역에서 생활하였다.

　　그런데 하남지역은 또 다른 고구려 유민들이 이미 생활하고 있는 지역이었다. 고문간 이전에 고구려 유민들이 하남 부근으로 강제 이주한 배경은 고구려 부흥운동과 연관이 있다. 당은 儀鳳 2년(677) 당에 잡혀있던 朝鮮郡王

---

81) 『舊唐書』 권194上, 「突厥傳」上 附'默啜傳', 5172~5173쪽, "明年, 十姓部落左廂五咄六啜, 右廂五弩失畢五俟斤及子壻高麗莫離支高文簡, 跌跌都督跌跌思泰等各率其衆, 相繼來降, 前後總萬餘帳. 制令居河南之舊地, 授高文簡左衛員外大將軍, 封遼西郡王."

82) 周偉洲, 1989, 「唐代黨項的內徙與分布」, 『西北歷史研究』, 西安 : 三秦出版社, 46쪽.

보장왕이 말갈과 더불어 모반할 것을 우려하여 고구려에서 멀리 떨어진 지역에 고구려인들을 강제 이주시켰다. 그때 고구려 유민이 강제 이주한 지역이 河南과 隴右였다.[83] 또 하남은 돌궐이 자주 공격하는 靈州절도부가 있는 靈州 일대로 貞觀 20년(646)에 '高麗州'를 설치했다는 사실도 생각해야 할 문제이다.[84] 당이 고구려를 멸망시키기 15년 전에 靈州에 高麗州를 설치한 것은 무엇을 의미하는가. 고구려 변경을 공략하여 고구려인들을 사로잡아다가 靈州로 끌고 갔기 때문이라 본다. 경우야 어떻든 당이 영주에 고려주를 설치한 것은 고구려인을 집단으로 강제 이주시켜서 영주로 침공하는 돌궐 방어에 동원하기 위해서였다.

하남은 靈州지역의 고려주와 인접한 지역으로 오르도스(Ordos) 사막이 포함된 그런 황무지이다. 또 隴右는 靈州 고려주의 서남방 지역으로 토번 방어를 전담하는 隴右절도부가 있는 都州였다. 두 지역 모두가 거친 황야였다. 그들 지역에 고구려 유민들이 거주하게 된 것은, 당이 고구려 유민으로 하여금 돌궐과 토번 공격의 방패막이로 사용하기 위한 강제 이주정책의 결과였다. 당은 고구려 유민들의 고구려 故地로 돌아가려는 생각을 근본적으로 차단할 목적으로, 고구려에서 아주 멀리 떨어진 지역으로 소개시켰다.[85] 고구려인들을 사방으로 분산시킴으로써 당에 대한 반란 저지와 사람이 살지 않는 거친 황무지를 개간시켜 당을 침략하는 이민족에 대한 방어 도구로 전락시킨 것이다.[86] 그렇다면 요서군왕으로 봉 받은 고문간과 그의 휘하 고구려 유민 萬餘 帳은 하남으로 이주하기 전에는 몽골고원에서 유목 기마민족과 같은 생활을 했다고 본다.

위에서 高文簡이 휘하 고구려 유민과 더불어 요서군왕으로 봉 받은 요서지역에 거주하지 않고 하남에 살았다는 사실에 대해, 이해를 돕기 위해서

---

83) 『新唐書』 권220, 「高麗傳」 儀鳳2年조, 6198쪽.

84) 『舊唐書』 권38, 「地理志」1 靈州大都督府 貞觀 20年조, 1415쪽.

85) 孫進己, 1987, 「濊貊諸族의 源流」, 『東北民族源流』, 黑龍江人民出版社, 144쪽.

86) 黃輝陽, 1988, 「略論唐代熊津都督府及高麗故土」, 『中國歷史學會史學集刊』 24, 115쪽.

베이징 북쪽으로 30여km 떨어진 곳으로 당에 의해 강제 이주당한 고구려인의 집단거주지였던 고려영진이다.

고구려 유민 고선지의 행적을 언급하는 것도 의미 있는 작업이다.

고선지가 '天寶 14載에 密雲郡公으로 봉하여졌다'[87]는 사실을 규명하여 보자. 天寶 14재(755) 11월 현종이 안녹산 반란을 보고받은 일과 관련이 있다. 그런데 密雲郡은 오늘날 북경 북방 70여km 정도 떨어진 곳이라

는 사실을 주목하고 싶다.[88] 즉 오늘날 河北의 昌平이다.[89] 2005년 가을 密雲 가까운 곳에 '高麗營鎭'이라는 간판을 본 필자는 놀랐다.[90] 여기서 말하는 密雲郡은 원래 檀州 安樂郡이었으나 天寶 원년에 郡名을 密雲으로 바꾼 군명이다.[91] 그런데 밀운군은 고구려가 당에 의해 망한 뒤 당이 강제로 고구려 유민을 이주시켰던 그런 지역이다. 이때 고선지 장군을 密雲郡公으로 봉한 것은, 고선지 출생과 관련이 있거나 고구려 유민이 아직 그곳에서 적지 않게 생활하고 있는 사실과 연관 있는 것 같다.

무엇보다 중요한 사실은 天寶 14載 11월에 일어난 안녹산 난과 고선지 장군을 밀운군공에 봉한 사실의 함수관계이다. 정확히 말해 안녹산이 반란을 일으킨 곳은 范陽·盧龍·密雲 등이 중심 지역이라는 사실이다.[92] 그런데 密雲은 오늘날 북경 북방지역으로 당에 의해 고구려가 멸망된 후 고구려 유민을

---

87) 『舊唐書』 권104, 「高仙芝傳」, 3206쪽, "十四載, 進封密雲郡公."
88) 譚其驤 主編, 「河北道南部」, 48~49쪽.
89) 諏訪義讓, 앞의 「高麗出身高仙芝事蹟攷」, 213쪽.
90) 지배선, 2006, 『고구려·백제 유민 이야기』, 혜안, 221쪽.
91) 『資治通鑑』 권217, 「唐紀」33 玄宗 天寶 14載 12月 胡三省註의 密雲郡조, 6950쪽.
92) 『新唐書』 권225상, 「安祿山傳」 祿山所有繞盧龍·密雲조, 6418쪽 ; 『資治通鑑』 권217, 「唐紀」33 玄宗 天寶 14載 12月 其附祿山者조, 6949쪽.

강제 수용하였던 곳이다. 그렇다면 고구려 유민 출신 고선지 장군과 그의 고구려 유민이 연합해 안녹산 난을 진압하기를 바라는 당의 정치적 의도가 깔린 작위가 고선지장군에게 주어진 密雲郡公이다. 또 후일 唐 代宗시에 고구려 유민 출신 李正己 일가가 고구려 유민세력을 규합하였던 곳도 밀운지역이라는 사실을 무시할 수 없다.[93)]

밀운에 고구려 유민이 많이 살았기 때문에 당은 고선지에게 밀운군공 작위를 주어 그를 얽어맸던 것이다. 고선지가 밀운군공 작위를 받고 밀운에 갔다고 볼 수 있는 정황이 하나도 없다. 왜냐하면 고선지가 밀운군공으로 봉 받았을 때는 안녹산 반군이 장안을 향해 질주하는 그런 상황에서 당이 고선지 장군을 이용하려고 밀운군공 작위를 주었기 때문이다. 또 고선지 장군이 안녹산 반군을 일시 저지하는 탁월한 기량을 발휘했는데도 그 와중에 그를 모함해 죽였기 때문에 밀운군공이라는 작위를 받은 후 고선지는 밀운으로 갈 수 있는 상황도 아니었다. 이상에서 고문간의 요서군왕이나 고선지의 밀운군공 작위와 관련된 지역이 그들과 무관했다는 사실에 대한 설명이 되리라고 본다.

이정기 가문은 平盧에 뿌리를 내리게 되었다. 또한 이때 고문간 휘하의 고구려 유민들은 하남에서 생활기반을 마련하였는데 돌궐과 같이 유목 기마 생활을 하였던 것으로 보아 기마민족적인 기질이 매우 강하였던 게 틀림없다. 아니 고구려인의 기상이 당에 의해서 꺾이지 않았던 무리들이었다는 사실을 시사한다. 이는 후일 이정기나 그의 아들과 손자가 군인으로, 또 절도사로서 황하 하류 일대를 호령한 사실과 연관성이 깊다. 그러나 위에서 어느 정도나 되는 고구려인들이 하남에 거주하게 되었는지를 추정하는 것은 간단한 문제가 아니다. 돌궐을 포함하여 당에 투항한 무리가 萬餘 帳이었다는 사실에서 미루어 본다면, 적어도 수만 명의 고구려인이 하남에 정착했던 게 분명하다.

위의 사실에서 종합하면, 이정기는 고구려인의 호탕한 기상을 갖고 平盧에

---

93) 지배선, 2007, 『중국 속 고구려왕국, 齊』, 서울 : 청년정신, 1~255쪽.

서 태어나서, 고구려인의 기질대로 平盧에서 군인생활을 하였다고 표현하여
도 좋다. 이정기가 평로에서 청주로 진출한 때는 다음 기록에서 알 수 있다.
寶應 원년(762) 4월에

무신 일에 平盧절도사 후희일이 靑州의 북쪽에서 황하를 건너서 田神功·能元
皓와 兗州에서 만났다.[94]

이때 후희일과 함께 이정기가 최초로 황하 남쪽 兗州로 진출하였다. 이정기
는 여느 고구려인처럼 말을 잘 탈뿐만 아니라 활 쏘는 기술도 출중하였다.
이와 관련된 소식을 들어보면

후에 후희일과 함께 청주로 왔는데, 여러 번 승진하더니 절충장군이 되었으
며, (그는) 민첩할 뿐만 아니라 용감하면서 힘도 세었다. 寶應 년간(762)에
많은 군대가 史朝義를 토벌하기 위하여 정주에 모여들었다. 그런데 회흘이
말썽을 부렸을 뿐만 아니라 마음대로 방자하게 행동하였는데도, 여러 절도사
들 모두가 그(회흘)들을 통제하지 못하였다. (그러나) 이정기가 그때 軍候(행군
할 때 적정을 앞에서 살피는 책임을 맡은 직책)로 있으면서, 유독 이정기가
기세로 회흘을 제압하였다.[95]

라는 것이 그것이다. 이는 대략 乾元 원년(758)에서 寶應년간(762) 사이에
벌어진 이정기의 행적과 관련된 소식이다. 이때 이정기의 나이는 태어난
732년에서 역산하면, 乾元 원년에 26세였다. 대략 이 무렵부터 이정기는
威德절도사 李寶臣 등과 서로 협력하기로 약속하면서 자신의 세력을 키워나갔

---

94) 『資治通鑑』 권222, 「唐紀」38 肅宗寶應 元年 建寅月조, 7118쪽, "戊申, 平盧節度使侯希逸於
青州北渡河而會田神功·能元皓於兗州."
95) 『舊唐書』 권124, 「李正己傳」, 3534쪽, "後與希逸同至青州, 累至折衝將軍, 驍健有勇力.
寶應中, 衆軍討史朝義, 至鄭州. 迴紇方强暴恣橫, 諸節度皆下之, 正己時爲軍候, 獨欲以氣呑
之."

다.96) 본래 李寶臣은 奚族출신의 蕃將으로 안녹산의 양자로 유력하였던 부장이
었다. 조정에 투항 후, 그가 가지고 투항한 五州(趙·定·深·桓·易)를 통치하는
成德軍절도사로 임명되었던 그런 인물이다.97) 위의 사료를 세 가지로 나누어
검토하여보자.

하나는 이정기가 고종사촌 후희일과 함께 靑州까지 남쪽으로 내려왔다는
사실이다.98) 안사의 난 이후, 761년(上元 2) 奚가 營州를 점령하였기 때문에
후희일은 2만여 명의 군을 이끌고 李懷仙을 격파하면서 남쪽 청주로 이동하였
다.99) 여기서 平盧절도사 후희일 휘하 군인으로 이정기가 靑州까지 왔음을
알 수 있다. 그런데 위에서 언급된 것처럼 이정기가 후희일을 따라서 鄭州로
진출하게 된 까닭은 史朝義 반란 진압에 이정기가 소속된 부대가 동원되었기
때문이다.100) 이를 구체적으로 살펴보면, 上元 2년 5월 "무술 일에, 平盧軍절도
사 후희일이 幽州에서 史朝義와 싸워, 이를 패배시켰다"101)라는 사실이 단서가
될 듯싶다. 때는 761년 5월이었는데, 당시 이정기는 29세로 史朝義의 군대를
范陽에서 격파하는데 맹활약을 하였다.102)

또 같은 해 12월 이정기는 후희일과 함께 史朝義 휘하 장군 李懷仙을 范陽에서
격파함으로써,103) 이정기는 范陽(오늘날 북경시 서남방 50여km 지점)104)까지

---

96) 『資治通鑑』권226, 「唐紀」42 德宗 建中 2年 正月 長史畢華日, 先公與二道結好二十餘年조,
　　7293쪽 ; 竹田龍兒, 1941, 「唐代選擧の一側面」, 『史學』20-2, 45쪽. 李寶臣은 承德節度가
　　아니고 威德節度였다. 이는 竹田龍兒의 오류인 듯싶다.

97) 愛宕元, 1996, 「唐代後期の政治」, 『中國史 2, 三國·唐』, 東京 : 山川出版社, 450쪽.

98) 『太平廣記』권192, 「李正己」後與希逸同至靑州조, 1439쪽 ; 伊瀨仙太郎, 1969, 「安史の亂
　　後における周邊諸民族の中國進出」, 93쪽.

99) 『資治通鑑』권222, 「唐紀」38 肅宗 上元 2年 平盧節度使侯希逸與范陽相攻連年조, 7118
　　쪽 ; 王承禮, 앞의 「당 왕조의 大祚榮 책봉과 발해 정치세력의 발전」, 66쪽.

100) 『太平廣記』권192, 「驍勇」2 '李正己' 寶應中조, 268쪽(『欽定四庫全書』所收 1044冊,
　　 臺灣 : 商務印書館, 1986).

101) 『新唐書』권6, 「肅宗紀」上元 2年 5月조, 164쪽, "戊戌, 平盧軍節度使侯希逸及史朝義戰于幽
　　 州, 敗之."

102) 『資治通鑑』권222, 「唐紀」38 肅宗 上元 2年 5月 戊戌조, 7114쪽.

103) 『新唐書』권6, 「肅宗紀」上元 2年 建丑月 乙亥조, 164쪽 ; 『資治通鑑』권222, 「唐紀」38

남하하였다. 이때 범양군을 幽州라고도 표현하였다.[105] 그 결과 李懷仙은 盧龍軍節度使에 임명되었는데, 그는 契丹系 胡族출신 蕃將이었다.[106]

그 후 이정기는 史朝義 군대를 추격하기 위하여 후희일을 따라서 오늘날 산동반도 靑州까지 남진하였다. 당시 靑州를 北海郡이라고 하였다.[107] 결국 이는 이정기가 어떠한 경로로 平盧에서 靑州로 진출하였는가에 대한 확인이었 다. 여기서 말하는 靑州는 오늘날 益都이다.[108] 후희일의 청주 남진에는 이정기의 공로가 컸다. 그로 말미암아 이정기는 후희일의 추천으로 折衝(都尉) 장군이 되었던 사실을 주목하고 싶다.[109] 그 이유는 이정기가 본격적으로 사서에서 주목받기 시작한 때를, 이 무렵이라고 할 수 있기 때문이다.

그런데 이때 이정기가 절충장군이 되었다는 것은, 府兵制 시대의 折衝府장 군이 된 것을 의미한다.[110] 또한 이 무렵 후희일은 靑州를 빼앗은 공로로 平盧·淄靑절도사로 승진되었다.[111] 그 후 寶應 원년(762) 5월경 平盧절도사 후희일은 平盧와 아울러 靑·淄·齊·沂·密·海 등 6州의 절도사가 되었다.[112] 그런데 뒤에서 언급하겠거니와 이와 같이 후희일이 출세하게 된 공적이 후희일 자신보다는 휘하 이정기의 공적 때문이었다는 사실은 뒷날 후희일과 이정기 간의 불화를 만들게 되었던 중요한 요인이다.

肅宗 上元 2年 12月 平盧節度使侯希逸與范陽相攻連年조, 7118쪽.

104) 譚其驤主編, 1982, 『中國歷史地圖集 － 隋·唐·五代十國時期 －』, 上海 : 地圖出版社, 48~49 쪽.

105) 『通典』 권178, 「州郡」8 范陽郡조(北京 : 中華書局, 1988), 4709쪽.

106) 愛宕元, 앞의 「唐代後期の政治」, 450쪽.

107) 『通典』 권180, 「州郡」10 大唐爲靑州, 或爲北海郡조, 4770쪽.

108) 譚其驤主編, 앞의 『中國歷史地圖集 － 隋·唐·五代十國時期 －』, 45쪽.

109) 『新唐書』 권213, 「李正己傳」 故薦爲折衝都尉조, 5989쪽 ; 築山治三郎, 앞의 「地方官僚と 政治」, 367쪽.

110) 築山治三郎, 위의 「地方官僚と政治」, 367쪽.

111) 『舊唐書』 권124, 「侯希逸傳」 詔就加希逸爲平盧·淄靑節度使조, 3534쪽 ; 張國剛, 1983, 「唐代藩鎭類型及其動亂特點」, 『歷史硏究』 4, 99쪽. 淄靑·成德·魏博·淮西藩鎭은 安史의 난 동안이 아니면, 그 후에 생겨났던 것이다.

112) 『資治通鑑』 권222, 「唐紀」38 肅宗 寶應 元年 5月 甲申조, 7126쪽.

청주는 당이 고구려를 멸망하고 많은 고구려인들을 강제 이주시킨 곳 가운데 하나였다. 구체적으로 당은 고구려를 멸망시키고 많은 고구려인들을 처음에는 오늘날 산동반도의 萊州와 契丹의 침공이 잦은 營州로 끌고 갔다.[113] 그 후 당으로 잡혀간 고구려인들에 대한 소식은 『冊府元龜』에 다음과 같이 전한다.

> 고구려 포로를 (장안 서쪽)사막의 서쪽에 배치하였으며, (한편) 고구려인들 을 青州와 徐州의 지역에 흩어 놓았기 때문에, 이들에 대한 감시가 용이했을 뿐만 아니라 그들로 하여금 힘써 개간하도록 독려했다.[114]

무후측천. 고구려 패망 후 당에서 고구 려 유민들이 끌려다녔을 때 당의 통치자 이다.

후희일이 안사의 난을 진압하면서 왜 청주로 진출하게 되었는지에 대한 해답을 어느 정도는 『冊府元龜』에서 얻을 수 있다.

둘째는 이정기도 다른 고구려인들처럼 뛰어 난 군인 자질을 갖추었다는 사실이다. 당시 뛰어 난 고구려 유민 출신 군인으로는 고선지, 왕모중, 왕사례 등 모두 열거하기 어려울 정도로 많다. 연남생의 아들 헌성의 경우는 武后 시대 활 쏘는 솜씨가 당에서 제일이었다는 사실은 익히 알려 진 이야기이다.[115] 이정기 역시 전략과 전술에 뛰어날 뿐만 아니라, 기민성과 용맹성은 물론이 고 완력마저 대단했기 때문에[116] 군인으로 갖추

---

113) 金鎭闕, 1984, 「唐代 淄靑藩鎭 李師道에 대하여」, 『史學論叢』, 757쪽 ; 『舊唐書』 권5, 「高宗下」 總章 2年 5月 庚子, 萊, 營二州般次發遣조, 92쪽.

114) 『冊府元龜』 권366, 「將帥部」 27 ‘機略’6, 889쪽, “高麗俘虜, 置之沙漠之西, 編吡散在靑徐之 右, 唯利是視, 務安疆場.”

115) 『舊唐書』 권199上, 「高麗傳」 內史張光輔先讓獻誠爲第一조, 5328쪽.

116) 『冊府元龜』 권396, 「將帥部」 勇敢3 ‘李正己’ 驍健有勇力조, 996쪽 ; 『太平廣記』 권192,

어야 할 필요충분조건을 모두 완비한 그런 인물이었다. 이러한 사실은 이정기가 靑州로 진출할 때의 직함이 軍候로서, 황하를 건너 청주로 진출할 때 척후대장을 맡았던 것에서 짐작할 수 있다. 이는 이정기의 기민함과 용맹성이 어느 정도 뛰어났는가를 설명하는 근거가 될 것 같다.

셋째는 寶應 원년(762)에 이정기가 軍候로 史朝義의 반란세력을 토벌하기 위하여[117] 후희일과 함께 鄭州까지 진출하였다는 사실이다.[118] 이때 平盧·淄靑절도사 후희일과 함께 많은 절도사들이 사조의 토벌을 위해서 鄭州로 몰려들었다. 이때 이정기가 낙양에서 직선거리로 불과 90여km 떨어진 정주까지 왔다는 사실은 그가 당시 당나라의 실체를 알게 되는 데 한몫을 했다.[119] 이정기가 당의 두 수도 가운데 하나인 東都인 洛陽까지 이르게 됨으로 말미암아 당제국의 실체를 파악함으로써, 나름대로 당에서 군사의 역할이 얼마나 막중한가를 깨달은 것 같다. 한걸음 나아가 이정기가 당과 대항하는 독자세력을 구축하고 싶은 야망을 꿈꾸기 시작한 시기였을 가능성도 충분하다. 이런 추측은 강력한 고구려를 멸망시킨 당이, 절도사들을 통제하지 못해서 절도사의 반란을 막는데 이민족 출신의 절도사들의 군사를 동원하면서도 전전긍긍하는 그 실체를 이정기가 보았기 때문이다.

넷째는 鄭州에서 여러 절도사 휘하에 소속된 방약무인한 회흘의 기세를 이정기가 혼자 꺾었다는 사실이다.[120] 여기서 회흘의 오만불손한 기세란, 정주에서 사조의를 토벌하기 위하여 여러 절도사들 휘하에 많은 유목 기마민족 출신의 회흘이 있었는데, 반란 진압 공적을 믿고 절도사들에게까지 방자하게 행동한 것을 말한다.[121] 아무도 그런 회흘을 통제하지 못하였기 때문에

「李正己」骁健有勇力조, 1439쪽.

117)『新唐書』권213,「李正己傳」以軍候從討史朝義조, 5989쪽.

118)『舊唐書』권124,「侯希逸傳」寶應元年조, 3534쪽 ;『冊府元龜』권396,「將帥部」勇敢3 '李正己'寶應中衆軍討史朝義至鄭州조, 996쪽 ;『太平廣記』권192,「李正己」至鄭州조, 1439쪽.

119) 譚其驤 主編, 앞의『中國歷史地圖集−隋·唐·五代十國時期−』, 46쪽.

120)『冊府元龜』권396,「將帥部」勇敢3 '李正己'正己時爲軍候獨欲以氣吞之조, 996쪽.

절도사들 진영의 질서체계가 엉망이었던 상황이다.[122] 그런데 이때 지략과 용맹함이 필요한 척후 역할을 담당한 이정기가 절도사들도 제압하지 못한 회흘 우두머리의 기세를 꺾음으로써 그들을 통제 가능하게 했다.[123] 이는 史朝義 반란 진압에 이정기의 공이 대단히 컸음을 암시하는 내용이라고 분석하고 싶다. 그런데 이때 절도사 진영에 회흘출신 군사가 포함된 이유는 당이 번진군을 동원하면서 안사의 난 군과 대항을 시킨 결과이다. 또 당은 북방에 있던 회흘에 사신을 파견하여 원병을 요청하였기 때문에 안사의 난을 진압하는데 회흘군사가 개입하게 되었다.[124]

타지키스탄 판지켄트 박물관이 복원한 이정기와 싸웠던 회흘 무사의 상상도(필자 촬영)

회흘은 隋代에 韋紇로 첫 등장하는데, 그 당시는 아직 鐵勒九姓 가운데 하나로 미약하였다. 그러나 회흘은 開元말부터 九姓을 통일하면서 天寶 3년경부터 漠北의 맹주가 되었다. 안사의 난 후에는 회흘인은 波斯 등의 胡商으로 대활약하면서 波斯錢을 回紇錢으로 사용할 정도의 커다란 경제세력으로 급부상하였다. 그 결과 대종 大曆연간에 회흘인은 波斯의 胡商으로 위장하여 長安에 2천명이나

---

121) 『續通志』 권279, 「唐列傳」79 '李正己' 時回紇恃功橫조, 4881쪽 ;『太平廣記』 권192, 「李正己」 回紇方彊恣조, 1439쪽.

122) 『舊唐書』 권195, 「迴紇傳」 迴紇已爲史朝義所誘조, 5202쪽.

123) 『新唐書』 권213, 「李正己傳」 正己欲以氣折之조, 5989쪽 ;『續通志』 권279, 「唐列傳」79 '李正己' 正己欲以氣折之조, 4881쪽.

124) 『舊唐書』 권195, 「迴紇傳」(至德 2載 9月) 迴紇遣其太子葉護領其將帝德等兵馬四千餘衆조, 5198쪽 ;『新唐書』 권217上, 「回鶻傳」 及太子葉護身將四千騎來조, 6115쪽. 회흘은 至德 2년(757)부터 안녹산의 반란진압을 위하여 참전하였다. ; 金明姬, 1998, 「唐 末期의 諸 現像」,『中國 隋·唐史 硏究-天子의 나라 天下의 文化-』, 國學資料院, 118쪽.

거주할 정도의 규모였고, 안사의 난 후 長安의 금융업자로 새롭게 부상한 세력이었다.[125]

무엇보다 중요한 사실은 이정기가 사촌 형 후희일 휘하에서 折衝장군 신분의 軍候로 두각을 나타내었다는 점이다. 어쩌면 이때 平盧절도사 후희일을 제치고 이정기가 平盧·淄靑절도사가 되고자 하는 상황이었을 수도 있다. 후일 이정기가 淄靑에서 절도사를 역임하였는데도 불구하고 그를 平盧·淄靑 절도사로 부르게 된 이유는 平盧절도사 侯希逸때부터였다. 그렇게 된 배경은 『자치통감』 보응 원년(762) 5월조에 나와 있다.

　　甲申 일에 平盧절도사 侯希逸을 平盧·靑·淄等 6州절도사로 삼으니, 이로부터 靑州절도는 平盧라는 명칭을 갖게 되었다.[126]

당은 평로절도사 후희일을 762년 5월부터 平盧·淄靑절도사로 임명하였다. 물론 平盧의 치소는 營州였다.[127] 그러나 후희일이 황하를 건너 청주로 진출하면서부터는 청주가 치소였기 때문에 평로와 무관하다. 그 후 이정기가 후희일의 관직을 획득했기 때문에 이정기의 관직을 그대로 平盧·淄靑절도사로 부르게 되었다.

3. 이정기의 평로·치청절도사 이전 시절

이정기는 平盧에서 靑州로, 다시 鄆州로 진출하면서 史朝義 반란 진압시 이정기는 안·사의 반군을 진압하는 많은 무공을 세웠다. 이러한 상황에서 절도사 휘하의 척후병을 지휘하는 折衝장군 이정기는 회흘 출신의 병사가

---

125) 日野開三郎, 1965, 「唐代の回紇錢」, 『東方學』 30, 1~12쪽.
126) 『資治通鑑』 권222, 「唐紀」38 肅宗寶應 元年 5月조, 7126쪽, "甲申, 以平盧節度使侯希逸爲 平盧·靑·淄等六州節度使, 由是靑州節度有平盧之號."
127) 『舊唐書』 권38, 「地理志」 平盧軍節度使조, 1387쪽.

제멋대로 행동하자, 회흘 가운데 제일 담력과 힘이 좋은 우두머리와 대련을 자청하였다. 그러나 절도사 군인들이 늘 회흘에게 얻어맞았기 때문인지, 절도사마저도 이정기가 회흘을 제압할 수 있을까 하고 초조하게 지켜보았던 것 같다. 이때 이정기가 절도사내의 회흘 출신 가운데 가장 힘세고 담력 있는 자와 맞붙어 격투하였던 사실이 자세하게 기록되어 있다. 이를 들어보면

　　그리하여 (이정기가) 회흘과 각축을 하게 되었는데, 이를 여러 군사들이 모여 구경하면서 약속이나 한 듯이 "회흘이 정기를 칠 것이다."고 말하였다. 이윽고 싸움이 시작되면서 먼저 이정기가 회흘의 옷깃을 거머쥐고 그의 등을 내리쳤다. 그러자 이때 회흘이 오줌을 쌌기 때문에 구경하던 여러 군사들이 소리를 지르며 웃자, 회흘은 부끄러워서, 이때부터 (회흘이) 다시는 감히 난폭하게 굴지 않았다.128)

라는 사실이 그것이다. 이는 앞서 언급한 것처럼 회흘 족 가운데 제일 힘센 우두머리와 이정기가 일대일로 힘겨루기 결투였다. 아무튼 이때 이정기와 회흘의 결투로 이정기의 완력은 물론이고 무술이 대단한 경지였던 것이 입증된 한판 승부였다. 왜냐하면 회흘도 말을 타고 다니면서 중국을 노략하였 던 그런 유목기마 민족이라, 회흘의 용맹한 무사의 힘과 무술이 출중하였다는 사실은 의심의 여지가 없기 때문이다. 그런데도 이정기가 회흘 우두머리를 상대로 선제공격을 감행했을 뿐만 아니라 일격에 회흘출신 무사의 우쭐해 하는 기개를 여지없이 꺾었다. 즉 이정기와 상대하였던 회흘 장사가 이정기의 일격으로 똥과 오줌을 함께 쌌다는 사실이 그것이다.129) 이를 지켜본 많은 군사들의 환호성은130) 이정기 신분의 도약대로 작용되었음은 물론이다.

---

128) 『舊唐書』 권124, 「李正己傳」, 3534~3535쪽, " 因與其角逐, 衆軍聚觀, 約曰, '後者批之.' 旣逐而先, 正己擒其領以批其背, 迴紇尿液俱下, 衆軍呼笑, 虜慚, 繇是不敢爲暴."
129) 『冊府元龜』 권396, 「將帥部」 勇敢3 '李正己' 頻尿液俱下조, 996쪽 ; 『太平廣記』 권192, 「李正己」 回紇尿液俱下조, 1439쪽.
130) 『太平廣記』 권192, 「李正己」 衆軍呼突조, 1439쪽.

이는 그 당시 이정기에게 매우 중요한 전환점이 되었던 사건이다. 그
이유는 『구당서』는 물론이고 『신당서』의 「이정기전」에도[131] 모두 기록되었
기 때문이다. 결국 이는 이정기의 무술을 꺾을 자가 회흘 출신 가운데 없었다는
것을 암시하는 대목이다. 따라서 굳이 이정기의 담력의 강도를 비교한다면,
앞서 언급한 당나라 武后 때 고구려 연개소문의 손자 헌성이 당나라 제일의
활 솜씨를 자랑하였던 것처럼 이정기도 당나라 제일의 무술 소유자였다고
표현하는 게 어떨까 싶다.

이 무렵 안녹산 반란의 결과로 하북과 산동이 사실상 독립상태가 되었다는
사실은 의미가 크다.[132] 그 이유는 여기서 다루려는 지역이 중국에서 발해와
신라와 가까운 산동을 포함한 지역들이기 때문이다. 그런데 안·사의 난후
당의 물가가 급등하였다는 연구 결과를 주목하고 싶다.[133] 그 이유는 당의
절도사들 휘하에 많은 군대를 유지하기 위하여 많은 물자가 크게 소요되었기
때문이다. 또 절도사들 휘하에 별안간 증가된 병사들로 말미암아 발생된
생산인력의 감소와 그들에게 필요한 물자 공급으로 말미암아 당의 물가
급등에 큰 영향을 주었음은 물론이다.

위의 이정기와 회흘의 결투에 대하여, 큰 의미를 부여하고 싶다. 왜냐하면
이정기와 회흘 가운데 담력이 큰 자, 두 사람만의 격투가 아니라 중국 내지에
있던 절도사 휘하의 회흘 출신 병사에 대한 통솔이 가능하여졌다는 상징성을
내포하고 있기 때문이다. 실제로 이정기가 회흘의 장사를 꺾고 나서, 그후
회흘은 난폭한 행동을 하지 못하였다.[134] 그런데 이정기의 고종사촌 후희일은
어리석게도 이정기의 출중한 무예를 시기하였다. 이정기가 王玄志 아들을
죽이면서 후희일을 절도사로 옹립하였던 장본인이라는 사실을 염두에 둔다
면, 후희일은 이정기와는 비교할 수 없을 정도로 용렬한 인물이었다. 이와

131) 『新唐書』 권213, 「李正己傳」 寶應中조, 5989쪽.
132) Denis Twitchett, 1965, 「唐末の藩鎭と中央財政」, 『史學雜誌』 74~8, 4쪽.
133) 根本誠, 1962, 「唐代の主要物資の價格に就いて」, 『史觀』 65·66·67, 139쪽.
134) 『太平廣記』 권192, 「李正己」 繇是不敢暴조, 1439쪽.

관련된 사실을 들어보자.

> 절도사 후희일은 바로 이정기의 외사촌형이며, 그는 이정기를 兵馬使로
> 임용하였다. 그런데 이정기가 침착하고 의지가 굳센데다가 무리의 마음을
> 사로잡고 있는 상황이라서, 후희일은 이를 문제 삼아서 이정기의 직위(兵馬使)
> 를 해직시켰다. 그러자 군인들 모두가 그에게 죄가 없다고 항변하면서 파직이
> 부당하다고 항의하였다.[135]

라는 것이 그것이다. 이는 이정기 때문에 절도사가 된 후희일은 도리어
이정기를 직위 해제시켰던 것과 관련된 사료이다. 이는 이정기의 고종사촌
후희일 마저도 이정기의 담력과 용맹성으로 자신의 관직이 빼앗길 것을
두려워 전전긍긍하였던 모양이다. 바꾸어 말하면 이는 후희일이 자신의
절도사 직을 이정기에게 빼앗기는 일이 일어날 것을 미리 우려하였다. 그래서
후희일은 그와 같은 후환을 아예 없애겠다는 목적으로 후희일은 淄靑에
주둔하면서부터 이정기에게 준 兵馬使라는[136] 관직을 빼앗았다. 그런데 이즈
음 후희일이 6州 절도사가 되었던 것도 정확히 말하면 이정기의 무공의
덕택이었다.

그런 상황인데도 불구하고 후희일은 淄靑에 주둔하면서 사냥과 절간·불탑
을 건립하는 일에 몰두하였기 때문에 군사들이 고통스러워하였다.[137] 그
결과 平盧절도사 후희일 휘하 군사들이 쿠데타를 일으키게 된 동기 가운데
하나가 兵馬使 이정기에 대한 파직건이었다. 앞에서 설명한 것처럼 평로·치청
절도사 후희일의 병마사 이정기는 무리들의 마음을 사로잡았을 뿐만 아니라

---

135) 『舊唐書』 권124, 「李正己傳」, 3535쪽, "節度使侯希逸卽其外兄也, 用爲兵馬使. 正己沉毅得
　　 衆心, 希逸因事解其職, 軍中皆言其非罪, 不當廢."
136) 『太平廣記』 권137, 「李正己」 侯鎭淄靑조, 987쪽.
137) 『舊唐書』 권124, 「侯希逸傳」 後漸縱恣조, 3534쪽 ; 『新唐書』 권144, 「侯希逸傳」 後稍忘肆
　　 조, 4703쪽 ; 『資治通鑑』 권223, 「唐紀」39 代宗 永泰 元年 5月 平盧節度使侯希逸鎭淄靑조,
　　 7175쪽 ; 築山治三郎, 앞의 「地方官僚と政治」, 368쪽.

전쟁터에서 늘 승리가 이정기의 몫이었다는 것을 아는 군사들은, 이정기와 너무 비교되는 후희일이 타도 대상으로 바뀌었다. 그렇다면 후희일이 이정기를 兵馬使 직에서 해임시켰던 구체적 이유가 저절로 밝혀진 것과 다름없다.

평로·치청절도사 후희일이 이정기의 병마사 직을 박탈하자, 후희일 휘하의 군인들이 이에 반발한 것은 어쩌면 후희일의 행위에 대한 자업자득이었다.[138] 이는 앞서 이정기가 회흘의 우두머리와 결투를 벌였던 것이 평로·치청절도사 휘하 무리에게 큰 영향을 주었다고 본다. 그때 회흘을 상대로 이정기가 승리하였던 결과로 군인들은 싸우지도 않고 회흘의 오만 성을 굴복시켰던 터라, 후희일 휘하 군인들이 여간 기뻤던 게 아닌가 싶다. 그러므로 이정기는 군인들 사이에서 영웅으로 추앙되는 기폭제가 되었던 것 같다. 게다가 예전에 후희일 자신이 절도사가 될 수 있었던 것도 이정기의 주도아래 平盧절도사 군인들이 후희일을 軍帥로 옹립하였던 사실을 잊을 수 없었던 군사들에 의해서, 후희일의 악정으로 자신을 궁지로 내몰고 있다는 상황을 후희일 자신만이 몰랐던 것 같다.

평로·치청절도사 후희일은 어리석게 이정기를 해직시킨 것은, 후희일 자신이 절도사로써 임무를 충실하게 수행하지 못하였기 때문에 일어났던 일이라고 본다. 물론 앞에서 지적한 것처럼 후희일은 평로절도사가 되었던 것 자체가 이정기의 노력의 대가로 얻어졌기 때문에 후희일은 늘 이정기에 대하여 부담스러웠을 것 같다. 상황이야 어찌되었든 후희일은 이정기가 자신보다도 평로·치청절도사 휘하 무리에게 인기가 치솟게 되자, 후희일은 자신의 직위마저 위태로워질 것을 우려한 나머지 예방조치 차원에서 이정기를 파면하였을 가능성은 농후하다. 한마디로 후희일의 어리석은 돌출 행동으로 말미암아 자신의 운명에 족쇄를 채우는 결과를 만들었다.

그런데 평로·치청절도사 후희일이 병마사 이정기를 파직시키고 난 후의 상황에 대해 『太平廣記』에 매우 자세하게 전하고 있다. 이를 들어보면,

---

138) 『新唐書』 권213, 「李正己傳」 軍中皆言不當廢조, 5989쪽.

얼마 지나지 않아 유언비어가 나돌자, 후희일은 화가 나서 이정기를 잡아
가두고, 법으로 다스리려고 하였다. 이때 이회옥은 억울하였지만 어디다가
하소연 할 곳이 없었다. 그래서 옥중에서 돌을 쌓아 불상을 만들고, 묵묵히
저승의 도움이 있기를 기도하였다. 때가 섣달이 가까웠기 때문에, 마음속으로
같은 또래들을 부러워하면서 한탄하다가 잠이 들었다. 어떤 사람이 머리
위에서 말하기를 "이회옥, 너는 부귀를 누릴 때가 되었다."고 하는 것을
느껴 놀라 깨어 사방을 둘러보았으나 사람은 보이지 않았다. 날이 아직
캄캄하였기 때문에 매우 괴이하다는 생각을 하다가, 이내 잠에 빠졌다. 또
어떤 사람이 말하기를 "너는 담 위에서 靑鳥子가 지저귀는 것을 보게 되면,
그때가 부귀를 얻을 시각이다."고 하였다. 곧 놀라 깨었으나 또 아무도 보이지
않았다. 얼마 있어 날이 밝자, 그 때 갑자기 靑鳥 수십 마리가 날아들었는데,
그 크기가 참새만한 것들이, 담 벽 위에 모여들었다. 조금 지나 삼군의 고함소리
가 들리더니 후희일을 쫓아내고, 자물쇠를 부수고 들어와서 이회옥을 꺼내게
되어, 留後직을 대리하게 하였다.[139]

라는 것이 그것이다. 위의 때는 이정기가 회흘을 겪고 난 후 병마사 직에서
파직당하고 옥에 갇혔을 때였다. 다시 말해 淄靑의 군사들이 후희일보다
이정기에 대한 신망이 커졌던 것이 화근이었다. 위의 사실은 간단히 말해
후희일이 이정기를 제거하려다가 도리어 축출 당하였다는 내용이다.

그런데 이정기가 감옥에서 풀려나기를 불심을 빌리려고 노력했다는 사실
은 암시하는 바가 매우 크다. 이는 앞에서 설명한 것처럼 후희일도 불교에
심취하였던 것과 같은 맥락이 아닐까 싶다. 바꾸어 말하면, 당에 의해 패망한
고구려 유민들이 자신의 어려운 상황을 극복하기 위한 수단으로 그 당시
유행하였던 불교에 귀의한 게 그 당시 보편적인 상황이었던 것으로 파악된다.

---

139) 『太平廣記』 권137, 「李正己」, 987쪽, "尋搆飛語. 侯怒囚之. 將置於法. 懷玉拘寃無訴.
於獄中疊石像佛. 默祈冥助. 時近臘月. 心慕同儕. 歎陀而睡. 覺有人在頭上語曰. 李懷玉.
汝富貴時至. 卽驚覺. 復不見人. 天尙黑. 意甚怪之. 復睡. 又聽人謂曰. 汝看牆上有靑鳥子噪.
卽是富貴時至. 卽驚覺. 復不見人. 有頃天曙. 忽有靑鳥數十. 大如雀. 時集牆上. 俄聞三軍叫
呼. 逐出希逸. 壞鏁. 取懷玉. 權知留後."

또 이정기가 갇혀있는 상황에서 꿈꾸었다는 사실도 종교성과 긴밀한 관련이
있는 대목이다. 한편 이는 「五行志」에나 있을 법한 내용들이다. 그런데 무엇보
다 중요한 사실은 이정기가 주동이 되어 이정기의 고종사촌 후희일이 축출되
었던 것이 아니란 사실이다. 즉 淄靑의 병사들이 자발적으로 후희일을 쫓아내
고 이정기를 치청절도사 유후로 옹립했다는 사실을 주목된다. 그런데 이를
단순히 후희일 보다 이정기의 리더십이 낫기 때문에 이정기가 치청절도의
병사들에 의해서 갇힌 곳에서 구출되었다고 주장한다면, 이는 설득력이
빈약한 논리이다. 바꾸어 말하면, 치청에 소속된 상당수의 고구려 유민들이
자신의 활로를 개척하기 위한 수단으로 쿠데타라는 방법을 통해서 고구려
유민 출신 이정기를 세웠다는 편이 훨씬 설득력이 강하다. 결론적으로 말하면,
이정기가 부하들을 다스리는데 있어서 엄혹하지 않을 뿐 아니라 늘 배려했기
때문에 군사들의 신망을 얻은 결과로 이정기가 부하들의 추대를 받게 된
것이 결정적 원인이라고 판단된다.

위의 사료에서 '留後'란 원래 후임 관리가 임명되기 전에 공백기를 채우면서
당의 명령을 기다린다는 의미였다. 그러나 이때는 이미 중앙의 힘이 너무
무기력하여 지방을 통제할 능력이 상실된 상황이었기 때문에 조정은 지방에
서 승인 요청이 있을 경우 이를 거부할 힘조차 없었다.140) 이와 같이 중앙정부
의 권위 추락으로 말미암아 藩鎭의 쿠데타가 빈발하였던 게 그 즈음의 보편적
인 현상이었다.

평로·치청절도사 후희일의 행적과 이정기가 후희일을 대신하여 평로·치청
절도 유후가 된 사정에 대해 司馬光은 『資治通鑑』에서 다음과 같이 언급하였다.

平盧절도사 후희일이 치청에 진수하면서 사냥을 즐길 뿐만 아니라 탑과
절을 짓기 좋아하였기 때문에 軍과 州가 이로 말미암아 고통스러웠다. 그런데
병마사 이회옥은 무리들의 인심을 얻었던 터라, 후희일이 이를 시기하여,

사건을 이용해 그의 군직에서 해직시켰다. (그 후) 후희일은 성 밖의 무당 집에 머물자, 군사들이 문을 걸어 잠그고 받아들이지 않고서, 이회옥을 받들어 우두머리로 삼았다. 후희일은 滑州로 달아나 표문을 올려 죄 받기를 기다리자, 조서를 내려 그를 사면하면서 京師로 돌아오게 하였다.[141]

이는 후희일이 평로·치청절도사 직은 아랑곳하지 않고 사냥이나 즐기면서 절과 탑을 짓게 함으로 군사와 백성에게 너무나 고통을 안겨 주었다. 또 후희일은 부당과 함께할 정도로 어리석어서 화를 자초했다. 그뿐 아니라 군심을 얻고 있는 평로의 제2인자 병마사 이회옥 파면이 본격적으로 군심을 동요를 유발하여서 군사들이 이회옥을 추대시키기 위해서 마침내 하극상으로까지 번졌다. 이와 같은 사실에 대해『신당서』「이정기전」에서는

후희일이 이정기를 병마사로 임명하였는데, 이정기는 생각이 깊은데다 강직했기 때문에 많은 무리의 마음을 얻었기 때문에 후희일이 사사로이 그를 시기해서, 그의 직무에서 해직시켰다. 그러나 軍中 모두가 파면이 부당하다고 말하였다. 오래지 않아서 후희일이 쫓겨났다. 조서를 내려 대신하여 이정기가 절도사로 임명되었다.[142]

이는『신당서』찬자의 입장에서 보면 후희일이 부하에 의해 쫓겨난 후 이정기가 대신하게 된 사실을 당연하게 받아들였기 때문에 간단히 서술한 것 같다. 아무튼 이는 절도사 군 내부의 쿠데타였음은 의심의 여지가 없다.

후희일은 부하에 의해 평로절도사에서 쫓겨나자 滑州로 달려가 조정에 대해서 죄를 청하면서 다음을 기다렸다. 그런데도 조정은 후희일이 필요했던

141)『資治通鑑』권223,「唐紀」39 代宗永泰 元年 5月條, 7175쪽, "平盧節度使侯希逸鎭淄靑, 好遊畋, 營塔寺, 軍州苦之. 兵馬使李懷玉得衆心, 希逸忌之, 因事解其軍職. 希逸與巫宿於城外, 軍士閉門不納, 奉懷玉爲帥. 希逸奔滑州, 上表待罪, 詔赦之, 召還京師."

142)『新唐書』권213,「李正己傳」, 5989쪽, "希逸以爲兵馬使, 沈毅得衆心, 然陰忌之, 因事解其職. 軍中皆言不當廢, 尋逐希逸出之, 有詔代爲節度使."

지 그를 장안으로 불러들였다. 더 정확히 표현하여 당에게 충성하려는 인물이 당은 늘 필요하였기 때문에, 주저하지 않고 받아들였기에 당은 후희일을 장안으로 불러들였다. 이렇게 이회옥이 평로절도사가 된 것은 평로 군사의 모반 결과였다.

4. 이정기의 평로 · 치청절도사 시절

1) 이정기의 평로 · 치청절도사 임명 배경

평로·치청절도사 후희일의 부하들이 이정기를 평로·치청절도 兵馬使에서 해직시킨 일을 문제 삼은 것은, 그야말로 항명과 다름없는 행위였다. 그렇다면 후희일이 이정기를 파직시켰던 처사야말로 그가 후환을 없애려다가 도리어 화를 자초하였던 셈이다. 그래서 『구당서』 편찬자는 후희일을 평가하길 "후희일은 거친데다가 제정신이 아니었기 때문에 스스로 제후로 봉함을 받았던 지역마저 잃었다"[143]라고 말하였다. 즉 후희일이 사냥을 즐겼을 뿐만 아니라 불교를 진흥시킨다는 명목으로 불사 창건 등으로 후희일 휘하의 군사를 괴롭혔던 것을 말함인 듯싶다.[144] 그러던 중 후희일은 밤에 무당과 함께 성 밖에 있다가 성안으로 들어갈 수 없는 상황을 만났다.[145] 평로·치청절도의 성안에서 쿠데타가 일어난 것이다. 후희일 휘하 군인들의 거센 항의가 반란으로 변질되었기 때문에, 도리없이 후희일은 도망하였다. 이에 관한 『구당서』 「이정기전」에,

　　마침 군인들이 후희일을 추격하니 후희일이 도망하자, 곧 이정기를 節帥로

---

143) 『舊唐書』 권124, 「李正己傳」 史臣曰, 3543쪽, "希逸荒狂, 自失茅土."
144) 金文經, 앞의 「唐代 高句麗遺民의 藩鎭」, 36쪽 ; 『續通志』 권243, 「唐列傳」43 '侯希逸' 好田獵尤崇釋敎興工創寺軍州苦之條, 4700쪽.
145) 『續通志』 권243, 「唐列傳」43 '侯希逸' 適希逸與巫者野宿城外閉關不納條, 4700쪽.

옹립하였으며, 조정에서는 그(이정기)에게 平盧淄靑節度觀察使·海運押新羅渤海兩蕃使·檢校工部尙書·兼御史大夫·靑州刺史를 제수하면서, 지금의 이름을 하사하였다. 얼마 있다가 檢校尙書右僕射로 추가하여 주었을 뿐 아니라 饒陽郡王으로 봉해 주었다.146)

이 같은 사실은 『資治通鑑』의 永泰 元年(765)조에도 실려 있다.

　　가을, 7월 임진 일에 鄭王 李邈을 平盧·淄靑節度大使로 삼고 李懷玉을 知留後로 삼으면서 그 이름을 하사하여 李正己라고 하였다.147)

위의 두 사료는 후희일이 잘못된 행실로 부하에게 축출된 후, 이회옥이 平盧·淄靑절도사가 되었다는 사실이다. 이를 몇 가지로 나누어 분석하고 싶다.

하나는 平盧·淄靑절도사 후희일이 부하에게 쫓겨 도망하였다는 사실이다. 그런데 이를 『신당서』「본기」는, 아예 永泰 원년(765) "7월 신묘 평로·치청 병마사 이회옥이 그의 절도사 후희일을 쫓아냈다"148)라고 언급하고 있다.149) 이는 당 현종대 말의 安史의 난 후 당의 기강이 무너졌던 한 단면을 이야기하는 내용이다. 이 같이 상황이 급변하자, 후희일이 무리에 의해서 軍帥가 되었던

---

146) 『舊唐書』권124,「李正己傳」, 3535쪽, "會軍人逐希逸, 希逸奔走, 遂立正己爲帥, 朝廷因授平盧淄靑節度觀察使·海運押新羅渤海兩蕃使·檢校工部尙書·兼御史大夫·靑州刺史, 賜今名. 尋加檢校尙書右僕射, 封饒陽郡王."

147) 『資治通鑑』권223,「唐紀」39 代宗永泰 元年조, 7175쪽, "秋, 七月, 壬辰, 以鄭王邈爲平盧·淄靑節度大使, 以懷玉知留後, 賜名正己."

148) 『新唐書』권6,「代宗本紀」永泰 元年조, 171쪽, "七月辛卯, 平盧·淄靑兵馬使李懷玉逐其節度使侯希逸";『新唐書』권82,「十一宗諸子」附'昭靖太子傳' 淄靑牙將李懷玉조, 3622쪽.

149) 『續通志』권9,「唐紀」9 代宗(永泰 元年) 7月辛卯淄靑兵馬使李懷玉逐其節度使侯希逸조(上海 : 商務印書館, 1935), 3296쪽 ;『唐會要』권55,「中書舍人」永泰中,淄靑節度使李正己조(北京 : 中華書局, 1990), 951쪽 ; 日野開三郎, 1939,「唐代藩鎭の跋扈と鎭將 1」,『東洋學報』26-4, 21쪽. 이회옥이 후희일을 쫓아냈던 때는 日野開三郎이 말하는 永泰 원년 5월이 아니라 7월이다.

것처럼 이정기도 그와 같은 형식을 밟아 군수가 되었다. 그 후 조정도 후희일이
왕현지의 후임으로 평로절도사로 임명되었던 것과 똑같이 반복하여 처리하
였다. 이렇게 됨으로 말미암아 조정 의도와 상관없이 藩鎭이 사사로이 장악되
는 경우가 반복되었다.[150]

『구당서』에서 永泰 원년(765) 7월 신묘 일에 "淄靑절도사 후희일은 그의
副將 이회옥에 의해 축출되었다. 황제는 鄭王 李邈을 平盧·淄靑절도대사로
삼으면서, 이회옥을 權知留後로 삼았다"[151]라는 것이 그것이다.[152] 여기서
鄭王 李邈을 平盧·淄靑절도대사로 삼았다고 하나, 이는 명목상 임명이고 실제
는 淄靑절도사는 이회옥이라는 의미이다. 더 정확히 말해 李邈은 平盧·淄靑에
간 적도 없었다. 이를 설명하는 자료는 開元 4년(716) 정월 "여러 親王들이
멀리서 절도사 업무를 관장하게 한 것은 이로부터 시작되었다."[153] 다시
말해 절도사로 임명된 친왕들이 임지로 가지 않은 것이 716년 정월부터였다.
그렇다면 이회옥이 765년 7월 평로·치청절도사 직을 수행하도록 당 조정이
임명했다고 표현하여도 조금도 틀린 말이 아니다.[154]

이정기가 평로·치청절도사로 임명된 후, 이정기를 위시한 절도사들이
조정의 간섭 없이 독자적으로 활동했음을 입증하는 중요 사료가 『자치통감』
에 있어, 이를 소개한다. 즉 765년 5월조에,

> 이때에 承德절도사 李寶臣·魏博절도사 田承嗣·相衛절도사 薛嵩·盧龍절도사
> 李懷仙은 安·史의 남은 무리들을 거두어, 각각 강한 병졸 수만을 가지고,

---

150) 李樹桐, 1992, 「元和中興之硏究」, 『唐代硏究論集』3, 臺北 : 新文豊出版, 365쪽.
151) 『舊唐書』권11, 「代宗本紀」永泰 元年 秋7月辛卯朔조, 279쪽, "淄靑節度使侯希逸爲副將李
     懷玉所逐. 制以鄭王邈爲平盧·淄靑節度大使, 令懷玉權知留後事."
152) 『新唐書』권82, 「十一宗諸子」附'昭靖太子傅' 詔邈爲平盧淄靑節度大使조, 3622쪽 ; 『冊府元
     龜』권176, 「帝王部」姑息1 永泰元年 7月, 以鄭王邈爲開府儀同三司充平盧淄靑節度度支營田
     等大使조, 420쪽.
153) 『資治通鑑』권211, 「唐紀」27 玄宗 開元 4年 正月조, 6716쪽, "諸王遙領節度自此始."
154) 『資治通鑑』권223, 「唐紀」39 代宗永泰 元年 7月 壬辰조, 7175쪽.

군사를 다스려서 성벽을 완전하게 하였고, 스스로 文武의 將吏를 임명하면서, 貢賦를 바치지 않았으며, 山南東道절도사 梁崇義와 李正己는 더불어 모두 혼인으로 연결하면서, 표리관계를 이루었다. 조정에서는 오로지 고식적으로 일을 처리했기 때문에, 다시 통제할 수 없었으나, 비록 이름은 藩臣이지만 羈縻만 하였을 뿐이었다.155)

이는 성덕절도사 이보신등이 휘하에 강력한 군사를 어떻게 거느렸는가에 대한 설명문이다. 이때 이정기는 山南東道절도사 梁崇義와 정략결혼으로 인척관계를 형성함으로서 긴밀한 관계를 형성했다. 아울러 이때 節度府의 문무 관리를 조정과 상관없이 독자적으로 임명하였다. 그뿐 아니라 절도부에서는 조정에 貢賦마저 바치지 않았다는 것은 절도사들이 어느 정도 독립적이었다는 가늠하는 잣대이다. 간단히 말해 절도부가 한 나라나 다름없을 정도의 독자 체제를 구축했다는 방증이다.

그런데 이정기는 스스로 평로·치청절도사가 된 후에, 당 代宗의 부름으로 장안으로 갔다. 이와 관련해 『당회요』에

永泰연간(765~766)에 치청절도사 이정기는 일 때문에 황제 부름을 받아 京師에서 奉使했다.156)

이는 조정에서 이정기가 평로·치청절도사 후희일을 축출한 후 즉시 이정기를 평로·치청유후로 인정했던 것은, 당이 필요로 했기 때문이었다는 상황에 대한 설명사료이다. 당은 절도사를 통제할 수 없는 상황이었기 때문에 절도사

---

155) 『資治通鑑』 권223, 「唐紀」39 代宗永泰 元年 7月조, 7175쪽, "時承德節度使李寶臣·魏博節度使田承嗣·相衛節度使薛嵩·盧龍節度使李懷仙, 收安·史餘黨, 各擁勁卒數萬, 治兵完成, 自署文武將吏, 不供貢賦, 與山南東道節度使梁崇義及正己皆結爲婚姻, 互相表裏. 朝廷專事姑息, 不能復制, 雖名藩臣, 羈縻而已."
156) 『唐會要』 권55, 「省號」하 '諫議大夫', 951쪽, "永泰中, 淄靑節度使李正己, 辟爲從事, 因奉使京師."

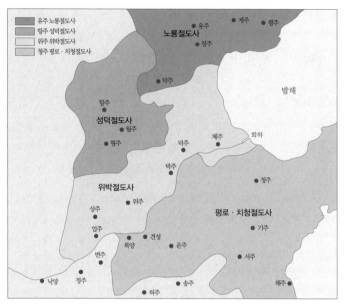

이정기가 청주로 진출한 후의 절도사 판도

가 바뀌는 일에 신경 쓸 경황이 없었다. 엎친데 덮친 격으로 永泰 원년 9월에
수십만의 토번병사가 당의 鳳翔府를 협공하는 그런 절박한 상황이었다.[157]
그 다음 달(10월) 토번은 연이어 奉天마저 공격하였다.[158] 이로 말미암아
토번 공격으로 당 代宗의 신변마저 위험을 느낄 지경이었다. 그렇다면 용맹한
이정기가 회흘 장사를 제압한 것과 같은 인물이 덕종에게 너무나 필요하였다.
그러나 이때 이정기가 장안의 정세를 파악한 것이 후일 당을 제압하겠다는
단초가 되었는지 모른다.

　京師에서 당은 33세 이회옥에게 이정기라는 이름을 하사하면서 아울러
평로·치청절도의 유후로 임명하였다.[159] 이는 이때(永泰 元年 7月)부터 당이

---

157) 『舊唐書』 권11, 「代宗本紀」 永泰 元年 9月조, 279쪽.

158) 『舊唐書』 권11, 「代宗本紀」 永泰 元年 10月 辛酉조, 280쪽.

159) 『資治通鑑』 권223, 「唐紀」39 代宗 永泰 元年 7月 以懷玉知留後, 賜名正己조, 7175쪽 ; 『續通
　　志』 권279, 「唐列傳」79 '李正己' 詔代爲節度使本名懷玉至是賜今名조, 4881쪽 ; 日野開三郎,
　　1980, 「藩鎭の跋扈」, 『東洋史學論集 1 － 唐代藩鎭の支配体制』, 東京 : 三一書房, 94쪽 ; 劉

이정기를 평로·치청절도로 추인했다는 뜻이다.[160] 다시 말해 이때부터 공식적으로 후희일이 아닌 이정기가 平盧·淄靑절도사가 된 시점이다.[161] 그러나 언제까지 이정기가 京師에 머물렀는지에 대한 기록을 필자는 찾지 못했다. 이정기가 京師에 짧은 기간 머물렀던 것 같지는 않다. 이와 같이 추단한 이유는 대력연간에 토번과 회흘이 쉼 없이 당을 공격하여서 각 절도사들이 이들의 공격을 막기 위해 防秋兵을 계속 동원하였는데, 大曆 10년까지 평로·치청절도사 이정기가 防秋兵을 동원했다는 기록을 찾지 못했기 때문이다.

이때는 평로·치청절도사 이정기는 靑州를 위시해서 平盧軍마저 총괄하였다.[162] 우리가 아는 것처럼 靑州는 오늘날 山東省에 위치하고 있고, 위의 平盧의 治所는 營州라서 오늘날 朝陽으로,[163] 북으로는 遼寧省을 망라한 광활한 지역을 통치하였다고 본다. 참고로 天寶 元年경 平盧節度에 배속된 상비군의 수가 3만 7천 5백인이었다는 사실을 주목하고 싶다.[164] 게다가 平盧節度使가 安東都護府마저 관장하였다는 사실은 의미가 크다.[165] 그 이유는 이정기가 고구려인이었던 것처럼 이정기

이정기 장군이 휘하 군사를 거느리고 토번 공격에 나설 때의 상상도(『중화상하오천년』에서 참고)

伯驥, 앞의 「藩鎭之禍」, 32쪽.

160) 사회과학원 역사연구소, 「발해국의 발전」, 『조선전사』 5, 43쪽.

161) 藍文徵, 앞의 「隋唐五代之民族」, 45쪽.

162) 『舊唐書』 권38, 「地理」1 平盧軍節度使, 治靑州조, 1390쪽.

163) 田村實造, 앞의 「唐帝國の世界性」, 72쪽.

164) 那波利貞, 1952, 「唐天寶時代の河西道邊防軍に關する經濟史料」, 『京都大學文學部硏究紀要』 1, 33쪽.

165) 『通典』 권172, 「州郡」2 平盧節度使 安東都護府조, 4481~4882쪽.

가 통활한 무리 가운데 상당수의 고구려인이 포함되었던 것은 분명한 사실이다. 이와 관련된 사실은 뒤에서 더 자세히 언급하겠다.

이때부터 평로·치청절도사 이정기는[166] 완전히 독립된 세력을 형성하였다고 표현하여도 무리가 아닐 성싶다.[167] 그러나 이정기가 언제부터 정확하게 平盧·淄靑節度大使라는 관직을 갖게 되었는가에 대한 사실을 언급하고 있지 못하다. 그런데 앞서 鄭王 李邈이 평로·치청 절도대사로 삼았던 것은, 임지에 가지도 않는 당시의 하나의 관례에 불과한 형식적인 임명 조치였다. 이런 이유로 이때부터 평로·치청절도사로 이정기가 임명되었다고 보아야 옳다. 그런데 아무 근거도 제시하지 못하면서 日野開三郎은 大曆 원년에 이정기가 平盧·淄靑절도사가 되었다고 주장하였다.[168] 그러나 이는 日野開三郎의 실수였다. 또 평로·치청절도대사는 이정기에게 준 직함은 아니며 명목상관직이지만 당이 친왕들에게만 주었던 관직이 분명하다.

한편 평로·치청절도대사 鄭王 李邈의 행적은 다음과 같다. 그런데 鄭王 李邈은 大曆 8년 5월 죽었다는 사실에 초점을 맞추면[169] 이정기가 언제부터 실제의 평로·치청절도대사 역할을 하였는지 알 수 없다. 그런데 평로·치청절도대사로 임명되었던 鄭王 李邈이 죽기 이전 이정기가 정식으로 平盧·淄靑절도대사가 아니었더라도 이정기가 平盧·淄靑절도사의 직책을 수행한 것은 틀림없다. 그러나 평로·치청절도사 이정기가 실제 평로·치청 주인이었으며, 설사 평로·치청절도대사 정왕 李邈 이후 다른 인물이 임명되었더라도 이는 평로·치청과 아무런 상관없는 명목상의 관직이었다. 경우야 어쨌든 平盧·淄靑절도사 직을 이정기가 수행한 시기는 永泰 원년 7월부터였다. 그 이유는

---

166) 『太平廣記』권192, 「李正己」朝廷因授平盧節度使조, 1439쪽.

167) 日野開三郎, 「唐·河陽三城節度使考」, 『東洋史學論集 1 - 唐代藩鎭の支配体制』, 334쪽 ; 『資治通鑑』권223, 「唐紀」39 代宗 永泰元年 7月 雖名藩臣, 羈縻而已조, 7175쪽 ; 藍文徵, 앞의 「隋唐五代之民族」, 45쪽 ; 伊瀨仙太郎, 앞의 「安史の亂後における周邊諸民族の中國進出」, 93쪽.

168) 日野開三郎, 앞의 「唐代藩鎭の跋扈と鎭將,1」, 32쪽.

169) 『舊唐書』권11, 「代宗」大曆 8年 5月 辛卯, 鄭王邈薨조, 302쪽.

鄭王 李邈이 부임지에 갔던 것이 아닌 명목상 관직이 平盧·淄靑절도대사였기 때문이다. 따라서 永泰 원년(765) 7월부터 이정기는 실질적 平盧·淄靑절도사였다고 보면 맞다.

그런데 평로·치청절도사 휘하에 군사가 3만 4천 8백 명이고, 말이 5천 3백 필이나 될 정도의 군사를 거느렸다는 사실은 평로·치청절도사의 군사력을 가늠할 수 있는 좋은 척도가 될 듯싶다.[170] 이때 평로·치청절도사 이정기의 治所는 靑州였다.[171]

大曆 4년 이전부터 이정기의 정식 직함은 平盧·淄靑 절도사였다. 즉 "(大曆 4년) 11월 滑毫절도사 令狐彰과 淄靑절도사 이정기는 아들들을 조정에 보내어 임금을 배알하자, 이때 조서로써 令狐彰의 아들 令狐建을 御史中丞으로, 정기의 아들 이납을 侍御史로 임명하면서 아울러 금인과 자줏빛 허리띠를 주었다"[172]는 것이 그것이다. 이는 淄靑절도사 이정기의 아들 이납에게 侍御史라는 직함을 주었다는 내용이다. 여기서 주목할 것은 이정기가 大曆 4년 淄靑절도사였다는 사실이다. 이는 鄭王 李邈이 平盧·淄靑절도대사로 임명됨과 동시에 이정기가 淄靑절도사로 임명되었다는 것을 알려주는 내용이다. 후일 이정기는 정식으로 평로·치청절도관찰사라는 관직을 받았다. 전일 후희일이 平盧절도사라는 관직을 받았던 것과 비교하면 이정기는 후희일보다 더 광범위한 지역의 군사령관과 행정장관을 당으로부터 제수 받았던 사실을 특기하고 싶다. 그 이유는 이정기가 당시 중앙권력이 지방에 미치지 못한 상황에서, 그의 개인적 역량으로 군인들의 마음을 사로잡을 뿐만 아니라 주변 지역도 평정하였다는 것을 암시하기 때문이다.

다른 하나는 조정에서 낙양 이동의 모든 권한을 이정기에게 맡겼다는 사실이다. 이때 당의 역사에서 최초로 押新羅渤海兩蕃使라는 관직을 설치하였

---

170) 『舊唐書』 권38, 「地理」1 平盧軍節度使조, 1387쪽 ; 嚴耕望, 앞의 「唐代篇」, 6쪽.
171) 『舊唐書』 권38, 「地理」1 平盧軍節度使, 治靑州조, 1390쪽.
172) 『冊府元龜』 권131, 「帝王部」 延賞2, 120쪽, "(大曆 4年) 十一月, 滑毫節度使令狐彰, 淄靑節度使李正己, 竝遣男朝謁, 詔以彰男建兼御史中丞, 正己男納兼侍御史仍賜金紫."

다. 때는 永泰 원년(765)이었다.[173] 정확히 말해서 永泰 원년 7월 신묘 平盧·淄青
兵馬使 이회옥이 그의 절도사 후희일을 쫓아냈는데[174] 그때 당에서 이정기에게
최초로 押新羅渤海兩蕃使라는 관직을 주었다.[175] 그런데 林樹山은 이정기가
押渤海使로 임명되었던 시기를 758년이라고 주장하였다.[176] 이는 林樹山이
乾元 원년부터 이정기가 淄青절도사가 되었다는 사실에 초점을 맞춘 것
같다. 그렇다면 永泰 원년부터 무슨 까닭으로 신라와 발해가 당과 활발하게
교역을 하였는가에 대한 사실이 저절로 밝혀진 셈이다. 참고로 押新羅渤海兩蕃
使는 신라·발해에 대한 관리와 지휘 통제권을 행사하는 지방의 우두머리
관리이다.[177] 간단히 말해 당으로 오고 가는 신라·발해 사신을 관장하는
그런 관직이라고 보면 맞다.

　그런데 押新羅渤海兩蕃等使라는 관직과 유사한 것이, 그 이전에도 있었다.
즉 開元 29년(741) 7월에 당이 幽州節度副使 안녹산을 平盧軍 절도부사와
營州자사로 임명하면서 동시에 押兩蕃渤海·黑水四府經略處置使라는 관직을
주었다. 그리고 安祿山 이전에 王斛斯가 처음으로 押新羅渤海兩蕃等使였다.[178]

---

173) 『新唐書』 권65, 表第5「方鎭」2 永泰 元年 淄青節度增領押新羅渤海兩蕃使조, 1805쪽.
174) 『新唐書』 권6,「代宗本紀」永泰 元年 7月 辛卯, 平盧·淄青兵馬使李懷玉逐其節度使侯希逸
　　171쪽 ; 『新唐書』 권82,「十一宗諸子」附'昭靖太子傅' 淄青牙將李懷玉조, 3622쪽.
175) 築山治三郞, 앞의「地方官僚と政治」, 368쪽.
176) 林樹山, 1997,「唐朝對渤海國實行的民族自治政策」,『高句麗 渤海硏究集成, 渤海卷 一』,
　　哈尒濱：哈尒濱出版社, 498쪽(原載：『東北亞歷史與文化』, 1990).
177) 朱國忱·魏國忠, 1996,『渤海史』, 東京：東方書店, 160쪽.
178) 『舊唐書』 권9,「玄宗本紀」下 開元 29年 7月 幽州節度副使安祿山爲營州刺史조, 213～214
　　쪽 ; 『新唐書』 권66, 表第 6「方鎭」3 (開元) 28年 平盧軍節度使조, 1836쪽 ;『唐會要』
　　권78,「諸使中」'節度使'(開元) 28年 除王斛斯又加猗兩蕃及渤海黑水等四府經略處置使조,
　　1430쪽.『新唐書』와『唐會要』는 안녹산이 兩蕃·渤海·黑水四府經略使로 임명되었던 시
　　기를 開元 28년으로 기록하고 있다 ;『資治通鑑』 권214,「唐紀」30 玄宗 開元 29年
　　7月 兩蕃·渤海·黑水四府經略使조, 6845쪽.『資治通鑑』은『舊唐書』 본기와 같게 安祿山이
　　兩蕃·渤海·黑水四府經略使로 임명되었던 시기를 開元 29년 7月로 기록하고 있다 ; 王壽
　　南, 1974,「唐玄宗時代的政風」,『國立政治大學學報』29, 69쪽 ; 朱國忱·魏國忠, 1996,『渤海
　　史』, 160쪽 ; Edwin G. Pulleyblank, "Notes to Chapter 7", *The Background of The Rebellion
　　of An Lu-Shan*, (Oxford University Press, 1955), p.160.

그러나 開元연간 당이 안녹산에게 주었던 관직 가운데 兩蕃은 신라가 포함되었던 것이 아닌 奚와 契丹을 의미하는 것이다.[179] 따라서 이때 押兩蕃·渤海·黑水四府經略處置使 안녹산은 奚·契丹[180]·渤海·黑水 등 중국 북방 여러 민족을 관장하였다. 이런 관직으로는 안녹산 외에 당 현종이 蜀으로 도망가면서 劉正臣을 임명한 경우가 있다. 즉 당 현종이 劉正臣을 柳城太守·平盧節度使로 임명함과 동시에 준 陸運押渤海黑水等四府經略使가 그것이다.[181] 그런데 당 현종 천보 15재(756) 4월에 劉正臣이 陸運押渤海黑水四府經略使로 임명되었을 때는 해로를 이용한 것이 아니라 육로로 당과 발해가 통교하였던 것을 관장하였다.[182] 그런 까닭에 유정신에게 발해와 흑수4부에 대한 외교 정치 경제 등의 제반업무를 관장시켰다. 유정량이란 본명 대신 유정신이라는 이름을 하사받은 때도 이때이다. 유정신이 평로절도사로 임명되었던 때는 756년 6월 이전이다.[183] 그런데 평로절도사 유정신은 安東都護 王玄志에 의해 독살되었던 인물이다.[184] 더욱 흥미로운 것은 나중에 이정기의 손자 이사도의 나라를 멸망시킨 장본인인 劉悟의 祖父가 바로 유정신이라는 사실이다.[185]

아무튼 신라·발해와 당의 외교는 초기에 평로절도사가 담당하였음이 틀림 없다. 이때 당과 발해의 교섭은 육로가 아닌 해로를 이용하였다. 그 이유는 契丹이 육로를 장악하면서부터 신라·발해와 당의 외교업무가 평로절도사가 아닌 평로·치청절도사로 이관되었기 때문이다.[186] 그렇다고 평로·치청절도

---

179) 『資治通鑑』 권214, 「唐紀」30 玄宗 開元 29年 8月 兩蕃조의 胡三省註, 6845쪽.

180) 『資治通鑑』 권214, 「唐紀」30 玄宗 開元 29年 7月 兩蕃의 胡三省註 唐謂奚·契丹爲兩蕃조, 6845쪽 ; 王承禮, 앞의 「당 왕조의 大祚榮 책봉과 발해 정치세력의 발전」, 66쪽.

181) 魏國忠 等, 佐伯有淸 譯, 1996, 「渤海の歷史(3)」, 『渤海史』, 東京 : 東方書店, 43쪽 ; 孫玉良, 1997, 「唐朝對渤海的經營與管轄」, 『高句麗 渤海硏究集成, 渤海卷 一』, 哈尒濱 : 哈尒濱出版社, 463쪽(原載 : 『黑龍江文物叢刊』 6, 1983).

182) 『舊唐書』 권145, 「劉全諒傳」 天寶15載 4月조, 3938~3939쪽.

183) 『資治通鑑』 권218, 「唐紀」34 肅宗 至德 元載 6月 平盧節度使劉正臣將襲范陽조, 6980쪽.

184) 『資治通鑑』 권219, 「唐紀」35 肅宗 至德 2載 春 正月 初 平盧節度使劉正臣自范陽敗歸, 安東都護王玄志鴆殺之조, 7017쪽 ; 劉伯驥, 앞의 「藩鎭之禍」, 32쪽.

185) 『新唐書』 권214, 「劉悟傳」 劉悟조, 6012쪽.

사라는 관직이 발해·신라의 무역 업무만 담당하는 관직이라는 것은 아니다. 당에서 신라·발해 외교업무를 전담하는 관직은 海運押新羅渤海兩蕃使이다. 그런데 고구려가 당에 의해 망하기 이전까지 '長行高麗白錦'이라는 직물이 당에서 유통되었다는 사실에서[187] 삼국시대부터 고구려와 당의 문물교류가 빈번하였음을 알 수 있다.

사실 이때부터 이정기가 낙양 이동의 주인으로 활약하였던 시대로 평가할 수 있다. 압신라발해양번사라는 관직은 이정기가 신라의 해상교통의 대권마 저 장악했다는 구체적 증거이다.[188] 곧 평로·치청절도사 이정기의 대표성과 상징성을 모두 갖추었던 관직이 바로 海運押新羅渤海兩蕃使였다.

이 해운압신라발해양번사라는 관직이 중요하였다는 것은 다음 사실에서 확인이 가능하다. 平盧節度都知兵馬使 田神功이 上元 원년(760)에 낙양을 함락 했을 때 외국상인으로 피살된 자가 무려 천명이나 되었다는 사실은, 역설적이 지만 그 당시 당과 외국과의 교역이 그만큼 활발하였다는 증거이다.[189] 다시 말해 그 무렵 당과 외국의 교역의 빈도수와 규모가 당에 거주하는 외국 상인 수와 어느 정도는 맞물리기 때문에 그로써 당과 외국과의 교역에 대한 모든 것을 짐작할 수 있다. 그렇다면 海運押新羅渤海兩蕃使 이정기가 당의 동방무역 모두를 관장하였다는 의미로 평가해도 과장된 말이 아니다.

2) 이정기와 신라

---

186) 김한규, 1999, 「渤海가 遼東을 占有한 시기의 韓中關係」, 『한중관계사 1』, 아르케, 303쪽.

187) 上野直明, 1982, 「唐代の手工業」, 『唐代社會經濟の構造的研究』, 東京 : こだま社, 172쪽.

188) 陳尙胜, 1996, 「唐代的新羅僑民社區」, 『歷史研究』 1, 165쪽.

189) 『舊唐書』 권124, 「田神功傳」 (上元 元年) 商胡波斯被殺者數千人조, 3532~3533쪽 ; 『新唐 書』 권144, 「田神功傳」 殺商胡波斯數千人조, 4702쪽 ; 『資治通鑑』 권221, 「唐紀」37 肅宗 上元 元年 殺商胡以千數조, 7102쪽 ; 金明姬, 「隋의 社會經濟的 特徵」, 『中國 隋·唐史 硏究－天子의 나라 天下의 文化－』, 187~188쪽.

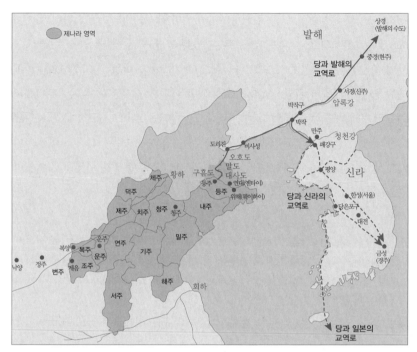

해운압신라발해양번등사 이정기와 신라·발해 교역 루트

海運押新羅渤海兩蕃等使라는 관직은 바다를 통하여 당으로 오는 신라와 발해 사신은 물론이고, 기타 사신들이 낙양과 장안으로 오고 가는 일을 관장하는 관직이다. 한마디로 신라와 발해 사신 외에 일본 등에서 당으로 오고 갈 때, 외교는 물론 두 나라의 교역에 관한 업무를 총괄하던 관직이다. 참고로 권덕영의 연구에 의하면, 遣唐使가 신라는 178次, 발해는 170次인데 비하여 倭·日本은 불과 20次였으며 그나마 그 가운데 4회는 도중에 중지되었다.[190] 이는 이때 신라나 발해와 비교할 수 없을 정도로 일본의 조선술이나 항해술이 심각하게 낙후되었다는 것을 의미한다. 또한 이는 신라가 遣唐使를 파견하는데 海運押新羅渤海兩蕃等使 李正己의 역할이 매우 컸다는 의미도

190) 權悳永, 1997, 『古代韓中外交史 — 遣唐使研究』, 292~304쪽, 一潮閣 ; 荒木敏夫, 2005, 「倭國·東アジア古代日本」, 『遣唐使の見た中國と日本』, 東京 : 朝日新聞社, 10쪽.

된다. 더욱이 嚴耕望의 연구에 의하면 640년 이후 300년간 당에 유학한 신라인의 수는 3,000명을 초과할 정도로 많았다.[191]

해운압신라발해양번사라는 관직에서, 당이 낙양 이동 지역의 모든 통치 권한을 이정기에게 위임하였다고 표현하면 어떨까 싶다. 그 이유는 조정에서 이정기에게 해운압신라발해양번사라는[192] 관직을 주어 신라·발해와 사신교환은 물론 두 나라와 교역하는 모든 업무를 맡겼기 때문이다.[193] 이정기가 관할하였던 淄·靑·萊·海州는 통일신라 이전부터 많은 통교가 있었던 지역이라는 사실을 감안하면 더욱 그렇다. 한 예를 들면,

　　劉仁願이 더 많은 병사를 황제에게 글로써 요청하자, 황제는 조서로써 左威衛장군 孫仁師에게 淄·靑·萊·海州의 병사 7천인을 거느리고 해로를 이용하여 熊津으로 가도록 파견하니, 劉仁願 휘하의 군사 수가 더욱 증가하였다.[194]

라는 사실에서 淄·靑·萊·海州와 한반도와의 연관성을 찾을 수 있다. 위 사료의 시기는 龍朔 2년(662) 7월경이었다.[195] 곧 淄·靑·萊·海州에서 당시 백제의 熊津으로 가는 해로가 보편적으로 이용되었다는 방증이다. 그렇다면 이후 위의 州들을 관장하였던 이정기가 통일신라와 빈번한 교류를 갖게 되었다는 것도 지극히 당연하다. 어쩌면 이때 이미 백제인은 물론 신라인들도 산동반도에 거주하였을지도 모른다.

공식적으로 신라인은 660년대에 당에서 집단생활을 하였다. 이에 관한 소식은 『구당서』 권39, 「지리지」2 에 자세하다.

---

191) 嚴耕望, 1969, 「新羅留唐學生與僧徒」, 『唐史硏究叢稿』, 新亞硏究所, 425~481쪽 ; 荒木敏夫, 위의 「倭國·東アジア古代日本」, 10쪽.

192) 金文經, 1995, 「唐·日에 비친 張保皐」, 『東洋史學硏究』 50, 153쪽.

193) 築山治三郎, 앞의 「地方官僚と政治」, 369쪽.

194) 『舊唐書』 권199上, 「百濟國傳」, 5332쪽, "仁願乃奏請益兵, 詔發淄·靑·萊·海之兵七千人, 遣左威衛將軍孫仁師統衆浮海赴熊津, 以益仁願之衆."

195) 『舊唐書』 권199上, 「百濟國傳」 龍朔 2年 7月條, 5332쪽.

歸義州는 總章년간에 설치하였으며, (歸義州는) 해외의 신라인들의 거주지로, 幽州都督의 휘하에 있었다. 옛날 縣 하나에 해당하며, 戶는 195이고, 인구는 624인이다. 그런데 歸義는 良鄕縣에 있는 옛날 廣陽城으로, 州의 治所이다.196)

라는 사실이 그것이다. 이는 신라인들이 總章년간에 당에 집단 거주지를 형성하였다는 내용이다. 이를 세 가지로 정리하고 싶다.

하나는 總章년간(668~670)이었다는 사실이다.197) 신라의 삼국을 통일한 해가 668년이었다는 사실을 고려한다면, 삼국통일 후 신라인 상당수가 생활터전을 옮겼다는 말이다. 이 무렵 신라가 당과 싸웠다는 기록이 없을 뿐만 아니라 신라와 당이 우호관계였다는 사실을 감안한다면, 당시 신라인들이 당과의 교역이라든가 정치적 망명이라든가 등의 이유로 많이 이주하였던 것 같다. 무엇보다 중요한 사실은 신라인의 집단 거류지가 언급되었던 것은 이 사료가 최초이다.

둘은 당에서 신라인이 공동생활을 하였던 곳을 幽州도독이 관장한다는 사실이다. 이는 앞에서 언급한 것처럼 신라인들이 당의 영토 안에서 당의 지시 감독을 받으며 생활하였다는 말과 일맥상통한다. 總章년간에 歸義州에 거주하였던 신라 戶가 195였으며, 인구가 624명이었다는 사실은 당의 유주도독부의 문서에 등재되었던 가호와 인구의 수이다. 실제는 歸義州에서 생활하였던 신라인의 수가 이보다 더 많았을지 모른다.

셋은 신라인이 살았던 歸義가 오늘날 북경에서 그리 멀지 않은 남쪽지역이라는 사실이다. 더 정확히 말하면 良鄕縣의 옛 廣陽城 및 그 일원이 당에 거주하는 신라인의 거주지였다는 뜻이다. 물론 그 가운데 고구려나 백제 공격에 공을 세웠던 신라인들도 포함되었을 가능성을 배제할 수 없다. 이렇게 추측하는 이유는 당이 고구려나 백제의 포로들에 대하여는 반란을 우려하여

---

196)『舊唐書』권39,「地理志」2, 1525쪽, "歸義州 總章中置, 處海外新羅, 隷幽州都督. 舊領顯一, 戶一百九十五, 口六百二十四. 歸義, 在良鄕縣之古廣陽城, 州所治也."
197) 伊瀬仙太郎, 앞의「安史の亂後における周邊諸民族の中國進出」, 89쪽.

64

여러 차례 강제 이주시켰던 기록이 있으나, 신라인을 강제로 소개시켰다는 기록은 없기 때문이다. 또 歸義, 良鄕縣, 廣陽城 지역은, 오늘날 북경에서 20~100㎞이내의 가까운 지역들이다.[198]

그렇다면 장보고의 해상 활약 때 산동반도에 신라방이 있었다는 사실과 총장년간에 형성된 신라인의 집단 거류지와의 연관성은 확인할 수 있다. 圓仁의『入唐求法巡禮行記』에 언급되었던 신라방은 楚州로,[199] 오늘날 安徽省 淮安縣과 江蘇省 漣水縣 지방의 신라방을 말한다.[200] 또한 위의 지역은 8세기 후반에 海運押新羅渤海兩蕃使 이정기의 관할지였다.

이정기가 해운압신라발해양번사라는 관직에 있었을 때, 당과 신라의 관계에서 첫 번째 일이 있었던 것은, 중국측 기록에 의하면 大曆 2년(767)이었다. 『舊唐書』·『冊府元龜』·『資治通鑑』 등은 大曆 2년 신라왕 김헌영이 죽자,[201] 같은 해 신라에서 김헌영의 아들 乾運을 신라왕으로 세우고, 대신 김은거로 하여금 표를 받들고 방물을 가지고 당에 입조하였다는 기록이 그것이다.[202] 이때 김은거는 冊命을 요청하기 위해 당으로 갔으므로 李大龍의 주장처럼 告哀와 求請을 겸한 使者로 분류할 수 있다.[203] 그런데 신라왕 김헌영(경덕왕)

---

198) 譚其驤 主編, 앞의 『中國歷史地圖集－隋·唐·五代十國時期－』, 48~49쪽.
199) 石見淸裕, 1998, 「唐代外國貿易·在留外國人をめぐる諸問題」, 『唐の北方問題と國際秩序』, 東京：汲古書院, 521쪽.
200) 伊瀨仙太郎, 앞의 「塞外系内徙民の漢人との接觸交流について(二)－特に唐代を中心として－」, 17쪽.
201)『舊唐書』권199上, 「新羅國傳」大曆 2年 憲英卒조, 5337쪽；『冊府元龜』권965, 「外臣部」冊封 第3 大曆 2年 2月 以新羅王金憲英卒조, 11351쪽(北京中華書局, 1982)；『冊府元龜』권966, 「外臣部」繼襲1 大曆 2年 憲英卒조, 11359쪽(北京中華書局, 1982)；『資治通鑑』권224, 「唐紀」40 代宗 大曆 2年조, 7198쪽.
202)『舊唐書』권199上, 「新羅國傳」(大曆 2年) 國人立其子乾運爲王조, 5337쪽；『新唐書』권220, 「新羅傳」遣金隱居入朝待命조, 6205쪽；『冊府元龜』권965, 「外臣部」冊封 第3 (大曆 2年 2月) 遣其臣金隱居請加冊命조, 11351쪽(北京中華書局, 1982)；『冊府元龜』권972, 「朝貢部」第5 大曆 2年 是年新羅王金乾運조, 3855쪽.
203) 李大龍, 2001, 「邊疆民族政權派往唐朝的使者」, 『唐朝和邊疆民族使者往來研究』, 黑龍江敎育出版社, 130쪽.

이 죽은 것은 大曆 2년이 아니라 그보다 3년 앞선 일이었다. 경덕왕 사후 신라의 재상들끼리 권력다툼을 무려 3년 동안이나 벌였기 때문에,[204] 그것이 수습된 대력 2년(767) 2월에야 신라는 사신 김은거를 당으로 파견하였다.[205]

한편『삼국사기』「혜공왕본기」에는 3년(767) "가을 7월 이찬 김은거를 당에 파견하여 방물을 바치면서 책명 해주기를 요청하였더니, 황제가 紫宸殿에서 연회를 베풀면서 접견하였다"[206]라 하여, 김은거를 당에 파견하였던 시기가 2월이 아닌 7월로 다르게 전하고 있다. 그런데『舊唐書』나『冊府元龜』는 신라왕 김헌영이 죽은 시기를 대력 2년으로 기록하였다. 물론 이때(혜공왕 3년) 산동반도의 登州에 도착한 告哀使者 遣唐使인 金隱居는[207] 海運押新羅渤海兩蕃使 이정기 휘하의 안내를 따라 京師로 갔다.[208] 이보다 앞서 永泰 2년(766) 3월에도 신라가 당에 사신을 보내어 조공을 바쳤을 때[209] 이정기는 신라 사신에 관한 최초의 업무를 관장한 듯싶다. 그 이유는 당이 大曆 2년(767) 신라왕 憲英이 죽어, 그의 아들 乾運을 신라왕으로 새로 책립할 일이 발생하였기 때문이다.[210]

그러나 寶應 2년(763)에 신라왕 憲英이 사신을 당에 보내 조공을 바쳤을 때는[211] 이정기가 신라 사신에 대한 업무를 관장하지 않았다고 본다. 이정기

---

204)『文獻通考』권326,「四裔」3 新羅 大曆初憲英死조, 2565쪽(上海 : 商務印書館, 1936).
205)『冊府元龜』권965,「外臣部」冊封 第3 (大曆 2年 2月) 遣其臣金隱居請加冊命조, 11351쪽(北京中華書局, 1982) ; 申瀅植, 1984,「統一新羅의 對唐關係」,『韓國古代史의 新硏究』, 일조각, 335쪽 ; 權悳永, 1997,「遣唐使 관련기록의 검토」,『古代韓中外交史』, 일조각, 65쪽. 김은거가 당에 도착한 시기는 大曆 2년 7월이 아니라 2월이다. 7월은 김은거가 당에서 신라를 향하였던 시기인 듯싶다.
206)『三國史記』권9,「惠恭王本紀」3년조, 95쪽(을유문화사, 1991), "秋七月, 遣伊湌金隱居入唐貢方物, 仍請加冊名, 帝御紫宸殿, 宴見."
207) 申瀅植, 앞의「統一新羅의 對唐關係」, 333쪽. 혜공왕 11년(775) 신라가 김은거를 遣唐使로 하였다고 언급하였다 ; 馬大正 외, 2001,『古代中國高句麗歷史叢論』, 268쪽.
208) 신형식, 2011,「『삼국사기』본기 기사내용의 개별적 검토」,『삼국사기의 종합적 연구』, 경인문화사, 249쪽.
209) 韓國磐, 1994,「南北朝隋唐與百濟新羅的往來」,『歷史硏究』2, 33쪽.
210)『唐會要』권95,「新羅傳」大曆 2年조, 1713쪽.

가 해운압신라발해양번사에 임명된 시기는 永泰 원년(765) 이후였기 때문이다. 당은 大曆 3년(768) 정월[212] 갑자 일에 弔祭冊立使者로 倉部郎中 歸崇敬을[213] 御史中丞으로 임명, 紫金魚袋와 持節을 주어 弔祭사절과 신라 신왕에 대한 책립사절로 신라에 파견하였다.[214] 이때 귀숭경이 당에서 신라로 가는 바다에서 파도를 만났던 위급한 상황에 관한 흥미로운 기록이 전하고 있어, 이를 옮겨 보겠다. 즉

歸崇敬이 大曆 연간에 倉部郎中으로 임명되어, 冊立新羅王使였을 때 바다 가운데서 매우 빠른 파도를 만나서, 배가 파괴되어 바닷물이 스며들게 되자, 배를 탄 사람 모두가 놀랐다. (이때) 선원은 작은 배로 옮겨 탈 것을 요청하였다. 숭경 일행은 위험을 벗어났다. 그때 歸崇敬이 말하길, 뱃사공이 수백 명이나 되는 사람을 앉히는 어려운 상황에, 어찌 혼자만 위기를 벗어나려고 꽁무니를 뺄 수 없다고 말하였다. 그러자 파도가 점점 약해졌기 때문에, 결국 해를 피할 수 있었다.[215]

라는 것이 그것이다. 이는 大曆 3년경에 당에서 신라로 가는 해상에서 폭풍을

---

211) 『唐會要』 권95, 「新羅傳」 寶應 2年조, 1713쪽.

212) 『唐會要』 권95, 「新羅傳」 大曆 3年 2月조, 1713쪽. 『唐會要』는 歸崇敬 신라왕 책립사로 파견한 때를 大曆 2년 정월이 아니라, 그 다음달 2월이라고 다르게 기록되어 있다.

213) 申瀅植, 앞의 「統一新羅의 對唐關係」, 347쪽 ; 李大龍, 2001, 『唐朝和邊疆民族使者往來研究』, 黑龍江敎育出版社, 44쪽.

214) 『舊唐書』 권149, 「歸崇敬傳」 大曆初, 以新羅王卒조, 4016쪽. 大曆(766~) 초에 죽은 신라왕은, 기실 廣德 2년(764)에 죽은 경덕왕을 지칭하는 것이다 ; 『新唐書』 권220, 「新羅傳」 詔倉部郎中歸崇敬往弔, 6205쪽 ; 『冊府元龜』 권965, 「外臣部」 冊封 第3 (大曆 2年 2月) 詔以倉部郎中歸崇敬조, 11351쪽(北京中華書局,1982) ; 『續通志』 권258, 「唐列傳」58 '歸崇敬' 大曆初, 授倉部郎中充弔祭冊立新羅使조, 4765쪽 ; 『唐會要』 권95, 「新羅」 (大曆) 3年 2月 命 倉部郎中歸崇敬兼御史中丞조, 1713쪽. 『唐會要』에서는 歸崇敬이 신라로 갔던 때를 정월이 아닌 2월이라 기록하고 있다. 당의 장안을 출발하였던 때가 2월인 모양이다.

215) 『冊府元龜』 권815, 「總錄部」 誠感 '歸崇敬', 3005쪽, "歸崇敬, 大曆中爲倉部郎中充冊立新羅王使, 至海中流波濤迅急, 舟破壞漏, 衆咸驚駭. 舟人請以小艇載. 崇敬避禍, 崇敬曰, 舟人几數百, 我何獨濟逡巡, 波濤稍息, 竟免爲害."

만나 배가 조난되었을 때의 상황을 설명한 글이다. 이를 세 가지로 분석하고
싶다.

하나는 大曆 2년(767) 歸崇敬이 倉部郎中과 御史中丞으로 제수 받으면서[216]
紫金魚袋를 받고 신라로 향하였다는 사실이다.[217] 歸崇敬이 신라로 가게
된 까닭은 신라왕이 죽었기 때문에 당의 弔祭와 冊立使의 신분으로 출발한
것이다. 그가 많은 수행원과 해로를 이용하여 신라로 가는 중 해난사고가
발생하였다.[218] 이때 해상에서 배가 파괴되어 구멍이 뚫려, 배 안으로 물이
들어오는 위급한 상황이 발생했다. 그 결과 신라로 가는 배를 탄 사신 일행
모두가 놀랐음은 물론이다.

둘은 한 척의 배에 수백 명이 탔다는 사실이다.[219] 이는 당에서 신라로
갔던 배의 규모가 상당히 컸음을 시사한다. 그런데 그 배가 바다 가운데서
급류를 만나 구멍이 뚫렸던 절박한 상황이었다. 그 때 신라로 항해중인
배의 선원이 배를 탄 모든 승객에게 작은 배로 옮겨 탈 것을 요구하였다는
사실은 이 배에 구명보트가 있을 정도로 컸다는 뜻이다. 이와 같이 당에서
신라로 가는 배에[220] 수백 명이나 탔다는 데서 배의 크기가 어느 정도였는지
가늠할 수 있다. 당에서 신라로 가는 큰 배는 작은 배를 싣고 다닐 정도로
배의 규모가 컸다. 게다가 이때 작은 배 규모도 수백 명이 옮겨 탈 수 있을
정도였다고 하니 子船이 여러 척이었던 것 같다. 또한 작은 배에 옮겨 탄
수백 명의 자리를 마련한다는 것은 여간 어려운 문제가 아니었을 게 분명하다.

그렇다면 당에서 신라로 가는 배에 수백 명이나 되는 사람들의 신분 구성이
어떠하였을까. 물론 수백 명 가운데 歸崇敬 일행이 제일 많았을 것이다.

---

216) 馬大正 외, 2001, 『古代中國高句麗歷史叢論』, 흑룡강교육출판사, 271쪽.
217) 『舊唐書』 권149, 「歸崇敬傳」 大曆初, 以新羅王卒조, 4016쪽.
218) 『續通志』 권258, 「唐列傳」58 '歸崇敬' 海道風濤조, 4765쪽.
219) 『舊唐書』 권149, 「歸崇敬傳」 崇敬曰조, 4016쪽. 歸崇敬이 내가 탄 배에 백 수십여
　　명이나 탔다고 말한 사실로 보아 『冊府元龜』의 숫자가 다소 과장된 것 같다.
220) 『續通志』 권258, 「唐列傳」58 '歸崇敬' 其舟數十百人조, 4765쪽.

그밖에 당과 신라를 오가며 교역을 하는 무리가 포함되었음은 물론이다. 그렇다면 이 배는 사무역상들이 신라로 가지고 가는 많은 물화를 적재할 정도로 규모가 컸던 게 틀림없다.

셋은 歸崇敬이 작은 배로 옮겨 타고 나서 적극적인 행동을 하였다는 사실이다.[221] 물론 귀숭경은 당대의 뛰어난 학자였으나, 오직 글만 아는 학자가 아니라 위기상황을 극복할 수 있는 적극적 인물이다. 그래서 귀숭경은 작은 거룻배를 타고 나서, 수백 명을 배에 앉히기 위해 자리 정리 등을 솔선수범하였다. 마치 이는 귀숭경이 성난 바다에서 배의 중심이 잡히지 않으면, 배가 전복될 수 있다는 사실을 알았던 인물인 것처럼 들린다. 시간이 경과하면서 파도가 잠잠하여지자 귀숭경 일행이 탄 배는 위험 순간을 벗어날 수 있었다. 그런데 이런 일로 말미암아 귀숭경이 하늘을 감동시켰던 결과인양 기록하였다는 것이 흥미롭다. 당의 책립신라왕사로 임명되기 전에 귀숭경은 중앙관인 起居郎에 있다가 外官을 요청하여 潤州 장사가 되었던 그런 인물이다. 귀숭경은 집안이 가난하여 중앙 관직보다 급료가 많은 지방 관직을 선택할 정도로 사리판단이 현실적인 인물이었다.[222] 한편 歸崇敬은 당의 文豪이자 碩學이었던 인물이라는 사실은 의미를 더할 수 있다.[223] 달리 말해 옛 선비정신에만 도취한 인물이 아니라, 학문도 열심히 정진하면서 실제 경제생활도 적극적으로 해결한 인물이었다.

그렇다면 귀숭경이 풍랑에 적극적으로 대처하였던 사실과 歸崇敬의 사람됨에 대하여 칭송하기 위한 글이, 위의 사료 내용인 듯싶다. 그런 이유 때문인지 귀숭경은 황실 비위를 맞추기를 좋아하면서도, 당시의 교육제도를 개혁할 것을 제안할 정도로 현실참여 의지가 강하였다.[224]

---

221) 『續通志』 권258, 「唐列傳」58 '歸崇敬' 我何忍獨濟조, 4765쪽.
222) 築山治三郎, 「官僚の俸祿と生活」, 『唐代政治制度の硏究』, 575쪽. 起居郎 월급은 18,000인 데 비하여, 潤州長史 월급은 50,000이나 되었다.
223) 신형식, 1989, 「한국고대의 서해교섭사」, 『국사관논총』 2, 국사편찬위원회, 37쪽.
224) David McMullen, "From 650 to 755", *State and Scholars in T'ang China*, (Cambridge University

그런데 당 대종이 파견하였던 귀숭경의 행적에 대하여 『삼국사기』 「혜공왕 본기」는 다음과 같이 전하고 있다. 즉

> (혜공왕) 4년 봄 혜성이 동북방에 나타났다. 당 대종이 倉部郎中 歸崇敬에게 御史中丞을 겸직시켜 보내어 황제의 신절과 책서를 가지고 와서 왕을 開府儀同 三司, 신라왕으로 책봉하고, 아울러 왕의 어머니 김씨를 대비로 책봉하였다. 여름 5월에 사형 이하의 죄수들을 사면하였다.[225]

위의 기록 가운데 당의 사신이 신라에 도착하였던 시기 다음의 일이, 그해 여름 5월로 연결되었던 사실을 주목하고 싶다. 왜냐하면 이는 당의 사절이 신라에 도착하였던 때가 대략 3월 하순경이라는 짐작이 가능하기 때문이다. 한편 당 대종이 大曆 3년 정월 갑자 일에 귀숭경을 신라로 파견하였 다는 사실을 감안한다면, 대략 3개월 정도 걸려 장안에서 출발한 당의 책봉사 가 신라의 금성에 도착하였다는 계산이 나온다. 이는 당에서 신라로 가는 기간이 어느 정도 소요되었는지 가늠하는 중요한 척도가 될 것 같다. 그렇다고 이때 당의 대종의 사절이 장안을 출발한 후 쉬지 않고 신라 금성에 도착하였다 는 주장은 아니다. 물론 당의 사절이 신라를 향할 때, 海運押新羅渤海兩蕃等使 이정기의 지휘·감독을 받았던 사실을 간과할 수는 없다. 또 신라에서 당으로 돌아갈 때도 이정기의 지휘 감독을 받았음은 물론이다. 그런 歸崇敬은 신라에 서 당으로 돌아온 후 조정으로부터 國子司業과 集賢學士로 임명받은 후 여러 儒官과 함께 『通志』를 편찬하였다.[226]

歸崇敬과 함께 신라로 간 인물은 監察御史 陸珽·顧愔이었으며 이들이 副使로 신라에 가서 冊書를 전달하였다.[227] 이때 당은 김헌영의 아들 金乾運을 開府儀

Press, 1988), p.60 ; p.181.

225) 『三國史記』 권9, 「惠恭王本紀」, 95쪽, "四年, 春, 彗星出東北. 唐代宗遣倉部郎中歸崇敬, 兼御史中丞, 持節賫冊書, 冊王爲開府儀同三司新羅王, 兼冊王母金氏爲大妃. 夏五月, 赦殊 死已下下罪."

226) 『舊唐書』 권149, 「歸崇敬傳」 使還조, 4016쪽.

同三司·신라왕으로 책봉하였다.228) 또 당은 그 冊書에서 새로운 신라왕 金乾運
의 어머니 김씨를 太妃로 책봉할 정도로 신라 내정에 깊숙이 관여하였다.229)
게다가 당이 開元 28년(740) 신라왕 金承慶 妃 박씨를 신라 왕비로 책봉한
후 최초의 일이기 때문에 더욱 그렇다.230) 그런데 이때 당은 歸崇敬이 가져간
책서에서 신라왕의 비가 아닌 신라왕의 어머니를 최초로 太妃로 책봉하였다.
이는 당 조정이 절도사들에 의해 휘둘림을 당하자, 당이 신라와 유대관계를
강화하기 위한 정치적 의도가 깔린 외교술이라고 해석하고 싶다.

위의 사실은 당과 신라 관계가 긴밀했다는 것을 엿볼 수 있는 자료이다.
이때 당의 사신들이 육로와 해로를 이용하여 신라로 가는 제반 사항의 일을
당에서는 고구려 유민인 이정기가 관장하였다. 물론 이때 歸崇敬의 임무는
신라 경덕왕의 죽음을 애도하는 조제와 신왕 혜공왕(김건운)의 冊書를 가지고
가는 일이었다.231) 당의 사신으로 신라로 가는 正使 歸崇敬과 副使 陸珽·顧愔이
었다는 사실에서, 그 사절단이 상당히 큰 규모였다는 것을 가늠할 수 있다.
이때 신라로 가는 당의 사신 歸崇敬의 副使 顧愔은 『新羅國記』라는 신라
견문록을 남겼던 인물이다.232) 따라서 顧愔의 『新羅國記』가 『신당서』의 「신라

---

227) 『新唐書』 권220, 「新羅傳」 監察御史陸珽·顧愔爲副冊授之조, 6205쪽.

228) 『冊府元龜』 권965, 「外臣部」 冊封 第3 (大曆 2年 2月) 以乾運爲開府儀同三司조, 11351쪽(北京中華書局, 1982).

229) 『新唐書』 권220, 「新羅傳」 幷母金爲太妃조, 6205쪽 ; 『冊府元龜』 권965, 「外臣部」 冊封 第3 (大曆 2年 2月) 仍冊乾運母爲太妃조, 11351쪽(北京中華書局, 1982) ; 『唐會要』 권95, 「新羅傳」 (大曆) 3年 2月조, 1713쪽 ; 『冊府元龜』 권976, 「外臣部」 褒異3 (大曆) 3年 正月 甲子 冊新羅國王金乾運母爲妃조, 11461쪽. 褒異에서 신라고 기록한 것은 잘못된 것이다 ; 末松保和, 1954, 「新羅中古王代考」, 『新羅史의 諸問題』, 東京 : 東洋文庫, 183쪽, 그런데 末松保和는 『唐會要』와 『冊府元龜』에서 金乾運의 母의 성이 기록되지 않았다는 사실을 중시하였다. 그러나 金乾運의 母의 성이 기록되지 않았다는 사실을 문제삼은 것은 지나친 듯싶다.

230) 末松保和, 1954, 「新羅中古王代考」, 『新羅史의 諸問題』, 東洋文庫, 183쪽.

231) 『舊唐書』 권199上, 「新羅國傳」 (大曆 3年) 賜紫金魚袋歸崇敬持節齎冊書往弔冊之조, 5337쪽.

232) 『新唐書』 권58, 「藝文志」 48 顧愔新羅國記一卷조, 1508쪽 ; 李基東, 1984, 「新羅 中古時代 血族集團의 特質에 관한 諸問題」, 『新羅骨品制社會와 花郎徒』, 일조각, 96쪽.

전」에 나오는 신라 사회 관계기사의 중요한 자료가 되었음은 의심의 여지가
없다.233)

또 歸崇敬이 옛 말을 인용한 가운데 신라에서 생산되는 물건들을 당에
가져다 팔면, 당에서 많은 이익을 볼 수 있다는 내용도 암시하는 바가 크다.234)
그 이유는 신라에서 생산되는 물건들이 당에서 생산되지 않거나, 아니면
당에서 생산되는 물건보다 신라 제품이 우수하였다는 것을 귀숭경이 간접적
으로 설명한 셈이기 때문이다. 그밖에 그즈음 당에서 신라로 갔던 배가
컸다는 사실에서, 당과 신라와의 교역량이 많았다는 사실을 알 수 있다.
반대로 신라에서 당으로 갔던 배의 크기에 관한 것을 가늠하기도 어렵지
않다. 귀숭경이 신라에 왔다가 돌아간 답례로, 신라는 같은 해(大曆 3년)
9월에 당에 사신을 보내면서 조공을 바쳤다.235) 귀숭경은 당 현종, 숙종,
대종, 덕종 4대를 섬겼고 兵部상서직에까지 올랐으며, 그의 아들은 歸登이
다.236)

4년 후 신라가 당에 사절을 파견하였다. 이에 관한 사실은『삼국사기』
「혜공왕본기」에 "8년 봄 정월 이찬 김표석을 당에 보내어 배알하게 하고
신년하례를 하였더니, 대종은 (김표석에게) 衛尉員外少卿의 관직을 주어서
돌려보냈다"237)로 나와 있다. 그런데 이때 신라가 당으로 파견한 김표석의
도착시기를 다음과 같이 전하고 있다. 즉 大曆 7년(772) 5월 신라 혜공왕이
파견하였던 사신 김표석이 賀正使 신분으로 당에 도착하였다.238) 당시 신라에

---

233) 李基白, 1974,「貴族勢力과 身分制」,『新羅政治社會史研究』, 일조각, 36쪽.

234)『舊唐書』권149,「歸崇敬傳」故事, 使新羅者, 至海東多有所求조, 4016쪽.

235)『冊府元龜』권972,「朝貢部」第5 大曆 3年 9月 新羅조, 3855쪽 ;『三國史記』권9,「惠恭王本
紀」4年 9月 遣使入唐朝貢조, 96쪽.

236)『資治通鑑』권235,「唐紀」51 德宗 貞元 11年 2月조, 7567쪽.

237)『三國史記』권9,「惠恭王本紀」, 96쪽, "八年, 春正月, 遣伊湌金標石朝唐賀正, 代宗授衛尉員
外少卿, 放還."

238)『舊唐書』권199上,「新羅國傳」(大曆) 7年, 遣使金標石來賀正조, 5337~5338쪽 ;『冊府元
龜』권972,「朝貢部」第5 大曆 7年 5月 新羅조, 3855쪽 ;『太平御覽』권781,「四夷部」2
新羅 大曆7年新羅王金乾運조, 3462쪽 ;『唐會要』권95,「新羅傳」(大曆) 7年조, 1713쪽.

서 해로를 거쳐서 다시 登州부터 당의 서울로 가는 길이 멀어 그 해 賀正使가 5개월이나 지나서, 5월 정미 일에 당의 장안에 도착하였다는 사실이 흥미롭다. 이때 김표석은 당의 관례대로 衛尉員外少卿이라는 벼슬을 받았다.[239] 그런데 이때 당에서 김표석을 돌려보냈다는 기록에서 신라가 당의 인질로 그를 보냈으나, 당이 그럴 필요성이 없기 때문에 김표석을 신라로 귀환조치시켰다고 생각된다.

대력 8년(773) 신라가 賀正使를 당으로 보낼 때는 대력 7년 경우보다 무려 3달이나 빠르게 5월경에 당에 도착했다.[240] 따라서 이때는 신라의 賀正使가 2개월도 소요하지 않고 당의 서울에 도착하였던 셈이다. 아마 이는 신라에서 당으로 파견하는 賀正使가 너무 늦게 4월에 출발하였기 때문에 당으로 향하는 신라 사신의 여정을 서둘렀던 것이다. 이때 신라내의 정치적 문제 때문에 당으로 가는 賀正使가 늦게 출발하였던 모양이다.

대력 8년 5월경에 당에 도착한 신라 賀正使가 장안성 안의 延英殿에서 황제에게 금·은·우황·魚牙紬·朝霞紬 등을[241] 바칠 때, 당에서 신라 사신의 출입을 관장한 인물도 이정기였다.[242] 그런데 신라는 대력 8년 賀正使 외에 그 해 다시 謝恩使를 당으로 파견하였다. 신라가 대력 8년의 하정사를 정월이 아닌 4월에 파견하였던 것에 대한 사죄함인지, 뒤미처 그해 '6월에 (신라가) 사신을 당에 보내어 사례하였다'[243]는 것은 신라와 당의 관계를 가늠하는 잣대가 될 것 같다. 대력 8년 6월에 신라 謝恩使를 당 대종이 延英殿에서 맞이하였다는 게 그것이다.[244] 그 후 당은 대력 9년(774) 11월 임자 신라

239) 『冊府元龜』 권976, 「外臣部」 褒異3 (大曆 7年) 5月 丁未新羅遣金標石조, 3883쪽.

240) 『舊唐書』 권199上, 「新羅國傳」 (大曆) 8年 遣使來朝조, 5338쪽 ; 『冊府元龜』 권971, 「朝貢部」第4 大曆 8年 4月 新羅遣使賀正조, 11415쪽.

241) 『冊府元龜』 권972, 「朝貢部」第5 大曆 8年 4月 新羅遣使賀正조, 3883쪽 ; 『太平御覽』 권781, 「四夷部」2 新羅 (大曆)8年又遣使獻조, 3462쪽 ; 『三國史記』 권9, 「惠恭王本紀」9年 夏四月, 遣使如唐賀正조, 96쪽.

242) 『舊唐書』 권199上, 「新羅國傳」 (大曆) 7年, 遣使金標石來賀正조, 5337~5338쪽.

243) 『三國史記』 권9, 「惠恭王本紀」 9年, 96쪽, "六月, 遣使如唐謝恩."

하정사에게 신라 正使 衛尉員外郎이라는 벼슬을 주어 돌려보냈다.[244] 그런데 신라에서 당으로 가는 공식사절의 횟수로 볼 때 大曆년간(766~779)에 적어도 1년에 1회 이상 신라가 당에 조공을 하였던 것 같다.[246] 정확히 말하면 대력 9년부터 12년까지 신라가 당에 조공하였던 횟수가 1년에 1~2회였다.[247] 이는 이 무렵 신라와 당이 밀접한 관계를 맺었던 증거라고 보아도 틀림없다.

그 후 대력 14년(779) 윤5월 병자 일에 신라가 당에 해동청을 조공하는 것을 그만두라고 하였다.[248] 그런데 대력 13년 이후 신라가 당에 조공하였다는 기록은 없지만 대력 13년에도 신라는 당에 조공하였던 것 같다. 왜냐하면 대력 13년 이후에도 신라가 당에 조공을 하였기 때문에, 당은 대력 14년 윤5월 신라와 발해에게 해동청을 조공품에서 빼라고 지시하였던 게 틀림없다. 당시 즉위한 당 덕종의 명으로 신라·발해의 조공품에서 해동청은 빠졌다.[249] 그런데 王健群은 당이 해동청의 희소가치가 없기 때문에 조공품에서 빼게 되었던 것이라고 주장하였다.[250] 그러나 이는 설득력이 없는 이야기고, 오히려 덕종이 불교신자라는 이야기가 더 설득력 있을 성싶다.

신라와 발해가 당에 조공한 물품 가운데 해동청이 포함된 경우가 많은 사실이 흥미롭다.[251] 물론 이는 당이 필요로 하는 해동청이 신라나 발해에

---

244) 『冊府元龜』 권972, 「朝貢部」第5 大曆 8年 6月 新羅遣使謝恩조, 3855쪽 ; 『三國史記』 권9, 「惠恭王本紀」 9年 6月, 代宗引見於延英殿조, 96쪽.

245) 『冊府元龜』 권976, 「外臣部」 褒異3 (大曆 9年) 11月壬子新羅賀正使還蕃조, 3883쪽 ; 『三國史記』 권9, 「惠恭王本紀」10年 冬10月 遣使如唐賀正조, 96쪽. 이때(774)도 773년처럼 불과 두 달만에 신라를 출발한 賀正使가 당의 장안에 도착하였던 것 같다.

246) 『新唐書』 권220, 「新羅傳」 於是, 歲朝獻조, 6205쪽.

247) 『舊唐書』 권199上, 「新羅國傳」 (大曆) 9年至12年조, 5338쪽 ; 『冊府元龜』 권972, 「朝貢部」第5 大曆 9年 4月 新羅遣使朝貢조, 3855쪽. 신라에서 당으로 갔던 사신의 시기는 大曆 9年 4월, 10월, 10년 정월, 6월, 11년 7월, 10월, 12년 12월이다.

248) 『新唐書』 권7, 「德宗紀」 (大曆 14年 閏 5月) 丙子, 罷諸州府及新羅渤海貢鷹鷂조, 184쪽.

249) 『冊府元龜』 권168, 「帝王部」 却貢獻 德宗以大曆14年5月조, 2026쪽(北京中華書局, 1982) ; 『續通志』 권10, 「唐紀」10 德宗1 (大曆 14年 5月) 丙子罷新羅渤海歲貢鷹鷂조, 3299쪽.

250) 王健群, 1996, 「渤海國의 經濟結構和社會性質」, 『社會科學戰線』 3, 225쪽.

251) 金子修一, 2001, 「中國皇帝と周邊諸國の秩序」, 『隋唐の國際秩序と東アジア』, 東京 : 名著

많았음을 의미하는 이야기이고, 당보다는 신라나 발해가 사냥을 많이 즐겼다는 사실과 통하는 바다. 여기서 유추가 가능한 것은 海運押新羅渤海兩蕃使이정기가 경제적으로 신라·발해와 무역으로 큰 이익을 누렸음을 암시하는 대목이다. 실제로 이때 당 절도사 가운데 이정기의 경제력 규모가 가장 컸던 것을 당이 알고 있었기 때문에 이런 사실을 사서에 정확히 기록할 정도였다. 달리 말해 이는 이정기가 발해·신라와의 해상 교통의 독점권을 갖고 있었음을 암시하는 내용이다.[252) 그 밖에 平盧절도사 관내의 棣·德·靑州에서 생산되는 소금은[253) 막대한 이익을 가져다주었을 뿐만 아니라 江·淮漕運을 차단할 수 있는 그런 요지에 있었기 때문에 이정기에게 돌아가는 경제적 이윤이 엄청났다는 사실을 형언하기 어렵다고 본다. 이와 같이 평로절도사관내에서 소금으로 막대한 이익을 챙길 수 있는 것은 淮西에서 소금이 생산되지 않기 때문이다. 따라서 淮西는 淄靑으로부터 소금을 사들였다.[254) 그런데 대력 말년에 소금으로 얻는 이익이 국가 수입의 반을 차지할 정도였다는 사실을 주목하고 싶다.[255) 그렇다면 淄靑平盧에서 막대한 경제적 이익을 챙겼다는 것은 자명한 사실이다. 이러한 것이 기초가 되어서 평로·치청절도사 이정기가 강력한 집단을 형성할 수 있는 단초가 되었다고 고려될 수 있다.

이때 당에서 신라로 갔던 해로에 관하여는『신당서』「지리지」에 자세하다.[256) 그런데 「지리지」의 내용은 대략 30년간 지리학에 심취한 賈耽이 저술하였던『古今郡國縣道四夷述』40권 가운데 있는 기록을[257) 옮긴 것 같다. 그런데 賈耽이 貞元 17년(801) 10월 신미 일에『海內華夷圖』와『古今郡國縣道四夷述』을 저술해 당 덕종에게 바치기[258) 전에도 지리서를 지었다.[259) 貞元 17년 이전

刊行會, 63~64쪽.

252) 陳尙勝, 1996,「唐代的新羅僑民社區」,『歷史硏究』1, 165쪽.

253) 築山治三郎, 앞의「地方官僚と政治」, 367쪽.

254) 築山治三郎, 앞의「地方官僚と政治」, 363쪽.

255) 築山治三郎, 앞의「地方官僚と政治」, 372쪽.

256)『新唐書』권43下, 志第33下「地理」7下 登州東北海行조, 1147쪽.

257)『唐會要』권36,「修撰」(貞元 17年) 10月宰臣賈耽조, 659쪽.

가탐이 지은 것으로 隴右와 山南 지도와 黃河 주변의 사정을 圖經으로 저술한 책 10권이 있다.260) 賈耽이 지리학으로 명성을 얻었던 것처럼 그의 저택도 장안성의 중앙에 위치한 光福坊에 자리를 잡았다.261) 여기서 당에서 신라로 가는 해로를 「지리지」에서 요약하면, 山東반도 登州에서 출발하여 요동반도로 항해하는 해안선을 이용한 해로가 그 하나이다.262) 다시 말해 登州 앞바다 大謝島·龜欽島·末島·烏湖島를 지나 3백 리를 항해하여, 또 2백 리의 烏湖海를 건너면, 요동반도 최남단 都里鎭에 도착한다. 또 다시 요동반도의 남쪽 바다를 끼고 동으로 항해하길 8백 리, 다시 해안선을 끼고 남쪽으로 항해하면, 烏牧島와 浿江口·椒島를 지나게 되는데, 이내 신라의 서북지역 長口鎭에 도착하였다. 또는 요동반도의 남쪽 바다를 끼고 동으로 가다가 압록강구에서 다시 해안선을 끼고 남하하여 唐恩浦口에 도착하여 육로로 동남 방향으로 7백 리를 가면 신라 왕성에 도착하였다.263) 신라에서 당으로 가는 길도 같은 코스로, 당에서 신라로 오가는 항로는 해안선을 이용한 뱃길이 중심이 된 셈이다. 그런데 이 항로는 이미 西晉의 幽州諸軍事·烏丸校尉·安北장군 張華가 이용하였던 해로였다.264) 곧 西晉시대 이전부터 중국에서 한반도를 갈 때 자주 이용되었던 항해 길이자, 당 태종때부터 신라에서 많은 유학생들을 당으로 보냈던265) 길이기도 했다.

---

258) 『舊唐書』 권13, 「德宗紀」 貞元17年 10月 辛未조, 395쪽.

259) 『舊唐書』 권138, 「賈耽傳」 至(貞元)17年조, 3784~3785쪽.

260) 『舊唐書』 권138, 「賈耽傳」 耽乃畵隴右조, 3784쪽.

261) Victor Cunrui Xiong, "Residential Quarters", *Sui-Tang Chang'an*, (Ann Arbor : The University of Michigan, 2000), p.223.

262) 權惠永, 「遣唐使의 往復行路」, 『古代韓中外交史』, 199쪽. 賈耽의 『道里記』라는 책은 『皇華四達記』(10권) 속에 있는 한 권의 책명이다. 물론 이는 『古今郡國縣道四夷述』 40권에 포함되었다 ; 吳承志, 1968, 『唐賈耽記邊州入四夷道里考實』, 臺北 : 文海出版社, 3쪽 ; 『新唐書』 권58, 「藝文」2 賈耽地圖十卷 又皇華四達記十卷조, 1506쪽.

263) 內藤雋輔, 「朝鮮支那間の航路及び其の推移に就いて」, 『朝鮮史研究』, 367~375쪽.

264) 『晉書』 권36, 「張華傳」 東夷馬韓 新彌諸國依山帶海조, 1071쪽.

265) 『新唐書』 권44, 志第34 「選擧志」上 四夷若高麗·百濟·新羅조, 1163쪽.

　그런데 登州에서 출발한 것은 앞서 언급한 것처럼 신라만이 아니라 당에서 발해로 오가는 사신도 마찬가지였다. 그러나 당대의 무역로를 연구한 張澤咸은 이 해로가 당과 신라를 오가는 길이라는 것을 언급하지 못하였다. 단지 張澤咸은 登州가, 당으로 오는 발해 사신과 발해 유학생들의 중요한 통로였다는 사실만 언급하였다.266) 登州는 신라의 사신들과 상인들을 접대하는 신라관이 있었을 뿐만 아니라 발해 사신들과 상인들의 숙소인 발해관이 마련된 곳이다.267) 이렇게 登州에서 해로를 이용하여 고구려나 발해로 가는 길을 당은, 제2의 길이라고 말하였다.268) 제1의 길은 뒤에서 언급하겠다.

　登州에서 출발한 배가 신라나 일본으로 갈 때는 압록강 포구에서 해안선을 끼고 내려오다가 소흑산도 앞 바다를 이용하였다. 그렇다면 등주를 출발해서 신라나 일본으로 갔던 그 길은 연안선을 따라 이동한 길이었다. 이처럼 우회 항로를 이용한 것은 항해의 안전 때문이라고 본다. 물론 직항로를 이용한 경우도 있다고 보나 그런 경우는 극히 예외적이었다. 그런데 安·史의 난 이후 登州 해로를 평로·치청절도사 이정기가 海運押新羅渤海兩蕃使를 겸직하면서부터 관할하였다.269) 당에서는 이정기의 손자 이사도 시대에 '簿書'가 발견되었다는 사실로 보아 그 당시 등주에 어떤 관아가 설치되었는가와 아울러 누가 이 직책에서 근무하였는지도 밝힐 수 있다. 필자가 뒤에서

---

266) 張澤咸, 1992, 「唐朝與邊境諸族的互市貿易」, 『中國史研究』 4, 26쪽.

267) 李龍範, 1984, 「渤海의 成立과 그 文化」, 『한국사』 3, 국사편찬위원회, 92~93쪽. 발해관이 설치되었던 곳은 靑州가 아니고 登州다 ; 사회과학원 역사연구소, 「발해국의 국가제도」, 『조선전사』 5, 89쪽 ; 일본 승려 圓仁이 쓴 『入唐求法巡禮行記』에서는 839년 登州에 신라관·신라 배와 발해관·발해 배를 본 사실을 언급하였다 ; 石見淸裕, 1997, 「唐代外國貿易·在留外國人をめぐる諸問題」, 『魏晉南北朝隋唐時代史の基本問題』, 東京 : 汲古書院, 80~81쪽.

268) 『新唐書』 권43下, 「地理」7下 二日登州海行入高麗渤海道조, 1146쪽 ; 嚴耕望, 앞의 「唐代篇」, 42쪽 ; 吳承志, 1968, 「登州海行入高麗渤海道里考實」, 『唐賈耽記邊州入四夷道里考實』, 臺北 : 文海出版社, 211~324쪽 ; 上野直明, 「唐代の商業」, 『唐代社會經濟の構造的研究』, 202쪽.

269) 河上洋, 1989, 「渤海の交通路と五京」, 『史林』, 72~76, 92쪽.

언급하겠거니와 登州에는 신라관과 발해관이 있었으며, 大曆년간(766~779)
의 平盧淄靑절도사 이정기 시대에 押新羅渤海兩蕃使衙門의 위치는 靑州였
다.270) 그러나 제나라의 이사도 멸망기에 모든 것이 당의 재상 武元衡을
누가 죽였는가에 초점을 맞추다보니 그와 관련된 기록 일부만 사서에 전할
뿐이다.

그런데 이때 이정기의 평로·치청절도사라는 직함이 말해 주듯이 오직
발해와 당이 해로만을 이용하여 왕래했던 것은 아니다. 平盧軍의 治所가
營州였기 때문에271) 押新羅渤海兩蕃使 이정기가 당에서 발해와 신라로 왕래할
때는 登州에서 출발하는 해로와 함께 營州를 통한 육로를 사용하였다. 營州에
서 동으로 燕郡城으로 가서, 다시 汝羅守捉을 경유하여 遼河를 건너 발해로
가는 길이 그것이다.272) 또한 압록수를 건너서 남쪽으로 가는 길도 平盧軍의
治所 營州를 통하여 갈 수 있는 길이다. 따라서 당에서는 營州에서 安東으로
들어가는 길을 제1의 길이라고 말한다.273)

3) 이정기와 발해

발해가 중국역사라는 주장을 중국에서 끊임없이 제기하고 있다. 이런
터무니없는 주장은 한마디로 중국의 헛소리이다. 『舊唐書』「渤海傳」에 의하
면,

발해말갈 대조영은 본시 고구려의 별종이다. 고구려가 멸망하자, 대조영은
가족과 무리를 이끌고 營州로 옮겨와 살았다. 萬歲通天에 거란 李盡忠이 반란을

---

270) 『渤海國志長編』 권19, 「叢考」 求法巡禮行記조, 979쪽(태학사 영인본, 1977).

271) 『舊唐書』 권38, 「地理」1 平盧軍節度使治, 在營州조, 1387쪽.

272) 『新唐書』 권43下, 「地理」7 下 營州東百八十里至燕郡城조, 1146~1147쪽.

273) 『新唐書』 권43下, 「地理」7 下 一日營州入安東道조, 1146쪽 ; 嚴耕望, 앞의 「唐代篇」,
42쪽 ; 吳承志, 「營州入安東道地里考實」, 『唐賈耽記邊州入四夷道里考實』, 7~209쪽 ;
上野直明, 앞의 「唐代の商業」, 202쪽.

일으키자, 대조영과 말갈 걸사비우가 각각 무리를 거느리고 동쪽으로 달아나 험준한 곳을 지키며 스스로 방비하였다.274)

이는 대조영이 고구려인으로 고구려가 멸망하자 營州로 옮겨와 살게 된 배경에 대한 설명이 앞부분의 내용이다. 그런데 이때 고구려인 대조영이 그의 식솔과 무리를 거느리고 당으로 간 이유는 고구려 멸망으로 고구려인들이 당으로 강제 소개되었기 때문이다. 이를 설명한 것이 뒷부분에서 萬歲通天 년간(696)에 거란 이진충이 반란을 일으키자, 이때를 이용해 대조영이 그의 식솔과 무리를 거느리고 營州를 탈출하였다는 것이다. 정확히 표현해 당에 의해 고구려가 멸망한 그해(668)부터 당에서 20여 년 동안 포로생활 중 기회를 엿보다가 李盡忠의 반란으로 당의 감시가 소홀해진 틈을 이용한 대탈출이었다.275) 고구려가 멸망할 때 당으로 끌려갔던 고구려인들 가운데 다시 고국으로 귀환한 대조영의 가족과 그 무리들이 있었다는 것이다.

이와 관련해 다음 『唐會要』 권96, 「渤海國傳」을 살펴보자.

발해말갈은 본시 고구려의 別種이다. 후에 營州로 삶의 터전을 옮겼다. 그 국왕의 姓이 大氏인데, 이름은 祚榮이다. 先天연간에 발해군왕으로 봉 받았는데, 아들 이름이 武藝이다.276)

발해가 고구려를 계승한 국가라는 것은 '발해말갈은 본시 고구려의 별종이다'로 기록된 사실이다.277) 이런 내용은 『舊唐書』 「渤海傳」의 기록과 동일하

---

274) 『舊唐書』 권199하, 「渤海傳」, 5360쪽, "渤海靺鞨大祚榮者, 本高麗別種也. 高麗旣滅, 祚榮率 家屬徙居營州. 萬歲通天年, 契丹李盡忠反叛, 祚榮與靺鞨乞四比羽領亡命東奔, 保阻以自 固."

275) 鳥山喜一, 1959, 「渤海の建國年次について」, 『白山史學』 4, 1쪽.

276) 『唐會要』 권96, 「渤海國傳」, 1724쪽, "渤海靺鞨, 本高麗別種. 後徙居營州, 其王姓大氏, 名祚榮. 先天中, 封渤海郡王, 子武藝."

277) 지배선, 1987, 「匈奴·鮮卑에 관한 二·三」, 『東洋史學硏究』 25, 167~173쪽. 흉노와 선비의 別種 표기에 대해 언급하였다. 다시 말해 흉노나 선비의 별종은 바로 흉노나

다.[278) 고대 중국에서는 異民族의 同族을 표현하는 단어가 別種이다. 다시
말해 발해는 고구려의 한 지파라는 기록이다. 이런 사실은『續日本紀』권22
기록에 발해 文王 大欽茂가 스스로를 고구려국왕 大欽茂라고 표현했던 사실에
서[279) 더욱 확연하여진다. 참고로 大祚榮의 아버지는 乞乞仲象이다.[280) 乞乞仲
象에 대해서는『五代會要』가 자세하다. 즉 '高麗別種大舍利乞乞仲象'이라 기록
되었다. 다시 말해서 乞乞仲象은 고구려인으로 舍利라는 관직을 가진 인물이
었다.[281)

따라서 고구려 멸망 후, 고구려 유민이 세운 국가가 발해라는 뜻이다.
게다가 더욱 놀라운 사실은 先天년간(712~713)부터 발해가 오늘날 만주
전역은 물론이고 北京 북방의 영주까지 아우른 거대한 영토국가였다는 기록
이다. 이는 이정기와 발해가 왜 긴밀한 관계를 가질 수밖에 없는가를 설명하는
근거가 되기도 한다.

발해의 대외관계는 聖歷년간(698~700)에 돌궐로 사신을 보낸 것이 처음으
로 보인다.[282) 당과 발해의 첫 교류는 당 중종이 즉위하면서 발해 사신으로
侍御史 張行岌을 파견하면서부터였다. 그런데 주목되는 사실은 발해가 당으로
사신을 파견하기 전에, 당이 발해로 사신을 파견했다는 점이다. 이는 당이
발해와 교류를 갖는 일이 시급했다는 방증이다. 그러나 이때는 이정기 일가가
고구려 멸망으로 당에 잡혀와 노예생활을 하던 시기라서, 당과 발해의 교류와
이정기의 역할과는 무관한 시기였다.

발해와 당의 互市무역이 열린 곳은 오늘날 산동성 登州이다. 이를 설명하기
위해 발해와 당의 관계를 고찰하겠다. 726년부터 약 10년 동안 발해와 당은

선비를 지칭하는 것이라고 밝혔다. 그렇다면 발해말갈이 고구려의 별종이라는
뜻은 곧 발해말갈이 고구려라는 이야기이다.

278) 『舊唐書』권199하, 「渤海傳」渤海靺鞨大祚榮者조, 5360쪽.
279) 孫進己, 1987, 『東北民族源流』, 黑龍江人民出版社, 157쪽.
280) 池內 宏, 1915, 「渤海の建國者ついて」, 『東洋學報』5-1, 115쪽.
281) 稻葉岩吉, 1936, 「金靜庵氏著渤海國志長篇の讀みて」, 『靑丘學叢』23, 110쪽.
282) 『舊唐書』권199하, 「渤海靺鞨傳」聖曆中조, 5360쪽.

대립기였다.[283] 당은 발해의 발전을 막기 위해, 신라와 당으로 망명한 黑水靺鞨과 동맹을 맺어 발해를 국제적으로 고립시키는 정책을 추진하였다. 이런 와중에 開元 18년(730) 발해의 內戰에서 反唐派인 大武藝가 승리하여 패배한 왕족 大門藝는 당으로 망명하였다.[284] 이런 일련의 사태 후 開元 20년(732) 발해왕 大武藝는 장수 張文休를 보내 登州자사 韋俊을 공격하였다.[285] 일련의 사건을 설명하자면, 발해왕 大武藝가 친당파인 大門藝를 죽이려 하자,[286] 대문예는 위험을 감지하고 730년에 당으로 망명하였다.[287] 이어 732년 발해가 黑水靺鞨을 공격하려 할 때 대문예가 唐에 이를 諫한 것이 대무예를 격노케 하였다.[288]

여기서 732년 발해가 海路를 이용해 登州를 습격했다는 사실을 주목할 필요가 있다. 이 무렵 발해 서쪽 영토가 어디까지인지 알 수 있는 중요한 근거가 되기 때문이다. 이에 대하여 古畑徹은, 이때 압록강 유역이 발해 영토였기 때문에 발해는 해로를 이용해 등주 습격이 가능했다고 주장했는데 이에 대해 필자도 전적으로 동의한다.[289] 당시 발해 영토가 압록강 하구까지 망라하였음은 틀림없다. 정확히는 압록강 북쪽의 만주는 물론이고 평안도지역도 발해 영토였다.

그 후 735~736년경 발해가 당으로 사자를 보내면서 국교가 재개되었다. 물론 이때는 이정기의 등장 이전이었다. 大門藝처럼 당에 망명하여 벼슬한 발해인은 靑州를 근거지로 두었던 大公則과 大多英처럼 꽤 많았던 것 같다.

283) 上田雄, 2002, 『渤海史の研究』上, 東京 : 明石書店, 65쪽.

284) 古畑徹,1988,「張九齡作‘勅渤海王大武藝書’と唐渤紛爭の終結」,『東北大學東洋史論集』3, 38쪽.

285) 『渤海國志長編』권1,「總略」상 開元 20年 9月조, 83쪽.

286) 『啓東錄』권2,「渤海」, 185쪽(吉林文史出版社, 1986).

287) 大隅晃弘, 1984,「渤海の首領制」,『新潟史學』17, 119쪽 ; 上田雄, 2002, 『渤海史の研究』 上, 63~64쪽.

288) 『舊唐書』권199하,「渤海靺鞨傳」門藝兵至境조, 5361쪽.

289) 古畑徹, 1986,「日渤交涉開始期の東アジア情勢－渤海對日通交開始要因の再檢討」,『朝鮮史研究會論文集』23, 93쪽.

우선 大公則에게 벼슬을 주었던 사실은『全唐文』에 "靑州道渤海愼能至王姪大公則等授金吾將軍放還蕃制"가 남아 있고, 大多英의 경우도 그가 諸衛將軍이었다는 사실이『全唐文』의 "靑州道渤海大定順王姪大多英等授諸衛將軍放還蕃制"가 남아 있어서 그런 사실을 알 수 있다.[290]

732년 당은 발해의 登州 공격으로 너무 큰 피해를 입어 大門藝에게 幽州로 군사를 모아 발해를 토벌하도록 하였다.[291] 한편으로 당은 제8대 숙위인 太僕員外卿 金思蘭을 신라로 귀국시켜 신라로 하여금 발해의 남쪽지역을 공격하게 하는 양동작전을 시도하였다.[292] 곧 신라인 金思蘭은 李大龍의 주장처럼 당의 征兵使者다.[293] 그러나 당군은 혹한으로 말미암아 동사자가 절반이나 넘을 정도로 큰 피해를 입어서 참패하였다.

이런 사실을 소개한 이유는 발해에서 당을 오가는 지점으로서 登州가 얼마나 중요했는가를 확인하기 위해서이다. 발해에서 당으로 가는 사신이나 운송화물은 모두 등주에 도착했으며, 이곳에서 매년 왕래가 지속되었다. 그 밖의 私貿易 형태에 관해서는 사서에 언급된 자세한 기록이 없어도 매우 빈번하였다고 본다. 이것은 나중에 이정기의 제나라에서 발해 명마가 끊이지 않고 거래되었다는 사실에서도 짐작이 가능하다.

이 무렵 平盧淄靑節度觀察使 겸 押渤海蕃使 이정기가 발해와 많은 교역을 하였던 사실에 대한 구체적인 기록이 있다. 즉『渤海國志長編』의 발해 문왕 大興 28년(764)조에 의하면,

(大興) 28년 당나라가 平盧淄靑節度觀察使 겸 押渤海蕃使 이정기를 사신으로 삼았다. 이로부터 이정기는 해마다 와서 이름난 말을 교역하였는데 끊임이

---

290)『全唐文』권647,「元稹」靑州道渤海愼能至王姪大公則等授金吾將軍放還蕃制조, 2902쪽
    (上海 : 古籍出版社, 1995) ; 謝海平, 1978,『唐代留華外國人生活考述』, 288쪽.
291)『舊唐書』권199하,「渤海靺鞨傳」(開元) 20년조, 5361쪽.
292) 신형식, 2011,「『삼국사기』본기 기사내용의 개별적 검토」,『삼국사기의 종합적
    연구』, 경인문화사, 417~419쪽.
293) 李大龍, 2001,『唐朝和邊疆民族使者往來硏究』, 흑룡강교육출판사, 88쪽.

82

없었다.294)

이는 大興 28년부터 이정기가 파견한 사신이 발해에 와서 명마를 사들였다는 내용이다. 이는 平盧淄靑節度觀察使 겸 押渤海蕃使 이정기가 이때부터 전투력을 강화하기 위한 방법으로 발해로 사신을 파견하여 매년 발해 명마를 구입했다는 사실이다. 또 여기서 이정기가 매년 쉬지 않고 발해로 사신을 보냈던 사실을 주목할 필요가 있다. 고구려 유민 이정기가 발해와 교역을 통하여 강력한 국가적 형태를 만들었다는 것을 확인할 수 있는 대목이다.

당의 사신이나 운송화물이 발해로 가기 위해 해로를 이용할 경우 그 출발지점이 등주였다. 그런데 이정기가 海運押新羅渤海兩蕃使로 임명된 시기(765)보다 2년 앞선, 寶應 2년에 靑州에 이미 발해관이 설치되었다.295) 安京의 주장처럼, 청주에 발해관을 설치한 시기는 『발해국지장편』에 의하면

　　대종 이후 청주에 발해관을 두고 발해 사신을 맞아들였고, 그들의 교역하는 선박도 이곳에 머물렀다.296)

라는 사실에 기초한 것 같다. 당은 청주 발해관에서 발해 사신을 접대하였으며, 발해의 귀족자제가 장안으로 가서 唐學을 배우기 위해 거처간 곳도 물론 등주였다. 그렇다면 765년부터 당의 사신이나 발해 사신을 보내고 맞는 업무 모두는 이정기의 몫이었다. 여기서 이정기가 발해와 신라 사신을 관장했다는 것은 그에게 매우 중요한 의미가 있다. 이정기가 당시의 동아시아 국제무역을 관장함으로써 막대한 부를 창출하였기 때문이다. 이런 사실에 관해서는 『신·구당서』「이정기전」에 자세히 전한다.

---

294) 『渤海國志長編』 권3, 「世紀」, 266쪽, "二十八年唐以平盧淄靑節度觀察使, 兼押渤海蕃使授李正己爲使. 自是正己每歲來市名馬不絶."
295) 安京, 1999, 『中國古代海疆史綱』, 흑룡강교육출판사, 129쪽.
296) 金毓黻, 『渤海國志長編』 권17, 「食貨考」, 782쪽, "代宗以後置, 渤海館於靑州, 以待渤海之使, 其交易船舶亦泊亦於是."

이때 押新羅渤海兩蕃使가 어디서 활동하였으며 그 임무가 무엇이었는가에
대해서는『발해국지장편』이 비교적 소상하여, 이를 소개하겠다.

『입당구법순례행기』에 또 이르기를, "開成 5년(840)에 登州府城 남쪽 거리에
신라관과 발해관이 있었다"라고 하였다. 또 말하기를 "靑州에 들어와 尙書
押兩蕃使衙門에 이른다"라고 했다. 또 살피건대, 당나라는 대종 大曆(766~779)
이후에 평로·치청절도 겸 압신라발해양번사로 靑州에서 다스렸다. 그리고
앙번에서 오는 사신들은 모두 등주로부터 육지에 올라갔다. 그러므로 이곳에
두 관을 설치하고 그들을 환대하였다.[297]

이는 大曆년간 이후 平盧淄靑節度 兼 押新羅渤海兩蕃使 이정기가 靑州에서
다스렸으며, 또한 청주에 押兩蕃衙門이 위치하였다. 신라나 발해 사신이
오면 登州의 신라관과 발해관에[298] 머무는데, 그들이 올 때는 登州 해안에
도착한다는 사실을 설명한 글이다.

永泰 원년(765) 7월 후희일을 몰아낸 후 발해와 당의 교역은 海運押新羅渤海
兩蕃使 이정기가 주관하였다. 당에서 발해로 가는 길은 앞의 당에서 신라로
가는 해로와 일부 중복된다. 다시 말해 登州 앞바다 大謝島·龜歆島·末島·烏湖島
를 지나 3백 리를 항해하여, 또 2백 리의 烏湖海를 건너면, 遼東반도 최남단
都里鎭을 경유하여 압록강 하구에서 강을 타고 발해에 이르는 것이다.

또 賈耽이 지은『邊州入四夷道里記』에 의하면, "압록강 입구로부터 100여
리를 배타고 가다가 다시 작은 배로 거슬러 동북쪽으로 30리를 가면, 泊汋口에
이르는데, 이곳부터 발해의 영역이다"라고 정확하게 압록강을 이용한 수로를
언급하고 있다.[299] 그렇다면 이는 登州에서 발해 가는 뱃길을 모두 언급한

---

297)『渤海國志長編』권19,「叢考」, 952쪽, "求法巡禮行記, 又云'開成五年, 登州府城南街, 東有新
羅館·渤海館.' 又云 '入州, 到靑書, 押兩蕃使衙門. 按彼於代宗大曆以後, 以平盧淄靑節度兼
押新羅渤海兩蕃使治於靑州, 而兩蕃來使,皆自登州登岸. 故於是處設兩館以款之'."

298) 謝海平, 1978,『唐代留華外國人生活考述』, 51쪽.『圓仁入唐求法巡禮行記』권2에 登州
新羅館과 渤海館에 대한 기록이 있다.

84

셈이다.

그런데 이 길은 崔忻이 先天 2년(713) 2월에 장안을 출발해서 발해를 다녀왔던 그 길과 일치한다.[300] 당에서 발해로 갔던 崔忻이 귀환하면서, 다시 그 길을 이용한 시기는 開元 2년(714) 7월이었다.[301] 최흔은 1년 반이나 걸려서 발해를 다녀왔던 셈이다. 이는 당의 사신이 발해에 다녀올 때 소요되었던 대강의 기간인 것 같다. 또 登州에서 출항하여 발해로 갔던 경우는 일본인 平群廣成 등도 마찬가지였다. 이는 당에서 발해로 가는 길이 육로보다 해로가 자주 사용되었음을 알려준다. 그 이유는 짧은 기간에 많은 물자를 일시에 운송할 수 있다는 경제적 이점이 크게 작용하였기 때문이다. 이를 뒷받침하는 사실은 平群廣成이 738년 3월에 산동반도 登州를 출항하여, 같은 해 5월에 발해국에 도착하였다는 것이다.[302] 그 당시 登州에서 출항하여 발해에 도착하는 데 2개월 소요되는 여정이었다.

이정기가 海運押新羅渤海兩蕃等使로 재직 중인 大曆 2년(767) 8월 "병술일에 발해가 조공을 하였다"[303]라는 사실이 『구당서』 「본기」에 기록되어 있다. 그런데 「본기」에 따르면 발해가 당으로 보냈던 조공 사신의 규모가 컸으며, 이는 발해가 번영하였던 국가라는 사실과 연관성이 있다. 발해가 당과 조공의 형식이든 사무역 형태이든 자주 통교한 것은 당과의 정치적 목적 외에 경제적 목적을 겨냥하였다는 것은 쉽게 추측할 수 있다.[304] 그런데 방학봉은 海運押新羅渤海兩蕃等使라는 관직에 주목하지 못하고, 당나라에서

---

299) 王承禮, 「발해의 강역과 지리」, 『발해의 역사』, 102쪽.

300) 『新唐書』 권199下, 「渤海靺鞨傳」 先天 2年, 遣郎將崔訢往冊拜祚榮爲左驍衛員外大將軍조, 5360쪽.

301) 大隅晃弘, 1984, 「渤海の首領制－渤海國家と東アジア世界－」, 『新潟史學』 17, 118쪽.

302) 石井正敏, 2001, 「平群廣成らの登州出航の年次をめぐって」, 『日本渤海史の研究』, 東京 : 吉川弘文館, 391쪽.

303) 『舊唐書』 권11, 「代宗本紀」 大曆 2年 8月조, 287쪽, "丙戌, 渤海朝貢."

304) 孫進己, 1997, 「渤海族的經濟和社會性質」, 『高句麗 渤海研究集成, 渤海卷 一』, 哈尒濱 : 哈尒濱出版社, 338쪽(原載 : 『東北民族史研究』 1, 1994).

는 발해 사람을 맞이하고 보내는 일을 처리하기 위하여 영주에 '평로절도사'를
주둔시켰다고만 주장하였다.305) 그의 주장이 틀렸다는 이야기가 아니다.
왜냐하면 이정기의 관직이 평로절도사였기 때문이다. 발해 창건자 대조영이
죽은 뒤 대조영의 아들 大武藝부터 仁安이라는 연호를 독자적으로 계속
사용하였다는 사실에서306) 발해의 번영을 어느 정도 읽을 수 있다. 발해의
연호 사용은 大曆 2년 8월 발해가 당에 조공하였다는 의미가 『구당서』「본기」
내용에 나타난 일반적 성격의 조공 내용이 아님을 뒷받침한다고 본다. 정확히
말해 발해의 독자 연호는 발해의 국력이 주변국에게 조공을 바치는 그런
나라가 아니라는 것을 선포하는 의미를 갖고 있음은 역사연구자라면 누구나
아는 사실이다. 그래서인지 발해 연호에 대해 『속통지』는 발해 연호를 모두
기록하고 있어 더욱 주목된다.307) 이때 발해 사신들은 그들의 동족인 고구려
유민 海運押新羅渤海兩蕃使 이정기 휘하 부하들의 안내를 받아 장안에 도착하
였다.

　이런 이유 때문에 발해와 당과의 공식적 관계 횟수는 결코 당과 신라의
교류 횟수보다 적지 않았다. 즉 『구당서』의 「발해전」에,

　　大曆 2년에서 10년 사이에, 발해는 어떤 때 자주 사신을 보내어 입조하였다.
　그리고 어떤 때는 한해 걸러 사신이 왔던 경우도 있었으나, 어떤 해는 1년에
　두세 차례씩 사신이 왔던 경우도 있었다.308)

로 되어 있다. 이는 大曆 2년(767)에서 10년(775) 사이에 발해에서 당으로
왔던 공식사절의 횟수에 관한 기록이다. 위 기간 동안 발해에서 당으로

---

305) 방학봉, 1991, 「발해와 당 왕조와의 관계」, 『중국동북민족관계사』, 대륙연구소,
　　91쪽.
306) 濱田耕策, 2000, 「渤海國の完成」, 『渤海國興亡史』, 東京 : 吉川弘文館, 72쪽.
307) 『續通志』 권635, 「四夷傳」1 '渤海' 武藝立改年仁安조, 6725쪽.
308) 『舊唐書』 권199下, 「渤海傳」, 5362쪽, "大曆二年至十年, 或頻遣使來朝, 或間歲而至, 或歲內
　　二三者."

왔던 조공 횟수는 19번이나 되었다.[309] 이는 발해가 당과 활발한 교류를
가졌다는 증거다. 이와 같이 당과 발해가 빈번히 교류하면서, 발해 사신과
당 사신이 오갈 때의 제반 사항 모두를 발해 사신을 담당하는 이정기 휘하의
부하들이 그에게 보고하였음은 물론이다. 이보다 앞서 대력 원년 발해 大欽茂
에게 당이 司空과 太尉라는 관직을 주었을 때,[310] 당의 관리든 발해 관리든,
이들을 관장한 인물은 海運押新羅渤海兩蕃使 이정기 휘하의 발해 사신 담당
관원들이었다. 발해 2대 武王 大武藝는 재위 19년 후인 737년에 죽고,[311]
대무예의 長子 大欽茂는 발해 제3대 文王으로 初興地인 中京顯德府에서 上京龍
泉府로 수도를 옮겼던 인물이다.[312]

大曆 9년 당의 장안에 발해 質子가 있었다는 기사가 유일하게 있어 주목하고
싶다. 즉 "대종 大曆 9년 2월 신묘 발해 질자 대영준이 발해 귀국에 앞서
延英殿에서 작별인사를 하였다"[313]라는 것이 그것이다. 그런데 발해 왕자
대영준이 언제 발해에서 당으로 왔는가에 대한 언급은 없다. 다만 발해
왕자 대영준이 떠날 때 상황만 기록하였다. 그런데 어떤 주장은 발해 대영준이
766년 윤11월에 당의 조정에 파견되었다고 한다.[314] 아무튼 이때(774년 2월)
대영준이 당을 떠나 발해로 돌아갈 때 押新羅渤海兩蕃使 이정기 휘하 발해사신
관리의 안내를 받았다. 그렇다면 이후 당에 발해 질자가 머물지 않았던
이유는 무엇인가. 이정기의 영향력으로 그의 재임 시 더 이상 발해의 질자가

---

309) 『冊府元龜』 권972, 「朝貢部」第5 大曆 2年 7月 渤海並遣使來朝조, 3855쪽. 발해에서
　　당으로 사신이 왔던 때는 大曆 2년 7월, 8월, 11월, 12월, 4년 3월, 12월, 7년 12월,
　　8년 4월, 6월, 11월, 윤 11월, 12월, 9년 정월, 12월, 10년 정월, 5월, 6월, 12월이었다.
310) 陳顯昌, 1997, 「渤海國史槪要」 二, 『高句麗 渤海研究集成, 渤海』 권1, 哈尒濱 : 哈尒濱出版
　　社, 79쪽(原載 : 『齊齊哈尒師範學院學報』 2, 1983).
311) 上田雄, 2002, 『渤海史の研究』 上, 68쪽.
312) 李龍範, 1989, 「渤海王國의 形成과 高句麗 遺族」, 『발해사연구논선집』, 백산, 139쪽 ; 駒
　　井和愛, 1977, 「東京城附近」, 『中國都城・渤海研究』, 雄山閣出版, 148쪽.
313) 『冊府元龜』 권996, 「外臣部」 '納質', 4022쪽, "代宗 大曆 九年 二月 辛卯, 渤海質子大英俊還
　　蕃引辭于延英殿."
314) 濱田耕策, 「渤海國王への道」, 『渤海國興亡史』, 45쪽.

당에 머물러 있을 필요가 없게 되었던 게 분명하다. 이를 뒷받침하는 사실은 『續日本紀』의 759년 정월 조에 의하면, 발해의 遣日本使가 발해왕을 고려국왕이라고 언급하였다는 대목이 있다.[315] 바꾸어 말하면, 이는 발해가 고구려와 같은 나라라는 의미다. 또 앞서 언급한 것처럼 발해가 독자 연호를 사용할 정도로 대국이었다는 사실과 부합된다. 그렇다면 고구려 유민 이정기와 발해의 관계가 더욱 긴밀하였을 것임은 자명한 일이다.

이정기의 특별한 배려로 발해와 당의 교역은 당의 시장경제에도 막대한 영향을 주었다. 발해와 당의 비공식적인 교역의 횟수를 헤아리기 어렵지만, 양국간 비공식적 상거래 행위가 보편화되었다고 본다. 예를 들면, 이정기가 관장하는 여러 州의 시장에서 발해 名馬가 해마다 끊이지 않고 거래되었다는[316] 사실이 그것이다.

703년부터 등주 봉래에 '渤海館'이 설치되었기 때문에, 이곳을 통하여 발해 상인들이 平盧淄靑으로 가지고 갔던 중요 상품 가운데 하나가 발해에서 생산된 名馬다.[317] 발해의 명마가 고가로 거래 교역된다는 것은, 발해가 강력한 국가이자 출중한 군사력을 지니고 있다는 의미이며, 발해에서 생산되는 말은 준마라는 인식도 된다. 발해의 군사력이 출중하다

삼채돈궤. 이정기 4대가 신라·발해와의 교역으로 경제활동이 활발하였음을 상상해 볼 수 있다.

315) 石井正敏, 앞의 「平群廣成らの登州出航の年次をめぐって」, 415쪽.
316) 『舊唐書』 권124, 「李正己傳」 (大曆中) 貨市渤海名馬, 歲歲不絕조, 3535쪽 ; 毛漢光, 1979, 「唐末五代政治社會之硏究 - 魏博二百年史論」, 『歷史語言硏究所集刊』 50-2, 310쪽 ; 關穎, 1997, 「關于佛敎在渤海國的歷史作用問題」, 『高句麗 渤海硏究集成, 渤海』 권二, 哈尒濱 : 哈尒濱出版社, 63쪽(原載 : 『渤海史首屆學術硏討會論文』 1986) ; 王承禮, 앞의 「당 왕조의 大祚榮 책봉과 발해 정치세력의 발전」, 96쪽 ; 王承禮, 「발해와 당 왕조의 관계」, 『발해의 역사』, 171쪽.
317) 方學鳳, 2000, 「臨江부근의 발해유적과 朝貢道」, 『中國境內渤海遺蹟硏究』, 서울 : 백산자료원, 339쪽.

는 뜻은 발해의 기마 전사들의 전투력이 강하다는 의미이다. 발해에서는 말의 번식이 매우 잘되었기 때문에 말의 頭數가 굉장히 많았다. 특히 발해의 黑水靺鞨과 鐵利부락이 명마 産地로 유명하다.318)

이런 발해명마가 당에서 거래된다는 것은 발해와 당의 공식적 교역과 비공식적 사무역이 상당히 활발했음을 의미한다. 또한 발해와 이정기가 서로 상호보완적인 입장에서 빈번하게 교역을 하였다는 증거이다.319) 이런 무역으로 평로·치청절도사 이정기는 많은 재정수입을 올렸을 뿐만 아니라 발해의 귀족들에게도 중요한 수입원이 되었다.320) 이런 상황에서 당이 거래 금지하였던 은·숙동(잘 단련하여 정제한 구리)321)·철 등을 평로·치청과 발해의 거래 물품에서 제외할 수는 없었다.322) 이정기가 당 조정의 간섭 없이 발해와 교역을 하였기 때문에 평로·치청의 여러 州의 시장에서 발해 명마가 거래 될 수 있었던 것과 같은 맥락에서 무역은 이루어졌다.323) 이와 같은 당의 금수품들이 발해에서 거래되었다는 사실은, 이미 고고학 연구에서 밝혀진 터이다. 실제로 東北諸藩의 절도사들은 제염업, 견직물업, 철·청동의 冶金業을 통하여 거대한 상비군을 거느릴 수 있었다.324)

발해와 당의 사무역도 당의 눈치를 의식하지 않는 평로·치청절도사 이정기가 주관했기 때문에 가능하다고 본다.325) 실제로 평로·치청 등에서 자유롭게 통용될 정도로 鉛鐵이 많았다는 사실을 주목할 필요가 있다.326) 이를 구체적으

---

318) 朱國忱·魏國忠, 1996, 『渤海史』, 114쪽.
319) 사회과학원 역사연구소, 앞의 「발해국의 발전」, 44쪽.
320) 王承禮, 「발해의 사회제도와 사회경제」, 『발해의 역사』, 138쪽.
321) 방학봉, 앞의 「발해와 당 왕조와의 관계」, 91~92쪽.
322) 張澤咸, 앞의 「唐朝與邊境諸族的互市貿易」, 32쪽. 당에서 발해와 신라와 銅거래를 인정한 것은 뒷날의 일이었다. 즉 836년 6월(文宗 開成元年) 淄靑절도사가 상소하여 발해 熟銅이 당으로 수입되는 것을 허락하여 줄 것을 간청하였다 ; 方學鳳, 앞의 「臨江부근의 발해유적과 朝貢道」, 338쪽.
323) 방학봉, 앞의 「발해와 당 왕조와의 관계」, 91쪽.
324) Denis Twitchett, 앞의 「唐末の藩鎭と中央財政」, 14쪽.
325) 劉曉東外, 1991, 「渤海國貨幣經濟初探」, 『歷史硏究』 2, 115쪽.

로 입증하는 것은 大曆년간 평로·치청에서 통용되었던 돈(鉛鐵로 만들었음)이 발해에서도 유통되었다는 사실이다.327) 심지어 발해 평민들의 무덤에서 평로·치청에서 통용되었던 돈이 많이 발견되었다는 사실에서328) 발해와 평로·치청 간의 교류가 매우 빈번했다는 것을 알 수 있다. 이를 뒷받침하는 사실은 또 있다. 평로·치청 지역은 철 이외에 소금이 풍부하였기 때문에, 5세기 초 이곳에 자리잡았던 南燕이 경제적으로 융성하였다는 사실은 익히 알려진 이야기이다.329)

그런데 일본이 발해를 통해서 당에 관한 정보를 알았다는 사실은 암시하는 바가 크다. 바꾸어 말하면 발해의 도움 없이는 일본이 당과의 관계 설정이 불가능하다는 의미이다. 한 예로, 당에서 安·史의 난(755~762)에 관한 정보를 일본이 알게 된 경위가 발해를 통해서였다. 즉 일본은 758년 9월 발해에서 일본으로 오는 발해 사자와 함께 귀국하였던 遣渤海使에 의해서, 755년 11월 일어난 安祿山의 반란을 그때서야 비로소 소식을 듣게 되었다.330) 여기서 발해에 온 일본 사신이 발해에서 安祿山의 반란 사실을 알았을 뿐만 아니라 사신이 일본으로 향하는 발해의 사신 선단을 이용해 일본으로 돌아왔다는 사실은 매우 중요하다. 이는 그 당시 일본이 모든 중국 정보를 발해의 해상 수송에 의지하지 않고는 얻기 불가능하였음을 의미한다.

이것을 뒷받침하는 기록이 있다. 『발해국지장편』 대종 寶應 2년(763)경의 다음과 같은 기록이 그것이다.

---

326) 『新唐書』 권52, 「食貨志」 大曆以前, 淄靑조, 1360쪽.

327) 『新唐書』 권52, 「食貨」2 大曆以前, 淄靑조, 1360쪽 ; 劉曉東外, 앞의 「渤海國貨幣經濟初探」, 115쪽 ; 日野開三郎, 「兩稅法と物價」, 『東洋史學論集 4 - 唐代兩稅法の硏究』, 370쪽.

328) 劉曉東 外, 앞의 「渤海國貨幣經濟初探」, 113~114쪽. 矛頭, 鐵刀, 鐵촉, 唐錢(開元通寶)등이 발견되었다.

329) 池培善, 1998, 「南燕의 東晉 침공과 그 시대의 사회상」, 『中世 中國史 硏究 - 慕容燕과 北燕史 - 』, 연세대학교 출판부, 237쪽.

330) 石井正敏, 「日本·渤海關係の槪要と本書の構成」, 『日本渤海史の硏究』, 30쪽.

일본은 발해에서 사신이 처음 오자 교역을 금지한 적이 있었다. 그후 양중원이 일본에 온 뒤에야 비로소 내장료와의 교역이 특별히 허가되었다. 또한 서울 사람과 여러 시장상인들과 사사로운 거래도 하였다. 그 때 사신들은 곧 상인의 우두머리였고 명색은 조공을 위한 방문이지만 실상은 교역이었다.331)

위의 사실은 발해와 일본 교류사를 이해하는데 중요한 자료이다. 763년경까지 일본은 발해 사신이 일본에 도착하였는데도 불구하고 상호 교역을 금지시켰다. 그 후 일본은 발해의 楊中遠이 도착한 후에 사신의 교역을 특별히 허락했다고 한다. 그후부터 발해 사신이 일본에서의 교역이 가능하였다. 그런데 양중원이라는 인물이 876년에 일본에 갔다면 일본은 그때까지도 발해와의 교역을 금지시켰다는 이야기가 된다. 필자 생각으로는 양중원이 일본에 도착한 것은 876년 이전이었던 것으로 보거나 또 다른 양중원이 있었다고 본다. 그 이유는 876년 이전에도 발해 사신이 일본에서 교역한 사실이 상당히 많았기 때문이다.

무엇보다 주목되는 사실은 발해 사신의 正使가 상인의 우두머리였다는 사실이다. 이는 발해가 이미 교역국가였음을 증명하는 내용이다. 그렇지 않다면 발해가 교역을 적극적으로 추진하였기 때문에 그 당시 미개하고 폐쇄적인 일본이 선진국 발해와의 교류를 두려워했다는 방증 외에는 다른 해석이 있을 수 없다. 그런 까닭에 발해가 조공을 위해 일본을 방문한다는 것은 교역을 위한 명분을 쌓기 위함이고, 실상은 발해가 일본과의 교역이 목적이었다고 金毓黻은 주장하였다.

4) 이정기와 일본

---

331) 金毓黻, 『渤海國志長編』권17, 「食貨考第四」 '渤海國志15', 782~783쪽, "日本於渤海使臣之初來, 有交關之禁. 其後楊中遠至日本, 始特許內藏寮與之交易. 又聽都人及諸市人與之私市. 其時使臣卽同胡賈之長, 名爲朝聘, 實爲交易也."

押新羅渤海兩蕃等使라는 관직이 당의 對발해 업무에 대한 관장이었다면,[332] 당연히 압신라발해양번등사였던 이정기가 당과 일본의 관계된 일을 통제하였던 게 분명하다. 이를 입증할 수 있는 사실은 이정기가 압신라발해양번등사라는 관직을 맡기 얼마 전인 764년 9월 당에 유학 중이던 일본 승 戒融이 귀국하기 위해서 발해를 경유하여 동해를 건너 일본으로 돌아갔다는 사실이다.[333] 이는 일본이 독자적으로 당과 관계를 맺을 수 없을 뿐만 아니라 이정기가 압신라발해양번등사로 임명되고 나서 일본의 對당·발해 관계가 이정기의 지휘·감독을 받았다는 이야기와 일맥상통한다.

앞에서 언급한 權悳永의 연구에 의하면, 遣唐使가 신라는 178차, 발해는 170차인데 비하여 倭·日本은 불과 20차였는데 그 가운데 4회는 중도에 중지되었다.[334] 이는 그 때 신라나 발해와 비교할 수 없을 정도로 일본의 조선술과 항해술이 매우 열악하였음을 설명하는 것으로 볼 수 있다. 아무튼 이를 언급한 이유는 일본이 遣唐使를 파견하는데 海運押新羅渤海兩蕃等使 李正己 역할이 매우 컸음을 설명하기 위해서이다. 여기서 고려되어야 할 사실은 당에 무슨 이유로 海運押日本蕃使라는 관직이 존재하지 않았는지다.

'押新羅渤海兩蕃等使'의 임무를 언급하는 가운데 石井正敏은 신라와 발해의 양국의 감독이 포함되었다고만 말하였다. 그렇게 설명하면서도 발해가 일·당 중계를 한 구체적인 예가 있었음을 언급하였다. 즉 일본의 견당사가 737~841년간 15회에 걸쳐서 발해가 구체적으로 도움을 준 사실을 밝혔다.[335] 당시 발해와 당의 교통은, 통상 요동반도에서 해로를 이용하여 산동반도의 登州에 도착하였고, 그곳에서 다시 장안을 향하는 코스라고 말하였다. 아울러 그는

---

332) 王承禮, 앞의 「당 왕조의 大祚榮 책봉과 발해 정치세력의 발전」, 66쪽.

333) 日野開三郎, 1965, 「唐·五代東亞諸國民の海上發展と佛教(承前)」, 『佐賀龍谷學會紀要』 11, 9~10쪽 ; 石井正敏, 앞의 「日唐交通と渤海」, 518쪽.

334) 權悳永, 앞의 『古代韓中外交史-遣唐使硏究』, 292~304쪽 ; 荒木敏夫, 앞의 「倭國·東アジア古代日本」, 10쪽.

335) 石井正敏, 2001, 『日本渤海關係史の硏究』, 東京 : 吉川弘文館, 514~517쪽.

일본이 海運押新羅渤海兩蕃使 이정기로부터 지휘·감독을 받았다고 직접 표현
하지는 않았지만, 일본도 그의 감독을 받았다는 것을 암시하고 있어 주목된
다.[336] 그 이유는 일본이 당으로 들어갈 때 위의 관직을 겸직한 치청평로절도
사의 통제를 받을 수밖에 없다는 사실을 石井正敏이 시인하였기 때문이다.
이를 뒷받침하는 것은 828년 정월 2일 官符에 「大唐淄靑節度使康志睦交通之事」
라는 글이 일본에 전하여졌다는 사실이다.[337]

한편 대력 12년에 발해가 당에게 가져다가 준 품목에 관한 흥미로운 기록이
있다. 즉,

> (대력) 12년 정월, (발해가) 사신을 (당에) 파견하면서 일본국 舞女 11인과
> 방물을 바쳤다.[338]

이는 발해가 당에 조공 품으로 일본인 舞姬 11인과 아울러 발해의 특산물을
가져다가 주었다는 내용이다.[339] 그런데 일본국의 舞女를 선물로 받은 것이
당은 너무나 기뻤던 나머지, 이와 같은 사실을『구당서』「본기」에 기록하였
다.[340] 여기서 말하는 舞女는 오늘날 게이샤를 뜻하는 것 같다. 당시에 발해가
일본에서 어떻게 해서 舞女를 얻게 되었는지는 정확히 알 수 없다. 그러나
발해가 舞女를 일본에서 선물로 받았을 경우와 거래 대상으로 舞女를 발해가
구매했을 경우를 상정할 수 있다.

그런데 당과 외국 교류 때 당의 주변국이 춤 잘 추는 여인을 당에 바쳤던

---

336) 石井正敏, 앞의 「日唐交通と渤海」, 528쪽.
337) 石井正敏, 앞의 「日唐交通と渤海」, 527쪽.
338)『舊唐書』권199下, 「渤海傳」, 5362쪽, "十二年正月, 遣使獻日本國舞女十一人及方物."
339)『冊府元龜』권972, 「朝貢部」第5 大曆 12年 正月 渤海遣使來朝조, 3855쪽 ;『文獻通考』
    권326, 「四裔」3 渤海 以日本舞女十一獻諸朝조, 2567쪽 ; 陳顯昌, 「渤海國史槪要」四,
    『高句麗 渤海硏究集成, 渤海卷一』, 94쪽(原載 :『齊齊哈尒師範學院學報』4, 1983) ; 金子
    修一, 「中國から見た渤海國」, 『隋唐の國際秩序と東アジア』, 325쪽.
340)『舊唐書』권11, 「代宗」(大曆 12年) 正月조, 310쪽.

것은 발해 경우만이 아니다. 다른
예를 든다면, 713년 중앙아시아 俱密
등이 당에 胡旋女를 가져다 바쳤던
것이 그것이다.[341] 일본 舞女를 조공
품으로 할 정도로 발해와 당의 교류
가 빈번하였던 것은 필지의 사실이
다. 그 당시 일본 舞女는 중앙아시아
의 胡旋女들과 마찬가지로 매매의
대상이었다.

돈황벽화에 그려진 호선무를 추는 무희의 모습. 이정기 4대에도 연회에서 즐겨보았을 듯싶다.

일본 무희를 발해가 1당에 바쳤던 大曆 12년, 발해와 당의 교류는 빈번하였다. 그 해 4월과[342] 12월에 발해는 당으로 사신을 파견하였다.[343] 또한 이는 발해 왕궁에 적지 않은 수의 일본 舞女가 있었다는 시사이다.[344] 아무튼 大曆 12년 정월의 사실을 『구당서』 「본기」에 기록하였던 것처럼, 그 해 4월 발해 사신이 당에 왔다는 것을 『구당서』 「본기」에 기록하였던 것으로 보아, 이때 발해가 당으로 보낸 조공사신의 규모가 컸던 것 같다. 또한 그 해 정월에 발해가 당에 조공품으로 보냈던 일본 무녀들로 인해 당이 흡족해진 것이 아닌가 싶다. 물론 이런 사실은 일본 음악이 발해에 전파되었음을 입증하는 사례이기도 하다.[345] 또 앞에서 밝힌 것처럼 일본 舞女가 당시 매매되었던 사실을 알려주는 근거다. 발해가 당에 바친 일본 무녀 11인에 대해 비록 濱田耕策이 의문을 제기하고는[346] 있으나, 필자는 그의 논지를

341) Chu, Shih-Chia, "The Ch'angan of T'ang Dyansty and the Civilization of the Western regions by Hsiang Ta", *The Far Eastern Quarterly*, 7-1, 1947, p.68.

342) 『舊唐書』 권11, 「代宗」 (大曆 12년 4月 壬寅) 渤海조, 312쪽.

343) 『舊唐書』 권199下, 「渤海傳」 (大曆 12년) 4月, 12月, 使復來조, 5363쪽.

344) 陳顯昌, 1997, 「渤海國史槪要」 六, 『高句麗 渤海硏究集成, 渤海』 권一, 哈尒濱 : 哈尒濱出版社, 117쪽(原載 : 『齊齊哈尒師範學院學報』 4, 1984).

345) 徐達音, 1997, 「渤海樂古今探微」, 『高句麗 渤海硏究集成, 渤海』 권二, 哈尒濱 : 哈尒濱出版社, 129쪽(原載 : 『滿族硏究』 2, 1991).

납득할 수 없다. 그 이유는 발해와 일본 교류의 전체적인 역사를 이해하지 못한데서 그런 의문을 제기하였다고 판단되기 때문이다. 당시의 일본은 奈良시대(719~794)였다.[347]

그런데 押新羅渤海兩蕃等使 이정기 재직 시에만 발해 사신이 일본을 오갔던 사실이 『속일본기』에 전하고 있다. 게다가 이러한 사실이 『속일본기』에 자세하였던 것으로 보아, 그 당시 일본이 발해와의 교역에 대단한 비중을 두었던 게 틀림없다. 두 가지 예를 들면, 771년 발해 靑綬大夫 壹萬福이 325인이나 되는 대규모사절단을 17척의 배에 나눠 타고 일본 出羽에 도착하였던 것이[348] 그 하나이다. 이는 발해가 일본에 사신을 파견하였던 규모로 高洋弼이 359명을 거느린 인원수 다음으로 최대였다.[349] 이 같은 사실에 초점을 맞추어 大隅晃弘은 발해가 일본 통교의 목적이 교역중심의 경제적 관점에 주안을 둔 것이라고 말하고 있는데,[350] 이는 정확한 해석이라고 보기 어렵다. 발해의 이와 같은 대규모 사절단의 목적을 경제적인 이윤추구보다는, 발해 국력의

346) 濱田耕策,「渤海國王の文治」,『渤海國興亡史』, 63~65쪽.

347) 方學鳳, 1997,「渤海與日本貿易的歷史略考」,『高句麗 渤海硏究集成 渤海』권一, 哈尒濱 : 哈尒濱出版社, 612쪽(原載 : 『延邊大學學報』 2, 1984).

348) 『渤海國志長編』권2,「總略」하 光仁天皇寶龜 2年 6月 壬午조, 189쪽(遼陽金氏千華山館刊 本影印) ; 陳顯昌, 1997,「渤海國史槪要」三,『高句麗 渤海硏究集成, 渤海』권一, 哈尒 濱 : 哈尒濱出版社, 87~88쪽(原載 : 『齊齊哈尒師範學院學報』 3,1983) ; 陳顯昌, 1997, 「渤海國史槪要」四,『高句麗 渤海硏究集成, 渤海』권一, 哈尒濱 : 哈尒濱出版社, 96쪽(原 載 : 『齊齊哈尒師範學院學報』 4, 1983) ; 白沫江, 1997,「渤海國的造船業」,『高句麗 渤海 硏究集成, 渤海』권一, 哈尒濱 : 哈尒濱出版社, 409쪽(原載 : 『學習與探索』 4, 1982) ; 王 承禮, 1997,「渤海與日本的友好往來」,『高句麗 渤海硏究集成 渤海』권一, 哈尒濱 : 哈尒 濱出版社, 548쪽(原載 : 『學習與探索』 2, 1983) ; 三上次男, 1990,「東北アジア史上より見 たる沿日本海地域の對外的特質」,『高句麗と渤海』, 吉川弘文館, 324쪽 ; 石井正敏,「大 宰府・緣海國司と外交文書」,『日本渤海史の硏究』, 604쪽 ; 鳥山喜一, 1968,「渤海王國と 日本の交涉」,『渤海史上の諸問題』, 東京 : 風間書房, 253쪽 ; 上田雄, 2002,『渤海史の硏 究』上, 316쪽.

349) 徐琳・董振興, 1997,「論渤海與日本的使臣往來及經濟文化交流」,『高句麗 渤海硏究集成 渤海』권一, 哈尒濱 : 哈尒濱出版社, 590쪽(原載 : 『遼寧師大學學報』 1, 1990).

350) 大隅晃弘, 앞의「渤海の首領制-渤海國家と東アジア世界-」, 122쪽.

강성함을 과시하는 데 초점을 맞추어 해석하는 게 옳다. 즉 大隅晃弘이 말하는 경제적인 목적은 발해의 거대한 遣日선단의 부수적인 결과로 발해가 일본에서 경제적인 이득을 취할 수 있었기에 나타난 것이다.

이와 관련하여 道璿 이후 731~767년에 일본에 건너간 당의 승려들에 의해 전해진『坐禪三昧經』2권과 수십 종의 禪經 전적에 대해 주목할 필요가 있다.351) 당나라 승려가 760년대에 일본으로 가기 위해서는 陸運海運押新羅渤海兩蕃等使 이정기의 지휘 감독을 벗어날 수 없었다. 그렇다면 이때 일본으로 간 승려들과 禪經의 전적도 이정기의 지휘 통제를 받았다고 보는 것이 옳은 견해다. 물론 당나라 승려가 신라나 渤海船을 타고 일본에 도착하였을 가능성도 배제할 수 없다.

한편 일만복이 일본의 出羽에 도착하기 전 태풍을 만나 표류한 곳이 能登國이었다. 그 후 延曆 23년(804)에 일본 能登國에 발해국 손님을 위해서 客院을 만들었다는 기록이 있다.352) 발해 사신들이 일본에 도착할 때 能登國을 기항지로 삼았던 모양이다.

이때 일본은 발해 사신에 융숭한 대접을 하였던 것은 일본이 발해를 모셨던 구체적인 사례라고 본다. 한 예는 이듬해(772) 2월 발해 사신 壹萬福 일행이 일본에서 '三種의 樂'을 감상하였던 게 그것이다.353) 그런데 772년 정월 일본기록에 의하면 渤海王의 表가 무례하다는 일본의 시비로 발해 사신 壹萬福이 왕의 表를 고쳤다는 사실은354) 의미가 크다. 왜냐하면 이때 일본이 받드는 나라가 발해라서 하대하는 문구의 글이 일본 왕에 보내졌기 때문이다. 이때 壹萬福이 일본 왕에게 사죄를 빌었다고 하나 그 당시 정황으로 미루어 별 의미가 없는 사과에 불과하다고 본다. 그 이유는 壹萬福이 나름대로 교역에서

351) 高木神元, 1981,「唐僧義空の來朝をめぐる諸問題」,『高野山大學論叢』16, 55쪽.
352) 上田雄, 2002,『渤海史の硏究』下, 東京 : 明石書店, 676~677쪽.
353) 濱田耕策, 앞의「渤海國王の文治」, 64쪽 ; 鳥山喜一, 앞의「渤海王國と日本の交涉」, 254쪽.
354) 朴昔順, 2001,「고대 일본의 대외관계 문서」,『東方學志』112, 76~80쪽.

많은 이득을 취하기 위한 상업적인 연출이었다고 보기 때문이다.[355] 그렇지
않으면 발해왕이 보낸 조서를 사신 壹萬福이 임의로 고칠 수 있는가 하는
의문이 든다. 만약 壹萬福이 발해왕의 조서를 신하가 임의로 고쳤다고 하더라
도 그것이 무슨 의미가 있겠는가 하는 생각을 지울 수 없다. 여기서 발해와
일본의 통교에 대해 언급하는 이유는 海運押新羅渤海兩蕃使 이정기로부터
많은 정보를 얻은 발해가 일본을 상대로 통교하였을 것이 분명하기 때문이다.

다른 하나는 발해가 많은 사신을 일본으로 파견하였다는 사실이다. 즉
773년 발해 사절 40인을 일본에 파견하였던 것[356] 외에 발해 사신 사도몽이
일본 왕 즉위를 축하하기 위해 187인의 사절단을 이끌고 776년 12월 을사
일본 越前에 도착하였다.[357] 그런데 776년 12월 발해 사신은 일본의 해안에서
불행하게 폭풍을 만나 141인이나 조난을 당하고 불과 46인만 생존하였다.[358]
아무튼 이들은 다음 해(777) 5월 계유 일본을 떠났던 사실[359]이 그것이다.
그런데 전자는 발해가 해상활동을 어느 정도 활발히 추진하였는가를 가늠하
는 중요한 척도가 될 듯싶다. 이와 같은 대규모 사절을 보냈던 것은 발해가

---

355) 鳥山喜一, 앞의「渤海王國と日本の交涉」, 254쪽. 壹萬福 일행이 일왕으로부터 많은
    물자를 하사받았다는 것은 상업적인 이익을 챙겼다는 증거이다.
356) 白洙江, 앞의「渤海國の造船業」, 409쪽 ; 王承禮, 앞의「渤海與日本的友好往來」, 548쪽.
    그런데 王承禮는 773년 일본에 도착하였던 발해 사신 수를 모른다고 주장하였다 ; 張
    岩·徐德源, 1997,「大欽茂王時期的渤日交往史事新探護」,『高句麗 渤海硏究集成, 渤海』
    권一, 哈尒濱 : 哈尒濱出版社, 632쪽(原載 :『日本硏究』4, 1993). 773년에 발해 사신이
    일본에 도착한 후에 발해를 고려라 부르지 않고 비로소 발해를 발해라고 칭하였다는
    사실은, 이때 일본의 역사의식에 대한 감각이 무척이나 무딘 것 같다.
357)『續日本紀』권34,「天宗高紹」(宝龜7年 12月) 乙巳, 渤海國조, 20쪽(東京 : 岩波書店, 199
    8) ; 王承禮, 앞의「渤海與日本的友好往來」, 548쪽. 王承禮는 776년 일본에 도착하였던
    발해인 수를 187인이 아닌 167인이었다는 주장은 틀린 것이다 ; 三上次男, 앞의
    「東北アジア史上より見たる沿日本海地域の對外的特質」, 325쪽. 三上次男은 사도몽이
    出羽에 도착한 때를 776년 3월이라고 말하였다 ; 石井正敏, 앞의「大宰府·緣海國司と外
    交文書」, 604쪽.
358) 濱田耕策,「渤海國王の外交」,『渤海國興亡史』, 96쪽.
359)『續日本紀』권34,「天宗高紹」(宝龜8年 5月) 癸酉, 渤海使史都蒙等조, 38쪽 ;『渤海國志長
    編』권2,「總略」하, 光仁天皇寶龜 7年 12月 乙巳조, 192쪽.

일본에 대해 위압적인 정치목적이 있었던 게 분명하다.360)

후자의 경우는 발해 사신이 대략 6개월 정도 일본에 머물렀던 셈이다. 이때 발해 사신이 일본으로 가져갔던 물품에 대한 언급이 없다. 만약 발해가 가져다 준 물품이 상업적 가치가 있었다면 일본이 이를 기록하지 않을 리가 없다. 따라서 발해는 의례적인 물품 약간을 일본에 주었다고 본다. 그런데 일본은 발해로 돌아가는 발해 사신에게 주었던 물품에 대한 내역은 이상할 정도로 자세하게 기록하고 있다. 즉 명주 50필, 깁 시 50필, 실 200 덩어리, 누에 솜 300 屯, 또 발해 사신 사도몽의 요구로 황금 100냥, 수은 100냥, 금칠 1岳, 칠 1岳, 海石榴 기름 1岳, 수정염주 4관, 檳榔 부채 10개를 주었다고 소상하게 기록하였다.361) 그렇다면 사도몽의 요청으로 일본이 많은 물건을 발해 사신에게 추가로 주었던 사실에 대하여, 匐甫는 경제적인 사명 때문에 사도몽이 추가로 일본에 물건을 요구하였다는 주장은362) 어불성설이다.

다만 이때 일본이 발해에 주었던 물품을 통하여, 발해가 사신을 일본으로 파견하였던 목적이 일본 왕의 즉위 축하보다 발해가 남방에서 생산되는 특산물과 사치품을 얻겠다는 의도가 컸다는 사실을 부정할 수는 없다.363) 史都蒙의 요구로 일본이 황금 등을 주었다는 사실은 암시하는 바가 크다.364) 그 이유는 사도몽이 일본에 대해 공무역과 아울러 사무역을 동시에 하면서 그와 같이 재화가치가 높은 물품 요청이 가능하였던 것이기 때문이다. 그런데 鳥山喜一은 발해 사신이 일본 신왕의 축하와 왕비의 죽음을 애도하여 명주와 깁 시 등을 선물하였다고 하나 그 내용을 살펴보면 그렇지 않다. 즉 발해 사신이 일본에게 주었던 물품은, 이때 발해 사신이 일본에서 가져가는 물품의

360) 張岩·徐德源, 앞의 「大欽茂王時期的渤日交往史事新探探」, 631쪽.
361) 『續日本紀』 권34, 「天宗高紹」(宝龜8年 5月 癸酉) 幷附絹五十疋조, 38~39쪽 ; 陳顯昌, 앞의 「渤海國史槪要」 四, 96쪽.
362) 匐甫, 1997, 「唐代渤海與日本の友好」, 『高句麗 渤海硏究集成 渤海』 권一, 哈尒濱 : 哈尒濱出版社, 572쪽(原載 : 『長春文物』 2).
363) 사회과학원 역사연구소, 앞의 「발해국의 발전」, 47쪽.
364) 劉曉東外, 앞의 「渤海國貨幣經濟初探」, 111쪽.

일부에 그 수량도 절반이 못될 정도로 미미할 정도였다.[365]

그렇다면 발해가 일본과 통교하였던 것은 정치적인 목적보다는 남방에서 생산되는 물건을 얻겠다는 경제적인 이유가 컸다고 추단하고 싶다. 그렇다면 孫進己가 발해가 당·일본과 가졌던 통교 목적을 정치적 활동과 경제 목적이라는 동일한 시각에서 해석하였던 것은[366] 잘못이다. 이때 일본을 떠나 발해로 귀환할 때『속일본기』에 의하면 "발해 사신 사도몽이 남해부 토호포에서 출발하여 서쪽의 대마도 竹室의 나루터에 이르렀다"는 사실은 발해사절단의 해로를 알려주는 사실이다.[367] 그런데 일본을 출발하던 발해 사신 사도몽 일행이 187인 가운데 겨우 46인만 온전하였다는 것은,[368] 이때 돌풍이나 태풍을 만난 것으로 해석할 수 있다.[369]

여하간 발해 사신 사도몽의 요구로 황금 100냥 등 기타의 물건을 일본이 주었다는 것은 시사하는 바가 크다. 이는 사도몽이 황금 등을 일본에 요구할 정도로 충분한 이유가 있다는 말이다. 즉 당시 일본 大學 小允正六位上 벼슬에 있던 殿繼 등이 발해로 가는[370] 배 삯이 포함되었다는 암시이다. 그런데 전계가 고구려 왕족출신이었다는 사실도 시사하는 바가 크다. 전계를 보낸 까닭은 일본이 발해와 교섭을 원만히 하기 위한 수단으로 고구려 출신의 관료를 발해로 보냈을 가능성이 크기 때문이다. 또는 일본이 전계를 당으로 파견할 경우 당에서 고구려인 치청절도사 이정기의 도움을 받겠다는 속셈이 있었는지 모른다. 위의 사실은, 이 무렵 발해가 일본과 당의 중계 역할을

365) 鳥山喜一, 앞의 「渤海王國と日本の交渉」, 259쪽.
366) 孫進己, 앞의 「渤海族의 經濟和社會性質」, 338쪽.
367) 金毓黻,『渤海國志長編』권14,「地理志」'渤海國志12' 572쪽 ; 方學鳳,「延邊地區의 渤海遺蹟과 日本道」,『中國境內渤海遺蹟研究』, 430쪽.
368) 宋德胤·王海鵬, 1997,「渤海'國書'價値論」,『高句麗 渤海研究集成, 渤海』권 一, 哈尔濱 : 哈尔濱出版社, 670쪽(原載 :『北方文物』4, 1992).
369) 王俠, 1997,「唐代渤海人出訪日本的港口和航線」,『高句麗 渤海研究集成, 渤海』권一, 哈尔濱 : 哈尔濱出版社, 655쪽(原載 :『海交史研究』3, 1981).
370)『續日本紀』권34,「天宗高紹」(宝龜8年 5月 癸酉) 以大學少允正六位上조, 38쪽 ; 王承禮, 앞의 「渤海與日本的友好往來」, 552쪽.

하였던371) 하나의 증거로 제시하고 싶다.

일본 사신이 발해를 방문하는 경우마저 일본 사신이 발해 선박을 이용하였다. 이는 앞서 지적한 771년 발해 사신 壹萬福을 따라 이듬해(772) 9월 21일 발해로 가는 일본 사신 武生鳥守가 발해 선편을 이용한 경우도 한 예이다.372) 따라서 발해 사신이 일본에 도착하면, 당연히 당으로 가는 일본 사신은 발해 사신을 따라 가는 게 비일비재하였다.373) 이는 당시 일본이 당과의 교류를 전적으로 발해에 의지하였다는 이야기이다. 이때 일본은 발해와 달리 먼 바다를 항해할 정도의 造船기술과 항해술이 뒷받침되지 못하였음은 물론이다.374) 또 여기서 주목하고 싶은 사실은 발해 사도몽이 일본에게 황금 등을 요구하였다는 사실은 발해에서 이러한 물건들이 전폐의 성격으로 유통되고 있다는 의미이다.375) 게다가 발해는 조선술만 뛰어났던 것이 아니다. 즉 서양 고대의 戰車처럼 말 4필이 끄는 수레를 발해가 만들었다는 사실은, 발해가 해상은 물론이고 육상의 교통수단도 매우 발달하였다는 증거이다.

---

371) 石井正敏, 1976, 「渤海の日唐間における中繼的役割について」, 『東方學』 51, 72~90쪽.

372) 王承禮, 앞의 「渤海與日本的友好往來」, 548쪽 ; 552쪽 ; 任鴻章, 1997, 「渤日交聘與八,九 世紀東亞國際關係」, 『高句麗 渤海研究集成 渤海』 권一, 哈尒濱 : 哈尒濱出版社, 585쪽(原 載 : 『中日關係研究的新思考』 1993) ; 王俠, 1997, 「渤海使者訪日啓航時間考」, 『高句麗 渤海研究集成, 渤海』 권一, 哈尒濱 : 哈尒濱出版社, 658쪽(原載 : 『海交事研究』, 1981).

373) 上田正昭, 1996, 「古代日本關係史上的問題點－以隋·唐渤海的交流爲中心－」, 『西北大學 學報』 3, 85쪽. 727~919년간에 일본에서 발해로 보내는 사신의 횟수는 총 13회였는데, 그중 8회는 일본 사신이 발해의 배를 타고 발해 사신을 따라 발해로 갔다 ; 趙家驥, 1989, 「隋唐時期中日文化敎育交流簡論」, 『東北師大學報』 6, 45쪽. 264년간(630~894) 일본의 遣唐使 횟수는 불과 12회였다. 그런데 일본 遣唐使가 과대포장되었던 이유는 따로 있다. 즉 일본인 阿倍仲麻呂(改名, 晁衡)가 717년 일본 遣唐使를 따라 유학 와서 國子學에서 공부하다가 進士에 합격하였던 사실 하나를 지나치게 과대 포장한 결과 다. 만약 일본이 당과 빈번한 교류가 있었으면, 日本蕃使가 있어야 한다. 한 예로, 현종 때 奚와 契丹이 강성하여지자, 이를 관장하기 위해 奚契丹兩蕃使를 설치하였다. (毛漢光, 1994, 「唐代軍衛與軍府之關係」, 『國立中正大學學報』 5-1, 118쪽 ; 『玉海』 권138, 「鄴侯家傳」 玄宗時, 奚契丹兩番强盛조, 21a쪽) ; 章羣, 1955, 「唐地方軍權之擴張」, 『學術 季刊』 4-2, 77쪽.

374) 李健超, 1998, 「日本留唐學生橘逸勢史迹迹略」, 『西北大學學報』 4, 93쪽.

375) 劉曉東外, 앞의 「渤海國貨幣經濟初探」, 111쪽.

이밖에 발해는 의약·천문역산·건축기술·冶鐵·항해기술 분야에서는 당시 최고 수준이었다.[376)

발해 文王 대흠무의 둘째 딸 貞惠공주와 넷째 딸 貞孝공주[377) 가운데 貞孝公主墓誌幷序에 나타난 '轅馬'가 바로 말 네 필이 끄는 수레 이야기이다.[378)

일본이 독자적으로 당과 교섭할 수 없었던 것은 원거리 항해술의 미숙함 때문인 듯싶다. 물론 이런 문제는 발해나 신라에게 예외일 수 없는 문제였다. 그러나 상대적으로 일본에서 당으로 가는 해로 이용에 관한 기술이 발해나 신라에 비해 상대적으로 낙후되었던 것이 틀림없다. 그 한 예를 石井正敏의 이야기를 옮기면, 733년 遣唐使의 일원으로 入唐한 平群廣成이 당에서 일본으로 돌아올 때 역풍을 만나 오늘날 베트남 방면에 표류하여 다시 장안으로 돌아갔던 경우가 그것이다. 그래서 平群廣成은 739년에야 비로소 발해 사신을 따라 일본으로 돌아갔다는 줄거리이다.[379) 당의 장안에서 일본으로 돌아가는 데 무려 7년이나 걸렸다. 이는 8세기경 일본이 독자적으로 당에서 일본으로 돌아갈 정도의 항해 수준에 도달하지 못했다는 증거이다.

여하간 이때 발해 사신을 따르지 않고 독자적으로 당의 京師로 갔던 것으로 추정되는 일본의 遣唐使 행적이 언급되고 있어, 여기에 소개하고 싶다. 다음아닌 『속일본기』 권35, 778년 10월조에 언급되었던 내용이 그것이다.[380) 즉 정월 13일에 장안에 도착한 후, 같은 해 6월 24일에 揚州에 도착하였다. 그런데 이때 일본 사신들은 3척의 배로 양주에 도착하였다. 그러나 일본 사신이 타고 왔던 배는 견고하지 못해서인지 이미 쓸 수 없는 상태가 되어,

---

376) 傅朗云, 1983, 『東北民族史略』, 吉林人民出版社, 92쪽 ; 朱國忱·魏國忠, 1996, 『渤海史』, 273~282쪽.

377) 方學鳳, 「貞惠公主墓와 貞孝公主墓에 대하여」, 『中國境內渤海遺蹟研究』, 171~194쪽.

378) 魏國忠, 1997, 「唐代渤海의 社會經濟」, 『高句麗 渤海研究集成, 渤海』 권一, 哈尔濱 : 哈尔濱 出版社, 331~332쪽(原載 : 『平准學刊』 4上, 1989) ; 方學鳳, 「貞孝公主墓誌幷序에 반영 된 몇 가지 문제」, 『中國境內渤海遺蹟研究』, 233.

379) 石井正敏, 앞의 「日本·渤海關係の槪要と本書の構成」, 29쪽.

380) 『續日本紀』 권35, 「光仁」 (宝龜9年 10月) 乙未, 渤海國조, 72~74쪽.

같은 해 4월 19일에 당 대종이 양주에 일본 사신을 위해 일본으로 가는 배를 만들어 놓으라고 하였던, 그 배를 타기 위해 양주에 도착하였다.[381] 이때 일본이 발해의 도움 없이 독자적으로 두 번째 入唐하였던 것과 관련된 기록이다.

이때 일본 사신은 거센 파도가 두려워 당 대종에게 이를 아뢴 대목이 보인다. 이는 당시 일본인이 양주 항로를 이용하는 것이 일본 배로 감당할 수 없었던 게 틀림없다.[382] 그 이유는 9세기 초엽에도 일본은 항해기술이 부족하였을 뿐만 아니라 경험이 없었기 때문이다.[383] 그렇지 않다면 일본 사신이 당으로 가기 위해 발해 사신이 탔던 발해선단을 이용할 리가 없다. 따라서 대개의 경우, 일본의 遣唐使는 발해 사신을 따라 당으로 들어갔고 귀국할 때도 발해 사신에 붙어서 일본으로 돌아갔던 게 틀림없다. 이와 같이 판단하는 이유는 8세기 말 이전에 일본이 견당사를 보냈던 것은 앞의 사실 외에 762년[384] 한 번 더 있었던 것이 전부였기 때문이다.[385] 설혹 일본 견당사가 양주로 도착하였어도 登州를 거쳐 장안으로 들어가는 것이 코스였다. 바꾸어 말하면, 이는 일본 사신이 양주에 도착하였어도 다시 平盧·淄靑절도사 겸 押新羅渤海兩蕃等使 이정기 휘하 관리의 지시를 따랐다는 뜻이다.

그런데 일본이 당으로 직접 갔던 경우는 거의 없는 것 같다. 대략 779년 이전까지는 일본이 신라와 발해의 사신을 따라서 당으로 들어갔다. 그러나 779년 이후는 일본이 발해에만 의존하였던 것 같다. 그 이유는 신라가 일본과의 관계가 악화되어 779년을 마지막으로 사신을 일본에 보내지 않았기 때문이다.[386] 여기서 한 가지 고려할 사항은 발해가 일본을 오갈 때 발해선단이

---

381) 『續日本紀』 권35, 「光仁」 (宝龜9年 10月) 乙未, 渤海國조, 74쪽.

382) 石見淸裕, 1998, 「唐の國書授與儀禮について」, 『東洋史硏究』 57-2, 64~65쪽.

383) 李健超, 앞의 「日本留唐學生橘逸勢史迹迹略」, 93쪽.

384) 『續日本紀』 권24, 「淳仁」 (天平宝字 6年) 4月 丙寅조, 406쪽. 이때 일본 遣唐使의 副使는 고구려 출신 廣山이었다. 아마 이때 揚州로 들어갔던 것 같다.

385) 秋山謙藏, 1939, 「律令政治の動向と遣唐使」, 『日支交涉史硏究』, 東京 : 岩波書店, 204~205쪽.

어느 해로를 이용하였는가 하는 문제이다. 발해가 일본을 오갈 때는 압록강 하구를 이용한 후 해안선을 따라 남하하였던 것이 아니다. 발해는 두만강 하구나 그 위 지역에서 출발하여 동해를 통과해 일본으로 향하였던 것이다. 그렇다면 동해를 이용하는 항해술을 발해만이 갖고 있었기 때문에 일본은 파견하는 사신을 위해서 어쩔 수 없이 늘 발해선단을 이용할 도리밖에 없는 처지라고 본다.

그 후 일본이 당에 사신을 파견하였던 것은 建中 원년(780)이었다. 즉 '建中 원년에 일본 사신 眞人興能이 방물을 바쳤다'[387]는 것이 그것이다.[388] 그런데 780년에서 가장 가까운 해에 일본이 遣唐使를 보냈던 때는 779년 5월이었다. 만약 779년 5월 이 배를 타고 眞人興能이 그 다음 해, 당에 방물을 바쳤다고 가정하더라도, 이는 언어도단이다. 그 이유는 건중 원년 정월에 眞人興能이 방물을 당에 바쳤다고 상정하더라도 779년 5월에 출발하였다면, 무려 8개월이나 걸려 당에 도착하였다는 계산 때문이다. 설사 일본에서 779년 5월에 출발하는 배를 탔다고 가정하더라도, 이전 견당사와 달리 이때 선박 숫자나 어느 항로를 택하였는지에 관한 구체적인 언급이 없을 정도로 모든 것이 애매모호하다. 이는 일본의 견당사를 전문으로 연구하였던 木宮泰彦의 지적이다.[389]

또 『日支交涉史硏究』를 썼던 秋山謙藏은 발해 선박의 일본의 입·출항과 이에 관한 정보를 정확하게 도표로 설명하였지만,[390] 일본의 遣唐使에 관한 기록은 엉성하기 그지없다. 일본이 발해 사신의 경우는 大使는 물론이고 副使의 이름까지도 거의 기록한 데 반해서, 일본 사신은 大使라고 표기조차 못하고 送使 이름만 언급할 정도이다. 그뿐 아니다. 발해에서 일본으로 가져갔

---

386) 石井正敏, 앞의 「日本·渤海關係の槪要と本書の構成」, 29쪽.

387) 『新唐書』 권220, 「日本傳」, 6209쪽, "建中元年, 使者眞人興能獻方物."

388) 甘家馨, 1963, 「隋唐文化東流考畧」, 『聯合書院學報』 2, 25쪽.

389) 木宮泰彦, 1955, 「遣唐使」, 『日華文化交流史』, 京都 : 富山房, 79쪽.

390) 秋山謙藏, 「渤海商人の渡來」, 『日支交涉史硏究』, 216~220쪽.

던 물품은 기재되어 있지만, 일본에서 발해로 간 물품에 관한 기록이 전혀 없다. 일본은 주로 발해에서 많은 물건을 수입하는 대신, 그 대금으로 금 같은 것을 발해에 주었던 것으로 파악된다. 秋山謙藏도 이때 일본이 발해 선박에 편승하여 遣唐使를 파견하였다는 사실을 감추고 싶었던 모양이다. 사실, 眞人興能은 일본에 수시로 드나드는 발해 선박을 타고 당에 갔다고 표현하여야 옳다. 따라서 眞人興能이 일본에서 출발한 시기도 779년 5월보다 몇 달 뒤였던 게 틀림없다. 만약 779년 5월이었다면, 眞人興能이 발해를 경유하여 갔기 때문에 일본에서 출발한 지 8개월 이상 경과한 뒤 당에 도착하였 다고 말한다면, 이는 설득력이 있는 이야기다. 게다가 779년 발해 高泮弼이 359인이나 되는 인원을 거느리고 일본에 도착하였던 사실[391] 등을 감안하더 라도 眞人興能의 발해 선박 이용 가능성은 매우 높다. 만약 眞人興能이 발해 사신을 따라 발해를 거쳤다면 등주 도착 후, 海運押新羅渤海兩蕃使 이정기 휘하 관리의 통제를 받으면서 장안으로 향하였음은 당연하다.

나중에 제나라 멸망 후의 일이지만, 淄靑절도사가 발해와 일본의 해상교통 을 관장하였다는 사료가 일본 기록에 있다.[392] 즉 828년 발해사 政堂左允 王文矩 등 100인이 일본에 왔을 때였다.[393] 이때 王文矩가 약속된 날짜에 일본에 오지 못한 이유가 淄靑절도사 康志睦가 '交通之事'를 관장하기 때문이라 고 말하였던 대목을 주목하고 싶다.[394] 그 이유는 발해는 물론이고 일본도 入唐할 때 淄靑절도사의 지시를 따랐다는 것을 증명하는 기록이기 때문이다.

발해 사자 政堂左允 王文矩 등이 일본에 왔던 때부터 10년 뒤인 838년 일본 승려 圓仁이 揚州에 도착한 후 登州에서 신라인과 신라사원의 도움으로

391) 陳顯昌, 앞의 「渤海國史槪要」 四, 96쪽 ; 任鴻章, 1997, 「渤日關係論」, 『高句麗 渤海硏究集 成 渤海』 권一, 哈尒濱 : 哈尒濱出版社, 565쪽(原載 : 『日本硏究』 2, 1995).
392) 石井正敏, 앞의 「渤海の日唐間における中繼的役割について」, 79쪽.
393) 『類聚三代格, 後篇』 권18, 「一應充客徒供給事」 渤海使政堂左允王文矩等一百人조, 571쪽 (東京 : 吉川弘文館, 1962).
394) 『類聚三代格, 後篇』 권18, 「一應充客徒供給事」 渤海使政堂左允王文矩等一百人조, 571쪽.

장안으로 갔던 것도 같은 맥락인 듯싶다.[395] 그런데 이때 圓仁이 파도 때문에
어려운 항해로 겨우 양주에 도착하였다는 사실은 암시하는 바가 크다. 그
이유는 9세기 중반 경에도 일본이 양주로 통하는 해로를 이용하기는 매우
어려웠다는 것을 알려주는 단서가 되기 때문이다. 그렇다면 일본이 독자적으
로 해로를 이용하여 당으로 갈 수 있었던 때는 먼 훗날의 일이었음에 틀림없다.
그 근거로는 圓仁이 일본으로 돌아갈 때 일본 배가 아닌 신라 배에 편승하였다
는 사실을 들 수 있다. 이때는 會昌 7년(847) 9월경이다.[396] 이 같은 사실을
나열하면서 日野開三郎은 9세기 경까지 일본이 독자적으로 당을 오가지
못하였다는 사실을 인정하였다. 日野開三郎은 발해나 신라의 경우는 선박을
가지고 사업을 하였던 민간(豪族)인들과 지방행정의 고관에 해당하는 권력층
이 해운을 경영하였다고 보았다.[397] 오늘날 해운업과 같은 그런 사업을
하는 부류가 발해와 신라에 많았다는 것이 그의 주장이다.

　반면 8~9세기의 일본 해운이라는 것은 영세하여 선박의 크기도 작아서
먼 바다를 항해한다는 것 자체가 불가능하였다. 따라서 당시는 일본이 발해를
상전으로 모셨다고 해석하여야 옳다.[398] 발해가 당과 대등한 국가였고 그
국가 규모는 일본과 비교할 수 없을 정도로 강력한 대국이었다. 발해가
일본에서 당으로 가는 해상권을 모두 장악하였던 것도 그 근거가 될 것
같다. 이를 규명하기 위해서는 발해와 일본을 왕래하였던 사실을 밝히는
것이 순서라고 본다. 즉 대력년간에 도합 다섯 차례(6년, 8년, 11년, 13년,
14년)나 관영상인을 일본으로 파견할 정도로 발해는 강력한 해양 국가였
다.[399] 발해가 일본으로 파견한 사신의 수가 대력 6년은 325명, 10년은 359명이

395) 朴漢濟, 1996, 「魏晉南北朝·隋唐史 硏究를 위한 하나의 方法」, 『동아시아사 연구논총』,
　　　혜안, 696쪽 ; 黃淸連, 1997, 「圓仁與唐代巡檢」, 『歷史語言硏究所集刊』 68-4, 900~901
　　　쪽.
396) 日野開三郎, 1963, 「唐·五代東亞諸國民の海上發展と佛教」, 『佐賀龍谷學會紀要』 9·10,
　　　48~49쪽.
397) 日野開三郎, 앞의 「唐·五代東亞諸國民の海上發展と佛教(承前)」, 1~2쪽 ; 8쪽.
398) 王健群, 앞의 「渤海國的經濟結構和社會性質」, 225쪽.

나 되는 대규모 사절단이었다. 이때 일본이 답례로 사절단을 보내지 못한 경우가 허다할 뿐만 아니라 일본 사절단은 규모조차 밝힐 수 없을 정도로 적은 인원이 발해 사절단에 붙어 다니는 처지였다. 그나마 일본이 발해로 보냈던 사신의 이름마저 기록하지 못할 정도로 일본이 발해로 파견한 사신 규모는 미미하였다.

발해에서 해로를 통해 일본으로 간 인원수와 아울러 일본에서 발해로 간 인원수에 대해 上田雄은 도표를 그려가면서 자세히 규명하였다. 즉 발해에서 일본으로 간 인원수는 대략 5천 명이나 되는데 반해, 일본에서 발해로 간 인원수는 고작 1천 명 정도였다. 이는 발해와 일본의 국력은 물론이고 문화수준에 대한 차이로 인식된다. 그러나 上田雄이 有形·無形의 문화를 수치화할 수는 없다고 주장한 것은[400] 한마디로 궤변에 불과하다. 이는 발해가 일본과는 비교할 수 없는 강력한 국가였다는 사실에는 의문의 여지가 없는 자료임이 분명하다. 발해 초 大武藝가 大門藝를 징벌하기 위해 당을 공격한 사실에서도 이것은 충분히 증명된다.

반면 발해가 일본으로 보냈던 대사의 이름 등에 관한 제반 인적 사항이 일본 사서에 모두 기록되어 있을 뿐만 아니라, 大曆 6년의 경우 발해가 파견한 副使의 이름까지 일본 사서에 기록되었을 정도로 소상하다.[401] 이는 이 무렵 일본 배가 먼 바다로 진출하는 것은 어려웠고, 발해가 해동성국이었음을 입증하는 중요 사료다. 아울러 위에서 발해 사신이 일본에 요구하였던 황금이, 발해에서 화폐수단으로 통용되었다는 사실도 발해가 번성한 교역국가임을 증명한다.[402]

한편 압신라발해양번등사 이정기가 당과 일본의 왕래에 간접적으로나마 어느 정도는 관여하였을 가능성도 매우 농후하다. 그 이유는 登州 해로를

---

399) 秋山謙藏, 앞의 「渤海商人の渡來」, 217~218쪽.
400) 上田雄, 2002, 『渤海史の硏究』上, 212쪽.
401) 秋山謙藏, 앞의 「渤海商人の渡來」, 217~218쪽.
402) 劉曉東外, 앞의 「渤海國貨幣經濟初探」, 116쪽.

통하여 신라의 서해안을 지나 일본으로 가는 루트가 당시 제일 많이 이용되는
길이었기 때문이다.[403) 이를 嚴耕望은 당·일 교섭사라는 측면에서 '北道'라고
불렀다. 그러나 일본이 당으로 가는 배는 황해 외에도 동해를 이용하였고,
거기에는 발해 선박이 이용되었다는 것은 앞에서 밝혔다.

한편 과연 일본 사신을 淄靑절도사가 관장하였는가 하는 의문을 제기할
수 있다. 이때 일본 사신과 치청절도사에 관련된 기록은 없으나, 그 관계를
유추할 만한 자료는 반세기 후의 사료에 나온다. 즉 827년에 발해 사신
王文矩가 일본을 왕래하였던 해상교통 사정을, 그 당시 치청절도사에게 아뢰
었다는 기록이 그것이다.[404) 이는 치청절도사가 신라와 발해는 물론, 당과
일본의 사신마저 관장하였다는 자료이다. 그렇다면 당시 이정기가 당으로
가는 일본 사신에 관한 업무를 관장하였다고 해도 좋다. 이를 뒷받침하는
사실은 圓仁이 海州의 관아에 들렀다는 예이다. 물론 이때는 이정기 시대보다
훨씬 뒤인 開成 4년(839) 6월의 일이었다.[405) 그러나 이는 일본 사신이 내륙의
길을 이용하여 장안으로 갔던 것이 아니라 산동반도 가까운 해안선을 따라갔
다가 海州에서 다시 장안으로 향하였다는 사실을 알려주는 대목이다. 다시
말해 위의 사실은 일본 사신이 揚州를 통해 도착하였을 경우도 당연히 海運押新
羅渤海兩蕃等使 이정기의 지휘 감독을 받았다는 이야기와 통한다. 827년
이전에는 일본이 독자적으로 당으로 들어갔다는 기록이 없다. 그 이전에는
일본 사신이 당으로 갈 때 발해를 통하거나 평로·치청절도사·해운압신라발해
양번사 이정기 휘하의 관리를 통해 장안으로 갔기 때문이다. 그렇다고 발해를
통했다고 해서 이정기의 관리를 받지 않았다는 것은 아니다.

大曆 12년의 1년 동안 발해에서 당으로 갔던 사신의 횟수는 무려 3회였다.
그 후 大曆 14년 윤5월 병자 일에 발해는 당에 해동청을 조공품으로 바쳤다.[406)

---

403) 嚴耕望, 앞의 「唐代篇」, 43쪽.
404) 石井正敏, 앞의 「渤海の日唐間における中繼的役割について」, 79쪽.
405) 日野開三郎, 앞의 「唐·五代東亞諸國民の海上發展と佛敎」, 45쪽.
406) 『新唐書』 권7, 「德宗」 (大曆 14年 閏 5月 丙子) 渤海貢鷹鶘조, 184쪽.

이때 신라에서 조공하였던 해동청과 마찬가지로 당 덕종은 자신의 황제 즉위를 축하하기 위함인지 발해가 조공하였던 해동청도 풀어 주었다.[407] 그런데 大曆년간(766~779) 발해에서 당으로 사신을 파견한 횟수는 모두 25회나 되었다.[408] 발해에서 당으로 갔던 사신 횟수가 연평균 약 1.8회였다는 뜻이다. 이와 같이 빈번한 교류로 말미암아 해운압신라발해양번사 이정기의 업무가 폭주했다고 표현하여도 좋다. 그렇다고 위의 발해 사신의 入唐 횟수에 발해 상인이 당으로 갔던 횟수마저 포함되었다는 이야기는 아니다. 실제로 상인들이 오간 횟수는 당과 발해가 공식적인 사신이 오갔던 횟수를 훨씬 상회하였음은 물론이다. 발해에서 당으로 갔던 공식적 사신의 총 횟수가 무려 143회나 되었다는[409] 사실에 주목하고 싶다. 이 무렵 발해가 번성한 대국이었기에 당과 빈번하게 교류했다고 해석할 수 있는 근거가 되기 때문이다. 이러한 근거 수치는 발해와 일본과의 관계에서 일본이 발해를 대국으로 섬겼던 중요한 척도로 보아도 된다.

그런데 王健群이 발해에서 당으로 가져갔던 조공품(짐승의 가죽, 산과 바다에서 나는 물건, 여자 등)과 하사품(옷감, 금·은으로 만든 그릇)을 비교하면서 발해의 조공품 중에는 희한한 것들이 없다고 말하였던 사실에 대하여 반문하고 싶다. 王健群은 발해가 당으로 보냈던 조공품을 통해볼 때 발해의 농업과 수공업이 발전된 상태가 아니라고 단정하고 있으나,[410] 이는 바른 주장이 아니다. 그 이유는 당이 발해에 요구하였던 것이 주로 산과 바다에서 생산되는 물품임을 王健群이 몰랐거나 아니면 그런 사실을 무시했기 때문이다. 그렇다면 필자는 王健群에게 발해의 발달된 도성 문화를 저급한 문화였다

---

407) 『冊府元龜』권168, 「帝王部」 却貢獻 德宗以大曆14年5月卽位조, 2026쪽(北京中華書局, 1982).

408) 『新唐書』권219, 「渤海傳」 大曆中, 二十五來조, 6181쪽 ; 『文獻通考』권326, 「四裔」3 渤海 大曆中二十五來조, 2567쪽 ; 『續通志』권635, 「四夷傳」1 '渤海' 大曆中25來조, 6725쪽.

409) 王健群, 앞의 「渤海國的經濟結構和社會性質」, 225쪽.

410) 王健群, 위의 글, 225쪽.

고 표현할 수 있는지 묻고 싶다. 그뿐만이 아니다. 이미 740년 정월 일본에 갔던 발해인 己珍蒙이 발해 음악을 일본에서 연주한 사실을 王健群은 모르는 것 같다. 또 얼마 후 발해 음악을 배우기 위해 발해로 유학 갔다 온 일본인 內雄 등에 의해서 발해 음악이 일본 궁정음악 가운데 하나가 되었다는 사실도[411] 몰랐던 게 분명하다. 또 孫進己가 문헌과 고고 발굴을 통하여 밝혔던 것처럼 발해가 광업·야철업에서 상당히 발달하였을 뿐만 아니라 수공업의 수준은 선진화된 기술인 데다가 그 규모마저 컸던 사실도[412] 王健群이 몰랐던 것이 분명하다. 王健群은 발해가 독자적으로 연호를 사용한 것도, 모든 것이 발달되지 못한 결과에서 비롯되었다고 말한다면, 이는 발해사가 무엇인지 제대로 알지 못하는, '자칭 발해사 연구자'라는 이야기와 다름없다.

　당시 당에서 발해로 갔던 교통로도 당에서 신라로 가는 것처럼 뱃길이 중심이 되었다. 이에 관하여는 『新唐書』「지리지」에 그 내용이 자세하게 기록되어 있다.[413] 우선 당에서 발해로 가는 해로는 다음과 같다. 즉 산동반도 登州(오늘날 산동 蓬萊縣)에서[414] 출발하여 요동반도로 항해하였다. 등주 앞바다 大謝島·龜歆島·末島·烏湖島를 지나 3백 리를 항해하였으며, 다시 2백 리의 烏湖海를 건너면, 요동반도 최남단 都里鎭에 이른다. 또 다시 요동반도의 남쪽 바다를 끼고 동쪽으로 8백 리를 항해하였다. 여기까지는 당에서 신라로 가는 해로와 같다. 다음은 압록강 입구에서 배를 타고 백여 리를 지나서, 뗏목을 타고 동북방향으로 30리를 가면 泊汋口에 이르고, 그곳이 바로 발해의 국경지대였다. 여기서 물길을 거슬러 5백 리를 가면 丸都城(옛 고구려 王城)에 도착하고, 다시 물길을 거슬러 2백 리를 가면 神州에 이르렀다. 여기서 다시 육로로 4백 리를 가면 顯州에 이르고, 다시 육로로 북북동으로 6백 리 가면,

411) 魏國忠等, 佐伯有淸 譯, 앞의 「渤海の歷史(3)」, 45쪽.
412) 陳顯昌, 1997, 「渤海國經濟試探」, 『高句麗 渤海硏究集成, 渤海』 권一, 哈尒濱 : 哈尒濱出版社, 380쪽(原載 : 『北方論叢』 3, 1982).
413) 『新唐書』 권43下, 志第33下 「地理」7下 登州東北海行조, 1147쪽.
414) 陳顯昌, 앞의 「渤海國經濟試探」, 380쪽.

발해 왕성에 도착하였다. 또한 발해에서 당으로 가는 길은 위의 순서의 정반대였다. 그러니까 당에서 발해로 가는 구간의 대부분이 해로였다. 물론 營州에서 육로로 가는 길이 발해로 통한다는 사실은 앞에서 언급하였다.

발해에서 당으로 가는 해로의 첫 번째 관문이 登州였다. 그 이유는 발해 무왕이 대장 張文休에게 명해 수군을 거느리고 당을 공격하게 한 곳이 바로 登州였다는 사실에서 이미 증명하였다.[415] 그런데 등주자사 韋俊이 발해군에 죽임을 당한[416] 때는 開元 20년(732) 9월 을사 일이었다.[417] 이때 韋俊의 전사로[418] 미루어 본다면, 등주를 공격한 발해 수군이 강력하였다는 사실에 이의가 있을 수 없을 것 같다. 이때 당 현종은 葛福順을 右領軍장군으로 임명하여 발해군 토벌을 지시하였다.[419] 그런데 葛福順은 고구려 유민 왕모중과 함께 쿠데타를 시도하다 잡혔던 인물인데도 불구하고 현종에 의해 재기용되었던 인물이다.[420] 현종이 다급한 상황에서 발해토벌군 사령관으로 葛福順을 右領軍장군에 임명하였던 데서 보면, 왕모중의 현종 제거 계획을 사전에 밀고한 인물이 葛福順인지 모른다.[421] 이를 뒷받침할 사실은 또 있다. 王毛仲이 죽임을 당한 지 불과 1년 정도 지났는데[422] 현종이 바로 葛福順을 재기용하였

---

415) 『新唐書』 권219, 「渤海傳」 後十年, 武藝遣大將張文休率海賊攻登州조, 6181쪽 ; 大隅晃弘, 앞의 「渤海の首領制－渤海國家と東アジア世界－」, 119쪽.
416) 鳥山喜一, 「渤海王國の發展」, 『渤海史上の諸問題』, 63쪽.
417) 『新唐書』 권5, 「玄宗本紀」 開元 20年 9月 乙巳, 渤海靺鞨寇登州, 刺史韋俊死之조, 136쪽.
418) 『資治通鑑』 권213, 「唐紀」29 玄宗 開元 20年 9月 渤海靺鞨王武藝遣其將張文休帥海賊寇登州조, 6799쪽 ; 『冊府元龜』 권986, 「外臣部」 征討5 (開元 20年) 9月渤海靺鞨寇登州조, 3959쪽 ; 주보돈, 1994, 「남북국시대의 지배체제와 정치」, 『한국사』 3, 한길사, 343쪽.
419) 鳥山喜一, 앞의 「渤海王國の發展」, 63~64쪽 ; 王承禮, 앞의 「당 왕조의 大祚榮 책봉과 발해 정치세력의 발전」, 73~74쪽. 登州를 장악한 발해 군사를 물리치는데 葛福順은 이렇다할 전공을 세우지 못하였다.
420) 지배선, 2006, 「고구려 유민 왕모중의 발자취」, 『고구려·백제 유민 이야기』, 혜안, 105~106쪽.
421) 『資治通鑑』 권213, 「唐紀」29 玄宗 開元 20年 9月 上命右領軍將軍葛福順發兵討之조, 6799쪽.
422) 『舊唐書』 권8, 「玄宗本紀」 上 (開元) 19年春正月壬戌조, 196쪽 ; 『新唐書』 권5, 「玄宗本紀」 (開元) 19年正月, 殺瀼州別駕王毛仲조, 135쪽 ; 『資治通鑑』 권213, 「唐紀」29 玄宗 開元

110

다는 사실이다.

그런데 발해 장군 장문휴가 거느리고 간 군대를『신당서』와『자치통감』[423] 에서 해적이라고 기록한 것은 당이 발해에 참패당하였던 것이 어쩔 수 없는 상황이었다는 식으로 정당화하기 위함인 것 같다. 두 책에서는 해적이 발해의 요청으로 등주자사 위준을 죽였다는 식으로 결론을 맺었는데, 사실 장문휴가 거느리고 간 군대는 발해의 정규군이었다. 이런 발해 수군을 해적이라 표현한 것은『신당서』나『자치통감』의 찬자가 의도적으로 발해군을 악당으로 비하 시키려는 목적이었다. 登州 공격에 참가한 발해 수군을 해적이라고 표현한 것은 일본인 鳥山喜一도 마찬가지였다.[424]

한편 이때 발해가 등주를 공격하였던 이유를 설명하는 가운데, 당의 공격으 로 말미암아 契丹이 패배하였기 때문에 발해가 당의 공격을 차단하기 위하여 등주를 공격하였다는 古畑徹의 주장은 한마디로 어불성설이다.[425] 왜냐하면 契丹이 북으로 도망갔기 때문에 발해가 당의 공격을 두려워하였다면, 당연히 해로가 아닌 육로인 營州 방면을 공격해야 옳기 때문이다. 게다가 당은 발해 공격을 막기 위해 신라왕에게 군사를 동원하여 발해의 남쪽변경을 공격하도 록 요청하였던 것도,[426] 古畑徹의 주장을 뒤엎는 사실이다. 이때 발해의 강성을 당이 두려워하여, 발해의 등주 공격을 약화시키기 위한 전략으로 신라의 협공을 요청하였던 것이다.

이때 발해가 당을 공격하였던 이유는 두 가지였다. 하나는 遼西와 그 以西 지역에서 집단적으로 거주하는 고구려인들과 합세하려고 하였다는

19年 春正月 壬戌조, 6793쪽 ;『舊唐書』권99,「嚴挺之傳」二十年 毛仲得罪賜死조, 3105 쪽.「嚴挺之傳」은 왕모중이 죽임을 당한 때가 開元 20년이라고 달리 말하고 있다 ;『續 通志』권6,「唐紀」6 玄宗 (開元 19年 春正月 王毛仲) 中路賜死조, 3286쪽.
423)『資治通鑑』권213,「唐紀」29 玄宗 開元 20年 9月 渤海靺鞨王武藝遣其將張文休帥海賊寇登 州조, 6799쪽.
424) 鳥山喜一, 앞의「渤海王國の發展」, 63쪽.
425) 古畑徹, 1986,「唐渤紛爭の展開と國際情勢」,『東洋學』55, 25쪽.
426) 章羣,「評天可汗制度說」,『唐代蕃將研究』, 358쪽.

사실이다. 그런데 돌궐로 들어가 살았던 고구려 유민들 중 開元 3년에 고구려 막리지 高文簡427)과 고구려인 大酋 高拱毅에 이끌려428) 하남에 들어와 정착하였던 무리들은 요서지역과는 상관이 없는 당의 서방에 정착하였다.429) 이때 고구려 막리지 고문간은 左衛大將軍과 遼西郡王으로,430) 또 고구려 大酋 高拱毅는 左領軍衛將軍 겸 刺史와 平城郡公으로 관직과 작위를 받았다는 사실은 시사하는 바가 크다.431) 그러나 平城郡公이라는 작위를 받았다고 평성군에 정착하였던 것은 아니다. 이런 사실은 명목상 작위였기 때문에 실제와는 다르다는 것을 앞에서 밝혔다.

그 당시 고구려 유민들이 많이 살았던 곳은 오늘날 북경 일대와 그 북쪽지역이었다. 그들과 발해가 함께 도모하여 공격할 것을 당은 몹시 두려워하였다. 이때 발해 무왕은 이들과 합세하여 등주와 그 주위 영역을 빼앗으려 하였던 게 분명하다. 이러 사실을 눈치챈 당이 다급한 나머지 신라인 太僕卿 김사란을 신라로 보내 발해의 남쪽을 신라가 공격하도록 요청하였던 것은 유명한 이야기다.432) 그러나 이를『신당서』는 마치 발해 무왕과 그의 아우 문예의 싸움에만 초점을 맞추어 기록하였다. 아마도 이는 당이 발해에 대한 의도적 역사왜곡이라고 말하고 어떨까 싶다.

다른 하나는 이때 발해가 풍요로운 산동지방을 장악하고 싶어 했다는

---

427) 崔明德, 1993,「東突厥, 回紇與唐朝關聯再比較」,『中央民族學院學報』, 2, 55쪽 ; 周偉洲, 1987,「唐代薰項的內徙與分布」,『西北歷史研究』, 西安 : 三秦出版社, 46.쪽.

428) 楊保隆, 1998,「高句驪族族源與高句驪人流向」,『民族研究』4, 73쪽.

429)『舊唐書』권194上,「突厥傳」上 附'默啜傳' 相繼來降, 前後總萬餘帳. 制令居河南之舊地, 5172~5173쪽 ;『舊唐書』권194上,「突厥傳」上 (開元 3年) 右廂五弩失畢五俟斤及子塔高麗莫離支高文簡조, 5172쪽 ;『新唐書』권215上,「突厥傳」上 其婿高麗莫離支高文簡조, 6048쪽.

430)『新唐書』권215上,「突厥傳」上 其婿高麗莫離支高文簡조, 6048쪽.

431)『新唐書』권215上,「突厥傳」上 拱毅左領軍衛將軍兼刺史조, 6048쪽.

432)『新唐書』권219,「渤海傳」史太僕卿金思蘭使新羅조, 6181쪽 ;『資治通鑑』권213,「唐紀」29 玄宗 開元 21年 9月 庚申, 命太僕員外卿金思蘭조의 胡三省註, 6800쪽. 金思蘭은 신라왕자로 이때 京師에 있었던 인물임.

사실이다. 이는 이정기의 손자 李師道의 부하 高沐이 몰래 당 조정에 상서한 내용 가운데 山東은 풍요한 곳이라서, 이곳을 얻으면 富國을 만들 수 있다는 주장에서 확인되었던 내용이다.[433] 다시 말해 치청절도사 관할 지역은 오늘날 산동 전역으로, 그 위치·기후가 양호할 뿐만 아니라 그 생산물마저 풍부한데다 絹의 생산지로 부유한 지역이다. 구체적으로 絹의 생산지는 치청절도사의 15州 가운데 德·棣·齊·曹·濮·徐·鄆州가 유명하다.[434] 이런 곳을 이정기가 장악하였다. 이와 같이 생산물이 많고 풍요로운 지역이라는 사실을 발해가 모를 리 없었을 것 같다. 참고로 高沐은 貞元년간 당의 進士科에 급제하였으나 당이 그의 가족이 鄆州에서 산다는 이유로 등용하지 않자 李師古 휘하에서 판관이 되었다.[435]

여하간 당은 발해와 교역 업무 등을 이정기가 원활하게 수행할 수 있도록 御史大夫·靑州刺史라는 관직을 주었다. 그런데 海運押新羅渤海兩蕃使라는 관직을 이정기가 받은 것은 대략 永泰 원년(765) 7월에서 얼마 지나지 않았는데도 불구하고, 이 관직에 대해 사서에 기록되지 않았던 것은 海運押新羅渤海兩蕃使 이정기가 신라와 발해 교역만 치중하였다는 느낌이다. 이정기는 山東을 중심으로 세력기반을 조성하였던 것 같다. 다른 절도사의 경우는 토벌 등의 이유로, 이 무렵 자주 사서에 등장하는데, 이정기는 大曆 10년(775)까지 그 행적이 전혀 언급되지 않았기 때문이다. 아울러 檢校工部尙書라는 관직을 이정기에게 주었던 것도 그런 차원일 것 같다. 게다가 이때 조정에서 이회옥 이라는 이름 대신에 李正己라는 이름을 永泰 원년(765) 7월에 하사하였다는 사실에 의미를 부여하고 싶다.[436] 이와 같이 당이 이름마저 하사하는 경우는 조정에서 이정기에 대한 관심이 남달랐다는 것을 입증하는 것이다.

대력 10년 2월에 당은 이정기에게 새로운 관직을 제수하였다. 그러면서

---

433) 『新唐書』 권193, 「忠義」下 附'高沐傳' 沐上書盛夸山東煮海之饒조, 5557쪽.

434) 築山治三郞, 앞의 「地方官僚と政治」, 369~373쪽.

435) 『舊唐書』 권187, 「高沐傳」 沐조, 4911쪽.

436) 『資治通鑑』 권223, 「唐紀」39 代宗 永泰 元年 7月 壬辰조, 7175쪽.

이때 이정기의 관직을 모두 다시 사서에 나열하였는데, 이는 당이 이정기의
공적을 강조하기 위함 느낌이 든다. 이에 관한 사실을 『구당서』「대종기」에서
들어보면,

> 갑신 일에 平盧·淄靑節度觀察·海運押新羅渤海兩蕃等使·檢校工部尙書·靑州刺
> 史 이정기를 檢校尙書左僕射로 임명하였다.[437]

이는 대력 10년 2월에 이정기에게 檢校尙書左僕射라는 관직이 추가되었다
는 내용이다. 그런데 『구당서』「이정기전」에서 이정기의 海運押新羅渤海兩蕃
使라는 관직이 같은 『구당서』「대종기」에서는 海運押新羅渤海兩蕃等使라 서
술된 사실에 주목하고 싶다. 그 이유는 이정기가 신라와 발해무역만 주관하였
던 것이 아니라 왜(일본)나 기타(室韋·靺鞨)[438] 무역도 주관하였다는 것을
암시하기 때문이다. 그러나 奚·契丹의 경우는 范陽절도사가 奚·契丹兩蕃使라
는 직책을 갖고 奚·契丹을 통제하였던 직책이다.[439] 이런 이유 때문인지
安祿山 휘하에 奚와 契丹도 많았다.[440] 그런데 만약 이정기가 왜의 무역을
담당하였는데도 그의 관직에 왜가 포함되지 않았던 것은 산동반도를 통한
당과 왜의 교역 비중이 신라나 발해와 비교할 수 없을 정도로 미미하다는
것을 암시한다. 또 일본이 독자적으로 당에 사신을 파견하였던 것이 아니라
발해 사신에 얹혀서 장안으로 왔던 사실도 무시할 수 없다.

이정기가 당과 왜의 교역을 장악하였던 것은 틀림없다. 이와 관련된 사실은
앞에서 지적하였던 대력 12년(777) 정월 "발해사신이 일본 舞女 11명을 바쳤

---

437) 『舊唐書』권11,「代宗紀」大曆 10年 2月조, 307쪽, "甲申, 以平盧·淄靑節度觀察海運押新羅
渤海兩蕃等使·檢校工部尙書·靑州刺史李正己檢校尙書左僕射."
438) 『舊唐書』권11,「代宗」大曆 12年 4月조, 312쪽 ; 三島一·鈴木俊, 앞의 「兵制の推移と藩鎭」,
315쪽.
439) 『通典』권172,「州郡」2 范陽節度使 制臨奚, 契丹조(北京 : 中華書局, 1988), 4481쪽.
440) 『舊唐書』권199下,「奚國傳」故事 常以范陽節度使爲押奚·契丹兩蕃使조, 5356쪽 ; 『資治
通鑑』권217,「唐紀」33, 玄宗 天寶 14載 11月 甲子조, 6934쪽.

다."441)는 것 같다. 왜냐하면 당과 발해의 교역을 이정기가 담당하였기 때문이다. 즉 海運押新羅渤海兩蕃等使 이정기의 관할지에 북방의 발해와 왜의 교역이 있었다는 사실에서 지리적인 면을 고려한다면, 당연히 이정기를 통하여 당과 왜의 교역이 있었던 게 틀림없다. 다만 앞서 주장하였던 것처럼 당과 신라·발해의 교역량과 비교하면, 당과 왜의 사신 왕래 횟수나 그 규모가 크게 못 미칠 정도로 미미하였다는 사실이다. 그런데 建中 원년 왜의 사자 眞人興能이 당에 방물을 바쳤다.442) 이때도 이정기가 왜 사신의 당 조정에 입조하는 사무를 관장하였던 것 같다. 그 이유는 상원년간 朝衡이 당에 입조하자, 倭 朝衡에게 관직을 주는 가운데 신라와 연관된 관직을 주었기 때문이다.443) 바꾸어 말하면 신라와 당과 관계되는 일은 모두 이정기의 소관 사항이었기 때문이다. 즉 이는 일본 사신 朝衡에게 이정기의 통제를 받으라는 당의 명령이었다. 실제로 왜나 일본과 통교를 관장한다고 볼 수 있는, '押倭蕃使'나 押日本蕃使'와 비슷한 관직이 사서에 전혀 보이지 않는다.

한편 일본도 신라나 발해를 통하지 않고 당과 직접 교류하려는 시도를 계속하였던 것 자체를 부정할 수는 없다. 그러나 앞에서 지적한 것처럼 일본은 그 당시 항해술이나 조선술 등 모든 면에서 선진 수준에 오르지 못한 것을 부정할 수는 없다. 한 예를 들면, 779년 일본의 遣唐使가 목적지인 당에 도착하지 못하고 표류하다가 신라의 영토 耽羅(제주도) 앞바다에 도착하였던 사실도 있다.444)

---

441) 『舊唐書』권11, 「代宗」(大曆 12년) 正月조, 310쪽.
442) 『文獻通考』권324, 「四裔」1 倭 建中元年使者眞人興能獻方物조, 2552쪽(上海 : 商務印書館, 1936).
443) 『文獻通考』권324, 「四裔」1 倭 大寶12載朝衡復入朝, 上元中조, 2552쪽 ; 張步雲, 1981, 「試論唐代中日往來文」, 『社會科學－上海社會科學院－』6, 134~135쪽.
444) 石井正敏, 「第二次渤海遣日本使に關する諸問題」, 『日本渤海史の研究』, 378쪽 ; 石井正敏, 「光仁·桓武朝の日本と渤海」, 『日本渤海史の研究』, 468쪽.

5. 요양군왕 이정기의 독립국화

1) 요양군왕 이정기 시대

여하간 이정기는 押新羅渤海兩蕃等使라는 직책을 활용하여, 당에 대항하는 힘을 키우려고 했던 것 같다. 즉 이정기는 신라·발해 등과 관계를 개선하는 한편 자신의 절도사 왕국의 경제력을 강화하기 위하여 지속적으로 그들과의 관계를 중시하였다. 또 押新羅渤海兩蕃等使는 신라·발해를 대상으로 하는 모든 사무를 관장하는 직책이다. 이때 海運押新羅渤海兩蕃等使 휘하에는 이를 관장하는 관아가 있었다. 당과 발해의 사신 내왕 등의 업무가 營州를 통해 진행되었기 때문에 당과 발해의 교역관계를 이정기가 자동적으로 맡아보게 되었다는 북한 사회과학원의 주장이 있다.[445] 그러나 이는 잘못된 논리이다. 그 이유는 平盧·淄靑절도사 이정기 시대는 이런 생각이 통용될 수 있으나, 이정기의 아들 이납 때는 적용될 수 없기 때문이다. 더 구체적으로 말하면, 이납은 平盧·淄靑절도사였으나, 실제로는 淄靑절도사였기 때문이다. 즉 이납은 營州가 포함되는 平盧절도사를 겸직하였다고 볼 수 없기 때문이다. 그런데도 이납이 押新羅渤海兩蕃等使를 계속 맡게 된 배경은 발해나 신라가 登州를 통해 당과 공·사 교역을 담당하였기 때문이다. 필자의 생각으로는 이정기 시대부터 공무역보다 사무역에 더 치중하였다고 본다. 당을 위한 것이 아니라 제나라의 경제를 위해 더욱 신경을 썼던 내용에 대해서는 사서에 자세히 나온 내용들이다.

그런데 『구당서』「이정기전」에서 이정기의 관직 가운데 하나가 檢校尙書右僕射였는데,[446] 같은 『구당서』이지만 「이정기전」이 아닌 「대종기」에서 이정기의 관직이 檢校尙書右僕射가 아닌 檢校尙書左僕射로 기록하였던 사실을 주목하고 싶다. 이는 『구당서』 찬자가 「이정기전」을 작성하면서 이정기를

---

445) 사회과학원 역사연구소, 「발해국의 발전」, 『조선전사』 5, 44쪽.
446) 『舊唐書』 권124, 「李正己傳」 尋加檢校尙書右僕射조, 3535쪽.

낮추기 위한 수단으로 檢校尙書左僕射를 檢校尙書右僕射로 격하시켜 기록한
것 같다.

이때 당이 이정기에게 饒陽郡王 작위를 주었다는 사실은[447] 이정기가
당에서 차지한 비중이 매우 커졌다는 것을 뜻하는 단서임에 틀림없다. 그런데
饒陽의 위치는 오늘날 河北省 饒陽縣이다. 그 당시는 冀州 북쪽 深州 안의
동북쪽에 위치한 곳이 饒陽이다.[448] 그렇다고 이정기가 饒陽郡과는 직접연관
이 없다. 다만 이정기에게 준 饒陽郡王은 명목상 작위였기 때문에 실제 임지가
아니다. 정확히 말해 당이 深州로 강제 이주된 고구려 유민들에 대한 기미정책
으로 이정기를 饒陽郡王으로 책봉함으로써 고구려 유민에 대한 지배를 효과적
으로 하려는 계책 중의 하나로 작위를 준 것이다. 그런데 『冊府元龜』에 의하면
당이 평로·치청절도사 이정기를 饒陽郡王으로 책봉한 시기는 大曆 10년(775)
2월이었다.[449]

그 밖에 흥미로운 사실은 『冊府元龜』에 이정기가 饒陽郡王으로 책봉받기
1년 전 大曆 9년(774) 9월에 平盧節度都知兵馬使 王廷俊이 陽城郡王으로 책봉되
었다는 사실이다.[450] 그런데 王廷俊의 행적은 『신·구당서』 「이정기전」에
언급된 사실이 없다.

이처럼 당에서 이정기의 위상이 커지게 되면서 이정기는 조정의 문제에도
적극 개입하였다. 이는 이정기가 당의 절도사로 성장하였던 배경과 깊은
관련성이 있다. 즉 그 당시 가장 강력한 절도사였던 田承嗣를 견제하는 일마저
이정기가 앞장섰던 사실이 그것일 듯싶다.[451] 田承嗣는 그의 아들 田華가
황제의 딸 永樂공주와 결혼하게 되면서부터(774년 3월) 교만함이 날로 심해졌

447) 『新唐書』 권213, 「李正己傳」 歷檢校司空조, 5990쪽 ; 蘇慶彬, 앞의 『兩漢迄五代入居中國
之蕃人氏族硏究』, 587쪽 ; 內藤雋輔, 앞의 「唐代中國における朝鮮人の活動について」,
488쪽.
448) 譚其驤 主編, 1996, 『中國歷史地圖集－隋·唐·五代十國時期－』, 北京, 48쪽.
449) 『冊府元龜』 권129, 「帝王部」 '封建' 大曆 10年 2月조, 107쪽(北京中華書局, 1989).
450) 『冊府元龜』 권129, 「帝王部」 '封建' 大曆 9年 9月 封平盧節度都知兵馬使조, 107쪽.
451) 『舊唐書』 권141, 「田弘正傳」 大曆中조, 3848쪽.

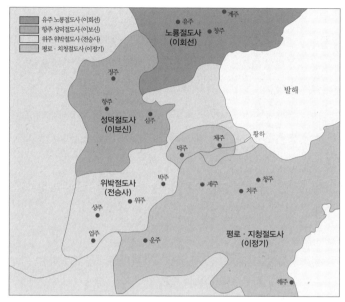

노룡 · 성덕 · 위박 · 평로 · 치청 절도사의 영역

다.452)

그런데 成德절도사 李寶臣의 아우 寶正이 田承嗣의 딸과 결혼 후에 田承嗣
아들 維와 擊毬하다가 維가 낙마로 죽자, 田承嗣가 寶正을 가둔 후에 몽둥이로
때려 죽인 사건이 발생하였다.453) 이 大曆 10년(775) 4월 田承嗣가 황제 명령마
저 거역하는 사태가 발생하였다. 이때 당 황제 명령을 받은 이정기와 李寶臣
등이 田承嗣를 토벌하였다.454) 당 代宗의 명으로 절도사들은 大曆 10년(775)
4월에 魏博절도사 전승사를 남북에서 협공하였다. 즉 成德절도사 李寶臣과
河東절도사 薛兼訓은 魏博의 북쪽을, 平盧淄靑절도사 이정기는 淮西절도사

---

452) 『資治通鑑』 권225, 「唐紀」41 代宗大曆9年 3月 戊申조, 7226쪽.

453) 『資治通鑑』 권225, 「唐紀」41 代宗大曆10年 寶臣弟寶正娶承嗣女조, 7230쪽.

454) 『舊唐書』 권11, 「代宗」 大曆 10年 4月 乙丑 仍詔河東조, 307쪽 ;『舊唐書』 권142, 「王武俊傳」
大曆 10년조, 3872쪽. 田承嗣를 토벌하라는 조서를 받았던 인물은 이정기 외에 李勉·李
承昭·田神玉·朱滔·李抱眞이었다 ;『資治通鑑』 권225, 「唐紀」41 代宗 大曆 10年 3月조,
7230쪽.

李忠臣등과 함께 남쪽을 공격하였다.[455]

이를 계기로 다음 달 5월 정미 일에 이정기가 魏博절도의 德州를 빼앗았기 때문에 德州가 平盧軍에 귀속되었다. 이로 말미암아 평로·치청절도사 이정기의 세력판도에 德州가 추가되었다.[456] 德州가 平盧·淄青절도사 이정기의 관할지로 편입된 것이다.[457] 본래 田承嗣는 李寶臣과 함께 안록산 휘하 유력 부장이었는데, 魏州를 가지고 당에 항복하였기 때문에 天雄軍節度使가 되었던 인물이다.[458]

大曆 10년 위박(오늘날 하북성 大名北)절도사 전승사 토벌은 9월까지 계속되었다. 이에 대해 『자치통감』에서는,

　　이보신과 이정기가 棗強에서 회합하고, 나아가 貝州를 포위하자, 이때 田承嗣가 군사를 내보내 이를 구원하였다. 兩軍이 각각 士卒에게 잔치를 베풀었는데, 成德절도사에서는 상급이 많았고, 平盧절도사의 상급은 적었다. 그렇게 하고 끝났는데, 平盧 사졸들이 원망하는 말을 하자, 이정기는 그들이 변란을 일으킬까 두려워하여, 군사를 거느리고 물러나니, 이보신 역시 퇴각했다.[459]

이는 이정기와 관련된 大曆 10년 9월 사건이다. 이정기가 이보신의 사졸과 함께 棗強에서 회합 후 貝州로 진격했지만, 성공을 거두지 못했다는 내용이다. 그런데 이때 이정기의 사졸보다 이보신 사졸에게 더 많은 상급이 돌아간 데 대한 부하들의 원망소리를 이정기가 주목하였다는 대목이 중요하다. 그 이유는 이정기의 평로·치청절도사 侯希逸 축출이 가능했던 것이 평로·치청

---

455) 『資治通鑑』 권225, 「唐紀」41 代宗 大曆10年 4月조, 7230~7231쪽.
456) 『資治通鑑』 권225, 「唐紀」41 代宗 大曆10年5月 丁未조, 7231쪽 ; 日野開三郎, 앞의 「唐代藩鎭の跋扈と鎭將」 1, 21쪽.
457) 『資治通鑑』 권225, 「唐紀」41 代宗 大曆 10年 5月조, 7231쪽.
458) 愛宕元, 앞의 「唐代後期の政治」, 450쪽.
459) 『資治通鑑』 권225, 「唐紀」41 代宗 大曆10年 9月조, 7232쪽, "李寶臣·正己會于棗強, 進圍貝州, 田承嗣出兵救之. 兩軍各饗士卒, 成德賞厚, 平盧賞薄, 旣罷, 平盧士卒有怨言, 正己恐其爲變, 引兵退, 寶臣亦退."

사졸들의 이정기에 대한 지지 때문이었음을 누구보다 잘 아는 그였기 때문이다. 사가들은 이정기를 혹평하길, 그는 모든 것을 독차지하려 했던 인물이라고 묘사했는데, 이는 허구다. 위의 사실을 정확히 해석하면 당이 평로절도보다 성덕절도에게 많은 상급을 주었던 사실을 司馬光이 의도적으로 삭제하였을 가능성이 매우 농후하다. 그렇게 보는 이유는 이정기 4대의 제나라에 대한 해석을 안녹산·사사명·오원제와 같은 부류로 분류했기 때문이다. 이런 사실에 대해서는 뒤에서 자세히 밝히겠다.

당시는 平盧·淄靑절도사 이정기의 영역 확대가 일시 주춤한 시기였다. 그러나 이정기는 후일을 도모하기 위해서 물자를 비축하였던 인물이다. 이 역시 당에 의해 패망한 고구려의 유민으로서 당을 제압하고 싶은 계획을 구체적으로 실천하기 위한 하나의 조치라 생각된다.

大曆 10년(775)경에 절도사들은 자신의 영역 확장을 위해 서로를 염탐하는 일이 잦았다. 이정기와 전승사에서도 그런 상황이 연출되었다. 즉,

처음에 이정기가 사신을 파견해 魏州에 도착하자, 田承嗣가 그를 가두었다. 이때(大曆 10년 10월)에 예를 갖추어, 그 사신을 보내면서 (魏博의) 모든 경내의 호구·갑병·곡백의 수량을 적은 문서를 그에게 주며 말하길. "나 田承嗣는 올해 86세라, 갑자기 죽을 날도 며칠 남지 않은데다, 여러 자식들마저 불초하고, 田悅 또한 어리고 허약하니, 무릇 지금 (내가) 가지고 있는 바는 공을 위해 지키는 것뿐인데, 어찌 공의 군대를 욕되게 할 만하다고 하겠습니까!" 그렇게 한 후 사자를 뜰에 세우고 남쪽으로 향하게 하고 절을 하며 편지를 주었을 뿐만 아니라 이정기의 초상을 그려놓고 향을 사르며 이를 받들었다. 이정기가 기뻐서 마침내 병사를 진정시킨 후 나가지 않았다. 이에 河南의 여러 道의 병사들도 모두 감히 나가지 않았다. 田承嗣는 이미 남쪽을 돌아보는 걱정이 사라지자, 오로지 북쪽만을 생각할 수 있게 되었다.460)

460) 『資治通鑑』 권225, 「唐紀」41 代宗 大曆10年 10月조, 7233쪽, "初, 李正己遣使至魏州, 承嗣囚之, 至是, 禮而遣之, 遣使盡籍境內戶口·甲兵·穀帛之數以與之, 曰 '承嗣今年八十有六, 溘死無日, 諸子不肖, 悅亦孱弱, 凡今日所有, 爲公守耳, 豈足以辱公之師旅乎!'立使者於

고구려 길림 집안3실의 갑옷을 입은 기마병의 모습. 이정기의 기병을 상상할 수 있다.

위의 사료에서 이정기가 사신을 魏州로 보냈던 시기에 대한 정확한 기록이 없다. 그러나 大曆 10년경의 일인 것은 분명하다. 이때 이정기가 魏州로 사신을 보낸 것은 위주를 공격하기 전에 적정을 염탐하기 위한 척후 파견이었다.

그런데 전승사는 大曆 10년 10월에 河南 諸道의 절도사들이 위주를 공격하려할 때, 이정기가 전에 보냈던 사자를 풀어주면서 공격을 막았다는 것이 위의 내용이다. 전승사가 이정기의 사자를 역이용한 결과 魏博 남쪽을 공격하려한 모든 절도사들의 군사 공격을 피하였다. 이때 이정기는 위주에서 돌아온 사자를 통해 魏博의 호구·갑병·곡백의 수량을 파악함으로써 후일 위박을 공격하기 위한 중요자료를 획득했을 뿐 아니라 위박 내부의 정황을 어느 정도 파악하였다고 본다.

그러나 노회한 전승사의 계략에 이정기가 말려들었다고 보는 것이 옳을 것 같다. 이렇게 추단하는 까닭은 胡三省이 『考異』를 인용해 말하길, 田承嗣가 죽을 때 그의 나이가 75세였다고 한 사실이다.[461] 이는 田承嗣가 자신의 나이가 86세라고 속여 자신의 삶이 얼마 남지 않았기 때문에 내가 살아있는 것이 이정기를 위한 행위라고 표현함으로써 그에 대해 기만전술을 사용했기 때문이다. 이때 이정기가 더 이상 魏博으로 진격하지 않자, 河南의 여러

庭, 南向, 拜而授書, 又圖正己之像, 焚香事之. 正己悅, 遂按兵不進. 承嗣既無南顧之虞, 得專意北方."
461) 『資治通鑑』 권225, 「唐紀」41 代宗 大曆10年 10月 胡三省註의 考異曰조, 7233쪽.

절도사들마저 魏博을 공격하지 않았다는 사실은 의미가 크다. 바꾸어 말하면 河南의 모든 절도사 중 제일 강력한 절도사가 이정기였다는 것을 암시하기 때문이다. 그 결과 전승사는 이정기의 군사 공격은 물론이고 河南의 여러 절도사들로부터 공격도 받지 않았다.

　　그런데 위박절도사 전승사의 황명불복죄로 魏州에 대한 물자 반입은 대력 10년 12월까지 계속 금지되었던 것 같다. 이와 관련해 전승사가 조현을 청할 때 평로·치청절도사 이정기가 전승사를 지지하였다는 기록이 있다.

> 元載와 王縉이 주문을 올려서 魏州에는 소금이 귀하다고 하여, 그 영역으로 소금이 들어가는 것을 금하게 하여 그를 어렵게 하도록 청하였다. 황제가 허락하지 않으며 말하길 "田承嗣가 짐을 저버린 것이지, 백성들이 무슨 죄가 있는가!"(한편) 田承嗣가 들어와서 조현하게 해달라고 청하였고, (이때) 이정기가 여러 차례 그를 위해 표문을 올려 그가 스스로 새로워지는 것을 윤허하도록 구하였다.[462]

　　이는 전승사의 황명불복으로 위박으로 들어가는 교통로가 봉쇄되어 물자 공급이 순조롭지 않아서 위박에서 소금이 품귀상태였을 때의 정황이다. 이때 元載와 王縉이 황제에게 魏博으로 소금을 禁輸하는게 좋다고 하면서, 이를 계속하도록 하는 조치를 요청했다. 그런데 代宗은 소금의 금수조치를 취하지 않았다. 그렇다고 위의 내용대로 대종이 백성에 대한 배려로 허락하지 않은 것은 아니다. 계속해서 위박을 궁지로 몰아갈 때, 당이 이를 감당하기 어려운 상황에 봉착할 것을 고려했던 것 같다.

　　이런 상황에서 이정기가 전승사를 대신하여 여러 차례 전승사가 조현할 수 있도록 해 줄 것을 청원하였다. 이때 이정기가 황제에게 새롭게 전승사를

---

462) 『資治通鑑』 권225, 「唐紀」41 代宗 大曆10年 12月조, 7236쪽, "元載·王縉奏魏州鹽貴, 請禁鹽入其境以困之. 上不許, 曰'承嗣負朕, 百姓何罪!'. 田承嗣請入朝, 李正己屢爲之上表, 乞許其自新."

대해 줄 것을 요청한 사실도 눈여겨 볼 대목이다. 왜냐하면 평로·치청의 생산품 가운데 소금이 차지하는 비중이 매우 크다는 사실과 무관하지 않기 때문이다. 이에 대하여는 뒤에서 밝히겠다.

아무튼 평로·치청절도사 이정기는 그가 다스리는 영역 안에서의 경제문제에 대하여 민감하게 반응하였다. 다시 말해 이정기는 자신의 영역에서 통치의 우선순위를 익히 파악하면서 이에 적절히 대응한 인물이었다.

다음해(大曆 11년) 정월 이정기는 전승사를 토벌하겠다는 의지를 담은 상소를 대종에게 올렸다.463) 이와 같은 이정기의 토벌 상소의 역작용인지 당은 정월 임진 일에 諫議大夫 杜亞를 사신으로 파견해 魏州로 가서 널리 위로하였다. 그해 2월에 경진 일에 전승사가 다시 표를 올리자, 당은 그의 죄를 사면하여 주면서 파격적으로 그의 관직과 작위마저 회복시켜 주었다.464) 이는 조정이 이정기를 견제하기 위해 위박절도사 전승사를 이용하려는 술책이었다.

그 후부터 이정기는 전투 때마다 연전연승을 거두었으나 휘하 군졸에게 상을 주는 것에 인색하였다고 한다.465) 이는 당이 이정기의 경제활동을 통제하면서 빚어진 결과가 아닌가 한다. 그러나 이정기의 노인에 대한 예우가 각별함을 이용하여 전승사는 자신의 나이보다 부풀려서 이정기에게 말함으로써 그의 공격을 피하는 술수를 사용하였다. 이는 이정기가 그 당시 사회에서 중시한 예를 지키면서 백성들을 다스렸던 구체적인 사례로 평가할 수 있는 요소이다.

위의 사실을 고구려 유민 이정기의 행동이 어떠했는가를 판단할 수 있는 중요한 척도로 볼 수 있다. 즉 위박절도사 전승사가 이정기가 보낸 사신을 돌려보낼 때, 자신은 나이 많은 노인인데다 모든 형편이 이정기를 위함이라고

---

463) 『冊府元龜』 권176, 「帝王部」 姑息1 (大曆) 11年 正月조, 421쪽.
464) 『資治通鑑』 권225, 「唐紀」41 代宗 大曆11年 正月 壬辰 ; 2月 庚辰조, 7237쪽.
465) 『資治通鑑』 권225, 「唐紀」41 代宗 大曆 10年 9月조, 7232쪽.

말할 뿐 아니라 이정기의 초상화까지 그려 놓고 이에 대해서 예의를 갖추었다는 사실이 그것이다. 이런 의식을 한 후 교활한 전승사는 볼모로 했던 이정기의 사신을 돌려보냈다.[466] 이런 연유로 이정기는 황명을 어긴 전승사에 대한 사면을 요청하는 글을 황제에게 여러 번 올릴 정도였다.[467] 물론 이정기의 이 같은 행동에 정치적인 계산이 전혀 없었다고 단정하기는 어렵다. 그렇다면 이정기가 매 전투 승리의 대가로 군졸에게 상급을 주는 데 인색하였다는 것은 무엇을 의미하는 것일까. 반대로 이정기가 전리품을 휘하 군졸들에게 후하게 나눠주지 않고도 부하들을 잘 통솔하였다고 해석할 수 있는 근거가 되는 대목이기도 하다. 그렇지 않다면 이정기는 많은 재물을 모은 후에 平盧·淄靑절도의 경제 부흥에 남다른 관심을 경주하였다고도 평가할 수 있다.

大曆 11년 5월 조정과 田承嗣의 관계가 틀어진 것은 汴宋留後 田神玉의 사망 때문이었다. 汴宋의 兵馬使·都虞候 李靈曜가 濮州자사 孟鑒을 살해하고, 북쪽으로 田承嗣와 결합해 자신의 후원세력으로 전승사를 끌어들였다.[468] 이때 大曆 11년 8월 갑신 일에 조정은 平盧·淄靑절도사 이정기에게 淮南절도사 陳少遊와 함께 李靈曜를 공격하도록 작전을 짰다.[469] 다음달(9월) 무신 일에 이정기는 鄆·濮 2州를 빼앗았다고 당에 알리는 전과를 거두었다.[470] 이때 鄆·濮 2州를 빼앗았다는 사실은 의미가 매우 크다. 간단히 말해 平盧·淄靑절도사 이정기의 영역에 2州가 추가됨을 의미할 뿐 아니라 東都 낙양 부근까지 진출했기 때문이다. 이런 이정기의 영역 확대로 위협을 느낀 것은 당이었다.

李靈曜난을 꺾는 과정에서 平盧·淄靑절도사 이정기는 다른 절도사들과 비교할 수 없을 정도로 광대한 영토를 소유하게 되었다. 이를 『자치통감』에서

---

466) 『資治通鑑』 권225, 「唐紀」41 代宗 大曆 10年 10月조, 7232쪽.
467) 『資治通鑑』 권225, 「唐紀」41 代宗 大曆 10年 12月조, 7236쪽.
468) 『資治通鑑』 권225, 「唐紀」41 代宗 大曆11年 5月조, 7237쪽.
469) 『資治通鑑』 권225, 「唐紀」41 代宗 大曆11年 8月 甲申조, 7238쪽.
470) 『舊唐書』 권11, 「代宗」 大曆 11年 9月 戊辰조, 309~310쪽.

옮겨 보면,

　　平盧절도사 이정기가 먼저 淄·靑·齊·海·登·萊·沂·密·德·棣의 10州의 땅을
갖고 있었는데, 李靈曜가 난을 일으키자 道의 합친 군대가 공격하였으며,
얻은 땅은 각각 갖게 되었으므로 이정기는 曹·濮·徐·兗·鄆의 다섯 주를 얻었고,
이어서 靑州에서 鄆州로 치소를 옮기면서, 그의 아들이며 예전의 淄州자사
李納으로 하여금 靑州를 지키게 하였다. 이정기는 형벌을 시행하는 것이
매우 엄하여서, 있는 곳에서 감히 모여서 이야기를 할 수 없었다. 그러나
법령이 가지런하게 하나로 되었으며, 부세는 고르면서도 가벼웠고, 병사
10만을 거느리니, 크게 동방을 점거하였으므로 이웃 번진들이 모두 그를
두려워하였다.[471]

　　위의 사실은 李靈曜 반란을 진압하는 과정에서 이정기의 영역이 최대로
확대되었음을 알려준다. 다시 말해 이정기가 기존에 갖고 있던 10州외에
5州가 추가됨으로 이정기의 영역은 15州가 되었다.[472] 물론 이정기가 자신의
治所를 靑州에서 鄆州로 옮겼다는 사실도 중요하다. 이에 대해서는 뒤에서
다시 언급하겠다.

　　그보다 더 주목되는 것은 형벌을 시행하는 것이 매우 엄격하면서도 법
적용에 예외가 없었다는 사실이다. 게다가 賦稅를 불평할 수 없도록 고르게
하였을 뿐만 아니라 가벼웠다는 사실은 매우 중요하다. 이는 국법을 운용함에
있어서, 이상 국가를 이정기가 만들고 있다는 대목이다. 그렇다면 이정기가
자신의 영역에서 부세를 가볍게 하였다는 사실과 법을 시행하는 것이 매우
엄격하였다는 사실이 대비가 된다. 다시 말해 이정기의 나라는 형벌 시행이

---

471) 『資治通鑑』 권225, 「唐紀」41 代宗 大曆12年 12月조, 7249~7250쪽, "平盧節度使李正己先
　　有淄·靑·齊·海·登·萊·沂·密·德·棣十州之地, 及李靈曜之亂, 諸道合兵攻之, 所得之地, 各爲
　　己有, 正己又得曹·濮·徐·兗·鄆五州, 因自靑州徙治鄆州, 使其子前淄州刺史納守靑州. 正己
　　用刑嚴峻, 所在不敢偶語. 然法令齊一, 賦均而輕, 擁兵十萬, 雄據東方, 鄰藩皆畏之."
472) 『新唐書』 권213, 「李正己傳」 遂有淄조, 5989~5990쪽.

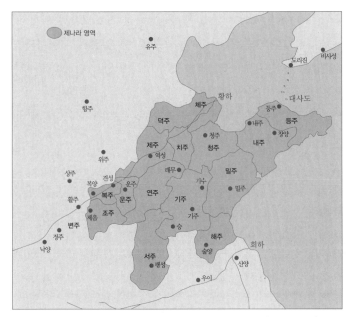

통일신라보다 큰 이정기시대의 제나라 영토

엄격하면서 법령 적용이 누구에게나 공평한 데다가 부세마저 고르고 가벼웠
다는 사실에서, 이정기 통치 영역 안의 국가형태를 '이상 국가'였다고 표현하여
도 지나친 말이 아니다. 그러나 위에서 사마광이 이정기가 법을 운용하는
것이 엄격했다는 표현은 이정기를 깎아내리기 위함이라는 사실을 주목할
필요가 있다. 곧 사마광이 사서에서 이정기를 깎아내리려고 광분하였다는
느낌을 지울 수 없다.

당시 평로·치청절도사 이정기가 휘하에 군사를 무려 10만이나 거느렸다는
사실도 사마광의 논리와는 상충된다. 이는 동시대의 다른 강력한 절도사의
군사 수보다 무려 배나 많은 숫자다. 이정기의 공평한 법적용으로 말미암아
그의 나라가 제일 강력하고 부강하였다고 서술하는 것이 온당하다고 본다.
이런 까닭에 사마광도 어쩔 수 없이 그 당시 제일 강력한 절도사는 이정기였다
고 인정한 사실이 주목된다. 그 당시 강력한 위박절도사 田承嗣나 성덕절도사

李寶臣도 불과 7州를 장악하면서 5만의 병사를 거느렸을 뿐이다.[473] 당이 이정기를 두려워한 것은 당이 그를 통제할 수 없었기 때문이다. 오히려 이정기가 당을 통제하려는 조짐을 보였기 때문에 당은 이정기를 두려워하였다.

이때 당과 절도사들의 관계에 대해 사마광은 그의『자치통감』에서 다음과 같이 서술하고 있다.

> (절도사들은) 서로의 근거지는 얽혀있어서, 비록 조정을 섬긴다고는 하나, 그 법령을 사용하지 않을 뿐더러 관작·갑병·租賦·刑殺 모두를 스스로 제멋대로 하였으나, 황제가 너그럽고 어질게 하여, 그들이 하고자 하는 바를 하나같이 들어 주었다. 조정이 혹시라도 하나의 성을 견고하게 갖추고, 병사 한 명이라도 늘리면 번번이 원망하는 말을 하여 두 가지 마음을 가질 것을 두려워하여, 항상 이를 위해 役을 철폐하였으나 자신들은 영역 안에서 보루를 쌓고, 무기를 수선하느라고 비어 있는 날이 없었다. 이 때문에 비록 중국에서 명목상 번신으로 불리지만 그 실상은 蠻貊처럼 다른 지역과 마찬가지였다.[474]

위의 사실은 평로·치청절도사 이정기를 위시한 모든 절도사들이 당의 영향력 아래 있지 않았다는 내용에 대한 보충 설명이다. 위의 사실을 쓴 사마광의 견해에 의하면 군사 10만을 거느린 강력한 이정기만의 이야기가 아니다. 다시 말해 군사 5만을 거느린 전승사·이보신과 군사 2만을 거느린 梁崇義마저도 당의 명령에 따르지 않았다. 그리고 그들은 제멋대로 관리를 선발하며, 병사에 관한 제반 일은 물론이고 세금을 거두어들이는 일이며, 재판에 관한 일 등을 모두를 절도사들이 독단으로 처리하였다. 이는 평로·치청

---

473)『資治通鑑』 권225 「唐紀」41 代宗大曆12年 12月조, 7250쪽.

474)『資治通鑑』 권225,「唐紀」41 代宗 大曆12年 12月조, 7250쪽, "相與根據 蟠結, 雖奉事朝廷而不用其法令, 官爵·甲兵·租賦·刑殺皆自專之, 上寬仁, 一聽其所爲. 朝廷或完一城, 增一兵, 輒有怨言, 以爲猜貳, 常爲之罷役. 而自於境內築壘, 繕兵無虛日. 以是雖在中國名藩臣, 而實如蠻貊異域焉."

절도사 이정기가 15州 안에서 인사·군사·재정·재판에 관한 모든 사무를 당의
간섭 없이 독자적으로 처리하였음은 두말할 필요가 없다. 한마디로 그 당시
절도사들은 그들의 영역 안에서 군주였다고 표현하는 것이 정확하다고 본다.
이정기가 통치하는 평로·치청 지역을 司馬光이 비유하여 말하길 蠻貊처럼
다른 나라와 같다고 표현할 정도로 독립적이었다.

　여하간 당 조정이 절도에 대한 통제력을 상실한 상황에서 이정기에게
많은 관직을 주었다는 사실은 당이 그만큼 많은 곤경에 처하였다는 뜻이다.
물론 이정기의 뛰어난 무술과 지도력을 바탕으로 휘하 무리를 사로잡는
재주가 남달랐기 때문에 가능하였을 것이라는 점은 앞에서 설명하였던 그대
로다. 이를 바탕으로 이정기가 10만이나 되는 병사를 거느릴 정도로 절도사
중 제일 강대하였다는 사실은 조정의 어려움을 해결하는 인사로 이정기
만큼 출중한 인물이 없었다는 이야기이다. 게다가 이정기는 절도사들과의
인화를 세심하게 배려할 정도로 절도사들과의 관계 개선을 위해 항상 노력하
였던 인물이라는 점도 높이 평가할 만하다. 이런 이정기의 처세술로 말미암아
당은 이정기를 특별히 예우할 수밖에 없었다. 이와 관련된 사실을 『구당서』
「이정기전」에서 들어보자.

　　大曆 11년 10월 (이정기는) 檢校司空·同中書門下平章事가 되었다. 13년 입적
　할 것을 청하였는데, (조정이 이를) 허락하였다. 정사를 다스림에 있어서는
　엄할 뿐만 아니라 가혹하였기 때문에, 그가 있는 곳에서는 감히 여럿이
　모여 이야기를 나누지 못하였다. 처음에 淄·靑·齊·海·登·萊·沂·密·德·棣 등의
　州를 관장하면서 田承嗣·令狐彰·薛嵩·李寶臣·梁崇義 등과 함께 서로 영향을
　주고받았다.[475]

475) 『舊唐書』권124, 「李正己傳」, 3535쪽, "大曆十一年十月, 檢校司空·同中書門下平章事.
　　十三年, 請入屬籍, 從之. 爲政嚴酷, 所在不敢偶語. 初有淄·靑·齊·海·登·萊·沂·密·德·棣等州
　　之地, 與田承嗣·令狐彰·薛嵩·李寶臣·梁崇義更相影響."

이는 대력 11년(776)에 이정기가 다시 승진하였다는 기사부터 시작된 사료이다. 이를 몇 가지로 나누어 보고 싶다.

하나는 776년 10월 이정기가 檢校司空·同中書門下平章事가 되었다는 사실이다.[476] 이때 이정기는 위의 관직을 李寶臣과 함께 받았다. 이정기가 同平章事 벼슬을 받게 된 것은 汴·宋의 李靈曜 반란이 진압되어서 그가 사로잡혀 장안으로 압송되어 斬殺되었기 때문이다.[477] 그런데 司馬光은 이정기와 이보신이 同平章事로 임명된 시기를 『구당서』와 달리 12월이라고 기록하였다.[478] 필자 생각으로도 이영요가 장안으로 압송된 후에 반란 진압 공로로 조정이 이정기와 이보신에게 同平章事라는 관직을 동시에 주었다는 사마광 견해가 타당하다고 본다.

그런데 同平章事라는 관직은 매우 중요한 의미를 갖는다. 그 이유는 司空은 三公 가운데 하나이고, 同中書門下平章事는 이정기가 재상이 되었음을 의미하기 때문이다.[479] 그런데 이정기가 檢校司空 등이 되었던 시기를 『구당서』의 「대종기」와 『자치통감』은 이보다 두 달 늦은 776년 12월 정해 일의 일이라고 기록하였다.[480] 여기서 다시 『구당서』 「본기」의 대력 11년 사실을 들어보자.

> 12월 정해 일에, 평로·치청절도사·檢校尙書右僕射·靑州刺史·饒陽王 이정기를 檢校司空·同中書門下平章事로 임명하였다.[481]

---

476) 『續通志』 권9, 「唐紀」9 代宗(大曆 11年) 12月 丁亥 加平盧淄靑節度使饒陽郡王李正己조, 3298쪽. 그런데 『續通志』는 이정기가 司空의 관직을 받은 때를 10월보다 늦은 12월이라고 기록하였다.

477) 『資治通鑑』 권225, 「唐紀」41 代宗 大曆11年 10月 甲寅조, 7239쪽.

478) 『資治通鑑』 권225, 「唐紀」41 代宗 大曆 11年 12月 丁亥조, 7240쪽.

479) 『通典』 권19, 「職官」1 宰相 但加同中書門下三品及平章事조, 110쪽(上海 ; 商務印書館, 1935) ; 『文獻通考』 권49, 「職官」3 宰相 唐世宰相조, 450쪽(上海 : 商務印書館, 1936).

480) 『舊唐書』 권11, 「代宗」 (大曆 11年) 12月 丁亥조, 310쪽 ; 『資治通鑑』 권225, 「唐紀」41 代宗 大曆 11年 12月 丁亥조, 7240쪽.

481) 『舊唐書』 권11, 「代宗」 大曆 11年조, 310쪽, "十二月丁亥, 加平盧淄靑節度使·檢校尙書右僕射·靑州刺史·饒陽王李正己爲檢校司空·同中書門下平章事."

이는 대력 11년 12월에 이정기의 관직이 추가로 제수된 것과 관련된 사료이다. 이를 당나라에서 이정기의 공적을 높이 평가하였던 결과로 해석하고 싶다. 물론 이는 당 현종 이후 문란하였던 정치질서가 숙종에서 대종 때까지 그대로 지속되어서 중앙에서 지방에 대한 통제력을 상실하였던 것과 연관성이 깊다. 그런데 이정기가 다스리는 곳마다 질서가 회복되었다는 것은 이정기의 통치술이 당의 그것과 비교해서 훨씬 출중하였다는 뜻으로 해석 가능하다. 이정기의 정치력에 대한 반대급부로 당이 이정기에게 주었던 관직이 檢校司空·同中書門下平章事였다. 그런데 흥미로운 사실은 이정기의 외사촌 형 후희일은 부하들에게 쫓기어 도망갔었는데도 불구하고, 당은 후희일을 이정기보다 몇 달이나 앞선 大曆 11년(776) 9월 檢校尙書右僕射·上柱國으로 임명하면서 淮陽郡王이라는 작위를 주었다는 사실이 이채롭다.[482] 그런데 『冊府元龜』에서는 大曆 11년보다 훨씬 앞선 寶應 원년(763) 8월에 平盧淄靑절도사 侯希逸을 淮陽郡王으로 삼았다고[483] 기록하였다. 이는 후희일이 당에 맹목적으로 충성하는 그런 인물이었기 때문에 당의 입장에서 본다면, 이정기보다 후희일이 더 필요한 인물이었다.

당이 이정기의 휘하 무리에게 쫓기는 후희일을 예우하였던 것은, 훗날 후희일을 정치적으로 이용하려는 계산이 깔려있었다. 그러나 司空·淮陽郡王 후희일은 建中 2년(781) 7월 경신 일에 죽었다.[484] 그런데 후희일이 회양군왕이었는데도 불구하고 큰 역할을 하지 못했기 때문에 그의 죽음을 '薨'이라 하지 않고 '卒'이라 표현하였다. 아무튼 이는 당 대종 때 이정기의 권한이 어느 정도 강화되었는가를 설명하는 사료라고 해도 좋다.

위와 같이 큰 공적을 세운 大曆 13년(778) 정월에 이정기는 조정에 대하여

---

482) 『舊唐書』 권124, 「侯希逸傳」 大曆十一年九月조, 3534쪽 ; 藍文徵, 앞의 「隋唐五代之民族」, 45쪽.

483) 『冊府元龜』 권129, 「帝王部」 '封建' 代宗 寶應 元年 8月조, 106쪽.

484) 『舊唐書』 권12, 「德宗紀」 建中2년 7月 庚申조, 330쪽 ; 『新唐書』 권7, 「德宗紀」 建中 2年 7月 庚申조, 186쪽.

황실에 入籍하게 해 줄 것을 요청하기에 이르렀다. 위에서 보는 바와 같이
황제는 이정기의 屬籍 요청을 수락하였다.[485] 그런데 이정기가 饒陽郡王으로
봉 받은 후에 屬籍 요청은 이정기가 모든 일에 대처하는 것이 치밀했음을
알려주는 것 같다. 즉『구당서』「이정기전」에,

> (이정기가 자신의 이름을) 宗室 이름 책에 올려 줄 것을 청구하였는데,
> 드디어 윤허가 떨어졌다. 이로 인해 治所를 鄆州로 옮기고, 편리하게 아들
> 李納과 심복 장수들에게 諸州를 나누어 지키게 하였다.[486]

여기서 이정기가 자신의 이름을 당의 종실 명부에 올리려는 목적이 다른데
있었다는 것을 알 수 있다. 바꾸어 말해 이정기는 宗室 명부에 자신 이름을
올리는 청원이 허락되자마자, 그 다음 단계를 밟기 위한 수순에 들어갔다.
즉 이정기는 당의 종실 명부에 자신의 이름을 올림으로써 자신의 도읍지를
靑州에서 鄆州로 옮기는데 당의 저항을 받지 않았다. 다시 말해 일개 절도사가
治所를 東都 낙양 가까운 鄆州로 옮길 때에 야기될 수 있는 당의 반발을
제거하려는 계산이 깔려 있었다. 따라서 이정기는 鄆州 천도를 위해 당의
저항을 미리 제거하는 방법으로 자신의 이름을 당의 종실 명부에 올리는
수법을 사용하였다. 이정기의 屬籍 이후 李晟도 屬籍되었으며, 張寶臣 경우는
賜姓으로 李寶臣으로 바뀌었다.[487]
　둘은 이정기의 통치스타일이 가혹하였다는 주장이다.[488] 심지어 이정기

---

485)『舊唐書』권11,「代宗」大曆 13年 正月 壬戌조, 313쪽 ;『新唐書』권213,「李正己傳」
　　請附屬籍조, 5989쪽 ;『冊府元龜』권176,「帝王部」'姑息'(大曆) 13年 正月淄靑節度使李正
　　己請附入屬籍조, 422쪽 ;『唐會要』권65,「宗正寺」大曆 13年 正月 時淄靑節度使李正己
　　조, 1142쪽.
486)『新唐書』권213,「李正己傳」, 5990쪽, "請附屬籍, 許之. 因徙治鄆, 以子納及腹心將守諸州."
487)『群書考索』권6,「官制門」藩鎭李正己조, 79쪽(『欽定四庫全書』所收 937冊, 臺灣 : 商務印
　　書館, 1986).
488)『冊府元龜』권448,「將帥部」殘酷 '李正己' 爲政嚴酷조, 5314쪽(北京中華書局, 1982) ; 築山
　　治三郎, 앞의「地方官僚と政治」, 368쪽.

치하에서 감히 두 사람이 마주 앉아 이야기를 할 수 없었다고까지 표현하고 있다.[489] 한마디로 이는 이정기가 무단통치를 동원하여 휘하 백성들을 다스렸다는 이야기와 일맥상통한다고 보아야 한다. 물론 현종 말 安·史의 난으로 당의 기강만 아니라 당나라의 정치적인 위력마저 일거에 후퇴하였다는 사실을[490] 이정기가 정확히 파악하였던 것 같다. 그래서 이정기는 자신의 입지 강화를 위하여 강력한 정치체제밖에 없다는 사실을 알고, 이를 구현하기 위하여 무단정치를 하였던 모양이다.

위의 내용대로라면, 이정기의 통치스타일은 지나치게 혹독한 정치였던 것 같다. 반대로 이정기의 통치가 가혹하였다고 표현할 정도였다는 사실은, 당의 입장에서 보면 평로·치청절도사 이정기의 위세가 대단하였다는 사실을 이런 식으로『구당서』편찬자가 설명했다고 볼 수 있지 않을까한다. 위의 기록처럼 이정기가 다스리는 평로·치청에서는 이정기가 무서워 몇이 모여 이야기를 나누지 못할 정도였다는 사실을 액면 그대로 받아들이기는 어렵다. 이를 나쁘게 표현한다면, 이는 이정기의 협력자들의 협조가 이정기가 좋아서가 아니라 단지 무서웠기 때문이라는 식의 설명과 통하는 내용이다. 이와 같이 서술하게 된 배경은 이정기가 당 황제에 대하여 자신의 의사를 분명히 밝힐 정도로 용감한 인물이었기 때문이다. 이에 당이 이정기에 대한 두려움을 품고 있었기 때문에 이정기의 통치를 이런 식으로 악평하였던 것이 아닌가 싶다. 아무튼 위와 같은 기록을 통해보면, 이정기만이 당에 대해 도전할 수 있는 강력하고 유일한 집단이며, 그에 대한 두려움을 느낀 당의 속내 표출이라고 볼 수 있다.

셋은 이정기가 大曆 11년부터 다스렸던 지역이 광대하였다는 사실이다. 그런데 大曆 11년 이전 이정기는 자신의 영역 판도를 형성할 무렵부터 淄·靑·齊·海·登·萊·沂·密·德·棣 등의 지역을 다스렸다는 사실을 주목하고 싶다. 그런

---

489) 『冊府元龜』권448,「將帥部」殘酷 '李正己' 不敢偶語조, 5314쪽(1982).
490) 日野開三郎, 앞의「唐·五代東亞諸國民の海上發展と佛教(承前)」, 3쪽.

데 앞서 설명한 것처럼 위주는 田承嗣의 반란을 진압하면서 이정기가 빼앗았
던 지역이다.[491] 또 위의 州에 언급이 없지만 濮·鄆州는 776년 9월 무신
일에 이정기가 빼앗은 州였다는 사실도 주목하고 싶다.[492]

이정기가 관할하는 지역 대부분은 조정으로부터 부여받은 지역이 아니었
다. 다시 말해 당시 절도사들이 독립적인 상태로 놓였던 사실이 그대로
반영된 것이 이정기의 영역에서도 그대로 적용되었다. 이와 같은 상황을
당시 사람들이 노래로 이야기할 정도라는 것은 시사하는 바가 매우 크다.
다름 아닌 이정기 집단보다 강하지 않았던 전승사 집단을 두고 당시 사람들이
노래하길 장안에 천자가 있고, 魏府에도 군사가 있다고 노래하였던 게 그것이
다.[493] 아무튼 후희일이 도망간 후 이정기가 다스리게 되었던 위의 지역들이,
낙양 以東지역은 거의 다 망라되었다는 사실은, 당이 평로·치청절도사 이정기
에게 주었던 많은 관직과 연관성이 있음은 물론이다. 그렇다면 당에서 이정기
에게 왜 그렇게도 많은 관직을 주었는가 하는 의문도 저절로 풀리게 된다.
평로·치청절도사 이정기의 15주는 낙양 이동에서 제일 강력한 절도사는
이정기였다는 사실을 확인할 수 있는 근거이다.

넷은 이정기의 관직이 海運押新羅渤海兩蕃等使였다는 사실이다. 바꾸어
말하면, 낙양 이동의 전 지역을 이정기가 맡고 있다 보니, 당연히 당은 발해와
신라의 교역 지역이 이정기의 관할 지역이었기 때문에, 海運押新羅渤海兩蕃等
使와 같은 업무가 자연히 이정기의 몫일 수밖에 없었다. 그런데 이정기가
우리에게 서예가로 알려졌던 顔眞卿과 관계를 맺었다는 사실도 흥미를 자아내
기에 충분하다.[494] 왜냐하면 신라가 당과 통교하였을 때 顔眞卿의 서체 등이

---

491) 『資治通鑑』 권225, 「唐紀」41 代宗 大曆 10年 5月 丁未조, 7231쪽.
492) 『舊唐書』 권11, 「代宗」 大曆 11年 9月 戊辰조, 309~310쪽 ; 『資治通鑑』 권225, 「唐紀」41
　　　代宗 大曆 11年 9月 戊辰조, 7239쪽.
493) 『新唐書』 권210, 「羅紹威傳」 時語曰, '長安天子, 魏府牙軍',謂其勢彊也조, 5942쪽.
494) 『新唐書』 권153, 「顔眞卿傳」 李正己·田神功·董秦·侯希逸·王玄志等, 皆眞卿始招起之조,
　　　4861쪽.

이정기를 통하여 신라로 유입되었다고 해석할 수 있기 때문이다. 이런 경우는 신라만이 아니라 발해, 일본에게도 그대로 적용된 사건이라고 본다. 그렇다면 이정기가 그 당시의 동아시아의 국제외교는 물론이고 상권마저 모두 장악하였다고 표현하는 것이 맞을 것 같다.

다섯은 이정기와 의견을 교환한 인물들에 그 당시 당에서 주요한 인물들이 거의 다 포함되었다는 사실이다. 즉, 田承嗣·令狐彰·薛嵩·李寶臣·梁崇義 등이 이정기와 정치적인 의견을 주고받았을 뿐만 아니라 그와 서로 영향을 주고받았던 인물들이다. 그뿐만이 아니다. 이정기는 이보신 등과 더불어 그들 각자 소유한 토지를 자식들에게 물려주겠다고 약속을 할 정도로 상호간에 관계는 더할 나위 없이 긴밀하였다.[495] 한편『구당서』「양숭의전」에 의하면 梁崇義가 田承嗣·이정기·薛嵩·李寶臣 등과 함께 당의 고관직을 거의 독점하였던 상황이라서, 이들의 관계를 輔車之勢에 비유하였다는 사실은 암시하는 바가 매우 크다.[496] 이때 위의 이정기 등은 각기 할거 독립한 상태였다는 것은 앞에서 말한 그대로이다.[497]

이와 같은 상황에서 서로의 필요조건을 충족시키기 위하여 이보신·이정기·전승사·설숭·양숭의가 通婚을 하면서 조정에 대한 명령을 거부하면서 貢賦마저 납부하지 않았던 사실에 대해 당의 모든 사서에 기록되어 있다.[498] 위의 사실을 구체적으로 밝히면, 이정기의 경우는 山南東道節度使 梁崇義[499]와 결혼으로 맺어졌다는 사실을『자치통감』에서 자세하게 기록하고 있다.[500]

---

495)『資治通鑑』권226,「唐紀」42 德宗 建中2年 初, 寶臣與李正己·田承嗣·梁崇義相結조, 7292쪽.

496)『舊唐書』권121,「梁崇義傳」遂與田承嗣·李正己·薛嵩·李寶臣爲輔車之勢조, 3490쪽 ;『新唐書』권224上,「梁崇義傳」與田承嗣·李正己·薛嵩·李寶臣相輔車조, 6374쪽.

497) 竹田龍兒, 앞의「唐代選擧の一側面」, 45～46쪽.

498)『舊唐書』권142,「李寶臣傳」與薛嵩·田承嗣·李正己·梁崇義等連結姻婭조, 3866쪽 ;『新唐書』권211,「李寶臣傳」與薛嵩·田承嗣·李正己·梁崇義相姻嫁조, 5946쪽 ; 三島一·鈴木俊,「唐室の崩壞」,『中世史』二, 125쪽.

499) Wang Gungwu, "The Middle Yangtse in T'ang Politics", *Perspectives on The T'ang*, (New Haven : Yale University Press, 1973), p.208. 梁崇義는 763년부터 山南東道節度使였다.

그 이유는 이정기가 위의 인물들과 결혼 등으로 맺어진 관계여서 그들의
권한에 대하여 조정도 쉽게 견제하지 못할 정도였기 때문이다. 이는 이정기
뿐만 아니라 당시 절도사들이 혼인 및 기타관계로 세력을 강화하여 당에
대항하겠다는 정치적인 목적이다. 즉 이는 이정기를 위시하여 李惟岳·田悅
등이 각기 영토세습을 돕기로 밀약하였던 사실도 같은 맥락이다.[500] 바꾸어
말하면, 이정기·이유악·전열 등이 연합하여 당과 대항하기 위함이 첫 번째
목적이다.[502] 이는 그 당시 절도사들의 권한이 대단하였음을 보여주는 실례로
볼 수 있다. 실제 大曆 14년(779) 2월 魏博(天雄軍)절도사 전승사가 죽었을
때,[503] 이보신의 노력으로 전승사의 아들 전열이 같은 달 갑신 일에 위박절도
사가 되었던 것이 구체적인 사례이다.[504] 그런데 建中 2년(781) 정월 무신
일에 성덕절도사 이보신이 죽자,[505] 이보신의 아들 李惟岳을 성덕절도사로
세습시킬 것을 이정기 등이 덕종에게 요구하였다. 그러나 이때 덕종은 이정기
등의 요구를 거절하였다. 그 결과 이정기·전열·양숭의가 이유악에게 사신을
보내어 함께 반란할 것을 도모하였다.[506] 이와 같은 사실들은, 위의 인물들의

500) 鄭炳俊, 1996,「唐代 藩鎭의 州縣官 任用」,『東洋史學研究』54, 30쪽 ;『資治通鑑』권223,
　　「唐紀」39 代宗 永泰 元年 7月 與山南東道節度使梁崇義及正己皆結爲婚姻조, 7175쪽.
501)『資治通鑑』권226,「唐紀」42 德宗 建中 2年 初조, 7292쪽 ; 劉伯驥, 앞의「藩鎭之禍」,
　　34쪽 ; 日野開三郞, 앞의「藩鎭の跋扈」, 96쪽.
502) 方積六, 1984,「唐代河朔三鎭的長期割據」,『中國史研究』1, 37쪽.
503)『資治通鑑』권225,「唐紀」41 代宗 大曆 14年 2月 癸未조, 7255쪽 ; 愛宕元, 앞의「唐代後期
　　の政治」, 456쪽.
504)『舊唐書』권11,「代宗本紀」大曆 14年 2月 甲申조, 315쪽 ;『資治通鑑』권226,「唐紀」42
　　德宗 建中 2年 初조, 7292쪽.
505)『舊唐書』권12,「德宗」上 建中 2年 正月조, 327쪽 ;『資治通鑑』권226,「唐紀」42 建中
　　2年 正月 戊辰조, 7291쪽.
506) Bernard S. Solomon, "The Shun-Tsung Shih-Lu", The Veritable Record of The T'ang Emperor Shun-Tsung,
　　(Cambridge : Harvard University Press, 1955), p.10 ;『舊唐書』권187下,「邵眞傳」李正己·田
　　悅遣人說惟岳同叛조, 4905쪽 ;『資治通鑑』권226,「唐紀」42 德宗 建中 2年 至是悅屢爲惟岳
　　請繼襲조, 7293쪽 ; 日野開三郞,「安史亂後における藩鎭跋扈の槪要」,『東洋史論集 1－唐
　　代藩鎭の支配体制』, 356~357쪽 ; 大澤正昭, 1973,「唐末の藩鎭と中央權力－德宗·憲宗を
　　中心として」,『東洋史研究』32-2, 3쪽.

결속력이 어느 정도였는가를 보여주는 방증 자료이다.

평로·치청절도사 후희일을 몰아낸 후 永泰 원년(765) 부하들의 추대로 평로·치청절도사가 된 이정기는 당을 크게 의식하지 않을 정도로 독립적이었다. 이런 사실에 대하여 司馬光은 『자치통감』에서,

> (이정기를 위시한 절도사들은) 강력한 군사를 각각 수만 명을 거느리고, 군사를 다스려 성벽을 완전하게 하면서, 독자적으로 문무 관리를 임명하면서 세금을 (조정에) 바치지 않았다.[507]

이는 평로·치청절도사 후희일이 자신이 부하들에 의해 축출되고 난 후 평로·치청 병마사 이정기가 평로·치청절도사로 옹립된 직후의 상황설명이다. 다시 말해 평로·치청절도사 이정기가 등장할 때부터 평로·치청은 독자적인 국가형태였다. 이런 연유 때문에 사마광은 평로·치청절도사 이정기를 당이 통제할 수 없기 때문에 이름만 藩臣이지 羈縻하고 있을 뿐이라고 기록하였다.[508]

이정기의 경우는 조정에 정기적인 세금을 바쳤다는 기록이 전혀 없다. 그러나 대종 大曆 14년(779) 6월에 錢 30만 緡을 바쳤다.[509] 이때 평로·치청에서 조정에 바친 錢 30만 緡의 성격에 대하여는 뒤에 다시 언급하겠다. 그리고 建中 원년(780) 4월에 이정기와 田悅이 각각 縑 3만 필을 조정에 바쳤다는 기록이 있다.[510] 즉, 『구당서』의 「덕종기」의 780년 4월조의 내용을 보면,

> 계축(19일)은 황제 생일이라, 中外에서 공물을 올렸으나 모두 받지 않았으나, 오직 이정기와 전열이 각각 縑 3만 필을 바친 것은, 조서로서 度支로 보냈다.[511]

507) 『資治通鑑』 권223, 「唐紀」39 代宗永泰元年 7月 壬辰조, 7175쪽, "各擁勁卒數萬, 治兵完城, 自署文武將吏, 不供貢賦."
508) 『資治通鑑』 권223, 「唐紀」39 代宗永泰元年 7月 朝廷專事姑息조, 7175쪽.
509) 『資治通鑑』 권225, 「唐紀」41 代宗大曆14年 6月조, 7263쪽.
510) 『資治通鑑』 권226, 「唐紀」42 德宗建中 元年 4月조, 7280쪽.

이는 당 덕종 생일인 4월 19일에 사방에서 공물을 올렸지만 받지 않았다는
내용이 전반부 기록이다. 그런데 후반부는 이정기와 전열이 縑 3만 필을
바친 것은 덕종이 度支로 보내어 租賦를 대신하게 했다는 사실이 흥미롭다.[512]
바꾸어 말하면 이정기와 전열이 조정에 租賦를 바친 적이 없던 터라 덕종이
이를 租賦명목으로 받았다는 이야기다. 분명한 사실은 이정기가 황제 생일이
라 합사 비단 3만 필을 주었다는 점이다. 이는 당이 이정기로부터 租賦명목으
로 세금 받기를 갈망했지만, 이정기가 조정에 조세를 바친 것이 아니라
황제 생일에 縑을 바친 것일 뿐더러 매년 바친 것도 아니었음을 의미한다.

建中 원년 4월에 이정기가 四鎭·北庭留後 劉文喜가 涇州를 점거한 반란
상황을[513] 지켜볼 필요가 있었기 때문에 조정에 縑 3만 필을 바쳤다. 이때
유문희 반란이 진압된 후 덕종과 이정기의 연관기사를 『자차통감』에서 보면,

　　황제가 즉위하고부터, 이정기는 속으로 스스로 편안하지 않았으므로, 參佐
　　를 파견해 (조정에) 들어가 일을 아뢰게 하였는데, 그때 涇州에서 승리했다는
　　주문이 이르자, 황제가 劉文喜의 수급을 보고 돌아가도록 하게 하였다. 그러자
　　이정기가 더욱 두려워하였다.[514]

여기서 建中 원년 4월에 縑 3만 필을 바친 것이 새 황제 덕종의 생일축하
의미보다는 이정기의 목적이 조정 분위기를 파악하기 위한 수단이었음을
확인할 수 있다. 게다가 이정기는 劉文喜의 난이 진압된 후, 당의 처리방법에
대하여서도 그의 參佐를 통해 확인했다. 그런데 덕종의 말을 쫓아 유문희의
장군 劉海賓에 의해 유문희가 살해되었다는 소식은[515] 이정기에게는 충격이

511) 『舊唐書』 권12, 「德宗紀」 建中 元年 4月 庚申조, 325쪽, "癸丑, 上誕日, 不納中外之貢,
　　　唯李正己·田悅各獻縑三萬匹, 詔付度支."
512) 『資治通鑑』 권226, 「唐紀」42 德宗 建中 元年 4月 癸丑조, 7280쪽.
513) 『資治通鑑』 권226, 「唐紀」42 德宗 建元 元年 3月 劉文喜又不受詔조, 7279쪽.
514) 『資治通鑑』 권226, 「唐紀」42 德宗 建元 元年 5月조, 7281쪽, "自上 即位, 李正己內不自安,
　　　遣參佐入奏事. 會涇州捷奏至, 上使觀文喜之首而歸. 正己益懼."

되었을 것임은 분명하다. 이런 상황에서 평로·치청절도사 이정기는 당과 공존이 불가능하다고 판단한 시점은 대략 建中 원년(780) 5월경이라 생각된다. 바꾸어 말하면 당 덕종이 이정기를 제거해야겠다는 의중을 굳혀 그 수순을 밟기 시작한 때가 이 무렵이다.

2) 이정기의 영역 확장과 발해 관계

이정기는 위의 절도사들과 연합하여 자신이 관할 판도를 확장하였다. 또한 이정기는 당시 어수선한 상황에서 빈발하는 반란지역으로 달려가서, 그 지역을 자신의 영역으로 만드는 비상한 재주를 가졌다. 즉

> 大曆 중에 薛嵩이 죽었는데, 그때 李靈曜가 난리를 일으켰기 때문에, 여러 道에서 함께 그곳을 공격하였는데, 이때 그 땅을 얻는 자가 자기 영토로 삼았다. 그래서 정기는 다시 曹·濮·徐·兗·鄆州를 얻어서 모두 15州를 소유하였다. 그 구역 내에서 모두 같은 대우를 하였으며, 그 시장에서 발해 명마가 매매되었는데, 이와 같은 일이 해마다 그치지 않고 지속되었다.516)

라는 것은 이정기가 다스리는 영역을 어떻게 넓혔는가와 그가 소유한 지역을 어떻게 통치하였는가와 관련된 사료이다. 이를 몇 가지로 나누어 분석하고 싶다.

하나는 大曆 8년(773) 정월 相衛(昭義軍)절도사 薛嵩이 죽었다는 사실이다.517) 이때 薛嵩의 아우 薛崿이 후임이었으나 李靈曜의 난으로 薛嵩이 다스렸던 지역이 졸지에 무주공산이 되었다. 이에 전일 설숭 관할지였던 지역에

---

515) 『資治通鑑』 권226, 「唐紀」42 德宗 建中 元年 5月조, 7280~7281쪽.
516) 『舊唐書』 권124, 「李正己傳」, 3535쪽, "大曆中, 薛嵩死, 及李靈曜之亂, 諸道共攻其地, 得者爲己邑, 正己復得曹·濮·徐·兗·鄆, 共十有五州, 內視同列, 貨市渤海名馬, 歲歲不絶."
517) 『舊唐書』 권124, 「薛嵩傳」 大曆八年正月卒조, 3525~3526쪽 ; 『舊唐書』 권141, 「田承嗣傳」 大曆八年, 相衛節度使薛嵩卒조, 3838쪽 ; 愛宕元, 앞의 「唐代後期の政治」, 456쪽.

대하여, 절도사들이 앞 다투어 들어가 그 땅을 차지하였다. 설숭의 죽음을 기점으로 각 절도사들이 영역 확장을 위한 하나의 패권 쟁탈전에 뛰어든 것이다.[518]

그렇다고 이때 李靈曜의 반란이 진압되었다는 말은 아니다. 그 후에도 이영요의 반란은 계속되었다. 그런데 이영요가 반란을 일으켰던 시기는 대력 11년(776)이었다. 이때 이영요는 汴宋절도사 田神玉 휘하의 장수였다. 한편 이영요를 지원하였던 절도사는 전승사였다.[519] 이때는 여러 도에서 이영요가 난을 일으켰던 지역으로 공격하여 들어가서 장악하는 곳을 자신의 관할지로 만들었던 무질서의 시대였다. 『자치통감』은 당시 상황을 776년 8월 기사에 다음과 같이 기록하였다.

李靈曜는 이미 留後가 되자, 더욱 교만해져, 그의 무리들을 모두를 그가 관할하는 8州의 刺史와 縣令으로 임명하고, 河北의 여러 鎭을 본받게 하였다. 甲申 일에 조서를 내려 淮西절도사 李忠臣·永平절도사 李勉·河陽삼성사 馬燧로 하여금 이를 토벌하도록 하였다. (아울러) 淮南절도사 陳少遊·치청절도사 이정기는 모두 병사를 내어 보내어 李靈曜를 쳤다.[520]

조정에서는 이영요의 반란을 진압하기 위해 淮西·永平절도사와 河陽삼성사를 동원하여 이영요를 토벌하게 하였다. 이때 회남절도사 陳少遊와 치청절도사 이정기도 군사를 내어 이영요를 공격하였다. 그런데 진소유나 이정기의 출정은 조정의 뜻과 상관없이 행동한 것 같다. 그렇다면 이정기가 군사를 내어 이영요를 공격한 이유는 자신의 관할지를 확대하기 위한 의도였던게 분명하다.

---

518) 『新唐書』 권213, 「李正己傳」 嵩死조, 5990쪽.
519) 『舊唐書』 권141, 「田承嗣傳」 (大曆) 11年 汴將李靈曜據城叛조, 3840쪽.
520) 『資治通鑑』 권225, 「唐紀」41 代宗 大曆 11年 8月조, 7238쪽, "李靈曜既爲留後, 益驕慢, 悉以其黨爲管內八州刺史·縣令, 欲效河北諸鎭. 甲申, 詔淮西節度使李忠臣·永平節度使李勉·河陽三城使馬燧討之. 淮南節度使陳少遊·淄靑節度使李正己皆進兵擊靈曜."

776년 9월 "무진 일에 이정기가 주문을 올려서 당에 '鄆州와 濮州' 2州에서 승리하였다"고 아뢰었다[521]는 사실은 이정기의 영토 확장에 매우 의미가 큰 토벌작전이었다. 이정기가 자신의 영토를 확대할 욕심으로 李靈曜를 토벌한다는 명목을 내건 출정이었다. 이때 이정기가 획득한 운주와 복주는 제나라 영역에서 매우 중요한 의미를 갖는다. 그 까닭은 이정기가 이내 청주에서 운주로 그 도읍지를 옮겼다는 사실에서 입증되기 때문이다. 바꾸어 말하면 이정기가 도읍지를 낙양 가까운 운주로 옮긴 것은 中原을 도모하기 위함이라고 판단되는 사실이기 때문이다.

이때(777년 12월) 이정기는 다시 曹·濮[522]·徐·兗·鄆州의 五州를 얻어 자신의 관할지를 확장시켰다는 사실을 주목하고 싶다.[523] 그 이유는 처음에 갖고 있었던 淄·靑·齊·海·登·萊·沂·密·德·棣州등 10州와 합하면, 무려 15州나 되는 큰 영역을 이정기가 다스렸기 때문이다.[524] 게다가 이정기 휘하에는 10만이나 되는 상비군이 있었다. 그 다음으로 큰 절도사 梁崇義나 田承嗣 경우도 5만 정도의 군사였다. 당시 절도사들의 영역 가운데 이정기의 관할지가 가장 컸을 뿐 아니라 다른 강력한 절도사들 보다 배가 많은 수의 군사력을 보유하였다.[525]

『신당서』의 「천문지」에 의하면 大曆 12년 2월에 다음과 같은 점괘가 나왔다는 흥미로운 기록이 있다. 즉,

521) 『資治通鑑』 권225, 「唐紀」41 代宗大曆 11年 9月조, 7239쪽, "戊辰, 李正己克鄆·濮二州."
522) 『舊唐書』 권187下, 「高沐傳」 無何, 李正己盜有曹·濮조, 4911쪽.
523) 金文經, 앞의 「唐代 高句麗遺民의 藩鎭」, 54쪽 ;『資治通鑑』 권225, 「唐紀」41 代宗 大曆 12年 12月조, 7249쪽 ; 日野開三郎, 앞의 「藩鎭の跋扈」, 94쪽.
524) 『舊唐書』 권12, 「德宗」上 建中 2年 3月 初, 大曆中有淄·靑·齊·海·登·萊·沂·德·棣·曹·濮·徐·兗·鄆十五州之地조, 328쪽 ;『舊唐書』 권144, 「陽惠元傳」 李正己有淄조, 3914쪽 ; 金鎭闕, 1984, 「唐代 淄靑藩鎭 李師道에 대하여」,『史學論叢』, 767쪽.
525) 金文經, 앞의 「唐代 高句麗遺民의 藩鎭」, 38쪽 ;『續古志』 권279, 「唐列傳」79 '李正己' 凡十有五州號最彊大조, 4881쪽 ; 日野開三郎, 앞의 「唐代藩鎭の跋扈と鎭將,1」, 21쪽.

140

2월 을미 일에 鎭星이 氐中에 들어갔다. 이를 점치니, "이는 전쟁이 날
조짐이다." 그런데 이정기의 영토였다.526)

위의 사실은 이정기의 영토가 15州로 확대된 후 청주에서 도읍지를 운주로
옮긴 사건을 빗대어 전쟁이 벌어진다고 표현한 것 같다. 이는 大曆 12년(777)에
이정기가 東都 방향으로 도읍지를 옮긴 사실을 당이 무척 두려워하였던
것에 대한 표현을 「天文志」를 빌려서, 위와 같이 기록하였다고 본다.
또한 이정기의 영토 안에 철광과 동광이 풍부하였다는 사실은 암시하는
바가 크다. 즉 淄州(淄州), 歷城(齊州), 昌陽(萊州), 承(沂州), 彭城(徐州), 萊蕪(兗州)
의 6縣에서 철이 생산되었다는 사실이다.527) 아울러 萊蕪(兗州)와 沂水(沂州)의
2縣에서 동이 생산되었다.528) 그런데 이정기의 손자 李師道의 12州에서만
鐵과 銅에 의한 연간수익이 100여 만이었다는 사실을 주목할 필요가 있다.529)
이는 당나라의 부의 원천이라 할 수 있는 구리와 철의 생산이 모두 이정기의
영역 안에 있었다는 이야기이다. 이정기는 자신의 영역에서 銅鐵을 재료로
무기를 생산하였을 뿐 아니라 銅鐵을 많이 갖고 있음으로 말미암아, 그 부강함
이 대단했음을 알 수 있다. 아울러 大曆 말년에 鹽利가 국가세수의 절반을
차지할 정도로 소금의 비중이 매우 컸는데, 소금 생산지가 대부분 평로·치청
관내에 있었다는 사실도 주목된다.
이미 5세기 초 산동지역의 南燕이 풍요한 나라가 되었던 까닭이 鹽鐵을
국가가 관장하면서 산업을 부흥시켰기 때문이라고 할 정도로, 이곳은 철과
소금의 산지로 옛날부터 유명하다.530) 철의 경우는 南燕의 慕容德이 晏謨에게

526) 『新唐書』 권33, 「天文志」3 大曆 12年조, 858쪽, "二月 乙未 鎭星入氐中. 占曰「其分兵喪」李
正己地也."
527) 『新唐書』 권38, 「地理」2 徐州조, 990~996쪽.
528) 『新唐書』 권38, 「地理」2 兗州조, 995~996쪽.
529) 『舊唐書』 권169, 「王涯傳」 奏李師道前據河南十二州, 其兗, 鄆, 淄, 靑, 濮州界, 舊有銅鐵冶
조, 4404쪽.
530) 池培善, 앞의 「南燕의 東晉 침공과 그 시대의 사회상」, 237쪽 ; 柯友根, 1984, 「試論十六國

商山에 대장간을 세워 軍國의 비용에 충당하도록 하게 할 정도였다. 아울러
이때 慕容德은 晏謨에게 烏常澤에 鹽官을 두어 관리하도록 하였다.[531] 그런데
위의 商山이나 烏常澤은 靑州와 齊州에 위치한 지역들이다. 또한 德·棣·齊·曹·
濮·徐·鄆의 7州는 명주의 생산지였다.[532] 이와 같은 경제력을 바탕으로 이정기
의 세력이 강대하여졌음을 의식한 조정은 이정기와 관계 개선을 위함인지,
이때(大曆 12년 12월) 이정기의 아들 淄州자사 이납을 靑州자사로 임명하면서
식읍으로 무려 5,000호를 주었다.[533] 또 이보다 앞서 같은 해 2월에 이정기의
아들 이납을 淄靑節度留後로 임명하였다는 사실은[534] 암시하는 바가 크다.
왜냐하면 이는 당이 이정기의 세력을 의식하여 이정기의 아들 이납을 이정기
의 후계자로 임명하는 것과 다름없는 조치였기 때문이다.

둘은 이정기가 빼앗은 새로운 통치구역 曹·濮·徐·兗·鄆州를 다스리는 방법
에서 그가 종전부터 관할하였던 10州와 차등을 두지 않았다는 사실이다.
이는 이정기가 비록 가혹할 정도로 엄격하게 관할지를 다스렸다고 하지만
휘하 백성들을 동등하게 대우하였다는 사실을 주목하고 싶다. 이는 이정기가
백성들에 대하여 가혹하게 하였다는 『신·구당서』나 『자치통감』의 기록에
대해 무언가 잘못된 기록이라는 의문을 갖기에 충분하다.

이정기가 휘하 백성을 동등하게 대우한 이유 때문인지 曹州가 이정기의
영역으로 합병되었을 때 曹州자사 高憑이 무조건 이정기에게 투항하였다.[535]

時期社會經濟的緩慢發展」, 『中國社會經濟史研究』 3, 廈門大學, 96쪽.

531) 池培善, 「南燕 慕容德의 建國과 대내외 정책」, 『中世 中國史 硏究 －慕容燕과 北燕史』,
140~141쪽 ; 佐伯富, 1987, 「中世における鹽政」, 『中國鹽政史の研究』, 京都 : 法律文化
社, 72쪽 ; 祝慈壽, 1988, 『中國古代工業史』, 上海, 297쪽 ; 謝啓晃, 1987, 「慕容德－南燕政
權의 建立者」, 『中國少數民族歷史人物志』, 北京, 44쪽.

532) 築山治三郎, 앞의 「地方官僚と政治」, 372~373쪽.

533) 『冊府元龜』 권176, 「帝王部」 姑息1 (大曆 12年) 12月以淄靑節度使李正己之子조, 1982,
2118쪽.

534) 『續通志』 권9, 「唐紀」 9 代宗(大曆 12年) 2月 戊子以李正己之子納爲淄靑節度留後조, 3298
쪽.

535) 『舊唐書』 권187下, 「高沐傳」 憑遂陷于賊조, 4911쪽 ; 『冊府元龜』 권444, 「將帥部」 陷沒

또 고빙이 이정기에게 항복하였던 다른 이유는 그가 발해인이었기 때문이다. 곧 고빙이 고구려 유민이었다는 사실이다. 그렇다면 이는 이정기 휘하에 많은 고구려 유민이 포함되었다는 증거 가운데 하나인 셈이다. 이정기는 자신의 관할지를 불편부당하게 다스림으로써 백성들로부터 원망을 듣지 않았다고 해석할 수 있다. 도리어 이로 말미암아 다른 반란지역의 백성들이 이정기의 관할지로 편입되기를 바라는 현상이 없었다고는 할 수 없다. 그런데 栗原益男은 755년 이정기가 상을 아꼈기 때문에 병사들 사이에 원망의 소리가 높아서 반란으로까지 비화될 뻔하였다고[536] 터무니없는 주장을 폈다. 그렇다면 755년에 이정기의 벼슬이 잘되어야 평로절도사 王玄志 휘하에서 神將정도였을 터인데, 그런 이정기가 누구에게 상을 줄 수 있다는 이야기인지 한심한 논리전개이다. 栗原益男이 이정기를 깎아내리려고 노력해도 어느 정도는 사실에 근거해야 하지 않는가라고 묻고 싶다.

셋은 이정기가 관할하는 15州의 시장에서 발해 명마가 거래되었다는 사실이다.[537] 『신당서』 「이정기전」에,

발해 명마가 매매되었으며, 해마다 끊이는 법이 없었으며, 賦稅는 고르고 가벼웠으며, (이정기가) 가장 강대하다고 불려졌다. 그러나 정치하는 법령은 매우 가혹하였기 때문에 어디서든 사사로이 이야기 할 수 없었으며, 위세가 주변의 절도에게 미칠 정도였다.[538]

위의 사료는 이정기가 15州를 관장한 후의 상황에 대한 설명이다. 여기서 이정기의 통치방법도 주목되지만 그보다 그의 나라가 가장 강력했다는 사실

'高馮'馮遂陷於賊조, 5274쪽. 『冊府元龜』는 高憑을 高馮이라고 기록하였다. 중국 음이 같아서 혼용하였던 것 같다.

536) 栗原益男, 「중앙과 번진」, 『중국의 역사-수당오대』(임대희 역 : 혜안, 2001), 277쪽.

537) 『新唐書』 권213, 「李正己傳」 市渤海名馬조, 5990쪽.

538) 『新唐書』 권213, 「李正己傳」, 5990쪽, "市渤海名馬, 歲不絶, 賦斂均約, 號最彊大. 政令嚴酷, 在所不敢偶語, 威震鄰境."

을 주목하고 싶다. 이는 이정기의 최전성기 시대에 대한 설명문이라고 보아야
맞다. 그런데 이정기의 나라가 부강했다는 사실을, 그의 관직 海運押新羅渤海
兩蕃等使와의 절대적인 관련에서도 알 수 있다. 이정기가 관할하는 州가
새롭게 편입되어도 이정기는 새로운 상거래 질서인 상법을 만들지 않고,
종전의 다른 州의 상법을 그대로 적용하였다. 이러한 정책은 이정기의 관할지
에서 상행위에 대한 어떠한 가혹한 위험성도 내포하지 않았기 때문이다.

그 결과 발해에서 생산된 발해 명마의 매매가 지속적으로 가능했다고
본다. 달리 표현하면 이때 무질서한 중원체제와 달리 洛陽 이동에서는 이정기
의 뛰어난 통치로 말미암아 발해와 이정기의 교역이 계속적으로 증가되었다
는 뜻이다. 이처럼 발해 명마가 지속적으로 이정기의 관할지에서 자유롭게
거래될 수 있었던 것은 이정기가 고구려 유민이었다는 사실, 발해와 이정기의
교역이 더 원활하게 되었다는 사실과 중요한 함수 관계가 있음이 분명하다.
위에서 보듯이, 발해 명마가 이정기의 관할 시장에서 해마다 거래되는 광경을
목도하는 것이 보편적인 현상이었다. 게다가 앞서 밝힌 것처럼 이정기가
발해를 상대로 한 교역의 전권을 갖고 있었기 때문에 이정기의 관할지에서
발해 명마가 매년마다 자유롭게 거래될 수 있었다는 사실도 간과할 수 없다.

그렇다면 발해와의 교역을 계속함으로 인해 발해에 관한 정보를 이정기가
누구보다 정확하게 파악하였다고 본다. 이를 뒷받침하는 사실은 이정기가
발해와 교역만 하였던 것이 아니라 발해의 법령마저 자신의 관할지에 그대로
적용시켰던 점이다. 이와 관련된 정보를『구당서』「이정기전」에서 들어보면,

법령은 하나처럼 같은데다가 부세마저 균일하게 가벼웠기 때문에 제일
강대하였다고 말한다. 일찍 田承嗣를 공격하였는데, 위엄으로 말미암아 인근
의 적까지 두려움으로 떨게 되었다. 檢校司空·左僕射·兼御史大夫를 역임하였
으며, 平章事·太子太保·司徒를 추가하여 주었다.539)

539)『舊唐書』권124,「李正己傳」, 3535쪽, "法令齊一, 賦稅均輕, 最稱强大. 嘗攻田承嗣, 威震鄰
敵. 歷檢校司空·左僕射·兼御史大夫, 加平章事· 太子太保·司徒."

라는 것이 그것이다. 이는 이정기가 관할지를 어떻게 통치하였는가를 알려주는 사료이다. 아울러 이정기의 관직에 대한 사료도 추가된 기록이다. 이를 몇 가지로 분석하고 싶다.

하나는 이정기의 법령이 그의 관할지에서 동일하게 적용되었다는 사실이다.[540] 이에 대하여는 앞에서 일부 언급한 부분과 중복된다. 이정기의 획일적 법령은 큰 제국의 통치 법령과 같은 것이라고 표현하는 편이 정확하다고 본다. 그렇다고 그의 불편부당한 법령을 당 대종 때의 통치법령과 같은 것이라고 해석한다면, 이는 이만저만 큰 실수가 아니다. 왜냐하면 대종 재위시의 당은 하나의 법령으로 다스릴 수 없을 정도로 중앙권력이 너무 약화되었기 때문이다.

이정기의 나라와 다르게 허물어져가는 당의 질서를 기준으로 보았기 때문인지 이정기의 정령을 가혹할 정도로 엄하였다는 식으로 기록한 사가들의 표현은 그 잘못이 너무 크다.[541] 그러나 이정기의 관할지 내의 법 적용이 공정하였다는 사실만은 사가들이 인정한 셈이다. 이와 같은 결론은 海運押新羅渤海兩蕃等使라는 이정기의 관직에서 해답을 찾는 것이 하나의 방법일 듯싶다.

이렇게 추단하는 것은 이정기가 발해와 밀접한 관계를 가졌을 뿐만 아니라, 당시는 발해 왕 가운데 최장수한 문왕의 재위시대인데다가 해동성국이라고 일컬음을 받을 정도로 강대한 국가였기에 이정기가 그 본을 받았다고 볼 수 있기 때문이다. 이를 뒷받침하는 한 예는 문왕이 즉위한 해에 발해는 당으로 사자를 파견하여 『唐禮』, 『三國志』, 『晉書』, 『三十六國春秋』를 가져갈 정도로 중국문물 수입에 적극적이었다.[542] 또 문왕의 文治를 설명한 자료는

540) 『資治通鑑』권225,「唐紀」41 代宗 大曆 12年 12月 然法令齊一조, 7250쪽.
541) 『續通志』권279,「唐列傳」79 '李正己' 政令嚴酷조, 4881쪽.
542) 魏存成, 1997,「高句麗, 渤海文化之發展及其關係」,『高句麗 渤海研究集成, 高句麗』권一, 哈尒濱 : 哈尒濱出版社, 323쪽(原載 : 『吉林大學學報』4, 1989) ; 鄧鵬, 1997,「關于唐對渤海國與日本的初期交往」,『高句麗 渤海研究集成, 渤海』권一, 哈尒濱 : 哈尒濱出版社, 616쪽

문왕(大欽茂)의 둘째 딸 貞惠公主와 넷째 딸 貞孝公主의 묘에서 발견된 역사자
료로, 이미 알려진 터이다.[543] 따라서 발해의 법령은 중앙집권화된 획일적인
통치에 가까웠던 게 틀림없다. 게다가 이정기의 관할지의 부세마저 가벼웠던
사실도 발해의 그것과 너무 흡사하다. 이와 같이 추단하는 이유는 이정기의
통치영역이 가장 강대하였다는 사실과 상관이 있기 때문이다.[544] 이는 당의
역사를 기록하였던 사가들이 이정기가 관장하는 지역을 하나의 국가로 간주
하였던 것과 같은 표현이다. 물론 이는 田承嗣·令狐彰·薛嵩·李寶臣·梁崇義의
집단 가운데 이정기의 집난이 가장 강성하였다는 말이다. 그런데 이 가운데
설숭은 대력 8년(773) 정월에 죽었고, 전승사도 얼마 지나지 않아 없어졌기
때문에, 낙양 이동 지역은 크게 이정기·영호창·이보신·양숭의에 의해서 분할
되는 형국이었다. 그중 이정기가 제일 광대한 지역을 다스려서, 그 크기가
15州를 포함할 뿐만 아니라, 그 휘하에 10만 병사를 거느린 군사 강국이었
다.[545] 여기서 발해와 신라와의 정치·경제 관계에서 이정기가 당을 대신할
정도의 세력이었다는 사실이 드러난다.

둘은 이정기가 田承嗣를 공격하였다는 사실이다. 이정기가 전승사를 공격
하게 된 배경은 전승사가 황제의 명령을 무시할 뿐만 아니라 세금을 과다하게
징수하면서 자신의 아들이 永樂공주와 결혼한 것을 빌미로 왕들에게 불손하
였던 것도 한 원인이 될 듯싶다.[546] 게다가 전승사는 이정기와 달리 휘하
백성에서 무거운 세금을 부과하였던 그런 인물이었다. 大曆 10년(775) 전승사
와 가까운 무리들이 相州에서 반란을 부추겼던 것이 문제의 도화선이 되었

(原載 : 『大慶師傳學報』 1, 1990) ; 張迪修, 1997, 「海東文化芻議」, 『高句麗 渤海硏究集成,
渤海』 권二, 哈尒濱 : 哈尒濱出版社, 46쪽(原載 : 『北方文化硏究』 1).
543) 陳顯昌, 앞의 「渤海國史槪要」 二, 78쪽.
544) 築山治三郎, 앞의 「地方官僚と政治」, 368~369쪽.
545) 卞麟錫, 1984, 「安史亂의 展開過程」, 『安史亂의 新硏究』, 형설출판사, 358쪽 ; 『舊唐書』
권144, 「陽惠元傳」 養兵十萬조, 3914쪽. 이 무렵 李寶臣과 田承嗣는 각각 5만을, 梁崇義는
2만의 병사를 거느릴 뿐이었다.
546) 『舊唐書』 권141, 「田承嗣傳」 承嗣不習敎義조, 3838쪽.

다.547) 이때 당 대종의 조서에 의해 평로·치청절도사 이정기도 여러 절도사들과 함께 전승사를 징계하기 위해 출정한 터였다.548) 이때 이정기의 위엄이 인근에 있는 적까지 두려움에 떨게 만들었다는 사실은 당시 이정기가 통치하는 지역이 강성하였다는 것을 의미한다고 본다. 한편 이는 이정기가 현명한 전제군주와 같은 통치 스타일로 자신의 주에 속한 백성을 다스리는 한편, 장군으로서 기개가 뭇 절도사들을 압도하였다는 이야기와 일맥상통한다. 이와 관련된 사실로, 이정기가 회흘의 오만을 일격으로 꺾었다는 사실은 이미 앞에서 설명하였다.

셋은 이때(775) 전승사의 부장들이 예전에 河西節度使 安思順이 얼굴에 칼자국을 내었던 것과 같은 행동을 하였다는 사실이다.549) 이는 물론 전승사를 조정에서 용서하여 줄 것을 원하는 유목기마민족들이 행하는 간청의 한 형식이다. 그런데 이와 같은 일은 고구려 유민 고선지 장군이 石國을 정벌하고 장안으로 돌아온 후 하서절도사 직에 임명하려 할 때, 安思順이 자해했던 그런 행위와 같다. 그때 안사순은 하서절도사였는데, 그와 같은 행동을 연출함으로써 그대로 하서절도사의 지위를 유지할 수 있었다. 이를 江應梁은 이 같은 돌궐 등의 습속이 중원의 漢人에게 크게 영향을 미친 결과 전승사가 그런 행동을 하도록 부장들을 독려하였다고 했는데,550) 필자는 이에 의문을 제기하고 싶다. 그 이유는 전승사의 선조가 대대로 盧龍軍의 神校였다는 사실로551) 전승사가 漢人이었다는 주장에 문제가 있기 때문이다. 전승사의 가계를 몇 대만 거슬러 올라가면, 한족이 아닐 게 분명하기 때문이다. 한 예를 들어, 이정기의 손자 이사도를 사서에서 齊人이라고 표현하였던

547)『舊唐書』권141,「田承嗣傳」(大曆) 11年조, 3838쪽.

548)『舊唐書』권141,「田承嗣傳」(大曆 10年) 4月 詔曰조, 3838~3840쪽.

549) 江應梁, 1990,「突厥」,『中國民族史』, 北京 : 民族出版社, 59쪽.

550)『舊唐書』권141,「田承嗣傳」代宗遣中使孫知古使魏州宣慰조, 3838쪽 ; 江應梁, 앞의「突厥」, 59쪽.

551)『舊唐書』권141,「田承嗣傳」世事盧龍軍爲神校조, 3837쪽.

사실에 비추어 보더라도 전승사를 漢人이라고 말할 수 없다.552) 이는 그
당시 이민족 출신이라도 중원에서 대략 3대째를 살았을 경우 漢人으로 분류하
는 것이 일반화되었기 때문이다. 그렇다면 전승사의 祖 田璟이 漢人이 아닌
이민족일 가능성은 매우 농후하다.

넷은 이정기의 관직이 당에서 평로·치청절도사·檢校司空·左僕射·兼御史大
夫를 역임하면서 同平章事·太子太保·司徒의 직책까지 올랐다는 사실이다.553)
이정기가 한낱 절도사로 머물었을 뿐만 아니라 중앙 관계에까지 진출하였다
는 말이다. 여기서 그가 三公(太尉·司徒·司空)의 지위까지 올랐다는 사실을
주목하고 싶다.554) 그런데 삼공 가운데 太尉는 이정기가 죽은 후 추증되었던
벼슬이다. 결국 이는 평로·치청절도사 이정기의 협조 없이응 중앙에서 지방통
제가 불가능하다는 것을 깨닫고 난 후, 조정의 계산된 배려로 이정기에게
많은 관직을 제수하였다는 의미다. 이정기가 司徒·太子太傅(保)가 되었던
것은 大曆 14년(779) 6월 기해 일이었다.555) 이때는 당 대종이 죽은 지 두
달이 경과한 시점이다. 그런데『구당서』「덕종기」에는 이정기가 司徒라는
관직과 함께 받았던 것이 太子太保556)가 아닌 太子太傅라고 다르게 기록하였
다.557)

그때 이정기의 세력권은 洛陽 以東에서 산동반도에 걸쳐서 형성되어서,
당시 동아시아 세력구도에서 지렛대 역할을 담당하였다. 산동반도가 중요하
게 된 이유는 산동의 좋은 기후로 인해 많은 인구가 몰려 농사를 지었기

552) 杜牧,『燕將傳』(『中國古代軍事散文精選 : 隋唐五代』所收, 解放軍文藝出版社, 2001),
    153~154쪽.
553)『冊府元龜』권89,「帝王部」赦宥8 其正己爲司徒兼太子太保조, 1057쪽.
554)『通典』권19,「職官」1 三公 隋以太尉司徒司空爲三公조, 110쪽.
555)『舊唐書』권12,「德宗」上 大曆 14年 6月 己亥조, 321쪽 ;『新唐書』권62, 表第2「宰相」中
    大曆 14年 6月 己亥, 平盧淄靑節度使조, 1700쪽 ;『續通志』권10,「唐紀」10 德宗1 (大曆
    14年 6月 己亥) 李正己조, 3299쪽.
556)『冊府元龜』권89,「赦宥」第8 大曆 14年 6月 正巳(己)爲司徒兼太子太保조, 1057쪽.
557)『舊唐書』권12,「德宗」上 大曆 14年 6月 己亥조, 321쪽.

때문에, 여기서 생산되는 물건이 풍부하였다는 사실과 연관성이 매우 높다.[558] 이런 이유로, 얼마 지나지 않아 이정기는 당 조정에 도전하게 된다. 『자치통감』은 이정기가 전승사의 아들 田悅, 이보신의 아들 李惟岳과 연합하여 당에 대항하였다고 기록하고 있다.[559] 그러나 당은 이정기를 지나치게 의식한 나머지, 도리어 이정기에게 절도사 직 이외에 많은 중앙 관직마저 제수할 정도로 그를 두려워하였다. 한마디로 당이 이정기를 제압할 능력이 없음을 입증한 예라고 본다.

그런데 『자치통감』에서 당이 이정기에게 제수하였던, 그 많은 관직에 대한 언급이 없는 것이 이상하다. 이는 찬자 司馬光이 당에 대하여 유리한 기술을 목적으로, 이정기의 관직에 관한 것을 의도적으로 기록하지 않은 것이 틀림없다. 사마광은 나름대로 '漢族' 역사의 굳건함을 거짓으로라도 입증하기 위해 당의 역사서술에 있어 객관성을 상실한 채 한족 역사를 미화시키기 위해 주관적으로 쓰려고 무척 애쓴 인물이다. 이와 같이 단정하는 이유는 간단하다. 즉 이정기가 당을 두려워하였다는 표현을 『자치통감』에서 너무 남발했다는 인상을 지울 수 없기 때문이다. 한마디로 사마광은 당나라를 부각시키기 위하여 객관적 역사서술을 기피하였다.

3) 당과 이정기의 헤게모니 쟁탈전

당과 이정기가 충돌하게 된 이유는 『자치통감』의 당 덕종 建中 2년의 기사에서 찾을 수 있다. 즉,

처음에, 이보신은 이정기·전승사·양숭의와 더불어 서로 관계를 맺고, 토지를 자손에게 물려줄 것을 약속하였다. 그러므로 전승사가 죽자, 이보신은

---

558) 毛漢光, 앞의 「唐末五代政治社會之硏究 ─ 魏博二百年史論」, 310쪽.
559) 『資治通鑑』 권226, 「唐紀」42 德宗 建中 2年 5月 田悅卒與李正己·李惟岳定計조,
7299~7300쪽.

이를 위해 힘써 조정에 청하였으며, 부절을 田悅에게 내려주도록 하였는데, 대종은 이를 따랐다.560)

이는 德宗 建中 2년 일이 아니고 代宗 大曆 12년의 '相與根據蟠結'561)이라고 기록했던 그 내용이다. 위의 내용처럼 이정기·이보신·전승사·양숭의 등 절도사끼리 서로 자손에게 세습시킬 것에 대한 맹약이다. 大曆 12년(777)에는 당 대종이 절도사들의 세습을 인정하였다. 그런데 당 덕종이 즉위하면서부터는 상황이 달라졌다. 덕종은 절도사가 자신의 직을 자손에게 세습시키는 것을 허락하지 않음으로써 이정기와 당의 충돌은 불가피하였다.

성덕절도사 이보신이 죽자, 그의 아들 李惟岳이 조정에 대해 성덕절도사로 임명해 줄 것을 요구하였다. 이때의 상황을 사마광은 다음과 같이 기록하였다. 즉,

마침내 윤허하지 않았다. 田悅은 이내 이정기와 더불어 각각 사신을 파견하여 이유악에게 가도록 하고, 몰래 모여 병사를 일으켜서 명령을 거절하기로 모의했다.562)

이는 당 덕종이 이보신의 아들 이유악이 계승하는 것을 허락하지 않자, 이정기가 田悅과 합세하여 조정에 대항하기로 결정한 사실이다. 달리 말해 절도사들이 자신의 관직을 자식에게 세습시키기 위해 당과 대결한 것이다.

이때 이정기가 사자를 이유악에게 파견하자, 成德판관 邵眞은 이유악에게 조정에 반기를 들면 결코 용납될 수 없다는 간언을 다음과 같이 하고 있다. 즉,

---

560) 『資治通鑑』 권226, 「唐紀」42 德宗 建中 2年 正月조, 7292쪽, "初, 寶臣與李正己·田承嗣·梁崇義相結, 期以 土地傳之子孫. 故承嗣之死, 寶臣力爲之請于朝, 使以節授田悅. 代宗從之."
561) 『資治通鑑』 권225, 「唐紀」41 代宗 大曆 12年조, 7250쪽.
562) 『資治通鑑』 권226, 「唐紀」42 德宗 建中 2年조, 7293쪽.

성덕 판관 邵眞은 이유악이 모의하였다는 것을 듣고 울며 간언하길, "돌아가
신 相公께서는 나라의 두터운 은덕을 입으셨으며, 대부께서는 상중이신데
갑자기 나라를 배반하려고자 하시니 이는 절대 해서 아니 되는 일입니다."
이유악에게 이정기의 사자를 사로잡아 경사로 보낼 것과 또 이정기를 토벌하
게 해달라고 청할 것을 권하며, 아뢰길, "이와 같이 하시면, 조정은 대부의
충성을 가상히 여겨서, 旌節을 멀지 않아서 얻을 수 있습니다." 이유악은
그렇다고 생각하여서 邵眞에게 주문의 초안을 작성하게 하였다. 長史 畢華가
아뢰길, "먼저 돌아가신 어른과 2道는 우호를 맺은 지가 20여 년이나 되는데,
어찌 하루아침에 이를 버리려고 하십니까! 또 비록 사신을 사로잡는다고
하여도 조정이 꼭 신임하지는 않을 것입니다. 이정기가 별안간 와서 우리를
덮친다면, 고립된 군대에게 도움마저 막막한데, 어떻게 이것을 기다리시겠습
니까!" 이유악은 또 이를 따랐다.[563]

이정기가 사신을 이보신의 아들 이유악에게 보내 구원하겠다고 할 때
이유악의 태도는 갈팡질팡하였다. 다시 말해 처음에는 성덕판관 邵眞의 말을
쫓아서 이정기의 사신을 잡아 장안으로 보낸 후에 세습시켜 달라는 요청을
이유악이 따르려 했다. 뒤에 長史 畢華가 이정기의 사신을 잡아 장안으로
보내는 것이 위험천만한 일이라고 아뢰자 다시 이유악은 이정기와 제휴해
조정과 대결하겠다고 하였다.

여기서 중요한 사실은 이정기의 제안에 위박절도사 田悅도 마지못해 이정
기의 군사와 연합해 조정을 공격하겠다고 했다는 사실이다. 이정기 외에는
이유악은 물론 전열마저 당에 대항하는 것을 두려워했다는 점이다. 다시
말해 절도사 중에 군사력뿐만 아니라 모든 면에서 이정기가 맹주로서 출중하
였다는 방증이다.

---

563) 『資治通鑑』 권226, 「唐紀」42 德宗 建中 2年조, 7293쪽, "成德判官邵眞聞李惟岳之謀,
泣諫曰, '先相公受國厚恩, 大夫衰経之中, 遽欲負國, 此甚不可.' 勸惟岳執李正己使者送京
師, 且請討之, 曰'如此, 朝廷嘉大夫之忠, 則旌節庶幾可得.' 惟岳然之, 使眞草奏. 長史畢華曰
'先公與二道結好二十餘年, 奈何一旦棄之! 且雖執其使, 朝廷未必見信. 正己忽來襲我, 孤軍
無援, 何以待之!' 惟岳又從之."

成德의 이유악은 사신으로 자신의 庶兄 李維誠을 이정기에게 파견했다. 이때의 소식을 들어보자.

이날 李惟岳은 李維誠을 이정기에게 보냈는데, 이정기는 그로 하여금 姓을 張氏로 회복하게 하고, 드디어 淄靑에서 벼슬하도록 하였다.[564]

이는 이유악이 이정기와 연합해 당에 대항할 의사를 표명하기 위해 자신의 庶兄 李維誠을 파견한 것과 관련한 내용이다. 이때 이유성은 혼자 평로·치청으로 간 것이 아니라 자신의 어머니와 형제 모두를 거느리고 淄靑으로 갔다. 이런 이유로 후일 이유성의 친여동생이 이정기의 아들 이납의 처가 되었다. 또 張氏로 회복시켜 주었다는 것은 이유성이 奚族의 張氏였기 때문에 조정에서 준 李氏에서 본래의 張氏로 이정기가 회복시켰다는 말이다. 이정기가 이유성의 姓을 張氏로 회복시켜주었다는 사실은 매우 중요한 의미를 갖는다. 그 이유는 姓氏에 대한 下賜나 회복은 황제만이 할 수 있는 권한인데, 이를 이정기가 행사하였기 때문이다. 바꾸어 말하면 이정기가 황제나 다름없을 정도로 권력을 갖고 있다는 반증이라고 볼 수 있다.

여기서 중요한 사실은 사신을 보내는 것이 단순한 파견이 아닌 정략적 결혼을 위한 한 형태였다는 사실이다. 이 당시 결혼은 본인의 자유의사와 무관하게 정략적으로 행해졌으며 이런 형태는 異民族 간에 많이 행하여졌을 뿐만 아니라 당도 이민족과 관계개선을 시도할 때 토번이나 돌궐과도 정략결혼을 많이 행하였다.

大曆 12년부터는 평로·치청절도사 이정기의 15州가 실질적인 독립을 선포한 시기였다. 이때부터 이정기는 자신의 영역 안에서 하나의 독립된 국가를 운영하였던 시기였다고 표현하는 게 맞다. 그러나 한편으로 그는 당 조정

---

564) 『資治通鑑』 권226, 「唐紀」42 德宗 建中 2年조, 7295쪽, "是日, 惟岳送維誠於正己, 正己使復姓張, 遂仕淄靑."

문제에도 관여하였다. 建中 원년(780) 이정기가 포악한 劉晏을 죽여야한다고
상주하였던 것이 그 대표적인 예이다.[565] 이때 당에 의해 劉晏은 죽임을
당했고, 이 일로 劉晏의 사위 潘炎은 禮部侍郎에서 灃州司馬로 좌천되었다.[566]
그런데 그 후 유안이 죽었다는 소식을 접한 이정기도 적지 않은 충격을
받았다. 이와 관련된 사료를 『자치통감』에서 보자.

   劉文喜가 죽자, 이정기와 전열 등은 모두 스스로 편안하지 않은 터에, 劉晏마
   저 죽자, 이정기 등이 더욱 두려워하며 서로 말하길, '우리 무리들의 죄악을,
   어찌 劉晏과 비할 수가 있겠는가!' 마침 汴州성이 좁아 이를 넓히려 하자,
   동쪽 사람들이 와전이 되어서 말하길, '황제가 동쪽에다가 책봉을 하고자
   하니, 그러므로 汴州에 성을 쌓는다.'[567]

   위의 기록은 '이정기가 두려워한다'는 말을 남발하는 司馬光의 기록이다.
이를 언급하는 것은 위의 기록이 모두 사실이라고 보기 어려운 대목이기
때문이다. 『구당서』기록에 의하면 불안한 것은 이정기가 아니라 당이었다.
당에 대해 충성된 기록으로 일관한 司馬光이 기록했다는 데서 사실성에
의문이 든다. 아무튼 涇州에서 조정에 반기를 든 劉文喜가 죽임을 당한 것과
그 당시 최고의 경제인이라고 불러도 손색없는 忠州자사 劉晏도 劉文喜처럼
살해된 것은 사실이다. 조정이 유안을 죽인 것은 朱泚와 함께 조정을 원망했다
는 죄목이다. 당 덕종이 황권 강화를 위해 두 인물을 죽인 것은 틀림없다.
그런데 이 무렵 이정기의 州와 인접한 汴州성이 좁다는 이유 하나만으로
확장공사를 한다는 대목은 납득이 되질 않는다. 그 당시 절도사 중 가장

---

565) 『舊唐書』권118, 「楊炎傳」李正己上表請殺晏之罪조, 3423쪽 ; 『新唐書』권149, 「劉晏傳」
   建中 元年 淄靑節度使李正己表誅晏太暴조, 4797쪽.
566) 『全唐詩』권272, 「潘炎」, 3056쪽(北京 : 中華書局, 1996).
567) 『資治通鑑』권226, 「唐紀」42 德宗 建中 2年조, 7295쪽, "劉文喜之死也, 李正己·田悅等皆不
   自安. 劉晏死, 正己等益懼, 相謂曰'我輩罪惡, 豈得與劉晏比乎! 會汴州城隘, 廣之, 東方人訛
   言, '上欲東封, 故城汴州'."

강력했던 이정기를 제거하기 위한 수순으로 汴州城 확장 공사를 추진하였다고
추단되기 때문이다. 당이 汴州城 공사를 벌인 이유는 이정기의 西進과 맞물리
는 사안이다.

충주자사 유안이 조정에서 파견한 환관인 中使에 의해 죽임을 당한 것은
아까운 인재를 잃은 것이다. 유안은 당 대종 재위시에 度支·鹽鐵·轉運·鑄錢·租
庸使 관직에 있으면서568) 당의 재부를 튼실하게 만들었던 장본인이기 때문이
다. 이에 대해 사마광은 유안의 탁월한 경제감각 능력을 다음과 같이 간추려
서술하였나.

> 유안이 처음으로 轉運使가 되었는데, 그때에 천하에 보이는 호구는 2백만에
> 불과하였으나, 그의 말년에는 마침내 300여 만이 되었으며, 유안이 다스리고
> 있으면 늘어났고 유안이 다스리지 않으면 늘어나지 않았다. 그 애초에 財賦로
> 매년 들어오는 것이 4백만 緡에 불과하였으나, 말년에는 1천만 민이었다.569)

유안이 당 대종 재위시 탁월한 수완으로 당의 재부를 튼튼하게 만들었다는
기록이다. 유안의 평가와 관련해서는, 후일 杜佑가 度支·鹽鐵轉運使에서 해직
후, 후임 李巽의 공적을 언급할 때 李巽이 財賦를 3년 후에 튼실하게 만들었다,
그러나 李巽의 이전 사실과 비교할 때 劉晏을 따를 자가 없을 정도로 탁월한
인물이었다고 평가한 데서 이해된다. 유안이 建中 원년(780) 7월 기축 일에
무고로 죽임을 당한 후, 당의 재정은 당연히 부실하게 되었다. 이런 상황을
꿰뚫어 보고 있는 평로·치청절도사 이정기는 즉시 치소를 청주에서 낙양에
가까운 운주로 옮겼다. 이정기는 당에 대한 도전에 앞서 당의 경제권을
뺏기 위해 청주에서 운주로 천도했다고 볼 수 있다. 당은 劉晏이 반란을

---

568) 『新唐書』 권149, 「劉晏傳」 代宗立조, 4794쪽.

569) 『資治通鑑』 권226, 「唐紀」42 德宗 建中 元年조, 7286쪽, "晏始爲轉運使, 時天下見戶不過二
百萬, 其季年乃三百餘萬, 在晏所統則增, 非晏所統則不增也. 其初財賦歲入不過四百萬緡,
季年乃千餘萬緡."

획책했다고 보아서 忠州자사로 좌천시키면서 바로 建中 원년 7월 기축 일에 그를 죽였다.[570]

당 덕종이 자신의 황권을 강화하기 위해 成德留後 李惟岳의 성덕절도사 계승을 허락하지 않자, 이정기와 전열은 군사를 출정시켰다.

田悅이 마침내 이정기·이유악과 더불어 계책을 정하고, 군사를 연결하고 명령을 거절하면서, 병마사 孟祐를 파견하여 보병과 기병 5천을 거느리고 북쪽으로 가서 이유악을 돕도록 하였다.[571]

이는 이유악의 성덕절도사 세습을 조정이 허락지 않자, 그에 대항한 공동 군사 행동이었다. 다시 말해 이정기와 전열 등에 의한 절도사들의 연합군을 조직해서 兵馬使 孟祐를 이유악 진영으로 파견한 조치였다.

이즈음 이정기가 독자적인 세력으로 활동한 소식을 『자치통감』에서 들어 보면,

후에 (이정기는) 청주에서 운주로 거처를 옮겼으며, 아들 이납과 자신의 심복 장수들에게 그 지역(청주)을 나누어 다스리도록 하였다. 건중 후기, 조정에서 이를 두려워하였을 뿐만 아니라 늘 스스로 불안해 떨었다. 그러던 중 (조정이) 변주성을 수축할 것이라는 말을 듣고, 곧 군사를 제음으로 옮겨 주둔하게 하고, 주야로 군사를 훈련시켜 싸움에 대비하도록 하였다.[572]

라는 것이 그것이다. 그런데 『구당서』「덕종기」에서 당의 변주 축성에 관한 기록이 더 구체적이다. 즉,

---

570) 『舊唐書』 권12, 「德宗紀」 建中 元年 7月 己丑조, 326쪽.

571) 『資治通鑑』 권226, 「唐紀」42 德宗 建中 2年 5月조, 7299쪽, "田悅卒與李正己·李惟岳定計, 連兵拒命, 遣兵兵馬使孟祐將步騎五千北助惟岳."

572) 『舊唐書』 권124, 「李正己傳」, 3535쪽, "後自青州徙居鄆州, 使子納及腹心之將分理其地. 建中後, 畏懼朝廷, 多不自安. 聞將築汴州, 乃移兵屯濟陰, 晝夜敎習爲備."

(建中 2년) 3월 경신 일 초하루에, 변주성을 쌓았다. 처음 대력년간에 이정기가 淄·靑·齊·海·登·萊·沂·密·德·棣·曹·濮·徐·兖·鄆 15州의 땅을 차지하였고, 李寶臣은 恒·定·易·趙·深·冀·滄 7州의 땅을 차지했고, 田承嗣는 魏·博·相·衛·洺·貝·澶 7州의 땅을 차지했고, 梁崇義는 襄·鄧·均·房·復·郢 6州의 땅을 차지하면서, 각각 수만 명의 병사를 모았다. 그들의 시작은 반란 때문에 관직을 얻었는데도 불구하고 조정은 은혜를 더해 주었는데도, 마음속에 의심이 여전하여서, 서로 규합하면서 스스로를 단단히 지켰다. 그래서 조정이 성 하나를 더 세우거나, 못을 하나 준설하여도, 바로 그 소문이 전파되어, 각각의 도적들은 성과 못을 고치고 병기를 수선하였는데, (그들은) 거의 하루도 쉬지 않을 정도였다. 이때부터 田悅은 조정 명령을 듣기 시작했고, 劉文喜는 주살되었기 때문에, 흉악한 무리들이 두려워서 떨었다. 또 조정에 정사를 아뢴 사람들이 돌아갈 때에, 상을 내려준 것이 없었기 때문에 고향으로 돌아가서는, 모두가 원망뿐이었다. 전에 변주성이 협소해 많은 무리를 수용할 수 없어서, 크게 만들 것을 조정에 주청하였다. (그러자) 변주성을 쌓을 때에, 이정기와 전열이 경계지역으로 군사를 옮겨 대비하였기 때문에 조서를 내려 汴·宋·滑州를 나누어 3절도로 삼고, 장안 서쪽의 (토번 방어를 위한) 방추병 9만 2천명을 옮겨 관동을 방어하도록 했다.[573]

앞서 언급한『자치통감』은 이정기가 당의 간섭 없이 독자적으로 자신의 관할 지역을 다스렸다는 사실을 알려 준다. 뒤의『구당서』「덕종기」의 기록은 변주성을 보호하기 위해 군사시설을 확충했다는 내용이다. 더 정확히 표현해 경제루트라고 볼 수 있는 江·淮운하의 안전 확보와 아울러 이정기를 위시한 절도사들의 낙양과 장안 공격을 차단하기 위한 사전조치 성격의 토목공사였

---

573)『舊唐書』권12,「德宗紀」建中 2年조, 328쪽, "三月庚申朔, 築汴州城, 初, 大曆中李正己有淄·靑·齊·海·登·萊·沂·密·德·棣·曹·濮·徐·兖·鄆十五州之地, 李寶臣有恒·定·易·趙·深·冀·滄 七州之地, 梁崇義有襄·鄧·均·房·復·郢六州之地, 各聚兵數萬. 始因叛亂得位, 雖朝廷寵待加恩, 心猶疑貳, 皆連衡盤結以自固. 朝廷增一城, 浚一池, 便飛語有辭, 而諸盜完城繕甲, 略無寧日. 至是田悅初稟命, 劉文喜殄除, 群兇震懼. 又奏計者還, 都無賜與, 旣歸, 皆構怨言. 先是汴州以城隘不容衆, 請廣之.至是築城, 正己·田悅移兵於境爲備, 故詔分汴·宋·滑爲三節度, 移京西防秋兵九萬二千人以鎭關東."

다. 이를 몇 가지로 나누어 분석하고 싶다.

하나는 이정기가 운주로 자신의 거주지를 옮기기 전의 治所가 청주였다는 사실이다. 그런데 이정기가 운주로 옮기기 이전 청주에 머물렀다는 사실은 암시하는 바가 크다. 이는 앞서 이정기의 많은 관직 가운데 海運押新羅渤海兩蕃 等使라는 직책으로 무엇을 수행하였는지 알 수 있는 귀중한 자료이기 때문이 다. 즉 이정기가 海運押新羅渤海兩蕃等使로 신라와 발해와의 교역을 전담하였 던 것이 어떤 이유 때문에 가능한가에 대한 해답을 제시하는 내용이다. 간단히 말하면 청주는 산동반도에 위치하고 있으면서 관장하는 중요한 지역 이다. 따라서 청주를 이정기가 장악하였다는 사실은 당과 신라·발해와의 해상교역은 물론, 사신 왕래까지 모두 이정기가 총괄하였음을 뜻한다. 그렇다 면 이때 당과 신라·발해의 해상교역이 활발하였던 것은, 바로 이정기가 이 지역을 장악함으로써 가능하였다는 답이 나온다. 또 이정기가 당의 발해·신 라 등의 대외무역을 관장하였기 때문에 이정기가 많은 재화를 모았던 것은 어쩌면 당연하다. 즉 이정기가 大曆 14년(779) 당 조정에 돈 30만 緡을 바쳤다는 사실도, 이를 뒷받침하는 내용이다.[574] 그러나 이때 당 덕종은 재상 崔祐甫의 계략처럼 이정기가 바친 돈 30만 緡을 받지 않고 군인들에게 나누어주는 식으로 그 의미를 희석시켰다.[575] 이와 관련된 사항이 『자치통감』에 자세하 다. 즉,

이정기가 황제의 위엄과 명성을 두려워하여 표문을 올려서 錢 30만 緡을 올리겠다고 하였는데, 황제는 이를 받고 싶었지만 속이는 일이 벌어질까

---

574) 劉伯驥, 앞의 「藩鎭之禍」, 33쪽 ; 李啓命, 1995, 「唐 官僚制의 成立과 그 展開」, 『隋唐官僚制 의 成立과 展開-山東貴族과 山東官僚를 中心으로-』, 전남대학교 출판부, 278~279쪽. 이정기가 당 덕종에게 바친 돈은 3만전이 아니라 30만 관이나 되는 엄청난 액수였다 ; 『資治通鑑』 권225, 「唐紀」41 代宗 大曆 14年 6月 李正己畏上威名조, 7263쪽 ; 『唐會要』 권51, 「識量上」 時淄靑節度使李正己조, 892쪽.

575) 『舊唐書』 권119, 「崔祐甫傳」 時李正己畏懼德宗威德조, 3441쪽 ; 劉驥, 1954, 「政治變革」, 22~23쪽.

두려워서, 이를 거절하려 하여도 적절한 말이 없었다. 崔祐甫가 청하기를, "사신을 파견하여 치청 장사를 위로하도록 하게 하면서, 이때 이정기가 바친 돈을 그들에게 하사하면, 장사들로 하여금 사람마다 황제의 은혜를 생각할 것이며, 또 여러 道에서 이 소식을 듣게 되면, 조정은 재화를 중히 여기지 않는다는 것을 알리는 것입니다."라고 아뢰었다. 황제가 기뻐하며 이를 따랐다. 이정기가 크게 부끄러워하며 복종하였다. 천하가 태평하게 다스려지는 일을, 얼마 지나지 않아서 바라볼 수가 있을 것이라고 생각했다.[576]

위의 사실을 예로 들면서 日野開三郎은 이정기의 개인 재산이 수백만 縉에 이른다고 추정하였는데,[577] 그의 견해에 대하여 필자도 동의하고 싶다. 이때 이정기가 조정에 돈을 30만 縉이나 바친 이유는 여러 가지로 생각할 수 있다. 그중 하나는 이때 당 대종이 개혁·개방 정치를 하게 되어 조정으로 민심이 돌아가는 것이 이정기에게 제일 큰 부담이 되었으리라 본다. 이렇게 판단하는 이유는 대종이 환관 邵光超가 李希烈로부터 뇌물을 받았다는 소식을 듣고 곧장 60대를 치고 그를 귀양 보낸 사건에서도 알 수 있다.[578]

아무튼 그 당시 30만 꿰미의 돈이 지니는 가치는 대단하였다. 이를 가늠하기 위하여 元和 10년의 사건을 예로 제시하고 싶다. 즉 元和 10년(815) 이정기의 손자 이사도가 河南府에 "신해 일 저녁에 수십 명으로 河陰轉運院을 공격하여, 수십 명을 죽거나 다치게 하였으며, 돈 30여만 꿰미와 비단 30여만 필을 태웠을 뿐만 아니라 곡식도 3만여 斛이나 불탔기 때문에, 이때 (낙양) 사람들 마음이 두렵고 겁날 뿐이었다."[579]라는 사실을 보면 바로 비교가 된다. 위의

576) 『資治通鑑』권225, 「唐紀」41 代宗 大曆 14年 6月조, 7263쪽, "李正己畏上威名, 表獻錢三十萬緡. 上欲受之恐見欺, 卻之則無辭. 崔祐甫請遣使慰勞淄靑將士, 因以正己所獻錢賜之, 使將士人人戴上恩. 又諸道聞之, 知朝廷不重貨財. 上悅, 從之. 正己大慙服. 天下以爲太平之治, 庶幾可望焉."

577) 日野開三郎, 「觀察處置使について一主として大曆末まで」, 『東洋史學論集 2 - 唐代兩稅法の硏究』, 252쪽.

578) 『資治通鑑』권225, 「唐紀」41 代宗大曆 14年 6月 遣中使邵光超조, 7263쪽.

579) 『資治通鑑』권239, 「唐紀」55 憲宗 元和 10年 3月조, 7711~7712쪽, "辛亥暮, 盜數十人攻河

사실에서 이정기가 조정에 바쳤던 돈 30만 꿰미가 어느 정도 큰 금액인가를
알 수 있다. 또한 이는 이정기가 조정에 바쳤던 돈 30만 꿰미는 신라와
발해 또는 왜와 교역으로 상당한 재화를 쌓았음을 입증하는 자료라고 보고
싶다. 이와 같이 중요한 사실을 愛宕元은 절도사에 의한 進奉財物이라고
하면서 도표로 작성하면서 언급하지 않은 사실을 주목하고 싶다.[580] 추측하건
대 평로·치청절도사 이정기가 고구려 유민이었다는 사실을 밝히고 싶지
않았던 모양이다. 이와 같이 판단하는 근거는 이정기보다 영역이나 모든
면에서 작은 절도사의 인명을 모두 열거하면서도 이정기를 위시한 4대의
이름을 한 번도 언급하지 않았기 때문이다.

물론 이와 같이 이정기가 돈을 당 조정에 주었다는 것은 그 나름대로
정치적인 의미가 있었던 행위이다. 그런데 당 대종은 中書侍郎 崔祐甫의
건의에 따라 이정기가 바친 돈을 당의 군사들이 아닌 이정기의 치청 군사들에
게 돌려줌으로 조정에서 재화를 중히 여기지 않고 있음을 보여주려고 간계를
부렸다.[581] 그러나 당 조정이 이정기가 바친 30만 꿰미의 돈을 당의 군사가
아닌 치청 군사에게 분배한 행위는 정치적인 계산이 깔린 당의 조치임에
의심할 여지가 없다. 그렇다면 이는 이정기와 달리 당은 돈에 관심이 없다는
것을 나타내기 위한 술수였다. 이때 이정기가 당에 준 돈을 外藩에 나누어
줌으로써 천하에 貞觀·開元의 太平이 복원되었다고 떠든 모양이다.[582] 그러나
이를 필자가 달리 표현하면 당이 얻은 불로소득을 外藩군사에게 나누어
줌으로 얻었던 일시적인 효과를 『구당서』의 찬자가 지나치게 침소봉대한
기록일 뿐이다.

그 당시 절도사들이 그러했던 것처럼 이정기도 많은 재화를 가졌다. 이를
입증이라도 하듯 建中 원년(780) 4월 계축 田承嗣의 아들 田悅과 이정기가

陰轉運院, 殺傷十餘人, 燒錢帛三十餘萬緝匹, 穀三萬餘斛, 於是人情恇懼."
580) 愛宕元, 「唐代後期の政治」, 463쪽.
581) 『冊府元龜』 권323, 「宰輔部」 機略 唐崔祐甫조, 3821쪽.
582) 『舊唐書』 권119, 「崔祐甫傳」 天下以爲조, 3441쪽.

각각 합사 비단 삼만 필을 당 덕종의 생일 선물로 주었다. 이때 당 덕종은
이와 같은 일은 옛날에도 없었던 일이라고 말하면서, 비단 모두를 度支로
보냈던 사실에서도 알 수 있다.[583] 이처럼 이정기가 당 덕종의 생일 선물로
유독 비단을 바친 까닭은, 대략 755년 이전까지만 해도 비단은 굉장히 중요한
고액의 지불수단으로써 公的으로나 私的으로도 광범하게 사용된 재화였기
때문이다.[584] 이러한 사실을 통해서 이정기가 죽기 전까지 앞의 海運押新羅渤
海兩蕃等使직을 그가 직접 챙기면서 관리하였던 것이 분명하다. 그 이유는
이정기 死後 이납의 반란에 가담하지 않았다는 판명을 받은 李希烈을[585]
建中 3년(782년) 가을에 잠시 押新羅渤海兩蕃使로 임명하였던 사실에서 뒷받침
되기 때문이다.[586]

위의 사실을 뒷받침하는 내용이 『구당서』 「이희열전」에 이정기가 죽은
다음해(建中 3년) 가을 조정이 신라발해양번사로 이희열을 잠시 임명하면서,
그에게 이정기 집단을 토벌하라고 명령하였던 사실에서 확인이 가능하다.[587]
그러나 『구당서』에서 건중 3년 가을에 이정기를 토벌하라고 명령하였다는
기록은 잘못이다. 왜냐하면 이때는 이정기의 아들 이납이 치청절도사를
계승하였기 때문이다. 그런데 王成國이 이때 李希烈의 관직이 押新羅渤海兩蕃
使가 아닌 押渤海一蕃使였다고 주장한 것은[588] 잘못된 것이다. 李希烈의 경우
이정기의 모반에 가담하였을 것이라는 의혹을 받았던 이유는 이희열이 젊어

---

583) 『舊唐書』 권12, 「德宗」上 建中 元年 4月조, 325쪽 ; 『資治通鑑』 권226, 「唐紀」42 德宗
  建中 元年 4月 癸丑조, 7280쪽 ; 『冊府元龜』 권168, 「帝王部」 却貢獻 建中 元年 4月
  癸丑德宗降誕之日也조, 2026쪽.
584) Denis Twitchett, 앞의 「唐末の藩鎭と中央財政」, 10쪽.
585) Wang Gungwu, op. cit., pp.208~209. 李希烈은 李忠臣의 조카이다. 그런데 이충신은
  호색한으로 숙종 寶應 원년(762)에 淮西절도사가 되었던 인물이다.
586) 『舊唐書』 권145, 「李希烈傳」 淄靑節度李正己又謀不軌조, 3943쪽 ; 孫玉良, 앞의 「唐朝對
  渤海的經營與管轄」, 463쪽 ; 林樹山, 앞의 「唐朝對渤海國實行的民族自治政策」, 498쪽.
587) 『舊唐書』 권145, 「李希烈傳」 新羅渤海兩蕃使, 令討襲正己조, 3943쪽.
588) 王成國, 1997, 「關于渤海使研究的幾個問題」, 『高句麗 渤海硏究集成, 渤海』 권一, 哈尒濱 :
  哈尒濱出版社, 24쪽(原載 : 『渤海史學術討論會論文集』, 1990).

서 이정기의 平盧軍에 배속되었던 사실과 연관성이 있는 것 같다. 이희열은
이정기의 후임으로 新羅渤海兩蕃使에 임명되었던 때가 있다. 건중 3년(782)
가을이었다. 그렇다면 이는 이정기가 海運押新羅渤海兩蕃等使였기 때문에,
그의 세력을 강화하는데 크게 기여하였다고 당이 단정하였다는 뜻으로 해석
할 수 있다. 이렇게 추측하는 까닭은 앞에서 지적한 것처럼 당은 이정기가
죽은 후에 이정기와 함께 반란을 도모하였던 사실이 없는 이희열에게 일시
新羅渤海兩蕃使라는 관직을 주었기 때문이다. 결국 이는 그 당시 新羅渤海兩蕃
使라는 관직이 갖는 의미가 매우 컸음을 반증한다고 본다.

둘은 이정기가 자신의 治所를 청주에서 운주로 옮겼다는 사실이다.589)
따라서 이때부터 이정기가 운주에 머물렀다는 것은 이정기가 운주자사를
겸직하였다는 것으로 해석이 가능하다.590) 그런데 운주는 그 당시 東平郡이라
고도 불렀다.591) 그런데 750년 5월 안녹산이 현종의 양아들로 총애가 대단하
였을 때, 그에게 東平郡王이라는 작위를 주었다는 사실은 시사하는 바가
크다.592) 그 이유는 동평군이 당에게 있어서는 전략적으로 중요한 요지였다는
사실을 암시하기 때문이다. 그렇다면 당의 입장에서 보면 동평군을 이정기가
장악하였다는 것은 매우 두려운 상황으로 전개된 것을 의미한다. 즉 청주는
산동반도에 위치하고 있어 당의 東都 낙양에서 먼 지역이었으나, 이때에
와서 이정기가 자신의 거처로 옮긴 운주는 청주에서 서남으로 200여km나
떨어진 지점으로 낙양과는 매우 근접한 지역이다. 이와 같이 이정기가 운주에
머물렀던 까닭은, 동도를 압박하기 위한 수단으로 낙양 가까이 이동한 적극적
인 행동 표출이었다. 게다가 이정기는 자신이 관할 지역이 너무 광범위하자
청주를 자신의 아들에게 심복을 붙여주면서 관리하도록 나누어주었다.593)

---

589) 『新唐書』 권213, 「李正己傳」 因徒治鄆조, 5990쪽.
590) 日野開三郎, 1939, 「唐代藩鎭の跋扈と鎭將」 2, 『東洋學報』 27-1, 9쪽.
591) 『通典』 권180, 「州郡」 10 大唐爲鄆州, 或爲東平郡조(北京 : 中華書局, 1988), 4762쪽.
592) 『資治通鑑』 권216, 「唐紀」 32 玄宗 天寶 9載 5月 乙卯, 賜安祿山爵東平郡王조, 6899쪽 ; 金
　　　聖翰, 2001, 「唐 前期의 封家와 食實封」, 『魏晉隋唐史硏究』 8, 88쪽.

마치 중국 황제나 할 수 있는 그런 조치를 이정기가 하였다고 표현하면
어떨까 싶다.

셋은 이정기가 그의 아들 이납과, 그를 보좌하기 위한 심복을 뽑아서
청주를 위임통치토록 하였다는 사실이다. 즉 이정기가 청주에서 운주로
떠나면서 청주를 전 치주자사이며, 아들인 이납에게 맡긴 조치를 말함이
다.594) 또 청주를 아들에게 위임하면서 많은 장수들로 이납을 보좌하도록
조치하였다. 그런데 이러한 이정기의 행동은 사전에 계획되었던 것 같다.
그 이유는 조정에서 이미 대력 12년(777) 2월에 이납을 청주자사로 임명하였기
때문이다. 그뿐만이 아니다. 게다가 이때 당은 어쩔 수 없이 이납을 淄靑節度留
後로 보충하였다.595) 어쩌면 당이 소신 없이 淄靑절도사 이정기의 의도대로
움직였는지 모른다.

아무튼 위의 사실은 필자가 지적했던 것처럼 이정기가 낙양의 이동지역에
서는 황제나 다름없었다는 것을 암시하는 행동이다. 여기서 이정기가 아들
이납에게 관할지 일부를 맡기었던 사실에 대해 주목하고 싶다. 이는 이정기가
생전에 자신의 관할 영역을 아들에게 세습시키겠다는 조치로 평가되기 때문
이다. 한편 당은 낙양이동에 버티고 있는 이정기의 10만이나 되는 강력한
군사를596) 견제할 힘도 없었다.597) 따라서 평로·치청절도사 이정기 주위의
번진에서도 이정기를 두려워한 것은 어쩌면 당연하지 않을까 싶다. 이렇게
강력한 군사력을 거느린 이정기가 발해나 신라와 빈번한 교류를 가졌던
것에서, 당시 동북아에서 이정기가 차지한 위상이 절대적이라고 평가하여도
과장되었다고 할 수 없다. 이는 이정기의 위상 변화가 주변상황과 함수관계를

---

593) 『新唐書』 권213, 「李正己傳」 以子納及腹心將守諸州조, 5990쪽.

594) 『資治通鑑』 권225, 「唐紀」41 代宗 大曆 12年 12月조, 7249쪽.

595) 『舊唐書』 권11, 「代宗」 (大曆 12年) 2月 戊子조, 311쪽.

596) 金文經, 앞의 「唐代 高句麗遺民의 藩鎭」, 38쪽.

597) 『資治通鑑』 권225, 「唐紀」41 代宗 大曆 12年 12月 擁兵十萬조, 7250쪽 ; 日野開三郎,
앞의 「唐代藩鎭の跋扈と鎭將」 1, 21쪽 ; 日野開三郎, 앞의 「藩鎭の跋扈」, 94쪽.

가졌다는 사실과 일맥상통한다. 그렇다면 이정기가 처음에 평로·치청절도사
가 된 후, 田承嗣 등과 같은 여러 절도사들에 의해서 영향을 주고받았으나,
대력 8년(773) 相衛절도사 薛嵩이 죽고 나서는[598] 발해·신라와 영향을 서로
주고받았다고 표현하는 것이 옳을 것 같다. 이와 같은 추론이 가능하였던
것은, 이정기가 자신의 관할지를 독자적으로 자신의 아들과 휘하의 심복들에
게 나누어주었기 때문이다.

넷은 당이 변주성을 다시 수축한다는 소문이 전파되었다는 사실이다.[599]
이때는 建中 2년(781) 3월이었다.[600] 이는 이정기에게 매우 중요한 사건이다.
그 이유는 조정이 적극적으로 번진 세력을 공격하겠다는 신호탄으로 해석될
수 있는 일이기 때문이다.[601] 그런데 변주(오늘날 開封市)는 운주에서 다시
직선으로 서남쪽 200여km 떨어진 지점이다. 바꾸어 말하면 변주는 낙양에서
불과 150여km밖에 떨어지지 않았다는 사실을 주목할 필요가 있다. 따라서
이때 조정이 변주에 성을 쌓겠다고 하는 까닭은, 이정기의 낙양 공격을
대비하기 위한 포석이었다.[602] 그렇지 않으면 周宝株의 주장처럼 이정기를
위시한 절도사들을 공격하기 위한 전진기지로 당이 사용할 가능성도 충분하
다.[603] 그러나 조정이 변주성을 쌓으려는 계획이, 조정에서 자의로 시작하였
던 것이 아니라는 점을 주목하고 싶다. 이는 이정기가 治所를 東都 가까운
운주로 옮기자, 이를 대비하기 위하여 조정이 汴州성을 쌓으려는 의도를,
周宝株가 무시하였다는 결론이다.

아무튼 이는 建中년간(780~783) 후기에 조정이 이정기 등의 기습적인
공격을 두려워하였던 것을 간접적으로 암시하는 증거라고 본다. 그렇다면

598)『舊唐書』 권141,「田承嗣傳」大曆 8年조, 3838쪽.
599)『舊唐書』 권12,「德宗」上 建中 2年 3月 庚申朔, 築汴州城조, 328쪽.
600)『舊唐書』 권12,「德宗」上 建中 2年 3月 庚申조, 328쪽.
601) 周宝株, 1989,「隋唐時期的汴州與宣武軍」,『河南大學學報』1, 63쪽.
602) 譚其驤 主編, 앞의『中國歷史地圖集－隋·唐·五代十國時期－』, 38~39쪽.
603) 周宝株, 앞의「隋唐時期的汴州與宣武軍」, 63쪽.

조정에서 이정기를 두려워하였던 이유는 치소를 청주에서, 낙양에 가까운 운주로 옮겼기 때문이다. 이는 조정과 이정기의 충돌이 임박하였음을 암시하는 사료이다. 이와 같이 조정이 이정기를 두려운 상대로 생각하였던 것은, 그 당시의 절도사 가운데 이정기가 제일 강력하였다는 사실과 연관성이 매우 깊다.

평로·치청절도사 이정기의 지배 영역이 大曆년간(766~779) 중에 무려 15州나[604) 되었을 뿐만 아니라 휘하의 병력이 10만이나 되는 대군을 거느렸기 때문에 당은 두려워하였다.[605) 이러한 사실이『구당서』「덕종기」에 나오는데, 이때 이정기의 15州를 옮겨보면,

> 처음에, 大曆 중에 이정기는 淄·靑·齊·海·登·萊·沂·密·德·棣·曹·濮·徐·兖·鄆의 15州나 되는 영역을 가졌다.[606)

라는 것이 그것이다. 변주성이 축조된다는 소식을 듣자, 이정기도 나름대로 후속조치를 강구하였다. 즉 전승사의 아들 전열과 이정기는 군사를 경계선 지역으로 이동시키면서 당에 대한 전투태세를 강화하였다. 그런데 위의 『구당서』「덕종기」는 이정기의 15州와 더불어 李寶臣·田承嗣·梁崇義의 관할 州 수까지 비교하면서 이정기가 차지한 州가 2배가 넘는다는 사실을 밝혔다. 당시 절도사 가운데 제일 강력한 이정기를 조정이 두려워했기 때문에 변주성을 축조하면서 이정기에 대한 사항을 하나의 정보로 자세하게 기술한 것이다.

이제 당에 대항하기 위해 이정기가 주축이 되어 절도사 田悅·梁崇義·李惟岳 등이 모여 반란을 도모하였다.[607) 이를 사서에서 '四鎭之亂'이라고 말한다.[608)

---

604)『太平御覽』권113,「皇王部」38 德宗孝文皇帝 大曆中李正己조, 545쪽.
605) 愛宕元,「번진과 양세법」,『아시아 歷史와 文化 2』(김선민역, 신서원, 1999), 252쪽.
606)『舊唐書』권12,「德宗」上 建中 2年 3月조, 328쪽, "初, 大曆中李正己有淄·靑·齊·海·登·萊·沂·密·德·棣·曹·濮·徐·兖·鄆十五州之地."
607)『舊唐書』권142,「李寶臣傳」惟岳乃與田悅·李正己同謀拒命조, 3868쪽 ;『新唐書』권211,「惟岳傳」遂與悅·李正己謀拒命조, 5948쪽 ;『新唐書』권213,「李正己傳」乃約田悅·梁崇

이에 당황한 당나라도 汴·宋·滑의 3절도에게 조서를 내리는 한편 병사 9만 2천 명을 이정기가 위치한 관동 가까운 지역으로 전진 배치시켰다.[609] 그런데 이때 3월인데도 불구하고 '防秋兵' 9만 2천명을 관동으로 급파했다는 사실이 주목된다. 그 이유는 장안 서쪽에서 토번이나 회흘 공격을 막기 위해 가을에 동원하는 병사들을 당이 너무 다급한 나머지 군사를 급히 징집했기 때문이다.

또 당은 이정기의 공격을 막기 위한 대책으로 같은 해 5월 군대를 증강시키기 위한 명목으로 十一稅를 만들어 이정기의 반란을 진압하려고 노심초사하였다.[610] 만약 이때 이정기의 계획대로 성공되었다면 중국 천하를 통일한 고구려 유민의 제국이 탄생되었을지 모를 상황이었다. 이와 같은 가능성은 충분하였다. 그 이유는 이미 고구려 유민의 국가가 五胡十六國시대에 高雲의 北燕이 건국되었던(407) 사실이 있기 때문이다. 이에 대하여는 필자가 오래전에 자세히 연구하였다.[611]

다섯은 이정기가 당의 변주성 수축에 대항하기 위하여 군대를 曹州의 제음으로 이동시켰다는 사실이다. 이는 군대를 제음으로 이동시키고 나서 조정과 정면으로 승부하겠다는 행동이다. 달리 말해 이는 하남 지역이 조정과 이정기에 의해서 양분된 형국이었다. 앞에서 언급하였던 것처럼 이때 하남의 실질적 통치자는 평로·치청절도사 이정기였다는 뜻이다.

여섯은 위의 『구당서』 「덕종기」에서 '長安 서쪽의 (토번 방어를 위한) 防秋兵 9만 2천 명을 옮겨서 관동을 방어하도록 했다'는 사실이다. 이때 당의 최대의 적은 토번과 회흘이었는데도 불구하고 이정기의 汴州공격을 우려하여 防秋兵을 낙양 방어를 위해 별안간 이동시켰다.

義·李惟岳偕叛조, 5990쪽.

608) 張傳璽 主編, 1992, 「"安史之亂"與唐後期的政局」, 『中國古代史綱』, 北京大學出版社, 80쪽.

609) 『舊唐書』 권12, 「德宗」上 建中 2年 3月 至是築城조, 328쪽.

610) 『舊唐書』 권12, 「德宗」上 建中 2年 5月丙寅, 以軍興十一而稅조, 329쪽.

611) 池培善, 1998, 「고구려 왕족 후예 高雲의 北燕 형성과정」, 『中世 中國史 硏究-慕容燕과 北燕史-』, 281~314쪽.

이를 더 정확히 표현하
면 당은 江·淮운하를 확보
하고 변주를 사수하기 위
해 장안 서쪽에 주둔한 防
秋兵 9만 2천 명을 급히
옮겼다. 이정기의 공격을
차단하기 위해 군사력을

강회운하. 당과 제나라는 이 운하를 점령하기 위해 빈번하게 전투를 벌였다.

모두를 변주성에 쏟아 부은 형국이었다. 그렇다면 이정기의 군사력에 당이
멸망될 수 있다는 그런 위기의식이 팽배했다는 증거로 해석이 가능하다.

이정기가 부세를 균일하게 부과하였기 때문에 江·淮 백성마저 이정기를
전폭적으로 지지하였다. 이는 후일 元和 3년(808) 9월에 재상 裵垍가 헌종에게
兩稅法으로 백성이 도탄에 빠졌다는 실례를 드는 가운데 江·淮백성의 질고에
대한 언급에서도 짐작할 수 있다. 즉,

　　建中 초기에 兩稅法을 정하여 재물을 중시하고, 돈은 경시하였는데, 이후
　재물이 경시되고 錢이 중시되니, 백성은 내는 것은 이미 그 초기의 배가
　되었으며, 留州와 送使 있는 곳에서는 또 정부가 정한 가격을 내리고 현물가격
　을 좇아서 백성에게 무겁게 거두어 들였다. 裵垍는 재상이 되자, 상주하였다.
　"천하에서 留州와 送使의 물품은 청하건대 일절 정부에서 정한 가격으로
　하고, 관찰사는 우선 다스리는 州에 세금을 거두어서 자급하고 부족한 연후에
　소속 州에 세금을 거두도록 허락하십시오." 이로 말미암아 江·淮의 백성은
　조금씩 살아나서 숨을 쉬게 되었다.612)

이는 건중 원년(780) 이전부터 江·淮의 백성들이 州에 바치는 세금인 留州와

---

612) 『資治通鑑』 권237, 「唐紀」53 憲宗 元和 3年 9月조, "建中初定兩稅, 貨重錢輕,
　　是後貨輕錢重, 民所出已倍其初, 其留州, 送使者, 所在又降省估就實估, 以重斂於民. 及垍爲相, 奏'天下留
　　州, 送使物, 請一切用省估, 其觀察使, 先稅所理之州以自給, 不足, 然後許稅於所屬之州.'由
　　是江·淮之民稍蘇息."

절도사나 관찰사에 바치는 세금인 送使로 말미암아 그 질고가 말할 수 없었음을 알 수 있는 사료이다. 이정기가 江·淮를 장악했을 때 그곳 백성들이 환영하였음을 쉽게 알 수 있는 대목이기도 하다. 그 이유는 이정기 치하에서 租稅는 언제나 균일했기 때문이다. 당에 의해 江·淮의 백성들이 세금의 억눌림으로부터 조금씩 풀리기 시작한 때는 元和 3년(808) 9월 이후부터였다. 여기서 간과할 수 없는 사실은 『신·구당서』나 『자치통감』에서 모두가 이정기를 가혹하고 혹독한 인물로 평가한 것이, 무언가 모순이 있다는 사실이다.

그렇다고 兩稅法으로 백성 모두가 고통 받았다고는 말할 수 없다. 정확히 말해서 開元·天寶연간 兩稅法이 시행된 후부터 물가가 하락되었다는 사실 때문이다.[613)]

또 江·淮는 운하 외에, 경제적으로도 당에게 너무나 중요한 지역이었다. 한 예로, 元和 9년(814) 5월 회흘이 누차 당과 혼인관계를 맺자고 할 때, 당은 공주가 가는 것이 비용이 많이 든다는 이유로 허락하지 않았다. 즉 禮部尙書 李絳이 당 헌종에게 아뢴 내용 가운데서 알 수 있다. 그 내용을 들어보자.

　　回鶻은 흉악하고 강하여서 대비하지 않을 수 없습니다. 淮西는 궁색하고, 오그라들어서 일마다 경영해야 합니다. 지금 江·淮에 있는 큰 현에서는 1년에 들어오는 부세가 20만 縜인 곳도 있으니 공주를 내려 보내는 비용으로 준비가 충분한데, 폐하께서 어찌 한 개 현에서 나오는 부세를 아끼셔서 강한 오랑캐를 羈縻하지 않으십니까?[614)]

江·淮의 큰 縣에서 1년 賦가 20만 縜이나 되어서 回鶻에 당의 공주를 시집보내

613) 根本誠, 1962, 「唐代の主要物資の價格に就いて」, 『史觀』 5·6·7, 139쪽.
614) 『資治通鑑』 권239, 「唐紀」55 憲宗 元和 9年 5月조, 7704쪽, "回鶻凶强, 不可武備, 淮西窮蹙, 事要經營. 今江·淮大縣, 歲所入賦有二十萬繒者, 足以備降主之費, 陛下何愛一縣之賦, 不以羈縻勁虜!"

는 비용을 충당할 수 있다는
李絳의 주장이다. 이는 江·淮가
운하로만 중요한 것이 아니라
그곳에서 거두어들이는 부세
마저 엄청났다는 사실을 일러
준다. 그렇다면 당과 이정기가
왜 江·淮운하의 주도권을 장악

수 양제 때 완성된 낙양에서 양자강으로 연결된 운하의 현재 모습.
이정기의 4대가 장악한 운하이다.

하기 위해 싸우는가 하는 해답을 찾은 셈이다.

당과 이정기 간 일전이 불가피한 상황으로 말미암아, 당을 뒤흔든 일촉즉발
의 위기가 다가왔다. 이정기와의 전쟁을 대비하는 상황이었기 때문에 조정
또한 이에 대응하기 위하여 무척이나 소란스러웠다. 이때 상황을 『구당서』
「이정기전」에서 들어보면,

　　이로 인하여 河南이 소란스러워졌을 뿐만 아니라 천하가 근심에 휩싸였기
　　때문에, 긴급한 격문이 오고 가면서, 더 많은 수의 군사를 징병하여 싸움을
　　대비하였다. 또 서주도 군사를 많이 뽑아 江·淮를 막았기 때문에, 이로 인하여
　　수송로마저 길을 바꾸는 형국이었다.[615]

라는 것이 그것이다. 이는 이정기가 낙양을 공격하기 위한 준비를 하자,
당 조정에서 이를 막기 위하여 부산하게 노력하였다는 내용이다. 이를 두
가지로 고려하고 싶다.

하나는 이때 河南이 소란스러워졌다는 사실이다.[616] 바로 이때 조정에서
변주 성곽을 증축하는 것이 좋겠다는 상주가 있었다.[617] 다시 말해 조정이

615) 『舊唐書』 권124, 「李正己傳」, 3535쪽, "河南騷然, 天下爲憂, 羽檄馳走, 徵兵以益備. 又於徐
　　州增兵, 以扼江淮, 於是運輸爲之改道."
616) 周宝珠, 앞의 「隋唐時期的汴州與宣武軍」, 63쪽.
617) 『舊唐書』 권144, 「陽惠元傳」 汴州奏以城隘狹조, 3915쪽.

변주성 수축을 치청 번진 제압의 거점으로 마련하려는 의도[618]라는 것을 이정기가 정확히 파악하였다. 이 같은 상황에서 이정기는 1만의 병사를 추가로 曹州에 배치하였으며,[619] 한편으로 田悅도 군대를 증강시키는 상황이었다. 따라서 이때 하남이 소란스러웠던 것은 당연한 현상이다.[620] 그 상황을 司馬光은 다음과 같이 기록하였다.

　　이정기가 두려워하여 병사 1만 명을 발동하여 曹州에 주둔하도록 하였다. 전열 역시 성곽을 완전하게 하고 백성들을 모아서 대비하면서 梁崇義·李惟岳과 더불어 멀리서 서로 도움에 응하기로 하게 하니 河南의 士民들은 어찌할 바를 몰라서 갈피를 잡지 못하고 놀랐다.[621]

　앞에서 언급한 것처럼 劉文喜가 부하 장군에게 죽임을 당한 후부터 조정과 절도사들은 첨예하게 대립하였다. 그중 조정과 이정기와의 대립이 제일 날카로웠다. 게다가 조정이 변주성을 크게 개축한다는 것은 평로·치청절도와 맞닿은 지역에서 벌어질 급박한 상황을 예감케 했다.

　변주성을 확장, 수축하는 일이 이정기를 자극하게 될 것을 어쩌면 조정이 미처 깨닫지 못했는지 모른다. 이와 같이 단정하는 이유는 이정기의 변주성을 향한 군사작전에 조정이 황망히 대응했기 때문이다. 이에 관한 내용을 들어보자.

　　永平절도가 예전에는 汴·宋·滑·亳·陳·潁·泗의 7州였는데, 병자 일에 宋·亳·潁을 나누어 별도의 절도사를 설치하였고, 松州자사 劉洽이 별도로 설치된 절도를 맡았으며, 泗州를 淮南에 예속시켰고, 또한 東都유수 路嗣恭을 懷·鄭·汝·

618) 築山治三郞, 앞의 「地方官僚と政治」, 371쪽.
619) 『舊唐書』 권144, 「陽惠元傳」 李正己聞之, 移兵萬人屯于曹州조, 3915쪽.
620) 『新唐書』 권156, 「陽惠元傳」 於是李正己屯曹州조, 4900쪽.
621) 『資治通鑑』 권226, 「唐紀」42 德宗建中 2年 正月조, 7295쪽, "正己懼, 發兵萬人屯曹州, 田悅亦完聚爲備, 與梁崇義·李惟岳遙相應助, 河南士民騷然驚駭."

陝四州·河陽三城節度使로 삼았다. 열흘 뒤에 永平절도사 李勉에게 劉洽·路嗣恭의 2道를 모두 통괄하게 하고, 이어서 鄭州도 떼어내서 그에게 예속시켰다. 일찍이 장군이 되었던 사람을 선발해 여러 州의 자사로 삼아서 이정기 등에 대비하도록 하게 하였다.[622]

이는 당 덕종이 이정기의 공격을 대비한 절도사의 재편이었다. 하나는 永平절도의 7州에서 宋·亳·潁의 3주를 떼어낸 후 새로운 절도사를 신설해서 松州자사 劉洽에게 이를 맡겼다. 둘은 泗州를 淮南절도에 예속시켰다. 셋은 懷·鄭·汝·陝四州·河陽三城節度使를 묶어 하나의 절도를 만들어, 이를 東都留守 路嗣恭에게 맡겼다. 넷은 永平절도사 李勉에게 劉洽·路嗣恭의 2道와 鄭州를 주는 등 대대적으로 절도의 州에 대한 개편작업을 진행했다.

덕종은 이정기를 둘러싼 지역의 절도들을 재편하여 이정기의 공격을 효율적으로 막아보겠다는 전략을 펼쳤다. 덕종에 의한 당의 전시체제로의 전환이었다. 이렇게 판단하는 근거는, 위와 같이 전시체제로 바꾸고 나서는 州의 刺史들을 전투경험이 풍부한 장군으로 보임했기 때문이다. 한마디로 이정기의 공격의 예봉을 피하기 위해 당은 전전긍긍하였다고 본다.

이와 같은 대치 상황에서 절도사의 군사 중 河南에서 군사 수가 무려 10만이나 되는 이정기의 대군[623] 때문에 이정기보다도 조정이 두려워서 떨었다. 게다가 15州를 장악한 상황이라서 영역판도 면에서 보더라도 평로·치청절도사 이정기의 세력이 으뜸이었다.[624] 이러한 이정기 대군에 의한 낙양 공격의 가능성을 미연에 방지해야하는 조정도 무척 다급할 수밖에 없었다. 바꾸어 말하면 당이 이정기 군대와 맞대응하기 위하여 천하 군사 동원령을

622) 『資治通鑑』 권226, 「唐紀」42 德宗 建中 2年 正月조, 7295쪽, "永平舊領汴·宋·滑·亳·陳·潁·泗七州, 丙子, 分宋·亳·潁別爲節度使, 以松州刺史劉洽爲之, 以泗州隸淮南, 又以東都留守 路嗣恭爲懷·鄭·汝·陝四州·河陽三城節度使. 旬日, 又以永平節度使李勉都統洽·嗣恭二道, 仍割鄭州隸之, 選嘗爲將者爲諸州刺史, 以備正己等."
623) 李樹桐, 앞의 「元和中興之硏究」, 365쪽.
624) 李樹桐, 앞의 「元和中興之硏究」, 365쪽.

발동하여 방어에 온 신경을 집중하였기 때문에 河南은 자연히 소란스러워졌다.[625]

위와 같이 긴박한 격문이 오고 갔다는 사실에서 이정기의 공격을 대비하기 하기 위해 당이 나름대로의 전쟁 준비를 열심히 하였다고 본다. 그러나 河南이 어수선하였던 것은 이정기의 공격을 당의 군사력만으로 막기 어렵다는 것을 당이 너무나도 잘 알고 있었기 때문이다. 이를 보강하기 위한 방편으로 대규모로 징집을 단행하였다. 이처럼 당이 소란을 피우면서 이정기의 변주 공격을 대비한 이유는 간단하다. 즉 이정기의 뛰어난 전략전술과 연관성이 있다. 이미 이정기는 안사의 난을 진압하면서 장수로서의 그 실력이 전투에 의해 검증되었기 때문이다. 게다가 이정기는 법령을 하나로 통일하면서 백성의 세금을 경감시켜 주었기 때문에 내부적인 결속이 강화되어 있었다.

또 평로·치청의 경제력 확보로 인해서 군사지원체계도 당보다 우수하였던 것은 물론이다. 그 결과 평로·치청은 당의 여러 절도 가운데서 가장 강력할 뿐 아니라 강대하였다.[626] 게다가 이정기는 전투에 참가하면서 패배한 적이 없을 정도로 사기충천한 막강 군대를 보유하였다. 河南의 백성들이 당을 받들면서 당하는 고통보다 이정기 휘하에서 편안하게 살 수 있다는 생각을 갖고 있기 때문에, 당 조정을 보다 더 곤혹스럽게 만들었다. 당에 대한 이정기의 공세로 당은 여러 가지 측면에서 불안감이 표출될 정도로 어려운 상황의 연속이었다.

다른 하나는 이정기가 徐州 군사를 자주 동원하였다는 사실이다. 이때 이정기 휘하의 서주자사가 이정기의 사촌 형 李洧였다.[627] 이는 이정기가 실제적 독립군주로서 휘하의 관리에 자신의 일족이거나 고구려 유민 출신들

---

625) 『新唐書』 권213, 「李正己傳」 檄天下兵爲守備조, 5990쪽.
626) 『舊唐書』 권124, 「李正己傳」 法令齊一조, 3535쪽.
627) 『舊唐書』 권124, 「李正己傳」 附'李洧傳' 正己用爲徐州刺史조, 3542쪽 ; 『新唐書』 권148, 「李正己傳」 附'李洧傳' 始, 署徐州刺史조, 4779쪽 ; 金文經, 앞의 「唐·日에 비친 張保皐」, 153쪽 ; 蘇慶彬, 앞의 『兩漢迄五代入居中國之蕃人氏族研究』, 588쪽.

을 임명하였던 사실을 구체적으로 뒷받침하는 사례이다.628) 그러나 李洧가
언제부터 이정기의 서주자사였는지는 사서에 전하는 바가 없다. 또 李洧의
동생 李澹629)마저 사서에 기록되었던 것도 마찬가지이다. 그런데 李澹도
이정기와 같은 시기, 즉 758년부터 당의 반란진압 전쟁에 참여하였다.630)
李澹은 후일 徐州團練副使를 역임하였다.631)

 당이 汴州 성곽을 증축한다는 소식을 접한 李正己도 1만의 병사를 曹州로
급히 이동배치하였다. 다시 당도 이에 대응하기 위해 京西의 1만 2천 戎兵을
關東으로 급파하였나.632) 이때 이정기는 濟陰에 군사를 주둔시키면서 주야로
훈련을 시켰다는 사실은 암시하는 바가 크다. 왜냐하면 당과 일전을 결심한
군사훈련이었기 때문이다. 그런데 濟陰에서 대략 서남으로 140km 정도 떨어
져 있는 곳에 徐州 治所가 위치하였다. 그렇다면 이는 이정기와 당의 싸움에서
이정기는 당에 패배할 경우를 대비하여, 제2선으로 徐州를 택하겠다는 군사적
인 의미도 있었을 것 같다. 한편으로 이정기는 徐州에서 군사동원령을 내려
江·淮의 수로를 차단시켰다.

 이는 당의 동도 洛陽으로 향하는 보급물자를 차단하기 위한 이정기의
전략이었다. 바꾸어 말하면 이정기가 당과의 싸움을 승리로 이끌기 위하여
전략과 전술을 다각도로 대응하였다는 뜻이다. 이와 같이 이정기는 적극적인
방법으로 조정에 대항하였기 때문에, 당은 보급로로 江·淮가 아닌 다른 길을
택할 수밖에 없는 어려운 상황에 놓이게 되었다. 평로·치청절도사 이정기가
江·淮를 차단하여 낙양·장안으로 들어가는 물자를 봉쇄하여서 조정 세력을
약화시키겠다는 경제적인 측면을 고려한 전략인 듯싶다. 바꾸어 말하면

---

628) 사회과학원 역사연구소, 앞의 「발해국의 발전」, 43쪽.
629) 蘇慶彬, 앞의 『兩漢迄五代入居中國之蕃人氏族研究』, 588쪽.
630) 章羣, 앞의 「唐代蕃將表」, 61쪽.
631) 『新唐書』 권75下, 「宰相世系」5下 附'高麗李氏' 澹, 徐州團練副使조, 3450쪽 ; 蘇慶彬,
    앞의 『兩漢迄五代入居中國之蕃人氏族研究』, 588쪽. 여기서는 李澹의 관직이 徐州團練
    使였다고 틀리게 기록되었다.
632) 『舊唐書』 권144, 「陽惠元傳」 李正己聞之조, 3914쪽.

중국의 강남에서 생산되는 물화의 수송을 이정기가 막아보겠다는 사실은 매우 중차대한 일이다. 이로 말미암아 당의 경제활동에 큰 타격을 주는 것이 그의 전략이었다. 이때 당은 江·淮의 수로를 확보하기 위한 방편으로 埇橋·渦口에 군사를 급파하였다.633) 그런데 당에게 이정기를 제압할 대책이 없었음을 王行先은 인정하였다.634) 이는 이정기가 전략·전술 등 모든 면에 있어서 당을 압도하였다는 증거이다.

필자의 생각으로는 이정기가 江·淮수로를 확보하기 위해 용교·와구에 군사 배치가 가능할 수 있었던 것이, 그 지역에 고구려 멸망 후 강제 이주된 고구려 유민들이 많았기 때문이었다. 고구려 유민들이 강·회로 강제 이주된 시기는 고구려가 멸망한 이듬해 669년 4~5월경이다. 이를 알아보기 위해서 『구당서』「고종기」기록을 보자.

5월 庚子, 고구려 28,200戶, 수레 1,800乘, 牛 3,300頭, 馬 2,900匹, 낙타 60頭, 이들을 內地로 옮겼는데, 萊·營의 2州로도 보냈으며, 상당수는 江·淮이남과 山南·幷·涼州의 以西의 여러 州의 空閑處로 배치하였다.635)

이는 당이 고구려를 멸망시킨 후 고구려인들이 강제로 소개되었던 호구와 물자 및 지역에 대한 언급인데, 그 가운데에 강·회 지역이 포함되었다. 이는 이정기가 강·회 지역을 점령하여 낙양과 장안으로 통하는 운하를 장악하려는 구상을 가능하게 만든 이유다.

또 徐州자사 이유의 관리 지역도 많은 고구려 유민이 생활하는 곳이다. 이런 사실은 당이 고구려를 멸망시킨 후 산동반도의 萊州와 契丹의 침공이

---

633) 『舊唐書』 권152, 「張萬福傳」 李正己反, 將斷江·淮路, 令兵守埇橋·渦口조, 4076쪽.

634) 王行先, 『爲趙侍郞論兵表』(『中國古代軍事散文精選 : 隋唐五代』所收, 解放軍文藝出版社, 2001), 109쪽.

635) 『舊唐書』 권5, 「高宗紀」하 (總章 2年)조, 92쪽, "五月庚子, 移高麗戶二萬八千二百, 車一千八百乘, 牛三千三百頭, 馬二千九百匹, 駝六十頭, 將入內地, 萊·營二州般次發遣, 量配於江·淮以南及山南·幷·涼以西諸州空閑處安置."

잦은 營州로 끌고 갔을 고구려 유민들을 강제로 서주로 이주시켰다.636) 이와
같은 고구려인에 대한 소식은 『冊府元龜』에 다음과 같이 전한다.

> 고구려 포로를 (장안 서쪽)사막의 서쪽에 배치하였으며, (한편) 고구려인들
> 을 靑州와 徐州의 지역에 흩어 놓았기 때문에, 이들에 대한 감시가 용이했을
> 뿐만 아니라 그들로 하여금 힘써 개간하도록 독려했다.637)

이는 이정기의 영역인 청주는 물론, 서주에서 황무지를 개간한 고구려
유민이 많았음을 설명하는 사료이다. 바꾸어 말해 이정기가 산동지역으로
진출하기 이전에 청주와 서주에 많은 고구려 유민들이 강제 이주하였던
것과 관련된 내용이다.

781년 정월 당 덕종의 전시체제로 전환하면서 이정기 등을 겨냥했다고
『자치통감』에는 기록하고 있으나, 실제는 이정기만을 겨냥한 조치였다. 이렇
게 보는 근거는 같은 해 3월의 기록이다.

> 梁崇義는 비록 이정기 등과 더불어 서로 연결되어 있었지만 군사가 적고
> 형세가 약하여 禮를 자주 차렸으며 가장 공손하였다.638)

이는 山南東道절도사 梁崇義가 이정기와 늘 제휴했다고 하나 梁崇義는
늘 조정에 대해 예를 자주 갖추었다는 이야기다. 바꾸어 말하면 이정기는
양숭의와 달리 조정에 대해 예를 갖추지 않았다는 뜻이다. 특이한 것은
『신당서』에서 이정기를 '藩鎭'에서 다루었는데, 양숭의 경우는 '叛臣'에서

---

636) 『舊唐書』 권5, 「高宗」下 總章 2年 5月 庚子, 萊,營二州般次發遣조, 92쪽 ; 金鎭闕, 1984,
「唐代 淄靑藩鎭 李師道에 대하여」, 『史學論叢』, 757쪽.
637) 『冊府元龜』 권366, 「將帥部」27 '機略'6(北京 : 中華書局, 1982), 4358쪽, "高麗俘虜, 置之沙
漠之西, 編甿散在靑徐之右, 唯利是視, 務安疆場."
638) 『資治通鑑』 권226, 「唐紀」42 德宗建中 2年 3月조, 7298쪽, "梁崇義雖與李正己等連結,
兵勢寡弱, 禮數最恭."

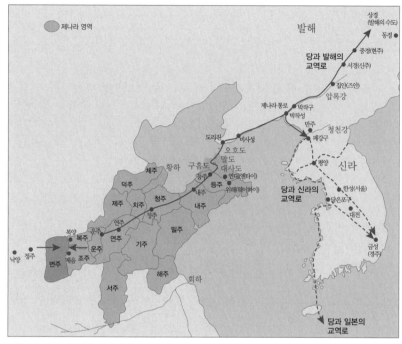

이정기와 당이 대치중일 때의 발해와 신라의 교역로

다루었다는 사실이 이채롭다.[639] 이와 같은 사료를 주목하는 이유는 당이 이정기 등과 대항하기 위해 전시체제로 개편했다고 하지만, 그렇지 않다는 것을 입증하기 위함이다. 당은 오직 이정기만을 겨냥해 절도를 개편했을 뿐 아니라 전투경험이 풍부한 장군들을 州의 刺史로 임명했다는 사실에서 확인이 가능하다.

여하간 당이 변주에 성을 수축했던 이유는 간단하다. 즉 江·淮漕運이 봉쇄당한다면, 중앙 관중으로의 물자 수송이 두절되어 수도 장안과 東都 낙양에 치명적 영향을 끼치게 되는 것은 자명하다. 이른바 장안과 낙양에서 공급이 수요를 감당하지 못하는 상황이 나타나기 때문이다. 이런 까닭에 조정은 특히 요충지에 해당되는 변주에 유력한 刺史를 임명하였다.[640] 그 예를 든다

639) 『新唐書』 권224상, 「梁崇義傳」, 6374~6375쪽.

면, 대력 11년(776)에 조정은 변주자사로 임명하였던 李勉이 그런 케이스다.641) 또 변주는 인구가 많을 뿐만 아니라 명주의 산지로 유명한 곳이었다. 따라서 조정에서 변주를 중시하였던 이유는 치청번진과 회서번진의 침공을 막아야 하는 그런 곳이기 때문이다. 그러나 변주는 자주 습격을 당하여서 강남에서 수송되는 물자가 탈취되었던 경우가 비일비재하였다.

앞서 언급한 당 덕종이 江·淮의 수로가 이정기의 수중에 들어가는 것을 막기 위해 군사적인 조치를 취한 사실을 『구당서』의 「장만복전」에서 들어보면,

> 이정기가 반란을 일으키자, 장차 江·淮의 수로가 차단될 것을 (조정이) 염려하여, 군사로 하여금 埇橋와 渦口를 지키도록 명령하였다. 또 江·淮에 배를 천여 척이나 집결시켜서, 渦口에 정박하도록 하니 누구도 지나가지 못하였다.642)

라는 것이 그것이다. 당 덕종은 군사조치를 취함과 동시에 장만복을 호주자사로 임명하였다. 이때 덕종은 장만복에게 방추병의 일부를 거느리고 와구로 달려가서 江·淮의 수로를 지키도록 명령하였다.643) 그런데 토번과 회흘 공격을 대비하기 위한 목적으로 가을과 겨울에만 동원된 방추병을 이정기의 싸움에 동원하였다는 사실은 시사하는 바가 매우 크다. 그 이유는 당이 목적과는 다른 이유를 빌미로 군사를 동원하였다는 사실은, 당이 이정기의 군사력에 대응하는 것이 너무 화급하였다는 것을 알리는 중요한 단서가 되기 때문이다.

그런데 위의 사료는 이정기의 세력이 어디까지 뻗칠 수 있는가를 암시하는

---

640) 築山治三郎, 앞의 「地方官僚と政治」, 363쪽.
641) 『舊唐書』 권131, 「李勉傳」 (大曆) 11年, 詔加勉汴州刺史조, 3635쪽.
642) 『舊唐書』 권152, 「張萬福傳」, 4076쪽, "李正己反, 將斷江·淮路, 令兵守埇橋·渦口. 江·淮進奏舡千餘隻, 泊渦下不敢過."
643) 楊希義, 1984, 「略論唐代的漕運」, 『中國史研究』 2, 63쪽.

황하에서 양자강으로 연결된 운하의 모습

것 같아 주목하고 싶다. 바꾸어 말하면 이는 長江 연안의 호주와 숙주까지 이정기의 세력이 미칠 것을 조정이 우려하였던 조치이 다. 그것도 호주의 남쪽 長江에서 江·淮 수로를 이정기가 장악할 정 도로 이정기 세력이 확대될 것을 당이 우려하였다. 장만복의 이름 값 때문인지 아니면, 여러 道에서 계속하여 배를 보내어 江·淮를 막았던 탓인지, 평로·치청의 병마가 잠시 江·淮에 이르지 못하였다.[644] 그러나 이정 기·전열·이유악과 양숭의가 연합하여 출병하면서 상황이 이내 반전되었다. 이때의 상황을 『자치통감』도 다음과 같이 기록하고 있다.

이 당시 안으로는 關中(섬서성 중부)으로부터, 서쪽으로는 蜀(사천성)·漢中 (섬서성 남부)에 이르고, 남쪽으로는 江·淮·百閩(복건성)·南越(광동성과 광서 성)에까지 이르고, 북쪽으로 太原(산서성 태원)에 이르렀는데, 그곳에서 군사 를 내보냈으나, 이정기가 군사를 파견하여서 徐州(강소성 서주)의 甬橋(안휘성 숙주)·渦口(안휘성 회원현)를 막았고, 梁崇義는 襄陽에서 군사로 막아서, 운송 로가 다 끊어지자, 인심도 두려워 떨었다. 江·淮의 進奉船 천여 척이 와구에 정박하였으나 감히 앞으로 나가지는 못했다. 황제는 和州(사천성 광원)자사 장만복을 호주(안휘성 봉양현 동북)자사로 임명하였다. 그러자 장만복은 말을 타고 달려 와구에 도착하여, 말을 강둑에 세워놓고 進奉船을 출발시켰지 만, 치청 장사들이 강가를 지키며 눈을 부라리니 감히 움직이지 못하였다.[645]

---

644) 『舊唐書』 권152, 「張萬福傳」 淄靑兵馬倚岸睥睨不敢動조, 4076쪽 ; Bernard S. Solomon, *op. cit.*, p.36 : p.48.

645) 『資治通鑑』 권227, 「唐紀」43 德宗 建中 2年 6月조, 7302쪽, "時內自關中, 西曁蜀·漢, 南盡江·淮·閩·越, 北至太原, 所在出兵, 而李正己遣兵扼徐州甬橋·渦口, 梁崇義阻兵襄陽, 運路皆絶, 人心震恐. 江·淮進奉船千餘艘, 泊渦口不敢進. 上以和州刺史張萬福爲濠州刺史. 萬福馳至渦口, 立馬岸上, 發進奉船, 淄靑將士停岸睥睨不敢動."

이정기에 의해 江·淮 수로가 막힌 사실에 대해서는 司馬光도 왜곡하기
어려웠던 모양이다. 전국에서 장안으로 오는 재화 운송루트가 이정기에
의해 봉쇄되자, 장안의 민심마저 흉흉하였다. 그렇다면 이정기가 당과 대항해
싸우려고 했던 것이 단순한 용기만으로 하려 했던 것이 아니라는 것을 司馬光
도 어쩔 수 없이 인정하였다. 그렇다면 성덕절도사 이보신이 죽은 후, 그의
아들 이유악을 성덕절도사로 세습시키겠다는 이정기의 의지 표명이, 자신의
강력한 군사력을 활용하겠다는 작전구상이었다는 것을 확인할 수 있는 것이,
이정기의 용교와 와구작전이었다.

江·淮 운하의 요지 용교·와구가 끊겨 당의 수로가 모두 막혔다.[646] 달리
말하면, 이정기를 주축으로 한 세력에 의해 용교·와구의 통행이 끊기게
되자, 오늘날 중국의 사천성·광동성·광동성·산서성에서 생산된 물자가 낙양
과 장안으로 운반하는 것이 불가능하였다.[647] 그 결과 이때 수로 모두가
통행이 막히자, 장안의 백성들이 몹시 불안해하였다.[648] 이는 당시 수로를
이용하여 강남의 모든 물화가 장안으로 수송되었음을 증명하는 사료이다.
정확히 표현해서 용교·와구 차단은 당의 동맥과 같은 교통로가 끊긴 것이다.
이때 이정기는 江·淮를 차단시키기 위해 용교와 와구에 군사를 주둔시켜
수로를 봉쇄하였다. 그 결과 용교·와구 봉쇄로 進奏船 천여 척이 와구에
정박해 있으면서도 이정기의 군사들이 두려워 감히 앞으로 나아가지 못하였
다.[649]

참고로 江·淮 운하의 용교·와구는 변주로 가는 길목에 위치하였다. 그
운하는 강남 물자를 낙양과 장안으로 운송하는 운하였다. 汴運의 운하는
元和 11년(816)에 당이 淮西軍과 싸울 때 이 루트를 사용한 적이 있다. 이를

---

646) 金文經, 앞의 「唐代 高句麗遺民의 藩鎭」, 39쪽 ; 日野開三郎, 앞의 「安史亂後における藩鎭
　　　跋扈の槪要」, 356~357쪽.
647) 日野開三郎, 앞의 「藩鎭の跋扈」, 96쪽.
648) 楊希義, 앞의 「略論唐代的漕運」, 63쪽.
649) 『舊唐書』 권152, 「張萬福傳」 李正己反조, 4076쪽.

178

소개하면,

애초에, 淮·穎水運使를 두었다. 揚子院의 쌀은 淮陰에서부터 淮水를 거슬러 올라가서 穎水로 들어갔다가 項城에 도착하여 潕水로 들어가 郾城으로 날라서 淮西를 토벌하는 여러 군대에 먹였는데, 汴運 비용을 줄인 것이 7만여 緡이었다.650)

元和 11년(816) 무렵에 강남물자를 淮西로 운반하기 위해 용교·와구가 아닌 淮陰→ 淮水→ 穎水→ 項城→ 潕水→ 郾城→ 淮西루트를 사용했다. 이로 인해 汴運을 이용할 때보다 비용이 7만여 緡이 절약되었다. 그렇다고 용교와 와구를 지나 汴州로 가는 水運의 다른 루트가 생겼다는 주장이 결코 아니다. 다만 앞서 언급한 것처럼 강남물자가 낙양과 장안으로 가기 위해서 汴州를 통과해야 하는 것은 변함없다. 다만 강남물자를 淮西지역으로 운송할 때 元和 11년경에는 위의 변운루트를 사용했다는 이야기이다.

그런데 이때 이정기가 江·淮운하를 차단했을 때, 그 파장이 매우 컸다. 그 이유는 이와 같은 사실이 시기로 보아 순종과 직접적인 관련이 없는데도 불구하고『순종실록』에 실렸기 때문에 더욱 그렇다. 즉,

이정기가 반란을 일으켜 江과 淮 강의 수로를 막 고립시키려고 하고 있었다. 그는 자신의 군대를 보내 용교와 와구를 지키도록 하였다. 이는 江과 淮 강을 지나다니며 공물을 나르는 수천 척의 배들이 감히 움직이지 못하게 하여 와구에 묶어 두기 위해서였다. 덕종은 장만복을 호주자사로 임명하였다. 그러자 장만복은 말에서 내리지 않고 계속 강을 따라 와구로 서둘러 가서 공물을 실은 배들을 제 갈 길로 보냈다. 치청 군대는 용감히 움직이지 못하고 강변에 멈추어서 내려다보았다. 여러 道에서 온 배들은 계속 앞으로 움직였다.651)

---

650)『資治通鑑』권239,「唐紀」55 元和 11年 12月조, 7728쪽, "初置淮·穎水運使. 揚子院米自淮陰泝淮入穎, 至項城入潕, 輸于郾城, 以饋討淮西諸軍, 省汴運之費七萬餘緡."

라는 것이 그것이다. 이는『구당서』「장만복전」에 기록된 내용과 큰 차이는
없다. 그러나 위의 기록처럼 장만복이 이정기의 치청군과 싸웠다는 기록에
대한 언급이 없다. 이는 문제가 많은 기록이다. 그 이유는 장만복이 거느리고
간 군대의 위세에 의해 공물 실은 배가 와구에서 통행하였다는 사실에만
초점을 맞춘 기록이기 때문이다. 더 정확히 말하면, 이정기가 죽은 후 치청군대
가 철수한 후, 장만복이 군대를 거느리고 도착하였을 가능성이 매우 농후하다.
이와 같이 판단하는 이유는『구당서』「장만복전」의 기록에서 보이는 것처럼
치청 군대가 주둔하고 있을 때는 어떤 배도 와구를 통과하지 못하였기 때문이
다. 게다가 위의 내용은『순종실록』의 永貞년간(805)과 비교하더라도, 무려
20여 년이나 앞선 일이라 시기에서도 상관성을 찾기가 어렵다. 한 마디로
장만복을 치켜세우겠다는 의도가 담겼던 글이라고 해석하는 것이 옳다.
단언하기는 어려워도 솔로몬(Bernard S. Solomon)이 제대로 번역한 것이라면,
이정기를 폄하하기 위해『순종실록』에서 장만복이 등장으로 모든 것이 일거
에 해결된 것인양 기록한 것은 분명 역사 조작이다.

　　여하간 이정기의 천하통일 계획은 그가 일찍 죽음으로 말미암아 좌절되었
다. 한편 이때 이정기가 어떠한 국호를 사용하였는지에 관한 소상한 내용이
사서에 전하고 있지 않다. 아마 당이 의도적으로 이러한 사실들과 관련한
내용을 뺏던 게 아닌가 싶다. 이정기의 낙양 공격계획이 좌절되었던 이유에
대하여 사서에서는 다음과 같이 전하고 있다. 즉,

---

651) Bernard S. Solomon, "The Shun-Tsung Shih-Lu", *The Veritable Record of The T'ang Emperor
Shun-Tsung*, (Cambridge : Harvard University Press, 1955), p.36, Li Cheng-chi(李正己) revolted
and was about to isolate the Chiang(江) and Huai(淮) river routes. He sent his forces
to guard Yung-ch'iao(埇橋) and Kuo-k'ou(渦口), so that some thousand tribute-bearing
vessels on the Chiang and Huai rivers remained anchored at Kuo-k'ou without daring
to move. Te-tsung made (Chang) Wan-fu the tz'u-shih of Hao-chou. (Chang) Wan-fu
hastened to Kuo-k'ou and, stationing himself on horseback on the shore, sent the tribute-laden
ships on their way. The Tzu-Ch'ing(淄靑) forces halted at the shore and glared down,
not venturing to move. The ships from the various tao continued to move forward.

　(이정기는) 얼마 지나지 않아서, 악성 종양으로 말미암아 죽었는데, 그
때 (이정기의) 나이 49세였다. 아들 이납이 마음대로 군사와 정치를 다스리면
서, 정기가 죽었다는 사실을 알리지 않고 숨기다가, 여러 달이 지나서야
이를 알리었다. 이납이 군사로 저항하다가, 흥원 원년 4월 (당에) 귀순하였다.
얼마 있다가 정기를 태위로 추증하였다.[652]

라는 것이 그것이다. 이는 이정기가 당을 없애려고 하는 과정에서, 당을
본격적으로 공격하지도 못한 상황 중에 그가 죽었다는 내용이다. 이를 몇
가지로 나누어 분석하고 싶다.

　하나는 당을 멸망시키기 위한 시도가 이정기의 죽음으로 무산되었다는
사실이다. 그런데 당은 이정기의 낙양 공격을 차단하기 위해서 당이 변주(개봉
시)에 성을 쌓은 후 얼마 지나지 않아 이정기가 죽었다. 아무튼 이정기는
악성 종양으로 말미암아 죽었는데,[653] 그때(781년 8월 신묘)[654] 그의 나이
49세였다. 그런데 이정기의 사망 원인이 악성 종양이기 때문이라는 사실에
주목할 필요가 있다.[655] 그 이유는 후일 이정기의 사촌형 이유도 이정기와
같은 질병인 악성 등창으로 죽었기 때문이다.[656] 아마도 악성 종양은 고구려
유민 이정기 가문의 고질병이었는지 모른다.

　이 무렵 이정기의 관직은 平盧·淄靑節度觀察使·司徒·太子太保·同中書門下平
章事였다.[657] 고구려 대막리지 연개소문의 맏아들 남생이 46세로 죽었던

652) 『舊唐書』 권124, 「李正己傳」, 3535쪽, "未幾, 發疽卒, 時年四十九. 子納擅總兵政, 祕之數月,
　　乃發喪. 納阻兵, 興元元年四月, 歸順, 方贈正己太尉."
653) 『新唐書』 권213, 「李正己傳」 會發疽死조, 5990쪽.
654) 『舊唐書』 권12, 「德宗」上 建中 2年 8月 辛卯조, 330쪽 ; 『新唐書』 권62, 表第2 「宰相」中
　　建中 2年 8月 辛卯, 正己死조, 1701쪽 ; 『資治通鑑』 권227, 「唐紀」43 德宗 建中 2年
　　7月 時平盧節度使李正己薨조, 7306쪽.
655) 『新唐書』 권213, 「李正己傳」 會發疽死조, 5990쪽 ; 『續通志』 권279, 「唐列傳」79 '李正己'
　　會發疽死조, 4881쪽.
656) 『舊唐書』 권124, 「李正己傳」 '附李洧傳' 疽潰於背而卒조, 3542쪽 ; 『新唐書』 권148, 「李洧
　　傳」 疽潰卒조, 4780쪽.
657) 『舊唐書』 권12, 「德宗」上 建中 2年 8月 辛卯조, 330쪽.

사실과 비교하면658) 이정기는 남생보다 3년 더 산 셈이다. 그러나 동시대의
위박절도사 田承嗣가 大曆 13년 9월에 죽었을 때,659) 전승사의 나이가 75세였
던 사실과 비교한다면 이정기는 너무 빨리 죽은 셈이었다.660)

　둘은 이정기의 죽음이 아들 이납에 의해서 여러 달 동안 비밀에 부쳐졌다는
사실이다. 이는 이정기가 자신의 관할지를 분할하여 휘하 장수들로 하여금
아들 이납을 보좌하도록 위임통치를 시켰던 사실과 연관성이 있을 것 같다.
이납이 아버지의 죽음을 여러 달동안 감추었던 것도 이정기의 뛰어난 통치술
과 연관이 있다고 본다. 그러나『자치통감』의 기록이 맞다면 이정기의 죽음을
이납이 여러 달 감추었던 것이 아니다. 즉『자치통감』에서는 建中 2년 7월
이정기가 '薨'하여 다음달(8월)에 당에 알렸다고 기록하고 있기 때문이다.661)

　그러나 당시 평로·치청이 당과 싸움을 하고 있는 상황에서 이정기의 죽음을
당에게 알린다는 것 자체가 납득할 수 없는 주장이다. 그래서 이정기의
아들 이납도 아버지의 죽음을 일시 숨겼던 모양이다. 建中 2년 8월 신묘에
平盧·淄靑節度觀察使·司徒 이정기가 죽었다662)고『구당서』의「덕종기」에 기
록하였다. 그런데『자치통감』에서는 이정기 죽음을 '薨'이라 표기하였는데
『구당서』의「덕종기」는 '卒'이라고 다르게 기록하였다. 아마 司馬光은 이정기
의 관작에 맞게 기록하였으나『구당서』찬자는 이정기가 당을 위협한 존재로
해석한 평가를 토대로 기록했기 때문에 차이가 난 것 같다.

　이납이 아버지 이정기가 781년 7월에 죽었다는 사실을 숨겼다고 보면,663)
그런 예는 이납에만 해당된 것이 아니다. 한 예로 성덕절도사 이보신이
죽었을 때도 성덕의 孔目官 胡震과 家僮 王他奴의 주장대로, 아들 이유악이

---

658)『舊唐書』권110,「泉男生傳」卒, 年四十六조, 4124쪽.
659)『資治通鑑』권225,「唐紀」41 代宗 大曆 14年 2月 癸未조, 7255쪽.『舊唐書』와 달리
　　전승사가 죽은 때를 大曆 14년(779) 2월이라고 말하고 있다.
660)『舊唐書』권141,「田承嗣傳」(大曆) 13年 9月조, 3840쪽.
661)『資治通鑑』권227,「唐紀」43 德宗 建中 2年 7月 時平盧節度使李正己조, 7306쪽.
662)『舊唐書』권12,「德宗本紀」上 建中 2年 8月辛卯, 平盧淄靑節度觀察使조, 330쪽.
663)『資治通鑑』권227,「唐紀」43 德宗 建中 2年 7月 時平盧節度使李正己薨조, 7306쪽.

그 죽음을 20여 일 동안 조정에 알리지 않았던 경우도 있다.[664] 이보신의 경우는 아들 이유악을 세습시키기 위해 그가 죽기 전에 아들이 다스리기 어려운 장군을 미리 주살시킬 정도로 자신의 사후에 철저하게 대비하였다. 성덕절도사 휘하 심주자사 장헌성 등 10여 명이 그렇게 죽임을 당했다.[665]

이납은 같은 해(781) 8월에 이정기의 죽음을 당에 알렸다. 다른 절도사들과 마찬가지로 이납도 평로·치청절도사를 세습시켜 줄 것을 당 덕종에게 요구하였다.[666] 그러나 이는 논리상으로 맞지 않는다. 그 이유는 사료 상으로 이납이 아버지 이정기의 죽음을 여러 달 동안 비밀에 부쳤던 것이 아니라 불과 한 달 이내였기 때문이다. 전쟁 중에 즉시 이납이 아버지 이정기의 죽음을 알리는 것이 불리할 경우, 잠시 비밀에 부쳐두는 것은 하나의 전략으로 볼 수 있기 때문이다. 한마디로 司馬光은 『자치통감』을 기록하면서도 일관되지 못한 기록으로 고구려 유민 이정기 가문을 못된 오랑캐로 몰기 위해, 이납이 이정기의 죽음을 여러 달 감추었다고 거짓으로 표현한 것 같다. 이정기와 아들 이납이 당에 반란을 하면서도, 이납이 아버지 이정기의 관직을 세습하여 달라는 요청을 하였다는 것은 시사하는 바가 크다.[667] 왜냐하면 이는 당시 당이 절도사에 대한 통제가 거의 불가능한 상태였다는 것을 이납이 익히 잘 알고 있었기 때문이다.

셋은 이정기의 유업을 이어 받은 이납도 여러 달 관군과 싸웠다는 사실이다. 그러나 이정기가 없는 상태에서 당을 멸망시킬 계획은 이정기의 아들 이납에 의해서 계속되었다. 이에 관한 사정을 『자치통감』은 다음과 같이 기록하고 있다.

당시 평로절도사 이정기가 이미 죽었으나, 아들 이납은 그것을 비밀로

---

664) 『資治通鑑』 권226, 「唐紀」42 德宗 建中 2年 正月 及薨조, 7292쪽.
665) 『資治通鑑』 권226, 「唐紀」42 德宗 建中 2年 正月 寶臣欲以軍府조, 7292쪽.
666) 『資治通鑑』 권227, 「唐紀」43 德宗 建中 2年 8月 李納始發喪조, 7307쪽.
667) 『舊唐書』 권141, 「田承嗣傳」 建中 2年 子納亦求節鉞조, 3841쪽.

하고는 멋대로 군사 업무를 관장하였다. 전열이 이납과 이유악에게 구원해
줄 것을 요청하자, 이납은 大將 衛俊을 파견하면서 군사 1만 명을 거느리도록
하였고, 이유악도 군사 3천 명을 파견해 그를 구원하였다. 전열은 흩어진
병사를 거두어 합쳐서 2만 명을 얻어 洹水(하남성 안양시를 관통)에 진을
쳤는데, 치청이 그 동쪽에 진을 치고, 성덕이 그 서쪽에 진을 쳐 머리와
꼬리쪽이 서로 호응하게 하였다. 마수가 여러 군대를 인솔하고 앞으로 나아가
업(하북성 임장현)에 주둔하면서 上奏하길 하양 군사가 스스로 돕게 해달라고
요청하자, 하양절도사 이구에게 조서를 내려 군사를 거느리고 마수와 회합하
도록 하였다.668)

　　이는 평로절도사 이정기가 죽은 후에도 동요 없이 이납은 전승사의 아들
전열을 지원하였다. 이때 전열은 이납과 이유악에게 군사지원을 요청하였다.
전열은 하동절도사 마수, 昭義절도사 이포진, 神策先鋒都知兵馬使 李晟에 의해
서 臨洺(하북성 영년현)에서 대파 당하였다.669) 이런 위기 상황의 전열을
구원하기 위해 이유악이 지원한 3천 군사보다 3배 이상 많은 1만의 군사를
이납이 지원했다. 이제 마수가 하양절도사 이구의 군사지원으로 이납을
주축으로 한 절도사 연합군과 대치한 형국이었다. 무엇보다 중요한 사실은
이납이 이정기의 군사권을 받아 당에 강력히 대항했다는 사실이다. 이납은
당과 대립하는 한편으로, 당과 협력하려는 이중적인 작전을 폈다. 즉 이납은
전열을 군사지원한 다음달 "8월에 이납은 비로소 발상하고 아버지의 지위를
계승하기를 주청하였으나 황제가 허락하지 않았다"670)는 사실이 있다. 다음
장에서 언급하겠거니와 興元 원년(784) 4월에 이납이 당과 협력함으로써

---

668) 『資治通鑑』 권227, 「唐紀」43 德宗 建中 2年 7月조, 7306~7307쪽, "時平盧節度使李正己薨,
　　子納祕之, 擅領軍務. 悅求救於納及李惟岳, 納遣大將衛俊將兵萬人, 惟岳遣兵三千人救之.
　　悅收合散卒, 得二萬餘人, 軍于洹水, 淄靑軍其衆, 成德軍其西, 首尾相應. 馬燧帥諸軍進屯鄴,
　　奏求河陽兵自助, 詔河陽節度使李芃將兵會之."
669) 『資治通鑑』 권226, 「唐紀」42 德宗 建中 2年 7月 癸未조, 7305쪽.
670) 『資治通鑑』 권227, 「唐紀」43 德宗 建中 2年조, 7307쪽, "8月 李納始發喪, 奏請襲父位,
　　上不許."

이정기에 의한 당나라 멸망계획은 새로운 국면으로 접어들게 되었다.

넷은 이납이 당에 항복한 후 조서로 이정기를 태위로 추증했다는 사실이다.[671] 때는 이납이 당에 귀순한 다음 달(興元 원년 5월 경인 일)이었다. 아무튼 당에 대항하다 악성 종양으로 죽은 이정기를 당이 太尉로 추증하였다는 사실은 시사하는 바가 크다.[672] 왜냐하면 당에 반기를 들었던 이정기는 물론, 그 추종세력들에게 내려지는 형벌은 통상적으로 사형이었기 때문이다.

따라서 당이 죽은 이정기를 태위로 추증하였다는 사실을 통해, 이정기에 대한 사후 평가는 두 가지로 집약하는 것이 가능할 것 같다. 우선 하나는 이정기가 죽고 나서 전권을 행사하였던 아들 이납이 당과 대립을 계속하지 못하였으나, 이정기를 따르는 무리가 워낙 많아 당이 이들을 의식하여 이정기를 太尉로 추증하였을 가능성이다. 다른 하나는 이정기가 河南의 백성을 편안하게 통치하였기 때문에 무능한 당보다 이정기를 더 좋아하였던 점을 당이 이용하기 위하여 죽은 이정기를 太尉로 추증하였을 가능성이다. 어떤 이유든 당이 죽은 이정기를 태위로 추증하였던 것은 이정기의 공로를 인정한다는 의미는 아니다. 다만 죽은 이정기를 이용하여서라도 당의 통치 질서를 회복하기 위한 수단으로 추증한 것이라고 해석된다.

분명한 것은 평로·치청절도사 이정기가 당나라의 존립을 위협하였던 인물이란 점이다. 이 같은 사실을 간접적으로 암시하는 내용으로 다음과 같은 사실이 있다. 즉 이정기가 당나라 369인의 재상에 포함되었을 뿐만 아니라, 당나라 역사에서 71인의 三公과 三師에 포함되었다는 사실이 그것이다.[673] 그런데 놀랍게 이정기가 위와 같은 벼슬을 당으로부터 받았을 때는 이정기가 당에 충성하였던 시기가 아니라, 당에 대하여 위협적인 존재였을 때 그와 같은 벼슬을 주었다는 사실이 흥미롭다.

---

671) 『新唐書』 권213, 「李正己傳」 興元初조, 5990쪽 ; 『續通志』 권279, 「唐列傳」79 '李正己' 興元初納順命詔贈太尉조, 4881쪽.

672) 『舊唐書』 권12, 「德宗」上 興元 元年 5月 庚寅 李納上章稟命조, 342쪽.

673) 『新唐書』 권75下, 「宰相世系」5下 (三公三師七十一人) 李正己조, 3466쪽.

6. 이정기에 대한 평가

平盧·淄靑절도사 이정기는 당의 지시를 받지 않고 독자적으로 자신의 節度를 독립된 국가로 경영하였다. 이에 관한 이야기는

> (이정기·田承嗣·李寶臣·梁崇義는) 비록 중국의 藩臣이었으나, 기실은 북방 오랑캐처럼 (독립된) 이민족 국가나 다름없었다.[674)

라는 것이 그것이다. 이때는 安·史의 난이 진압될 즈음이었다. 그런데 위의 사료는 司馬光이 자신의 주관적인 생각을 기록한 것 같아 더욱 주목된다. 바꾸어 말하면, 이때 이정기 등은 중앙정부가 명령하는 징세를 거부할 뿐만 아니라 政令도 따르지 않았다는 말이다. 더 나아가 조정에서 완전히 독립하여 藩封을 세습하는 상황에 이르렀다는 사실을 전하는 내용이다.[675) 물론 이와 같이 독자적인 국가형태를 취할 수 있었던 요인은, 이정기와 梁崇義 경우는, 정략적인 혼인도 한몫 하였다. 이런 이유로 이정기는 다른 절도사들과의 이해가 표리관계를 형성하였다. 따라서 이정기는 당에 대해 이름만 藩臣일 뿐이지, 실제로는 羈縻에 속하는 그런 관계였다.[676) 그런데 安·史의 난이 진압될 즈음, 이정기가 단지 평로유후의 신분이었을 때도 조정이 이정기를 통제하지 못한 사실은 암시하는 바가 매우 컸다. 이는 이때부터 이정기가 한 지역의 절도사가 아니라 독립된 국가의 틀을 갖추고 당에 대항하였던 그런 시기로 당이 인식한 것으로 볼 수 있다.

이정기가 독립된 국가형태를 경영할 수 있었던 배경이 무엇보다 중요하다. 예를 든다면, 魏博에서 奚 史憲誠, 盧龍에서 契丹系 胡 李懷仙,[677) 成德에서

---

674) 『資治通鑑』 권225, 「唐紀」41 代宗 大曆 12年 12月조, 7250쪽, "以是雖在中國名藩臣, 而實如蠻貊異域焉."
675) 日野開三郎, 앞의 「觀察處置使について一主として大曆末まで」, 238쪽.
676) 『資治通鑑』 권223, 「唐紀」39 代宗 永泰 元年 7月 雖名藩臣, 羈縻而已조, 7175쪽.
677) 愛宕元, 앞의 「唐代後期の政治」, 450쪽.

史憲誠과 같은 奚族 출신 李寶臣,[678) 契丹 王武俊이라는 등식이 성립되는
것처럼 이정기에게는 고구려가 있었다는 사실을 또한 간과할 수 없다. 이는
당의 번장들이 휘하의 같은 동족 부락을 거느렸다는 사실에 대한 설명이다.
그러나 위와 같은 등식을 만들면서 '평로·치청에 고구려 유민 이정기'라는
사실을 章羣은 지적하지 못하였다.[679) 어쩌면 章羣이 알면서도 지적하지
않았던 것 같아 무척이나 섭섭하다. 한족 중심 역사 연구의 한계가 바로
이런 것이 아닌가 싶다.

---

678) 孟廣耀, 1985,「安史之亂中的奚族」,『社會科學戰線』3, 214쪽 ; 栗原益男, 앞의「중앙과
　　 번진」, 269쪽.
679) 章羣, 1989,「唐代蕃將與其部落的關係」,『漢學硏究』7-2, 80~81쪽.

제2장 고구려 유민 이정기의 아들 이납의 발자취

1. 고구려 유민 이납의 정체성

고구려 유민 평로·치청절도사 이정기의 아들 이납은[1] 당에서 그의 아버지
처럼 무인생활을 하였다. 어릴 때부터 이납은 아버지의 후광을 업고 당에서
출세가도를 달렸다. 당에서 아버지가 고관이면 대개 그 아들도 출세가 쉬웠다.
그러한 이납을 연구하겠다는 의도는, 그가 아버지 이정기를 어떠한 형태로
세습하였는가를 규명하기 위해서이다. 한동안 당에서는 이정기 사후 그의
후계자로 이납을 인정하지 않았다. 그런데 이납은 이정기의 후계자로 자처하
면서 당과 싸웠다.

이정기의 부모가 모두 고구려인이었던 것처럼, 이납의 어머니가 고구려인
이었는가 하는 의문을 제기할 수 있다. 그러나 당에서는 부모 중 한쪽만
고구려인이었을 경우, 그 자식을 고구려인이라고 말하지 않는다. 그렇다면
이납의 어머니도 고구려인, 정확히 말해 고구려 유민이었음에 틀림없다.
또 하나는 이납과 관련한 기록을 중국 정사에서 독립시켰다는 점이다. 이납에
관한 사료는 고구려인 이정기의 아들로서『신·구당서』「이납전」에 자세하게
기록되었다.

당에서 벼슬한 이민족의 경우라도 당에 대하여 일관되게 충성하였던 인물

---

1) 章羣, 1955,「唐代降胡安置考」,『新亞學報』1, 315쪽.

은, 그 출신 민족에 관한 것을 표기하기보다 그가 성장하였던 지역의 사람으로 기록하는 것이 하나의 관례였다. 이는 이정기의 고모 아들인 侯希逸을 당에서 고구려인이라고 기록하지 않았던 사실에서도 알 수 있다.[2] 물론 후희일의 어머니는 고구려인이었다. 마찬가지로 후희일의 아버지도 고구려인이었을 가능성이 매우 짙다. 한 대만학자는 후희일을 고구려인이라고 주장하였다. 그 이유는 당의 포로가 되었던 경우 같은 민족끼리만 결혼이 허용되었기 때문이다. 당에 대항한 나라가 고구려였기 때문에, 당은 고구려 사람을 고구려 놈으로 비하시켰던 상황에서 고구려인이 한족 여인과 결혼한다는 자체가 불가능하였다. 따라서 후희일의 어머니도 고구려 출신의 남자와 결혼하였던 게 틀림없다고 본다. 그러나 후희일은 당에 대하여 변함없이 충성하였던 사실 때문인지 '平盧人'이라고 기록되어 있다. 평로는 당에 의해 패망하였던 고구려인들을 강제로 소개하여 집단적으로 수용하였던 곳이다.

이납을 연구하게 된 동기는 산동반도를 중심으로 그가 독립된 '齊'나라를 선포하였기 때문이다. 즉 司馬光의 주장처럼 이정기 등이 비록 중국의 번신의 신분이었으나, 실은 북방 오랑캐처럼 독립된 이민족 국가를 세웠던 인물과 다름없다고 하는 사실은 이정기 가문의 정체성을 설명하는 자료로 인용할 수 있는 대목이다.[3] 게다가 이정기는 물론이고 그 아들 이납도 당나라와 무관하게 관리를 독자적으로 임명하였을 뿐만 아니라, 그가 다스리는 영역에서 거둔 세금조차 당에 바치지 않았다.[4] 이와 같은 독자적인 국가를 세운 장본인이 이납이라는 사실을 보면, 고구려 유민사에서 그가 차지하는 위상이 독보적이었다고 말해도 조금도 이상하지 않다.

---

2) 『舊唐書』 권124, 「李正己傳」 希逸母卽懷玉姑也조, 3534쪽 ; 『新唐書』 권213, 「李正己傳」 希逸母卽其姑조, 5989쪽.

3) 『資治通鑑』 권225, 「唐紀」41 代宗 大曆 12年 12月조, 7250쪽, "以是雖在中國名藩臣, 而實如蠻貊異域焉."

4) 『資治通鑑』 권241, 「唐紀」57 憲宗 元和 14年 2月 己巳조, 7765쪽, "自廣德以來, 垂六十年, 藩鎭跋扈河南, 北三十餘州, 自除官吏, 不供貢賦."

2. 이납의 유년시절

고구려 유민 이납이[5] 출생한 해는 그가 貞元 8년(792) 34세로 죽었다는
사실에서[6] 역산하면 그 해답을 얻을 수 있다. 즉 이납이 출생한 때는 乾元
원년(758)이다. 그렇다면 이정기의 맏아들 이납이 태어날 때, 이정기의 나이는
26세였다는 사실도 알 수 있다. 그러나 이납의 어린 시절에 관한 자세한
언급된 기록은 없다. 이납의 청소년기로 추정할 수 있는 사실 일부만 간략하게
전한다. 이를 『구당서』 「이납전」에서 들이보면,

> 이납이 청소년기였을 때 (이납의 아버지) 이정기가 (토번과 희흘 공격을
> 막기 위해서) 防秋兵과 함께 그를 파견하였는데, (이때) 대종이 (이납을) 불러
> 만나보고는 칭찬하였다.[7]

위와 같은 사실을 『신당서』의 「이납전」에서는,

> 이납의 나이가 어렸을 때 奉禮郎에 임명되었을 때 방추병을 거느렸다.
> 대종이 불러서 보고, 殿中丞으로 올려 임명하면서, 패용하는 金紫를 하사하였
> 다. 入朝하여서는 兼侍御史로 올려 임명하였다.[8]

라는 게 그것이다. 이때 봉예랑 이납이 나이가 몇 살인지 정확하게 추정하기란
매우 어려운 문제이다. 이납이 어렸을 때라는 사실에서 대력 4년이었다고
유추한다면, 이때 이납은 불과 11세의 어린 소년이었다. 어쩌면 위의 기록은
11세 이전의 이납과 관련된 일인지도 모른다. 아무튼 이납은 태어나서 얼마

---

5) 章羣, 앞의 「唐代降胡安置考」, 315쪽.
6) 『舊唐書』권124, 「李師古傳」貞元 8年조, 3537쪽.
7) 『舊唐書』권124, 「李納傳」, 3536쪽, "納少時, 正己遣將兵備秋, 代宗召見嘉之."
8) 『新唐書』권213, 「李納傳」, 5990쪽, "納, 少時爲奉禮郎, 將兵防秋. 代宗召見, 擢殿中丞,
賜金紫. 入朝, 擢兼侍御史."

안되어서 봉예랑에 제수되었다는 사실이 흥미롭다.9)

그런데 나이 어린 봉예랑 이납이 방추병을 거느리고 장안을 거쳐 갈 때 장안에서 대종을 만났다. 그때 대종이 봉예랑 이납을 전중승으로 파격적으로 제수하면서 패용하는 金紫를 하사하였다. 그렇다면 어린 이납이 장안을 지나

어린 이납이 방추병과 함께 갔던 장안성과 대안탑의 모습

서 토번과 회흘공격을 막기 위해 장안 서북지역으로 계속 진군했음이 분명하다. 용맹한 고구려 유민의 후예 이납이 어린 나이에도 불구하고 군사를 지휘했다는 이야기이다. 이런 까닭에 대종은 이납을 보고 가상히 여겼다고 『구당서』「이납전」에 기록되어 있다. 그러나 그 후 편찬된『신당서』「이납전」에는 이납을 대종이 가상히 여긴 사실을 삭제했던 것은 이납을 폄하하려는 어리석은 사가들의 역사조작이라고 생각된다.

위와 같이 어린 이납의 나이를 추정하는 연유는『冊府元龜』에 다음과 같은 기록이 있기 때문이다. 즉 "(대력 4년) 11월 滑毫절도사 영호창과 치청절도사 이정기는 아들들을 조정에 보내어, 임금을 배알하자, 이때 (대종은) 조서로써 영호창의 아들 영호건을 어사중승으로, 이정기의 아들 이납을 시어사로 임명하면서, 아울러 금인과 자줏빛 허리띠를 내렸다"10)라는 대목이 그것이

9) 『舊唐書』 권124, 「李納傳」, 3536쪽.

10) 『冊府元龜』 권131, 「帝王部」 延賞2, 1574쪽(北京 : 中華書局, 1982), "(大曆 4年) 十一月,

다. 다시 말해 대력 4년 11월에 어린 이납이 대종을 만났을 때 대종은 조서를 내려서 이납을 시어사로 임명하였기 때문이다. 이를 두 가지로 나누어 해석하고 싶다.

하나는 가을에 토번과 회흘의 침략을 대비하기 위하여 이정기가 그의 군사를 방추병의 목적으로 장안의 서쪽 지역으로 파견하였다는 사실이다. 이때 이정기의 어린 아들 이납이 방추병과 동행하였다.[11] 비록 이때 이납이 불과 11세였다고 하더라도 능히 적과 싸웠던 모양이다.

이렇게 해석하는 까닭은 빙추병으로 출정하는 아버지 혼석지를 따라 나섰던 혼감이 말타기와 활쏘기를 잘하였는데, 혼감의 나이가 불과 11세였다는 사실과 중복되기 때문이다.[12] 그런데 유목기마민족의 경우 활동 연령이 매우 빨랐다.[13] 혼감도 鐵勒 9姓 가운데 한 부족 출신이다. 게다가 고구려인들도 말타기와 활쏘기를 매우 잘하였기 때문에 유목기마민족과 다를 바가 없다고 필자는 믿고 있다. 그렇다면 대력 4년에 당을 공격하는 토번과 회흘을 방어하는 데 어린 이납도 한몫하였을 가능성을 충분하다. 이때 이납의 나이가 방추병을 따랐던 渾瑊의 나이와 같다. 이에 대해 뒤에서 다시 설명하겠다. 매년 가을 관동에서 동원된 군사를 방추병 또는 방동병이라고 말한다.[14]

滑亳節度使令狐彰, 淄靑節度使李正己, 竝遣男朝謁, 詔以彰男建兼御史中丞, 正己男納兼侍御史仍賜金紫."

11) 『續通志』 권279, 「唐列傳」79 '李納' 納少時, 將兵防秋, 代宗召見조, 4881쪽(上海 : 商務印書館, 1935) ; 章羣, 1986, 「唐代蕃將表」, 『唐代蕃將研究』, 臺北 : 聯經出版, 604쪽 ; 金鎭闕, 1984, 「唐代 淄靑藩鎭 李師道에 대하여」, 768쪽. 이때 이납이 병을 거느리고 秋를 막았다는 것은 잘못된 해석이다. 즉 秋가 아닌 防秋兵이라는 한 단어로 보아야 맞다.

12) 『新唐書』 권55, 「渾瑊傳」 瑊年十一, 善騎射, 隨釋之防秋조, 4891쪽 ; 『舊唐書』 권134, 「渾瑊傳」 年十餘歲卽善騎射, 隨父戰伐조, 3703쪽 ; 張國剛, 1988, 「關于唐代兵募制度的几個問題」, 『南開學報』 1, 44쪽.

13) 池培善, 1977, 「鮮卑族의 初期段階 氏族分列에 대하여」, 『白山學報』 23, 84~85쪽. 鮮卑族의 統合을 이룬 군장 檀石槐가 불과 나이 14·15세에 혼자 다른 部를 물리쳤던 것도 한 예가 될 듯싶다.

14) 曾我部靜雄, 1979, 「唐의 防秋兵과 防冬兵」 上, 『東洋學』 42, 22쪽.

192

달리 말해 당은 토번과 돌궐(회흘)의 침입을 대비하기 위하여 각 번진에서
관동의 병사를 동원, 방추병 또는 방동병을 장안의 서북지역에 집결시켰다.[15]
또 이때는 이정기가 고종사촌 후희일을 쫓아내고 치청절도사가 된 지
얼마 경과하지 않은 시점이었다. 이정기의 지지자들이 후희일을 축출한
때는 영태 원년(765) 7월 이후인 듯싶다.[16] 이때 이정기의 나이는 33세로
패기 왕성할 때였다. 그렇다면 대력 4년(769) 이정기에게 11세 된 어린 아들이
맏아들이었다면, 이정기는 대략 20대 후반에 결혼을 하였던 모양이다. 이는
8세기경에 당나라의 포로 신세가 된 고구려 남자들의 결혼 연령이 꽤 늦었다는
것을 추정할 수 있는 자료로 본다.

다른 하나는 방추 목적으로 이정기가 휘하 장병과 같이 장안의 서쪽지역으
로 이동할 때, 동행하였던 이납이 장안에서 대종을 만났다는 사실이다. 그렇다
면 이납이 토번과 회흘을 막기 위하여 방추병을 따라 장안의 서북지역까지
멀리 갔다는 뜻이다. 위 기록은 이납이 장안에서 대종 앞으로 불려가서
칭찬을 받았다는 사실만 전하고 있다. 그러나 이는 이납이 아버지 이정기를
따라서 긴 장정에 올랐던 사실임에 주목하고 싶다. 왜냐하면 이때 이정기의
치소가 청주였기 때문이다. 청주는 오늘날 익도로, 산동반도 안에 위치한
곳이다.[17] 또한 청주는 五胡十六國시대 모용덕의 남연이 위치하였던 바로
그곳이다.[18]

---

15) 『舊唐書』 권139, 「陸贄傳」臣愚謂宜罷諸道將士番替防秋之制조, 3815쪽 ; 『新唐書』 권
    157, 「陸贄傳」又以西北邊歲調河南, 江淮兵, 謂之防秋조, 4924쪽 ; 曾我部靜雄, 1980,
    「唐の防秋兵と防冬兵」下, 『東洋學』 43, 45쪽 ; 曾我部靜雄, 1985, 「唐の防秋兵と防冬兵」
    の補遺」, 『東洋學』 54, 90~91쪽 ; 日野開三郎, 1982, 「藩鎭体制下における唐朝の振興と
    兩稅上供」, 『東洋史學論集 4-唐代兩稅法の硏究-』, 東京 : 三一書房, 306쪽.
16) 『舊唐書』 권11, 「代宗本紀」永泰 元年 秋 7月 辛卯조, 279쪽 ; 『舊唐書』 권124, 「侯希逸傳」,
    永泰元年조, 3534쪽.
17) 譚其驤 主編, 앞의 『中國歷史地圖集-隋·唐·五代十國時期-』, 48~49쪽 ; 嚴耕望, 1993,
    「唐代海岱地區南北交通兩道」, 『新亞學報 下』 16, 1쪽.
18) 池培善, 1998, 「南燕 慕容德의 建國과 대내외 관계」, 『中世 中國史 硏究-慕容燕과
    北燕史-』, 연세대학교 출판부, 131쪽.

이때 절도사 이정기가 그의 아들을 인질로 중앙에 보냈던 경우를 상정할 수 있으나, 이와 관련된 기록은 없다. 어린 이납을 본 대종이 그 아이가 영민하였기 때문인지 알 수는 없으나 이납을 칭찬하였던 사실에서, 비록 이납이 어렸지만 아버지 이정기처럼 고구려 무인의 출중한 면모를 지녔던 점을 알 수 있다.

당대에 아버지 관직이 높으면 그 아들에게 덩달아 관직이 제수되는 제도를 음보라고 말한다. 이와 같은 그 나름대로의 법칙이 이납에게도 어느 정도 적용되었다는 사실을 부인할 수는 없다. 이를 『구당서』 「이납전」에서 보면,

> (이납에게) 봉예랑에서 전중승과 시어사로 파격 제수하면서, 紫金魚袋를 하사하였다. (그후) 檢校倉部郎中을 역임하였을 뿐만 아니라 아버지의 군사를 총령하였다. 이정기의 주청에 의해서 그는 치주자사로 임명되었다.[19]

라는 것이 그것이다. 이는 이납이 당에서 어떤 관직에 순차적으로 임명되었는가를 구체적으로 언급한 사료이다. 이를 몇 가지로 나누어 분석하자.

하나는 이납의 최초 관직이 奉禮郎이었다는 사실이다. 이납이 치청절도사 이정기의 아들이었기 때문에, 나이와 상관없이 봉예랑에 제수되었다. 이와 같은 예는 당 현종 때 고구려 유민 왕모중이 아들을 낳자마자, 아들에게 오품관을 하사하였던 경우도 있다.[20] 물론 이납이 봉예랑에 임명되었을 때 그의 나이는 11세 이전인 듯싶다. 아버지 이정기의 위세로 음보 형태로 봉예랑에 오를 수 있었는데, 봉예랑은 종제구품상에 해당되는 최하위관직이다.[21]

둘은 이정기가 방추병을 이끌고 장안을 통과하는 도중에 이납이 대종을

---

19) 『舊唐書』 권124, 「李納傳」, 3536쪽, "自奉禮郎超拜殿中丞·兼侍御史, 賜紫金魚袋. 歷檢校倉部郎中, 兼總父兵, 奏署淄州刺史."

20) 『新唐書』 권121, 「王毛仲傳」 嘗生子조, 4336쪽.

21) 『舊唐書』 권42, 「職官一」 從第九品上階조, 1802쪽 ; 『欽定四庫全書』 『職官分紀』 권18, 奉禮郎조, 421쪽(北京 : 中華書局, 1988).

194

만났다는 사실이다. 이는 앞에서 어떠한 경로로 이납이 대종을 만나게 되었는가를 고려하면 해석이 명확하여진다. 이유는 당의 서북방에 자주 출몰하였던 토번과 회흘을 토벌하고 개선하는 이정기에 대한 보상으로 대종이 이납을 파격적으로 승진시켰기 때문이다. 즉 대종이 이납을 처음 만났을 때 전중승과 시어사로 임명하였다.[22] 이납이 파격승진한 때는 방추병의 역할을 끝내고 회군할 때 이정기와 함께 장안에 들어가서 새로운 관직을 제수 받았던 것이다.[23] "(대력 4년) 11월 골호절도사 영호창과 치청절도사 이정기는 아들들을 조정에 보내어, 임금을 배알하자, 이때 조서로써 영호창의 아들 영호건을 어사중승으로, 이정기의 아들 이납을 시어사로 임명하면서 아울러 금인과 자줏빛 허리띠를 하사하였다"[24]는 게 그것이다.

이때(大曆 4년 11월) 당 대종은 봉예랑 이납을 시어사로 파격 승진시키면서 紫金魚袋를 하사하였다. 그런데 시어사는 종제육품하[25]이기 때문에 이납은 무려 삼품이나 고속 승진하였던 셈이다. 이때 이납의 나이는 불과 11세였다. 그렇다면 이납이 아버지 이정기를 따라 방추병을 거느리고 토번과 회흘의 침입을 막았을 가능성도 무시할 수 없다.[26] 시어사는 골호절도사 영호창의 아들 영호건이 받은 어사중승(正第五品上)[27]보다 한 단계 낮은 품계였다. 이때 이납의 관품이 영호건보다 낮았던 까닭은, 이납이 영호건보다 나이가 어렸던 것과 연관성이 클 것 같다. 영호건과 이납의 승진은 모두 음보 형태라고 할 수 있다.

셋은 이납이 시어사가 된 후 다시 檢校倉部郎中·總父兵의 관직을 겸직하였다

22) 『續通志』 권279, 「唐列傳」79 '李納' 擢殿中丞조, 4881쪽.
23) 『新唐書』 권213, 「李納傳」 入朝조, 5990쪽 ; 『續通志』 권279, 「唐列傳」79 '李納' 入朝조, 4881쪽.
24) 『冊府元龜』 권131, 「帝王部」 延賞2, 1574쪽, "(大曆 4年) 十一月, 滑毫節度使令狐彰, 淄靑節度使李正己, 竝遣男朝謁, 詔以彰男建兼御史中丞, 正己男納兼侍御史仍賜金紫."
25) 『舊唐書』 권42, 「職官一」 從第六品下階조, 1797쪽.
26) 金鎭闕, 앞의 「唐代 淄靑藩鎭 李師道에 대하여」, 768쪽.
27) 『舊唐書』 권42, 「職官一」 正第五品上階조, 1794쪽.

는 사실이다. 그런데 창부랑중의 관품은 從五品上이다.[28] 이는 이납의 관직이
시어사(從第六品下)에서 다시 승진하였음을 말한다. 그리고 이정기의 주청으
로 이납이 치주자사라는 지방행정 장관이 되었다는 사실을 주목하고 싶다.
이정기가 장차 아들 이납을 자신의 후계자로 삼으려는 의도가 내포된 조치였
다. 물론 이납이 치주자사가 되었던 시기는 檢校倉部郎中과 總父兵으로 임명되
고 상당기간이 경과된 후였다. 이납이 치주자사에 임명된 시기는 777년
12월 이전보다 훨씬 앞선 시기다. 이와 관련된 기록은 『자치통감』 대력
12년 12월조에 나온다.

　　이정기는 曹·濮·徐·兗·鄆의 5州를 얻었고, 이어서 청주에서 운주로 치소를
　　옮기면서, 그의 아들인 예전 치주자사 이납으로 하여금 청주를 지키게 하였
　　다.[29]

이는 이정기가 그의 아들 이납이 777년 12월 이전에 치주자사였다는 사실을
司馬光이 밝힌 대목이다. 그렇다면 이는 이납이 치주자사였던 시기가 777년
12월보다 앞선 시기였다는 설명으로 해석된다.
　이납은 처음에 대종에 의해서 파격적으로 승진하더니, 얼마 지나지 않아
아버지 이정기의 노력으로 다시 많은 관직을 추가로 얻었다. 관련 사실을
『구당서』 「이납전」에서 보면,

　　이정기는 군사를 거느리고 전승사를 공격할 때 (이정기의 주청으로 이납은)
　　절도관찰유후로 임명되었다. 얼마 지나지 않아 청주자사로 천직되었는데,
　　이정기가 또 주청하여 그는 행군사마와 조주자사를 겸직하면서 曹州·濮州·徐
　　州·兗州·沂州·海州의 유후가 되었고, 또 다시 어사대부가 추가되어 제수 되었

28) 『欽定四庫全書』 『職官分紀』 권9, 倉部郎中조, 260~261쪽.
29) 『資治通鑑』 권225, 「唐紀」41 代宗 大曆 12年 12月조, 7249쪽, "正己又得曹·濮·徐·兗·鄆五
　　州, 因自靑州徙治鄆州, 使其子前淄州刺史納守靑州."

다.30)

라는 것이 그것이다. 위의 사실을 『신당서』「이납전」에서는,

　　이정기는 그를 淄·靑 2주 자사로 임명하였고, 또 행군사마와 濮徐兗沂海留後
　　로 임명하면서, 나아가 어사대부로 임명하였다.31)

라 하였다. 이정기가 이납을 淄·靑 2주자사, 행군사마와 濮徐兗沂海留後, 이어
어사대부로 임명한 내용이다. 물론 이런 관직은 당과 무관하게 이정기가
이납에게 제수하였던 관직이다. 그런데 이때 치청절도사 이정기의 권한이
막강하여 대종이 이정기를 견제하기 어려운 상황이라는 사실을 주목하고
싶다. 위의 사실을 몇 가지로 분석하고 싶다.

　하나는 이정기가 조정의 명령으로 전승사를 공격하였다는 사실은 대종이
이정기의 요구를 거절할 수 없게 만든 요인이었다. 이정기가 그 대가로
이납에게 더 중요한 관직을 주려는 의도를 조정이 거절할 수 없었다는 사실과
연결되기 때문이다. 결과적으로 이납이 이정기의 후계자로 급부상할 수
있는 발판이 마련되었다. 다시 말해 강력한 평로·치청절도사 이정기가 대종에
게 대항하는 전승사의 반란을 토벌한다는 명목으로 출정하는 상황에서 그의
요구를 조정이 거절할 수 없었다. 이는 이정기가 조정에 대항하는 반군과의
전투에서 자신이 죽는 사태를 대비하여 아들 이납을 절도관찰유후로 임명하
여 줄 것을 조정에 요청하였고 그러한 요구에 대하여 조정은 이의를 제기하지
못하였다.

　둘은 이정기가 절도관찰유후 이납을 청주자사로 천직시켰다는 사실이다.

---

30) 『舊唐書』 권124, 「李納傳」, 3536쪽, "正己將兵擊田承嗣, 奏署節度觀察留後. 尋遷靑州刺史,
　　又奏署行軍司馬, 兼曹州刺史, 曹·濮·徐·兗·沂海留後, 又加御史大夫."
31) 『新唐書』 권213, 「李納傳」, 5990쪽, "正己署爲淄·靑二州刺史, 又爲行軍司馬, 濮徐兗沂海留
　　後, 進御史大夫."

이때 임명을 요청한 것은 물론 이정기였다. 이정기가 아들에게 청주자사를 맡기었다는 사실은 중요하다. 그 이유는 이정기의 치소였던 지역이 바로 청주이기 때문이다. 다시 말해 이정기는 자신의 관할지의 모든 사무를 아들에게 맡기고 자신은 다른 일에 착수하겠다는 의도다. 얼마 후 이정기가 대종에게 대항하기 직전까지 그는 청주에 머물렀다. 이정기가 조정에 아들을 자신의 유후로 임명하여 줄 것을 요청하였던 것과 일맥상통한다고 해석할 수 있는 관직이 청주자사 직이다.

위에서 이납이 청주자사로 천직되었다는 표현을 썼지만, 기실은 치주와 청주자사 직이 이정기의 요구에 의해 이납의 관직으로 계승되었다.[32] 이납이 청주자사로 임명되었을 때는 대력 12년(777) 2월 무자 일이었다.[33] 또 행군사마로 이납이 임명되었던 것도 이정기의 요구에 의해서였다. 여기서 행군사마란 이정기가 전승사를 토벌하기 위하여 출정한 군대와 행동을 같이 할 뿐만 아니라 군대를 장악하는 특별한 관직이다. 위 사료의 마지막에서 이납이 曹·濮·徐·兗·沂·海의 留後로 임명되었던 사실도[34] 앞서 이정기가 이납을 절도관찰유후로 임명하여 줄 것을 조정에 요청하였던 사실에 대하여 조정이 추인하였다는 구체적인 기록에 불과하다.[35] 위의 관직들은 이정기가 자신의 유고 시를 대비하여 아들 이납에게 권력을 이양하려는 철저한 사전 조치였다. 다시 말해 위의 관직은 이정기가 치청절도유후와 曹·濮·徐·兗·沂·海의 留後라는 관직을 이납에게 주도록 조정에 상주한 구체적인 관직 요청이 모두 이루어진 셈이다.[36]

---

32) 『新唐書』 권213, 「李納傳」 正己署爲淄·靑二州刺史조, 5990쪽.

33) 『舊唐書』 권11, 「代宗本紀」 大曆 12年 2月 戊子조, 311쪽 ; 『資治通鑑』 권225, 「唐紀」41 代宗 大曆 12年 12月조, 7249쪽 ; 『冊府元龜』 권176, 「帝王部」 姑息1 (大曆 12年) 12月以淄靑節度使李正己之子조, 2118쪽. 『資治通鑑』과 『冊府元龜』는 이납이 靑州자사가 되었던 시기를 大曆 12년 12월이라고 기록하였다.

34) 『新唐書』 권213, 「李納傳」 濮·徐·兗·沂·海留後조, 5990쪽.

35) 『新唐書』 권213, 「李納傳」 又爲行軍司馬조, 5990쪽.

36) 『續通志』 권9, 「唐紀」9 代宗 (大曆 12年) 2月戊子以李正己之子納位淄靑節度留後조, 3298

셋은 이납이 어사대부에 임명되었다는 사실이다.[37] 이것이야말로 이정기의 계승자가 그의 아들 이납이라는 사실을 당 조정이 공식적으로 인정한 관직인 셈이다. 조정에서 반란군 전승사를 빨리 제압하여 주기를 바라는 심정으로 이정기의 아들 이납을 어사대부에 임명하였던 것 같다. 그렇다면 조정으로부터 이납이 어사대부로 임명되었던 사실은 이납에게 절도사라는 관직이 주어지지 않았을 뿐, 실제로 절도사와 동일한 권한을 이납에게 부여하였던 것이다.

당이 이납을 御史大夫로 임명할 때 동시에 浙東觀察使 관직을 주었다. 이때 이납이 받은 浙東觀察使와 御史大夫 직제에 관해 杜牧이 지은 「授李納浙東觀察使兼御史大夫制」가 오늘날까지 남아있다.[38]

한편 이납은 아버지 이정기 휘하에서 철저하게 후계자 수업을 받은 것 같다. 이와 같이 판단하는 근거는 宋代 시문선집 『文苑英華』에 이납이 지은 「授盧弘正韋讓等徐滑節度使制」라는 글이 오늘날 남아 있기 때문이다.[39] 이는 이납이 어려서부터 학문에 열심이었던 결과물이라고 볼 수 있다.

그런데 당이 이납을 淄州자사에서 靑州자사로 임명할 때 무려 實封 五千戶를 하사하였다는 기록이 있다.[40] 당이 이정기를 통제할 수 없는 상황에서 그의 비위를 맞추기 위해서 이납의 관직을 높여주면서 동시에 많은 실봉을 주었다는 의미다. 물론 實封이라고 하지만 당이 준 것이 아닌 다만 명목상의 호수였다. 이때는 대력 12년(777) 12월이었다.

당시 절도사들이 일반적으로 그러했던 것처럼 이정기는 절도사 직을 아들

쪽(上海 : 商務印書館, 1935).

37)『新唐書』권213,「李納傳」進御史大夫조, 5990쪽 ;『續通志』권279,「唐列傳」79 '李納' 進御史大夫조, 4881쪽.

38)『文苑英華』권408,「授李納浙東觀察使兼御史大夫制」, 698쪽(『文淵閣四庫全書』所收, 臺灣商務印書館, 1986).

39)『文苑英華』권455,「授盧弘正韋讓等徐滑節度使制」, 265쪽(『文淵閣四庫全書』所收, 臺灣商務印書館, 1986).

40)『冊府元龜』권176,「帝王部」'姑息' 大曆 12年 12月조, 422쪽.

이납에 세습시키려고 무던히 애썼던 결과, 위와 같은 관직을 조정으로부터
제수 받는 게 가능했다. 절도사들이 자신의 사후, 절도사 직을 아들에게
세습시켰다는 표현은 일반화하기는 문제가 있으나, 전승사의 조카 전열이
그의 뒤를 이어 절도사가 된 예가 있다. 세습 형태로 절도사가 되었던 것은
전열이 최초였다.[41] 그 후 성덕절도사 이보신이 죽자, 그 아들 이유악이
아버지의 절도사 직에 자신을 임명하여 줄 것을 조정에 요청하였다. 그러나
이유악의 요구를 조정에서 거절하자, 이유악은 조정에 반기를 들면서 이정기
와 함께 모반을 하게 되었다.[42] 이때 이정기가 이유악과 함께 반란하였던
이유는 간단하다. 이정기는 자신의 사후에 아들 이납이 절도사 직을 조정에서
세습 받을 수 있도록 제도적인 장치를 하기 위한 사전작업으로 李惟岳과
함께 조정에 대항하였다.[43] 그 외에 상위절도사 설숭이 죽자, 설숭의 아우
설악이 반기를 들었던 것도, 이유악이 조정에 대하여 반기를 든 성격과
동일하다고 본다.[44]

3. 이납과 당의 대립기

이정기는 781년 7월에[45] 자신의 아들 이납을 후계자로 만드는 과정에서
질병으로 죽었다. 이때 조정은 이납을 이정기의 후계자로 인정하지 않았다.
그 결과 이납은 절도사들의 후계자로 자처하였던 인물들과 연대하면서 세습
문제를 해결하기 위하여 조정에 대하여 반기를 들었다.[46] 이와 같이 이납이

---

41) 『舊唐書』 권141, 「田承嗣傳」 附'田悅傳' 大曆13年, 承嗣卒조, 3840~3841쪽.
42) 『舊唐書』 권142, 「李寶臣傳」 附'李惟岳傳' 惟岳乃與田悅·李正己同謀拒命조, 3868쪽.
43) 『舊唐書』 권141, 「田悅傳」 建中 2年조, 3841쪽.
44) 『舊唐書』 권141, 「田承嗣傳」 崿率衆於承嗣조, 3838쪽.
45) 『資治通鑑』 권227, 「唐紀」 德宗 建中 2年 7月 時平盧節度使李正己已薨조, 7306쪽.
46) 王承禮, 1988, 「당 왕조의 大祚榮 책봉과 발해 정치세력의 발전」, 『발해의 역사』(송기호 역, 한림대학 아시아문화연구소), 96쪽 ; 日野開三郞, 1980, 「藩鎭の跋扈」, 『東洋史學論

당에 대항한 이유는 이정기가 죽은 후, 조정으로부터 평로·치청절도사라는 관직을 제수받지 못하였기 때문이다. 이때 이납이 유고가 있었던 절도사들의 후계자로 자처한 인물과 연합하여 반란하였던 상황을 『구당서』 「이납전」에서 들어보면,

> 建中 초년에, 이정기·전열·양숭의·장유악이 모두 당에 반란하였다. (건중) 2년에 이정기가 죽자, 이납은 발상을 비밀에 붙이고, 아버지의 군사를 통솔하면서 계속해서 반란하였다.[47]

라는 것이 그것이다. 그런데 이보다 『신당서』의 「이정기전」 내용이 더 자세하다. 즉,

> 建中 초년에, 조정이 변주성을 수축한다는 말이 들리자, 이에 전열·양숭의·이유악과 함께 반란을 약속하였다. 자신은 제음에 주둔하고, 전진으로 배열하면서 무예를 익히게 하고, 江·淮를 장악하기 위해 서주의 군사를 증강시켰다. 천자는 이에 식량을 운송하는 도로를 통하도록 고치게 하면서, 격문으로 이곳을 지키기 위해 천하의 병마를 징발하려 하자, 河南이 소란스럽고 불안하여졌다.[48]

이는 이정기가 치소를 청주에서 운주로 천도하고 난 후부터, 당은 강남 물자 운송길이 막힐 것을 우려해 변주성을 수축했다는 내용이다. 당은 江·淮의 운하를 확보하기 위해 전쟁이라는 수단을 동원할 것이라는 사실을 이정기가 모를 리 없었다. 그래서 이때 이정기·전열·양숭의·이유악이 함께 당에 대항하

集 1-唐代藩鎭の支配体制』, 東京 : 三一書房, 96쪽.

47) 『舊唐書』 권124, 「李納傳」, 3536쪽, "建中初, 正己·田悅·梁崇義·張惟岳皆反. 二年, 正己卒, 納祕喪, 統父衆, 仍復爲亂."

48) 『新唐書』 권213, 「李正己傳」, 5990쪽, "建中初, 聞城汴州, 乃約田悅·梁崇義·李惟岳偕叛. 自屯濟陰, 陳兵按習, 益師徐州以拒江·淮. 天子於是改運道, 檄天下兵馬爲守備, 河南騷然."

여 싸울 결의를 다졌다. 당은 이정기의 강·회 운하 장악을 저지하기 위해서 천하의 兵馬를 징발하는 전시동원 체제를 선포하였다. 그 결과 河南이 근심으로 소용돌이쳤다는 사실은 이정기에 대한 사실을 언급하면서 이미 밝힌 내용이다.

이 무렵 실제로 이정기는 강력한 나라를 건설하기 위한 목표를 설정하였다. 절도사들의 권한이 강화되자, 절도사들은 스스로 황제가 되려고 시도하였다. 실제로 이즈음 李寶臣과 이정기를 가리켜 '二帝'라고 칭하였던 기록은 암시하는 바가 매우 크다.[49] 이는 이정기가 당 황제와 적대적 위상이었다는 이야기이다. 이납이 조정에 반기를 들 수밖에 없었던 상황에 대하여 살펴보는 것도 나름 의미 있는 일이다.

하나는 건중 원년(780) 이정기·전열·양숭의·장유악이 반란을 일으켰다는 사실이다.[50] 이정기는 처음부터 조정에 대항할 의사를 가졌던 것 같지는 않다. 그러나 각 절도사들이 자신의 관할지에서 독자적인 세력을 구축하면서 절도사 직을 자식들에게 세습시키겠다는 구상에서 문제가 야기되었다. 즉 절도사가 죽은 후 그의 아들들이 세습 후계자라고 주장하면서 조정과 충돌한 것이다. 물론 이는 당이 절도사에 대한 통제력을 상실하였기 때문에 일어났던 사건들이다. 정확히 말한다면 이때는 당이 절도사들에 의해서 그 운명이 연장되는 그런 판국이었다. 당과 절도사들의 대결 사태가 심각하게 되자, 처음에 절도사 세습이라는 요구가 관철되지 않자, 절도사들은 조정을 타도대상으로 급선회하였다.

그런데 위의 장유악은 이보신의 아들 이유악을 뜻한다. 본래 이보신이 장쇄고의 양자였기 때문에, 위와 같이 李姓이 아닌 張姓이었다. 그런데 이보신이 이씨가 되었던 배경은 이회선의 경우와 마찬가지로, 당 숙종이 당 황실의

---

49) 『舊唐書』 권142, 「李寶臣傳」 二帝, 指寶臣·正己也조, 3867쪽.
50) 大澤正昭, 1973, 「唐末の藩鎭と中央權力－德宗·憲宗を中心として」, 『東洋史硏究』 32-2, 3쪽.

성을 그에게 賜姓하였기 때문이다.[51] 이보신은 북방기마민족 가운데 하나였
던 奚族 출신이었다.

다른 하나는 建中 2년(781) 8월 신묘 일에 이정기가 죽었다는 사실이다.[52]
이때 이납은 이정기가 죽자, 이정기의 무리를 통솔하였다. 바꾸어 말하면
이는 이해(781)에 이납이 아버지 이정기의 번진을 스스로 세습하였다는 말이
다.[53] 이납이 아버지가 죽자, 스스로 치청절도사유후로서[54] 이정기를 대신하
여 계속해 관군과 싸웠다는 사실은[55] 시사하는 바가 매우 크다. 왜냐하면
이는 이정기의 당에 대한 반란이 아들 이납에 의해 계속되었기 때문이다.[56]
이와 같은 반란을 승리로 이끌기 위하여 이납은 아버지의 죽음마저 휘하의
무리들에게 알리지 않았다고 사가들은 주장하였다. 그런데『자치통감』에서
이정기가 죽은 사실을 오랫동안 이납이 비밀에 붙였다고 기록하였지만,
그 해 8월에 이납이 이정기의 죽음을 알렸다는 사실은 司馬光 기록이 잘못되었
음을 알려주는 단서가 된다. 왜냐하면 이납이 아버지 죽음을 오래 감추었던
게 아니었다.[57] 그 이유는『신·구당서』도 8월에 이정기가 죽었다고 기록하고
있기 때문이다. 이때 이납의 나이는 23세였다. 한편 이 무렵 이납은 이보신의
처제와 결혼한 상태였다.[58] 여기서 이 사실을 주목하는 이유는 간단하다.
이납의 처남 이유성(장유성)이 이납의 영전부사로 활약하였기 때문이다.[59]

51) 栗原益男,「중앙과 번진」,『중국의 역사－수당오대』(임대희 역 : 혜안, 2001), 269쪽.
52)『舊唐書』권12,「德宗」上 建中 2年 8月 辛卯조, 330쪽 ;『新唐書』권7,「德宗本紀」
  建中 2年 8月 辛卯조, 186쪽.
53) 章羣, 앞의「唐代蕃將表」, 61쪽.
54)『續通志』권10,「唐紀」10 德宗1 (建中 2年) 8月 其子納自稱留後조, 3300쪽 ;『嘉慶海州直隷
  州志一』권3, 臺北 : 成文出版社, 54쪽.
55)『舊唐書』권145,「劉玄佐傳」子納匿喪謀叛조, 3931쪽 ;『新唐書』권214,「劉玄佐傳」
  時李納叛조, 5999쪽.
56) Bernard S. Solomon, "The Shun-Tsung Shih-Lu", *The Veritable Record of The T'ang Emperor
  Shun-Tsung*, (Harvard Univ. Press, 1955), p.10.
57)『資治通鑑』권227,「唐紀」43 德宗 建中 2年 8月조, 7307쪽.
58)『舊唐書』권142,「李寶臣傳」附'維誠傳' 同母妹嫁李正己子納조, 3870쪽.
59)『舊唐書』권142,「李寶臣傳」附'維誠傳' 爲李納營田副使조, 3870쪽 ; 渡邊孝, 1995,「魏博

이정기 일가와 이유성이 인척관계 형성에 대해서 『자치통감』에 자세하게
알려주고 있다. 즉,

　　유성이란 사람은 이유악의 서형으로 겸손하고 후덕한데다 책을 좋아하여서
　　많은 사람들의 마음을 얻었으며, 그의 친여동생이 이정기의 며느리였다.[60]

　위 기록처럼 이유성은 해족 후예답지 않게 유학 숭상에 남달랐던 인물이
다.[61] 물론 이유성의 아버지 이보신이 당에서 절도사로 활약하였던 사실을
감안한다면, 이유성이 유학을 숭상한 사실이 어쩌면 당연할지도 모른다.
다시 이유성 가계를 언급하면 이유성은 이보신의 아들이며, 이유악의 서형이
었다. 또 이유성의 친여동생이 이납의 처였다. 한마디로 당시 절도사들끼리
인척으로 엮였다는 것을 확인할 수 있는 사실이다.
　그 후 이유성은 이납·이사고·이사도 휘하에서 兗·淄·濟·淮 四州자사를 역임
하다가 동평에서 객사하였다고 전하나, 이는 이유성이 제 고향에서 죽지
못했음을 빗댄 당 사가들의 주장이다.[62] 그런데 『신당서』「재상세계」에
기록된 이납의 맏아들 이승무와 이납의 아우 이경이 이납 휘하에서 무슨
관직에 제수되었는지는 사서에 전하지 않고 있다.[63]
　이정기가 죽은 뒤 이납이 계속하여 관군과 싸웠던 목적은 당을 멸망시키겠
다는 의도라고 말한다면, 이는 성급한 주장이다. 처음에 이납이 조정에 대하여
절도사 직이 세습되기를 간절히 바라는 심정에서 반란하였다고 표현하는

　　の成德－河朔三鎭の權力構造についての再檢討－」, 『東洋史硏究』54-2, 258쪽 ; 藍文徵,
　　1970, 「隋唐五代之民族」, 『隋唐五代史』, 臺北 : 商務印書館, 42쪽.
60) 『資治通鑑』 권226, 「唐紀」42 德宗 建中 2年조, 7295쪽, "維誠者, 惟之岳庶兄也, 謙厚好書,
　　得衆心, 其母妹爲李正己子婦."
61) 藍文徵, 1970, 「總敍」, 『隋唐五代史』, 42쪽.
62) 『舊唐書』 권142, 「李寶臣傳」 附'維誠傳' 歷兗·淄·濟·淮四州刺史, 竟客死東平조, 3870쪽.
63) 『新唐書』 권75下, 「宰相世系」5下 附'高麗李氏' (李)經조, 3449쪽 ; 章羣, 앞의 「唐代蕃將
　　表」, 569쪽 ; 蘇慶彬, 1967, 『兩漢迄五代入居中國之蕃人氏族硏究』, 香港 : 新亞硏究所,
　　588쪽.

게 옳을 것 같다. 따라서 처음에 이납이 관군을 상대로 싸웠던 것은 조정에 대한 시위 성격이 매우 강하였다. 그 이유는 건중 2년(781) 8월 신묘 일에 이정기가 죽자, 이납이 아버지 이정기의 관직을 승계하였다고 자처한 사실에서 알 수 있다.[64] 이정기의 죽음과 관련해서 『구당서』 「덕종기」에 "8월 신묘 일에, 平盧淄靑觀察使·司徒·太子太保·同中書門下平章事 이정기가 卒하였다"[65]라고 기록되어 있다. 이정기는 그의 사촌 후희일이 죽은 다음 달에 죽었다. 그런데 요양군왕 이정기의 죽음을 '薨' 대신 '卒'이라고 썼던 것은 당과 이정기와의 대립 때문인 것 같다. 회양군왕 후희일의 죽음을 '卒'이라고 썼던 것은 당에서 후희일을 대수롭지 않은 인물로 생각했던 것이라서 이정기 기록과는 성격상 매우 다르다. 이정기가 죽은 후 그 아들 이납에 관한 사료는

　　　건중 2년 진주 이유악·치청 이납이 절도사를 세습하여 줄 것을 요구하였으나, (조정이 이를) 허락하지 않았다. (또 전승사의 조카) 전열도 같은 요청을 하였으나, 아무런 대답을 듣지 못하자, 드디어 함께 모반하였다.[66]

라는 것이 그것이다. 이때 이정기와 이보신이 죽은 후, 이정기와 이보신의 계승자인 이납과 이유악이 연합하여 유후의 지위에서 실제로 절도사 직을 조정에 요구하였던[67] 사실과 관계된 사료이다.[68] 물론 이는 이납이 이보신의 아들 이유악, 전승사의 조카 전열 등이 당에 요구하였던 절도사의 세습이 받아들여질 경우 관군과 싸움을 그만두겠다는 내용을 시사하는 내용이 함축

---

64) 『新唐書』 권7, 「德宗」 建中 2年 8月 辛卯, 平盧軍節度使李正己卒, 其子納自稱留後조, 186쪽.

65) 『舊唐書』 권12, 「德宗紀」 建中 2年조, 330쪽, "八月辛卯, 平盧淄靑觀察使·司徒·太子太保·同 中書門下平章事李正己卒."

66) 『新唐書』 권210, 「田承嗣傳」 附'田悅傳', 5927쪽, 建中二年, 鎭州李惟岳·淄靑李納求襲節度, 不許, 悅爲請, 不答, 遂合謀同叛.

67) 毛漢光, 1979, 「唐末五代政治社會之硏究－魏博二百年史論」, 『歷史言硏究所集刊』 50-2, 310쪽.

68) 日野開三郞, 1939, 「唐代藩鎭の跋扈と鎭將」 1, 『東洋學報』 26-4, 24쪽.

되어 있다. 그런데 이유악은 조정이 파견한 왕무준에 의해서 제거되었다.[69]

이납은 이정기가 죽은 후 관군과 싸웠던 가장 큰 이유가 아버지 이정기의 절도사 직을 세습받으려는 목적이었다. 이납은 아버지 이정기의 평로·치청절 도사 직을 세습하여 줄 것을 요청하였으나, 당이 이를 묵살하였다. 이납은 자신의 위치를 확고히 하기 위한 방편으로 관군과 맞붙어 싸웠다. 이때 이납·전열·양숭의 등이 당에 대항하기 위하여 동맹을 맺을 정도로 조정에 대한 반기가 매우 강하였다.[70] 이에 대해서는 『신당서』「식화지」에 언급되었다. 즉,

> 그리고 이납·전열이 군사를 거느리고 와구를 지켰으며, 한편 양숭의는 襄·鄧을 막았기 때문에 남북으로 통하는 뱃길이 모두 막히게 되자, 경사에서 매우 크게 두려워하였다.[71]

라는 것이 그것이다. 조정에 반기를 든 이납·전열·양숭의가 낙양은 물론이고 장안으로 통하는 수로를 완전 장악하였다. 즉 이납과 전열이 宿州 남방의 와구를 장악하고, 양숭의가 襄·鄧을 막았던 것이다. 이는 모두 회수에서 북으로 통하는 뱃길과 한수의 북으로 통하는 수로의 길목들이었다. 그 결과 남쪽에서 얻어지는 물화가 당의 경사로 공급될 수 없었다. 따라서 장안과 낙양의 부고가 바닥이 나게 되자, 재화의 부족으로 경사의 백성들이 곤경에 빠지게 되었다.[72] 위 『신당서』「식화지」에 기재된 사실 기록들이 『文獻通考』

---

69) Bernard S. Solomon, *op. cit.*, p.10.

70) 金文經, 1995, 「唐·日에 비친 張保皐」, 『東洋史學研究』 50, 153쪽 ; Liu Jen-Kai, "Die Kategrien chien-ch'en p'an-ch'en", *Die boshaften, unbotmäBigen und rebellischen Beamten in der Neuen offiziellen Dynastiegeschichte der T'ANG* (Hamburg, Gesellschaft für Natur- und Völkerkunde Ostasiens e. V., 1978), p.91.

71) 『新唐書』 권53, 「食貨志」3, 1369쪽, "而李納·田悅兵守渦口, 梁崇義掐襄·鄧, 南北漕引皆絶, 京師大恐."

72) 日野開三郎, 「肅·代二朝の大漕運と轉運使」, 『東洋史學論集 2-唐代兩稅法の研究』, 122쪽.

의 「漕運」에도 그대로 실려 있다.[73]

이납을 위시한 반군은 조정을 상대로 전쟁을 수행할 때, 물화 공급로의 차단을 주요 목표로 설정하면서 공격할 정도로 전략적 요지를 장악하였다. 이때 전략적 요지가 반군에 의해 장악됨으로써 조정에 물자가 제대로 공급되지 못했다. 그 결과 장안과 낙양이 큰 고통을 겪게 되었다는 사실을 확인할 수 있다. 당의 서울 장안과 낙양이 강남에서 오는 물자를 제때에 공급받지 못하게 되었을 때는 어떠한 대안도 없었다. 강남의 물자 공급이 불가능할 때는 장안과 낙양이 공황상태에 빠졌음을 극명하게 설명하는 사료이다.

그런데 이러한 사실을 익히 잘 파악하고 있던 이납의 서주자사 李洧가 조정에 항복함으로 말미암아[74] 당이 江·淮 수로를 다시 장악할 수 있었다.[75] 서주자사 이유가 이납에게 등을 돌린 것은 조카 휘하에서 서주자사 노릇을 하는 것보다 당에 투항하는 것이 더 큰 이익이 되리라는 판단 때문인 것 같다. 이정기가 죽은 지 3개월이 경과하지 않은 시점인 건중 2년(781) 10월 무신 일에 서주자사 이유는 평로·치청절도사 이납을 배반하고 서주를 들어 당에 투항하였다.[76] 이때 서주자사 이유가 당에 올렸던 상주문을 옮겨보면,

서주 혼자로는 이납에게 대항할 수 없으니 徐·海·沂 3州觀察使를 맡겨 달라고 간청합니다. 게다가 海와 沂 2州는 지금 모두 이납 소유입니다! 저 이유는 자사 왕섭과 마만통과 평소 약속을 한터이니, 만약 조정의 조서를 받기만 한다면, 기필코 성공할 수 있습니다.[77]

73) 『文獻通考』 권25, 「漕運」 而李納田悅조, 242쪽(北京 : 中華書局, 1991).
74) 金文經, 앞의 「唐代 高句麗遺民의 藩鎭」, 39쪽 ; 辻正博, 1987, 「唐朝の對藩鎭政策について —河南'順地'化のプロセス—」, 『東洋史硏究』 46-2, 113쪽 ; 築山治三郞, 1967, 「地方官僚と政治」, 『唐代政治制度の硏究』, 東京 : 創元社, 379쪽.
75) 『新唐書』 권53, 「食貨志」 3 會李納將李洧以徐州歸命조, 1369쪽 ; 日野開三郞, 앞의 「肅·代二朝の大漕運と轉運使」, 122쪽.
76) 『舊唐書』 권12, 「德宗紀」 建中 2年 10月 戊申조, 330쪽.
77) 『資治通鑑』 권226, 「唐紀」 42 德宗 建中 2年 10月조, 7310쪽, "徐州不能獨抗納, 乞領徐·海·沂三州觀察使, 況海·沂二州, 今皆爲納有. 洧與刺史王涉·馬萬通素有約, 苟得朝廷詔書, 必

라고 되어 있다. 여기서 평로·치청의 서주자사 이유가 이납을 배반한 까닭을 알 수 있다. 즉 이유가 조정에 대해서 서주자사보다 더 큰 徐·海·沂 3州觀察使에 제수시켜 달라고 요청하였다. 다시 말해 이유는 서주만이 아니라 해주와 기주까지 다스리고 싶다는 욕심을 당에 드러내었다. 그것도 해주와 기주자사와 사전에 밀통했다는 사실은 이유가 관직에 대한 욕망이 얼마나 대단했는지 알 수 있다. 그런데 이유는 이정기의 사촌형인 데서 보듯이 고구려 유민이다. 실제로 그가 서주자사가 되었던 것도 이정기와 같은 혈족이었기 때문이다. 그린 사실을 망각하고 이때가 출세할 때라고 생각했던 모양이다. 이납에게는 너무 어려운 상황이 전개된 셈이다.

당시 한림학사 육지가 당 덕종에게 올린 상소문에서 형세에 따라 사람 마음이 움직인다고 설파했는데, 이유가 그 한 본보기가 되었기에 이납을 더욱 괴롭혔을지 모른다.

결국 서주자사 이유는 자신의 출세욕으로 당에 투항하였다. 이유가 당에 투항하면서 徐海沂觀察使와 海沂二州刺史를 당에 요청하였다는 사실에서 이유의 투항 이유가 무엇인지 저절로 밝혀진다.[78] 이유는 이납의 종숙부였다.[79] 그런데 이유가 투항의사를 먼저 盧杞에게 알리지 않았기 때문에 그의 의도는 좌절되어 御史大夫로 제수되었다. 아무튼 이때 渦口의 수로가 막히자 장안의 물자가 고갈되었다는 사실은, 이 무렵 당이 재정 국가적인 성격이 강하였다는 사실을 강력하게 암시한다.

한편 이납은 曹州의 남단에 위치한 考城을 빼앗았다.[80] 그밖에 이납과 당 관군의 싸움에 관한 종합적인 소식을 『구당서』 「이납전」에서 들어보면,

그때 마침 田悅이 군과 함께 濮陽에 머물고 있었는데, (이납은) 대장 衛俊에게

能成功."

78) 『嘉慶海州直隷州志一』권3, 乞領徐海沂觀察使조, 54쪽.

79) 『嘉慶海州直隷州志二』권21, 「良吏」洧卽正己堂弟爲徐州刺史조, 370쪽.

80) 『舊唐書』권152, 「劉昌傳」李納反, 以師收考城조, 4071쪽.

병사 1천을 거느리고 가서 田悅을 구원하게 하였으나, 그때 洹水에서 河東절도
사 馬燧에게 패배하였기 때문에 田悅의 무리가 거의 다 죽거나 다쳤다. (조정은)
여러 軍에 조서를 내려 그들(이납과 田悅)을 토벌하도록 명령하였으나, 李納의
從叔父 李洧가 徐州를, 李士眞이 德州를, 그리고 李長卿이 棣州를, 모두가 자신의
州를 들어 조정에 귀순하였다.[81]

라는 것이 그것이다. 이는 이납의 요구가 조정에 의해서 거부된 후, 관군과
이납이 파견하였던 지원군과의 전투결과와 관련된 기록이다. 이때는 建中
2년(781) 7월이었다. 이 사료에서 많은 사실을 다루고 있어 이를 순서대로
정리하고 싶다.

하나는 濮陽에 주둔하고 있던 田悅이[82] 이납에게 구원을 요청하였다는
사실이다.[83] 앞에서 언급한 것처럼 전열은 田承嗣의 조카로 죽은 전승사의
절도사 직을 조정이 세습하여 줄 것을 요구하였던 인물이다. 그런데 이납의
경우와 같이 조정으로부터 절도사 세습이 거절당하자, 전열은 이납과 함께
모반하였다. 그렇다면 위에서 濮陽에서 관군에 쫓기던 전열이 지원을 요청하
였을 때, 이납이 전열을 위해 파병한 것은 당연한 조치였다.

이때 이납은 휘하 대장 衛俊에게[84] 병사 1천을 거느리고 가서 전열을
도와주도록 명령하였다. 그런데『구당서』「마수전」과『자치통감』에 의하면
위준이 거느리고 간 병사의 수가 1천 명이 아니라 1만 명이었다고 다르게
기록되어 있다.[85] 또『태평어람』은 위준이 전열을 구하기 위해 동원한 병사는

81)『舊唐書』권124,「李納傳」, 3536쪽, "比會悅於濮陽, 遣大將衛俊將兵一千救悅, 爲河東節度
　　使馬燧敗於洹水, 殺傷殆盡. 詔諸軍誅之, 納從叔父洧以徐州, 李士眞以德州, 及棣州李長卿,
　　皆以州歸順."
82)『舊唐書』권187下,「符璘傳」時悅與李納會於濮陽조, 4905~4906쪽.
83)『新唐書』권213,「李納傳」以兵會田悅于濮陽조, 5990쪽.
84)『續通志』권279,「唐列傳」79 '李納' 納使大將衛俊救之조, 4881쪽.
85)『舊唐書』권134,「馬燧傳」建中 3年 正月 李納遣大將衛俊將兵萬人球悅조, 3693쪽 ;『新唐書』
　　권155,「馬燧傳」李納·李惟岳合兵萬三千人球悅조, 4886쪽 ;『資治通鑑』권227,「唐紀」43
　　德宗 建中 2年 7月 納遣大將衛俊將兵萬人조, 7306쪽.

만 명에 가까운 수라 했고,[86] 『구당서』「전승사전」은 이납이 전열을 구원하기 위해 보냈던 군사 수가 8천이라고 약간씩 다르게 기록하고 있다.[87] 위의 사료를 종합하여 보면, 이때 이납이 전열을 지원하기 위해 파견하였던 병사의 수는 대략 8천에서 만 명에 가까웠던 것 같다.

또 전열이 淄靑兵 3만과 함께 洹水에 陣을 쳤다는 기록마저 있다.[88] 만약 3만이 맞다면 李正己 사후에 李納의 군사력이 매우 증강되었음을 알 수 있는 자료로 해석하고 싶다. 그 이유는 洹水에서 전열을 공격하였던 것은 馬燧뿐만 아니라 李抱眞·李芃·李晟 등이 함께 한 대규모 군대였기에 그것을 차단할 수 있는 많은 군사가 필요하였기 때문이다.[89]

마수와 함께 이봉은 田悅을 격파한 공로로 檢校兵部尙書가 되었다.[90] 이러한 여세로 마수는 洹水 동쪽 40km 떨어진 魏州까지 진격하였다. 이때는 建中 3년(782) 윤正月이었다.[91] 그런데 위준이 거느린 일 만에 가까운 병사가 河東절도사 마수 등에 의해서 洹水에서 대패 당하였다는 사실을 주목하고 싶다.[92] 그렇다고 이납이 파병한 군대가 전멸하였던 것은 아니다. 전열이 전투가 끝난 후 符璘과 李瑤에게 기병 5백으로 치청절도사의 군대를 호송하였다는 사실에서 이납이 파견한 병사가 적지 않게 생존하였음을 추정하는

---

86) 『太平御覽』 권289, 兵部20 「機略八」 又曰馬燧爲魏博招討使조, 1392쪽(臺北 ; 新興書局, 1959).

87) 『舊唐書』 권141, 「田承嗣傳」 李納遣兵八千人助悅조, 3841쪽 ; 『舊唐書』 권187下, 「符璘傳」 納分麾下數千人隨之조, 4906쪽. 「符璘傳」의 내용은 이납이 수천 명씩 나누어 여럿을 파견하였던 모양이다.

88) 『舊唐書』 권141, 「田悅傳」 悅與淄靑兵三萬餘人조, 3842쪽.

89) 『舊唐書』 권142, 「王武俊」 建中 3年 時馬燧·李抱眞·李芃·李晟方討田悅조, 3873쪽 ; 『新唐書』 권154, 「李晟傳」 建中 2年 魏博田悅反조, 4864쪽.

90) 『舊唐書』 권132, 「李芃傳」 明年, 詔與河東節度馬燧等諸軍破田悅於洹水조, 3655쪽 ; 『新唐書』 권147, 「李芃傳」 與馬燧等破田悅洹水上조, 4756쪽.

91) 『舊唐書』 권12, 「德宗」上 建中 3年 閏正月 庚戌조, 331쪽.

92) 『舊唐書』 권134, 「馬燧傳」 建中 3年 正月 淄靑軍殆盡, 死者相枕藉三十餘里조, 3694쪽 ; 『新唐書』 권155, 「馬燧傳」 淄靑兵幾殲조, 4887쪽 ; 『續通志』 권279, 「唐列傳」79 '李納' 爲燧所破略盡收洹水조, 4881쪽.

것이 가능하다.[93]

그런데 이것은 이납의 용병술이 이정기만 못한 것이 아닌가 하는 의문을 자아낸다. 이납의 입장에서 본다면 복양 북방을 지킨다는 것은 아주 중요하였다. 복양이 이납 관할지의 북방 요새나 다름없는 역할을 담당하는 요충지였기 때문이다. 그런데 이납이 파견한 위준이 관군과 싸워 복양의 북방 洹水에서 대패하였고, 그 결과 이납의 濮陽 북방 방어선이 붕괴될 위기에 처한 것이다.

둘은 덕종이 諸軍에 조서를 내려 이납 등을 주살하도록 명령하였다는 사실이다.[94] 이는 이납 휘하의 군대가 洹水에서 대패하였기 때문에 덕종이 힘을 얻었던 결과라고 해석하고 싶다. 그 이유는 전일 이정기가 관군과 싸웠을 때 그와 같은 조서를 당이 여러 軍에 하달하였던 적이 없기 때문이다. 그 전인 건중 2년(781) 9월 이납은 宋州를 빼앗는 전과를 올렸다.[95] 힘든 상황에서 당군과 싸워 개가를 올린 전투는 이납에게는 큰 의미가 있는 것이었다. 이정기가 죽은 것이 建中 2년 8월 신묘 일이라는 사실을 감안한다면[96] 이납이 宋州를 빼앗은 것은 이정기를 세습한 다음 달에 이룬 쾌거였다. 이로써 이납이 관군과 싸우는 것이 당을 붕괴시키기 위함이라는 사실을 확인하고 나서 내린 당의 조치가 이납의 주살령이었다. 이정기가 추진했던 '滅唐'정책을 아들 이납이 계승했다는 사실을 알게 된 당이 주살령을 내린 것이다.

셋은 이납의 종숙부 서주자사 李洧가 조정에 항복하였다는 사실이다.[97]

93)『舊唐書』권134,「馬燧傳」悅遣符璘·李瑤將五百騎送淄靑兵還鎭조, 3694쪽 ;『舊唐書』 권187下,「符璘傳」悅遣璘將三百騎護送之조, 4906쪽.「符璘傳」은 500騎가 아닌 300騎로 호송하였다고 기록되어있다 ;『資治通鑑』권227,「唐紀」43 德宗 建中 3年 正月 田悅遣軍 使符璘將三百騎送之조, 7315쪽.

94)『新唐書』권213,「李納傳」德宗詔諸軍合討조, 5990쪽.

95)『新唐書』권7,「德宗紀」建中 2年 9月 李納陷宋州조, 187쪽.

96)『新唐書』권7,「德宗紀」建中 2年 8月 辛卯조, 186쪽.

97)『舊唐書』권12,「德宗」上 建中 2年 10月 戊申 徐州刺史李洧조, 330쪽 ;『舊唐書』권145, 「劉玄佐傳」而李洧以徐州歸順조, 3931쪽 ;『新唐書』권214,「劉玄佐傳」李洧以徐州歸 조, 5999쪽 ;『新唐書』권158,「張建封傳」始, 李洧以徐降조, 4940쪽 ;『新唐書』권223下, 「盧杞傳」李洧以徐州降조, 6352쪽.

이유가 서주를 들어 당에 투항한 것은 이납이 송주를 빼앗은 그 다음달(10월) 무신 일이었다.98) 이때 이유는 彭城令 白季庚의 설득으로 조정에 귀순하였다.99) 팽성현은 그 당시 徐州의 治所였다.100) 흥미로운 것은 백계경이 우리에게 잘 알려진 白居易의 아버지였다는 사실이다.101) 이런 사실은 『구당서』 「백거이전」에 다음과 같이 전한다.

> 白鍠은 季庚을 낳았는데, 建中 초에 彭城令에 임명되었다. 당시 이정기가 河南 10여 州를 차지하고 빈란하였다. 李正己의 宗人 李洧가 徐州자사였는데, 季庚이 李洧에게 彭門의 군사와 백성을 데리고 국가에 귀순할 것을 적극 설득하였다. 이로 말미암아 조정에서 (白季庚에게) 朝散大夫·大理少卿·徐州別 駕를 제수하면서, 붉은 비단으로 만든 魚袋를 하사 받으며 徐泗觀察判官을 겸임하였다.102)

위의 내용은 白居易의 아버지 白季庚이 평로·치청절도사 이정기 휘하에서 彭城令이었다는 사실이 주목된다. 훗날 백거이의 출세는 백계경이 이정기 휘하 서주자사 아래서 팽성령 벼슬을 했기 때문에 가능하였다. 그런데 서주자사 이유가 휘하 관리 백계경의 설득으로 당에 투항했다는 사실은 평로·치청절도에게는 큰 타격이었다. 평로·치청절도 세력을 약화시키는데 큰 공을 세운 인물이 바로 백계경이라고 해도 틀린 말이 아니다. 어째든 팽성령 백계경의 말을 쫓아 서주자사 이유가 조정으로 투항한 것은 당에게는 의미가 매우 큰 사건이다.

---

98) 『新唐書』 권7, 「德宗紀」 建中 2年 10月 戊申조, 187쪽.
99) 『舊唐書』 권166, 「白居易傳」 季庚說洧以彭門歸國조, 4340쪽.
100) 『通典』 권180, 「州郡」10 今之徐州조(北京 : 中華書局, 1988), 4779쪽.
101) 『舊唐書』 권166, 「白居易傳」 季庚生居易조, 4340쪽.
102) 『舊唐書』 권166, 「白居易傳」, 4340쪽, "鍠生季庚, 建中初爲彭城令. 時李正己據河南十餘州 叛. 正己宗人洧爲徐州刺史, 季庚說洧以彭門歸國, 因授朝散大夫·大理少卿·徐州別駕, 賜緋 魚袋, 兼徐泗觀察判官."

반면 이유의 당 조정에의 투항은 이정기의 아들 이납에게는 치명적이었다.103) 왜냐하면 그 이유는 徐州(오늘날 徐州市)를 조정이 장악하게 됨으로써 이납 관할지의 남쪽 방어선이 무너지는 형세로 돌변하였기 때문이다. 이를 주목하는 이유는 다음과 같다. 즉 전열이 주둔하였던 濮陽이 관군에게 함락되었던 상황에서 서주자사 이유의 항복은 관군에 의해 이납이 남과 북에서 협공을 당하는 어려운 형국으로 전환되었다는 의미이다.

서주자사 이유가 서주를 들어 조정에 항복한 후유증은 이납에게 심각하였다. 즉 이납의 장군으로 德州를 관할하던 李士眞과 棣州를 다스렸던 李長卿마저 조정에 항복하였던 게 그것이다.104) 그런데 이사진은 덕주자사가 되기 전에 이납의 都虞候였다.105) 도우후라는 관직은 藩帥 휘하의 判官, 孔目官과 더불어 군사와 정치에 관한 일을 관장하였던 직책으로 이납의 측근이었다고 볼 수 있다. 그랬던 德州의 守將 李士眞과 棣州의 守將 李長卿이 州城을 들어 조정에 항복한 때는 전열이 洹水에서 관군에게 패배한 지 3달 지난 건중 3년 4월이었다.106)

이 무렵 당은 密州자사 馬萬通에게 즉시 관직을 주었던 것과 같이 이사진과 이장경에게 항복한 그 달(4월), 바로 벼슬을 주었다. 조정은 이사진을 御史中丞과 德州자사로, 이장경을 簡較秘書監과 棣(穎)州자사로 임명하였을 뿐만 아니라, 각각 實封 100戶를 주면서 귀순을 대대적으로 환영하였다.107) 물론 이와 같은 조정의 조치는 이납 진영의 사기를 흔들겠다는 계략이다. 이유 등의 항복으로 말미암아, 이정기가 건중 2년 8월에 죽은 후108) 처음으로 이납

---

103) 『舊唐書』 권12, 「德宗」上 建中 2年 10月 戊申조, 330쪽 ; 『新唐書』 권7, 「德宗」 建中 2年 10月 戊申조, 187쪽 ; 『嘉慶海州直隸州志一』 권3, 建中 2年 冬 十月조, 54쪽.
104) 『舊唐書』 권12, 「德宗」上 建中 3年 4月조, 332쪽.
105) 『資治通鑑』 권227, 「唐紀」43 德宗 建中 3年 都虞候李士眞密毀西華於納조, 7321쪽.
106) 『舊唐書』 권12, 「德宗紀」 建中 3年 4月조, 332쪽 ; 『新唐書』 권7, 「德宗紀」 建中 3年 4月 戊午, 李納將李士眞以德·棣二州降조, 187쪽.
107) 『冊府元龜』 권165, 「帝王部」 (建中 3年) 4月李納將攝德州刺史李士眞조, 1986쪽.
108) 『舊唐書』 권12, 「德宗紀」 建中 2年 8月 辛卯조, 330쪽.

휘하의 진영이 크게 휘청거렸다.

이런 이유로 이납은 이유가 자신을 배신하고 조정에 귀순하였던 사실을 묵인할 수 없었다. 이납은 이유가 당에 항복한 그 다음달(11월) 신유 일에 서주 공격을 단행하였다.109) 이때 이납이 서주 공격이라는 군사작전을 개시하였던 것은 이납에게 서주가 전략적으로 매우 중요한 요충지였기 때문이라는 사실은 두말할 필요가 없다.110) 이와 관련된 사료로『구당서』「이납전」을 보면,

> 이납은 彭城이 험한 요새였지만, 또 李洧가 宗親을 배반하였다는 분노 때문에, 모든 군사를 동원하여 李洧를 포위 공격하였다. 조정은 宣武軍 절도사 劉洽과 더불어 여러 군에 조서를 내려 李洧를 구원하도록 명령하였으며, 이납의 군대를 성 아래서 대파하였다.111)

라는 것이 그것이다. 이와 같은 사실을『구당서』「덕종기」建中 2년(781)에,

> 11월 신미 일에 宣武절도사 유흡이 神策軍 장수 曲環과 徐州에서 이납의 병사를 대파하였다.112)

로 나와 있고. 또『자치통감』에도 이와 같은 내용이 기록되어있다.

> 신유 일에 宣武절도사 劉洽·神策都知兵馬使 曲環·滑州자사 襄平사람 李澄·朔方대장 唐朝臣은 淄靑과 魏博군사를 徐州에서 대파하였다.113)

---

109) 『新唐書』권7,「德宗紀」建中 2年 11月 辛酉조, 187쪽.

110) 『新唐書』권213,「李納傳」納恚洧背己조, 5990쪽 ;『續通志』권279,「唐列傳」79 '李納' 納恚洧背己조, 4881쪽.

111) 『舊唐書』권124,「李納傳」, 3536쪽, "納以彭城險阨, 又怒洧背宗, 乃悉兵圍之. 詔宣武軍節度 劉洽與諸軍救之, 大敗納兵於城下."

112) 『舊唐書』권12,「德宗紀」建中 2年조, 330쪽, "十一月辛未, 宣武節度使劉洽與神策軍將曲環 大破李納之衆於徐州."

이를 세 가지로 분석하고 싶다.

하나는 이납이 이유가 머문 서주의 팽성을 공격하였다는 사실이다. 앞서 이유가 서주를 들어 조정에 항복하였다고 하였는데, 팽성은 서주의 치소였다. 팽성은 오늘날 銅山지역이다.114) 그런데 팽성은 지형이 매우 험악하였기 때문에 천연의 요새지역이라는 사실을 주목하고 싶다. 그 이유는 팽성 공략을 성공하기 위해서는 수많은 군대가 동원되어야 하기 때문이다. 이때 이납은 팽성을 공격하기 위하여 휘하의 많은 군사를 동원하였다. 이는 이납 휘하의 여러 州 가운데 어떤 州라도 조정에 항복하려는 조짐을 사전에 차단하겠다는 포석이 깔린 전투였다.

둘은 조정이 이납의 공격에서 귀순한 이유를 보호하기 위하여 이납군의 공격군 숫자 보다 많은 군사를 동원하였다는 사실이다. 이때 조정은 선무군 절도사 휘하의 군사는 물론이고 그 밖의 절도사 군을 동원하여 이유를 구원하도록 명령하였다. 그런데도 이유는 이납의 서주 공격 소식을 듣고 당황하였다. 즉 이유도 나름대로 자위책을 강구하고자 조정에 관군 파견을 요청하기 위하여 급히 전령을 파견하였다. 이때 서주의 장수 가운데 잘 달리는 四鎭將 王智興을115) 뽑아 조정으로 급파하여 徐州에 대한 급박한 상황을 아뢰도록 파발을 띄웠다.116)

서주 공격 소식을 접한 이유가 조정에 구원을 요청하기 위해 사자를 파견한 기록은 『자치통감』에 자세하다.

李洧는 牙官 溫사람 王智興을 파견하여 대궐에 가서 긴급한 상황을 알리게

---

113) 『資治通鑑』 권227, 「唐紀」43 德宗 建中 2年 11月조, 7311쪽, "辛酉, 宣武節度使劉洽·神策都 知兵馬使曲環·滑州刺史襄平李澄·朔方大將唐朝臣, 大破淄靑·魏博之兵於徐州."

114) 嚴耕望, 앞의 「唐代海岱地區南北交通兩道」, 1쪽.

115) 築山治三郎, 앞의 「地方官僚と政治」, 379쪽.

116) 『舊唐書』 권156, 「王智興傳」 納怒, 以兵攻徐甚急조, 4138쪽 ; 『新唐書』 권172, 「王智興傳」 納怒, 急攻洧조, 5201쪽 ; 『續通志』 권257, 「唐列傳」57 '王智興' 智興能駛步奉表조, 4760 쪽.

하였다. 王智興은 달리기를 잘해 5일도 안되어서 도착했다. 황제는 이 때문에 삭방의 군사 5천을 발동하고 唐朝臣으로 하여금 그들을 거느리고 劉洽·曲環·李澄과 함께 그를 구원하도록 하였다.117)

왕지흥이 서주에서 장안까지 달리는데, 불과 4·5일밖에 안 걸렸다는 기록은 놀라울 뿐이다.118) 서주에서 장안까지 지도상의 일직선거리로 계산하더라도 800km나 된다.119) 이는 왕지흥이 1일 적어도 200km 이상 뛰었다는 이야기다. 胡三省의 註에 의하면 서주에서 장안 동쪽까지 거리가 2,604里라고 한다. 그렇다면 이는 고대 그리스의 마라톤 전투의 승전보를 알렸던 병사와 비교가 안 될 정도로 먼 거리를 왕지흥이 달렸다는 뜻이다. 그러나 이는 과장된 이야기가 분명한 것 같다.

중국 기록이 과장이 심한 것처럼, 왕지흥이 5일 만에 서주에서 장안까지 간 것은 맞겠지만 뛰어간 것이 아니라 말 타고 갔다고 보아야 옳다. 일부 구간에서는 뛰었을 가능성은 있었을지 모른다. 이런 일이 계기가 되었는지 왕지흥은 후일 徐·泗절도사로 파격적으로 발탁되었다.120) 왕지흥으로부터 서주의 급박한 사정을 알게 된 조정은 宋州가 治所인 宣武절도사 劉洽을 비롯하여 여러 절도 軍에게 이유를 구원하도록 긴급하게 조치를 취하였다.121) 이때 덕종은 朔方軍 5천 명을 뽑아 왕지흥과 함께 서주로 급파하였다.122)

---

117) 『資治通鑑』 권227, 「唐紀」43 德宗 建中 2年 11月조, 7311쪽, "李洧遣牙官溫人王智興詣闕告急. 智興善走, 不五日而至. 上爲之發朔方兵五千人, 以朝臣將之,與洽·環·澄共救之."

118) 『舊唐書』 권156, 「王智興」 智興健行, 不四五日齎表京師求援조, 4138쪽 ; 『新唐書』 권172, 「王智興傳」 智興能駛步조, 5201쪽 ; 『資治通鑑』 권227, 「唐紀」43 德宗 建中 2年 11月 李洧遣牙官溫人王智興詣闕告急조, 7311쪽 ; 『續通志』 권257, 「唐列傳」57 '王智興' 不數日至京師告急조, 4760쪽.

119) 譚其驤 主編, 앞의 『中國歷史地圖集 －隋·唐·五代十國時期－』, 38~39쪽.

120) 『新唐書』 권164, 「崔弘禮傳」 時徐·泗節度使王智興조, 5051쪽 ; 堀敏一, 2002, 「藩鎭親衛軍の權力構造－唐から五代へ」, 『唐末五代變革期の政治と經濟』, 東京 : 汲古書院, 49~50쪽.

121) 『舊唐書』 권145, 「劉玄佐傳」 詔洽與諸軍援洧조, 3931쪽 ; 『新唐書』 권214, 「劉玄佐傳」 詔玄佐援洧조, 5999쪽.

216

이와 같이 조정에서 이유를 구하려고 다급하게 총동원령을 내렸던123) 목적은 간단하다. 즉 이납 휘하의 여러 州가 계속하여 조정으로 투항하기를 기대하겠다는 의도이다. 이외에 조정이 서주를 확고하게 장악함으로써 이납의 남쪽 방어선을 교란시키겠다는 속셈이 깔려 있는 전략이기도 했다.

당은 이납에 관한 첩보를 얻기 위해 유흡마저 개인적 친분관계까지 교활하게 이용하였다. 즉,

> 宣武절도사 劉玄佐는 위엄과 지략을 가지고 있었는데, 매번 이납의 사신이 이르면 劉玄佐는 후하게 그와 관계를 맺었기 때문에 항상 그들이 은밀히 하는 일마저 알 수 있어, 먼저 이를 대비하자, 이납이 이를 꺼렸다. 그의 어머니는 비록 귀한 분이었으나 매일 絹 1필씩을 짰으며, 劉玄佐에게 말하길, "너는 본래 천하고 보잘 것이 없었는데, 천자가 너를 부유하고 귀하도록 하게 하여서 여기에 이르렀으니, 반드시 죽음으로써 그에게 보답하라." 경오일에 劉玄佐가 죽었다.124)

이납은 사신을 劉玄佐(본래 이름은 劉洽)에게 파견할 정도로 긴밀한 관계를 유지하였다. 그러나 劉洽은 사신을 통해 얻은 정보를 역이용하여 이납을 곤경에 빠뜨렸기 때문에 유흡을 멀리하게 되었다. 본래 유흡은 이납과 생각이 같았으나 그의 어머니가 당에 충성스러운 사람이 되라는 가르침을 좇았기 때문에 이납과는 멀어졌다. 이납은 조정에 대항할 목적으로 세력규합을 위해 宣武절도사에게 사신을 파견할 정도로 적극적이었다. 그런데 유흡이 친분관계를 이용해 오로지 당 황제에게 충성하게 된 과정에 대하여 胡三省은

122) 『舊唐書』권156, 「王智興傳」德宗發朔方軍五千人隨智興赴之조, 4138~4139쪽 ; 『新唐書』권172, 「王智興傳」德宗出朔方軍五千擊納조, 5201쪽 ; 『續通志』권257, 「唐列傳」57 '王智興' 德宗出朔方軍五千擊納조, 4760쪽.
123) 『新唐書』권156, 「楊朝晟傳」李納寇徐州조, 4897쪽.
124) 『資治通鑑』권234, 「唐紀」50 德宗 貞元 8年 3月조, 5726쪽, "宣武節度使劉玄佐有威略, 每李納使至, 玄佐厚結之, 故常得其陰事, 先爲之備, 納憚之. 其母雖貴, 日織絹一匹, 謂玄佐曰'汝本寒微, 天子富貴汝至此, 必以死報之.' 故玄佐始終不失臣節. 庚午, 玄佐薨."

註를 달아 가며 자세하게 언급했다.[125] 그런 유흡이 792년 3월 경오 일에
죽었다. 광성 사람인 유흡은 하급 관병 출신에서 777년 10월 永平軍 押牙로,
다시 宋州자사라는 출세가도를 달려 왔었다.[126]

위의 내용에서 이납과 유흡을 비교한다면, 이납과 달리 유흡은 당에 충성한
인물이라는 사실을 司馬光이 주목한 것이다. 그런데 이 기록에서 한편으로는
평로·치청절도사 이납이 통치할 때, 인적인 신뢰관계를 바탕으로 영역을
다스렸다는 사실을 간접적으로나마 司馬光이 시인한 것으로도 볼 수 있다.

셋은 조정으로 투항하였던 서주를 재확보하겠다는 또 다른 목적이 있다는
사실이다. 이는 당의 경제적인 문제와 관련된 사항이다. 전일 이납 휘하의
서주자사 이유가 조정에 항복함으로써[127] 조정은 남북으로 통하는 수로를
다시 확보하게끔 되었다. 이때 조정은 남북으로 통하는 수로는 물론, 동서로
통하는 수로까지 장악하기 위해 汴州에 東西水陸運兩稅鹽鐵使를 설치할 정도
로[128] 수로 확보를 위해 발 빠르게 새로운 관직을 설치하였다. 그뿐만 아니다.
長慶 2년(822)에 淄靑의 鹽생산량이 70만 貫에 해당되었다는 사실에 대해
당이 주목하였다.[129] 당은 어떻게 하면 소금을 확보할 수 있을까 하는 생각에
집중되었다. 그 까닭은 大曆(766~779)말 당이 鹽利에서 얻은 수익이 국가
세수의 절반에 해당될 정도였을 만큼, 당에게 소금이 갖는 경제적 비중은
매우 컸다.[130]

그렇다면 서주자사 이유가 당에 투항한 것은 정치적 이유만이 아니라
경제적으로도 매우 중요했다는 것을 알 수 있다. 치청 지역에서 5세기 초
南燕 모용덕이 晏謨에게 商山에 대장간을 설치하고, 烏常澤에 鹽官을 두어

---

125) 『資治通鑑』 권234, 「唐紀」50 德宗 貞元 8年 3月 宣武節度使조의 胡三省註, 5726쪽.
126) 『資治通鑑』 권225, 「唐紀」41 代宗 大曆 12年 10月조, 7248쪽.
127) 『新唐書』 권53, 志第 43 「食貨」3 會因將李洧以徐州歸命조, 1369쪽.
128) 『新唐書』 권53, 志第 43 「食貨」3 分置汴州東西水陸運兩稅鹽鐵使조, 1369쪽.
129) 『唐會要』 권88, 「鹽鐵」 長慶 2年 5月, 如聞淄靑兗鄆三道조, 1606쪽(北京 : 中華書局, 1990).
130) 『唐會要』 권87, 「轉運鹽鐵總敍」 (大曆末), 而鹽利過半조, 1590쪽.

軍國의 물자를 충당하도록 하였다는 사실은 익히 알려졌던 이야기이다.[131]
또 이는 이납의 관할지 안에 철과 소금이 풍부하였다는 사실에 대한 입증이다.
따라서 이때 이유가 당에 항복할 즈음에, 조정이 급히 汴州에 東西水陸兩稅鹽鐵
使를 설치하였던 이유가 무엇인지를 알 수 있다. 이는 당의 경제와 맞물리는
전략적인 요충지역이라 조정은 汴州에 유력한 인물을 汴州刺史로 임명하였
다.[132]

　당은 경제적으로나 군사적으로 중요한 서주가 조정에 항복하였을 때,
조정이 보호하지 못한다면 조정으로 돌아오는 손해가 매우 엄청나다는 사실
을 너무나 잘 알고 있었다. 당 조정의 총력전으로 말미암아 宣武절도사 劉洽과
神策장군 曲環이 지휘하는 관군의 합세로, 이납의 전군 동원령에도 불구하고
彭城에서 만여 명이나 斬首를 당할 정도로 이납군은 참패를 하였다.[133] 때는
건중 2년(781) 11월 신미 일이었다.[134] 이때는 이유가 당에 투항한 그 다음
달이다. 아무튼 복양에서 이납의 군대가 관군에게 참패한 후, 또 다시 당한
패배였다. 이납 휘하 서주자사 이유가 조정에 투항한 후, 같은 달(11월) 갑신
일에 조정이 파견한 淮南節度使 陳少遊의 공격으로 이납 휘하 海州자사 王涉마
저 당에 투항하였다.[135] 이유가 당에 귀순할 때 해주자사 왕섭과 밀약했다는

131) 池培善, 앞의 「南燕 慕容德의 建國과 대내외 관계」, 140~141쪽 ; 佐伯富, 1987, 「中世にお
　　ける鹽政」, 『中國鹽政史の硏究』, 京都 : 法律文化社, 72쪽 ; 祝慈壽, 1988, 『中國古代工業
　　史』, 上海, 297쪽 ; 謝啓晃, 1987, 「慕容德-南燕政權의建立者」, 『中國少數民族歷史人物
　　志』, 北京, 44쪽.
132) 築山治三郎, 앞의 「地方官僚と政治」, 363쪽.
133) 『舊唐書』 권12, 「德宗」上 建中 2年 11月 辛未조, 330쪽 ; 『舊唐書』 권145, 「劉玄佐傳」
　　斬首萬餘級조, 3931쪽 ; 『新唐書』 권147, 「曲環傳」 時李納逼徐州조, 4759쪽 ; 『新唐書』
　　권214, 「劉玄佐傳」 斬首萬餘級조, 5999쪽.
134) 『舊唐書』 권12, 「德宗」上 (建中 2年) 11月 辛未조, 330쪽 : 『新唐書』 권7, 「德宗」 建中
　　2年 11月 辛酉조, 187쪽.
135) 『舊唐書』 권12, 「德宗」上 建中 2年 11月 丁丑 李納將海州刺史王涉以州降조, 331쪽 ; 『新唐書』
　　권7, 「德宗」 建中 2年 11月 甲申조, 187쪽 ; 『續通志』 권10, 「唐紀」10 德宗1 (建中 2年
　　11月) 甲申, 李納將王涉以海州降조, 3300쪽 ; 『資治通鑑』 권227, 「唐紀」43 德宗 建中 2年
　　11月 甲申, 淮南節度使陳少遊遣兵擊海州조, 7312쪽 ; 『嘉慶海州直隷州志一』 권3, (建中

사실로 미루어보아 왕섭이 淮南절도사 陳少遊에게 패배하였던 것이 아니라 당에 저항하지도 않은 채로 투항했다고 해석해야 맞다. 또 다음 달(12월) 密州자사 馬萬通마저 조정에 귀순하였다.[136] 그 달(12월) 조정은 마만통을 밀주자사와 御史中丞으로 임명하였다.[137] 이납 휘하의 刺史나 장군들에게 조정으로 투항하는 것을 적극 유도하기 위하여 조정은 항복한 이납의 부하 자사들에게 지체하지 않고 그에 상응한 관직을 주었다. 밀주자사 마만통이 당에 투항한 것도 해주자사 왕섭과 같은 케이스다. 이는 이유가 어리석게도 백거이의 아버지 백계경의 꾐에 빠져 투항한 이래, 이납의 체제를 붕괴시키려는 사전 공작으로 인해 이납의 입지가 매우 좁아졌음을 의미한다. 이유는 이정기에 의해 서주자사가 되었는데도 권력에 대한 지나친 욕심으로 평로·치청절도사 이납의 체제를 선봉에서 와해시키는 어이없는 일을 했던 인물이다.

이유의 사례는 田緖의 형 田朝가 이납 휘하에서 齊州자사를 역임하였다는 사실과 함께 주목하고 싶다. 그 이유는 이납의 영역을 파악하는 데 중요한 근거 자료가 되기 때문이다. 또한 이는 이납이 이정기처럼 자신의 영역에서 독자적으로 지방행정 장관인 자사라는 직제를 설치하면서 영역을 통치하였다는 것을 밝혀주는 근거이다.

당시 이납은 관군과 대항하여 싸울 때 나름대로 기민한 전략을 갖고 대응하였다. 서주를 잃은 후, 이납은 최후의 북방 방어선이나 다름없는 濮陽으로 철수하였다. 이런 상황에서 회남절도사 진소유가 781년 11월과 12월에 이납으로부터 빼앗은 海·密의 2州를[138] 이납은 이듬해(782년 1월) 다시 탈환하는

二年) 十一月 甲申 淮南節度使陳少遊조, 54쪽.

136) 『新唐書』 권7, 「德宗」 建中 2年 12月 丁酉조, 187쪽 ; 『資治通鑑』 권227, 「唐紀」43 德宗 建中 2年 12月조, 7312쪽.

137) 『冊府元龜』 권165, 「帝王部」 招懷3 (唐德宗 建中 2年) 12月以淄靑李納之降將攝密州刺史馬萬通조, 1986쪽.

138) 『舊唐書』 권126, 「陳少遊傳」 建中 3年, 李納反叛조, 3564쪽 ; 『新唐書』 권224上, 「陳少遊傳」 李納拒命조, 6380쪽. 「陳少遊傳」에서 海·密의 2州를 徐·海 等州로 기록하였던 사실로 보아 徐州도 포함된 것 같다 ; 『資治通鑑』 권227, 「唐紀」43 德宗 建中 2年 11月 甲申,

220

개가를 올렸다.[139] 그렇다면 이는 이납이 海·密 2주를 빼앗긴 지 두 달이
채 경과되지 못한 시점에 다시 되찾은 셈이다. 이런 사실을 류지엔카이(劉建凱)
는,

이납이 반란을 일으켰을 때 陳少遊는 야전으로 나가 서주와 해주 등을
탈환하였다. 그러나 곧바로 이 지역들을 포기해야 했다. 그래서 그는 여기서
물러나 盱眙에 주둔하였다.[140]

라고 기록하고 있다.[141] 그런데 진소유가 퇴각한 盱眙 지역이 서주와 해주
중간의 泗州의 최남단이었다는 사실을[142] 주목하고 싶다. 그 이유는 이납에
의한 서주와 해주 탈환작전의 성공으로 진소유의 군대가 큰 타격을 입었기
때문이다. 진소유가 이납에 의해 우이로 어쩔 수 없이 퇴각하였던 때는
건중 3년(782) 정월이었다.[143]

그런데 진소유는 조정에 충성하는 시늉을 하면서 이납처럼 독자적인 행보
를 취하였다. 즉 이납과 이희열처럼 조정과 무관한 세력으로 탈바꿈하기
위하여 그들과 제휴를 모색하였던 것이다. 이러한 사실에 대하여 류지엔카이

淮南節度使陳少遊遣兵擊海州, 其刺史王涉以州降조, 7312쪽 ; Liu Jen-Kai, "Dokumentation",
Die Boshaften, Unbotmäßigen und Rebellischen Beamten in der Neuen offiziellen Dynastiegeschichte der T'ang,
p.216.

139) 『冊府元龜』 권337, 「宰輔部」 循私 (盧杞德宗爲相, 建中3年)淮南觀察陳少遊조, 3986쪽 ; 『資
治通鑑』 권227, 「唐紀」43 德宗 建中 3年 正月 淮南節度使陳少遊拔海·密二州, 李納復攻陷之
조, 7318쪽.

140) Liu Jen-kai, "DOKUMENTATION", *Die boshaften, unbotmäßigen und rebellischen Beamten in der
Neuen offiziellen Dynastiegeschichte der T'ang*, Hamburg, 1978, p.216, Als Li Na rebellierte,
rückte (Ch'en) Shao-yu ins feld und eroberte Hsü, Hai und andere Präfekturen zurück.
Kurz darauf mußte er sie wieder aufgeben. Er zog sich zurück und lagerte bei Hsü-i.

141) 『舊唐書』 권126, 「陳少遊傳」 建中 3年 李納反叛조, 3564쪽.

142) 譚其驤 主編, 앞의 『中國歷史地圖集-隋·唐·五代十國時期-』, 44~45쪽.

143) 『新唐書』 권7, 「德宗紀」 建中 3年 正月 癸未, 李納陷海·密二州조, 187쪽 ; 『舊唐書』
권126, 「陳少遊傳」 建中 3年조, 3564쪽 ; 『嘉慶海州直隷州志一』 권3, (建中) 3年 正月
癸未조, 54쪽 ; 『嘉慶海州直隷州志一』 권3, (建中) 三年 春 正月조, 54~55쪽.

는 『구당서』「진소유전」을 요약하면서 다음과 같이 논평하였다.

이희열에 의해 汴州가 점령된 후, 이희열이 揚子江과 淮水를 공격하려 한다는
소문이 나돌았다. 이런 소식을 들은 陳少遊는 경악하였다. 그는 행군 참모
溫述을 이희열에게 파견하여 자신의 충성을 (아래와 같이) 보고하였다. "濠,
壽, 舒, 盧州등의 諸州에서는 이미 싸움이 끝났을 뿐만 아니라 무장마저 해제된
상황입니다. 따라서 폐하의 칙령을 기다리고 있을 뿐입니다." 한편으로 陳少遊
는 순관 趙詵을 鄆州로 파견하였는데, 이는 이납과 밀접히 연계를 갖기 위함이
었다. 이때 이희열은 감히 스스로를 황제라 칭하였다.144)

라는 사실이 그것이다. 이는 陳少遊가 당에 대하여 반기를 든 이희열과 제휴하
려는 음모였다.

위 기록은 조정과 대등한 세력 집단을 표방한 이납에게 진소유가 추파를
던졌던 사실에 대한 류지엔카이의 지적이다. 다시 말해 이는 당에 도전한
강력한 집단을 이납이 지휘하고 있음을 진소유가 인정하였다는 것이다.
이때의 분위기는 당에 반기를 들 수 있는 세력 기반이 조성되기만 하면
누구든지 조정에 대항하였던 형국이다. 이런 상황에서 이희열이 스스로
황제라고 칭하였다.

建中초에 이희열이 汴州를 점령할 때 汴州戶曹椽 竇良의 딸 竇桂娘을 취하였
다. 그런데 두계랑은 재색만 겸비하였던 것이 아니라 이희열이 죽은 후

---

144) Liu Jen-kai, "DOKUMENTATION", *Die boshaften, unbotmäßigen und rebellischen Beamten in der
Neuen offiziellen Dynastiegeschichte der T'ang*, Hamburg, 1978, p.218, Nach der Einnahme von
Pien(-chou) durch Li Hsi-lieh ging das Gerücht, daß dieser auch den Yang-tzu und Huai-Fluß
angreifen wollte. (Ch'en) Shao-yu erschrak. Er schickte den Generalstabsoffizier (eines
Kommandierenden Kommissars) (ts'an-mou) Wen Shu, seine Ergebenheit zu übermitteln : "In
(den Präfekturen) Hao, Shou, Shu und Lu hat man bereits die Schwerter (in die Scheiden)
gesteckt und die Rüstungen abgelegt und Wartet auf Ihren Befehl." Ferner schickte er
den "Offizier" (hsün-kuan) Chao Shen nach Yün-chou, um sich eng mit Li Na zu verbinden.
(Li) Hsi-lieh maßte sich den Kaisertitel an.

그녀의 행적마저 주목되어 杜牧이 「竇烈女傳」을 지은 사실로 그 이름을 알렸던 여인이다.145)

위의 陳少遊(724~784)에 대한 평가를 류지엔카이는 다음과 같이 계속하여 언급하였다. 이를 들어보면,

陳少遊는 李希烈에게 자신을 부하로 삼아달라고 빌었을 뿐만 아니라, 또 다른 반란자 李納과 동맹관계를 맺은 죄로 벌을 받았다. 그는 자신이 치부하기 위해 800만 냥 정도의 세금을 도적질하여 제국의 질서를 교란하였다. 이런 사실이 드러나자, 이 액수를 메울 목적으로 세금인상이라는 편법을 동원하여 백성들의 돈을 착취하였다. 이미 그는 세금과 교역을 통해 "엄청난 재물을 축적하였으며" 그런데도 급격한 세금인상이라는 방법을 자신의 통치 지역에서 감행하였으며, 결국 이러한 수단은 제국 전체로 확대되었다. 그는 속이는 일을 다반사로 저질렀던 인물이라 매수라는 방법을 통하여 자신의 관록을 쌓기 시작하였다. 이를 위해 환관과 결탁하였을 뿐만 아니라 불명예스러운 재상 陸贄와 친분관계를 맺으면서 음모를 적극적으로 꾸몄다. 그런데 그는 자신이 매수한 자 중 하나가 평판이 나빠지면, 몰락하게 만들었으며, 심지어 황제에게 충성을 얻으려고 했던 자의 아들을 고소하는 방법을 택할 정도로 무자비하였다. 그는 61세에 병으로 죽었다.146)

---

145) 『文苑英華』 권796, 「竇烈女傳」, 4214쪽(北京中華書局, 1995).

146) Liu Jen-kai, "Die Kategorien", *Die boshaften, unbotmäßigen und rebellischen Beamten in der Neuen offiziellen Dynastiegeschichte der T'ang*, Hamburg, 1978, pp.76~77, Ch'en Shao-yu wird des Vergehens beschuldigt, Li Hsi-lieh gebeten zu haben, sich ihm unterwerfen zu dürfen, und sich mit einem weiteren Rebellen, Li Na, verbündet zu haben. Er nutzte die gefährdung des Reiches durch Chu Tz'u aus, sich zu bereichern, und raubte Steuern im wert von acht Mill. Geldschnüren. Als dies enthüllt wurde, preßte er das Geld für die Entschädigung durch Steuerer-höhungen aus dem Volk. Schon vorher hatte er durch Steuern und Handel "riesige Reichtümer angehäuft"und drastische Steuerer-höhungen in seiner Provinz beschlossen, eine Maßnahme, die auf das ganze Reich ausgedehnt Wurde. Als ein Mann, der gerne betrog, hatte er seine Karriere durch Bestechungen begonnen und sie durch seine Verbindung mit den Eunuchen und seine Freundschaft mit dem unrühmilichen Kanzler Lu Ch'i festigen Können. Einen von ihm Bestochennen, der in Mißkredit geraten war, ließ er fallen und verstand es sogar durch die Anklage gegen dessen Sohn, sich beim Kaiser den Ruf der

라는 것이 그것이다. 이는 당 덕종년간에 조정의 명령에 따라 군사 행동을
하였던 진소유마저 조정에 대하여 충성할 생각이 별로 없었다는 사실을
언급한 내용이다. 물론 진소유는 처음부터 이납과 이희열처럼 적극적으로
당에 반기를 들었던 인물은 아니다. 그러나 진소유가 이납·이희열과 제휴하였
다는 사실은 당에 대항할 계획을 갖고 있었다는 이야기이다. 이와 같은
사실 때문에 류지엔카이는 진소유를 叛臣으로 분류하였다. 또 『신당서』의
찬자도 진소유를 '叛臣'으로 분류하였다.147)

　위의 사실은 진소유가 치부하기 위하여 온갖 수단을 모두 동원한 인물이라
는 사실을 밝힌 대목이다. 구체적으로 진소유가 재산을 모으기 위하여 동원한
계층에 환관이 포함된 것은 물론이고 재상 陸贄마저 끌어들였다는 것은
많은 것을 암시한다. 이는 당 덕종년간에 조정의 권위가 유명무실하였다는
것을 입증하는 자료이다.

　그런데 절강성 嘉興 사람 翰林學士 陸贄가 兩河(하남과 하북)에서 전쟁이
오래도록 결판이 나지 않자, 내란이 일어날 것을 염려한 상주가 있다. 그런데
이때 당에 대항해 전쟁을 일으킨 중심세력에 이납이 있었다. 황제에게 올린
육지의 계책을 『자치통감』에서 들어보면,

　　지금 兩河와 淮西에서 반란을 일으킨 우두머리는 오직 네다섯 명의 흉한한
　사람들일 뿐입니다. 오히려 그 중에서 혹 잘못된 경우를 만날까 두려워하며
　속으로 의구심을 쌓고 있지만, 급작스럽게 뜻을 잃었기 때문에, 형세로 보아
　멈출 수 없습니다. 하물며 그 나머지의 무리는 아마 모두 협박을 받아서
　좇은 것이고, 진실로 생명 보전하는 것을 안다면, 어찌 악을 행하기 원하겠습니
　까!148)

Loyalität zu erwerben. Er strab mit 61 Jahren an einer Krankheit.
147) 『新唐書』 권224상, 「陳少遊傳」, 6370쪽.
148) 『資治通鑑』 권226, 「唐紀」42 德宗 建中 4年 8月조, 7348쪽, "今兩河·淮西爲叛亂之帥者,
　　獨四五凶人而已. 尙恐其中或遭註誤, 內蓄危疑, 蒼黃失圖, 勢不得止. 況其餘衆, 蓋並脅從,
　　苟知全生, 豈願爲惡!"

이는 兩河와 淮西의 반란이 네다섯 명의 우두머리들의 반란일 뿐이라는 陸贄의 상주였다. 그런데 네다섯 명의 우두머리는 胡三省이 언급한 것처럼 河北의 朱滔·王武俊·田悅과 河南의 이납, 淮西의 李希烈이다. 이는 육지의 주장과 달리 兩河와 淮西지역의 모든 절도사들이 당에 대한 반란에 가담하였다는 이야기이다. 그렇다면 육지의 상소는 반란진압을 위한 해결방법으로 민심규합이라는 하나의 방책일 뿐이다.

육지의 상소는 계속되고 이어지고 있다. 이를 옮겨보면,

> 지난날의 천하의 걱정거리가 되었을 때, 모두가 말하길 그들을 없애면 태평시대를 불러올 수 있다고 한 사람은 이정기·이보신·양숭의·전열이었습니다. 지난날 국가에 신임을 받자, 모두가 말하길 그들에게 일을 맡기면 재앙과 혼란을 없앨 수 있다고 한 사람은 朱滔와 李希烈이었습니다. 이미 그렇게 하고 나자 이정기가 죽자, 이납이 뒤를 이었으며, 이보신이 죽자 이유악이 뒤를 이었습니다. 양숭의가 평정되자 이희열이 배반하였으며, 이유악이 죽임을 당하자, 주도가 떨어져 나갔습니다. 그러하니, 지난날의 우환 넷 중 셋이 제거되었는데도 걱정거리는 끝내 줄어들지 않았으며, 옛날에 믿었던 사람은 지금 스스로 배반하였기 때문에, 그 나머지 또한 보전하기가 어렵게 되었습니다. 이는 나라를 세운 후 그 안위는 형세에 달려 있으며, 일을 맡기고 그 성공여부도 사람에게 있다는 것을 알게 합니다. 가령 형세가 안정되면 다른 부류도 마음을 함께 하였습니다. 만약 형세가 위태롭게 되면 배 안에 있는 사람마저 적국이 됩니다.[149]

필자가 앞서 지적한 것처럼 陸贄가 덕종에게 한 상주는 국가가 안정되어야

---

149) 『資治通鑑』 권226, 「唐紀」42 德宗 建中 4年 8月조, 7349~7350쪽, "往歲爲 天下所患, 咸謂除之則可致升平者, 李正己·李寶臣·梁崇義·田悅是也. 往歲爲國家所信, 咸謂任之則加 除禍亂者, 朱滔·李希烈是也. 旣而正己死, 李納繼之, 寶臣死, 惟岳繼之, 崇義平, 希烈叛, 惟岳戮, 朱滔攜. 然則往歲之所患者, 四去其三矣, 而患旣不衰, 往歲之所信, 今則自叛矣, 而餘又難保. 是知立國之安危在勢, 任事之濟否在人. 勢苟安, 則異類同心也, 勢苟危, 則舟中 敵國也."

태평성세가 온다는 지극히 당연한 논리였다. 다시 말해 어떤 상황에서든 사람은 믿을 상대가 못 된다는 이야기를 육지가 덕종에게 아뢰었다. 육지의 이야기 가운데는 이정기도 한때 당의 충성된 관료였으나 상황변화로 그렇게 되지 않았을 뿐만 아니라 이정기가 당에 대항하더니 급기야 그의 아들 이납으로까지 연결되었다는 사실의 지적이다.[150]

아무튼 다시 복양으로 진격한 선무절도사 劉洽의 관군은 이납의 濮陽城을 포위하였다. 이때 이납은 더 이상 관군과 대적할 생각을 일시 포기하였던 모양이다.[151] 이를 『구낭서』 「이납전」에서 옮겨보면

그 후 이납이 군대를 거느리고 濮陽에 도착하였으나, 劉洽이 그 외성을 공격하여 그의 군대를 깨뜨렸다. 이때 이납은 성 위에서 劉洽을 바라보며 눈물을 흘리며 자신의 죄를 뉘우치면서 判官 房說과 그의 아우 李經·아들 李成務를 京師로 파견하여 (황제를) 배알하게, 아울러 劉洽에게 조정에 귀순할 수 있게 해줄 것을 요청하였다.[152]

이때 상황을 司馬光의 『자치통감』에서도 『구당서』 「이납전」과 거의 비슷하게 기록하였다. 즉, 782년 2월조에

宣武절도사 劉洽은 이납을 濮州에서 공격하여 그 외성에서 승리하였다. 이납이 성 위에서 눈물을 흘리며 스스로 새롭게 할 수 있도록 해달라고 요구하였고, 李勉도 또 사람을 파견하여 그에게 유세하니, 계묘 일에 이납은 그의 판관 房說을 파견하면서, 그의 동복동생 李經과 아들 李成務를 데리고 들어가 알현하도록 하였다.[153]

150) 『舊唐書』 권143, 「朱滔傳」 大曆 9年조, 3897쪽.
151) 『新唐書』 권214, 「劉玄佐傳」 進圍濮州조, 5999쪽.
152) 『舊唐書』 권124, 「李納傳」, 3536쪽, "後將兵於濮陽, 洽攻破其城外. 納自城上見洽, 涕泣悔罪, 遣判官房說以其弟經·男成務朝京師, 請因洽從順."
153) 『資治通鑑』 권227, 「唐紀」43 德宗 建中 3年 2月조, 7320쪽, "宣武節度使劉洽攻李納於濮州, 克其外城. 納於城上涕泣求自新, 李勉又遣人說之, 癸卯, 納遣其判官房說以其母弟及子成

한마디로 이때는 이납에게 절대 위기 상황이었다. 위의 두 사료는 이납이 자신의 관할지 남쪽 彭城에서 패배한 후, 다시 북쪽 濮陽城에서 劉洽과 마주쳤을 때에 벌어졌던 참담한 광경이다. 그런데 이때(782년 2월) 이납은 유흡에게 복양의 외성을 빼앗겼다.154) 이를 두 가지로 나누어 분석하고 싶다.

하나는 이납이 서주의 팽성에서 패한 후, 전열을 재정비하기 위해 다시 복양성으로 이동하였다는 사실이다.155) 이는 전일 이납이 田悅의 군사와 함께 복양성에서 관군에게 대패한 사실에서 미루어보면, 이납은 팽성 공격 실패 후에 다시 북으로 달려가서 잃었던 복양성을 탈환한 모양이다.156) 아무튼 이때 선무절도 유흡이 팽성에서 패주한 이납을 추격하여 복양성까지 달려간 데서 이납에게 큰 위기가 닥쳤음을 부인할 수 없다.157) 이렇게 이납의 상황이 급박하게 돌아간 이유는 간단하다. 즉 조정이 실추된 권위를 회복하기 위하여 이납의 반기를 철저하게 응징하여 북으로 도망간 이납의 군대를 끝까지 추격하였기 때문이다. 이때 복양성에서 유흡이 지휘하는 관군의 공격을 막는 일이 이납에게는 제일 시급하였다.

다른 하나는 이납이 복양성 위에서 눈물을 흘리며 유흡에게 자신의 행동이 잘못되었다고 후회한 사실이다.158) 위의 내용대로 이납은 자신의 죄를 회개하기 위하여, 782년 2월 계묘 일에 판관 방설을 보내어 사죄의 뜻을 황제에게 전하겠다는159) 의지를 표명하였다. 이에 대한 후속조치로 이납은 자신의 친아우 이경과 아들 이성무를 장안으로 파견하여 황제를 배알하도록 조치를

務入見."

154) 『新唐書』 권213, 「李納傳」 殘其郭조, 5990쪽 ; 『資治通鑑』 권227, 「唐紀」43 德宗 建中 3年 2月 克其外城조, 7321쪽.

155) 『續通志』 권279, 「唐列傳」79 '李納' 納還濮陽조, 4881쪽.

156) 『新唐書』 권213, 「李納傳」 納還濮陽조, 5990쪽.

157) 『續通志』 권279, 「唐列傳」79 '李納' 進圍之조, 4881쪽.

158) 『續通志』 권279, 「唐列傳」79 '李納' 納登陴泣조, 4881쪽.

159) 『資治通鑑』 권227, 「唐紀」43 德宗 建中 3年 2月 癸卯, 納遣其判官房說以其母弟經及子成務 入見조, 7321쪽.

취하겠다는 약속까지 먼저 제의할 정도로 다급하였다. 이납이 판관 방설·아우
이경·아들 이성무를 장안에 파견하겠다고 약속한 사실은, 조정에 항복하겠다
는 의사를 표시한 것이나 다름없다.160) 이납이 복양성을 포위하고 있는
유흡을 통하여 조정에 대하여 생존차원의 협조를 구하기 위해 구체적인
후속조치를 자세히 밝힘으로써 사죄하겠다는 뜻을 알린 것이다.161)

이납이 자신이 당에 반기를 든 사실을 인정함으로써, 일단 복양성의 포위라
는 위기 상황에서 돌파구를 찾으려 한 것은 당시로서는 어쩔 수 없는 선택이었
다. 이때 당의 지방통제리는 기능이 제대로 작동되고 있지 못한 사실을
이납이 지나쳐 버릴 리 없다. 이납은 조정에 대한 사죄 사신을 파견하였다.
여기서 주목해야 할 사실은 판관 房說과 함께 아우 이경과 아들 이성무까지
장안으로 보낼 정도로 상황이 급박하였다는 점이다.

장안에 도착한 이납의 판관 방설 등에 대한 신병처리 문제를 환관들이
제기하면서 일이 이상한 방향으로 꼬였다. 이에 대해『구당서』「이납전」에
의하면,

　　그때 中使 宋鳳朝가 이러한 상황을 보고, 이납이 속수무책이라고 생각하여,
　이납을 토벌하는 공로를 자신의 공로로 만들 수 있다는 생각을 하였다.
　그래서 조정에 대해서, 그들을 너그럽게 사면하여 줄 필요가 없다고 주청하였
　고, 황제는 이에 房說 등을 형틀에 묶어 금영에 가두어 감시하게 하였다.162)

이런 사실에 대해서『자치통감』도『구당서』「이납전」의 내용과 대동소이
하게 기록하였다.

---

160)『續通志』권279,「唐列傳」79 ‘李納’且悔遣判官房說與子弟質京師조, 4881쪽.
161)『新唐書』권213,「李納傳」因玄佐謝罪조, 5990쪽.
162)『舊唐書』권124,「李納傳」, 3536쪽, “會中使宋鳳朝見之, 謂納計蹙, 欲誅破之以爲己功,
　　奏請無捨, 上乃械說等繫禁中.”

　　마침 宋鳳朝가 이납의 세력이 막혀서 위축되었으니 내버려둘 수 없다고
　말하자, 황제가 이에 房說등을 궁궐에 가두었고, 이납은 드디어 鄆州로 돌아가,
　다시 田悅 등과 합쳤다. 조정은 이납 세력이 아직 쇠약해지지 않았으므로
　3월 을미 일에 비로소 徐州자사 李洧로 하여금 徐·海·沂都團練觀察使를 겸하게
　하였으나 海州와 沂州는 이미 이납이 점거하였기 때문에 李洧는 끝내 얻은
　것이 없었다.[163]

라는 것이 그것이다. 이는 이납이 보낸 사자를 조정에서 어떻게 처리하였는가
와 관련된 내용이다. 한마디로 조정에서 이납의 사죄 사신의 신병처리에
대한 돌발 상황이 발생하였다. 이를 두 가지로 분석하여 보고 싶다.

　　하나는 中使 宋鳳朝가, 이 기회를 이용하여 이납을 격파하여 무공을 세우겠
다는 욕심을 부렸다는 사실이다.[164] 그런데 中使라는 관직은 황제의 명령으로
출정하는 군대에 따라 다니며 장군에 대한 감시역할을 하는 것이 임무인
환관이다. 이러한 환관은 경우에 따라 황제를 대신하여 행정권은 물론이고
작전권마저 휘두르는 중요한 직책이다.

　　한 예를 들면 조정에서 이납을 토벌하는 작전사령관인 劉洽도 中使 宋鳳朝의
지시를 따라야할 정도로 중사의 권한은 막강하였다. 그런 송봉조가 이납이
자신을 대신하여 조정으로 파견한 사죄 사절을 놓고 다음과 같이 자신에게
유리하게 해석하였다. 즉 환관 송봉조는 더 이상 이납이 조정에 대항해
버틸 힘이 없다고 나름대로 판단하였던 모양이다. 그래서 송봉조는 유흡을
제치고 이납을 토벌하여 그 토벌 공로를 자신의 것으로 만들 계획을 꾸몄다.
그 결과 송봉조 자신이 이납을 토벌하여 무공을 세워 보겠다는 헛된 야망으로
까지 발전하였다. 송봉조는 이납의 사신 방설을 잡아 가두어 황제가 이납의
항복의사를 수용할 수 없도록 유도하였다. 그 결과 당은 河北三鎭의 반란을

163) 『資治通鑑』 권227, 「唐紀」43 德宗 建中 3年 2月조, 7321쪽, "會中宋鳳朝稱納勢窮蹙,
　　不可捨, 上乃囚說等於禁中, 納遂歸鄆州, 復與田悅等合. 朝廷以納勢未衰, 三月, 乙未, 始以
　　徐州刺史李洧兼徐·海·沂都團練觀察使, 海·沂已爲納所據, 洧竟無所得."
164) 『續通志』 권279, 「唐列傳」79 '李納' 中人宋鳳朝以納窮조, 4881쪽.

자초하였다.165) 이는 당 덕종 시대의 환관의 전횡 때문에 국사를 그르쳤던
많은 일 가운데 하나에 불과하다. 참고로 河北三鎭은 최초의 3節度로 당에게
큰 영향력을 행사한 집단으로 魏博·成德·幽州盧龍軍을 말한다.166)

다른 하나는 宋鳳朝가 이납의 항복하겠다는 의사로 파견한 사자를 풀어주
지 못하도록 적극적으로 상주하였다는 사실이다. 이와 같은 송봉조의 계략은,
무기력하다고 판단되는 이납군을 격파한 후에, 이를 자신의 전공으로 만들려
는 것이었다. 한편 송봉조가 그러한 계책을 세우는 동안 이납은 濮州의 濮陽城
에서 같은 州의 治所 鄆城으로 급히 퇴각하였다.167) 이는 이납이 전열을
재정비하여 관군과 싸우기 위해 동쪽으로 작전상 후퇴한 듯싶다.

덕종은 송봉조의 상주대로 방설 등을 궁중 안에 잡아 가두었다.168) 그렇다
고 당이 이납에 대한 이렇다 할 대응책을 갖춘 것도 아니다. 그러나 이납은
항상 조정과 협상에서는 늘 적극적으로 차선책까지 마련할 정도로 용의주도
하였기 때문에, 이납의 세력을 꺾겠다는 환관 송봉조의 구상은 성공할 수
없었다. 무엇보다 중요한 사실은 당이 이납의 아우 이경과 아들 이성무까지
구금했다는 사실이다.

당 덕종은 환관 송봉조의 주청을 받아들이면서 이납의 동쪽 지역 海州와
沂州를 탈취하려는 계획을 나름대로 추진하였다. 즉,

> 조정은 이납 세력이 아직 쇠약해지지 않았으므로 3월 을미 일에 비로소
> 徐州자사 李洧로 하여금 徐·海·沂都團練觀察使를 겸하게 하였으나 海州와 沂州
> 는 이미 이납이 점거하였기 때문에 李洧는 끝내 얻은 것이 없었다.169)

---

165) 王壽南, 1972, 「唐代宦官得勢的原因及其對當時政局的影響之硏究」, 『中山學術文化集刊』
　　 9, 639쪽 ; 정병준, 2004, 「唐 穆宗代 河北三鎭의 叛亂과 山東 藩鎭」, 『中國史硏究』33,
　　 71~74쪽.
166) 伊瀨仙太郞, 앞의 「安史の亂後における周邊諸民族の中國進出」, 90~93쪽.
167) 『通典』 권180, 「州郡」10 濮州조, 4758쪽 ; 『資治通鑑』 권227, 「唐紀」43 德宗 建中 3年
　　 正月 奔還濮州조, 7315쪽.
168) 『新唐書』 권213, 「李納傳」時中人宋鳳朝以納窮조, 5990쪽.

782년 3월 을미 일에 당은 서주자사 이유에게 徐·海·沂都團練觀察使라는 직책을 주어[170] 이납의 해주와 기주를 공격하였다. 그러나 이유는 바뀐 관직에 걸맞게끔 행동으로 증명할 위인이 못되었다. 이납의 해주와 기주를 빼앗지 못했다. 建中 2년(781) 8월 신묘 일에 이정기가 죽은 지 1년이 지나서 건중 3년 8월 庚辰 일에 이유도 죽었다.[171] 이정기의 從兄 侯希逸은 이정기보다 한 달 앞서 건중 2년 7월 경신 일에 죽었다.[172] 이제 이정기 세대의 종언과 함께 평로·치청절도사의 '제2기'가 시작되었다고 할 수 있다.

당은 李洧가 죽은 다음 달 "9월 정해 일에 李洧의 部將 高承宗을 徐州자사와 徐海沂都團練使로 임명하였다."[173] 당은 이유가 죽자 지체하지 않고 서주자사 로 고승종을 임명하여 이납의 공격을 대비하도록 신속한 조치를 취하였다.

해주와 기주를 이유의 공격으로부터 지켰던 이납과 당의 관계는 대결국면 이었다. 이납이 구체적으로 당에서부터 독립하려고 마음먹은 것은 782년 11월 이전부터였다. 즉 이 무렵 幽州盧龍절도사 朱滔의 幽州 판관 李子千과 恒冀절도사 王武俊 휘하 恒冀 판관 鄭濡 등이 함께 논의하는 가운데 자세하게 밝혔다. 이에 관한 소식을 『자치통감』에서 들어보자.

청컨대, 鄆州 李대부와 더불어 네 나라를 만들어 함께 왕으로 칭하고 연호는 고치지 않으면서 옛날에 제후들이 周를 받드는 것과 같이 하십시오. 단을 쌓고 함께 맹세하시고, 만약 약속처럼 지키지 않는 사람이 있으면 무리가 함께 그를 정벌하십시오. 그렇지 않으시면 어찌 항상 반역한 신하가 되어, 망연하게 주군도 없어 전쟁을 해도 이미 명분이 없기 때문에 공로를 세워도

---

169) 『資治通鑑』 권227, 「唐紀」43 德宗建中 3年 2月조, 7321쪽, "納逖歸鄆州, 復與田悅等合. 朝廷以納勢未衰, 三月, 乙未, 始以徐州刺史李洧兼徐·海·沂都團練觀察使, 海·沂已爲納所 據, 洧竟無所得."

170) 『舊唐書』 권12, 「德宗紀」 建中 3年 3月 乙未조, 332쪽.

171) 『舊唐書』 권12, 「德宗紀」 建中 3年 11月 庚辰조, 334쪽.

172) 『舊唐書』 권12, 「德宗紀」 建中 2年 7月 庚申조, 330쪽.

173) 『舊唐書』 권12, 「德宗紀」 建中 3年조, 334쪽, "九月丁亥, 以李洧部將高承宗爲徐州刺史·徐 海沂都團練使."

상으로 관직과 작위를 내려주지 않는다면, 將吏로 하여금 어느 곳에 의지하고 귀부하게 만들 수가 있겠습니까![174)

이는 德宗 建中 3년(782) 11월에 범양절도에서 논의되었던 내용이다. 위의 사료를 두 가지로 나누어 분석하고 싶다.

하나는 운주의 李大夫를 중심으로 한 四國체제였다. 이는 胡三省도 언급한 것처럼 李大夫는 이납을 지칭한다, 그렇다면 당에 대한 도전세력이 이납을 중심으로 형성되었다는 이야기다. 바꾸어 말하면 이납이 당에 대항해 이미 독자 세력을 지향했다는 사실을 범양절도에서 간파하였다.

둘은 옛날 周를 宗主로 했던 봉건체제와 같이, 여러 나라가 周와 제후관계를 맺은 것처럼 새로운 질서를 형성하자는 제안이다. 물론 이는 당을 배제한 구상이다. 각 나라는 將吏들이 각기 공을 세우면 관직뿐 아니라 작위를 주어 강력한 국가를 만들자는 주장이다.

이는 幽州盧龍절도사 朱滔의 幽州 판관 李子千과 恒冀절도사 王武俊의 恒冀 판관 鄭濡 등이 같이 제안했던 내용이다. 朱滔는 朱泚의 아우다.[175) 그렇다면 782년 11월을 전후해서 이미 이납 등이 독자적인 국가 형성을 계획했다는 구체적인 방증이다.

4. 제왕 이납의 독립기

이납은 한때 생존을 위한 위기 탈출 방편으로 당에 대항할 뜻이 없음을 알리려는 의도로 사신을 당에 파견하였다. 그러나 이납의 그런 목적을 전달하기 위해 조정으로 갔던, 부하와 아들과 아우를 황제는 환관 宋鳳朝의 계략을

---

174) 『資治通鑑』 권227, 「唐紀」43 德宗 建中 3年 11月조, 7336쪽, "請與鄆州李大夫爲四國, 俱稱王而不改年號, 如昔諸侯奉周家正朔. 築壇同盟, 有不如約者衆共伐之. 不然, 豈得常爲 叛臣, 茫然無主, 用兵旣無名, 有功無官爵爲賞, 使將吏所依歸乎!"

175) 『舊唐書』 권143, 「朱滔傳」 朱滔조, 3896쪽.

232

고구려 고분벽화(요양시). 벽화의 의장대 모습에서
제나라의 의장대를 상상할 수 있다.

믿고 그들을 감금하였다. 그 결과 이납은 다시 관군과 싸우는 것 외에 다른 대안을 찾을 수 없었다. 어쩌면 이 같은 대결구도는 송봉조가 기대하였던 상황일 수 있다. 이와 관련된 사실을『구당서』「이납전」에서 옮겨보면,

　이납은 이로 인해 군사를 거느리고 운주로 돌아가서, 다시 李希烈·朱滔·王武俊·田悅과 함께 모의해 조정에 대해 반란하였으며, 이납은 스스로 齊王이라고 칭하며 百官을 설치하였다.176)

라는 것이 그것이다. 이는 이납이 宣武軍절도사 劉洽을 통해 당에 항복하겠다는 의사가 조정에서 수용되지 않자, 독자 생존을 모색하기 위해 독립국가를 건설했다는 내용이다. 위와 같은 내용은『신당서』「이납전」에도 그대로 실려 있다.177) 또 이런 사실을『자치통감』에 다음과 같이 전하고 있다.

　주도는 마침내 스스로 기왕이라 칭하고, 전열은 위왕으로 칭하였으며, 왕무준은 조왕으로 칭하고, 이어서 이납에게 齊王으로 칭하기를 청하였다.178) 이날에 주도 등이 軍中에 단을 쌓고 이를 하늘에 알리고서 그것을 받았다. 주도가 맹주가 되어서 孤라고 칭하였고 왕무준·전열·이납은 과인이라고

---

176)『舊唐書』권124,「李納傳」, 3536쪽, "納遂歸鄆州, 復興李希烈·朱滔·王武俊·田悅合謀皆反, 僞稱齊王, 建置百官."
177)『新唐書』권213,「李納傳」納於是還鄆조, 5990~5991쪽.
178)『文苑英華』권795,「燕將傳」李納稱齊조, 714쪽(『文淵閣四庫全書』所收, 臺灣商務印書館, 1986).

하였다. 머무는 건물을 殿이라고 하였고, 처리하는 것을 슈이라고 하였으며, 신하들이 올리는 편지를 牋이라고 하였다. 처를 妃라고 하였고, 장자를 世子라고 불렀다.179)

위의 『구당서』와 『자치통감』을 중심으로 몇 가지로 나누어서 분석하고 싶다.

하나는 이납이 鄆城(濮陽)에서, 다시 동쪽 鄆州로 돌아갔다는 사실이다.180) 그렇다면 이납이 복양에서 운주로 거처를 옮겼던 이유를 주목하고 싶다. 지리적으로 살펴보면, 복양에서 동쪽으로 120여km나 떨어져 있는 곳이 운주였기 때문이다. 간단히 말하면, 복양보다 운주가 당의 東都(낙양)에서 더 멀리 떨어진 지역이다. 그렇다면 이는 이납이 다시 당과 싸우기 위하여 군사를 재정비하고 전열을 가다듬기 위한 전략적인 후퇴였던 것 같다. 왜냐하면 이납이 거처를 옮기고 나서도, 오랫동안 복양을 이납이 직접 통치하였기 때문이다.

앞서 782년 2월 복양 外城을 점령한 후 內城 정복에 실패한 선무절도사 유흡은 2달 후에 다시 복양을 공격하였다.

건중 3년(782) 4월에 선무절도사 유흡의 복양공격으로 이납의 장수 高彦昭가 항복하였다. 이때도 지체하지 않고 조정은 이납의 진영을 흔들기 위한 수단으로, 그 달(4월) 고언소에게 平恩郡王이라는 작위와 함께 實封을 무려 500호나 주었다.181) 그 결과 고언소의 처자는 이납에 의해서 죽임을 당하였다.182) 그러나 복양을 조정이 계속 장악하지 못하였다. 바꾸어 말하면 당은

---

179) 『資治通鑑』 권227, 「唐紀」43 德宗 建中 3年 11月條, 7336쪽, "洧乃自稱冀王, 田悅稱魏王, 王武俊稱趙王, 仍請李納稱齊王. 是日, 洧等築壇於軍中, 告天而受之. 洧爲盟主, 稱孤, 武俊·悅·納稱寡人. 所居堂曰殿, 處分曰令, 群下上書曰牋. 妻曰妃, 長子曰世子."

180) 『新唐書』 권213, 「李納傳」 納於是還鄆條, 5990쪽 ; 『續通志』 권279, 「唐列傳」79 '李納' 納還鄆條, 4881쪽.

181) 『冊府元龜』 권165, 「帝王部」 招懷 3 (建中 3年 4月) 是月宣武軍節度使劉洧攻李納之濮陽降其守將高彦昭條, 1986쪽 ; 『資治通鑑』 권227, 「唐紀」43 德宗 建中 3年 4月 宣武節度使劉洧攻李納之濮陽條, 7328쪽.

234

유흡에 의해서 복양 외성을 일시 점령한 전과가 있을 뿐이다.[183] 이와 같이
표현하는 이유는 건중 3년 7월 이납이 휘하의 兵馬使 李克信·李欽遙에게
복양을 지키도록 명령하였기 때문이다.[184] 게다가 운주는 이납의 아버지
이정기가 당을 상대로 모반하였던 곳이다. 그렇다면 이는 이납이 낙양을
공격하기 위하여 다시 鄆州로 처소를 옮겼다고 해석하여도 무리가 없다.

둘은 鄆州로 돌아간 이납이 조정에 대항하기 위하여 李希烈·朱滔·王武俊·田
悅 등과 연합하여 모의하였다는 사실이다.[185] 그런데 이희열의 경우는 조정에
서 치청절도사 이납을 토벌하도록 건중 3년(782)에 기용하였던 인물이다.[186]
아무튼 이때 李希烈·朱滔·王武俊·田悅과 함께 당에 대항함으로써 이납은 당을
제압하겠다는 나름대로의 작전구상을 마무리하였던 모양이다. 이납은 혼자
힘으로 당을 제압하는 것은 무리라는 판단 하에, 당시 조정에 반기를 든
절도사 무리들과 연합하였다고 볼 수 있다.

셋은 『구당서』「덕종기」에서 朱滔·田悅·王武俊이 스스로 왕이라 칭하면서
"또 이납에게 '齊王'으로 칭할 것을 勸說하였다"[187]는 사실이다. 바꾸어 말하
면, 이는 주도·전열·왕무준 등이 이납의 齊나라 선포를 축하하였다는 뜻이
다.[188] 건중 3년(782) 11월 이납은 자신이 '齊王'이 되었다는 사실을 하늘에

---

182) 『唐會要』권80,「諡法下」納殺其妻子조, 1469쪽.

183) 『資治通鑑』권227,「唐紀」43 德宗 建中 3年 4月 宣武節度使劉洽攻李納之濮陽조, 7328쪽.

184) 『資治通鑑』권227,「唐紀」德宗 建中 3年 7月 納攻宋州조, 7333쪽.

185) 『新唐書』권213,「李納傳」興悅·李希烈·朱滔·王武俊連和조, 5990~5991쪽 ; 『資治通鑑』
   권227,「唐紀」德宗 建中 3年 2月 復與田悅等合조, 7321쪽 ; 『續通志』권279,「唐列傳」79
   '李納'與悅李希烈朱滔王武俊連和조, 4881쪽 ; Liu Jen-Kai, "Die Kategorien Chien-Ch'en,
   P'an-Ch'en", *Die Boshaften, Unbotmäßigen und Rebellischen Beamten in der Neuen offiziellen
   Dynastiegeschichte der T'ang*, p.91.

186) 『資治通鑑』권227,「唐紀」43 德宗 建中 3年 7月 甲辰, 以淮寧節度使李希烈조, 7333쪽 ; 辻
   正博, 앞의「唐朝の對藩鎭政策について－河南'順地'化のプロセス－」, 110쪽.

187) 『舊唐書』권12,「德宗紀」(建中 3年) 11月 335쪽, 又勸李納稱齊王;『舊唐書』권134,
   「馬燧傳」又遣使於李納, 納稱齊王조, 3695쪽 ; 『新唐書』권213,「李納傳」自稱齊王조,
   5991쪽 ; 『續通志』권279,「唐列傳」79 '李納'自稱齊王조, 4881쪽 ; 王承禮, 앞의「당
   왕조의 大祚榮 책봉과 발해 정치세력의 발전」, 96쪽.

알리는 제천의식까지 거행했다.[189] 이때 齊의 도읍지는 鄆州였다. 이후로
齊王 이납은 스스로를 칭할 때 과인이라고 말하였다.[190]

이때 이납이 스스로 왕이라고 칭하였던 것은, 이희열과 함께 汴州를 점령하
였을 뿐만[191] 아니라 운하마저 장악하였기 때문에 독립된 나라를 표방하는
게 경제적으로도 가능하였기 때문이다. 이와 관련된 소식을 들어보자.

> 이희열이 끝내 도착하지 않자, 또 몰래 朱滔 등과 더불어 서로 왕래하였고,
> 이납 역시 자주 게릴라를 파견해 汴水를 건너서 이희열을 맞이하였다. 이로
> 말미암아 동남의 轉輸한 것은 모두 감히 汴渠를 경유하지 못하고 蔡水로부터
> 올라갔다.[192]

이는 이납이 게릴라를 汴水 너머까지 자주 파견하였기 때문에 汴渠를
당이 이용할 수 없었다는 사료다. 따라서 당은 동남지역 물자를 수송하기
위한 고육지책으로 蔡水를 통한 우회루트를 사용할 수밖에 없었다. 이는
이납이 齊王으로 즉위한 후에도 당의 물자 운송루트인 汴渠를 장악하였음을
뜻한다. 바꾸어 말하면 재정국가 성격이 강한 당은 동남지역에서 올라오는
수송로가 막혀서 그 고통이 극심하였다.

이때 당 덕종은 關內諸軍을 관동으로 이동시켜서 이납을 공략하였다. 한편
으로 토번 공격에 대한 대책을 포기한 채 東征을 감행하였을 뿐만 아니라

---

188) 杜牧, 『燕將傳』(『中國古代軍事散文精選 : 隋唐五代』所收, 解放軍文藝出版社, 2001), 153
  쪽 ; 사회과학원 역사연구소, 「발해국의 발전」, 『조선전사』5, 45쪽 ; 日野開三郎,
  「唐·河陽三城節度使考」, 『東洋史學論集 1－唐代藩鎭の支配体制』, 327쪽.

189) 『資治通鑑』권227, 「唐紀」43 德宗 建中 3年 11月 仍請李納稱齊王조, 7336쪽.

190) 『新唐書』권212, 「朱滔傳」悅及納稱寡人조, 5970쪽 ; 『資治通鑑』권227, 「唐紀」43 德宗
  建中 3年 11月 納稱寡人조, 7336쪽.

191) 『資治通鑑』권227, 「唐紀」43 德宗 建中 3年 11月 李希烈帥所部三萬徙鎭許州조,
  7336～7337쪽.

192) 『資治通鑑』권227, 「唐紀」43 德宗 建中 3年 11月조, 7337쪽, "希烈竟不至, 又密與朱滔等交
  通, 納亦數道遊兵渡汴以迎希烈. 由是東南轉輸者皆皆不敢由汴渠, 自蔡水而上."

멀리 黔中 嶺南에도 동원령을 내릴 정도로 이납을 공격하는 문제가 제일 화급한 일이었다.[193] 한편 전일 이납의 아버지 이정기가 무려 15州나 되는 큰 영역을 독자적인 국가 운영체계를 갖추면서 장악하였는데도 독립된 나라를 표방한 사실이 없었다는 사실과 비교하면, 이납이 자신을 齊王이라고 칭하면서 독자적인 국호를 가졌다는 사실은 그 의미가 크다. 그 이유는 명목상의 왕이 아니라, 이납이 스스로 齊王이라고 하면서 왕국의 관료기구로 百官을 설치하였기 때문이다.[194]

이납은 왕국에 맞게 자신을 칭할 때는 '寡人'이라 하였을 뿐만 아니라 처를 '妃'로 부르고 장자를 '世子'로 호칭하여 왕국 체제에 맞게 불렀다. 또 이납이 거처하는 곳을 '殿'이라고 하고 이납이 처리하는 것을 '令'이라 하여 명실공히 왕국 체제를 모두 갖추었다.

齊의 행정조직을 알 수 있는 내용이 『자치통감』에 언급되어 있다. 즉,

> 각기 다스리는 州를 府로 하고, 留守를 두어 元帥를 겸하게 하면서, 군정을 그에게 맡겼으며, 또 東·西曹를 두어 中書·門下省을 살피도록 하고, 左·右內史를 두어 侍中·中書令을 살피도록 하였으며, 나머지 관리는 모두 天朝를 모방하여 그 이름을 바꾸었다.[195]

이는 이납의 제나라가 당조와 같은 관료시스템을 두어 통치했음을 알 수 있는 사료다. 위에서 특히 주목되는 것은 주를 府로 바꾸고 留守를 두어 元帥를 겸직시켜서 軍政까지 맡겼다는 사실이다. 이는 제나라를 위시해 새로 형성된 국가가 당과의 대결이 불가피하기 때문에 전시체제로 전환하였다고

---

193) 金文經, 앞의 「唐代 高句麗遺民의 藩鎭」, 40쪽.
194) 『新唐書』 권213, 「李納傳」 自稱齊王, 置百官조, 5991쪽 ; 王承禮, 앞의 「당 왕조의 大祚榮 책봉과 발해 정치세력의 발전」, 96쪽.
195) 『資治通鑑』 권227, 「唐紀」43 德宗 建中 3年 11月조, 7336쪽, "各以其所治州爲府, 置留守兼元帥, 以軍政委之, 又置東西曹, 視中書·門下省, 左右內史, 視侍中·中書令, 餘官皆倣天朝而易其名."

볼 수 있다.

이납은 稱王 전에 자신의 영역을 확장하기 위한 노력의 일환으로 朱滔와 연합하여 徐州의 서쪽 松州 공격을 단행하였다.196) 이때가 782년 7월이었다. 이때의 상황을 살펴보자.

이납이 朱滔 등에게 구원해 주기를 요청하자, 주도는 魏博병마사 信都承慶을 파견하여 군사를 거느리고 그를 돕도록 하였다. 이납이 松州를 공격하였으나 이기지 못하자 兵馬使 李克信과 李欽遙를 파견하여 濮陽과 南華에 진수하면서 劉洽을 막게 하였다.197)

이때 당의 선무절도사 유흡이 이납을 집요하게 공략하였다. 이납도 위기상황을 타개하기 위해 朱滔에게 지원을 요청하니 주도는 휘하 兵馬使 信都承慶에게 군사를 거느리고 가서 이납을 구원하도록 조치하였다. 그런데 이런 상황에서 이납이 松州를 공격했다는 사실은 자신의 지배영역을 넓히기 위해 한편으로 유흡과 싸우면서 영역확장을 꾀하였다는 증거이다.

이때 송주 공격이 여의치 않자 이납은 휘하 병마사 李克信과 李欽遙를 파견해 유흡의 공격을 대비해 濮陽과 南華를 지키도록 명령하였다. 그렇다면 782년 2월 유흡의 복양성 공격 때를 제외하고는 조정 군사의 위력이 압도적이지 않았던 것 같다. 그 이유는 조정 군사가 대단했다면 유흡의 공격을 막기 급급한 이납이 따로 송주를 침공한다는 것이 불가능하기 때문이다.

이 무렵 田緒의 성격이 잔인하였기 때문에 그의 형 田朝가 성격이 잔인한 田緒 휘하에서 벼슬을 하지 않고, 이납의 齊州자사 벼슬을 하였다는 사실은 이납의 정치가 어떠하였는지를 알 수 있는 매우 중요 근거가 될 수 있다.198)

---

196) 『資治通鑑』 권227, 「唐紀」43 德宗 建中 3年 7月 李納求救於滔等조, 7333쪽.

197) 『資治通鑑』 권227, 「唐紀」43 德宗 建中 3年 7月조, 7333쪽, "李納求救於滔等, 滔遣魏博兵馬使信都承慶將兵助之. 納攻松州, 不克, 遣兵馬使李克信·李欽遙戍濮陽·南華以拒劉洽."

198) 『新唐書』 권210, 「田承嗣傳」 附「田朝傳」 兄朝, 仕李納爲齊州刺史之조, 5933쪽 ; 『資治通鑑』 권233, 「唐紀」49 德宗 貞元 6年 2月 田緒殘忍, 其兄朝조, 7520쪽.

그렇다면 이는 이납이 자신의 영역에서 선정을 베풀었다는 뜻으로 해석이
가능하다. 또 그밖에 이 무렵 이납이 독자적으로 국가를 경영하면서 지방행정
단위로 州와 아울러 그 지방행정 장관으로 刺史를 두었다는 것을 동시에
확인할 수 있다. 아울러 이때 이납은 鄆州를 東平府로 고쳤다.199) 그런데
鄆州를 오늘날 東平이라고200) 부른다. 이미 운주는 이납의 아버지 이정기가
장악할 때부터 동평군이라고 불렀다.201) 그런데 750년 5월 현종은 안녹산을
양아들로 총애했고, 안녹산에게 동평군왕이라는 작위를 주었다는 사실은
암시하는 바가 크다.202) 그 이유는 동평군이 당에게 있어 전략적으로 매우
중요한 요지였다는 사실을 암시하기 때문이다. 바꾸어 말하면 鄆州를 도읍지
로 삼았던 것은 이납이 전략·전술적 요지에서 낙양 공격을 도모하기 위함이라
는 사실이 밝혀진 셈이다.

이 무렵 조정에 반기를 들었던 절도사들에 관한 사실을 솔로몬(Bernard
S. Solomon)은 다음과 같이 설명하고 있다. 이를 옮기는 이유는 『신·구당서』에
서 절도사들에 관한 열전을 제대로 정리하였기 때문이다. 이를 들어보면,

　　　황제는 戊申(783년 11월 3일, 建中 4년 겨울, 10번째 달)에 奉天에 도착하였다.
　　이전 황제 代宗의 통치기간 동안, 북동부의 많은 절도사가 자신들의 지위를
　　세습시켜, 상속의 원칙을 세우는데 성공하였다. 이들 가운데 李寶臣, 李正己,
　　田承嗣, 梁崇義가 그들이었다. 전승사가 죽은 후 이보신은 황제에게 그를
　　계승할 사람으로 죽은 사람의 조카 田悅을 인정해 줄 것을 요청하였다. 그리고
　　그는 그렇게 하였다. 그러나 建中 2년(781) 첫 달에, 李寶臣이 죽었을 때,
　　德宗은 그의 아들 李惟岳을 계승자로 인정하기를 거부하였다. 이러한 거절로
　　말미암아 李正己, 梁崇義와 두 계승자 田悅과 李惟岳이 그 다음 몇 달 동안

199) 毛漢光, 앞의 「唐末五代政治社會之硏究－魏博二百年史論」, 310쪽.
200) 嚴耕望, 1986, 「唐代盟津以東黃河流程與津渡」, 『新亞學報』 15, 108쪽.
201) 『通典』 권180, 「州郡」10 大唐爲鄆州, 或爲東平郡조, 4762쪽(北京 : 中華書局, 1988).
202) 『資治通鑑』 권216, 「唐紀」32 玄宗 天寶 9載 5月 乙卯, 賜安祿山爵東平郡王조, 6899쪽 ; 金
　　聖翰, 2001, 「唐 前期의 封家와 食實封」, 『魏晉隋唐史硏究』 8, 88쪽.

반란을 일으켰다. 그 해 8월에 이정기가 죽고 그의 아들 이납이 그 자리를
계승하였다. 그는 계속하여 자기 아버지의 군대를 사용하여 반란을 일으켰다.
또한 이 달에 梁崇義는 반란을 일으킨 한 세력이라는 이유로 제거되었다.
그는 李希烈의 손에 죽었다. 李希烈은 황제가 그를 제거하기 위해 보낸 사람이
었다. 782년 초 李惟岳은 그의 부하, 王武俊에 의해 제거되었다. 왕무준은
황제에 속한 인물이었다. 그와 李惟岳과 대항해서 싸웠던 幽州 盧龍軍절도사
朱滔는 조정을 위한 자신이 싸웠던 행동의 대가로 황제가 내렸던 보상이
모두 부족한 것에 불만을 품고, 그 해 중반에 반란을 일으켰다.203)

라는 것이 그것이다. 위에서 지적한 것처럼 양숭의를 제거한 이희열, 이유악을
토벌하기 위해 싸웠던 주도는 조정에서 파견하였던 인물이다. 그런데 황제의
명령을 받고 출정하여 주도와 이유악을 제거한 왕무준 등이 도리어 조정에
등을 돌리고 반란하였던 내용이다. 아무튼 이는 대종 말년~덕종년간에 들어

---

203) Bernard S. Solomon,"The Shun-Tsung Shih-Lu," *The Veritable Record of The T'ang Emperor
Shun-Tsung*, (Cambridge : Harvard University Press, 1955), pp.10~11, Notes 8, "(The Emperor)
reached Feng-t'ien on the cyclic day wu-shen(戊申) (of the tenth month in the winter
of the fourth year of Chien-chung), (November 3, 783)." During the reign of the previous
Emperor, Tai-tsung(代宗), a number of the chieh-tu-shih in the northeast had succeeded
in establishing a principle of inheritance in the succession to their positions. Among these
were Li Pao-ch'en(李寶臣), Li Cheng-chi(李正己), T'ien Ch'eng-ssu(田承嗣), and Liang
Ch'ung-i(梁崇義). On the death of T'ien Ch'eng-ssu, Li Pao-ch'en requested the Emperor
to recognize the former's nephew, T'ien Yüeh(田悅), as his successor, and he did so. However,
on the death of Li Pao-ch'en during the first month of the second year of Chien-chung
(781), Te-tsung declined to recognize Li Wei-yo(李惟岳), the son, as his successor. This
precipitated a rebellion in the succeeding months by Li Cheng-chi, Liang Ch'ung-i, and
the two successors T'ien Yüeh and Li Wei-yo. In the eighth month of the year, Li Cheing-chi
died and was succeeded by his son Li Na 李納, who continued to lead his father's forces
in rebellion. In this month, also, Liang Ch'ung-i was removed as a force in the uprising
when he died at the hands of Li Hsi-lieh(李希烈) whom the Emperor had sent against
him. Early in 782, Li Wei-yo was eliminated by a subordinate officer, Wang Wu-chün(王武俊),
who submitted to the Emperor. Both he and the Yu-chou Lu-lung-chün(幽州盧龍軍)
chieh-tu-shih Chu T'ao(朱滔), who had fought against Li Wei-yo, were dissatisfied with
the inadequate recompense from the throne for their efforts on its behalf and revolted
towards the middle of the year.

와서 조정이 동북방의 절도사를 장악할 능력이 없었다는 사실에 대한 구체적인 증거다.

위의 이희열·주도·왕무준·전열 등이 이납과 연합하게 된 이유를 좀 더 자세히 밝히겠다. 우선 이희열의 경우204)는 젊어서 이정기의 平盧軍에 한때 소속되었던 인물이다.205) 그후 建中 3년(782) 이정기의 아들 이납이 이정기의 절도사 직을 세습하려는 것을 막기 위해 이납을 토벌하라는 명령을 조정으로부터 이희열이 받았다.206) 그런데 이희열은 許州에 주둔하면서 靑州로 사자를 파견하여, 이납과 반란을 공모하여 합류하였다.207) 건중 3년 11월 주도·전열·왕무준·이납이 모두 스스로를 왕이라고 칭하자,208) 주도의 사자가 이희열에게 도착한 후, 이희열도 이납처럼 建興王이라 자칭하였다.209) 782년 12월에 이희열은 건흥왕 외에 자칭 天下都元帥·太尉라고 칭하였다.210)

한편 朱滔는 덕종이 康日知를 深·趙二州觀察使(團練使)로 임명하자,211) 자신이 뺏은 深州를 강일지가 차지한 것을 분하게 생각하였다.212) 또한 왕무준은 이보신의 故地였던 趙·定 二州를 덕종이 張孝忠에게 준 것을 불평하였다.213)

---

204) Wang Gungwu, "The Middle Yangtse in T'ang Policies", *Perspectives on the T'ang*, (New Haven : Yale Univ, Press, 1973), pp.208~209.

205) 『舊唐書』 권145, 「李希烈傳」 希烈少從平盧軍조, 3943쪽 ; 『新唐書』 권225中, 「李希烈傳」 少籍平盧軍조, 6437쪽.

206) 『新唐書』 권225中, 「李希烈傳」 李納叛조, 6438쪽.

207) 『舊唐書』 권145, 「李希烈傳」 希烈遂率所部三萬人移居許州조, 3943~3944쪽.

208) 『續通志』 권10, 「唐紀」10 德宗1 (建中 3年 11月) 是月, 朱滔·田悅·王武俊·李納僭稱王號조, 3300쪽.

209) 『舊唐書』 권145, 「李希烈傳」 是歲長至日조, 3944쪽 ; 『新唐書』 권225中, 「李希烈傳」 俄而滔等自相王조, 6438쪽.

210) 『資治通鑑』 권227, 「唐紀」43 德宗 建中 3年 12月 丁丑조, 7337쪽.

211) 『新唐書』 권148, 「康日知」 擢爲深趙觀察使조, 4773쪽.

212) 『舊唐書』 권143, 「朱滔傳」 朝廷以康日知爲深·趙二州團練使조, 3897쪽 ; 『舊唐書』 권142, 「王武俊傳」 建中 3年 武俊怒失趙·定二州조, 3873쪽 ; 『新唐書』 권212, 「朱滔傳」 滔失深州조, 5969쪽.

213) 『舊唐書』 권142, 「王武俊傳」 武俊怒失趙·定二州조, 3873쪽 ; 『新唐書』 권211, 「王武俊傳」 帝以定賜張孝忠조, 5952쪽.

비슷한 이유로 조정에 대한 불만을 가진 주도와 왕무준은 의기투합하여 조정에 반기를 들었다.[214] 이런 상황에서 馬燧가 魏州에서 전열을 포위하자 조정에 대항하는 반란세력으로 바뀐 주도·왕무준이 전열을 구원하였다.[215] 그리고 건중 3년(782) 11월 주도는 大冀王이라고 스스로 칭하면서 백관제도를 설치하여 이납처럼 국가체제를 갖추었다.[216] 또 왕무준도 건중 3년 11월 나라를 세우면서 恆州의 眞定을 眞定府로 고쳐 도읍지로 하고 스스로를 趙王이 라고 하는 등 그들 모두가 같은 형식으로 당에 대항해 할거하였다.[217]

그런데 시기를 정확히 추정하기 어려우나, 이즈음 이납을 도우려는 조정 신하마저 있었다는 풍문을 주목하고 싶다. 그 이유는 이납의 당 타도에 대하여 당의 대신들도 이납에게 호의적 반응을 보였다는 것을 암시하기 때문이다. 다름 아니라 당나라가 보유하고 있는 양곡을 右丞 元琇가 淄靑 이납과 河中 李懷光에게 팔았다고 度支[218]·諸道鹽鐵·江淮轉運使 韓滉을 처벌하 였던 것이 도화선이 된 듯싶다.[219] 이때 이와 같은 보고를 들은 황제는 元琇의 죄를 물어, 그를 雷州司戶參軍으로 좌천시켰다가, 이내 원수를 賜死하였 다는 사실은 시사하는 바가 크다.[220] 왜냐하면 이는 조정의 고관 가운데 조정에 반기를 든 이납을 도우려는 분위기가 광범위하고 깊숙이 퍼져 있었다 는 사실을 알 수 있는 대목이기 때문이다.

위의 사실들을 간추리면 다음과 같다. 즉 유주절도사 주도와 위박절도사

---

214) 『新唐書』 권212, 「朱滔傳」 間滔與王武俊同叛조, 5969쪽.

215) 『舊唐書』 권143, 「朱滔傳」 滔與武俊遂連兵救悅조, 3897쪽.

216) 『舊唐書』 권12, 「德宗」上 是月, 朱滔조, 335쪽 ; 『舊唐書』 권143, 「朱滔傳」 (建中) 3年 11月조, 3897쪽.

217) 『舊唐書』 권142, 「王武俊傳」 (建中 3年) 11月조, 3873쪽.

218) 齊勇鋒, 1983, 「"度支使"與"支度使"」, 『歷史硏究』 5, 78쪽. 度支는 중앙재무를 관리하는 것이고, 支度는 邊軍의 필요한 물자 공급을 책임지는 것을 뜻한다.

219) 『新唐書』 권53, 志第43 「食貨」3 滉遂劾琇常饋米淄靑조, 1370쪽 ; 『新唐書』 권126, 「韓休 傳」 附'韓滉傳' 至是, 誣劾琇饋米與淄靑李納·河中李懷光조, 4436쪽.

220) 『新唐書』 권53, 志第43 「食貨」3 貶琇雷州司戶參軍조, 1370쪽 ; 『新唐書』 권126, 「韓休傳」 附'韓滉傳' 貶琇雷州司戶參軍조, 4436쪽.

전열의 협력관계가 성립되면서, 성덕절도사 왕무준마저 당에 반기를 들어 번진 반란이 본격화되었다는 내용이다. 그 결과 幽州·成德·魏博·平盧의 네 절도사가 연합하여 조정을 타도하는 형국이었다.

건중 3년(782) 11월에 전국시대의 七國 故事와 흡사하게 주도를 盟主로 하는 맹약관계가 형성되었다.[221] 이에 淮西절도사 李希烈이 가세하면서 다섯 藩鎭에 의한 對唐전선이 더욱 확고하게 되었다. 반란의 첫 목표는 각 절도사들이 자신의 절도사 직을 당으로부터 세습받기 위함이었다는 것을 부정할 수 없다. 이와 같이 절도사들의 강경한 태도는 조정에 대한 큰 위협이었다. 그래서 절도사들과 싸우는 것이 자칫하면 당을 멸망으로 몰고 갈지 모른다는 위기감이 팽배하여 조정에 반기를 든 절도사들의 요구를 들어주는 방향으로 급선회하였다. 물론 이와 같은 제의는 먼저 조정이 절도사들을 무마시키겠다는 해결책으로 제시하였다. 이때 이납은 자신의 요구가 조정에서 수용되자, 지체하지 않고 조정과 타협하였다. 그렇다고 이때 이납이 이끌던 군사가 허약하였다는 것은 결코 아니다. 그 이유는 앞에서 밝힌 것처럼 이납의 요구조건이 조정에 의해 충족되었기 때문에, 이납은 당에 대한 전쟁을 일시 중지하였다. 이때가 興元 원년(784)이다. 이정기가 죽은 후 무려 4년 동안이나 이납은 당군과 싸웠던 것이다.

5. 평로 · 치청절도사 이납과 당의 공존 모색 시기

당이 절도사들의 요구를 거의 다 수용하였기 때문에 많은 절도사들이 그러했던 것처럼 이납은 관군과 더 이상 싸우지 않았다. 전일 中使 宋鳳朝가 세운 이납의 군을 쉽게 꺾겠다는 계책이 얼마나 허망한 것이었는지 확인할 수 있다. 당시 조정은 절도사들을 통제할 능력이 없는데도 불구하고 공명심에

---

221) 大澤正昭, 앞의 「唐末の藩鎭と中央權力-德宗·憲宗を中心として」, 3쪽.

들뜬 환관 송봉조 같은 인물들의 말을 들어 조정의 군사력으로 이납을 격파하려 했지만 실패했던 것이다. 모든 환관들이 그렇듯이 욕심 많은 중사 송봉조의 계략은 어리석고 엄청난 실수였다. 건중년간 후기부터 중앙이 지방에 대한 통제력을 거의 상실한 상황이라고 표현하는 게 정확하다. 송봉조는 공명심에 들뜬 나머지 이런 상황을 외면하고 이납의 제나라를 지나치게 과소평가하였다. 그 뿐만이 아니다.

건원 4년(783)에 淮南절도사 이희열의 반란을 막을 만한 군사력조차 확보하지 못한 게 당이었다. 783년 정월에 이희열을 황제로 추대하려는 움직임이 있을 정도로 그의 세력은 막강하였다. 즉,

주도·왕무준·전열·이납이 각기 사자를 파견하여 이희열에게 가서 표문을 올려 신하를 칭하면서 제위에 나가도록 권하였는데, 사자들은 이희열 앞에서 절을 하고 춤추면서 이희열에게 유세하길, "조정은 공로가 있는 신하를 죽여 없애 천하에서 신뢰를 잃었는데, 도통께서는 뛰어난 무용이 하늘로부터 왔고 큰 공로가 세상을 덮었으나 이미 조정으로부터 시기를 당해 장차 韓信과 白起의 화를 당할 것이니, 바라옵건대, 속히 존호를 칭하시어 사해에 있는 신하와 백성으로 하여금 돌아갈 곳이 있다는 것을 알게 하십시오." 이희열이 顔眞卿을 불러 그것을 보이며 말하길, "지금 네 명의 왕이 사자를 파견해서 추대함을 드러내는 것은 모의하지 않았으나 견해가 똑같은데, 太師께서 이 일의 형세를 보건대, 어찌 나 혼자 조정에게 시기를 당해 스스로 받아들여질 곳이 없습니까!" 안진경이 말하길, "이들은 곧 네 흉물이지 어찌 네 명의 왕이라 하십니까! 相公께서는 스스로 공로와 대업을 보전하여 당의 충성된 신하가 되지 아니하고 난신적자와 상종하여 그들과 함께 복멸하기를 바랍니까!"222)

---

222) 『資治通鑑』 권227, 「唐紀」43 德宗 建中 4年 正月條, 7340쪽, "朱滔·王武俊·田悅·李納各遣 使詣希烈, 上表稱臣, 勸進, 使者拜舞於希烈前, 說希烈曰'朝廷誅滅功臣, 失信天下, 都統英武 自天, 功烈蓋世, 已爲朝廷所猜忌, 將有韓·白之禍, 願亟稱尊號, 使四海臣民知有所歸' 希烈 召顔眞卿示之曰'今四王遣使見推, 不謀而同, 太師觀此事勢, 豈吾獨爲朝廷所忌無所自容 邪!'眞卿曰'此乃四凶, 何謂四王! 相公不自保功業, 爲唐忠臣, 乃與亂臣賊子相從, 求與之同

위의 사료는 주도·왕무준·전열·이납이 합심하여 이희열을 황제로 추대해 당을 멸망시키려는 구체적인 계획이었다. 여기서 주목되는 것은 이희열이 이납 등을 네 왕이라고 지칭했다는 사실과 顔眞卿은 네 흉물이지 네 왕이 아니라고 부정한 표현이다. 물론 위의 표현처럼 안진경은 당에 대한 충성된 太師로 머물기로 작정한 인물이라는 사실을 염두에 두어야 한다.

간과할 수 없는 것은 이희열이 당의 충신 안진경을 자신의 신하로 삼기 위해 심혈을 기울였다는 사실이다. 반면 제왕 이납의 경우, 당을 없애고 새로운 질서에서 제나라를 유지 발전시키려는 의도를 읽을 수 있다.

당 덕종은 建中 4년(783) 5월 이납의 齊를 멸망시키기 위해 유흡에게 새로운 관직을 주었다. 즉, '을미 일에 (宣武절도사) 유흡을 淄靑·兗鄆招討制置使로 임명하였다'[223]라는 사실이다. 이는 이납의 제나라를 멸망시키기 위한 전담 관직을 유흡에게 주었던 것이다. 간단히 말해 당이 이납을 멸망시키는 것이 최대 현안이라는 뜻이며, 그 전담권을 유흡에게 맡긴 것이다.

그러나 이때 덕종은 다급한 나머지 禁軍을 소집하도록 하였는데도 금군이 목적지에 이르지 못할 정도로 당의 군대 지휘계통은 엉망이었다.[224] 어쩔 수 없이 덕종은 살아남기 위해 건중 4년(783) 10월 무신 일에 奉天으로 도망하였다.[225] 그러자 조정에 남아있던 병사들은 太尉였던 朱泚를 大明宮의 宣政殿에 서 大秦황제로 옹립하고 연호를 應天으로 고쳤다.[226] 이는 장안과 奉天 두 곳에 두 황제가 있는 형세라서 그 상황이 매우 어수선할 수밖에 없었다.[227]

覆滅邪!'"

223)『新唐書』권7,「德宗紀」建中 4年 5月 189쪽, 乙未, 劉洽爲淄靑·兗鄆招討制置使 ;『資治通鑑』권227,「唐紀」43 德宗 建中 4年 5月 乙未조, 7344쪽.

224) 宋衍申, 1985,「唐代的宦官與皇權－謙論中國封建社會宦官專權的原因－」,『東北師大學報』5, 43쪽.

225) Bernard S. Solomon, op. cit., p.I : p.10 ; 礪波護, 1972,「唐代使院の僚佐と辟召制」,『神戶大學文學部紀要』2, 89쪽.

226)『資治通鑑』권228,「唐紀」44 德宗 建中 4年 10月 朱泚自白華殿조, 7360쪽.

227)『資治通鑑』권228,「唐紀」44 德宗 建中 4年 乃遣數百騎迎泚於晉昌里第조, 7354쪽 ; 金明姬, 1998,「唐 末期의 諸 現像」,『中國 隋·唐史 硏究－天子의 나라 天下의 文化－』,

이런 상황에서도 陸贄는 '오늘날의 재앙을 불러 온 것은 신하들의 죄'라는
식으로 호도하였다. 육지의 상소 일부를 옮기면 다음과 같다.

폐하의 뜻은 전국을 통일하는데 두고, 사방에서 조정으로 조현하지 않는
사람들을 정벌하시어, 흉악한 우두머리가 죽음을 당하기에 이르렀지만, 역적
의 장수가 계속 혼란을 일으키어, 전쟁이 재앙으로 연결된 지 3년이나 되었습
니다. 군대를 징발하는 일이 날로 잦고, 부세 징수가 날로 무거워서, 안으로는
경읍으로부터 밖으로는 변방에까지 미치니, 길을 다니는 사람은 칼끝과
칼날을 만날까 하는 두려움을 가졌으며, 머물러 있는 사람은 재물을 강제로
빼앗기는 괴로움을 갖고 있습니다. 그런데도 반란이 계속 일어나서, 원망과
비방이 나란히 일어나니, 일상이 아닌 걱정거리로, 만조 백성이 함께 걱정하고
있습니다.228)

위의 육지의 상소는 조정이 반란 진압을 위해 징집과 과도한 부세를 거둬들
이는 상황인데다가 어느 한 곳도 안정된 곳이 없어 백성이 두려움에 떨고
있다는 내용이다. 그렇다면 783년 10월의 당은 어떠한 안정 수습책도 갖고
있지 못했다는 것을 육지가 인정한 상소이다. 이와 같이 어려운 상황에서
奉天으로 도망갔던 덕종은 더 이상 버틸 수 없었다.229) 그런데 胡三省의
지적처럼 '흉악한 우두머리'는 이납과 전열이고, '역적의 장수'는 주도와 이희
열이다.230) 그렇다면 이때 당 덕종이 봉천으로 도망한 것이 이납·전열·주도·
왕모준 때문이었다는 사실에 주목할 필요가 있다.

그해(783) 12월 奉天에서 궁지에 몰린 덕종은 사자를 파견하여 전열·왕무준·
이납 등과 비밀협상을 시도했다.231) 당의 이와 같이 급박한 상황아 興元

國學資料院, 119쪽.

228) 『資治通鑑』 권228, 「唐紀」44 德宗 建中 4年 10月 贄退조, 7364쪽, "陛下志壹區宇, 四征不庭,
兇渠稽誅, 逆將繼亂, 兵連禍結, 行及三年. 徵師日滋, 賦斂日重, 內自京邑外泊邊隆, 行者有
鋒刃之憂, 居者有誅求之困. 是以叛亂繼起, 怨讟並興, 非常之虞, 億兆同慮."

229) 『舊唐書』 권12, 「德宗」上 (建中 4年) 10月 戊申, 至奉天조, 337쪽.

230) 『資治通鑑』 권228, 「唐紀」44 德宗 建中 4年 10月 胡三省註의 兇渠조, 7364쪽.

원년(784)까지 계속되자, 조정은 이납 등이 조정에 대항한 일 자체를 육지의
상소처럼 사면하는 조서를 발표하기에 이르렀다.232) 이른바 '聖神文武'가
그것이다.233) 당은 이납 외에 李希烈·田悅·王武俊 등 모두를 당의 勳舊로
대우하겠다는 어이없는 조치를 783년 12월 말에 발표하였다.234)『구당서』
「덕종기」興元 원년(784) 정월 奉天에서 발표된 詔書 가운데 이납 관련 부분만
옮겨보겠다.

　　지금 上元 統領의 曆數는, 신년에 길조가 보이므로 응당 '紀年之號'를 바꾸어,
시행함으로 은택을 펼쳐, 천하에 大赦를 베풀며, 建中 5년을 興元 원년으로
고친다. 李希烈·田悅·王武俊·李納은 모두가 공적이 있는 舊臣들이라, 번진의
직책을 계승하고, 짐이 그들을 제대로 위로하지 못했기 때문에, 그들을 의심하
기에 이르렀으며, 모든 것이 윗사람의 잘못으로 아랫사람이 그 재앙의 곤란을
겪은 것이다. 일체의 모든 것을 흰 눈처럼 깨끗이 덮으며, 그들의 작위를
회복시켜주며, 대우를 처음과 같게 하도록 하며, 즉시 이런 사실을 알리기
위해 사신을 파견하도록 하라.235)

　　이런 사실에 대해 司馬光은『자치통감』에서 다음과 같이 언급하였다.

231)『資治通鑑』권229,「唐紀」45 德宗 建中 4年 上在奉天, 使人說田悅·王武俊·李納, 赦其罪조,
　　　7386쪽.
232) 劉伯驥, 앞의「藩鎭之禍」, 34쪽.
233)『舊唐書』권12,「德宗」上 興元 元年 正月 自今已後조, 339쪽 ;『新唐書』권7,「德宗」
　　　興元 元年 正月조, 190쪽.
234)『太平御覽』권113,「皇王部」38 德宗孝文皇帝 李希烈·田悅·王武俊·李納咸以勳舊조, 546
　　　쪽 ;『續通志』권10,「唐紀」10 德宗1 (興元 元年) 李希烈·田悅·王武俊·李納咸以勳舊조,
　　　3300쪽.
235)『舊唐書』권12,「德宗紀」興元元年春正月癸酉朔조, 339~340쪽, "今上元統領曆, 獻歲發祥,
　　　宜革紀年之號, 式敷在宥之澤, 可大赦天下, 在建中五年爲興元元年. 李希烈·田悅·王武俊·
　　　李納, 咸以勳舊, 繼守藩維, 朕撫馭乖方, 致其疑懼, 皆由上失其道而下罹其災. 一切並與洗滌,
　　　復其爵位, 待之如初, 仍卽遣使宣諭."

황제가 奉天에 있으면서, 사람을 시켜 田悅·王武俊·李納에게 유세하여, 그
죄를 사면하고 관직과 작위를 가지고서 후하게 뇌물을 내리도록 하였다.
田悅등이 모두 몰래 정성으로 돌려보내 왔는데, 아직은 주도와 감히 관계를
끊지 못하였고, 각기 왕이라고 칭하기를 예전과 같이하였다.[236]

이는 播遷한 奉天에서 덕종이 이납·전열·왕무준에게 사람을 보내어 그들의
관직과 작위를 모두 인정하겠다고 한 항복조서이다. 뿐만 아니라 덕종은
이납 등에게 후한 뇌물까지 보냈다는 사실은 이납이 요구한 모든 것을 다
들어주겠다는 당의 굴욕적인 화해였다. 그런데 더 놀라운 것은 전열 등
모두가 황제가 보낸 것을 되돌려보냈다는 사실이다. 그러면서 이납 등은
계속해서 스스로 왕이라고 칭하였다. 그렇다면 이때 덕종이 작위를 인정하겠
다는 것은 각기 稱王한 것을 추인한 것이라고 볼 수밖에 없다. 그런데 흥미로운
사실은 당이 유흡을 淄靑·兗鄆招討制置使로 임명한 지[237] 불과 반년 후에
이납의 관작을 모두 회복시켜 주었다는 사실이다. 이는 당이 이희열·전열·왕
무준과 함께 이납을 통제할 수 없음을 공식적으로 인정하였을 뿐만 아니라
당을 도와달라는 그런 다급한 상황에서 내린 조치였다.[238]

당 덕종이 연호를 바꾼 興元 원년 정월 초하루에 奉天에서 이납을 위시한
모든 절도사들의 모든 것을 복직시킨다는 대사면령이 오늘날 남아 있다.
즉 덕종의 명령으로 육지가 작성한 「奉天改元大赦制」가 그것이다.[239]

한편 신라인으로 덕종에게 奉天까지 불려가 시중을 들었던 인물이 있다.
이에 관한 소식이 『삼국사기』「애장왕본기」에 다음과 같이 전한다. 즉,

---

236) 『資治通鑑』 권229, 「唐紀」45 德宗 建中 4年 12月조, 7386쪽, "上在奉天, 使人說田悅·王武
　　俊·李納, 赦其罪, 厚賂以官爵, 悅等皆密歸款, 而猶未敢絶朱滔, 各稱王如故."
237) 『新唐書』 권7, 「德宗紀」 建中 4年 5月 乙未조, 189쪽.
238) 『新唐書』 권7, 「德宗紀」 興元 元年 正月 癸酉조, 190쪽.
239) 『文苑英華』 권421, 「奉天改元大赦制」, 788쪽(『文淵閣四庫全書』 所收, 臺灣商務印書館,
　　1986).

처음에 당 덕종이 봉천에 행차하였을 때 양열이 어려운 상황 속에서 따라가
서 공로가 있었기 때문에 황제가 우찬선대부의 벼슬을 주어 (신라로) 돌려보냈
다.[240]

라는 게 그것이다. 그런데 위의 宿衛 梁悅이 언제부터 덕종을 수행하였는지에
관한 기록은 없으나 신라에서 당 덕종의 숙위로 들어갔던 신라인임이 분명하
다.

이제 이납은 자신의 목적대로 아버지 이정기 관직을 조정으로부터 공식적
으로 세습받게 되었다.[241] 이때 이납의 행동과 당의 이납에 대한 후속조치는
다음과 같았다. 즉

황제는 興元 원년에 죄가 자기 때문이라고 조서를 반포할 때, 이납이 조정으
로 귀순하였다. 이때 조서를 내려 그에게 檢校工部尙書·平盧軍節度·淄·靑等州
觀察使를 추가하여 제수하였다. 얼마 지나지 않아, 檢校右僕射·同中書門下平章
事로 임명하였다.[242]

라는 게 그것이다. 그렇다면 이는 본래 이납이 조정에 대하여 요구하였던
그대로 이정기의 관직이 세습되었다는 사료이다. 당이 이납을 위시한 절도사
들에게 공존책으로 타협하였다고 표현하는 것이 적절할 듯싶다. 아무튼
이를 몇 가지로 나누어 분석하고 싶다.

하나는 덕종이 항복하면 반란의 죄를 용서하겠다는 조서를 발표한 사실이
다.[243] 이때 조서에서 반란하였던 사실을 용서하겠다는 대상 인물들은 이희

---

240) 『三國史記』 권10, 「哀莊王本紀」 元年條, 103쪽(을유문화사, 1991), "初德宗幸奉天, 悅從難
有功, 帝授右贊善大夫還之."
241) 伊瀨仙太郎, 앞의 「安史の亂後における周邊諸民族の中國進出」, 93쪽 ; 堀敏一, 「藩鎭內地
列置の由來について」, 『唐末五代變革期の政治と經濟』, 25쪽.
242) 『舊唐書』 권124, 「李納傳」, 3536쪽, "及興元之降罪已詔, 納乃效順, 詔加檢校工部尙書·平盧
軍節度·淄靑等州觀察使. 無幾, 檢校右僕射·同中書門下平章事."
243) 『舊唐書』 권12, 「德宗」上 興元 元年 正月 癸酉 詔曰조, 339~340쪽 ; 『資治通鑑』 권229,

열·전열·왕무준·이납 등이다. 이들에 대하여 덕종은 전일의 작위마저 회복시켜 주겠다고 약속하였다. 그뿐만이 아니다. 조서의 내용을 당에 대항한 절도사들에게 알리기 위하여, 조정은 관리를 파견하여 稱王하였던 인물들을 찾아다니면서 그 조서의 내용을 설명할 정도로 당은 무력함 그 자체였다. 이와 같은 조서가 나오게 된 배경은 건중 4년(783) 10월 계축 일에 이희열이 襄城을 함락시키자, 哥舒曜가 낙양으로 도망갈 정도로 당이 몰리는 상황이었기 때문이다.244)

한편 덕종은 당시 奉天(오늘날 乾縣)으로 피난하였다.245) 봉천은 당의 西都(장안)에서 서북방으로 80km 정도 떨어진 곳이다.246) 덕종이 봉천으로 도망갔으나 안전하지는 못하였다. 그런데 哥舒曜는 突騎施 수령 哥舒부락의 후손인 哥舒翰의 아들이다.247) 당이 동관에서 안녹산 반군을 진압한 고구려 유민 고선지를 죽인 그날에248) 고선지의 후임으로 임명된 인물이 가서한이었다.249) 그러나 가서한은 안녹산의 반군에 의해 동관에서 죽임을 당한바 있다.250)

당시 반란군이 奉天까지 몰려왔을 뿐만 아니라 관군이 나가서 막았다고 하나 실제로는 관군이 반군에게 몰릴 정도로 다급한 위기 상황이었다.251) 또 같은 해 11월에 朱泚가 乾陵까지 가서 술에 취해 고성방가할 정도로 당을 위협하였다.252) 다음 달(12월) 경오 일에 이희열이 汴州를 함락하였기

「唐紀」45 德宗 建中 4年 12月 上在奉天조, 7386쪽.

244)『舊唐書』권12,「德宗」上 建中 4年 10月 丁丑조, 337쪽.

245)『舊唐書』권12,「德宗」上 建中 4年 10月 戊申조, 337쪽.

246) 譚其驤 主編, 앞의『中國歷史地圖集－隋·唐·五代十國時期－』, 40~41쪽.

247)『資治通鑑』권228,「唐紀」44 德宗 建中 4年 正月 戊戌조, 7341쪽.

248) 지배선, 2011,『고구려 유민 고선지와 토번·서역사』, 혜안, 681쪽.

249) 지배선, 2002,『유럽문명의 아버지 고선지 평전』, 청아, 291쪽.

250)『舊唐書』권135,「哥舒翰傳」及敗조, 4574쪽.

251)『舊唐書』권12,「德宗」上 建中 4年 10月 丁巳 邠寧節度韓遊瓌與論惟明率兵三千至조, 337쪽.

252)『舊唐書』권12,「德宗」上 建中 4年 12月 乙亥 朱泚據乾陵作樂조, 338쪽 ; 礪波護, 앞의

때문에, 설상가상으로 상황이 매우 불리하게 전개되자, 당은 무척 당황하였다.[253] 게다가 이희열은 변주에서 楚나라 황제로 즉위하였을 뿐만 아니라 연호를 武成이라고 할 정도로 그 기세가 하늘을 찔렀다.[254] 이와 같은 상황에서 이납도 河南府를 공격하려고 전열을 가다듬었던 상황이다.[255] 그렇다면 조정이 절도사들의 요구를 그대로 수용하였다는 표현은, 조정이 생존하기 위해 취할 수 있는 유일한 방법이었다고 표현하는 게 옳다.

둘은 건중 3년에 이납이 사면을 청원할 때, 송봉조의 말을 따라 이납의 제의를 거절하였던 것은 덕종의 큰 실수였다는 사실이다. 도리어 이납의 귀순요청을 조정이 거부함으로 말미암아, 당은 더 많은 수모를 당하였다. 그 이유는 앞에서 분석한 것처럼 조정이 송봉조의 주장에 따라 이납의 귀순을 받아들이지 않기로 어리석게 결정하였기 때문에, 이납은 자구책으로 鄆州를 자신의 도읍지로 삼으면서 관군과 대항하는 결과를 초래하였다.[256] 그때 이납의 공격으로 관군은 많은 피해를 입었다.

이는 이납의 아버지 이정기가 살아생전 낙양을 공격하기 위하여 도읍지를 청주에서 운주로 옮기면서 포진하였던 이유가 무엇이었는가를 알 수 있는 이야기이다. 다시 말해 운주가 전략적 요지였다는 사실을 이정기의 아들 이납이 재입증한 결과가 되었다. 이런 여세를 몰아 붙여 이납과 제휴한 번진들도 이납처럼 독자적인 나라를 앞 다투어 세웠다. 즉 앞의 李希烈·朱滔·王武俊·田悅이 이납과 제휴하여 독립 국가를 표방하면서 각각 왕으로 자칭하였던 것이 그것이다. 이때 위의 인물 외에 이납과 제휴하였던 陳少遊에 관한 소식을 들어보면 "少遊는 또 巡官 趙詵을 보내어 운주에서 이납과 연합하였

「唐代使院の僚佐と辟召制」, 89쪽.

253) 『舊唐書』 권12, 「德宗」上 建中 4年 12月 庚午 李希烈陷汴州조, 338쪽 ; 『舊唐書』 권126, 「陳少遊傳」 及李希烈陷汴州조, 3565쪽 ; 『新唐書』 권224上, 「陳少遊傳」 李希烈陷汴조, 6381쪽.

254) 『新唐書』 권225中, 「李希烈傳」 希烈已據汴조, 6439쪽.

255) 『舊唐書』 권133, 「李晟傳」 李納虎視於河南조, 3666쪽.

256) 『舊唐書』 권132, 「李抱眞傳」 李納亦反鄆州조, 3648쪽.

다"[257)는 내용에서 알 수 있다. 이는 鄆州를 도읍지로 한 이납의 세력이
조정에 대항하였던 제일 큰 세력이라는 설명이다.

또 앞서 奉天에서 덕종이 이납에게 뇌물과 관작을 주었으나, 이때까지
이납이 이를 수용하지 않았다는 증거이다. 덕종은 이납과 제휴를 모색하기
위해 또 다른 조치를 취하였다. 즉 '給事中 孔巢父를 淄靑宣慰使로 삼았다.'[258)는
내용이 그것이다. 당이 치청선위사를 이납에게 보낸 것은 淄靑에 대한 덕종의
구걸 행위였다. 淄靑宣慰使라는 관직은 建中 4년(783) 5월에 이납의 齊나라를
멸망시키려는 음모로 유흡에게 준 관직과는 정반대 개념이기 때문이다.
즉, '을미 일에 선무절도사 유흡에게 淄靑招討使를 겸하도록 하였다'[259) 라는
사실이 그것이다.

셋은 興元 원년(784년) 이납의 죄를 용서하겠다는 조서를 발표하였다.[260)
이를 『자치통감』에서 그 내용을 옮기면 784년 '봄, 정월 초하루 계유 일에
천하를 사면하고 연호를 고치면서 제서를 내렸다.'[261)는 기록이 그것이다.
이는 덕종의 일방적 사면령이라는 사실을 주목해야 한다. 이때 상황이 얼마나
다급했으면 덕종이 制書에서 자신을 '小子'라고 표현하면서까지 비하시켰다.
그렇다고 이와 같은 당의 조치가 이납에게 큰 시혜를 베풀었다고 말한다면,
이는 잘못된 해석이다. 그 이유는 이납이 당을 두려움의 대상으로만 생각하였
던 게 아니기 때문이다. 이와 같은 상황은 앞에서 여러 절도사들이 각기
독립하면서 국가를 세웠다는 사실에서 어느 정도 이해될 수 있다.

---

257)『舊唐書』권126,「陳少遊傳」, 3565쪽, "少遊又遣巡官趙詵於鄆州結李納";『新唐書』권
　　224上,「陳少遊傳」又使巡官趙詵如鄆州조, 6381쪽 ;『資治通鑑』권229,「唐紀」45 德宗
　　建中 4年 12月 又遣巡官趙詵조, 7388쪽 ; Liu Jen-Kai, "Dokumentation", p.218.

258)『資治通鑑』권229,「唐紀」45 德宗 建中 4年 12月조, 7388쪽, "以給事中孔巢父爲淄靑宣慰
　　使."

259)『資治通鑑』권227,「唐紀」43 德宗 建中 4年 5月조, 7344쪽, "乙未, 以宣武節度使劉洽兼淄靑
　　招討使."

260) 劉伯驥, 앞의「藩鎭之禍」, 34쪽.

261)『資治通鑑』권229,「唐紀」45 德宗 興元 元年조, 7390쪽, "春, 正月, 癸酉朔, 赦天下,
　　改元, 制曰."

그렇다면 당이 이납의 죄를 용서한다는 조서를 발표하자, 이납이 당에 귀순하였다는 사실을 어떻게 해석하여야 옳을까. 이는 앞서 건중 3년 이납이 濮陽에서 유흡을 통하여 당에 전달하였던 대로 이납은 조정에 귀순하겠다는 전일의 약속을 이행하고 싶었던 모양이다. 그렇다고 이납이 당에 투항하였다고 생각하면 이는 큰 오산이다. 즉 이납은 아버지 이정기의 작위를 이어 합법적으로 세습하겠다는 나름대로의 속셈이 깔려있었다. 다름 아닌 아버지 이정기가 죽자, 이납이 아버지의 관직을 조정이 자신에게 계승하여 줄 것을 요구하였다는 사실이다. 다시 말해 이납은 처음부터 아버지 이정기의 평로·치청절도사 직 세습을 허락하여 줄 것을 조정에 요구하였다. 상황이 위와 같이 급변하자, 이납은 왕무준·전열과 함께 조정의 요청대로 타협하였다.[262]

그러나 이납이 당의 타협안을 수용하면서 왕호를 포기하였다는 기록이 없는 것을 보면, 齊라는 국호와 王號를 그대로 유지하였던 것이 틀림없다. 이는 이납이 죽었을 때 '卒'로 표기하지 않고 '薨'으로 기록하였던 사실에서 그 대강을 짐작할 수 있다. 또 784년은 朱泚의 장안 점령으로 말미암아 덕종이 奉天으로 몽진하고, 뒤이어 李懷光의 반란으로 梁州로 파천하면서 도읍지마저 옮길 생각을 할 정도로 당은 다급한 상황의 연속이었다.

급기야 興元 원년(784) 정월 초하루 당 덕종은 모든 일이 자신의 잘못이라는 조서를 발표하였다. 『신당서』「이납전」의 내용을 보자.

> 興元 초년에, 황제는 조서를 내려 자신의 죄라고 하면서, 이납에게 귀순하게 하여, 檢校工部尙書를 제수하고, 다시 평로절도사로 임명하면서, 鐵券을 하사하고, 又 同中書門下平章事로 임명하며, 隴西郡王으로 封하였다.[263]

---

262) 『資治通鑑』권229,「唐紀」45 德宗 興元 元年 正月 王武俊·田悅·李納見赦令조, 7393쪽 ; 劉伯驥, 앞의「藩鎭之禍」, 35쪽.

263) 『新唐書』권213,「李納傳」, 5991쪽, "興元初, 帝下詔罪己, 納復歸命, 授檢校工部尙書, 復平盧帥節, 賜鐵券, 又同中書門下平章事, 封隴西郡王."

이는 당 덕종이 이납의 국가의 실체를 정식으로 인정한 대목이다. 이와 같은 制書를 발표하게 된 배경은『자치통감』의 내용을 보면 그럴 수밖에 없었다. 그 조서 내용의 일부를 들어보자.

　이희열·전열·왕무준·이납 등은 모두 공훈을 세운 옛 신하이고, 각기 번진을 지켰으나, 짐이 안무하고 다스리기를 잘못하여, 의심과 두려움을 야기 시켰으며, 모두 위에서 도리를 잃음으로 말미암아, 아래에 재앙을 끼친 것이므로, 짐이 실로 주군답지 않았으니, 다른 사람들이 곧 무슨 죄가 있겠는가! 의당 관장하는 將吏 등 일체 대우하기를 처음과 같이 해야 할 것이다.264)

　制書는 한마디로 절도사들이 전쟁을 일으킨 것이 당의 잘못에서 기인하였다는 내용이다. 한마디로 이는 덕종 부덕의 소치라는 당의 참회록이었다. 여기서 중요한 대목은 모든 것을 처음과 같이 하라는 사실이다. 그렇다면 이는 이정기 사후 모든 관작을 세습한 이납에 대해 당이 공식적으로 인정한다는 조서나 다름없다.265) 바꾸어 말하면 이납을 위시한 절도사들의 승리이다. 조서 발표 후 덕종에게 李抱眞이 아뢴 말에 다음과 같은 기록이 있다.

　山東에서 사면하는 글을 선포하자, 사졸들이 모두 감동하여 울었으니, 신은 人情이 이와 같은 것을 보고, 도적은 평정할 거리가 되지 않는다는 것을 알았습니다!266)

　여기서 주목되는 것은 이납 외에 이희열·전열·왕무준 등 모두에게 사면하였는데도 불구하고 李抱眞이 흥원의 제서 이후에 이납의 산동지역 동정만을

---

264)『資治通鑑』권229,「唐紀」45 德宗 興元 元年조, 7391~7392쪽,「李希烈·田悅·王武俊·李納 等, 咸以勳舊, 各守藩維, 朕撫御乖方, 致其疑懼, 皆由上失其道而下罹其災, 朕實不君, 人則 何罪! 宜幷所管將吏等一切待之如初.」

265)『舊唐書』권12,「德宗本紀」上 興元 元年 正月 詔曰의 復其爵位조, 340쪽.

266)『資治通鑑』권229,「唐紀」45 德宗 興元 元年 正月조, 7392쪽, "山東宣布赦書, 士卒皆 感泣. 臣見人情如此, 知賊不足平也!"

주목했다는 사실이다. 이는 당이 산동지역의 이납을 제일 두려워했다는
방증으로 보아도 좋은 대목이다. 이 무렵 이납 등은 당의 체제를 인정했다고
본다. 이를 司馬光은 '왕무준·전열·이납은 사면령을 보고 모두 王號를 버리고
표문을 올려 사죄하였다.'[267]고 했다. 그렇다고 이납 등이 왕호를 완전히
버렸던 것은 아니다. 그 이유는 뒤에서 자세히 설명하겠다.

넷은 당으로 귀순한 전일 曹州자사 이납에게 檢校工部尙書·鄆州자사·平盧軍
절도사[268]·淄靑 등의 州관찰사라는 관직을 주었다는 사실이다.[269] 때는 興元
원년(784) 정월이다.[270] 그러나 이납이 檢校工部尙書와 평로·치청절도사에
임명되었던[271] 시기는 흥원 원년 4월이다.[272] 또 이때 당은 이납에게 鐵券마저
주었다.[273] 여기서 철권이란 살인에 대한 면책권을 뜻하는 말로, 직할 영토에
서 발생하는 사건에 대한 일체의 사법권을 조정이 이납에게 위임했다는
것을 뜻한다. 이때 이납이 당 덕종으로부터 받은 '鐵券文'이 전한다. 陸贄가
작성한 「賜李納田悅王武俊等鐵券文」이 그것이다.[274]

아무튼 이는 당과 제의 관계가 군사적 목적으로 얽힌 협력관계였다는
사실을 뜻한다. 다시 말해 두 나라는 상호 대등한 입장에서 일종의 '독립국
연합'의 성격을 갖게 되었다. 바꾸어 말하면 당이 이납을 공식적인 제나라
왕으로 인정하였다는 물증이다. 그렇다면 이는 건중 3년 중사 송봉조가
생각했던 것과는 정반대 상황이 연출된 셈이다. 즉 건중 3년 송봉조의 구상은

---

267) 『資治通鑑』 권229, 「唐紀」45 德宗 興元 元年 正月조, 7393쪽, "王武俊·田悅·李納見赦令,
　　皆去王號, 上表謝罪."
268) 『新唐書』 권75下, 「宰相世系」5下 附'高麗李氏' 納, 平盧節度使조, 3448쪽.
269) 『續通志』 권279, 「唐列傳」79 '李納' 命授檢校工部尙書조, 4881쪽.
270) 『資治通鑑』 권229, 「唐紀」45 德宗 興元 元年 正月 丙申, 曹州刺史李納爲鄆州刺史·平盧節度
　　使조, 7398쪽.
271) 內藤雋輔, 1961, 「唐代中國における朝鮮人の活動について」,『朝鮮史硏究』, 京都大, 488쪽.
272) 『冊府元龜』 권436, 「將帥部」繼襲 '李正己' 興元元年4月卒, 5179쪽.
273) 『新唐書』 권213, 「李納傳」 賜鐵券조, 5991쪽.
274) 『文苑英華』 권472, 「鐵券文」 賜李納田悅王武俊等鐵券文조, 407쪽(『文淵閣四庫全書』所
　　收, 臺灣商務印書館, 1986).

자신이 이납을 격파하여 무공을 세워보겠다는 그 나름대로의 전략이었는데 그것이 무산되었음을 알리는 사건이다.

그런데 이납이 당에 대하여 아버지 이정기의 관직을 모두 세습하여 줄 것에 대한 요구를 그대로 들어준 그 이상으로, 이납은 아버지 이정기의 관작들을 조정으로부터 제수 받았다. 이는 이납이 휘하에 거느린 군사력이 실제로 위의 관직과 걸맞기 때문에, 당에서 이납에게 그런 관직들을 준 것으로 해석하여야 옳다. 이를 뒷받침하는 것은 위와 같은 관직을 이납에게 주고 나서 얼마 지나지 않아 又 檢校右僕射·同中書門下平章事에 제수되었다는 사실에서 뒷받침된다. 이때는 興元 원년 4월 병인 일이었다.275) 그런데 同中書門下平章事라는 관직은 이정기가 大曆 11년 10월에 받았다는 사실과 비교하면 암시하는 바가 크다. 大曆 11년은 이정기가 당으로부터 최고의 관직을 받은 때였기 때문이다. 이납이 동중서문하평장사라는 관직을 받은 것은 이정기가 당에서 받은 최고 관직들을 모두 다 받았다는 이야기와 일맥상통한다. 게다가 이때 당은 이납에게 同中書門下平章事 관직과 동시에 隴西郡王이라는 왕위를 주었다.276) 이는 전일 이납의 자칭 齊王이라는 왕호와 일치하는 것은 아니지만 당이 이납에게 공식적으로 왕위를 수여하였다는 사실로 주목된다.

이정기의 아들 이납은 관군과 싸우다가 흥원 원년 4월 조정과 타협하였다.277) 조정에 귀순한 그 달 4월 병인 일에 同中書門下平章事라는 관직을 받았다.278) 이납은 同平章事라는 벼슬마저 당으로부터 받게 되어, 아버지 이정기의 옛 관직과 같게 되었다. 이는 당이 이납의 요구를 무조건 수용할 수밖에 없었음을 알리는 중요한 증거다. 그래서 그 다음달(5월 庚寅 일)

---

275) 『續通志』 권10, 「唐紀」10 德宗1 (興元 元年 4月) 丙寅加李納平章事조, 3301쪽.

276) 『新唐書』 권213, 「李納傳」 封隴西郡王조, 5991쪽 ; 『續通志』 권279, 「唐列傳」79 '李納' 封隴西郡王조, 4881쪽 ; 蘇慶彬, 앞의 『兩漢迄五代入居中國之蕃人氏族硏究』, 587쪽 ; 內藤雋輔, 앞의 「唐代中國における朝鮮人の活動について」, 488쪽.

277) 『舊唐書』 권124, 「李正己傳」 興元 元年 四月조, 3535쪽.

278) 『舊唐書』 권12, 「德宗紀」 興元 元年 4月 丙寅 加李納平章事조, 342쪽 ; 『資治通鑑』 권230, 「唐紀」46 德宗 興元 元年 4月 丙寅조, 7426쪽.

이납의 요구대로 당은 이납의 아버지 李正己마저 太尉로 추증하였다.[279] 이정기가 조정에 대항하다가 죽었는데도 불구하고 조정은 이납의 요구로 이정기를 太尉로 관직을 높여 추증하였다. 이는 당이 반란군에 대한 징계는커녕 무마하기도 버거웠음을 알리는 대목이다. 흥원 원년 4월 당은 이납과의 제휴가 너무 절실해서 추가로 동평장사 관직을 주었다고 해석해야 옳다.

한편 당의 장군이었다가 얼마 후 당에 대항하였던 이희열의 행적에 대하여 류지엔카이는 다음과 같이 언급하고 있다. 이를 들어보면,

李希烈은 자신의 권력을 넓히려는 목적으로 반란자에 대한 진압전쟁의 임무를 도리어 이용하였다. 즉 梁崇義에 의한 반란지역을 탈환하려던 계획이 실패하자, 그는 조정에 반란한 이납과 싸우기는커녕 이납과 연합하였다. 이와 같은 방식으로 그는 반란자인 朱滔, 田悅과 동맹을 결성하였다. 급기야 그는 제국의 '대원수'라고 스스로 칭하였다. 황제는 그를 회유할 목적으로 사신을 파견하였으나, 그는 도리어 사신을 홀대하는 식으로 조정을 능멸하였다. 그런데 궁지에 몰리게 되자, 그는 비겁하게 자신의 반역행위를 남에게 덮어씌웠다. 또한 그는 무자비했을 뿐만 아니라 살인하는 행위마저 아무런 부담 없이 자행하였던 사실로 인해, 그의 (평판이 나빠지는) 부담을 안고 지냈다. 또 그는 아름다운 소녀를 겁탈함으로써 도덕적인 문제마저 야기하였다. 마침내 그는 楚제국을 창건하면서 연호를 武成이라 하였다. 그의 휘하 장군 중 하나가 그를 독살하였다.[280]

---

279) 『舊唐書』 권12, 「德宗紀」 興元 元年 5月 庚寅 李納上章稟命조, 342쪽 ; 『冊府元龜』 권165, 「帝王部」 招懷3 (興元 元年) 5月 庚寅詔贈故平盧軍淄靑節度使조, 1986쪽.

280) Liu Jen-kai, *op. cit.*, p.91, Li Hsi-lieh nutzt den Auftrag zum Kamp gegen Rebellen, Sein Ziel der Machterweiterung zu verfogen. Das Gebiet des Rebellen Liang Ch'ung-i an sich zu reißen, mißlingt ihm. Dann verbündet er sich, statt gegen ihn zu kämpfen, mit dem Rebellen Li Na. Mit den Rebellen Chu T'ao und T'ien Yüeh schließt Li Hsi-lieh ebenfalls ein Bündnis. Er ernennt sich zum Obersten Marschall des Reiches. Der Kaiser versucht, ihn durch einen Gesandten zu beschwichtigen, doch Li brüskiert ihn und läßt die kaiserliche Regierung beleidigen. In die Enge getrieben, schiebt er feige die Schuld für seine Rebellion einem anderen zu. Auch wird ihm angelastet, daß er grausam war und ihm das Töten nichts ausmachte. Ferner verstieß er gegen die Moral, als er ein Mädchen, von deren Schönheit

라는 것이 그것이다. 이는 이희열이 어떠한 경로를 밟아 楚제국을 건설하였는
가 하는 설명이다. 이희열은 이납과 달리 조정의 충복으로 출발하였던 인물이
다. 위에서 언급된 것처럼 梁崇義 반란에 대한 진압이 성공을 거둘 수 없자,
도리어 이희열은 이납과 연합하면서 조정에 대한 반란세력을 형성하였다.
그렇다면 이희열이 당에 반기를 든 데는 양숭의의 군대를 제압하지 못했던
것이 큰 이유일 것이다. 또 하나는 이납이 독자적으로 강력한 국가를 형성하였
던 것이 이희열에게 조정에 반기를 들 생각을 품게 만들었다고 보는 게
실득력 있는 주장일 듯싶다.

　이와 같이 단정하는 이유는 이희열이 이납과 연합한 후, 계속해서 朱滔,
田悅과 동맹관계를 확대하였기 때문이다. 이런 일이 있고 나서 이희열은
楚나라를 세우면서 연호를 武成이라 할 정도로 강력한 국가를 만들었다.
그런 까닭에 류지엔카이는 이희열을 逆臣으로 분류하였다. 실제로『신당서』
에서 이희열을 '逆臣'으로 분류하였다.[281] 필자가 이희열을 소개한 까닭은
그 당시의 전반적인 분위기를 전하기 위해서였다. 한마디로 말해 이납이
제나라를 건국할 수 있었던 여건이 내부적으로만 성숙된 것이 아니라는
것을 입증하기 위함이었다. 그러나 이희열은 786년 자신의 부하 장군 陳仙奇에
의해 독살되었다.[282]

1) 대육해운압신라발해양번등사 이납과 신라관계

　그 후 당은 奉天 行宮의 조서를 실현이라도 시키려는 듯, 이정기의 押新羅渤海
兩蕃使라는 관직을 이정기의 아들 이납에게 주었다는 사실이 놀랍다. 물론
한때 이정기가 죽고 나서 젊어서 平盧軍에 소속되었으나, 이정기의 모반과

---

　　er erfahren hatte, einfach raubte. Li gründete schließlich das Reich Ch'u mit der Devise
　　Wu-ch'eng. Als er krank geworden war, ließ ihn einer seiner Generäle vergiften.
281)『新唐書』권225중,「李希烈傳」, 6437~6441쪽.
282)『新唐書』권225중,「李希烈傳」貞元二年조, 6440쪽.

무관하였다는 것이 입증되고 나서 조정이 이희열을 이정기의 후임으로 잠시 新羅渤海兩蕃使에 임명하였던 경우가 있다. 이희열이 신라발해양번사가 되었던 때는 건중 3년(782) 가을이었다.[283] 그러나 앞에서 언급한 것처럼 얼마 지나지 않아 이희열은 당에 대하여 등을 돌림으로써 조정을 당황하게 만들었다. 그런 상황에서 奉天 行宮의 조서대로 조정은 이납에게 자신의 아버지 이정기의 관직인 海運押新羅渤海兩蕃使를 제수 받았다. 그때는 흥원 원년(784) 8월 신축 일이었는데, 그 상황을 『구당서』의 「덕종기」에 다음과 같이 전한다.

淄靑절도사에게 예전처럼 帶陸海運·押新羅渤海兩蕃等使의 관직 일을 계승하게 하여, 마땅히 이를 李納이 겸임하게 하였다.[284]

라는 사실이다. 그렇다고 흥원 원년(784) 8월부터 이납이 帶陸海運·押新羅渤海兩蕃等使의 관직을 수행하였다고 생각할 수는 없다. 이미 이납은 이정기가 죽은 후부터 帶陸海運·押新羅渤海兩蕃等使의 직을 수행하였다고 보아야 할 객관적인 증거가 많다. 제일 큰 이유는 압신라발해양번등사[285]의 직책을 수행할 수 있는 靑州지역이 이납의 관할지 안에 소속되어 있기 때문에 어쩔 수 없었다고 표현하는 것이 맞다. 아무튼 이로써 흥원 원년 8월에 이납은 당으로부터 아버지 이정기의 관직을 모두 다 세습 받았다.[286]

그렇다면 建中 3년 정월 당에 도착한 신라 사신이 조공을 바치기 위해[287] 登州에 도착하였을 때 누가 이들에 대한 외교 사신업무를 총괄하였는가 하는 의문이 생길 법하다. 그 이유는 이때는 이정기가 죽은 뒤인데다 당에서

---

283) 『舊唐書』 권145, 「李希烈傳」 淄靑節度李正己又謀不軌조, 3943쪽.

284) 『舊唐書』 권12, 「德宗紀」 興元 元年 8月 辛丑조, 345쪽, "淄靑節度使承前帶陸海運·押新羅渤海兩蕃等使, 宜令李納兼之."

285) 『翰苑集』 권9, 「李納檢校司空制」, 646쪽(『文淵閣四庫全書』 所收, 臺灣 : 商務印書館, 1986).

286) 伊瀨仙太郎, 앞의 「安史の亂後における周邊諸民族の中國進出」, 93쪽.

287) 韓國磐, 1994, 「南北朝隋唐與百濟新羅的往來」, 『歷史硏究』 2, 33쪽.

이납을 이정기의 계승자로 인정하지 않았던 시점이었기 때문이다. 그러나 이납은 당과 전쟁을 하면서 또 한편으로 조정과 관계 개선을 도모하였던 상황이라, 이때 신라 사신은 이납의 국가에서 의전 절차를 다루었을 게 분명하다.

그 후 신라에서 왕 金乾運이 건중 4년(783)에 죽었으나, 김건운의 아들이 없었기 때문에 上相 金良相을 신라왕으로 추대하였던 시기에 대한 기록이 각각이다.[288) 다시 말해 金良相이 신라왕이 되었던 때는 건중 원년(780)이라는 기록이 있다.[289) 그렇다면 중국 측 기록과『삼국사기』기록의 오차가 무려 4년이었다는 사실을 주목하고 싶다. 이와 같은 오차가 발생하였던 이유가 두 가지 경우로 상정이 가능하다.

하나는 당의 절도사들이 황제권력에 대항하였던 그런 시기였기 때문에, 신라 혜공왕이 반란병에 의해 살해되었다는 사실을 신라가 당에게 알리는 것을 의도적으로 감추었을 가능성이다. 다른 하나는 신라가 이러한 사실을 당의 帶陸海運·押新羅渤海兩蕃等使 이납을 통하여 당에게 알려야 했던 상황이라는 점이다. 바꾸어 말하면 이때 신라가 이납의 지시를 따랐던 상황이라 신라가 혜공왕의 죽음에 대한 보고를 4년 후에야 당에 알렸을 가능성이다. 이와 같은 추측의 가능성은 매우 크다. 그 이유는 신라가 반란병에 의해 혜공왕이 살해되었다는 사실을 오랜 기간 당 조정에 알리지 못했기 때문이다.

한마디로 이때 신라가 내부 사정을 당에 알릴 때, 帶陸海運·押新羅渤海兩蕃等使 이납의 의중을 무시할 수 없는 처지였다. 그런데 더욱 기이한 것은 신라가

---

288)『舊唐書』권199上,「新羅國傳」建中 4年, 乾運卒조, 5338쪽 ;『冊府元龜』권965,「外臣部」 冊封 第3 建中4年 新羅王金乾運卒, 無子조, 11351쪽 ;『冊府元龜』권966,「外臣部」繼襲1 建中4年乾運卒조, 11359쪽 ;『文獻通考』권326,「四裔」3 新羅 建中4年死, 國人其立宰相 金良相嗣조, 2565쪽(上海 : 商務印書館, 1936) ;『續通志』권635,「四夷傳」1 '新羅' 建中4 年死, 無子國人其立宰相金良相조, 6725쪽 ;『唐會要』권95,「新羅傳」建中 4年조, 1713 쪽.

289)『三國史記』권9,「惠恭王本紀」16年 夏4月, 王與王妃爲亂兵所害조 97쪽, 혜공왕이 죽었던 해는 建中 원년(780)년 4월이었으며, 따라서 선덕왕 金良相이 즉위하였던 때도 780년 이다.

선덕왕 3년(782)에 '봄 윤 정월에 사신을 당에 보내 조공하였다'290)라는 사실이
다.

이때 신라왕이 피살되었던 사실 등을 당 조정에 알렸을 법하다. 그렇다면
782년 봄에 당에 사신을 보냈을 때, 어쩌면 대육해운·압신라발해양번등사
이납에 의해서 신라의 사신이 당 덕종을 알현하지 못하였던 게 아닌가 하는
의구심이 든다. 그 까닭은 신라왕이 죽으면 전례대로 당에 대해 신라가
사신을 파견하였을 터인데, 이와 관련된 사실이 당에 기록으로 남은 것이
없기 때문이다. 필자의 추론이 타당한 이유는 이납을 위시한 절도사들이
조정에 대항하였던 상황이라 당이 신라 사신을 맞이할 그런 경황이 제나라나
당에게 없었을 것이기 때문이다.

그러나 그 후 당에 반기를 들었던 대육해운·압신라발해양번등사 이납이
784년 4월에 당에 귀순하면서부터 제의 영토를 경유해서 당으로 오고 가는
주변국의 사신들의 외교 업무를 챙겼다고 본다. 즉 이때(785년 봄) 당 덕종은
조서를 내려 金良相(선덕왕)을 簡較太師·도독·鷄林州자사·寧海軍使로 책봉하
기 위하여 秘書丞 孟昌源을291) 조문사절 겸 책봉사절로 파견하였다.292) 물론
이때 당이 신라로 파견하는 사신에 대한 지휘 감독권을 모두 이납이 관장하였
다. 이와 같은 사실은 『삼국사기』「선덕왕본기」에서 다음과 같이 전하고
있다. 즉,

> 6년(785) 정월에 당 덕종이 戶部郎中 蓋塤을 보내어 황제의 지절을 휴대하고
> 와서 왕을 책명에 의해 검교태위·계림주자사·영해군사·신라왕으로 삼았
> 다.293)

---

290) 『三國史記』 권9, 「宣德王本紀」, 97쪽, "春閏正月, 遣使入唐朝貢."
291) 馬大正 외, 2001, 『古代中國高句麗歷史叢論』, 흑룡강교육출판사, 271쪽.
292) 『冊府元龜』 권965, 「外臣部」 冊封 第3 至是詔授良相簡較太師조, 11351쪽. 그런데 『冊府元
　　龜』는 여기서 寧海軍使를 寧海運史라고 썼는데 이는 잘못된 것이다 ; 『文獻通考』
　　권326, 「四裔」3 新羅 貞元元年遣使持節命之조, 2565쪽.
293) 『三國史記』 권9, 「宣德王本紀」, 97쪽, "六年, 春正月, 唐德宗, 遣戶部郎中蓋塤, 持節,

라는 기록이 그것이다. 이러한 사실은 『冊府元龜』·『文獻通考』·『唐會要』[294])에 기록되었던 것과 대동소이하다. 이는 당에서 신라왕이 죽었을 때와 신왕이 계승할 때마다 사신을 파견하였다는 한 증거이다. 그런데 어이없는 일은 같은 해(785) 같은 달(정월) 13일에 선덕왕이 죽었다는 사실이다.[295]) 정확히 말해 당의 신라왕 책봉사신 戶部郎中 蓋塤이[296]) 신라에 온 후 몇 일이 지나 선덕왕이 죽었다. 이때는 신라 정세 변화에 대해서 당이 제대로 파악조차 못하였던 그런 시기이다. 이는 해운압신라발해양번사 이납이 신라 정세에 대한 정보를 통제했기 때문이라고 판단된다.

그런데 金良相이 당에 의해 책봉 받은 같은 달에 죽자, 당에서는 金良相을 대신하여 신라왕이 된 金良相의 從兄弟 金敬信을 책봉하기 위하여 다시 사신을 신라로 파견하였다.[297]) 즉 『冊府元龜』의 貞元 원년(785)조에,

> 이해 신라왕 金良相이 죽자, 신라의 上相 金敬信이 왕이 되었으며, (당은) 조서로써 (신라왕의) 관직과 작위를 세습하도록 하였다. 그런데 김경신은 (金良相의) 종형제였다.[298])

라는 대목이 그것이다. 이는 신라왕 金良相을 당이 책봉한 지 얼마 안지나 貞元 원년 이전에 그가 죽었기 때문에 발생하였던 당과 신라의 책봉과 관련된 의전 절차상의 문제였다.[299]) 이는 위의 소식을 들은 당에서 사신에게 조서를 보내어 죽은 신라왕 金良相의 관직과 작위를 金良相의 종형제 金敬信이 세습하

冊命王爲檢校大尉鷄林州刺史寧海軍使新羅王."
294) 『唐會要』 권95, 「新羅」 貞元 元年, 授良相檢校太尉조, 1713쪽.
295) 『三國史記』 권9, 「宣德王本紀」 6年, 春正月 至十三日, 薨조, 98쪽.
296) 馬大正 외, 2001, 『古代中國高句麗歷史叢論』, 흑룡강교육출판사, 271쪽.
297) 『冊府元龜』 권965, 「外臣部」 冊封 第3 (貞元元年) 是年新羅王金良相卒조, 11351쪽.
298) 『冊府元龜』 권965, 「外臣部」 冊封 第3, 11351쪽, "是年, 新羅王金良相卒, 其上相金敬信爲王, 詔令襲其官爵. 敬信卽從兄弟也."
299) 『舊唐書』 권199上, 「新羅國傳」 (貞元 元年) 其年, 良相卒조, 5338쪽 ; 『冊府元龜』 권966, 「外臣部」 繼襲1 貞元元年良相卒조, 11359쪽.

도록 하였다는 내용이다.[300] 이와 같이 당에서 조문사절과 책립 사절을 신라로 파견하였던 것은 당과 신라의 관계를 입증하는 의례이다.

또 그 후 신라 원성왕이 즉위한 이듬해(786)[301] 김원전을 당으로 파견하였을 때도 당과 신라는 위와 같은 일을 반복하였다.[302] 항상 당은 신라왕의 죽음에 대한 弔祭와 아울러 신왕에 대한 책립 사신을 파견하였다. 이러한 의전절차는 어떠한 형태로든 당이 신라를 통제하였다는 의도로 본다.

물론 貞元 원년(785)의 신라와 당의 외교문제는 신라 원성왕의 책봉과 관련된 일은 아니다. 그해 정월 당이 秘書丞 孟昌源을 國子司業 겸 御史中丞으로 임명하면서 동시에 신라 弔祭와 冊立使로 임명하여 신라로 보냈던[303] 것은 신라 선덕왕의 책봉과 관련된 일이다.[304] 다시 말해『구당서』에서 당이 785년 金良相을 檢校太尉·都督鷄林刺史·寧海軍使·신라왕으로 책봉하기 위하여 持節을 가진 戶部郎中 蓋塤에게 당의 冊命을 들려[305] 신라로 보냈던 기록이다. 이는 당의 입장에서 보면, 잘못 썼던 기록이 아니다. 그러나 역사적인 사실에 비추어 볼 때『구당서』의 기록이 객관성을 갖지 못한 것은 사실이다. 정확히 말해서 貞元 원년 金良相이 아니라 金敬信을 신라왕으로 책봉하기 위함이라고 써야 옳다. 그러나 이와 같은 기록상의 착오는 당과 신라를 오가는 기간이 오래 걸렸던 사실과 함수관계가 있다. 물론 또 다른 이유도

---

300) 신형식, 2011,「『삼국사기』본기 기사내용의 개별적 검토」,『삼국사기의 종합적 연구』, 경인문화사, 249쪽 ;『文獻通考』권326,「四裔」3 新羅 是年死, 立良相從父弟敬信 조, 2565쪽 ;『續通志』권635,「四夷傳」1 '新羅' 是年死, 其從父弟敬信襲조, 6725쪽.『文獻 通考』·『續通志』는 金敬信을 金良相의 從兄弟가 아닌 從父弟라고 기록하였다.

301) 한규철, 1989,「신라와 발해의 정치적 교섭과정」,『발해사연구논선집』, 백산, 180쪽.

302)『三國史記』권10,「元聖王本紀」2年 夏4月, 遣金元全入唐조, 100쪽.

303) 李大龍, 2001,『唐朝和邊疆民族使者往來硏究』, 흑룡강교육출판사, 44쪽.

304)『冊府元龜』권965,「外臣部」冊封 第3 貞元元年正月以秘書丞孟昌源조, 11351쪽.

305)『舊唐書』권199上,「新羅國傳」貞元元年, 授良相檢校太尉조, 5338쪽 ;『新唐書』권220, 「新羅傳」貞元元年, 遣戶部郎中蓋塤持節命之조, 6205쪽 ;『唐會要』권95,「新羅傳」(貞元 元年) 仍令戶部郎中蓋塤持節命조, 1713쪽 ; 申瀅植, 1984, 앞의『韓國古代史의 新硏究』, 347쪽 ; 李大龍, 2001,『唐朝和邊疆民族使者往來硏究』, 흑룡강교육출판사, 44쪽.

있다.

앞에서 지적하였던 것처럼 신라에서 왕위를 둘러싼 모반사건이 있었기 때문에 신라가 이러한 사실을 당에 즉각 알릴 수 없었던 것도 한 원인일 듯싶다. 또 하나는 당에서 야기되는 빈번한 절도사들의 반란 때문이다. 이러한 정치적인 혼란을 당이 걱정하는 상황에서 신라가 내부에서 빈발하는 모반사건을 당에 알리는 게 부담스러웠을 것은 너무 자명하다. 그러나 이보다 당이 절도사들과 대항하는 상황에서 즉시 책봉사를 신라에 파견할 수 없었기 때문에『舊唐書』의 기록에서 혼돈이 발생하였을 가능성도 무시할 수 없다. 이는 앞에서『冊府元龜』와『문헌통고』에서도 선덕왕 책봉과 관련하여 쓴 것과 똑 같은 경우이다. 이에 대하여는 앞에서 지적하였다.

이때 당의 秘書丞 孟昌源은 신라로 파견될 때 正使였고, 戶部郎中 蓋塤은 副使였기 때문에 의무가 각기 달랐기 때문에 위와 같이 세부 사항에서 두 종류의 기록을 남기게 된 결과를 만든 것이 아닐까 싶다. 이때 당에서 신라로 파견한 사신의 규모가 컸던 사실과 아울러 사절 횟수가 빈번하였던 게 당의 내부문제와 연관성이 있는 것 같다. 다름 아니라 貞元 원년 봄 대기근으로 東都·河南·河北의 곡물가격이 한 말에 무려 千錢이나 되었던 상황과306) 관련을 무시할 수 없다.

이때 당의 기근이 너무 심각하였기 때문에 굶어 죽는 자가 길에 널릴 정도였다.307) 貞元 원년 정월 당은 대기근과 혹독한 추위로 얼어 죽었던 자가 너무 많아서 통계가 잡히질 않을 정도로 경제적인 상황이 최악이었다.308) 게다가 그해 여름(貞元 원년)도 메뚜기떼·폭염에 비마저 오지 않아309) 굶어

---

306) 『新唐書』권35, 「五行志」2 貞元元年春, 大饑조, 898쪽.
307) 『新唐書』권35, 「五行志」2 (貞元元年春) 死者相枕조, 898쪽.
308) 『新唐書』권36, 「五行志」3 貞元元年正月조, 936쪽.
309) 『冊府元龜』권144, 「帝王部」弭災 德宗 貞元 元年 五月癸卯조, 1754쪽. 貞元 원년에 한발이 들어 德宗은 右庶子 裴諝, 殿中少監 馬錫, 鴻臚少卿 韋俛로 하여금 終南 秦嶺의 여러 산에서 기우제를 지내게 하였다.

죽은 시체가 길에 쌓일 정도로 당은 참담한 상황의 연속이었다.[310] 물론 당도 식량부족을 해결하기 위하여 그 해 정월 신축부터 賑米를 47만 석이나 풀었을 뿐만 아니라 다음 달(2월) 종자로 2만 석을 나누어주면서 위기를 넘기려고 노력하였지만 글자그대로 역부족 상태였다.[311] 따라서 당은 식량을 얻어오기 위하여 대규모의 선단을 신라에 보냈던 것 같다. 그 결과 貞元 원년 정월 당은 대규모의 사신을 신라로 파견하였다. 이때 당의 사신들이 신라에 도착하는 전 과정의 제반 업무를 이납의 휘하 전담부서에서 총괄하였음은 물론이다.

정원 원년 정월의 당의 사신 규모와 비교할 정도는 못되겠지만 당이 金敬信을 책봉하기 위하여, 조서를 가지고 신라로 갔던 사신 숫자도 적지 않은 것 같다. 이와 같이 정원 원년 당에서 신라로 사신이 빈번히 오고 갔던 것은 당의 식량문제를 해결하려는 차원과 무관하지 않다고 본다. 이때 당의 사신들이 신라를 오가는 일의 제반사항을 대육해운·압신라발해양번등사 이납이 전담하였다. 그런데 이납이 대육해운·압신라발해양번등사였을 때 (782~792) 신라에서 당으로 사신을 보내어 조공을 하였던 것이, 단 한차례(782년 윤 정월)였다는 사실을 주목하고 싶다.[312] 이외에 신라가 帶陸海運·押新羅渤海兩蕃等使 이납이 있을 때 당에 사신을 파견한 경우가 있었다. 다름 아닌 원성왕 6년(790)에 김언승이 당으로 가는 사절이 되었던 게 그것이다.[313] 그런데 이러한 사실이 마땅히 『삼국사기』 「원성왕본기」에 기록되어 있어야 하는데 그렇지 않다. 다시 말해 김언승이 애장왕을 시해하고 나서 왕이 된 후 「헌덕왕본기」에 김언승이 대아찬이 되었던 배경을 설명하면서 기록되었던 사실이다. 이는 원성왕 6년에 신라에서 당으로 보냈던 사신의 성격이 실제로 이납에게 보낸 것과 연관이 있었기 때문이 아닌가 싶다. 또한 790년에

---

310) 『新唐書』 권36, 「五行志」3 貞元元年夏, 蝗조, 939쪽.
311) 『冊府元龜』 권106, 「帝王部」 惠民2 貞元 元年 辛丑조, 1263쪽.
312) 『冊府元龜』 권971, 「朝貢部」第4 建中 3年 閏正月 新羅조, 11416쪽.
313) 『三國史記』 권10, 「憲德王本紀」 元聖王 6年 奉使大唐受位大阿飡조, 104쪽.

당이 경제적, 정치적으로 어려웠던 것과 관련성이 있다고 본다.

여기서 당이 정치적으로 어려웠다는 것은 이납과 같은 절도사들이 독립적인 상태를 취하고 있었음을 의미한다. 바꾸어 말하면 이때 신라가 당을 무시하여도 좋다고 판단이 섰다는 이야기와 일맥상통한다. 오히려 당이 신라에 대하여 종주권을 행사함으로써 당이 대외업무를 관장하고 있음을 과시하기 위하여, 신라 신왕의 책봉에 열심이었다는 해석이 가능한 시기이다.

그렇다면 이때 흔히들 신라가 당에 대하여 2年 1貢이라는 對唐외교의 횟수와 비교힐 수 없을 정노로 드물었으나, 이를 나·당 외교의 쇠퇴 또는 악화라고 표현하는 것은[314] 잘못된 해석이라고 판단된다. 다시 말해 고구려 유민 이정기의 아들 이납이 帶陸海運押新羅渤海兩蕃等使의 직책으로 당의 신라 외교를 관장하였던 사실을 모르는데서 온 결론이 아닐까 싶다. 이를 뒷받침이라도 하듯, 790년 신라가 발해로 사신을 보내어 발해와 교역하였던 사실이 좋은 비교가 될 것 같다.[315] 이는 신라가 당에 대한 예우를 소홀히 할 수 있는 상황인 데다가, 당과 발해의 외교 사절에 대한 제반 업무를 관장하였던 인물도 역시 이납이라는 사실과 밀접한 관계가 있다. 따라서 이무렵 신라가 발해와의 관계개선을 시도하기 위해 사신을 파견하였던 것은 너무나 당연한 조치이다.

2) 대육해운압신라발해양번등사 이납과 발해관계

당과 발해의 사신교류 업무를 이정기가 관장하다가 그가 죽은 후부터는 그의 아들 이납이 그 일을 계속 맡았다. 물론 앞에서 지적한 것처럼 建中 3년 가을에 조정이 이정기의 후임으로 잠시 이희열을 임명하였던 경우가

---

314) 韓圭哲, 1983, 「新羅와 渤海의 政治的 交涉過程－南北國의 사신파견을 중심으로－」, 『韓國史研究』 43, 140쪽.

315) 方學鳳, 1997, 「渤海以中京顯德府爲王都時期的商業試探」, 『高句麗 渤海研究集成, 渤海』 권一, 哈尒濱：哈尒濱出版社, 403쪽(原載：『延邊大學學報』 4, 1983).

있었다. 그러나 그때는 일시적인 짧은 기간동안 이희열이 그 직무를 대행하였
다.316) 물론 이정기가 죽고 나서 建中년간에 발해와 당의 사신 왕래가 공백기였
던 것은 아니다. 즉 건중 3년 5월에 발해 사신이 장안으로 올 때317) 이납이
발해 사신을 총괄하였다. 이납은 그의 아버지 이정기가 관장하였던 직책의
연장선상에서 발해 사신의 제반 외교 업무를 주관한 것이다. 그 이유는
이희열이 신라발해양번사로 임명되었던 때가 건중 3년 가을이었기 때문이다.

앞에서 밝혔던 것처럼 이납은 조정으로부터 興元 元年(784) 8월 정식으로
帶陸海運·押新羅渤海兩蕃等使로 임명되었다. 그런데 그 이듬해(785) 발해가
中京에서 東京龍原府로 천도하였던 것과,318) 조정이 이납을 帶陸海運押新羅渤
海兩蕃等使로 임명을 지체하였던 것과 연관성이 있는 것 같다. 그 이유는
이납이 이정기의 관직과 작위를 세습받지 못하였던 상황을 발해가 우려하였
을 가능성을 배제할 수 없기 때문이다.

건중 3년 5월에 당으로 왔던 발해 사신에 대한 업무는 이납이 더 적극적으로
관여하였을 것 같다. 이는 이정기나 이납이 발해와 적극적으로 교역하였다는
사실에서 유추해석이 가능하다. 즉 이정기 시대의 연장선상에서 이납과
발해와의 밀접한 관계를 가늠할 수 있다. 물론 그 후 얼마 지나지 않아서
다시 발해와 당의 사신 교류 업무에 이납을 押新羅渤海兩蕃等使로서 당이
공식적으로 인정하였다. 즉 『구당서』「발해전」에,

　　建中 3년 5월, 貞元 7년 정월, 각각 사신을 보내와 입조하였으며, 발해의
　　사신 大常靖을 衛尉卿同正으로 임명하면서, 발해로 돌아가도록 조치하였

---

316) 『舊唐書』권145,「李希烈傳」(建中 3年 秋) 新羅渤海兩蕃使조, 3943쪽.「李希烈傳」의
　　시기가 잘못된 듯싶다. 이때가 建中 2년이 아닌가 싶다.

317) 『舊唐書』권199下,「渤海傳」建中3年5月조, 5362쪽.

318) 方學鳳, 1997,「渤海以舊國, 中京, 東京爲王都時期的佛敎試探」,『高句麗 渤海硏究集成,
　　渤海』권二, 哈尒濱 : 哈尒濱出版社, 60쪽(原載 : 『延邊大學學報』4, 1986) ; 方學鳳, 1997,
　　「試談渤海以舊國, 中京, 東京爲王都時期的儒學」,『高句麗 渤海硏究集成, 渤海』권二,
　　哈尒濱 : 哈尒濱出版社, 77쪽(原載 : 『延邊大學學報』4, 1986).

다.319)

라는 것이 그것이다. 이는 건중 3년(782) 5월과 정원 7년(791) 정월, 두 번에
걸쳐 발해 사신이 입당한 후 다시 발해로 되돌아갔던 것과 관련된 내용이다.
그렇다면 이는 新羅渤海兩蕃使 李希烈 재임 시 발해와 당의 공식적 교류가
없었다는 것을 입증하는 사료이다. 그런데 정원 7년 정월에 입당한 발해
사신의 체류기간이 언급되어서, 이를 주목하고 싶다. 물론 당시의 발해 사신은
이납의 지휘 통제를 받았다. 이때 발해 사신의 체재 기간과 관련해서는
『冊府元龜』에 자세하였다.320) 발해 사신 大常靖이 이납 부하의 안내를 받으면
서 京師로 들어왔다는 것이 내용이다.

『발해국지장편』에 의하면 大興 55년(=貞元 7년) 4월에 발해가 사신을
당에 보내 조공하였다는 기사가 있다. 이런 사실은 『신·구당서』나 『자치통감』
에는 언급되어 있지 않다. 만약 필자의 억측이 허락된다면 발해에서 당으로
사신을 보낸 것이 아니라 발해가 제나라로 보냈을 가능성이 크다. 이를
뒷받침하는 사실은 『발해국지장편』 大興 55년 8월조에,

> (大興 55년) 가을 8월 신묘 일에 당나라가 이사고를 平盧淄靑等州節度觀察,
> 海運陸運押渤海蕃等使로 삼았다.321)

라 되어 있다. 이는 이납이 죽자, 그 해 8월에 당이 그 아들 이사고를 平盧淄靑等
州節度觀察과 아울러 海運陸運押新羅渤海兩蕃等使로 임명한 사실을 발해측에
서 기록한 것이다. 곧 발해가 당으로 가기 위해 제나라 이사고가 海運陸運押新
羅渤海兩蕃等使가 되었다는 사실에 대해 매우 민감하게 대응하였기 때문에

---

319) 『舊唐書』 권199下, 「渤海傳」, 5362쪽, "建中三年五月, 貞元七年正月, 皆遣使來朝, 授其使大
常靖爲衛尉卿同正, 令還蕃."
320) 『冊府元龜』 권972, 「朝貢部」第5 貞元 7年 正月 渤海조, 11416쪽.
321) 『渤海國志長編』 권3, 「世紀」 大興 55年조, 269쪽, "八月辛卯唐以李師古爲平盧淄靑等州節
度觀察海運陸運押渤海蕃等使."

이를 기록한 것은 의문이 있을 수 없다.

뒤에 자세히 언급하겠거니와 이납은 정원 8년(792) 5월 계유 일에[322] 죽었다.[323] 그렇다면 발해가 제나라 정치변화에 대해서 매우 민감하게 대처하였다고 볼 수 있다. 이렇게 발해는 당은 물론이고 제나라와 일본의 정치변화에 기민하게 대처하였는데, 이는 발해가 주변국과의 교역을 매우 중시하였던 국가로 해석할 수 있는 근거가 된다.

그런데 당은 정원 7년 5월 무신 일에, 그 해 정월 賀正使로 입당한 발해 사신을 발해로 돌려보내면서 大常靖에게 衛尉卿同正이라는 벼슬을 주었다.[324] 이는 정월에 왔던 발해 사신이 약 5개월간 당의 경사에 체류하다가 발해로 돌아갔음을 알 수 있는 자료인데, 이로써 당시 발해 사신들이 5개월 정도 당의 경사에 체류하였던 것이 관례라고 해석하면 어떨까 싶다. 아무튼 발해 大常靖에게 衛尉卿同正이라는 관직을 주었다는 것은, 당이 발해를 견제하기 위한 수단으로 사신에게 주었던 것 같다. 한편 발해도 당과 친선관계를 갖기를 원하였던 것 같다. 즉 같은 해(정원 7년) 8월 발해 왕자 大貞翰이 입조하여 당의 경사에 인질로 남겠다고 요청하였던 사건이 그것일 듯싶다.[325]

이는 당이 주변민족의 君長의 子弟를 강제로 宿衛하도록 하여, 주변 민족을 지배했던 당의 전통적인 방법이다.[326] 아무튼 이는 앞서 당의 경사를 출발하

---

322) 『舊唐書』 권124, 「李師古傳」 貞元十年五月, 師古服闋조, 3537쪽. 이납의 아들 사고가 복상을 마쳤던 때가 貞元 10년 5월이었다는 사실에서 복상기간을 2년으로 잡아 이납이 죽은 때를 貞元 8년 5월로 산정하였다 ; 『新唐書』 권7, 「德宗紀」 貞元 8년 5月 癸酉, 平盧軍節度使李納卒조, 198쪽 ; 『資治通鑑』 권234, 「唐紀」50 德宗 貞元 8년 5月 癸酉, 平盧節度使李納薨조, 7532쪽 ; 『續通志』 권11, 「唐紀」11 德宗2 (貞元 8年) 5月癸酉平盧節度使李納卒조, 3303쪽.

323) 『舊唐書』 권124, 「李師古傳」 貞元 8년조, 3537쪽 ; 『冊府元龜』 권436, 「將帥部」 繼襲 '李正己' 貞元8年納死卒, 5179쪽 ; 金文經, 앞의 「唐·日에 비친 張保皐」, 154쪽.

324) 『冊府元龜』 권976, 「外臣部」 襃異3 (貞元) 7年5月 戊辰以渤海賀正使大常靖爲衛尉卿同正조, 11462쪽 ; 陳顯昌, 1997, 「渤海國史槪要」 四, 『高句麗 渤海硏究集成, 渤海』 권一, 哈尔濱 : 哈尔濱出版社, 94쪽(原載 : 『齊齊哈尔師範學院學報』 4, 1983).

325) 『舊唐書』 권199下, 「渤海傳」 (貞元 7년) 8月, 其王子大貞翰來朝, 請備宿衛조, 5362쪽 ; 『冊府元龜』 권996, 「外臣部」 '納質' 德宗 貞元 7年 8月 渤海王遣其子조, 11694쪽.

였던 大常靖이 발해에 도착하기 전에 발해 왕자 大貞翰이 고국을 출발하였는지는 위의 사실만으로 추측할 수 없다. 이와 같이 발해와 당의 외교 사절에 관한 업무를 이납이 장악하였던 상황이기 때문에 발해가 당의 견제 없이 발전하기 위한 방법으로 발해가 당에 자발적으로 인질을 보냈을 가능성이다. 이런 발해의 구상에 발해와 빈번한 교역을 하였던 제의가 이납 의견이 발해에 반영되었을 가능성을 부정하기도 어렵다. 게다가 이납이 帶陸海運·押新羅渤海兩蕃等使였을 때, 발해가 강력한 국가로 부상하였다는 사실과 상호 연관성이 매우 농후할 깃 같다.

이때 발해는 문왕이 집정한 전성시대였는데도 불구하고 建中(780~783)·貞元년간(785~804)을 통 털어 발해가 당으로 공식적인 사신을 파견하였던 횟수가 불과 네 번밖에 없었다는 사실이 필자의 추론을 뒷받침하는 것 같다.[327] 이때 부강한 발해가 교역을 당보다 이납의 제와 활발히 추진하였다는 사실에서도 증명이 된다.

평로·치청절도사 이납이 帶陸海運·押新羅渤海兩蕃等使로 재임하는 기간 동안에 발해에서 당으로 갔던 조공 횟수는 불과 두 번이었다.[328] 이는 이정기가 海運押新羅渤海兩蕃等使시절 大曆 2년(767)에서 10년(775) 사이에 발해에서 당으로 갔던 공식사절의 조공 횟수가 무려 19번이었던 것과는 큰 차이를 보인다.[329] 그렇다면 약 11년간 단 두 번만 발해의 조공사신이 당으로 갔다는 이야기는 큰 변화다. 이는 이때 신라가 당에 대한 조공을 홀대하였던 상황과

---

326) 熊德基, 1982, 「唐代民族政策初探」, 『歷史研究』 6, 43쪽.

327) 『新唐書』 권219, 「渤海傳」 建中·貞元間凡四來조, 6181쪽 ; 『文獻通考』 권326, 「四裔」3 渤海 建中·貞元閒凡四來조, 2567쪽 ; 『續通志』 권635, 「四夷傳」1 '渤海' 建中·貞元凡四來조, 6725쪽.

328) 『冊府元龜』 권972, 「朝貢部」第5 建中 3年 5月 ; 貞元 7年 正月 渤海조, 11416쪽.

329) 『冊府元龜』 권972, 「朝貢部」第5 大曆 2年 7月 渤海並遣使來朝조, 11415~11416쪽. 발해에서 당으로 사신이 왔던 때는 大曆 2년 7월, 8월, 11월, 12월, 4년 3월, 12월, 7년 12월, 8년 4월, 6월, 11월, 윤 11월, 12월, 12월, 9년 정월, 12월, 10년 정월, 5월, 6월, 12월이었다.

긴밀한 연관성이 있다. 바꾸어 말하면 신라가 당을 홀대하였던 이유를, 발해도 그 연유를 알고 있다는 이야기이다. 앞에서 지적한 것처럼 貞元 7년 8월에 발해 왕자 大貞翰이 입조하여 당의 경사에 인질로 남겠다고 요청한 사실과 연관이 있을 것 같다. 또 다른 이유는 평로·치청절도사 이납이 帶陸海運·押新羅 渤海兩蕃等使의 일을 맡고 있었던 상황과 유관하다. 帶陸海運·押新羅渤海兩蕃 等使 이납의 군사력이 너무 강력하였던 사실과 함수관계가 있다고 본다.

이즈음 신라나 발해의 蕃禮를 문제 삼아서 그 두 나라에 대한 공격을 당이 감행한다는 것은 불가능하다는 것을 신라나 발해가 너무 잘 파악하고 있었기 때문에 발해가 당에 대한 조공회수를 급격히 줄였다고 본다. 평로·치청 절도사 이납이 신라나 발해에 대하여 당의 군사적인 위협이 행사될 수 없도록 직·간접적으로 영향력을 행사한 것은 틀림없는 사실이다. 이런 식으로 발해나 신라에 대한 당의 군사적인 도발 가능성이 이납과 그 당시 당의 동쪽에 위치한 절도사들에 의해 차단되었을 가능성은, 이 시대의 연구자라면 쉽게 알 수 있는 사실이다.

특히 이납이 독자적으로 갖고 있는 강력한 군사력과 경제력을 바탕으로 한때 당을 없애려 시도한 사실을 감안한다면, 발해가 당에 사신을 드물게 보냈던 이유는 저절로 밝혀진 셈이다. 그렇다면 왜 이때 발해나 신라가 당에 대한 조공사신 횟수를 大曆년간(766~779)과 비교할 수 없을 정도로 줄였는가에 대한 의문이 모두 해결된 셈이다. 즉 신라나 발해가 당에 조공을 빈번하게 보냈던 것은 당의 공격을 차단하기 위한 방법 중 하나로 볼 수 있다. 따라서 발해나 신라가 당에 빈번하게 사신을 파견하였던 제일 큰 이유는 당이 발해나 신라에 대하여 적대감을 품지 않게 하면서도 공식적인 것보다 사적 교류관계를 계속 유지하기 위한 목적이었다고 본다.

한편 정원 2년(786) 발해 사신 李元泰를 포함한 65인이 한 척의 배로 일본에 도착하였다는 사실을[330] 주목하고 싶다. 이 무렵 일본 사신들이 발해 선박을

---

330) 陳顯昌, 1993,「渤海國史槪要」三,『高句麗 渤海硏究集成, 渤海』권一, 哈尒濱 : 哈尒濱出版社,

이용하여 당으로 여행하였다는 사실을 알려주기 때문이다. 또한 이는 발해가 한 척의 배에 많은 화물을 적재하고도 60~70인이나 되는 인원이 승선할 정도의[331] 커다란 선박을 보유하였다는 증거이다. 게다가 발해에서 출항한 배가 먼 일본까지 항해하였다는 것은 발해의 선박건조기술 능력이나 항해술이 일본과 비교할 수 없을 정도로 우수하였다는 내용이다. 그래서 8세기 말에 일본 사신들이 당에 입조하기 위해서 帶陸海運押新羅渤海兩蕃等使 이납의 지시를 따랐음은 재론의 여지가 없다. 이납이 당으로 오가는 일본 사신을 관장하였던 까닭은 당에서 일본 외교업무를 관장하는 관직을 별도로 설치하지 않았기 때문이다. 게다가 8세기 말경 일본은 독자적으로 배를 띄워 당으로 항해할 수준이 못되었기 때문에 발해 선박을 이용하였다는 앞에서 밝힌 그대로다. 그런 이유 때문에 이정기나 이납의 해외업무를 관장하는 직책 말미에 '等使'라는 표현을 넣어서 일본에 대한 통상업무를 아울러 포함시켰다고 본다. 이에 대하여는 앞에서 언급하였다. 한마디로 8세기 말에 일본은 발해를 통하여 당에 왕래하였기 때문에 일본 사신들은 발해 사신과 함께 帶陸海運押新羅渤海兩蕃等使 이납의 지휘통제를 받았다.

  그런데 786년 발해 사신 李元泰 등이 일본의 해안에 정박할 무렵 해난사고가 발생하였다. 즉 발해 선박이 강풍을 만나 배가 파손되었기 때문에 그로 말미암아 일행 가운데 여러 명이 희생되었다.[332] 발해의 선박건조 기술이 일본보다는 월등히 발달되었지만, 당시 선박의 대부분 재료가 철재보다는 목재를 사용하였기 때문에 해안으로 접안을 시도할 때 강풍을 만나면 배가

  88쪽(原載 : 『齊齊哈尒師範學院學報』 3, 1983) ; 王承禮, 1997, 「渤海與日本的友好往來」, 『高句麗 渤海研究集成 渤海』 권一, 哈尒濱 : 哈尒濱出版社, 549쪽(原載 : 『學習與探索』 2, 1983).

331) 白沫江, 1997, 「渤海國的造船業」, 『高句麗 渤海研究集成, 渤海』 권一, 哈尒濱 : 哈尒濱出版社, 409쪽(原載 : 『學習與探索』 4, 1982).

332) 方學鳳, 2000, 「延邊地區의 渤海遺蹟과 日本道」, 『中國境內渤海遺蹟研究』, (서울 : 백산자료원), 431쪽 ; 王俠, 1997, 「唐代渤海人出訪日本的港口和航線」, 『高句麗 渤海研究集成, 渤海卷 一』(哈尒濱 : 哈尒濱出版社), 655쪽, (原載 : 『海交史研究』 3, 1981)

파선될 위험이 늘 상존하였다.

6. 이납과 당의 공존시기

이납의 제나라 군사력이 당군의 공격을 막을 수 있을 정도로 강했다는 구체적인 사료를 제시하는 게 중요할 것 같다. 물론 이납이 다른 절도사들과 연합하였기 때문에 독자적으로 당군의 공격을 막았다는 뜻이 아니다.

여기서는 이납이 당과 공존책을 타협한 후에도 중국 각지의 절도사들이 할거하였다는 사실에 초점을 맞추고 싶다. 이때(建中 4년) 조정이 관할하였던 陳州에 대한 이희열의 포위공격을 해결하기 위해 조정은 평로·치청절도사 이납에게 구원을 요청하였다.[333] 이때 이납은 휘하의 兵馬使 李克信과 李欽遙에게 병사를 거느리고 가서 관군을 구원하도록 명령하였다.[334] 여기서 이납이 당과 협력관계를 유지한 후, 각지에 할거하고 있는 절도사 가운데 가장 강력하였던 절도사 이희열을 제압하는 데 큰 역할을 담당하였던 사실에 대해서 주목하고 싶다. 이 무렵 이희열은 스스로를 楚황제라 칭하면서 독자 연호를 가질 정도로 그 위세가 대단하였다. 조정을 돕기 위한 이납의 군사와 이희열군의 대치 상황과 결과를 『구당서』「이납전」에서 들어보면,

> 그때 李希烈이 陳州를 포위 공격하였는데, 이납이 자신의 군사를 파견해 많은 군사들과 더불어 전력투구하여 공격하니, 李希烈의 군이 대패 당하자, 이로 말미암아 陳州 포위를 풀었다. 檢校司空을 추가하여 임명하고, 실제로 5백호를 封하였다.[335]

---

333) 『冊府元龜』 권414, 「將帥部」 赴援 '李納' 爲淄靑節度使조, 4930쪽.

334) 『冊府元龜』 권412, 「將帥部」 赴援 '李納' 納遣大將軍李克信李欽遙조, 4930쪽.

335) 『舊唐書』 권124, 「李納傳」, 3536쪽, "時希烈圍陳州, 納遣兵與諸軍奮擊, 大破之, 因解圍. 加 檢校司空, 封五百戶."

라는 것이 그것이다. 이는 이납이 당에 귀순하고 나서, 얼마 전까지 반란
계획을 같이 도모하였던 이희열이 陳州를 포위하자, 조정의 요청으로 이납의
군사력으로 이희열의 陳州 공격을 無力化시켰다는 내용이다.[336] 당은 그
고마움에 대한 표시로 이납에게 檢校司空 벼슬을 주면서 實封 5백호를 내리고
그의 옛 관직을 모두 갖게 하였다.

당이 이납을 檢校司空으로 임명할 때의 '李納檢校司空制'가 오늘날까지
남아있는데 여기에 이납의 관직이 모두 소개되어 있다. 즉 開府儀同三司·檢校
尙書右僕射·同中書門下平章事·平盧淄靑節度·管內度支營田觀察處置·陸運海運
押新羅渤海兩蕃等使와 隴西郡王이 이납의 관직이라고 언급되었으며, 그 말미
에 檢校司空·同中書門下平章事까지 기록되어 있다.[337]

그런데 이러한 사실을 『구당서』 본기에 劉洽과 曲環 두 사람만의 전공인
양 기록한 것은 잘못이다. 『구당서』 기록에서 이민족 출신 인물의 공훈을
축소시키려는 의도가 이납의 경우에도 그대로 적용되었던 모양이다. 그
이유는 앞의 지적처럼 '李納檢校司空制'를 통해 보더라도 당에서 이납에 의한
이희열을 패퇴시킨 전공에 대한 고마움을 충분히 읽을 수 있기 때문이다.

그런 실례는 747년 고구려 유민 고선지가 티베트의 연운보 함락에서 거두었
던 승리를 한족출신의 휘하 부장 이사업의 공적으로 돌린 것과 같은 『구당서』
의 의도된 오류라고 본다.[338] 비록 그때 고구려 유민 이정기의 아들 이납이
당과 공존관계로 타협하였으나, 그 당시 史家들의 입장에서 陳州에서 李希烈을
격파하였던 이납의 승전보를 『구당서』 「본기」에 남기는 것이 내키지 않았던
모양이다. 이때는 興元 원년(784) 11월 계묘 일이었다.[339]

336) 『舊唐書』 권145, 「李希烈傳」, 爲劉洽·李納大破之조, 3945쪽 ; 『新唐書』 권213, 「李納傳」
    希烈圍陳州조, 5991쪽.

337) 『翰苑集』 권9, 「李納檢校司空制」, 1072~646쪽(『文淵閣四庫全書』 所收, 臺灣 : 商務印書
    館, 1986).

338) 지배선, 2002, 「연운보 정벌은 이사업의 공이다?」, 『유럽문명의 아버지 고선지평전』,
    청아출판사, 132~134쪽.

339) 『舊唐書』 권12, 「德宗」上 興元 元年 11月 癸卯조, 347쪽.

그런데 이희열이 유흡의 장군으로 전일 이납의 부하였던 高彦昭가 사수하는 宋州를 공격할 때[340] 화약에 의한 火攻법을 사용하였던 사실은 특기할 만하다.[341] 또 이보다 1세기 이상 앞선 661년 신라가 한산성(북한산성)에서 고구려와 말갈 군사의 포위망을 뚫을 때 "성부산에 단을 쌓고 神術을 다스리매 갑자기 큰 광채가 단 위에서 솟아나더니, 별이 날아서 북쪽으로 갔다"[342]는 사실은 싸움에 화약이 사용되었다는 증거이다. 이러한 사실은 『삼국유사』 「태종 춘추공」에 기록되어 있다. 이는 화약이 언제부터 전쟁에 사용되었는가를 알려주는 중요한 사료이다.

위의 陳州는 汴州(오늘날 開封市)에서 남방으로 130여km나 떨어진 먼 곳이었다는 사실에 주목할 필요가 있다. 이납이 휘하의 군사를 먼 남쪽으로 이동시킬 수 있을 정도의 기동력이 있었음을 나타내기 때문이다. 그렇다면 필자가 앞서 주장하였던 것처럼, 이납 군사력이 허약하였기 때문에 당에 귀순할 의사를 가졌던 것이 아니라는 것을 방증할만한 근거를 찾은 셈이다. 陳州가 이희열에게 함락될 뻔했는데, 이납이 파견한 군사들에 의해서 구원되었다는 것은 틀림없는 사실이다.

진주에서 이희열군을 대파한 전공으로 이납은 승진을 거듭하였다. 즉 조정은 이납에게 "檢校司空을 가하여 주면서 식읍으로 5백호를 봉하여 주었다"[343]는 것이다. 이는 이납이 陳州에서 이희열의 군대를 대파한 대가로 조정이 檢校司空과 아울러 식읍으로 주었던 것이다.[344] 陳州 싸움이 있었던

340) 『新唐書』권225中, 「李希烈傳」 時治將高彦昭, 劉昌共嬰壘以守조, 6439쪽.
341) 정수일, 2001, 「씰크로드를 통한 물질문명의 교류」, 『씰크로드학』, 창작과비평사, 289쪽.
342) 『三國遺事』, 「태종 춘추공」(솔출판사, 1999), 192~193쪽.
343) 『舊唐書』권124, 「李納傳」, 3536쪽, 加檢校司空, 封五百戶 ; 『新唐書』권213, 「李納傳」, 5991쪽, 加檢校司空, 實封五百戶 ; 『冊府元龜』권385, 「將帥部」 襃異11 '李納' 加簡較司空 封五百戶조, 4574쪽 ; 『冊府元龜』권412, 「將帥部」 赴援 '李納' 加簡較司空實封五百戶조, 4930쪽.
344) 『續通志』권279, 「唐列傳」79 '李納' 加檢校司空조, 4881쪽.

때는, 貞元 원년(785년) 3월 무오 일이었다.[345] 여기서 이납의 아버지 이정기가
당으로부터 同中書門下平章事와 檢校司空을 제수받은 大曆 11년 10월의 일과,
이때 이납이 檢校司空을 제수 받았던 사실을 비교하고 싶다. 당 조정은 이납에
게 이희열의 군사를 격퇴한 포상으로, 이정기에게 주었던 관직과 똑같은
것을 주었기 때문이다. 이정기가 당에서 받았던 마지막 관직과 똑 같은
관직을 그 아들 이납이 제수 받았기에 그에겐 의미가 크다.[346] 이납이 당에게
받은 관직에 초점을 맞추어 해석한다면, 이때 제나라가 어느 정도 강력한
국가였는가를 방증하는 근거라고도 볼 수 있다.

　이때 이납이 아버지 이정기가 누렸던 모든 관직과 작위를 그대로 계승받을
목적으로, 조정을 상대로 싸웠던 사실을 되짚어 볼 필요가 있다. 이정기
사후, 이납이 세습을 위하여 당에 대항하였던 의도가 이때 모두 달성되었다.
이납이 조정에서 군사가 필요할 때 도와주고 조정은 그 보상으로 관직을
계속 제수하였던 것은, 이납의 제나라가 당나라의 지배 아래가 아닌, 독자적인
강력한 국가였다는 사실을 확인할 수 있는 근거로 해석하고 싶다. 정확히
말해 당과 제나라의 관계는 이납이 조정의 군사적인 요청에 호응하는 그런
상호 보완관계였다. 물론 이때 당은 통제력을 거의 상실하여 북중국에서
할거하였던 절도사들을 제압할 수 없기 때문에 이납의 도움이 절대적으로
필요하였다.

　이납이 당 조정과 타협하였던 것은 무서워서가 아니다.[347] 『구당서』의
「가탐전」에도 貞元 2년(786)경에 이납이 王號는 떼었지만 마음으로 항상
'倂呑之謀'를 품고 있었다고 기록하였고, 이납이 義成절도사 賈耽과 교류가
있었다는 사실로도 증명된다.[348] 東都留守 가탐이 이납과 조우하게 된 것은

---

345)『舊唐書』 권12,「德宗」上 貞元 元年 3月 戊午조, 348쪽.
346)『新唐書』 권75下,「宰相世系」5下 附'高麗李氏'（納）檢校司空조, 3448쪽 ; 정병준, 2002,
　　「安史의 亂과 李正己」,『東國史學』37, 548~555쪽 ; 정병준, 2004,「唐 穆宗代 河北三鎭
　　의 叛亂과 山東 藩鎭」,『中國史研究』33, 71~74쪽.
347)『舊唐書』 권138,「賈耽傳」是時淄靑節度使李納雖僞王號, 外奉朝旨조, 3783쪽.

그가 貞元 2년 檢校右僕射·滑州자사·義成軍절도사로 임명되면서부터다.[349]
즉 그해 9월 정유 일에 이납과 가탐에 관한 소식을 『자치통감』에서 들어보면,

> 淄靑의 군사 수천이 행영에서 돌아오면서 滑州를 지나는데, 한결같이 將佐들
> 이 말하길, "이납은 비록 밖으로는 조정의 명령을 받들고 있으나, 안으로는
> 겸병의 뜻을 쌓고 있으니, 청컨대 그들의 병사들을 성 밖에 묵게 해주십시오."
> 賈耽이 말하길 "어떻게 그 사람들과는 道를 이웃하면서, 그 將士들을 들판에
> 거처하게 할 수 있겠는가!" 명령을 내려 성 안에 묵게 하였다. 가탐이 당시
> 100명의 기병을 이끌고 이납은 경내에서 수렵을 하였는데, 이납이 그 소식을
> 듣고. 크게 기뻐하면서, 그의 도량에 탄복하여 감히 침범하지 못했다.[350]

위의 내용은 786년 9월 이납과 가탐이 연계된 사항에 대한 기록이다.
즉 義成軍절도의 將佐들이 '併呑之謀'를 품고 있다고 경원시하는 치청절도사
이납이 군사를 수천 명씩이나 거느리고 가탐의 영내 滑州의 外館에 머물겠다
고 청하자, 城內의 館에서 머물도록 賈耽이 허가하였다는 이야기다.[351] 여기서
주목되는 것은 義成軍 將佐들이 이납은 併呑之謀를 갖고 있는 점을 알고
있다는 사실에 司馬光이 방점을 두었다는 점이다. 가탐은 활주를 지나는
치청군을 성안에 묵게 할 정도로 의연하게 대처하여 이납과의 충돌을 피하였
다. 게다가 가탐은 이납을 위하여 연회를 베풀어주었다. 이러한 가탐의 넓은
도량에 이납은 물론 그의 병사들마저 탄복하였던 모양이다.
그 후 가탐은 百騎를 거느리고 이납의 영내에서 사냥할 정도로 대담하였다.
그러자 이납도 기뻐하면서 가탐의 그런 행동에 대해 감복하였기 때문에

---

348) 『資治通鑑』 권232, 「唐紀」48 德宗 貞元 2年 9月 丁酉조, 7472쪽.
349) 『舊唐書』 권138, 「賈耽傳」 貞元2年조, 3783쪽.
350) 『資治通鑑』 권232, 「唐紀」48 德宗 貞元 2年 9月조, 7473쪽, "淄靑兵數千自行營歸, 過滑州,
    將佐皆曰'李納雖外奉朝命, 內蓄兼幷之志, 請館其兵於城外.' 命館於城中. 耽時引百騎於納
    境, 納聞之, 大喜, 服其度量, 不敢犯也."
351) 『舊唐書』 권138, 「賈耽傳」 納兵士數千人自行營歸조, 3783쪽.

滑州를 빼앗으려는 생각을 포기했다는 내용이다.352) 이런 정황을 분석한다면
'併呑之謀'를 품은 이납이었으나 가탐처럼 공존하려고 노력하는 인물을 결코
해치지 않았다는 사실로 미루어 본다면, 이납을 무조건 나쁜 인물로 묘사한
것은 당이 어느 정도 심각하게 역사적인 사실을 왜곡했음을 알 수 있는
증거다. 그 이유는 이납과 공존하려는 집단에 대해서는 이납도 흔쾌히 수용했
지만, 당의 이납에 대한 생각은 단지 고구려 유민의 후예라는 사실 때문에
무조건 그에 대한 사실을 왜곡시켰다고 본다. 그러나 이납이 가탐의 덕망
있는 행동에 대하여 경외감을 가졌다는 사실을 통하여 그의 사람됨을 어느
정도 알 수 있는 중요한 근거가 될 법하다.

『자치통감』의 기록으로만 보면 興元 원년 4월 병인 일에 당이 이납을
同平章事로 임명한 지 2년 5개월 경과한 후, 이납에 대한 첫 기록이라는
사실을 주목할 필요가 있다. 그 이유는 사마광이 이납에 관한 사실을 의도적으
로 오랜 기간 배제했다는 인상을 지울 수가 없기 때문이다.

가탐은 당과 외국 간의 육로교통은 물론이고 해로교통까지 기록하였던
지리학자였다.353) 가탐은 30여 년간 지리학에 몰두하여 貞元 17년(801) 10월
『海內華夷圖』와 『古今郡國縣道四夷述』 40권을 저술한 것으로 유명하다.354)
곧 당에서 발해와 신라로 왕래하는 길에 대한 여정을 자세히 기록으로 남겼던
인물이 바로 賈耽이다.

이납을 위시한 절도사들의 강력한 군사력은 貞元 초에 황제의 권위를
유지시키기 위한 수단으로 꽤 절실하게 필요하였다. 그래서 조정은 그런
절도사들의 환심을 얻을 요량으로 그 아들들에게 벼슬을 주었다. 다시 말해
조정이 이납을 위시한 절도사들의 아들에게 관직을 주었던 延賞이 이즈음
보편화되었던 것 같다. 이를 들어보면,

---

352) 『舊唐書』 권138, 「賈耽傳」 納聞之, 大喜, 心畏其度量, 不敢異圖조, 3783쪽 ; 『新唐書』
　　　권166, 「賈耽傳」 淄靑李納雖削僞號조, 5084쪽.
353) 『新唐書』 권58, 「藝文」2 賈耽地圖十卷, 又皇華四達記十卷조, 1506쪽.
354) 『唐會要』 권36, 「修撰」 (貞元 17年) 10月宰臣賈耽조, 659쪽.

(貞元 2년 4월) 簡較司空·平章事 李抱眞, 簡較司空·平章事 이납, 簡較右僕射·平章
事 韓滉, 工部尙書 田緖 등 각각 장사 오천 인을 河南 행영에 보내어 토벌하여
개가를 올리자, 李抱眞, 이납, 韓滉의 자손 1인에게 6품 정원관을 주었으며,
田緖와 위의 인물의 자손 각각 1인에게 8품 정원관을 주었다.[355]

는 것이 그것이다. 이는 이납 등이 회흘 방어를 위한 河南 행영과 함께 군사작전
을 전개한 결과로 방어가 되었기 때문에 조정은 그 반대급부로, 절도사들의
자제에게 관직을 주었다는 내용이다. 위의 사실은 절도사 이납 등의 위세에
눌리어 이전 이정기 시대부터 있었던 延賞制가 조정에서 지속되고 있었던
한 예라고 말하여도 좋을 듯싶다.

위의 工部尙書 田緖는 魏博절도사 田承嗣의 여섯 째 아들로서 흥원 원년(784)
4월에 위박절도사가 되었으며, 정원 원년 3월에 代宗의 딸 嘉誠공주를 처로
맞은 인물이다.[356]

이때(786년 4월) 이납의 큰아들 이사고가 6품 정원관이 되었고, 이납의
둘째 아들이자 이사고의 이복동생인 이사도가 8품 정원관이 되었다. 이는
당 조정에서 평로·치청절도사 이납 군사의 도움으로 반란세력을 토벌하였던
공로를 인정하여, 그의 두 아들마저 당으로부터 관직을 얻게 되었음을 알리는
사료라고 본다.

이즈음 이납은 모친상을 당하였다. 그러나 조정에서 상중에 있는 이납을
탈상 전에 복직시켜 기용하였다는 사실을 주목하고 싶다. 이와 관련된 사실을
들어보면,

(조정은) 이납을 淄靑절도사·簡較司徒·平章事로 삼았다. 그런데 이납의 어머
니가 죽자, 貞元 3년 여름 (조정은 이납을) 탈상 전에 복직시켜 기용하기

---

355) 『冊府元龜』 권131, 「帝王部」 延賞2, 1576쪽, "(貞元 2年 4月) 簡較司空·平章事李抱眞,
簡較司空·平章事李納, 簡較右僕射·平章事韓滉, 工部尙書田緖等各遣將士五千人赴河南行
營同討不庭厥有成績, 抱眞, 納, 緖各與子孫一人六品正員官, 緖與子孫一人八品正員官."
356) 『舊唐書』 권141, 「田緖傳」 貞元元年조, 3846쪽.

위하여, 이납에게 左金吾上將軍同正과 기타 관직을 전일과 같게 임명하였다.357)

라는 것이 그것이다. 위에서 이납이 모친상을 당하기 이전에 簡較司徒358)의 지위까지 올랐다는 사실은359) 암시하는 바가 크다. 그 이유는 이미 이납이 司空 직에 올랐을 뿐만 아니라 죽은 후에도 太傅로 추증되었던360) 사실 때문이다. 따라서 이납의 아버지 이정기가 太尉로 추증된 것과 흡사하게 三公 지위에 올랐다고 이야기할 수 있다. 이는 조정이 이납의 환심을 사기 위하여, 이납 모친의 탈상 전에 새로운 관직까지 주어 다시 이납을 기용하였다는 뜻이다.

이때 이납에게 그 같은 관직은 하나의 명예직에 불과하였다. 새로운 관직을 조정으로부터 받았기 때문에 그의 신변에 변화가 일어난 것이 아니다. 다만 조정이 위의 사료에서 보이는 관직들을 이납에게 제수하였을 뿐만 아니라 모친의 탈상 전에 기용하였다는 사실은, 단지 당 조정이 이납으로부터 환심을 얻기 위한 조치였다는 말이다. 이런 연장선상에서 볼 때 이납에게 또 左金吾上將軍同正이라는 관직을 준 것도 필자가 앞에서 주장하였던 것과 같은 범주에 속하는 그런 조치에 불과하다. 한마디로 이는 조정에서 淄青절도사 이납의 영향력이 대단하였음을 입증한다. 그 결과 조정은 이납을 위로하는 차원에서 이납 모친상의 탈상 전에 起復을 하였다고 해석하여야 옳을 것 같다.

어쩌면 조정은 이납이 거느렸던 막강한 군사력이 늘 두려워서, 이를 무마하는 차원에서 그에게 계속적으로 많은 관직을 주었다고 해석하는 게 옳다. 그런데 이납의 어머니 성씨가 무엇이라는 사실이 사서에 언급되어 있지

357) 『冊府元龜』 권862, 「總錄部」 起復 '李納', 10243쪽, "李納爲淄青節度使·簡較司徒·平章事, 丁家艱, 貞元三年 夏, 起復, 左金吾上將軍同正餘如故."
358) 『新唐書』 권213, 「李納傳」 進檢校司徒조, 5991쪽. 『舊唐書』의 「李納傳」에는 이납이 檢校司徒에 올랐다는 기록이 없다.
359) 『續通志』 권279, 「唐列傳」79 '李納' 進檢校司徒조, 4881쪽.
360) 『新唐書』 권213, 「李納傳」 贈太傅조, 5991쪽.

않고 있다. 이납의 아들 이사고와 이사도의 경우는 각각 부인들의 성씨에 대하여 사서에 언급되어 있는 것과 대조를 이룬다.

그런데 흥미로운 사료로서 『구당서』 「본기」에 당과 타협한 후 이납과 田緖의 경내에서 이해 못할 일이 발생하였다는 기록이 있다. 그런데 그와 같은 기이한 내용에서 조정이 이납의 막강한 군사력에 두려움을 감추지 못하였다는 것을 느낄 수 있어 여기에 소개한다. 즉, 『구당서』 「덕종기」 貞元 4년(788) 7월조의 내용을 소개하면 다음과 같다. 즉,

> 또 汴州와 鄭州관내의 모든 까마귀가 田緖·이납의 경내로 들어와, 나무 가지를 물어다가 성을 쌓았는데, (그 성이) 사방 十여 리나 되었을 뿐 아니라 그 높이가 二·三척이나 되었다. 田緖와 李納은 기분 나빠 이를 제거하였으나, 이틀 밤 동안에 다시 앞서와 같은 성을 복원하였다. 모든 까마귀 주둥이에서 피가 흘렸다.[361]

라는 것이 그것이다.[362] 이는 「오행지」에 기록될 법한 이야기이다. 그런데 이와 같은 사실이 『酉陽雜俎』의 「羽篇」 貞元 4년 조에도 실려 있다.[363] 다만 『酉陽雜俎』가 『구당서』의 「덕종기」보다 구체적인 것은 전서와 이납이 이를 원치 않아서 그 성을 불태워버렸다는 사실이다. 한편 荊河의 물이 먹처럼 검게 되었다는 것도 이때의 이야기다.[364] 위의 사실을 분석해 보자.

하나는 汴州와 鄭州의 까마귀가 모두 전서와 이납의 영역 안으로 이동하였다는 사실이다.[365] 그런데 汴州는 초나라를 세웠던 이희열이 建中 4년(783)

---

361) 『舊唐書』 권13, 「德宗紀」 (貞元 4年) 7月条, 366쪽, "又汴鄭管內烏皆入田緖·李納之境, 銜柴爲城, 方十餘里, 高二三尺, 緖·納惡而去之, 信宿復如之, 烏口皆流血."

362) 『唐會要』 권44, 「雜災變」 (貞元 4年 7月) 又汴汴二州조, 793쪽.

363) 『酉陽雜俎』 권16, 「羽篇」 貞元 4年조, 臺灣商務印書館, 1966.

364) 『舊唐書』 권13, 「德宗」 下 (貞元 4年) 7月 乙亥条, 366쪽.

365) 『新唐書』 권34, 「五行志」 1 (貞元 4年) 是歲夏, 鄭·汴境內烏皆群飛조, 890쪽 ; 『太平御覽』 권920, 「羽族部」 7 烏 又曰貞元4年夏, 鄭汴二州조, 4082쪽.

12월에 장악하였던 곳이다.366) 그리고 이희열 이전에 이정기의 낙양 공격을
차단하기 위하여 건중 2년(781) 3월 汴州성을 쌓았던 바로 그곳이다.367)
그리고 鄭州는 낙양에서 그리 멀지 않은 곳으로 汴州와 마찬가지로 조정에
대항하는 반란군들이 장악하였던 지역이다. 두 지역은 절도사들이 자신의
영역을 확보하기 위하여 관군과 절도사의 군사가 汴州, 鄭州에서 치열하게
전투를 하였던 곳이다. 게다가 변주는 그 후에도 변란이 잦았다.368) 788년
경에 정주와 변주는 조정이 다스리는 지역이었다.

그런데 필자의 생각으로는 정주와 변주의 까마귀들이 이납과 전서의 지역
에 둥지를 틀었다는 것은 이납과 전서의 영내가 조정의 관할지보다 안전하다
는 암시인 것 같다. 전서의 경우는 嘉誠공주를 처로 맞이하여 駙馬都尉가
되었다.369) 이납의 군사력이 조정을 제압할 수 있는 그런 수준의 규모였음을
까마귀를 통하여 암시한 기록이었다는 느낌이다.

둘은 이납과 전서의 영역으로 까마귀들이 몰려들어 성을 쌓았다는 사실이
다.370) 이는 이납과 전서가 관군 혹은 다른 절도사 군사와 전투를 많이
하였기 때문에 그곳의 까마귀들마저 전투를 많이 보았다는 이야기이다.
이때 사람들이 끊임없이 하는 전투를 보아온 까마귀들이 자신의 둥지를
확보하기 위하여 성을 쌓았던 것이다. 그런데 까마귀가 쌓은 성의 규모가
무려 사방 십여 리에, 성의 높이도 이·삼 척이나 될 정도였다는 기록은
지나치게 과장된 표현이다. 그렇다면 이는 당시 싸울 때 관군이든 절도사의
군사들이 성을 쌓는 것이 일반화된 전투방법이라는 것을 설명하는 자료라는
생각이다.

---

366) 『舊唐書』 권12, 「德宗」上 (建中 4年) 12月 庚午 李希烈陷汴州조, 338쪽.
367) 『舊唐書』 권12, 「德宗」上 (建中 2年) 3月 庚申朔, 築汴州城조, 328쪽.
368) 『舊唐書』 권13, 「德宗」下 (貞元 12年) 7월 汴州亂조, 384쪽 ; 『舊唐書』 권13, 「德宗」下
   (貞元 15年 2月) 汴州軍亂조, 389쪽.
369) 『舊唐書』 권141, 「田緒傳」 貞元元年조, 3846쪽.
370) 『新唐書』 권34, 「五行志」1 (貞元 4年) 集魏博田緒·淄靑李納境內조, 890쪽 ; 『太平御覽』
   권920, 「羽族部」7 烏 烏群皆去分入田緒·李納境內조, 4082쪽.

셋은 이납과 전서가 까마귀가 만든 성이 싫어서 불태워버렸다는 사실이다.[371] 그런데 까마귀들이 없어진 자신의 성을, 이틀 밤 동안에 다시 앞서와 똑 같은 규모로 쌓았다는 것은 암시하는 바가 매우 크다. 즉 이는 이납과 전서의 영역에서 치열한 전투가 빈번하였다는 것에 대한 강조라고 본다. 게다가 이틀 밤 동안 성을 만들었던 까마귀들의 주둥이에서 피가 흘렀다는 표현은 성을 쌓는 수고가 보통이 아니었다고 생각할 대목이다. 이는 그 당시 이납과 전서의 군졸들이 전투와 성의 축조 등으로 많은 고통을 느꼈다는 비유이다. 왜 이와 같은 이야기가 쓰여지게 되었나 하는 배경이 궁금하다. 아마도 이는 당이 이납과 전서에 대한 피해의식이 엄청났기 때문에 누군가에 의해서 침소봉대한 이야기라고 본다. 필자가 앞서 지적한 것처럼 오행지가 아닌 본기에 이와 같은 사실이 쓰여졌다는 것 자체가 미스터리이다.

아무튼 이는 이납과 전서의 반란으로 많은 군사가 죽었을 뿐만 아니라 까마귀마저 전쟁을 싫어하였다는 메시지이다. 그런데 이때는 조정과 대치하였던 절도사 이납과 전서 등이 조정과 타협한 후라, 나름대로 이납과 당이 공존한 그런 시기였다. 위의 까마귀에 관한 사료는 절도사들이 황제의 신하로서 맹목적으로 복종하였던 그와 같은 상황이 결코 아님을 설명하는 글이라면 어느 정도는 이해가 된다.

한편 위와 같이 이납의 제나라에 대한 당의 두려움은 실제였다. 그 일례가 제나라에서 당과 상관없이 화폐가 주조되었던 사실이다. 다름 아닌 貞元 9년 張滂 상소에서 江淮지역에서 만연하는 화폐 주조를 엄단하여 줄 것을 청원하였던 사실에서 그런 짐작이 된다.[372] 이는 조정의 입장에서 보면 분명 불법이다. 그런데도 이납의 영내에서 사적으로 화폐가 주조되었다는 것은 제나라가 독자적인 국가였다는 방증이다. 즉 이 무렵 이납이 조정에

---

371) 『太平御覽』 권920, 「羽族部」7 烏 緒·納惡而命焚之조, 4082쪽.

372) 『舊唐書』 권48, 「食貨」上 貞元 9年 正月 張滂奏조, 2101쪽 ; 姜華昌, 1997, 「試論唐與渤海貨幣問題」, 『高句麗 渤海研究集成, 渤海』 권一, 哈尒濱 : 哈尒濱出版社, 446쪽(原載 : 『黑龍江金融』 172).

대하여 귀순하였던 게 자신이 아버지 이정기의 관작을 세습하겠다는 목적 때문에 조정과 형식적으로 타협하였을 뿐이라는 것을 뒷받침한다. 따라서 이때 이납은 조정을 두려워하지 않았을 뿐만 아니라 독자적인 세력을 더욱 확대시켜 가겠다는 행동을 구체적으로 보였던 것이다. 그럼에도 불구하고 조정은 이납의 제에 대한 어떤 제재조치를 내릴 힘이 없었다. 이때 당은 여러 가지 면에서 명목상 국가였을지 모른다.

한편 당이 토번의 침공에 제대로 대처할 능력이 없었던 것은 이납의 제나라 와도 깊은 함수관계가 있다. 그 이유는 이납이 당과 그런대로 관계를 유지한 까닭이 기회를 엿보아서 언젠가는 당과 대적하겠다는 생각을 늘 갖고 있었기 때문이다. 이납이 당과 대결하려는 생각을 늘 갖게 하였던 생각에 일조한 것이 당에 대한 토번이나 회흘의 침공이라고 본다. 다시 말해 당이 이민족의 공격으로부터 밀리는 상황을 이납이 어렸을 때부터 보아왔다는 사실이다. 그런 당에 의해 멸망된 고구려 후예 이납이 '滅唐'에 대한 꿈을 키워나갔다고 볼 수 있기 때문이다.

貞元 2년 11월과 12월에 토번이 鹽州와 夏州를 함락시키더니[373] 급기야 정원 3년 9월 華亭과 連雲堡마저 함락하였다.[374] 여기서 連雲堡는 747년 7월 13일 고구려 유민 고선지 장군이 1만 군사와 더불어 진격해 점령한 토번의 요새였다.[375] 연운보를 역사가들이 주목하는 이유는 토번에서 중앙아 시아와 서아시아로 통하는 길목이기 때문이다. 747년을 기점으로 계산하면 고선지가 정복한 연운보를 40년 후인 787년 9월 토번이 탈환하였다는 사실은 강력한 서방세력을 상대해야할 위기상황에 당이 노출되었다고 보아야 할 것 같다. 이런 상황이라면 이납의 제나라가 당의 존재를 두려워 할 이유가 없었다. 오히려 당이 제나라의 존재 자체가 두려운 그런 상황으로 바뀔

---

373) 『舊唐書』 권12, 「德宗本紀」上 貞元 2年 11月 ; 12月조, 355쪽.

374) 『舊唐書』 권12, 「德宗本紀」上 貞元 3年 9月 丙寅조, 358쪽.

375) 지배선, 2000, 「고구려인 高仙芝(1)-對토번 정벌을 중심으로-」, 『東方學志』 110, 233~265쪽.

수도 있다.

 사마광은 정원 2년 9월 정유 일에 이납과 가탐에 대한 사실을 기록한
후, 다시 2년 2개월이 지난 정원 4년 11월에야 이납에 관한 사실을 『자치통감』
에 기록하였다. 다시 말해 오랜 기간 이납에 대한 기록을 하지 않았다가
이납의 경우는 견제해야 할 중대 사안이 벌어졌을 때만 기록했다. 더욱
특이한 것은 사마광이 이납에 대한 사실을 기록하지 않으려는 흔적이 매우
역력하다. 그가 기록한 정원 4년 11월 조정에서 이납에 대해 대책을 논의한
사실을 보자.

> 李泌이 황제에게 아뢰길, "長江과 淮河의 조운은 甬橋(안휘성 숙주시)가
> 목구멍인데, 땅이 徐州에 속해 있고, 이납과 이웃하고 있는데, 자사 高明應은
> 나이가 어린데다 일을 익히지 못한 처지니, 만약 이납이 어느 날 다시 다른
> 일을 도모하여 몰래 徐州를 점거하게 되면, 이는 장강과 회하를 잃는 것이니,
> 나라에서 쓸 비용을 어느 곳으로부터 부쳐오게 하겠습니까! 청컨대 壽·盧·濠都
> 團練使 張建封을 옮겨서 徐州에서 진수하도록 하고, 濠州와 泗州를 떼어내
> 그에게 예속시키도록 하고, 다시 盧州와 壽州를 淮南으로 돌려주면 淄青에서는
> 두려움으로 숨이 막히게 되어서, 운송하는 길이 항상 뚫려있어 장강과 회하가
> 안정될 것입니다. 오늘에 이르러서 高明應은 어리고 어리석어서 가히 대신할
> 수 있으니, 징소하셔서 金吾將軍으로 삼으시면 적당할 것입니다. 만일 다른
> 사람으로 하여금 그곳을 얻게 하도록 하면, 다시는 통제할 수가 없습니다."라
> 고 아뢰니, 황제가 이를 따랐다.[376]

 李泌이 이정기 시대에 甬橋가 막혀 장안으로 물자가 조달되지 않았던
어려운 경험 때문에 徐州자사의 역할의 중요성을 황제에게 아뢴 내용이다.

---

376) 『資治通鑑』 권233, 「唐紀」49 德宗 貞元 4年 11月조, 7516쪽, "李泌言於上曰'江·淮漕運以甬
橋爲咽喉, 地屬徐州, 鄰於李納, 刺史高明應年少不習事, 若李納一旦復有異圖, 竊據徐州,
是失江·淮也, 國用何從而致! 請徙壽·盧·濠都團練使張建封鎭徐州, 割濠·泗以隸之, 復以
盧·壽歸淮南, 則淄青惕而運路常通, 江·淮安矣. 及今明應幼騃可代, 宜徵爲金吾將軍. 萬一
使他人得之, 則不可復制矣.'上從之."

위에서 江·淮운하의 중요성을 咽喉로 비교한 것은『구당서』「장건봉전」도 마찬가지였다. 李泌이 보건대 서주자사 高明應은 나이마저 어린데다가 상황 판단을 제대로 하지 못해 서주를 지키는데 문제가 있다는 상소였다. 그런데 고명응이 徐州자사가 된 것은 784년 5月에 徐·海·沂·密觀察使 高承宗이 죽자, 다음날 그의 아들 고명응이 知軍事를 맡게 되었기 때문이다.[377]

게다가 서주는 江·淮의 길목에 甬橋가 있어, 이납이 이를 장악할 경우 전일의 어려움이 다시 엄습한다는 사실을 李泌뿐 아니라 덕종에게도 익히 학습되었다. 이린 상황을 타개하기 위해 李泌은 高明應을 金吾장군으로 임명하는 대신 徐州를 지킬 능력이 있는 壽·廬·濠都團練使 張建封을 임명하자는 건의였다. 이는 당이 이납이 다시 서주를 탈환할지 모른다는 생각 때문에 서주에 대한 방어를 견고하게 하기 위해 덕종은 이필의 안을 받아 들였다. 서주는 자사 이유가 당에 투항하기 전까지는 이정기의 평로·치청절도부 휘하에 속하였다.

그런데 서주자사 이유의 部將 출신 高承宗은 이유가 죽은 다음달(782년 9月)에 서주자사가 된 인물이었다. 따라서 고승종은 서주자사 재임기간을 2년을 못 넘기고 죽었다.

여기서 제일 중요한 것은 興元 元年(784) 정월 초하루의 制書가 발표된 지 5년이나 지났는데도 당은 이납이 모반할지 모른다는 것을 늘 염려하고 있다는 사실이다. 그렇다면 이납이 당과 관계 개선한 것이 이납에게도 필요했던 것은 사실이나, 그보다 조정에서 이납을 회유하기 위해 노력한 결과가 興元 원년 초하루의 奉天의 詔書였다.

790년경에도 절도사들 간의 세력 확장 다툼은 계속되었다. 즉 成德軍절도사 王武俊과 평로·치청절도사 이납의 대립이 그 한 예이다. 즉『구당서』「덕종기」의 貞元 6년 2월조에,

---

377)『資治通鑑』권231,「唐紀」47 德宗 貞元 元年 5月조, 7431쪽.

정유 일 王武俊의 棣州의 守將 趙鎬가 棣州를 들어 李納에게 투항하였다. 王武俊은 화가 나서 병사를 보내 (趙鎬를) 공격하였다.[378]

라는 것이 그것이다. 때는 貞元 6년(790년) 2월 정유일에 왕무준의 수장 조호의 투항 사건이다.[379] 이에 대한 사실기록은『자치통감』에 보다 자세하다. 즉,

처음에, 朱滔가 貝州에서 패하자, 棣州자사 趙鎬가 棣州를 가지고 王武俊에게 항복하였는데, 이미 그렇게 하고 나서 왕무준에게 죄를 지었고, 그를 불렀으나 가지 않았다. 田緒는 잔인하였는데, 그의 형 田朝는 이납을 섬겨 齊州자사였다. 어떤 사람이 말하기를 이납이 田朝를 魏州에 바치고자 한다고 하자, 田緒가 두려워하였는데, 판관 孫光佐 등이 田緒를 위해 모의하여, 이납에게 후하게 뇌물을 주었고, 또 이납에게 유세하기를 趙鎬를 불러들이면 棣州를 손에 넣을 수 있다고 하여 그를 기쁘게 하였고, 이어서 田朝를 경사로 보내게 해달라고 청하니, 이납이 따랐다. 정유일에 趙鎬가 棣州를 가지고 이납에게 항복하였다. 3월에 왕무준이 그의 아들 王士眞으로 하여금 그를 치게 하였으나, 이기지 못하였다.[380]

위의 사실은 절도사 주도, 왕무준, 이납이 영역확장 문제로 얽히고설킨 하나의 사건이다. 왕무준 휘하의 棣州 趙鎬가 棣州에 예속된 한 郡의 城을 들어 이납에게 투항하였다.[381] 여기서 간과할 수 없는 사실은 절도사의 관할구역을 조정에서 통제하지 못하고 있다는 점이다.

---

378)『舊唐書』권13,「德宗紀」(貞元 6年) 2月조, 369쪽, "丁酉, 王武俊守棣州將趙鎬以郡歸李納, 武俊怒, 以兵攻之."

379)『資治通鑑』권233,「唐紀」49 德宗 貞元 6年 2月 丁酉조, 7521쪽.

380)『資治通鑑』권233,「唐紀」49 德宗 貞元 6年 2月조, 7520~7521쪽, "初, 朱滔敗於貝州, 其棣州刺史趙鎬以州降於王武俊, 旣而得罪於武俊, 召之不至. 田緒殘忍, 其兄朝, 仕李納爲 齊州刺史. 或言納欲納朝於魏, 緒懼, 判官孫光佐等爲緒謀, 厚賂納, 且說納招趙鎬取棣州以 悅之, 因請送朝於京師, 納從之. 丁酉, 鎬以棣州降于納.三月, 武俊使其子士眞擊之, 不克."

381)『冊府元龜』권436,「將帥部」違命 '李納' 棣州守將趙鎬以城降納조, 5212쪽.

아무튼 趙鎬가 棣州의 한 郡을 가지고 이납에게 귀순한 것이 문제의 도화선
이었다. 이러한 사실을 알고 화가 난 王武俊은 다음달(3월) 자신의 아들 王士眞
을 파견하여 趙鎬를 공격하였으나 실패하였다.[382] 이는 이때 절도사들이
자신의 영역을 확보하기 위하여 군사동원을 주저하지 않았다는 증거다.
전서의 형 전조가 이납 휘하에서 제주자사였다는 사실도 주목할 필요가
있다. 그 이유는 절도사의 인척이라도 적재적소의 인물이라고 판단되면
이납은 그들을 휘하 관리로 임용했기 때문이다. 王士眞은 王武俊을 이어
成德절도사·檢校司空이 되었으며, 元和 원년(806) 정월에 同平章事까지 추가되
었다.[383] 같은 해 2월에 당은 魏博절도사 田季安에게 同平章事를 제수하였
다.[384]

趙鎬가 棣州를 들어 이납에게 항복한 것을 다시 돌리기 위해서 王武俊이
반격하였다. 즉 790년 5월조에,

> 왕무준이 冀州에 주둔하며, 장차 趙鎬를 공격하려 하였는데, 趙鎬가 그의
> 무리를 이끌고 鄆州로 도망하였고, 이납이 병사를 나누어 이곳을 점령하였다.
> 田緒의 사자 孫光佐가 鄆州로 갔는데, 조서를 고쳐 棣州를 이납에게 예속하게
> 하니, 王武俊이 노하여, 그의 아들 王士淸을 파견해 貝州를 치고, 經城 등
> 네 현을 빼앗았다.[385]

이는 그 당시 절도 가운데 이납이 제일 강성했음을 증명하는 사료이다.
다시 말해 王武俊이 棣州를 들어서 이납에게 투항한 趙鎬를 응징하려 할

---

382) 『資治通鑑』권233, 「唐紀」49 德宗 貞元 6年 3月조, 7521쪽.
383) 『舊唐書』권14, 「憲宗紀」元和 元年 正月 壬午조, 414쪽 ; 『資治通鑑』권237, 「唐紀」53
　　 憲宗 元和 元年 正月 壬午조, 7625쪽.
384) 『資治通鑑』권237, 「唐紀」53 憲宗 元和 元年 2月 癸丑조, 76271쪽.
385) 『資治通鑑』권233, 「唐紀」49 德宗 貞元 6年 5月조, 7521쪽, "王武俊屯冀州, 將擊趙鎬,
　　 鎬帥其屬奔鄆州, 李納分兵據之. 田緒使孫光佐如鄆州, 矯詔以棣州隷納, 武俊怒, 遣其子士
　　 淸伐貝州, 取經城等四縣."

때 조호는 이납이 거처하는 운주로 도망했다는 사실이 그것이다. 또 전서의
사자 孫光佐마저 조서를 고쳐 棣州가 이납에게 예속되었다는 사실도 같은
맥락이다. 이때 이납이 절도사 가운데 제일 강력했기 때문에 위와 같은
일이 발생하였다.

이때 棣州에서 야기된 절도사간의 전투를 조정이 해결하려고 고심하였던
사실을 주목하고 싶다. 즉 당 덕종이 이납에게 여러 번 조서를 내려 棣州에
속하였던 郡을 成德절도사 왕무준에게 돌려주라는 조서를 내렸다.[386] 그런데
이때 이납과 왕무준의 대립은 자신의 영역 확대보다는 경제적인 문제였다.
즉 棣州의 蛤枈를 놓고 이납과 왕무준이 첨예하게 대립하였던 게 그 당시
중요 수입원이 蛤枈에서 생산되는 소금 때문이었다.

이때 이납은 소금 생산판매를 위해 棣州와 德州를 특별 관리하였다. 이에
관한 기록을 보자.

> 처음에, 이납이 棣州(산동성 혜민현)의 갑타(산동성 혜민현 남쪽)에서 소금
> 이 나는 이로움이 있어서 성을 쌓고 이를 점거하였는데, 또 德州(산동성
> 능현)의 남쪽에 있는 三叉城(산동성 능현 동남쪽)을 지켜서 田緖와 통하는
> 길로 삼았다.[387]

위의 내용은 이납이 棣州에서 소금이 생산되었기 때문에, 이를 지속적으로
확보하기 위해서 갑타에 성을 쌓았다는 것이다. 뿐만 아니라 이납은 교통망
확보를 위해 德州 남쪽에 三叉(汊)城을 쌓아 魏博절도사 田緖와 통하는 길을
확보하였다. 이는 이납이 소금생산과 아울러 그 판매망을 확보했던 사실과
관련된 기록이다.

그 당시 국가 수입에서 차지하는 비중이 절대적이라고 말할 만큼 중요한

---

386) 『冊府元龜』 권436, 「將帥部」 違命 '李納' 德宗累詔令歸之조, 5212쪽.
387) 『資治通鑑』 권234, 「唐紀」50 德宗 貞元 8년 11月조, 7538쪽, "初, 李納以棣州蛤枈有鹽利,
城而據之, 又戍德州之南三叉城, 以通田緖之路."

소금이 棣州에서 생산되었다.388) 이 무렵 棣州의 鹽地와 蛤朶에서 일 년에
수십만 斛의 소금이 생산되어 평로·치청절도사 이납에게 막대한 塩利가
돌아갔다.389) 이때 조정이 절도사간의 영토문제에 적극적으로 관여한 이유는
절도사가 임의로 영역을 확보하는 것을 차단하겠다는 의도이다. 이와 관련된
사실을 들어보자.

　　황제가 여러 번 조서를 내려 이납에게 棣州를 王武俊에게 돌려주도록 하였는
　　데, 이납은 여러 가지 이유를 대며 차일피일 미루더니, 조정에 대하여 (棣州를)
　　海州로 바꾸어 줄 것을 요청했으나 황제는 이러한 요구를 허락하지 않았다.
　　이내 王武俊에게 조서를 내려 먼저 田緒에게 四縣을 돌려주도록 요구하니,
　　황제가 이를 따랐다. 12월에 이납이 비로소 棣州를 王武俊에게 돌려주었다.390)

　　이는 棣州의 소유권이 왕무준에서 이납으로 옮겨지게 되자, 이를 조정에서
간섭한 것이다. 그런데 이때 조정이 이납에게 체주를 왕무준에게 돌려줄
것을 명령하였는데도 불구하고 이납이 체주 반환을 미루었다는 사실은 암시
하는 바가 크다. 다시 말해 조정이 이납을 통제할 수 없었다는 이야기이다.
이때도 이납은 조정의 요청에 타협안을 제시할 정도로 조정을 대수롭지
않게 상대하였다. 즉 이납은 조정의 요청대로 체주를 왕무준에게 주지 않고
대신에 海州와 교환하자고 제안하였다.391) 그런데 해주는 이납 영역의 동남방
해안가에 치우쳐 있는 지역이다. 반면 체주는 소금생산지로 경제적으로
중요할 뿐 아니라 青州와 淄州 북방에 있어서 이납에게는 요충지에 해당하는
그런 지역이라고 볼 수 있다. 아무튼 위의 사료는 이납이 자신의 관할지

---

388) 築山治三郎, 앞의 「地方官僚と政治」, 370~373쪽.

389) 築山治三郎, 앞의 「地方官僚と政治」, 373쪽.

390) 『資治通鑑』 권233, 「唐紀」49 德宗 貞元 6年 11月조, 7522쪽, "上屢詔李納以棣州歸王武俊,
　　納百方遷延, 請以海州易之於朝廷, 上不許. 乃請詔武俊先歸田緒四縣, 上從之. 十二月, 納始
　　以棣州歸武俊."

391) 『冊府元龜』 권436, 「將帥部」 違命 '李納' 納乃請進海州以易之조, 5212쪽.

안전을 위해 체주를 끝까지 확보하려고 노력하였다는 의미다.

왕무준은 조정에 대해서 이납이 차지하고 있는 체주를 돌려 줄 것을 청원하자, 조정이 이납에게 棣州를 왕무준에게 돌려줄 것을 명령했으나 따르지 않았다. 이는 이납이 황제의 일방적 명령에 대한 무시였다. 게다가 왕무준이 田緒의 四縣을 점령하고 있는 상황이라서 이납도 왕무준에게 체주를 돌려주지 않을 명분을 가진 셈이다. 그런데 왕무준이 田緒의 四縣을 돌려주고 난 다음달 (12월)에 이납이 체주를 왕무준에게 돌려준 것은 암시하는 바가 크다. 그 이유는 왕무준이 田緒의 4현을 점령한 상황에서는 이납도 체주를 돌려주지 않아도 될 명분이 있었기 때문이다. 그러나 상황 변화로 790년 12월 이납은 체주 소유권을 왕무준에게 돌려주었다.

그런데 이납에게 속한 海州刺史는 張昇璘이었다. 장승린은 義武절도사 張昇雲의 동생이다.[392] 이납이 죽은 이듬해(貞元 9년) 4월에 해주자사 장승린의 관직이 박탈되었다.[393] 이에 관한 소식을 『자치통감』에서 들어보자.

> 海州團練使 張昇璘은 張昇雲의 동생이며 이납의 사위인데, 아버지의 大祥 때문에 定州로 돌아왔다가 일찍이 공개된 장소에서 王武俊을 욕하였는데, 이런 사실을 王武俊이 주문을 올렸다. 여름 4월에 정축 일에 조서를 내려 그의 관직을 삭탈하고, 中使를 파견해 곤장을 치고 그를 가두게 하였다.[394]

이납의 사위이며 이사고의 매형인 海州團練使 장승린이 아버지가 죽은 지 2년 후에 올리는 제사에 참석하러 定州에 갔다가 변을 당했던 내용이다. 定州는 張昇璘의 형 義武절도사 張昇雲의 치소였다. 793년 2월 갑인 일에

---

392) 『資治通鑑』 권234, 「唐紀」50 德宗 貞元 9年 3月 海州團練使조, 7543쪽.

393) 『冊府元龜』 권176, 「帝王部」 姑息1 (貞元) 9年 4月削海州刺史本州團練使張昇璘官조, 2121쪽.

394) 『資治通鑑』 권234, 「唐紀」50 德宗 貞元 9年 3月조, 7543쪽, "海州團練使張昇璘, 昇雲之弟, 李納之壻也, 以父大祥歸于定州, 嘗於公座罵王武俊, 武俊奏之. 夏, 四月, 丁丑, 詔削其官, 遣中使杖而囚之."

비로소 장승린의 형 장승운은 의무절도사가 아닌 留後신분으로 되었기 때문에 장승운은 의무절도사가 되기 위해서 조정 비위를 맞추어야할 그런 상황이었다. 결국 이는 王武俊에게 옛적에 張昇璘이 욕한 죄목으로 당 덕종이 환관을 파견하여 매질하고 잡아 가두었던 사건이다. 다시 말해 절도사간의 문제에 조정이 끼어든 경우이다. 이납 생존 시 덕종은 아무 말도 않다가 이납이 죽고, 그의 아들 이사고가 집권하자 왕무준 편을 들었다. 이때 이사고는 이납의 뒤를 세습한 직후라서 이사고보다 왕무준이 유리할 수밖에 없는 상황이었다.

평로·치청절도사 이사고가 이납을 계승한 지 얼마 경과하지 않은 시점이라서 왕무준이 이를 적극적으로 이용하였다고 본다. 전에 왕무준이 이납의 德州와 棣州를 공격한 수법처럼 定州를 공격해서 경제적인 이득 확보를 위해 동시다발로 주변지역을 공략하였다. 貞元 9년 4월의 王武俊의 행동에 대해 『자치통감』에서 다음과 같이 전하고 있다.

定州는 재물이 풍부하고 백성이 많아서, 왕무준은 항상 定州를 탐냈기 때문에 군사를 파견하여 습격해, 義豊(하북성 안국시)을 빼앗았고, 安喜(定州의 치소, 하북성 정주시)와 無極(하북성 무극현)에서 1만여 인을 약탈하여 德州(산동성 능현)와 棣州(산동성 혜민현)로 옮겼다. 張昇雲은 성을 닫고 스스로 지키며, 여러 차례 사신을 보내어 그에게 사과하고서야 멈추었다.395)

義武절도(치소가 定州)가 백성도 많고 재물이 풍부하여 늘 왕무준이 호시탐탐 노렸던 지역이다. 그런데 조정이 왕무준의 요구대로 이납의 사위 장승린을 매질하고 잡아가두자 왕무준이 이를 이용해 정주를 침공하였다는 내용이다. 이는 이 무렵 각 절도사들이 경제적 이익과 노동력 확보를 위해 빌미만 있으면 지체하지 않고 침공하여 자신의 재물과 백성 수를 늘렸다는 것을

---

395)『資治通鑑』권234,「唐紀」50 德宗 貞元 9年 4月조, 7543쪽, "定州富庶, 武俊常欲之, 因是遣兵襲取義豊, 掠安喜·無極萬餘口, 徙之德·棣. 昇雲閉城自守, 屢遣使謝之, 乃至."

알린 사료이다. 왕무준의 약탈로 의무절도의 백성 1만여 명을 德州와 棣州로 강제 이주하였다. 이때 의무절도 留後 張昇雲의 사죄 사신 파견으로 왕무준의 공격이 일시 멈추었다. 이때 장승운의 사죄는 아우 장승린이 왕무준을 공개적으로 욕한 사실에 대한 것이었다.

이런 상황에서 당이 실제로 절도사들을 통제한다는 것은 불가능하였다. 그런데 주목할 사실은 그 후 조정이 의무절도사 장승운에게 張茂昭라는 이름을 하사하였다는 사실이다.396) 이는 당시 의무절도사를 당이 완전히 통제하고 있다는 의미로 해석할 수 있는 부분이다. 당과 의무절도사 張茂昭가 긴밀하게 된 다른 이유는 그의 아우 張茂宗이 貞元 13년 6월 덕종 딸 義章공주를 처로 맞이한 것과 무관하지 않다.397) 이런 사실들을 주목한 것은 이사고에 대한 당의 압박이 점차 강화될 수 있는 여건이 조성되었다고 판단되기 때문이다.

물론 당시 당의 정치가 제대로 되어갔다는 이야기는 결코 아니다. 建中 4년 奉天으로 도망한 황제를 따라 나섰던 한림원 출신 陸贄가 재상으로 있을 땐 가능한 범주 안에서 어느 정도 합리적인 방향으로 국사를 처리하려고 노력하였다.398) 그러나 정원 10년 12월에 육지를 太子賓客으로 몰아낸 度支使 출신 裴延齡이 조세를 심하게 거두어들여 백성에게 고통을 안겨주면서부터는 당의 정치는 더욱 곤경에 빠지게 되었다.399)

위와 같은 조정의 요구에 따라 이납이 棣州를 王武俊에게 돌려주었던 것이 아니라 여러 절도사들과의 관계를 고려하여 반환하였다.400) 때는 貞元 6년 11월이었다.401) 즉 『구당서』 「덕종기」에 "靑州절도사 이납이 棣州를

---

396) 『資治通鑑』 권235, 「唐紀」51 德宗 貞元 10年 6月 賜義武節度使조, 7562쪽.

397) 『資治通鑑』 권235, 「唐紀」51 德宗 貞元 13年 6月 光祿少卿조, 7577~7578쪽.

398) 『舊唐書』 권139, 「陸贄傳」 建中 4年조, 3791~3816쪽.

399) 『舊唐書』 권139, 「陸贄傳」 (貞元) 10년 12月조, 3817쪽.

400) 『冊府元龜』 권436, 「將帥部」 違命 '李納' 納始奉詔조, 5212쪽.

401) 『資治通鑑』 권233, 「唐紀」49 德宗 貞元 6年 12月조, 7522쪽. 『資治通鑑』은 『舊唐書』 本紀와 달리 이납의 棣州 반환시기를 11월이라고 하였다.

왕무준에게 반환하면서, 그때 (棣州) 병사 3천 인을 왕무준에게 돌려보냈
다"402)는 사료가 그것이다. 이는 790년 2월에 왕무준이 체주를 되찾기 위한
공격에 실패하였으나, 이납의 정치적인 판단과 조정의 간섭으로 체주가
다시 왕무준에게 귀속되었음을 의미한다.

그러나 이납이 체주는 물론, 체주 병사 3천 명까지 왕무준에게 돌려주었다
는 사실을 음미할 필요가 있다. 이는 이납이 왕무준과의 관계를 개선하려는
의도였다. 이같이 추론하는 이유는 이납이 죽은 후에도 절도사간의 영역확보
다툼이 지속되었기 때문이다. 그러나 체주를 들어 이납에게 항복하였던
趙鎬를 왕무준에게 돌려주지는 않았다. 이는 자신에게 투항하는 인물에 대하
여 만큼은 철저하게 신변을 보장하겠다는 정치적 의도가 깔린 조치였다.

정원 8년 3월 선무절도사 유현좌가 죽은 후 후임 절도사 문제에서도 당은
이납에 대한 두려움 때문에 유현좌의 아들 유사녕을 유후로 임명하였다.
당시 상황을 구체적으로 설명하면 유현좌가 죽자, 부하 장군들이 새로운
선무절도사를 보내줄 것을 요청하였다. 이때 조정은 감군 孟介와 행군사마
盧瑗이 宣武가 모두 편안하다는 말을 믿고 陝虢절도사 吳湊를 파견하였다.
그런데 劉玄佐의 사위와 親兵들은 유현좌의 아들 劉士寧을 그의 후계로 추대하
였다. 유사녕을 유후로 추대한 인물들은 城將 曹金岸과 浚儀 현령 李邁를
붙잡으면서 다음과 같이 말하였다.

"너희들은 모두 吳湊를 요청한 놈들이다!" 마침내 그들을 조각내어 죽였지
만, 盧瑗은 도망하여 죽음을 면하였다. 劉士寧이 재물을 가지고 將士들에게
상을 주고, 孟介를 위협하여 조정에 요청하도록 하였다. 황제가 재상에게
물었으므로, 竇參이 말하길, "지금 汴州(하남성 개봉시)사람들은 이납을 가리
키면서 制書로 명령 내리기를 기다린다고 하니, 윤허하지 않으시면, 장차
이납에게 합쳐질 것입니다."403)

---

402) 『舊唐書』 권13, 「德宗紀」 (貞元 6年) 11月조, 370쪽, 靑州李納以棣州還王武俊, 幷其兵士三
千.

당 덕종은 절도사 직이 자식들에게 세습되는 것을 막기 위해 그간 노력을 많이 하였던 터라 섬곽관찰사 吳湊를 선무절도사로 임명하였다. 그러나 유현좌 가의 측근 세력에 의해, 조정의 뜻과 다르게 劉土寧이 留後가 된 상황이었다. 이를 어떻게 처리할지를 덕종은 汴州 사정을 잘 안다고 판단되는 度支轉運使 竇參에게 물었다. 이때 竇參이 선무절도사로 劉土寧을 허락하지 않으면 汴州가 이납의 영역이 될 것이라고 덕종에게 아뢰었다. 이는 이납이 汴州마저 장악하여 조정을 압박할 가능성이 크다는 의미이다. 이와 같은 정황이라 덕종은 竇參의 말을 쫓았다.

여기서 간과할 수 없는 것은 이 무렵에도 당은 늘 이납이 변주를 공격할지 모른다는 우려를 갖고 있었다는 사실이다. 이는 이정기의 죽음으로 당과 평로·치청 간의 대립이 종결된 것이 아니라 일시 소강상태일 뿐이라는 사실을 당이 항상 알고 있기 때문에 더욱 주목된다. 『신·구당서』나 『자치통감』에서 이런 기록이 계속되고 있음은 제나라가 당에 의해 좌우되는 그런 나라가 아니라는 사실에 대한 방증이다. 필자의 생각으로는 이납의 제나라가 백관제도를 갖추었다는 사실은 제나라가 나름대로의 국사를 정리하였을 터인데, 고구려가 당에 의해 멸망된 것처럼 제나라도 당에 의해 멸망되었기 때문에 제나라의 그런 기록이 오늘날 현존하지 않는다고 여겨진다. 뒤에 다시 언급하겠지만, 이사도의 제나라가 멸망한 후 유오의 뒤를 따라 전홍정이 운주성에 들어가서 탈취한 사서의 내용만 전하고 있다. 그 사서를 다만 '簿書'가 발견되었다고 기록하면서, 그를 통해서 제나라 내부사정 일부만 전해지고 있을 정도이다. 무엇보다도 당이 고구려 유민 이정기의 손자 이사도의 제나라를 멸망시켰기 때문에 제나라 사서가 온전히 전해지기를 바랄 수가 없다.

아무튼 당은 유흡이 죽은 다음달 4월 경인 일에 유흡의 아들 劉土寧을 선무절도사로 임명하였다.404) 이는 당 덕종이 이납의 영역이 확대될 수

---

403) 『資治通鑑』 권234, 「唐紀」50 德宗 貞元 8年 3月조, 5726쪽, "爾皆請吳湊者! 遂罷之, 盧瑗逃免. 士寧以財賞將士, 劫孟介以請於朝. 上以問宰相, 竇參曰 '今汴人指李納以邀制命, 不許, 將合於納'."

있다는 우려 때문에 유사녕을 임명한 조치였다.

이즈음 당의 질서는 절도사들이 장악하는 형세였다고 표현하는 것이 옳다. 이와 같은 흐름은 당이 이납에게 제수한 관직에서도 읽을 수 있다. 즉『구당서』「이납전」에,

> 貞元 초년에 鄆州를 대도독부로 승격시키고, 이납에게 고쳐 長史를 제수하였다. 이납은 34세에 왕위에서 죽었기 때문에, 조정은 3일간 정사를 폐지하였으며, 각자 상사에 필요한 물건을 차이가 있게 보냈다.405)

라는 것이 그것이다. 이는 이납의 최후와 연결되는 부분이다. 이를 두 가지로 나누어 분석하고 싶다.

하나는 이납의 鄆州를 貞元(785~804) 초에 大都督府로 승격시켰다는 사실이다. 본래는 당이 변방 지역을 장악하고 나서, 그 지역에 총독부와 같은 성격으로 대도독부를 두는 것이지만 이 경우는 다르다. 즉 이는 당이 지방통제력을 거의 상실한 마당이었기 때문에 이납으로부터 환심을 얻기 위한 제스처로써 鄆州를 격상시켜 대도독부로 고쳤던 것이다. 운주를 대도독부로 격상시키면서 이납도 鄆州大都督府 長史로 임명하였다. 당시는 대개의 경우 대도독부의 장사는 명목상이지만 친왕을 임명하는 것이 하나의 관례였다는 것을 고려한다면, 이는 당이 이납에 대해서 파격적인 환대조치를 취한 것으로 해석할 수 있다.

다른 하나는 이납이 隴西郡王의 왕위를 갖고 죽었다는 사실이다.406) 이를 입증하는 것은 위에서 이납이 왕위에 있었던 상황에서 죽었기 때문에, 조정에서 정사를 3일간 폐지하였다는 것이 그것이다. 또 사마광은『자치통감』에서

---

404)『資治通鑑』권234,「唐紀」50 德宗 貞元 8年 4月 庚寅조, 5728쪽.

405)『舊唐書』권124,「李納傳」, 3536쪽, "貞元初, 升鄆州爲大都督府, 改授長史. 年三十四, 薨於位, 廢朝三日, 贈賻有差."

406)『新唐書』권213,「李納傳」封隴西郡王조, 5991쪽 ;『翰苑集』권9,「李納檢校司空制」, 646쪽.

이납의 죽음을 '卒'이라고 하지 않고 '薨'이라는 표현했는데, 왕위에 있다 죽었다는 신분을 알린 표현이다.[407] 물론 이납의 아버지 이정기가 죽었을 때도 사마광은 이납의 경우와 같게 薨이라고 표기하였다.[408] 아무튼 이납의 죽음을 薨이라고 표현하였던 것은『구당서』「이사고전」도 마찬가지였다.[409] 그렇다면 이는 이납이 당에 대하여 반기를 들고 독자적으로 齊王이라고 자칭하였던 것과 무관하지 않음은 물론이다. 이는 또한 興元 원년 奉天의 조서에서 반란하였던 자들의 옛 관직과 작위를 모두 인정한다고 약속하였던 것과 통하는 이야기이다.

곧 이납의 제나라가 명목상의 왕국이 아니라는 사실이다. 이를 방증하는 자료가 있다.『太平廣記』에 실린「潘炎」의 글에서 제나라의 실체를 알 수 있는 내용이 포함되어 있다. 그 전문을 옮기겠다.

潘炎은 禮部侍郎을 하면서 감독을 담당하였다. 그는 진사에 6등으로 합격하였다. 朱遂는 朱滔의 태자이다. 王表는 李納의 사위이며, 군사들이 그를 駙馬라 불렀다. 趙博宣은 冀定의 押衙였고, 袁同直은 藩王의 國師이다. 竇常은 20년 후에 관직을 얻었다. 奚某는 또한 일이 있었고, 그때는 六差라고 했다. 竇常은 새로이 진사가 되었다. 薛某는 給事中府에서 桑道茂를 만났다. 給事中에게 말하길, "竇常은 이제 막 급제한 사람인데, 언제 그에게 관직을 줄 수 있습니까?" 桑道茂가 말하길, "20년 후이다." 그 자리에 있는 모든 사람들이 믿지 않는다. 과연 竇常에게 관직을 주려고 다섯 번이나 주청하였으나 황제가 허락하지 않았다. 계속해서 임시관직에 임명하였다. 20년 후에 관직을 얻었다. 이것이 바로 운명이다.[410]

407)『資治通鑑』권234,「唐紀」50 德宗 貞元 8年 5月 癸酉 平盧節度使李納薨조, 7532쪽.

408)『資治通鑑』권227,「唐紀」43 德宗 建中 2年 7月 時平盧節度使李正己已薨조, 7306쪽.

409)『舊唐書』권124,「李師古傳」薨於位조, 3536쪽.

410)『太平廣記』권179,「潘炎」, 202쪽(『文淵閣四庫全書』所收, 1989), "侍郎潘炎, 進士牓有六異 : 朱遂爲朱滔太子 ; 王表爲李納女壻, 彼軍呼爲夫馬. 趙博宣爲冀定押衙. 袁同直入番爲阿師. 竇常二十年稱前進士, 奚某亦有事. 時謂之六差. 竇常新及第, 薛某給事中宅逢桑道茂. 給事曰'二十年後方得官.' 一坐皆哂, 不信. 果然耳五度奏官, 皆敕不下, 即攝職數四. 其如命

潘炎의 글을 소개한 이유는 王表가 이납의 사위였기 때문이다. 그런데 왕표를 군사들이 부마라고 불렀다는 사실을 주목하고 싶다. 그 이유는 이납의 제나라가 명목상의 왕국이 아니라 실제의 왕국이었다는 것을 설명하기 때문이다. 그런데 『全唐詩』에는 왕표에 대해, "王表는 大曆 14년(779)에 진사과에 급제하였다. 관직은 비서소감에 이르렀다. 시 3수가 있다."[411]고 했다. 그렇다면 왕표가 進士科에 급제할 때 이납의 나이는 31세였다. 참고로 潘炎의 행적에 대해서도 『全唐詩』에 전한다. 즉, "潘炎은 禮部侍郎이었으며, 劉晏의 사위였기 때문에, 澧州司馬로 좌천되었다. 詩가 한 首수 있다."[412]

제나라 이납은 貞元 8년(792) 5월 계유 일에[413] 죽었다.[414] 그런데 이납이 죽었다는 사실을 『신·구당서』의 본기에 언급하였다는 사실을 주목하고 싶다. 이는 이납이 당대에 차지하고 있던 비중이 매우 컸다는 시사이다. 즉 『구당서』 「덕종기」에, "계유 일에 평로·치청절도사, 檢校司徒, 平章事 이납이 죽었다"[415]는 기록이 그것이다. 그렇다면 이는 이납이 죽기 직전에 받았던 대표적인 관직이 평로·치청절도사, 검교사도, 평장사였다는 말이다. 그런데 이납의 관직 중 押新羅渤海兩蕃使의 경우는, 이납의 대표적인 관직에 들지 못하였다는 사실을 생각할 필요가 있다. 이납의 관직 가운데 押新羅渤海兩蕃使가 포함되었다는 사실은 앞서 『구당서』의 「덕종기」의 興元 원년(784) 8월 辛丑 일 기사에서

何?"

411) 『全唐詩』 권281, 「王表」, 3199쪽, "王表. 大曆十四年登進士第. 官至秘書少監. 詩三首."

412) 『全唐詩』 권272, 「潘炎」, 3056쪽, "潘炎. 禮部侍郎. 坐劉晏壻. 貶澧州司馬. 詩一首."

413) 『舊唐書』 권124, 「李師古傳」 貞元 十年 五月, 師古服闋조, 3537쪽. 이납의 아들 사고가 복상을 마쳤던 때가 貞元 10년 5월이었다는 사실에서 복상기간을 2년으로 잡아 이납이 죽은 때를 貞元 8년 5월로 산정하였다 ; 『新唐書』 권7, 「德宗紀」 貞元 8年 5月 癸酉, 平盧軍節度使李納卒조, 198쪽 ; 『資治通鑑』 권234, 「唐紀」50 德宗 貞元 8年 5月 癸酉, 平盧節度使李納薨조, 7532쪽 ; 『續通志』 권11, 「唐紀」11 德宗2 (貞元 8年) 5月 癸酉 平盧節度使李納卒조, 3303쪽.

414) 『舊唐書』 권124, 「李師古傳」 貞元 8年조, 3537쪽 ; 『冊府元龜』 권436, 「將帥部」 繼襲 '李正己' 貞元8年納死卒, 5179쪽 ; 金文經, 앞의 「唐·日에 비친 張保皐」, 154쪽.

415) 『舊唐書』 권13, 「德宗紀」 (貞元 8年) 5月조, 374쪽, "癸酉, 平盧淄靑節度使·檢校司徒·平章事 李納卒."

밝혔다.[416] 이는 당이 절도사들에게 주도권을 거의 빼앗긴 상황이라 주변국가
와 민족에 대한 정책을 중요하게 다룰 경황이 없었던 시대적인 상황과 연관성
이 있다. 달리 표현한다면 이 무렵 당나라의 천하 세계관이 크게 축소되었다.
반대로 이납에 의해서 발해, 신라, 왜의 외교 업무는 물론이고 교역권마저
완전히 장악되었음을 확인할 수 있다.

이납의 죽음에 대해 평로·치청 측은 신속하게 세습하였다. 즉 『신당서』
「德宗紀」에 의하면, "계유 일에 平盧절도사 이납이 죽자, 그의 아들 李師古가
스스로 留後라 하였다"[417]라는 기록이 그것이다. 이와 같이 이납이 죽자,
바로 그의 아들 이사고가 세습하였던 것은 평로·치청에서 이납의 죽음을
대비한 대책을 미리 마련했던 것 같다. 이와 같이 이납의 사후 그의 아들
이사고를 신속히 추대할 수 있었던 것은 이납이 이사고를 副大使로 삼아
元帥의 뒤를 잇게 조치했기 때문이다.[418] 그런데 위의 『자치통감』에서 주목되
는 것은 司馬光은 이납을 치청절도사라고 하지 않고 평로절도사라고 기록한
사실이다. 이는 앞에서 지적한 것처럼 이납의 영역이 '平'盧·'盧'龍과[419] 전혀
상관이 없는데도 불구하고 平盧절도사라로 지칭한 것은 고구려 유민들로
구성된 군대였다는 사실을 강조하기 위한 표현방법인 것 같다. 이납의 치소는
平盧와 무관한 鄆州였다. 실제로 이정기가 후희일과 함께 황하를 건너 후부터
는 평로와 직접적인 연관성이 없어졌다.

위의 기록처럼 이납이 죽자, 그의 아들 이사고를 신속하게 知留後로 삼은
것과 같은 경우는 魏博절도사 田緖가 어린 아들 田季安을 副大使로 삼았고,
貞元 12년 4월에 전서가 별안간 죽자,[420] 나이 15세의 전계안이 魏博留後가

---

416) 『舊唐書』 권12, 「德宗紀」 興元 元年 8月 辛丑조, 345쪽.

417) 『新唐書』 권7, 「德宗紀」 貞元 8年 5月조, 198쪽, "癸酉, 平盧軍節度使李納卒, 其子師古自稱
留後"; 『資治通鑑』 권234, 「唐紀」50 德宗 貞元 8年 5月조, 7532쪽, "癸酉, 平盧節度使李納
薨, 軍中推其子師古知留後."

418) 『資治通鑑』 권234, 「唐紀」50 德宗 貞元 8年 11月 旣而濟用其子爲副大使조의 胡三省註,
7539쪽.

419) 『舊唐書』 권38, 「地理志」1 平盧節度使조, 1387쪽.

된 예가 있다.[421] 이 중 전계안이 위박부대사가 된 것은 특별한 경우이다.

魏博절도사 田緒가 嘉誠공주를 모시고 살았으며, 庶子 세 명이 있었는데, 田季安이 제일 어려서 공주가 그를 아들로 삼아서 副大使로 삼았다.[422]

전서의 아들 전계안은 어머니가 미천한 출신이었으나 전서의 처 가성공주가 아들로 삼았기 때문에 그녀의 영향력에 의해서 위박부대사로 결정되었다는 특수한 경우이다.[423] 전서의 처가 가성공주라는 사실은 바꾸어 말하면 전서가 당에 대한 영향력이 매우 컸다는 의미와 통한다.

이납은 그의 아버지 이정기가 49세에 죽었던[424] 것보다 더 젊은 34세를 일기로 죽었다.[425] 그러나 이납이 왜 이런 나이에 요절하였는가에 관하여 사서에 언급되어 있지 않다. 그리고 이납의 처는 奚族 李寶臣의 딸이며,[426] 또한 李維誠의 여동생이기도 한데,[427] 이 여인의 행적에 대한 언급이 없다. 그밖에 이납에게 李經이라는 이름을 가진 아우가 있었다.[428] 그러나 李經이 이납 휘하에서 어떤 관직에 올랐는가에 대하여 사서에 기록된 바가 없으나 사서에 이름이 기록되었던 것으로 미루어보아 이납의 중요한 참모 역할을 담당하였다고 본다. 이는 이납이 제나라를 세우면서 백관제도를 두었다는

---

420) 『舊唐書』 권141, 「田緒傳」 貞元 12年 4月조, 3846쪽.

421) 『舊唐書』 권141, 「田季安傳」 緒卒時조, 3846~3847쪽 ;『資治通鑑』 권235, 「唐紀」51 德宗 貞元 12年 3月조, 7571쪽.

422) 『資治通鑑』 권235, 「唐紀」51 德宗 貞元 12年 3月조, 7571쪽, "魏博節度使田緒尙嘉誠公主, 有庶子三人, 季安最幼, 公主子之, 以爲副大使."

423) 『舊唐書』 권141, 「田季安傳」 母微賤조, 3846쪽.

424) 『舊唐書』 권124, 「李正己傳」 時年四十九조, 3535쪽.

425) 『續通志』 권279, 「唐列傳」79 '李納' 死年三十四조, 4881쪽.

426) 孟廣耀, 1985, 「安史之亂中的奚族」, 『社會科學戰線』 3, 214쪽.

427) 『舊唐書』 권142, 「李寶臣傳」 附'維誠傳' 同母妹嫁李正己子納조, 3870쪽.

428) 『新唐書』 권75下, 「宰相世系」5下 '高麗李氏' 經조, 3449쪽 ; 蘇慶彬, 앞의 『兩漢迄五代入居中國之蕃人氏族研究』, 588쪽.

사실 때문이다. 다만 제나라에서 이경의 관직이 무엇이었는지 전하지는
않고 있을 따름이다. 이런 일은 앞에서 언급한 것처럼, 고구려가 당에 의해
멸망된 것처럼 고구려 유민 이정기의 제나라도 당에 의해 멸망되었기에
관련된 사서들이 당에 의해 의도적으로 멸실되었기 때문이었다.

이정기가 사후에 太尉로 추증되었던 것처럼 이납도 죽은 후 太傅로 추증되
었다.[429] 그런데 이정기는 죽은 후 오랜 세월이 지나서 太尉로 추증되던[430]
것과 비교한다면, 아버지와 달리 이납은 죽자마자 바로 태위로 추증되었다.
이납의 아들로는 사고, 사도, 사현, 사지[431]가 있었다.

7. 제나라 이납의 평가

이납은 고구려 유민 이정기의 아들이었다. 이정기의 아들로 성장하는
과정 속에서 어릴 때부터 당으로부터 관직을 제수 받았다. 그 하나가 이납이
토번과 회흘의 가을과 겨울 공격을 막기 위해 징발되었던 防秋兵을 따라
장안으로 갔던 길에 당 대종을 만나 황제로부터 직접 벼슬을 받았던 것이다.
물론 이때 어린 이납이 벼슬을 하게 된 배경은 아버지 이정기 때문이었다.
이납의 최초 벼슬은 奉禮郎이었으며, 얼마 지나지 않아 殿中丞과 侍御史로
파격 승진하였다. 이납이 奉禮郎이 되었던 시기는 대종을 알현하기 이전인
듯한데, 아버지 이정기의 후광으로 말미암아 이후 출세가도를 달렸다. 이납은
아버지 이정기가 다스리는 지역의 재산을 관리하는 檢校倉部郎中이 되었을
뿐만 아니라, 군사마저 관할하는 總父兵의 자리까지 올랐다. 물론 이같이
이납이 관직을 당으로부터 제수받게 된 사정은, 조정이 이정기의 환심을

429) 『新唐書』 권213, 「李納傳」 贈太傅조, 5991쪽.
430) 『舊唐書』 권124, 「李正己傳」 方贈正己太尉조, 3535쪽 ; 『新唐書』 권213, 「李正己傳」
　　　詔太尉조, 5990쪽.
431) 蘇慶彬, 『兩漢迄五代入居中國之蕃人氏族研究』, 588쪽, 이납의 아들은 사고와 사도외
　　　師賢과 師智가 있다.

얻기 위한 상황이 있었기 때문이다.

이납이 조정으로부터 많은 관직을 받은 후 이정기의 군사를 거느릴 수 있는 總父兵이 되었다는 것은 의미가 크다. 이정기가 아들에게 자신의 관직을 세습시키기 위한 사전 정지작업으로 자신의 군사를 관리하는 관직을 주청하여 이납에게 주었기 때문이다. 그 후 이정기의 뜻대로 이납은 淄州자사라는 지방행정장관 직에 임명되었다. 이와 같이 이정기는 아들 이납에게 자신의 관직을 세습시키겠다는 노력을 지속적으로 추진하였다. 그 결과 이정기는 조정의 요구로 田承嗣를 공격할 때 조정에 주청하여 이납을 節度觀察留後와 더불어 行軍司馬로 임명시키면서 曹州자사마저 겸직시켰다. 이납이 御史大夫가 되었던 것도 그즈음의 일이다.

이납은 이정기가 죽자, 建中 2년(781) 8월 이아버지의 관직을 세습하게 하여 줄 것을 조정에 요구하였다. 조정에서 이납의 요구를 묵살하자, 이납은 李惟岳·田悅과 더불어 조정에 대하여 모반하였다. 이납은 자신과 뜻을 같이하는 절도사들과 함께 조정에 대항하였다. 주변세력과 연합하면서 운하를 장악하여 낙양과 장안의 경제문제를 압박하는 작전을 전개하였다. 즉 이납과 전열이 당의 兩京으로 수송되는 물화를 차단하기 위한 조치로 渦口를 봉쇄한 것이다.

전열은 興元 원년(784) 3월에 전승사의 여섯째 아들 田緒[432]에 의해 살해됨으로써 魏州에서는 田緒의 시대가 열렸다.[433] 전서는 매우 잔인해서 전열을 살해할 때 그의 처 高氏와 別院에 있던 전열의 母 馬氏까지 쫓아가서 살해할 정도로 흉폭한 인물이었다.[434]

한편 梁崇義는 襄·鄧에서 운하를 가로막았다. 그 결과 당의 서울 장안과 낙양으로 수송되는 곡물뿐만 아니라 모든 물건의 수송을 막았기 때문에

---

432) 『舊唐書』 권141, 「田弘正傳」 '田緒傳' 緒조, 3845쪽.

433) 『舊唐書』 권143, 「朱滔傳」 興元 元年 3月조, 3897쪽.

434) 『舊唐書』 권141, 「田弘正傳」 '田緒傳' 悅方沈醉조, 3846쪽.

당의 경제는 공황 상태였다. 그런데 이때 이납의 從叔父 李洧가 徐州를 들어 조정에 귀순하였기 때문에 이납의 남쪽 방어선이 무너졌다. 서주자사 이유가 조정에 투항하였던 사건은 조정과 대결하는 이납에게 치명적인 타격이었다. 한편 元和 6년(811) 5월 李惟岳의 동생 李惟簡이 鳳翔절도사가 되었다.[435]

그러나 이납은 조정과 싸움에서 패색이 짙어질 때, 상황을 반전시켰다. 즉 濮州의 濮陽을 탈출하여 鄆州로 치소를 옮기면서 재기하였다. 구체적으로 이납은 建中 3년(782) 11월 국호를 齊라 하고 스스로 왕이라 칭하면서 제천의식 을 거행하였다. 동시에 제나라를 다스리기 위한 관료제를 마련, 이른바 '百官之 制'를 설치하였다.

한편 당 덕종은 건중 4년(783) 겨울 절도사들이 장안을 공격하는 급박한 상황을 당해 奉天으로 도망하였다. 이듬해 흥원 원년(784) 독립한 절도사들에 게 조정에 귀순하면 죄를 용서하겠다는 조서를 발표할 정도로 당 조정의 상황은 절박하였다. 이러한 상황에서 이납은 당과 타협하였다. 그의 투항 목적은 당 조정에게 아버지 이정기의 관작을 공식적으로 세습 받겠다는 것이었다. 당 조정은 약속대로 흥원 원년 정월에 그를 檢校工部尙書와 鄆州자사 는 물론, 平盧軍절도사와 치청 등의 州의 관찰사로 임명하였다.

이정기가 죽던 그 해, 조정은 이납에게 아버지의 관작을 세습시키지 않았다. 그런데 조정의 뜻과는 상관없이 이납은 이정기의 관작을 독자적으로 계승하 였다는 사실은 이납의 제나라와 외국 관계를 조명하는데 매우 중요한 사실이 다. 즉 아버지 이정기가 관장하였던 업무 가운데 하나였던 신라·발해 사신에 관한 외교 사무와 무역에 대한 일을 이납이 직접 관장하였다. 이납이 당 조정과 타협한 후인 흥원 원년 8월에 당은 이납에게 帶陸海運·押新羅渤海兩蕃 等使라는 관직을 겸직하도록 임명하였다. 이때부터 조정이 공식적으로 이납 이 당과 신라·발해 사신에 관한 제반 업무를 관장하도록 조치하였다는 뜻이다. 이후 이납은 죽을 때까지 당과 신라·발해에 관한 외교와 무역에 관한 제반

---

435) 『資治通鑑』 권238, 「唐紀」54 憲宗 元和 6年 5月條, 7684쪽.

업무를 장악하였다. 곧 이정기에 이어 그 아들 역시 동아시아의 교역 네트워크를 장악하였다는 말이다.

제나라가 당에 귀순한 후에도 이납의 군사력을 조정이 무시하기는커녕 그 존재를 두려워하였다. 그렇다면 조정에 대한 제나라 이납의 투항 성격은 당과의 평화공존인 셈이다. 이와 같은 추론을 입증하는 것은 다음의 사건이다. 즉 貞元 2년(786) 4월에 조정의 요청으로 이납이 河南행영에 대한 토벌이 성공하였을 때, 당이 그 대가로 이납의 아들들에게 벼슬을 내렸다. 구체적으로 조정은 이납의 큰아들에게 6품의 정원관을 주었으며, 둘째 아들에게 8품의 정원관을 주었다. 그후 조정은 貞元 3년 여름 이납의 모친상 탈상 전에 이납에게 左金吾上將軍同正이라는 벼슬을 주었던 것도 조정이 이납의 환심을 얻으려는 조치였다.

당은 정원 8년(792) 5월 계유에 이납이 죽자, 그가 왕위에서 죽었기 때문에 조정에서 3일간 정사를 폐지하였던 것 역시 이납 휘하 세력에 대한 무마 차원의 조치였다. 다시 말해 이납의 죽음에 대한 애도 표시라는 방법을 이용하여 조정은 이납 휘하의 강력한 군사집단을 통제하겠다는 고도의 정치적 술수였던 것이다. 이때 당이 이납의 죽음을 여느 왕의 죽음처럼 예우하였다는 사실이 그 증거이다.

결론적으로 말하면, 이납은 아버지 이정기의 관작을 세습하기 위해서 당과 대결하였다. 그 후 당 덕종이 장안을 빠져 나와 봉천으로 도망가는 상황에서 조정은 어쩔 수 없이 이납과 제휴를 모색하였다. 이때 이납이 당에 대항하다가 공존을 모색한 것은, 아버지처럼 독립적인 국가로 활동하였기 때문에 그 상태를 유지한채 당과 협상이 가능하다고 보았기 때문이다. 이와 같이 제나라의 국가 성격이 파악됨으로 말미암아 동시대의 당과 발해·신라관계가 왜 그토록 뜸했는가를 확인할 수 있다. 또 그 무렵 당이 신라에 사신을 보내면서 신라왕을 책봉하였던 사실에 초점을 맞춘다면, 당에 대하여 신라보다 이납의 제나라가 더 독자적 세력을 구축하였다는 평가가 가능하다.

그밖에 이납의 통치기간에 신라가 당에 대항하였던 사실이 없을 뿐만 아니라 신라왕은 당으로부터 책봉을 받는 왕이었다. 신라왕이 당에서 지방행정장관의 성격과 같은 鷄林州刺史 관직에 임명되었다는 사실을 고려한다면, 이납의 제나라가 어느 정도 독자성이 강한 국가였는지를 능히 짐작할 수 있을 것이다.

제3장 이납의 아들 이사고에 의한 제나라의 전성기

1. 제나라 이사고의 등장

고구려 유민 이정기의 아들 이납에게는 세 아들이 있었다. 즉 李承(成)務, 李師古, 李師道가 그들이다.[1] 따라서 이사고는 이정기의 손자이다. 그런데 이사고의 형 李承(成)務[2]는 이납의 아우 이경과 함께 장안에서 돌아오지 못한 사실에서 유추 해석한다면 그곳에서 죽었던 게 아닌가 싶다.[3] 그렇지 않다면 李承務가 이사고의 庶兄인지도 모른다. 아무튼 이정기의 아들 이납, 이납의 아들 이사고의 행적을 규명하는 이유는 중국 역사상 고구려인으로 3대에 걸쳐서 중국 정사에 독립된 열전을 장식하고 있기 때문이다. 게다가 필자가 이정기에 대하여 언급한 것처럼[4] 이정기 가문의 4대가 「宰相世系」에 실릴 정도로 당에 끼쳤던 파장은 매우 크다. 『신·구당서』에 「이사고전」이 각각 기록되었던 것은 그들 모두가 세계국가라 칭할 수 있는 당나라에서 큰 역할을 담당하였던 인물이라는 사실에 대한 명확한 증거다.

이사고는 자신의 할아버지 이정기나 아버지 이납처럼 그가 다스리는 영역

---

1) 『新唐書』 권213, 「李納傳」 子師古·師道조, 5991쪽.

2) 章羣, 1986, 「唐代蕃將表」, 『唐代蕃將硏究』, 臺北 : 聯經出版, 569쪽.

3) 『新唐書』 권75下, 「宰相世系」5下 '高麗李氏' 承務조, 3448쪽 ; 蘇慶彬, 1967, 『兩漢迄五代 入居中國之蕃人氏族硏究』, 香港 : 新亞硏究所, 587쪽.

4) 지배선, 2000, 「고구려 인 이정기의 발자취」, 『東方學志』 109, 115~201쪽.

에서 거둔 세금을 당 조정에 납부하지 않았다. 그뿐만이 아니다. 이사고는 이정기와 이납처럼 관리마저 당나라와 무관하게 독자적으로 선발하여 임명 하였다.[5] 또 이사고는 아버지 이납이 죽자, 스스로 그를 세습하였다.

본장에서는 고구려 유민 이납이 건국한 제나라가 이사고 시대에 어떤 모습으로 전개되었는가를 규명하도록 하겠다.

2. 이납 생전 이사고의 관직

이사고는 아버지 이납이 할아버지 이정기의 후광으로 벼슬하였던 것과 마찬가지 길을 걸었다. 할아버지 이정기의 관직을 이사고의 아버지 이납이 그대로 세습을 받은 것과 같은 과정으로 이사고가 그대로 세습하였다고 표현하는 것이 정확하다.[6] 그 한 예가 평로·치청절도사 이납의 위세로 貞元 2년(786) 처음으로 이사고는 당의 6품 정원관이 되었다. 이때 이사고 나이는 대략 12세 정도였다. 이납을 위시한 그 당시 절도사들의 아들에게는 대개 관직이 주어졌는데, 사서에서는 이를 延賞이라 부른다.

貞元 초에 이사고는 첫 관직을 얻었다. 이와 관련된 소식을『冊府元龜』에서 들어보면,

（貞元 2년 4월）簡較司空·平章事 이포진, 簡較司空·平章事 이납, 簡較右僕射·平章事 한황, 工部尙書 전서 등이 각각 장사 5천 명을 하남 행영에 보내어 토벌하는 개가를 올리자, 이포진, 이납, 한황의 자손 1인에게 6품 정원관을 주었으며, 전서와 위의 인물의 자손 1인에게 8품 정원관을 주었다.[7]

5)『資治通鑑』권241,「唐紀」57, 憲宗 元和 14年 2月 己巳조, 7765쪽.

6) 伊瀨仙太郎, 앞의「安史の亂後における周邊諸民族の中國進出」, 93쪽.

7)『冊府元龜』권131,「帝王部」延賞2, 1576쪽(北京 : 中華書局, 1982), "(貞元 2年 4月) 簡較司空·平章事李抱眞, 簡較司空·平章事李納, 簡較右僕射·平章事韓滉, 工部尙書田緒等 各遣將士五千人赴河南行營同討不庭厥有成績, 抱眞, 納, 滉各與子孫一人六品正員官, 緒與

는 것이 그것이다. 이는 이납 등이 하남 행영으로 출정하여 반란군을 토벌한 공로로 조정이 그들의 자식에게 관직을 주었던 내용이다. 절도사 이납 등의 위세에 눌려 이납의 아버지 이정기 시대부터 이납이 관직을 받았던 것과 같은 형식으로 이사고가 관직을 얻은 셈이다.

이때(786년 4월) 이납의 한 아들이 6품 정원관이 되었고, 또 다른 아들이 8품 정원관이 되었다. 그 결과 이사고가, 이때 6품 정원관이 되었던 것 같다. 그리고 이사고의 이복동생 이사도가 이때 8품 정원관이 되었던 모양이다. 만약 이때 이납의 아들 이승무가 살아있었다면 이승무가 6품 정원관이 되었을 것이고, 이사고는 8품 정원관이 되었을 것이다. 이는 당 조정에서 평로·치청절도사 이납의 영향력으로 이사고가 벼슬하였다는 사실을 언급한 사료이다.

이사고가 언제 청주자사로 임명되었는지에 관한 자료를 사서에서 찾지 못하였다. 다만 이사고에 관한 첫 기록으로 "이납의 아들 이사고는, 시간 지나서 그를 여러 차례 주청하여 靑州자사가 되었다"[8]라는 부분이 주목된다.[9] 이는 이납의 거듭된 上奏로 이사고가 청주자사가 되었다는 사실을 알 수 있는 사료이다.[10] 그래서 필자는 이사고의 첫 관직이 무엇이었는지 정확히 알 수 없다고 말하였다. 그런데 이사고가 청주자사가 되기까지 아버지 이납의 영향력에 의한 蔭補였음은 두말할 필요가 없다.[11]

고구려 유민 이정기의 손자 이사고가[12] 몇 살이었을 때 청주자사가 되었는가를 살펴보자.[13] 이사고가 이복동생 이사도를 생각하면서 측근들에게 자신

　　子孫一人八品正員官."

　8) 『舊唐書』 권124, 「李師古傳」, 3537쪽, "子師古, 果奏至靑州刺史."

　9) 內藤雋輔, 1961, 「唐代中國における朝鮮人の活動について」, 『朝鮮史硏究』, 京都大, 488쪽.

10) 『新唐書』 권213, 「李師古傳」 師古, 以蔭果署靑州刺史조, 5991쪽.

11) 『新唐書』 권213, 「李師古傳」 師古, 以蔭署靑州刺史조, 5991 ; 『續通志』 권279, 「唐列傳」 79 '李師古' 師古以蔭署靑州刺史조, 4881쪽(上海 : 商務印書館, 1935).

12) 章羣, 1955, 「唐代降胡安置考」, 『新亞學報』 1, 315쪽.

13) 『舊唐書』 권13, 「德宗紀」(貞元 8年) 8月, 辛卯, 以靑州刺史李師古조, 375쪽 ; 『冊府元龜』 권436, 「將帥部」 繼襲 '李正己'軍中以納子靑州刺史師古代其位卒, 5179쪽.

이정기의 제나라 영토 안(곡부)에 있는 공자사당

의 심정을 말한 대화 가운데 이사고가 이납을 세습했을 때의 나이를 알
수 있다. 즉,

> 내가 이사도와 우애롭지 않은 것이 아니라 나는 나이 15세에 節旄를 갖게
> 되어 농사의 어려움을 알지 못한 것을 스스로 한스러워하였다. 하물며 이사도
> 는 다시 나보다 몇 살 덜 먹었기 때문에, 나는 그로 하여금 옷과 먹을 것이
> 나오는 곳을 알게 하면서, 또 주현 업무를 그에게 붙여주려고 한 것인데,
> 諸公들이 반드시 살피지 못하였던 것으로 생각된다.14)

이사고는 임종에 가까워서야 동생 이사도에 대해 생각했던 것을 신하들에
게 이야기하였다. 이때 이사고는 자신이 나이 15세에 節旄를 받았다는 사실을
언급하였다는 사실을 주목하고 싶다. 이는 이납이 죽은 그해 당 황제로부터
받은 부절과 旌旄은 쇠꼬리 모양의 깃이 달려 있는 깃대로 절도사에게 주는

---

14) 『資治通鑑』 권237, 「唐宗」53 憲宗 元和 元年 6月조, 7634쪽, "吾非不友於師道也,吾年十五
擁節旄, 自恨不知稼穡之艱難. 況師道復減吾數歲, 吾欲使之知衣食之所自來, 且以州縣之務
付之, 計諸公必不察也."

일종의 신표이다. 곧 이사고는 나이 15세에 평로·치청절도사가 된 것이다. 이사고가 근신들에게 말한 가운데 '나는 나이 15세 節旄를 갖게 되어,'[15] 라는 사실에서 이납이 죽었을 때 이사고의 나이를 확인할 수 있다. 다시 말해 이사고가 나이 15세부터 옛 齊나라와 공자가 출생한 魯나라 영토를 다스렸음을 알 수 있다.

3. 이사고의 절도사 세습

이납이 죽은 후, 아들 이사고가 관작을 세습 받았다.[16] 이는 이납이 그 아버지 이정기의 관직을 그대로 세습받기 위해 조정과 오랜 세월 싸워왔던 결과이다. 이런 까닭으로 이사고는 아버지 이납이 죽은 후 아버지의 관직을 그대로 이어 받는 것이 가능하였다. 달리 말한다면 이정기가 만든 꽤나 튼튼한 독립기반이 아들에서 다시 손자로 이어졌다고 말하는 것이 옳은 표현이다. 이납이 죽기 전에 이사고는 평로·치청절도에서 운주 다음으로 중요지역인 청주자사였다.[17]

이로 볼 때, 이정기 가문은 3대에 걸쳐서 독자적인 왕국을 당나라 안에 세웠다는 뜻이 된다. 이와 관련된 소식을 『구당서』 「이사고전」에서 들어보면,

> 貞元 8년 이납이 죽자, 軍中에서 이사고를 추대해 그의 官位가 이납의 위치를 대신하게 하고자, 조정에 임명하여 줄 것을 요청하니, 조정은 이로 말미암아 그에게 관직을 제수하였다. 喪이 끝날 무렵에 右金吾大將軍同正·平盧及青淄齊 節度營田觀察·海運陸運押新羅渤海兩蕃使로 기용하였다.[18]

---

15) 『資治通鑑』 권237, 「唐紀」53 憲宗 元和 元年 6月條, 7634쪽.

16) 『資治通鑑』 권234, 「唐紀」50 德宗 貞元 8年 初조, 及李師古襲位, 7538쪽.

17) 『舊唐書』 권124, 「李師古傳」 子師古조, 3537쪽 ; 『新唐書』 권213, 「李師古傳」 師古조, 5991쪽.

18) 『舊唐書』 권124, 「李師古傳」, 3537쪽, "貞元八年, 納死, 軍中以師古代其位而上請, 朝廷因而

라는 것이 그것이다. 貞元 8년(792) 5월 계유 일에 이납이 34세로 죽자,[19] 그 아들 이사고는 스스로 淄靑節度留後라고 하였다.[20] 이때 이사고는 이납의 藩鎭을 세습한 것으로,[21] 평로·치청절도사 직이 이정기로부터 이납으로, 다시 그 아들 이사고로 세습되었음을 의미한다. 게다가 평로·치청절도의 軍中마저 청주자사 이사고에게 이납의 관직을 그대로 계승하여 줄 것을 조정에 요청하였다는 내용은, 필자가 앞에서 언급하였던 평로·치청절도사 직의 세습이 당시 거의 기정사실화되었음을 입증하는 자료이다.[22] 정확히 말해 이납의 경우는 조정에 대한 쿠데타로 이정기를 세습하였던 것과 달리 이사고는 軍中의 추대만으로 아버지 이납의 관직 모두를 세습하였다.

그런데 軍中의 추대가 있은 지 며칠 후 『구당서』의 「덕종기」에 이사고가 아버지의 관직을 모두 세습했다는 사료가 있다. 이를 옮겨보면,

신묘 일에, 靑州자사 이사고를 鄆州大都督府長史·平盧淄靑等州節度觀察·海運陸運押新羅渤海兩蕃等使로 임명하였다.[23]

라는 사실이 그것이다. 이는 앞의 『구당서』 「이사고전」의 내용과 대동소이하다. 이때는 貞元 8년(792) 8월의 일로,[24] 이로써 이사고는 평로·치청절도사가

授之. 起復右金吾大將軍同正·平盧及靑淄齊節度營田觀察·海運陸運押新羅渤海兩蕃使."

19) 지배선, 2003, 「고구려인 이정기의 아들 이납의 발자취」, 『東方學志』 119, 273쪽 ; 『舊唐書』 권13, 「德宗」下 (貞元 8年) 5月 癸酉조, 374쪽 ; 『續通志』 권11, 「唐紀」11 德宗2 (貞元 8年) 5月癸酉平盧節度使李納卒조, 3303쪽 ; 『資治通鑑』 권234, 「唐紀」50 德宗 貞元 8年 5月 癸酉조, 7532쪽.

20) 『續通志』 권11, 「唐紀」11 德宗2 (貞元 8年 5月) 其子師古自稱留後조, 3303쪽.

21) 章羣, 앞의 「唐代蕃將表」, 61쪽.

22) 『冊府元龜』 권436, 「將帥部」, 繼襲 '李正己' 軍中以納子靑州刺史師古代其位卒, 5179쪽 ; 『續通志』 권279, 「唐列傳」79 '李師古' 納死軍中請嗣帥조, 4881쪽.

23) 『舊唐書』 권13, 「德宗」下 (貞元 8年) 8月조, 375쪽, "辛卯, 以靑州刺史李師古爲鄆州大都督府長史·平盧淄靑等州節度觀察·海運陸運押新羅渤海兩蕃等使."

24) 『資治通鑑』 권134, 「唐紀」50 德宗 貞元 8年 8月 以前靑州刺史李師古爲平盧節度使조, 7534쪽.

되었다.[25] 그렇다면 당 조정은 이납이 죽은 지 3개월이 경과한 후에, 이사고가 이납을 세습하였음을 공식적으로 인정한 셈이다. 그런데 위의 사료를 통하여 보면, 당이 재정국가적인 성격이 강하게 되면서 營田·海運陸運 등을 중시하였다는 사실을 주목하고 싶다. 또 이는 앞서 필자가 언급한 것처럼 당나라 안에서 부왕이 죽자, 그 아들 신왕이 즉위하면서 황제에게 새로운 책봉 요구를 목도하는 상황이라고 본다. 물론 이사고의 할아버지 이정기가 죽기 이전부터 당의 지방통제력이 상실되었던 것과 어느 정도 함수관계가 있다.

당은 이납 사후 그 부하들의 요구가 무서웠던지 그들의 요구를 아무 조건없이 그대로 받아들였다. 위의 내용을 몇 가지로 분석하고 싶다.

하나는 이납이 죽자 이납의 부하들이 이납의 관작을 그의 아들 이사고에게 주어야한다고 주장하였던 사실이다.[26] 이는 당의 주변국가가 당에 대하여 책봉을 요구하였던 사실과 일맥상통하는 일이다. 물론 이납의 부하들의 요구가 이납을 중심으로 형성된 세력들에 의해서만 국한되었던 것이 아니다. 왜냐하면 大曆 말년부터 중국에서 많은 절도사 세력들이 끊임없이 발호하였던 것과 밀접한 관계가 있기 때문이다. 이에 대하여는 필자가 이정기와 그의 아들 이납을 연구하면서 어느 정도 그 이유를 규명하였다.

둘은 이납 부하들의 요구대로 조정은 이사고에게 구체적인 관직을 주었다는 사실이다. 즉 당은 右金吾大將軍同正[27]·平盧及靑淄齊節度營田觀察[28]·海運陸運押新羅渤海兩蕃等使[29]라는 관직을 다시 이납의 아들 이사고에게 그대로

---

25) 『資治通鑑』 권234, 「唐紀」50 德宗 貞元 8年 8月, 以前靑州刺史李師古조, 7534쪽 ; 內藤雋輔, 앞의 「唐代中國における朝鮮人の活動について」, 488쪽.

26) 『資治通鑑』 권234, 「唐紀」50 德宗 貞元 8年 5月 癸酉 軍中推其子師古知留後조, 7532쪽.

27) 『新唐書』 권213, 「李師古傳」 詔起爲右金吾大將軍조, 5991쪽 ; 『續通志』 권279, 「唐列傳」 79 '李師古' 詔起爲右金吾衛大將軍조, 4881쪽. 『新唐書』는 右金吾衛大將軍을 右金吾大將軍同正이라고 다르게 기록하고 있다.

28) 『舊唐書』 권124, 「李師古傳」 起復右金吾大將軍同正조, 3537쪽.

29) 王成國, 1997, 「關于渤海使硏究的幾個問題」, 『高句麗 渤海硏究集成, 渤海』 권一, 哈尒濱 : 哈尒濱出版社, 24쪽(原載 : 『渤海史學術討論會論文集』, 1990).

주었다. 그런데 林樹山은 이때를 792년이 아니라 791년이라고 주장했는데,[30] 이는 그의 실수다. 아무튼 위의 관직은 모두 이납이 살아생전에 갖고 있었던 관직과 대동소이하다. 그렇다면 이사고는 아버지 이납의 관직은 물론, 이납의 영역도 그대로 물려받았다는 이야기다. 이를 설명하는 관직은 위의 平盧及青 淄齊節度營田觀察에서 쉽게 알 수 있다.

그런데 위의 관직에서 平盧군과 아울러 青淄 또는 淄青이라는 명칭 외에 '齊'라는 명칭이 추가된 사실을 주목할 필요가 있다.『구당서』의「이사고전」[31] 에서는 이사고가 平盧及青淄齊節度營田觀察이었다고 기록하고 있다. 결국 이는 이납이 제나라를 선포한 사실을 이사고 시대에 와서 그의 관명에 나타나 게 하여 齊나라 건국 사실을 당이 추인한 기록이라고 볼 수 있다. 따라서 淄青 외에 단순히 '齊'가 추가된 것이 아니라 이사고 시대에 들어와서 당과의 관계가 새롭게 격상된 것을 나타낸 관직으로 해석할 수 있다.

셋은 이사고가 海運陸運押新羅渤海兩蕃等使라는 관직에 제수되었던 사실 이다.[32] 이 관직은 이정기가 맡았던 관직으로 그가 죽은 후 일시 李希烈이 新羅渤海兩蕃使로 임명된 시기가 있었다는 사실을 앞에서 밝혔다. 그런데 이희열이 이정기의 후임으로 신라발해양번사에 임명되었던 때는 건중 3년 (782) 가을이었다.[33] 그리고 이납은 아버지 이정기의 관직이었던 海運押新羅渤 海兩蕃等使라는 관직을 興元 원년 8월 신축 일에 당에서 제수 받았다.[34] 이정기의 모든 관직을 세습 받는 과정에서 이납은 海運押新羅渤海兩蕃等使

---

30) 林樹山, 1997,「唐朝對渤海國實行的民族自治政策」,『高句麗 渤海硏究集成, 渤海』권一, 哈尒濱：哈尒濱出版社, 498쪽(原載：『東北亞歷史與文化』, 1990).

31)『舊唐書』권124,「李師古傳」起復右金吾大將軍同正조, 3537쪽.

32) 孫玉良, 1997,「唐朝對渤海的經營與管轄」,『高句麗 渤海硏究集成, 渤海』권一, 哈尒濱：哈 尒濱出版社, 463쪽(原載：『黑龍江文物叢刊』6, 1983)；王承禮, 1988,「당 왕조의 大祚榮 책봉과 발해 정치세력의 발전」,『발해의 역사』(송기호 역, 한림대학 아시아문화연구 소), 96쪽.

33)『舊唐書』권145,「李希烈傳」淄青節度李正己又謀不軌조, 3943쪽.

34)『舊唐書』권12,「德宗」上 興元 元年 8月 辛丑조, 345쪽.

직도 받은 것이다. 이사고 역시 아버지 이납의 모든 관직을 세습 받는 과정에서
海運陸運押新羅渤海兩蕃等使 직도 그대로 계승되었다.

제왕 이납의 아들 이사고는 모든 왕국이 그러한 것처럼 그 아버지의 관직을
모두 세습 받았다. 그렇다면 이는 위에서 제왕이라는 왕위에 대한 언급은
없었지만 이사고가 여러 관직만 제수 받은 게 아니라 왕위마저 이납에게서
그대로 세습 받은 것이다. 뒤에 언급하겠지만, 당과 신라나 발해의 왕들의
책봉도 이사고가 이납의 관직을 물려받았던 것과 별 차이가 없다. 그렇다면
이납이 貞元 8년 5월에 죽은 후 3개월이 지난 그해 8월에 청주자사 이사고가
鄆州大都督府長史·平盧淄靑等州節度觀察·海運陸運押新羅渤海兩蕃等使에 임
명됨으로 제나라의 왕으로서 명실상부한 실권을 완전히 장악하였다고 해석
하고 싶다.

4. 해운육운압신라발해양번등사 이사고와 외국관계

이사고의 海運陸運押新羅渤海兩蕃等使라는 관직은 특별한 관심을 가질 만
한 것이 많다. 그 이유는 이사고가 신라·발해·왜와 교역을 빈번하게 할 수
있었던 게 할아버지 이정기代부터 신라·발해·왜 교역권을 장악한 사실과
불가분의 관계가 있기 때문이다. 이정기와 이납은 물론이고 이사고의 경우도
당과 신라·발해·왜 등의 외교와 교역 등의 제반업무를 총괄하였다. 이와
같이 주장하는 이유는 당시 생존전략 차원에서 혈연적이거나 지연적인 연고
는 지금보다 강하였기 때문이다. 물론 이에 대해 오늘날 사회학자들은 반발하
고 있으나, 당시의 역사적 상황을 이해한다면 그들이 생각이 잘못되었음을
쉽게 알 수 있다.

위와 같은 논점을 설명할 수 있는 좋은 예는 이정기가 평로절도사 王玄志가
죽자, 그의 아들을 죽였던 사건이다. 즉 이정기는 자신의 고종사촌 후희일을
평로절도사로 세우기 위하여 쿠데타를 감행하였다. 즉 이정기가 절도사

王玄志의 아들이 왕현지를 세습하는 것을 막기 위해 아들을 죽였던 사실로 어느 정도 설명이 될 듯싶다.[35] 반면, 정원 8년 이납이 죽자 이납의 맏아들 이사고는 아버지의 관직을 그대로 세습 받았다.

　그런데 이납이 죽었을 때 그의 관직이 나열된 『구당서』 「덕종기」에 海運陸運押新羅渤海兩蕃等使라는 관직에 대한 언급이 없다. 그런데 같은 『구당서』 「덕종기」의 정원 8년 8월조에서는 이사고에게 海運陸運押新羅渤海兩蕃等使라는 관직을 주었던 사실을 밝히고 있다.[36] 이납 때보다 그의 아들 이사고 재위 시에 당이 신라·발해·왜 등과 교역을 장악하는 일에 주목하고 있다는 뜻이다. 당의 해외정책을 가볍게 볼 수만은 없었던 것을 암시한다고 해석하고 싶다. 바꾸어 말하면, 당이 재정국가적인 성격이 강해질수록 당과 외국과의 관계가 더욱 긴밀하여질 수밖에 없다는 이야기이다.

　한편 이즈음 당의 절도사들은 거의 독립적인 형태의 국가를 구축했다. 이는 당의 지방통제력이 약화되었다는 증거이다. 설상가상으로 이때 당은 가뭄으로 경제난이 가중되었다. 정원 13년 4월 한발 때문에 덕종은 흥경궁의 용당에서 기우제를 지냈다.[37] 이와 같은 상황에서 당의 외국(신라·발해)에 대한 통제는 이전보다 약화될 수밖에 없는 노릇이다. 따라서 이때 당의 해운육운압신라발해양번등사 이사고가 조정의 눈치를 살피지 않고 신라·발해관계의 모든 외교와 통상업무를 주도적으로 장악하였다. 그밖에 왜나 기타 나라의 통교 등 제반 업무마저 이사고가 장악하였다는 게 그의 관직 해운육운압신라발해양번등사가 갖는 의미라는 것에 대하여는 의심의 여지가 없다.

1) 해운육운압신라발해양번등사 이사고와 신라관계

35) 『新唐書』 권144, 「侯希逸傳」 副將李正己殺其子조, 4703쪽.
36) 『舊唐書』 권13, 「德宗」 下, 貞元 8년 8月 辛卯 以靑州刺史李師古조, 375쪽.
37) 『太平御覽』 권925, 「羽族部」12 鸜鵒 唐書曰貞元13年4月조, 4111쪽.

우선 해운육운압신라발해양번등사를 맡은 이사고는 당에 대하여 자신이
이납을 세습하였다는 것을 추인 받기 위한 수단으로 신라에 특별한 조공품을
주문하였던 것 같다. 즉, 원성왕 8년(792)³⁸⁾ 7월 신라에서 출발한 신라 사신이
신라 제일의 미인 김정란을 당 덕종에게 바쳤던 게 그것이 아닐까 싶다.
이 신라 미인 김정란과 관련된 기록이『삼국사기』「원성왕본기」에 다음과
같이 전한다. 즉,

> 8년(792) 가을 7월에 사신을 당에 들여보내 미인 김정란을 바쳤다. 그녀는
> 나라 제일의 미인으로 몸에서 향내가 났다.³⁹⁾

라는 게 그것이다. 어쩌면 이는 당과 관계 개선이 목적인 이사고의 요청으로
신라가 미인을 당에 바쳤던 게 아닌가 싶다. 만약 필자의 추측이 맞다면,
이는 이사고가 아버지 이납의 관직을 계승하기 위해 조정을 상대로 신라
미인을 활용한 셈이다. 이와 같이 생각을 갖게 된 것은, 이때 이사고의 아버지
이납이 죽은 지 불과 두 달 후였기 때문이다. 정확히 말해 792년 7월은
이사고가 조정으로부터 아버지 이납의 관직을 승계 받기 한 달 전이었다.
따라서 이사고는 당 덕종과 우호 관계를 유지하기 위해 미인계를 썼을 가능성
이 짙다고 할 수 있다. 또 위와 같이 단정하는 이유는 신라가 원성왕이
즉위하고 이듬해(786) 당에 사신을 보내 방물을 진상하였던 일이 있은 후
김정란을 당에 바칠 때(792)까지 신라가 공식으로 당에 사신을 보냈던 기록이
전혀 없기 때문이다.

또 신라가 미인 김정란을 당에 바친 후, 원성왕이 죽을 때(798)까지 당에
사신을 파견하였다는 기록도 없다. 위의『삼국사기』내용은 고구려 유민
이사고와 신라 관계가 긴밀하였음을 입증하는 내용이라고 말하면 어떨까

---

38) 한규철, 앞의 논문, 1989,「신라와 발해의 정치적 교섭과정」, 180쪽.
39)『三國史記』권10,「元聖王本紀」, 101쪽, "八年, 秋七月, 遣使入唐, 獻美女金井蘭, 其女國色
身香"; 權悳永, 앞의「遣唐使 관련기록의 검토」, 72쪽.

싶다.

정원 14년(798) 12월 29일 신라 원성왕 金敬信이 죽었는데,[40] 원성왕보다 그의 아들이 먼저 죽어 金敬信의 嫡孫 金俊邕이 신라 소성왕이 되었다.[41] 이때 신라는 책봉을 위하여 소성왕이 즉위한 그 해 7월에 당으로 사신을 파견할 때 길이가 9척이나 되는 인삼을 바쳤으나, 당 덕종은 이것이 인삼이 아니라고 생각하여 받지 않았다.[42] 물론 이때 견당사를 파견하였던 것은 신라의 필요 때문이었다. 이때 바로 당이 신라에 책봉 사신을 파견하지 않았다. 이는 이때 신라와 당의 공식적인 교류가 없음을 뜻한다.

반면, 이 무렵 이사고의 주도로 제와 신라·발해의 교역은 더욱 활발하게 전개되었던 것 같다. 이를 설명할 수 있는 자료는 신라 沙門 梵修가 澄觀의 新譯華嚴經義疏를 가지고 신라로 돌아갔던 시기가 원성왕 14년(貞元 14)이었다는 사실이다.[43] 물론 이미 신라는 경덕왕 재위 시에 충담이라는 훌륭한 학승이 존재하였고, 불경에 대한 연구가 한창이라서 현장이 새로 번역한 화엄경이 신라에게는 절대적으로 필요하였던 시기이다.[44]

이사고 재위시에 제나라가 신라·발해 또는 일본과 활발히 왕래하였던 이유는 이사고가 절도사들과 제휴하여 당에 대한 압박을 강하게 가한 시기였기 때문이다. 신라 소성왕이 즉위한 지 두 해가 지나서야 당은 소성왕을

---

40) 『冊府元龜』 권965, 「外臣部」 冊封 第3 貞元 16年 4月 以故開府儀同三司조, 11352쪽. 『冊府元龜』는 金敬信을 金敬則으로 기록하였다 ; 『續通志』 권635, 「四夷傳」1 '新羅' 敬信襲, 14年死조, 6725쪽 ; 『三國史記』 권10, 「元聖王本紀」 14年 冬12月 29日, 王薨조, 102쪽.

41) 『舊唐書』 권199上, 「新羅國傳」 (貞元) 14年 敬信卒조, 5338쪽 ; 『冊府元龜』 권966, 「外臣部」 繼襲1 (貞元) 14年敬信卒조, 11359쪽 ; 『文獻通考』 권326, 「四裔」3 新羅 無子, 立嫡孫俊邕조, 2565쪽(上海 : 商務印書館, 1936) ; 『續通志』 권635, 「四夷傳」1 '新羅' 14年死, 無子立嫡孫俊邕조, 6725쪽 ; 『唐會要』 권95, 「新羅傳」 (貞元) 14年조, 1713쪽.

42) 『三國史記』 권10, 「昭聖王本紀」 元年 秋7月, 得人蔘九尺조, 102쪽.

43) 市村瓚次郎, 1929, 「唐代の三敎と白樂天の思想」, 『支那學硏究』 1, 15쪽.

44) 지배선, 2011, 「서역과 신라관계-충담의 '찬기파랑가'와 구마라습」, 『고구려 유민 고선지와 토번·서역사』, 혜안, 26~35쪽.

책봉하기 위한 사신을 파견하였다. 이와 관련된 사실을 『구당서』 「신라국전」
에서 들어보면,

> (貞元) 16년 (당이) 俊邕에게 開府儀同三司·檢校太尉·신라왕으로 제수하였다.
> 이때 당은 司封郎中·兼御史中丞 韋丹으로 하여금 持節과 冊名을 가지고 (신라로)
> 가도록 하였다. 그런데 韋丹이 鄆州에 이르렀을 때, 신라왕 俊邕이 죽었다는
> 소식을 들었을 뿐만 아니라 俊邕의 아들 重興을 세웠기 때문에 조서를 내려
> 韋丹을 불러들였다.[45]

라는 것이 그것이다. 이에 대해 『구당서』 「덕종기」의 정원 16년(800) 4월
기축 일조에서 "신라 政事를 金俊邕이 이으면서 조상의 開府檢校太尉·鷄林州都
督·신라국왕의 지위를 세습하게 하였다"[46]라고 기록하였다. 아무튼 당은
신라 新王 金俊邕을 책봉하기 위해 韋丹을 신라로 파견하였다.[47] 위의 사실을
司馬光은 다음과 같이 기록하였다, 즉,

> 신라왕 金敬則이 사망하여, 경인 일에 그의 嫡孫 金俊邕을 책봉하여 신라왕으
> 로 삼았다.[48]

---

45) 『舊唐書』 권199上, 「新羅國傳」, 5338쪽, "十六年, 授俊邕開府儀同三司·檢校太尉·新羅王.
令司封郎中·兼御史中丞韋丹持節冊命. 丹至鄆州, 聞俊邕卒, 其子重興立, 詔丹還."

46) 『舊唐書』 권13, 「德宗紀」 貞元 16年 4月 己丑조, 392쪽, "以權知新羅國事金俊邕襲祖開府檢
校太尉·鷄林州都督·新羅國王"；『冊府元龜』 권965, 「外臣部」 冊封 第3 貞元 16年 4月
金敬則嫡孫權知國事俊邕조, 11352쪽；『資治通鑑』 권235, 「唐紀」51 德宗 貞元 16年
4月 庚寅조, 7587쪽.

47) 『唐會要』 권95, 「新羅」 (貞元) 16年, 授俊邕開府儀同三司조, 1713쪽(北京中華書局, 1990)；
申瀅植, 앞의 『韓國古代史의 新研究』, 346쪽；馬大正외, 2001, 『古代中國高句麗歷史叢論』,
흑룡강교육출판사, 272쪽；李大龍, 2001, 『唐朝和邊疆民族使者往來硏究』, 흑룡강교육
출판사, 45쪽.

48) 『資治通鑑』 권235, 「唐紀」51 德宗 貞元 16年 4月조, 7587쪽, "新羅王敬則卒, 庚寅, 冊名其嫡
孫俊邕爲新羅王."

위의 金敬則[49)]은 신라 38대 元聖王이고 김준옹은 39대 昭聖王으로 왕위를
계승한 사실에 대한 기록이다. 물론 이때 당이 사신 韋丹을 신라로 파견하려는
목적은 신라 신왕에 대한 책봉뿐만이 아니라 죽은 왕에 대한 조문사절 성격도
겸하고 있다.[50)]

그런데 신라 소성왕이 죽고 난 후에 당이 그를 책봉하려 했던 이유는
당과 신라와의 외교 통상업무를 관장한 이사고와 어느 정도 관계가 개선되었
던 것과 연관성이 있는 것 같다. 이를 두 사실을 들어 정리하면 하나는
당이 이사고의 媵妾을 799년 정월에 國夫人으로 임명하였던 사실이다.[51)]
다른 하나는 800년 6월 병오 일에 당은 운주절도사 李師古와 회남절도사
杜佑에게 同平章事라는 벼슬을 주었다.[52)] 이는 800년을 전후하여 당과 신라의
교통 전권을 장악한 이사고와 조정의 관계가 많이 개선되었다는 구체적인
사례이다. 이와 같이 당과 이사고의 관계가 그런대로 유지될 수 있었던
또 다른 이유는 汴州의 軍亂,[53)] 吳少誠에 의한 臨潁함락에 뒤이어 許州가
포위되는 상황으로[54)] 당은 난맥상으로 허덕였기 때문이다. 정원 17년 7월
京師 서쪽 吐蕃이 鹽州를 약탈하면서 麟州를 공격해 刺史 郭鋒을 살해하였던
사실과[55)] 무관하지 않다.

한편 위와 같은 내용이 『삼국사기』 「애장왕본기」 원년 조에도 그대로
실려 있다. 이를 들어보면, 다음과 같다.

---

49) 신라 38대 元聖王의 이름이 金敬則인데 어떤 판본은 金敬信으로 되어 있다.
50) 『續通志』권530, 「循吏傳」唐 '韋丹' 新羅國君死詔拜丹司封郞中往弔조, 6297쪽.
51) 『新唐書』권213, 「李師古傳」貞元末조, 5991쪽.
52) 『舊唐書』권13, 「德宗紀」(貞元 16年) 6月 丙午, 鄆州李師古조, 393쪽 ;『新唐書』권213,
   「李師古傳」進同中書門下平章事조, 5991쪽 ;『資治通鑑』권235, 「唐紀」51 德宗 貞元
   16年 丙戌조, 7589쪽 ;『續通志』권279, 「唐列傳」79 '李師古' 貞元末進同中書門下平章事
   조, 4881쪽.
53) 『舊唐書』권13, 「德宗紀」貞元 15年 2月 乙酉조, 389쪽.
54) 『舊唐書』권13, 「德宗紀」貞元 15年 8月 丙午조, 391쪽.
55) 『舊唐書』권13, 「德宗紀」貞元 17年 7月 戊寅조, 395쪽.

처음에 원성왕이 죽자, 당 덕종이 사봉랑중·어사중승 韋丹을 보내어 천자의 신절을 가지고 와서 조문하게 하였으며, 또 왕 준옹을 책명하여 개부의동삼사·검교태위·신라왕으로 삼게 하였다. 그런데 위단이 운주에 이르렀을 때, 소성왕이 죽었다는 소식을 듣고 돌아갔다.[56]

라는 게 그것이다. 그런데 위의 사실과 『구당서』 「신라국전」의 차이는 司封郎中 韋丹이[57] 자의로 운주에서 장안으로 돌아간 게 아니라 당이 조서로써 위단을 장안으로 불러들였다는 점이 다르다.

위에서 당 사신 韋丹이 이사고의 도읍지 鄆州에 도착하였을 때 신라 소성왕이 죽었다는 소식과 아울러 소성왕(俊邕)의 아들 重興(애장왕)이 즉위하였다는 소식이 당에 전하여졌다.[58] 그런데 애장왕은 이름을 重興에서 800년 7월에 重熙로 개명하였다.[59] 『자치통감』의 기록에 의하면, 신라 39대 임금인 소성왕의 아들 重熙를 그 나라 사람들이 신라왕으로 세웠기[60] 때문에 당은 조서로써 韋丹을 中書省으로 불러들였다는 내용이다.[61] 이를 두 가지 점에서 주목하고 싶다.

하나는 당이 俊邕이 신라왕으로 즉위한 지 1년이나 지난 정원 16년 4월에

---

56) 『三國史記』 권10, 「哀莊王本紀」 元年, 102쪽, "初元聖之薨也, 唐德宗遣司封郎中兼御史中丞韋丹, 持節弔慰, 且冊命王俊邕爲開府儀同三司檢校大尉新羅王, 丹至鄆州, 聞王薨乃還."

57) 신형식, 2011, 「『삼국사기』본기 기사내용의 개별적 검토」, 『삼국사기의 종합적 연구』, 경인문화사, 394쪽.

58) 『唐會要』 권95, 「新羅傳」(貞元) 16年조, 1713쪽.

59) 『冊府元龜』 권965, 「外臣部」 冊封 第3 順宗以貞元21年正月조, 11352쪽. 신라왕 김중흥을 『冊府元龜』는 중희라고 기록하였다 ; 『三國史記』 권10, 「哀莊王本紀」 元年 秋7月, 王更名重熙조, 102쪽.

60) 『冊府元龜』 권966, 「外臣部」 繼襲1 (貞元) 16年 俊邕卒其子重興立조, 11359쪽 ; 『資治通鑑』 권235, 「唐紀」 51 德宗 貞元 16年 新羅王俊邕조, 7590쪽.

61) 『新唐書』 권220, 「新羅傳」 明年, 遣司封郎中韋丹持冊조, 6205쪽 ; 『冊府元龜』 권965, 「外臣部」 冊封 第3 貞元 16年 4月 至鄆州聞俊邕卒, 其子立詔冊還조, 11352쪽 ; 『太平御覽』 권781, 「四夷部」2 新羅 貞元16年奉詔冊臣故主金俊邕爲新羅王조, 3462~3463쪽 ; 『唐會要』 권95, 「新羅」(貞元 16年) 明年至鄆州, 聞俊邕卒조, 1713쪽 ; 申瀅植, 앞의 「統一新羅의 對唐關係」, 345쪽.

책봉 사신을 신라로 보냈다는 사실이다.62) 그것도 신라 소성왕이 죽은 다음에
야 비로소 신라왕에 대한 책봉 사신을 당이 파견하였다는 사실은 시사하는
바가 매우 크다. 이는 당이 주변국을 통제하는 방법으로서, 주변국에 대한
책봉을 늦추는 것을 하나의 관례로 삼았던 경우가 아닐까 싶다. 그러나
이와 관련된 증거는 없다.

　아무튼 이때는 당이 절도사들을 통제할 여력이 없었다고 표현하는 것이
맞다. 이를 뒷받침하는 사실은 江淮漕運의 轉運米가 매년 2백만 석이 운반되어
야 하는데도 불구하고, 정원 15년(799)은 40만 석도 수송되지 못한 것이다.63)
또는 이때 對신라 외교 및 통상 업무를 이사고가 관장하였기 때문에 당이
신라의 변화에 기민하게 대처하지 못한 것 같다. 이와 관련한 사실은 앞에서
밝혔다. 이처럼 중국의 내부통제가 어려웠던 상황을 은폐하기 위함인지
『신당서』는 韋丹이 冊書를 가지고 신라로 갔던 해를, 정원 15년이라고 다르게
기록하였다.64)『자치통감』에 신라왕 준옹이 정원 16년 6월에 죽자, 준옹의
아들 重熙를 신라왕으로 세웠다는 기록은65)『신당서』「신라국전」의 시기와
어긋난다. 그 이유는『자치통감』대로라면 정원 16년 4월 鄞州에 도착한 당
사신이 장안으로 돌아갈 이유가 없기 때문이다.『자치통감』의 서술에서
신라에 대한 年月이 틀린 것은 어쩔 수 없는 일이다. 이와 같은 경우는 建中
4년(783)에 신라 선덕왕(金良相)이 즉위하였는데도 불구하고, 貞元 원년(785)
에 당이 戶部郎中 蓋塤을 보내어 신라왕으로 책봉하였던 예가 있다.66) 당에서
선덕왕에 대한 책봉이 늦었던 것도 당이 이납과 784년까지 대립하고 있었던
것과 무관치 않다. 또 신라 40대 애장왕 金重熙의 경우는 즉위한 지 무려

---

　62)『冊府元龜』권965,「外臣部」冊封 第3 (貞元) 16年 4月以故開府儀同三司조, 11352쪽 ;『資
　　　治通鑑』권235,「唐紀」51 德宗 貞元 16年 4月 新羅王敬則卒, 7587쪽.

　63)『太平御覽』권332,「兵部」63 漕運 唐書曰貞元15年조, 1527쪽.

　64)『新唐書』권220,「新羅傳」(14年) 明年, 遣司封郞中韋丹持冊조, 6205쪽.

　65)『資治通鑑』권235,「唐紀」51 德宗 貞元 16年 6月 新羅王俊邕卒, 7590쪽.

　66)『舊唐書』권199上,「新羅國傳」建中 4年, 乾運卒조, 5338쪽.

6년이나 경과한 후인 정원 21년(805) 3월에야 비로소 신라왕으로 책봉하였던 것도 같은 유형일 것이다.[67]

다른 하나는 신라 소성왕을 책봉하기 위한 사신 韋丹이 鄆州에 도착하였을 때, 당이 소성왕이 죽었음을 알고 있다는 사실이다.[68] 이는 당과 신라와의 공식적인 교류 외에 海運陸運押新羅渤海兩蕃等使 이사고와 빈번한 교류가 있었음을 암시하는 대목이다. 다시 말해 평로·치청절도사 이사고와 신라와의 교류가 활발하게 추진되었다는 증거다. 당 사신이자 대표적 유학자인 韋丹이[69] 운주에 도착하였을 때, 신라왕 俊邕의 아들 重興이 즉위하였다는 소식을 들었다는 것이 위의 가설을 뒷받침한다.

여기서 운주는 鄆州大都督府長史·平盧·淄靑절도사 이사고의 도읍지이다. 물론 이사고의 여러 관직 가운데 하나인 해운육운압신라발해양번사는 당과 신라로 오가는 사신을 모두 관장하기 때문에, 책봉사 위단이 운주를 통과하여야 하는 것은 당연하다. 그런데 이때 당 조정에서 운주에서 신라로 향하던 위단을 다시 경사로 불러들였다.[70] 그 까닭은 당이 신라에 대한 책봉 내용이 바뀌었기 때문이다. 그러나 당이 신라로 보내는 冊命의 조서 내용을 그 즉시 바꾸려 하지 않았기 때문에 위단은 장안으로 돌아갈 수밖에 없었다.[71] 그렇다면 이는 위단이 당의 冊命使로 신라에 왔다는 이기동 교수의 주장과 차이가 있는 이야기다.[72] 그 이유는 『삼국사기』의 내용에서 보듯 위단이 신라에 도착하였다는 기록이 없기 때문이다. 단지 덕종이 신라로 사신을 파견하는

---

67) 『冊府元龜』 권965, 「外臣部」 冊封 第3 (貞元 21年) 3月立新羅嗣王金重熙조, 11352쪽.
68) 『唐會要』 권95, 「新羅」 明年, 至鄆州조, 1713쪽. 『唐會要』는 韋丹이 鄆州에 도착한 시기를 貞元 16년이 아닌 그 이듬해 貞元 17년이라고 말하고 있다 ; 『文獻通考』 권326, 「四裔」3 新羅 明年遣使持册未至而邕死조, 2565쪽.
69) 이기동, 1984, 「신라하대 빈공급제자의 출현과 나당문인의 교환」, 『신라 골품제 사회와 화랑도』, 일조각, 292쪽.
70) 末松保和, 1954, 「新羅下古諸王薨年存疑」, 『新羅史の諸問題』, 東洋文庫, 414쪽.
71) 末松保和, 위의 「新羅下古諸王薨年存疑」, 414쪽.
72) 『三國史記』 권10, 「哀莊王本紀」 元年 唐德宗遣司封郎中兼御史中丞韋丹조, 102쪽 ; 『新唐書』 권197, 「韋丹傳」 丹蚤孤조, 5629쪽.

도중에 운주에서 돌아오라고 하였던 사실만 기록하고 있다. 이 당시 이사고가 당을 두려워하지 않았던 것처럼, 신라도 당의 요구에 순응하지 않았을 개연성이 매우 크다 할 수 있다.

위단은 외조 顔眞卿에게 공부하였을 뿐 아니라 五經에 정통하였던 유학자로 널리 알려진 인물이다.[73] 그 후 邕管經略使였으며, 정원 21년(805) 5월 丁丑일에 河南少尹으로 임명되었다.[74]

그런데 애장왕이 신라의 왕으로 즉위한 지 여러 해 후에야 당은 신라왕에 대한 책봉 사신을 파견하였다. 이 일이 있기 전, 신라가 먼저 당으로 사신을 파견한 것이다. 정원 20년(804) 11월조에 나타나는 신라 사신의 조공기록이 그것인 듯싶다.[75] 또 신라의 慧昭(眞鑒大師)가 입당하였을 때, 신라에서 당으로 보내는 조공 사신과 같은 배를 탔던 것 같다.[76] 신라 사신이 당에 입조했을 거의 동시에 발해 사신도 입조하였다. 이 무렵 사료만 가지고 본다면, 대략 5년 이상 신라와 당의 공식적인 교류는 없었다. 반면, 이때 이사고와 신라 교류는 빈번하였음은 의심의 여지가 없다. 당시는 신라 사신이 당에 온 후에야 비로소 당이 신라왕에 대한 책봉 사신을 파견하는 게 하나의 관례였다.

이와 관련된 소식을 『冊府元龜』에서 들어보면,

> 순종은 貞元 21년에 황제에 즉위하고 나서, 그해 3월 신라왕 김중희를 開府儀同三司·簡較太尉·使持節·大都督·鷄林州諸軍事·鷄林州刺史 겸 持節·寧海軍使·上柱國으로 책봉하면서, 김중희의 어머니 和氏를 太妃로 삼고, 김중희의 처 박씨를 妃로 책봉하기 위하여, 兵部郎中 겸 御史大夫 元季方을 사신으로 파견하였다.[77]

---

73) 李基東, 1984,「羅末麗初 近侍機構와 文翰機構의 擴張」,『新羅骨品制社會와 花郎徒』, 일조각, 258쪽.

74)『舊唐書』권14,「順宗紀」貞元 21年 5月 丁丑조, 407쪽.

75)『冊府元龜』권972,「外臣部」朝貢 貞元 20年 11月조, 11417쪽.

76) 市村瓚次郎, 앞의「唐代の三敎と白樂天の思想」, 15쪽.

77)『冊府元龜』권965,「外臣部」冊封 第3, 11352쪽, "順宗, 以貞元二十一年正月卽位, 三月立新

라는 것이 그것이다. 이는 순종이 永貞 원년(805) 정월에 즉위하고 나서, 같은 해 3월에 신라 애장왕(재위 800~809)에게 위와 같은 관직을 제수하였던 내용이다.[78] 이런 사실은『구당서』「순종기」정원 21년 2월조에 다음과 같이 기록되어 있다.

무신 일에 開府儀同三司·檢校太尉·使持節·大都督鷄林州諸軍事·鷄林州刺史· 上柱國·新羅왕 金重熙가 寧海軍使를 겸임하게 하였고, 金重熙의 어머니 和氏를 太妃로, 처 朴氏를 妃로 삼게 하였다.[79]

이는『冊府元龜』기록과 비슷하다. 그러나『책부원구』는 신라왕과 태비·왕비를 책봉하기 위한 책봉 사신을 신라로 파견한다는 사실이 추가되었다. 그런데『구당서』「순종기」의 805년 2월 무신 일에 신라왕 金重熙에게 寧海軍使라는 직책을 주었던 사실이[80]『책부원구』에는 없다. 신라왕에게 寧海軍使라는 관직을 준 것은, 당이 黃海 안전이 보장되어야 신라·발해는 물론이고 더 나아가서 왜·동남아제국과 교역이 가능하기 때문에 황해와 東海의 안전을 신라에게 떠맡긴 데 대한 조치임이 분명하다. 아울러 이는 평로·치청절도사 이사고처럼 해외 교역을 관장하는 관직이, 신라의 경우는 왕이 겸직한 寧海軍使라는 관직이라고 본다. 위의 사료를 통해 몇 가지로 나누어 생각하자.

하나는 804년 이전에 김중희를 신라왕으로 당에서 책봉하였다는 사실이 없다는 점이다. 804년 이전에는 당이 절도사들과의 힘겨루기 때문에 주변국에

羅嗣王金重熙, 位開府儀同三司·簡較太尉·使持節·大都督·鷄林州諸軍事·鷄林州刺史·兼 持節·充寧海軍使·上柱國, 其母和氏爲太妃, 其妻朴氏爲妃, 遣兵部郎中兼御史大夫元季方 充使."

78) 『文獻通考』권326,「四裔」3 新羅 永貞元年遣使冊命조, 2565쪽.
79) 『舊唐書』권14,「順宗紀」貞元 21年 2月조, 406쪽, "戊辰, 以 開府儀同三司·檢校太尉·使持 節·大都督鷄林州諸軍事·鷄林州刺史·上柱國·新羅王金重熙兼寧海軍使, 以重熙母和氏爲 太妃, 妻朴氏爲妃."
80) 『舊唐書』권14,「順宗紀」貞元 21年 2月 戊辰조, 406쪽.

대한 책봉을 할 여유가 없었을 것 같다. 신라왕에 대한 책봉을 하고 싶어도 신라로 갈 수 있는 해상 루트가 없었다. 신라 역시 이 무렵에는 당의 통제를 받을 이유가 없었다. 다만 옛날 신라가 당의 도움으로 삼국을 통일하고 나서 당에 대하여 형식적으로 대국으로 받들었다는 뜻 외에는 없었다.

둘은 애장왕이 800년에 즉위하고 5년 이상 경과한 후, 당이 애장왕에게 관직을 제수하였던 사실이다. 이와 같은 경우는 앞에서 열거하였던 선덕왕의 경우와 같다. 이런 사정의 전제는 805년 海運陸運押新羅渤海兩蕃等使 이사고가 당과 대립관계에서 선린관계로 바뀐 사실이다. 805년 7월에 당은 이사고에게 檢校侍中이라는 벼슬을 주었다.[81] 이는 당이 이사고와 화해하겠다는 노력의 일환이다. 이후에야 당은 신라로 가는 길을 이사고를 통하여 확보한 셈이다. 이 사신 파견은 그 옛날 당의 영광을 찾아보겠다는 허세를 부리는 행동에 불과하였다. 이를 극명하게 설명하는 것은 후일 신라에 온 원계방의 행위에서 읽을 수 있다.

당은 805년 3월에 신라왕 김중희를 때늦게 開府儀同三司·簡較太尉·使持節·大都督·鷄林州諸軍事·鷄林州刺史 겸 持節·寧海軍使·上柱國으로 책봉하였다. 이것만 가지고 당이 신라에서 위엄을 찾기 어렵다고 생각하였는지 신라왕 김중희의 어머니 和氏를 太妃로 삼고,[82] 김중희의 처 박씨를 妃로 책봉하는 등 세심하게 배려하였다.[83] 그런데『구당서』본기는 신라왕 김중희를 책봉하였던 시기를『冊府元龜』보다 한 달 빠르게 805년 2월 무신이었다고 언급하고

---

81)『新唐書』권75下,「宰相世系」5下 附'高麗李氏'(師古)檢校司徒兼侍中조, 3448쪽 ;『新唐書』 권213,「李師古傳」累加檢校司徒·兼侍中조, 5992쪽 ;『續通志』권279,「唐列傳」79'李師 古'累加檢校司徒兼侍中조, 4881쪽 ; 蘇慶彬, 앞의『兩漢迄五代入居中國之蕃人氏族研究』, 587쪽.

82) 末松保和,「新羅中古王代考」,『新羅史の諸問題』, 184쪽. 末松保和는 애장왕의 母를 和氏가 아닌 叔氏라고 기록하였다.

83)『舊唐書』권14,「順宗」(貞元 21年 2月) 戊辰조, 406쪽 ;『冊府元龜』권976,「外臣部」 褒異3 (貞元 21年 2月 戊辰) 母和氏爲太妃조, 11463쪽. 金重熙의 어머니 和氏가 太妃로 책봉 받은 시기를 2月 무신이라고 하였다.

있다.84) 그 당시 당의 정황으로 보아 당이 한시라도 빨리 주변국과 관계를
재정립하여야 절도사의 발호를 제압하는 데 유리하였다. 따라서 필자는
『구당서』본기처럼 805년 2월에 당이 신라왕 김중희를 책봉한 것으로 본다.
이처럼 나·당 관계에서 신라왕이 즉위한 지 5년이 지난 뒤에 신라왕에 대한
관직 제수를 한 것은 중국의 정사기록에서 찾기 힘든 경우였다.

한편 신라가 내부 권력투쟁으로 당의 책봉서를 학수고대하였던 사실에서
본다면, 당의 보증이 너무 필요하였음을 추측할 수 있다. 따라서 원성왕
재위시보다 애장왕대에 당과 신라 관계가 더 우호적이었다는 표현은85) 어딘
가 어설픈 논리이다. 이때는 신라가 원성왕 때보다 당에 더 의존적인 상황이었
다고 표현하는 게 적절할 듯싶다.

셋은 당은 永貞 원년(805) 신라왕 김중희에 대한 책봉 사신으로 兵部郎中
겸 御史大夫 元季方을 파견하였다.86) 그런데 당의 병부낭중 원계방은 '격고려
문'을 썼던 翰林院의 鳳閣舍人 元萬頃87)의 증손으로88) 당의 대표적 유학자였
다.89) 그런데 봉각사인 원만경은 垂拱 원년(685) 武則天의 조서를 받들어
范履冰과 같이 당 高祖·太宗·高宗을 함께 배향토록 하는 건의가 받아들여져서

84)『舊唐書』권14,「順宗」貞元 21年 2月 戊辰조, 406쪽.

85) 韓圭哲, 1983,「新羅와 渤海의 政治的 交涉過程－南北國의 사신파견을 중심으로－」,
　　『韓國史硏究』43, 142쪽.

86)『唐會要』권95,「新羅」永貞 元年 詔遣兵部郎中元季方조, 1713쪽 ; 申澄植, 앞의「統一新羅
　　의 對唐關係」, 347쪽. 元秀方이 아니라 元季方이다 ; 馬大正외, 2001,『古代中國高句麗歷
　　史叢論』, 흑룡강교육출판사, 272쪽 ; 李大龍, 2001,『唐朝和邊疆民族使者往來硏究』,
　　흑룡강교육출판사, 45쪽.

87)『唐會要』권9上,「雜郊議上」鳳閣舍人元萬頃조, 149쪽 ;『唐會要』권57,「翰林院」元萬頃
　　조, 977쪽.

88)『新唐書』권201,「元萬頃傳」附'元季方傳'(萬頃曾孫義方) 弟元季方조, 5745쪽 ; 權悳永,
　　앞의「遣唐使 관련기록의 검토, 73~74쪽. 元義方은 元季方의 형으로 동일인물이
　　아니다(『新唐書』권201,「元萬頃傳」附'季方傳'(義方)弟季方조, 5745쪽).

89) 이기동, 1984,「신라하대 빈공급제자의 출현과 나당문인의 교환」,『신라 골품제사회와
　　화랑도』, 일조각, 292쪽. 中國史書에서는 元秀方이 아니라 元季方이다. 따라서 元秀方
　　을 元季方으로 바로 잡는다.

유명해진 인물이다.90) 수공 원년에 成均助敎 孔玄義 太子右諭德 沈伯儀와 元萬頃의 생각이 달랐다.91) 아무튼 병부낭중 겸 어사대부 원계방을 파견하였다는 사실은 신라가 적극적으로 당을 섬기지 않았다는 증거 같다. 그 이유는 신라 애장왕이 즉위할 때 당의 책봉 사신을 요청하지 않았던 바에서 짐작되기 때문이다.

그런데 이즈음 신라가 당을 대국으로 섬기는 그런 자세가 아니었다는 것을 알려주는 사실이 있다. 이는 나·당 관계에서 암시하는 바가 매우 크다. 이를 『신당서』「원계방전」에서 들어보면,

> (당은) 병부랑중 (元季方)을 신라에 사자로 파견하였다. (그 당시) 신라에서 중국 황제가 죽었다는 소식을 듣고도, 사신을 파견하지 않았을 뿐만 아니라 음식마저 보내지 않았다. 이러한 사실에 대하여 (신라에 도착한) 元季方이 정색을 하면서 꾸짖고 나서, 문을 걸어 잠그고 식사마저 하지 않으면서 죽기를 기다리자, 신라 사람이 뉘우치면서 사과하자, 다시 우의를 맺고 돌아왔다.92)

라는 것이 그것이다. 이는 당의 덕종이 805년 정월에 죽었던 것과 관련된 사건이다. 신라가 당 덕종이 죽었다는 사실을 알고도 조문 사절을 당으로 파견하지 않았던 모양이다. 아무튼 이때 당에서 신라로 파견하였던 당의 책봉 사신 병부랑중 원계방이 중국황제 죽음에 대한 문상의 무관심에 대한 것을 시비하였던 내용이다. 그런데 이때(貞元 21년, 805년 5월경) 원계방이 신라에서 이 문제에 대한 사과를 받기 위해 문을 걸어 잠그고 식사를 끊으면서 죽기를 기다렸다는 내용은 옛날 강력한 당나라의 사신이 보여야할 행태가 결코 아니다.

---

90) 『唐會要』 권9上, 「雜郊議上」 天垂拱元年조, 149쪽.

91) 『新唐書』 권12, 「禮樂志」2 則天垂拱元年조, 333쪽.

92) 『新唐書』 권201, 「元萬頃傳」 附'元季方傳」, 5745쪽, "以兵部郎中使新羅. 新羅聞中國喪, 不時遣, 供饋乏, 元季方正色責之, 閉戶絶食待死, 夷人悔謝, 結驩乃還."

원계방의 막무가내 식의 외
교방식에 신라는 덕종이 죽었
을 때 사신을 파견하지 않은 사
실을 뉘우치고 사과하였다고
하나, 이는 신라가 마음에 없는
말을 원계방에게 하였던 게 분
명하다. 만약 원계방이 굶어서
죽게라도 된다면, 신라가 매우
난처한 입장에 빠질 것 같아서
신라인이 원계방에게 의전용어

당고종과 무후측천이 합장된 건릉(乾陵)

로 깊이 후회한다고 말하였을 것 같다. 다시 말해 어린아이처럼 굶어죽겠다고
떼를 쓰는 원계방을 달래기 위해 신라가 대인의 마음으로 원계방을 달랬다고
표현하여도 좋다. 원계방은 明經科 출신의 유학자였다.[93] 그런데 원계방은
당 고종 재위 시 고구려를 공격하였던 遼東道大總管 李勣의 總管記室의 직함으
로 종군하였던 元萬頃의 증손이라는 사실이 더 아이러니 하다. 앞에서 지적한
것처럼 당의 고구려 공격 때, 유명한 「檄高麗文」을 지었던 인물이 元萬頃이
다.[94] 그런데 원만경은 고구려 유민 高沐처럼 塞外민족 출신이다.[95] 『元和姓纂』
에서는 원만경을 漠北族姓이라고 기록하고 있다. 이는 원계방이 한족출신이
아니라는 뜻이다. 참고로 元和 6년 4월 元季方의 형 福建觀察使 원의방은
京兆尹으로 임명되었다.[96]

그런데 위에서 당의 사신 원계방이 신라에 왔던 게 신라왕의 책봉에 관한

---

93) 李基東, 앞의 「羅末麗初 近侍機構와 文翰機構의 擴張」, 258쪽.
94) 『舊唐書』 권190中, 「元萬頃傳」 爲遼東道總管記室조, 5010쪽 ; 『新唐書』 권201, 「文藝」上
    附'元萬頃傳' 管書記조, 5743쪽. 『新唐書』는 元萬頃의 고구려 종군 때의 직함이 管書記였
    다고 함.
95) 藍文徵, 1970, 「總敍」, 『隋唐五代史』, 臺北 : 商務印書館, 27~28쪽.
96) 『舊唐書』 권14, 「憲宗紀」 元和 6年 4月조, 435쪽.

일이 우선된 것이 아니라, 앞에서 언급하였던 것처럼 덕종의 죽음에 대한 신라의 무반응을 꾸짖기 위함인 듯싶다. 그러나 신라도 왕권확립이라는 차원에서 신라왕에 대한 당의 새로운 관직 제수가 절실히 필요하였던 상황이다. 이와 관련된 기록은 『삼국사기』 「애장왕본기」 6년조에 의하면,

> 이해 당 덕종이 죽자, 순종이 병부랑중겸 어사대부 원계방을 파견하여 부음을 전하고, 또 왕을 개부의동삼사·검교태위·사지절·대도독·계림주제군사·계림주자사·지절·영해군사상주국·신라왕으로 책봉하였다. 왕의 어머니 숙씨를 대비로 삼고, 왕의 아내 박씨를 왕비로 삼았다.[97]

라는 게 그것이다. 위의 앞부분 기록처럼 당이 신라 애장왕을 책봉하기 위해 원계방을 파견하였던 게 주목적이 아니라는 사실이다. 다시 말해 덕종의 죽음을 알리면서 덕종에 대한 조문이 없었던 신라를 꾸짖겠다는 저의로 해석된다. 그렇다면 당이 애장왕이 즉위한 지 6년이나 경과한 후 무슨 연유로 신라에 책봉사를 보냈던 것인가에 대한 의문이 저절로 풀린 셈이다.

당에서 신라에 대하여 조문과 책봉의 사절을 부지런히 보냈는데도 신라는 당에 대하여 냉담하였다. 그러나 정원 21년 3월에 왔던 당의 사신 원계방과 약속을 지키기 위해서인지 그 해 11월에 신라는 사신을 당으로 파견하였다.[98] 이것이 이사고가 海運陸運押新羅渤海兩蕃等使로 있는 동안 유일하게 한 번 공식적으로 신라가 당으로 보냈던 사절단이다. 이는 이납 시대와 마찬가지로 이사고 시대의 당이 신라에 대한 군사적인 제재가 불가능하였던 사실과 관련이 크다. 신라가 당에 대한 정확한 정보를 갖게 된 까닭은 해운육운압신라발해양번등사 이사고를 통한 것임이 분명하다고 볼 수 있다.

---

97) 『三國史記』 권10, 「哀莊王本紀」 6年조, 103쪽, "是年, 唐德宗崩, 順宗遣兵部郎中兼御史大夫元季方, 告哀, 且冊王爲開府儀同三司檢校大尉使持節大都督鷄林州諸軍事鷄林州刺史兼持節充寧海軍使上柱國新羅王, 其母叔氏爲大妃, 妻朴氏爲妃."

98) 『冊府元龜』 권972, 「朝貢部」 第5 貞元 21年 11月 新羅遣使來朝조, 11417쪽.

고구려 유민 이정기의 손자 이사고가 당과 신라 관계에 대한 모든 업무를
관장하였다는 사실은 앞에서 밝힌 그대로다. 따라서 당의 병부낭중 원계방도
당에서 신라로 오갈 때 해운육운압신라발해양번등사 이사고의 지휘 통제를
받았다.

2) 해운육운압신라발해양번등사 이사고와 발해관계

해운육운압신라발해양번등사 이사고는 신라는 물론이고 발해와 당의 외
교 통상의 제반업무를 총괄하였다. 이사고가 발해 사절과 관련된 첫 업무를
보았던 것은 아버지 이납을 세습한 그해부터였다. 정원 8년(792) 윤12월
발해 사신 楊吉福 등 35명이 입당하였다.[99] 그리고 한 해 걸러 발해 사신이
당에 입조하였다. 이와 같이 양국 관계가 뜸하게 된 것은 이사고와 발해
관계가 변화하였다는 뜻이다. 그 이유는 이사고와 발해의 교역은 당과 발해
교류와 반비례하기 때문이다. 물론 당의 입장에서 이사고와 발해 교역은
사무역에 해당될 수 있다고 본다. 그러나 당이 이사고와 발해 교역을 통제할
수 없었던 상황에서는 어쩔 수 없는 일이다.

여기서 『구당서』「발해전」의 정원 10년(794)조의 사실을 들어보면,

> (貞元) 10년 정월, (발해가 당으로) 사신을 보내 왔는데, 이때 발해 왕자
> 大淸允을 右衛將軍同正으로 임명하였으며, (아울러 大淸允을) 수행하였던 30여
> 인에게도 각각 차등을 주어 관직을 제수하였다.[100]

라는 것이 그것이다. 이는 貞元 10년(794년) 정월에 발해 왕자 大淸允이 이사고
의 안내로 입조하였던 사실이다.[101] 이때 발해 왕자 大淸允 등은 다음 달(2월)

---

99) 『唐會要』 권96, 「渤海」 貞元 8年閏十二月渤海押靺鞨使楊吉福等三十五人來朝貢조, 1724
쪽.
100) 『舊唐書』 권199下, 「渤海傳」, 5362쪽, "(貞元) 十年正月, 以來朝王子大淸允爲右衛將軍同
正, 其下三十餘人, 拜官有差."

임술 일에 발해로 귀국하였다.[102] 그러니까 대청윤은 불과 1개월 남짓 당의 장안에 체류하였는데, 이는 794년 발해 문왕 大欽茂의 죽음과 관련이 있는 것 같다.[103]

그런데 발해 文王시대가 발해의 盛世였다는 사실을 주목할 필요가 있다. 그 이유는 이때의 일본 역시 天平 盛時였기 때문이다. 간단히 말해 발해의 발달된 문화가 일본으로 전래된 것은 주지의 사실이라 일본 天平시대의 발달은 바로 발해 문물의 유입의 결과임을 입증한다.[104] 이런 까닭에 일본학자 上田雄은 발해 文王 大欽茂 시대에 발해와 일본의 國交사상에서 兩國이 평화와 번영의 시대였다고 말하고 있다.[105]

貞元 10년 정월 발해 사신의 입당은, 정원 7년 8월 발해 왕자 大貞翰이 당의 宿衛로 자청하였던 한 것과[106] 연관성 있는 사건인 듯싶다. 바꾸어 말하면 당에 있던 발해 왕자 大貞翰처럼 정원 10년 발해 왕자 大淸允이 입조하였을 가능성이 있다. 이때 대청윤이 입조한 것은 발해 문왕이 죽고 난 후 大宏臨의 아들 大華嶼가 成王으로 즉위하고 연호를 中興으로 하였던 사실을 알리기 위함이다.[107] 앞에서도 언급하였지만 발해가 신왕이 즉위할 때마다 새로운 연호를 사용하였다는 사실은 발해사 연구에 매우 중요한 자료이다. 그 이유는 발해가 당과 대등한 국가로서 발해에서 당에 사신을 보냈던 것은 발해가 주변국의 정세파악 차원과 문물 수용의 행위로 간주할 수 있기 때문이다.

---

101) 『唐會要』 권96, 「渤海」 (貞元) 10年 2月 以來朝渤海王子大淸允조, 1724쪽. 『唐會要』는 발해 왕자 大淸允이 입당한 시기를 貞元 10년 2월이라고 기록하였다.
102) 『冊府元龜』 권976, 「外臣部」 褒異3 (貞元) 10年 2月 壬戌조, 11462쪽.
103) 方學鳳, 1997, 「試談渤海以舊國, 中京, 東京爲王都時期的儒學」, 『高句麗 渤海研究集成, 渤海』 권二, 哈尒濱 : 哈尒濱出版社, 77쪽(原載 : 『延邊大學學報』 4, 1986).
104) 上田雄, 2002, 『渤海史の硏究』 上, 69쪽.
105) 上田雄, 위의 책, 70쪽.
106) 『舊唐書』 권199下, 「渤海傳」 (貞元 7年) 8月, 其王子大貞翰來朝조, 5362쪽.
107) 『資治通鑑』 권235 「唐紀」51 德宗 貞元 10年 12月, 初, 渤海文王欽茂卒조, 7565쪽.

위와 같이 발해 왕자가 당으로 오고 가는 일에 당과 발해의 국가 외교업무를
총괄한 이사고의 조언이 발해에 크게 작용하였을 가능성이 매우 농후하다.
정원 10년 정월에 당은 관례대로 발해 왕자 대청윤에게 右衛將軍同正이라는
관직을 주었을 뿐만 아니라 그를 수행하였던 발해 관리 30여 명에게도 모두
관직을 주었다는 사실을 주목하고 싶다.[108] 이는 이납 때부터 그의 조언으로
발해가 당과 친선관계를 발전시켰던 결과의 연장선으로 해석되기 때문이다.

이때 대청윤을 수행하였던 발해 관리가 30여 인이었다는 것은 사절단
규모를 가늠하는 중요한 척도가 된다. 대청윤을 포함한 관리 30여 인 외에
이들의 시중을 들거나 물건을 나르는 자들을 합산한다면, 발해사절단의
규모는 적게 추산해도 족히 백여 명이 훨씬 넘었으리라는 계산이 나온다.
이때 당은 발해 왕자를 억류시키지 않았다. 이는 조정과 절도사의 대립과
무관하지 않을 것 같다. 물론 당과 발해 사절단이 오가는 모든 사항의 업무는
해운육운압신라발해양번등사 이사고의 전담이었다.

그런데 발해 성왕(794)이 즉위한 지 1년 만에 죽었는데, 이때 발해가 당에게
이와 같은 사실을 알렸던 기록이 없다. 성왕 즉위에 대한 기록이 당에 보이지
않는데도 불구하고 당에서 발해 강왕을 책봉하였던 사실로 바로 뛰어넘고
있다. 이는 신라와 당의 관계처럼 당이 주변국가에 대한 영향력을 미칠
수 없음을 발해도 간파하였기 때문이다. 그 결과 발해는 당에게 성왕 즉위
사실조차 알리지 않았거나 또는 발해가 성왕을 추방시켰던 사실을 당에게
알리는 것이 부담스러웠는지 모른다는 생각이다. 이는 당의 정치적인 상황과
맞물리는 그런 문제인 듯싶다. 비슷한 경우로 신라 선덕왕(780~785)이 즉위
한 후 4년 동안이나 신왕 즉위 사실을 당에게 알리지 않았던 사실을 예로
들 수 있다. 그 이유는 신라 혜공왕(765~779)이 부하들에 의해 시해되었기
때문이다. 이는 당에서 절도사들이 조정에 대항하는 시점과 맞물렸다는
사실을 지나쳐 버릴 수 없다.

---

108) 『唐會要』 권96 「渤海」(貞元) 10年 2月) 其下拜官三十餘人조, 1724쪽.

발해는 문왕의 막내아들 大嵩璘이 강왕(794~809)으로 즉위하면서 연호를
중흥에서 正曆으로 바꾸었다.[109] 당의 위축으로 발해는 성왕 즉위 사실을
당에 알리지 않았던 것처럼, 성왕 뒤를 이은 강왕의 즉위도 당에 알리지
않았다. 발해의 정치적인 상황이 강왕 때 들어와 안정되자,[110] 발해가 당의
책봉 등에 대한 관심이 멀어지면서 발해는 고구려를 모태로 하였음을 스스로
주목한 시기라고 해석하고 싶다. 한편 해운육운압신라발해양번등사 이사고
의 군사력으로 인해 당의 발해 공격이 불가능하였던 것과 함수관계가 있다고
본다. 더 정확히 표현하면, 당은 절도사들의 발호를 막을 힘마저 없을 정도로
무기력하였다. 게다가 발해도 정치적인 안정을 찾으면서 옛날 고구려의
영화를 떠올릴 정도로 강력하게 부상하였다. 따라서 이때 발해가 당에 대하여
번국의 예를 취하지 않는다고 당이 군대를 동원하여 발해를 공격한다는
것은 불가능하였다.

또한 이때는 이사고의 적극적인 지원으로 발해와 당의 관계가 친선으로
변하였던 시기인 것 같다.

다음해 당은 발해로 사절단을 파견하였다. 즉 『冊府元龜』에서,

(貞元) 11년 2월에, 內常(嘗)侍 殷志贍에게 책서를 가지고 발해로 가서 大嵩璘을
발해왕·忽汗州도독으로 임명하도록 하였다. 嵩璘은 발해 大欽茂의 아들로
아버지의 위를 세습하였다.[111]

라는 것이 그것이다. 그런데 이와 비슷한 내용이 『자치통감』에 보다 자세하게
기록되어 있다. 이를 비교 검토하기 위해 옮겨보면,

---

109) 『資治通鑑』 권235, 「唐紀」51 德宗 貞元 10年 12月, 是爲康王, 改元正曆조, 7565쪽.
110) 宋基豪, 「日本·渤海の國書に反映された内紛期の渤海社會」, 『朝鮮學報』 159, 14쪽.
111) 『冊府元龜』 권965, 「外臣部」 冊封 第3 貞元 11年조, 11351쪽, "十一年二月, 令內常侍殷志贍
將冊書往, 渤海冊大嵩璘爲渤海王·忽汗州都督, 嵩璘渤海大欽茂之子, 襲父位也."

처음에, 발해 문왕 대흠무가 죽었는데, 아들 大宏臨이 일찍 사망해, 친척동생
大元義를 세웠다. 대원의는 의심이 많고 사나워서, 그 나라 사람들이 그를
살해하고, 대굉림의 아들 大華嶼를 세웠는데, 이 사람이 成王이며, 연호를
고쳐 中興이라 하였다. 대화서가 죽자, 다시 대흠무의 어린 아들 大嵩鄰을
세웠는데, 이 사람이 康王이고 연호를 고쳐 正曆이라 하였다. (貞元 11년)
봄, 2월 을사 일에 책서를 내려 大嵩鄰을 忽汗州都督·발해왕으로 삼았다.112)

이는 발해와 당의 관계에서 중요한 전환을 시사하는 자료이다. 바꾸어
말하면, 당이 발해를 대등한 국가로 인정하면서 발해 신왕 즉위를 축하할
뿐만 아니라 발해의 새로운 연호까지 수용하겠다고 약속하였다. 이런 사실을
널리 공포하기 위하여 정원 11년(795) 2월에 당의 內常侍 殷志贍을 冊封使者로
파견하여 발해왕 大嵩鄰(璘)113)을 발해군왕이 아닌 발해왕과 忽汗州都督으로
임명하였다.114)

그런데 대숭린의 관작에 대해『舊唐書』「덕종기」에 언급하고 있다. 즉,
정원 11년 2월조에 "을사 일에 발해 大欽茂의 아들 嵩(璘)을 渤海郡王·忽汗州都
督으로 책봉하였다"115)는 것이다. 이는 발해왕 대숭린을 발해군왕과 홀한주
도독으로 삼았다는 사실과 발해왕으로116) 삼았다는 두 기록으로 차이가

---

112)『資治通鑑』권235,「唐紀」51 德宗 貞元 10年 12月조, 7565~7566쪽, "初, 渤海文王大欽茂
卒, 子宏臨早死, 族弟元義立. 元義猜虐, 國人殺之, 立華嶼之子華嶼, 是爲成王, 改元中興.
華嶼卒, 復立欽茂少子嵩鄰, 是爲康王, 改元正曆. 春, 二月, 乙巳, 冊拜嵩鄰爲忽汗州都督·渤
海王."
113)『舊唐書』권14,「順宗紀」貞元 21年 5月조, 407쪽. 발해왕을 大嵩鄰이 아닌 大嵩璘이라고
기록하였다. 이처럼 중국에서 이민족의 경우 발음이 같으면 다른 글자를 썼던
경우가 많다 ; 李大龍, 2001,『唐朝和邊疆民族使者往來硏究』, 흑룡강교육출판사, 45쪽.
114) 褚慶福, 1997,「對唐王朝管轄渤海幾個問題的探討」,『高句麗 渤海硏究集成, 渤海』권一,
哈尒濱 : 哈尒濱出版社, 493쪽(原載 :『博物館硏究』1, 1983).
115)『舊唐書』권13,「德宗紀」(貞元 11年 2月) 乙巳, 冊渤海大欽茂之子嵩爲渤海郡王·忽汗州都
督조, 381쪽 ;『舊唐書』권199下,「渤海傳」(貞元) 11年2月조, 5362쪽.『舊唐書』는 당이
大嵩璘을 발해왕이 아닌 渤海郡王으로 임명하였다고『冊府元龜』와 다르게 기록하고
있다 ; 陳顯昌, 1997,『渤海國史槪要』二,『高句麗 渤海硏究集成, 渤海』권一, 哈尒濱 : 哈
尒濱出版社, 81쪽(原載 :『齊齊哈尒師範學院學報』2, 1983).

있다. 당이 대숭린을 발해군왕으로나마 책봉하였던 것은 옛날 대숭린의 아버지 대흠무가 寶應 원년(762) 국왕으로 봉 받았기 때문에,[117] 아들 대숭린 역시 같은 책봉을 한 것이다. 그러나 당은 발해를 속국으로 두고 싶은 욕심에 대숭린을 발해왕으로 인정하기에 앞서 발해군왕으로 책봉하는 식으로 기록을 왜곡하였다. 이는 당이 강력한 주변국가를 통제하는 방법으로 썼던 책봉을 침소봉대한 허황된 욕심의 발로라고 본다.

그런데 책봉이라는 용어도 문제가 있다. 즉 사마광은 『자치통감』에서 정원 11년 2월 이전의 발해왕들의 죽음을 기록하면서 '薨'이라 하지 않고 '卒'이라는 기록하였다. 이는 발해 신왕 즉위가 당의 책봉과는 무관하다는 기록으로밖에 볼 수 없다. 다시 말해 당과 발해가 대등한 국가임을 인정하기 싫어서 발해왕의 죽음을 薨이라고 쓰기 싫어 억지를 부려 가며 卒이라고 썼던 것 같다. 발해왕이 바뀔 때마다 연호를 썼다는 사실은 발해가 당과 대등한 국가였다는 방증이다.

이와 같은 주장을 펼 수 있는 이유는 발해가 강왕 즉위 이전은 물론이고, 강왕이 즉위한 후에도 발해가 독자적인 연호를 가졌던 사실 때문이다. 당이 절도사들을 제압할 수 없는 상황에서 발해 강왕을 발해왕이 아닌 발해군왕으로 책봉하였다는 기록은 앞뒤가 맞지 않다. 이때 발해도 당의 책봉을 그다지 원하지 않았다. 물론 당의 사자 은지섬이 당 덕종의 책서를 가지고 발해로 갈 때[118] 모든 일은 해운육운압신라발해양번등사 이사고가 주관하였다.

그런데 濱田耕策은 당이 발해 문왕 책봉 때부터 책봉사를 모두 은지섬과 같은 환관으로 파견하였다는 사실을 주목하였다. 그러면서 이는 당이 다른 나라에 책봉사신을 보낼 때와 다른 점이라고만 말하였다.[119] 당이 발해로

116) 『資治通鑑』 권235, 「唐紀」51 德宗 貞元 11年 2月 乙巳, 渤海王조, 7566쪽.

117) 『舊唐書』 권199下, 「渤海傳」 寶應 元年 進封國王조, 5362쪽 ; 上田雄, 2002, 『渤海史の硏究』 上, 69쪽.

118) 『舊唐書』 권199下, 「渤海傳」 (貞元) 11年 2月, 遣內常侍殷志瞻조, 5362쪽.

119) 濱田耕策, 1998, 「渤海王國の卽位と唐の冊封」, 『史淵』 135, 101쪽.

파견하는 책봉사를 환관으로 보냈던 이유는 간단하다. 다름 아니라 절도사들의 권한이 강화된 상태에서 그들이 외국세력과 연합하려는 비밀스런 의도가 있는 것을 당 황실이 어느 정도 알고 있었던 것 같다. 그 이유는 당 현종 이후 황제의 충복 환관이 외국 업무를 관장하였기 때문이다. 반면 신라는 환관이 아닌 학식이 있는 인물을 파견하여 대조적이다.

그러나 발해는 고구려의 연장선상의 국가인데다, 이 당시 해운육운압신라발해양번등사가 고구려 유민이었기 때문에 전적으로 믿을 수 없어, 발해의 정세를 객관적으로 보고하리라고 믿는 황제의 충복 환관을 발해로 파견하였던 모양이다. 실제로 당에서 중요한 임무를 띠었을 때는 환관 중사를 파견하는 것이 하나의 관례였다. 한 예가 현종 재위 시 고선지 장군과 함께 전장터를 누볐던 중사 변령성이 환관이었다. 그 변령성은 고선지 장군이 안녹산의 반군을 막아내자, 그의 위상이 높아지는 것이 두려워 고선지 장군을 모살했던 자이다.[120]

여하간 당이 대숭린을 발해왕으로 책봉한 후 발해는 謝恩使 성격의 사절을 당에 파견한 듯싶다. 즉 정원 11년(795) 12월 말갈도독 密阿古 등 22인이 당에 왔는데, 이때 당은 밀아고에게 中郎將이라는 벼슬을 주고[121] 나서, 그들을 발해로 돌려보냈다는 것이[122] 그것이다.[123] 그러나 이는 발해군왕으로 책봉 받은 것이 잘못되었다는 것을 따지기 위해,[124] 미리 당에 사신을 보냈던 것이다. 이는 발해가 주도적으로 당과 외교를 관장하였다는 것을 일러주는 내용이다.

그 후 발해에서 당으로 갔던 공식적인 사신은 2년 동안 없었다. 그러나

---

120) 지배선, 2001, 「고구려 인 고선지(2)-대 아랍전쟁을 중심으로-」, 『東方學志』 112, 288~330쪽.

121) 陳顯昌, 1997, 「渤海國史槪要」 四, 『高句麗 渤海硏究集成, 渤海』 권一, 哈尓濱 : 哈尓濱出版社, 94쪽(原載 : 『齊齊哈尓師範學院學報』 4, 1983).

122) 『唐會要』 권96, 「渤海」 (貞元) 11年 12月 以靺鞨都督密阿古等二十二人조, 1724쪽.

123) 權悳永, 앞의 「遣唐使 관련기록의 검토」, 104쪽.

124) 『唐會要』 권96, 「渤海傳」 嵩璘遣敍理조, 1725쪽.

당은 정원 14년(798)에 대흠무의 아들 대숭린125)을 발해국왕으로 책봉하였다.
즉『구당서』「발해전」에 의하면,

　　(貞元) 14년, (大嵩璘에게) 銀靑光祿大夫·檢校司空을 추가하였으며, 그리고
　　발해국왕으로 높여 封하였다.126)

라는 것이 그것이다. 이때 당은 발해군왕·左驍衛大將軍·忽汗州都督 大嵩璘을
정원 14년(798) 3월 발해군왕이 아닌 발해국왕으로 봉하였다.127) 또 위의
사실처럼 당은 대숭린에게 銀靑光祿大夫·檢校(簡較)司空이라는 관직을 주었
다.128) 물론 발해군왕에서 발해왕으로 바꾼 것은 발해가 그 이유를 당에
따졌기 때문이라고 본다. 그러나 이와 같은 이유로 발해에서 당으로 사신이
갔던 경우, 당은 공식적인 사신으로 인정하는 기록을 남기지 않았다.129)
이는 당의 체면을 약화시킬 소지가 있는 사신에 관한 사실을 당이 의도적으로
축소 조작한 것이 아닌가 싶다.

　이 무렵 당은 절도사들의 휘둘림으로 주변국가에 대한 책봉에 별 관심이
없었는지 모른다. 이렇게 판단하는 근거는 다음과 같다. 정원 11년 2월에
당이 사신을 보내어 발해왕 대숭린을 발해군왕으로 책봉한 이후, 발해왕에
대한 관작 제수 때에도 당이 파견한 사신에 대한 구체적인 언급이 없다.

　그 후 당과 발해의 관계가 사서에 등장한 것은 정원 14년(798) 3월에서
약 7년이 경과한 후였다. 이것 역시 당이 주변 국가에 대한 견제가 불가능하였

---

125)『舊唐書』권199下,「渤海傳」(貞元 14年) 嵩璘父欽茂조, 5362쪽.
126)『舊唐書』권199下,「渤海傳」, 5362쪽, "十四年, 加銀靑光祿大夫·檢校司空, 進封渤海國王."
127)『冊府元龜』권965,「外臣部」冊封 第3 貞元14年3月, 加渤海郡王兼左驍衛大將軍·忽汗州都
　　督大嵩璘조, 11352쪽 ; 陳顯昌, 앞의「渤海國史槪要」二, 81쪽 ; 陳顯昌, 앞의「渤海國史
　　槪要」四, 94쪽.
128)『冊府元龜』권965,「外臣部」冊封 第3 (貞元14年3月) 大嵩璘銀靑光祿大夫·簡較(檢校)司空
　　조, 11352쪽 ;『新唐書』권219,「渤海傳」詔檢校司空·襲王조, 6181쪽.
129)『唐會要』권96,「渤海」初嵩璘父欽茂조, 1724~1725쪽.

던 시기임을 증명하는 내용이다. 그렇다면 당연히 해운육운압신라발해양번
등사 이사고가 발해나 신라와 어느 정도 밀월 관계를 유지하였는가를 짐작할
수 있다. 즉 이사고와 발해의 합작으로 발해왕에 대한 관직을 당이 높였다고
보면 어떨까 싶다. 즉 『구당서』 「순종기」와 「발해말갈전」과 『책부원귀』에
의하면, 정원 21년(805) 5월 갑신 일에 당은 발해 강왕(大嵩璘)에게 金紫光祿大
夫·檢校(簡較)司徒로 관직을 높여 주었던 게 그것일 듯싶다.130) 그런데 정원
21년 5월 발해에서 당으로 사신을 보내지도 않았는데, 당에서 발해왕에
대한 관직을 한 단계 더 높여 주었던 것은 아니다. 당 순종이 대숭린에게
金紫光祿大夫를 제수하였던 것은, 발해에서 사신을 당으로 보내어 발해왕의
관직에 대한 항의가 있었기 때문이다.131) 정원 21년 5월 직전에 발해가
당으로 사신을 파견하여 조공한 사실이 있는데, 사실 이 임명은 발해의
국력이 대단하였음을 역으로 보여주는 증거다.

　이와 같이 발해가 당에게 항의할 수 있었던 것은 고구려 유민 이정기의
손자인 이사고의 도움이 컸음을 무시할 수 없을 것 같다. 이사고가 당에
관한 정확한 정보를 발해에 제공하였을 것은 매우 당연하다. 이러한 이사고의
정확한 정보 때문에, 당은 어쩔 수 없이 발해의 요구대로 발해왕의 관직을
높여 주었다. 이와 같이 당이 발해왕을 예우하자, 신라에서 당으로 한번
사신을 파견하였던 때(貞元 21년 11월)와 동시에 발해도 당으로 사신을 파견하
였다.132) 당이 발해를 예우하였던 것은 앞에서 지적한 것처럼 당의 海運陸運押
新羅渤海兩蕃使 이사고가 고구려 유민이었던 것과 무관하지 않을 것 같다.
게다가 이사고의 군사력만으로도 조정을 흔들 수 있었기 때문에, 당은 발해마

---

130) 『舊唐書』 권14, 「順宗紀」 (貞元 21年 5月) 甲辰, 以檢校司空·忽汗州都督·渤海國王大嵩璘조,
　　　407~408쪽 ; 『冊府元龜』 권965, 「外臣部」 冊封 第3 (貞元21年 5月) 大嵩璘金紫光祿大夫·
　　　簡較(檢校)司徒조, 11352~11353쪽 ; 『舊唐書』 권199下, 「渤海傳」 (貞元 21年) 順宗加嵩
　　　璘金紫光祿大夫조, 5362쪽.
131) 『舊唐書』 권199下, 「渤海靺鞨傳」 (貞元) 21년 遣使來朝조, 5362쪽.
132) 『冊府元龜』 권972, 「朝貢部」 第5 (貞元) 21年 11月 渤海조, 11417쪽.

저 자극하기 않기 위하여 발해왕의 관직과 작위를 올려주었던 것 같다.

당은 대숭린을 渤海郡王에서 渤海國王으로 높여 책봉할 정도로 발해에 대하여 미소정책을 계속적으로 취하였다. 즉 정원 14년 11월에 당에 있던 발해 사신을 본국으로 돌려보낸 것이다. 이에 관한 내용을 『구당서』 「발해전」에서 들어보면,

> (貞元 14년) 11월, 발해왕 조카 大能信을 左驍衛中郎將으로 虞候 婁蕃長 都督 茹富仇를 右武衛將軍으로 임명하고 나서, (발해로) 돌려보냈다.[133]

라는 것이 그것이다. 당이 발해와 친선관계를 구축하고 싶은 생각으로 당에 인질로 있던 발해인을 귀환시키면서 새로운 관직도 준 것이다. 발해왕의 조카 大能信에게 左驍衛中郎將을 제수하였고, 동시에 虞候 婁蕃長 都督 茹富仇를 右武衛將軍으로 임명하였던 것이 그것이다.[134] 이때는 정원 14년(798) 11월 무신 일이었다.[135] 위 사료의 내용으로 보아 대능신은 발해가 파견한 조공사의 성격으로 입당하였던 것이 아니다. 대능신은 質子로 입당하였던 것 같다. 발해 왕족인 질자를 통하여 발해를 제어할 의도였기 때문이다. 따라서 대능신이 정원 14년 11월보다 두세 달 전에 당에 입조하였을 것이라는 판단은[136] 지나친 속단인 듯싶다.

발해 康王 大嵩璘은 재위 15년 동안 적어도 4회 정도의 遣唐使를 파견하였다. 이런 사실에 대하여 上田雄은 발해가 당과 밀접한 관계를 유지하려고 노력했

---

133) 『舊唐書』 권199下, 「渤海傳」, 5362쪽, "(貞元 11年) 十一月, 以王姪大能信爲左驍衛中郎將·虞候·婁蕃長, 都督茹富仇爲右武衛將軍, 放還."

134) 『冊府元龜』 권976, 「外臣部」 襃異3 (貞元 14年) 11月戊申以渤海國王大嵩璘姪能臣 조, 11463쪽 ; 王頲, 1992, 「大氏渤海國行政地理考」, 『漢學硏究』 10-1, 184쪽 ; 陳顯昌, 앞의 「渤海國史槪要」 四, 94쪽 ; 褚慶福, 앞의 「對唐王朝管轄渤海幾個問題的探討」, 493쪽.

135) 『冊府元龜』 권976, 「外臣部」 襃異3 (貞元 14年) 11月戊申以渤海國王大嵩璘姪能臣 조, 11463쪽.

136) 權惠永, 앞의 「遣唐使 관련기록의 검토」, 105쪽.

다고 말하고137) 있으나 필자의 생각은 다르다. 발해가 4년에 한번 정도
당에게 사신을 보낸 데는 당시 陸運海運押新羅渤海兩蕃等使 李師古가 발해
사신 업무를 장악했던 것과 관계있다고 본다. 다시 말해 당과 제나라 이사고와
밀접한 관계를 유지했기 때문에 발해가 굳이 遣唐使를 자주 보낼 이유가
없었던 결과라고 본다.

발해 大能信이나 茹富仇처럼 발해로 귀국하는 모든 업무를 이사고가 관장하
였던 것은 이납 때와 마찬가지였다. 이사고의 아버지 이납의 海運陸運押新羅渤
海兩蕃等使 재임시와 마찬가지로 이사고의 재임시도 그가 가진 강력한 군사력
을 바탕으로, 당의 군사력을 무력화시켰다는 사실을 주목하고 싶다. 따라서
이때 발해가 당을 공격하더라도, 당이 반격할 군사력이 없었기 때문에 당은
발해와 친선관계를 유지하는 것이 최우선 정책이었다.

3) 해운육운압신라발해양번등사 이사고와 일본관계

『구당서』「덕종기」貞元 8년(792) 8월조에, 당이 李師古에게 주었던 관직이
구체적으로 언급되었다. 즉,

> 신묘 일에 靑州자사 李師古를 鄆州大都督府長史·平盧淄靑等州節度觀察·海運
> 陸運押新羅渤海兩蕃等使로 임명하였다.138)

당이 이납이 죽은 지 3개월이 지난 후 이사고를 해운육운압신라발해양번등
사로 임명한 사실을 주목하고 싶다. 그 이유는 이사고가 신라와 발해는
물론, 기타 일본 등의 사신 내왕마저 관장하는 관직을 가졌기 때문이다.
왜냐하면 이즈음 해운육운압일본번사라는 관직명이 사서에 보이지 않았기

---

137) 上田雄, 2002, 『渤海史の硏究』上, 75~76쪽.

138) 『舊唐書』 권13, 「德宗紀」 (貞元 8年) 8月조, 375쪽, "辛卯, 以靑州刺史李師古爲鄆州大都督
府長史·平盧淄靑等州節度觀察 ·海運陸運·押新羅渤海兩蕃等使."

때문이다. 그렇다면 794년 平安시대를 열었던 일본 桓武의[139] 입당 사신도 이사고의 지휘 감독을 받았을 게 분명하다. 그렇다고 이사도 시대부터라는 이야기는 아니다. 이사고의 할아버지 이정기와 아버지 이납도 海運陸運押新羅渤海兩蕃等使라는 관직을 당으로부터 받았기 때문이다.

어쨌든 일본 平安 도읍시대가 열린, 그 다음해(795) 발해가 呂定琳 등 60인을 일본으로 파견하였던 것은[140] 암시하는 바가 크다. 이는 발해가 강력한 해양국가라는 사실을 설명하는 대목이라고 볼 수 있기 때문이다. 발해 사신이 일본에 온 다음해(796)에 일본은 답방으로 사신을 발해로 파견하였다고 하나,[141] 일본이 자국선박을 이용하여 발해에 사신을 보냈던 것이 아니라는 사실을 주목하고 싶다. 이는 정원 12년(796) 4월 무자 일에 일본에 도착하였던 발해 사신이 타고 온[142] 발해 선박을 이용하여 일본 사신이 발해로 갔던 사실에서 입증된다. 그렇다면 776년 사도몽이 지휘하는 발해 선단에 편승하였던 일본 사신처럼[143] 이때도 일본이 발해 선박편을 이용하여 발해로 사신을 파견할 수밖에 없었던 것은, 그 당시 일본의 조선기술이 낙후되었다는 이야기는 앞에서 밝힌 그대로이다. 이는 일본이 선진 해양국 발해에 편승할 수밖에 없는 이유였다. 즉 이와 같은 주장을 뒷받침하는 것은 연호가 없던 때가 없던 나라가 해동성국 발해였다는 사실과 맞물리기 때문이다. 이와 같은 강력한 발해를 무조건적으로 모방하였던 일본이 발해처럼 연호를 사용한 것과 긴밀한 관련성이 있다고 본다.

그렇다면 『道里記』는 정원 17년(801) 저술되었기 때문에 발해 영토가 현저하게 확장된 선왕(즉위 819) 때의 발해 영역을 언급할 수 없었다는[144] 島田好의

---

139) 王金林, 1997, 「渤海日本邦交的戰略意識」, 『高句麗 渤海研究集成, 渤海』권一, 哈尒濱 : 哈尒濱出版社, 577쪽(原載 : 『中日關係研究的新思考』 1993).

140) 王承禮, 1997, 「渤海與日本的友好往來」, 『高句麗 渤海研究集成 渤海』권一, 哈尒濱 : 哈尒濱出版社, 549쪽(原載 : 『學習與探索』 2, 1983).

141) 王金林, 앞의 「渤海日本邦交的戰略意識」, 577쪽.

142) 小川裕人, 1939, 「所謂渤海靺鞨に就いて」, 『史林』 24-1, 193쪽.

143) 지배선, 앞의 「고구려 인 李正己의 발자취」, 150쪽.

주장은 맞다. 이는 발해가 고구려 옛 영토를 되찾았을 뿐만 아니라 그 주변지역
마저 발해의 영역으로 만들었다는 사실을 島田好도 동의한 것 같다. 이는
발해가 일본으로 통하는 해상 교통로마저 확고하게 장악하였던 사실을 뒷받
침하는 내용이다.

신라와 일본 관계에서 애장왕 3년(802)부터 일본이 위협적인 존재로 부상하
였던 것 같다.[145] 이렇게 된 배경은 일본이 발해에 의존적인 외교관계를
수립하였던 사실에서 어느 정도 짐작되었던 일이다. 이는 일본 승 空海 등이
804년에 입당하였던 사실도 발해와 일본의 긴밀한 관계와 무관하지 않다.[146]
바꾸어 말하면, 이때부터 일본이 발해를 통한 중국진출에 적극성을 보였다는
이야기이다. 이와 같은 상황변화로 일본은 777년에 일본이 발해 사신 사도몽
에게 황금 100냥 등을 바쳤던 것처럼[147] 애장왕 5년(804) 일본은 황금 300냥을
신라에 바쳤다.[148] 이렇게 일본 승 空海 등이 渤海路를 통해 入唐했다는
사실에 대해서는 上田雄도 간략히 언급하였다.[149] 아무튼 이는 신라·발해·일
본의 삼국의 외교 관계의 변화에 대한 시사이다.

그렇다고 이 무렵 신라와 일본관계가 빈번하였다고 양국관계가 우호적이
라고 주장[150]할 수만은 없을 것 같다. 그 이유는 804년경부터 발해보다는
신라를 통한 당과의 교류 비용이 저렴하다는 사실을 일본이 간파한 후 황금
300냥을 신라에 바쳤던 것으로 해석이 가능하기 때문이다. 일본이 804년부터
발해가 아닌 신라를 통하여 입당을 추진하였던 사건으로 해석하고 싶다.
다시 말해 일본이 발해를 통한 입당 루트를 다변화하기 위한 노력인 듯싶다.

---

144) 島田好, 1933, 「渤海中京顯德府卽遼陽說」, 『滿洲學報』 2, 6쪽.
145) 『三國史記』 권10, 「哀莊王本紀」 3年 冬12月, 授均貞大阿湌爲假王子, 欲以質倭國조, 103쪽.
146) 『冊府元龜』 권999, 「外臣部」 '請求' 德宗 貞元 20年조, 4041쪽.
147) 池培善, 앞의 「고구려의 李正己의 발자취」, 150쪽.
148) 『三國史記』 권10, 「哀莊王本紀」 5年 夏5月 日本國遣使, 進黃金三百兩조, 103쪽.
149) 上田雄, 2002, 『渤海史の硏究』 下, 965쪽.
150) 韓圭哲, 앞의 「新羅와 渤海의 政治的 交涉過程－南北國의 사신파견을 중심으로」,
    142쪽.

달리 말해 일본이 발해와 신라 두 나라를 통한 입당을 모색하였던 것 같다.
이와 같은 상황 변화에는 海運陸運押新羅渤海兩蕃等使 이사고와 신라의 긴밀
한 통교가 전제되었음은 물론이다.

　정원 20년(804) 일본왕 桓武의 사자가 당에 입조하기 위하여 갔던 바[151]
이사고의 지시에 따라 장안으로 들어갔다. 그러나 그해 일본 사신들은 발해
사신을 따라 입당했다.[152] 일본 사신을 따라 당에 온 유학생 橘逸勢와 學僧
空海 등도 이사고의 지휘통제를 받았을 게 분명하다.[153] 아무튼 그해 일본
사신이 당에 사신을 보내 조공했다는 기사가 『구당서』 「덕종기」에 실려
있다. "12월 吐蕃·南詔·日本國이 함께 사신을 보내 조공하였다"[154]는 것이다.
정원 20년 12월에 일본 사신이 토번과 南詔와 함께 장안에 도착하였다는
위 사실은 그들이 중국 남쪽지역을 경유했음을 알리는 대목이라고 생각된다.
이때 당에 왔던 일본 사신에 대하여는 뒤에서 다시 다루겠다. 그 이유는
다른 기록들과 비교 검토할 필요하기 때문이다.

　일본 승려 空海의 경우는 藤原葛野麿呂를 따라 입당하기 위해 福州를 거쳐
장안으로 왔던 모양이다. 이때 福州에 상륙한 것이 804년 10월 3일이었고
장안에 도착한 것이 12월 23일이었다는 주장은 어딘가 분명치 않은 점이
있다.[155] 만약 波戶岡旭의 주장이 맞는다면 福州에서 登州로 향한 다음에
長安으로 갔다고 보아야 한다. 게다가 空海는 이미 渤海루트를 따라 入唐했는데

---

151) 『舊唐書』 권199上, 「日本國傳」 貞元 20年 遣使來朝조, 5341쪽 ; 『太平御覽』 권782,
　　「四夷部」 日本國 貞元21年日本國遣使來朝조, 3466쪽. 『太平御覽』은 일본 사신이 당에
　　온 해를 貞元 21년이라고 언급하였다 ; 『文獻通考』 권324, 「四裔」1 倭 貞元末期其王曰桓
　　武遣使者조, 2552쪽.
152) 陳顯昌, 앞의 「渤海國史槪要」 四, 94쪽.
153) 『舊唐書』 권199上, 「日本國傳」 (貞元 20年) 留學生橘逸勢, 學問僧空海조, 5341쪽 ; 『冊府元
　　龜』 권999, 「外臣部」 請求 德宗 貞元 20年 日本國留住學生조, 11724쪽 ; 『太平御覽』
　　권782, 「四夷部」 日本國 (貞元21年) 留學生橘免勢, 學問僧空海조, 3466쪽.
154) 『舊唐書』 권13, 「德宗紀」 貞元 20年조, 400쪽, "十二月, 吐蕃·南詔·日本國並遣使朝貢."
155) 波戶岡旭, 1942, 「入唐前後의 空海－その儒·道二敎觀의 基礎的 考察－」, 『國學院雜誌』,
　　195～197쪽.

무엇 때문에 다시 여기서 空海가 등장하여 복주에서 장안까지 3개월이나 걸렸다는 사실에 초점을 두었는지 그 이유가 불분명하다. 해운육운압신라발해양번등사 이사고의 통제에 藤原葛野麿呂 등이 따랐다는 사실을 감안하면 3개월에 대한 기간은 설명 가능하다. 다시 말해 당 조정으로 가기 위해 해운육운압신라발해양번등사 이사고의 지시를 따라 행동하였기 때문에 오랜 기간이 소요되었다는 이야기이다. 또 일본 興福寺 승려 靈仙도, 위의 일행에 포함되어 당에 왔던 인물 가운데 하나였다.[156] 그런데 이때 橘逸勢 등이 福州 長溪縣 赤岸鎭 가까운 곳에 도착하였어도[157] 바로 장안을 향하였던 게 아니라, 이사고가 있는 운주를 경유하여 장안으로 향하였다. 일본 연구자들이 일본 사신이 입당하는 루트에 대해 많은 혼선을 하는 까닭은 이정기의 4대가 陸運海運押新羅渤海兩蕃等使였다는 사실을 간과했기 때문이라 본다.

흥미로운 사실은 『全唐詩』에 의하면 福州 閩縣의 徐寅을 방문한 渤海賓貢 高元固에 대한 시가 있다. 시의 제목은 「渤海賓貢高元固先輩閩中相訪云本國人寫得寅斬蛇劍御溝水人生幾何」인데, 이 시에 주목하는 까닭은 渤海人이 登州만 아니라 福州도 갔기 때문이다.[158] 이는 당 후기에 일본인이 복주에 도착했다는 사실과 맞물려 생각할 수 있는 사실이다. 따라서 일본인들의 연구방식처럼 제멋대로 하면 高元固가 日本船을 타고 복주에 도착했다고 생각할 수 있다. 그러나 앞에서 지적한 것처럼 이때 발해와 일본의 국력비교는 물론이고 조선술도 비교할 수 없을 정도로 발해가 압도적이었다는 사실을 간과할 수 없다. 이런 까닭에 필자는 고원고가 복주에 배를 타고 왔다고 생각하면 渤海船이 일본에 기항한 다음에 당의 복주에 도착했다고 보아야 그 시대

---

156) 馬興國, 1997, 「兩鄕何異照 四海是同家-渤海日本往來詩探微-」, 『高句麗 渤海硏究集成, 渤海』 권一, 哈尒濱 : 哈尒濱出版社, 679쪽(原載 : 『中日關係硏究的新思考』, 1993) ; 王承禮·李亞泉, 1997, 「日本國靈仙三藏和渤海國貞素和尙」, 『高句麗 渤海硏究集成, 渤海』 권一, 哈尒濱 : 哈尒濱出版社, 685쪽(原載 : 『中日關係硏究的新思考』, 1993).

157) 李健超, 1998, 「日本留唐學生橘逸勢史迹述略」, 『西北大學學報』 4, 93쪽.

158) 『全唐詩』 권709, 「徐寅」2, 渤海賓貢高元固先輩閩中相訪云本國人寫得寅斬蛇劍御溝水人生幾何조, 8162~8163쪽 ; 謝海平, 1978, 『唐代留華外國人生活考述』, 68쪽.

상황에 맞는 해석이라고 본다. 그렇지 않다면 발해선박이 발해를 출발, 일본
도착 후 다시 발해선박을 타고 고원고가 등주에 도착한 후 복주로 갔던
경우를 생각할 수 있다.

이 시기 중국의 주변국에서 당으로 유학 가는 일이 흔하였다. 즉 開元년간
(713~741)에 신라 성덕왕의 자제가 이미 당의 太學에 입학하였던 사례도
있다.159) 이보다 앞서 640년경 신라왕족의 자제가 당의 태학에 입학하였
다.160) 元和 원년(806) 정월 遣唐 判官 高階眞人 遠成이 입조하였던 일과161)
또 그가 장안에 있던 유학생 橘免歲과 空海 등을 데리고 당을 떠날 때까지162)
일본 사신 일행 모두를 이사고가 관장하였을 게 틀림없다.163) 그 이유는
앞에서 지적한 것처럼 당에 별도로 海運陸運押日本蕃使와 같은 관직이 없기
때문에 이때 당에서 일본 사신 관리는 당연히 이사고의 몫이었다.

위와 같은 추론은 훗날 承和 10년(843) 일본 승려 円載가 入唐할 때도
新羅船에 편승했다는 사실에서 더욱 분명하여진다.164)

위에서 한 가지 의문은 황제에게 판관 高階眞人 遠成이 橘逸勢 등의 일본
귀국을 요청하였던 대목에 관한 건이다. 그 이유는 당연히 遣唐 大使 藤原葛野麿
나 副使 石川道益이165) 당 황제에 요청하여야 하는데 그렇지 않았기 때문이다.
그렇다면 일본의 遣唐 대사와 부사는 아예 당에 도착하지 않았는지 모른다.

159) 『續通志』 권635, 「四夷傳」 1 '新羅' 又遣子弟入太學조, 6725쪽.
160) 王周昆, 1994, 「唐代新羅留學生在中朝文化交流中的作用」, 『西北大學學報』 2, 110쪽.
    837년에 당에 유학온 신라와 宿衛하는 왕자수를 합하면, 그 수가 무려 216명이나
    되었다 ; 『唐會要』 권36, 「附學讀書」 又新羅差入朝宿衛王子조, 668쪽.
161) 『舊唐書』 권199上, 「日本國傳」 元和元年, 日本國使判官高階眞人上言조, 5341쪽 ; 『冊府
    元龜』 권999, 「外臣部」 請求 元和 元年 正月 司本國判官高階眞人조, 11724쪽.
162) 『舊唐書』 권199上, 「日本國傳」 (元和 元年) 前件學生조, 5341쪽 ; 『新唐書』 권220, 「日本傳」
    使者高階眞人來請免勢等俱還조, 6209쪽 ; 『太平御覽』 권782, 「四夷部」 日本國 元和元年
    朝貢使判官高階眞人조, 3407쪽.
163) 『冊府元龜』 권999, 「外臣部」 '請求' 元和 元年 正月조, 4041쪽.
164) 上田雄, 2002, 『渤海使の硏究』 下, 994쪽.
165) 木宮泰彦, 1955, 「遣唐使」, 『日華文化交流史』, 京都 : 富山房, 80쪽.

또 高階遠成이 福州로 입당하였다고 하더라도 직항로를 이용한 것이 아니다. 그 이유는 『續群書類從』「橘逸勢傳」에서 橘逸勢가 입당할 때 발해 바다를 이용하였다고 언급하고 있기 때문이다.[166] 한 마디로 이 시기에 일본과 당의 교류 통로에 대한 연구가 문제가 있는 것 같다. 더 정확히 말하면, 이 무렵 일본이 발해의 도움 없이 독자적으로 당과 직접 교류하였다는 사실은 조작이라는 느낌이 든다. 이런 작업에 李健超마저 합세한 것 같다.

橘免(逸)勢와 僧 空海는 정원 20년(804) 일본 사신이 입조할 때[167] 동행하였던 일본인이다.[168] 이들이 元和 원년(806) 장안을 출발할 때도 발해 사신을 따라갔다.[169] 그 이유는 李健超가 주장하길 橘逸勢가 福州에서 장안에 도착하였을 때 20일 정도 소요되었는데,[170] 장안을 출발하여 일본에 도착할 때 무려 5개월이나 걸렸기 때문이다.[171] 이는 橘逸勢가 일본으로 돌아갈 때 복주를 경유하여 일본으로 가는 해로를 이용하지 못하였다는 이야기이다. 따라서 橘逸勢가 발해를 경유하여 일본으로 귀환하였기 때문에 무려 5개월이나 소요된 것 같다. 橘逸勢가 元和 원년(805) 4월에 장안을 출발하였다.[172] 같은 해 8월 橘逸勢가 遣唐 判官 正六位上 高階眞人 遠成을 따라 일본에 도착하였던 사실로 미루어보면, 장안에서 발해를 경유하여 일본으로 돌아가는데 약 5개월이라는 기간이 소요된 셈이다.[173]

---

166) 『續群書類從』 권191, 「橘逸勢傳」 延曆23年(方貞元20年) 3月癸卯. 從遣唐大使正四位上右大辨藤原朝臣葛野. 汎渤海조, 64쪽(東京 : 秀飯社, 1927).

167) 『舊唐書』 권199上, 「日本國傳」 貞元20年, 遣使來朝조, 5341쪽.

168) 『舊唐書』 권199上, 「日本國傳」 (貞元 20年) 留學生橘逸勢, 學問僧空海조, 5341쪽 ; 甘家馨, 1963, 「隋唐文化東流考署」, 『聯合書院學報』 2, 24쪽.

169) 張步雲, 1981, 「試論唐代中日往來文」, 『社會科學』 6, 136쪽, (上海社會科學院)『爲藤大使與渤海王子書』에서 '渤海日本, 地分南北, 人阻天池'라는 기록에서 보듯 일본(空海)이 발해에 의지하였던 것은 절대적이다. 이는 이때 일본 사신이 당으로 갈 때, 발해의 배에 몸을 실었던 것은 물론이다.

170) 李健超, 앞의 「日本留唐學生橘逸勢史迹述略」, 93쪽. 一說에 福州에서 장안까지 보름 걸렸다는 기록이 있다.

171) 李健超, 앞의 「日本留唐學生橘逸勢史迹述略」, 95쪽.

172) 李健超, 위의 「日本留唐學生橘逸勢史迹述略」, 95쪽.

위의 사실 가운데 일본에서 당에 도착하는 登州 이외 지역과 아울러 高階眞人
遠成이 判官이라는 관직과 관련된 사항을 규명하고 싶다.

하나는 일본이 입당할 때 登州가 아닌 곳을 이용하였다는 사실이다. 貞觀
5년에 왜의 사신이 당에 입조한 뒤 왜는 5년 동안이나 당에 조공을 바치지
않았다. 이는 일본이 지리적으로 바다 건너 있었던 사실과 관련이 깊다.
태종은 정관 11년(637) 11월에 사신을 일본으로 파견하였다.[174] 태종의 조서
를 가지고 갔던 인물은 新州刺史 高仁表였다.[175] 新州는 지도상 직선거리로
오늘날 마카오 서북방으로 150km정도 떨어진 곳이다.[176] 그렇다면 한때
왜가 당에 조공할 때 오늘날 광동성 앞 바다를 통하여 당으로 들어갔던
것이 아닌가 싶다. 그러나 이는 당에서 일본으로 가기 위해 新州 앞 바다를
이용하였던 것이다. 아무튼 新州刺史 高仁表는 왜왕의 무서운 모습에[177]
당 태종의 뜻을 제대로 전달하지 못하고 돌아왔다. 그 후 왜가 다시 신라
사신 편에 당에 상서를 올렸던 사실을 주목할 필요가 있다.[178] 이는 왜가
당으로 갈 때 신라 배편을 이용하였을 가능성이 있다는 내용이다. 그러나
왜가 중국의 남방 항로를 이용하였던 사실은 없다. 그렇다면 이즈음 왜가
오늘날 광동성의 앞 바다가 아닌 주로 산동반도의 앞 바다를 이용하였던
모양이다.

다른 하나는 이사고의 할아버지 이정기 휘하에 判官이라는 벼슬이 있었다

---

173) 『續群書類從』 권191, 「橘逸勢傳」 大同元年(方元和元年) 8月, 從遣唐判官正六位上高階眞
人遠成歸朝조, 64쪽 ; 甘家馨, 앞의 「隋唐文化東流考畧」, 24쪽.

174) 『冊府元龜』 권664, 「奉使部」 失指 '高表仁' 貞觀11年11月倭國使至조, 7942~7943쪽.
정관 11년에 왜국사신이 당에 왔던 것이 아니라, 다만 당의 사자가 당으로 갔던
것 같다. 또 이때 신주자사는 高表仁이 아니라 高仁表이다. 아무튼 이는 『책부원귀』의
기록 일부가 잘못된 것이 틀림없다.

175) 『新唐書』 권220, 「日本傳」 遣新州刺史高仁表往諭조, 6208쪽 ; 『冊府元龜』 권662, 「奉使部」
絶域 '高仁表' 貞觀中倭國朝貢조, 6927쪽.

176) 譚其驤主編, 앞의 『中國歷史地圖集, 隋·唐·五代十國時期』, 69쪽.

177) 『冊府元龜』 권662, 「奉使部」 絶域 '高仁表' 親見其上氣色, 葱鬱有烟火之狀조, 7927쪽.

178) 『新唐書』 권220, 「日本」 更附新羅使者上書조, 6208쪽.

는 사실이다. 海運陸運押新羅渤海兩蕃等使 이사고 휘하의 고구려(발해)인 高憑
의 아들 高沐이 判官이었다.[179] 高沐은 山東의 산과 바다에서 철과 소금이
풍부하게 생산되는 곳이라 그 땅을 얻으면 富國이 될 수 있다는 사실을
간파하였다.[180] 그런데 高沐은 이사고의 이복동생 이사도의 책략을 천자에게
밀고하였던 인물이다. 5세기 초 山東에 있었던 南燕의 商山에서 철, 烏常澤에
염관을 두어 관리하면서, 그 나라 경제력의 근간이었다는 사실로 익히 알려진
사실이다.[181] 그러나 산동 지역의 풍부한 물산에 관한 정보를 당 헌종에게
몰래 아뢴 대가로 高沐은 이사도에 의해서 죽임을 당하였다.[182] 또 이러한
사실은 이사고 휘하에서 判官이라는 벼슬이 있었을 뿐만 아니라 고구려
유민이 많았을 것이라는 것을 방증하는 자료라고 볼 수 있다.

  앞에서 언급했던 사실을 다시 짚고 가겠다. 즉 貞元 20년(804) '12월에
토번·南詔·일본이 사신을 보내 (당에) 조공하였다'는[183] 사실을 다시 언급하
고 싶다. 왜냐하면 그 이듬해(805년) 2월 조에 "(당이) 일본국의 왕자와 아내가
자기 나라로 돌아갈 때, 賞賜의 예물을 그들에게 주어 보냈다"는[184] 내용이
연결고리를 갖고 있기 때문이다. 이는 대략 3개월 동안 일본 왕이 그의
처와 같이 京師에 체류했다는 내용이다. 그런데 804년 12월에 토번·南詔·일본
이 함께 사신들이 당에 왔다는 사실에서 미루어 보면 평로·치청절도사 이사고

---

179) 『舊唐書』 권187, 「高沐傳」 李師古置爲判官조, 4911쪽 ; 『新唐書』 권193, 「忠義」下 附'高沐
    傳」故李師古辟署判官조, 5557쪽.

180) 『通典』 권180, 「州郡」10 風俗 靑州古齊號稱强國憑負山海擅利鹽鐵조, 958쪽(上海 : 商務
    印書館, 1935).

181) 池培善, 1998, 「南燕의 東晋 침공과 그 시대의 사회상」, 『中世 中國史 硏究－慕容燕과
    北燕史－』, 연세대학교 출판부, 237쪽 ; 柯友根, 1984, 「試論十六國時期社會經濟的緩慢發
    展」, 『中國社會經濟史硏究』 3, 厦門大學, 96쪽 ; 祝慈壽, 1988, 『中國古代工業史』, 上海,
    297쪽 ; 謝啓晃, 1987, 「慕容德－南燕政權的建立者」, 『中國少數民族歷史人物志』, 北京,
    44쪽 ; 佐伯富, 1987, 「中世における鹽政」, 『中國鹽政史の硏究』, 京都 : 法律文化社, 72쪽.

182) 『新唐書』 권193, 「忠義」下 附'高沐傳」沐上書盛夸山東煮海之饒조, 5557쪽.

183) 『舊唐書』 권13, 「德宗紀」 貞元 20年조, 400쪽, "十二月, 吐蕃·南詔·日本並遣使朝貢."

184) 『舊唐書』 권13, 「德宗紀」 貞元 21年 2月조, 406쪽, "日本國王幷妻還蕃, 賜物遣之."

를 경유하여 장안으로 가지 않았을 가능성도 상정할 수 있다. 그 이유는 추단하기 어렵지만 토번·南詔·일본의 사신이 함께 당에 입조했다는 기록 때문이다. 그러나 일본 왕자와 그의 처가 이사고의 감독 하에 京師에 도착했을 가능성이 더 크다. 그 이유는 일본 왕자가 이사고의 통제 없이 우회 길을 택하여서 京師로 갔다고 보기 어렵기 때문이다.

위의 토번·南詔가 경사에 사신을 보냈던 것은 西川절도사 南康忠武王 韋臯가 南詔를 복종시키고 토번을 꺾었기 때문이다. 다시 말해 韋臯 永貞 원년(805) 8월 계축 일에 죽는 날까지[185] 蜀에서 무려 21년간 있으면서 조세를 많이 거두어 주군에게 은혜 관계를 돈독히 맺었을 뿐만 아니라 병사의 혼례와 상사비용까지 모두 대어 주었기 때문에 병사들이 충성하였다.[186] 정원 20년 (804) 12월에 토번과 南詔의 사신이 京師로 갈 때 韋臯의 통제를 받았음은 물론이다.

일본 왕자가 머나먼 길을 택하여서 위험을 무릅쓰고 京師에 갔을까 하는 의문이 든다. 이는 신라가 制海權을 갖고 있는 상황이라, 이를 타개하기 위한 방안을 모색하기 위해 일본 왕이 직접 京師로 갔을 경우를 생각할 수 있다. 이렇게 추단하는 까닭은 海運狎新羅渤海兩蕃等使 이정기·이납·이사고 이래로 제해권을 신라와 발해가 장악하고 있기 때문이다. 일본 입장에서 이를 돌파하지 않고는 일본의 대당에 관한 외교 통상교역 자체가 불가능하여서, 이를 해결하기 위해 일본 왕자가 당에 조공하면서 해결 방안을 구걸하기 위해 京師를 방문하였던 것 같다.

海運陸運押新羅渤海兩蕃等使 이사고가 신라나 발해와 빈번한 교류를 가졌다. 한편 일본이 입당하기 위해서 이사고의 영역 통과는 거의 필수적이었다. 이즈음 일본은 발해의 선박을 이용하여 발해를 경유하여 등주를 거쳐서 장안으로 가는 게 가장 알려진 길이었다. 당에서 일본으로 가는 해로가

---

185) 『舊唐書』 권14, 「憲宗紀」 永貞 元年 8月 癸丑조, 411쪽.
186) 『資治通鑑』 권236, 「唐紀」52 順宗 永貞 元年 8月 癸丑조, 7620쪽.

광동성 앞바다를 이용한 경우가 있었으나, 이는 당이 사용하였던 해로이다. 7세기 중엽에 일본이 신라 사신 편으로 당에 보내는 상서가 전달되었던 경우가 있었다. 그밖에 일본이 복주를 통하여 장안으로 갔던 길을 상정할 수 있다. 그러나 일본인이 복주를 통하여 장안으로 갈 때도 해운육운압신라발해양번등사 이사고의 지휘 감독을 받았음은 물론이다. 이를 뒷받침하는 것은 石原道博[187]에 의하면, 당나라 시기에 일본이 당으로 사신을 파견한 횟수가 27회에 불과하였다는 사실이다. 다시 말해 일본이 당과 교통하기 위해서는 이정기 4대의 통제를 받았다는 뜻이다.

5. 이사고의 영역 관리 능력

이납의 모든 관직을 계승한 이사고에게 첫 도전을 한 것은 주위의 절도사들이었다. 이들의 도전은 조정의 최대 재화가치를 누리고 있는 소금과 관련된 문제에서 발단되었다. 이를 설명하기 위하여 이납 생전 소금문제와 관련된 사실을 들어보는 것이 순서일 듯싶다. 즉 『구당서』「이사고전」에 의하면,

成德軍절도사 王武俊이 군사를 거느리고 德州·棣州에 주둔하면서 蛤㟼 와 三汊城을 공격해 빼앗으려고 준비하였다. 棣州 경내의 鹽池와 蛤㟼에서 해마다 소금이 數十萬 斛이 생산되는데, 棣州는 淄州·靑州에 예속되었으며, 그 刺史 李長卿이 성을 들어 朱滔에게 귀속했으나, 蛤㟼만은 이납이 점거하면서, 아울러 성을 쌓아 그곳을 지키면서 소금 이익을 독점적으로 농단하였다.[188]

---

187) 石原道博, 2008, 「『旧唐書』倭國日本伝について」, 『新訂 旧唐書倭國日本伝』, 東京 : 岩波書店, 15쪽.

188) 『舊唐書』권124, 「李師古傳」, 3537쪽, "成德軍節度王武俊率師次于德·棣二州, 將取蛤㟼及三汊城. 棣州之鹽池與蛤㟼歲出鹽數十萬斛, 棣州之隸淄靑也, 其刺史李長卿以城入朱滔, 而蛤㟼爲納所據, 因城而戌之, 以專鹽利."

라는 내용은 이사고와 직접 관련된 사항은 아니다. 그러나 이는 이납 사후에도 이사고가 소금생산지를 확보하려는 치열한 싸움을 방관만 할 수 없는 문제이기 때문에『구당서』「李師古傳」에 기록된 모양이다. 물론 우리가 아는 것처럼 당 후기에 오면 당이 재정국가적인 범주를 탈피하지 못하였다. 게다가 정원 4년(788)경부터 鹽法이 문란하여졌다는 사실은 시사하는 바가 크다.[189] 그 이유는 당에서 생산되는 소금의 절대량이 부족하였다는 것을 의미하기 때문이다. 따라서 이납의 영역 안에서 재화의 효용가치가 큰 소금의 중요성이 더 커진 것은 어쩔 수 없는 현상이다. 이런 이유로 成德軍절도사 王武俊도 鹽池를 확보하기 위한 비상수단으로 군사력을 동원하였다. 이와 같이 첨예한 상황에서 棣州자사 李長卿이 棣州를 가지고 朱滔에게 합류함으로써[190] 鹽池를 둘러싼 절도사간의 대립이 더욱 복잡한 양상을 띠었다.

평로·치청절도사 이납은 이러한 소금 산지를 확보하기 위한 수단으로 河南道에 속한 棣州 蛤𣗨에[191] 성을 쌓고 군사를 주둔시키면서 지켰다.[192] 한마디로 鹽池를 둘러싼 成德軍절도사 王武俊·朱滔·이납이 삼파전을 전개하면서 전쟁 상황으로까지 치달았다. 그런데 위에서 언급되었던 것처럼 棣州가 이납의 관할지였는데도 불구하고 棣州자사 李長卿이 朱滔에게 투항하였다는 사실은 이납이 해결해야 할 난제였다. 그런데 棣州와 蛤𣗨의 鹽池에서 1년에 생산되는 소금 양이 數十萬 斛이었다는 사실은[193] 주목할 필요가 있다. 그 이유는 棣州가 위치하였던 곳에서 생산되는 소금이 춘추전국시대 齊나라의 제일 큰 재원이었다는 사실과 상관성이 있기 때문이다.

그런데 德·棣 二州는 평로·치청절도사의 관할지라서, 成德절도사 王武俊이

---

189) 三島一·鈴木俊, 1940,「唐室の崩壞」,『中世史』二, 東京 : 平凡社, 123쪽.
190)『新唐書』권213,「李師古傳」李長卿以州入朱滔조, 5991쪽.
191) 築山治三郎,「地方官僚と政治」, 373쪽.
192)『資治通鑑』권234,「唐紀」50 德宗 貞元 8年 11月, 初, 李納以棣州蛤𣗨有鹽利조, 7538쪽.
193)『新唐書』권213,「李師古傳」初, 棣州有蛤𣗨鹽池조, 5991쪽 ;『續通志』권279,「唐列傳」79 '李師古' 初, 棣州有蛤𣗨鹽池조, 4881쪽 ; 佐伯 富, 앞의「中世における鹽政」, 138쪽.

군사를 출동시켜 침략하였다.[194] 이와 같이 이납과 왕무준이 德·棣 二州를 서로 쟁탈하려 하였던 이유는, 그 두 곳(棣州에 蛤𡊃, 德州에 三汊城)은 중요한 소금 생산지였을 뿐만 아니라 군사적 요충지와 맞물렸기 때문이다.[195] 바꾸어 말하면 蛤𡊃를 두고 절도사간에 싸움이 전개된 것은, 그곳을 독점적으로 장악하여 얻어지는 막대한 鹽利 때문이었다.[196] 절도사들끼리도 재원확보가 중요한 것처럼 당나라도 이 문제에서 자유로울 수는 없었다. 당 조정도 재정의 어려움을 극복하기 위한 방편으로 貞元 9년 정월에 처음으로 茶에 세금을 부과할 정도로 재정문제 해결을 위해 부심하였다.[197]

이러한 鹽池를 둘러싼 이납과 주위의 절도사들 사이의 경제 전쟁은 쉽게 끝날 성질이 아니었다. 이와 관련된 소식을 『구당서』 「이사고전」을 들어보면,

이후 王武俊이 朱滔를 쳐서 깨뜨린 공로로 말미암아, 조정은 德州·棣州를 王武俊에게 예속시키려 하였으나, 그러나 蛤𡊃는 여전히 이납이 점거하였다. 이납이 처음에 德州 남쪽에 黃河를 가로질러 성을 쌓고 수비했기 때문에, 三汊라 불렀는데, 한편 (이납이) 田緖와 가까이 지냈기 때문에 魏博路를 이용할 수 있었기 때문에, 이로 인해 德州를 침범하여 약탈했으므로, 王武俊에게는 우환거리가 되었다.[198]

라는 것은 鹽池를 둘러싼 삼파전으로 변화되었던 상황에 대한 설명이다. 그런데 당시 제염지역은 淮南, 江南, 福建과 嶺南의 연안지대가 중심이었다.[199] 그러나 가장 중요한 제염지역은 山東과 河北의 연안이다. 한 예를 든다면,

---

194) 築山治三郎, 앞의 「地方官僚と政治」, 373쪽.
195) 金文經, 앞의 「唐代 高句麗遺民의 藩鎭」, 41쪽.
196) 築山治三郎, 앞의 「地方官僚と政治」, 373쪽.
197) 『資治通鑑』 권234, 「唐紀」50 德宗 貞元 9年 正月 癸卯조, 7539쪽.
198) 『舊唐書』 권124, 「李師古傳」, 3537쪽, "其後武俊以敗朱滔功, 以德·棣二州隷之, 蛤𡊃猶爲納戍. 納初於德州南跨河而城以守之, 謂之三汊, 交田緒以通魏博路, 而侵掠德州, 爲武俊患."
199) Denis Twitchett, 1965, 「唐末の藩鎭と中央財政」, 『史學雜誌』 74-8, 6쪽.

평로·치청에서 생산된 소금양이 70만 관에 달했는데, 이는 808년 権鹽院에 의한 度支에서 1년에 거두어들이는 양의 절반에 해당될 정도로 엄청난 양이었다.[200] 그런데 808년은 이사고의 아우 이사도가 제나라를 통치한 지 3년째 되는 해였다. 아무튼 위의 사료를 몇 가지로 분석하고 싶다.

하나는 王武俊이 朱滔를 공격하였다는 사실이다. 그 결과 朱滔가 장악하였던 德州와 棣州의 소유권이 朱滔에서 王武俊으로 넘어갔다.[201] 그렇다면 鹽池를 장악하기 위한 삼파전에서 이납과 王武俊의 싸움으로 바뀌었다는 말이다. 이는 소금밭 장악을 위한 세력판도가 변화였다. 이와 같이 鹽池를 장악하기 위한 싸움이 치열하였던 이유는 간단하다. 즉 소금에서 거두어들이는 수익이 절도사의 재정에 상당부분을 차지하였기 때문이다.[202]

둘은 이납이 蛤朶를 계속 장악하였다는 사실이다. 이는 이납이 소금 생산의 대부분을 확보하였다는 의미로 해석하여도 좋다. 그러나 이납은 蛤朶를 교두보로 鹽池를 확고하게 장악하겠다는 계획을 수립하였고, 이는 절도사들 간에 鹽池를 둘러싼 문제로 확대될 수밖에 없었다.

셋은 이납이 德州의 남쪽 황하를 가로질러서 성을 쌓고 수비하였다는 사실이다.[203] 이는 王武俊이 관할하는 德州에서 다시 황하를 건너 남하할 것을 우려하였던 이납의 방어 태세 망에 대한 구축이라고 말할 수 있다. 물론 이는 이납이 소금밭을 확보하기 위한 비상조치라고 해석할 수도 있다. 이와 같이 이납이 황하를 끼고 삼각형으로 성을 쌓아서 방어하였기 때문에, 이를 三汊라고 불렀다는 사실은 흥미롭다.[204] 위의 三汊城은 德州에 속하였으며, 또 德州는 河北道의 한 州였다.[205]

---

200) Denis Twitchett, 위의 「唐末の藩鎭と中央財政」, 7쪽.
201) 『新唐書』 권213, 「李師古傳」 後德·棣入王武俊조, 5991쪽.
202) Denis Twitchett, 앞의 「唐末の藩鎭と中央財政」, 7쪽.
203) 『新唐書』 권213, 「李師古傳」 納乃築壘德州南조, 5991쪽.
204) 『新唐書』 권213, 「李師古傳」 謂之三汊조, 5991쪽.
205) 築山治三郎, 앞의 「地方官僚と政治」, 373쪽.

넷은 이납이 魏博절도의 도로를 이용하여 德州를 공격하였다는 사실이다.
물론 魏博路는 魏博절도사 田緖의[206) 관할지 안의 도로망을 뜻한다. 이를
사용하게 되었던 배경은 이납이 田緖와 가깝게 지냈기 때문이다. 아무튼
이납에 의한 魏博路 이용으로 德州를 침략할 수 있는 길을 확보하였고, 이것이
王武俊에게 근심거리가 되었던 것은 당연할 듯싶다.

위와 같이 鹽池를 둘러싼 삼파전의 양상에서 朱滔가 탈락하면서 이납이
王武俊의 德州에 대한 침략을 시도하였다는 사실은 주목할 필요가 있다.
왜냐하면 王武俊이 이납의 공격을 막기 위하여 나름대로 부산하게 대책을
세웠을 것이 당연한 이치였기 때문이다. 간단히 말하면, 王武俊은 이납을
공격하기 위한 좋은 상황으로 반전시키려고 절치부심하였다. 이런 상황에서
王武俊에게 기회가 찾아왔다. 이를 『구당서』「이사고전」에서 들어보면,

　　이납이 죽게 되자, 이사고가 그 지위를 계승하였다. 王武俊은 이사고가
　　어린 나이에 즉위한 데다가 옛 장수들이 많이 죽었기 때문에 마음 속으로
　　이사고를 무척 가볍게 여겼다. 그래서 (武俊은) 많은 군사를 거느리고 蛤朶·三汊
　　를 탈취하겠다는 명분으로 출격하였지만, 기실은 이납의 경내를 염탐할
　　목적이었다.[207)

라는 것이 그것이다. 이를 몇 가지로 구분하여 보는 것이, 위의 상황 이해에
도움이 될 듯싶다.

하나는 이납이 죽은 지 얼마 지나지 않아서 王武俊이 덕주를 공략하였다는
사실이다. 위에서 언급된 것처럼 이러한 사실은 왕무준에게 보통 이상의
호재였다. 그러나 나이 어린 이사고의 입장에서 아버지 이납의 유업을 성공시
켜야한다는 것이 여간 큰 부담이 아니었을 것 같다. 그 이유는 이사고가

---

206) 『舊唐書』 권141, 「田承嗣傳」 附'緖傳' 魏博節度使조, 3846쪽.
207) 『舊唐書』 권124, 「李師古傳」, 3537쪽, "及納卒, 師古繼之. 武俊以其年弱初立, 舊將多死,
　　　心頗易之, 乃率衆兵以取蛤朶·三汊爲名, 其實欲窺納之境."

즉위할 때 나이가 불과 15세였다는 사실이다. 이사고의 출생연월에 대한 구체적인 기록이 없다. 그러나 이납의 아버지 이정기가 49세에 죽었던[208] 것보다 이납은 더 젊은 34세를 일기로 죽었다는 사실에서[209] 유추 해석이 가능하다. 간단히 말해 이납이 죽은 그 해 이사고의 나이가 많아야 10대 중반이었다. 이납이 이사고를 10대 후반에 얻었다고 가정하더라도 이사고는 아버지가 죽던 그해 나이가 10대 후반의 그런 나이에 불과하였다. 이는 왕무준이 죽은 이납의 경내를 염탐하고 싶은 충동을 갖게 하여 주는 사실과 흡사한 상황이 다시 벌어졌다고 해석해도 큰 무리가 없는 이야기이다.

둘은 왕무준이 이사고 영내의 모든 사항들을 외견상 정확하게 파악하고 있다는 사실이다. 즉 이사고의 나이가 어린것이 그렇고, 또 이사고의 할아버지 이정기 때부터 헌신적으로 싸웠던 장군들이 많이 죽었던 사실도 그렇다.[210] 이런 상황에서 전쟁 경험이 풍부한 王武俊은 이사고를 가볍게 생각하였던 게 어쩌면 당연할 듯싶다.

셋은 王武俊이 나이 어린 이사고가 이납을 계승하기 위한 호기를 놓치지 않고 포착하였다는 사실이다. 전일 이납으로부터 당한 수모를 갚으려고 王武俊은 많은 군사를 거느리고 그의 영토를 공격하였다. 물론 위의 내용처럼 蛤朵·三汉를 빼앗겠다는 명분에서 王武俊은 군대를 이끌고 남침하였다. 그런데 蛤朵·三汉는 앞서 언급한 것처럼 당시 중요한 재화의 가치를 지니고 있는 제의 영토 가운데 소금밭이 있는 지역이기 때문에 王武俊이 이를 빼앗겠다는 그럴 듯한 명목으로 출정하였다. 그러나 위에서 王武俊이 많은 군사를 끌고 왔던 진짜 이유가 齊의 경내를 염탐해 보고 싶었다는 사실은 암시하는 바가 매우 크다. 그 이유는 王武俊이 蛤朵·三汉를 빼앗아 소금의 전매권을 장악하겠다는 의도보다 이번 기회를 이용하여 제나라 영역을 자신의 영토로 만들어

---

208) 『舊唐書』 권124, 「李正己傳」 時年四十九조, 3535쪽.
209) 『續通志』 권279, 「唐列傳」79 ‘李納’ 死年三十四조, 4881쪽.
210) 金鎭闕, 1984, 「唐代 淄靑藩鎭 李師道에 대하여」, 『史學論叢』, 769쪽.

보려는 깊은 속내를 품고 있었던 것 같다.

여하간 이사고의 경내로 들어간 왕무준의 군대는 이사고와 일전이 불가피하였던 상황이다. 이때의 전황을 『구당서』「이사고전」에서 들어보면,

　　이사고는 棣州의 降將 趙鎬로 하여금 王武俊을 막도록 명령하였다. 王武俊은 아들 王士淸에게 군사를 거느리고 먼저 滴河를 건너도록 명령하였는데, 바로 그때 王士淸의 병영에서 불이 나서, 병사들이 크게 놀랐고 王士淸이 일이 마음에 걸려, 진군하지 못했다. 그 무렵 德宗이 사자를 보내 회유하니, 王武俊은 곧 군사를 거두어 돌아갔다.211)

라는 내용이 그것이다. 이를 네 가지로 나누어 설명하고 싶다.

하나는 이사고는 王武俊의 군대를 전일 棣州의 항장 趙鎬로 막게 하였다는 사실이다.212) 이는 王武俊의 말처럼 이사고 휘하에 노련한 장군이 없었기 때문인지도 모른다. 아무튼 이사고는 덕주 옆 체주에서 항복한 노련한 장수 趙鎬로 하여금 남하하는 왕무준의 무리를 막도록 명령하였다. 물론 왕무준이 棣州를 통과하여 남하하기 때문에 체주의 지리적인 상황 등에 대하여 소상히 잘 아는 조호를 방어의 적임자로 생각하였을 가능성도 배제할 수 없다.

둘은 왕무준은 아들 士淸으로 하여금 군사를 거느리고 먼저 滴河를 건너게 하였다는 사실이다.213) 여기서 滴河란, 체주의 동쪽 끝에 위치한 곳을 말한다.214) 그렇다면 앞서 이사고가 왕무준을 막도록 지시하였던 조호가 의외의 적임자였을지 모른다.

211) 『舊唐書』권124,「李師古傳」, 3537쪽, "師古令棣州降將趙鎬拒之. 武俊令其子士淸將兵先濟於滴河, 會士淸營中火起, 軍驚, 惡之, 未進. 德宗遣使諭旨, 武俊卽罷還."
212) 『新唐書』권213,「李師古傳」師古使趙鎬拒戰조, 5991쪽;『資治通鑑』권234,「唐紀」50 德宗 貞元 8年 11月 師古遣趙鎬將兵拒之조, 7538쪽;『續通志』권279,「唐列傳」79 '李師古' 師古使趙鎬拒戰조, 4881쪽.
213) 『新唐書』권213,「李師古傳」武俊子士淸兵先濟滴河조, 5991쪽.
214) 譚其驤 主編, 앞의 지도책,『中國歷史地圖集－隋·唐·五代十國時期－』, 48~49쪽.

셋은 왕사청이 이끄는 병영에서 불이 났다는 사실이다.[215] 이와 같이 전쟁 중 병영에서 일어난 화재는 소속된 군사들에게 심리적으로 큰 부담감을 주기 때문에 주목할 필요가 있다. 물론 병사들이 놀랐던 사실은 전쟁에서 심리적인 문제로 말미암아 전쟁에서 패인으로 작용되었던 경우가 허다하다. 그 결과 사청의 병사들은 진군 명령조차 거부할 정도로 사기가 떨어졌다.[216] 그밖에 사청의 병영에서 불이 났다는 사실은 군량미와 무기의 손실을 뜻하기 때문에 왕무준의 군사는 전투 한번 제대로 치르지 못한 상태에서 물질적으로나 정신적으로 막대한 손해만 입었다.

넷은 이사고와 왕무준의 일촉즉발의 전쟁 상황에서 덕종이 개입하였다는 사실이다.[217] 덕종의 회유를 수용하는 입장에서 王武俊도 군대를 철수시켰다. 물론 단순히 王武俊이 덕종의 말을 들었다고 해석한다면 이는 보통 잘못이 아니다. 그 이유는 王武俊의 군대는 모든 면에서 크게 손해를 입어 병사들이 진군 명령을 거부하였던 그런 상황이기 때문이다. 따라서 王武俊은 덕종의 말을 따른다는 구실로 회군하는 게 유리하다고 판단하였을 가능성이 다분하다. 여기서 한 가지 고려해야 할 점은 덕종이 절도사들 사이의 싸움을 화해시키는 일이 중요한 일인가 하는 의문이다. 이는 당 후기의 황제권력이 약화되었던 한 증거이다. 물론 이때 절도사의 임명권은 형식상 황제의 권한이었다. 그러나 절도사 임명권을 황제가 자의로 결정할 수 없을 정도로 황권이 추락하였다고 표현하면 어떨까 싶다. 사족을 붙인다면 이납과 이사고의 경우 모두 어린 나이에 평로·치청절도사가 되었는데도 불구하고 제나라를 제대로 다스렸다는 사실이다. 이는 고구려 유민들이 중국에서도 유목기마민족적인 기질과 전통을 계승하여 이납과 이사고가 어린 나이임에도 제나라를 제대로 통치하는 탁월한 기량을 소유했다고 평가할 수 있는 사실이다.

---

215) 『新唐書』 권213, 「李師古傳」 會營中火起조, 5991쪽.
216) 『新唐書』 권213, 「李師古傳」 士大謀不敢前조, 5991쪽.
217) 『新唐書』 권213, 「李師古傳」 德宗遣使者諭武俊罷兵조, 5991쪽.

이사고와 왕무준의 대치에 대해 사마광은 다음과 같이 언급하고 있다.

　이사고가 (이납의) 자리를 이어받자, 왕무준은 그가 나이가 어려서 가볍게
여기고, 이 달에 병사를 이끌고 덕주와 체주에 주둔하며 장차 갑타와 삼차성을
빼앗고자 하였는데, 이사고는 趙鎬를 파견하여 병사들을 거느리고 이를 막도
록 하였다. 황제가 중사를 파견하여 이를 멈추도록 타이르자, 왕무준이 마침내
돌아왔다.218)

　이납이 죽은 그 달(792년 11월)에 왕무준은 군사를 파견하여 체주의 갑타와
덕주의 삼차성을 점령하기 위해 제나라 영내를 침공하였다. 이는 소금생산지
인 갑타와 삼차성은 이납에게만 중요한 것이 아니라 왕무준에게도 절실한
정도로 필요하였다. 마치 왕무준은 이납이 죽기를 기다렸다는 듯이 군사를
동원해 갑타와 삼차성을 점령하기 위해 순식간에 제나라로 진격하였다.
왕무준이 이와 같은 전쟁 계획을 갖게 된 배경은 이납의 뒤를 이은 이사고가
어린데다가 전쟁경험이 없다는 사실이 한몫 한 것이 분명하다.

　여하간 王武俊은 덕종이 보낸 중사를 통해 전쟁하지 말라는 조서를 받고서
야 왕무준이 회군하였다.219) 따라서 이때 출정은 왕무준에게 德州와 棣州에
대한 정탐 외에 아무 소득이 없이 물러났다. 이때 조정이 왕무준에 의한
체주와 덕주 공격을 막은 이유는 절도사간에 전투가 수시로 벌어지면 조정은
절도사에 대한 장악력이 떨어지는 것을 우려했기 때문에 취한 그런 조치에
불과하였다.

　여하간 왕무준은 이사고의 蛤朶·三汊의 소금밭을 얻기는커녕 전쟁물자와
군사기만 저하시킨 꼴이 되었다. 그러나 외견상 덕종의 회유에 따라서 왕무준

218) 『資治通鑑』 권234, 「唐紀」50 德宗 貞元 8年 11月조, 7538쪽, "及李師古襲位, 王武俊以其年
　　 少, 輕之, 是月, 引兵屯德·棣, 將取蛤朶及三叉城, 師古遺趙鎬將兵拒之. 上遺中使諭止之,
　　 武俊乃還."
219) 『資治通鑑』 권234, 「唐紀」50 德宗 貞元 8年 11月 上遺中使조, 7538쪽 ; 『續通志』 권279,
　　 「唐列傳」79 '李師古' 德宗遺使者諭조, 4881쪽.

이 철수한 마당에 조정은 이사고에게도 이와 상응하는 조치를 취한 것은 당연하다. 이와 관련된 이야기를 『구당서』「이사고전」에서 들어보면,

　이사고는 사람을 보내 三汊口城을 허물었으며, 이는 조정 명령을 따른다는 표시였다. 그러나 내심으로는 항상 침략해 습격하려는 의도를 갖고 품고 있었다. 그래서 망명한 무리들을 불러 모았으며, 그들에 대해서 후하게 잘 대우하였다. 이래서 조정에 죄를 짓고 도망해서 李師古에게 왔던 자들은, 李師古가 수시로 임용해 주었다.220)

라고 기록하고 있다. 똑 같은 사실을 司馬光은 『자치통감』에서 다음과 같이 기록하였다. 즉,

　황제가 이사고에게 명하여 三汊城(산동성 능현 동남쪽)을 허물도록 하였는데, 이사고는 조서를 받들기는 하였으나 마음속으로 침략할 생각을 품고 있어서, (이사고는) 항상 망명하는 사람들을 불러 모으며 조정에 죄 지은 사람까지도, 모두 이들을 어루만져서 채용하였다.221)

　이는 이사고가 자신을 침공하여 왔던 王武俊의 처리를 어떻게 할 것인가를 알려주는 중요한 대목이다. 이를 네 가지로 나누어 보고 싶다.

　하나는 평로·치청절도사 이사고가 조정의 명령대로 三汊口城을 허물었다.222) 이때는 대략 정원 9년(793) 4월경으로 이사고가 이납을 계승한 지 얼마 지나지 않은데다가 왕무준이 아직은 기세등등한 때였다. 이사고가 三汊口城을 없앴다는 것은 이사고가 王武俊과 대립하지 않겠다는 상징적

---

220) 『舊唐書』권124,「李師古傳」, 3537쪽, "師古毀三汊口城, 從詔旨. 師古雖外奉朝命, 而嘗畜侵軼之謀, 招集亡命, 必厚養之, 其得罪於朝而逃詣師古者, 因即用之."

221) 『資治通鑑』권234,「唐紀」50 德宗 貞元 9年 4月조, 7543쪽, "上命李師古毀三汊城, 師古奉詔, 然常招聚亡命, 有得罪於朝廷者, 皆撫而用之."

222) 『新唐書』권213,「李師古傳」師古亦隳三汊聽命조, 5991쪽 ; 『資治通鑑』권234,「唐紀」50 德宗 貞元 9年 4月 上命李師古毀三汊城조, 7543쪽.

행위이다. 이는 앞에서 언급한 것처럼 왕무준이 군대를 거느리고 철수하는 대가로 이사고가 취한 대응 조치였다. 그뿐만 아니라 이사고의 매형 海州團練使 張昇璘이 왕무준을 전에 공개적으로 비난했다는 죄목으로 定州에서 황제의 명으로 매질을 당하고 구속될 정도로 어려운 상황이었다.[223] 한마디로 왕무준은 힘을 과시하는 그런 시기에다가 덕종마저 그의 편을 들기 때문에 어쩔 수 없는 그런 상황이었다.

어쨌든 덕종의 명령대로 이사고는 三汊城을 헐었다. 이사고가 덕종의 지시를 따랐던 이유를 두 가지로 생각할 수 있다. 이사고가 이납의 뒤를 이은지 얼마 되지 않았던 사실과 연관이 있다는 것이 그 하나이다. 다시 말해 급작스런 왕무준의 공격을 방어하기 위해 이사고의 제나라의 모든 여건이 충족되지 않았을 가능성이다. 그렇지 않다면 덕종이 이납의 관직을 그의 아들 이사고에게 승계시켜 준 데 대한 예우였을 것이라는 게 다른 하나이다.

둘은 이사고가 겉보기에 조정의 명령을 따랐다는 사실이다. 그렇다고 이사고를 불충한 신하로 단정한 『신·구당서』 찬자 견해는 그릇된 것이다. 이미 당 후기 황제의 권위가 크게 추락하였다는 사실은 앞에서 밝힌바 대로다. 달리 표현한다면, 이사고는 그의 할아버지 이정기, 아버지 이납이 건국한 나라를 계속적으로 발전시키기를 염원하였던 그런 인물이다.

셋은 이사고가 아버지 이납의 유업을 실천하려는 의지를 가졌던 사실이다. 이를 구체화하기 위하여 이사고는 망명자들을 불러 모아 잘 대우하였을 뿐만 아니라 그들을 관리로 임용하였다는 사실이 특히 주목된다.[224] 이는 당에 대해서 정치적 이유로 반항한 인물들을 이사고가 모두 포용하였다는 의미다.

그렇다면 당에서 제나라로 망명한 이들 가운데는 당의 고위관료가 다수 포함되었다고 본다. 그들을 이사고가 우대한 의도는 당과 주변의 절도사들의

---

223) 『資治通鑑』 권234, 「唐紀」50 德宗 貞元 9年 3月 海州團練使조, 7543쪽.
224) 築山治三郎, 앞의 「地方官僚と政治」, 374쪽.

상황을 정확히 파악하려는 것이었다고 판단된다. 또한 이사고가 조정과 맞서 싸우겠다는 의지를 분명하게 보여준 메시지가 있다고 본다. 당에서 정치적으로 망명한 자들과 조정에 죄지은 사람을 관리로 임용했던 사실들이 다른 절도사에게는 없었다는 사실이 매우 중요하다. 이는 조정과 절도사들에 대항한 심리적인 교란을 유도할 수 있다는 계산을 이사고가 하였던 게 분명하다. 이러한 목적을 달성하기 위하여 이사고는 棣州의 降將 趙鎬를 왕무준의 공격을 막는 대장으로 임명한 것이다. 이로써 이정기 때부터 주변을 병합할 의도가 그의 손자 이사고대까지 계승되었다는 해석이 가능하다.

넷은 이사고가 당 조정에서 추방한 인물을 자신의 관리로 임용하였다는 사실이다. 이는 이사고의 구상이 주변 절도사의 관할지를 장악할 의도뿐만 아니라 조정을 장악하려는 구상이 깃든 그의 계획이다. 이러한 여러 가지 사정을 감안할 때, 이사고는 자신의 영역에서 재정·영토·군사적인 모든 것을 확고히 할 계획을 구체적으로 갖고 노력하였던 인물이라고 평가할 수 있다.

앞의 사료에서 확인해보면 이사고가 직접적으로 반란을 일으켰던 경우는 없었지만 조정에 대한 반감을 너무 노골적으로 표현하였던 것 같다. 정확히 말해 반감이라기보다는 조정을 거의 의식하지 않는 그런 수준이었다. 그렇다고 이 무렵 조정이 절도사에 대한 통제권을 완전 상실했던 것이 아니다. 한 예를 들면 정원 10년 6월 초하루에 昭義절도사 이포진이 죽자, 소의절도사 후계문제를 조정이 관여했다. 이포진의 아들 殿中侍御史 李緘의 뜻과 달리 조정에서 파견한 중사 第五守進이 昭義步軍都虞候 王延貴를 權知昭義軍事로 삼았기 때문이다.[225] 그 후 조정은 7월에 王延貴를 昭義留後로 임명하면서 이름을 내려서 王虔休라고 하사하였다.[226] 그 다음해(貞元 11년) 5월 王虔休는 昭義절도사로 임명받았다.[227]

---

225) 『資治通鑑』 권235, 「唐紀」51 德宗 貞元 10年 6月 壬寅朔조, 7560~7561쪽.
226) 『資治通鑑』 권235, 「唐紀」51 德宗 貞元 10年 7月 壬申朔조, 7562쪽.
227) 『資治通鑑』 권235, 「唐紀」51 德宗 貞元 11年 5月 丁丑조, 7568쪽.

소의절도사 이포진이 죽기 전 해에 다른 宣武절도 내에서 하극상이 있었다. 劉玄佐의 아들 宣武절도사 劉士寧이 군사 2만을 이끌고 들판에서 사냥놀이에 빠졌던 것이 단초가 되었다. 793년 12월경이었다.[228] 이는 마치 侯希逸이 사냥과 절 짓는 일, 무당과 지내다가 그의 사촌 이정기에 의해 평로절도사에서 쫓겨난 상황과 매우 흡사하다. 劉士寧이 사냥을 즐길 때 宣武절도사의 都知兵馬使 李萬榮이 칙령이 왔다고 군사를 속여 劉士寧을 선무절도사에서 쫓아내고 자신이 선무절도를 장악하였다. 이 일에 대한 대처 방안이 없는 조정은 같은 달 임술일에 通王 李諶을 선무절도사로 삼고, 李萬榮을 知留後로 임명하였다.[229] 그 후 정원 11년 5월에 선무유후 이만영은 선무절도사가 되었다.[230]

또 그 후 후희일과 이정기 관계에서 벌어졌던 일과 같은 것이 橫海절도에서 일어났다. 貞元 11년 9월에 일어난 다음의 일을 소개한다.

　橫海절도사 程懷直은, 사졸을 구휼하지 않고, 들에서 사냥을 하며 여러 날 동안이나 돌아오지 않았다. 程懷直의 사촌형 程懷信을 兵馬使로 삼았는데, 여러 사람들이 마음으로 원망하는 것을 이용하여, 문을 닫고 그를 받아들이지 않으니, 程懷直은 곧바로 도망하여 京師로 돌아갔다. 겨울, 10월 정축 일에 程懷信을 橫海유후로 삼았다.[231]

위의 두 인물의 관계는 후희일과 이정기 관계와 비교가 가능하다. 즉, 후희일이 程懷信이고, 이정기가 程懷直이라는 상황과 유사하다. 아무튼 그후 橫海절도사 程懷信이 永貞 원년(805) 7월 계사 일에 죽자, 그 아들 副使 程執恭이 留後로 임명되었다.[232]

---

228) 『資治通鑑』 권234, 「唐紀」50 德宗 貞元 9年 12月 乙卯조, 7549쪽.
229) 『資治通鑑』 권234, 「唐紀」50 德宗 貞元 9年 12月 壬戌조, 7551쪽.
230) 『資治通鑑』 권235, 「唐紀」51 德宗 貞元 11年 5月 丁丑조, 7568쪽.
231) 『資治通鑑』 권235, 「唐紀」51 德宗 貞元 11年 9月조, 7570쪽, "橫海節度使程懷直, 不恤士卒, 獵於野, 數日不歸. 懷信從父兄懷信爲兵馬使, 因衆心之怨, 閉門拒之, 懷直奔歸京師. 冬, 十月, 丁丑, 以懷信爲橫海留後."

선무절도사 劉士寧과 횡해절도사 程懷直의 사실을 인용한 이유는, 이 무렵 절도사가 각기 맡은바 본분을 하지 않을 경우, 내부의 새로운 세력에 의해서 절도사가 추방되기도 하는 그런 시기라는 것을 알리겠다는 목적이었다. 한편 淮西절도사 吳少誠이 조정에 반란한 것도 이때였다.[233] 또 정원 15년 3월에 吳少誠은 군사를 파견해 唐州를 습격하고, 監國 邵國朝와 鎭遏使 張嘉瑜를 살해하고 백성 1천여 명을 약탈하였다.[234] 같은 해 9월 오소성이 許州를 포위하자, 조정은 오소성의 관작을 삭탈했다.[235]

그런데 『구당서』 「오소성전」에 의하면, 幽州 潞縣 사람 오소성에 대하여 그는 정치를 잘하고 근검하며 사사로움이 없는 그런 사람이지만 조정은 받들지 않았다고 평가했다.[236] 이는 이때 唐朝가 선정을 베풀지 않았다는 반증으로 해석이 가능하다.[237] 이를 뒷받침하는 사실은 常州자사 李錡가 당 덕종에게 많은 뇌물을 바치고 좋아하였으며, 李錡는 이를 위해서 백성의 것을 많이 탈취하였다. 더욱 흥미로운 사실은 『신당서』 찬자는 李錡를 '叛臣'으로 분류했다는 사실이다.[238]

이사고는 주변 절도사 가운데 제를 가장 강력한 국가로 만들기 위해 이정기의 통치방법을 그대로 답습하였던 것 같다. 한 예로 다음과 같은 일이 발생하였다. 즉 『신당서』의 「이사고전」에 의하면,

일찍이 이사고는 자신의 관리 獨孤造를 上奏의 일로 장안으로 보냈는데,

---

232) 『資治通鑑』 권236, 「唐紀」52 順宗 永貞元年 7月조, 7618쪽.
233) 『資治通鑑』 권234, 「唐紀」50 德宗 貞元 9年 12月 淮西節度使조, 7550쪽.
234) 『資治通鑑』 권235, 「唐紀」51 德宗 貞元 15年 3月 甲寅조, 7583쪽.
235) 『舊唐書』 권145, 「吳少誠傳」 貞元 15年 9月조, 3946쪽.
236) 『舊唐書』 권145, 「吳少誠傳」 少誠善爲治조, 3946쪽.
237) 『資治通鑑』 권235, 「唐紀」51 德宗 貞元 15年 2月 甲寅조, 7582쪽. 常州자사 李錡가 많은 뇌물을 받고, 또 백성 것을 빼앗았던 인물이다. 그런 그가 많은 것을 진상하자, 이를 좋아한 인물이 당 덕종이다.
238) 『新唐書』 권224상, 「李錡傳」, 6381~6384쪽.

그 일로 이사고가 노하여, 大將 王濟를 파견하여 (獨孤造를) 목매 죽였다.[239]

라는 것이 그것이다. 이는 이사고가 조정에 알릴 일이 있어 獨孤造를 장안으로 파견하였던 것과 관련된 문제이다.[240] 獨孤造가 조정에서 이사고의 명령을 잘 따르지 않자, 화난 이사고가 휘하 대장 王濟를 장안으로 급파하여 잔인하게 獨孤造를 죽이는 식으로 징계하였다는 내용이다. 사료에서 獨孤造가 무엇을 잘못하였는지에 관한 구체적인 언급이 없지만, 위의 기록 다음의 사료를 보면 독고조가 조정으로 귀순하려고 시도하였던 것 같다. 한마디로 이사고는 자신을 조금이라도 비방하면 죽이는 방법으로 부하를 다스렸던 인물인 듯싶다. 그렇지만 이러한 방법을 이사고만이 사용하였던 것은 아니다. 그 당시 당에서는 일반적으로 그런 방법을 썼다. 예를 들면 당 현종에 대항하였던 왕모중을 죽일 때도 그런 방법을 사용하였고,[241] 흑치상지를 죽였을 때도 그와 같은 방법을 사용하였다.[242] 그런데 흑치상지의 경우는 주흥의 무고로 죽었다고 훗날에서야 밝혀졌다.

　독고조의 일이 있은 후 이사고는 아예 장안으로 가는 사신들이 당에 귀순하는 일을 막기 위하여 제도적 장치를 마련하였다. 즉 진시황이래 중국의 전통적인 인질제도를 이사고가 활용하였던 것이다. 이사고는 자신의 세력을 강화하기 위한 수단으로 망명자를 招集하고, 조정에 대항하다 쫓기는 인물을 임용하는 한편, 外任者의 처자를 운주성에 인질로 하여 조정과 내통하는 일을 사전에 차단하기 위해 항상 경계를 강화하였다.[243] 이사고와 관련된 인질제도와 연좌법에 관한 이야기를 「이사고전」에서 들어보면,

---

239) 『新唐書』권213,「李師古傳」, 5991쪽, "嘗怒其僚獨孤造, 使奏事京師, 遣大將王濟縊殺之."
240) 『續通志』권279,「唐列傳」79, '李師古'其僚獨孤造使조, 4881쪽.
241) 『舊唐書』권106,「王毛仲傳」又詔殺毛仲조, 3255쪽.
242) 『舊唐書』권109,「黑齒常之傳」遂自縊而死조, 3295쪽.
243) 金文經, 앞의 「唐代 高句麗遺民의 藩鎭」, 41쪽.

　　이래서 出使해 밖에 있는 군인들을, 李師古는 모든 장수들의 처자들을 인질로 남겨두게 하였으며, 혹 조정에 귀순을 도모하는 자가 있으면, 그 사정이 일단 누설되면, 바로 그 가족 모두를 죽였다. 많은 사람들이 죽음이 두려워 감히 다른 생각을 도모하지 못했다.[244)]

라는 것이 그것이다. 이는 이사고가 조정에 투항하는 자를 차단하기 위한 제도적인 장치를 마련하였던 것과 관련된 내용이다. 이를 두 가지로 나누어 설명하고 싶다.

　　하나는 이사고의 관할지 밖으로 파견하는 신하에 대하여 연대책임 제도를 실시하였다는 사실이다. 밖으로 사신을 파견할 때는 그 처자를 운주성에 인질로서 남겨두었던 것이다. 이는 이사고가 자신의 휘하의 관리가 밖에 나가서 자신의 부귀영화를 위하여 배반하려는 생각을 못하도록 만든 하나의 근본적 장치였다.

　　다른 하나는 이사고가 자신의 관리 가운데 당 조정에 귀순할 뜻만 있어도 그 가족까지 죽였다는 사실이다. 그 결과 이사고 휘하의 관리들이 가족들의 죽음이 두려워 당에 귀순할 생각을 갖지 못하게 만들었다. 이는 예전에 이정기의 법이 너무 가혹하여 이정기 앞에서 두서너 명이 모여서 이야기하는 법이 없을 정도였던 수준을 연상시킨다. 물론 이런 통치방법은 당시 이사고만이 사용하였던 게 아니다. 다만, 조정에 대항한 세력 가운데 제일 강력하였기 때문에 이사고의 통치방법이 사서에 소상하게 기록되었다. 이것이 마치 이사고만 혹독하게 다스렸던 것인 양 잘못 알려지게 되었던 것이다. 반대로 생각하면 이사고의 그런 조치가 암시하는 바는 매우 크다. 다시 말해 제나라와 당이 같을 수 없음을 명백하게 한 조치로서, 이는 제나라가 당에 대해 어느 정도 독자성을 가졌는가를 설명하는 사실이라고 본다.

　　이렇게 이사고가 자신의 제나라 안에서 나름대로 통치방법을 유지하여도

---

244) 『舊唐書』 권124, 「李師古傳」, 3537쪽, "其有任使于外者, 皆留其妻子, 或謀歸款於朝, 事洩, 族其家, 衆畏死而不敢異圖."

조정이 이에 대한 견제를 하지 못하였던 것 같다. 이는 앞에서 언급한 것처럼 이사고가 조정에 대한 적대세력으로 성장하였다는 증거이다. 사서에서 이사고 시대의 제의 영역에 대한 언급이 다시 거론되지 않았지만, 이 무렵 이사고가 다스리는 영역이 확대되었을 가능성은 충분하다. 이때 당은 이사고의 제나라에 대해서 무척이나 조심하였다. 이와 관련된 사실을 옮겨보면,

> 貞元 10년 5월, 이사고가 服喪을 끝내자, 檢校禮部尙書를 추가하여 제수하였다. 12년 정월, 檢校尙書右僕射로 임명되었다. 11월, 이사고가 모친 상사를 당하자, 상이 끝나기도 전에 左金吾上將軍同正으로 기용하였다.[245)]

라는 것이 그것이다. 위의 사료는 이사고가 부모의 상사와 관련된 일이 벌어졌을 때 조정에서 이사고에게 벼슬을 내렸던 내용이다. 그런데 이와 같은 당의 조치는 많은 것을 시사한다. 그 이유는 이사고가 당에 대하여 반항적이었는데도 불구하고 당은 반대로 이사고를 포섭하기 위하여 그의 비위를 맞추었기 때문이다. 따라서 이를 두 가지로 분류하고 싶다.

하나는 정원 10년(794) 5월 이사고의 아버지 이납에 대한 복상이 끝났다는 사실이다. 이납이 죽은 해가 정원 8년(792) 5월이라는 사실에서 유추하면, 이사고가 죽은 아버지 이납을 위하여 2년 상을 치렀다는 이야기이다. 그런데 여기서 주목하고 싶은 것은 조정과 주변 절도사들을 제압하려고 꾸준히 노력한 이사고에 대하여, 그의 服喪이 끝났다고 조정에서 이사고에게 檢校禮部尙書라는 관직을 주었다는 사실이다. 이는 조정이 이사고를 회유하기 위한 조치로 그에게 檢校禮部尙書라는 직함을 주었다고 해석할 수 있다.

이것도 부족하였는지 조정은 다시 정원 12년(796) 정월에 이사고에게 檢校尙書右僕射라는 관직을 주었다. 그런데 檢校尙書右僕射는 할아버지 이정기도 받았던 관직이다. 이정기의 경우는 검교상서우복사라는 관직과 함께

饒陽郡王이라는 작위를 받았던 사실을 주목하고 싶다.[246] 그 이유는 정원 12년 정월 이사고가 조정으로부터 받은 검교상서우복사가 중요한 관직이었다는 것을 시사하기 때문이다. 다시 말해 796년 정월 조정은 이사고의 영향력이 대단하였기 때문에 그를 회유하려는 목적으로 檢校尙書右僕射로 파격 제수하였다는 뜻이다. 『冊府元龜』에 의하면 정원 12년 2월 이사고의 관직은 다음과 같다. 즉 淄靑節度支營田觀察·陸運押新羅渤海兩蕃使·簡較禮部尙書·鄆州長史·御史大夫 李師古라고 기록하였다.[247] 이는 貞元 12년 2월경에 이사고가 당에 대한 영향력이 대단하였음에 대한 방증자료라고 본다.

다른 하나는 이사고의 어머니가 貞元 12년(796년) 11월에 죽었던 사실을 사서에 남기었다는 사실이다. 그런데 이정기 경우 이런 유형의 기사가 없었기 때문에 더욱 주목하고 싶다. 다시 말해 조정에서 이사고의 어머니에 대한 죽음을 기록에 남길 정도로 특별한 관심을 가졌다는 사실이다. 그런데 이사고의 아버지 이납이 李寶臣의 처제와 결혼한 사실을[248] 감안한다면, 이때 죽은 이사고의 어머니가 고구려 유민이 아닌 奚族출신 이보신의 딸[249]일 가능성이 매우 짙다. 아무튼 이는 당에 대한 이사고의 영향력이 이정기나 이납보다 증대되었음을 뜻하는 기록이다. 이때 조정은 이사고의 환심을 얻기 위하여 左金吾上將軍同正이란 벼슬을 주었다.

이사고의 어머니가 죽은 후 조정은 이사고에게 左金吾上將軍同正이라는 벼슬을 주면서, 앞서 조정에서 이사고에게 주었던 관직도 모두 인정하였다.[250] 이때 이사고를 탈상 전에 복직시키기 위하여 이사고에게 주었던 左金吾上將軍同正이란 벼슬은 이사고의 아버지 이납이 모친상을 당하였을

---

246) 『舊唐書』 권124, 「李正己傳」 尋加檢校尙書右僕射조, 3535쪽.

247) 『冊府元龜』 권176, 「帝王部」 '姑息' 貞元 12년 2月조, 424쪽.

248) 지배선, 앞의 「고구려인 이정기의 아들 이납의 발자취」, 208쪽 ; 『舊唐書』 권142, 「李寶臣傳」 附「維誠傳」 同母妹嫁李正己子納조, 3870쪽.

249) 지배선, 앞의 「고구려인 이정기의 아들 이납의 발자취」, 273쪽 ; 孟廣耀, 1985, 「安史之亂中的奚族」, 『社會科學戰線』 3, 214쪽.

250) 『冊府元龜』 권862, 「總錄部」 起復 '李師古' 起復左金吾衛大將軍同正餘如故조, 3336쪽.

때 이납을 起復시키기 위하여 이납에게 주었던 관직과 같다.[251] 그런데 이사고의 어머니가 죽자마자 바로 조정에서 이사고를 복직시켜 기용하였다는 것은 이사고의 아버지 이납의 탈상이 끝난 후 새로운 관직을 주었던 것보다 더 파격적이라는 해석이 가능하다.[252] 이는 조정이 기회가 있을 때마다 이사고와의 관계를 개선하려는 노력에 매우 적극적이었음을 알리는 기록이다.

이 무렵 조정은 절도사의 세습을 막으려고 고심하였다. 한 예가 汴州절도사 李萬榮이 위독하자, 그의 아들 李迺를 兵馬使로 삼아 후계체제를 구축하였으나 실패하였다.[253] 이만영이 믿었던 都虞候 鄧惟恭이 監軍 俱文珍[254]과 합세해 李迺를 장안으로 압송하는 불상사가 일어났다. 당은 이내를 사로잡아 바친 자에게 승진과 錢을 하사하였다. 즉 『자치통감』의 貞元 12년 7월조에,

임자 일에 宣武의 將士 鄧惟恭 등에게 조서를 내려서 李迺를 사로잡아 보낸 공로로 각각 관직을 승진시키며 錢을 하사하게 하였는데, 그들 가운데 李迺의 협박을 받아서 制使를 맞으며 핍박하였던 사람들마저 모두 죄를 묻지 않았다.[255]

이는 선무절도사 이만영의 아들 이내가 절도사를 세습하는 것을 등유공 등이 막았다는 내용과 관련된 기록이다. 이때 조정은 이내를 장안으로 압송한 등유공 등에 대하여 포상하였다. 곧 절도사들이 죽어도 절도에서 임의로 후계를 임명하지 못하게 상황을 반전시키는데 공을 세운 등유공 등에게

251) 『冊府元龜』 권862, 「總錄部」 起復 '李納' 貞元3年조, 3336쪽.
252) 『冊府元龜』 권862, 「總錄部」 起復 '李師古' 丁母憂 貞元 12年 10月, 3336쪽. 『冊府元龜』는 이사고의 어머니가 죽자, 貞元 12년 11월에 이사고를 상중에서 복직시켰다고 기록하였는데, 이는 잘못이다. 그 이유는 이사고의 어머니가 12년 11월에 죽었기 때문이다.
253) 『資治通鑑』 권235, 「唐紀」51 德宗 貞元 12年 6月조, 7572~7573쪽.
254) 『資治通鑑』 권236, 「唐紀」52 順宗 永貞元年 3月조, 7613쪽. 俱文珍은 劉光琦와 薛盈珍과 함께 德宗치세의 환관들이다.
255) 『資治通鑑』 권235, 「唐紀」51 德宗 貞元 12年 7月조, 7574쪽, "壬子, 詔以宣武將士鄧惟恭等有執送李迺功, 各遷官賜錢, 其爲迺所脅, 邀逼制使者, 皆勿問."

당이 관직과 錢을 하사한 것이다. 그뿐만 아니다. 그가 전일에 잘못이 있어도 따지지 않고 이내를 사로잡는데 공로가 있으면 불문곡직하고 포상을 하였다. 그 이유는 조정 뜻대로 절도사를 임용하고 싶은 소원을 등유공 등이 해결해 주었기 때문이다.

선무절도사 임명 경우는 절도 내부의 반란으로 조정이 아닌 인물로 절도사를 세운 케이스였다. 이때 선무절도사 이만영이 위독할 때 선무 상황을 살피도록 덕종은 중사 第五守進을 汴州로 파견하였다.[256] 앞서 第五守進은 소의절도사 이포진이 사망하자, 조정에서 소의절도사를 임명할 때 李抱眞의 아들 李緘이 아닌 王延貴를 세울 때 공을 세운 바로 그 환관이다.

그러나 정원 12년 4월 위박절도사 田緖가 죽은 후 전서의 아들 나이 불과 15세의 전계안이 魏博留後가 되었다.[257] 그 후 같은 해 8월 조정은 전계안을 위박절도사로 임명하였다.[258] 이는 조정이 절도사를 임명하고 싶어도 내부 반란이 없는 상황에서는, 이를 반전시킬 수 있는 가능성이 제로였다는 것을 방증하는 예이다.

이런 상황이라서 조정은 이사고의 비위를 맞출 목적으로 그에게 많은 관직을 주어서 이사고가 조정에 반기를 들지 못하게 하려고 고심했던 흔적이 역력하다. 이를 들어보면,

> (貞元) 15년 정월, 李師古·杜佑·李欒의 媵妾 모두를 조정이 國夫人으로 봉하였다. 16년 6월, 李師古와 淮南절도사 杜佑와 함께 中書門下平章事를 추가로 제수하였다.[259]

---

256) 『資治通鑑』 권235, 「唐紀」51 德宗 貞元 12年 6月 上遣中使第五守進조, 7573쪽.

257) 『舊唐書』 권141, 「田季安傳」 緖卒時조, 3846~3847쪽.

258) 『資治通鑑』 권235, 「唐紀」51 德宗 貞元 12年 8月 己巳조, 7574쪽.

259) 『舊唐書』 권124, 「李師古傳」, 3537쪽, "十五年正月, 師古·杜佑·李欒妾媵並爲國夫人. 十六年六月, 與淮南節度使杜佑同制加中書門下平章事."

라는 것이 그것이다. 이를 순서대로 나누어 보자.

하나는 정원 15년(799) 정월에 이사고·杜佑·李欒의 媵妾이 모두 國夫人이 되었다는 사실이다.260) 조정은 이사고의 벼슬을 더 높이는 것이 어려웠던지 황제가 하사품으로 보내준 부인의 관품마저 격상시켜 주었다. 즉 이는 이사고의 媵妾을 國夫人으로 임명함으로써 조정에서 이사고로부터 환심을 사기 위한 나름대로의 제스처였다. 그런데 이때 淮南절도사 杜佑와 靈州大都督府長史·天德軍節度副大使 李欒의261) 媵妾도 함께 國夫人으로 임명하였다. 그런데 杜佑의 경우는 본처 梁氏가 죽은 후 正室이 되었던 李氏가 密國夫人으로 封받았던 그 부인을 가리킨다.262) 그런데 杜佑의 첩 李氏가 密國夫人이 된 후 杜佑의 친족과 자제가 밀국부인을 따르지 않아서 당시 논쟁거리가 되었던 사건으로 유명하였다.263)

다른 하나는 貞元 16년(800) 6월 병오 일에 이사고를 中書門下平章事로 임명하였다는 사실이다.264) 그런데 이사고가 同平章事로 임명된 때를 6월 병오 일이 아닌 병술 일로 다르게 기록한 것도 있다.265) 즉 貞元 16년 6월조에,

병술 일에 淄靑절도사 이사고에게 同平章事 벼슬을 추가로 주었다.266)

---

260) 『新唐書』 권213, 「李師古傳」 貞元末조, 5991쪽.
261) 『舊唐書』 권13, 「德宗」 下 (貞元 11年) 5月 又以朔方留後李欒조, 381쪽.
262) 『舊唐書』 권147, 「杜佑傳」 升嬖妾李氏爲正室조, 3983쪽 ; 『新唐書』 권166, 「杜佑傳」 惟晩年以妾爲夫人조, 5090쪽.
263) 『冊府元龜』 권946, 「總錄部」 失禮 杜佑淮陽節度使喪妻조, 3776쪽. 여기서는 杜佑를 淮南이라 않고 淮陽절도사라고 기록하였다.
264) 『舊唐書』 권13, 「德宗」 下 (貞元 16年) 6月 丙午, 鄆州李師古조, 393쪽 ; 『新唐書』 권213, 「李師古傳」 進同中書門下平章事조, 5991쪽 ; 『續通志』 권279, 「唐列傳」79 '李師古' 貞元末進同中書門下平章事조, 4881쪽.
265) 『資治通鑑』 권235, 「唐紀」51 德宗 貞元 16年 6月 丙戌조, 7589쪽.
266) 『資治通鑑』 권235, 「唐紀」51 德宗 貞元 16年 6月조, 7589쪽, "丙戌, 加淄靑節度使李師古同平章事."

리는 司馬光의 『자치통감』 기록이다. 그런데 이 기록은 여러 가지 상황을 상정할 수 있기 때문에 그 의미가 매우 크다. 그 까닭은 사마광이 기록한 정원 16년 6월 이전의 이사고 행적에 대한 앞 기록이 정원 9년 4월이었다는 사실 때문이다. 다시 말해 사마광이 이사고에 관한 사료를 기록하면서 무려 7년 이상 동안 이사고에 대한 언급이 없었다. 정원 16년 6월 이전인 정원 15년 정월에 조정이 이사고·두우·李欒 처를 國夫人으로 삼은 기록이 있다. 그러나 이는 사신을 통해서 이사고의 처를 국부인으로 삼은 경우 같다. 아무튼 정원 9년 4월 이사고의 기록에서 그 이유를 찾아보는 것도 방법이다.

이를 규명하기 위해 앞에서 언급한 정원 9년 4월 이사고와 관련된 기록을 다시 옮겨보겠다.

> 임금이 이사고에게 명령하길 三汉城을 허물도록 하였는데, 이사고는 조서를 받들었지만, 그러나 항상 망명하는 사람들을 불러 모았을 뿐만 아니라 조정에 죄를 지은 사람까지도 모두 이들을 어루만져 채용했다.267)

정원 9년 4월 이후부터 7년 이상이나 당과 이사고와 아무 소통이 없었다는 이야기이다. 그런데 비로소 16년 6월에야 당이 이사고에게 同平章事라는 벼슬을 추가했다는 사실은 암시하는 바가 매우 크다. 위의 기록처럼 정원 9년 4월에 덕종이 이사고에게 三汉城을 허물도록 한 명령은 따랐다. 그러나 이때부터 이사고가 본격적으로 망명자들을 불러 모을 뿐만 아니라 조정에 죄지은 사람들까지 자신의 관리로 채용했다는 사실을 주목할 필요가 있다. 그 이유는 이때부터 이사고가 부국강병을 위해 부단한 노력을 기울인 시기로 판단되기 때문이다. 평로·치청절도사 이사고는 자신이 추구하는 목적 달성을 위해 조정이나 주변 절도사들과의 마찰을 최소화시켰다고 본다. 한편 당을 이사고가 완전히 무시하였기 때문에 제나라와 당과 교류가 없었다는 이야기

---

267) 『資治通鑑』 권234, 「唐紀」50 德宗 貞元 9年 4月조, 7543쪽, "上命李師古毁三汉城, 師古奉 詔, 然常招聚亡命, 有得罪於朝廷者, 皆撫而用之."

로 본다. 그 결과로 인해서 사마광이 이사고의 행적을 기록하지 못했던 것 같다. 이런 상황이었기 때문에 사마광은 정원 9년 5월부터 7년 이상 동안 이사고에 대한 행적을 『자치통감』에 기록할 수 없었다. 이 기간은 이사고가 내부 발전을 도모했던 시기라고 보아도 크게 잘못된 표현이라고 할 수 없을 것 같다.

사마광의 『자치통감』에서 짚고 넘어갈 중요 사항이 또 하나 있다. 즉,

Ⓐ (貞元 8년 8월조) 이전에 靑州자사였던 이사고를 平盧절도사로 삼았다.[268]

Ⓑ (貞元 16년 6월조) 병술 일에 淄靑절도사 이사고에게 同平章事라는 벼슬을 추가하였다.[269]

그런데 Ⓐ에서는 이사고를 平盧절도사로 임명하였다고 되었는데, Ⓑ에서는 아무런 설명 없이 이사고를 淄靑절도사라고 기록하였다. 이를 주목하는 까닭은 Ⓐ와 Ⓑ의 관직 표현이 큰 차이가 있기 때문이다. 다시 말해 앞의 평로절도사 경우, 이납이 죽었을 당시 평로절도사란 용어는 '平'盧와 '盧'龍에서 한자씩 따와 '平盧'절도사라는 명칭이 만들어진 것이다.[270] 그런데 이납을 평로절도사로 표기한 것처럼 이사고도 평로절도사라고 하였다는 사실을 주목할 필요가 있다. 이는 이납의 경우에서 설명한 것처럼 이사고의 휘하 무리가 고구려 유민이었다는 것을 강조하려는 의도인 듯싶다. 그렇다면 이사고가 치청절도사라든가 아니면 평로·치청절도사라고 했을 때 어느 정도 사실에 근접한 기록이라 볼 수 있다.

위의 사실은 唐代 역사왜곡의 한 유형이라 불러도 좋을 것 같다. 이와

---

268) 『資治通鑑』 권234, 「唐紀」50 德宗 貞元 8年 8月조, 7534쪽, "以前靑州刺史李師古爲平盧節度使."

269) 『資治通鑑』 권235, 「唐紀」51 德宗 貞元 16年조, 7589쪽, "丙戌, 加淄靑節度使李師古同平章事."

270) 『舊唐書』 권38, 「地理志」1 平盧節度使조, 1387쪽.

같은 추론이 가능한 것은 『구당서』 「이사고전」에 의하면, 이납이 죽은 후, 이사고를 平盧及靑淄齊節度營田觀察使라고 기록하고 있다. 이런 사실과 비교하더라도 사마광은 당과 대립적이었던 이사고를 고구려 유민이라는 사실을 강력하게 부각시키려고, 정원 8년 8월에 이사고가 평로절도사가 되었다고 기록한 것이 분명하다.

여기서 주목할 사실은 『구당서』 「이사고전」에서 平盧及靑淄齊節度라고 하여 淄靑 외에 齊가 추가되었다는 것이다. 달리 말해 이사고의 절도사 명칭에 '齊'가 추가된 것은 이납에 의해 '齊'나라로 선포된 사실을 당이 인정한 관명으로 볼 수 있다.

그렇다면 정원 16년 6월에 조정이 이사고에게 同平章事라는 벼슬을 준 것은 淄靑 상황을 염탐하기 위한 하나의 방편이라고 볼 수 있다.

앞의 『구당서』 「이사고전」 정원 15년 정월조에는 이사고 처를 國夫人으로 봉하고, 1년 후인 정원 16년 6월에 이사고와 회남절도사 杜佑에게 中書門下平章事를 제수하였다. 이 같은 관직제수는 조정이 절도사들을 얼마나 두려워하였는가를 가늠할 수 있는 좋은 잣대가 될 듯싶다.

여기서 中書門下平章事는 이정기와[271] 이납이[272] 모두 제수 받았던 관직이었기 때문에 주목하고 싶다. 그 이유는 이정기와 이납이 중서문하평장사라는 관직에 올랐던 때가 각기 권력의 최고 절정기였기 때문이다. 이를 뒷받침하는 것은 조정이 이납을 檢校右僕射·同中書門下平章事에 제수하였던 때가 興元 원년(784) 4월의 병인 일이라는 점이다.[273] 이를 同中書門下平章事라는 관직을 이정기가 大曆 11년 10월에 받았다는 사실과 비교하면 암시하는 바가 크다. 이는 이납의 아버지 이정기가 당에서 받은 최고 관직들을, 이사고의 아버지 이납이 모두 다 받았던 것과 통하는 이야기이다. 게다가 그 당시 당은 이납에게

---

271) 『舊唐書』 권124, 「李正己傳」 大曆十一年十月조, 3535쪽.
272) 『新唐書』 권213, 「李納傳」 興元初조, 5991쪽.
273) 『續通志』 권10, 「唐紀」 10 德宗1 (興元 元年 4月) 丙寅加李納平章事조, 3301쪽.

同中書門下平章事 관직과 동시에 隴西郡王이라는 왕위까지 주었다.[274] 그렇다면 이사고가 받은 中書門下平章事라는 관직이 그때 당의 최고 관직임을 알 수 있다. 이 무렵 당 조정은 이사고의 환심을 얻기 위하여 꽤나 노심초사하였다.

그런데 이사고가 중서문하평장사라는 벼슬을 얻게 된 배경을 주목하고 싶다. 이는 정원 16년(800) 5월에 徐·泗·濠절도사 張建封이 죽고[275] 나서 이사고가 徐州를 빼앗을 계획을 하고 있었다는 사실과 관련이 있을 성싶다. 장건봉이 죽은 후 서주의 군사들이 그의 아들 張愔을 추대하였다. 어쩔 수 없이 당은 같은 해 9월의 계해 일에 장음을 徐州留後로 삼았다.[276] 그런데 장건봉 장례의 틈을 이용하여 이사고와 왕무준이 서로 서주를 습격하려고 시도하였다.[277] 이때 장음의 掌書記 馮宿이 檄書를 썼는데, 이사고와 왕무준의 공격의지를 좌절시켰던 것이 馮宿의 공이라고 사서에 기록되었다.[278] 이로써 당시 이사고는, 이납 때 서주자사 李洧가 조정에 투항하였기 때문에 서주가 조정에 편입하게 되었던 것을, 다시 탈한하겠다는 생각을 굳혔음이 분명하다.

위의 서주절도 명칭은 순종이 즉위하던 그 해 정원 21년(805) 3월 무자 일에 武寧軍으로 賜名하였다.[279] 따라서 이때 당이 장음을 무령군절도사로 임명하였다.[280]

여하간 정원 16년에 들어오면서 이사고는 그의 할아버지 이정기와 아버지 이납이 누렸던 관직을 거의 다 갖게 된다. 이로써 이사고는 당 덕종 때의 절도사로서 거의 독립적 국가형태를 유지하였다. 한편 이 무렵 당은 전염병이

---

274) 『新唐書』권213, 「李納傳」封隴西郡王조, 5991쪽 ; 『續通志』권279, 「唐列傳」79 '李納' 封隴西郡王조, 4881쪽 ; 蘇慶彬, 앞의 『兩漢迄五代入居中國之蕃人氏族硏究』, 587쪽 ; 內藤雋輔, 앞의 「唐代中國における朝鮮人の活動について」, 488쪽.

275) 『資治通鑑』권235, 「唐紀」51 德宗 貞元 16年 5月 敕下, 建封已薨조, 7588쪽.

276) 『資治通鑑』권235, 「唐紀」51 德宗 貞元 16年 9月 癸亥조, 7592쪽.

277) 『舊唐書』권168, 「馮宿傳」李師古欲乘喪襲取조, 4389쪽.

278) 『舊唐書』권168, 「馮宿傳」宿乃以檄書招師古而說武俊曰조, 4389쪽.

279) 『舊唐書』권14, 「順宗紀」貞元 21年 3月 戊子조, 406쪽 ; 『資治通鑑』권236, 「唐紀」52 順宗 永貞元年 3月 戊子조, 7612쪽.

280) 『資治通鑑』권236, 「唐紀」52 順宗 永貞元年 3月 戊子조, 7612쪽.

374

창궐하여 백성들의 수가 별안간 줄었던 것 같다. 이때 발생한 질병을 없애는 방법으로 당 덕종은 불교의 주문을 이용하여 고치려 시도하였던 것 같다.

즉 당 덕종은 창궐하는 질병을 퇴치할 요량으로 左丞相 賈耽에게 명령하여 諸州의 백성들에게 아미타불을 일천 번씩 외울 것을 지시하였던 것 외에 아무런 조치를 취하지도 못하였다.281) 이는 그 당시에 우리가 아는 것처럼 질병이 발생해도 이를 퇴치할 수 있는 의술이 거의 전무하다고 보는 시대였다. 아무튼 전염병 퇴치를 위해 불경을 외웠다는 사실과 관련된 내용이『勸善經 一卷』과『新菩薩經 一卷』에 기록되었다. 이런 사실이 기록된 때는 당 덕종 정원 19년(803)이었다. 구체적으로 언급하면 당시 당의 사회가 얼마나 피폐하였는가는 3家에서 소 한 마리를 사용하고, 남자 5인이 한 여인을 부인으로 맞아들였다는 것에서 그 때 전염병으로 생활이 어느 정도 곤궁했는지를 가늠할 수 있다고 본다.282)

慧超의『往五天竺國傳』은 구법을 하는 과정에서 기이한 것을 기록하였는데, 정원 19년의 기록처럼 다수의 남자가 한 여인을 아내로 취하는 풍습에 대해 언급하였던 경우와 매우 흡사하다. 혜초가 돌궐 謝䫻 왕과 같은 동족 대수령 娑鐸幹 경우는 이름까지 거론한 것은 그가 불심이 대단했다는 근거이다. 그런데 혜초의 지나친 불심 때문인지 謝䫻國, 吐火羅國, 罽賓國, 犯引國 등에서 형제가 다섯 혹은 셋이어도 한 여인과 동시에 결혼한다는 풍습을, 그 나라 기록에서는 언급하지 않고 胡國의 결혼풍습을 설명하는 가운데 謝䫻國 등을 슬쩍 끼워서 언급하였다. 파미르 고원 서쪽의 산악 국가에서는, 한 가정에 형제가 아무리 많아도 한 여자를 아내로 취하는 결혼풍습이 있었다.283) 물론 이런 共妻제도가 산악에서 어려운 가정경제를 유지하기 위한 방법이라

---

281) 那波利貞, 1960,「唐朝政府の醫療機構と民庶の疾病に對する救濟方法に就きての小考」,『史窓』17·18, 13~14쪽.
282) 那波利貞, 위의 「唐朝政府の醫療機構と民庶の疾病に對する救濟方法に就きての小考」, 12~14쪽.
283)『往五天竺國傳』其吐火羅國, 乃至罽賓國조, 74쪽(通文館, 1961).

고 혜초는 밝혔다.[284] 이런 사실은 당 정원년간의 질병이 창궐한 결과로
백성의 생활이 어느 정도 곤궁했는가를 대변하는 근거자료가 될 법하다.

이때 불법에 의한 질병과 빈곤 문제해결 시도는 당이 의지할 종교가 불교밖
에 없었다는 이야기와 통한다. 달리 말해서 그 당시 불교가 제일 융성한
종교라고 해석할 수 있다. 이를 인용한 것은 당이 절도사들을 통제하기
어려웠을 뿐만 아니라, 질병으로 백성들마저 도탄에 빠졌던 것이 당시 당의
사회모습이었음을 확인하기 위해서다. 그런데 위의 賈耽은 이 무렵 당과
주변국의 교통로가 자세하게 기록된 책으로 유명한『道里記』의 저자이다.
가탐의 마지막 행적은『구당서』「헌종기」의 永貞 원년(805) 10월조에 '檢校司空
兼 右僕射·同中書門下平章事·魏國公 賈耽이 죽었다'[285]라고 전한다.

6. 덕종 붕어와 이사고의 대응 방법

덕종이 죽은 상황에서도 절도사들 간 헤게모니를 잡기 위한 힘겨루기가
지속되었던 것 같다. 이때『구당서』「순종기」의 정원 21년 2월 임자 조에
"淄靑절도사 이사고가 군사를 일으켜 滑州 동쪽 경계를 침범하였는데, 이는
그때 國喪중이라는 소식을 들었기 때문이다"[286]는 기록이 있다. 이는 평로·치
청절도사 이사고가 805년 2월에 滑州를 쳐들어가면서 국상 중이라는 사실을
알게 되었던 내용이다.

당 덕종의 죽음에 관한 사실에 대해『구당서』「덕종기」의 1년(805) 정월
계사 일에 '황제가 會寧殿에서 붕어하였는데, 享壽가 64세다'[287]라고 전한다.

284) 지배선, 2011,『고구려 유민 고선지와 토번·서역사』, 180쪽.
285)『舊唐書』권14,「憲宗紀」永貞 元年 10月조, 412쪽, "檢校司空兼右僕射·同中書門下平章事·
    魏國公賈耽卒";『資治通鑑』권236,「唐紀」52 順宗 永貞 元年 10月 丁酉조, 7622쪽.
286)『舊唐書』권14,「順宗紀」貞元 21年 2月 壬子조, 406쪽, "淄靑李師古以兵寇滑之東鄙,
    聞國喪也."
287)『舊唐書』권13,「德宗紀」貞元 21年 正月 癸巳조, 400쪽, "上崩於會寧殿, 享壽六十四."

376

이런 사실에 대해 『구당서』「이사고전」이 좀 더 자세하게 전한다.

德宗 유언이 도착해서 반포되었으나, 告哀使가 아직 도달하지 않아서, 義成軍
절도사 李元素는 李師古와 관할하는 道를 인접했기 때문에, 임금 유언을 베껴서
李師古에게 알림으로써, 이로써 戒心이 없음을 표시했다.288)

그런데 이런 사실에 대해 『자치통감』이 보다 더 자세하다.

임자 일에 이사고가 군사를 발동하여 서쪽 경계에 주둔하여 滑州(하남성
활현)를 위협하였다. 그 당시 告哀使는 아직 여러 도에 도착하지 않았는데
義成軍(치소는 활주) 牙將 가운데 장안으로부터 돌아와 遺詔를 갖고 있는
사람이 있었는데, 절도사 李元素는 이사고가 인접한 도에 있으므로 임금이
없음을 보이려고, 사자를 파견해 은밀히 遺詔를 그에게 보였다.289)

이는 덕종이 영정 원년(805) 2월에 죽자, 義成軍절도사 李元素가 平盧淄靑절
도사 이사고에게 이와 같은 사실을 알릴 때 벌어졌던 일이다. 덕종 붕어로
말미암아 임금의 유언이 각 절도사에게 전달된 과정에서 발생되었다. 물론
임금의 유언이 내려지게 되면 즉시 조문객이 장안으로 가야 하는 것은 당연한
이치이다. 그런데 이때 평로·치청절도사 이사고는 장안으로 파견하여야
할 哀使를 보내지 않았다.290) 이사고의 靑·淄·齊절도보다 장안에 가까이
위치하였던 義成軍절도사 李元素가 먼저 임금의 유언을 받았다. 다시 李元素는
순서에 의해서 義成軍의 동쪽에 위치한 이사고에게 임금의 유언을 베껴서
전달하였다.291)

288) 『舊唐書』권124,「李師古傳」, 3537~3538쪽, "及德宗遺詔下, 告哀使未至, 義成軍節度使李
元素以與師古鄰道, 錄遺詔報師古, 以示無外."
289) 『資治通鑑』권236,「唐紀」52 順宗 永貞 元年 2月조, 7608쪽, "壬子, 李師古發兵屯西境以脅
滑州. 時告哀使未至諸道, 義成牙將有自長安還得遺詔者, 節度使李元素以師古鄰道, 欲示無
外, 遣使密以遺詔示之."
290) 『新唐書』권213,「李師古傳」德宗崩조, 5991쪽.

덕종이 죽었다는 유언을 받아본 이사고는 義成軍절도사 李元素가 조작한 것이라고 의심한 게 문제의 시작이었다. 이와 관련된『구당서』의 「이사고전」을 보자.

　　이사고가 군사를 집합시키고, 李元素의 사자를 끌어내 말하길, 내가 근자에 邸吏로부터 편지를 받았는데, 모두 임금께서 편안하다는 내용뿐이었다. 그런데 李元素가 어찌 모반을 하겠냐마는, 무슨 영문인지 임금 유언을 가짜로 베껴서 사람을 보내왔다. 나 이사고로 말할 것 같으면, 3대에 걸쳐 나라의 은혜를 입어, 지위가 將相을 겸한 터라, 적을 보고 토벌하지 않는다는 것은 있을 수 없는 일이다"고 말하였다. 이에 李元素의 사신에 대해 杖刑을 하게 하고, 아울러 李元素를 토벌한다는 명분으로 출병하였으나, 이는 國喪을 빌미로 州縣 침범을 도모하는 것이다.292)

　그런데 위의 사실과 달리 사마광은『자치통감』에서 이사고의 군사 발동을 침략행위라고 규정하였다. 이를 들어보면,

　　이사고가 국상을 틈타서 인접한 도를 침략하려고 마침내 장수와 병사를 모아놓고 말하였다. "황제는 만복하신데, 이원소가 홀연히 遺詔를 전하였으니, 이것은 반역한 것이므로 의당 그를 쳐야한다." 드디어 이원소의 사자를 매질하고 군사를 발동하여 曹州(산동성 정도현)에 주둔하고 또 汴州(하남성 개봉시)에 길을 빌려줄 것을 알렸다. 宣武절도사 韓弘이 사신을 파견하며 말하였다. "네가 나의 경계를 넘어 도적이 될 수 있겠는가! 가다려 주겠으며 빈말하는 일은 없을 것이다!" 이원소가 긴급한 것을 알리자 韓弘이 사신을 보내어 말하였다. "내가 여기 있으니 공은 안심하고 두려워하지 마시오." 어떤 사람이 알렸다. "가시를 베어 길을 평탄하게 하였고 군사 역시 도착하였으니 청컨대

291)『新唐書』권213,「李師古傳」, 義成節度使李元素騰遺詔示之조, 5991쪽.
292)『舊唐書』권124,「李師古傳」, 3538쪽, "師古遂集戰士, 引元素使者謂曰, '師古近得邸吏狀, 具承聖躬萬福. 李元素豈欲反, 乃忽僞錄遺詔以寄. 師古三代受國恩, 位兼將相, 見賊不可以不討.' 遂杖元素使者, 遣出兵以討元素爲名, 冀因國喪以侵州縣."

그를 대비하십시오." 한홍이 말하였다. "군사가 온다면 길을 소제하지 않겠다"고 하며, 대응하지를 않았다. 이사고는 속임수가 막히고 변란을 일으키려는 것도 다 되었으며 황제가 즉위하였다는 소식을 듣고 마침내 군사 활동을 멈추었다. 이원소가 표문을 올려 스스로 벼슬이 깎이기를 청하자 조정은 양쪽을 위로하고 화해시켰다. 이원소는 李泌의 친척동생이다.[293]

라는 것이 그것이다. 이는 이사고가 추정하는 李元素의 반란을 토벌하겠다는 구실로 출병하였다는 내용이다. 위의 사실은 『구당서』「순종기」에 다음과 같이 전하고 있다. 즉 "임자에 淄靑 이사고가 국상이 났다는 소식을 듣고, 군사를 거느리고 滑州의 동쪽 지역을 침략하였다"[294]라는 것이 그것이다. 때는 정원 21년(805) 2월 임자 일이었다.[295] 위의 두 사료를 가지고 몇 가지로 나누어 분석하고 싶다.

하나는 이사고가 의성군절도사 이원소의 반란을 토벌하겠다는 명분으로 출병했다는 사실이다. 이사고가 당에서 자신에 대한 예우가 각별하였던 사실을 모를 리 없다. 이런 상황에서 淄靑節度에서 가까운 의성군절도사 이원소가 보낸 임금의 유언이[296] 가짜라고 의심하여 출병의 구실로 삼았다는 사실이다. 이때 이사고는 이원소가 보낸 사자를 잡아 가두었을 뿐만[297] 아니라 매질까지 하였다. 그리고 이사고는 이를 모반이라고 확신하였다.

---

293) 『資治通鑑』 권236, 「唐紀」52 順宗 永貞 元年 2月條, 7608쪽, "師古欲乘國喪侵噬鄰境, 乃集將士謂曰'聖上萬福, 而元素忽傳遺詔, 是反也, 宜擊之.' 遂杖元素使者, 發兵屯曹州, 且告假道於汴. 宣武節度使韓弘使謂曰'汝能越吾界而爲盜邪! 有以相待, 無爲空言!' 元素急, 弘 使謂曰'吾在此, 公安無恐.' 或告, '翦棘夷道, 兵且至矣, 請備之.' 弘曰'兵來, 不除道也.' 不爲之應. 師古詐窮變索, 且聞上卽位, 乃罷兵. 元素表請自貶, 朝廷兩慰解之, 元素, 泌之族弟也."

294) 『舊唐書』 권14, 「順宗」 貞元 21年 2月條, 406쪽, "壬子, 淄靑李師古以兵寇滑之東鄙, 聞國喪也."

295) 『續通志』 권11, 「唐紀」11 德宗 2 (貞元 21年 2月) 壬子淄靑李師古乘國喪擧兵寇滑州條, 3305쪽.

296) 『資治通鑑』 권236, 「唐紀」52 順宗 永貞 元年 2月 節度使李元素以師古鄰道條, 7608쪽.

297) 『新唐書』 권213, 「李師古傳」 執使者條, 5991쪽.

이사고가 내부 정치를 엄격하게 다스렸지만, 밖으로 대의명분에 손상이 제기되는 문제를 가볍게 여기지 않았던 그런 유형의 인물인 것 같다.

그런데 『신당서』·『속통지』에서 이사고가 國喪 중이라는 사실을 이용하여, 州縣을 공격하여 빼앗으려고 하였다고 단정적으로 표기한 사실을 주목하고 싶다.298) 그 이유는 이사고가 어떤 구실을 삼아서 출병하려했던 그런 인물로 묘사하고 싶었던 게 사서 찬자들의 생각인 것 같기 때문이다. 이런 구실로 출정한 이사고의 군대는 曹州에 주둔하였다.299) 그런데 무엇보다 주목되는 것은 이사고가 이원소를 공격하기 위해 宣武절도사 韓弘에게 滑州를 공격하기 위해서 汴州의 길을 지나려했다는 점이다. 이는 이사고가 군사를 이끌고 낙양을 향한 길로 더 가까이 근접했다는 뜻이다. 이때 이사고의 군대는 滑州의 西界까지 진격하였다.300)

둘은 이사고가 부하들을 집결시키고 자신의 가문이 三代에 걸쳐 將相이었다는 내용으로 출병의 당위성을 설명하였다는 사실이다. 이는 이사고가 이원소를 토벌하겠다는 것이 자신의 이익추구가 아니라는 논리를 펴기 위함이었다. 그러나 이사고는 자신이 알고 있는 정보망을 가지고 모든 것을 판단하였던 모양이다. 이처럼 이사고가 단정하여 행동하였던 것은 그의 할아버지 때부터 비롯된 듯싶다. 다시 말해 할아버지 이정기와 아버지 이납 이래 당에서 독자적인 세력을 유지하면서 그들의 정보망을 과신하였던 습성이 이사고까지 연결된 결과인 것 같다.

셋은 이사고의 생각으로 이원소가 거짓 국상을 알린 죄목으로 州縣을 공격하였던 사실이다. 이는 이사고가 주변의 州縣을 자신의 관할지로 만들고 싶었던 한 실상에 대한 반영이 아닌가 싶다. 그러나 이원소 토벌 계획은

298) 『新唐書』 권213, 「李師古傳」 師古幸國喪, 欲攻掠州縣조, 5991쪽 ; 『續通志』 권279, 「唐列傳」79 '李師古' 師古幸國喪, 欲攻掠州縣조, 4881쪽.

299) 『資治通鑑』 권236, 「唐紀」52 順宗 永貞 元年 2月 發兵屯曹州조, 7608쪽.

300) 『冊府元龜』 권177, 「帝王部」 姑息2 (貞元 21年) 2月 壬子, 淄靑節度使李師古以師次滑州西界조, 425쪽.

황제가 죽었다는 소식이 사실로 확인되고 나서 이사고가 휘하의 군대를 철수하면서 상황이 끝났다.301) 즉

    얼마 안지나 順宗이 즉위하였다는 소식을 듣고, 이사고는 곧 군사를 거두었다.302)

는 것이 그것이다.303) 그렇다면 이는 이사고가 명분 없이 자신의 州縣을 확장시키려 하였던 인물이 아님을 알리는 대목이다. 앞에서 밝힌 것처럼 이때 이사고는 曹州를 공격하였다. 그때 順宗의 명령으로 李建이 작성한 조서를 받고 나서야 이사고가 회군했기 때문이다.304) 이사고가 새로운 황제 順宗이 즉위하였다는 소식을 듣고 군사를 거두었다는 것은 시사하는 바가 크다. 왜냐하면 이와 같은 이사고의 돌출적인 군사행동은 그의 통치철학을 가늠할 수 있는 중요한 잣대라고 판단하고 싶다. 그 이유는 이사고가 일어나는 모든 상황을 이용하여 자신의 영역확장을 위해 부단히 노력했음을 확인하는 것이 가능했기 때문이다.

　순종의 권유로 이사고가 의성군절도사 이원소 공격에 나서지 않았지만 그의 이러한 독자적인 행동을 당나라의 신하, 혹은 제후의 틀에서 이해하기에는 너무나도 혼란스러운 면이 있다. 이를 독립왕국으로 이해하지 않는다면 이러한 의문을 풀 수 없다. 한 좋은 예는 후일 신라 헌덕왕 11년(819) 7월 이사고를 계승한 이사도를 토벌하기 위해 당이 신라에 파병을 요청하였을 때 3만 명 무장 병사를 파견하였던 사실이다.305) 이를 열거함은 이사고의 제나라가 신라보다 더 독자적인 국가였다는 사실을 설명하려는 의도이다.

---

301) 『新唐書』 권213, 「李師古傳」 聞順宗立, 乃罷조, 5991~5992쪽.
302) 『舊唐書』 권124, 「李師古傳」, 3538쪽, "俄聞順宗卽位, 師古乃罷兵."
303) 『冊府元龜』 권177, 「帝王部」 姑息2 (貞元 22年 2月) 及聞帝卽位卽罷界上兵조, 425쪽.
304) 『新唐書』 권162, 「李遜傳」 附'李建' 順宗立, 李師古以兵侵曹州조, 5005쪽.
305) 『三國史記』 권10, 「憲德王本紀」 11年 秋7月조, 106쪽.

이사고가 李元素 토벌을 구실로 출병한 것은 나름대로 소기의 목적을 달성하였다고 본다. 왜냐하면 내부적으로 이사고는 휘하의 군사에 대한 긴장감을 조성시켜 자신의 통제력을 강화시켰을 게 분명하고, 외부적으로는 새 황제 순종이 이사고를 충성스러운 신하로 평가할 수 있는 하나의 계기를 조성하였을 가능성이 충분하다. 이와 같이 이사고가 滑州를 공격하였는데도 불구하고 순종은 즉위하던 그 해 이사고와 劉濟를 檢校司空으로 임명하였다.306) 이때는 정원 21년(805) 3월의 무인 일이었다.307) 이는 조정에서 이사고의 滑州를 공격하였던 것이 이사고의 충성심이 아니면 이사고가 때를 이용해 더 강력하여지려는 시도로 판단하였을 가능성이 크다. 후자일 가능성이 높다. 그 이유는 이사고가 滑州를 공격한 이후 도리어 조정은 환심을 얻을 목적으로 이사고에게 檢校司空이란 새로운 벼슬을 추가하여 주었기 때문이다. 이 벼슬은 예전에 평로·치청절도사 이납이 陳州에서 조정에 대항한 李希烈의 군대를 대파하여 포위를 풀게 해준 대가로 받았던 관직이다. 조정에 대항한 이희열을『신당서』의 찬자는 안녹산·사사명과 함께 '逆臣'으로 분류하였다.308)

그때 조정은 이납에게 檢校司空과 아울러 식읍으로 5백 호를 주었다.309) 陳州에서 이납이 싸웠을 때는, 정원 원년(785) 3월 무오 일이었다.310) 여기서 이납이 檢校司空이란 관직을 받았던 사실을 언급한 까닭은 이사고의 檢校司空이 매우 중요한 벼슬이었던 사실을 부각시키려는 목적이다. 805년 3월 무인 일에 평로·치청절도사 이사고에게 검교사공이 추가하여 제수됨으로 말미암아 그는 할아버지 이정기와 아버지 이납과 똑 같은 반열에 오르게 되었다.

306)『舊唐書』권14,「順宗紀」貞元 21年 3月 李師古·劉濟兼檢校司空조, 406쪽.
307)『舊唐書』권14,「順宗紀」貞元 21年 3月 戊寅조, 406쪽.
308)『新唐書』권225중,「李希烈傳」, 6437~6441쪽.
309)『續通志』권279,「唐列傳」79 '李納' 加檢校司空조, 4881쪽.
310)『舊唐書』권12,「德宗」上 貞元 元年 3月 戊午조, 348쪽.

7. 이사고와 오소성과의 교역

　이사고가 의성군절도사 이원소를 공격하기 위해 선무절도사 韓弘에게 汴州의 길을 빌리려고 시도했을 때, 이사고가 오소성과 교역을 시도했다는 귀중한 자료가 있다. 이를 소개하면,

　　吳少誠은 소가죽과 신발 재료를 이사고에게 보냈고, 이사고는 소금을 吳少誠에게 보냈는데, 몰래 宣武 경계 지역을 지나다가 일이 발각되어서 韓弘이 모두 억류시키면서, 이것을 부고에 넣으며 '이것은 법으로 보아 사사롭게 보낼 수 없는 것들이다'라고 말하였다. 이사고 등은 모두가 화를 내었다.[311]

　이는 평로·치청절도사 이사고 시대의 구체적인 교역 물품이 언급된 유일한 자료인 것 같다. 이를 몇 가지로 나누어 분석하고 싶다.

　하나는 彰義(淮西)절도사 吳少誠이[312] 평로·치청절도사 이사고와 물물 교환한 구체적인 내용이다.[313] 그런데 彰義절도의 관할지는 淮水북쪽지역인데 평로·치청절도 관할지는 오늘날 宣武절도의 북쪽에 위치했다. 평로·치청절도 남쪽에 멀리 떨어진 곳에 선무절도가 있었다. 그런데 이렇게 멀리 떨어진 절도사들 간에 교역이 있었던 것은 당시 상거래 행위를 이해하는데 중요한 것 같다. 그 이유는 당 후기에 들어오면서 절도사들 간 어떠한 식으로 무역이 있었는가를 가늠하는 게 가능하기 때문이다. 그런데 吳少誠도 이사고처럼 조정의 명령에 따르지 않았던 세력이다. 의성군절도사 한홍의 말처럼 소가죽·신발재료·소금 등은 조정에 의한 거래제한 품목이었다. 아무튼 이사고가 조정에 대해 적대세력이었던 것처럼 彰義절도사 오소성도 조정에 대하여

---

311)『資治通鑑』권236,「唐紀」52 順宗 永貞 元年 2月조, 7609쪽, "吳少誠以牛皮鞋材遺師古, 師古以鹽資少誠, 潛過宣武界, 事覺, 弘皆留, 輸之庫, 曰, '此於法不得以私相餽.' 師古等皆憚之."

312)『資治通鑑』권236,「唐紀」52 順宗 永貞 元年 3月 加彰義節度使吳少誠조, 7612쪽.

313) 雷家驥, 1988,「唐代'元和中興'的淮西會戰」,『歷史』9, 106쪽.

30여 년 동안이나 대항한 세력이었다.314)

둘은 창의절도사 오소성이 소금을 얻기 위하여 소가죽과 신발재료를 이사고에게 보냈다는 사실이다. 이는 창의절도 지역은 소나 기타 가축이 많았음을 쉽게 짐작할 수 있는 대목이다. 이런 까닭에 창의절도 지역의 주산물이 소가죽과 신을 만드는 가죽 재료가 많은 것 같다.

또 평로·치청절도의 관할지가 해변을 끼고 있어서 소금이 많이 생산되었던 것은 춘추전국시대부터 익히 알려졌다. 이에 관하여는 앞에서 三汉와 蛤朶에서 소금 생산지역을 빼앗기 위하여 왕무준과 대립한 사실에서 자세하게 언급하였다. 그런데 소금이 이사고의 영역 가운데 주로 해변에서 생산되는 것은 아니고 황하를 타고 들어 온 三汉나 蛤朶에서 주로 제염된 사실도 특기할 만하다. 그 당시 주로 내륙에서 제염이 쉬웠던 것이 사실이지만 그보다 내지로 소금을 운반 이용하였던 것과 관계가 깊은 관련이 있는 것 같다.

게다가 오소성의 彰義(淮西)절도사 관내에서는 소금이 생산되지 않기 때문에315) 그것이 만들어지는 평로·치청절도사의 관내와 구상무역을 통해 얻을 수밖에 없었다. 이런 이유 때문에 당연히 이사고는 吳少誠에게 소금을 소가죽과 바꾸는 형식으로 물자교환을 빈번히 했다.316)

이와 같은 방법은 주산물에 대한 물물교환 방식이다. 한 가지 생각해 볼 점은 강남의 물산을 낙양과 장안으로 통하는 운하의 渦口를 이정기와 이납이 장악했을 때는 장안과 낙양은 물화를 확보하지 못해서 兩京에서 화폐유통이 한계성을 가졌다는 것을 확인할 수 있는 대목이다.

셋은 인접한 절도사들 간의 물물교류에서 물화의 이동지역을 통과할 때 문제가 발생되었던 사실이다. 다시 말해 彰義나 평로·치청 두 곳이 멀리

---

314) 『舊唐書』 권145, 「吳少誠傳」 淮右自少誠阻兵已來, 三十餘年, 3951쪽 ; 築山治三郎, 앞의 「地方官僚と政治」, 364쪽.

315) 築山治三郎, 위의 「地方官僚と政治」, 363쪽.

316) 築山治三郎, 위의 「地方官僚と政治」, 363쪽.

떨어져 있기 때문에 다른 절도의 관할지를 통과할 때 문제가 야기되었다. 앞서 말한 것처럼 彰義와 평로·치청 사이 宣武가 가로놓여 있었다. 그 결과 선무절도사 韓弘은[317] 자신의 영역을 몰래 통과해서 吳少誠에게 전달되는 과정에 있던 이사고의 소금을 빼앗았다.

한홍의 인물됨을 살펴보면, 그 조부에 대한 기록은 없다. 그는 고아로 외가에서 자랐으며, 정원 15년 8월에 宣武軍節度副大使知節度事로 임명된 후부터 당에 초지일관되게 충성하였던 인물이다.[318] 아무튼 이는 교역에 있어서도 절도사의 관할지는 완전 독립지역이었다는 사실을 확인시켜주는 이야기이다. 이런 이유 때문에 자신의 관할지를 몰래 지나는 물건을 빼앗을 수 있을 뿐만 아니라 빼앗긴 측에서도 괴로워할 뿐, 별 다른 대책을 강구하지 못하였다. 물물교역을 위하여 중간의 다른 절도사의 지역을 통과할 때 일정액의 수수료를 지불하고 통과하였을 개연성이 충분하다. 그러나 한홍처럼 맹목적으로 당에 충성하는 절도 지역을 통과할 때는 다른 방법이 없었기 때문에, 몰래 통과하는 것만이 유일한 방법이었다.

위의 사실을 통하여 당 후기 절도사들 간에 어떠한 방식으로 어떤 물화가 교역되는가를 확인하였다. 이때 흥미로운 사실은 순종이 창의절도사 오소성에게 同平章事벼슬을 주었다는 사실이다.[319] 이는 창의절도사 오소성에 대한 징계는커녕 당이 그의 비위를 맞추는데 급급했다는 이야기로 들린다. 여하간 절도사 간 물물교환 시에 물화가 통과되는 지역 절도사 몰래 통행을 시도하다가 발각되었을 경우에 그 물화가 어떻게 처리되었는가도 위의 사실에서 밝혀진 셈이다.

위의 창의절도사 오소성이 元和 4년 11월 기사 일에 죽고,[320] 그 후임으로

---

317) 『資治通鑑』 권236, 「唐紀」 順宗 永貞 元年 2月 宣武節度使韓弘조, 7608쪽.

318) 『舊唐書』 권156, 「韓弘傳」 其祖父조, 4134쪽.

319) 『舊唐書』 권145, 「吳少誠傳」 順宗 卽位조, 3947쪽 ; 『資治通鑑』 권236, 「唐紀」52 順宗 永貞 元年 3月 加創意節度使吳少誠조, 7612쪽.

320) 『舊唐書』 권14, 「憲宗紀」 元和 4年 11月 己巳조, 429쪽.

다음 해 3월 기미 일에 遂王 李宥를 창의군절도사로 임명하여[321] 당은 창의절
도를 통제하였다.

8. 이사고가 시중이 된 시점

『구당서』「순종기」에 의하면, 당은 이사고에게 정원 21년(805) 7月 병자
일에 檢校侍中이라는 관직을 제수하였다.[322] 당이 이사고에게 검교사공이라
는 벼슬을 내린 것이 정원 21년 3월이었음을[323] 생각한다면 왜 불과 4개월
후에 당이 이사고에게 또 檢校侍中이란 관직을 주었는가 하는 의문이 든다.
아마도 이는 당이 이사고가 자주 벌이는 군사 활동이 두려웠기 때문에 화해
제스처의 일환으로 이사고에게 준 관직이라고 본다.『신당서』「이사고전」에
서는 이사고가 侍中이 된 사실에 대하여 다음과 같이 전하고 있다. 즉,

> 후에 공이 쌓여 관직이 檢校司徒·兼侍中에 이르렀다.[324]

라는 것이 그것이다. 즉 이는 이사고가 공이 쌓여서 檢校司徒와 侍中직에
올랐다는 이야기이다.[325] 그러나 당이 이사고가 무슨 공을 쌓았다는 이야기
없이 위의 관직을 주었다. 정확히 말해 이사고가 당을 위해 이때 쌓은 공로가

---

321) 『舊唐書』 권14, 「憲宗紀」 元和 5年 3月 己未조, 430쪽.
322) 『舊唐書』 권14, 「順宗紀」(貞元 21年) 7月 丙子, 鄆州李師古加檢校侍中조, 408쪽 ;『資治通
    鑑』 권236, 「唐紀」52 順宗 永貞 元年 7月 丙子, 加李師古檢校侍中조, 7618쪽 ;『續通志』
    권279, 「唐列傳」79 '李師古' 兼侍中조, 4881쪽.
323) 『舊唐書』 권14, 「順宗紀」 貞元 21年 3月 戊寅조, 406쪽.
324) 『舊唐書』 권124, 「李師古傳」, 3538쪽, "後累官至檢校司徒·兼侍中."
325) 『新唐書』 권75下, 「宰相世系」5下 附'高麗李氏'(師古) 檢校司徒兼侍中조, 3448쪽 ;『新唐書』
    권213, 「李師古傳」 累加檢校司徒·兼侍中조, 5992쪽 ;『續通志』 권279, 「唐列傳」79 '李師
    古' 累加檢校司徒兼侍中조, 4881쪽 ; 蘇慶彬, 앞의『兩漢迄五代入居中國之蕃人氏族研究』,
    587쪽.

없었는데도 불구하고 이사고의 군사행동을 사전에 차단하려는 목적으로 위의 두 관직을 당이 주었다고 써야 맞다고 본다.

아무튼 여기서 시중의 경우는 이미 정원 21년 7월에 檢校侍中이었다가 일년 뒤인 원화 원년(806) 6월에 侍中으로 임명하였다는 이야기이다.326) 그런데 앞서 언급한 것처럼 이사고가 檢校侍中이 되었던 때는 정원 21년 7월이었고 檢校司徒가 되었던 것은 그 후였다. 그런데『구당서』본기에 원화 원년(806) 6월에 평로·치청절도사 이사고가 검교사도가 되었다고 기술되어 있다.327) 그렇다면 위의『신당서』「이사고전」의 전후관계가 맞다. 이사도의 할아버지 이정기도 司徒라는 관직에 올랐다.328) 그리고 이정기는 司徒가 되기 이전 大曆 11년에 檢校司空이 되었다.329) 이사고의 아버지 이납도 檢校司徒라는 관직에 올랐다.330) 또 이납은 司徒가 되기 이전 정원 원년 3월에 司空이 되었다.331) 이사고도 그의 아버지 이납·할아버지 이정기처럼 司徒와 司空 두 관직에 모두 제수되었다. 바꾸어 말하면 이사고는 자신을 포함하여 그의 가문 3대가 사공과 사도 두 직을 겸직하게 된 셈이었다. 이는 필자가 앞에서 주장하였던 것과 같이 이정기의 3대가 세습 왕으로 관직마저 같았음을 증명하는 자료라고 말할 수 있다.

그렇다면 이사고가 檢校司空·檢校司徒·侍中이라는 관직에 순차적으로 모두 임명되었던 것은 의미가 매우 크다. 달리 말해 이사고가 '齊王'이라는 사실을 당이 공식적으로 인정했다고 말해도 결코 틀린 말이 아니다.

---

326)『資治通鑑』권237,「唐紀」53 憲宗 元和 元年 6月 己亥, 加平盧節度使李師古兼侍中조, 7633쪽.

327)『舊唐書』권14,「憲宗, 上」元和 元年 6月 淄靑李師古檢校司徒조, 417쪽.

328)『舊唐書』권12,「德宗, 上」大曆 14年 6月 加李正己司徒조, 321쪽 :『舊唐書』권124, 「李正己傳」歷檢校司空조, 3535쪽.

329)『舊唐書』권11,「代宗」大曆 11年 12月 饒陽王李正己爲檢校司空조, 310쪽.

330)『舊唐書』권13,「德宗」下 貞元 8年 5月 癸酉, 平盧淄靑節度使·檢校司徒·平章事李納卒조, 374쪽.

331)『舊唐書』권12,「德宗」上 貞元 元年 3月 加李納司空조, 348쪽.

9. 이사고의 치적과 유오의 등장

이납을 계승한 이사고는 檢校司徒로 임명받은 다음 달(윤 6월) 죽었다. 즉 『구당서』「헌종기」에서 "淄靑(절도사) 이사고가 죽었다"[332]라는 게 그것이다. 때는 元和 원년(806) 윤 6월이다. 그런데 이정기나 이납과 달리 이납 생전 관직에 대해 언급하지 않고 단지 이사고가 죽었다고만 기록한 점을 주목하고 싶다. 그 이유는 이사고가 죽고 나서 이정기나 이납처럼 후사가 없었던 게 한 요인이 될 수 있다. 그보다 이즈음 헌종이 즉위하면서 절도사들을 제거하려는 작업에 착수하였던 것과 연관성이 클 것 같다. 이런 상황에서 이사고의 죽음에 대한 기록이 축소된다는 것은 어쩔 수 없는 일이다.

이사고의 경우는 이정기와 이납과 다르게 죽음에 대한 사실만 간단하였다. 이를 뒷받침하는 한 예는 이사고가 몇 살에 죽었는지 조차 사서는 밝히고 있지 않다는 점이다. 이납이 34세(792)로 죽었을 때 그의 아들 이사고가 15세였기 때문에, 806년에 이사고는 아버지 이납보다 더 젊은 나이인 29세로 요절한 셈이다. 이사고는 그의 아버지 이납보다 5년이나 더 짧게 생을 마감하였다. 그렇다면 이사고가 어린 나이에 아버지 이납의 제나라를 계승 발전하기 위해 꽤나 고심했을 것이라는 생각을 짐작할 수 있다. 그런데 이정기가 나이 49세에 악성종양으로 죽었는데,[333] 이정기의 從父兄으로 당의 徐海沂都團練使 李洧가 建中 3년(782) 8월 경진 일에[334] 악성등창으로 죽었으며,[335] 이납은 34세로 죽었다는 일련의 사실을 고려한다면, 이납과 이사고도 악성종양으로 죽었을 가능성이 크다고 본다. 이 점에 대하여는 후일 더 연구하여야

---

332) 『舊唐書』 권14, 「憲宗紀」元和 元年 閏 6月 壬子朔조, 417쪽, 淄靑李師古卒 ; 『新唐書』 권7, 「憲宗紀」 元和 元年 閏 6月 壬戌조, 208쪽 ; 『續通志』 권12, 「唐紀」12 憲宗 (元和 元年 6月) 閏月壬戌李師古卒조, 3307쪽. 이사고가 죽은 날이 『舊唐書』는 壬子이고, 『新唐書』와 『속통지』는 壬戌로 기록되어 있다.

333) 지배선, 앞의 「고구려 인 李正己의 발자취」, 191쪽.

334) 『舊唐書』 권12, 「德宗紀」 建中 3年 8月 庚辰조, 334쪽.

335) 『舊唐書』 권124, 「李洧傳」 未幾, 疽發背조, 3542쪽.

할 문제이다.

여하간 이사고는 원화 원년(806) 윤 6월에 죽었다.336) 그런데 이사고도 이납처럼 왕위에서 죽었다. 이는 이사고가 이납의 관직은 물론이고 작위도 그대로 세습하였다는 뜻이다. 이사고가 왕위를 가졌다는 사실은 이납의 경우처럼 이사고의 죽음을 司馬光이 '卒'이라고 쓰지 않고 '薨'이라는 용어를 사용하였다는 사실에서 분명하게 확인할 수 있다.337) 또 이사고가 죽은 지 5년이 경과한 원화 5년 5월에 당은 조서를 내려 이사도에게 이사고의 처 裵氏가 이사고의 딸 宜娘과 함께 鄆州에서 살도록 조서를 내렸다.338)

이는 당이 이사고 사후 이사도와의 관계를 유지하려는 시도로 풀이된다. 이사고의 처 裵氏가 그의 딸 宜娘과 생활하는데 鄆州가 불편함이 없을 것이라는 조정의 배려가 깃든 조치였다. 바꾸어 말하면 鄆州에 고구려 유민은 물론이고 발해나 신라인이 많이 살고 있기 때문에 이사고의 처 배씨에 대해 당은 나름대로 배려했던 조치라고 해석이 가능하다. 또 이사도를 죽인 劉悟가 당에서 彭城郡王이라는 王號까지 받은 후339) 이사고의 아들 明安을 朗州司戶參軍이라는 관직에340) 임명하였다는 사실로 보아, 이사고의 아들은 劉悟의 반란 후에도 살아남았던 모양이다.341) 이 점에 대하여는 제나라 이사도의 멸망에서 다시 언급하겠다.

유오를 발탁한 인물은 이사고였다. 그런데 이사고가 죽은 후, 이사고의 後嗣인 이사도를 죽인 인물이 바로 유오였다. 이런 이유 때문에 이사고와 유오의 관계를 언급하는 것이 좋겠다. 이에 대해서『구당서』「유오전」에

---

336)『新唐書』권213,「李師古傳」元和初卒조, 5992쪽 ;『冊府元龜』권177,「帝王部」姑息 2 元和 元年 6月 淄靑李師古卒조, 2125쪽.

337)『資治通鑑』권237,「唐紀」53 憲宗 元和 元年 閏(6)月 壬戌朔, 師古薨조, 7634쪽.

338)『唐會要』권39,「定格令」(元和) 5年 5月조, 711~712쪽 ;『舊唐書』권15,「憲宗」下 元和 14年 5月 敕李師古妻裵氏조, 468쪽.

339)『舊唐書』권15,「憲宗」下 元和 14年 2月 庚午조, 466쪽.

340) 蘇慶彬, 앞의『兩漢迄五代入居中國之蕃人氏族研究』, 587쪽.

341)『新唐書』권213,「李師道傳」悟獨表師古子明安爲朗州司戶參軍조, 5995쪽.

劉悟가 어렸을 때 힘세고 용감했으며, 숙부 劉逸準이 汴州절도사로 임명되었을 때, 洛中에 數 百萬 錢이 쌓여 있자, 劉悟가 자물쇠를 깨뜨리고, 몽땅 훔쳐가 써버렸다. 후에 일이 발각될까봐 두려워서, 이사고에게로 도망갔다. 처음에는 유오의 이름이 알려지지 않았는데, 후에 격구를 하다가 너무 강하게 쳤기 때문에 이사고의 말이 넘어졌으며, 이사고가 매우 화가 나서, 그를 죽이려 하였다. 이때 유오가 맹렬한 기세로 이사고에게 말하자, 이사고가 기이함으로 용서해 주었으며, 이로 인해 그를 主管 壯士로 삼았고, 後軍을 거느리게 하였으며, 여러 번 그를 衙門의 중요 직무를 담당하게 하고, 아울러 상주하여 淄靑節度 都知兵馬使·監察御使를 겸임시켰다.[342]

그런데 劉悟가 이사고 휘하에 있게 된 배경을 『신당서』의 「유오전」에서는 다르게 기록하고 있다.

劉悟의 숙부 劉全諒은 宣武절도에 임명되어서, 그가 용감하고 굳세어, 牙將으로 임명되었는데, 죄를 짓고 潞州로 도망하였다. 王虔休가 또 그를 장수로 임명하자, 병이 들어 자리에서 물러났고, 東都로 돌아와서, 劉全諒이 쌓아둔 數 百萬 緡錢이 있었는데, 이를 劉悟가 자물쇠를 깨뜨리고 훔쳤다. 나쁜 少年들과 함께 사람과 개를 죽이며, 닥치는 대로 범법했기 때문에 河南 옥에 수감되었으며, 留守 韋夏卿이 너그럽게 그를 사면하였다. 이사고가 후히 錢幣를 주어 그를 영접했는데, 처음에는 그를 그렇게 잘 알지 못했으나, 후에 격구를 할 때, 심하게 높이 부딪히면서, 이사고의 말이 넘어지자, 이사고가 분노해서, 그를 斬殺하려 하였는데, 劉悟가 대단한 기세의 말로 이사고에게 대꾸하여 그가 어떤 두려움도 없자, 이사고는 그가 기이한 재주가 있는 자라는 것을 알고, 그에게 後軍 통솔을 명령하게하고, 여동생을 그에게 주어 처로 삼게 하면서, 牙門의 要職을 맡기었다.[343]

---

342) 『舊唐書』 권161, 「劉悟傳」, 4230쪽, "悟少有勇力, 叔逸準爲汴帥積緝錢數百萬於洛中, 悟輒破局鐍, 悉盜用之. 旣而懼, 亡歸李師古. 始亦未甚知, 後因擊毬馳突, 衝師古馬仆, 師古怒, 將斬之. 悟猛以氣語押觸師古, 師古奇而免之, 因令管壯士, 將後軍, 累署衙門右職, 奏授淄靑節度都知兵馬使·兼監察御使."

343) 『新唐書』 권214, 「劉悟傳」, 6012쪽, "叔父全諒, 節度宣武, 器其敢毅, 署牙將, 以罪奔潞州.

　필자가 주목하는 것은 유오가 이사고 휘하에 있게 된 배경에 대해『구당서』
와『신당서』기록의 차이가 크다는 사실이다. 이 대목이 중요한 것은 유오가
도적질하고 살아남을 수 있는 곳이 평로·치청절도사 이사고가 있는 곳이라고
판단한 사실이다. 다시 말해 汴州절도사 劉逸準은 당에 충성하지만 평로·치청
절도사 이사고는 당에 대항하는 형국이었다는 사실이 저절로 밝혀지는 대목
이다. 또 이사고가 당에 대항하였던 인물을 늘 찾고 있는 상황에서 유오가
투항하였기 때문에 이사고는 그를 자신의 휘하 관리로 임명하였다. 이는
분명 이사고의 제나라에서는 당과 대항하는 임협 인물을 찾았다는 사실과
결부되어서 유오가 이사고에게 발탁되었다고 본다.

　처음 유오는 낙양에서 불량배와 어울려 다니며 사람과 개를 마구 죽인
그런 망나니에 불과하였다.[344]『신당서』는 유오가 자주 범법을 하였기 때문에
河南의 옥에 갇혔던 것을 이사고가 몸값을 지불하고 풀어주었다[345]고 했다.
이는 평로·치청절도사 이사고가 천하통일 계획을 갖고 있는 근거로 해석할
수 있다. 당 현종이 平王시절에 황제가 되려는 자신의 야망을 실현하기 위해
기마와 궁술이 뛰어난 고구려 유민 李宜德을 五萬錢에 샀다는[346] 것과 같은
맥락이 아닐까 싶다. 그렇다면 이사도는 유오 외에도 기마와 궁술이 출중한
자를 자신의 휘하에 두려고 평왕 이융기(현종)처럼 많은 인물을 포섭한 이유에
대한 해답은 어렵지 않다. 즉 이사고는 제나라의 국가 목표를 중원지배에
두었다고 본다.

　그 후 유오가 이사고와 함께 격구를 하다가 충돌하여 이사고의 말을 죽였기
때문에 이사고가 유오를 죽이려고 하였다.[347] 그런데도 유오가 기세가 꺾일

　　王虔休復署爲將, 被病去, 還東都, 全諒積縑錢數百萬在焉, 悟破騰鐍用之. 從惡少年殺人屠
　　狗, 豪橫犯法, 繫河南獄, 留守韋夏卿貸免. 李師古厚幣迎之, 始未甚知, 後從擊毬, 軒然馳突,
　　撞師古馬仆, 師古恚, 將斬之, 悟盛氣以語觸師古, 不懾, 師古奇其才, 令將後軍, 妻以從婿,
　　歷牙門右職.”

344)『新唐書』권214,「劉悟傳」從惡少年殺人屠狗조, 6012쪽.
345)『新唐書』권214,「劉悟傳」李師古厚幣迎之조, 6012쪽.
346) 지배선, 2006,『고구려·백제 유민 이야기』, 15쪽.

줄 모르는 것을 기이하게 여겨서 이사고는 유오를 後軍장군으로 임명하였다.[348) 또 이사고는 여동생을 유오의 처로 삼게 하면서 유오에게 牙門右라는 관직에 임명하였다.[349) 이는 유오가 어떠한 경로로 출세하였는가를 밝힌 것이다.

유오와 관련한 사실은 제나라 멸망과 직결되는 인물이라서 평로·치청절도사 이사도 재위 시에 다시 언급하겠다. 이사고가 유오를 발탁한 이유는 조정에 대항하기 위함이었다. 그 이유는 앞에서 밝힌 것처럼 조정에 원한을 가진 자를 임명함으로써 이런 부류의 인물들을 활용하여 당을 꺾겠다는 이사고의 생각이 크게 작용된 결과로, 유오가 제나라에서 버슬하게 된 이유였다. 그러나 이사고를 계승한 이사도를 시해한 인물은 바로 유오였다. 그 이유는 위의 사료에서 보듯 유오라는 인물의 됨됨이가 믿을 만한 구석이 없다는 사실이 밝혀졌기 때문이다.

이사고는 죽은 후 할아버지 이정기와 아버지 이납의 경우처럼 추증을 받았다. 즉 이사고에게 추증된 관직은 太傅였다.[350) 이사고의 할아버지 이정기의 경우는 太尉로 추증되었으며,[351) 이납은 아들 이사고와 마찬가지로 太傅로 추증되었다.[352) 이사고는 자신의 아버지 이납의 경우와 똑같이 司空·司徒·太傅의 관직에 모두 제수되었다.

비록 제나라의 이사고가 죽었어도 이사고의 계승자 이사도의 제나라를 당이 달래기 위한 차원에서 이사고를 太傅로 추증하였다. 이사고가 죽은

---

347) 『舊唐書』권161, 「劉悟傳」衝師古馬仆, 師古怒조, 4230쪽.
348) 『舊唐書』권161, 「劉悟傳」師古奇而免之조, 4230쪽 ;『新唐書』권214, 「劉悟傳」令將後軍 조, 6012쪽.
349) 『新唐書』권214, 「劉悟傳」歷牙門右職조, 6012쪽.
350) 『舊唐書』권124, 「李師古傳」卒, 贈太傅조, 3538쪽 ;『新唐書』권213, 「李師古傳」贈太傅조, 5992쪽 ;『續通志』권279, 「唐列傳」79 '李師古' 元和初, 死贈太傅조, 4881쪽.
351) 『舊唐書』권124, 「李正己傳」方贈正己太尉조, 3535쪽 ;『新唐書』권213, 「李正己傳」 詔贈太尉조, 5990쪽.
352) 『新唐書』권213, 「李納傳」贈太傅조, 5991쪽.

후에도 제나라가 강력하였다는 것은 죽은 이사고를 왜 추증하였는가에 대한 해답이 된다고 본다. 이사고의 관직을 추증한 사실은 당이 이사고의 계승자 이사도의 제나라에 대한 협조를 얻으려는 속셈이 깔려 있음은 물론이다.

그런데 여전히 문제가 되는 것은 고구려 유민 제나라의 정체성에 대한 문제이다. 이는 이정기의 제나라에 국한되는 문제만이 아닐 것이다. 당에 의해 멸망한 고구려 유민들의 전체에 해당되는 문제이다.

본문에서도 언급하였던 것처럼 외교적인 측면에서 살펴보아도 제나라는 신라보다도 독립성이 강한 그런 나라였다. 정확히 표현하여, 제나라가 당에 세금을 내지 않았을 뿐만 아니라 관리도 마음대로 선발하였다는 대목에 이르게 되면, 모든 면에서 제나라는 자주 국가였다고 말하여도 크게 틀린 말이 아니다. 이를 추가로 확인할 수 있는 대목은 이납이 죽은 후 나이 어린 아들 이사고가 세습하였다는 사실에서 더욱 분명하여진다. 또 이사고의 아들이 너무 어려 이사고의 후계로 이복동생 이사도가 즉위한 사건도 동일한 시각에서 바라볼 수 있다. 한마디로 이는 많은 고구려 유민의 지지로 이정기·이납·이사고가 굳건히 제나라를 유지 발전시키는 것이 가능하다고 본다. 이와 같은 결론을 도출할 수 있었던 것은, 당이 고구려를 멸망시키고 나서 많은 고구려 유민들을 제나라의 영역에 강제 소개시켰던 사실과 맞물리기 때문이다.

제4장 이사고의 아우 이사도에 의한 제국화

1. 고구려와 제 역사

　이사도는 고구려 유민 이정기의 손자이자, 이사고의 이복동생이다.[1] 이정기에 의해서 시작된 하나의 왕국으로 제왕 이납을 세습한 인물은 그의 아들 이사고였다. 또 이사고가 죽자 다시 그의 위를 이사도가 세습하였다. 이때 이사도는 이사고로부터 당의 관직인 평로·치청절도사 직을 계승하였다. 물론 당에서 지방장관인 절도사라는 관직을 주는 것이 원칙이지만, 그 당시는 절도사에 대한 세습을 당이 거의 인정하는 상황이었다. 그렇다면 고구려 유민 이정기는 그의 아들 이납에서, 이납의 아들 이사고로, 다시 이사고의 이복동생 이사도로 이어지는 4世 세습왕조를 구축하였다고 표현하여야 옳다.

　필자가 당나라에서 고구려 유민의 활약상을 추적하려는 의도는 다음과 같다. 즉 당시 고구려인들이 중국에서 얼마나 강력한 세력기반을 조성하였는가를 규명하려는 것이다. 곧 고구려 유민 이정기에 의한 세습 절도사라기보다, 이정기의 4세에 걸친 세습왕조를 조명하고 싶다. 아울러 절도사 이사도를 중심으로 당나라 사회구조의 전반적인 모습에 대한 실상을 파악하려는 의도

---

1)『續通志』권279,「唐列傳」79 '李師道' 師道師古異母弟也조, 4881쪽(上海 : 商務印書館, 1935) ; 內藤雋輔, 1961,「唐代中國における朝鮮人の活動について」,『朝鮮史研究』, 京都大, 488쪽.

도 있다.

무엇보다도 당나라 안에 고구려 유민이 세운 왕조의 성격을 규명하여서, 고구려인이 어떠한 사람인가를 구체적으로 파악하기 위한 작업이다. 비록 고구려가 당에 의해 멸망하였으나 고구려는 매우 강력한 국가였다는 사실을 입증하고자 하였다. 실제 당군에 의한 평양성 함락은 군사력이 아니라, 평양성 내의 고구려 승려가 성문을 열어줌으로써 일어난 것으로, 그로 인해 고구려가 당에 의해 멸망한 것이다.

그런데『삼국사기』에 의하면 1개월 이상 당군은 평양성에 진입하지 못했다고 기록되어 있다. 그러나 중국 사서는 3개월 이상이나 당군이 평양성 주위에 머물면서도 성을 함락시키지 못하였다고『삼국사기』와 다르게 기록하고 있다. 이는 고구려가 당군에 의해 그렇게 쉽게 점령될 수 없는 국가라는 사실과 통하는 내용이다. 평양성 함락 후 당으로 잡혀간 고구려인들이, 춘추전국시대의 제와 노나라가 있던 지역에 새 국가를 세웠다는 사실은 고구려인의 실체를 이해하는 데 매우 중요한 요소라고 본다. 고구려인들은 유목기마민족적 기질을 소유하여서 용맹할 뿐 아니라 출중하였기에, 고구려 유민들이 세운 나라 '제'를 연구한다는 것은 고구려 역사만큼이나 중요한 사실이다.

2. 이사고의 유언

제왕 이사도는[2] 고구려 유민 이납의 서자였다. 당시 정실부인에게서 출생한 아들만이 모든 것을 세습할 수 있는 원칙에 따라 이납의 서자인 이사도가 당한 차별은 어쩔 수 없었다. 이런 까닭에 이사도는 그의 이복형 이사고와 비교될 수 없을 정도로 이납에게 무관심의 대상이었다. 이납을 계승한 이사고 재위시부터 이사도는 운주에서 떨어진 곳에 살면서 여러 면에서 소외된

---

2) 章羣, 1955,「唐代降胡安置考」,『新亞學報』1, 315쪽.

삶을 살았다.[3] 이는 당시 적서의 구분이 심각하였음을 설명하는 좋은 사례이
다. 반면 이사도의 이복형 이사고는 정실의 맏아들이어서 부귀와 권세는
물론이고 이납으로부터 권력까지 세습을 받았다. 이사고가 그런 지위를
누리게 된 까닭은 이사도의 할아버지 이정기 때부터 당의 강력한 절도사였기
때문이다. 그러나 이사도는 아버지 이납의 후광으로 어린 나이에 벼슬하였다.

즉 평로·치청절도사 이납을 위시한 인물들의 아들에게 관직이 주어졌던
延賞으로 말미암아 이사도가 당으로부터 첫 관직을 얻게 되었다. 이를 『冊府元
龜』에서 들어보면,

> (貞元 2년 4월) 簡較司空·平章事 이포진, 簡較司空·平章事 이납, 簡較右僕射·平
> 章事 한황, 工部尙書 田緖 등 각각 장사 5千인을 하남 행영에 보내어 토벌하는데
> 개가를 올리자, 이포진, 이납, 한황의 자손 1인에게 6품 정품관을 주었으며,
> 田緖와 위의 인물의 자손 1인에게 8품 정원관을 주었다.[4]

는 것이 그것이다. 이는 이납 등이 하남 행영을 지키는데 도왔던 공로로
당이 이납의 자식들에게 관직을 주었던 내용에 관한 기록이다. 이는 조정이
절도사 이납 등의 위세에 눌려 이사도의 할아버지 이정기 시대에 이사도의
아버지 이납이 관직을 받았던 것과 같은 延賞制의 혜택을 이사도가 누렸다.

이때(786년 4월) 이납의 한 아들이 6품 정원관이 되었고, 이납의 또 다른
아들이 8품 정원관이 되었다. 그 결과 이납의 아들 이사고가 이때 6품 정원관이
되었을 것이고, 이사고의 이복동생 이사도는 8품 정원관이 되었던 것 같다.
이때 이사고의 나이를 추정하기 어려우나, 이사도가 이때 어린 나이였을
것 같다. 또 이때 6품 정원관을 받은 이포진의 아들은 李緘인 것 같다.[5]

---

3) 『資治通鑑』 권237, 「唐紀」53 憲宗 元和 元年 6月 不免貧窶조, 7633쪽.
4) 『冊府元龜』 권131, 「帝王部」 延賞2, 1576쪽(北京 : 中華書局, 1982), "(貞元 2年 4月)
簡較司空·平章事李抱眞, 簡較司空·平章事李納, 簡較右僕射·平章事韓滉, 工部尙書田緖等
各遺將士五千人赴河南行營同討不庭厥有成績, 抱眞, 納, 滉各與子孫一人六品正員官, 緖與
子孫一人八品正員官."

이납의 서자 이사도와[6] 관련된 사료의 첫 기록을 통하여 그에 대한 궁금증을 풀어보고 싶다. 우선 이사도에 관한 사실을 『구당서』「이사도전」에서 들어보자.

이사도는 이사고의 이복동생이다. 그 어머니는 張忠志의 딸이다. 이사도는 그 당시 密州의 정사를 맡았다.[7]

이는 이사고와 이사도가 이복형제간이라는 것을 알리는 사료이다.[8] 그런데 위의 사료를 두 가지로 나누어 분석하고 싶다.

하나는 이사도의 어머니가 유목기마민족인 奚族 출신 張忠志의 딸이었다는 사실이다. 이사도의 외조부 장충지는 史朝義 휘하의 장군으로 조정에 투항하였던 奚族 출신이었다. 成德軍절도사를 세운 사람이 바로 장충지이다.[9] 그러나 사서에는 장충지라는 이름보다 李寶臣으로 더 알려져 있다.[10] 李寶臣은 范陽의 장수 張鎖高의 양아들로, 원래 옛 이름이 張忠志였다.[11] 장충지라는 이름이 이보신으로 바뀌었던 것은 안녹산의 유력한 부장이었다가 조정에 항복한 후 賜姓名되었기 때문이다.[12]

이사도의 어머니는 이보신의 딸이었으며,[13] 처는 이보신의 외손녀였다는 사실은 시사하는 바가 크다. 이정기와 이보신 가문이 2대에 걸쳐 혼인했기

---

5) 『舊唐書』권132,「李抱眞傳」抱眞薨之日조, 3649쪽.

6) 蘇慶彬, 1967, 『兩漢迄五代入居中國之蕃人氏族硏究』, 香港 : 新亞硏究所, 587쪽.

7) 『舊唐書』권213,「李師道傳」, 5992쪽, "師道, 師古異母弟. 其母張忠志女. 師道時知密州事."

8) 『資治通鑑』권237,「唐紀」53 憲宗 元和 元年 初, 李師古有異母弟曰師道조, 7633쪽.

9) 章羣, 1986,「唐代蕃將表」,『唐代蕃將硏究』, 臺北 : 聯經出版, 579쪽 ; 日野開三郎, 1939,「唐代藩鎭の跋扈と鎭將」1,『東洋學報』26-4, 19쪽.

10) 孟廣耀, 1985,「安史之亂中的奚族」,『社會科學戰線』3, 214쪽.

11) 『舊唐書』권142,「李寶臣傳」李寶臣조, 3865쪽.

12) 愛宕元, 1996,「唐代後期の政治」,『中國史 2, 三國~唐』, 東京 : 山川出版社, 450쪽.

13) 渡邊孝, 1995,「魏博の成德-河朔三鎭の權力構造についての再檢討-」,『東洋史硏究』54-2, 258쪽.

때문이다. 이는 그 당시 절도사들이 정략적인 결혼으로 자기들끼리 세습을 맹약하였다는 사실에 대한 입증이다. 이정기의 어머니가 누구였는지 사서에 언급되지 않았던 사실과 비교하면 그의 손자 이사도에 대한 기록은 자세한 편이다.

다른 하나는 이사고가 운명할 때 이사도가 密州자사였다는 사실이다.[14] 이사고는 운명하기 얼마 전에 이사도를 密州로 보냈다. 그 이전에는 이사고는 이사도에 대해 큰 관심을 갖지 못했던 것 같다. 그래서 이사고는 아우 이사도가 궁핍하게 생활하였던 사실을 자신이 몰랐던 것을 크게 한탄한 것은[15] 암시하는 바가 매우 크다.

이는 당시 고구려 유민에게 있어 嫡庶의 차별이 어느 정도였나를 가늠하는 잣대가 될 듯싶다. 이 사실을 알고 난 후 이사고는 이사도에게 密州의 일을 맡겼던 게 틀림없다. 그런데 이사고는 密州의 일을 이사도에게 맡기면서 다음과 같은 당부의 말을 하였던 사실을 주목하고 싶다. 즉 "이사고가 일찍이 말하길 백성의 고통을 체험하지 못했으나, 그 핵심이 의식문제에서 비롯된다는 것을 알게 되어야 하는 것이다"[16]라는 것인데, 이는 이사고가 이복동생 이사도에게 密州를 맡기면서 당부하였던 내용이다.[17] 이는 당시 지방장관이 하여야 할 일 가운데 가장 중요한 것이 백성의 의식 문제라는 것을 암시하는 사료이다. 그런데 이사고가 이사도에게 密州의 일을 맡겼다고 기록하고 있는 것으로 보아, 이때 이사도가 密州刺史 직을 맡았던 것 같다. 당시 이사고에게는 아들 李明安이 있었다.[18] 그러나 이명안은 이사고 임종 시에 너무 어린아이라서 당과 대항하는 상황에서 이사고의 후사가 될 수 없었기 때문에 이사고는 이명안을 계승자로 고려하지 않았다.

---

14) 『續通志』 권279, 「唐列傳」79 '李師道' 乃署知密州조, 4881쪽.

15) 『資治通鑑』 권237, 「唐紀」53 憲宗 元和 元年 6月 自恨不知稼穡之艱難조, 7634쪽.

16) 『新唐書』 권213, 「李師道傳」, 5992쪽, 師古嘗曰, '是不更民間疾苦, 要令知衣食所從.'

17) 『續通志』 권279, 「唐列傳」79 '李師道' 師古嘗曰조, 4881쪽.

18) 『新唐書』 권75, 「宰相世系」5下 明安조, 3448쪽 ; 章羣, 앞의 「唐代蕃將表」, 569쪽.

이런 사실은 이사도가 밀주자사를 맡았던 관직생활부터 언급된 셈이다. 그런데 이사도를 밀주자사로 임명하면서부터 이사고는 자신이 운명하기 이전에 이사도를 자신의 후계자로 삼겠다는 생각을 굳힌 것 같다.

이를 밝히기 위해서 이사고와 이사도 관계를 설명하는 사료를 참고할 필요가 있다. 아울러 이사도가 이사고를 세습한 상황을 자세히 설명한 대목이 『자치통감』에 장문으로 기재되어 있다. 이를 옮겨보자.

처음에, 이사고에게는 이사도라는 이복동생이 있었는데, 항상 멀리하고 배척하여 외지에 있었고 가난을 면하지 못하였다. 이사고는 가까이 하는 사람에게 사사로이 말하였다.

"내가 이사도와 우애롭지 않은 것이 아니라 나는 나이 15세 節旄를 갖게 되어 농사의 어려움을 알지 못한 것을 스스로 한스러워하였다. 하물며 李師道 는 다시 나보다 몇 살 덜 먹었기 때문에, 나는 그로 하여금 옷과 먹을 것이 나오는 곳을 알게 하면서, 또 州縣 업무를 그에게 붙여주려고 한 것인데, 諸公들이 반드시 살피지 못하였던 것으로 생각된다." 이사고의 병이 위독하게 될 때, 이사도는 이때 知密州事(밀주, 산동성 제성시)였고 그림 그리기와 피리 불기를 좋아하였다.[19]

위의 사실은 이사고가 생전에 이복동생 이사도를 후계자 수업을 시키기 위해 밀주자사의 일을 맡겼다는 것이다. 어떻게 보면 이사고가 나름대로 후계자 이사도를 양성하는 일면을 읽을 수 있는 대목이다.

그 후의 일에 대해서는 『자치통감』뿐만 아니라 『신당서』 「이사도전」에도 언급되었다. 여기서는 후자 사료를 인용하겠다. 즉,

---

19) 『資治通鑑』 권237, 「唐紀」53 憲宗 元和 元年 6月조, 7634쪽, "初, 李師古有異母弟曰師道, 常疎斥在外, 不免貧寠. 師古私謂所親曰, '吾非不友於師道也, 吾年十五擁節旄, 自恨不知稼 穡之艱難. 況師道復減吾數歲, 吾欲使之知衣食之所自來, 且以州縣之務付之, 計諸公必不察 也.' 及師古疾篤, 師道時知密州事, 好晝及噚篥."

사고가 병들자, 가까운 신하 高沐·李公度 등을 불러 말하길, "만약 내가 죽은 후에는 누가 계승했으면 좋겠나?" 그러나 두 사람은 대답하지 않았다. 그러자 사고가 말하길, "인정으로 말한다면 어찌 사도에게 귀부할 것인가? 그는 군복을 입지 않았고 자기 스스로 높이지 않았을 뿐 아니라 재주도 스스로 닦았기 때문에, 그가 우리 종족을 멸망에서 구할 것이니 너희들이 잘 생각해 주기 바란다"라고 하였다. 그후 사고가 죽자, 沐·公度는 휘하의 무리들과 함께 사도를 세우고 나서, 이러한 사실을 조정에 요청하였다.[20]

이사고가 죽은 후 신하 高沐과 李公度가 이사고의 유지에 따라서 이사도를 옹립했다. 위의『신당서』「이사도전」에서 중요한 부분은 이사고가 이복동생 이사도를 후계자로 지명한 이유 가운데 '우리 종족'이란 대목이다. 이는 고구려 유민을 뜻하는 말이다. 이런 사실을『신당서』저자가 언급한 사실이 더욱 이채롭다. 이는 이사고의 제나라 백성 가운데 많은 수가 고구려 유민이라는 암시이다. 아울러 제나라의 많은 관료 가운데 상당수가 고구려 유민이었던 것도 사실이다.

한편『자치통감』에는 이사고가 자신의 후계자를 이사도로 삼은 이유가 『구당서』「이사도전」보다는 구체적이다.

이사고가 말하였다. "어찌 이사도가 아니겠는가? 사람의 마음이란 비록 골육을 가볍게 여기고 다른 사람을 후하게 하려 하겠으며, 생각하건대 우두머리를 두는 것은 잘하지 않으면, 다만 軍政을 무너뜨릴 뿐 아니라 또 나의 종족을 뒤엎어버리게 된다. 이사도는 公侯의 자손이지만 군사 훈련시키고 다른 사람을 다스리는데 힘을 쓰지 않고 오로지 소인의 천박한 일을 익혀서 그것을 자기의 능력으로 삼았으니, 과연 우두머리를 감당해 낼 수 있겠는가? 바라노니 공들이 살펴서 도모하라!"[21]

---

20)『新唐書』권213,「李師道傳」, 5992쪽, "師古病, 召親近高沐·李公度等曰, '即我不諱, 欲以誰嗣?' 二人未對. 師古曰,'豈以人情屬師道邪? 彼不服戎, 以技自尚, 慮覆吾宗, 公等審計之.' 及死, 沐·公度與家奴卒立之, 而請于朝."

21)『資治通鑑』권237,「唐紀」53 憲宗 元和 元年 6月조, 7634쪽, "師古曰'豈非師道乎? 人情誰肯

아프라시압 박물관의 악기들. 당시대 康居樂이 유명하였던 것처럼 고구려악도 유명하여 사마르칸트에 고대의 많은 악기가 전해졌다.

　이는 이사고가 죽기 직전에 신하들에게 자신의 이복동생 이사도를 보필하라는 유언이었다. 여기서 흥미로운 것은 이사도가 소인의 천박한 일을 익힌 것을 자신의 능력으로 삼았다는 사실에 대해서 이사고가 개탄했다는 대목이다. 이는 앞서 지적한 것처럼 이사도가 그림 그리기와 피리 부는 것을 매우 잘했던 사실을 두고 이사고가 말함이다. 바꾸어 말하면 이사도에게는 고구려인의 그림 잘 그리는 것과 피리 잘 부는 기질이 내재되어 있었다고 볼 수 있다. 고구려인의 이 예술적 기질은 고구려 고분에 왜 그렇게도 많은 벽화가 남아있는지, 또 高句麗樂이 멀리 중앙아시아의 여러 음악과 비교될 정도로 유명해 당 연회 때 자주 연주된 것 등으로 볼 때 널리 알려진 사실이다.22)

　그러나 이사고 입장에서는 이사도가 당과 대결해야 하는 구도였기에 이를

　　薄骨肉而厚他人, 顧置帥不善, 則非徒敗軍政也, 且覆吾族. 師道爲公侯子孫, 不務訓兵理人,
　　傳習小人賤事以爲己能, 果堪爲帥乎? 幸諸公審圖之!'"
22) 지배선, 2011, 『고구려 유민 고선지와 토번·서역사』, 혜안, 396~397쪽.

감당할 수 있도록 高沐·李公度를 비롯한 신하들의 절대적인 보필을 유언한
것이다. 이를 몇 가지로 구분하여 분석하고 싶다.

하나는 이사고가 병들자 자신의 후계를 측근들과 상의하였다는 사실이
다.[23] 물론 이사고가 신하들과 상의한 형식을 취하지만, 실은 후계자를 스스로
미리 결정하였다. 이는 할아버지 이정기 때부터 대대로 절도사를 세습하였던
것과 같은 맥락이다.[24] 이정기 이래의 세습 전통이 그의 손자 이사고 시대에도
계승된 것을 사마광도 동의하였던 것 같다. 즉 이사고의 죽음을 사마광이
'卒'이 아닌 '薨'이란 동사로 서술하였던 것과[25] 같이 이사고의 직함은 단순한
절도사가 아닌 세습 왕위나 다름없다. 이와 관련된 『자치통감』 기록을 보자.

> (元和 원년 6월) 윤월, 초하루 임술 일에 이사고가 죽었다. 高沐과 李公度는
> 비밀에 부쳐 發喪하지 않고 몰래 密州에서 李師道를 맞이하고 그를 받들어
> 節度副使로 삼았다.[26]

이는 그 당시 평로·치청절도사 이사고가 독립적인 상태로 유지되었던
것을 뒷받침하는 사료이다. 이런 사실을 사마광이 인정하였다는 사실에
대하여는 이미 앞에서 밝혔다.

둘은 이사고가 측근 高沐·李公度에게 자신의 후계자에 관한 의견을 물을
때, 이에 대한 답변을 하지 않았던 사실이다.[27] 이는 이사고의 후사는 여느
왕조처럼 자신의 고유 권한이기 때문에 누구도 감히 대답할 성질의 것이
아니라는 암시였다. 여기서 이사고 휘하의 判官 高沐[28]·李公度[29]도 평로·치청

23) 『續通志』 권279, 「唐列傳」79 '李師道' 師古病召高沐李公度等조, 4881쪽.
24) 伊瀬仙太郎, 앞의 「安史の亂後における周邊諸民族の中國進出」, 93쪽.
25) 『資治通鑑』 권237, 「唐紀」53 憲宗 元和 元年 閏6月, 壬戌朔, 師古薨조, 7634쪽.
26) 『資治通鑑』 권237, 「唐紀」53 憲宗 元和 元年 6月조, 7634쪽, "閏月, 壬戌朔, 師古薨. 沐·公度秘不發喪, 潛迎師道于密州, 奉以爲節度副使."
27) 『續通志』 권279, 「唐列傳」79 '李師道' 二人未對조, 4881쪽.
28) 『舊唐書』 권187下, 「高沐傳」 李師古置爲判官조, 4911쪽.

절도가 세습왕조와 같음을 인정하였음을 알 수 있다. 이사고가 자신의 후계를 언급할 때 위의 두 인물 외에 郭昈[30])와 判官 李文會[31])도 동석하였다.

그러나 얼마 있다가 판관 고목은 당에 충성을 시도하였다. 뒤에 언급하겠거니와 고목의 아버지 高馮은 조정으로부터 曹州자사로 임명되었음에도 불구하고 이정기 때문에 조주자사 직을 수행하지도 못하였던 점과, 고목 자신도 정원년간에 進士로 발탁되었던 사실과 연관성이 깊을 것 같다.[32]) 한마디로 高沐은 당의 신하로 충성을 할 생각을 갖고 있었기 때문에 이사도의 생각에 대해 반대하였다. 그런데 고목의 집이 鄆州에 있었기 때문에 조정의 명령에 따라서 이사도의 判官이 되었던 상황이다.

위에서 고목과 이공도가 家奴와 함께 이사도를 密州에서 맞이하여 추대하였던[33]) 기록 가운데, 家奴라는 표현을 여과 없이 사용하였던 金鎭闕의 주장은[34]) 납득하기 어렵다. 그 이유는 당에서 이사고와 그 후계자 이사도를 반란의 무리로 규정하였기 때문에, 당은 이사고의 휘하 무리를 가노라고 비하시킨 표현을 사용하였기 때문이다. 그렇다면 고목과 이공도에 대한 표현에서 당이 家奴라는 용어를 쓰지 않았던 까닭은 이들 두 인물은 후에 당에 투항한 사실과 유관하다. 덧붙인다면 가노라고 쓴 것은 제나라를 비하하기 위해서였다. 앞에서 이납은 제라는 국호를 선포하면서 百官제도를 두었던 것을 이미 밝혔다. 그렇다면 가노라고 표현한 것은 사마광이 제나라에 왕국의 官制를 사용하지 않으려는 비열한 술책이다.

셋은 이사고가 이사도를 자신의 후계자로 지목하였다는 사실이다.[35]) 이사

---

29) 『資治通鑑』 권237, 「唐紀」53 憲宗 元和 元年 6月 師古謂判官高沐·李公度조, 7634쪽.
30) 『舊唐書』 권187下, 「高沐傳」 沐與同列郭昈조, 4911쪽.
31) 『舊唐書』 권187下, 「高沐傳」 其判官李文會조, 4911쪽.
32) 『續通志』 권509, 「忠義傳」 唐 '高沐' 詔拜曹州刺史조, 6188쪽 ; 翁俊雄, 1998, 「唐代科擧制度及其運作的演變」, 『中國史研究』 1, 84쪽.
33) 『渤海國志長編』 권1, 「總略」상, 其奴조, 21쪽.
34) 金鎭闕, 1984, 「唐代 淄靑藩鎭 李師道에 대하여」, 『史學論叢』, 771쪽.
35) 『續通志』 권279, 「唐列傳」79 '李師道' 豈以人情屬師道조, 4881쪽.

고는 이사도를 자신의 후사로 결정한 제일의 큰 이유는 무엇보다 혈연관계 때문이라고 분명하게 밝혔다. 그리고 이사도가 조정에게 굴복하지 않았을 뿐만 아니라 스스로 많은 재주를 닦았기 때문에 자신의 후계자로 충분한 자격이 있다고 밝혔다. 결국 이사고는 자신의 후사를 이복동생 이사도로 결정하였던 까닭에 대한 설명이다. 한마디로 선왕 이납이 죽기 전에 후사를 결정하는 관례를 이사고가 답습한 셈이다.

넷은 이사고가 죽자 이사고의 측근 高沐·李公度와 함께 무리들이 이사도를 이사고의 후계자로 옹립하였던 사실이다.[36] 이와 같이 후사를 옹립한 것은 이정기와 이납이 죽었을 때의 후계자 옹립과 동일한 방법이었다. 그렇다면 이는 이정기가 쟁취한 절도사가 4대째 세습되었음을 확인한 대목이다. 아무튼 이사고는 元和 원년(806) 윤 6월에 죽었다.[37]

3. 이사도의 즉위와 당의 추인

제나라가 이사고 사후 그의 아우 이사도에 의해서 계승 발전은 당에게 큰 부담이었다. 그런 이유로 당은 이사도의 즉위 사실을 비하시키는 표현을 사용하면서 기록하였다. 이사고의 아우 이사도를 4대 평로·치청절도사로 옹립하였던 상황을 『구당서』의 「이사도전」에서 옮겨보면,

이사고가 죽을 때, 그의 家奴가 발상을 하지 않고 비밀로 하고, 몰래 사람을 密州로 보내어 이사도를 帥로 받들어 모셨다.[38]

라고 서술하고 있다. 이는 이사고의 유언대로 이사고의 신하들이 이사도를

---

36) 『續通志』 권279, 「唐列傳」79 '李師道' 沐公度與家奴卒立之조, 4881쪽.
37) 『舊唐書』 권15, 「憲宗」上 元和 元年 閏 6月 壬子朔조, 417쪽.
38) 『舊唐書』 권124, 「李師道傳」, 3538쪽, "師古死, 其奴不發喪, 潛使迎師道於密而奉之."

이사고의 후사로 받들었던 내용이다. 『구당서』의 찬자도 이사고의 신하를 '家奴'라 비하시킨 표현을 사용한 것은 제나라가 당과 대립했기 때문이다. 또 『신당서』 「헌종기」에서는,

> (元和 원년) 윤6월 임술 일에, 平盧軍절도사 이사고가 죽자, 그 아우 사도가 스스로 留後라고 하였다.[39]

라고 기록하고 있다.[40] 이는 위의 두 사료 모두 이사도가 元和 원년(806) 윤6월 이사고의 죽음으로 세습하여서 후계자가 되었음을 알리는 기록이다.[41] 그런데 여기서 주목하고 싶은 것은 이사고의 죽음을 발상하지 않았다는 사실을 『구당서』의 찬자가 강조하였다는 사실이다. 이는 마치 이사고의 부하들이 불법적인 일을 감행하였던 것처럼 묘사하기 위해서이다. 그러나 후사가 결정되지 않은 상태에서 상을 알리게 되면 조정이 개입할 것을 우려하였던 점을 그 당시 절도부에서 감안하였던 조치이다. 이렇게 전임 절도의 죽음을 즉시 알리지 않았던 것은 평로·치청절도만의 문제가 아니었다. 환언하면, 그 당시 조정과 節度府간에 늘 이와 같은 식으로 대립 양상을 보여준 것은 많은 절도부에서 흔한 현상이었다.

이사고 사후, 신하들이 밀주자사로 있던 이사도를 이사고의 유언대로 옹립한 것은 당연한 절차였다. 그 당시 평로·치청절도에서 이사도를 이사고의 후계로 추대하고 나서 이러한 사실을 조정에 대하여 추인하여 줄 것을 요청하였다. 그런데 이사고의 異母弟 이사도가 襲位하였던 때는 당의 중흥 영주 헌종이 즉위하여 번진토벌에 전력하였던 때와 맞물린 시기다.[42] 헌종은

---

39) 『新唐書』 권7, 「憲宗」 元和 元年 6月조, 208쪽, "閏月 壬戌, 平盧軍節度使李師古卒, 其弟師道自稱留後."

40) 『續通志』 권12, 「唐紀」 12 憲宗 (元和 元年 6月 閏月) 其弟師道自稱留後조, 3307쪽, 上海 : 商務印書館, 1935.

41) 章羣, 앞의 「唐代蕃將表」, 61쪽.

42) 金文經, 1996, 「唐代 高句麗遺民의 藩鎭」, 『唐代의 社會와 宗敎』, 숭실대학교출판부,

소년시절부터 정관과 개원의 정치를 흠모한 임금이
었다. 이는 이사고 사후의 후사문제가 당에 의해
제동을 받을 수 있다는 이야기와 통한다.

당 현종연간에 사용된 개원통보

이사고의 죽음을 알리지 않은 것은 평로·치청절
도 내부에서 모든 것이 결정된 후 당에 알리는 것이
유리하다고 판단한 까닭이다. 이와 같이 평로·치청
에서 일을 처리할 수밖에 없었던 것은 蜀에서 일어
난 반란 때문이기도 하다. 당시 劉闢은 조정에 대해 蜀의 西川(오늘날 사천성
成都)절도사를 요구해 얻은 후에 東川과 山南西道마저 요구하였다. 劉闢은
요구조건이 거절당하자 동천절도사 李康을 포위하고, 자신의 막료 盧文若을
동천절도사로 삼기로 작정하였다. 이때 헌종은 유벽을 토벌하려 하였으나
蜀이 험준한 곳이라 杜黃裳이 간언하였다.[43]

元和 원년(806년) 정월 무자 일에 헌종은 제서를 내려 左神策長武城防秋都知
兵馬使 高崇文을 檢校工部尚書·左神策行營절도사로 임명하여 劉闢 토벌을 준비
하였다.[44] 그 후 元和 원년 3월 정축 일에 헌종은 제서로 劉闢의 관작을
삭탈하였다.[45] 같은 달(3월) 임신 일에 右神策行營節度使 高崇文을 檢校兵部尚
書·梓州刺史·劍南東川節度使로 임명하였다.[46] 이어 劍南東川節度使 韋丹이 晉
絳관찰사로 遷職되었다.[47] 이 같은 인사 조치를 하면서 헌종이 劉闢 토벌을
위해 高崇文을 파견할 것을 결정하자 모두 크게 놀랐다는 사실이 주목된다.
그 이유는 대신들의 생각과 달리 헌종이 토벌사령관을 경력이 오래되고

　　41쪽.

43)『舊唐書』권14,「憲宗紀」元和 元年 正月 戊子조, 414~415쪽 ;『資治通鑑』권237,「唐紀」
　　53 憲宗 元和 元年 正月 劉闢旣得旌節조, 7626쪽.

44)『舊唐書』권14,「憲宗紀」元和 元年 正月 戊子조, 414~415쪽 ;『資治通鑑』권237,「唐紀」
　　53 憲宗 元和 元年 正月 戊子조, 7626쪽.

45)『舊唐書』권14,「憲宗紀」元和 元年 3月 丁丑조, 416쪽.

46)『舊唐書』권14,「憲宗紀」元和 元年 3月 壬辰조, 416쪽.

47)『舊唐書』권14,「憲宗紀」元和 元年 3月 己亥조, 416쪽.

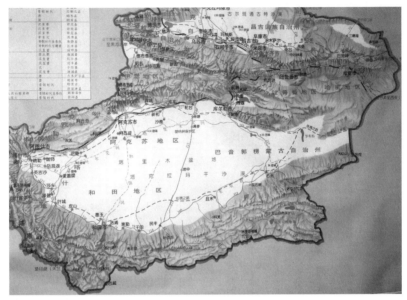

안서절도사 고선지가 관할한 안서사진이 위치한 타림 분지 일대의 지도

유능한 장수 가운데서 선발하지 않고 파격적으로 선발했기 때문이다.[48]

위의 상황은 당 현종이 토번정벌을 위해 절도사가 아닌 고구려 유민 고선지 장군에게 칙서를 내렸던 상황과[49] 매우 흡사하다. 게다가 시간을 다투면서 작전을 수행했던 것까지 고숭문의 전략은 고선지 장군의 그것과 흡사하였다. 예를 들면 묘시에 조서를 받으면 신시에 이행할 정도로 고숭문은 일처리가 매우 신속하였다.[50] 고숭문이 고선지와 유사한 점은 또 있다. 즉『구당서』 「고숭문전」에 의하면,

（고숭문의）군대가 興元에 이르러서 군사들이 여관에서 식사를 하면서

---

48)『舊唐書』권151,「高崇文傳」元和 元年 春, 時宿將專征者甚衆조, 4051쪽 ;『資治通鑑』 권237,「唐紀」53 憲宗 元和 元年 正月 時宿將名位素重者甚衆조, 7626쪽.

49) 지배선, 2011,『고구려 유민 고선지와 토번·서역사』, 혜안, 228쪽.

50)『舊唐書』권151,「高崇文傳」元和 元年 卯時宣命조, 4052쪽 ;『資治通鑑』권237,「唐紀」53 憲宗 元和 元年 正月 卯時受詔조, 7627쪽.

다른 사람의 수저를 부러뜨린 사람이 있었는데, (고숭문은) 그의 목을 베어 두루 보였다.[51]

이는 高崇文이 군대질서에 매우 엄격하였다는 것을 보여주는 실례이다. 그런데 고선지의 경우도 그가 군영을 떠나 있는 동안 封常淸이 자리를 대신하였는데, 고선지 유모의 아들 鄭德詮이 봉상청을 깔보는 행동을 하자, 정덕전을 죽도록 때렸던 사건이 있었다. 그런데 고선지는 봉상청에게 이에 관해 아무 말도 하지 않았다는 것이다. 이 사실은, 고숭문이 군대기강을 세우기 위해 질서를 깨뜨린 자를 죽였던 일과 비교할 수 있다.[52] 곧 고선지와 고숭문 두 장군 모두 군대기강을 확립하기 위해서 公私처리에 추호도 용서가 없었음을 의미한다.

고숭문은 3개월 동안 유벽과 싸워 내세울만한 전과를 거두지 못했다. 그러나 6월 초부터 고숭문이 유벽을 제압하기 시작하였다. 원화 원년 6월 "정유 일에 高崇文이 鹿頭關에서 賊軍 일만 명을 깨뜨렸다"[53]는 것이 그것이다. 이와 같은 사실에 대해서는 『자치통감』이 자세하다.

　　무술 일에 高崇文은 용감한 장수 范陽사람 高霞寓를 파견하여, 그곳을 공격해서 빼앗고, 關城(鹿頭關의 城)을 내려다보았는데 무릇 여덟 번 싸워 모두 이겼다.[54]

6월 초 고숭문의 부하 장수 高霞寓가 유벽의 關城을 빼앗았을 뿐 아니라

---

51) 『舊唐書』 권151, 「高崇文傳」 元和 元年조, 4052쪽, "軍至興元, 軍中有折逆旅之匕箸, 斬之以徇."

52) 지배선, 2002, 『유럽문명의 아버지 고선지 평전』, 청아, 200~202쪽 ; 지배선, 2011, 『고구려 유민 고선지와 토번·서역사』, 혜안, 564쪽.

53) 『舊唐書』 권14, 「憲宗紀」 元和 元年 6月조, 417쪽, "丁酉, 高崇文破賊萬人於鹿頭關."

54) 『資治通鑑』 권237, 「唐紀」 憲宗 元和 元年 6月조, 7633쪽, "戊戌, 崇文遣驍將范陽高霞寓攻奪之, 下瞰關城, 凡八戰皆捷."

성으로 올라오는 적을 막기 위한 야차뢰

신강성 우루무치에서 유민을 연구하는 쉐쭝쩡 교수와
필자

이후의 전투에서 모두 승리하는 전과를 거두었다. 이는 유벽의 반란이 진압되었다는 것인데, 주목할 것은 고하우가 范陽 사람이라는 사실이다.

그렇다면 그는 고구려 유민일 가능성이 매우 크다. 중국학자 薛宗正도 역시 고하우가 고구려 유민이라 본다. 당에서 전투마다 승리한 인물들 상당수가 고구려 유민이라고 얘기해도 맞지 않나 할 정도다.

고승문이 유벽의 鹿頭關을 빼앗은 그날 당은 이사고에게 새로운 관직을 주었다.55)

盧龍절도사 劉濟에게 兼侍中을 덧붙여주었다. 기해 일에 平盧절도사 이사고에게 兼侍中을 덧붙여주었다.56)

憲宗은 토번방어를 맡은 유벽의 반란이 고승문에 의해 진압되었어도 평로·치청절도사 이사고가 반란을 도모하는 것을 여전히 두려워하고 사전에 차단하려 했다고 본다. 그렇지 않고는 이때 당이 이사고에게 兼侍中이라는 벼슬을 줄 어떤 명분도 없기 때문이다.

드디어 그 해 8월 유벽이 토번에서 京師로 잡혀오고 盧文若이 자살하면서 반란은 진압되었다. 이때 사실을 『구당서』「헌종기」에서는 원화 원년 9월

55) 『舊唐書』 권14, 「憲宗紀」 元和 元年 6月 丁酉조, 417쪽.
56) 『資治通鑑』 권237, 「唐紀」 憲宗 元和 元年 6月조, 7633쪽, "加盧龍節度使劉濟兼侍中. 己亥, 加平盧節度使李師古兼侍中."

"신해 일에 고숭문은 成都가 수복되었음을 아뢰면서 유벽을 생포하여 바쳤
다"57)고 기록하고 있다.

그런데 이때 蜀 지역에서 유벽의 난이 고숭문에 의해 진압된 상황에서
평로·치청절도에서는 이사고의 죽음을 당이 아는 것이 유리하지 않다고
판단한 것 같다. 때문에 평로·치청에서는 이사고의 죽음을 철저히 비밀로
부쳤다.

한편 토벌장군 고숭문이 성도를 탈환했다고 보고한 그달에 당은 고숭문을
파격 승진시켰다. 즉『구당서』「헌종기」의 원화 원년 9월조에,

> 병인 일에 劍南東川節度使·檢校兵部尙書·梓州刺史·渤海郡王 高崇文을 檢校司
> 空으로 임명하고, 成都尹을 겸임시키면서 御史大夫와 劍南西川節度副大使·知節
> 度使·管內度支營田觀察使·處置統押近界諸蠻及西山八國兼雲南安撫等使로 충임
> 하면서, 아울러 南平郡王으로 改封해 식읍 3천호를 주었다.58)

라 하여 고숭문이 성도를 탈환하고 유벽을 사로잡아 개선한 공으로 새로
얻은 많은 관직과 작위에 관한 기록이다. 그런데 이런 사실이『구당서』의
「고숭문전」이 아니라「本紀」에 자세하게 언급된 사실은 의미가 크다. 즉
고숭문이 유벽의 반란을 진압한 일은 당에게 매우 심각한 사안이라 그에게
파격적으로 많은 관직과 작위를 주었던 것이다. 필자가 주목하는 것은 고숭문
의 발해군왕이라는 작위이다. 물론 이는 고숭문이 발해인이란 의미가 내포된
작위이다. 劍南西川節度 고숭문은 원화 6년(811년) 8월에 南平郡王으로 봉
받았다.59)

---

57)『舊唐書』권14,「憲宗紀」元和 元年 9月조, 416쪽, "辛亥, 高崇文奏收成都, 擒劉闢以獻."
58)『舊唐書』권14,「憲宗紀」元和 元年 9月조, 416~417쪽, "丙寅, 以劍南東川節度使·檢校兵部
　　尙書·梓州刺史·封渤海郡王高崇文檢校司空, 兼成都尹·御史大夫·充劍南西川節度副大使·
　　知節度事·管內度支營田觀察使·處置統押近界諸蠻及西山八國兼雲南安撫等使, 仍改封南
　　平郡王, 食邑三千戶."
59)『冊府元龜』권129,「帝王部」'封建' 元和 6年 8月조, 1555쪽.

입록강 철교. 고구려가 멸망하면서 고숭문의 부와 조부도 평양성 함락 후 이 철교의 루트를 지나 당으로 끌려갔다.

그러나 필자의 생각으로는 고숭문을 발해인이라는 표기보다 고구려 유민이라고 표기한 것이 옳다고 본다. 그 이유는 발해인들은 이때 당으로 귀순했다는 기록을 찾을 수 없기 때문이다. 뒤에서 다시 언급하겠지만, 고숭문이 幽州에서 태어났다는 사실이 그가 고구려 유민이라는 확증과 다름없다. 유주는 당에서 고구려 유민들을 집단적으로 수용했던 곳이기 때문이다. 고숭문에 대해『구당서』「고숭문전」은 다음과 같이 전한다.

> 高崇文의 조상은 渤海인이다. 崇文은 幽州에서 태어났으며, 성품이 꾸밈이 없는데다가 말수가 적었으며, 젊어서는 平盧軍을 따랐다.[60]

이는 고숭문의 조상이 발해인이라는 표현이 渤海縣 출신과는 무관하다는 기록이다. 고숭문이 활약한 때는 당에 의해 고구려가 멸망한 지 너무 오래되어서 고구려 유민을 고구려인이라 표기하지 않고 고구려를 계승한 발해인이라고 말했다. 만약 고숭문이 渤海縣인이었다면 당연히 고숭문의 부나 조부 이름에 대한 언급이 있어야 옳다. 또 고숭문이 유주에서 태어났다는 것은

---

60)『舊唐書』권151,「高崇文傳」, 4051쪽, "高崇文, 其先渤海人. 崇文生幽州, 朴厚寡言, 少從平盧軍."

그가 고구려 유민 거주지에서 출생했다는 말이다.

그 밖에 고숭문이 젊어서 平盧軍에 소속되었다는 사실도 고숭문의 아버지나 할아버지가 고구려 유민이라는 말을 뒷받침하는 내용이다. 왜냐하면 평로절도사 후희일과 후임 평로·치청절도사 이정기 모두 고구려 유민인데다 그들 휘하 대부분이 고구려인이었기 때문이다. 따라서 고숭문은 한족 출신이 아닌 고구려 유민 출신이다. 이를 밝힌 까닭은 漢族으로는 蜀까지 가서 당에 반란한 西川절도사 유벽을 제압할 수 없어 헌종은 궁여지책으로 杜黃裳이 천거한 고숭문을 神策行營절도사로 급히 임명했기 때문이다.

이는 고선지, 왕모중, 왕사례 등 고구려 유민으로서 당의 서쪽 변경을 지켰던 인물들에 고숭문도 포함된다는 뜻이다. 당의 명장 가운데 상당수가 고구려 출신이라는 사실은 의심의 여지가 없다. 멸망한 고구려가 왜 그토록 강성했는가를 설명하는 근거로, 당시의 명장 고숭문 역시 고구려 유민이었다는 사실을 들고 싶다.

그렇다면『신·구당서』에서는 고구려 유민 고숭문을 무슨 이유로 발해인이라고 했을까. 그 대답은 매우 간단하다. 고선지·왕모중·왕사례 등은 본인이나 그 부모가 고구려가 멸망한 지 얼마 지나지 않아 당으로 잡혀왔기 때문에 그들을 고구려인이라고 표기하였다. 그러나 고숭문의 경우는 고구려가 당에 의해 멸망한 지 한 세기나 경과한데다가, 옛 고구려 강역에 발해가 건국되었기 때문에 그를 고구려인이라고 하지 않고 발해인이라고 기록하였다고 본다.

고숭문이 고구려 유민이라는 사실에 대해서는『渤海國志長編』에서도 밝히고 있다. 그 내용 일부를 옮겨보자.

『北夢瑣言』에는 "당나라 相國 고숭문은 원래 薊州장교였는데, 劉闢 토벌에 공을 세웠기 때문에 西川절도사로 제수 받았다. 하루는 아침에 큰 눈이 내리니 여러 종사들이 읊조리고 감상하며 시를 지었다. 渤海에서는 속된 말로서 남을 부를 때 髒兒라 한다. 이날 연석에서 빈객들을 보고 하는 말이 '내가 비록 武夫이기는 하지만 나도 시를 지었네' 하고서는 즉각 입으로 외우는

것이었다.[61]

이는 고숭문이 발해인이라 발해에서 남을 부를 때 '효아'라고 한다는 말을 알고 있어서 이를 넣어 시를 지었다는 내용이다. 앞서 지적한 대로 고숭문은 정확히 발해 유민이라고 표현하는 것보다는 고구려 유민이라고 말해야 맞다.

아무튼 그때 고숭문이 지은 시가 오늘날까지 남아있다. 즉,

> 崇文이 崇武하고
> 글 숭상은 아니하니
> 창을 들고 변경을 나감에
> 장군이라 부르노라
> 어느 효아가
> 기러기를 쏘아 떨궜는가
> 하얀 털이 공중에서
> 분분히 날아드네.[62]

고숭문은 고구려를 이어 일어난 발해인들이 남을 부르는 속된 말인 효아라는 단어를 사용하여 시를 지었다. 위 시는 당의 변경에서 토번과 돌궐을 제압하면서 유벽의 난을 진압한 무장의 詩라고 볼 수 없을 정도로 감성적이다. 이는 마치 고구려 유민 고선지가 노래를 좋아하였던 것과 일맥상통한다. 그러나 고선지는 당에 의해 고구려가 멸망한 지 얼마 되지 않아서 당에서 출생한 노예였기 때문에 신분 탈출이 급급한 상황이라 글을 익히지 못한 대신 武만 익혔다.

---

61) 『渤海國志長編』 권19, 「叢考」, 951쪽, "『北夢瑣言』云唐高相國崇文本薊州將校也. 因討劉闢, 有功授西川節度使. 一旦大雪諸從事, 吟賞有詩. 渤海鄙言多呼人爲觧兒. 此日筵上謂賓客曰, '某雖武夫, 亦有一詩,' 乃口占云."

62) 『渤海國志長編』 권19, 「叢考」, 952쪽, "崇文崇武, 不崇文, 提戈出塞, 號將軍, 那個觧兒, 射雁落, 白毛空裏, 落紛紛."

고숭문의 시가 출중한 것은 필자만의 생각이 아니었다. 그때 고숭문의
그 시를 들은 사람들의 이야기도 다음과 같이 전한다. 즉,

> 그 시가 제목에 절실히 맞아 모두 북제의 오조에 비길만하다고 했다. 태위
> 고병은 곧 그의 증손이다라고 하였다.[63]

이상은 고숭문이 발해인이라는 사실을 고증한 내용이다. 고숭문이 발해인
이라는 사실은 『渤海國志長編』의 저자 金毓黻이 자세히 고증하였다.[64]

위에서 이정기가 죽었을 때 발상을 하지 않은 것을 사서에 강조하였는데,
이와 같은 태도를 이사고의 경우에 그대로 적용한 듯싶다. 이정기가 죽고
나서 그의 아들 이납이 후계자의 절차를 밟은 뒤, 이를 조정에 알리기 위하여
장례절차가 순연되었을 뿐이라고 표현하는 것이 타당할 것 같다. 황제가
죽었을 경우도 후사가 결정되지 않았을 때 장례가 결정되지 않았던 경우가
있다는 사실을 주목할 필요가 있다. 이와 같은 반론을 필자가 전개한 이유는
당 후기 사회가 지방통제가 거의 불가능하였던 사실을 부각시키기 위함이다.

이제 이사고의 부하들이 이사고의 유언대로 이사도를 密州에서 맞아들여
節度副使로 받들었다는 사실을 주목하고 싶다.[65] 이는 조정의 승인으로 이사
도가 이사고의 후계가 될 때 정식 절도사가 될 수 있도록 節度府에서 조정을
배려하였던 조치인 것 같다. 그런데 이정기가 죽고 나서 이납에게 이정기의
관직을 세습시키지 않겠다는 조정의 의도와 똑 같은 징후가 이때 다시 나타나
는 듯싶다.

이와 관련된 사실을 『구당서』「이사도전」에서 들어보자.

> 오랜 시간이 경과하였는데도 朝廷의 詔命이 도착하지 않아서, 이사도가

---

63) 『渤海國志長編』 권19, 「叢考」, 952쪽, "其詩著題皆謂, 北齊敖曹之比. 太尉騈卽其曾孫也."
64) 『渤海國志長編』 권19, 「叢考」 按崇文及騈조, 952쪽.
65) 『資治通鑑』 권237, 「唐紀」53 憲宗 元和 元年 6月 奉以爲節度副使조, 7634쪽.

將吏들과 상의하길, 어떤 사람은 주위 변경에 군사를 배치해 준비할 것을
제의했으나, 다른 判官 高沐은 이를 적극 반대하였다.[66)

　이때는 이사도가 평로·치청절도사 이사고를 세습한 지 2개월이 지난 후였
다. 정확히 말해 이사도와 당의 관계가 형성되지 않았기 때문에 평로·치청절도
내부에서 이에 대한 대책을 논의하였을 때이다.
　위의 사실에 대해 사마광은『자치통감』에서 다음과 같이 기록하였다.

　　이사도가 군사업무를 총괄한 지는 오래되었으나 조정의 명령이 아직 도착하
　지 않았다. 李師道가 보좌하는 장수와 모의하니, 혹은 군사를 내보내어 사방의
　경계를 약탈하기를 청하였는데, 高沐은 그것을 굳게 중지시키고, 兩稅를 보내
　고, 관리를 보내달라고 하면서, 鹽法을 시행하면서 사자를 보내어 서로 뒤를
　이어 표문을 받들고 京師에 가도록 하였다. 杜黃裳은 그가 아직 안정되지
　않은 틈을 타서, 이를 나눌 것을 청하였으나, 임금은 劉闢이 아직 평정되지
　않았기 때문에, 기사 일에 李師道를 平盧留後·知鄆州事(산동성 동평현)로 삼았
　다.[67)

　아무리 절도사들이 반 독립적인 상태로 할거하였던 시대지만 앞의 절도사
가 죽은 뒤 후계자 문제를 조정에서 승인 받는 문제는 중요하였다. 그리고
위의 사서에서 유벽의 난에 대한 문제를 당이 심각하게 언급하였다. 이런
까닭에 이미 앞에서 유벽의 난을 진압한 고숭문을 자세히 다루었던 것이다.
　다시 말해 이 무렵 당은 유벽이 장악한 성도를 고숭문이 탈환했으나 반란을
한 유벽이 건재한 상황이라서 이사도가 이사고를 세습하는 것을 막을 시도조

66) 『舊唐書』권124,「李師道傳」, 3538쪽, "朝命久未至, 師道謀於將吏, 或欲加兵於四境, 其判官
　　高沐固止之."
67) 『資治通鑑』권237,「唐紀」53 憲宗 元和 元年 8月조, 7635쪽, "李師道總軍務, 久之, 朝命未至.
　　師道謀將佐, 或請出兵掠四境, 高沐固止之, 請輸兩稅, 申官吏, 行鹽法, 遣使相繼奉表詣京師.
　　杜黃裳請乘其未定而分之, 上以劉闢未平, 己巳, 以師道爲平盧留後·知鄆州事."

차 못하였다. 이와 관련한 사실은『구당서』「憲宗二十子傳」중 헌종의 10번째
아들 李恪 열전에 기록되어 있다.

> 建王恪의 본명은 審이며, 헌종의 10째 아들이다. 元和 원년(806) 8월에,
> 치청절도사 이사고가 죽자, 그 아우 이사도가 軍務를 제멋대로 하면서, 符節을
> 당에 요구하였다. 조정은 토벌 군사를 일으키려 하였으나, 군사가 두 지역으로
> 나뉘는 것을 원치 않기 때문에, 이내 李審를 建王으로 봉하였다. 하루 사이에
> 개부의동삼사·운주대도독으로 제수하면서, 평로군치청등주절도영전관찰
> 처치·陸運海運押新羅渤海兩蕃等使로 충임하면서, 이사도를 節度留後로 삼았
> 다. (이심은) 궁궐 밖을 나간 적이 없다. 元和 7년(812)에 지금의 이름 李恪으로
> 고쳤다. 李恪은 長慶 원년(821)에 죽었다.[68]

위의『구당서』「憲宗二十子傳」의 내용에서 분석하여 보면, 이사도가 세습
문제를 가지고 당과 줄다리기한 기간이 2개월 정도였다는 것을 알 수 있다.
그런데 위의 내용과 똑 같은 사실이『당회요』원화 2년 8월조에도 실려
있다.[69] 당이 사천에서 일어난 劉闢의 반란 진압 때문에 이사도의 세습을
인정하였다고 본다면 이는 정확한 해석이 아니다. 필자의 생각이 맞다면
당은 이사도 휘하의 군대가 무서웠기 때문에 이사고가 죽은 후 이사도의
세습을 인정하였다고 해석하는 것이 합리적이라고 본다.

또 위에서 헌종의 10번째 아들 李審(원화 7년부터 李恪으로 개명)을 평로군
치청절도로 임명하면서 육운해운·압신라발해양번등사로 임명했다는 사실
이 주목된다. 물론 이각에게 평로군치청절도나 육운해운·압신라발해양번등
사라는 관직은 그냥 이름에 불과하다. 그 이유에 대하여는 위에서 밝힌

---

68)『舊唐書』권175,「憲宗二十子傳」, 4535쪽, "建王恪, 本名審, 憲宗第十子也. 元和元年八月,
   淄靑節度李師古卒, 其弟師道擅領軍務, 以邀符節. 朝廷方興討伐之師, 不欲分兵兩地, 乃封
   審爲建王. 間一日, 授開府儀同三司·鄆州大都督, 充平盧軍淄靑等州節度營田觀察處置·陸
   運海運·押新羅渤海兩蕃等使, 而以師道爲節度留後. 不出閤. 七年, 改今名. 長慶元年薨."
69)『唐會要』권78,「諸使中」'節度使' 元和二年八月, 以建王審爲鄆州大都督, 淄靑等州節度,
   觀察處置, 陸運海運, 押新羅渤海兩蕃等使條, 1436쪽.

것처럼 이각은 죽을 때까지 궁궐 밖을 나간 적이 없기 때문이다. 그런데 여기서 중요시해야할 것은 이각에게 평로군치청절도로 임명할 때 그를 육운해운·압신라발해양번등사로 형식적이나마 임명했다는 사실이다. 이는 육운해운·압신라발해양번등사의 업무가 당에게 매우 중요하다는 암시라고 본다. 바꾸어 말하면 이정기·이납·이사고·이사도의 제나라가 당에게 대하여 강력한 국가로 부상하게 된 이유와 관련이 있는 관직이 육운해운·압신라발해양번등사라는 관직이다.

앞의 『구당서』 「이사도전」, 『구당서』 「憲宗二十子傳」, 『자치통감』의 내용을 비교 검토하여 이때 상황을 두 가지로 분석하고 싶다.

하나는 당에서 평로·치청절도사 후임에 대한 임명이 지연되자,[70] 이사도가 이를 빨리 해결하기 위해 다각도로 노력하였다는 사실이다.[71] 이와 같은 상황을 반전시키기 위하여 이사도는 휘하의 문무 관리를 모아놓고 막료회의를 열었다. 조정에서 이사도를 절도사로 임명하지 않을 경우, 새 절도사로 바꾸기 위해 군사 행동으로 나올 것을 우려한 대비책이 제기되었다. 그러나 이때 이사도의 군사력이 주변을 제압할 정도였기 때문에 이사도 휘하 장수들이 평로·치청절도의 사면 밖을 공격하자는 주장은 주목된다. 물론 조정에서 이사도를 절도사로 임명하지 않았다고 이사도가 이사고가 맡았던 일을 수행할 수 없다는 뜻은 결코 아니다. 이때는 절도사들이 독립 상태로 할거하였던 터라 오직 조정과 관계된 일에만 국한되어 대립했을 뿐이다.

다른 하나는 평로·치청절도의 사면에 군사배치를 증강하자는 제안이 나왔다는 사실이다.[72] 이는 앞서 필자가 언급하였던 것처럼 조정이 군대를 동원하여 이사도를 공격할 가능성에 대비책이다. 그러나 이때 判官 高沐이 국경선에 군사배치를 강화하는 일을 적극적으로 반대한 사실도 또한 주목된다.[73]

---

70) Charles A. Peterson, "The Restoration Completed : Emporer Hsien-tsung and the Provinces", *Perspectives on the T'ang*, (New Haven : Yale Univ, Press, 1973), p.160.

71) 『續通志』 권279, 「唐列傳」79 '李師道' 請於朝制久不下조, 4881쪽.

72) 『資治通鑑』 권237, 「唐紀」53 憲宗 元和 元年 8月 或請出兵掠四境조, 7635쪽.

이는 앞서 지적한 것처럼 이정기가 曹州를 장악하기 전에 조정으로부터
高沐의 아버지 高馮이 曹州刺史로 임명된 사실과[74] 연관성이 크다. 게다가
이사도가 이사고의 후계자가 될 때부터 고목은 휘하 郭昈·郭航·李公度와
더불어 이사도가 조정에 대항하는 것이 옳지 않다고 여러 차례 걸쳐서 주장하
였다.[75] 그 후 위와 같은 문제로 判官 李文會·孔目官 林英 등이 고목에 대한
문제를 제기함으로 급기야 이사도는 고목을 濮州로 좌천시켰다.[76] 따라서
고목이 군사배치 강화에 반대한 것은 이사도에게 대한 충성이 아니라 당에
대한 환심을 얻으려는 목적이었다.

이사도의 判官 李文會의 형 李元規는 이사고 휘하에서 벼슬하였다. 이를
『자치통감』에서 들어보자.

처음에, 李文會의 형 李元規와 모두 이사고의 幕下에 있었다. 이사고가
죽고, 이사도가 즉위하자, 李元規는 사직하고 떠났으며, 李文會는 이사도가
가까이 하는 무리에게 부탁하여 '머물러 있으라.'고 요청하였다. 李元規가
떠나려고 하면서 李文會에게 말하였다. "내가 떠나면, 몸은 물러나게 되어
안전하게 된다. 네가 머물러 있으면, 반드시 빠르게 귀하게 되겠지만 화를
입을 것이다."[77]

이는 이사도의 判官 李文會와 그의 형 李元規가 이미 이사고 휘하에서
벼슬했다는 내용이다. 그런데 이원규는 이사고가 죽은 후, 제나라 조정에서

---

73) 『資治通鑑』 권237, 「唐紀」 憲宗 元和 元年 8月 高沐固止之조, 7635쪽 ; 『續通志』 권279,
    「唐列傳」79 '李師道' 沐爭止조, 4881쪽.

74) 『新唐書』 권193, 「忠義」下 有詔卽拜曹州刺史조, 5556쪽 ; 『冊府元龜』 권444, 「將帥部」
    陷沒 '高馮' 從事于宣武軍知曹州事조, 5274쪽 ; 『續通志』 권509, 「忠義傳」 唐 '高沐' 詔拜曹
    州刺史조, 6188쪽.

75) 『新唐書』 권193, 「忠義」下 師道叛, 沐率其僚郭昈조, 5557쪽.

76) 『續通志』 권509, 「忠義傳」 唐 '高沐' 由是疏斥沐令守濮州조, 6188쪽.

77) 『資治通鑑』 권240, 「唐紀」 憲宗 元和 13年 12月조, 7756쪽, "初, 李文會與兄元規皆在李師古
    幕下. 師古薨, 師道立, 元規辭去, 文會屬師道親黨請留. 元規將行, 謂文會曰, '我去, 身退而安
    全, 汝留, 必驟貴而受禍.'"

떠났다. 이때 이문회의 형 이원규가 아우에게 한 대화가 의미가 있다. 즉 이원규가 "나는 제나라 조정을 떠남으로 권력에 휘둘리지 않지만, 아우는 이사도로부터 총애를 받지만 얼마 지나지 않아서 禍를 입는다"라고 했다. 여기서 '禍'란 제나라 조정 내부의 권력싸움일 수도 있고, 그렇지 않으면 제와 당의 격돌에 대한 예언이라고 볼 수 있다. 만약 전자의 경우라면 이사고 조정에서도 당에 충성하려는 자들과 치열하게 싸울 수밖에 없다는 논리이다. 필자가 전자에 무게를 두는 것은 당의 이사고 정권에 대한 와해 공작이 오래전부터 있다는 사실을 이원규가 익히 잘 알고 있다고 볼 수 있기 때문이다. 후자의 경우는 쉽게 상정할 수 있는 문제라 여기서는 논외로 하겠다.

이사도는 고목의 안을 수용하여 당에 양세를 보내고, 조정의 파견 관리를 받아들이고, 염법을 시행하겠다고 하였다. 이런 사실을 당에 통보하기 위해 이사도는 사신을 파견하였다. 이와 같이 평로·치청의 조정 회의에서 거론된 문제에 대하여는 『구당서』 「이사도전」에서도 언급되었다. 이는 이사도가 이사고를 세습한 후 당과 해결해야할 최우선 과제이기 때문이다. 『구당서』 「이사도전」에서 이사도의 조정에서 판관 고목 등의 건의사항을 들어보면,

> 이에 이사도가 兩稅를 進獻하겠다고 奏請하면서, 鹽法을 준수하며, 관원을 등용시키겠다고 약속하고, 判官 崔承寵·孔目官 林英을 계속해 파견하면서 奏事를 올렸다. 그때 杜黃裳이 宰相이었는데, 이사도의 내부가 아직 안정되지 못해서, 나름대로 계책을 세워 이사도의 세력을 약화시킬 생각이었으나, 헌종은 蜀川이 소란스러운 상태이기 때문에, 이사도에 대해서 군사를 사용한다는 것이 간단할 수 없다고 생각하였다.[78]

라는 것이 그것이다. 이는 이사도를 절도사로 추인한다는 소식이 조정에서

---

78) 『舊唐書』 권124, 「李師道傳」, 3538쪽, "乃請進兩稅, 守鹽法, 申官員, 遺判官崔承寵·孔目官 林英相繼奏事. 時杜黃裳作相, 欲乘其未定也, 以計分削之, 憲宗以蜀川方擾, 不能加兵於師道."

올 수 있도록 여건을 마련하기 위하여 두 번째로 짜낸 이사도의 판관 고목의
제안이었다. 물론 앞에서 판관 고목이 국경에 군사를 증강 배치하는 것을
극력 반대하였기 때문에 방법은 오직 하나였다. 이사도의 후속조치는 조정의
비위를 맞추는 일이었다. 아무튼 위의 사료를 몇 가지로 나누어 분석하고
싶다.

하나는 이사도의 관할지에서 兩稅[79]를 조정에 바칠 뿐만 아니라 鹽法도
준수하겠다는 사실이다.[80] 양세는 建中 원년(780)에 楊炎에 의해 제정된 것인
데, 이는 물건보다 돈을 중시하면서 생겨났던 세법이라고 표현한다.[81] 당에
의한 양세법 시행으로 균전제가 완전히 생명을 잃었던 그런 개혁세제라고
볼 수 있다.[82] 그 요지는 중앙의 재정당국과 諸道 사이에 맺어진 협정이다.
이에 의하면 諸道에 세액을 할당받는 대신 징수방법이나 그 수입의 처리를
諸道가 거의 독자적으로 집행하는 세법이다.[83]

이는 당이 재정국가라는 사실을 이사도가 알고 이런 문제에 초점을 맞추어
해법을 찾겠다는 의도라고 해석하고 싶다. 그렇다면 당의 兩稅가 이사고,
아닌 그 이전 이정기나 이납 시대도 조정에 납부되지 않았다는 이야기이다.[84]
이 시점에서 이사도는 절도사 임명을 받아야할 필요가 있기 때문에 조정의
요구대로 조정에 兩稅法을 준수하겠다는 약속을 자청한 셈이다. 그러나 이사
도의 관할지에서 양세법이 시행되지는 못했다. 더 정확히 말해 建中 원년(780)
에 시행된 兩稅法은 이정기 절도사 왕조와 무관하였다는 뜻이다. 물론 조정에

---

79) 『資治通鑑』 권237, 「唐紀」53 憲宗 元和 3년 9月조, 7654~7655쪽. 裴垍가 헌종에게
   아뢰는 가운데, 兩稅法 모순을 지적하였다. 兩稅法은 建中 원년(780년) 1월 楊炎
   건의로 시행되었다.

80) 『資治通鑑』 권237, 「唐紀」53 憲宗 元和 元年 8月 請輸兩稅, 行鹽法조, 7635쪽 ; 『續通志』
   권279, 「唐列傳」79 '李師道' 更上書奉兩稅, 守鹽法조, 4881쪽.

81) 『新唐書』 권52, 「食貨」2 蓋自建中定兩稅조, 1360쪽.

82) 外山軍治, 1976, 『貴族社會』, 大阪 : 創元社, 34쪽.

83) Denis Twitchett, 1965, 「唐末の藩鎭と中央財政」, 『史學雜誌』 74-8, 2쪽.

84) 吳慧, 1982, 「中晚唐的社會矛盾和朋黨之爭的經濟根源」, 『中國古代史論叢』 2, 146~147쪽.

서 兩稅法을 만들었던 이유는 재정 면에서 번진을 얽어매려는 의도였다.[85]

그런데도 불구하고 양세법이 이정기 왕조와 상관없다고 단정하는 이유는 조정이 이사도를 멸망시키고 난 후, 원화 15년(820) 윤 정월에 비로소 兩稅法을 평로에 실시하였기 때문이다.[86] 아울러 이사도는 鹽전매제도도 충실히 지키겠다고 자진 서약만 했지 실행으로 옮겨지지는 않았다. 이사도의 그런 약속이 있은 그 다음 해(원화 2년 12월) 史官 이길보가 편찬한 『元和國計簿』에서도 치청에 대해 언급하길 '不申戶口'라고 기록한 사실에서 兩稅法과 鹽法은 이사도와 무관하였다는 것이 증명된다.[87] 이 모두 조정으로부터 절도사 임명을 바라는 이사도의 노력의 일환일 뿐이었다. 그런데 이사도가 절도사로 임명받기 위해 조정에 제의하였던 사실은 후일, 성덕절도사로 임명받기 위해 왕승종이 조정에 제안하였던 한 모델이 된 사실이 흥미롭다.[88]

위의 사실은 이사도가 미술과 음악 등에 조예가 깊었다는 사실과 관계가 있을 성싶다.[89] 다시 말해 이사도는 조정을 상대로 강경한 군사적인 대응만 고집하는 그런 인물이 아니었다는 뜻이다. 정확히 표현하여 이사도는 호탕한 고구려인의 기개와 상당히 거리가 멀어졌다고만 볼 수는 없다. 앞서 설명한 것처럼 고구려의 벽화에서 보여준 그런 모습을 이사도에서도 찾을 수 있었다고 본다.

둘은 이사도가 조정에서 임명한 관료를 받아들이겠다고 약속한 사실이다.[90] 이는 이정기 이래 절도사가 세습되었던 왕이 휘하의 관리를 임명한 것처럼 이사도가 관리를 선발하여 임명한 것을 밝히는 중요한 근거가 된다. 이는 절도사가 독자적으로 관리를 임명하지 않겠다는 것을 조정에 알리는

---

85) 愛宕元, 앞의 「唐代後期の政治」, 456쪽.

86) 古賀登, 1960, 「夏稅·秋稅の源流」, 『東洋史硏究』 19-3, 67쪽.

87) 『舊唐書』 권14, 「憲宗紀」 元和 2年 12月 己卯조, 424쪽.

88) Charles A. Peterson, op. cit., p.162.

89) 『資治通鑑』 권237, 「唐紀」53 憲宗 元和 元年 6月 好畵及醫藥조, 7634쪽.

90) 『資治通鑑』 권237, 「唐紀」53 憲宗 元和 元年 8月 申官吏조, 7635쪽 ; Charles A. Peterson, op. cit., p.160.

내용이다. 바꾸어 말하면 이사도가 조정의 관리를 자신의 관리로 임용하겠다는 이야기이다.[91] 따라서 이는 절도사가 자진하여 권한을 축소시킨 조치라 해석하고 싶다. 결국 이는 당이 이사도를 통제하는 수단을 제도적으로 확보했던 셈이다. 그러나 이전까지 당의 관리가 이사도의 관원으로 새로 임용된 사실은 없다. 이후 이사도가 조정의 관리를 받아들였던 경우도 또한 없다.

셋은 이사도는 절도사로 임용 받기 위하여 判官 崔承寵·孔目官 林英을 연달아 조정에 파견하였던 사실이다.[92] 앞의 판관은 留後라서 이사도에게 변고가 일어났을 때 이사도를 대신할 수 있는 그런 관직이며,[93] 또 孔目官은 절도부의 재정의 출납을 맡는 관직이라고 嚴耕望이 주장하였다.[94] 그러나 孔目官은 당 번진의 관리직이며, 軍府의 대소 모든 일을 관장하는 직책이라고 胡三省이 언급하였다.[95] 아무튼 이와 같은 인물들을 이사도가 조정으로 파견한 것은, 이사도가 조정을 받든다는 것을 보여주는 한 본보기였다고 표현하는 게 좋을 듯싶다. 이와 같은 일련의 후속 조치들은 이사도가 절도사로 임명받을 의도로 조정에 대하여 최대한으로 저자세를 취한 실례들이다. 물론 判官 崔承寵· 孔目官 林英이 장안에 간 목적은 앞으로 무조건 당의 지시에 따를 터이니 이사도를 절도사로 임명하여 줄 것을 간청한 구걸 행각이나 다름없다. 위의 판관 공목관은 都虞候와 더불어 藩帥휘하에서 군사와 정치와 관련된 일을 관장하였던 관직이다.[96]

앞서 지적한 것처럼 이사도의 判官 고목은 처음은 萊州로 좌천되었다가 濮州의 일을 도맡아 보았다.[97] 그런데도 高沐은 산동이 해산물이 풍부한

---

91) 『新唐書』 권213, 「李師道傳」 請吏朝廷조, 5992쪽.

92) 『資治通鑑』 권237, 「唐紀」53 憲宗 元和 元年 8月 遣使相繼奉表詣京師조, 7635쪽 ; 『舊唐書』 권187下, 「高沐傳」 林英因奏事至京조, 4911쪽.

93) 嚴耕望, 1966, 「唐代方鎭使府之文職僚佐」, 『新亞學報』 7-2, 61~62쪽.

94) 嚴耕望, 위의 「唐代方鎭使府之文職僚佐」, 68~69쪽.

95) 『資治通鑑』 권228, 「唐紀」44 德宗建中 4年 10月 胡三省註의 唐藩鎭조, 7357쪽.

96) 築山治三郞, 앞의 「地方官僚と政治」, 379쪽.

97) 『舊唐書』 권187下, 「高沐傳」 令沐知萊州事조, 4911쪽.

곳이기 때문에 이곳을 차지하여야만 부국이 될 수 있다는 내용을 당에 상주하였다.[98] 그 당시 평로·치청절도사 관내 지역인 오늘날 산동성은 기후 등 여러 가지 조건이 양호하여 그곳에서 좋은 농산물의 소출이 많았다. 게다가 양질의 지하자원마저 풍부하였다. 그 중 명주, 비단, 소금, 철, 구리 등이 특히 풍부했다.[99] 이납의 삼촌 이유처럼 고목은 이사도에 대하여 적대적인 행동만 일삼았다. 뿐만이 아니다. 그 후 이사도의 판관 고목은 몰래 조정에 투항하려는 계획까지 꾸몄다. 그런데 이런 음모를 이사도가 알아차리고 이문회에게 명령하여 고목을 살해하였다.[100] 또 고목의 일당 郭昈는 조정에 대하여 몰래 위의 사실을 상주하는 일이 발생하자, 이때 이사도는 곽호를 萊州에 잡아 가두었다.[101] 앞서 지적한 것처럼 고목은 貞元년간에 進士에 급제하였던 武元衡 등 24인 가운데 한 사람이었다는 사실을 주목하고 싶다.[102] 그 이유로 고목은 조정에 충성하려고 무척이나 애를 썼던 게 그런 인물이다.

한편 武元衡은 무측천 당시의 사건을 피해 嵩山에 숨었던 武載德의 증손이다.[103] 무원형은 진사에 급제한 후 監察御使가 된 후 華原縣令이 되었다. 정원 21년 무원형은 御史中丞이었으나 杜佑 휘하 度支副使와 염철전운 副使였던 王叔文의 제의에 따르지 않았기 때문에 파면되었다. 그 후 헌종이 즉위한

98) 『續通志』권509,「忠義傳」唐'高沐'沐上書盛夸山東煮海之饒조, 6188쪽.
99) 築山治三郎, 1967,「地方官僚と政治」,『唐代政治制度の研究』, 東京 : 創元社, 369~370쪽 ; 佐伯富, 1987,「中世における鹽政」,『中國鹽政史の研究』, 京都 : 法律文化社, 72쪽 ; 祝慈壽, 1988,『中國古代工業史』, 上海, 297쪽 ; 謝啓晃, 1987,「慕容德－南燕政權の建立者」,『中國少數民族歷史人物志』, 北京, 44쪽.
100) 『舊唐書』권187下,「高沐傳」沐遂遇害於遷所조, 4911쪽 ; 李啓命, 1995,「唐 官僚制의 成立과 그 展開」,『隋唐官僚制의 成立과 展開－山東貴族과 山東官僚를 中心으로－』, 전남대학교 출판부, 280쪽.
101) 『舊唐書』권187下,「高沐傳」而囚郭昈於萊州조, 4911쪽 ;『新唐書』권193,「忠義」下, 而囚昈濮州조, 5557쪽 ;『續通志』권509,「忠義傳」唐'高沐'而囚昈濮州조, 6188쪽. 郭昈가 갇힘을 당하였던 곳을 『新唐書』와 『續通志』는 萊州가 아니라 濮州라고 기록하고 있다. 필자는 후자를 따랐다.
102) 翁俊雄, 앞의 「唐代科擧制度及其運作的演變」, 84쪽.
103) 『舊唐書』권158,「武元衡傳」曾祖載德조, 4159쪽.

영정 원년(805) 11월 右庶子
武元衡은 御史中丞으로 임명
되었다.[104] 그 후에 당 재상
무원형 저택은 낙양뿐 아니
라 長安성내도 있을 정도로
출세를 거듭하였다. 구체적
으로 장안성의 무원형 저택
의 위치는 韓愈와 같은 靖安坊
지역에 있었다.[105]

당의 장안성 전경(박진호 복원)

넷은 재상 杜黃裳이 이사도의 절도사 임명을 반대하였다는 사실이다.[106]
그렇다고 이때부터 당의 권한이 강화되어 중앙이 지방을 직접지배할 정도로
상황이 바뀌었다고 해석한다면 옳지 않다. 다만 이사도의 세력이 안정되지
못한 틈을 이용하겠다는 것이 두황상의 구상인 듯싶다. 이때 당은 자신의
뜻을 관철시키기 위해서 군사적인 조치를 고려하였던 것 같다. 당은 한때
군사를 동원하여 이사도를 공격할 계획을 수립하기도 했다. 그러나 우선
촉의 유벽의 발호를 막는 것이 시급하였기 때문에[107] 헌종은 이사도를 공격하
기 위해 따로 군사를 출정시킨다는 것이 불가능한 상황이었다. 그 결과
당은 이사도를 평로·치청절도사로 임명하는 방법 외에 대안이 없었다.

杜黃裳은 이사도가 아직 안정되지 않은 틈을 이용하여 그 세력을 쪼갤

104) 『舊唐書』 권14, 「憲宗紀」 貞元 21年 10月 壬申조, 413쪽 ; 『舊唐書』 권158, 「武元衡傳」
     元衡進士等第조, 4159~4160쪽 ; 『資治通鑑』 권236, 「唐紀」52 順宗 永貞 元年 11月
     復以右庶子조, 7623쪽 ; 『唐會要』 권25, 「輟朝」,元和元年3月조, 474쪽.

105) Victor Cunrui Xiong, "Residential Quarters", *Sui-Tang Chang'an*, (Ann Arbor : The University
     of Michigan, 2000), p.223.

106) 『資治通鑑』 권237, 「唐紀」53 憲宗 元和 元年 8月 杜黃裳請乘其未定而分之조, 7635쪽 ; 『冊
     府元龜』 권177, 「帝王部」 姑息2 (元和 元年 6月) 時杜黃裳作相欲乘其未定也조, 2125쪽.

107) 『新唐書』 권213, 「李師道傳」 而憲宗方誅劉闢조, 5992쪽 ; 『資治通鑑』 권237, 「唐紀」53
     憲宗 元和 元年 8月 上以劉闢未平조, 7635쪽.

것을 황제에게 건의했으나, 그의 주장은 실현 가능성을 염두에 둔 것 같지는
않다. 두황상의 판단을 당 조정조차 신뢰하지 않았기 때문이다. 다음은 원화
2년 정월의 기록이다.

> 門下侍郎·同平章事 杜黃裳은 경세제민의 큰 책략을 가지고 있었으나 작은
> 절개를 닦지 않았으므로 오래도록 재상 자리에 있을 수 없었다.[108]

이는 이사도가 당으로부터 평로·치청절도사로 임명되는 일에, 두황상이
반대가 정확한 상황 판단에 근거한 것이 아니라는 주장을 뒷받침한다. 이사도
의 장수들이 주변 四境을 공격하자고 할 정도로 평로·치청이 강력했던 사실을
두황상이 제대로 알지 못했던 것이 틀림없다.

한편 당에 반기를 든 유벽은 永貞 원년(805) 6월경에 劍南支度副使였다.[109]
그런데 支度副使란 支度使의 휘하 관리로 변방의 군수물자와 그 비용을 관리하
는 벼슬이다. 유벽은 영정 원년 8월 西川절도사 韋皐가 죽자, 그때 蜀에 있으면
서 留後가 되고[110] 난 후 西川절도사를 바랐던 인물이다.[111] 그러나 조정은
같은 달 기미 일에 中書侍郎·平章事 袁滋를 劍南東西兩川·山南西道安撫大使로
임명하였다.[112] 두 달 후 10月 袁滋를 西川절도사로 임명하면서 西川行軍司馬
유벽에게는 給事中을 주어서 조정으로 불러들였다.[113] 그러나 그 다음 달(11
월)까지도 徵召를 유벽이 거부하고 군사로 막았다.[114]

---

108) 『資治通鑑』 권237, 「唐紀」53 憲宗 元和 2年 正月조, 7639쪽, "門下侍郎·同平章事杜黃裳,
　　有經濟大略以不脩小節, 故不得久在相位."
109) 『資治通鑑』 권236, 「唐紀」52 順宗 永貞元年 6月조, 7616쪽.
110) 『資治通鑑』 권236, 「唐紀」52 順宗 永貞 元年 8月 支度副使劉闢조, 7620쪽.
111) 『舊唐書』 권14, 「憲宗紀」 永貞 元年 8月 時韋皐卒조, 411~412쪽.
112) 『舊唐書』 권14, 「憲宗紀」 永貞 元年 8月 己未조, 411쪽 ; 『資治通鑑』 권236, 「唐紀」52
　　順宗 永貞 元年 8月 己未조, 7621쪽.
113) 『資治通鑑』 권236, 「唐紀」52 順宗 永貞 元年 10月 戊戌조, 7622쪽.
114) 『舊唐書』 권14, 「憲宗紀」 永貞 元年 10月 戊戌조, 412쪽 ; 『資治通鑑』 권236, 「唐紀」52
　　順宗 永貞 元年 11月 劉闢不受徵조, 7623쪽.

이렇게 유벽은 조정에 대해 끝까지 저항하였다. 당은 유벽을 통제할 능력이 없어 어쩔 수 없이 그해 12월 기유 일에 給事中·西川行軍司馬 劉闢을 成都尹·劍南西川節度使와 知節度事로 임명하였다.115) 이는 변경의 관리가 당의 인사정책에 반기를 들어도 이를 제재할 수 없어 변방 관리의 요구를 그대로 수용하였던 한 실례이다. 이와 같이 당이 유벽의 요구를 수용하자, 右諫議大夫 韋丹이 상소를 올려 말하였다.

> 지금 劉闢을 풀어주고 죽이지 않는다면, 조정에서 손가락이나 팔뚝처럼 부릴 수 있는 것은 오직 兩京뿐입니다. 이외에 누가 또 배반하지 않겠습니까!116)

헌종은 韋丹의 상소를 좋게 여겼으므로, 그 달 임자 일에 위단을 東川절도사로 임명하였다.117) 그런데 위단은 덕종 정원 16년에 신라 신왕 책봉서를 가지고 신라로 가다가 평로·치청절도사 이사고의 도읍지 鄆州에서 신라왕이 죽었다는 소식을 듣고 다시 京師로 돌아갔던 그 인물이다. 위단의 상소 가운데 당시 당나라 형편을 알 수 있는 주목할 만한 내용이 있다. 다시 말해 兩京(장안과 낙양)외에 당의 직접지배 통치가 미치는 곳이 없다는 대목이다. 이는 이때 당나라가 명목상 국가일 뿐, 당의 영향력이 미치는 지방은 하나도 없다는 뜻이다.

동천절도사 위단은 원화 원년 3월에 漢中(오늘날 섬서성 남부)에 도착하여 표문을 올렸다. 그런데 위단의 표문은 고숭문에게 벼슬을 주어야 한다는 내용이었다. 즉,

---

115) 『舊唐書』 권14, 「憲宗紀」 永貞 元年 12月 己酉조, 413쪽 ; 『資治通鑑』 권236, 「唐紀」52 順宗 永貞 元年 12月 己酉조, 7623쪽.

116) 『資治通鑑』 권236, 「唐紀」52 順宗 永貞 元年 12月 己酉조, 7624쪽, "今釋闢不誅, 則朝廷可以指臂而使者, 惟兩京耳. 此外誰不爲叛!"

117) 『舊唐書』 권14, 「憲宗紀」 永貞 元年 12月 壬子조, 413~414쪽 ; 『資治通鑑』 권236, 「唐紀」52 順宗 永貞 元年 12月 壬子조, 7624쪽.

"高崇文은 客軍으로 멀리까지 와서 싸우니 밑천으로 삼을 곳이 없으니, 만약 梓州를 주어 그 병사들의 마음을 연결하신다면 반드시 공로를 세울 수 있을 것입니다." 여름 4월 정유 일에 高崇文을 東川節度副使·持節度事로 삼았다.118)

이는 위단에 의해 左神策行營節度使 고숭문이 東川節度副使로 임명되었다는 내용이다. 고숭문의 행적을 주목하는 것은 고선지와 같이 고구려 유민이기 때문임을 앞에서 밝혔다. 고숭문은 유주에서 출발하여 머나먼 동천절도까지 와서 유벽의 난을 진압하면서 연전연승하였다. 당시 고구려 유민들이 자신의 신분을 높일 수 있는 유일한 방법은 군인이 되어 전공을 쌓는 것뿐이었다. 그런 고구려 유민들이 거의 무인으로서 엄청난 전공을 쌓았다는 사실은 그들의 유목기마민족적 기질을 당에서도 유감없이 발휘한 증거라고 본다.

재상 杜黃裳의 이사도에 대한 평로·치청절도사 임명반대는 개인적 캐릭터 문제라고 본다. 영정 원년(805)경 두황상의 일을 예로 들면 알 수 있다. 즉 太常卿 두황상이 裴延齡의 미움으로 臺閣에 10년간 있었는데, 그 때 두황상의 사위 韋執誼가 재상이 되어 두황상이 겨우 太常卿으로 승진되었을 때이다. 그런데 두황상이 위집의에게 여러 신하를 인솔하고 太子監國을 요청하도록 하자, 위집의가 매우 놀랐던 사실이 있다. 이때 위집의가 두황상에게 "장인께서 겨우 관직 하나 얻으셨는데, 어찌해 입을 열어 궁궐 일을 논하려고 하십니까!"119)라는 사실에서 설명된다. 이는 두황상이 조정을 위하는 일이라고 판단되면 앞뒤를 가리지 않고 밀어붙이는 그런 성격의 소유자였기 때문에, 당시에도 상황을 아랑곳하지 않고 이사도의 평로·치청절도사에 대한 임명을 반대했던 것이 틀림없다.

---

118) 『資治通鑑』 권237, 「唐紀」53 憲宗 元和 元年 3月조, 7629쪽, "高崇文客軍遠鬪, 無所資, 若與梓州, 綴其士心, 必能有功' 夏, 四月, 丁酉, 以崇文爲東川節度副使·持節度事."
119) 『資治通鑑』 권236, 「唐紀」52 順宗 永貞 元年 4月조, 7615쪽, "丈人甫得一官, 奈何啓口議禁中事!"

당과 이사도는 여러 가지 주변 제약조건으로 말미암아 상대의 요구를
수용하였다. 다시 말해 조정은 이사고의 후임 절도사를 이사도가 승계하는
조건으로, 이사도는 당의 요구를 충족시키겠다는 타협안을 제시하였다. 이에
대하여 피터슨(Charles G. Peterson)도 다음과 같이 언급하였다. 즉,

이처럼 헌종 치세의 조정은 사실상 독립적인 상태의 번진 하나를 제거하는
것으로 시작되었다. 그러나 이러한 노력이 행해지는 도중에 다른 번진의
세습을 승인하지 않으면 안 되는 상황이 전개되고 있었다. 806년 중엽에
(산동의) 平盧절도사가 사망하자, 그의 이복형제인 이사도가 지배권을 장악하
였다. 당조는 이사도의 절도사 직 계승을 승인하지 않으면서 시간을 끌었고,
이 같은 우유부단한 태도 때문에 적절한 조치를 취할 수 있는 시기를 놓쳐버렸
다. 한편 이사도의 절도사 임명이 지체되자, 번진 내부에서 많은 불안이
야기되었으며, 그 결과 이사도는 타협 조건을 제시하였다. 즉 중앙정부가
그의 절도사 직 계승을 확인하여 주는 대가로 이사도는 중앙에 양세를 지불하
고, 중앙에서 임명한 관료를 받아들이며, 소금전매 제도를 계속 시행하겠다는
것이다. 杜黃裳은 다시 조정 회의에서 강경 노선을 주장하였다. 그러나 현재
이미 한 번진을 상대로 전쟁이 진행되고 있는 상황인데다가 또 다른 전투,
특히 그처럼 강력한 적을 상대로 싸움을 시작한다는 게 어리석은 행위라서,
강한 반대 의견이 있었던 것 같다. 이런 과정을 통하여 이사도는 당으로부터
공식적으로 절도사에 임명되었다. 그러나 그가 절도사 직 임명을 조건으로
당조에 제시하였던 약속을 충족시켰다는 어떤 증거도 없다.[120]

---

120) Charles G. Peterson, *op. cit.*, p.160, Although the court under Hsien-tsung thus began
by reducing one effectively autonomous province, it was nevertheless obliged in the course
of this effort to sanction hereditary succession in another. In Mid-806, when the governor
of P'ing-lu (in Shantung) died, his stepbrother Li Shih-tao assumed control. The court
initially delayed granting him official recognition, evidently out of indecision over the best
course to adopt. This delay caused a good deal of a anxiety within the province, as a
consequence of which Li offered a bargain : in return for his confirmation in office he would
pay taxes, accept central appointment of subordinate officials, and maintain the regulations
of the salt monopoly. Tu Huang-shang again advocated a hard line in court counsels, but
there seems to have been general agreement that, with one campaign underway, it would

라는 것이 그것이다. 이는 피터슨이 이사도가 조정과 절도사 직을 세습하기 위한 줄다리기를 하였던 사실을 설명한 글이다. 그런데 위에서 보는 것처럼 당의 재상 두황상이 이사도의 요구에 적극적으로 반대하였지만 조정의 상황이 강력한 번진 이사도의 요구를 들어 줄 수밖에 없다는 사실이다. 이 무렵 조정이 번진을 통제할 능력을 거의 상실하였던 상황을 암시하기 때문이다. 물론 이사도가 조정의 뜻에 따르겠다고 하였으나 이는 다만 당을 달래기 위한 편법으로 끝난 사실임을 위의 추론에서 알 수 있다.

이사도는 조정으로부터 절도사로 임명받기 위하여 조정의 요구에 따르겠다고 사신을 장안으로 여러 차례 파견하였다. 이와 같은 행동은 이사도가 조정으로부터 자신의 입지를 확고하게 하려는 방법으로 취해진 조치이다. 그런데 피터슨이 언급한 것처럼 이사도는 당에 대해 절도사 직 임명을 조건으로 당에 제시한 어느 약속 하나도 이행한 것이 없다. 이는 이사도가 처음부터 당으로부터 절도사 직을 제수 받기 위해 당에 조건을 붙였던 것이지 실제로 이행할 생각이 없었다는 이야기이다.

만약 이때 당에서 이사도의 제안을 거절했다면, 당과 이사도의 군사 충돌 외에 대안이 없었다. 그래서 당은 이사도를 이사고의 평로·치정절도사 직을 세습하는 방향으로 가닥을 잡았다. 이에 관한 『구당서』 「이사도전」의 기록을 보면,

> 元和 원년 7월, 드디어 建王審에게 멀리서 節度使를 감독하게 하고, 이사도에게는 檢校左散騎常侍·兼御史大夫를 제수하면서, 鄆州의 軍事를 代理해서 주관하게 하면서, 淄州·靑州節度留後로 임명하였다.[121]

---

have been folly to launch another, especially against such a powerful adversary. Li Shih-tao was therefore given a formal appointment, but there is no evidence to suggest that he fulfilled any of his promises to the court.

121) 『舊唐書』 권124, 「李師道傳」, 3538쪽, "元和元年七月, 遂命建王審遙領節度, 授師道檢校左散騎常侍·兼御史大夫, 權知鄆州事, 充淄靑節度留後."

라는 것이 그것이다. 이것이 실제로 당이 이사도를 淄靑節度使로 임명하였던 것과 다를 바 없는 조치였다. 이를 몇 가지로 나누어 분석하고 싶다.

하나는 建王 李審을 평로·치청절도사로 임명하였다는 사실이다.[122] 아울러 건왕 이심을 鄆州大都督으로 임명하였다. 그런데 이심에게 절도를 감독하게 하였다는 것은 이사도에게 운주대도독과 평로·치청절도사라는 정식의 관직을 주지 않기 위한 당의 술수에 불과하다. 이심이 평로·치청절도사의 직을 수행하였던 것이 아닌 명목상 관직이었을 뿐이다. 그 이유는 이심은 평로·치청절도대사로 임명받고 임지로 가기는커녕 궁궐 밖조차 나서지 않았기 때문이다.[123]

그런데 建王 李審을 평로·치청절도사와 아울러 육운해운압신라발해양번등사로 임명하였다는[124] 것은 암시하는 바가 크다. 그 직은 소금 외에 말(馬)과 기타 물건을 발해·신라와 교역하면서 관내 12州의 경제적인 풍요를 예측할 수 있는 관직이기 때문이다.[125] 또한 이는 당이 여전히 신라·발해와의 교역을 중시하였던 것을 암시한다. 그러나 앞서 지적한 것처럼 궁궐 밖도 나가지 않은 이심이라, 이때부터 실질적인 평로·치청절도사[126]와 육운해운압신라발해양번등사는 이사도였다고 해석하는 것이 맞다. 이런 기사를 『구당서』의 「헌종기」와 『속통지』는 元和 원년 8월의 일이라고 기록하였다.[127]

둘은 헌종이 치청절도부사 이사도를 치청절도유후로 임명한 때가 원화

122) 『舊唐書』 권14, 「憲宗」 上 元和 元年 8月 己巳, 以建王審爲鄆州大都督·平盧淄靑節度使조, 418쪽.

123) 『新唐書』 권82, 「十一宗諸子傳」 附'建王恪傳' 然不出閤조, 3630쪽. 『新唐書』의 建王 李審은 元和 7년에 李恪으로 改名하였다는 사실은 『舊唐書』 권175, 「建王恪傳」에 있다.

124) 『唐會要』 권78, 「諸使中」 '節度使' (元和 2年 8月 以建王審) 陸運海運, 押新羅渤海兩蕃等使조, 1436쪽.

125) 築山治三郞, 앞의 「地方官僚と政治」, 369~370쪽.

126) 『新唐書』 권75下, 「宰相世系」 5下 附'高麗李氏' 師道, 平盧軍節度使조, 3449쪽.

127) 『舊唐書』 권14, 「憲宗」 上 元和 元年 8月 己巳조, 418쪽 ; 『續通志』 권12, 「唐紀」 12 憲宗 (元和 元年 8月) 己巳以建王審爲平盧淄靑節度使以李師道充節度留後조, 3307쪽.

원년(806) 7월이었다는 사실이다.[128] 그런데 이사고가 죽었던 때가 원화 원년 윤6월이었다는 사실을 감안한다면,[129] 당에서 이사도를 치청절도사유 후로 임명하였던 때가 결코 늦은 게 아니다. 왜냐하면 이사고가 죽은 지 불과 한 달이 지나서 이사도를 치청절도유후로 임명하였기 때문이다. 조정에 서 정상적인 절차를 밟아 임명한다고 하더라도 1개월 정도 소요되는 게 예사였다.

물론 이사도가 절도사로 임명받기 위하여 백방으로 노력하였기 때문에 조정에서도 빨리 이사도를 치청절도유후로 임명하였는지 모른다. 다시 그 다음달(8월) 이사도에게 鄆州의 일을 맡아서 처리하도록 하였다.[130] 그러나 앞서 지적하였던 것처럼 이사도는 이미 평로·치청절도의 일을 보고 있는 상황이었기에, 이는 당이 이사도를 견제하기 위한 방법으로 모든 의전절차를 동원한 것에 불과하다.

셋은 이사도를 檢校左散騎常侍·兼御史大夫로 임명하였다는 사실이다. 여기 서 御史大夫로 임명하였다는 사실을 주목할 필요가 있다. 이는 조정에서 이사도를 치청절도유후로 임명하면서, 이전에 관례로 주었던 관직을 모두 다 주었기 때문이다. 이납을 6개州의 節度留後로 임명할 때도 御史大夫라는 관직을 주었었다.[131] 그렇다면 이는 조정에서 이사도를 淄靑節度留後로 임명 한 것이 형식적인 절차가 아닌 틀림없는 관직의 이서 격이라는 의미다.

이는 조정에서 이사도의 눈치를 살폈던 뜻으로 해석이 가능하다. 또한 이 무렵은 이사도가 평로·치청절도의 일을 맡은 지 얼마 안 되어 조정에 대한 상황판단이 서지 않은 그런 상태였다.

---

128) 『舊唐書』 권14, 「憲宗」上 元和 元年 8月 己巳조, 418쪽 ; 『資治通鑑』 권237, 「唐紀」53 憲宗 元和 元年 8月 己巳, 以師道爲平盧留後조, 7635쪽. 이사도가 淄靑節度留後로 임명되 었던 시기를 元和 원년 8月 己巳라고 하였다.

129) 『資治通鑑』 권237, 「唐紀」53 憲宗 元和 元年 閏 6月 壬戌朔, 師古薨조, 7634쪽.

130) 『舊唐書』 권14, 「憲宗」上 元和 元年 8月 己巳 以節度副使李師道權知鄆州事조, 418쪽.

131) 『舊唐書』 권124, 「李納傳」 又加御史大夫조, 3536쪽.

이사고가 죽은 지 한 달 만에 이사도는 조정으로부터 치청절도유후 직을
받았다. 이때는 조정과 이사도가 서로 상대를 견제하는 것이 불가능하였던
시기인 듯싶다. 따라서 이사도와의 관계개선을 위한 시도 차원에서 한 단계
높은 관직을 주었다. 3달 후에 당은 새로운 벼슬을 이사도에게 또 주었다.
이를 『구당서』 「이사도전」에서 들어보면,

> (元和 원년) 10월 이사도에게 檢校工部尙書와 겸하여 鄆州大都督府長史로,
> 平盧軍 및 淄州·靑州節度副大使를 담임하고, 節度 일을 주관하도록 하였으며,
> 管內支度營田觀察處置·陸運海運押新羅渤海兩蕃等使를 추가로 제수하였다.[132]

라는 것이 그것이다. 이는 당에서 제2차로 이사도에게 준 벼슬들이다. 이를
몇 가지로 분석하고 싶다.

하나는 이사도에게 檢校工部尙書라는 벼슬을 주었다는 사실이다.[133] 이는
조정이 이정기를 平盧淄靑節度觀察使로 임명할 때 동시에 주었던 관직이
검교공부상서였다는 사실과 비교하면[134] 암시하는 바가 크다. 조정에서
치청절도사로 임명하는 것을 꺼려하면서 전보다 한 단계 높은 관직을 이사도
에게 주었기 때문이다. 앞서 이야기한대로 조정은 이사도와의 관계개선을
위해 무척 고심한 게 역력하다. 위 관직제수에 대해 『구당서』 「헌종기」에
원화 원년 10월 "임오 일에 淄靑節度留後 이사도를 檢校工部尙書와 鄆州大都督
府長史로 겸임시키면서 平盧淄靑節度副大使로 충임하며 節度사무를 주관하도
록 하였다"[135]라고 기록한 것이다.

---

132) 『舊唐書』 권124, 「李師道傳」, 3538쪽, "十月, 加檢校工部尙書, 兼鄆州大都督府長史, 充平盧
    軍及淄靑節度副大使, 知節度事, 管內支度營田觀察處置, 陸運海運押新羅渤海兩蕃等使."
133) 『舊唐書』 권14, 「憲宗」上 元和 元年 9月 壬午, 以淄靑節度使留後李師道檢校工部尙書조,
    419쪽 ; 『續通志』 권279, 「唐列傳」79 '李師道' 加檢校工部尙書조, 4881쪽.
134) 『舊唐書』 권11, 「代宗」 大曆 10年 2月 甲申, 以平盧淄靑節度觀察海運押新羅渤海兩蕃等使
    조, 307쪽.
135) 『舊唐書』 권14, 「憲宗紀」 元和 元年 10月조, 419쪽, "壬午, 以淄靑節度使留後李師道檢校工

둘은 이사도를 鄆州大都督府長史로 임명하였다는 사실이다.[136] 이는 원화 원년(806) 7월에 조정이 이사도에게 운주의 일을 잠정적으로 맡겼던 일에 대한 관직이다. 7월에 운주의 일을 임시로 맡긴 것을 10월에 정식으로 맡기는 의미로 이사도를 운주대도독부장사로 임명한 것이다. 그런데 운주대도독부장사라는 직함은 이사고를 평로·치청절도관찰사로 임명할 때 동시에 준 관직이다.[137] 그렇다면 조정이 이사도의 관직을 한 단계 높여주면서 길들이기 위한 방편의 일환으로 준 관직인 듯싶다.

셋은 조정이 이사도를 평로·치청절도부대사로 임명하였다는 사실이다.[138] 앞서 조정에서 이사도에게 준 치청절도유후는 미래를 의미하는 성격이 강하기 때문에 節度副大使라는 직함이 분명 상위 관직이다. 그렇다고 절도사를 다른 인물로 임명하지 않은 사실은, 조정과 이사도가 힘겨루기를 계속하고 있다는 느낌을 준다. 굳이 치청절도사를 이야기한다면 앞서 언급한 건왕 이심을 들 수 있으나, 그는 치·청에 거주하지도 않았던 인물이다. 실제 치청절도의 업무를 수행하고 있었던 것은 이사고가 죽은 이후에는 이사도였다. 이런 사실을 조정이 공식적으로 인정하기 위해 치청절도의 일을 이사도가 주관하도록 명하였다는[139] 사실이 흥미롭다.

이사고가 죽고 이사도가 세습한 지 5개월이 경과해서야 당은 이사도를 평로·치청절도사로 임명하였다. 즉, 사마광의 『자치통감』 원화 원년 10월조에, "임신 일에 평로유후 이사도를 절도사로 삼았다"[140]는 것이 그것이다.

部尙書, 兼 鄆州大都督府長史, 充平盧淄靑節度副大使·知節度事."

136) 『舊唐書』 권14, 「憲宗紀」 元和 元年 10月 壬午, 以淄靑節度使留後李師道檢校工部尙書·兼 鄆州大都督府長史조, 419쪽.

137) 『舊唐書』 권13, 「德宗」下 貞元 8年 8月 辛卯, 以靑州刺史李師古爲鄆州大都督府長史조, 375쪽.

138) 『舊唐書』 권14, 「憲宗」上 元和 元年 9月 壬午, 充平盧淄靑節度副大使조, 419쪽 ; 『新唐書』 권213, 「李師道傳」 爲副大使조, 5992쪽.

139) 『舊唐書』 권14, 「憲宗」上 元和 元年 9月 壬午 知節度事조, 419쪽.

140) 『資治通鑑』 권237, 「唐紀」53 憲宗 元和 元年 10月조, 7637~7638쪽, "壬申, 以平盧留後李師道爲節度使."

이사고의 유언대로 이사도는 평로·치청절도사가 되었다. 반면 이때 당은 평로·치청절도사와 대결할 구상을 구체화시켰다. 이와 같은 내용은 당이 이사도를 평로·치청절도사로 삼았던 그달의 일이다. 즉 원화 원년 10월에,

> 武寧(치소는 徐州)절도사 張愔이 병이 생기자, 표문을 올려 교대시켜 줄 것을 요청하였다. 11월에 무신 일에 張愔을 징소해 工部尙書로 삼고 東都(하남 성 낙양시)留守 王紹로 그를 대신하게 하였으며, 다시 濠(안휘성 봉양현 동북)와 泗(강소성 우이현 회하 동쪽) 2州를 武寧軍에 예속시켰다. 徐州사람들은 두 州를 얻은 것을 기뻐하였으니, 그 때문에 난을 일으키지 않았다.[141]

이사도를 평로·치청절도사로 삼았던 그 다음 달 武寧軍절도사를 張愔에서 王紹로 교체하면서 徐州에 치소를 둔 武寧軍을 보강하였다. 이를 주목하는 까닭은 평로·치청절도 남쪽 경계에 무령군이 위치하기 때문이다. 이때 당은 濠·泗州를 무령군에 편입시켜서 무령군의 군사력을 강화시켰다.

그런데 조정에서 이때 무령군에 추가로 2州가 편입되었기 때문에 무령군에서 난이 일어나지 않았다는 표현은 의미가 있다. 즉 이는 옛날 평로·치청절도사 李正己 휘하의 서주자사 李洧가 이정기의 사촌이었다. 뒤에 李洧가 당에 투항해 당의 서주자사가 되었다는 사실은 서주에 고구려 유민이 많았기 때문에 당은 그들이 반기를 들 것을 우려하였다. 그렇다면 당은 무령군을 강화시켜 평로·치청절도 남쪽을 공격할 준비를 하였다고 볼 수 있다. 이는 이사도를 평로·치청절도사로 삼으면서 동시에 평로·치청을 공격할 준비를 갖춘 계략이었다.

한편 이사도는 형 이사고의 후계로 자리매김을 확고히 하자, 죽은 형 이사고를 추모하는 사업을 구상하였다. 그 첫 작업으로 이사도는 자신이

---

141) 『資治通鑑』 권237, 「唐紀」53 憲宗 元和 元年 10月조, 7638쪽, "武寧軍節度使張愔有疾, 上表請代. 十一月, 戊申, 徵愔爲工部尙書, 以東都留守王紹代之,復 以 濠·泗二州隸武寧軍. 徐人喜得二州, 故不爲亂."

형을 계승한 사실을 과시하고 싶었던지 죽은 형 이사고의 廟를 조영하겠다고
나섰다.[142] 우선 이사도는 형의 사당을 만들기 위하여, 이와 관련된 사실을
조정에 上表하였다. 이때 당 헌종은 이사고의 상주에 대한 답신으로 이사도에
게 조서를 내렸다.[143] 그러나 이때 이사도의 요구를 당 헌종이 단호하게
막을 수 있는 상황이 아니라, 헌종은 형에 대한 사랑이 지극하다고 이사도를
추켜세웠다.[144]

　이사도의 요구를 허락한 헌종은 조서 후반부에서 私廟를 만들더라도 법에
따라야 한다는 사실을 완곡하게 표현하였다. 이때 조정은 이사도에게 죽은
형 이사고의 작위에 합당하도록 사당을 만들라고까지 부탁할 정도로 당은
이사도에 대하여 저자세였다.[145] 그리고 조서의 끝 부분에서 이사도가 형의
사당을 만드는 것을 해당기관에 상의하도록 지시하면서, 그 결정에 따라
달라고 명령하였다. 아무튼 이사도는 제나라의 종묘를 조영하였다. 즉『당회
요』에 의하면,

　　元和 2년 6월 淄靑절도사 이사도가 私廟를 세우면서, 죽은 증조, 조부, 아버지
　　3대와 더불어 형 師古의 신주를 모셨다.[146]

라는 것은 중요한 의미가 있다. 이는 당과 상관없이 원화 2년 6월에 이사도가
독자 국가경영 선포의 일환이라고 해석할 수 있기 때문이다. 위에서 이사도의
曾祖의 사당까지 세웠다는 사실을 주목하고 싶다. 그 이유는 증조가 이정기의
父를 지칭하기 때문이다. 그런데 사서에서 이사도의 증조이자, 이정기의
부였던 인물에 대한 이름을 사서에서는 발견하지 못하였다. 그런데 유오에

---

142)『興師道詔』,『白居易集』권56,「翰林制詔」3, 1171~1172쪽(北京 : 中華書局, 1979).
143)『興師道詔』, 勅, 師道, 省表具悉조, 1171~1172쪽.
144)『興師道詔』, 此乃心推孝友조, 1172쪽.
145)『興師道詔』, 況師古爵位조, 1172쪽.
146)『唐會要』권19,「百官家廟」, 388쪽, "元和 二年六月, 淄靑節度使李師道立私廟, 追祔曾祖祖
　　父三代, 及兄師古神主."

의해 이사도가 죽임을 당하고 운주성에 들이닥친 전홍정이 제나라 '簿書'를 찾았다고 기록하고 있다. 그렇다면 그 '簿書'에 이정기의 아버지에 대한 이름이 분명 기록되었던 것이 틀림없다.

이 무렵 치청절도사 이사도의 내부 사정에 정확한 모든 정보는 당이 의도적으로 파기시켰던 것 같다. 이를 뒷받침하는 것은『구당서』「헌종기」의 원화 2년 12월 기묘 일조에 史官 李吉甫가 편찬한『元和國計簿』를 언급하면서 치청 등 15道의 戶口에 대해 보고된 바가 없다고 기록하고 있는 것이 그것이다.147) 이는 이 무렵 평로·치청절도 내부의 상황을 당이 파악하고 있는 것조차 의도적으로 말소시켰다는 방증이다. 참고로 원화 8년 2월에 재상 이길보는『元和郡國圖』30권,『六代略』30권,『十道州郡圖』54권을 편찬하여 헌종에게 바쳤다.148)

여하간 당 헌종이 이사도에게 보낸 조서는 중요한 의미를 갖는다. 그 이유는 이사도가 독자적인 왕국과 같은 국가를 경영하기 위한 전 단계조치로 죽은 형과 조상들의 종묘를 만든다는 사실에 대한 회신이기 때문이다. 게다가 이때 당 조정이 절도사들을 견제할 힘이 없는 상황에서 이사도의 요구를 당이 무조건 거절할 수 없었다. 이는 당 헌종이 이사도에게 보낸 첫 조서였다. 이때 조서는 白居易가 작성하였다.149) 白季庚의 아들 白居易의 관직 등용 사실은『구당서』의 「백거이전」에 기술되어 있다.

貞元 14년에 처음으로 進士에 응시하였는데, 禮部侍郎 高郢이 그를 甲科로 뽑았으며, 吏部 판시에 합격하여서, 秘書省校書郎에 제수되었으며, 元和 원년 4월 憲宗이 制擧한 인사들의 策試에 참가하여, 白居易는 體用科의 才識과 茂·明 에 응시해, 第四等으로 합격하여, 盩厔縣尉와 集賢校理로 임명되었다.150)

---

147)『舊唐書』권14,「憲宗紀」元和 2年 12月 己卯조, 424쪽.
148)『舊唐書』권15,「憲宗紀」元和 8年 2月 辛卯조, 445쪽.
149) 본문에서 인용된『與師道詔』이외의 조서 제목이 똑 같은 것이 3개나 더 있다. 물론 모두 白居易가 헌종의 명령을 받아 작성하였다, 1175쪽 ; 1181~1182쪽.
150)『舊唐書』권166,「白居易傳」, 4340쪽, "貞元十四年, 始以進士就試, 禮部侍郎高郢擢升甲科,

　백거이는 정원 14년(798)에 진사에 응시해 합격하여 秘書省校書郎이란 첫 관직을 얻었다. 그 후 원화 원년(806) 4월에 策試에서 4등을 하여 盩厔縣尉와 集賢校理로 임명되면서부터 지방관계로 진출하였다. 이때(원화 원년 4월) 책시의 制擧之士로 출중한 사람은 校書郎 下邽사람 백거이 외에 校書郎 元稹, 監察御使 獨孤郁, 전에 進士였던 蕭俛·沈傳師 등이었다.[151]

　이런 白居易의 행적을 자세히 언급하는 까닭은 시기상으로 이사도 재위 시와 중복될 뿐만 아니라 이사도와 여러 가지로 얽혔기 때문이다. 백거이가 盩厔縣尉라는 지방관이 되었을 때는 평로·치청절도사 이사고가 죽고, 이사도가 새로이 평로·치청절도사가 되었을 즈음이다.

　원화 2년 6월 평로·치청절도사 이사도가 증조, 조부, 부, 형을 위해 종묘를 세웠다는 사실은 그 시대의 다른 절도사들과는 다른 행보였다. 이와 같이 종묘를 만들겠다는 사실을 이사도가 당에 통보한 사실은 중요한 의미가 있다. 당 헌종이 답신의 형식으로 이사도에게 보낸 조서를 통해서 이사도가 다른 절도사와 달리 독립 절도사였다는 사실을 어쩔 수 없이 인정한 것 같다.

4. 육운해운압신라발해양번등사 이사도와 신라관계

　원화 원년(806) 10월에 당은 이사도를 管內支度營田觀察處置·陸運海運押新羅渤海兩蕃等使로 임명하였다.[152] 이사고가 죽은 지 5개월 후였다. 이때 이사

　　吏部判入等, 授秘書省校書郎. 元和元年四月, 憲宗策試制擧人, 應才識兼茂·明於體用科, 策入第四等, 授盩厔縣尉·集賢校理."

151) 『資治通鑑』 권237, 「唐紀」53 憲宗 元和 元年 4月 丙午조, 7630쪽.

152) 孫玉良, 1997, 「唐朝對渤海的經營與管轄」, 『高句麗 渤海硏究集成, 渤海』 권一, 哈尒濱 : 哈尒濱出版社, 463쪽(原載 : 『黑龍江文物叢刊』 6, 1983) ; 林樹山, 1997, 「唐朝對渤海國實行的民族自治政策」, 『高句麗 渤海硏究集成, 渤海』 권一, 哈尒濱 : 哈尒濱出版社, 498쪽(原載 : 『東北亞歷史與文化』, 1990).

도가 管內支度營田觀察處置·陸運海運押新羅渤海兩蕃等使라는 관직을 받았던 것은 조정의 회유책이었다.[153] 당의 신라와 발해에 관한 업무는 언제나 치청절도의 몫이었다. 이는 이사고가 죽은 뒤에 평로·치청의 통치자였던 이사고의 아우 이사도가 세습한 것처럼 위의 두 관직의 업무도 모두 이사도의 소관사항이었다.

당 후기 재정국가적이 성격이 강하면서 위의 업무가 관심사로 부상하였다. 그래서 이사도에게 管內支度營田觀察處置의 직책을 인정할 필요가 조정에 생겼다. 그런데 여기서 중시하고 싶은 것은 육운해운압신라발해양번등사이다. 그 이유는 신라와 발해가 당과 활발한 교역을 하였던 것이 이사도가 교역의 책임을 맡고 있었던 것과 매우 깊은 관계가 있기 때문이다. 그것도 무려 4대에 걸쳐서 같은 관직을 고구려 유민이 장악하였던 게 예삿일이 아니다. 그 이유는 신라·발해와 당과의 교역을 장악하는데 중요한 열쇠와 다름없는 관직이 바로 海運陸運押新羅渤海兩蕃等使였기 때문이다.

이때 신라·발해와 당이 교역하는데 이사도의 그런 업무를 인정하지 않고는 당이 불편함이 더 많았기 때문에 당은 도리 없이 이사도에게 그런 업무를 맡기었다. 그렇다면 원화 원년(806) 12월에 신라와 발해가 당에 조공을 바쳤을 때,[154] 이를 위해 당에 도착하였던 신라와 발해 양국 사신들이 이사도의 휘하 관리의 안내로 장안으로 갔다. 그런데 신라가 원화 원년 12월에 당에 조공을 바쳤던 기록이 있는데, 『冊府元龜』에는 8월에 당에 조공을 바쳤다는[155] 다른 기록이 보인다. 신라는 2회에 걸쳐서 당에 조공을 하였다. 그 이유는 신라에서 8월에 왔던 사신편으로 押新羅渤海兩蕃等使 이사고의 죽음을 알고 나서, 다시 그해 12월에 신라가 당의 상황 변화를 탐문하기 위하여 사신을 파견하였을 가능성이 농후하기 때문이다. 그런데 원화 원년 12월

---

153) 築山治三郎, 앞의 「地方官僚と政治」, 375쪽.
154) 『舊唐書』 권14, 「憲宗」上 元年 12月 丙戌조, 419쪽.
155) 『冊府元龜』 권972, 「朝貢部」第5 元和 元年 8月 新羅조, 11417쪽.

438

병술 일에 신라가 당에 조공을 하였던 사신의 성격을 賀正使라고 표현한다면,156) 문제가 있을 것 같다. 그렇다면 신라 사신이 계림을 떠난 것이 꽤 오래 전인 것 같다. 적어도 3개월 전 9월경에 계림을 출발하였던 것 같다. 이와 같은 추론은 계림에서 장안까지의 긴 여정을 감안한 계산이다. 그렇다면 신라에서 당으로 가는 하정사가 언제 출발하였는가는 단정하기 어려운 문제이다. 이 점에 대하여 다시 재론하겠다.

신라는 海運陸運押新羅渤海兩蕃等使 이사고가 元和 원년 윤 6월에 죽은 사실을 알고 당의 권력 재편(조정과 절도사의 대치상황)을 파악하기 위하여, 그 해 8월에 사신을 보냈던 것 같다. 이런 신라의 조치로 당에서 宿衛하던 신라왕자 金獻忠157)이 원화 원년 11월에 귀국하였을158) 가능성이 농후하다. 이때 당은 이사도를 공격하기 위해 신라의 협조를 요청하는 상황이라 신라로 귀국하는 김헌충에게 秘書監이라는 벼슬을 주었다. 이와 같이 추론하는 까닭은 당의 海運陸運押新羅渤海兩蕃等使 이사고(793~806)가 죽음으로써 신라도 나름대로 당에 대한 정보를 탐지하기 위하여 신라 사신이 빈번히 당에 파견되었던 것 같기 때문이다. 그런데 여기서 주목하고 싶은 것은 당이 이사도의 세습을 거부하기 위하여 이사고가 죽자, 당에 宿衛하던 신라 왕자 김헌충을 신라로 보냈던 것이다. 다시 말해 당이 이사도 제거를 위하여 신라와 제휴를 모색하였을 가능성이다. 이와 같이 추론하는 까닭은 원화 원년 10월에 당이 상황에 밀려서 이사도를 管內支度營田觀察處置·陸運海運押新羅渤海兩蕃等使로 임명하였기 때문이다.159)

156) 權悳永, 1997,「遣唐使 관련기록의 검토」,『古代韓中外交史』, 一潮閣, 74쪽.
157)『唐會要』권95,「新羅傳」元和 元年 11月조, 1713쪽. 당에 宿衛하던 신라왕자를 金獻忠이라고 쓰지 않고 金忠獻으로 다르게 표기하였다.
158)『舊唐書』권199上,「新羅傳」元和 元年十一月조, 5338쪽 ;『冊府元龜』권996,「外臣部」'納質' 憲宗 元和 元年 11月조, 11694쪽 ; 卞麟錫, 1966,「唐宿衛制度에서 본 羅·唐關係－唐代外人宿衛의 一研究－」,『史叢』11, 508쪽.
159) 孫玉良, 1997,「唐朝對渤海的經營與管轄」,『高句麗 渤海研究集成, 渤海』권一, 哈尒濱 : 哈尒濱出版社, 463쪽(原載 :『黑龍江文物叢刊』6, 1983) ; 林樹山, 1997,「唐朝對渤海國實行

당 장회태자묘의 벽화사신도. 오른쪽 첫 번째 조우관을 쓴 인물이 신라인으로 여겨지고 있으나 고구려 사신일 가능성이 더 크다.

한편 당은 이사도를 협공하기 위한 방안으로 그 다음달(11월)에 신라 왕자 김헌충을 신라로 돌려보냈다고 가정할 수 있다. 이때 신라와 당의 교섭이 빈번하여도 평로·치청절도사 겸 해운육운압신라발해양번등사 이사도가 모두 다 관장하였다. 이때 당은 이사도 모르게 신라에 군사적 도움을 요청하였던 것 같다. 이는 후일 이사도를 협공하기 위해 신라 군사가 동원된 사실에서 쉽게 짐작된다. 그때는 신라인 장보고도 무령군으로, 이사도 토벌에 당군으로 참가하였다.

이사도는 海運陸運押新羅渤海兩蕃等使로서 신라 왕자를 장안에서 신라로 되돌려 보내는 일을 맡았다. 元和 원년(806년) 11월 장안에서 宿衛한 신라 왕자 金獻忠의 본국 귀환의 일을[160] 이사도가 주관하였다는 뜻이다. 이때

的民族自治政策」, 『高句麗 渤海硏究集成, 渤海』 권一, 哈尔濱 : 哈尔濱出版社, 498쪽(原載 : 『東北亞歷史與文化』, 1990).

160) 『舊唐書』 권199上, 「新羅國傳」 元和 元年11月, 放宿衛王子金獻忠歸本國조, 5338쪽 ; 『冊府

당 헌종은 김헌충을 신라로 돌려보내면서 試秘書監이라는 관직을 주었다.[161] 그런데 김헌충이 언제부터 당의 納質이 되었다는 언급이 없다. 이는 당이 주변 국가의 諸王의 子弟를 質子로 삼아 주변국을 지배하였던 전통에 따라 당은 장안에 체류하다가 귀국하는 신라 왕자 김헌충에게 試秘書監이란[162] 벼슬을 주었다. 물론 이때 당과 이사도는 이사고의 관직 승계를 놓고 신경전을 폈던 그런 때였다. 따라서 이때 당의 해운육운압신라발해양번등사 이사도의 지휘 하에 김헌충이 신라로 귀환하였을 게 틀림없다. 그런데 원화 원년 12월 병술 일에 신라 사신이 京師에 와 조공했을 때도[163] 해운육운압신라발해 양번등사 이사도의 관리 아래 사신이 통행하였음은 당연하다.

이런 일이 있고 나서 1년이 경과한 원화 3년(808) 2월 신라는 金力奇를 당으로 파견해[164] 신라 신왕에 대한 책서가 오지 않은 사실을 그 해 7월에야 황제에게 아뢰었던 모양이다.[165] 그때 당은 신라왕의 급작스런 죽음으로 교체된 신라 신왕에 대한 책서를 鴻臚寺가 中書省에서 수령하여, 鴻臚客館에서 신라 사신에게 전달하도록 하라고 金力奇에게 말하였던 사실은[166] 신라나 당 모두 의전절차를 벗어난 행위였다. 이는 당이 사신을 신라로 보낼 수

元龜』 권996,「外臣部」納質 憲宗 元和 元年 11月 放宿衛新羅質子金獻忠조, 11694쪽 ; 田廷柱, 1993,「唐代外國人來華與留居述略」,『社會科學戰線』 1, 191쪽.

161)『三國史記』 권10,「哀莊王本紀」7年 唐憲宗조, 103쪽 ;『舊唐書』나『冊府元龜』의 기록이 정확하다면, 신라 왕자 김헌충의 신라 귀환 시기를 806년 8월 이전이라고 기록하였던 『三國史記』가 틀렸다는 이야기가 된다.

162) 韓國磐, 1994,「南北朝隋唐與百濟新羅的往來」,『歷史研究』 2, 34쪽.

163)『舊唐書』 권14,「憲宗紀」元和 元年 12月 丙戌조, 419쪽.

164) 馬大正 외, 2001,『古代中國高句麗歷史叢論』, 흑룡강교육출판사, 272쪽.

165)『舊唐書』 권199上,「新羅國傳」(元和) 3年, 遣使金力奇來朝조, 5338쪽 ;『唐會要』 권95, 「新羅傳」(元和) 其年 7月조, 1713~1714쪽 ;『冊府元龜』 권972,「朝貢部」第5 (元和) 3年新羅王金重興조, 11417쪽 ;『太平御覽』 권781,「四夷部」2 新羅 元和3年新羅王金重興 遣使金力奇조, 3462쪽 ;『三國史記』 권10, 애장왕 9년 2월조 ; 申瀅植, 앞의『韓國古代史 의 新研究』, 345쪽.

166)『太平御覽』 권781,「四夷部」2 新羅 令鴻臚寺於中書省受領至寺조, 3463쪽 ; 石見淸裕, 1998,「唐の國書授與儀禮について」,『東洋史研究』 57-2, 62쪽.

없었던 상황과 관련 있는 것 같다. 다시 말해서 당이 이사도의 관할지를
통과하는 게 문제가 발생하였다는 증거라고도 볼 수 있다. 아니면 당이
신라에 신왕 책립의 책서를 보낼 만한 그런 여유가 없었기 때문인지도 모른다.
참고로 鴻臚寺와 鴻臚客館의 위치는 長安 성안의 皇城에 東西변으로 인접하였
으며 장방형 區劃 안에 있다. 홍려시와 홍려객관이 인접한 이유는 직무상의
성격이 같기 때문이다.[167]

신라 소성왕은 물론이고 애장왕마저 죽은 뒤에, 애장왕의 후사인 헌덕왕이
책서를 보는 어이없는 일이 벌어졌다. 왜냐하면 신라의 책서 경우는, 당의
관리가 신라로 가서 그 책서를 전달하는 것이 하나의 관례였기 때문이다.
반대로 신라 사신 김력기가 당의 책서를 요청하였던 것은 신라 내부의 정치
문제와 관련 있는 것 같다. 즉 신라에서 왕권 확립차원에서 당의 책서를
요구하였을 가능성이다. 위와 같은 문제에 대하여『삼국사기』에는 다음과
같이 언급되었다. 이를 들어보면,

> 金力奇를 당에 파견하여 조공하였다. 力奇가 황제에게 아뢰길 "정원 16년
> (800) 황제께서 조칙을 내려 저의 돌아가신 임금 金俊邕을 신라왕으로 책봉하
> 시면서, 왕의 어머니 申氏를 대비로, 왕의 아내 숙씨를 왕비로 삼으셨는데,
> 그리 하온데 책봉사 韋丹이 도중에 신라왕이 죽었다는 소식을 듣고 그냥
> 돌아갔습니다. 그 책문이 중서성에 있사오니, 지금 제가 본국으로 돌아가는
> 기회에, 이를 저에게 주셔서 제가 가지고 가게 해 주십시오"라고 아뢰었다.
> 황제가 칙명하기를 "김준옹 등의 책문은 마땅히 홍려시에 명령하여 이를
> 중서성에서 받아 가지고 와서 金力奇에게 주어, 그가 받들어 귀국하게 하라"고
> 하였다. 아울러 왕의 숙부 언승과 그 아우 중공 등에게도 문극을 내려 주되,
> 본국의 준례에 따라 지급하게 하였다.[168]

---

167) 石見淸裕, 1998,「唐の朝貢規定と國際秩序」,『唐の北方問題と國際秩序』, 東京 : 汲古書院,
359쪽.
168)『三國史記』권10,「哀莊王本紀」9年 春2月조, 104쪽, "遣金力奇入唐朝貢, 力奇上言,
'貞元十六年, 詔冊臣故主金俊邕爲新羅王, 母申氏爲大妃, 妻叔氏爲王妃, 冊使韋丹至中路,

라는 게 그것이다. 그런데 여기서 흥미로운 사실은 죽은 소성왕의 책봉서를 헌덕왕 때 와서 신라가 가져가려고 노력하였던 사실이다. 위 사료의 김준옹이 소성왕이다. 이는 시기상으로 보면, 선덕왕이 죽던 그 해 당으로부터 선덕왕의 책봉서를 받았던 것보다 더 어처구니없는 사건이다. 그 이유는 이미 소성왕은 800년 6월경에 죽었기 때문이다. 그렇다면 죽은 소성왕의 책봉서가 필요한 것은 당이 아니라 신라였다는 뜻이다.

위의 사실은 후일 원화 3년(808) 7월에 과거 정원 16년 정황을 당 헌종에게 아뢰었던 내용이다.[169] 신라 사신 김력기가 죽은 소성왕의 책봉서를 신라로 가져갔던 모양이다.

당이 절도사를 통제하지 못한 상황이었기 때문에 당은 신라 신왕에 대한 책서를 보낼 정도의 여유가 없었던 게 분명하다. 이런 사정을 신라도 알고 있었다. 그래서 신라 김력기가 장안에서 신라 신왕 책봉서를 가져가겠다고 자청한 것이다. 반대로 신라는 내부 정국의 안정을 위해 당의 책봉서가 필요하였던 것이다. 이와 같이 당과 주변국 상황의 변화는 평로·치청절도사 이사도와 같은 절도사들의 권한 강화로 당이 주변국가에 대한 책봉을 거의 중단하고 있는 상황이라고 표현하는 것이 옳다.

신라 신왕의 책서를 보내기 위한 방법으로 당은 원화 3년 10월 기유 일에 신라왕의 숙부 金彦昇의 아우 仲恭등 3인을 귀국하도록 명령하면서 종전의 관례에 따라 戟을 하사하였던 사실을 주목하고 싶다.[170] 그렇다면 金仲恭 등 3인이 당에 있었던 것은 인질의 성격이었던 것 같다. 그런데 김중공 등 3인이 언제 당으로 갔는지에 대한 언급이 없다. 물론 이들에게 당의 선진문물을 익혀오게 할 목적으로 신라가 당에 파견하였을 가능성이 농후하

聞王薨却廻, 其冊在中書省, 今臣還國, 伏請授臣以歸', '勑金俊邕等冊, 宜令鴻臚寺, 於中書省受領, 至寺, 宜授與金力奇, 令奉歸國,' 仍賜王叔彦昇及其弟仲恭等門戟, 令本國准例給之.'

169) 『唐會要』 권95, 「新羅傳」 (元和 3年) 其年 7月조, 1713~1714쪽.
170) 『冊府元龜』 권976, 「外臣部」 襃異3 (元和 3年) 10月己酉勑新羅王叔조, 11463쪽.

다. 그러나 당이 절도사를 통제하지 못하는 입장에서 볼 때 김중공 등이 인질의 성격으로 당에 갔던 것 같지 않다.

원화 4년(809) 7월 신라는 신라왕 金俊邕의 책봉서 문제해결에 대한 사은 뜻으로 대아찬 金陸珍을 사신으로 당으로 파견해 조공을 바쳤다.[171] 이와 관련된 소식을 『삼국사기』의 기록을 통하여 들어보면,

> (애장왕 10년) 가을 7월 대아찬 김육진을 당에 들여보내 황제의 은혜에 감사하면서 방물을 진상하였다.[172]

라는 게 그것이다. 지난 해(808년)에 당이 애장왕의 죽은 아버지 김준옹(소성왕)의 책봉서와 아울러 왕의 어머니 신씨를 대비로, 왕의 부인 숙씨를 왕비로 책봉하여 주어 그 답례로 신라는 대아찬 김육진을 당으로 파견하였던 것이다. 이는 애장왕이 자신의 권력기반 강화를 당에 의지하였던 그런 결과라고 해석하고 싶다. 그 이유는 애장왕이 그의 숙부 金彦昇에 의해 그 해 시해될 정도로 신라 정치권은 매우 혼미하였기 때문이다.

신라 정치권의 불안정을 해소하기 위해 당의 지지가 절대적으로 필요하였다. 이런 이유 때문인지 그동안 당에 대하여 소원한 태도와 달리 신라가 사신을 매년 당으로 입조시켰던 사실을 주목하고 싶다. 이는 당이 지방의 절도사 세력들을 점차 통제하여 가고 있음을 신라가 간파하고, 이에 신속하게 대응하였던 증거이다.

『삼국사기』에 의하면, 원화 4년(809) 신라 애장왕이 시해되고 헌덕왕(金彦昇)이 왕위에 올랐다[173] 그런데 애장왕을 시해한 헌덕왕은 자신이 신라의

---

171) 『舊唐書』권199上, 「新羅國傳」(元和) 4年, 遣使金陸珍等來朝貢조, 5338쪽 ;『唐會要』 권95, 「新羅傳」(元和年) 4年조, 1714쪽.

172) 『三國史記』권10, 「哀莊王本紀」10年조, 104쪽, "秋七月, 遣大阿飡金陸珍入唐, 謝恩兼進奉 方物."

173) 『三國史記』권10, 「憲德王本紀」元年 立조, 104쪽.

새 왕이 되었다는 사실을 당에 통보하였다. 당나라는 헌덕왕을 신라 신왕으로 책봉하는 사신을 보냈다고 『삼국사기』에 기록하고 있다. 이와 관련된 사실을 들어보면,

이찬 金昌南 등을 당에 파견하여 부고를 전하였다. 당 헌종은 직방원외랑·섭어사중승 崔廷을 보내면서 질자로 (장안에) 가 있던 金士信을 부사로 하여 천자의 신절을 가지고 와 조문하였다. 또 왕을 책립하여 개부의동삼사·검교태위·지절대도독계림주제군사·겸지절충영해군사·상주국·신라왕으로 삼았으며, 아울러 아내 정씨를 왕비로 책봉하였으며, 대재상 김숭빈 등 세 사람에게 문극을 하사하였다.[174)]

라는 게 그것이다. 여기서 주목하고 싶은 것은 앞의 신라 선덕왕 등을 죽을 즈음에 책봉하였던 것과 양상이 사뭇 다르다는 점이다. 신라 신왕이 비록 전왕을 죽이고 왕위에 즉위한 헌덕왕이었는데도 불구하고, 당 헌종은 헌덕왕이 즉위한 그 해 신라왕을 책립하기 위해 책봉 사신을 보냈다. 이는 많은 절도사의 발호를 제압하며 강력한 재정국가를 지향한 당의 중앙집권화 정책과 연관성이 깊다고 본다. 바꾸어 말하면 당이 이사도 등을 꺾어보겠다는 헌종의 구상에 의해, 신라 신왕에 대한 책봉 문제를 즉각적으로 응답한 게 아닌가 싶다.

필자의 생각에 힘을 실어 주는 것은 위의 헌덕왕과 왕비 책봉보다도 대재상 김숭빈 등 3인에게 문극을 주었던 사실에서 밝혀질 문제라고 본다. 이는 후일 당이 이사도를 평정할 즈음에 신라에 대하여 토벌군의 파병을 요청하였던 사실과 일치하는 대목이다. 그런데 위의 기록은 조작되었을 가능성이 너무 크다. 그렇게 보는 이유는 위의 사실과 똑 같은 내용이 더욱 정확하게

---

174) 『三國史記』 권10, 「憲德王本紀」 秋8月조, 104쪽, "遣伊湌金昌南等入唐, 告哀, 憲宗遣職方員外郎攝御史中丞崔廷, 以其質子金士信副之, 持節弔祭, 冊立王爲開府儀同三司檢校大尉持節大都督鷄林州諸軍事兼持節充寧海軍使上柱國新羅王, 冊妻貞氏爲妃, 賜大宰相金崇斌等三人門戟."

『구당서』「신라전」원화 7년조(812)에 기록되었기 때문이다. 이 점에 대하여
는 뒤에 다시 언급하겠다.

한편 원화 5년(810) 10월 신라 왕자 金憲章이 당에서 금은불상과 불경을
바치며 순종의 명복을 기원한다고 하면서 방물을 바쳤다.175) 이는 이때
신라가 불교국가답게 당에 대한 사은의 뜻을 불교식으로 표시했다는 방증이
다. 또는 당이 불교국가였기 때문에 불교와 관련된 것을 보냄으로써 신라가
당의 환심을 얻기 위함이라고도 볼 수 있다. 바꾸어 말하면 당이 절도사들을
제압하고 있음을 신라가 간파하면서 당과 긴밀한 관계를 맺으려는 의도로
왕자 김헌장을 당으로 보냈다고 해석할 수 있다.

그러나 당이 절도사를 통제하는 기운이 있었다고 하더라도 절도사들이
조정을 전복시키려는 상황은 여전히 지속되었다. 이렇게 미묘한 상황에서
신라가 사실대로 당에 알린다면 헌덕왕의 책봉이 문제가 되리라는 것을
간파하였기 때문에 신라가 줄타기 외교를 한 그런 시기였다고 본다. 이때
金憲章과 신라 사신들이 당에 도착하면서 陸運海運押新羅渤海兩蕃等使 이사도
휘하 관리의 안내를 받으며 장안에 당도하였다. 그러나 신라가 이사도 모르게
당 조정과 연락을 취하였을 가능성도 무시할 수 없다. 물론 이는 신라 내부의
정치적 상황이 안정되지 않았기 때문에 신라왕은 당의 보증이 절대적으로
필요한 그런 시기였기 때문이다.

당은 신라로 돌아가는 金憲章에게176) 김중희(애장왕)의 책봉서를 주었던
기록이 있다. 이는 애장왕 뒤를 이은 헌덕왕이 이미 당에서 책봉 받은 후임에도
불구하고 김헌장이 죽은 애장왕의 책봉서를 다시 받아왔다는 이야기이다.
이는『삼국사기』의「헌덕왕본기」원년의 신라와 당과 관련된 기록과 상충되

---

175)『三國史記』권10,「憲德王本紀」2年 冬10月 遣王子金憲章入唐조, 105쪽 ;『舊唐書』권199
上,「新羅國傳」(元和) 5年, 王子金憲章來朝조, 5338쪽 ;『冊府元龜』권972,「朝貢部」第5
(元和) 5年 10月 新羅王遣其子來獻金銀佛像조, 11417쪽 ;『唐會要』권95,「新羅傳」(元和)
5年조, 1714쪽.

176)『與新羅王金重熙等書』,『白居易集』권56,「翰林制詔」3, 1194~1195쪽(北京 : 中華書局,
1979). 위의 金憲章을 金獻章으로 표기되었으나, 동일인이다.

는 내용이다. 그런데 당 헌종이 김헌장에게 칙서를 주었던 시기를 金子修一은 원화 5년 10월경이라고 추정하였는데[177] 이는 잘못인 것 같다. 그 이유는 당에 도착한 신라 사신은 대개 몇 개월간 장안에 머물렀기 때문이다. 그렇다면 김헌장이 당 헌종의 칙서를 받은 때는 원화 6년경이 틀림없다. 그 칙서의 제목이 『與新羅王金重熙等書』이다. 이 편지는 황제의 명령을 받은 백거이가 썼다.[178] 그렇다면 이는 앞서 필자가 주장하였던 것처럼 『삼국사기』 「헌덕왕본기」 원년 당 헌종이 최정을 통해 헌덕왕과 왕비의 책서를 보낸 기록이 잘못되었다는 이야기이다. 더 정확히 말하면, 『삼국사기』 헌덕왕 원년 기록이 허구라는 말이다. 이것은 필자의 능력 밖의 일이라서 재론하고 싶지는 않다. 그러나 이는 신라가 애장왕이 시해된 사실을 당의 눈치를 살피느라 알릴 수 없었다는 이야기가 성립될 정도로 중요한 문제다.

위의 사실은, 이때 당은 애장왕이 시해된 사실을 신라가 당에 통보조차 못하였다는 것을 입증한다. 당은 신라에 보내는 칙서에서 신라왕을 김중희라고 하였다. 한편 이때 당에서 신라로 보낸 편지에서 김헌장과 승려 충허가 당에 도착한 내용이 언급되었다.[179] 김헌장이 입조할 때 금은불상과 불경을 바쳤다는 게 이때인 모양이다.

그런데 그 칙서에서 신라 왕모·왕비·副王 및 재상에게 하사품을 보낸다는 사실을 주목하고 싶다.[180] 그 이유는 副王이라는 용어가 등장하기 때문이다. 이러한 부왕 제도는 天寶 5년(746) 이후 중앙아시아의 石國에 있던 제도이다.[181] 석국의 경우는 부왕이 독자적인 권한을 행사하였다. 한 예를 든다면 천보 5년 3월에 石國왕이 당으로 사신을 보내 말을 15필 바쳤으며, 같은

177) 金子修一, 1974, 「唐代の國際文書形式について」, 『史學雜誌』 83-10, 38쪽.
178) 『白氏文集』 권56, 「翰林制詔」 3, "與新羅王金重熙等書", 1381~1382쪽(『白氏長慶集』, 北京 : 文學古籍刊行出版社, 1955).
179) 『與新羅王金重熙等書』, 金獻章及僧沖虛等至조, 1194쪽.
180) 『與新羅王金重熙等書』, 卿母及妃幷副王宰相已下조, 1194쪽.
181) 지배선, 앞의 『유럽문명의 아버지 고선지 평전』, 179쪽 ; 『冊府元龜』 권971, 「朝貢部」 第 4 天寶 5載 3月조, 11412쪽.

해 같은 달에 석국 副王도 당에 사신을 보내어 방물을 바쳤다는 것이 그것이
다.182) 이는 石國 王과 副王이 독자적으로 행동하였다는 이야기이다. 필자가
신라 부왕에 관심을 갖는 이유는 신라 하대에서 왕권투쟁이 副王 제도와
연관성이 있지 않았나 하는 생각이다. 그렇다면『삼국사기』의「헌덕왕본기」
원년조의 신라의 告哀使者 金昌南 등이 당에 가서 애장왕이 죽은 사실을
알렸던183) 기록은 헌덕왕의 즉위를 정당화하기 위한 조작인 것 같다.

당의 책봉사가 신라로 갈 때 이사도의 감독에 따랐음은 물론이다. 또
그 반대로 신라 사신이 당에서 신라로 갈 때도 마찬가지였다. 바꾸어 말하면,
이사도의 안내를 받아서 신라 사신이 당의 육로와 해로를 이용하였다는
말이다.

그런데 그 후 약 2년 동안 신라가 당에 사신을 파견하였던 기록이 없다.
그런데 812년 신라가 두 번째로 교역사신을 발해로 파견하였다는 사실은184)
암시하는 바가 클 듯싶다. 이는 중국에서 전개되었던 패권쟁탈전을 알아차리
고 신라가 발해와 유대를 강화하려는 노력의 일환으로 사신을 발해로 보냈던
것 같다.

이사도가 당의 陸運海運押新羅渤海兩蕃等使였을 때 신라와 당의 교류 중
사절단의 규모가 가장 컸던 것은 원화 7년 7월에 신라왕의 죽음을 듣고
당이 사신을 파견하였을 때다. 이와 관련된 사실을 비교하기 위해『구당서』의
「헌종기」와 同書「신라국전」의 두 기록을 살펴보자. 우선『구당서』「헌종기」
의 원화 7년조의 기록을 보자.

기묘 일에 신라 大宰相 金彦昇을 開府儀同三司·檢校太尉·使持節·大都督鷄林州
諸軍事·鷄林州刺史겸 寧海軍使·上柱國으로 임명하면서 신라국왕으로 봉하면

---

182)『冊府元龜』권971,「朝貢部」第4 天寶 5載 3月 石國王遣使來朝조, 11412쪽.
183) 馬大正외, 2001,『古代中國高句麗歷史叢論』, 흑룡강교육출판사, 268~269쪽.
184) 方學鳳, 앞의「渤海以中京顯德府爲王都時期的商業試探」, 403쪽 ;『三國史記』권10,「憲
德王本紀」4年 秋9月 遣級飡崇正使北國조, 105쪽.

서, 아울러 金彦昇의 아내 貞氏를 妃로 책봉하였다. 8월 초하루 정해 일에, 새로 新羅國 大宰相 金崇斌 등 3인을 임명하면서, 본국 선례에 따라서 戟을 주었다.185)

위의 사실은『구당서』「헌종기」의 당이 金彦昇을 신라국왕과 기타 관직을 주면서 그의 아내 貞氏를 비로 책봉하였다는 내용이다. 이와 같은 내용이 『구당서』「신라국전」에도 들어 있다.

(元和) 7년 重興이 죽자, 그 相 金彦昇을 왕으로 삼고, 사신 金昌南등을 당으로 파견하여 신라왕이 죽음을 알렸다. 그 해 7월 彦昇은 開府儀同三司·檢校太尉·持節·大都督鷄林州諸軍事·兼持節充寧海軍使·上柱國·신라왕으로 제수되었으며, 彦昇의 처 貞氏를 妃로 책봉하였으며, 또 신라 재상 金崇斌등 3인에게 戟을 하사하면서, 또 당에서도 이에 준하여 지급하도록 명령하였다. 兼職方員外郎·攝御史中丞 崔廷에게 持節을 가지고 弔祭와 冊立의 일을 하도록 하면서, 신라의 질자 金士信이 崔廷을 보좌하도록 하였다.186)

이는『구당서』의 「헌종기」의 기록과 차이가 없다. 오직『구당서』의 「신라국전」에서는 위와 같이 책봉한 사실을 당이 신라에 전하기 위해 어떤 인물을 파견하였는가를 추가했을 뿐이다. 이는 원화 7년 7월 신라왕 金重興이 죽자,187)

---

185)『舊唐書』권14,「憲宗紀」元和 7年 6月조, 443쪽, "己卯, 以新羅大宰相金彦昇爲開府儀同三司·檢校太尉·使持節·大都督鷄林州諸軍事·鷄林州刺史, 兼寧海軍使·上柱國, 封新羅國王, 仍冊彦昇妻貞氏爲妃. 八月丁亥朔, 新除新羅國大宰相金崇斌等三人, 宜令本國準例賜戟."

186)『舊唐書』권199上,「新羅國傳」, 5338~5339쪽, "七年, 重興卒, 立其相金彦昇爲王, 遣使金昌南等來告哀. 其年七月, 授彦昇開府儀同三司·檢校太尉·持節大都督鷄林州諸軍事·兼持節充寧海軍使·上柱國·新羅國王, 彦昇妻貞氏冊爲妃, 仍賜其宰相金崇斌等三人戟, 亦令本國準例給. 兼命職方員外郎·攝御史中丞崔廷持節弔祭冊立, 以其質子金士信副之."

187)『冊府元龜』권965,「外臣部」冊封 第3 (元和) 7年 7月以新羅王金重熙卒조, 11353쪽 ;『冊府元龜』권966,「外臣部」繼襲1 (元和) 7年重興卒조, 11359쪽.『冊府元龜』는 元和 7년(812) 7월에 신라왕 金重熙가 죽었다고 하였다. 그렇다면 신라왕 김중희가 죽은 때와, 당에서 신왕 金彦昇의 冊書가 왔던 것도 같은 7월이라는 이야기이다. 그 당시 교통수단을 감안한다면 시간적으로 무리인 듯싶다 ; 그런데 이는『三國史記』권10,「新羅本紀」

신라 헌덕왕(金彦昇)의 즉위와[188] 아울러 신라가 金昌南을 告哀使로 당에 보낸 것과 관련된 내용이다.[189] 즉 이는 신라왕 김중흥이 죽었다는 사실과 신왕 김언승이 자신의 책서를 당에 요청하였다는 것이다.[190]

그런데『삼국사기』에 의하면, 신라왕 김중흥은 원화 7년 4월이[191] 아니라 이보다 3년 전에 죽었다. 또『구당서』의 「신라국전」에 언급된 김언승에 대한 신라국왕과 기타관직에 대해서『구당서』의 「헌종기」에서 많은 관작을 중복해서 쓴 사실은 당과 신라 관계를 당이 매우 중시했던 근거로 보아야한다. 그렇다면 海運押新羅渤海兩蕃等使 이사도의 역할도 그와 비례해서 얼마나 중요했나를 알 수 있다.

이보다 앞서 헌덕왕 즉위와 관련하여 신라에서 당으로 사신을 보낸 기록을 보면 다음과 같다. 즉 (元和 7년) "4월 신라 賀正使겸 告哀使로 金昌男 등 54인이 황제를 배알하였다"[192]라는 사실이 그것이다. 이는 신라의 賀正使와 애장왕(김중희)의 죽음을 당에 알리기 위하여 갔던 사절 단장 金昌南 등 54인이 당에 가서 황제를 배알하였다는 내용이다. 그런데 여기서 주목하고 싶은 것은 신라 사절단의 규모가 컸다는 사실이다. 이는 이때 신라에서 당으로 갔던 공식사절의 수가 무려 54인이었다는 사실이다. 그렇다면 신라가 파견한 賀正使가 4월에 황제를 만난 것에서 신라 사신이 정월에 계림을 출발하였다고 설명하여야 옳을 듯싶다.

그렇다면 신라 賀正使가 정월에 장안에서 황제를 배알했다는 권덕영 교수

哀莊王, 199쪽, 10年(809) 7月에 重熙가 죽었다고 하는 사실과 시기적으로 차이가 크다.
188) 신형식, 2011, 「『삼국사기』본기 기사내용의 개별적 검토」,『삼국사기의 종합적 연구』, 경인문화사, 249쪽 ;『冊府元龜』권966, 「外臣部」繼襲1 元和7年重興卒, 立其相金彦昇爲王조, 11359쪽.
189)『唐會要』권95, 「新羅傳」(元和) 7年조, 1714쪽.
190)『文獻通考』권326, 「四裔」3 新羅 (元和)7年死, 彦昇立, 來告喪遺使弔且冊命조, 2565쪽.
191)『冊府元龜』권972, 「朝貢部」第5 元和 7年 4月 新羅賀正兼告哀使조, 11417쪽.
192)『冊府元龜』권972, 「朝貢部」第5 (元和 7年), 11417쪽, 四月, 新羅 賀正兼告哀使金昌男等五十四人朝見.

의 주장이 모순이 된다. 다시 말해『구당서』「신라국전」에 의하면 신라왕
金重興이 죽자, 바로 그해(원화 7년) 7월 기묘 일에 당이 신라의 大宰相 金彦昇을
開府儀同三司·檢校太尉193)·使持節·大都督·鷄林州諸軍事·鷄林州刺史·寧海軍
使·上柱國으로 임명하면서 신라국왕으로 책립하였던194) 것은 전일에 신라
신왕 책봉이 몇 년씩 늦었다는 사실과 비교하면 파격적으로 신속한 조치였다.
그뿐만이 아니다. 즉 金彦昇의 처 貞氏를 妃로 책봉하는 일까지 당이 챙겼다.

그런데 더욱 놀라운 것은『구당서』의 「헌종기」에 이런 사실이 기록되었다
는 점이다.195) 이때(7월) 정씨를 妃로 책봉한 것 외에 신라 金崇斌 등196)
3인에게 戟을 하사하면서 당의 규례대로 모든 것을 지급하였다. 당은 京兆府
功曹 李洑를 殿中侍御史로 임명하면서 당에서 신라로 파견한 사절로 職方員外
郎·攝御史中丞 崔廷이 持節을 가지고197) 弔祭와 冊立의 일을 하게 하면서198)
質子 金士信이 이를 보좌하게 하였던 사실은 주목하고 싶다.199) 게다가 다음
달(8월) 정해 일에 당은 신라의 大宰相으로 김숭빈 등 3인을 임명하면서
그들에게 戟을 주는 배려까지 하였다.200) 당이 신라 신왕을 책봉할 때 대개
2년 이상 끌었던 것과 비교된다. 이는 당이 절도사들에 의해 휘둘림을 당한

---

193)『唐會要』권95, 「新羅傳」(元和 7년) 7月조, 1714쪽.
194)『舊唐書』권15, 「憲宗」下 (元和 7년 7월) 己卯, 以新羅大宰相金彦昇조, 443쪽 ;『唐會要』
　　 권95,「新羅」(元和 7년) 7月 授彦昇開府儀同三司조, 1714쪽 ;『冊府元龜』권965,「外臣部」
　　 冊封 第3 (元和 7년 7月), 詔以彦昇爲開府儀同三司조, 11353쪽.
195)『舊唐書』권15, 「憲宗」下 (元和 7년 7月 己卯) 仍冊彦昇妻貞氏爲妃조, 443쪽 ;『冊府元龜』
　　 권965,「外臣部」冊封 第3 (元和 7년 7月), 妻眞氏冊爲妃조, 11353쪽.『冊府元龜』는
　　 김숭언의 처 貞氏를 眞氏로 기록하고 있다.
196) 신형식, 2011, 「『삼국사기』본기 기사내용의 개별적 검토」,『삼국사기의 종합적
　　 연구』, 경인문화사, 249쪽.
197) 신형식, 위의 「『삼국사기』본기 기사내용의 개별적 검토」, 394쪽.
198) 李大龍, 2001,『唐朝和邊疆民族使者往來硏究』, 흑룡강교육출판사, 46쪽.
199)『舊唐書』권199상,「新羅國傳」仍賜其宰相金崇斌조, 5339쪽 ;『冊府元龜』권980,「外臣
　　 部」通好 (元和 7년) 7月以京兆府功曹李洑조, 11515쪽.
200)『舊唐書』권15,「憲宗」下 (元和 7년) 8月丁亥朔조, 443쪽 ;『冊府元龜』권976,「外臣部」褒
　　 異3 (元和 7년) 8月 丁亥朔勅新羅國大宰相金崇斌조, 11464쪽.

상황과 함수관계가 있는 일이다. 한 가지 특이한 것은 신라 애장왕이 죽었던 시기를 『구당서』의 「신라국전」·『冊府元龜』의 「외신부」 등에서 살펴보면 중국 문헌과 『삼국사기』와 차이가 있다. 만약 중국 사서의 기록이 틀렸다면 이는 당이 자체 내 산적한 문제 해결이 어려운 상황이라 주변국가 책봉문제에 신경을 쓸 여유가 없었던 것 같다.

그렇다면 권덕영 교수의 주장처럼 헌덕왕이 애장왕을 시해한 사실을 숨길 수밖에 없었다는 주장은 옳다.[201] 그러나 그는 왜 신라가 당에게 애장왕이 시해된 사실을 숨길 수밖에 없는가에 대한 규명을 하지 못하였다. 필자의 생각으로는 그 당시 당의 절도사들이 황제가 되려는 꿈을 실현하기 위하여 조정과 힘겨루기를 하고 있는 상황에서 신라왕에 대한 시해 사실을 당에 알린다면 헌덕왕의 책봉이 불가능하다는 계산이 있었던 것 같다.

그러나 이때 압신라발해양번등사 이사도는 신라왕의 시해사건을 알고 있었을 것 같다. 오히려 이사도의 입장은 신라 애장왕의 시해사건을 대수롭지 않게 생각하였을 가능성이 크다. 그 이유는 이사도 자신이 황제 제거의 전 단계 조치로 낙양에서 수하를 시켜 당의 재상 무원형을 죽였던 일이 있기 때문이다.

신라 사신 김창남 등이 당으로 갔던 일, 당의 兼職方員外郎·攝御史中丞 최정과[202] 신라 질자 김사신 등이 오갔던 당의 육로와 해로를 오가는 사무를 이사도가 관장했다. 그런데 앞에서 김사신이 당의 경사에 있었던 사실을 주목하고 싶다. 게다가 당이 김사신을 당의 책봉사이며 弔祭使 최정을 보좌하도록 하였다는 것은 의미가 크다. 결국 이는 이때 당이 신라를 견제할 역량이 없는 상태였기 때문에 헌덕왕의 즉위를 축하하기 위하여 질자 김사신을 신라로 돌려보냈던 것으로 해석하고 싶다.

---

201) 權悳永, 앞의 「遣唐使 관련기록의 검토」, 75~76쪽.
202) 『冊府元龜』 권965, 「外臣部」 冊封 第3 (元和 7年 7月), 兼命職方員外郎·攝御史中丞崔延조, 11353쪽. 『冊府元龜』는 당에서 신라로 갔던 책봉사신을 崔廷이 아닌 崔延이라고 기록하였다.

원화 7년(812) 7월 이후 입당한 신라 사신에 대한 기록이 대략 2년 동안이나 없다. 이는 당이 절도사들과 전쟁을 치르고 있는 상황이었기 때문에 신라 사신이 장안으로 가기도 어려울 뿐만 아니라 신라도 굳이 당의 존립이 문제될 정도로 심각한 상황에서 당으로 사신 파견을 하고 싶은 생각이 없었을 게 분명하다.

당 헌종이 신라 사신 등을 위해 베푼 연회에 대한 기록은 원화 10년(815) 정월 정유 일의 일이었다.[203] 원화 10년 신라가 당에 사신을 파견하였던 기록은 『삼국사기』「헌덕왕본기」 7년(815) 봄의 내용과 일치한다.[204] 이와 같은 사실을 짚고 넘어가는 것은 『삼국사기』「헌덕왕본기」 원년에 신라와 당에 관계된 사실만, 그 시기가 틀렸던 것을 확인하기 위함이다. 신라와 당의 공식적인 교류가 다시 재개되었다고 해석하여도 좋을 것 같다.

그런데 이때 육운해운압신라발해양번등사 이사도의 요청으로 신라가 당에 사신을 파견한 것 같다. 다시 말해 당이 안정되지 않은 상황이라, 신라가 당에 사신을 파견할 까닭이 없다. 그러나 이사도가 원화 10년 3·4월에 낙양의 河陰倉에 불지른 사건을 상기시키면 이해되는 일이다. 그뿐만 아니다. 6월은 이사도가 왕승종과 공모해 재상 武元衡 살해, 8월 이사도가 승려 圓淨을 통해 낙양에서 모반하려 했다.[205] 이런 상황에서도 신라가 당으로 사신을 보냈던 것은 이사도의 계획에 의해 당의 상황을 파악하기 위해서였을 개연성이 높다. 바꾸어 말해 신라는 당과 이사도 관계 염탐을 목적으로 사신을 보냈을 가능성이 농후하다.

한편 『구당서』「헌종기」의 원화 10년조에 의하면, 신라 사신이 당에 왔던 사실을 '是歲'조에[206] 언급하고 있다는 사실을 주목할 필요가 있다. 그 이유는

---

203) 『冊府元龜』 권111, 「帝王部」 宴享3 (元和) 10年 正月 丁酉조, 1316쪽 ; 『冊府元龜』 권976, 「外臣部」 襃異3 (元和) 10年 丁酉조, 11464쪽.
204) 『三國史記』 권10, 「憲德王本紀」 7年 春正月 遣使朝唐조, 105쪽.
205) 『舊唐書』 권15, 「憲宗紀」 元和 10年 8月 丁未조, 454쪽.
206) 『舊唐書』 권15, 「憲宗紀」 元和 10年 是歲조, 455쪽.

앞의 필자 가설에 대한 뒷받침이 될 수 있기 때문이다.

  원화 11년 신라에서 당으로 가는 해상에서 신라 왕자 김사신 일행이 조난을
당하였던 기록이 있다.[207] 그런데 이때는 신라 사람 170명이 흉년으로 식량을
구하기 위해 신라에서 해로를 이용해 浙東에 도착하였던 시기와 같은 해이
다.[208] 그렇다고 이들 신라인 170명이 귀환한 기록이 없고 보면, 이들은
당에 정착하였던 것 같다.[209] 이와 같은 추론이 가능한 것은 會昌(841~846)년
간에 신라인 李元佐가 당의 殿中監察侍御史와 上柱國의 벼슬에 올라 장안의
永昌坊에 저택을 소유하였다는 사실과 연관성이 있지 않을까 싶다.[210]

  한편 이 무렵 신라 왕자 김사신에 관한 소식을『구당서』의「신라국전」에서
들어보면,

  (元和) 11년 11월, (신라에서 당으로) 입조하려는 신라 왕자 金士信 등이
  거친 바람을 만나서, 그 무서운 바람으로 말미암아 楚州 鹽城縣 앞에 표류하였
  다. 이때 淮南절도사 李鄘이 이런 보고를 들었다.[211]

라는 것이 그것이다. 이는 신라에서 당으로 오는 해로인 押新羅渤海兩蕃等使

207)『唐會要』권95,「新羅」(元和) 11年11月, 其入朝王子金士信等조, 1714쪽 ;『舊唐書』
    권199상,「新羅國傳」(元和) 11年 11月조, 5339쪽 ; 劉希爲, 1993,「唐代新羅僑民在華社會
    活動的考述」,『中國史研究』3, 143쪽.
208)『舊唐書』권199上,「新羅國傳」(元和 11年) 是歲, 新羅飢조, 5339쪽 ;『唐會要』권95,
    「新羅」(元和 11年) 是歲, 新羅飢, 其衆一百七十人求食於浙東조, 1714쪽 ;『三國史記』
    권10,「憲德王本紀」8年 正月 年荒民飢, 抵浙東求食者, 一百七十人조, 105쪽. 이 부분은
    김부식이 중국 사서를 베낀 게 틀림없다 ; 盧德浩, 1983,「羅末 新羅人의 海上貿易에
    관한 硏究-장보고를 중심으로」,『史叢』27, 404쪽 ; 內藤雋輔, 앞의「唐代中國における
    朝鮮人の活動について」, 496쪽 ; 劉希爲, 앞의「唐代新羅僑民在華社會活動的考述」, 142
    쪽 ; 陳尙胜, 1996,「唐代的新羅僑民社區」,『歷史研究』1, 165쪽. 陳尙胜은 신라인 170인
    이 浙東에 도착한 때를 861년이라 하였는데, 이는 816년을 잘못 표기한 것이다.
209) 藍文徵, 1970,「隋唐五代之民族」,『隋唐五代史』, 臺北 : 商務印書館, 46쪽.
210) 藍文徵, 위의「隋唐五代之民族」, 46쪽.
211)『舊唐書』권199上,「新羅國傳」, 5339쪽, "十一年十一月, 其入朝王子金士信等遇惡風, 飄至
    楚州鹽城縣界, 淮南節度使李鄘以聞."

제나라 영토였던 등주 팽갈리현에 있는 거대한 성채. 현재의 것은 명대에 축조되었다.

이사도의 관할지 登州에 기항하지 못한 사실과 관련된 내용이다. 그렇다고 이때 신라에서 당으로 가는 항로가 오직 등주로 국한되었는지 의문이 있다. 다름 아닌 당 현종이 안녹산의 난을 피하여 蜀州에 머문 756년 신라 사신이 揚子江을 거슬러 올라와서 成都에서 賀正禮에 참가하였던 사실이 있기 때문이다.[212] 그렇다고 신라 사신들이 서해를 가로질러 양자강 부근에 도착한 후, 양자강을 거슬러 올라가서 成都에 도착하였다는 사료는 없다.

강풍으로 신라 왕자 김사신 일행이 탄 배가 이사도의 관할지 海州의 남쪽 楚州의 鹽城縣에 도착한 사실이 있다. 물론 이는 김사신 일행이 탄 배가 강풍을 만났던 결과다. 그런데 이 같은 사실이 마땅히 기록되어 있어야

---

212) 『三國史記』 권9, 「景德王本紀」 15年 王聞玄宗在蜀조, 93쪽 ; 『新唐書』 권220, 「新羅傳」 帝在蜀, 遣使泝江至成都朝正月조, 6205쪽 ; 申瀅植, 1990, 「統一新羅의 繁榮과 西海」, 『統一新羅史研究』, 三知院, 296쪽. 신형식은 遣使泝江으로 보아서 신라가 사신을 泝江으로 보냈다고 하였는데, 기실은 遣使泝江이라서 그 해석은 신라가 사신을 파견하여 揚子江을 거슬러 올라갔다고 해야 옳다.

할『삼국사기』「헌덕왕본기」 8년조에 그런 내용이 없다. 그러나 이런 소식이
淮南절도사 李鄘을 통하여 이사도에게 알려졌을 듯싶다.

그렇다고 목적지 등주에 도착하지 못한 金士信 일행이 입국한 사실을
회남절도사 이용이 당 조정에 보고하였다고[213] 단정할만한 기록이 없다.
그 이유는 당과 신라의 외교업무는 이사도의 소관사항이었기 때문이다.
따라서 당에 입조하려는 김사신 일행은 楚州 북방의 해주를 거쳐서 이사도의
관할지 안으로 이동하였고, 이사도의 휘하 관리의 안내로 장안으로 향하였다
고 본다. 그런데 김사신은 質子의 신분으로 이전에 당에 있었던 인물이다.[214]
그는 당에서 벼슬이 '試太子中允'까지 올랐다.[215]

위의 사실은 당으로 가는 해로를 아는 김사신 일행이 강풍으로 조난을
당하였다는 내용이다. 육운해운압신라발해양번등사 이사도가 재임 중 마지
막 사절이 된 원화 12년(817) 3월에 신라는 당에 조공하였다. 이에 대해
『삼국사기』에서는 원화 12년 3월이 아니라 10월에 신라가 왕자 김장렴을
당에 보내어 조공한 시기로 다르게 기록하고 있다.[216]

원화 13년과 14년에 신라는 당에 조공할 수 없었다. 실제로 원화 13년과
14년에 신라와 당의 통교 관계가 없었던 것은 사실이다. 그 이유는 육운해운압
신라발해양번등사 이사도가 당과 치열하게 전투를 하였기 때문에 신라 사신
이 장안으로 가기는 매우 어려웠다. 이러한 사실을 뒷받침하는 것은 당이
淮南절도사 李夷簡을 押新羅渤海兩蕃等使로 元和 12년 7월에 임명하였다는
내용이 있다. 즉 오늘날까지 남아 있는 「李夷簡淮南節度同平章事制」의 마지막
부분, 李夷簡에게 압신라발해양번등사 관직을 제수하였다는 것이 그것이
다.[217] 이때 회남절도사 이이간은 당의 명령을 받고 제나라를 협공하고

---

213) 權悳永,「遣唐使의 구성과 운영」,『古代韓中外交史』, 171쪽.
214)『舊唐書』권199上,「新羅國傳」 以其質子金士信副之, 5339쪽.
215) 劉希爲, 앞의「唐代新羅僑民在華社會活動的考述」, 147쪽 ;『冊府元龜』권996,「外臣部」
    '納質' 憲宗 元和 15年 2月조, 11694쪽.
216)『三國史記』권10,「憲德王紀」 9年 冬10月 遣王子金張廉入唐朝貢조, 105쪽.

있었다.

위와 같은 사실을 종합하여 볼 때 육운해운압신라발해양번등사 이사도
재임 시 신라에서 당으로 파견한 사절단의 횟수가 이납과 이사고 시대보다
빈번하였다. 그렇다고 이사도의 조부 이정기 때처럼 신라가 자주 당으로
사신을 파견하였던 것은 아니다. 신라가 당으로 파견한 사신이 절도사들이
조정의 통제를 받았다는 사실과 함수관계가 있다. 바꾸어 말하면 당의 정치가
안정될수록 신라가 당으로 사신을 자주 파견하였으며, 반대로 당이 정치적으
로 불안할 때 신라는 당으로 보내는 사신의 횟수를 줄이거나 아예 보내지
않았다. 간단히 말해서 신라 사신의 횟수가 당의 안정도에 비례하여 증가하였
다. 그렇다면 당과 신라와의 사신왕래는 하나의 비례 관계함수를 형성하였다
고 표현하여도 좋을 듯싶다.

압신라발해양번등사의 직책을 맡았던 이정기 가문과 신라의 관계가 공적
으로만 형성되었던 것은 아니다. 이때 당과 신라의 사적인 교류는 사서에
언급할 수 없을 정도로 많다. 한 예를 든다면, 元和년간 당에서 衛尉卿에
올랐던 金獻貞이 그런 경우가 아닌가 싶다.[218] 김헌정이 지은 「海東故神行禪師
之碑」는 『全唐文』에 실려 있다.[219]

5. 육운해운압신라발해양번등사 이사도와 발해관계

이사도가 원화 원년(806) 10월 陸運海運押新羅渤海兩蕃等使라는 직책을
맡으면서[220]부터 발해와 당의 왕래가 있었다. 즉 원화 원년 10월 "병술 일에
발해국왕 大嵩璘을 檢校太尉로 임명하였다."[221] 당이 발해왕 大嵩璘을 檢校太

---

217) 『唐大詔令集』 권53, 「李夷簡淮南節度同平章事制」, 377쪽(『文淵閣四庫全書』 所收, 臺灣商
務印書館, 1986).
218) 劉希爲, 앞의 「唐代新羅僑民在華社會活動的考述」, 141쪽.
219) 『全唐文』 권718, 「海東故神行禪師之碑」, 9349~9351쪽(臺北 ; 匯文書局, 1961).
220) 『舊唐書』 권124, 「李師道傳」 (元和 元年) 10月조, 3538쪽.

尉로 임명하였던 사실은『구당서』「헌종기」에 기록되었다.222) 물론 이때
당에서 사신이 발해로 갔으며, 이와 관계된 업무는 陸運海運押新羅渤海兩蕃等
使 이사도의 소관사항이었다. 이는 이사도가 발해의 업무와 관련한 최초의
업무인 듯싶다. 원화 원년(806) 10월에 당은 발해 강왕을 檢校太尉로 임명하였
다.223) 당의 사신이든 장안에 있던 발해 사신이든 당의 책서들 들고 발해로
가는 일을 모두 이사도가 주관하였다. 같은 해 12월 병술 일에 발해는 당에
대한 보답인 양 사신을 당으로 보내어 조공했다.224) 그 다음해(807) 단오에
발해는 楊光信을 당에 입조하도록 하였다.225) 같은 해 12월 발해는 사신을
보내어 당에 조공을 바쳤다.226) 원화 2년(807) 발해 사신이 당에 왔던 사실에
대해『구당서』「헌종기」에서 '是歲'의 일이라고만 간단히 밝혔다.227) 아무튼
이무렵 당과 발해를 오가는 외교·통상업무를 陸運海運押新羅渤海兩蕃等使
이사도가 관장하였다.

『渤海國志長編』에 의하면, 발해 康王 正曆 12년조에 발해와 당의 교류는
물론이고 이사도가 平盧淄靑節度와 海運陸運押新羅渤海兩蕃等使의 관직을 제
수 받은 사실이 기록되어 있다. 즉,

正曆 12년(806년) 겨울 10월에 당나라가 발해왕에게 檢校太尉를 더해 주었다.

221)『舊唐書』권14,「憲宗紀」元和 元年 10月조, 419쪽, 丙戌, 以渤海國王大嵩璘檢校太尉;『冊
　　府元龜』권965,「外臣部」冊封 第3 元和元年 10月, 加忽汗州都督渤海國王大嵩璘簡較太尉
　　조, 11353쪽;『舊唐書』권199下,「渤海傳」元和 元年 10月조, 5362쪽.
222)『舊唐書』권14,「憲宗」上 (元和 元年 10月) 丙戌, 以渤海國王大嵩璘檢校太尉조, 419쪽.
223)『舊唐書』권199下,「渤海傳」元和 元年 10月, 加檢校太尉조, 5362쪽.
224)『舊唐書』권14,「憲宗紀」元和 元年 12月 丙戌조, 419쪽;『舊唐書』권199下,「渤海傳」(元
　　和 元年) 12月, 遣使朝貢조, 5362쪽;『冊府元龜』권972,「朝貢部」第5 (元和) 元年 12月
　　渤海조, 11417쪽.
225) 陳顯昌, 1997,「渤海國史槪要」四,『高句麗 渤海硏究集成, 渤海』권一, 哈尔濱：哈尔濱出
　　版社, 94쪽(原載：『齊齊哈尔師範學院學報』4, 1983).
226)『冊府元龜』권972,「朝貢部」第5 (元和) 2年 12月 渤海조, 11417쪽.
227)『舊唐書』권14,「憲宗紀」元和 2年 是歲조, 424쪽.

또 이사도를 平盧淄靑節度副大使 海運陸運押渤海蕃使로 삼았다. 겨울 12월
병술 일에 발해가 사신을 보내 당나라에 조공하였다.[228]

위의 사실은 『구당서』 「헌종기」에 나온 사실 그대로이다. 그러나 이는
발해역사에서 당과의 교류 못지않게 중요한 것은 해운육운압발해번사라는
것을 발해가 파악하고 있다는 사실이다.

그 후 원화 4년(809) 정월에 발해 강왕 大嵩璘이 죽자, 대숭린의 아들에게
발해왕이라는 작위를 주었던[229] 사실을 주목하고 싶다. 이때 당에서는 다음과
같은 조치를 취하였다. 즉 "元和 4년 정월 중관 元文政을 弔祭와 冊立使로서
발해에 가도록 명령하였다"는 것이 그것이다.[230] 이는 당이 발해 국왕의
죽음에 대하여 신속하게 조문함은 물론이고 발해 신왕을 책봉하였다는 뜻이
다. 아무튼 이를 『冊府元龜』의 '通好'에서 다루었던 것을 보더라도 당이 발해에
대하여 책봉의 형태를 취하였지만 발해의 존재를 두려워한 것 같다. 발해
康王 大嵩璘이 죽은 사실과 관련해 사마광은 『자치통감』의 원화 4년 정월조에
이렇게 기록했다.

발해(치소는 용천부)의 康王 大嵩璘이 죽고, 아들 大元瑜(발해 7대 定王)가
섰으며, 연호를 永德으로 고쳤다.[231]

이는 발해 康王이 죽고, 발해 定王이 즉위하였다는 기록이다. 그런데 흥미로
운 것은 이사고가 죽었을 때 '薨'이라고 표현했는데, 발해 康王이 죽었을

---

228) 『渤海國志長編』 권3, 「世紀」 康王 正曆조, 271쪽, "十二年 冬十月, 唐加王檢校太尉,
    又以李師道爲平盧淄靑節度副大使·海運陸運押渤海蕃使. 冬十二月 丙戌, 遣使朝貢於唐."
229) 『冊府元龜』 권965, 「外臣部」 冊封 第3 (元和) 4年 正月以故渤海國王大嵩璘조, 11353쪽.
230) 『冊府元龜』 권980, 「外臣部」 通好, 11515쪽, "元和四年 正月, 命中官元文政, 往渤海充弔祭
    冊立使"; 陳顯昌, 앞의 「渤海國史槪要」四, 94쪽.
231) 『資治通鑑』 권237, 「唐紀」53 憲宗 元和 4年 正月조, 7656쪽, "渤海康王嵩璘卒, 子元瑜立,
    改元永德."

때는 '쭈'이라는 표현한 것을 보면 사마광은 중국역사 기록에만 충성한 그런 유학자였다. 그러나 사마광은 발해 定王이 즉위하면서 연호를 고쳐 永德이라고 했던 사실의 중요성 때문인지 이런 사실을 기록했다. 이는 발해가 당과 대등한 국가였다는 사실을 사마광도 인정한 대목이라고 해석된다.

그런데 흥미로운 사실은 당이 환관을 책봉사로 발해에 파견하였던 사실이다.[232] 이는 황제가 제일 신임하는 인물인 환관을 발해 사신으로 파견하였다는 이야기이다. 헌종 이후, 황제는 환관의 괴뢰라는 표현을 쓰는 연구자가 있을 정도로[233] 황제와 환관의 관계는 불가분의 관계였다. 이는 당이 책봉사로 발해의 경우만 환관을 파견한 것은 당이 발해의 실체를 파악하려고 부단히 노력한 증거라고 본다. 그 이유는 신라에서 왕이 죽었을 경우 바로 그 해에 당이 신라 신왕으로 책봉하였던 경우가 드물었기 때문이다. 게다가 당이 발해왕 책봉시 사신으로 황제의 측근인 환관을 파견하였다는 사실에서 더욱 분명하여진다. 다시 말해 발해왕 大嵩璘이 원화 4년 정월에 죽자, 그의 아들을 그 해 당에서 발해왕으로 책봉하였다. 이와 관련된 사실을『구당서』「발해전」에서 옮겨보면,

> (元和) 4년, (발해국왕) 大嵩璘의 아들 元瑜를 銀靑光祿大夫·檢校祕書監, 忽汗州 都督으로 임명하면서 전례에 따라 발해국왕으로 봉하였다.[234]

라는 것이 그것이다. 이는 발해 강왕(大嵩璘)이 죽자, 그의 아들 大元瑜를 발해왕으로 책봉하였던 내용이다. 이때 발해는 전례대로 연호를 永德으로 고쳤다.[235] 때는 원화 4년(808) 정월이었는데, 이때 당이 발해 강왕이 죽은

---

232) 濱田耕策, 1998,「渤海王國の卽位と唐の冊封」,『史淵』135, 89쪽.
233) 宋衍申, 1985,「唐代的宦官與皇權－謙論中國封建社會宦官專權的原因－」,『東北師大學報』5, 43쪽.
234)『舊唐書』권199下,「渤海傳」, 5362쪽, "四年, 以嵩璘男元瑜爲銀靑光祿大夫·檢校祕書監, 忽汗州都督, 依前渤海國王."
235)『資治通鑑』권237,「唐紀」53 憲宗 元和 4年 渤海康王嵩璘卒조, 7656쪽.

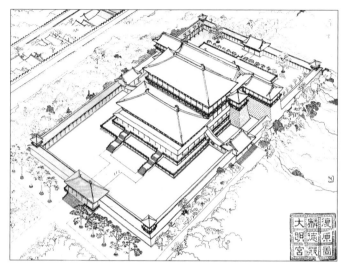

장안성 안의 대명궁 인덕전 복원도

그해 대원유(定王)를 발해왕으로 봉하였던 사실을 주목하고 싶다. 그런데 이는 신라의 경우 대개 두 해 뒤에 당이 신라왕으로 책봉하였던 것과 현격한 차이가 있다.

한편 당은 신라 신왕 책봉 때처럼 발해 신왕이 즉위할 때도 길들이기를 시도하였다. 즉 위에서 당이 大元瑜를 발해국왕으로 책봉하면서 金紫光祿大夫가 아닌 銀靑光祿大夫라는 관직을 주었던 게 좋은 실례일 듯싶다. 이런 이유 때문인지 발해는 그 다음해(元和 5)에 조공사신을 두 번씩이나 당으로 파견하였다.236) 즉 원화 5년 정월 발해가 高才南을 당으로 파견하였던 것이 그 첫 번째이다.237) 그리고 같은 해 11월에 발해 왕자 大延眞을 보내면서 아울러 당에 방물을 바쳤던 것이 그 두 번째 사절단이다.238) 그렇다면 원화 5년

---

236) 『舊唐書』권199下,「渤海傳」(元和) 5年, 遣使朝貢者二조, 5362쪽.

237) 『冊府元龜』권972,「朝貢部」第5 (元和) 5年 正月 渤海遣使高才南조, 11417쪽 ; 陳顯昌, 앞의「渤海國史槪要」四, 94쪽.

238) 『冊府元龜』권972,「朝貢部」第5 (元和) 5年 11月 渤海遣子大延眞조, 11417쪽 ; 陳顯昌, 앞의 논문,「渤海國史槪要, 四」, 94쪽.

11월 이전에 발해왕을 銀靑光祿大夫에서 한 단계 높은 金紫光祿大夫로 제수하였던 것 같다. 이와 같이 발해 사신은 당으로 갈 때 요동반도 남단에서 등주로 가는 동안 육운해운압신라발해양번등사 이사도의 안내를 따라 장안으로 입성하였다.

원화 7년(812) 발해 사신이 당으로 갔다.[239] 7년 정월 계유 일에 당 헌종이 발해 사신 등을 위하여 장안 대명궁 안의 麟德殿에서 연회를 베풀면서 관직을 주었을 때 참석하였던 인물들인 듯싶다.[240] 발해 사신은 며칠 지난 갑신 일에 官告 35통과 관복을 각각 한 벌씩을 받았다.[241] 이때 발해 사신이 당으로 온 목적은 발해 정왕의 죽음과 신왕의 책봉 문제를 상주하러 왔던 게 틀림없다. 또 같은 해(812) 12월 발해는 당으로 조공사신을 파견하였다.[242]

이듬해 당은 새로운 발해왕을 책봉하였다. 이를『구당서』「헌종기」의 元和 8년 正月조에서 들어보자.

> 경오 일에, 大言義를 발해국왕으로 책봉하면서, 秘書監과 忽汗州도독으로 임명하였다.[243]

위의 사실은 大言義를 발해국왕으로 책봉한 것과 관련된 기사이다. 이를『자치통감』에서는 다음과 같이 기록하고 있다.

> 渤海定王 大元瑜가 죽고, 동생 大言義가 權知國務가 되었다. 경오 일에 大言義

---

239) 『舊唐書』권199下,「渤海傳」(元和) 7年, 亦遣使來朝조, 5362쪽 ;『冊府元龜』권972, 「朝貢部」第5 (元和 7年) 是年 渤海亦遣使조, 11417쪽.

240) 『冊府元龜』권111,「帝王部」宴享3 (元和) 7年 正月 癸酉조, 1316쪽 ;『冊府元龜』권976, 「外臣部」褻異3 (元和) 7年癸酉帝御麟德殿조, 11463쪽.

241) 『冊府元龜』권976,「外臣部」褻異3 (元和 7年 正月) 甲申賜渤海使조, 11463쪽.

242) 『唐會要』권96,「渤海傳」(元和) 7年 12月, 遣使朝貢조, 1725쪽.

243) 『舊唐書』권15,「憲宗紀」元和 8年 正月조, 444쪽, "庚午, 冊大言義爲渤海國王, 授秘書監·忽汗州都督."

를 발해왕으로 삼았다.244)

이는 발해 7대 定王의 죽음과 신왕으로 그의 아우 大言義가 발해왕으로 즉위한 내용이다. 발해 僖王 大言義가 즉위하면서 연호를 朱雀으로 고쳤다. 당은 다음해 원화 8년(813)에 내시를 파견하여 발해국왕으로 책봉하였다.245) 그런데 대언의가 새로운 발해국왕으로 즉위한 날짜까지 밝혔던 사실이 주목된다. 이는 당의 입장에서 발해 신왕 즉위가 중요 사항이기 때문이다. 또 이 같은 내용을 『冊府元龜』에서는,

(元和) 8년 정월, 죽은 발해국왕 大元瑜의 큰 아우 權知國務 言義를 銀靑光祿大夫·簡較秘書監·忽汗州都督으로 임명하며, 아울러 발해국왕으로 책봉하였다.246)

라 했다. 『구당서』의 「헌종기」와 『冊府元龜』에서 발해국왕 大言義에 대한 기록은 단지 銀靑光祿大夫에 관한 기록이 『冊府元龜』에 추가되었다는 차이다. 아무튼 당은 죽은 발해 정왕 大元瑜의 큰 아우를 발해의 새로운 왕(僖王)으로 책봉하였다.247) 그런데 이 元和 8년(813) 정월에도 정왕을 책봉할 때와 똑같이 大言義(僖王)를 金紫光祿大夫가 아닌 銀靑光祿大夫와 아울러 檢校(簡較)秘書監·忽汗州都督으로 임명하였다. 당이 계속해서 발해를 길들이기 위해 무척이나 고심하였던 흔적이 분명함을 보여주는 사례이다. 당이 신라의 신왕을 책봉할 때 冊立使와 아울러 弔祭使를 보냈던 경우가 많았다. 그런데 발해의 신왕 冊立 때는 죽은 발해왕에 대한 弔祭 언급이 없다는 사실을 주목하고

---

244) 『資治通鑑』 권239, 「唐紀」55 憲宗 元和 8年 正月조, 7699쪽, "渤海定王元瑜卒, 弟言義權知國務. 庚午, 以言義爲渤海王."

245) 上田雄, 2002, 『渤海史の硏究』 上, 78쪽.

246) 『冊府元龜』 권965, 「外臣部」 冊封 第3, 11353쪽, "(元和) 八年 正月, 以故渤海國王大元瑜, 長弟權知國務言義爲銀靑光祿大夫·簡較秘書監·忽汗州都督冊爲渤海國王."

247) 『資治通鑑』 권239, 「唐紀」55 憲宗 元和 8年 正月 庚午, 以言義爲渤海王조, 7699쪽.

싶다.

이는 당이 對신라 관계보다 발해와 어쩔 수 없이 견제관계를 형성했다는
증거인 것 같다. 물론 사료를 정리하는 과정에서 생략될 가능성도 무시할
수 없다. 그러나 이는 신라가 당과 친선관계를 지속적으로 유지한 데 반하여,
발해는 당이 멸망시킨 고구려인의 후예 국가였다는 사실과 깊은 연관성이
있을 것 같다. 이때 당은 발해 신왕을 책립하기 위하여 內侍 李重旻을 冊立과
宣慰使로 발해의 上京으로 파견하였다.[248] 또 이때(원화 8년 9월) 평로·치청절
도사 이사도가 황제에게 해동청 12마리를 진상하였던 것도,[249] 실은 발해나
신라에서 이사도에게 보냈던 물건 가운데 하나인 듯싶다. 이는 발해와 당의
교류가 빈번해진 이면에 이사도와 발해와 사적인 교역도 활발하였다는 한
증거로 제시하고 싶다.

원화 8년 정월 당에서 파견한 책립사가 발해로 간 후, 발해도 사은의
뜻으로 대규모 사절단을 당으로 보냈다. 때는 원화 8년 12월 병오 일이었다.[250]
이때 발해 왕자 辛文德등 97인으로 구성된 사절단은 당의 경사에서 황제가
베푼 잔치에 초청되어 비단을 선물로 받았다.[251]

다음 해(원화 9년)정월 발해는 高禮進 등 37인으로 구성된 사절단을 당으로
보내어 조공하면서, 이때 금, 은 불상 하나씩을 당나라에 바쳤다.[252] 그런데

248) 『舊唐書』 권199上, 「渤海傳」 (元和 8年正月) 遣內侍李重旻使焉조, 5363쪽 ; 『冊府元龜』
    권980, 「外臣部」 通好 (元和) 8年正月命內侍李重旻充渤海冊立宣慰使조, 11515쪽 ; 陳顯昌,
    앞의 「渤海國史槪要」 四, 94쪽 ; 李大龍, 2001, 『唐朝和邊疆民族使者往來硏究』, 흑룡강교
    육출판사, 46쪽.
249) 『舊唐書』 권15, 「憲宗」 下 (元和 8年 9月) 丙辰조, 447쪽.
250) 『冊府元龜』 권976, 「外臣部」 褒異3 (元和 8年 12月) 丙午조, 11464쪽 ; 『唐會要』 권96,
    「渤海傳」 (元和) 8年, 又遣使朝貢조, 1725쪽.
251) 『冊府元龜』 권111, 「帝王部」 宴享3 (元和 8年) 12月 丙午조, 1316쪽 ; 『冊府元龜』 권972,
    「朝貢部」第5 (元和 8年) 12月 渤海王子辛文德等조, 11417쪽.
252) 『冊府元龜』 권972, 「朝貢部」第5 (元和) 9年 正月渤海使高禮進等조, 11417쪽 ; 陳顯昌,
    1997, 「渤海國史槪要」 六, 『高句麗 渤海硏究集成, 渤海』 권一, 哈尒濱 : 哈尒濱出版社,
    112쪽(原載 : 『齊齊哈尒師範學院學報』 4, 1984) ; 方學鳳, 앞의 「발해의 불교유적」, 279
    쪽.

여기서 발해가 당에 금, 은 불상을 바쳤다는 사실은, 발해에서 금과 은이 장식용 귀금속으로 널리 사용되었다는 뜻이다. 아울러 발해가 당에 불상을 보냈다는 사실은 발해에서 불교가 융성하였다는 것을 알려주는 증거다.[253] 이는 발해의 발달된 불교가 일본으로 전파되어 일본의 불교를 융성하게 만든 것과 깊은 연관이 있는 사료이다.

또 위의 사실은 발해에서 금은이 가치척도의 기본으로 화폐기능을 담당하였던 사실을 알려준다.[254] 발해에서 금이 널리 통용되었던 것은 발해 사신이 일본에 도착한 후 어떤 명목인지 알 수는 없지만 금을 요구했던 사실에서도 뒷받침된다. 아무튼 그 다음 달(2월) 기축 일에 麟德殿에서 황제는 발해의 高禮進등 37인을 환영하기 위해 연회를 베풀면서 관직을 주었다.[255] 이와 같이 발해 사신이 당에 도착하면 거의 그때마다 연회를 베풀었다는 사실은 당이 발해와의 관계를 매우 중시하였다는 증거라고 해석될 것 같다.

원화 9년 발해는 정월 외에 두 차례나 더 사신을 당으로 보냈다. 즉 11월에 발해가 당으로 사신을 보내면서 해동청을 바쳤던 것이 그해 두 번째 일이었다.[256] 발해가 세 번째로 사신을 당으로 보냈던 것은 元和 9년 12월 大孝眞 등 59인을 보낸 때이다.[257] 이처럼 발해와 당의 빈번한 왕래 루트는 앞에 언급한 것처럼 다음과 같은 경로이다. 발해 왕성에서 출발한 사신은 顯州에서 서쪽으로 4백여 리 가서 神州에 도착한다. 다시 서남쪽으로 가면 泊汋口에서 배를 타고 압록강 하구로 가서 요동반도 남단을 끼고 가면, 都里鎭에 이른다. 산동반도를 향하여 烏湖海→ 末島→ 龜欽島→ 大謝島→ 登州에 도착하였다.[258]

---

253) 上田雄, 2002, 『渤海史の研究』上, 78쪽.

254) 劉曉東外, 1991, 「渤海國貨幣經濟初探」, 『歷史硏究』 2, 116~117쪽.

255) 『冊府元龜』권111, 「帝王部」宴享3 (元和) 9年 2月 己丑조, 1316쪽 ; 『冊府元龜』권976, 「外臣部」襃異3 (元和) 9年 2月 己丑조, 11464쪽 ; 方學鳳, 앞의 「발해의 불교유적」, 279쪽.

256) 『冊府元龜』권972, 「朝貢部」第5 (元和 9年) 11月 渤海遣使獻鷹조, 11417쪽.

257) 『冊府元龜』권972, 「朝貢部」第5 (元和 9年) 12月 渤海遣使大孝眞等조, 11418쪽.

258) 지배선, 앞의 「고구려 인 李正己의 발자취」, 144쪽 ; 『新唐書』권43, 「地理志」峯州都督府

이러한 루트에서 이사도는 도리진에서 등주까지의 항로를 장악하였다. 물론 이사도의 관할지를 통과하는 발해 사신이나 당의 사신들은 이사도 휘하 관리의 지휘통제를 받는다. 그렇다면 발해가 당과 공식적인 관계가 빈번하였던 것은 이사도의 전폭적인 지원이 있어야 가능하다는 뜻이다.

같은 해(814) 발해는 大使 王孝廉, 副使 高景秀 등 사절단을 일본으로 파견하면서 많은 문헌을 일본에 주었을 뿐만 아니라 사절 가운데 釋仁貞은 詩賦를 지어 일본에 주었던 사실은 너무나 유명하다.[259] 그뿐만이 아니다. 즉 釋仁貞을 인솔하였던 발해 사절대사 王孝廉도 유명한 시인으로, 그의 시가 다섯 首나 현존하고 있을 정도이다.[260] 이는 일본 문물 전수에 발해가 크게 기여하고 있음을 의미하는 내용이다. 그런데 왕효렴은 불교활동에 종사하였으며, 석인정은 '釋'仁貞이라고 표현하였던 것처럼 원래 발해 승려였다. 즉 이는 일본 불교에 발해 불교가 절대적인 영향을 주었다는 이야기와 통한다. 또 釋仁貞의 원래 성은 大氏였다.[261] 이런 사실에서 간과할 수 없는 것은 발해는 여러 가지 면에서 부강한 국가였을 뿐만 아니라 문화도 발달한 국가였다는 사실이다. 어떤 면에서는 발해의 문화가 당에게도 영향을 주었던 것 같다.

발해에서 일본으로 사자가 갔을 경우 이에 대한 답례로 일본은 발해로 사신을 파견하였다. 마지막으로 일본이 발해로 사신을 보냈던 때를 811년이었다고 石井正敏이 말하고 있다. 그와 같은 이유에 대하여 발해의 입장에서 일본이 유력한 시장인데다가, 이때 일본은 발해에 대하여 당과의 중계 역할을

조, 1147쪽.

259) 馬依弘, 1997,「渤日通交在唐代中日友好交流史上的地位」,『高句麗 渤海研究集成 渤海』 권一, 哈尒濱 : 哈尒濱出版社, 593쪽(原載 :『中日關係研究的新思考』1993).

260) 李殿福, 1997,「渤海文化」,『高句麗 渤海研究集成, 渤海』권二, 哈尒濱 : 哈尒濱出版社, 30쪽(原載 :『宋遼文物』1, 1985) ; 孫進己, 1997,「唐代渤海族的文化」,『高句麗 渤海研究集成, 渤海』권二, 哈尒濱 : 哈尒濱出版社, 35~36쪽(原載 :『東北民族史研究』1, 1994) ; 鄧偉, 1997,「論渤海文學」,『高句麗 渤海研究集成, 渤海』권二, 哈尒濱 : 哈尒濱出版社, 86~87쪽(原載 :『學習與探索』3, 1984).

261) 方學鳳, 앞의「발해의 불교유적」, 280쪽.

기대한 일본의 외교방침과 맞물리는 것인양 해석하였던 것은 잘못이다.[262] 그 이유는 발해가 일본을 당시 개발도상의 남방국가 정도로 간주하였기 때문이다.

한 예를 든다면 위에서 발해대사 王孝廉의 다섯 수의 시가 일본에 전하였다는 사실이 그 뒷받침이 될 듯싶다. 이는 발해가 강력한 국가일 뿐 아니라 일본에 문화를 전파하는 그런 국가임을 시인하는 기록이다. 이런 발해를 상대로 일본이 발해에 걸맞게 대규모로 교역을 할 형편이 못되었기 때문에 일본이 독자적으로 발해로 사신을 파견하기 위해 선단을 구성한다는 것은 무리였다. 한마디로 발해는 일본으로 물건을 싣고 가서 팔고, 또 일본에서 생산되는 특산품을 가져다가 발해 국내외 시장에 팔 정도로 발달된 교역국가였다. 따라서 발해가 일본에서 생산된 물건을 당에 가져다 팔았다고 단정하는 石井正敏의 주장도 어느 정도 이해가 된다. 그 이유는 발해는 거대한 국내외 시장을 갖고 있기 때문에 발해에서 생산되는 물건의 많은 양을 자체 소비하고, 그 잉여물자의 일부를 일본에 가져다 팔아 이윤을 추구한 그런 단계의 선진국가였기 때문이다. 이때 일본은 발해의 수준에는 못 미친 국가여서 선진 발해와의 교역이 너무나 중요하였다. 이는 石井正敏이 주장하는 것처럼 838년 일본이 최후로 遣唐使를 파견한 이후, 일본은 발해가 유일한 공식 외교국가였다는 이야기가 그것이다.[263]

당은 원화 10년(815) 정월 발해 사신 卯貞壽 등에게 官告를 들려 발해로 돌려보냈다.[264] 또 다음 달(2월) 갑자에 발해 사신 大呂慶등에게 官告를 들려 귀국하도록 하였다.[265] 계속하여 그 다음달(3월) 병자 일에 발해 사신이 당의 官告를 가지고 귀국하도록 하였다.[266] 이는 발해가 원화 9년에 무려

---

262) 石井正敏, 2001, 「日本·渤海關係の槪要と本書の構成」, 『日本渤海史の硏究』, 東京 : 吉川弘文館, 21~22쪽.
263) 石井正敏, 위의 「日本·渤海關係の槪要と本書の構成」, 22쪽.
264) 『冊府元龜』 권976, 「外臣部」 褒異3 (元和) 10年 正月 丁酉조, 11464쪽.
265) 『冊府元龜』 권976, 「外臣部」 褒異2 (元和 10年) 2月 甲子渤海使大呂慶等조, 11464쪽.

세 차례에 당으로 사신을 보냈을 뿐만 아니라 당 또한 원화 10년 정월부터 3월까지 3개월 동안 한 달도 거르지 않고 계속해서 발해에게 무언가를 급히 통보하였던 이야기다. 이때(원화 10년) 2월 흑수 추장 11인이 당에 조공하였다.[267) 이는 이때 발해와 당에 무언가 복잡하고 다급하였던 일이 있었음을 암시하는 내용이다.

당으로 파송된 빈번한 발해 사절단은 그 해 7월에는 대규모 사절단을 당으로 보냈다. 즉 元和 10년 7월에 발해 왕자 大庭俊등 101명이나 되는 사절단이 당에 가서 조공을 하였다.[268) 원화 10년에 당에 발해 사신이 왔던 사실에 대해『구당서』「헌종기」에서는 다만 '是歲'조에서 다루었다.[269) 이는 당이 이사도에 의해 그 해 6월 재상 武元衡이 피살되었고 8월에는 이사도의 지시로 승려 圓淨이 洛陽에서 반란을 기도할 정도로 어수선했던 상황이라 당은 발해 사신이 왔던 사실을 구체적으로 다루지 못한 것 같다. 이를 종합적으로 분석하면 원화 10년 7월에 대규모 사절단이 당으로 갔던 것이 당의 혼란한 정세를 염탐하기 위해 발해가 이사도와 사전 협의 하에 장안으로 갔을 가능성도 배제할 수 없다.

발해는 원화 11년(816)에도 두 차례(2월과[270) 11월)나 당에 조공을 하였다.[271) 원화 11년 2월에 발해가 파견하였던 사절단의 규모는 高宿滿을 비롯하여 20인이었다.[272) 이들 발해 사신에게 당은 國信으로 제수하고 그 달(2월) 발해로 귀국하도록 하였다.[273) 한편 원화 11년 3월 발해말갈이 사신을 파견하

---

266) 『冊府元龜』 권976, 「外臣部」 襄異2 (元和 10年) 3月 丙子渤海使者조, 11464쪽.

267) 『唐會要』 권96, 「渤海傳」 (元和) 10年 2月 黑水酋長十一人朝貢조, 1725쪽.

268) 『冊府元龜』 권972, 「朝貢部」 第5 (元和) 10年) 7月 渤海王子大庭俊等一百一人조, 11418쪽.

269) 『舊唐書』 권15, 「憲宗紀」 元和 10年 是歲조, 455쪽.

270) 『冊府元龜』 권972, 「外臣」 5 朝貢 (元和 11年) 3月 渤海조, 11418쪽 ; 『冊府元龜』 권976, 「外臣部」 襄異3 (元和 11年 2月) 庚戌授渤海使高宿滿等조, 11464쪽. 발해가 당으로 파견한 사절이 '朝貢'에는 元和 11년 3月이라고 하였으나 '襄異'는 2月이라고 하였다.

271) 『舊唐書』 권15, 「憲宗」下 (元和 11年) 渤海等朝貢조, 458쪽 ; 『冊府元龜』 권972, 「朝貢部」 第5 (元和 11年) 3月 渤海조 ; 11月 渤海조, 11418쪽.

272) 『冊府元龜』 권976, 「外臣部」 襄異3 (元和 11年 2月) 庚戌授渤海使高宿滿等조, 11464쪽.

여 조공하자, 그 발해 사신 20인에게 官告를 주었던 기록이 있다.[274] 그런데
이때 당이 관고만 준 게 아니다. 당이 발해 사신에게 선물을 많이 주었던
것 같다. 이를 얻기 위해 발해는 사절을 당에 빈번히 파견하였던 것은 당연하다.
그 이유는 이와 같은 교역은 당 헌종이 절도사들을 제압하기 위해 발해에
의한 공격을 사전에 차단하고 싶었기 때문이다. 구체적으로 말하면 당이
발해의 비위를 맞춘 그런 시기였다.

위의 추측을 뒷받침하는 것은 원화 10년과 마찬가지로 원화 11년 조공
사실에 대해『구당서』「헌종기」에서는 아무 설명이 없이 단지 是歲조에
기록한 것이다. 이는 당의 내부 사정이 어렵다는 것에 대한 간접적인 암시이다.
이렇게 추단하는 이유는『구당서』「고종기」나 開元년간 「현종기」의 '是歲'조
에서 조공 사실을 언급하지 않았기 때문이다.

또 원화 12년(817) 2월 발해가 당에 조공하였다.[275] 그 다음 달 발해 사신
大誠愼 등에게 당은 비단을 하사하였다.[276] 그리고 당의 陸運海運押新羅渤海兩
蕃等使 이사도 재임 중 마지막이 된 원화 13년(818)에 발해가 왕의 죽음을
알리는 발해 사신을 당에 파견하였다.[277] 즉 '(元和) 13년 3월 발해국 사신
이계상등 26인이 당의 경사에 왔다'[278]는 것이 그것이다. 이러한 사실에
대해 司馬光은『자치통감』의 원화 13년 2월조에서,

> 처음에 발해 僖王 大言義가 죽자, 동생인 簡王 大明忠이 섰고, 연호를 고쳐서
> 太始라고 하였는데, 1년 만에 죽자, 숙부 大仁秀가 서고 연호를 고쳐서 建興이라
> 고 하였다. 을사 일에 사신을 파견해 와서 喪事를 알렸다.[279]

---

274) 『冊府元龜』 권980, 「外臣部」 通好 (元和) 11年 2月 授渤海使國信以歸조, 11515쪽.
274) 『唐會要』 권96, 「渤海傳」 (元和) 11年 3月조, 1725쪽.
275) 『冊府元龜』 권972, 「朝貢部」 第5 (元和) 12年 2月 渤海조, 11418쪽.
276) 『冊府元龜』 권976, 「外臣部」 褒異3 (元和 12年) 3月 甲戌조, 11464쪽.
277) 『舊唐書』 권199下, 「渤海傳」 (元和) 13年, 遣使來朝, 且告哀조, 5363쪽.
278) 『冊府元龜』 권980, 「外臣部」 通好, 11515쪽, "(元和) 十三年 三月, 渤海國遣使李繼嘗等二十
　　六人來朝."

라고 언급했다. 위에서 보면, 사마광은 발해 왕위변화보다는 그 나라에 연호가
있고, 신왕이 즉위하면서 연호가 바뀌었다는 사실에 더 주목한 듯싶다. 이는
발해가 강력한 국가였다는 것을 사마광이 인정한 기록이다.

아무튼 이때 발해 사신을 맞이한 당은 다음달(4月) 발해의 신왕 宣王을
책봉하였다. 이에 관한 소식을 들어보면,

> (元和) 13년 4월에 知渤海國務 大仁秀를 銀靑光祿大夫·檢校(簡較)祕書監·忽汗州
> 都督으로 임명하면서, 발해국왕으로 책봉하였다.280)

라는 것이 그것이다. 또 『구당서』「헌종기」元和 13년 5월조에,

> 신축 일에 知渤海國務 大仁秀를 檢校祕書監·忽汗州都督으로 임명하면서 渤海
> 국왕으로 책봉하였다.281)

라 되어 있다. 이때 발해 大仁秀는 大明忠이 발해왕으로 즉위할 때, 당으로부터
받았던 관직과 작위는 같은 것이었다. 그런데 당이 발해 僖王 大言義의 죽음을
애도하는 弔祭에 관한 언급이 없는데도, 발해왕이 죽었다는 보고를 받은
그 해, 신왕을 책립하였다는 사실을 주목하고 싶다. 이때를 『구당서』「본기」,
「발해전」과 『자치통감』은 4월이 아닌 한 달 후(5월 신축 일)였다고 기록하고
있다.282) 또 원화 13년 2월 을사 일에 발해 簡王 大明忠이 죽은 사실을 알리기

---

279) 『資治通鑑』권240, 「唐紀」56 憲宗 元和 13年 2月조, 7748쪽, "初, 渤海僖王言義卒, 弟簡王明
　　忠立, 改元太始, 一歲卒, 從父仁秀立, 改元建興. 乙巳, 遣使來告喪."
280) 『冊府元龜』권965, 「外臣部」冊封 第3, 11353쪽, "(元和) 十三年四月, 以知渤海國務大仁秀
　　爲銀靑光祿大夫·簡較祕書監·忽汗州都督, 冊爲渤海國王."
281) 『舊唐書』권15, 「憲宗紀」元和 13年 5月조, 463쪽, "辛丑, 知渤海國務大仁秀檢校祕書監·忽
　　汗州都督, 冊爲渤海國王."
282) 『舊唐書』권15, 「憲宗紀」元和 13年 5月 辛丑, 知渤海國務大仁秀조, 463쪽 ; 『舊唐書』
　　권199下, 「渤海傳」(元和 13年) 5月, 以知國務大仁秀조, 5393쪽 ; 『資治通鑑』권240,
　　「唐紀」56 憲宗 元和 13年 5月 辛丑, 以知渤海國務大仁秀爲渤海王조, 7751쪽.

위하여 발해 사신이 당으로 왔던 기록이 있다.283) 그런데 이때 기록은 시기적
으로 상충되는 부분이 많다. 아무튼 당으로 가기 위해 신라는 해로를 이용하였
다. 그러나 발해는 해로 이외에 국경이 당과 가깝게 인접하고 있기 때문에
당이 발해로부터 통보를 신라보다 가까워서 발해의 신왕 책립에 소요되는
기간이 신라보다는 짧았다.

원화 13년에 발해 簡王이 죽었을 때, 당에 이러한 사실을 알리기 위하여
발해가 당으로 사신을 보냈던 구체적인 기록이 없다. 다만 발해왕의 죽음을
알려왔다는 기록이 있을 뿐이다.284) 『구당서』「발해전」에 희왕을 책봉한
후 원화 13년에 왕이 죽었다고 기록되어 있고, 이때 簡王 대언의가 죽었다는
사실은 『자치통감』에 전하고 있다. 그런데 『구당서』「憲宗紀」의 원화 13년
是歲조에 발해와 고구려가 조공을 바친 막연한 기록만 있다.285)

아무튼 『구당서』「헌종기」원화 13년 5월조 당이 발해왕에 관한 책봉기사가
있는데도 불구하고, 원화 13년 是歲조에 발해가 조공했다는 기사를 다시
기록하고 있다. 이는 5월 이외의 다른 달에도 발해가 당과 교류했다는 증거라
고 본다. 그런데 더욱 특이한 것은 같은 원화 13년 시세조 발해와 더불어
'高麗'(고구려) 조공 기사다.286) 바꾸어 말하면 동몽골이나 요서·요동지역에
고구려인의 나라가 존재했다는 이야기로 볼 수 있기 때문이다.

한편 이때(元和 말~819) 이 '고구려'가 당에 사신과 악공을 보냈다는 사실은
암시하는 바가 크다.287) 그 이유는 보장왕의 아들 德武 때부터 강력한 국가체제
를 갖춘 '고구려'가 관제를 완비하였기 때문에 많은 악공을 거느리고 있다는

---

283) 『資治通鑑』 권240, 「唐紀」56 憲宗 元和 13年 2月 乙巳, 遣使來告喪조, 7748쪽.
284) 『舊唐書』 권199下, 「渤海傳」 元和十三年조, 5363쪽.
285) 『舊唐書』 권15, 「憲宗」下 (元和 13年, 是歲) 渤海·高麗조, 465쪽. 게다가 고구려가
   멸망한 지 150년이 지났는데도 고구려가 당에 조공을 하였다는 것은 요동과 요서에
   위치한 고구려를 말한다. 즉 보장왕의 아들 德武가 安東도독으로 있었던 그 지역에
   고구려가 건설되었던 것이다.
286) 『舊唐書』 권15, 「憲宗紀」 元和 13年 是歲조, 465쪽.
287) 『續通志』 권635, 「四夷傳」1 '高麗' 元和末嘗遣使來獻樂工조, 6723쪽.

이야기와 통하기 때문이다. 이는 앞으로 연구해야할 과제이다. 당이 발해 國務 大仁秀(宣王)를 원화 13년 5월 신축 일에 발해왕으로 책봉할 때,[288] 당에서 발해로 갔던 당의 책봉 사신을 이사도가 지휘 감독하였던 것은 틀림없는 사실이다. 발해 선왕 대인수는 즉위 후 정책을 강력하게 추진하여서 많은 성공을 거두었고, 군현제 등을 실시하여 발해를 안정시켜 발해 왕국의 전성시대를 만든 장본인이다.[289] 선왕 때의 발해를 海東盛國이라고 일컬었다.[290] 이때 발해 선박은 일본에 기항한 후 등주로 향할 정도로 항해술마저 절정이었던 시기로 추정된다.

그러나 이후 이사도가 발해로 오고 가는 사신을 관장할 수 없었다. 그 이유는 당에서 발해 업무를 관장하였던 이사도가 조정에 공식적으로 반기를 들었기 때문이다. 바꾸어 말하면 발해에 대하여 큰 영향력을 끼친 이사도의 관직에 대한 상황이 급변했기 때문이다. 원화 13년 7월에 당 조정이 조서를 내려 이사도의 관직과 작위를 빼앗았던 사실이 그것이다.[291] 따라서 이사도가 맡았던 陸運海運押新羅渤海兩蕃等使라는 관직은 당에서 공석으로 남게 되었다.

원화년간(806~820) 발해가 당으로 사신을 파견하였던 횟수가 16회였다.[292] 바꾸어 말하면, 이는 원화년간에 발해가 당으로 사신을 보낸 것이 연 평균 1회 이상이었다는 의미다. 당의 陸運海運押新羅渤海兩蕃等使 이사도 재임 중 신라에서 당으로 파견한 사신의 횟수가 많았다는 사실과 상관성이

---

288) 『資治通鑑』 권240, 「唐紀」56 憲宗 元和 13年 5月 辛丑, 以知渤海國務大仁秀爲渤海王조, 7751쪽.

289) 朱國忱·魏國忠, 1996, 『渤海史』, 53~54쪽.

290) 『新唐書』 권219, 「渤海傳」 咸通時조, 6181~6182쪽.

291) 『舊唐書』 권15, 「憲宗紀」 元和 13年 7月 乙酉, 詔削奪淄靑節度使李師道在身官爵조, 463쪽.

292) 『新唐書』 권219, 「渤海傳」 元和中, 凡十六朝獻조, 6181쪽 ; 『文獻通考』 권326, 「四裔」3 渤海 元和中凡十六朝獻조, 2567쪽 ; 『續通志』 권635, 「四夷傳」1 '渤海' 元和凡十六朝獻조, .6725쪽.

있다. 신라나 발해가 당으로 파견하였던 사신의 횟수와 사절단의 규모가 증가하였던 것은 당의 정치적인 상황에 신라나 발해 사신의 내왕에 크게 영향을 주었다는 이야기이다. 다시 말해서 신라나 발해의 내부 사정의 변화는 당과의 관계 변화에 큰 변수로 작용하였다.

당과의 왕래 빈도수에서는 발해가 신라보다 훨씬 빈번하였다. 그 이유는 발해는 신라보다 짧은 거리를 해로로 이용하였으나 신라는 많은 노정 가운데 상당 부분이 해로를 이용하였기 때문이다. 또 당과 신라의 연합으로 고구려를 멸망시켰던 이유도 크게 작용한 듯싶다. 즉 이사도가 당을 전복하려는 계획을 하기 이전부터 당과 발해의 관계보다 신라와 더 긴밀하였다.[293] 한 예를 들면, 신라왕 책봉 때 당은 신라왕에 대하여 군왕이라는 용어를 사용하였던 적이 없었다. 그러나 발해의 경우는 당은 자주 발해왕에 대하여 군왕이라는 책서를 내렸다. 이는 당이 문서상으로나마 강력한 발해를 멸시하려고 그와 같은 비열한 수법을 사용하였던 것으로 본다.

예전에 당은 고구려 유민의 부흥운동을 막기 위하여 垂拱 2년(686)에 寶藏왕의 손자 寶元을 朝鮮郡王으로 책봉하는 무마책을 사용하였다. 그 후 聖曆 2년(699)에 高(寶)藏王의 아들 德武를 安東都督으로 임명하면서[294] 고구려의 재건을 막으려고 당은 무척이나 노력하였다. 그 결과 덕무가 安東都督이 된 후 고구려인의 세력이 약해졌다고 하면서 원화 13년(818) 4월에 고구려가 당에 사신을 보내어 악기와 악공을 바쳤다는 말은 암시하는 바가 크다.[295] 이는 고구려가 망한 후에도 고구려인들이 하나의 국가세력으로 성장하여 원화말년까지 존속하였다는 것을 설명하는 좋은 증거가 되기 때문이다.

293) 한규철, 1994, 「남북국의 성립과 전개과정」, 『한국사 3』, 한길사, 261쪽. 평로·치청절도사 이사도가 당에 대항하기 이전부터 당은 발해보다는 신라에 대해 친선적 자세였다.
294) 『舊唐書』권199上, 「高麗傳」 垂拱二年, 又封高藏孫寶元爲朝鮮郡王조, 5328쪽 ; 『新唐書』권220, 「高麗傳」 垂拱中, 以藏孫寶元爲朝鮮郡王조, 6198쪽.
295) 『新唐書』권220, 「高麗傳」 至元和末, 遣使者獻樂工云조, 6198쪽 ; 『冊府元龜』권972, 「朝貢部」第5 (元和) 13年 4月 高麗國進樂器及樂工兩部조, 11418쪽.

그렇다면 고구려 유민들의 국가에서 당으로 사신을 파견하였을 때, 이들과 당과의 외교업무를 이사도가 당의 평로·치청절도사로서 관장하였던 것이 아닌가 싶다.

위의 연구에 대해서 그동안 여러 형태의 연구가 있었다.[296] 이정기의 손자 평로·치청절도사 이사도의 경우는 당과 대결한 인물로 주목받았다. 이사도가 당과 대결하게 된 시초는 그의 할아버지 이정기가 다른 절도사들과 연합하여 당의 통제에서 벗어나려고 시도하면서부터 발생한 일이었다. 평로·치청절도사는 이정기의 아들 이납으로, 다시 이납의 아들 이사고로 이어지면서 그런 상황도 역시 계속되었다.

그런데 평로·치청절도사 이사고가 죽으면서, 자신의 관직을 이복동생 이사도로 넘겼다. 이때부터 다시 제나라와 당의 관계는 미묘하게 대립하였다. 이 문제 해결을 위해 당은 평로·치청절도사 이사도와 힘겨루기를 택하였다. 당 헌종은 독자적인 절도사들을 제압해 중앙집권 국가의 강화를 모색했기 때문이다. 그 결과 당은 독립적인 기능을 가진 절도사들을 회유하거나 또는 군사적인 압박을 통해 하나씩 제압해 나갔다. 이와 같은 상황으로 낙양 동쪽의 강력한 세력으로 할거한 평로·치청절도사 이사도와 당의 관계는 대립으로 치달을 수밖에 없었다.

6. 이사도 국가와 당의 공존 모색시기

元和 원년 10월에 당은 이사도를 평로·치청절도사 이사고의 後嗣로 공식적으로 인정한 것이나 다름없는 상황이 전개되었다. 그러나 고구려나 백제 유민에 대한 『신·구당서』의 저자들에게 많은 편견이 작용한 것은 당의 고구려

---

296) 金文經, 1986, 「唐代 高句麗遺民의 藩鎭」, 『唐 高句麗遺民과 新羅僑民』, 일신사, 25~44 쪽 ; 지배선, 2000, 「고구려인 李正己의 발자취」, 『東方學志』 109, 115~201쪽 ; 정병준, 2004, 「唐 穆宗代 河北三鎭의 叛亂과 山東 藩鎭」, 『中國史硏究』 33, 71~74쪽.

유민의 열전을 보면 모두 이해가 된다.

이런 이유 때문인지 이사도가 공식적인 평로·치청절도사로 인정된 것이나 다름없는 상황에 대해 그 당시 사가들은 악평하기를 주저하지 않았다. 다시 말해『구당서』「이사도전」저자마저 이정기의 가문에 대한 사실을 악평하였다. 이와 관련된『구당서』「이사도전」을 보면,

> 이정기로부터 이사도까지 계속해서 鄆州·曹州등 12州를 60여 년 동안이나 오래도록 점거했다. 이사도는 민심이 자신에게 돌아오지 않을 것을 두려워했기 때문에, 통치하는 동안 혹독한 법을 채용하였다. 大將으로 군사를 장악하며 밖에 주둔할 경우는, 대장의 처자 모두를 인질로 삼았다. 어떤 사람이 조정으로 귀순하려 도모하다가, 만약 그 일이 누설되면, 그 가족의 노소를 막론하고 모두 다 죽였다. 이로 인해 李氏 가족은 그들의 군대를 통제할 수 있었기 때문에, 부자형제간에 서로 전수할 수 있었다.[297]

라는 내용이 그것이다. 이는 당의 사가 입장에서 보면, 이정기의 가문 4대가 중국 안에서 거의 독립적인 국가를 만들게 되었던 사실에 대한 악평이다. 그래서 사가들은 이런 사실들이 마치 잘못된 일의 연속으로 제나라가 탄생된 것인양 기술하였다. 그래서 위와 같은 방법으로 이정기 왕국을 깎아 내리는 망발을 서슴지 않았다. 이 같은 식의 일은 사가로서는 범해서 결코 안 될 일이다. 이러한 사실들을 여러 각도에서 분석하고 싶다.

하나는 평로·치청절도사 이정기에서 이사도에 이르기까지 鄆州·曹州등 12주를 60여 년간 다스렸다는 사실이다.[298] 바꾸어 말하면 이는 이정기의 4대가 당 숙종, 대종, 덕종, 헌종의 四朝의 중앙정부에 반항하였다는 말이다.[299] 그렇다면 이는 한때 당의 존립 기반을 흔들었던 게 분명하다.

---

297)『舊唐書』권124,「李師道傳」, 3538쪽, "自正己至師道, 竊有鄆·曹等十二州, 六十年矣. 懼衆不附己, 皆用嚴法制之. 大將持兵鎭于外者, 皆質其妻子, 或謀歸款於朝, 事洩, 其家無少長皆殺之. 以故能劫其衆, 父子兄弟相傳焉."

298) 內藤雋輔, 앞의「唐代中國における朝鮮人の活動について」, 488쪽.

당 장안성 개원문 앞. 당이 회흘과 토번을 막기 위해 방추병을 전송하였던 곳이다.(필자 촬영)

이것은 五胡十六國 시대 北燕을 창건하였던 고구려인 高雲[300] 이후 고구려 유민에 의해 중국에서 일어난 최대 역사적 사실이라 표현하고 싶다. 그런데 北燕 고운의 天王 재위 기간은 2년 반 정도였는데, 당 후기 이정기의 경우는 그의 손자 이사도까지 무려 60년 동안이나 지속되었다.[301] 그리고 고운은 오늘날 북경을 중심으로 한 제한된 지역이었으나 이정기의 평로·치청절도사 시대는 최대 州가 무려 15주였을 정도로 그 나라의 규모가 매우 컸다. 이정기 때의 大曆년간의 최대영역은 淄·靑·齊·海·登·萊·沂·密·德·棣·曹·濮·徐·兗·鄆의

---

299) 築山治三郎, 앞의「地方官僚と政治」, 356쪽.
300) 池培善, 1998,「고구려 왕족 후예 高雲의 北燕 형성과정」,『中世 中國史 硏究－慕容燕과 北燕史』, 연세대학교 출판부, 281~313쪽.
301) 사회과학원 역사연구소,「발해국의 발전」,『조선전사』5, 39쪽 ; 毛漢光, 1979,「唐末五 代政治社會之硏究－魏博二百年史論」,『歷史語言硏究所集刊』50-2, 322쪽 ; 築山治三郎, 앞의「地方官僚と政治」, 378쪽.

15주였다.[302] 그리고 위에서 이정기 가문의 12州라는 표현은 이정기 4대에 걸쳐서 항상 차지하였던 영역만을 말한 것이다. 간단히 말하면 이사도가 원화년간에 다스렸던 州가 위의 12州였다.[303]

그런데 大曆년간부터 이정기의 영토가 무려 15주나 되었다는 사실을 『구당서』 「덕종기」 建中 2년(781) 3월조에 썼다는 사실을 주목할 필요가 있다. 그 이유는 건중 2년 3월에 이정기의 영토가 무려 15州나 되는 것이 두려워서 당이 汴州城을 쌓았다는 사실을 설명하기 때문이다. 이때 이정기는 자신의 영토 변경지역으로 군사를 집결시키면서 '滅唐'의 기치를 내걸었다. 당은 다급하게 장안 서쪽의 防秋兵 9만 2천명을 關東으로 옮겨 이정기의 공격을 대비하면서부터 이정기와 당은 전쟁상태로 돌입하였다.[304] 바꾸어 말하면 이정기와 당이 충돌하지 않았다면 이정기의 영토에 자세한 사실이 『구당서』 의 「덕종기」에 언급될 리 없다.

둘은 평로·치청절도사 이정기 4대가 민심이 자신들에게 돌아오지 않을 것을 염려하여 혹독한 법으로 다스렸다는 사실이다.[305] 혹독한 법으로 다스렸던 경우는 이정기 가문보다 당이 더 극심하였다. 그런데 內藤儁輔는 이씨 일족이 표면적으로 왕명을 받들면서, 내부적으로는 조정에 반기를 든 무리가 모인 무뢰한의 집단인양 서술한 것은 큰 잘못이다.[306] 왜냐하면 이와 같이 고구려 유민들이 국가를 세우게 된 원인 제공자가 당이었기 때문이다. 그렇다 면 당나라에 있던 고구려 유민들을 무조건 당조에 충성하여야 한다고 모순된 주장을 한다면, 이는 서양의 왕권신수설에서 나온 그런 오류로 점철된 역사해

---

302) 『舊唐書』 권12, 「德宗紀」 建中 2年 3月條, 328쪽, "初, 大曆中李正己有淄·靑·齊·海·登·萊· 沂·密·德·棣·曹·濮·徐·兗·鄆 十五州之地."
303) 『元和郡縣圖志』 권10, 「河南道」6 今爲淄靑節度理所, 管州十二조, 279쪽(長沙 : 商務印書 館, 1937).
304) 『舊唐書』 권12, 「德宗紀」 建中 2년 3月 庚申朔조, 328쪽 ; 『舊唐書』 권145, 「李希烈傳」 建中 2年 淄靑節度李正己조, 3943쪽.
305) 『新唐書』 권213, 「李師道傳」 以嚴法持下조, 5992쪽.
306) 內藤儁輔, 앞의 「唐代中國における朝鮮人の活動について」, 488쪽.

석에 불과하다.

 이것은 당이 고구려를 멸망시키고 나서 고구려 백성들을 자신의 노예로
만들었다는 사실을 의도적으로 은폐하기 위한 당나라 관리들의 발상에 동조
하는 논리이다. 다른 비유가 될지 모르지만 고구려 장군 고선지,[307] 왕모중,[308]
연헌성 등을[309] 당이 용도폐기하면서 마지막 순간에 그들을 죽였고, 또
백제장군 흑치상지를 당이 자살로 몰고 갔던[310] 사실에서, 당이 피정복민족에
대한 모든 것을 폄하시켰음은 『신·구당서』 속의 이들 인물에 관한 열전을
읽어보면 자세히 알 수 있는 내용이다.

 그렇다면 사료에서 고구려나 백제 유민들을 불한당으로 몰아갔던 까닭이
무엇인지도 저절로 밝혀진 셈이다. 위에서 사가들이 평로·치청절도사 이정기
가문이 혹독한 법으로 백성을 다스렸다는 표현은 이정기 가문이 당과 무관하
게 독립적 국가로 경영되었던 것에 대한 심히 못마땅하다는 감정표출에
불과하다. 이를 뒷받침하는 것은 평로·치청절도사 이사도의 할아버지 이정기
시대의 자료를 보면 잘 알 수 있다. 즉 『구당서』 「이정기전」에서 보면,

 법령은 하나처럼 같은데다가 부세마저 균일하게 가벼웠기 때문에 제일
 강대하였다. 일찍 田承嗣를 공격하였는데, 위엄으로 말미암아 인근의 적까지
 두려움에 떨게 하였다.[311]

라는 것이 그것이다. 이는 이정기의 법이 가혹한 게 아니라 당의 법보다

---

307) 『新唐書』 권135, 「高仙芝傳」 遂就死조, 4579쪽.
308) 『舊唐書』 권106, 「王毛仲傳」 又詔殺毛仲, 及永州而縊之조, 3255쪽 ; 『新唐書』 권121,
 「王毛仲傳」 有詔縊毛仲於零陵조, 4336쪽.
309) 『新唐書』 권110, 「泉男生傳」 附'獻誠傳' 縊殺之조, 4124쪽.
310) 『舊唐書』 권109, 「黑齒常之傳」 遂自縊而死조, 3295쪽 ; 『新唐書』 권110, 「黑齒常之傳」
 投繯死조, 4122쪽.
311) 『舊唐書』 권124, 「李正己傳」, 3535쪽, "法令齊一, 賦稅均輕, 最稱强大. 嘗攻田承嗣, 威震鄰
 敵."

매우 공평하였기 때문에 이정기가 백성을 훌륭하게 통치하였다는 내용이다. 게다가 군사력마저 강하여 주변에서 이정기를 넘보지 못하였다는 내용이다. 그렇다면 사가들이 말하는 이정기의 가혹한 법 운운하는 논리는 맞지 않는다고 본다.

그런 부강한 평로·치청절도사 4대 이사도가 당에 대하여 공식적 부세를 바치지 않았다. 그러나 이사도는 당과 관계개선을 시도하기 위해 당에 물건을 바쳤다는 기록이 있다. 즉 이사도가 위징의 자손에게 집을 얻어줄 목적으로 명주를 바쳤던 것이 그것이다. 정확히 말해서 평로·치청절도사 이사도의 법은 가혹한 것이 아니라 당의 그것보다도 더 훌륭하여 당의 백성마저 돌보는 그런 법이었다. 이 사례는 이사도가 당의 백성까지 챙기는 선정을 했던 인물이라는 사실을 설명한다고 본다. 그런데 元和 3년[312] 翰林學士 白居易가 魏徵의 자손에게 이사도가 집을 얻어 주는 것이 크게 잘못된 일이라고 간언하였다. 이런 사실을 『구당서』의 「백거이전」에서 들어보자.

> 또 淄靑절도사 이사도가 비단을 만드는 실을 바치면서, 魏徵의 자손을 위해 자택을 얻어 주려하자, 白居易가 간언하길 "魏徵은 폐하의 선조의 재상이며, 太宗께서는 일찍이 그의 집을 만들어 주기 위해 건축자재를 하사하시면서 더욱이 다른 주택과 같게 하지 않으셨습니다. 자손이 저당을 잡혀 돈이 많지 않으니, 당연히 그의 주택을 얻어주는 일은 관에서 해야 하오며, 이를 이사도가 하게 하는 것은 아름다움을 뺏기는 일이오니, 이는 분명히 잘못된 일입니다."라고 아뢰자, 헌종도 매우 그렇다고 하였다.[313]

또 위징 자손의 구휼문제에 대한 『자치통감』의 기록은 다음과 같다.

---

312) 『舊唐書』 권166, 「白居易傳」 又淄靑節度使李師道進絹조, 4343쪽 ; 『唐會要』 권57, 「翰林院」(元和) 3年, 淄靑節度使李師道, 進絹爲魏徵子孫贖宅조, 322쪽.

313) 『舊唐書』 권166, 「白居易傳」, 4343~4344쪽, "又淄靑節度使李師道進絹, 爲魏徵子孫贖宅, 居易曰「徵是陛下先朝宰相, 太宗嘗賜殿材成其正室, 尤與諸家宅不同. 子孫典貼, 其錢不多, 自可官中爲之收贖, 而令師道掠美, 事實非宜.」憲宗深然之."

魏徵의 玄孫 魏稠가 매우 가난하여, 옛 집을 가지고서 다른 사람에게 저당을 잡히고 돈을 빌렸는데, 平盧절도사 李師道가 사사로운 재물을 가지고서 그것을 대속하게 해달라고 청하였다. 황제가 白居易에게 명령하여 조서 초안을 잡도록 하자, 白居易가 상주하였다. "이 일은 격려하고 권장하는 것에 관계가 있으니, 의당 조정에서 나와야 합니다. 李師道는 어떤 사람인데, 감히 그 아름다운 명성을 빼앗습니까? 바라건대, 有司에게 칙령을 내려 官錢을 가지고서 대속해 가지고 후손에게 돌려주도록 하십시오." 황제가 그 말을 좇아 內庫에서 錢 2千緡을 내어 대속해 갖고

무원형을 죽인 범인을 밝혀달라고 상소한 백거이의 초상화

魏稠에게 하사하였으며 이어 저당을 잡고 파는 것을 금지시켰다.314)

『구당서』의 「백거이전」보다 『자치통감』에서 魏徵 현손에 대한 상황과 그 구제방법에 대한 제시가 더 구체적이다.

백거이는 평로·치청절도사 이사도가 태종이 하사한 위징의 구택을 그 玄孫 魏稠에게 찾아주겠다는 제안은 마땅히 나라의 몫이라고 하여 이사도의 제안에 강하게 반발하였다. 그 결과 이사도가 위조에게 집을 되찾아 주는 계획이 좌절되었다.315) 이때 백거이가 제나라 이사도가 위징의 잡을 찾아주는 것은 잘못된 일이라고 올린 상주문의 전문인 『論魏徵舊宅狀』이 오늘날까지 전하고 있다.316) 아무튼 이는 이사도의 사람됨이 당나라 주장처럼 못된

314) 『資治通鑑』 권237, 「唐紀」53 憲宗 元和 4年 閏3月조, 7657~7658쪽, "魏徵玄孫稠貧甚, 以故第質錢於人, 平盧節度使李師道請以私財贖出之. 上命白居易草詔, 居易奏言.「事關激勸, 宜出朝廷. 師道何人, 敢掠斯美! 望敕有司以官錢贖還後嗣.」上從之, 出內庫錢二千緡贖賜魏稠, 仍禁質賣."

315) 『舊唐書』 권166, 「白居易傳」又淄青節度使李師道進絹조, 4343~4344쪽.

316) 『白氏長慶集』 권58, 「奏狀」 '論魏徵舊宅狀' 李師道奏請조, 633쪽(『欽定四庫全書』 所收 1080冊, 臺灣 : 商務印書館, 1986).

인물이 아니라는 것을 알려주는 중요한 단서일 뿐만 아니라 제나라의 군주로
서 백성을 다스릴 줄 아는 그런 리더십을 소유한 인물임을 드러낸다.

그렇다면 평로·치청절도사 이사도가 증조부터 형 이사고에 이르기까지
종묘를 지었던 것은 고구려 유민의 규합뿐 아니라 漢族으로 덕망이 있는
문벌까지 포섭하면서 강력한 국가를 만들겠다는 구상을 알 수 있는 사실이라
더욱 중요하다. 아무튼 평로·치청절도사 이사도가 위징의 현손의 어려운
경제문제를 돕겠다고 나서자, 당은 이때부터 저당 잡혀 파는 행위를 금지하는
조치를 취하였다.

평로·치청절도사 이사도는 祖父 이정기로부터 '賦稅均輕'의 조세 원칙을
지켜 통치했기 때문에 백성의 절대적인 지지를 받는 강력한 절도부로 만들었
다. 이와 같은 경제 조세정책을 당이 따르지 못한 것은 헌종과 李絳·白居易의
대화에서도 증명된다. 즉,

> 헌종이 오랜 가뭄으로 德音317)을 내리려고 하자, 한림학사 李絳과 白居易가
> 말씀을 올렸다. "실제로 은혜가 사람들에게 미치도록 하고 싶으시면 그들의
> 조세를 줄여주는 것 만한 것이 없습니다." 또 말하였다. "宮人들 가운데 부리고
> 사역하고 남은 사람은 그 수가 아직 많으니, 일은 의당 비용을 줄여야하며,
> 사물에서 귀한 것은 인정을 좇는 것입니다."318) 또 청하였다. "여러 道에서
> 가로로 거두어서 進奉하는 것에 충당하는 것을 금지하십시오." 또 말하였다.
> "嶺南·黔中·福建 풍속은 대부분 양민을 약탈해 팔아서 노비로 삼으니, 빌건대
> 엄하게 금지시켜주십시오."319)

---

317) 천자의 음성을 말하며, 정확히 표현해서 은덕을 내리는 조서를 말한다.
318) 궁녀가 많아 많은 비용이 들어, 궁녀 수를 줄여 나머지 수를 궁궐 밖으로 내보내라는
   말이다.
319) 『資治通鑑』 권237, 「唐紀」53 憲宗 元和 4年 3月조, 7657쪽, "上以久旱, 欲降德音, 翰林學士
   李絳·白居易上言, 以爲'欲令實惠及人, 無如減其租稅.' 又言'宮人驅使之餘, 其數猶廣, 事宜
   省費, 物貴徇情.' 又請'禁諸道橫斂以充進奉.' 又言'嶺南·黔中·福建風俗, 多掠良人賣爲奴婢,
   乞嚴禁止.'"

위 내용은 평로·치청절도와 다르게 당은 백성들에게 대하여 과중한 조세부담으로 고통을 주었다는 내용이다. 이는 이정기의 4대에 걸친 평로·치청절도가 무슨 이유로 강력하게 존속되게 되었는가에 대한 해답과 직결된다. 이 모순을 해결하기 위해서 이강과 백거이가 백성의 조세에 대한 고통을 덜어주기 위한 3가지 정책을 제시하였다. 한마디로 減稅정책에 대한 건의였다. 첫째는 궁녀를 줄여 비용을 줄이자는 제안이다. 둘째는 여러 道에서 進奉을 금지하자는 안이다. 마지막으로는 嶺南·黔中·福建에서 양민을 잡아서 노비로 팔지 못하게 하자는 안이다. 이는 백성의 奴婢化 문제였다. 그런데 마지막 안은 당의 치안이 엉망이어서 자행된 일이었기 때문에 그 암시하는 바가 매우 크다. 어찌하여 당이 절도사들을 통제하기는커녕 절도사들에 의해 유지되는 그런 나라로 전락되었는가에 대한 해답과 일치하는 내용이기 때문이다. 이는 평로·치청절도사 이정기부터 이사도까지 제나라 백성에 대한 통치방법이 당의 그것보다 훨씬 우월했다는 것을 알 수 있는 사실이다.

한편 다음해(元和 4년)부터 이사도는 제나라의 행정구획에 대한 조정을 실시하였다. 한 예가 黃臺市에 魚臺縣을 설치하였던 것이다.[320] 이와 같은 사실은 평로·치청절도사 이사도의 정치와 행정능력이 탁월하였다는 것을 보여주는 자료다. 그런데 魚臺는 원화 14년(819) 정월에 武寧절도사 李愬가 평로·치청절도에서 빼앗아 武寧절도에 귀속되었다.[321]

셋은 이사고 시대의 백성을 다스리는 법이 혹독하였다는 사실이다. 위와 같은 사실 때문에 이정기 가문이 백성을 다스리는 법이 혹독하였다고 표현한 듯싶다. 이와 관련해 제나라 이사고 시대의 관련된 이야기를 들어보자.

외지에서 근무하는 자는, 모두 그 처자들을 인질로 남겨두었으며, 혹 조정에 귀순하려고 모의하려다가 그 일이 발각되면 그 가족을 처형하였기 때문에,

---

320) 『唐會要』 권70, 「關內道」 元和 4年8月 淄靑節度使李師道請移魚臺縣置于黃臺市조, 1254쪽.

321) 『資治通鑑』 권240, 「唐紀」 憲宗 元和 14年 正月조, 7757쪽.

　　많은 사람들은 죽임을 당할까 두려워 감히 다른 생각을 하지 못하였다.[322]

라는 것이 그것이다. 물론 이는 이사고 시대에 법이 가혹했음을 나타내는 기록임은 틀림없다. 또 번진의 부하 牙將과 牙兵의 반역을 막기 위해 처자들을 인질로 삼는 것은 당시 하나의 관례처럼 되어 있었다.[323] 그렇다고 이를 가지고 평로·치청절도사 이정기의 4대가 백성들에 대하여 혹독한 법으로만 다스렸다고 주장한다면 이는 지나친 비약이다. 이런 제도는 당의 일반적 제도인데다 당에서 평로·치청절도사 이사도를 제거하기 위해 혈안이 되었다는 사실을 감안한다면, 제나라의 제도는 결코 무리수가 아니다. 물론 그렇다고 제나라의 제도가 좋다는 이야기는 아니다. 그러나 그러한 법이 시대를 초월하여 적용되는 법이라는 사실을 감안한다면, 이사도의 그런 법이 왜 그 당시 적용되었는지를 생각할 필요가 있다.

　　넷은 대장이 군사를 거느리고 밖에 주둔하는 경우 대장의 처자를 운주성에 인질로 잡아두었다는 사실이다. 이는 이정기 가문만이 행하였던 그런 제도가 아니다. 정확히 표현하여 전국시대 진시황 이전부터 중국의 역대왕조에서 시행한 제도를 이정기 가문이 그대로 답습한 것에 불과하다. 이정기 가문의 신하 가운데 당으로 귀순하려다 발각되면 그 신하의 가족이 모두 죽임을 당하였던 것도 마찬가지다. 이사도가 당과 대항하였던 상황에서 인질을 두었던 것은 어쩔 수 없는 일이다. 한마디로 이사도의 제나라는 당과 대립하는 상황이었기 때문에 전시체제라고 표현하는 것이 옳다. 설혹 중국의 그러한 제도보다 평로·치청절도사 이사도의 그것이 더 강한 구속력을 가질 수밖에 없었다면, 그 까닭은 중국 안에서 국가를 유지하기 위해서는 그런 인질 제도 없이 통치한다는 것은 불가능하다고 본다.

　　평로·치청절도사 이사도가 魏徵의 玄孫 魏稠의 저당 잡힌 집을 되찾아

---

322) 『舊唐書』 권124, 「李師古傳」, 3537쪽, "其有任使于外者, 皆留其妻子, 或謀歸款於朝, 事洩, 族其家, 衆畏死而不敢異圖."
323) 築山治三郎, 앞의 「地方官僚と政治」, 375쪽.

주려고 할 정도로 나름대로 명분을 쌓고 있자, 당은 매우 당황하였다. 한편 이때 당은 成德절도사 王士眞의 죽음을 기화로 절도사 세습을 막으려고 시도하였다. 원화 4년 4월 이와 관련한 기록을 보자.

　　황제가 河北에 있는 여러 鎭에서 세습하는 폐단을 고치고자 하여, 王士眞의 죽은 틈을 타서, 조정에서 다른 사람에게 제수하고, 이를 좇지 않으면 군사를 일으켜서 토벌하려고 하였다. 그런데 裴垍가 말하였다. "李納이 멋대로 날뛰며 공손하지 않았고, 王武俊은 나라에 공을 세웠으며, 폐하께서 전에 李師道를 허락하셨는데, 지금 王承宗을 빼앗으면, 악을 방지하고 선을 권하는 이치에 어긋나니, 저들은 반드시 복종하지 않을 것입니다." 이로 말미암아 논의는 오래도록 결정되지 않았다.324)

　헌종은 성덕절도사 왕사진이 죽자, 이때를 이용해서 절도사 세습을 막아보 겠다는 구상을 했다. 즉 왕사진의 아들 王承宗을 절도사로 세습시키지 않고, 다른 인물을 절도사로 삼아서 당의 지배권을 확대시켜보자는 복안이었다. 그런데 이에 관한 문제를 재상 裴垍가 제기하였다. 李納이 조정을 받들지 않았을 뿐 아니라 제멋대로 하였는데도 그의 아들 李師道마저 세습을 허락하 였기 때문에 王承宗이 불복한다고 얘기한 것이다.

　게다가 王武俊은 李抱眞과 같이 朱滔를 파괴한 공로까지 있던 인물인데, 王承宗의 절도사 세습 불가가 수용될 수 없다는 것이 裴垍의 주장이었다. 그렇다면 裴垍 논리는 이납은 물론이고 이사도도 당에 대한 공을 세운 적이 없는데도 계속 세습하고 있다는 주장이다. 바꾸어 말하면 이납이나 그의 아들 이사도가 평로·치청절도사로 군림하고 있지만 이는 당과 무관한 집단이 라는 이야기다. 더 정확히 말해 李納과 그의 아들 李師道가 절도사 중에서

---

324) 『資治通鑑』 권237, 「唐紀」53 憲宗 元和 4년 4月조, 7659쪽, "上欲革河北諸鎭世襲之弊, 乘王士眞死, 欲自朝廷除人, 不從則興師討之. 裴垍曰'李納跋扈不恭, 王武俊有功於國, 陛下 前許師道, 今奪承宗, 沮勸違理, 彼必不服.' 由是議久不決."

484

당에 대해 제일 적대적이라는 이야기와 일맥상통한다.

당 헌종이 왕승종 대신 다른 인물을 성덕절도사로 임명하려는 생각을 李絳 등에게 또 다시 물었다. 즉,

"河北이 성스런 가르침을 따르지 않으니, 누가 화를 내고 탄식하지 않겠습니까만, 그러나 오늘날 그것을 빼앗는 것은, 아직 할 수 없을까 두렵습니다. 成德은 王武俊이래로부터 父子가 서로 이은 지 40여 년인데, 사람들의 마음과 관습으로 보아서, 그르다고 여기지 않습니다. 하물며 王承宗은 이미 군사 일을 총괄하는데, 하루아침에 그것을 바꾸면, 아직은 반드시 조서를 받들지 않을까 두렵습니다. 또 范陽·魏博·易定·淄靑은 땅을 가지고 서로 전해주니, 成德과 더불어 같은 몸통이고, 저들은 成德에서 다른 사람에게 제수했다는 소식을 들으면, 기필코 속이 편안하지 않아서, 몰래 서로 무리를 지어 도울 것이며, 비록 張茂昭가 요청을 하였으나, 또 정성스럽지 아니할까 걱정입니다. 지금 나라에서 다른 사람에게 제수해 王承宗을 대신하게 하면, 저들과 이웃한 道에서는 일을 이루기를 권하고, 나아가고 물러나는데 유리합니다. 만약 제수된 사람이 들어올 수 있다면, 저들은 스스로의 공로로 여길 것이고, 만약 조서를 내려 명령하였으나 시행하지 않는 바가 있으면, 저들은 이것을 틈타 몰래 서로 관계를 맺을 것인데, 나라의 체통이 있으니 어찌 갑자기 멈출 수 있습니까! 모름지기 군사를 일으켜서 사방으로 공격하고 토벌하면서 저들 장수에게 관직과 작위를 덧붙여 내리고, 사졸들에게 의복과 양식을 주면, 무기를 만지며 희롱하고 노략질하며, 앉아서 승부를 바라보니, 힘들이고 소비하는 병폐는 모두 국가로 돌아옵니다. 지금 江·淮는 물이 범람하여 公私간에 지치고 궁핍하여, 군사의 일은, 위태로워서 가볍게 논의할 수 없습니다."325)

<hr>

325)『資治通鑑』권237,「唐紀」53 憲宗 元和 4년 4月조, 7659쪽, "河北不邊聖教, 誰不憤歎, 然今日取之, 或恐未能. 成德自武俊以來, 父子相承四十餘年, 人情貫習, 不以爲非. 況承宗已總軍務, 一旦易之, 恐未必奉詔. 又范陽·魏博·易定·淄靑以地相傳, 與成德同體, 彼聞成德除人, 必內不自安, 陰相黨助, 雖茂昭有請, 亦恐非誠. 今國家除人代承宗, 彼鄰道勸成, 進退有利. 若所除之人得入, 彼則自以爲功, 若詔令有所不行, 彼因潛相交結, 在於國體, 豈可遽休! 須興師四面攻討, 彼將帥則加官爵, 士卒則給衣糧, 按兵玩寇, 坐觀勝負, 而勞費之病盡歸國家矣. 今江·淮水, 公私困竭, 軍旅之事, 殆未可輕議也."

이는 한림학사 이강 등이 헌종의 질문에 대한 답변이다. 그 요지는 헌종이 절도사들의 세습을 막겠다는 계획이 실제로 성공할 수도 없고 도리어 나라에 어려움만 가중시킬 수 있다는 주장이다. 이는 정확히 말해서 당의 존재가 절도사들의 손에 달렸다는 이야기와 다르지 않다. 따라서 당이 나라의 기강을 세우려고 노력하고 있지만 절도사 세습 문제는 조정이 손을 댈 수 없을 정도로 절도사 간에 얽히고설킨 문제였다. 이때 절도사들의 세습 고리를 끊는 문제는 당의 권한 밖이라고 표현하는 것이 맞다.

게다가 江·淮가 물이 범람해 백성이 탈진한 상황이라서 군사의 일을 함부로 꺼낼 수 없다는 주장은, 이때 당이 절도사들을 통제할 수 없는 그런 상황에 대한 설명이다. 물론 위의 淄靑은 李師道를 가리키는 말이다. 또 위의 張茂昭는 義武절도사였다.

당에서 成德절도사로 王承宗을 임명하는 문제는 3개월이 지나도 결론이 나지 않았다. 성덕절도사 왕승종의 후사문제를 필자가 자세하게 다루는 이유는 간단하다. 즉 이사도의 제나라에 대해서도 그 파장이 미칠 수 있는 중대 사안이기 때문이다. 그러나 그 해(809) 7월에 당 헌종이 다시 학사들에게 해결 방안을 물었다. 즉,

> "지금 王承宗을 채용하여 成德(치소는 항주)留後로 삼고, 德(산동성 능현)과 棣(산동성 혜민현) 2州를 베어내어 다시 하나의 鎭을 만들어 그 형세를 분리시키고, 아울러 王承宗으로 하여금 兩稅를 보내도록 하고, 관리를 청하도록 만들어서, 李師道와 같게 하려고 하는데, 어떻겠소?" 李絳등이 대답하였다. "德과 棣가 成德에 예속된 지 이미 오래되었는데, 지금 하루아침에 그것을 베어내면, 아마도 王承宗과 그의 將士들이 걱정하고 의심하고 원망하며 그것으로 핑계거리를 얻는 것이 될 수 있을까 두렵습니다. 하물며 그에 이웃하는 道의 상황도 모두 같아서, 각기 훗날 분할될 것을 걱정하여, 혹 몰래 서로 일을 얽어매어 선동할 터인데, 만에 하나 무리를 거느리고 군대로 거역하게 되면, 처리하기가 배로 어려우니 옳은 바를 재삼 생각하시기를 원합니다.

兩稅와 관리와의 문제는 바라건대 弔祭使가 저들에게 도착하는 기회를 통하여,
스스로 그러한 뜻을 가지고서 王承宗을 타이르고, 그들로 하여금 표문을
올려 설명하여 李師道의 例와 같이 하도록 청하게 하시고, 폐하로부터 내려온
생각이라는 것을 알게 하지 마십시오. 이와 같이 하여, 요행히 명령을 따르면,
이치로 보아 진실로 순종하는 것이고, 만약 그들이 좇지 아니한다 하여도
체통 역시 손상되는 일이 없습니다."326)

당이 王承宗을 成德절도사로 임명하는 조건으로 德·棣 2州를 분리시켜
새 鎭을 만들겠다는 복안이다. 이런 구상에 대해 당에서 실현가능한지를
계산하는 일은 쉬운 문제가 아니었다. 이때 대안으로 등장한 것이 李師古가
죽은 후, 당에서 李師道를 평로·치청절도사로 인정하지 않을 때, 당의 바라는
바를 대폭적으로 수용했던 사실을 王承宗에게 적용시키려는 점이 특이하다.
그렇지만 이사도 경우와 달리 德·棣 2州를 떼어낼 계획이라서 어려운 문제였
다.

여기서 간과할 수 없는 사실은 위에서 이사도가 원화 원년에 兩稅·관리를
청하도록 하는 안을 당에게 제안했다는 사실이다. 이는 이사도가 평로·치청절
도사로 임명된 후부터 당에 兩稅와 관리 파견을 청했다는 이야기와 통하는
대목이다. 이에 대해서는 뒤에 다시 언급하겠다. 당은 절도사들의 세습을
막으면서 절도사들의 세력을 약화시키는 방법으로 소속된 州를 분리시켜나
가는 계획을 추진하기 시작했다.

한 달이 지나도 王承宗에게 아무런 대답을 당이 하지 않자, 왕승종은 계속해
표문을 올리며 청원하였다. 그 해 8월 京兆少尹 裴武가 도착하자,327)

---

326)『資治通鑑』권238,「唐紀」54 憲宗 元和 4년 7月조, 7663쪽, "今欲用王承宗爲成德留後,
割德·棣二州更爲一鎭以離其勢, 并使承宗輸二稅, 請官吏, 一如師道, 何如?' 李絳等對曰'德·
棣之隷成德, 爲日已久, 今一割之, 恐承宗及其將士憂疑怨望, 得以爲辭. 況其鄰道情狀一同,
各慮他日分割, 或潛相構扇, 萬一旅拒, 倍難處置, 願更三思. 所是二稅·官吏, 願因弔祭使至
彼, 自以其意輸承宗, 令上表陳乞如師道例, 勿令知出陛下意. 如此, 則幸而聽命, 於理固順,
若其不聽, 體亦無損'."
327)『舊唐書』권142,「王承宗傳」至八月조, 3879쪽.

王承宗은 매우 공손하게 조서를 받으며 말하였다. "三軍의 압박을 받아, 조정의 뜻을 기다릴 겨를이 없으니, 청컨대 德·棣 두 州를 헌상하며, 간절한 정성을 밝히게 해주십시오."328)

라고 했다. 이는 왕승종이 당이 요구하는 德·棣 二州를 바치겠다는 내용이다. 그것도 지체하지 않고 헌상하겠다는 것이다. 왕승종의 입장에서는 성덕절도 사로 임명되는 일이 너무 중요하여 좌고우면할 겨를이 없었다고 본다. 원화 4년 3월에 王士眞이 죽은329) 후 반년이 지난 9월에 왕승종을 성덕절도사로 임명하였다. 또 동시에 당은 德州刺史 薛昌朝를 保信軍절도사, 德·棣二州 관찰 사로 삼았다.330) 이는 당의 의도대로 성덕절도사에 속한 德·棣 2州를 분리시킨 것이다. 이는 당이 절도사들의 세습을 막는 첫 조치라고 본다. 이로써 河北에서 당의 지배력이 강화되었다.

평로·치청절도사 이정기 가문의 4대가 독립된 국가 형태를 유지하였던 것이 마치 중국 역사에서 불법인양 서술하고 싶은 사가의 심리가 계속적으로 표출되었다. 경우야 어떻든 조정은 이정기의 손자 이사도의 독립된 국가를 회유시키는 일에 골몰하였다. 달리 표현하면 이것이 당의 對이사도 정책이었 던 모양이다. 헌종이 "元和 5년(810) 7월 이사도를 檢校尙書右僕射로 임명하였 다"331)는 것이 그것일 것 같다.

당이 절도사를 토벌할 수 없는 상황에서 도리어 관직을 내려서 회유한 경우는 원화 5년 3월의 오소양 경우에서도 찾을 수 있다. 즉, "황제가 河朔에서 바야흐로 군사를 사용 중이어서 吳少陽을 토벌할 수 없었다. 3월 기미 일에 吳少陽을 淮西留後로 삼았다"332)는 사실이다. 오소양은 彰義절도사 吳少誠의

---

328) 『資治通鑑』 권238, 「唐紀」54 憲宗 元和 4년 7月조, 7664~7665쪽, "承宗受詔甚恭, 曰'三軍 見迫, 不暇俟朝旨, 請獻德·棣二州以明懇款'."

329) 『舊唐書』 권142, 「王承宗傳」 元和 四年 三月조, 3878쪽.

330) 『資治通鑑』 권238, 「唐紀」54 憲宗 元和 4년 9月 庚戌조, 7665쪽.

331) 『舊唐書』 권124, 「李師道傳」, 3538쪽, "五年七月, 檢校尙書右僕射";『新唐書』 권75下, 「宰相世系」5下 附'高麗李氏'(師道) 檢校尙書右僕射조, 3449쪽.

488

총애를 받아 申州자사가 되었다. 원화 4년 11월 기사 일에 吳少誠이 죽자 그의 아들 吳元慶을 죽이고 스스로 留後가 된 인물이 오소양이다.333) 그렇다면 이사도가 檢校尙書右僕射로 임명된 것도 오소양 경우와 다를 바가 없다.

그런데 원화 9년 윤 8월 병진 일에 창의절도사 오소양도 죽었다. 오소양의 아들 攝蔡州刺史 吳元濟가 喪事를 감추고 스스로 軍務를 관장하였다. 이에 당 헌종은 彰義의 변화를 이용하여 淮西를 뺏으려 했으나 王承宗을 토벌중이라 그런 계획을 포기했다.334) 한편 吳元濟는 "동쪽 李師道와 결맹하여 東都 낙양 습격을 모의하여서, 조정을 위협했다."335) 이사도는 오원제와 연합해 당의 東都를 점령할 계획이었다. 이때 東都從事 崔弘禮가 東都留守 呂元膺에게 낙양에 병사를 배치하게 하여 이를 막았기 때문에336) 이사도는 동도 습격계획을 일시 연기하였다.

이 무렵 백거이는 이사도에 대한 상주를 하는데도 이사도는 당의 뜻을 따르기는커녕 자신의 영역 확대에 주력하였다. 다음은 원화 5년 3월 백거이가 헌종에게 올린 상소의 일부다.

范希朝와 張茂昭는 新市鎭에 도착했으나 끝내 통과할 수 없었는데, 劉濟는 전군을 이끌고 樂壽를 포위하고 공격하였으나 오래도록 떨어뜨릴 수 없었습니다. 이사도와 田季安은 원래 보장할 수 없으며 그들의 상황을 살피며 서로 계산한 것 같이 각기 縣 하나를 거두고서는 드디어 군대를 전진시키지 않았습니다.337)

332) 『資治通鑑』 권238, 「唐紀」54 憲宗 元和 5年 正月조, 7672쪽, "上以河朔方用兵, 不能討吳少陽. 三月, 己未, 以少陽爲淮西留後."
333) 『資治通鑑』 권238, 「唐紀」54 憲宗 元和 4年 10月조, 初, 吳少誠조, 7668쪽.
334) 『資治通鑑』 권238, 「唐紀」54 憲宗 元和 9年 閏 8月 上自平蜀조, 7705쪽.
335) 『舊唐書』 권163, 「崔弘禮傳」 時 吳少陽初死조, 4265쪽, "東結李師道謀襲東洛, 以脅朝廷."
336) 『舊唐書』 권163, 「崔弘禮傳」 弘禮爲元膺籌畫조, 4265쪽.
337) 『資治通鑑』 권238, 「唐紀」54 憲宗 元和 5年 3月조, 7672쪽, "希朝·茂昭至 新市鎭, 竟不能過, 劉濟引全軍攻圍樂壽, 久不能下. 師道·季安元不可保, 察其情狀, 以相計會, 各收一縣, 遂不進軍."

당이 왕승종을 토벌하기 위해 全軍을 동원했으나 진전이 없었다는 상황을
황제에게 설명하였던 백거이의 上를 내용의 일부이다. 이는 성덕절도사 왕사
진이 죽은 후 그의 아들 왕승종의 세습을 허락하지 않는 당과의 충돌이었다.
靈鹽절도사 范希朝[338]와 義武절도사 張茂昭가 新市鎭에서 더는 진격하지 못하
였고, 盧龍절도사 劉濟도 樂壽에 대한 포위공격도 실패하였다.

이때 평로·치청절도사 이사도와 魏博절도사 田季安이 각자 자신의 실리를
추구하다가 각기 하나의 縣을 얻고 진군하지 않았다는 내용이다. 이는 이사도
가 당이 요청하는 전쟁에 참가할 때는 언제든지 실리만 챙겼다는 백거이의
주장이다. 이 무렵까지 당에 대해 굽히지 않는 절도사는 이사도와 전계안뿐이
었다. 이를 중시한 까닭은 원화 5년 3월에도 이사도는 당을 이용해 영역
확장을 하였다는 사실이 확인할 수 있기 때문이다. 이는 이사도 왕국이
이정기 이래로 항상 나름대로 정체성을 갖고 당과 관계를 유지하였다는
의미다. 이사도의 그런 태도가 늘 백거이를 두렵게 만들었다. 백거이의 아버지
백계경이 옛날 평로·치청절도사 이정기 휘하 서주자사 이유 아래의 彭城에서
벼슬했기 때문에 더욱 그럴 수밖에 없었다.

또 백거이의 上를 가운데 "신이 듣기로 회흘과 토번은 모두 細作을 가지고
있어, 중국의 일이 크건 작건 간에 다 일고 있습니다"[339]는 사실도 주목하고
싶다. 이는 회흘과 토번만 경사에 세작을 파견했다는 의미가 아니다. 항상
당과 대립한 이사도의 왕국도 늘 많은 세작이 경사에서 활동한 것을 쉽게
짐작할 수 있는 내용이다. 여기서 세작이란, 적진 상황을 파악하기 위해
몰래 파견한 간첩을 의미한다.

이사도를 檢校尙書右僕射로 임명하였던 것은[340] 예전에 이정기나 이사고
도 이와 같은 관직을 당으로부터 받았기 때문이다. 게다가 위의 관직을

---

338) 『資治通鑑』 권237, 「唐紀」53 憲宗 元和 4年 閏3月 辛未조, 7658쪽.
339) 『資治通鑑』 권238, 「唐紀」54 憲宗 元和 5年 3月조, 7673쪽, "臣聞回鶻·吐蕃皆有細作,
中國之事, 小大盡知."
340) 『冊府元龜』 권177, 「帝王部」 姑息2 (元和 5年 7月) 淄靑節度使李師道조, 2127쪽.

받았을 때 평로·치청절도사 이정기나 이사고 모두 군사력이 매우 강력하였을 때라는 사실이 주목된다. 그 이유는 이사도가 위의 관직을 당으로부터 받은 경우도 승진이기 때문이다. 그렇다면 당에서 평로·치청절도사 이사도를 검교상서우복야로 제수한341) 이유가 이사도를 가볍게 생각한 게 아니라 당이 평로·치청절도사 이사도를 두려워하였다는 이야기와 통하기 때문이다.

원화 5년 3월 吐突承璀가 烏重胤을 昭義절도사로 임명하려 할 때 李絳은 불가론을 황제에게 개진하였다. 그 내용 일부를 보자.

> 만일 劉濟·張茂昭·田季安·程執恭·韓弘·李師道가 계속해 상주문과 그 사정을 진술하고 아울러 吐突承璀가 제멋대로 명령한 죄를 지적한다면, 폐하께서 어떻게 그것을 처리하실지 알지 못하겠습니다. 만약 모두 회보하지 않으면 무리는 화를 내는 것이 더욱 심해질 것이고, 만약 그곳을 위하여 고쳐서 제수한다면 조정의 위엄의 무겁기는 사라집니다.342)

이는 당에서 새로이 절도사를 임명할 때 다른 절도사들이 조정에 간섭한 것과 관련된 내용이다. 물론 이런 일에 이사도가 빠질 리 없다. 이렇게 많은 절도사들이 절도사 임명에 관여하는 것은 자신의 문제와 직결되기 때문이다. 쉽게 말해 각 절도사들이 자신의 사후 절도사를 자신의 아들이나 형제로 세습시키는 작업과 연관되기 때문이다. 이와 같이 연명하여 조정에 반대하였을 때 절도사들의 군사력이 매우 강하기 때문에 조정은 전전긍긍하였다.

당의 李絳이 이정기의 4대를 매도하였던 이유는 간단하다. 이사도가 집정하고 나서 조정과 이사도의 대립국면이 더욱 심화되었기 때문이다. 아무튼 이사도가 원화 5년 7월에 檢校尙書右僕射라는 벼슬을 받고 나서 이사도와

---

341) 『舊唐書』 권14, 「憲宗」上 元和 5年 7月 淄靑李師道加僕射조, 431쪽.
342) 『資治通鑑』 권238, 「唐紀」54 憲宗 元和 5年 3月조, 7675쪽, "儻劉濟·茂昭·季安·執恭·韓弘·師道繼有章表陳其情狀, 并指承璀專命之罪, 不知陛下何以處之? 若皆不報, 則衆怒益甚, 若爲之改除, 則朝廷之威重去矣."

조정은 약 5년 동안 서로 탐색하였던 그런 시기이다.

당이 이사도를 檢校尙書右僕射로 임명할 때 상황에 대해서는『구당서』의 「헌종기」元和 5년 7월조에 자세하다.

경자 일에 王承宗이 判官 崔逐를 보내 上表하면서 자신의 죄를 인정하고, 법정부세를 납부할 것을 청원하니 조정이 관리를 임명하였다. 정미 일에 조서를 내려 王承宗의 죄를 용서해주고 그의 관작을 예전처럼 회복시키고 대우도 예전처럼 해 주었다. 각 道의 行營 將士에게, 모두 28만 430단필을 하사하였다. 당시의 招討使는 관직이라 칭하지 않아서, 各軍이 흩어졌기 때문에, 부근의 번진들이 도적질하는 것을 인정하는 상황이라, 분위기가 매우 어지러워, 국가재정이 피폐하게 되었다. 이사도와 劉濟가 몇 번에 걸쳐서 王承宗의 죄를 씻어줄 것을 청하니, 이에 盧從史에게 죄를 돌리고 王承宗을 사면하였는데, 이는 부득이 행한 것이다. 幽州절도사 劉濟에게 中書令 벼슬을 더해 주고, 魏博節度使 田季安에게 司徒벼슬을 더하고, 淄靑절도사 이사도에게 僕射 벼슬을 더해 주었는데, 이는 모두다 전쟁을 그만두라고 더해주었던 상이다.[343]

이는 성덕절도사 왕승종의 사면·관작 회복과 관련된 내용이다. 위에서 왕승종 일을 해결하기 위해서 이사도와 유제가 당에 요청한 것으로 되어있다. 그런데 사마광의『자치통감』에서는 이사도가 주도하여 이 일을 처리했던 것으로 기록되어 있다. 즉,

가을, 7월 경자 일에 王承宗이 사자를 파견하여 盧從史에게 이간질 당한 것을 스스로 설명하고, 조정에 공물과 부세를 보내도록 해달라고 빌고 관리를

---

343)『舊唐書』권14,「憲宗紀」元和 5年 7月 丁未조, 431쪽, "庚子, 王承宗遣判官崔逐上表自首, 請輸常賦, 朝廷除授官吏. 丁未, 詔昭洗王承宗, 復其官爵, 待之如初. 諸道行營將士, 共賜二十八 萬四百三十端匹. 時招討非其人, 諸軍解體, 而藩鄰觀望養寇, 空爲逗撓. 而李師道·劉濟 亟請昭雪, 乃歸罪盧從史而有承宗, 不得已而行也. 幽州劉濟加中書令, 魏博田季安加司徒, 淄靑李師道加僕射, 並以罷兵加賞也."

보내달라고 요청하니, 그들이 스스로 새로워지는 것을 허락하였다. 이사도 등이 자주 표문을 올려 王承宗의 죄를 깨끗이 씻어 줄 것을 청하자, 조정 역시 군대가 오래도록 공을 세우지 못하였으므로, 정미 일에 制書로 王承宗의 죄를 씻어 成德절도사로 삼고, 다시 德·棣 2州를 그에게 주었는데, 여러 道의 행영에 속한 장사를 다 철수하게 하고 합하여 布帛 28만 단필을 하사하였으며, 劉濟에게 中書令을 추가해 주었다.344)

사마광은 이사도가 왕승종의 권한을 회복시키는데 주도적인 역할을 했다 고 기록하였다. 바꾸어 말하면 절도사 중 제일 강력한 인물이 이사도였기 때문에 절도사 문제 해결에 이사도가 적극적이었다고 해석할 수 있다. 이는 당의 입장에서 제일 상대하기 어려운 절도사가 이사도라는 뜻과 통한다.

이사도와 유제는 조정에 관여해 자신들의 뜻을 관철시켰다. 이때 이사도를 비롯한 다른 절도사들이 절도사 문제에 개입하여 조정 판결에 반대하였던 하나의 본보기라 보고 싶다. 위의 劉濟는 盧龍절도사이고, 盧從史는 昭義절도 사이다.

원화 5년 12월 말에 이사도를 위시한 兩河지역을 당 통치가 미치지 못하는 곳이라고 헌종이 翰林學士·司勳郞中 李絳에게 말한 내용이 『자치통감』에 실려 있다. 즉,

지금 兩河 수십 州는 모두 국가 정령이 미치지 않는 곳이고, 河와 湟 수천 里(감숙성과 청해성의 동부)는 左袵하는 것에 빠져 있으니, 짐은 밤낮으로 조상의 부끄러움을 설욕할 것을 생각하나 재력이 넉넉하지 않으니, 그러므로 부득불 저축하고 모았을 따름이오. 그렇지 않으면 짐이 궁중에서 사용하는 것은 지극히 검소하고 적으니, 많은 것을 쌓아 두어서 무엇에 사용하겠소!345)

---

344)『資治通鑑』권238,「唐紀」54 憲宗 元和 5年 7月條, 7677~7678쪽, "秋, 七月, 庚子, 王承宗遣使自陳爲盧從史所離間, 乞輸貢賦, 請官吏, 許其自新. 李師道等數上表請雪承宗, 朝廷亦以師久無功, 丁未, 制洗雪承宗, 以爲成德軍節度使, 復以德·棣二州與之, 悉罷諸道行 營將士, 共賜布帛二十八萬端匹, 加劉濟中書令."

345)『資治通鑑』권238,「唐紀」54 憲宗 元和 5年 12月條, 7682쪽, "今兩河數十州, 皆國家政令所

이는 李絳이 재물을 모으는 것을 간언할 때 헌종이 이강에게 한 이야기이다. 위의 내용에서 늘 兩河지역과 河와 湟 수천 리가 당의 통치가 미치지 않는 곳이라고 헌종이 말한 대목을 주목할 필요가 있다. 이는 앞서 이사고가 죽기 전에 이복동생 이사도에게 세습시킨 후에 대한 해답과 관련성이 있다. 이사도의 세습을 당이 인정하지 않았을 때 이사도가 당에 대해 세금을 바치는 일과 당이 보내는 관리를 받겠다고 하였으나 이를 실행에 옮기지 않았다는 사실을 확인할 수 있는 기록이다. 위에서 左袵이라는 말은 한족의 복장이 아닌 이민족의 복식을 의미한다. 이는 상의를 입을 때 좌임한다는 뜻이다. 우리나라 복식도 좌임이었다. 다시 말해 중국에서 이민족지배 영역이 넓었음을 말한 의미로 사용되었다.

그렇다면 이정기의 4대에 걸친 세습과 독자 세력 형성에 대해서는 당이 어떤 형태로든 간여하지 못한 것이다. 이사도가 이사고를 세습하기 위해서는 내부 안정을 도모하기 위해 당의 세습인정이 필요했던 상황이라 당에 대해 임기응변식으로 어쩔 수 없이 위와 같이 말했던 것이기 때문에 그 내용이 실제 실행되지는 않았다. 한 마디로 위의 사료는 당이 군비 확보를 위해 헌종이 앞장서서 물자를 저축하여 兩河와 河·湟의 절도사를 제압하려고 절치부심했다는 내용이다. 당의 타도 대상에 이사도가 포함되었음은 물론이다.

헌종이 군비를 마련하기 위해 궁중에서조차 절약하였던 분위기는 그 다음 해에도 계속되었다. 즉 원화 6년 6월에 中書侍郞·同平章事 李吉甫의 상주내용에서 財源마련 방안이 매우 구체적이다. 즉,

> 秦부터 隋에 이르기까지 13대인데 관리를 많이 설치하기로는 국가(唐)와 같은 것이 없었습니다. 天寶 이후 中原에서 묵고 있는 병사는 현재 셀 수 있는 사람이 80여 만이고, 그 나머지는 商賈·승려·도사로서 농사에 종사하지 않는 사람이 열에 대여섯 명이니, 이것은 항상 3할의 근육을 수고롭게 하고

不及, 河·湟數千里, 淪於左袵, 朕日夜事雪祖宗之恥, 而財力不瞻, 故不得不蓄聚耳. 不然, 朕宮中用度極儉薄, 多藏何用邪!"

뼈를 고생시키는 사람(農夫)이 7할의 의복을 입고 앉아 먹는 무리를 받드는
것입니다.346)

이는 元和 6년경의 당에서 농사를 짓는 인구가 어느 정도였는지 알 수
있는 자료이다. 농사를 짓지 않는 첫 집단으로는 병사가 80여 만이 되고,
그 다음 집단은 상인·승려·도사들로 전체 인구에 50~60%에 해당한다. 그렇다
면 승려나 도사의 수가 상상할 수 없을 정도로 많았다는 이야기이다. 그
당시 李吉甫 주장이 맞다면 농부가 전체인구의 30%정도에 불과하였다는
이야기이다. 이들 농부 30%가 전체 인구의 70%를 부양한다는 논리이다.
한마디로 오늘날과 같은 산업사회가 아닌데도 불구하고 원화년간 坐食者가
무려 70%나 되었다는 것은 당시 농민의 고통을 짐작할 수 있는 數値이다.
물론 이길보의 주장은 많은 인구가 농사를 지어야 옳다는 지적이었다. 바꾸어
말하면 이러한 사회구조였기 때문에 당이 절도사들에게 휘둘렸다고 본다.
다시 말해 절도사 통치지역에서는 이길보가 말하는 그런 사회구조는 아닐
것이 분명하다. 그렇다면 이정기 4대의 제나라에서 부세가 균일하여 백성이
편안하였다는 사실은 제나라 사회는 이길보가 말하는 그런 사회구조보다
훨씬 건전한 수치로 형성되었다는 방증이다.
   또 이길보의 상주문은 계속된다. 즉,

   지금 內官과 外官 가운데 稅錢을 가지고서 녹봉을 받는 사람이 1만 명
   아래로 내려가지 않고, 천하에 있는 1천 300여 개의 縣 가운데서, 혹은 縣
   하나의 토지를 가지고 州를 만들기도 하고, 한 鄕의 백성을 가지고 縣으로
   만드는 일이 매우 많으니, 청컨대 유사에게 칙서를 내려서 철폐하고 설치하는
   것을 자세하게 정하도록 하고, 관리 중에서 줄일 만한 것은 줄이고, 州縣

---

346) 『資治通鑑』 권238, 「唐紀」54 憲宗 元和 6年 6月조, 7684쪽, "自秦至隋十有三代, 設官之多,
   無如國家者. 天寶以後, 中原宿兵, 見在可計者八十餘萬, 其餘爲商賈·僧·道不服田畝者什有
   五六, 是常以三分勞筋苦骨之人奉七分待衣坐食之輩也."

중에서 병합할 만한 것도 합치며, 벼슬에 들어가는 길 가운데서도 줄일
만한 것은 줄이도록 하십시오.347)

위의 李吉甫 上奏는 관리가 많아 쓸데없이 국고가 낭비된다는 요지였다.
이런 비합리적인 세수 낭비를 위해 顯정도 토지로 州가 된 것은 다시 縣으로
환원시키고, 鄕의 백성으로 縣을 만든 것도 鄕으로 환원시키도록 정확한
기준을 만들도록 하는 조서가 필요하다는 上奏이다. 더 나아가서 관리의
수를 줄일 수 있는 곳도 마땅히 줄이고 州縣도 병합할 만한 것은 병합하여
세수 낭비를 막아야 한다는 취지이다. 또 벼슬길로 나아가는 방법도 너무
많으니 줄여야 한다는 상주문이다. 한마디로 당에게 필요한 것은 행정을
통폐합하여 재정지출을 줄이는 개혁이 시급하다는 주장이었다. 앞서 당
헌종이 언급한 것처럼 兩河와 河·湟에서 당의 통치가 미치기 위해서는 군사력
증강이 필요한데, 이를 위해서 많은 군비조달이 절실하게 필요하였다. 물론
이는 평로·치청절도사 이사도를 공격하기 위한 전쟁준비물자와 관련된 사항
들에 대한 당 내부의 자성의 목소리였다. 이길보가 序頭에서 고통받는 농민
보호를 언급한 것은 행정개혁을 위한 명분론에 불과하였다.
　이길보의 상주문을 계속 들어보자.

　또 국가의 옛 법전에는, 관품에 의거하여 녹봉을 제정하여, 관직이 一品이면
한 달의 녹봉을 錢 30緡으로 하고, 職田의 祿米는 1천 斛을 넘지 않습니다.
어려웠던 일이 있은 이래, 使職의 수를 늘려 더 두고, 俸錢을 후하게 지급하였으
며, 大曆년간에는 권세가 있는 신하는 한 달에 받는 녹봉이 9천 緡에 이르렀고,
州는 크고 작은 것이 없이, 刺史는 모두 1천 緡이었습니다. 常袞이 재상이
되자, 비로소 한도를 세워 단속하였고, 李泌은 또 직무가 한산하고 바쁜
것을 헤아리고, 일에 따라 증가시켰으며, 그 당시에 사정에 따라 일을 이룬다고

347)『資治通鑑』권238,「唐紀」54 憲宗 元和 6年 6月조, 7684쪽, "今內外官以稅錢給俸者不下萬
員, 天下千三百餘縣, 或以一縣之地而爲州, 一鄕之民而爲縣者甚衆, 請敕有司詳定廢置, 吏
員可省者省之, 州縣可倂者倂之, 入仕之塗可減者減之."

하였으나, 이치상 줄이고 깎아내기는 어려웠습니다. 그러나 아직 명칭은
있으나 직무가 없어진 경우가 있고, 혹은 정원은 없어졌으나 녹봉은 존재하기
도 하며, 한산하고 바쁜 직무 사이에는 녹봉이 많고 적은 것이 갑자기 달랐습니
다. 청컨대 有司에게 칙서를 내려 俸料와 雜給을 자세하게 살피어 양을 정하여
보고하도록 해 주십시오.348)

　국가세출 가운데 큰 비중을 차지하는 녹봉이 시간이 경과하면서 터무니없
이 많아졌다는 것이 이길보의 주장이다. 한 예가 祿俸 제정 때 일품관이
錢 30緡과 祿米 1千 斛인데 大曆년간의 權臣의 月俸이 9千 緡으로 치솟았다.
이는 녹봉이 처음 제정될 때보다 산술적으로 무려 300배나 오른 것이다.
또 州의 크기와 상관없이 刺史는 모두 1천 緡을 받았다. 常袞이 재상이 된
후에 개혁이 있었고, 李泌이 개혁하였지만 녹봉을 깎는 일이 심히 어려웠다.
심지어 관직이 없어졌는데도 불구하고 녹봉이 그대로 주어지고 있는 실정이
라 녹봉에 대한 모든 사실을 보고하게 하는 것이 해결방안이라고 주장하였다.
이는 녹봉으로 과다하게 지출되는 것을 막고 녹봉체계에 대한 재정비 안이다.
　이와 같은 이길보의 祿俸 개혁안을 헌종이 받아들인 까닭은 당의 국고를
충실하게 하여서 이사도와 토번·회흘을 토벌하려는 군자금을 마련하기 위한
것을 제일의 목표로 삼았기 때문이다.
　위의 농업장려정책과 녹봉 개혁안이 추진된 것은 元和 6년의 일이었다.
당의 이사도 토벌 준비기간 때문인지 몰라도 원화 6년에 이사도의 행적에
대한 기록이 남아 있지 않다.
　원화 7년 3월 장안의 延英殿에서 이길보는 천하가 태평해졌으니 폐하께서
의당 즐기셔야 한다고 아뢰자, 이강이 반론을 폈다.349) 다시 말해서 당의

---

348) 『資治通鑑』 권238, 「唐紀」54 憲宗 元和 6年 6月조, 7684~7685쪽, "又, 國家舊章, 依品制俸,
　　官一品月俸錢三十緡, 職田祿米不過千斛. 艱難以來, 增置使額, 厚給俸錢, 大曆中, 權臣月俸
　　至九千緡, 州無大小, 刺史皆千緡. 常袞爲相, 始立約令, 李泌又量其閒劇, 隨事增加, 時謂通
　　濟, 理難減削. 然猶有名存職廢, 或額去俸存, 閒劇之間, 厚薄頓異. 請救有司詳考俸料·雜給,
　　量定以聞."

통치가 천하에 미치고 있지 않은 비상상황이라고 아뢰었다.

漢文帝 때에 무기는 나무라서 칼날이 없었고, 집집마다 넉넉하고 사람마다 풍족하였는데, 賈誼는 오히려 쌓아놓은 땔나무 아래에 불을 두었다고 여겨서 편안하다고 생각할 수 없습니다. 지금 법령으로 통제할 수 없는 곳은 河南과 河北 50여 州입니다. 犬戎이 누린내를 풍기면서 涇(감숙성 경천현)·隴(섬서성 농현)에 가까이 접근하니 봉화가 자주 놀램을 알리는데, 이에 더하여 수재와 한해가 때때로 일어나서 창고가 비어 있으니, 이것이 바로 陛下께서 宵衣旰食할 때이지, 어찌 이를 태평시대라고 여기고 갑자기 즐길 수 있습니까!350)

元和 7년 3월 李絳 주장은, 헌종의 근검절약과 李吉甫의 녹봉 개혁안으로 국부가 어느 정도 축적되었을 것이라는 생각과는 배치된다. 위의 사료에서 제일 문제시된 것은 당의 법령이 미치지 않는 河南과 河北의 50여 州였다는 내용이다. 그러나 법령으로 통제되지 않는 州는 실제 36州였으며, 이는 李絳의 표현이 과장되었다. 아무튼 당의 근심인 平盧, 魏博, 成德, 盧龍, 彰義절도에 대한 불안감을 이강이 헌종에게 아뢰었다. 게다가 그 당시 중국 서북의 吐蕃과 回鶻의 침입마저 있는 상황이라 당은 전전긍긍하였다. 이는 당이 평로·치청절도사 이사도의 존재에 대한 두려움에 대한 표현이다.

당이 절도사에 대한 통제가 가능할 수 있게 된 것은 魏博절도사 내부에서 발생하였다. 元和 7년 8월에 위박절도사 田季安이 죽자, 그의 어린 아들 田懷諫이 세습하지 못하고 田興에 의해 경사로 압송되면서 위박절도사의 문제는 새로운 양상을 띠었다.351) 이때 臨淸鎭將 전흥이 留後가 되어 蔣士則

---

349) 『資治通鑑』 권238, 「唐紀」54 憲宗 元和 7年 3月 戊戌조, 7689쪽.
350) 『資治通鑑』 권238, 「唐紀」54 憲宗 元和 7年 3月 李絳曰조, 7689쪽, "漢文帝時兵木無刃, 家給人足, 賈誼猶以爲厝火積薪之下, 不可謂安. 今法令所不能制者, 河南·北五十餘州, 犬戎腥羶, 近接涇·隴, 烽火屢驚, 加之水旱時作, 倉廩空虛, 此正陛下宵衣旰食之時, 豈得謂之太平, 遽爲樂哉!"
351) 『舊唐書』 권141, 「田季安傳」 田興葬季安畢조, 3847쪽.

등 10여 명을 죽이고 스스로 위박절도를 장악하였다. 이때 전흥이 부하들에게
天子의 법을 지키고 6州를 바치겠다고 발표하였다.352) 당은 급히 中書舍人
裴度를 魏州로 보내 魏博三軍에게 상금으로 錢 1백50만 貫을 주면서 치하하였
다.

　당은 원화 8년 정월에 田興에게 田弘正을 賜名하였다.353) 바꾸어 말하면
당이 위박절도사로 전홍정을 임명하였다.354) 당이 魏博三軍에게 1백 50만
貫의 전을 준 것은, 장차 절도사 내부의 반란을 유인하기 위한 뇌물계책이었다.
이와 같은 계책은 憲宗이 아닌 李絳의 술책과 통한다. 당은 절도사 내부의
반란을 유인하기 위해서인지 元和 8년 정월에 田興(田弘正)의 형 田融을 博州자
사로 임명하였다. 이는 전흥은 물론이고 그의 형 田融에게도 벼슬을 줌으로써
당에 귀화하면 부귀영화가 있다는 것을 알리려는 계산이었다. 이런 사실을
모두 알고 있던 평로·치청절도의 都知兵馬使 劉悟는 훗날 당의 공격을 막아야
하는 이사도의 장군인데도 불구하고 막기는커녕 도리어 鄆州를 공격해서
당에 대한 충성심을 드러냈다.

　당은 원화 7년 11월에 知制誥 裴度를 위박으로 파견하여 錢 150만 緡을
군사들에게 상으로 주었다. 이때 魏博군사들은 전을 받고 즐거워하는 소리가
우레와 같았다고 한다.

　　成德과 兗鄆의 사자들 가운데 몇 사람이 이것을 보고 서로 돌아보면서
　　얼굴색이 변하며 탄식하여 말하였다. "고집부리고 강한 것이 과연 무슨 이익이
　　있는가?"355)

---

352) 『舊唐書』 권141, 「田弘正傳」 興日조, 3849쪽.
353) 『資治通鑑』 권239, 「唐紀」55 憲宗 元和 8年 正月 辛卯조, 7699쪽.
354) 『舊唐書』 권141, 「田弘正傳」 翌日조, 3849쪽.
355) 『資治通鑑』 권239, 「唐紀」55 憲宗 元和 7年 11月조, 7696~7697쪽, "成德·兗鄆使者數輩見
之, 相顧失色, 歎曰'倔强者果何益乎!'"

위에서 절도간에는 수시로 사자들이 장안으로 오갔다는 사실이 주목된다. 물론 이런 사자들의 대다수는 앞서 언급한 것처럼 절도사들이 경사로 몰래 파견한 세작들이다. 裴度가 錢을 가져다 나누어 줄 때 兗·鄆 사자가 있었다는 사실이 주목된다. 즉 연운은 胡三省이 밝힌 것처럼 평로·치청군을 말함이다.356) 그런데 연운 사자가 말한 사실을 주목할 필요가 있다. 이는 돈으로 평로·치청군을 매수하려 할 경우 방법이 없음을 시인했기 때문이다. 훗날 이사도의 도지병마사 유오가 왜 이사도를 죽였는가에 대한 해답이 여기 있기 때문이다.

그런데도 평로·치청절도사 이사도는 원화 7년(812) 11월에 당의 간섭 없이 독자적으로 위박절도사 문제를 자신의 뜻대로 처리하려고 시도하였다. 위박 절도사 문제가 불거진 것은, 앞의 지적처럼 전계안이 나이 32세로 元和 7년 8월에 죽었기 때문이다.357) 이때 평로·치청절도사 이사도가 선무절도사 韓弘에게 다음과 같이 제안하였다.

> 이사도가 사람을 시켜서 宣武절도사 韓弘에게 말하길, "나는 대대로 田氏와 더불어 서로 보하며 도와주었는데, 지금 田興은 田氏의 종족이 아니고, 역시 兩河에 있는 일을 첫 번째로 바꾸었으니 역시 공이 싫어하는 바이오. 그래서 나는 장차 成德절도사의 군과 합세해 이를 토벌하겠소."358)

이는 이사도가 할아버지 평로·치청절도사 이정기와 魏博절도사 田承嗣 등의 약속을 이행하기 위해 군사동맹적인 조치를 취하겠다는 의사 표시이다. 이를 두 가지로 나누어 분석하고 싶다.

---

356)『資治通鑑』권239,「唐紀」55 憲宗 元和 7年 11月 胡三省註조, 7697쪽.

357)『舊唐書』권141,「田季安傳」元和七年卒조, 3847쪽 ;『資治通鑑』권238,「唐紀」54 憲宗 元和 7年 8月 戊戌조, 7692쪽.

358)『資治通鑑』권239,「唐紀」55 憲宗 元和 7年 11月조, 7697쪽, "李師道使人謂宣武節度使韓弘 曰, '我世與田氏約相保援, 今興非田氏族, 又首變兩河事, 亦公之所惡也! 我將與成德合軍討 之'."

하나는 이사도가 조정에 대항하겠다는 의사를 천명한 사실이다. 다시
말해 절도사는 이사도 할아버지 이정기 시대에 다른 절도사들과 하였던
약속이 준수되어야 한다는 게 그의 주장이다. 이는 절도사 직은 조정에서
주는 것이 아니라 세습되는 것이라는 것을 조정에 알리고 싶었다.

다른 하나는 이사도가 위박절도사 田季安의 아들 節度副使 田懷諫을 위박절
도사의 계승자로 삼겠다고359) 시도한 사실이다. 그런데 난데없이 위박병마사
田興이 전계안의 11세 된 아들 田懷諫을 축출하고 나서 조정에 귀순한 게
일의 발단이었다. 그런데 6州가 당에 歸命하게 하는 謀事를 꾸민 인물은
당의 翰林學士 李絳이었다.360) 이는 田承嗣가 세운 魏博절도가 49년 만에
종언을 고하였다는 의미를 갖는다.361) 이사도는 사람을 宣武절도사 韓弘에게
파견하여, 옛날의 약속을 실천하기 위해 합동 군사작전을 촉구하였다. 그러나
한홍이 조정의 뜻에 따르는 그런 상황이었기 때문에 宣武절도와 연합하겠다
는 이사도의 계획은 좌절되었다.

평로·치청절도사 이사도의 제안에 선무절도사 한홍은 협조는커녕 제나라
를 공격하겠다는 식으로 나왔다. 이때 한홍이 말하길,

> 나는 이해관계를 알지 못하겠고 조서를 받들어 일을 행하는 것을 알고
> 있소. 만약 군사가 북쪽으로 황하를 건넌다면, 나는 군사를 가지고 동쪽으로
> 가서 曹州를 빼앗겠소.362)

이는 한홍이 이사도가 황하를 건너면, 동쪽으로 가서 평로·치청절도의
曹州를 탈취하겠다는 협박처럼 들리지만, 한홍이 田弘正처럼 당에 충성하겠

---

359) 『資治通鑑』 권238, 「唐紀」54 憲宗 元和 7年 8月 夫人元氏召諸將立懷諫爲副大使, 知軍務조,
　　 7692쪽.

360) 『舊唐書』 권164, 「李絳傳」 其經始營創조, 4289쪽.

361) 『資治通鑑』 권238, 「唐紀」54 憲宗 元和 7年 8月 胡三省註의 田承嗣帥魏博조, 7694쪽.

362) 『資治通鑑』 권238, 「唐紀」54 憲宗 元和 7年 11月조, 7697쪽, "我不知利害, 知奉詔行事耳.
　　 若兵北渡河, 我則以兵東取曹州!"

다는 의지 표명으로 해석이 가능한 사실이다. 다시 말해 한홍은 이사도와 달리 당의 뜻에 따라 행동하겠다는 확고한 신념 표현이 이사도의 조주 탈취라는 식으로 말하였다. 위박절도사가 전홍정이 되면서부터 당은 절도사들을 통제하는데, 한 발 앞으로 나가게 되었다고 해석해도 좋을 것 같다.

어쨌든 이때 이사도의 할아버지 이정기가 각 절도사들과 약속하였던 절도사가 세습되어야 한다는 유언을 이사도가 강조했던 것은 틀림없다. 이는 평로·치청절도는 당과 상관없이 독자 운영되는 집단이었다는 것을 확인할 수 있는 대목이다. 이사도의 행동은 전홍의 조정 귀순과 그가 탈취한 위박절도사 직에 대한 반대를 분명히 표시하였다.363) 위의 사실에서 이때 兩河에서 이사도의 평로·치청절도만이 나름대로의 정체성을 갖는 확고한 집단이었다고 볼 수 있다.

7. 제국화를 위한 낙양 함락 작전

평로·치청절도사 이사도는 조정의 상황을 염탐할 목적으로 세작을 파견하였다. 즉 원화 8년(813) 9월 "병신 일에, 치청절도사 이사도가 송골매 12마리를 진상하였는데, 이를 돌려보도록 명령을 내렸다"364)라는 것이 그것일 것 같다. 이사도가 당에서 제나라에 대한 태도가 어떤지를 파악하기 위해 송골매를 바쳤으나, 당은 이사도가 보낸 송골매를 돌려보냈다.

그런데 원화 8년 9월에 이사도가 조정에 바친 송골매를 돌려보낸 이유는 順宗 永貞원년(805) 2월에서 그 해답을 찾을 수 있다. 즉,

갑자 일에 황제가 丹鳳門에 나아가서 천하를 사면하면서, 여러 종류의

---

363) 李樹桐, 1992,「元和中興之研究」,『唐代研究論集』3, 臺北 : 新文豊出版, 376쪽.
364)『舊唐書』권15,「憲宗紀」元和 8年 9月조, 447쪽, "丙辰, 淄靑李師道進鶻十二, 命還之" ;『冊府元龜』권168,「帝王部」却貢獻 (元和) 8年9月조, 2026쪽.

미납한 세금을 일체 면제하였고 일상적 공납 외의 모든 進奉을 철폐하였다. 貞元말기의 政事로 사람들의 걱정거리가 되었던 것으로, 宮市와 五坊小兒와 같은 것은 것 모두 철폐하였다. 이보다 앞서 五坊小兒 가운데 마을에서 그물을 펴서 새를 잡는 사람은 모두 멋대로 포악을 행하여 다른 사람의 금전과 물건을 빼앗고, 문에 그물을 펴서 사람으로 하여금 출입하지 못하도록 하거나, 혹은 우물 위에 펴서 물을 긷지 못하도록 만드는 경우까지 있었으며, 그에게 다가가서 갑자기 '너는 헌상하려는 새를 놀라게 하였다!'라고 말하고, 그를 아프게 때리면서, 금전과 물건을 내어 사죄하기를 강요하고서야 물러났다. 혹은 서로 모여 식사하는 가게에서 마시고 먹어서 취해 배가 불러 떠나자, 파는 사람이 혹 그들을 알지 못해서 그 값을 요구하면 대부분 욕을 먹을 뿐만 아니라 얻어맞았고, 혹은 때로는 뱀 한 주머니를 남겨서 저당으로 삼으며 말하길, "이 뱀은 새를 오게 하는데, 이를 잡기 위한 것이니, 지금 너에게 남겨 부탁하니 잘 먹여 길러라, 굶게 하거나 목마르게 하지 말라." 파는 사람이 어쩔 줄 몰라서 사과하면서 간절하게 봐주기를 간구하면 그제서야 가져갔다. 황제는 동궁에 있으면서 그 폐해를 알았으므로 즉위하자 먼저 그것을 금지시켰다.[365]

위의 사실은 805년 2월에 순종이 백성을 고통스럽게 하는 宮市와 五坊小兒의 폐단 때문에 五坊(鵰坊·鶻坊·鷂坊·鷹坊·狗坊)[366]을 폐지한 것이다. 그 후 같은 해 8월 경술 일에 헌종이 즉위하면서도 '진기한 새나 짐승의 경우에 이르러도 바칠 수 없도록 하라'고 조서를 내리면서 어떤 동물도 진상하지 못하게 하였다.[367] 이런 까닭에 元和 8년 9월 평로·치청절도사 이사도가 당으로

---

365) 『資治通鑑』 권236, 「唐紀」52 順宗 永貞 元年 2月조, 7610~7611쪽, "甲子, 上御丹鳳門, 赦天下, 諸色逋負, 一切蠲免, 常貢之外, 悉罷進奉. 貞元之末政事爲人患者, 如宮市·五坊小兒之類, 悉罷之. 先是, 五坊小兒張捕鳥雀於閭里者, 皆爲暴橫, 以取人錢物, 至有張羅網於門不許人出入者, 或張井上使不得汲者, 近之, 輒曰'汝驚供奉鳥雀!' 卽痛毆之, 出錢物求謝, 及去. 或相聚飲食於酒食之肆, 醉飽而去, 賣者或不知, 就索其直, 多被毆詈, 或時留蛇一囊爲質, 曰'此蛇所以致鳥雀而捕之者, 今留付汝, 幸善飼之, 勿令飢渴.' 賣者愧謝求哀, 乃擕挈而去. 上在東宮, 皆知其弊, 故卽位首禁之."

366) 『資治通鑑』 권236, 「唐紀」52 順宗 永貞 元年 2月 胡三省註, 五坊조, 7610쪽.

367) 『舊唐書』 권14, 「憲宗紀」 永貞 元年 8月 庚戌조, 411쪽, "其奇禽異獸, 亦宜停進."

보낸 송골매가 돌아왔다는 것은 어쩌면 당연한 조치였다.

당이 이사도의 헌물을 받지 않은 이유를 샤페(Schafer)는 당시의 경제적인 이유가 아니면 근검절약이 동기였을 것이라고 주장하였다.368) 그의 견해가 옳다고 볼 수는 없다. 그 이유는 앞에서 지적한 것처럼 永貞 원년(805) 2월에 순종이 천하의 대사면령을 내리면서 미납한 세를 일체 면제하면서 일상적인 공납외의 進封마저 철폐시켰다.369) 이때 宮市와 五坊小兒에 대한 폐해로 말미암아 宮市와 함께 五坊小兒마저 폐지시켰기 때문에 송골매를 관리할 관아마저 사라졌다. 참고로 송골매를 중국으로 보냈던 나라는 우리 고대의 肅愼, 扶餘였고 그 후 당나라대는 신라와 발해였다.370)

여하간 헌종이 元和 원년부터 시작한 兩稅法 등의 개혁정치의 일환으로 황실에서 소비성 사냥을 중단한 것을 알리기 위해 이사도에게 해동청을 돌려보냈다는 샤페(Schafer)의 주장도 어느 정도는 설득력을 가질 수는 있다. 이런 개혁정치의 일환으로 실시된 兩稅法으로 당의 물가가 안정되었다는 연구는 주목되는 부분이다.371) 당이 재정적으로 안정을 되찾는다는 의미로 해석된다. 貞元 21년(805) 2월 갑자 일에 丹鳳樓에서 발표한 순종의 천하 사면령으로372) 그 다음 달 개혁인물로 평가할 수 있는 忠州별가 陸贄가 郴州별가 鄭餘慶과 함께 장안으로 복귀하라는 조서였다.373) 그러나 10년 동안이나 충주에 있던 陸贄는 順宗이 즉위하며 陽城과 鄭餘慶을 함께 경사로 불러들인 조서를 받지 못한 채, 그가 죽은 때의 나이는 52세였다.374)

여하간 이런 조치는 당 내부질서를 확립의 새로운 시도라고 평가할 수 있기 때문에, 이때 당 정책 변환시기였다고 볼 수 있다. 陸贄가 죽은 그

---

368) Edward H. Schafer, "Falconry in T'ang Times", *T'oung Pao*, XLV1-3~5, 1958, p.304.
369) 『舊唐書』 권14, 「順宗紀」 貞元 21年 2月 甲子조, 406쪽.
370) Edward H. Schafer, *op. cit.*, p.305.
371) 根本誠, 1962, 「唐代の主要物資の價格に就いて」, 『史觀』 65·66·67, 139쪽.
372) 『舊唐書』 권14, 「順宗紀」 貞元 21年 2月 甲子조, 406쪽.
373) 『資治通鑑』 권236, 「唐紀」52 順宗 永貞 元年 3月 壬申조, 7611쪽.
374) 『舊唐書』 권139, 「陸贄傳」 贄在忠州十年조, 3818쪽.

달에 순종은 杜佑에게 度支와 諸道鹽鐵轉運使라는 벼슬을 주면서375) 경제문제
에 적극적으로 관여했다. 그러나 順宗은 杜佑 아래 度支副使와 鹽鐵轉運副使로
회계를 전혀 모르는 王叔文을 임명했다.376) 그런데 왕숙문은 그 해(805) 8월에
渝州司馬로 좌천되었다가, 그 다음해 賜死되었다.377)

왕숙문이 죽임을 당하자, 왕숙문의 후임으로 潘孟陽이 度支副使와 鹽鐵轉運
副使가 되었다.378) 順宗 때 경제문제에 대한 돌파구를 찾기 위해서 江·淮운하에
관리에 관심을 기울였다. 江·淮운하는 한때는 상당기간 평로·치청절도사
이정기와 이납이 장악하였다. 그때 이정기와 이납은 당 전복을 기도할 정도로
당의 경제 대동맥이라고 말할 정도로 중요한 교통로가 강·회운하였다. 이를
관리하기 위해 당은 永貞 元年(805) 8월에 度支·鹽鐵轉運副使 潘孟陽을 江·淮운
하지역으로 파견하였다. 즉,

　　신유 일에 度支·鹽鐵轉運副使 潘孟陽을 파견하여서 江·淮에서 위로의 말을
　선포하고 순회하면서 조세와 榷稅의 득실을 살피고, 이어서 관리가 잘하고
　못하는 것과 백성의 질고를 살피도록 하였다.379)

이는 江·淮운하를 통해서 당에게 가져다 준 경제적 이득이 막대했기 때문에
度支·鹽鐵轉運副使 潘孟陽에게 특별 관리를 지시하였다. 바꾸어 말해 江·淮운
하를 통해서 많은 경제 비리가 발생했다는 내용이다.

당 헌종이 즉위해서도 潘孟陽에게 江·淮운하 관리에 대한 특별관리가 있었
다.『구당서』「반맹양전」을 보자.

---

375)『舊唐書』권147,「杜佑傳」德宗崩조, 3978쪽 ;『新唐書』권166,「杜佑傳」德宗崩조,
　　5088쪽.
376)『資治通鑑』권236,「唐紀」52 順宗 永貞 元年 3月 以王叔文조, 7612쪽.
377)『資治通鑑』권236,「唐紀」52 順宗 永貞 元年 8月 壬寅조, 7619쪽.
378)『舊唐書』권162,「潘孟陽傳」順宗卽位조, 4239쪽.
379)『資治通鑑』권236,「唐紀」52 順宗 永貞 元年 8月조, 7621쪽, "辛酉, 遣 度支·鹽鐵轉運副使潘
　　孟陽宣慰江·淮, 行視租賦·榷稅利害, 因察官吏否藏, 百姓疾苦."

그때 憲宗이 새로 즉위해서, 潘孟陽에게 江·淮를 순시하며 재물과 공물을
살피도록 하면서, 거듭 鹽鐵轉運副使로 임명하면서, 또 東南鎭의 다스려지는
상황을 살피도록 명령하였다. 그때 潘孟陽은 사치와 권세부리기를 좋아했기
때문에 노복 300~400명을 거느리며, 鎭府를 지나면서, 오직 놀고 즐기는
일만 힘써서, 여인들과 밤늦도록 마셔댔다. 鹽鐵運轉院에서는 뇌물을 마구
받아들였기 때문에, 관리 임명하는 일도 이러하였다. (京師에) 돌아와, 인망을
크게 잃었기 때문에 파직시키고 大理卿으로 임명하였다.[380]

위의 내용과 같은 사실을 司馬光은 그의『자치통감』에서 元和 원년 4월
潘孟陽에 대한 사실을 다음과 같이 기록했다. 즉,

潘孟陽은 도착하는 곳 마다, 오로지 놀이와 연회를 일삼았고, 따르는 노복이
300명인데, 뇌물을 많이 받아들이니, 이 소식을 황제가 듣고, 갑진 일에
潘孟陽을 大理卿으로 삼으면서, 그의 度支·鹽鐵轉運副使를 파직시켰다.[381]

위의 두 내용 모두 순종 때 江·淮순시를 맡은 潘孟陽이 그 후 憲宗이 즉위하면
서 똑 같은 임무를 부여받은 사실에 대한 언급이다. 그런데 江·淮운하가
당의 경제젖줄과 같을 정도로 많은 경제 이권과 결부되어서 헌종은 潘孟陽에
게 특별 주의를 주었으나 반맹양은 아랑곳하지 않고 그 자리를 이용해 놀고
致富하는 일에만 골몰하였다. 이는 평로·치청절도사 이정기와 이납 부자가
당을 상대로 전쟁하면서까지 江·淮를 확보하려 했던 이유가 무엇인지에
대한 해답이라고 본다.
반맹양이 度支·鹽鐵轉運副使에서 파직 당한 같은 달(4월) 杜佑가 책임을

---

380)『舊唐書』권162,「潘孟陽傳」, 4239쪽, "時憲宗新卽位, 乃命孟陽巡江淮省財賦, 仍加鹽鐵轉
運副使, 且察東南鎭之政理. 時孟陽以氣豪權重, 領行從三四百人, 所歷鎭府, 但務遊賞, 與婦
女爲夜飮. 至鹽鐵轉運院, 廣納財賄, 補吏職而已. 及歸, 大失人望, 罷爲大理卿."

381)『資治通鑑』권237,「唐紀」53 憲宗 元和 元年 4月조, 7630쪽, "潘孟陽所至, 專事遊宴,
從 僕三百人, 多納賄賂. 上聞之, 甲辰, 以孟陽爲大理卿, 罷度支·鹽鐵運轉副使."

느껴 財賦에 관한 일에서 해직시켜달라고 청원하였다. 다음은 이에 대한
『자치통감』의 기록이다.

> 杜佑가 財賦에 관한 관직에서 해직시켜 달라고 청하면서, 兵部侍郎·度支使·鹽
> 鐵轉運副使 李巽을 자신을 대신하여 천거하였다. 정미 일에 杜佑에게 司徒를
> 덧붙여 주면서 그의 鹽鐵轉運使를 파직시키고, 李巽을 度支·鹽鐵轉運使로 삼았
> 다. 劉晏 이후로부터 財賦를 처리하는 직책에 있는 사람으로 그를 이을 자가
> 없었다. 그런데 李巽이 使職을 맡은 지 1년 만에 조세수입이 劉晏과 비슷하게
> 많아졌고, 그 다음해는 그것을 넘었고, 또 1년에는 1백80만 緡이나 추가되었
> 다.[382]

度支·鹽鐵轉運使 李巽이 부임한 지 3년 만에 劉晏의 실적을 초과할 정도로
財賦를 거두었다는 사실은 의미가 있다. 달리 말해 당이 財賦의 넉넉함으로
평로·치청절도사 이사도를 견제할 수 있는 기반을 조성했다고 볼 수 있기
때문이다. 물론 앞서 고구려 유민 東川절도부사 高崇文이 劉闢의 난을 진압한
사실도 이사도에게는 불리하게 작용되었으나 그보다 度支·鹽鐵轉運使 李巽에
의해서 당의 재부가 809년부터 매우 튼실해졌다는 것은 당이 절도사들을
압박 할 수 있는 군사력 확보에 큰 어려움이 없다고 볼 수 있는 중요한
사건이다. 高崇文에게 전리품으로 생포된 劉闢과 그의 아들 超郎 등 9인이
참형된 사실을 『구당서』「헌종기」에 기록한 것은[383] 유벽 반란으로 당이
큰 충격을 받았기 때문이다. 한편 邠寧節度使·檢校司空·同平章事 高崇文도
원화 4년(809) 9월 정묘 일에 죽었다.[384] 그런데 『당회요』에 의하면 원화

---

382) 『資治通鑑』 권237, 「唐紀」53 憲宗 元和 元年 4月조, 7630쪽, "杜佑請解財賦之職, 仍擧兵部
    侍郎·度支使·鹽鐵轉運副使李巽自代. 丁未, 加佑司徒, 罷其鹽鐵轉運使, 以巽爲度支·鹽鐵
    轉運使. 自劉晏之後, 居財賦之職者, 莫能繼之. 巽掌使一年, 征課所入, 類晏之多, 明年過之,
    又一年加一百八十萬緡."
383) 『舊唐書』 권14, 「憲宗紀」 元和 元年 10月 戊子조, 419쪽.
384) 『舊唐書』 권14, 「憲宗紀」 元和 4年 9月 丁卯조, 428쪽.

4년 9월 邠寧慶三州節度 高崇文이 南京都統에 임명되었다.[385] 그렇다면 고승문
은 南京都統에 임명된 그달에 죽었던 모양이다.

고승문이 죽은 지 4년이나 경과해서 고승문과 관련된 흥미로운 사건이
있다. 즉 『구당서』「헌종기」元和 8년 4월의 기록이 그것이다. 즉,

> 승려 鑒虛가 고승문을 대신해 뇌물 4만 5천관을 재상 杜黃裳에게 뇌물로
> 바쳤는데, 永樂縣令 吳憑의 소개로 함께 杜黃裳의 아들 杜載에게 돈을 주었다.
> 칙서를 내려 吳憑을 昭州로 유배를 보냈으며, 杜黃裳·高崇文은 이미 죽었으므
> 로, 돈은 더 이상 추가 조사할 필요가 없어서, 杜載는 석방되었다.[386]

이는 고승문 생전에 일어났던 뇌물수수 사건과 관련한 후일의 기록이다.
더 정확히 말해 고승문을 대신한 승려 鑒虛가 재상 杜黃裳에게 뇌물을 직접
준 것이 아니라 그의 아들 杜載에게 돈을 건넸다. 그런데 이런 과정에서
永樂縣令 吳憑이 관여하여 고승문의 뇌물을 간접적 형태로 두황상의 아들
두재에게 준 중개인이었기 때문에 당은 吳憑을 昭州로 유배보냈다. 뇌물을
준 고승문처럼 두황상도 이미 죽어서 두재를 석방시켰다고 한다.

그렇다면 무슨 까닭에 4만 5천貫이나 되는 巨金을 고승문이 재상 두황상에
게 주었는가 하는 사실을 짚고 갈 필요가 있다. 이는 당에 의해 망한 고구려
유민과 같은 이민족을 부려먹다가 어느 순간에 어이없는 죄목으로 죽인
것을 高崇文이 잘 알았기 때문에 이런 사태를 미연에 방지하기 위한 방책이었
다고 본다. 즉, 고구려 유민 고선지도 무고죄로 죽었고, 백제 유민 흑치상지도
마찬가지로 당했다. 그렇다면 두황상이 죽었기 때문에 그의 아들 두재를
석방시켰던 것은 당의 관리들이 당에 의해 멸망된 이민족 장수로부터 뇌물

---

385) 『唐會要』 권78, 「諸使中」 元和 4年 9月조, 1424쪽.
386) 『舊唐書』 권15, 「憲宗紀」 元和 8年 4月조, 446쪽, "僧鑒虛爲高崇文納賂四萬五千貫與宰相
　　杜黃裳, 共引致人永樂縣令吳憑, 付錢與黃裳男載. 敕吳憑配流昭州, 黃裳·崇文已薨歿, 所用
　　錢不須勘問, 杜載釋放."

받는 것을 당연시하였던 증거라고 본다. 당 현종 때 고구려 유민 출신 고선지 장군의 부하마저 고선지의 명령을 잘 듣지 않았을 뿐만 아니라 멸시까지 할 정도여서 경우에 따라서는 그가 받은 상금이나 種子莊을 그의 부하 副都護 程千里에게 주었던 경우 등이 많았다.[387] 앞서 언급한 백제 유민 흑치상지도 재물을 아끼지 않고 부하에게 나누어 주었다는 사실에서 고구려나 백제 유민 장수들의 생존방법이 뇌물을 주어야 겨우 부하를 다스릴 수 있었다는 이야기이다. 이런 방법을 고구려 유민 출신 고숭문이 모를 리 없다.

한편 이사도가 당과 거리를 두면서 독립된 국가형태를 유지한 커다란 요인은 당의 허약한 경제상황과 연관 있다. 반대로 이사도의 영토 안에서 많은 경제적인 이윤이 자유롭게 추구되는 그런 사회적 분위기가 조성되었다고 본다. 그렇다고 이때 당이 開元·天寶년간의 경제적인 상황으로 돌아갔다고 보기는 어렵다. 한 예를 들면 비단 한 필에 開元·天寶년간 210~220文, 大曆년간 4000文, 貞元 19년 900文이 되었다는 사실로 사정을 가늠할 수 있을 것 같다.[388] 아무튼 이는 이사도와 당의 관계가 전일과 다른 차원의 대변혁을 예고하는 경제지표로 해석할 수 있다.

원화 10년부터 당은 주변의 절도사를 공격하면서 당과 이사도 관계는 대립으로 치달았다. 평로·치청절도사 이사도는 이정기·이납·이사고와 같이 항상 당을 제압할 생각이었다. 이런 까닭에 당은 이사도 휘하 병사를 아예 '賊'이라고 표현하였다. 당과 적대적인 관계가 된 것은 이사도가 그의 조부 이정기처럼 늘 당을 제압할 계책을 품었기 때문이다. 이런 계획을 구체적으로 옮기기 위해 이정기 시대부터 당에 반기를 든 인물들을 이사도도 여전히 받아들였다. 이런 사실에 대해 『신당서』「이사도전」에 다음과 같이 기록하고 있다. 즉,

---

387) 지배선, 2000, 「고구려 인 高仙芝(1)-對토번 정벌을 중심으로-」, 『東方學志』 110, 314쪽.

388) 根本誠, 앞의 「唐代の主要物資の價格に就いて」, 141~142쪽.

亡命 소년이 이사도를 위해 계책을 말하길, "河陰에서, 江·淮는 수송을 맡은 곳으로, 河南은 帝都가 있는 곳입니다. 청하건대 河陰 양곡 창고를 태워버리시고, 洛의 招募壯士들이 있는 궁궐을 약탈하시면, 조정은 심복의 아픔으로 구조에 나설 것입니다. 이는 蔡州를 구하는 하나의 奇策입니다." 이사도는 이에 사람을 보내 河陰 漕院의 錢 30萬 緡, 곡식 數 萬 斛, 창고 1백여 곳을 불태웠다.[389]

이사도가 공격한 하음창 부근. 지금은 수당시대의 낙양이라는 비석만 남아 있다.

여기서 간과할 수 없는 사실은 그 당시 동도 낙양 부근의 최대물류기지 창고인 河陰倉을 불태워 당을 혼란케 한 계책이 망명소년에게서 나왔다는 사실이다. 여기서 이사도에게 그런 계책을 알린 인물을 '少年'이라고 한 표현은 이사도의 군사를 '賊'이라고 기록한 것과 같은 맥락이다. 그러므로 실제 이사도에게 계책을 아뢴 인물은 소년이 아니다. 단순히 당이 이사도를 깔보기 위한 수단으로 소년이란 표현을 사용했을 뿐이다.

앞서 지적한 것처럼 당에 대항한 인물 가운데 위의 망명 소년도 이사도에게

---

389) 『新唐書』 권213, 「李師道傳」, 5992쪽, "亡命少年爲師道計曰'河陰者, 江·淮委輸, 河南, 帝都, 請燒河陰敖庫, 募洛壯士劫宮闕, 卽朝廷救腹心疾, 此解蔡一奇也.' 師道乃遣客燒河陰漕院錢三十萬緡, 米數萬斛, 倉百餘區."

투항하였다. 이처럼 이사도는 당을 등진 망명자를 받아들인 결과로, 당에게
치명적 계책을 수립하는 인물을 받아들일 수 있었다. 또 이사도가 계속적으로
망명자를 수용한 사실은 당과 대결하겠다는 의지 표출이다. 아무튼 망명
소년의 계책을 이사도가 실행에 옮긴 결과 河陰倉 일대가 큰 피해를 입었기
때문에 당은 매우 혼란스러웠다.

　한편 이는 왜 당이 이정기 가문의 4대를 중국의 사가들이 사악한 집단으로
통박하였는지 알 수 있는 대목이다. 이와 관련된 소식을『구당서』「이사도전」
에서 들어보면,

　　(元和) 10년, 관군이 蔡州에서 반란한 적을 토벌하였으며, 이사도는 賊兵을
　　파견하여 河陰倉을 불태웠으며, 建陵橋를 끊어 파괴하였다. 처음에 이사도는
　　河南府(오늘날 낙양)에 留邸를 설치하고, 사병과 간첩이 혼잡하게 왕래하여도,
　　그곳 관리마저 이를 판별하지 못하였다.[390]

라는 사실이 그것이다. 이를 몇 가지로 구분하여 분석하고 싶다.

　하나는 원화 10년(815)에 당이 蔡州를 공격하였다는 사실이다. 이는 원화
9년에 吳元濟가 蔡州에서 반란을 하였기 때문이다.[391] 그런데 당이 채주를
공격할 때 여러 道의 병사를 동원하였던 것인데, 이때 당에서 이사도의
군사를 참전시키지 않았던 것은 암시하는 바가 크다.[392] 물론 채주와 이사도
의 영역은 멀리 떨어져 있다. 이는 조정에서 어쩌면 채주와 마찬가지로
평로·치청을 동일한 성격으로 구분하였다는 증거이다. 이때 제나라 이사도가
낙양에서 게릴라전을 전개한 시기는 원화 10년 7월이었다.[393]

---

390)『舊唐書』권124,「李師道傳」, 3538쪽, "十年, 王師討蔡州, 師道使賊燒河陰倉, 斷建陵橋.
　　初, 師道置留邸於河南府, 兵諜難以往來, 吏不敢辨."
391)『舊唐書』권146,「嚴綬傳」(元和) 九年, 吳元濟叛조, 3961쪽 ;『舊唐書』권165,「柳公綽傳」
　　(元和) 九年, 吳元濟據蔡州叛조, 4302쪽.
392)『新唐書』권213,「李師道傳」詔興諸道兵而不及鄆조, 5992쪽.
393)『舊唐書』권154,「呂元膺傳」(元和) 10年 7月조, 4105쪽.

채주는 이사도의 남쪽에 위치하고 있어서 당군의 이동경로가 이사도의 영역을 공격하기 위한 공격로와 겹친다는 사실을 이사도가 모를 리 없다. 게다가 조정에서는 평로·치청절도사라는 정식 관직을 이사도가 받지 못한 상황이었기 때문에 이사도는 조정에서 자신에 대한 문제를 어떠한 식으로 처리하는가에 대하여 신경을 썼을 가능성이 농후하다. 이런 가운데 조정에서 채주를 공격한 것은 이사도가 전략적으로 대처하여야 할 문제였다.

이때 채주 오원제가 낙양 부근까지 공격하여 왔는데,[394] 이를 조정에서 嚴綬로 막게 하였던 사건이 채주 공격이었다. 그런 오원제와 당과의 싸움에서[395] 오원제를 지원하기로 이사도는 결정하였다. 이는 원화 10년 4월 오원제가 사람을 보내어 鎭州 왕승종과 淄靑 이사도에게 구원을 요청하였던 사실에서 확인이 가능하다.[396] 상황을 역전시키기 위하여 왕승종과 이사도가 함께 조정에 대하여 상서하여 오원제를 용서할 것을 요구하는 한편, 오원제를 지원하는 양면작전을 구사하였다.[397] 왕승종은 이미 원화 4년부터 조정에 반기를 들고 있었다.[398]

이사도가 오원제를 두둔한 것은 평로·치청절도사 왕국을 유지하기 위한 그의 독자적인 행동의 결과라고 본다. 그 이유는 오원제가 독자적인 세력으로 남아 있어야 이사도의 제나라가 안전할 수 있다는 계산 때문이다. 조정은 회서절도사 오원제를 없애기 위해 잠정적인 특별군인 淮西行營都統을 조직하여 여러 병단을 구성, 오원제를 사면에서 공격하였다.[399] 이때 田弘正은

---

394) 『資治通鑑』 권239, 「唐紀」55 憲宗 元和 9年 正月 吳元濟縱兵侵掠, 及於東畿조, 7707쪽.
395) 『舊唐書』 권15, 「憲宗」下 元和 10年 正月 丙申조, 451~452쪽.
396) 『舊唐書』 권145, 「吳少誠傳」 附'吳元濟傳'(元和 10年 4月) 元濟遣人求援于鎭州王承宗·淄靑李師道조, 3941쪽 ; 日野開三郎, 앞의 「唐代藩鎭の跋扈と鎭將」1, 30쪽 ; 日野開三郎, 1980, 「藩鎭の跋扈」, 『東洋史學論集 1 - 唐代藩鎭の支配体制』, 東京 : 三一書房, 101쪽 ; 佐伯富, 앞의 「中世における鹽政」, 122쪽.
397) 『舊唐書』 권142, 「王武俊傳」 附'承宗傳'(元和) 十年, 王師討吳元濟, 承宗與李師道繼獻章表조, 3880~3881쪽 ; 『新唐書』 권211, 「王武俊傳」 附'承宗傳' 及吳元濟反조, 5957쪽 ; 築山治三郎, 앞의 「地方官僚と政治」, 365쪽.
398) 『舊唐書』 권141, 「張孝忠傳」 附'茂昭傳'(元和) 四年, 王承宗叛조, 3859쪽.

512

그의 아들 田布에게 3천의 군사를 거느리고 오원제를 여러 차례 공격하여 전공을 세웠다.[400] 전포는 전홍정의 셋째 아들로 후일 제나라의 凌雲柵을 공격할 때 鄲城 함락에 공을 세워 御史中丞으로 발탁된 인물이었다.[401]

둘은 이사도와 왕승종이 모의하여 이사도 휘하의 병사가 하음창을 불태웠다는 사실이다.[402] 이때가 원화 10년 4월이었다.[403] 조정의 오원제 공격을 저지하기 위한 수단으로 이사도가 河南府의 河陰을 공격하였던 뜻은 암시하는 바가 매우 크다.[404] 이는 이사도가 오원제를 구원하기 위한 대응책의 일환으로 하음창을 불태우면서 건능교를 끊는, 동시다발적인 군사작전을 전개하였기 때문이다. 물론 오원제가 왕승종·이사도에게 구원을 청한 것은 이사도의 하음창 공격 이전의 일이었다.

한편 왕승종과 이사도는 당 황제에게 오원제를 사면하여 줄 것을 요청하였다. 그러나 이 요청이 거부되고 당의 재상 武元衡이 화를 내며 왕승종과 이사도가 파견한 사신을 질책하자, 이사도는 다음 수순으로 먼저 하음창을 공격하였다.[405] 이때 이사도가 군사작전 개시 이전에 낙양의 사저로 군사 수백 명을 잠입시켜 하남부의 하음창을 불태웠다는 사실은 주목된다.

이때 하음창의 화재로 낙양과 장안으로 조달되는 물자부족 현상이 심각하

---

399) 雷家驥, 1988,「唐代'元和中興'的淮西會戰」,『歷史』9, 104~115쪽.

400)『舊唐書』권141,「田弘正傳」元和 10年조, 3850쪽.

401)『舊唐書』권141,「田弘正傳」附'田布傳' 前後十八戰조, 3852쪽.

402)『新唐書』권211,「王俊傳」附'承宗傳' 承宗怨甚, 與師道謀조, 5957~5958쪽 ;『新唐書』권213,「李師道傳」師道乃遣客燒河陰漕院錢三十萬緡조, 5992쪽 ; 築山治三郎, 앞의「地方官僚と政治」, 365쪽.

403)『舊唐書』권142,「王武俊傳」附'承宗傳'(元和 10年) 四月, 遣盜燒河陰倉조, 3881쪽 ;『舊唐書』권145,「吳少誠傳」附'吳元濟傳'(元和 10년) 五月, 承宗·師道遣盜燒河陰倉조, 3949쪽. 河陰倉이 불탄 시기를 5월이라고 하였다.

404)『舊唐書』권163,「崔弘禮傳」東結李師道謀襲東洛, 以脅朝廷조, 4265쪽 ;『新唐書』권164,「崔弘禮傳」時天子討蔡, 李師道謀襲洛조, 5050쪽 ; 日野開三郎,「唐代の戰亂と山崩」,『東洋史學論集 1－唐代藩鎭の支配体制』, 505쪽.

405)『新唐書』권211,「王武俊傳」附承宗傳, 及吳元濟反조, 5957쪽 ;『資治通鑑』권239,「唐紀」55 憲宗 元和 10年 3月 吳元濟遣使求救於恆·鄆조, 7711쪽.

게 야기될 정도로 당의 피해는 막대하였다. 이때가 원화 10년 3월406) 또는
4월407)인 듯싶다. 그런데『구당서』「오원제전」에서는 원화 10년 5월에 왕승종
과 이사도가 무리를 파견하여 하음창을 불태웠다고 기록하고 있어,408) 하음창
이 불탔던 시기에 대한 기록이 제 각각이다. 이는 오랜 기간 동안 하음창이
불탔음을 암시할 뿐만 아니라 낙양의 물자부족이 극심하였다는 이야기와
일맥상통한다.

이를 암시하는 사료가『구당서』「헌종기」원화 10년 4월조에 있다.

신해 일에, 도적이 河陰轉運院을 불태웠는데, 돈·비단 20만 관·필, 米 2만
4천 8백 석, 창고 55間이 소실되었다. 轉運院을 지키는 병사 5백 인이 縣의
남쪽에 있었는데도 도적의 방화를 손쓰지 않아서, 呂元膺은 그곳을 지키는
장수를 불러 죽였다. 도적들이 河陰에서 방화가 있은 후부터 인심이 놀라
겁에 질렸다.409)

위의 기록은 河陰轉運院의 모든 것이 소실되어 東都留守 呂元膺이410) 이를
지키는 장수를 문책하여 죽일 정도로 사태가 매우 심각함을 보여준다. 이로
말미암아 낙양의 민심마저 흉흉해졌다. 이 작전이 누구의 제안에 의해 시작되
었는지를 사마광은『자치통감』에서 자세하게 언급했다. 즉,

이사도는 평소 자객과 奸人 수십 명을 배양하면서 넉넉하게 물자를 공급하였

406)『資治通鑑』권239,「唐紀」憲宗 元和 10年 3月 辛亥暮조, 7711~7712쪽.
407)『舊唐書』권37,「五行」(元和) 十年四月, 河陰轉運院火조, 1367쪽.
408)『舊唐書』권145,「吳元濟傳」元和10年 5月 承宗. 師道遺盜燒河陰倉조, 3949쪽.
409)『舊唐書』권15,「憲宗紀」元和 10年 4月조, 452쪽, "辛亥, 盜焚河陰轉運院, 凡燒錢帛二十萬
貫匹·米二萬四千八百石·倉室五十五間. 防院兵五百人營於縣南, 盜火發而不救, 呂元膺召
其將殺之. 自盜火發河陰, 人情駭擾."
410)『舊唐書』권15,「憲宗紀」元和 9年 10月 戊辰조, 451쪽. 尙書左丞 呂元膺이 東都留守로
임명된 시기는 元和 9년(814) 10월 戊辰일이다;『資治通鑑』권238,「唐紀」54 憲宗
元和 9年 10月 戊辰조, 7707쪽.

는데, 그 사람들이 이사도에게 말하였다. "군사를 사용하는데서 급한 것은 양식을 저축해 놓는 것 만한 일이 없습니다. 지금 河陰院에 있는 江·淮의 租賦가 쌓여있으니, 청컨대 몰래 가서 이곳을 불 지르십시오. 東都에 있는 나쁜 짓하는 젊은 사람 수백을 모집해 큰 시장을 겁탈하고, 궁궐에 불을 놓는다면, 조정은 蔡州(淮西의 吳元濟) 토벌할 여가를 갖지 못하고, 먼저 스스로의 腹心이 되는 곳을 구원할 것입니다. 이것 역시 蔡州를 구원하는 하나의 奇策입니다." 이사도가 이를 좇았다. 이로부터 곳곳에서 도적이 몰래 일어났다. 신해에, 해질 무렵에 도적 수십 명이 河陰轉運院을 공격해, (이를 지키고 있던 병사) 수십 명을 죽이거나 다치게 하고, 錢과 帛 30여만 縉과 匹과 穀 3만여 斛을 불태우니, 이에 (낙양)사람들의 마음이 두려워 떨었다. 많은 신하들이 군사를 철수하라고 요청하였으나, 황제가 허락하지 않았다.411)

위의 사실은 『구당서』의 「헌종기」보다 河陰運轉院의 피해규모가 더 구체적이고 많았다는 것을 알려주고 있다.412) 그런데 피해 규모가 너무 컸기 때문에 낙양 민심마저 동요하였던 것은 河陰倉에서 낙양의 모든 생필품이 공급되었기 때문이다. 그런데 하음창에 저장되었던 그 많은 식량과 생필품들이 이사도의 부하에 의해 불탔다. 이는 낙양의 치안이 이사도에 의해 치명적 위협을 받았다는 증거라고 해석할 수 있다.

게다가 이사도가 하음창이 불타는 상황을 이용하여 낙양의 불량배를 동원하여 낙양을 약탈할 뿐만 아니라 궁궐마저 불태우고 다녔다니 백성이 불안에 떤 것은 당연할 듯싶다. 한마디로 도시 게릴라전과 흡사한 상황이 이사도에 의해서 낙양에서 벌어진 것이다. 사마광이 이사도 측의 내부 사실을 언급한 것은 지금은 전하지 않는 제나라 사료를 인용한 것 같다.

---

411) 『資治通鑑』 권239, 「唐紀」55 憲宗 元和 10年 3月조, 7711~7712쪽, "師道素養刺客奸人數十人, 厚資給之, 其人說師道曰「用兵所急, 莫先糧儲. 今河陰院積江·淮租賦, 請潛往焚之. 募東都惡少年數百, 劫都市, 焚宮闕, 則朝廷未暇討蔡, 先自救腹心. 此亦救蔡一奇也.」師道從之. 自是所在盜賊竊發. 辛亥暮, 盜數十人攻河陰轉運院, 殺傷十餘人, 燒錢帛三十餘萬縉匹, 穀三萬餘斛, 於是人情恇懼. 群臣多請罷兵, 上不許."

412) 李樹桐, 앞의 「元和中興之硏究」, 381~382쪽.

물론 이사도를 절도사로서의 실체로 인정할 수 없다는 당의 의도가 수정될 기미를 보이지 않자, 이사도 나름대로 당에 대한 반격 작전이 이 하음창 공격이었다. 즉 이사도가 江·淮의 財賦가 집중되어 있는 河陰運轉院의 창고를 불지르는 등 극단적인 공세를 취하였던 게 그것이다.[413] 그렇다면 元和 10년 이전에 이사도가 당에 대한 항명이 아니라 게릴라식 선전 포고를 시작하였던 시기라고 단정할 수 있다. 그런데도 劉伯驥는 元和 13년에 평로·치청절도사 이사도가 당에 대하여 抗命하였다 주장했는데,[414] 이는 잘못이다. 정확히 표현한다면 이사도가 당에 대하여 항명한 것이 아니라 도전했다고 표현해야 맞다.

위 『자치통감』에서 이사도가 자객과 술수가 풍부한 인물을 수십 명이나 거느렸던 것은 여느 절도사나 다 대동소이하였다. 당은 이사도보다 더 많은 숫자의 그런 사람을 거느렸는데도 불구하고, 사마광은 마치 이사도가 그런 사람만 거느린 나쁜 인물이라고 매도한 것은 어불성설이다. 이는 중국 사가들의 서술태도의 하나인 '春秋筆法'에서 비롯된 역사왜곡이다. 바꾸어 말하면 그 시대 당과 대항해 생존하는 방법으로 이사도의 계책이 제일 탁월했다고 서술해야 옳다. 다시 말하거니와 이정기 일가의 출현은 당이 고구려를 멸망시키데 따른 인과응보였다.

물론 이사도가 끈질기게 蔡州 吳元濟를 구출하려한 데는 절도사간의 맹약도 한몫했다. 그러나 필자의 생각으로는 그보다 이사도가 주변절도가 모두 당에 예속됨으로 말미암아 평로·치청에까지 그 화가 미칠 것을 우려하여, 이를 사전에 차단하기 위한 조치가 낙양의 하음창 공격이었다고 본다. 그렇다면 당의 史家들에 의해 나쁜 인물로 묘사된 이사도에 대한 기록은 당나라 시대의 한 전형적 역사왜곡의 형태로 평가하고 싶다. 따라서 고구려 유민 이정기의 손자 이사도가 같은 종족을 보호하기 위해 모든 지략을 총동원할

---

413) 金文經, 앞의 「唐代 高句麗遺民의 藩鎭」, 42쪽.
414) 劉伯驥, 앞의 「藩鎭之禍」, 37쪽.

줄 아는 그런 지혜가 있는 인물이라 평가해야 옳지 않을까 싶다.

당시 하음운전원이 이사도의 부하에 의해 불타버린 재화의 손실 내역이 돈 30여만 꿰미, 비단 30여만 필, 또 곡식도 3만여 斛이나 불탈 정도로 손실이 막대하였다.[415] 위와 같이 河陰倉의 피해가 컸던 것은 하음창은 江·淮에서 올라온 租賦가 쌓여있던 곳이라 물자가 많을 수밖에 없었다.[416] 달리 말해 하음창은 黃河와 江·淮運路의 요충 汴州가 위치하고 있는 곳이기 때문에 많은 미곡을 저장하였던 장소다.[417] 이와 같이 많은 미곡이 있었던 것은 앞에서 언급한 것처럼 하음창이 낙양의 물류비축 기지였기 때문이다.

河陰倉(하남성 정주시 서북쪽 도화곡)은 당의 兩京 부근에 있는 3대 물류기지 가운데 하나로 그 규모가 제일 컸던 것 같다. 다른 하나는 太原倉(하남성 삼문협시)이다. 안녹산의 난 때 潼關 사수를 위해 고구려 유민 고선지 장군이 潼關 동쪽의 태원창의 물류를 반군에게 빼앗기지 않으려고 불태워서 유명해진 곳이다. 그런데 당은 고선지가 태원창의 물류를 약탈했다는 죄를 씌워 그를 죽였던 악연이 있는 곳이다.[418] 貞元 8년 8월경 하음창과 태원창에 쌓인 쌀이 대략 320여만 곡이나 될 정도로 규모가 큰 창고였다.[419] 또 다른 하나는 渭橋倉(섬서성 고릉현 남쪽)에 위치하고 있다.[420]

여하간 汴州는 江·淮 漕運물자 수송의 요충지였다. 이런 이유 때문에 이사도는 자신의 휘하 병사들에게 建陵橋 파괴를 명령하였다.[421] 이는 건능교를 통하여 당의 군사가 접근할 수 없게 하기 위함이었다. 이때 이사도가 보냈던

---

415) 『新唐書』권211, 「王武俊傳」附'承宗傳' 凡敗錢三十餘萬緡조, 5958쪽. 附'承宗傳'은 河陰에서 불탄 재화가 돈 30여만 꿰미와 粟 수만 斛이었다고 기록하였다 ; 『續通志』권279, 「唐列傳」79 '李師道' 乃遣客燒河陰漕院錢三十萬緡조, 4881쪽.

416) 『資治通鑑』권124, 「唐紀」憲宗 元和 10年 3月 今河陰院積江淮租賦조, 7711쪽.

417) 築山治三郞, 앞의 「地方官僚と政治」, 365쪽.

418) 지배선, 2001, 「고구려 인 高仙芝(2)-對 아랍전쟁을 중심으로」, 『東方學志』112, 299~307쪽.

419) 『資治通鑑』권234, 「唐紀」50 德宗 貞元 8年 8月 今河陰·太原倉조, 7536쪽.

420) 『資治通鑑』권234, 「唐紀」50 德宗 貞元 8年 8月 請令戶部조, 7536쪽.

421) 築山治三郞, 앞의 「地方官僚と政治」, 363쪽.

訾嘉珍·門察·張晏 등에 의해서 재상 武元衡이 피살되었을 뿐만 아니라,[422] 당 헌종 재위 시 유능한 재상으로 평가받았던 裴度도 칼을 맞아 중상을 입었다.[423] 그런데 배도는 무원형이 죽임을 당하던 그날, 通化里에서 나오다가 칼을 든 3인으로부터 공격을 받아 말에서 떨어졌는데도 생명을 건졌던 인물이다.[424] 무원형은 이사도의 자객 칼에 맞아 그날 58세로 죽었다.[425] 그때가 원화 10년(815) 6월이었다.[426]

무원형이 피살된 상황이 『구당서』「배도전」에 소상히 전하고 있다.

(元和) 10년(815) 6월, 王承宗·李師道가 함께 자객을 보내면서 宰相 武元衡을 찔러 죽이고, 또 자객에게 배도를 찔러죽이라고 명령하였다. 그날, 裴度가 通化里를 나서자, 자객이 세 번이나 칼을 써서 裴度를 찔렀으며, 먼저 가죽신 띠를 잘랐으며, 다음 등을 찔렀지만, 겨우 내의를 찢었고, 마지막은 그의 머리에 약간 상처를 입혔기 때문에, 裴度는 말에서 떨어졌다. 그때 裴度가 머리에 쓴 모자 때문에 상처가 그렇게 심하지 않았다. 자객이 또 裴度를 향해 칼을 휘두르자, 裴度를 따르는 王義가 매우 다급하게 도와달라고 계속

422) 『新唐書』 권211,「王武俊傳」附承宗傳' 張晏等賊宰相元衡조, 5958쪽 ;『新唐書』 권213,「李師道傳」及窮治, 嘉珍·察乃害武元衡者조, 5993쪽 ;『續通志』 권279,「唐列傳」79 '李師道' 又窮治, 嘉珍·察乃害武元衡者조, 4881쪽 ; 李樹桐, 앞의 「元和中興之硏究」, 396~397쪽 ; 日野開三郞, 앞의 「唐代藩鎭の跋扈と鎭將 1」, 31쪽 ; 日野開三郞, 앞의 「唐代の戰亂の山棚」, 505쪽.

423) 『舊唐書』 권145,「吳少誠傳」附'吳元濟傳' 殺宰相武元衡조, 3949쪽 ;『舊唐書』 권170,「裴度傳」(元和) 10년 6月조, 4414쪽 ;『新唐書』 권173,「裴度傳」又擊度, 刀三進조, 5210쪽 ;『新唐書』 권213,「李師道傳」傷裴度조, 5992쪽 ;『續通志』 권279,「唐列傳」79 '李師道' 傷裴度조, 4881쪽.

424) 『舊唐書』 권170,「裴度傳」是日, 度出通化里조, 4414쪽.

425) 『舊唐書』 권158,「武元衡傳」至是조, 4161쪽 ;『冊府元龜』 권895,「總錄部」運命 '武元衡' 爲盜所害年五十八조, 10599쪽.

426) 『舊唐書』 권142,「王武俊傳」附承宗傳' (元和 10年) 六月, 遣盜伏於靖安里, 殺宰相武元衡조, 3881쪽 ;『舊唐書』 권154,「許孟容傳」會十年六月, 盜殺宰相武元衡조, 4102쪽 ;『舊唐書』 권170,「裴度傳」(元和) 十年六月, 王承宗·李師道俱遣刺客刺宰相武元衡, 亦令刺度조, 4414쪽 ;『新唐書』 권7,「憲宗紀」元和 10年 6月 癸卯조, 214쪽 ;『冊府元龜』 권893,「總錄部」夢徵 憲宗元和11年6月辛丑, 盜殺宰相武元衡조, 10589쪽.

소리를 지르자, 자객은 칼을 돌려 王義의 손을 자르고 물러났다. 한편 裴度는 이미 하수구로 떨어졌기 때문에, 자객은 이미 裴度가 죽었다고 생각하고 도망쳤다.427)

이와 같이 장문의 사료를 자세히 언급한 까닭은『구당서』「헌종기」428)처럼 재상 武元衡을 찔러 죽인 자객이 王承宗만이 파견하였던 것이 아님을 밝히기 위해서였다. 위의 언급처럼 무원형을 살해한 자객은 왕승종과 이사도가 파견했던 자객들이다. 왜 이사도가 무원형을 죽이게 되었는가에 대해서 『자치통감』기록을 보자.

　황제는 李吉甫가 죽으면서부터 군대를 사용하는 일을 모두 武元衡에게 위임하였다. 이사도가 기른 빈객이 이사도에게 유세하였다. "천자가 날카롭게 뜻을 세워서 蔡州를 죽이려는 것은, 武元衡이 이를 돕기 때문이니, 청컨대 비밀리에 가서 그를 찔러버리십시오. 武元衡이 죽으면 다른 재상들은 감히 그 모의를 주관하지 아니할 것이고, 다투어 천자에게 군대활동을 철폐하라고 권고할 것입니다." 이사도가 그러할 것이라고 여기고, 바로 물자를 주어서 그를 보냈다.429)

위의『자치통감』에 보면, 당의 군사동원이 무원형 몫이었기 때문에 채주 공격을 차단하기 위해서 당의 재상 무원형을 죽여야 한다는 說客의 주장을 이사도가 실행에 옮겼다는 것이다. 이는 이사도가 항상 당을 제어할 방법을

---

427)『舊唐書』권170,「裴度傳」, 4414~4415쪽, "(元和) 十年六月, 王承宗·李師道俱遣刺客刺宰
　　相武元衡, 亦令刺度. 是日, 度出通化里, 盜三以劍擊度, 初斷靴帶, 次中背, 纔絶單衣, 後微傷
　　其首, 度墮馬. 會度帶氈帽, 故創不至深. 賊又揮刃追度, 度從人王義乃持賊連呼甚急, 賊反刃
　　斷義手, 乃得去.度已墮溝中, 賊謂度已死, 乃捨去."
428)『舊唐書』권15,「憲宗紀」元和 10年 6月 癸卯조, 453쪽.
429)『資治通鑑』권239,「唐紀」55 憲宗 元和 10年 5月조, 7713쪽, "上自李吉甫薨, 悉以用兵事委
　　武元衡, 李師道所養客說李師道曰,「天子所以銳意誅蔡者, 元衡贊之也, 請密往刺之. 元衡
　　死, 則他相不敢主其謀, 爭勸天子罷兵矣.」師道以爲然, 即資給遣之."

궁리하여 실천했다는 것을 알리는 사료이다. 더욱 분명한 것은 당의 재상무원형이 살해된 것이 이사도가 파견한 자객의 소행이었다는 사실이다. 달리 말해 이사도가 당과는 항상 대결구도였다는 것을 방증하고 있다. 이는이사도가 당을 제거하고 중원을 제패할 꿈을 꾸었다는 것으로도 표현할수 있는 대목이다.

또 앞서『구당서』「무원형전」은 무원형의 집은 長安의 靜安里였는데 원화9년 6월 3일 새벽에 里의 동문을 무원형이 말 타고 나오다가 나무 뒤에숨었던 자객이 뛰어나와 무원형을 죽였다고 한다.[430] 그러나 이 해를 日野開三郎은 원화 9년이라고 말하고 있으나, 기실은 그 다음해, 원화 10년인 것같다.[431] 무원형이 죽은 시기를 단정적으로 말하지 못한 이유는『冊府元龜』에서는 원화 11년 6월이라고 말하고 있어, 살해된 시기가 제각각이었기 때문이다.[432] 1990년대로 기억되는데, 고려대학에서 개최된 학회에서 唐史를 연구하는 북경대학 교수에게『신·구당서』의 오류에 대해 필자가 지적한 적이 있었다. 그런데 그 교수로부터 오류가 없다는 답변을 듣고 필자가 매우 놀란 기억이지금도 생생하다. 이 순간에 그를 다시 회상하게 것은 중국 정사기록에도적지 않은 오류가 있음을 필자가 자주 보았기 때문이다.

그러나『구당서』「헌종기」에서는 무원형이 죽은 시기를 원화 10년 6월계묘 일이라고 언급하고 있다. 무원형 피살에 관해『구당서』「백거이전」은다음과 같이 언급하였다.

> (元和) 10년 7월, 강도에 의해 재상 武元衡이 피살되자, 白居易가 제일 먼저그의 원통함을 논의하자고 상소하면서, 매우 급히 강도를 잡아 나라의 치욕을씻어 달라고 청원하였다. 재상은 동궁의 관원으로 간쟁에 대한 직책이 아니었는데도, 간관보다 먼저 이 일을 말하지 아니할 수 없었다.[433]

---

430)『舊唐書』권158,「武元衡傳」元衡宅在靜安里조, 4161쪽.
431) 日野開三郎, 앞의「唐代の戰亂と山崩」, 504~506쪽.
432)『冊府元龜』권893,「總錄部」夢徵 憲宗元和 11年 6月 辛丑, 盜殺宰相武元衡조, 10589쪽.

위의 기록은 무원형이 살해된 때를 원화 10년 7월이라고 또 다른 시기를 말하고 있다. 백거이가 간쟁의 직에 있지 않았는데도 불구하고 제일 먼저 무원형의 신원을 풀어 달라는 요청 상소를 했던 사실에서 그가 무원형과 친분이 꽤 가까웠던 것 같다. 이로 인해 백거이가 평로·치청절도사 이사도와 대립각을 곤두 세웠던 인물이었음이 분명하다.

그런데 이사도가 왜 무원형을 죽여야 하는지 그 구체적인 이유가 『신당서』의 「이사도전」에 있다. 즉,

> 또 어떤 사람이 이사도에게 권하여 말하길 "당 황제의 의지는 蔡州를 토벌할 생각이나, 그 모략 모두가 재상으로부터 나온 것이며, 게다가 武元衡은 군주의 신임을 얻고 있는 터라, 漢나라 시대 袁盎을 찔러 죽인 방법처럼 하시기를 바랍니다. 이후에 재상은 반드시 두려워서, 철병을 요청할 것이오며, 이렇게 하신다면 출병하지 않고도, 蔡州의 포위를 풀 수 있습니다." 이에 이사도는 사람을 파견해 武元衡을 죽이고, 裴度에게 자상을 입혔다.434)

위 사료는 이사도가 당을 전복시키기 위해 게릴라 작전을 여러 가지로 구사했던 사실을 증명하는 매우 중요한 기록이다. 그런데 이사도가 파견한 무리들에 의해 어떻게 무원형이 피살되었는지, 장안의 동요 등의 소식에 대해 비교적 소상하게 기록한 것은 『자치통감』이다. 즉,

> (元和 10년) 6월, 계묘 일에, 하늘이 아직 밝지 않았는데, 武元衡이 들어가서 조현하고는, 살고 있는 靖安坊의 동쪽 문으로 나오자, 어떤 도적이 어둠 속에서 갑자기 나와서 그를 쏘니, 따르던 사람들은 모두 달아났고, 도적은 武元衡의 말을 잡고 10보를 가서 그를 죽이고, 그의 顱骨을 잘라 가지고

---

433) 『舊唐書』 권166, 「白居易傳」, 4344쪽, "十年七月, 盜殺宰相武元衡, 居易首上疏論其冤, 急請捕賊以雪國恥. 宰相以宮官非諫職, 不當先諫官言事."

434) 『新唐書』 권213, 「李師道傳」, 5992쪽, "又有說師道曰'上雖志討蔡, 謀皆出宰相, 而武元衡得君, 願爲袁盎事, 後宰相必懼, 請罷兵, 是不用師, 蔡圍解矣.' 乃使人殺元衡, 傷裴度."

갔다. 또 通化坊으로 들어가서 裴度를 공격하여 그 머리를 다치게 하여 도랑에
처박았는데, 裴度의 전모가 두꺼워서 죽지 않을 수 있었으며, 시중드는 사람인
王義가 뒤에서 도적을 붙잡고 소리를 크게 지르니, 도적이 王義 어깨를 잘라
버리고 갔다. 京城이 크게 놀랐고, 이에 재상에게 조서를 내려 출입하면서
金吾의 기병이 활을 잡고 칼을 드러내놓고 그들을 호위하도록 덧붙였고,
지나가는 坊門에서는 질책하고 수색하는 것이 아주 엄하게 하였다. 조정
선비들은 밝지 않았을 적에는 감히 문밖을 나가지 않았다. 황제는 혹 殿에
나아가서 아주 오래 있었는데도, 참석할 관원들이 오히려 아직 다 오지
않았다.[435]

위의 『자치통감』 내용은 이사도의 부하에 의해 재상 무원형이 살해되었고
배도는 자상을 입었다는 것이다. 그로 말미암아 장안성이 공포의 도가니에
휩싸였다. 그 실상은 조정 관리가 장안의 치안마저 이사도의 위협으로 제대로
되지 않았다고 판단한 나머지 황제가 참석하는 조회에도 제때 참석하지
못할 지경이었다는 것이다.
　이때 장안성은 공포에 질린 상태에서 무원형을 살해한 무리를 잡겠다는
대책마련으로 분주했다. 이에 대하여도 『자치통감』이 자세하다. 즉,

　도적은 金吾와 府·縣에 종이를 남겨두어 말하였다. "급히 나를 체포하려고
하지 말라. 내가 먼저 너를 죽일 것이다." 그러므로 도적을 체포하려는 사람들
은 감히 아주 급하게 서두르지 못하였다. 兵部侍郞 許孟容이 황제를 알현하고
말하였다. "예부터 재상이 길모퉁이에서 가로질러 시체가 되었는데도, 도적이
잡히지 아니한 일이 없었으니, 이는 조정의 수치입니다." 이어서 눈물을
흘렸다. 또 中書省에 가서 눈물을 뿌리면서 말하였다. "청컨대 배도 中丞을

---

435) 『資治通鑑』 권239, 「唐紀」55 憲宗 元和 10年조, 7713쪽, "六月, 癸卯, 天未明, 元衡入朝,
出所居靖安坊東門, 有賊自暗中突出射之, 從者皆散走, 賊執元衡馬行十餘步易殺之, 取其顱
骨而去. 又入通化坊擊裴度, 傷其首, 墜溝中, 度氈帽厚, 得不死, 傔人王義自後抱賊大呼,
賊斷義臂而去. 京城大駭, 於是詔宰相出入, 加金吾騎士張弦露刃以衛之, 所過坊門呵索甚
嚴, 朝士未曉不敢出門. 上或御殿久之, 班猶未齊."

기용해 재상으로 삼아 도적의 무리를 대대적으로 수색하여, 그 간사한 무리의
근원을 끝까지 찾게 하도록 주문을 올려 주십시오." 무신 일에 안팎에 조서를
내려서 있는 곳에서 수색하여 체포하며 도적을 잡는 사람에게 錢으로는
萬 緡을 상으로 주고, 5품 관직을 주겠다고 하며, 감히 비호하여 숨기는
사람은 모두 族誅하겠다고 하였다. 이에 京城에서 크게 수색이 벌어지고,
공경의 집으로 複壁과 重橑를 가진 집도 모두 이를 수색하였다.436)

　장안에서 무원형이 피살되고 배도가 刺傷을 입은 뒤에 적을 잡으려고
혈안이었으나 모두 허사였다. 그러자 兵部侍郞 許孟容이 황제와 中書에서
범인을 잡지 못하는 괴로움을 이지지 못해 울었다. 그래서 도적을 잡으면
錢 萬緡과 관품 五品을 주겠다는 懸賞을 걸었다. 더 나아가 公卿 집이라도
도적이 머물 수 있을 법한 장소가 있으면 모두 수색하도록 하였다. 그 외에도
도적을 숨겨준 자는 '族誅'하겠다고 할 정도로 강경하였지만 도적은 잡히지
않았다.
　그런데 成德軍의 장안 進奏院에 恒州에서 온 병졸 가운데 張晏 등 몇 명이
무원형을 죽인 범인으로 의심되었다. 이때 상황을 『자치통감』에서 들어보면,

　　裴度가 다쳐 앓아서 20일 동안 누웠는데, 조서를 내려서 위병들이 그 집에서
　　자게 하였고, 中使가 찾아서 묻는 것이 끊이지 않았다. 어떤 사람이 裴度의
　　관직을 파직시켜서 恒州와 鄆州 사람들의 마음을 안심시키라고 요청하였는데,
　　황제가 화를 내어 말하였다. "만약에 裴度의 관직을 파직시키면, 이는 간사한
　　사람들의 모의가 이루어지는 것이니, 조정에서 다시 기강을 없애는 짓이다.
　　내가 裴度 한 사람을 채용하여도, 충분히 두 도적을 격파하는 것이다."437)

---

436) 『資治通鑑』 권239, 「唐紀」55 憲宗 元和 10年 6月조, 7713~7714쪽, "賊遺紙於金吾及府·縣,
　　曰'毋急捕我, 我先殺汝.' 故捕賊者不敢甚急. 兵部侍郞許孟容見上言, '自古未有宰相橫尸路
　　隅而盜不獲者, 此朝廷之辱也!' 因涕泣. 又詣中書揮涕言, '請奏起裴中丞爲相, 大索賊黨,
　　窮其姦源.' 戊申, 詔中外所在搜捕, 獲賊者賞錢萬緡, 官五品, 敢庇匿者, 擧族誅之. 於是京城
　　大索, 公卿家有複壁·重橑者皆索之."
437) 『資治通鑑』 권239, 「唐紀」55 憲宗 元和 10年 6月조, 7714쪽, "裴度病瘡, 臥二旬, 詔以衛兵宿

이는 裴度가 刺傷을 입어서 20일 동안 누워있을 동안, 범인 색출과 관련해서 의견이 분분하였던 내용이다. 황제의 뜻을 받드는 환관 中使가 裴度의 집을 수시로 드나들었던 것과 그 집을 위병들이 지켰던 것은 당이 그 당시 상황 대처가 매우 갈팡질팡하는 모습이었다. 심지어 恒州와 鄆州사람을 안심시키기 위해 배도에 대한 罷職論까지 제기되었다. 여기서 恒州는 成德軍이고 운주는 평로·치청군을 지칭한다.

당 헌종은 배도 파직은 두 도적의 뜻이 이루어지는 것이기 때문에 불가하다고 하였다. 위와 마찬가지로 두 도적이라 함은 성덕군의 왕승종과 평로·치청군의 이사도를 말함이다. 어쨌든 이때 장안의 치안이 부재하였다고 말해도 틀린 말이 아니다. 평로·치청절도사 이사도가 당에 대하여 '滅唐'의 기치를 들었다고 해도 조금도 지나친 표현이 아니다. 필자가 이를 강조하는 이유는 이사도의 제나라가 당에 의해 끌려다니는 그런 나라가 아니라는 사실을 분명하게 확인하기 위해서이다.

한편 왕승종의 부하 張晏이 무원형 살해의 진범이라는 확신이 가지 않은 상태라서, 張弘靖은 이것이 사실이 아닐 것으로 의심하여 여러 차례에 걸쳐 황제에게 말했으나 황제는 듣지 않았다. 이는 황제가 하루 속히 범인을 잡았다고 발표하여서 장안의 치안을 잡아보겠다는 욕심뿐이었다. 드디어 같은 달(6월),

> 무진 일에 張晏등 다섯 명을 참수하고, 그의 무리 14명을 죽였는데, 이사도의 빈객은 끝내 숨어서 도망갔다.[438]

위에서 成德軍의 張晏등의 병사들이 무원형 살해범으로 지목되어서 당에

其第, 中使問訊不節. 或請罷度官以安恒·鄆之心, 上怒曰, '若罷度官, 是奸謀得成, 朝廷無復綱紀. 吾用度一人, 足破二賊'."

438) 『資治通鑑』 권239, 「唐紀」55 憲宗 元和 10年 6月조, 7715쪽, "戊辰, 斬晏等五人, 殺其黨十四人, 李師道客竟潛匿亡去."

의해 죽임을 당했다. 그런데 이사도가 보낸 무리는 하나도 잡히지 않고 피신하였다는 사실을 주목하고 싶다. 마치 이는 고구려 유민 고선지 장군이 토번과 서역을 정벌할 때, 큰 피해를 입지 않고 적을 제압하였던 광경이 재현되는 것 같다. 곧 이사도의 명령으로 장안에서 재상 무원형을 죽이고 배도에게 刺傷을 입힌 무리들은 게릴라전에 능숙한 고구려 유민들이라 보고 싶다. 당이 고구려 유민이 齊·魯에 세운 나라를 멸망시키려고 사방에서 압박하여오자, 이사도가 적극적인 방법으로 재상 무원형을 죽였다고 생각한다.

그런데 4년 뒤 원화 14년(819) 2월에 전홍정이 운주에서 이사도의 '簿書'를 찾아내 무원형을 살해한 王士元에게 상을 주었다는 기록을 보면,[439] 위에서 張晏 등 5명이 斬首되고, 그 무리 14명이 죽었던 것은 억울한 죽음이다. 무원형이 살해되었던 모든 일이 이사도의 자객에 의해서 일어났던 일이 때문이다. 이에 대해서는 뒤에 밝히겠다.

이보다 앞서 장안에서 재상 무원형과 배도를 죽이기 위해서 이사도와 왕승종가 모의하였다고 보는 것이 당 헌종의 생각이었다. 그러나 이사도와 왕승종의 행동은 별개였던 것 같다. 즉 앞서 언급한 장안 등 여러 명이 왕승종의 집에 숨었다가 잡혀 죽은 것이 단서가 될 듯싶다.[440] 만약 이들이 이사도의 부하였다면, 당시 사건이 그의 주모였다는 것이 입증되기 때문이다. 아무튼 이사도는 적은 수의 날쌘 병사로 하여금 靖安坊과 通化坊 부근에서 武元衡과 裴度를 공격하게 했다. 그래서 재상 무원형을 죽인 것이 왕승종의 계획인 것처럼[441] 李贄가 잘못 기록하였다. 무원형을 죽인 것은 이사도의 지시를 받은 특수병이었다고 표현하는 것이 옳다. 한편 당은 평로·치청절도사 이사도의 하수인이 무원형을 살해하자, 京城에서 범인을 잡기 위하여 대규모로 엄격한 수사망을 펼쳤다.[442] 이른바 五家를 保라 하여 조선시대의 오가작통

439) 『資治通鑑』 권241, 「唐紀」57 憲宗 元和 14年 2月조, 7767쪽.
440) 『舊唐書』 권129, 「張延賞傳」 附'弘靖傳' 時王承宗邸中有鎭卒張晏輩數人조, 3610~3611쪽.
441) 『藏書』 권19, 「名臣傳」 武元衡 盜殺宰相조, 318쪽(北京 : 中華書局, 1959).
442) 張澤咸, 1985, 「唐代的部曲」, 『社會科學戰線』 4, 268쪽.

법 같은 '家人部曲'이 조직될 정도로 무원형 살해범을 잡기 위해 모든 방책을
다 동원하였다.[443]

4년 뒤 이사도가 유오의 반란으로 죽은 후, 전홍정이 鄆州에서 당시 무원형
을 살해한 사람에게 상을 준 기록을 발견하였다. 그 사실이 『자치통감』에
전한다. 즉,

> 有司들이 감독하여 살피는 것이 아주 엄해지자, 潼關에 있는 관리들은
> 사람들의 주머니나 궤짝을 끄집어내서 이를 조사하기에 이르렀지만, 그러나
> 끝내 끊을 수가 없었다. 田弘正이 鄆州에 들어가게 되자, 이사도의 簿書를
> 열람하고서 武元衡을 죽인 사람인 王士元등에게 상을 준 일이 있었고, 潼關과
> 蒲津에 있는 吏卒들에게 상을 준 사건도 있어서 마침내 지난번에 모두 吏卒들이
> 도적에게 뇌물을 받고서 그 간사한 사람들을 용납하였다는 것도 알았다.[444]

이는 長安의 靖安坊에서 재상 무원형이 죽임을 당한 일과 通化坊에서 배도가
刺傷을 입었던 것이 성덕군과 아무 연관이 없는 일이라는 것을 알 수 있는
사료이다. 한마디로 무원형이 피살되고 배도가 자상을 입은 것은 이사도의
명령을 받은 자객들에 의해서 일어났던 일이다. 바꾸어 말하면 당에 대해
강경하게 대항한 節度는 이사도뿐이었다는 것과 일맥상통한다. 이사도는
고구려 유민의 나라를 끝까지 존속시키면서 번영과 영광을 누리기 위해
부단한 노력으로 이사도의 제나라를 위협한 당의 재상 무원형을 제거하였다.
당 헌종은 황궁에 있는 터라 이사도의 제거대상에서 어쩔 수 없이 포함되지
못하였다고 본다. 만약 장안 질서를 이사도의 부하들이 더 흔들 수 있었다면
헌종까지도 자객에 의해 제거되었을 것이라고 본다.

위의 사실에서 주목되는 것은 이사도가 '簿書'를 갖고 있어서 나름대로의

---

443) 『冊府元龜』 권64, 「帝王部」 '發號令'3 (元和 12年 2月詔), 721쪽.
444) 『資治通鑑』 권241, 「唐紀」57 憲宗 元和 14年 2月조, 7767쪽, "有司督察其嚴, 潼關吏至發人
囊篋以索之, 然終不能絶. 及田弘正入鄆, 閱李師道簿書, 有賞殺武元衡人王士元等及賞潼
關·蒲津吏卒案, 乃知曩者皆吏卒受賂於賊, 容其姦也."

사실을 기록했다는 이야기이다. 곧 평로·치청절도사 이정기 시대부터 제나라의 史草를 작성하였다는 뜻이다. 이는 한 국가를 의미하는 상징이다. 또 위에서 潼關과 蒲津의 사졸이 이사도에게 포섭된 사실에 대해서는 뒤에 다시 언급하겠다.

위에서 潼關 검문이 철저하였다는 것은 평로·치청절도에서 長安으로 가기 위해서 동관을 통과해야하기 때문에 평로·치청은 동관과 긴밀한 관계가 필요하였다. 이런 까닭에 동관에서 검문검색이 강화되었다는 것은 당이 무원형의 암살자들이 동관을 통과한 평로·치청의 소행이라는 것을 어느 정도 인식했다는 방증이다. 참고로 장안 동쪽에서 직선거리로 100여km 떨어진 곳에 동관이 위치하고 있다. 그런데 당이 潼關을 중시했던 것은 당 현종 때 안녹산 반군을 고구려 유민 고선지 장군이 동관에서 진압한 후부터였다. 이런 이유로 당은 동관에 防禦使를 두어 장안 동쪽의 전략적 중요기지로 삼았다.

당 재상 무원형을 죽인 이사도 휘하의 王士元에 대한 기록이 제나라 멸망 후 다시 언급되었는데, 사마광은 이를 다음과 같이 기록하였다.

가을, 7월 초하루 정축 일에 田弘正이 武元衡을 죽인 도적인 왕사원 등 16명을 호송하는데, 조서를 내려서 경조부와 어사대에 집어넣어 두루 이들을 국문하게 하니, 모두가 성실하게 자복하였다. 경조윤 崔元略이 무원형의 모습을 가지고 그들에게 물었는데, 차이가 많았다. 최원략이 그 연고를 물었더니, 대답하였다. "恒·鄆이 동시에 모의하여 자객을 파견하여 무원형을 찌르기로 하였으나, 왕사원 등은 뒷날을 기약하였으나, 恒州 사람이 일을 이미 완수하였다는 소식을 듣게 되자, 드디어 훔쳐서 자기의 공로로 하고, 돌아가서 보고하고 상을 받았을 뿐이었습니다. 지금 스스로 헤아려보니 죄는 같은지라, 끝내 죽음을 면하지 못할 것이어서, 그러므로 이를 승인하였습니다." 황제는 역시 다시 올바른 것을 가리려고 하지 아니하고, 그들을 모두 죽였다.[445]

이는 제나라 멸망 후 鄆州에서 발견된 제나라의 '簿書'를 근거로 武元衡을 죽였던 인물이 王士元을 포함해서 16인이라는 사실과 관련된 내용이다. 장안으로 압송된 왕사원 등 16인에 대한 심문 결과에 의해 당의 재상 무원형을 죽인 사람은 恒州人이라고 한다. 여기서 鄆州人이란 평로·치청절도사 이사도 휘하 사람이며, 恒州人은 成德軍절도사 왕승종 휘하의 부하들이다. 그러나 그 당시 이사도와 왕승종의 신하들은 수시로 연락을 했던 상황에서, 그와 같이 중차대한 일이 여러 해 동안 감추어졌다고 볼 근거도 없다. 또 이사도가 아닌 왕승종의 명령에 의해서 무원형이 죽었다고 단정하는 데도 여러 가지 의문점이 있다. 제일 큰 이유는 그 때는 왕승종이 이미 죽은 후였기 때문이다.

왕사원 등은 자신이 무원형을 죽이지 않았다고 하면 죄가 가벼워질 것을 기대해서 거짓말했을 가능성을 배제할 수 없다. 게다가 이사도는 왕사원 등 16인이 무원형을 죽인 공로로 약속대로 상을 주었다. 경우야 어떻든 왕사원 등은 무원형을 죽였다는 죄목으로 처형당했다. 여기서 고려해야 할 점은 이사도가 무원형과 배도를 죽이려 계획했다는 사실이다. 이는 제나라의 성격을 가늠할 수 있는 중요한 잣대라고 본다. 그 이유는 단순히 당의 재상을 암살하려는 것이 아니라 당의 정책을 바꾸기 위해서 당 황제는 황궁 안에 거처하고 있어서 죽일 수 없기 때문에 그 차선책으로 당의 재상을 겨냥했던 것이다.

8. 제국 도약을 위한 정지 작업

평로·치청절도사 이사도의 병사가 낙양으로 진입할 때는 나름대로의 위장

445) 『資治通鑑』 권241, 「唐紀」57 元和 14년조, 7769쪽, "秋, 七月, 丁丑朔, 田弘正遂殺武元衡賊王士元等十六人, 詔使內京兆府·御史臺徧鞫之, 皆款服. 京兆尹崔元略以元衡物色詢之, 則多異同. 元略問其故, 對曰,'恒·鄆同謀遣客刺元衡, 而士元等後期, 聞恒人事已成, 遂竊以爲己功, 還報受賞耳. 今自度爲罪均, 終不免死, 故承之.'上亦不欲復辨正, 悉殺之."

전술을 사용하였다. 이 무렵 낙양 함락을 위해서 이사도는 양면작전을 전개했을 뿐 아니라, 그 작전마저 치밀하고 조직적이었던 것 같다. 또 원화 11년 12월에 이와 관련된 기사를 『구당서』「오행지」에서 보면,

> (元和)11년 11월에 未央宮과 비룡초장이 불탔다. 이는 모두 왕사종과 이사도의 음모로 병사를 동원한 교란행위며 몰래 도적을 보내 불 질렀던 것이다. 이때 이사도가 운주에 궁전을 세웠는데, 이는 황제자리를 빼앗으려는 모의였다.446)

라는 것은 元和 11년(816) 11월조의 사료이다. 이를 두 가지로 생각하고 싶다.

하나는 미앙궁과 비룡초장이 불탔다는 사실이다. 그런데 이런 사건이 이사도와 왕승종이 병사를 동원하였던 행위라는 사실이다. 바꾸어 말하면 이사도와 왕승종의 병사들이 황궁에 잠입하여 미앙궁과 비룡초장을 불태웠다는 사실에 대한 기록이다. 그렇다면 이는 이때 이사도과 왕승종이 결탁하여 당 황실을 제거하기 위한 쿠데타로 해석할 수 있다는 사실이다. 이런 사건으로 황실이 긴장하였던 것은 물론이다.

다른 하나는 816년 11월에 이사도가 운주에 새로이 궁궐을 지었다는 사실이다.447) 물론 운주에는 평로·치청절도사 이정기 시대부터 궁궐이 있었다. 그런데 이때 새로이 궁궐을 세웠다는 사실은 제나라의 도약과 관련된 구조물이라는 점을 간과할 수 없다. 그래서 위의 사료에서 이사도가 운주에 궁궐을 세운 것은 당 황제 자리를 빼앗으려는 신호로 해석하였다는 사실을 주목하고 싶다. 그런데 앞서 이사도의 군대가 황궁을 불태웠다는 사실과 함께 보면,

---

446) 『舊唐書』 권37, 「五行志」 元和11年조, 1367쪽, "十一年 十二月, 未央宮及飛龍草場火, 皆王承宗, 李師道謀撓用兵, 陰遣盜縱火也. 時李師道於鄆州起宮殿, 欲謀僭亂."
447) 『舊唐書』 권37, 「五行」 (元和 11年 12月) 時李師道於鄆州起宮殿조, 1367쪽 ; 『新唐書』 권34, 志第24 「五行」1, 元和 11年 李師道起宮室於鄆州조, 886쪽.

이사도가 운주에 새 궁궐을 지었던 것은 제나라가 왕국에서 제국으로 도약을
위한 의도라고 풀이하여도 결코 잘못된 해석이 아니다.

이사도가 새로이 궁궐을 지은 사실을 『宣室志』는 다음과 같이 기록하였다.

> 당 元和년간에 이사도가 靑齊에 자리 잡으면서 용감하고 날쌘 용사를 보유하
> 고 있을 뿐만 아니라 그 영토가 千里나 되었으며, 수백만이나 되는 재물을
> 쌓아놓고서, 조세를 바치지 아니 하면서, 조정에 나타나지도 않았다. 憲宗이
> 이를 토벌하라고 명령하였으나, 도리어 당나라 군사가 불리하게 되자, 이사도
> 는 더욱 교만하여, 새로이 궁전을 지어 天子를 모방하였다.448)

이는 제나라가 어느 정도 강성한 국가였는지를 보여주는 자료라고 볼
수 있다. 한마디로 제나라의 군사·경제적인 것이 당과 필적할 정도였다는
것을 위의 사료가 말하고 있다고 본다. 이때 제나라가 新宮을 지었던 것은
'天子之制'라고 말한 대목을 특히 주목하고 싶다.

달리 말해 이사도의 제나라가 원화 11년 11월부터 제국 체제로 변화되었
고 볼 수 있다. 그 이유는 이사도의 제나라가 사료에서 제국이라는 용어를
찾을 길은 없으나 위의 사실을 통해보면, 황제국가로 변신하였을 가능성은
충분하다. 위의 사료에서 이사도가 운주에 궁궐을 세운 것이 당 황제 자리를
빼앗으려는 음모였다는 말은 이사도가 내부적으로 왕이 아닌 황제였다는
것을 암시하는 듯하다. 일반적으로 국가에서 새롭게 큰 궁전을 짓는 것은
더 강력한 국가다운 면모를 과시하기 위함이다. 그렇다면 이사도가 제나라를
더욱 강력한 국가로 만들겠다는 과시물로 새로운 궁궐을 지었다는 사실에는
의심의 여지가 없다.

이사도가 조정을 타도하겠다는 의지로 새로이 궁전을 짓는 상황은 당을

---

448) 『宣室志』 권7, 747쪽, "唐元和中, 李師道據靑齊, 蓄兵勇銳, 地廣千里, 儲積數百萬, 不貢不覲,
憲宗命將討之. 王師不利, 而師道益驕, 乃建新宮, 擬天子."(『欽定四庫全書』所收 1042冊,
臺灣 : 商務印書館, 1986).

매우 당황스럽게 만들었다. 그러나 이때 오원제가 당에 대해 공세를 취하였다.
즉,

> 吳元濟가 군사를 풀어 놓아서 침탈하게 하니, 東畿(東都)에까지 미쳤다.
> 기해 일에 制書를 내려 吳元濟의 관직과 작위를 삭탈하고 宣武등 16개 道에
> 명령을 내려서 군사를 내어 토벌하게 하였다.449)

당은 東都를 침탈하는 오원제부터 평정하려고 나름대로 전략을 짰던 것
같다. 이와 관련된 『신당서』「이사도전」기록을 보면, 다음과 같다.

> 황제가 蔡州를 토벌하려고, 조서를 내려 諸軍의 군대를 발동하게 하였지만
> 鄆州는 포함되지 않았으나, 李師道는 二千 병졸을 선발해 壽春으로 가게 하면서,
> 王師를 돕기 위함이라고 거짓말을 하였지만, 실제는 蔡州를 구원할 목적이었
> 다.450)

그런데 이사도가 당의 오원제 토벌계획을 역이용해 나름대로 실리를 취하
였다는 사실은 이사도가 그 당시 상황을 어느 정도 정확히 파악하였는가를
알 수 있는 단서가 된다. 또 위의 『신당서』「이사도전」의 내용과 비슷한
사실을 『자치통감』에서도 언급하였다. 이를 들어보면,

> 吳元濟가 사자를 파견하여 恒州와 鄆州에서 구원해 주기를 요구하였고,
> 王承宗과 李師道가 자주 표문을 올려서 吳元濟를 사면해 주기를 청구했으나
> 황제는 좇지 아니하였다. 이때에 여러 道의 군사들이 동원하여 吳元濟를
> 토벌하였으나, 淄靑에게는 이르지 아니하였고 이사도는 대장으로 하여금

---

449) 『資治通鑑』 권239, 「唐紀」55 憲宗 元和 10年 正月조, 7707쪽, "吳元濟縱兵侵掠, 及於東畿.
己亥, 制削元濟官爵, 命宣武等十六道進軍討之."
450) 『新唐書』 권213, 「李師道傳」, 5992쪽, "帝討蔡, 詔興諸道兵以不及鄆, 師道選卒二千抵壽春,
陽言爲王師助, 實欲援蔡也."

2천 명을 거느리고 壽春으로 가도록 하였다. 이때 겉으로 관군을 도와서
吳元濟를 토벌하라고 말했으나 실제는 吳元濟의 후원이 되기 위함이었다.[451]

라는 것이 그것이다. 위의 첫 부분은 당의 침범을 막기 위해 오원제가 成德절도
사 왕승종과 평로·치청절도사 이사도에게 구원을 요청했다는 사실이다.
이때 이사도는 당의 요청이 없었는데도 불구하고 병사 2천 명을 蔡州에서
멀리 떨어진 동남지역까지 출병시켰다.[452] 여기서 壽春은 蔡州보다 潁州가
훨씬 가까운 지역이다. 이때 이사도가 병사들에게 몰래 수춘으로 가게 했다는
사실은 사사하는 바가 크다.[453] 그 이유는 이사도가 2천 명의 병사를 河南府와
상관없는 먼 지역으로 파견하여 양면 작전을 펼쳤기 때문이다. 이와 같은
상황을 소개한 이유는 다음과 같다. 즉 이사도가 낙양 부근으로 보낸 게릴라부
대가 큰 어려움 없이 어떻게 河陰倉을 태워버렸으며, 또 建陵 門戟을 끊어버렸
을 뿐만 아니라 襄州의 佛寺와 獻陵의 寢宮도 불태웠다는 사실을 밝히기
위해서이다.[454] 獻陵의 寢宮이 불탔던 때는 원화 10년 11월이었다.[455]

　앞에서 밝힌 것처럼 鄆州가 아닌 河南府에 이사도의 사저가 별도로 있었다.
그런데 이사도가 낙양 공격을 위해 자신의 사저를 본격적으로 활용하였던
시기는 원화 10년 6월경인 듯싶다.[456] 하남부의 이사도 사저는 치청절도사와
당의 연락 업무를 관장하기 위해서다. 그런데 조정과 이사도가 대립하면서
이사도가 낙양의 사저를 당군에 관한 첩보수집의 장소로 이용하였다는 것은

---

451) 『資治通鑑』권239, 「唐紀」55 憲宗 元和 10年 3月條, 7711쪽, "吳元濟遣使求救於恒·鄆,
　　王承宗·李師道數上表請赦元濟, 上不從. 是時發諸道兵討元濟而不及淄靑, 師道使大將將二
　　千人趣壽春, 言助官軍討元濟, 實欲爲元濟之援也."
452) 『續通志』권279, 「唐列傳」79 '李師道' 師道選卒二千抵壽春條, 4881쪽.
453) 李樹桐, 앞의 「元和中興之硏究」, 381쪽.
454) 『舊唐書』권142, 「王武俊傳」附'承宗'傳 是時, 承宗·師道之盜條, 3881쪽.
455) 『舊唐書』권37, 「五行」(元和 10年) 十一月, 獻陵寢宮永巷火條, 1367쪽.
456) 『舊唐書』권145, 「吳元濟傳」元和 10年 6月, 承宗, 師道遣盜伏於京城條, 3949쪽. 元和
　　10年 6月에 王承宗과 이사도가 낙양에 군대를 파견하여 매복시켰다고 하나, 이때
　　王承宗이 이사도와 함께 군대를 낙양에 보냈다는 기록은 없다.

암시하는 바 크다. 그 이유는 낙양의 사저를 당의 군사정보를 수집하기 위한 장소로 이용함으로써, 이사도는 당에 대하여 군사적인 대응조처를 구체적이고 정확하게 추진할 수 있었기 때문이다.

그런데 낙양 관리들이 이사도의 부하들이 낙양의 사저를 오가면서 분주하게 첩보를 수집하였는데도 이를 눈치채지 못하였던 것은 의미가 있다. 그 이유는 조정의 움직임을 이사도가 치밀하게 간파한 사실을 몰랐기 때문이다. 달리 말하면 이사도가 낙양의 관리들 상당수를 매수하여 포섭하였다. 이 점에 대하여는 뒤에 다시 언급하겠다.

이사도는 당에서 오원제를 평정하게 되면, 이후 자신에게 군사를 돌려서 전면전을 전개할 것이라는 사실을 너무나 잘 알고 있었다. 그런 까닭에 자신의 낙양 사저에서 수집한 군사정보를 가지고 낙양 공격을 게릴라 전법으로 하기로 결정하였던 모양이다. 이와 관련된 사실을『구당서』「이사도전」에서 들어보면,

> 吳元濟가 북쪽으로 汝州·鄭州를 침범하자, 郊畿 일대에 빈번하게 경계가 보고되었기 때문에, 낙양 방어 土兵 모두가 伊闕을 수비하는 기회를 틈타, 이사도는 몰래 土兵 수백 명을 그의 留邸로 들여보내어서, 궁궐을 불사르면서 멋대로 살인과 약탈을 모의하였다.457)

라는 것이다. 이는 이사도가 오원제의 하남부를 조이는 공격으로 인해 적당한 시기라고 판단하여 낙양 공격 작전을 전개한 내용이다. 이를 두 가지로 분석하고 싶다.

하나는 오원제가 汝州와 鄭州를 침범하였다는 사실이다. 원화 10년 정월에 嚴綏가 蔡州의 경계에 군을 주둔시키면서 汝州와 鄭州를 공격한 吳元濟를 압박하였으나458) 2월에 磁丘에서 패배하여 唐州로 퇴각하였던 결과이다.459)

---

457)『舊唐書』권124,「李師道傳」, 3539쪽, "因吳元濟北犯汝·鄭, 郊畿多警, 防禦兵盡戍伊闕, 師道潛以兵數十百人內其邸, 謀焚宮闕肆殺掠."

그렇다면 이때 吳元濟가 唐州함락은 물론이고 낙양 가까이 파죽지세로 진격하였다는 이야기다. 왜냐하면 정주는 낙양에서 직선거리로 불과 110여km밖에 안 떨어진 곳이며, 또 낙양의 남쪽 汝州도 직선거리로 불과 70여km밖에 안 떨어진 가까운 곳이기 때문이다. 그야말로 이때는 낙양의 외곽을 오원제가 포위하였던 그런 시기였다.

다른 하나는 낙양의 수비병이 모두 놀랐다는 사실이다. 그 결과 오원제의 공격을 막기 위하여 낙양의 수비병은 모두 낙양 남쪽의 伊闕에 포진할 수밖에 없었다.[460] 그 이유는 伊闕이 전략적 요충지인데다 오원제가 낙양을 공격하기 위하여 들어올 수 있는 유일한 통로였기 때문이다. 이러한 허점을 이사도가 간파하고 그의 구상을 적절한 시기에 구사하였다.

이사도는 낙양에 있는 자신의 邸院을[461] 이용하여 그곳에 이전부터 병사들을 상당수를 매복시켰다.[462] 그 후 때를 보아 이사도는 낙양의 궁궐을 불태워 버리겠다는 작전을 이미 수립하였다. 이사도가 수백 명의 병사를[463] 이용하여 낙양성을 함락하려는 게릴라 전법을 모색하였다. 그러나 위에서 살인과 약탈이라는 표현은 이사도가 낙양 공격을 위해 불가피한 조치였는지 모른다.

이것은 淮西절도사 오원제의 반란을 측면에서 지원하면서 이사도가 썼던 작전이다. 그러나 수백 명의 병사로 낙양을 함락시키기 위한 이사도의 작전은 낙양을 지키는 관군에게 심리적인 혼란을 주어 낙양을 함락시키겠다는 의도인 듯싶다.

그런데 이때 이사도가 낙양에 邸院을 활용하여서 낙양 함락의 전진기지로 이용하려는 의도를 이번 작전을 통해 확인하였다. 물론 이는 당 헌종이

---

458)『舊唐書』권15,「憲宗」下 元和 10年 正月 丙申조, 451~452쪽.

459)『舊唐書』권15,「憲宗」下 元和 10年 2月 甲辰조, 452쪽.

460)『舊唐書』권154,「呂元膺傳」防禦兵盡戌伊闕조, 4105쪽.

461)『新唐書』권213,「李師道傳」師道置邸東都조, 5993쪽 ;『舊唐書』권154,「呂元膺傳」(元和 10年 7月) 初, 師道於東都置邸院조, 4105쪽.

462)『舊唐書』권154,「呂元膺傳」初, 師道於東都置邸院조, 4105쪽.

463)『資治通鑑』권239,「唐紀」55 憲宗 元和 10年 8月 至數十百人조, 7715쪽.

藩鎭에 대한 강압정책을 사용함으로 말미암아 위협을 느낀 이사도가 중앙
政情에 관한 정보를 수집하겠다는 전진기지로 사용할 목적이 있었음을 부인
할 수 없다.[464] 그러나 이는 앞에서 언급한 것처럼 이사도가 전략적 요지로
낙양의 사저를 많이 활용한 사실은 여러 번에 걸쳐서 이미 확인되었다.

위와 같이 오원제의 낙양 공격을 충분히 활용하여 이사도는 자신이 정예병
사로 낙양성을 함락시키려고 게릴라전을 계획하였다. 다시 말해 이사도는
낙양에 있는 자신의 사저를 이용하여 그곳에 군사를 매복시킨 후 낙양의
치안을 흔들어보겠다는 음모를 구체화시켰다. 이때는 재상 武元衡이 이사도
의 병사에 의해서 피살된 다음달인 원화 10년 7월이었다.[465]

이때 이사도의 낙양 함락 계획을 『구당서』「이사도전」에서 들어보면,

> 이미 소를 잡아 잔치를 해 土兵을 위로하고, 이튿날 출병을 준비하였는데,
> 그때 小將 楊進·李再興이란 자가 낙양 留守 呂元膺에게 와서 반란 소식을
> 보고하자, 呂元膺이 伊闕을 지키던 병사를 소집해 반란군이 있는 곳을 포위하
> 였으나, 반나절이나 지나도록 감히 賊兵앞으로 나아가 공격하지 못했다.[466]

라는 것이다. 이는 이사도가 낙양에 있는 그의 사저에서 소를 잡아 결사대
병사들을 위로한 후 출병시키려고 하였던 것과 관련된 사실이다. 그런데
司馬光은 이때를 『자치통감』에서 『구당서』「여원응전」보다 한 달 늦은 원화
10년 8월 기사에서 쓰고 있다. 즉,

> 이사도는 東都에 留後院을 설치하였는데, 本道의 사람들이 섞여서 왕래하였
> 지만, 관리들이 감히 힐문하지 못하였다. 이때에 淮西 군사들이 東畿를 침범하
> 니, 방어하는 군사들이 모두 伊闕(낙양 남쪽의 용문)에 주둔하였고, 이사도는

---

464) 靑山定雄, 1941,「唐代進奏院考」,『東洋史論說』, 東京 : 富山房, 25쪽.

465)『舊唐書』권154,「呂元膺傳」十年七月, 鄆州李師道留邸伏甲謀亂조, 4105쪽.

466)『舊唐書』권124,「李師道傳」, 3539쪽, "旣烹牛饗衆矣, 明日將出, 會有小將楊進·李再興者詣
留守呂元膺告變, 元膺追伊闕兵圍之, 半日不敢進攻."

몰래 留後院에 군사들을 숨겼는데, 수십 혹은 수백 명에 이르렀으며, 궁궐에
불을 놓고 군사들을 풀어서 죽이고 약탈하고자 모의하였고, 이미 소를 삶아서
병사들에게 향연을 베풀고 다음날 곧 발동하려 하였다. 그의 小卒이 留守
呂元膺에게 가서 변란이 일어날 것을 알리니, 呂元膺이 재빨리 伊闕의 군사를
뒤쫓아서 이를 포위하였는데, 도적들의 무리가 갑자기 나오자, 防禦兵은
그 뒤를 쫓았으나, 감히 압박하지 못하였지만, 도적들은 長夏門(낙양 남성
동쪽의 첫 번째 문)을 나와서 산을 바라보고 숨었다. 이때 도성에서는 떨고
놀랐는데, 留守兵의 수가 적고 약하였으나, 呂元膺은 皇城門에 앉아서 부서를
나누어 지휘하였으나, 의기가 태연자약하여, 모든 사람들이 의지하고 안도하
였다.[467]

경우야 어떻든 사마광은 이사도가 東都 留後院의 수백 명의 군사로 낙양을
불 지르고 약탈하기 위해 사전 모의했다는 사실을 언급한 내용이다. 그런데
『冊府元龜』에서는 제나라 이사도가 伊闕에 매복시킨 병사 수가 무려 수천
명이라고 기록할 정도로 많다.[468] 이는 이사도의 군사들이 장안에서 재상
武元衡을 죽이고 裴度에게 刺傷을 입힌 지 불과 2개월 후의 거사가 결행되었다.
다시 말해 이때 이사도는 낙양을 분탕할 수 있다는 확신이 있었던 게 분명하다.
그러나 이사도의 부하 楊進과 李再興의 고변으로 낙양을 불태워버리는 게릴라
전이 성공하기가 더 어렵게 되었다. 위에서 '本道'사람은 胡三省 지적처럼
兗·鄆·淄·靑州의 사람들을 말함이다.[469]

제나라 이사도의 군사들이 당군과 조우한 후 낙양성을 빠져나올 때 낙양
북문이 아닌 남문의 중앙문인 長夏門으로 나온 사실을 주목할 필요가 있다.[470]

---

467) 『資治通鑑』 권239, 「唐紀」55 憲宗 元和 10年 8月조, 7715~7716쪽, "李師道置留後院於東
都, 本道人雜沓往來, 吏不敢詰. 時淮西兵犯東畿, 防禦兵悉屯伊闕, 師道潛內兵於院中, 至數
十百人, 謀焚宮闕, 縱兵殺掠, 已烹牛饗士, 明日, 將發. 其小卒詣留守呂元膺告變, 元膺亟追
伊闕兵圍之, 賊衆突出, 防禦兵踵其後, 不敢迫, 賊出長夏門, 望山而遁. 是時都城震駭, 留守
兵寡弱, 元膺坐皇城門, 指使部分, 意氣自若, 都人賴以安."
468) 『冊府元龜』 권128, 「帝王部」'明賞' 元和 10年 8月 伊闕師道조, 1540쪽.
469) 『資治通鑑』 권239, 「唐紀」55 憲宗 元和 10年 8月 胡三省註의 本道人조, 7715쪽.

이는 낙양유수 呂元膺이 급히 伊闕의 병사를 끌어들여 낙양 황궁에 배치함으로 말미암아, 이사도의 군사들은 낙양의 남문 중앙의 長夏門을 통과하여서 낙양성을 끼고 동쪽을 돌아 嵩山으로 잠입한 내용이다. 그렇다면 여원응이 황성문에 앉아 부서를 나누어 지휘했던 것은 제나라 군사에 의해 낙양 황궁이 훼파될 것이 두려워 이궐 군사를 황성에 배치하였기 때문이다. 그때 여원응의 의기가 태연자약했다는 표현은 사마광의 지나치게 과장된 표현이다. 정확히 표현한다면 제나라 군사에 의해 낙양의 황궁이 불타게 될 것이 두려워 여원응은 전전긍긍하였다고 표현해야 옳다.

이는 한편 이사도가 다른 지역으로 사람을 파견할 때 그 가족을 인질로 운주에 잡아두었다는 주장과 상치되는 내용이다. 구체적인 예로써, 楊進과 李再興이 몰래 낙양이 불탈 것이라는 사실을 낙양유수 여원응에게 告變했다는 사실이 불가능할 수 있기 때문이다. 그 이유는 양진과 이재홍의 가족이 운주성의 이사도의 인질이 되었다면 두 사람이 그런 짓을 한다는 것이 불가능하기 때문이다. 그렇다면 운주성에 이사도의 인질이 될 수 있는 사람은 이사도 휘하에서 높은 관직에 오른 일부사람에게만 국한되었다는 이야기이다. 이는『신·구당서』나『자치통감』의 저자가 이사도의 제나라가 당에 대항했다는 사실 하나만으로 선악의 개념으로 몰고 간 그런 억지였다고 본다. 그런데 당의 경우 많은 관료들의 가족을 양경에 볼모로 했던 사실에 대해서는 사서 찬자들은 아무 말도 하지 않고 있다.

또 다른 의문은 이사도의 낙양 留後院의 군사들이 뛰쳐나왔을 때 留守 여원응이 皇城門에 올라가서 태연자약하게 지휘했다는 것도 어불성설이다. 위의 문장에서 淮西軍이 東畿(낙양)를 공격하는 상황이라서 여원응이 자신의 신변 보호를 위해 皇城門에 올라가서 지휘했다고 표현해야 마땅하다. 사마광이 留後院에서 나와서 산으로 퇴각하는 이사도의 군사들과 대비시키려는

---

470) 李潔萍, 1995,『中國歷代都城』, 黑龍江人民出版社, 192쪽 ; 楊鴻年, 1999,「東都外郭城示意圖」,『隋唐兩京坊里譜』, 上海古籍出版社.

욕심으로 그와 같이 터무니없는 방법으로 여원응을 미화시킨 것이 분명하다. 만약 중국사서의 찬자들이 당을 맹목적으로 미화시키고 싶다고 하더라도, 왜 고구려 유민 이정기의 국가가 당에 출현하게 되었는가를 솔직히 시인하고 써야 그 죄를 조금이나마 용서받을 수 있다고 생각한다.

한편 『구당서』 「여원응전」 기록처럼 이사도 휘하 小將 楊進과 李再興이 낙양을 분탕질하고 노략할 것을 낙양유수 여원응에게 사전에 알렸다. 이로 말미암아 이사도의 반란계획이 사전에 누설되어, 그나마 낙양유수가 대응작전을 펼치게 되었다는 내용이다.[471] 위 둘 다의 내용은 대동소이하다.

한편 이사도의 반란을 밀고한 이사도의 부하 양진과 이재흥은 각각 장안에서 좋은 비단 3백 필, 집 한 채, 그리고 郎將이라는 관직을 받았다.[472] 이는 마치 당의 이길보가 재물을 나누어 주어 절도사를 와해시키려는 공작을 추진하려 할 때, 장안에 머물고 있던 이사도의 첩자들이 이 정보를 듣고 우려했던 일이 양진과 이재흥에 의해 현실로 나타나게 된 셈이다. 그러나 이때 이미 전투의욕을 상실한 낙양유수 여원응의 부하들은 伊闕(하남성 이천현)에서 출동한 병사들이 반나절 동안이나 낙양 사저의 이사도의 군사에 대한 포위망을 좁혀 들어가지도 못할 정도였다. 이는 이사도의 군사가 훈련이 잘된 정예였기 때문에 낙양의 방어병조차 그들을 두려워하였다. 그 뒤 낙양성 내의 상황을 『구당서』 「이사도전」에서 들어보면 다음과 같다.

防禦 判官 王茂元이 휘하 병사 한사람을 죽인 후에야 공격이 시작되었는데, 어떤 자는 이사도의 낙양 사저 벽을 허물고 안으로 들어갔다. 적의 무리가

---

471) 『舊唐書』 권15, 「憲宗」下 元和 10年 8月 小將楊進·李再興告變조, 454쪽 ; 『舊唐書』 권154, 「呂元膺傳」 會小將李再興告變조, 4105쪽 ; 『新唐書』 권213, 「李師道傳」 其徒白官 發之조, 5993쪽.

472) 『舊唐書』 권154, 「呂元膺傳」 賞告變人楊進·李再興錦綵三百匹조, 4105쪽 ; 『冊府元龜』 권128, 「帝王部」 '明賞' 元和 10年 8月 賜楊進李再興조, 1540쪽. 그런데 『冊府元龜』에서 楊進과 李再興이 당에 밀고한 대가로 상 받은 시기를 元和 18년 8월이라 언급하였는데, 이는 틀린 것이다.

별안간 뛰쳐나와 사람을 죽이자, 포위하며 공격하던 土兵들이 놀라서 도망쳤기 때문에, 적은 도로상에서 대오를 정돈할 수 있었으며, 큰 휘장 안에 자기의 처자와 아이들을 감추며 나아갔고, 또 무장한 土兵들이 殿에서 도망쳤지만, 방어 土兵들은 이들을 보고도 감히 추격하지 못했다.[473]

낙양성 안에 있던 이사도의 저택 진주원의 상상도

이는 이사도의 병사들이 낙양 공격을 돕기 위해 궁궐을 불태운다는 첩보를 들은 洛陽留守 여원응이 伊闕에 있던 군대를 돌려서 이사도의 사저로 급파하였으나 아무런 성과를 올리지 못하였다는 내용이다. 이때 이사도의 낙양 進奏院[474]에서 낙양 함락 작전에 참가한 이사도 군사 수가 수백 명이나 될 정도로 많았던 사실과 무관하지 않다.[475] 이를 몇 가지로 나누어 분석하고 싶다.

하나는 이사도의 낙양 사저를 낙양유수 여원응 군대가 포위하였던 사실이다.[476] 이때 낙양유수가 지휘한 전투의 무대는 낙양의 이사도 사저의 문 앞인 듯싶다. 이사도의 낙양 집을 공격하라는 낙양유수 여원응의 명령을 듣고도 관군이 공격하려 하지 않자, 방어 判官 王茂元이 나와서 진격 명령 거부죄로 한 사람을 죽이고 난 후에야 공격이 시작된 사실은 암시하는 바가 크다.[477] 그 이유는 낙양의 관군이 반란군의 기세에 몸 둘 바를 모를 정도로

473) 『舊唐書』 권124, 「李師道傳」, 3539쪽, "防禦判官王茂元殺一人而後進, 或有毁其墻而入者. 賊衆突出殺人, 圍兵奔駭, 賊得結伍中衢, 內其妻子於囊橐中, 以甲胄殿而行, 防禦兵不敢追."

474) 進奏院은 지방에 있는 軍에서 상주할 일을 처리하기 위해서 경사에 사무소를 둔 것을 말한다.

475) 『舊唐書』 권15, 「憲宗本紀」 元和 10年 8月 丁未, 勇士數百人伏東都進奏院조, 454쪽.

476) 『新唐書』 권213, 「李師道傳」 留守呂元膺以兵掩邸조, 5993쪽.

477) 『舊唐書』 권154, 「呂元膺傳」 防禦判官王茂元조, 4105쪽.

무기력하였다는 것을 입증하기 때문이다. 아무튼 이런 일이 있고 나서 관군이 이사도의 사저 벽을 뚫고서야 공격이 시작되었다. 낙양에 있던 방어병이 이사도의 병사를 무서워 한 것은 이사도의 작전계획의 치밀성과 아울러 그 병사들이 매우 용맹하였음을 이미 낙양병사들도 알고 있었다는 심증을 굳히는 이야기이다.

둘은 이사도의 집안에 있던 제나라 군사가 뛰어나와 관군을 죽였다는 사실이다. 이때 관군은 겁에 질려 싸우기는커녕 도망가기에 바쁠 지경이었다. 다시 말해서 이때 낙양에서 이사도의 위세가 대단하여 낙양 방어병들에게도 이미 그런 사실이 잘 알려졌다는 이야기로 풀이될 수 있는 대목이다. 그런데 『구당서』「헌종본기」에 이사도의 낙양병사가 낙양성에 관군이 없는 틈을 타서 낙양의 궁궐을 불사르고 약탈하려 했다는 기록이[478] 있다. 그 이유는 낙양성 안에는 伊闕에서 급히 올라온 군사 외에는 낙양 남쪽을 공격해오는 오원제 군사의 공격을 막기 위해 군사들이 총 출동한 상황이라서, 성내에 군사가 없어서 이사도의 낙양 주둔병들에 의해 그런 일이 벌어질 가능성이 매우 농후하였다. 얼마 전까지 낙양성 관군은 吳元濟가 이끄는 반란군의 낙양 진격을 대비하여 모두가 이궐에 집결해 있었다. 이사도의 낙양사저에 있던 이사도의 군사 양진과 이재홍의 밀고를 듣고 나서야 낙양유수 呂元膺이 이궐의 주둔 군사를 끌고 오기 전까지 낙양성에 관군이 없었던 상태이다.

셋은 이사도의 병사들이 이사도의 집밖을 나와서 대로에서 다시 전열을 정비하였던 사실이다. 이는 이사도의 병사들이 후퇴하면서 이사도의 집안에 같이 기거하였던 처자들을 자신의 대열 안에 넣어 안전하게 대피하려는 행동이었다. 물론 이때 처자들을 보호하기 위하여, 갑옷과 투구를 입은 이사도의 병사들이 에워싸면서 행군하였다. 이는 『신·구당서』나 『자치통감』 저자들이 이사도의 정치에 대해 터무니없이 악평하고 있다는 사실을 확인할 수 있는 대목이라 주목하고 싶다. 다시 말해 낙양성 안의 이사도 사저에 주둔한

---

478) 『舊唐書』 권15, 「憲宗本紀」 元和 10年 8月 丁未, 乘洛城無兵조, 454쪽.

군사들이 자신의 처자를 거느렸다는 사실이 그것이다. 이런데도 이사도가 멀리 나가 있는 자들의 처자를 운주성에 인질로 했기 때문에 그들이 역심을 품지 못하였다는 주장이 얼마나 터무니없는가를 알 수 있다.

그런데 이런 광경을 金鎭闕은 '이미 병사들에게는 속에 갑옷을 입혀 놓았다'라고[479] 잘못 해석하였다. 이사도 휘하의 병사들이 대오를 정돈하며 행군할 때 낙양을 지켰던 관군이 무서워서 추격하지 못하였다는 것은 낙양성 방어를 담당하는 관군들도 이사도에 의해 낙양이 함락될 수 있다는 암시라고 본다. 이런 이사도의 군대 앞에 낙양성 안의 당군이 사기가 저하된 것은 물론이고 전투의지마저 상실된 단계였던 것 같다.

이 같은 이사도의 낙양 함락 모의를 사전에 제압하겠다는 낙양유수 여원응의 계획과 무관하게 관군은 지리멸렬한 분위기로 빠져들었다는 사실을 주목하고 싶다. 관군이 이사도의 낙양 주둔군과 대항할 수 없을 정도로 무기력하였다는 것은 조정의 통제력이 그만큼 유명무실하였다는 것을 설명하는 방증자료이다. 물론 관군의 전투의지가 이사도의 병사들과 비교하여 형편없었던 것은 이사도의 병사들이 자객과 같은 날쌔고 용감한 게릴라 전사로 구성되었다는 사실과도 상관성이 있을 것 같다.[480] 낙양 관군이 정비되지 못한 상태라면, 관군이 이사도 군에게 패배할 수밖에 없는 구조다.

이후 이사도의 낙양사저를 나온 병사들의 행동에 대하여는 다음과 같이 전하고 있다. 즉『구당서』「이사도전」에,

　　적이 長夏門을 나와서, 郊外 창고를 약탈하더니, 동쪽으로 伊水를 건너고 나서, 嵩山으로 들어갔다. 呂元膺이 변경을 지키는 병사들에게 적의 무리를 잡는 것에 많은 현상금을 걸었다.[481]

479) 金鎭闕, 앞의 「唐代 淄靑藩鎭 李師道에 대하여」, 772쪽.
480)『資治通鑑』권239,「唐紀」55 憲宗 元和 10年 8月 師道潛內兵於院中조, 7715쪽.
481)『舊唐書』권124,「李師道傳」, 3539쪽, "賊出長夏門, 轉掠郊墅, 東濟伊水, 入嵩山. 元膺誡境上兵重購以捕之."

라는 것이 그것이다. 이는 이사도 휘하의 무리들이 처자와 함께 낙양성의
長夏門을 나섰다는 내용이다.[482] 위의『구당서』「이사도전」과 달리『자치통
감』은 자연환경까지 설명하면서 여원응의 대처방법을 소상하게 설명하였다.
즉,

> 東都의 서쪽과 남쪽은 鄧州와 虢州에 이어져 있고, 모두 높은 산과 깊은
> 숲이어서, 백성들은 농사를 짓지 않고, 오로지 활을 쏘아 사냥을 하는 것을
> 생업으로 삼아서, 사람들은 모두 재빠르고 용감하였으므로, 이를 山棚(獵戶)이
> 라고 하였다. 呂元膺은 많은 상금을 내걸어 도적을 체포하려 하였다.[483]

위의『자치통감』기록은 주변 환경을 이용하여 숭산으로 잠적한 이사도의
군사를 그 지역에서 생활하는 사람을 동원하여 잡겠다는 계산이었다. 위의
사료들을 두 가지로 나누어 보자.

하나는 長夏門을 나선 이사도의 병사들이 성 밖의 농막을 습격하였던
사실이다. 이는 이사도의 병사들이 오랫동안 관군과 대치하기 위해 군량을
확보하려는 창고 약탈이었다. 이때 이사도의 병사들은 낙양성 밖의 말, 소와
양 등의 가축을 약탈하였다. 이렇게 확보한 군량을 이사도의 병사들은 낙양성
북쪽의 嵩山으로 숨기기 위해 伊水를 건넜다.[484] 이는 이사도의 병사들이
게릴라전으로 낙양 관군과 계속 싸우기 위한 준비조치였다고 본다.

다른 하나는 낙양유수 여원응이 이사도 병사들을 잡으려고 노력한 사실이
다. 여원응은 장하문을 지키고 있는 관군에게 이사도 휘하의 무리를 잡아오면
많은 현상금을 주겠다고까지 약속하였다. 아울러 여원응은 산붕에도 막대한
현상금을 걸어서 숭산에 잠복한 이사도의 군사를 잡겠다고 하였다. 이와

---

482)『舊唐書』권154,「呂元膺傳」賊乃圍結조, 4105쪽.
483)『資治通鑑』권239,「唐紀」55 憲宗 元和 10年 8月조, 7716쪽, "東都西南接鄧·虢, 皆高山深林,
　　民不耕種, 專以射獵爲生, 人皆趫勇, 謂之山棚. 元膺設重購以捕賊."
484)『舊唐書』권154,「呂元膺傳」奪牛馬, 東濟伊水조, 4105쪽.

같이 여원응이 이사도 휘하 병사를 잡으려고 혈안이 되었던 것은 이들의
낙양 진입을 우려했기 때문이다.

낙양유수 여원응이 이사도 휘하를 잡으려는 끈질긴 노력은 허사로 돌아갔
다. 그러나 예기치 못한 상황에서 숭산으로 숨어든 이사도의 병사들에 대한
정보를 듣게 되었다. 이에 관한 소식을『구당서』「이사도전」에서 들어보면,

> 수개월 후, 어떤 사냥꾼이 사슴을 시장에 가져다가 팔았는데, 賊兵을 만나서
> 사슴을 탈취 당하자, 도망쳐서 자신의 동료를 불러왔고, 어떤 사람이 관군을
> 불러들여서 산골짜기에서 적을 포위해서, 그들 모두를 사로잡았다. 그들을
> 엄하게 추궁해서 그 수령을 찾았는데, 그는 中岳寺 중 圓靜으로, 당시 이미
> 80여 세였으며, 예전에 圓靜은 史思明 部將이었으며, 그의 신체는 남보다
> 기골이 장대하고 사나웠다.[485]

라는 것이다. 이는 수개월 동안 이사도 휘하 무리가 낙양 북쪽 숭산에서
은거하였다는 내용이다. 그런데『자치통감』은 약간 다르게 기록하였다. 한
예가『구당서』「이사도전」에서는 이사도의 군사들이 숭산으로 숨어든 수개
월 후가 아닌 며칠 후의 사건으로 언급하였다. 이를 옮겨보자.

> 며칠이 지나, 어떤 山棚이 사슴을 팔려고 하는데, 도적이 그를 만나자 이를
> 빼앗으니, 산붕은 도망하여 그 부류들을 부르고, 또 官軍을 이끌고 함께
> 그들을 골짜기에서 포위하여, 모두를 붙잡았다. 조사하여서, 그 우두머리를
> 붙잡았는데, 바로 中岳寺 승려 圓淨이었으며, 옛날 일찍이 史思明의 장수로서,
> 용감하고 사납기가 보통사람을 뛰어넘어서, 이사도의 謀士가 되어 伊闕과
> 陸渾(하남성 숭현) 사이에 田地를 많이 사서, 산붕들에게 살게 하고 그들에게
> 의식을 주었다.[486]

---

485)『舊唐書』권124,「李師道傳」, 3539쪽, "數月, 有山棚鬻鹿於市, 賊遇而奪之, 山棚走而徵其
黨, 或引官軍共圍之谷中, 盡獲之. 窮理得其魁首, 乃中岳寺僧圓靜, 年八十餘, 嘗爲史思明將,
偉悍過人."

위의『구당서』「이사도전」이나『자치통감』에서 보이는 것처럼 이사도는
예전 史思明의 장수까지 휘하로 거느렸다. 이는 이정기 4대가 고구려 유민의
국가를 확고하게 세우기 위해 출중한 인물이라면 누구든지 수용했다는 증거
다. 그러나 낙양 이사도의 留後院을 나와 嵩山에 숨어든 이사도의 군사들은
또 다른 산붕이 팔려는 사슴 탈취사건으로 발각, 생포되었다. 이를 몇 가지로
나누어 분석하고 싶다.

하나는 이사도 휘하 무리가 낙양의 숭산에 여러 달 숨어살았던 사실이
다.[487] 다시 말해 다른 우회로를 찾아 운주로 돌아갈 수 있는데도 불구하고
그곳에 머물렀다는 사실은 암시하는 바가 크다. 그 이유는 이사도 휘하의
무리들이 이사도의 새로운 지시를 받기 위하여 숭산에서 낙양으로 재진입할
시기를 엿보았을 가능성이 충분하기 때문이다. 이는 뒤에 승려 원정이 죽음
직전에 내뱉은 말에서 알 수 있다.

둘은 숭산에 숨어든 이사도의 군사가 山棚의 사슴을 빼앗음으로써 숭산이
더 이상 안전할 수 없게 되었다는 사실이다. 위의 사실대로 산붕이 자신의
동료를 부르고 또 관군을 불러서 이사도 휘하의 무리들을 계곡에서 포위하였
다. 물론 이때 산붕이 유수에게 이러한 사실을 밀고하였던 것이다. 그 결과
얼마 있다가 관군이 이사도의 병사들이 있는 곳에 들이닥쳤다는 사실이다.
그런데 전에 낙양유수 여원응이 산붕의 자제들을 募兵하였다.[488] 그 결과
산붕이 관군에게 신속하게 연락을 취하였다. 이때 산붕의 자제마저 모병한
것은 덕종이 이사도를 위시한 반란 절도사들을 진압하기 위해 군사들을
모두 차출한 것과 연관이 있다. 그 이유는 모두 吳元濟를 토벌하기 위해
군사가 낙양에서 멀지 않은 伊闕에 주둔했기 때문이다. 그 결과 숭산에 숨었던

---

486)『資治通鑑』권239,「唐紀」55 憲宗 元和 10年 8月조, 7716쪽, "數日, 有山棚鬻鹿, 賊遇而奪之,
　　山棚走召其儕類, 且引官軍共圍之谷中, 盡獲之. 按驗, 得其魁, 乃中岳寺僧圓淨, 故嘗爲史思
　　明將, 勇悍過人, 爲師道謀, 多買田於伊闕·陸渾之間, 以舍山棚而衣食之."

487)『新唐書』권213,「李師道傳」入山中數月조, 5993쪽.

488) 楊鴻年, 1985,「唐募兵制度」,『中國史硏究』3, 41~42쪽.

이사도의 특수병들은 모두 생포되었다. 위의 山棚은 숭산에 살면서 사냥을 하여 생계를 유지하는 무리들이다.

셋은 이사도 휘하의 무리를 여러 달 동안이나 지휘하였던 인물이 늙은 승려였다는 사실이다. 그는 中岳寺 승려 圓靜으로 나이가 80여 세나 된 노인이 었다.[489] 원정은 낙양을 불태우기 위하여 이사도가 원화 10년 7월에 파견했던 승려이다.[490] 그런데 원정은 젊어서 史思明 휘하에서 장군생활을 한 인물이었다.[491] 곧 원정은 安史의 난에서 전투 기량을 연마한데다가 기골마저 장대하고 용감무쌍한 인물이었다.[492] 무엇보다 중요한 사실은 安史의 난 주역인 사사명 휘하 장군이었던 원정이 이사도의 부하가 된 사실이다. 이는 옛 반란군 사사명 휘하의 무리마저 이사도의 군사로 포섭되었다는 것과 연관성이 있다. 원정이 이사도의 군사가 되었다는 사실은, 이전에 조정에 반란하고 망명한 장군들을 이사도가 영입했다는 사실을 알 수 있는 중요 자료이다.[493] 또한 이는 안사의 난 이후 당이 헤게모니를 장악하지 못하고 강력한 세습절도사에 의해서 끌려 다녔다는 증거다. 원정과 같은 인물을 이사도가 휘하에 거느렸던 것은 그가 당 조정을 전복하기 위해 매우 치밀하게 움직였음을 증명한다고 볼 수 있다.

위의『신·구당서』나『자치통감』모두가 이정기의 4대에 대해 악평하는 것을 주저하지 않았던 사실에 대하여는 앞에서도 여러 번 증거가 나타날 때마다 규명하였다. 그런데『신·구당서』보다『자치통감』저자 사마광은 이사도에 대한 모든 사실을 과소평가하고 싶어 했던 같다. 그 한 가지 예를 든다면『구당서』에서 몇 달 후 숭산에 숨어있던 이사도 휘하의 군사를 발견하였다고 기록하였는데 반해,『자치통감』에서는 며칠 후에 숭산에서 이사도

489)『續通志』권279,「唐列傳」79 '李師道' 圓靜者年八十餘조, 4881쪽.
490)『舊唐書』권145,「吳少誠傳」附'吳元濟傳'(元和 10년) 七月, 李師道遣嵩山僧圓淨조, 3949쪽.
491)『舊唐書』권154,「呂元膺傳」嘗爲史思明將조, 4105쪽.
492)『新唐書』권213,「李師道傳」嘗爲史思明將조, 5993쪽.
493) 築山治三郞, 앞의「地方官僚と政治」, 376쪽.

군사들이 발견되었다고 했다. 간단히 말해 이는 사마광이 낙양사저에 숨어든 이사도의 병사들을 대수롭지 않다는 식으로 쓰고 싶어서 몇 달 걸린 사실을 며칠 후라는 식으로 서술한 것이다.

위의 사실을 정사에서 자세하게 썼던 이유는 그 당시 숭산에 숨어든 이사도의 병사를 잡기 위하여 심혈을 기울였던 것을 반증하는 듯싶다. 이에 관해 『구당서』「이사도전」을 들어보면,

> 처음 圓靜을 붙잡았을 때, 힘이 센 자를 시켜 쇠망치로 힘껏 그를 치게 하였는데도, 그의 다리를 끊지 못했다. 圓靜이 "쥐새끼 같은 놈, 다른 사람 다리도 끊지 못하는 주제에, 어찌 감히 健兒라고 말할 수 있겠는가"라고 꾸짖어 말하면서, 이에 스스로 자신의 발을 올려놓으면서 어떻게 하여야 발목을 끊을 수 있는지 가르쳐 주었다. 또 형 집행에 임해 말하기를 "나는 일을 그르쳤으니, 洛城에서 피를 흘리게 해서는 안 된다."고 하였다.[494]

라는 것이다. 그런데 승려 圓靜에 대해서는 『신당서』「이사도전」이 매우 자세하니, 이를 들어보자.

> 圓靜은 나이가 80여 세였으며, 일찍이 史思明의 대장을 역임하였으며, 날쌔고 사나움이 누구와도 비교되지 않았다. 체포된 후, 장사들이 그의 정강이를 자르려하였으나, 능히 절단하지 못하자, 圓靜이 꾸짖어 말하길, "젊은 놈이, 사람다리를 끊으려 하였으나 하지 못하니, 이래서야 사나이라 말할 수 있겠는가!" 하고 소리지르며 자기의 다리를 올려놓아서 그들이 절단하게 하였다. 장차 죽으려 할 때, 탄식하며 말하길, "나는 일을 그르쳤으니, 洛城에서 피를 흘려서는 안 된다!" 그 당시, 留守防禦使·都亭驛史 수십 인이 몰래 이사도의 관직을 받고, 그를 위해 정탐했기 때문에 이를 아는 자가 없었다. 철저히 조사하니, 嘉珍·察이 武元衡을 살해했던 자들이다. 鹽鐵使 王播은 告嘉珍이

---

494) 『舊唐書』 권124, 「李師道傳」, 3539쪽, "初執之, 使巨力者奮鎚, 不能折脛. 圓靜罵曰, '鼠子, 折人脚猶不能, 敢稱健兒乎!' 乃自置其足敎折之. 臨刑, 乃曰'誤我事, 不得使洛城流血.'"

갖고 있던 5천의 활과 아울러 建陵을 자를 때 사용한 戟 47개를 찾았다.⁴⁹⁵⁾

이는 승려 圓淨이 죽음을 임박한 상황에서 어떻게 대처하였는가를 보여주는 대목이다. 그런데『신당서』「이사도전」에서는 建陵의 戟까지 이사도의 병사들에 의해서 꺾였다는 것은 암시하는 바가 크다. 왜냐하면 당나라를 멸망시키겠다는 의지를 위의 사실에 내포되었기 때문이다. 이와 같이 황제 능의 극문을 잘랐다는 것은 제나라의 '滅唐'에 대한 분명한 의지 표현이다. 그래서 司馬光은 劉悟의 반란으로 이사도가 죽임을 당한 후에 이와 같은 사실을 다시 언급하였다. 즉,

이보다 먼저, 도적이 자주 사람을 파견하여 관문으로 들어와서, 皇陵의 戟門을 잘라놓고, 창고가 있는 곳에 불 지르며, 나는 화살에 飛書를 보내어, 京師를 놀라게 하여, 관군을 어지럽혔다.⁴⁹⁶⁾

곧 이사도가 파견한 무리들이 關門으로 들어가서 皇陵의 戟門을 자르고, 창고를 불태웠고, 화살에 飛書를 보내는 상황이라서 장안 민심이 흉흉하였다. 게다가 이런 상황으로 관군마저 힘들어 했다는 사실을 주목해야 한다. 이는 이사도의 제나라가 당과 대립각을 세우고 있었던 결과, 당 京師가 혼돈에 빠졌다는 내용이다.

이 사실은 元和 10년 일이었는데도 불구하고 이사도가 멸망한 후에 司馬光이 이를 다시 언급한 것은 당이 이사도의 제나라로 인해서 얼마나 고통 받았는가

495)『新唐書』권213,「李師道傳」, 5993쪽, "圓靜者, 年八十餘, 嘗爲史思明將, 驍悍絶倫. 既執, 力士椎其脛, 不能折, 罵曰'豎子, 折人脚且不能, 乃曰健兒!' 因自置其足折之. 且死, 歎曰'敗吾事, 不得見洛城流血!' 於時, 留守·防禦將·都亭驛史數十人, 皆陰受師道署職, 使爲詗察, 故無知者. 及窮治, 嘉珍·察乃害武示衡者. 鹽鐵使王播又得嘉珍所藏弓材五千, 幷斷建陵戟四十七."
496)『資治通鑑』권241,「唐紀」憲宗 元和 14年 2月조, 7767쪽, "先是, 賊數遣人入關, 截陵戟, 焚倉場, 流矢飛書, 以震駭京師, 沮撓官軍."

를 상기시키고 싶었기 때문이다. 제나라로 인해서 당의 국기마저도 심각하게
흔들렸기 때문에 이런 사실을 역사의 교훈으로 삼아야한다는 취지로 사마광
이 기록한 것이 틀림없다.

그런데 낙양을 공포로 몰았던 訾嘉珍·門察 그리고 승려 圓淨에 대한 사실은
『자치통감』에서 새로이 추가된 기록이 많아서, 이를 옮겨보겠다. 즉,

> 訾嘉珍과 門察이라는 사람이 있는데, 몰래 부하를 나누어 圓淨에게 소속하게
> 하고, 圓淨은 이사도의 錢 1천만을 가지고, 겉으로는 佛光寺를 지으면서,
> 무리를 결속해 모의를 확정하고, 訾嘉珍 등으로 하여금 성 안에서 발동을
> 하게하고, 圓淨이 산속에서 불을 들어 올려서,두 縣에 있는 산봉을 모아
> 城안으로 들어가서 이를 돕기로 약속하였다. 圓淨은 이때에 나이가 여든
> 살 남짓이었는데, 체포하는 사람이 이미 그를 붙잡고 나서, 분연히 그의
> 정강이를 鐵槌로 쳤으나, 꺾을 수가 없었다. 圓淨이 욕하며 말하였다. "쥐새끼
> 들, 사람의 정강이를 꺾었지만 또 그리 할 수도 없으니, 어찌 사내라고 할
> 수 있겠는가?" 마침내 스스로 그 정강이를 두고서, 가르쳐서 그것을 꺾게
> 하였다. 형벌 받는 자리에 가서는, 탄식하며 말하였다. "나는 일을 그르쳤으니,
> 洛城으로 하여금 피가 흐르게 할 수 없구나!" 무리들 가운데 죽은 사람이
> 무릇 수천 명이었다. 留守防禦의 장수 2명과 驛卒 8명이 모두 그 職名을 받아서
> 그를 위하여 耳目이 되었다. 呂元膺이 訾嘉珍과 門察을 鞫問하고, 비로소 武元衡
> 을 죽인 사람이 바로 이사도라는 것을 알았으며, 呂元膺이 비밀리에 보고하고,
> 檻車로 두 사람을 호송해 경사로 보냈다. 황제는 이미 王承宗을 토벌한다고
> 하였으므로 다시 끝까지 처리하지 않았다. 呂元膺이 말씀을 올렸다. "근래에
> 藩鎭이 발호하여 신하 노릇을 하지 않으나 받아들여 용서할 만한 사람도
> 있습니다. 그러나 이사도는 도성을 도륙하면서 궁궐에 불을 지르려고 꾀한
> 것에 이르는 패역이 매우 심하니 죽이지 않으면 아니 됩니다." 황제가
> 그러할 것으로 생각하였으나, 바야흐로 吳元濟를 토벌하고 王承宗을 끊어버리
> 려고 하였으므로 이사도를 처리할 겨를이 없었다.[497]

---

497) 『資治通鑑』 권239, 「唐紀」55 憲宗 元和 10年 8月조, 7716~7717쪽, "有訾嘉珍·門察者,
潛部分以屬圓淨, 圓淨以師道錢千萬, 陽爲治佛光寺, 結黨定謀, 約令嘉珍等竊發城中, 圓淨

548

위의『자치통감』내용은 이사도의 부하 訾嘉珍과 門察이 낙양留守 呂元膺에게 잡힌 후 승려 圓淨에 대한 심문 내용이다. 그런데『자치통감』에는 주목할만한 내용이 있다. 그래서『신당서』「이사도전」과『자치통감』을 아우르면서 몇 가지로 분석하겠다.

하나는 이사도가 승려 圓淨에게 겉으로는 佛光寺를 짓는 비용인 척하면서 錢 千萬을 주었다는 사실이다. 물론 이는 이사도가 圓淨을 통해 낙양에서 사용하게 할 군자금이었다. 그런데 그 금액이 천문학적이라는 사실이 놀랍다. 한 예를 들면 元和 9년(814) 5월 回鶻이 누차 당과 혼인 관계를 맺자고 하였다. 그러나 당의 공주가 시집가는 것이 비용이 많이 든다는 이유로 허락되지 않았다. 그러자 禮部尚書 李絳이 당 헌종에게 다음과 같이 아뢰었다.

回鶻은 흉악하고 강하여서 대비하지 않을 수 없습니다. 淮西는 궁색하고, 오그라들어서 일마다 경영해야 합니다. 지금 江·淮에 있는 큰 縣에서는 1년에 들어오는 賦가 錢 20萬 緡인 곳도 있으니 공주를 내려 보내는 비용을 준비가 충분한데, 폐하께서 어찌 한 개 縣에서 나오는 賦를 아끼셔서 강한 오랑캐를 羈縻하지 않으십니까?498)

이는 江·淮의 큰 縣에서 1년 賦가 錢 20만 緡이나 되어 回鶻에 공주를 시집보내는 비용을 충당할 수 있다는 李絳의 주장이다. 그렇다면 이사도가 중 圓淨에게 錢 千萬을 준 액수가 어느 정도인지 가늠할 수 있다. 여기서

舉火於山中, 集二縣山棚入城助之. 圓淨時年八十餘, 捕者旣得之, 奮鎚擊其脛, 不能折. 圓淨罵曰, '鼠子, 折人脛且不能, 敢稱健兒!' 乃自置其脛, 敎使折之. 臨刑, 歎曰, '誤我事, 不得使洛城流血.' 黨與死者凡數千人, 留守·防禦將二人及驛卒八人皆受其職名, 爲之耳目. 元膺鞫訾嘉珍·門察, 始知殺武元衡者乃師道也, 元膺密以聞, 以檻車送二人詣京師. 上業已討王承宗, 不復窮治. 元膺上言 '近日藩鎭跋扈不臣, 有可容貸者. 至於師道謀屠都城, 燒宮闕, 悖逆尤甚, 不可不誅.' 上以爲然, 而方討吳元濟, 絶王承宗, 故未暇治師道也."
498)『資治通鑑』권239,「唐紀」55 憲宗 元和 9年 5月조, 7704쪽, "回鶻凶强, 不可武備, 淮西窮蹙, 事要經營. 今江·淮大縣, 歲所入賦有二十萬緡者, 足以備降主之費, 陛下何愛一縣之賦, 不以羈縻勁虜!"

이를 강조하는 이유는 제나라의 경제규모가 어느 정도로 컸는지를 확인하는 잣대가 되기 때문이다. 위의『자치통감』마지막 부분에서 여원응이 이사도를 공격해야 한다고 주장할 때, 헌종은 吳元濟와 王承宗을 토벌해야하기 때문에 이사도를 공격할 여유가 없다고 기록하였다. 필자의 생각으로는 헌종이 경제적으로나 군사적으로 大國인 제나라를 공격하는 것이 두려웠기 때문에 여원응의 주장을 거부했다고 해석해야 옳다고 본다.

그렇다면 이사도가 당의 재상 武元衡을 죽이고 裴度에게 刺傷을 입힌 2개월 뒤에 낙양 거사는 당을 전복하기 위한 치밀한 계획이라고 볼 수 있다. 정확히 말해 낙양유수 여원응이 이궐에 주둔한 군사를 불러들여서 낙양성 안의 이사도의 사저를 봉쇄함으로써 이사도의 낙양 분탕 계획은 실패로 끝났다. 그런데 위의 내용으로 보아 그는 다시 승려 원정을 중심으로 두 현의 산붕을 모아 낙양을 공격하려 하였다. 이는 이사도가 낙양 함락을 위해 원정과 더불어 자가진·문진에게 거금의 군자금을 주었던 것이 분명하여 더욱 주목되는 사건이다.

둘은 낙양유수 여원응이 사로잡은 원정을 고문하였던 사실이다. 힘센 젊은이로 원정의 정강이를 끊도록 하였는데, 정강이를 끊지 못하자, 도리어 원정이 이를 꾸짖었다는 섬뜩한 이야기다. 원정이 기골이 장대할 뿐만 아니라 두려움이 없는 인물임을 확인할 수 있는 대목이다. 이처럼 이사도 휘하에는 당의 병사들과 달리 용감무쌍한 용사들로 조직된 군사들이 주축이었다는 사실을 확인할 수 있다. 필자의 생각으로는 낙양성 안의 이사도의 사저에 있었던 인물 가운데 승려 원정을 제외한 이사도의 군사 자가진·문진과 함께한 수백 명이 고구려 유민이지 않았을까 여겨진다.

셋은 원정이 자신의 형 집행 장소로 洛城이 아닌 다른 곳을 요구하였다는 사실이다. 원정이 이사도의 명령을 성공시키지 못하였던 사실을 부끄럽게 생각한 것 같다. 이런 사실에서 이사도는 낙양에 잠입한 원정 등에게 낙양 함락을 명령하였던 사실을 어렵지 않게 짐작할 수 있다.

결국 이사도의 병사들은 숭산에서 여러 달을 지내다가 원정 등 상당수가 체포, 처형되었다. 『구당서』의 「이사도전」에 의하면,

　한꺼번에 죽임을 당한 자가 수십 명이었다. 叛賊 가운데는 留守禦將 2명, 都亭驛卒 5명, 甘水驛卒 3명, 이들 모두가 몰래 이사도로부터 임무를 부여받은 자로서, 아울러 그의 눈과 귀가 되었다. 모반의 처음 단계부터 실패할 때까지도, 내부 사정을 아는 자가 아무도 없었다.[499]

이사도의 부하 원정이 낙양의 숭산에 잠입하여 당군을 격파하는 장면의 상상도

라는 것이 그것이다. 낙양의 관리로 이사도 휘하에 있던 인물 가운데 죽임을 당한 자가 수십 명이었다는 사실로 말미암아 여원응이 이사도에 의한 낙양 함락을 얼마나 두려워하였는지를 가늠할 수 있다.

　또 주목해야 할 사실은 낙양 관리가 이사도로부터 직함을 받고 이사도를 위해 정보원 역할을 하였다는 사실이다. 이때 이사도의 반란에 가담하였기 때문에 嵩山에서 포로된 자들은 모두 처형하였다. 낙양 留守禦將 2명, 都亭驛 졸 5명, 甘水驛 졸 3명도 이사도 반란에 가담한 죄목으로 죽였다는 사실이 전한다.[500] 물론 이들은 낙양성의 관리이자 당의 관리들이었다. 그들 모두가 이사도에게 충성한 죄로 죽임을 당하였다는 사실도 중요하지만 그보다도 이사도가 낙양을 공격하기 위해 이들을 사전에 포섭하였다는 사실이 더욱 놀랍다. 낙양 함락을 위해서 이사도가 치밀하게 공작한 후에 그의 사저에

---

499) 『舊唐書』 권124, 「李師道傳」, 3539쪽, "死者凡數十人. 留守禦將二人, 都亭驛卒五人, 甘水驛 卒三人, 皆潛受其職署, 而爲之耳目, 自始謀及將敗, 無知者."
500) 『新唐書』 권213, 「李師道傳」 都亭驛史數十人조, 5993쪽.

수백 명의 군사를 비밀리 파견했다는 사실에 이르게 되면, 이사도의 '滅唐'전략
이 아주 구체적으로 진행되었음이 확인된다.

위의 留守禦將 2명, 都亭驛 卒 5명, 甘水驛 卒 3명 등이 이사도의 모반에
가담하였는데도, 이 사실을 누구도 알아차리지 못하였다. 이는 당의 관리로
당에 의해 죽임을 당한 위의 인물들 모두가 이사도로부터 관직을 받았기
때문에, 낙양에서 벌어지는 모든 일은 이들을 통해 자동적으로 이사도에게
보고되었다는 사실은 매우 의미가 크다. 앞에서 지적한 것처럼 그 이유는
이사도가 '낙양거사'를 위해 오랜 세월을 두고 용의주도하게 계획했기 때문이
다. 물론 이는 이사도의 제나라에서 군사적으로나 경제적으로 그런 거사를
위해 뒷받침이 가능하였기 때문에 그런 계획을 세워 실행할 수 있었다.
더 놀라운 사실은『자치통감』에서 이사도에 의한 '낙양거사' 실패로 이때
낙양에서 이사도의 군사로 죽은 수가 무려 수천 명이었다는 사실이다. 이것이
맞다면 사서에서 정확한 언급은 없지만 訾嘉珍·門察·圓淨이 이끄는 이사도
군사가 낙양에서 당군과 대충돌이 있었던 것이 분명하다.

이사도의 낙양 함락 작전이 비록 실패하였지만 이로 인해 당은 이사도를
공격하는 것이 무척 두려웠다. 이를 뒷받침하는 사실은 이사도에 의한 '낙양거
사'가 실패로 끝난 그 해 12월 "東都방어사 呂元膺이 山棚을 모집하여 궁성을
호위하게 해달라고 요청하니, 이를 허락하였다"[501]라는 사실이다. 이는 낙양
이 이사도에 의해 다시 공격받을지 모른다는 두려움에 숭산에서 사냥으로
생활하는 무리들을 낙양 방어군으로 새롭게 충원하였다는 내용이다.

위의 사실에 대하여『구당서』「헌종기」에는 그 사실을 약간 다르게 전하고
있어 이를 옮겨본다.

정미 일에, 淄靑절도사 이사도는 몰래 嵩山의 승려 圓淨과 더불어 반란을

---

501)『資治通鑑』권239,「唐紀」55 憲宗 元和 10年 12月조, 7720쪽, "東都防禦使呂元膺請募山棚
以衛宮城, 從之."

모의하여, 용사 수백 명을 淄靑鎭이 설치한 東都 進奏院에 매복시켰다가, 낙양성에 병사가 없는 틈을 타서, 궁전을 불태우면서 마음대로 재빠르게 약탈할 계획이었다. 그때 小將 楊進·李再興이 이러한 변란 음모를 고발하자, 낙양留守 呂元膺이 병사를 거느리고 가서, 그들을 포위하였다. 그런데 적들이 별안간 포위를 뚫고 나와, 嵩山으로 들어갔다. 산속에 거주하는 사냥꾼들이 그들을 모두를 사로잡았다. 그 괴수를 심문하였더니, 승려 圓淨이 주모자였다. 승려는 처형될 순간에 탄식하며 말하길, "나는 일을 그르쳤으니, 낙양성에서 피를 흘릴 수 없다"고 하였다.[502]

이는 앞서 이야기한 것처럼 『신·구당서』 「이사도전」의 기록을 요약한 것이나 다름없다. 그중 앞에 것과 비교되는 것만 여기서 문제로 제기하고 싶다. 또 이 사건이 당에게 대단히 큰 문제였기 때문에 『구당서』 「본기」에 기록했다는 사실을 간과할 수 없다.

하나는 이때가 元和 10년 8월 정미 일이었다는 사실이다.[503] 그러나 앞에서 보듯 위의 일은 여러 달 동안 계속되었다는 사실을 고려하면, 8월 정미 일에 있었던 사건은 승려 원정이 낙양에서 관군을 피하여 숭산으로 들어갔던 그날을 언급하였던 것 같다. 그 이유는 이사도가 낙양에 병사를 잠복시켰던 때가 원화 10년 8월이었기 때문이다.[504] 이는 승려 원정 등의 무리가 嵩山에 수개월 동안 숨었던 사실을 감안한 계산이다.[505]

둘은 이사도를 치청절도사라고 기록하였다는 사실이다. 앞서 본 것처럼 조정은 이사도를 절도사로 임명하지 않으려고 차일피일 미루었다. 그런데 위에서 보듯 이사도가 치청절도사가 되었음은 암시하는 바가 매우 크다.

---

502) 『舊唐書』권15, 「憲宗紀」 元和 10年 8月조, 454쪽, "丁未, 淄靑節度使李師道陰與嵩山僧圓淨謀反, 勇士數百人伏於東都進奏院, 乘洛城無兵, 欲竊發焚燒宮殿而肆行剽掠. 小將楊進·李再興告變, 留守呂元膺乃出兵圍之, 賊突圍而出, 入嵩山, 山棚盡擒之. 訊其首, 僧圓淨主謀也. 僧臨刑歎日, '誤我事, 不得使洛城流血!'"

503) 『舊唐書』권15, 「憲宗紀」 元和 10年 8月 丁未조, 454쪽.

504) 『資治通鑑』권239, 「唐紀」 憲宗 元和 10年 8月 李師道置留後院於東都조, 7715쪽.

505) 『舊唐書』권124, 「李師道傳」 數月조, 3539쪽.

다만 조정이 오원제의 반란에 위협을 당하면서 이사도의 공격을 피할 속셈으로 뒤늦게나마 이사도를 치청절도사로 임명하였던 게 분명할 듯싶다. 이사도의 치청절도사 임명 시기를 추정한다면, 원화 8년 8월 이전이었던 것 같다. 그 이유는 원화 8년 8월에 이사도가 조정에 송골매를 바쳤을 때 이사도를 淄青이라 표현하였던 것이, 당시 이사도가 淄青절도사였다는 증명하기 때문이다.506)

그렇다면 형식적이지만 이사도를 치청절도사로 인정하는 것이야말로 당이 당시 택할 수 있는 유일한 방법이라고 생각한 모양이다. 이사도는 당과의 관계에서 치청절도사라는 관명이 필요하였다고 본다. 그러나 이사도는 실질적인 제나라 군주였다. 앞에서 이납이 제나라를 건국하고 백관제도를 두었다는 사실을 주목할 필요가 있다. 당은 이를 인정하지 않으려고 제나라 이사도 휘하 관리들을 '婢'나 '奴'라는 식으로 표시했는데, 이는 지나친 망발이다.

한편 이 무렵 당은 이사도 휘하에 있는 고구려 유민들에게 투항을 권유하는 그런 조치를 취하기 시작하였다. 다름 아닌 이정기의 사촌형 李洧의 후손에 대한 특별 배려를 조서로 발표하였다. 이런 사실은 열전이 아닌 『구당서』「헌종기」元和 8년 8월조에 기재되어 있다. 즉,

> 경인 일에, 나라를 위한 가문으로 훼파되고 죽은 徐州자사 李洧등 10家 자손에게, 응당 모두를 각별히 장려하여야한다는 조서를 내렸다.507)

위의 내용은 당이 평로·치청절도사 이사도의 기반을 약화시켜 보려는 속셈을 가진 비열한 조서로, 元和 8년 8월 경인 일에 발표한 것이다. 다음 달(9월) 평로·치청절도사 이사도가 보낸 송골매 12마리를 이때 당이 되돌려 보냈다.508) 이런 조치는 당의 입장에서 본다면 이사도를 흔들고 싶은 심정이

---

506) 『舊唐書』 권15, 「憲宗紀」 元和 8年 9月 丙辰조, 447쪽.
507) 『舊唐書』 권15, 「憲宗紀」 元和 8年 8月조, 447쪽, "庚寅, 詔毀家徇國故徐州刺史李洧等一十子孫, 並宜甄獎."

554

었기 때문에, 이 방법 외에 이사도의 제나라를 꿸을 방법이 없었다고 본다. 앞에서 본대로 이유는 이정기의 사촌형으로 이정기 휘하에서 서주자사로 임명되었는데도 불구하고 이정기의 아들 이납 재위 시에 그를 배반하고 당에 투항한 인물이다.

셋은 이사도가 용사 수백 명을 낙양의 進奏院에 매복시켰다는 사실이다. 여기서 말하는 進奏院은509) 이사도의 사저의 명칭이다. 당시 河朔型 藩鎭들은 京師에 進奏院을 설치하였다. 그런데 張國剛은 각 鎭에서 進奏院을 장안에 설치하였다고 주장하는데,510) 이는 잘못이다.

정확히 말하면, 중앙에서 藩帥가 임명되는 藩鎭의 진주원은 장안에 설치되었고, 중앙의 힘이 미치지 못하는 번진의 진주원은 낙양에 있었던 같다. 달리 말하면 진주원은 지방정부의 서울 연락사무소 같은 곳이다.511) 따라서 중앙정부와 대등한 치청절도의 진주원은 낙양에 있었고, 낙양의 진주원에 이사도가 임명한 進奏院官이512) 있었기 때문에 그곳을 기지로 사용하여 이사도는 몰래 자신의 군사를 낙양성 안에 주둔시킨 것이다.

물론 조정에서 각 藩鎭에 監軍院을 설치하였으나, 河朔型 藩鎭의 경우는 중앙에서 藩帥에 대한 임명권을 빼앗긴 상태였던 게 문제다. 따라서 하삭형 번진에서는 번수를 옹립하였기 때문에 중앙에서 번진에 감군원을 설치하지 못한 상황이었다. 다시 말해 위의 진주원이 바로 이사도의 사저로 사용되었다. 그런데 본래 진주원은 諸鎭에서 감군원과 함께 중앙과 번진을 연결하는

---

508) 『舊唐書』 권15, 「憲宗紀」 元和 8年 9月 丙辰조, 447쪽.
509) Denis Twitchett, "The Salt Commissioners After An Lu-Shan's Rebellion", *Asia Major*, 4-1, 1954, London, p.74.
510) 張國剛, 1983, 「唐代藩鎭類型及其動亂特點」, 『歷史研究』 4, 101쪽. 張國剛은 할거하였던 藩鎭을 河朔割據型(魏博·成德·盧龍·易定·滄景·淮西·淄靑)이라고 표현하였다. 필자도 그의 설을 따라 이사도처럼 독립된 藩鎭을 河朔型이라고 표기하였다.
511) 上野直明, 1982, 「唐代の商業」, 『唐代社會經濟の構造的研究』, 東京 : こだま社, 196쪽.
512) Robert Des Rotours, "Les Grands Fonctionnaires Des Provinces En Chine Sous La Dynasties Des T'ang", *T'oung Pao*, 25, 1928, p.308.

교량적 역할을 담당하는 곳이다.513)

그렇다면 낙양에 있던 이사도의 진주원은 조정의 감시를 피할 수 있는 그런 곳이었다. 다시 말해 오늘날 치외법권적인 대사관이나 영사관 같은 지역이 이사도에게는 낙양에 있는 그의 진주원이었다고 표현하면 어떨까 싶다. 그런데 사마광은『자치통감』에서 東都에 있는 것을 進奏院이라 하지 않고 구별하여 留後院이라고 기록했다 또 胡三省은 魏博의 一鎭(魏州), 成德의 一鎭(恒州), 盧龍의 一鎭(幽州)을 河朔三鎭이라고 언급하였다.514)

위의 사실은『신당서』「헌종기」원화 10년 8월에 "정미 일에, 이사도의 장군 뿔嘉珍이 동도에서 반란하였는데, (낙양)유수 여원응이 이를 물리쳤다"515)라고 간단히 기록되어 있다. 이는『신당서』를 다시 편찬하면서 이사도의 낙양 공격 의미를 축소시킨 것이다. 여기서 이사도의 장군으로 또 다른 인물 자가진이 등장한 배경에는 낙양 사저의 군사기지화가 있다. 다시 말해 이사도는 낙양성 안의 사저를 비밀기지로 활용하였다. 또 낙양성 밖의 숭산을 다른 기지나 군사작전의 용도를 위해 사용하면서 이때 낙양 공격을 계획하였던 것이 분명하다. 이는 이사도가 伊闕과 陸渾에 많은 농경지를 갖고 있을 뿐 아니라 상당수의 山棚들을 거느렸던 사실에서 분명히 알 수 있다. 이때는 제나라 이사도가 자객을 파견하여 당의 재상 무원형을 죽인 지 2달 후였다.516)

위와 같은 이사도의 낙양 함락 작전과 관련된 사실이『구당서』「본기」에 소상히 기록되었다는 사실을 주목하고 싶다. 이사도의 낙양 궁궐 분탕 계획이 조정에 큰 타격을 안겨주었기 때문에, 이에 관한 사실을 여타 사서뿐만 아니라『신·구당서』본기에서도 여러 번 소상하게 다루었다. 우리가 아는 것처럼 본기에 기재된 사실은 그 나라와 관련된 중대 사안이 아니고서는

---

513) 張國剛, 앞의「唐代藩鎭類型及其動亂特點」, 101쪽.
514)『資治通鑑』권238,「唐紀」54 憲宗 元和 5年 3月 胡三省註조, 7675쪽.
515)『新唐書』권7,「憲宗紀」元和 10年 8月조, 215쪽, "丁未, 李師道將뿔嘉珍反于東都, 留守呂元
膺敗之."
516)『新唐書』권7,「憲宗紀」元和 10年 6月 癸卯조, 214쪽.

556

기록하지 않는 법이다.

　이사도가 낙양 주위의 밭을 많이 소유하였던 것으로 보아 낙양 방면까지 영역을 치밀하게 확장하였다. 이는 이사도가 당을 대신하여 스스로가 황제가 될 생각을 계속해서 하였던 증거이다. 『구당서』 「이사도전」 기록을 옮겨보면,

　　처음에 師道는 伊闕과 陸渾 일대 많은 밭을 샀는데, 무릇 십여 곳이었다. 山棚에게 주어서 이것으로 의식문제를 해결하게 하고 싶었다. 그때 訾嘉珍·門察 두 사람이 있는데, 이들이 잠입해 살았는데, 이들도 圓靜에게 속하게 되었으며, 또 사도가 천만 전으로 嵩山의 佛光寺를 운영하였으며, 訾嘉珍이 은밀히 거사 시에 산중에 불을 올려 신호로 삼아, 두 縣의 山棚 사람들을 모아 난을 꾸미려고 계획하였다. 呂元膺등이 도착해 추가로 엄히 조사할 때, 訾嘉珍·門察이 武元衡을 살해했다는 것을 알아, 呂元膺이 이와 같은 정황을 장계로 상세히 조정에 보고하였다.[517]

라는 사실이 그것이다. 『신당서』 「이사도전」에도 똑같은 사실을 언급하고 있다.

　　처음에, 이사도가 東都에 사택을 지었으며, 伊闕·陸渾 사이의 많은 밭을 사서, 그것으로 山中의 民戶를 먹여 살렸고, 장수 訾嘉珍·門察을 파견해 그들을 살피게 하였는데, 嵩山 승려 圓靜이 이 계획을 모의하였다. 元和 10년에, 사택에서 사졸을 위해 큰 잔치를 베풀어, 소를 잡고 술을 마시며, 옷 속에 갑옷을 입었다. 그런데 그 병졸 중 어떤 사람이 관부에 이를 고발했다. 낙양 유수 여원응이 병사를 거느리고 저택을 습격하자, 賊兵이 별안간 뛰쳐나오고, 京畿지구를 약탈하며 전전하다가, 산속으로 들어가 수개월 후, 山中 民戶의 장사할 물건을 탈취하자, 山民이 분노해서, 관군을 인도하여 습격하니, 그들

<hr/>

517) 『舊唐書』 권124, 「李師道傳」, 3539쪽, "初, 師道多買田於伊闕·陸渾之間, 凡十所處, 欲利舍山棚而衣食之. 有訾嘉珍·門察者, 潛部分之, 以屬圓靜, 李師道錢千萬僞理嵩山之佛光寺, 期以嘉珍竊發時舉火於山中, 集二縣山棚人作亂. 及窮按之, 嘉珍·門察, 乃賊武元衡者, 元膺具狀以聞."

전부가 살해되었다.[518]

이는 이사도가 조정을 없애기 위해 낙양의 사저에서 치밀한 계획을 모의하였다는 내용이다. 물론 이는 앞서 지적한 것처럼 吳元濟와 제휴하여 반란을 계획한 것과 관련된 사료이다. 이를 몇 가지로 나누어 분석하고 싶다.

하나는 이사도가 낙양 부근의 伊闕과 陸渾 사이의 10여 곳에 많은 밭을 매입하였다는 사실이다.[519] 곧 이사도는 낙양부근에 대토지를 私有하고 있었다.[520] 그런데 『신당서』「지리지」에 의하면 伊闕은 河南府 안에 있는 縣으로 河南尹이 통치하였던 畿縣이다. 지리적인 상황은 伊闕縣 부근에 陸渾山이 위치하였다.[521] 이사도는 하남부의 屬縣 伊闕縣과 陸渾縣 사이의 토지를 사유하였을 뿐만 아니라 그곳에 저택도 소유하였다.[522] 물론 이사도만 河南府에 대토지를 소유하였던 것은 아니다. 그 당시 귀족·관료·藩鎭 등이 대토지를 소유하면서 屯田·營田을 경영하였던 사실은 『신·구당서』의 「열전」에 많이 보인다.[523]

이사도는 伊闕의 陸渾山 주변 10여 곳에 산붕을 결사해 만든 사병을 거주시켜서 당에 대항할 작전을 구체적으로 세웠다. 달리 말하면 河南府를 탈취할 거점으로 하남부 안에 많은 땅을 샀다. 이와 같이 鄆州에서 멀리 떨어져

---

518) 『新唐書』권213, 「李師道傳」, 5993쪽, "初, 師道置邸東都, 多買田伊闕·陸渾間, 以舍山棚, 遣將訾嘉珍·門察部分之, 嵩山浮屠圓靜爲之謀. 元和十年, 大饗士邸中, 椎牛釃酒, 旣夷甲矣, 其徒白官發之. 留守呂元膺以兵掩邸, 賊突出, 轉略畿部, 入山中數月, 奪山棚所市, 山棚怒, 道官軍襲擊, 盡殺之."

519) 『舊唐書』권154, 「呂元膺傳」師道多買田於伊闕·陸渾之間조, 4105쪽 ; 『新唐書』권213, 「李師道傳」多買田伊闕·陸渾間조, 5993쪽 ; 『續通志』권279, 「唐列傳」79 '李師道' 多買田伊闕陸渾間조, 4881쪽.

520) 築山治三郎, 앞의 「地方官僚と政治」, 375쪽.

521) 『新唐書』권38, 「地理志」2 河南府조, 982~983쪽 ; 築山治三郎, 위 「地方官僚と政治」, 375쪽. 築山治三郎은 伊闕과 陸渾을 각각 河南府의 屬縣으로 보았는데, 이는 잘못된 주장이다. 陸渾(山)은 伊闕縣안에 있는 山名이다.

522) 築山治三郎, 앞의 「地方官僚と政治」, 375쪽.

523) 築山治三郎, 위의 「地方官僚と政治」, 375쪽.

558

있는 곳에 토지를 사유하였을 뿐만 아니라 이사도가 휘하 군사를 그곳까지 주둔시키고 그들의 의식문제를 해결시켰다는 데서 매우 주목된다.524) 그런데 陸渾은 伊闕의 남쪽으로 30km 정도 떨어진 곳이다.525) 평로·치청절도와 상당한 거리에 있는 하남부에 대토지를 소유하였다는 것은 淄靑이 경제적으로 막대한 부를 소유하였을 뿐만 아니라 그를 이용하여 낙양 부근의 토지까지 사유했다는 증거이다.526)

한마디로 이는 이사도가 휘하의 일부 무리를 낙양 남쪽에 주둔시키면서 자급자족이 가능한 군대를 육혼에 두었다는 뜻이다. 또 자가진과 문찰을 파견하여 육혼의 많은 山棚들을 군사로서 관리하였다. 이때 이사도의 밭을 경작하면서 생활하였던 자들 가운데 訾嘉珍과 門察도 끼어 있었음은 앞에서 밝힌 그대로다. 이들 두 사람은 이사도의 명령에 의해 휘하의 山棚들을 나누어 장악하였다.527) 이는 이사도가 운주의 서방 낙양을 경영하기 위한 나름대로의 전초기지를 육혼에 세운 것이다.

둘은 嵩山의 佛光寺를 이사도가 대리인 원정을 내세워 운영하였던 사실이다. 이는 이사도가 출자한 천만 전으로 운영하였던 것을 말한다. 이사도 휘하의 산붕을 총괄하여 다스렸던 인물이 원정이었다.528) 그렇다면 숭산 불광사의 원정을 중심으로 한, 山棚을 거느린 비밀결사단체를 이사도가 장악하였다는 이야기다. 다시 말해 이때 '棚人'의 성격은 이사도가 망명자들을 불러 모아놓고, 그들에게 필요한 衣食을 공급하면서 군사로서 훈련시킨 것이다. 이런 이궐과 육혼의 붕인들이 봉화 때를 맞춰 반란을 일으키려 하였다는 사실은 이사도의 낙양 함락 계획이 매우 구체적이었다는 것을 암시한다.529)

---

524) 金文經, 앞의「唐代 高句麗遺民의 藩鎭」, 42~43쪽.
525) 譚其驤 主編, 앞의『中國歷史地圖集-隋·唐·五代十國時期-』, 44~45쪽.
526) 築山治三郎, 앞의「地方官僚と政治」, 376쪽.
527)『新唐書』권213,「李師道傳」遣將訾嘉珍·門察部分之조, 5993쪽.
528)『舊唐書』권15,「憲宗」下 元和 10年 8月 訊其首조, 454쪽 ;『新唐書』권213,「李師道傳」嵩山浮屠圓靜爲之謀조, 5993쪽 ;『續通志』권279,「唐列傳」79 '李師道' 嵩山浮屠圓靜爲之謀조, 4881쪽.

그렇다면 필자는 이를 이사도의 제2차 낙양함락 작전계획이라고 부르고
싶다.

셋은 원정 휘하의 眥嘉珍·門察이 무원형을 죽였다는 사실이다.[530] 이는
얼마 전 帝都인 장안에서 재상 무원형이 죽임을 당하고 배도도 칼에 찔려
중상을 입었던 사건을 말한다. 무원형이 살해되었던 것은 이사도가 보낸
자객 때문이었으며, 그들은 망명한 인물들로 구성되었다.[531] 그런데 그들이
훗날 이궐과 육혼의 붕인을 규합하여 정해진 날 난을 계획하였다가 당군에
의해 사로잡혔다. 그때 승려 원정의 역할이 언급되지 않았던 사실로 보아
원정이 낙양유수 여원응에게 생포될 때 동시에 자가진· 문찰도 사로잡힌
것 같다. 무원형을 죽이고, 배도에게 자상을 입혔던 인물이 자가진과 문찰이었
다면, 그들은 장안에서 살인을 한 후에 낙양으로 옮겼던 모양이다. 이렇게
추정하는 이유는 이사도 휘하 王士元 등에 의해서 무원형이 피살되었던
장소는 낙양이 아니라 장안의 靖安坊과 通化坊 부근이었기 때문이다. 이런
구체적인 사실은 이사도가 멸망한 후 田弘正이 鄆州城에서 발견한 ‘簿書’
기록으로 비로소 알려지게 되었다. 무원형이 피살되고 난 후 당은 그를
司徒로 추증하였다.[532]

이때 낙양유수 여원응이 자가진을 심문하여 얻은 물건도 있었다. 즉

鹽鐵使 王播는 또 眥嘉珍이 감추어 두었던 활과 관련된 무기 5천 점과 아울러
建陵橋를 자를 때 사용하였던 戟 47개를 찾아내었다.[533]

529) 築山治三郎, 앞의「地方官僚と政治」, 377쪽.
530)『舊唐書』권154,「呂元膺傳」嘉珍·門察皆稱害武元衡者조, 4105쪽 ; 金文經, 앞의「唐代
  高句麗遺民의 藩鎭」, 43쪽.
531) 築山治三郎, 앞의「地方官僚と政治」, 377쪽.
532)『唐會要』권80,「朝臣複謚」忠愍조, 1485쪽.
533)『新唐書』권213,「李師道傳」, 5993쪽, "鹽鐵使王播又得嘉珍所藏弓材五千, 幷斷建陵戟四
  十七."

라는 것이 그것이다. 이는 鹽鐵使 王播가 자가진이 감추어 두었던 무기를 찾아냈다는 사료이다.[534] 위의 무기는 자가진·문찰이 낙양 이사도의 군대에 공급하기 위해 감추었던 것으로 본다. 이는 이사도의 지시가 오면 圓靜·訾嘉珍·門察이 언제라도 낙양 공격을 위한 출정을 대비하기 위하여 가지고 있었던 무기라고 생각될 수 있다. 그런데 자가진이 감추었던 무기의 수가 많은 것으로 보아 이사도 휘하의 산붕에게 조달될 무기도 포함된 것 같다. 무기가 5천 점이나 되었다는 사실은 이사도가 낙양 주위에서 군사로 전환시킬 수 있는 수와 연관성이 있을 성 싶다. 참고로 王播가 刑部侍郎·諸道鹽鐵轉運使로 임명된 시기는 원화 6년 3월이었다.[535]

이런 사실에 관해 여원응이 소상한 보고서를 작성하여 황제에게 알리니 조정이 경악하였다. 이런 까닭에 사서에서는 이정기의 4대 가운데 이사도를 가장 못나고 어리석은 인물로 비하시켰던 것 같다. 이는 이사도에 관한 한 사서의 기록과 사실이 상당히 상치된다고 해석하여야 옳을 것 같다. 그 이유는 이사도의 치밀한 작전계획이 실수 없이 추진되었다면, 제나라가 실제 중국 지배의 꿈을 실현할 수 있기 때문이다. 때문에 당시 사가들은 이사도를 이정기 가문에서 가장 나쁜 인물로 묘사하기에 바빴다. 또 『구당서』 「이사도전」에 "이정기로부터 사도에 이르기까지, 운주·조주를 빼앗은 것이 60년이나 되었다"[536]라고 기록하고 있다. 정확히 표현한다면 이는 중국이 12주를 이정기 가문에 의해 빼앗긴 것이 아니라 당이 고구려를 빼앗은 결과의 인과응보라고 말해야 옳다.

이사도는 많은 군사를 유지하기 위하여 그 당시 상인들로부터 많은 자금을 지원 받았던 것은 불가피하였다. 한 예로, 이사도가 부족한 군수물자를 채우기 위하여 상인들에게 돈을 심하게 거두어 들였던 경우가 그것이 아닐까 싶다.[537]

534) 『續通志』 권279, 「唐列傳」79 '李師道' 鹽鐵使王播조, 4881쪽.
535) 『舊唐書』 권164, 「王播傳」 (元和) 6年 3月조, 4276쪽.
536) 『舊唐書』 권124, 「李師道傳」, 3538쪽, "自正己至師道, 竊有鄆·曹等十二州, 六十年矣."
537) 『新唐書』 권214, 「劉悟傳」 師道以軍用屈, 率賈人錢爲助조, 6012쪽.

그때 이 일을 책임진 劉悟가 상인들에게 너그럽게 대하였기 때문에 상인들에게는 유오의 인기가 상한가였다.[538] 이에 대한 『신당서』 「유오전」 기록이다.

이사도가 군비가 고갈되자, 상인의 돈을 거둔 자금으로 조달했는데, 劉悟에게 이 일을 맡기었다. 劉悟는 몰래 이 일에 관대하여, 사람들이 모두 그에게 귀부하며 의지하였다. 이사고가 토벌을 위해 그에게 병사를 거느리고 가서 曹州에 주둔하게 하였는데, 법령이 如一하여 신용을 얻었기 때문에, 士卒들은 그의 지휘를 받는 것을 좋아해, 軍안에서는 분쟁하는 일이 없었다.[539]

이사도의 도지병마사 유오에 대해 특이한 사실은 그의 인기 관리능력이 탁월했다는 점이다. 이사고에게 발탁된 유오는 이사도 휘하에서 그에 대한 충성보다 상인과 휘하 병사의 인기관리에 치중하였던 인물이다. 유오가 자신의 야망을 실현하기 위해 언젠가 독립하려는 하나의 신호탄으로 해석될 수 있는 부분이다.

위의 사료를 종합해 보면, 이사도는 나쁜 인물이고 유오는 너그러운 그런 인물로 묘사되어 있다. 이런 식의 역사기술 방법을 중국인들이 즐겨 썼다. 물론 이런 서술은 훗날 유오가 이사도를 죽이고 그 대가로 당에서 높은 관직을 받은 사실과 직결된다. 당과 대립한 이정기 4대를 좋은 인물로 쓰기는 중국 사가들 입장에서는 매우 어려운 일일 것이다.

그러나 앞에서 거론한 것처럼 魏徵의 현손 魏稠가 너무 가난하여 집이 다른 사람에게 저당 잡혔을 때 도우려고 한 인물이 이사도였다는 사실을 중국사가들은 어떻게 설명할까 싶다.[540] 이러한 위조의 딱한 소식을 이사도를 통하여 들은 당 현종은 백거이의 말을 쫓아 위조의 빚을 대신 갚아 주었다.[541]

---

538) 『新唐書』 권214, 「劉悟傳」 悟獨寬假조, 6012~6013쪽.
539) 『新唐書』 권214, 「劉悟傳」, 6012~6013쪽, "師道以軍用屈, 率賈人錢爲助, 命悟督之. 悟獨寬假, 人皆歸賴, 師道被討, 使將兵屯曹, 法一以信, 士卒樂爲用, 軍中刁斗不鳴."
540) 『資治通鑑』 권237, 「唐紀」53 憲宗 元和 4年 3月 魏徵玄孫稠貧조, 7657쪽.
541) 『資治通鑑』 권237, 「唐紀」53 憲宗 元和 4年 3月 上命白居易草詔조, 7657~7658쪽.

562

그런데 백거이는 헌종에게 아뢰는 말 가운데 이사도를 좋은 것만 약탈하는 그런 못된 인물로 묘사하였다. 당과 이사도의 대치국면에서 권력지향형의 백거이가 이사도를 악평하였던 것은 어쩔 수 없는 것이 아닌가 싶다.

이사도는 나름대로 주변 세력과 힘의 역학 관계를 적절히 활용하였던 탁월한 인물이다. 이와 관련된 사실을 『신당서』「이사도전」에서 옮겨보면,

> 처음으로, 李師道가 吳元濟의 허와 실을 알고 싶었기 때문에, 劉晏平으로 하여금 지름길로 淮西로 달려가게 하였다. 그런데 吳元濟는 매일 기뻐 잔치를 베풀면서 정성스레 환대하였다. 劉晏平은 돌아와서, 수만의 군사는 밖에 있는데, 吳元濟는 집안에서 마음 편안하게 지낼 뿐만 아니라 처첩과 더불어 놀음만 하고 있기 때문에, 반드시 패배할 수밖에 없다고 보고하였다. 이사도는 본래 蔡州를 중시하였기 때문에, 이와 같은 이야기를 듣고 화가 나서, 이에 다른 일로 劉晏平을 죽였다.542)

라는 것이다. 위의 사실에 대해서는 『자치통감』이 보다 자세하여서 이를 옮겨본다.

> 관군이 吳元濟를 이기자, 이사도가 사람을 모집해서 채주에 사신으로 왕래하게 하여 그 형세를 살피게 하였는데, 牙前虞候 劉晏平이 모집에 호응하여서, 汴州(하남서 개봉시)와 宋州(하남성 상구현) 사이로 몰래 나아가 蔡州에 이르렀다. 吳元濟가 크게 기뻐하면서, 후한 예의를 차려 그를 보내었다. 劉晏平이 돌아와 鄆州(산동성 동평현)에 도착하자, 이사도가 사람을 물리치면서 그에게 묻자, 劉晏平이 말하였다. "吳元濟가 군사 수만 명을 밖에 내 놓았는데, 위험에 처해 있는 것이 이와 같은데도, 매일 안에서 노복과 첩들과 놀면서 도박을 하니, 편안하고 일찍이 근심하는 기색이 없었습니다. 어리석은 제가 이를 보기로도, 아마도 반드시 망할 날이 멀지 않습니다." 이사도는 평소에 淮西가

542) 『新唐書』 권213, 「李師道傳」, 5993쪽, "始, 師道欲知元濟虛實, 使劉晏平間道走淮西. 元濟日與宴, 厚結歡. 晏平歸, 以爲元濟暴師數萬, 而晏然居內, 與妻妾戲博, 必敗之道也. 師道本倚蔡爲重, 聞之怒, 乃以它事殺晏平."

원조하는 것에 의지하였는데 이 소식을 듣고 놀라 화가 나서, 곧 다른 허물을 가지고 무고해, 곤장을 쳐서 그를 죽였다.543)

이는 이사도가 자신의 영토 확장과 조정과의 역학 관계 등을 고려해 蔡州 상황을 예의 주시하였던 것을 알려주는 사료이다. 두 사료의 차이라면 이사도와 오원제 관계를, 『신당서』에서는 이사도가 오원제를 중시한 것으로 했으나 『자치통감』은 이사도가 오원제의 원조에 의지했다는 시각 차이를 극명하게 보이고 있다. 이는 사마광이 이사도를 폄하하기 위해 썼던 방식 그대로였다. 아무튼 위의 사료들을 두 가지로 분석하겠다.

하나는 이사도가 吳元濟와 당의 전황 파악을 위해 부단히 노력했다는 사실이다.544) 이는 오원제가 이사도의 서남방에서 당군과 잘 싸워주어야 이사도의 서남지역이 안전하다는 것을 간파하였다는 방증이다. 그래서 이사도는 오원제의 병사들의 상황에 대해 구체적으로 알고 싶었다.

다른 하나는 이사도가 牙前虞候 劉晏平을 淮西로 급파했다는 사실이다.545) 다시 말해 유안평을 지름길을 이용해서 채주로 파견했다는 말이다. 이는 이때 이사도가 유안평으로 하여금 오원제의 군사력과 아울러 그의 대처 능력 등을 확인하고 싶었던 것이다. 그런데 오원제는 휘하 병사들을 돌보기는 커녕 막료·처첩들과 노는 일에 열중했다는 소식을 듣고 이사도가 화를 내었다는 것은 암시하는 바가 크다. 그 이유는 이사도가 자신의 군사력만으로 관군과 싸우는 것보다 오원제와 전선이 달라도 함께 조정을 상대로 싸우는 것이 훨씬 유리하다는 것을 이사도가 익히 알고 있음을 암시하기 때문이다.

543) 『資治通鑑』 권240, 「唐紀」56 憲宗 元和 12년 11月初조, 7745쪽, "官軍之克元濟也, 李師道募人通使於蔡, 察其形勢, 牙前虞候劉晏平應募, 出汴·宋間, 潛行至蔡. 元濟大喜, 厚禮而遣之. 晏平還至鄆, 師道屛人而問之, 晏平曰, 「元濟暴兵數萬於外, 阽危如此, 而日與僕妾遊戲博奕於內, 晏然曾無憂色. 以遇觀之, 殆必亡, 不久矣!」師道素倚淮西爲援, 聞之驚怒, 尋誣以他過, 杖殺之."
544) 『續通志』 권279, 「唐列傳」79 '李師道' 始, 師道欲知元濟虛實조, 4881쪽.
545) 『續通志』 권279, 「唐列傳」79 '李師道' 使劉晏平間道走淮西조, 4881쪽.

이사도는 채주의 전략적 중요성을 알고 있기 때문에 유안평이 가져온 소식이 이사도를 더욱 맥빠지게 만들었다. 유안평이 오원제에게 충고 한마디 않고 향응만 받은 사실이 이사도를 격노케 만든 것 같다. 때문에 이사도는 다른 일을 문제 삼아서 유안평을 죽였다. 이는 이사도가 제나라를 확장시키기 위해서 다방면에 걸쳐 노력하였음을 확인할 수 있는 사료이다. 정확히 말해 이사도는 평로·치청절도 주위 상황에 대해서 매우 민감하게 대응했다고 본다. 종합적으로 말하면, 이사도는 당을 견제하기 위해서 주변상황을 수시로 점검했던 인물이다.

또 위의 사료를 통하여 보면, 이사도는 오원제와 달리 자신의 군사에 대해 상당한 배려를 하고 있었음을 짐작할 수 있다. 다시 말해 오원제가 자신의 군사를 들에 내팽개친 상태였다는 사실에 대해 이사도가 분개하였다. 이는 당에서 이사도를 못된 인물로 묘사하였던 것과는 너무나 모순되는 기록이다. 구체적으로 말하면, 『신·구당서』나 『자치통감』에서 이사도를 이기심 많고 우유부단한 인물로 폄하하였던 것은 중국 사가들이 일방적으로 이사도를 폄하하고 싶어서 만든 이야기에 불과하다고 본다.

『신·구당서』와 『자치통감』의 찬자들이 말하는 것처럼 이사도가 앞뒤 모르는 바보라는 표현은 아무런 근거도 없이, 당에 대항하는 무리라서 무조건 이사도를 깎아내린 것이다. 이렇게 중국 사가들이 이사도를 어리석은 인물로 매도하였던 이유는 '당제국'의 존재를 이사도가 번번이 유명무실하게 만든 경우가 허다한 것에 대한 분노의 폭발이라고 표현하고 싶다.

9. 제와 당과 공존 모색 시기

그러나 이 무렵 평로·치청 내부의 이사도 부하 가운데서도 당에 대해 충성하는 인물이 등장할 정도로 동요가 발생하였다. 이 같은 사실에 대해서는 『자치통감』이 매우 자세하다. 즉,

처음에, 이사도가 명령을 거역하려고 모의를 하자, 판관 高沐이 동료 郭昈·李
公度와 더불어 누차 간언하였다. 판관 李文會와 孔目官 林英은 평소에 이사도가
가까이하고 믿는 사람이었는데, 눈물을 흘리면서 이사도에게 말하였다. "저
李文會 등은 마음을 다해 尙書를 위하여 집안일을 걱정하고 있지만, 도리어
高沐 등에게 괴롭힘을 당하고 있는데, 尙書께서는 어찌하여 12개 州의 토지를
아끼지 아니하시고, 高沐 등이 공로와 명성을 이룩하도록 하게 하십니까?"
이사도는 이로 말미암아서 高沐 등을 멀리하여, 高沐을 내보내어 知萊州로
삼았다. 마침 林英이 들어가서 업무를 상주하게 되었는데, 陳奏吏로 하여금
비밀리에 이사도에게 신고하게 하여 말하였다. "高沐이 몰래 조정에 정성을
보내고 있습니다." 李文會가 이 말을 쫓아서 얽어매니, 이사도가 高沐을 죽였고,
아울러 郭昈를 가두었으며, 무릇 군대 안에서 이사도에게 순종함을 다하라고
권고하는 사람이 있으면, 李文會가 모두 高沐의 무리라고 지적하여 이들을
가두었다.[546]

위의 사료는 평로·치청 내부에서 이사도 신하들의 동향을 파악할 수 있는
사료이다. 이를 몇 가지로 나누어 분석하고 싶다.

하나는 이사도가 당에 대항하려 할 때 고목 등이 간언했다는 사실이다.
이는 원화 원년(806) 8월의 사건이다. 고목은 이사도가 四境으로 출병하려
할 때, 도리어 兩稅·중앙에서 관리파견·鹽法시행 등으로 당에 귀순의사를
적극 주장하였다.[547] 그런데 고목은 이정기 시대 高馮의 아들이다. 고목의
당에 대한 충성은, 이정기의 사촌 서주자사 이유가 당에 투항한 것과 그
성격상 유사성이 많다.

---

546) 『資治通鑑』 권240, 「唐紀」56 憲宗 元和 13年 正月 初조, 7747쪽, "初, 李師道謀逆命,
　　判官高沐與同僚郭昈·李公度屢諫之. 判官李文會·孔目官林英素爲師道所親信, 涕泣言於師
　　道曰, 「文會等盡心爲尙書憂家事, 反爲高沐所疾, 尙書奈何不愛十二州之土地, 以成沐等
　　之功名乎!」師道由是疎沐等, 出沐知萊州. 會林英入奏事, 令陳奏吏密申師道云, 「沐潜輸款
　　於朝廷.」文會從而構之, 師道殺沐, 并囚郭昈, 凡軍中勸師道效順者, 文會皆指爲高沐之黨而
　　囚之."
547) 『舊唐書』 권137, 「高沐傳」 居數年조, 4911쪽 ; 『新唐書』 권193, 「高沐傳」 師道叛조,
　　5557쪽 ; 『資治通鑑』 권237, 「唐紀」53 憲宗 元和 元年 8月師道謀於將佐조, 7635쪽.

둘은 당에 대한 主和파가 高沐을 중심으로 郭昈·李公度였고,[548] 主戰파는
判官 李文會와 孔目官 林英이었다는[549] 사실이다. 이문회와 임영은 평로·치청
의 영토가 15주에서 12주로 축소되었지만 당에 대해 철저히 대립각을 세웠던
인물이다.

셋은 이사도는 이사고의 유업을 계승해 당과 대립각을 분명하게 천명했다
는 사실이다. 그러나 주화파 고목이 이사고 시대부터 判官으로 이사고를
섬겼기 때문에 이사도는 그를 知萊州로 임명해 사건을 일단락 지으려고
시도하였다.

넷은 孔目官 임영은 이사도 조정의 일을 도맡으면서 주화파를 본격적으로
제거했다는 사실이다. 다시 말해 이사도가 당 황제에게 상주할 일이 있으면
이를 수행하기 위해 장안에 머물러 있는 관리 陳奏吏까지 이용하였다. 이때
고목이 당에 충성하고 있다고 이문회가 이사도에게 보고함으로 말미암아
이사도는 고목을 죽였다. 이런 이유로 『신·구당서』 찬자는 고목을 忠義列傳에
포함시켰다. 고목이 죽는 것으로 일이 끝나지 못하고, 이 일에 연루된 郭昈도
멀리 내주로 귀양을 보내어 가두었다.[550] 萊州는 總章 2년(669) 많은 고구려인
들이 강제 이주된 바로 그곳이다.[551]

그런데 이문회가 이사도에게 순종함을 다하라고 권고하는 사람이 있으면
모두 고목의 무리라 하여 잡아 가두었다는 사실은 주목할 필요가 있다.
이는 이사도가 이문회·임영 등 인의 장막에 둘러싸였다는 증거로 볼 수도
있다. 어떻게 보면 이때 이사도가 평로·치청을 다스리는데 있어서 상황판단의
시야가 좁아졌던 시기라고도 볼 수 있다.

이사도 조정에서 많은 내홍이 있은 후, 당이 제나라를 향한 공격은 대략
원화 11년(816) 정월부터 시작되었다. 이때 유주절도사 劉總이 成德의 군대를

---

548) 『舊唐書』 권137, 「高沐傳」 沐與同列郭昈·李公度等조, 4911쪽.
549) 『舊唐書』 권137, 「高沐傳」 其判官李文會·孔目官林英조, 4911쪽.
550) 『舊唐書』 권137, 「高沐傳」 而囚郭昈於萊州조, 4911쪽.
551) 『舊唐書』 권5, 「高宗」下 總章 2年 5月 庚子, 萊·營二州般次發遣조, 92쪽.

패배시키고,[552) 같은 달 계미 일에 制書를 내려서 왕승종의 관작을 삭탈하면서
河東·幽州·義武·橫海·魏博·昭義의 6절도에게 명령하여 나아가 토벌하도록 하
면서부터였다.[553) 그야말로 이때 당이 여러 절도사의 군사를 총동원시켜
제나라를 향한 대공세를 개시하였다.

설상가상 제나라 이사도가 당을 옥죄려는 여러 번의 계획이 모두 실패하였
기 때문에 위의 사실을 당의 대반격이라고 볼 수 있다. 이와 관련된 사실을
『구당서』「이사도전」에서 들어보자.

吳元濟가 주살되자, 이사도는 두렵고 불안해서, 표를 올려 조정 명령에
따르겠다고 하면서, 세 개의 州를 떼어 바치면서 맏아들을 宿衛로 入侍시킬
것을 요청하자, 조정은 조서를 내려서 그의 주청을 허락하였다.[554)

그런데 이때 상황에 대해『구당서』보다『자치통감』이 보다 자세하여,
이를 옮겨본다.

淮西가 평정되자, 이사도는 걱정하고 두려워하며, 어찌할 바를 몰랐다.
李公度와 牙將 李英曇은 그가 두려워하는 것을 이용하여 그에게 유세하여,
인질을 바치고 땅을 헌납하여 스스로 속죄하게 하였다. 이사도가 이를 좇아,
사자를 파견하여 표문을 받들고 가서, '맏아들로 하여금 入侍하게 해주시며,
아울러 沂(산동성 기시)·密(산동성 제성시)·海(강소성 연운항시) 3州를 바치게
해달라고 청하니' 황제가 이를 허락하였다. 을사일에 左常侍 李遜을 파견하여
鄆州(산동성 동평현)에 가서 위로의 뜻을 선포하게 하였다.[555)

552)『資治通鑑』권239,「唐紀」55 憲宗 元和 11年 正月 幽州節度使劉總조, 7721쪽.
553)『資治通鑑』권239,「唐紀」55 憲宗 元和 11年 正月 癸未조, 7721쪽.
554)『舊唐書』권124,「李師道傳」, 3539쪽, "及誅吳元濟, 師道恐懼, 上表乞聽朝旨, 請割三州幷遣
長子入侍宿衛, 詔許之."
555)『資治通鑑』권240,「唐紀」56 憲宗 元和 13年 正月조, 7747쪽, "及淮西平, 師道憂懼,
不知所爲. 李公度及牙將李英曇. 因其懼而說之, 使納質獻地以自贖. 師道從之, 遣使奉表,
請使長子入侍, 幷獻沂·密·海三州. 上許之. 乙巳, 遣左常侍李遜詣鄆州宣慰."

『구당서』와 『자치통감』이 담고 있는 내용의 큰 줄거리는 대동소이하다. 그러나 『자치통감』을 통해서 평로·치청 내부의 권력암투의 모습을 일부나마 엿볼 수 있다. 다시 말해 여기서는 이사도의 부하 이공도의 태도를 주목하고 싶다. 이 일이 있기 얼마 전 李公度는 高沐·郭昈와 함께 당에 대해서 분명 주화파였다.

그러나 이때의 상황은 淮西 평정으로 말미암아 이사도에게 가져다 준 심리적 불안을 이용해 이공도와 생각을 같이하는 대장 이영담[556]이 이사도에게 맏아들 入侍와 3주 할양이라는 방법으로 당에 속죄하도록 밀어 붙였다. 이때 상황이 다급하다고 판단한 이사도는 위와 같은 결정을 휴대한 사자를 장안으로 파견하였다. 당은 지체하지 않고 이사도의 제안을 수락하면서 左常侍 李遜을 이사도가 있는 운주로 파견하였다.[557]

그렇다면 이는 이사도 조정 내에서 주화파 고목이 죽임을 당하고 곽호가 내주에 갇혀서, 잠시 주전파 판관 이문회와 공목관 임영의 승리가 반전된 상황이었다고 본다. 한마디로 이때는 이사도가 신하에 의해 對唐정책이 일시 휘둘림을 당한 시기였다고 추정할 수 있다.

이 같은 결정은 이사도가 당에 대해 항복한 것이나 다름없다는 그런 조치였다. 이를 두 가지로 나누어 분석하고 싶다.

하나는 회서절도사 오원제가 주살되었다는 소식이다. 이때는 원화 12년 11월이었다.[558] 오원제를 사로잡은 인물은 본시 徐州 牙將으로 오원제를 섬긴 李祐였다.[559] 이때 이우는 唐鄧절도사 李愬 휘하의 장군이었는데, 원화 12년 10월 11일 懸瓠城에서 오원제를 사로잡았던 것이다.[560] 이는 이사도의

556) 『新唐書』 권193, 「高沐傳」 李公度與大將李英曇조, 5557쪽.
557) 『舊唐書』 권155, 「李遜傳」 元和 13年 李師道効順조, 4124쪽.
558) 『舊唐書』 권15, 「憲宗」下 (元和 10年 11月) 斬於獨柳樹조, 461쪽 ; 『舊唐書』 권142, 「王武俊傳」附'承宗傳' (元和) 十二年十月, 誅吳元濟조, 3881쪽. 「王武俊傳」은 元和 10년 10월에 죽임을 당하였다고 기록하고 있다.
559) 『舊唐書』 권161, 「李祐傳」 竟以祐破蔡, 擒元濟조, 4227쪽.
560) 『舊唐書』 권170, 「裴度傳」 (元和 12年) 十月 十一日, 唐鄧節度使李愬조, 4418쪽.

당 멸망 계획을 수포로 만든 중요한 사건이라고 본다. 또한 당이 이사도에 대한 포위망을 좁히고 있음을 예고한 사건이었다. 그 이유는 이를 전후하여 이사도와 함께 조정 타도에 나선 절도사들이 모두 당에 항복하거나 당에 의해 죽임을 당하였기 때문이다.

둘은 이때 이사도가 조정에 대하여 항복하겠다는 의사를 표시한 사실이다.561) 즉 이와 같은 항복은 淮西가 평정됨으로 말미암아 이사도가 두려워한 틈을 이용한 이사도 휘하의 친당파 이공도와 대장 이영담의 제안이었다.562) 그래서 이사도는 조정에 항복하려는 표시로 자신의 12주 가운데 3주를 조정에 할양하겠다고563) 제의할 뿐만 아니라 자신의 아들 弘方564)마저 인질로 바칠 것을 당에 제안하기에 이르렀다.565) 이사도가 더 이상 당에 대항할 힘이 없어서 항복할 의사를 가졌다면 제나라의 중대 위기라고 해도 틀림없다.

위와 같은 사실에 대하여 피터슨(Charles G. Peterson)은 다음과 같이 언급하였다. 즉,

비슷한 상황(성덕절도사 왕승종)이 즉시 平盧에서도 실현되었다. 절도사 이사도는 조정에 비슷한 양보를 하였다. 그러나 그 후에 이사도가 조정과 타협하지 말라는 번진 내부(특히 가족)의 강한 압력으로 말미암아 3주에서 중앙 임용 관료를 받아들이겠다는 약속을 취소하면서, 상황은 (성덕절도사와) 다른 방향으로 전개되었다.566)

---

561) 金明姬, 1998,「唐 末期의 諸 現像」,『中國 隋·唐史 硏究－天子의 나라 天下의 文化－』, 國學資料院, 157쪽.

562)『舊唐書』권187下,「高沐傳」李公度與其將李英曇乘其懼也조, 4911쪽 ;『新唐書』권193, 「忠義」下 附'高沐傳' 李公度與大將李英曇敎獻三州조, 5557쪽.

563) Charles A. Peterson, op. cit., p.170.

564)『新唐書』권75下,「宰相世系」5下 附'高麗李氏' 弘方조, 3449쪽 ; 蘇慶彬, 앞의『兩漢迄五代 入居中國之蕃人民族硏究』, 587쪽 ; 章羣, 앞의「唐代蕃將表」, 569쪽.

565)『舊唐書』권187下,「高沐傳」說師道獻三州及入質長子조, 4911쪽 ;『新唐書』권213,「李師道傳」師道乃納三州, 遣子弘方入侍조, 5993쪽 ;『續通志』권279,「唐列傳」79 '李師道' 乃納三州遣子宏方入侍조, 4881쪽.『續通志』는 이사도의 아들을 弘方이 아닌 宏方이라고 하였다.

570

라는 것이다. 피터슨의 주장대로 이사도는 자신이 사랑하는 처첩들의 말을 좇아 조정에 3주를 할양하겠다는 것을 번복하였다. 그 결과 성덕절도사 왕승종이 2주를 조정에 바치면서 조정과 타협하였던 것과 다른 상황으로 전개되었다. 이는 조정에 반기를 든 다른 절도사와 연합 없이 이사도 휘하의 군사력만으로 조정과 대항할 수 있다는 자신감이 아직 있음을 암시한다.

그 결과 당과 이사도는 계속적으로 대치국면을 맞이하게 되었다. 그렇다면 이사도가 왜 화해하려고 시도하였는가에 대한 의문이 제기된다. 이는 오원제가 군사에게는 비바람을 맞게 하면서 자신은 안이하게 즐겼던 사실에 대해 이사도가 분개한 데서 그 해답을 찾을 수 있다. 이사도가 휘하의 군사들을 배려하여 죽음을 각오한 전투를 치르지 않고 당과 친선관계를 유지하는 쪽을 원했을지 모르기 때문이다.

처음에 이사도가 조정에 대하여 항복하겠다는 생각은 이사도의 측근 부하들에게서 제기된 의견이었다. 이들은 4대에 걸친 절도사 왕국의 제국화 노력에 대한 실패 때문에 당과 화해를 수용할 수밖에 없다는 분위기였다. 그런 까닭에 이사도는 당에 항복하겠다고 사신을 보냈고 당도 이를 수락한 것이다.

그러나 제나라 내에서는 당과 싸워야한다는 여론이 더욱 강하였다. 이를 『구당서』「이사도전」에서 들어보면,

사도가 우매하고 무능했기 때문에, 정사는 여러 婢에 의해 모두 결정되었다. 그런데 婢가운데 蒲大姊·袁七娘이라는 자가 있었는데, 그들이 謀主였다. 그들이 말하길 "선조 司徒이래로, 이 12州를 점거하였는데, 어찌 하루에 아무런 이유 없이 할양합니까? 지금 우리 경내 병사가 수십만 명이나 있사온데,

---

566) Charles G. Peterson, *op. cit.*, p.170, A parallel situation momentarily in P'ing-lu where Li Shih-tao offered the court similar concessions. However, matters took a different course when Li subsequently bowed to heavy internal (especially family) pressures not to compromise and reneged on his promise to accept central officials in three of his prefectures.

3州를 바치지 않는다면, 조정이 군사를 동원해서 공격해 올 것인데, 우리가 관군과 힘껏 싸울 수 있습니다. 싸워 이기지 못하면, 그때 땅을 떼어주어도 늦지 않습니다."고 했고, 李師道는 그들의 계책을 좇아 땅을 떼어 주는 일을 그만두었고, 표하길 군심이 따라 주지 않는다고 하자, 조정은 各軍에 토벌 명령을 내렸다.567)

라는 것이다. 또 위와 같은 사료가 긴 장문이라서 이손이 도착 직전까지의 『자치통감』 기록을 보면, 다음과 같다.

이사도는 아둔하고 나약하여, 軍府의 큰일은, 다만 처인 魏氏·노복인 胡惟堪과 楊自溫·婢女인 蒲氏와 袁氏 그리고 공목관 王再升과 더불어 이를 모의하였는데, 大將과 막료들은 참여할 수가 없었다. 魏氏는 그의 아들을 인질로 들여보내고 싶지 않아 蒲氏·袁氏와 더불어 이사도에게 말하였다. "먼저 돌아가신 司徒(李納) 이래로, 이 12개의 주를 가지고 있었는데, 어찌하여 아무 연고 없이 이것을 잘라서 바칩니까? 지금 경계 안에 있는 병력을 계산해 보면 수십만 명 아래로 내려가지 않는데, 3州를 바치지 않는다 하여도, 서로 군사력을 행사하는 것에 지나지 않을 것입니다. 만약에 힘껏 싸우다 이기지 못하게 되면, 이를 바쳐도 늦지 않을 것입니다." 이사도는 마침내 크게 후회하고 李公度를 죽이려고 하였는데, 막료 賈直言이 그의 用事하는 노복에게 말하였다. "지금 큰 재앙이 곧 닥칠 터인데, 어찌 高沐의 억울한 기운이 만들어지는 것이 아닌가? 만약에 또 李公度를 죽인다면, 軍府는 위험하게 될 것이오." 마침내 그를 가두었다. 李英曇(大將)을 萊州(산동성 래주시)로 좌천시켜, 임지에 도착하지 아니하였을 때 목베어 죽였다.568)

---

567) 『舊唐書』 권124, 「李師道傳」, 3539~3540쪽, "師道識暗, 政事皆決於群婢. 婢有號蒲大姊·袁七娘者, 爲謀主, 乃言曰, '自先司徒以來, 有此十二州, 奈何一日無苦而割之耶! 今境內兵士數十萬人, 不獻三州, 不過發兵相加, 可以力戰, 戰不勝, 乃議割之, 未晩也.' 師道從之而止, 表言軍情不叶, 乃詔諸軍討伐."

568) 『資治通鑑』 권240, 「唐紀」56 憲宗 元和 13年 4月조, 7750쪽, "李師道暗弱, 軍府大事, 獨與妻魏氏·奴胡惟堪·楊自溫·婢蒲氏·袁氏及孔目官王再升謀之, 大將及幕僚莫得預焉. 魏氏不欲其子入質, 與蒲氏·袁氏言於師道曰, '自先司徒以來, 有此十二州, 奈何無故割而獻之! 今計境內之兵不下數十萬, 不獻三州, 不過以兵相加. 若力戰不勝, 獻之未晩.' 師道乃大悔,

위의 사실은 사마광이 이사도 조정의 기록 문서에서 발췌한 내용이다. 이는 아마도 후일 田弘正이 鄆州의 '簿書'에서 對唐정책의 새로운 사실을 알았던 것과 연관된 그 문서이다. 정확히 말해서 이사도 내부 회의를 기록한 문건에서 나온 자료이다. 달리 표현해서 위의 자료는 이사도 조정의 史草라고 볼 수 있다. 위의 사실을 두 가지로 나누어 보자.

하나는 이사도 조정에서 이사도의 처 魏氏외에 胡惟堪·楊自溫·蒲氏(蒲大姊)·袁氏(袁七娘)·王再升·賈直言 등이 등장했다는 사실이다. 이는 이사도 조정의 핵심이 어떻게 구성되었는지 알 수 있는 중요자료이다. 이들은 이사도의 의사결정에 크게 영향을 주었던 인물들이다. 그런데 당의 적대집단에 소속되었다는 이유로 노복이나 비녀로 표시한 사실을 주목할 필요가 있다. 이들은 분명 謀主역할을 했던 인물들을 당이 강제로 폄하시켰던 표현이라고 본다.

다른 하나는 李納(司徒)재위 시부터 평로·치청 영토가 12州가 되었다는 사실이다. 이정기가 창업할 때는 15주였으나 이납때 숙부 이유가 서주를 들어 당에 투항했고, 그후 德州와 棣州가 盧龍군에 귀속되었기 때문에 이납 이래 영토는 12주로 바뀌었다.

사마광은 『자치통감』에서 당의 사신 李遜이 운주에 도착하여 이사도와 나눈 대화를 다음과 같이 기록하였다. 즉,

李遜이 鄆州(평로의 치소)에 도착하니 이사도는 군사를 크게 벌여 놓고 그를 영접하였는데, 李遜은 기세를 대단하게 올리고 정색을 하며, 화가 되는 것과 복이 되는 것을 늘어놓고, 그에게 결단을 내리는 말을 하라고 책망하면서, 천자에게 보고하겠다고 하였다. 이사도는 물러나서, 그의 무리들과 모의하였는데, 모두가 말하였다. "다만 그에게 허락하고, 다른 날에 바로 번거롭지만 한 장의 표문을 써서 紛亂된 부분을 해석할 뿐입니다." 이사도가 사과하며 말하였다. "전에 아버지와 아들 간의 사사로움과, 장사들에게 압박을 받은

欲殺李公度, 幕僚賈直言謂其用事奴曰, '今大禍將至, 豈非高沐寃氣所爲! 若又殺公度, 軍府其危哉!' 乃囚之. 遷李英曇於萊州, 未至, 縊殺之."

마음 때문에 그러므로 미적미적하면서 아직은 보내지 못하였습니다. 지금 다시금 조정의 사자를 번거롭게 해드렸으니, 어찌 감히 다시 두세 번을 반복하겠습니까?"李遜이 이사도는 실제로 정성을 가지고 있지 않다는 것을 살피고서, 돌아가 황제에게 말하였다. "이사도는 완고하고 어리석어 뒤집고 있으니, 아마도 반드시 군대를 사용해야 할 것입니다." 이미 이렇게 하고나서 이사도는 표문을 올려서 '군대 사정이 인질을 바치고 땅을 베어 내는 일을 들어주지 않습니다.' 라고 말하였다. 황제는 화가 나서 그를 토벌하려고 결심하였다. 賈直言이 칼날을 무릅쓰고 이사도에게 간언을 한 것이 두 번이고, 輿櫬을 가지고 간언한 것이 한번이며, 또 결박되어 檻車에 실려 있는 처자를 묶여 있는 것을 그려서 바쳤는데, 이사도는 화가 나서 그를 가두었다.[569]

위의 사료는 이손이 이사도가 앞서 長子 入侍와 三州 할양 약속을 이행하지 않으리라고 아뢰면서 황제에게 이사도 토벌을 주청한 내용이다. 마지막 부분은 賈直言이 당에 충성해야 한다고 하자 이사도가 그를 가두었다는 내용이다. 그런데 당에 충성해야 한다고 賈直言이 주장하기 위해 목숨을 몇 번이나 걸었다는 사실을 쓴 것이 흥미롭다.

가직언에 대하여는 『구당서』「가직언전」에, 그의 아버지 道沖이 技藝方術로 죄를 지었는데, 그가 賜藥을 父 대신 마셨으나 살아났다. 그 후, 이 소식을 들은 당 代宗이 사면했다고 되어 있다. 이후 가직언의 행적을 다음과 같이 기록하고 있다. 즉,

그 후 이사도 휘하에서 벼슬하였는데, 이사도가 조정의 명령에 대해서 공경하지 않자, 賈直言이 칼날을 무릅쓰고 유세한 것이 두 번, 輿櫬을 가지고

---

569) 『資治通鑑』 권240, 「唐紀」56 憲宗 元和 13年 4月조, 7750쪽, "李遜至鄆州, 師道大陳兵迎之, 遜盛氣正色, 爲陳禍福, 責其決語, 欲白天子. 師道退, 與其黨謀之, 皆曰, '弟許之, 他日正煩一表解紛耳.' 師道乃謝曰, '曩以父子之私, 且迫於將士之情, 故遷延未遣. 今重煩朝使, 豈敢復有二三!' 遜察師道非實誠, 歸, 言於上曰, '師道頑愚反復, 恐必須用兵.' 旣而師道表言軍情, 不聽納質割地. 上怒, 決意討之. 賈直言冒刃諫師道者二, 輿櫬諫者一, 又畵縛載檻車妻子係纍者以獻, 師道怒, 囚之."

유세한 것이 한 번이었으나, 이사도는 끝까지 따르지 않았다. 劉悟가 이사도를 참수함에 이르러, 鄭滑절도사가 되어, 옥중에 갇힌 賈直言을 얻고, 또 그의 행위를 칭송하여서, 이로 말미암아 上奏해 자신의 幕府 가운데 두었다.570)

그런 가직언은 이사도 휘하에서 벼슬하면서도 당에 충성하였다. 거꾸로 이사도는 재능 있는 인물의 경우는 출신을 따지기 않았기 때문에 가직언이 이사도 밑에서 벼슬했다는 의미다. 그렇다면 이는 이사도가 인재를 폭넓게 등용시켰던 사례라고 본다. 그런데 앞의『자치통감』처럼 가직언은 이사도에게 간언한 내용 때문에 감옥에 갇혔다. 이후 유오에 의해 풀려나고 유오 휘하에서 다시 등용되었다는 것은 高沐·郭昈·李公度처럼 가직언도 오로지 당에 충성한 인물이었다는 증거다. 또 앞에서 필자의 분류에 따른다면 가직언도 제나라의 주화파였다. 이런 까닭에 당은 高沐처럼 賈直言도『신·구당서』「충의열전」에 포함시켰다.

그런데『구당서』「고목전」에 이사도 휘하에서 벼슬한 인물들 가운데 고목·가직언처럼 당에 대해 충성을 주장하는 인물들의 이름과 관련된 사실들이 또 있다. 이를 들어보면,

> 또 崔承寵·楊偕·陳佑·崔濤, 이들 모두가 적의 악행을 조정에 일러바치자, 李文會가 그들은 高沐의 일당이라고 말했다. 高沐이 해를 입은 후에, 崔承寵 등 모두가 갇히거나 멀리 추방되었다. 郭昈의 이름은 高沐 다음이었으나, 비록 죽지는 않았지만, 일찍이 고통과 모욕을 당하였다. 劉悟가 적을 평정한 후, 즉시 李公度를 불러서 보고, 손을 잡으며 탄식하고 흐느껴 울었다. 劉悟가 滑州節度로 임명된 후, 먼저 郭昈와 李公度를 불러 벼슬을 주었다.571)

---

570)『舊唐書』권187下,「賈直言傳」, 4912쪽, "後從事於李師道. 師道不恭朝命, 直言冒刃說者二, 輿櫬說者一, 師道訖不從. 及劉悟斬師道, 節制鄭滑, 得直言於禁錮之間, 又嘉其所爲, 因奏置幕中."

571)『舊唐書』권187하,「高沐傳」, 4911~4912쪽, "又有崔承寵·楊偕·陳佑·崔濤, 皆以伏順爲賊所惡, 李文會等呼爲高沐之黨. 沐遇害, 承寵等同被囚放. 郭昈名亞於沐, 雖不死, 備嘗困辱矣. 及劉悟平賊, 遽召李公度, 執手歔欷. 旣除滑州節度, 首辟昈及公度爲從事."

이사도 조정에서 崔承寵·楊偕·陳佑·崔淸 등이 벼슬하였음을 확인할 수 있는 자료이다. 그런데 그런 인물들에 대해 당은 관직을 기록하지 않았다. 그 이유는 이사도 정권을 당이 인정하지 않았기 때문이다. 그러나 주목하여야 할 사실은 절도사 휘하 관리의 이름을 『신·구당서』에서, 이처럼 많이 언급한 예가 없다. 이는 이사도 조정의 규모가 어느 정도였는지를 알 수 있는 근거가 된다. 다시 말해 이사도 시대의 제나라는 백관제도를 갖춘 그런 왕국이었다는 사실을 위의 사료를 통해 확인할 수 있다고 본다.

이사도 조정도 여느 조정과 마찬가지로 전쟁에 임해서 강온파가 대립하였다고 생각할 수 있다. 그러나 이런 논리보다는 당이 이사도 조정에 대한 와해 공작 때문에 이사도 휘하 관리 가운데 많은 자들이 당에 충성했을 개연성이 매우 크다. 실제로 당은 이사도 조정에서 귀순하는 자들에게 신변보장은 물론이고 관직과 많은 재물을 주었던 예가 얼마든지 있다. 심지어 이사도 밑에서 당에 충성하다 죽은 고목에게 吏部尙書를 추증할 정도였다.[572] 그야말로 어이없는 당의 작태다. 필자가 이런 사실을 강조하는 것은 당에 의해 멸망한 고구려 유민 정권의 생존에 대한 당위성을 당이 아예 무시하였기 때문이다. 고구려 유민의 나라 '齊'를 당은 시종일관하게 '賊'으로 표시했다.

그 외에 당은 수시로 이사도 휘하 관리들에게 인센티브를 주겠다고 약속했다. 뒤에서 언급하겠지만 유오의 행동에서도 쉽게 짐작이 가는 대목이 많다. 이와 같이 추단하는 근거는, 이사도 조정이 당에 의해 패망했기에 승자인 당의 사가들에 의해 제멋대로 제나라의 역사가 써겼다는 사실을 망각한다면 이는 보통 큰 문제가 아니다. 그런데 주목되는 사실은 이사도 조정의 많은 인물들의 이름이 사서에 언급되었다는 점이다. 이때 사서에 언급된 제나라 관리들의 이름은 주로 親唐정책을 고수한 자들이 대부분이었다.

이사도 정권에서 벼슬하였던 이들은 위의 인물 외에 또 있다. 그런데

---

572) 『舊唐書』 권187하, 「高沐傳」 元和 14年 4月 詔曰조, 4912쪽 ; 『新唐書』 권193, 「高沐傳」 元和 14年조, 5558쪽.

그들 역시 당에 충성했던 인물이다. 이를 알 수 있는 근거는『신당서』「충의열전」에 기재되었다. 즉,

郭航은 萊州人으로, 義氣가 대단한 사람으로 알려져서, 이사도의 고급직무에 임명되었으며, 그와 郭昈는 대대로 齊나라에 거주하여 살았다. 처음에, 郭昈가 進士科에 급제하자, 權德興가 장차 그를 임용하려했으나, 그의 집이 叛賊이 있는 곳에 있다는 소리를 듣고, 이에 그만두어서, 이에 叛賊에게 등용되었다. 두 사람은 최후에 모두가 충성을 드러냈다.573)

이는 郭昈 외에 萊州人 郭航의 행적을 기술한 것이다. 郭航과 郭昈 모두가 齊나라에 살았고, 이사도가 郭航의 義氣가 대단하므로 그를 자신의 右職으로 등용시켰다. 그런데 곽호의 경우는 당의 進士科에 급제했는데도 제나라 지역 거주자라는 이유만으로 권덕여가 등용시키려다가 그만두었다는 사실을 주목할 필요가 있다. 이는 이사도의 제나라 출신지역 인물은 당 조정으로 진출할 수 없다는 이야기와 통한다. 그런 상황에서 이사도는 인물을 중시해 곽항과 곽호를 등용시켰다는 사실을 주목할 필요가 있다. 다시 말해 이사도는 능력본위로 관리를 선별하였다.

또 이사도 조정에서 벼슬하기 위해서는 당에서 벼슬할 정도의 능력이 있는 자라야 가능했다는 사실도 매우 중요하다. 이사도 조정을 당이 이유 불문하고 폄하하였으나, 반적 집단으로 몰아붙일 정도의 그런 집단이 결코 아니라는 것이 입증되기 때문이다. 곽항이나 곽호의 행적이『신당서』에 기재될 수 있었던 것은 이사도 정권을 위한 충성이 아니라 당의 회유인지는 몰라도 어느 순간부터 齊가 아닌 唐에 충성했기 때문이다. 그렇다면 이런 사실을 통해서 이사도의 조정과 당이 어느 정도 심각하게 대립했는지를 알 수 있다.

573)『新唐書』권193,「郭航傳」, 5558쪽, "航, 萊州人, 以氣聞, 師道署右職, 與昈世居齊. 初, 昈擧進士, 權德興將取之, 聞其家賊中, 乃罷, 遂爲賊聘. 二人卒能以忠顯."

다시 앞의 『구당서』 「이사도전」과 『자치통감』의 기록을 종합해서 분석하면, 吳少誠이 당에 의해 죽임을 당하고[574] 낙양 부근의 山棚 거사도 실패한데다, 오원제의 생포로 말미암아 이사도는 일시 당과 화해를 시도하였다. 그러나 얼마 후 이사도는 처첩과 신하들의 주장을 받아들여 당과 대결하는 방향으로 선회하였다. 이를 구분하여 분석하고 싶다.

하나는 사서에서 이사도를 우매한 인물이라고 표현한 사실이다. 이는 이사도가 조정과 공존할 의사를 철회한 것에 대하여 사가들이 못마땅한 감정을 표출한 것이라고 본다. 바꾸어 말하면 존속이 얼마 남지 않았는데도 이사도가 조정에 계속하여 반항하였던 사실을[575] 이런 식으로 표현한 것 같다. 이는 앞서 이사도가 그림과 음악을 좋아하였던 사실에서 연관성을 찾는다고 하더라도 사가들의 이사도에 대한 일방적인 폄하는 역사 서술방법 자체에 심각한 문제가 있는 것으로 볼 수 있다.

앞에서 언급한 것처럼 사가들이 차라리 이사도 휘하의 병사들의 큰 희생 없이 당과 공존을 모색하였으면 하는 바람을 썼다면, 이는 어느 정도 객관적인 역사기술이라고 볼 수 있겠다. 그러나 오원제가 죽임을 당하고 난 후 이사도가 과단성 있게 정책결정을 주도하지 못한 것을 빗대어서 표현하였을 가능성을 배제할 수 없다. 이는 다분히 조정을 괴롭힌 사실 때문에 이사도를 우매한 인물로 몰아붙인 게 틀림없다. 물론 앞서 표를 올려 황제에게 항복 의사를 나타내다가 다시 조정을 상대로 선전포고한 것이 사가들의 심기를 건드렸을 것이다. 이사도가 오원제가 피살되고 나서 일시 당에 대한 대결을 포기하였던 것은 그 상황에서는 어쩔 수 없는 선택이었다. 그렇지 않다면 이사도가 자신의 선대들이 당을 없애고 제국화하기 위하여 기반을 닦아 놓았던 길을 일시 지체하더라도 기회를 보아 다시 완성시켜 보겠다는 의지로 볼 수 있다.

---

574) 『新唐書』 권214, 「吳少誠傳」 附'元濟傳' 執元濟조, 6008쪽.

575) 大澤正昭, 1973, 「唐末の藩鎭と中央權力－德宗·憲宗を中心として」, 『東洋史研究』 32-2, 17쪽.

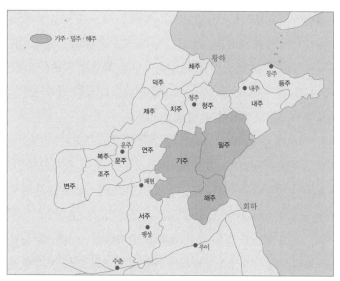

제나라 이사도가 당에게 할양하겠다고 한 기주·밀주·해주

둘은 이사도의 두 부인 蒲大姊와 袁七娘이 결사 반대하여 이사도가 조정에 항복하려는 의사를 번복하였다는 사실에 대한 의문이다. 이사도가 국정에 별 관심이 없었기 때문에 애첩이었던 포대자와 원칠낭 같은 여인이 이사도의 결정을 뒤엎었다는 게 『구당서』의 내용이다. 그러나 『신당서』 「이사도전」에는 이사도가 조정에 대한 항복 표시로 3州(沂·密·海)의 헌상과 장자 弘方을 入侍하게 하겠다고 통보하였다고 했다.[576] 그런데 위의 3州는 이사도의 영역 가운데 남방에 위치한 州들이다. 그 후 이사도는 위의 문제를 가지고 다시 여러 장군들의 의견을 물은 뒤 조정에 대한 항복의사를 번복하였다고 밝히고 있다.[577] 이는 두 여인만이 아니라 여러 장군들의 의견도 종합되어 이사도의 제1차 항복안이 수정되었다고 본다. 다만 『구당서』 「이사도전」은 사실에

576) 日野開三郞, 앞의 「唐代藩鎭の跋扈と鎭將」 1, 31쪽 ; 楊西雲, 1996, 「唐中後期中央對藩鎭的鬪爭政策」, 『歷史敎學』 7, 10쪽 ; 雷家驥, 앞의 「唐代'元和中興'的淮西會戰」, 115쪽 ; 築山治三郞, 앞의 「地方官僚と政治」, 377~378쪽.
577) 『新唐書』 권213, 「李師道傳」 召諸將議조, 5993~5994쪽.

상관없이 이사도를 폄하하기 위하여 두 여인의 주장에 따라 항복의사를 번복하였던 것이라고 기술한 것은 이사도를 깎아 내리기 위한 의도에 지나지 않는다.

셋은 사가의 표현처럼 婢 가운데 蒲大姊와 袁七娘이 謀主로서 주장한 내용이 이사도의 제나라 상황을 구체적으로 설명하였던 사실이다. 위에서 '婢'라는 표현은『구당서』의 찬자가 이사도를 깎아 내리기 위한 비열한 방법으로 썼던 표현이라는 사실은 앞에서 밝혔다.『구당서』의 내용대로 이사도가 조정과 화해하려는 제안에 대해서 반대한 인물이 두 여인이었을 가능성은 농후하다. 이는 이사도보다 위의 두 여인이 당과 대적할 제나라의 국력을 구체적으로 언급하였다는 데서 주목된다. 오원제 피살 소식에 위의 두 여인은 이사도처럼 큰 충격을 받았던 것 같지 않다. 두 여인의 주장처럼 선조 司徒 이래 12주를 소유한데다 병사가 수십만이나 되었기 때문에 당시 강력하지 못한 조정을 상대로 전쟁에 나서면 제나라가 분명 승산이 있다는 나름대로의 주장을 편 것은 제나라의 모든 실상을 파악하는 중요한 척도가 될 수 있다.

물론 이때 병사가 수십만 명이라는 기록은 평로·치청절도사의 상비군 숫자를 뜻하는 것 같지 않다. 왜냐하면 이정기의 전성기에 15주를 소유하면서 10만의 병사를 가졌다는 사실과 비교한다면 그러한 추정이 가능하기 때문이다. 그러나 이사도가 조정과 대치하는 상황에서 수십만의 군대를 보유하였을 가능성은 충분하다. 그 까닭은 평로·치청절도사 관내의 棣·德·徐 3州를 제외한 12州의 天寶년간(742~756) 인구가 4백만에 달하였던 터라, 그 20분의 1을 兵으로 삼아도 20만의 병력을 유지하는 것이 가능하기 때문이다.[578] 이사도가 조정에 3주 할양과 장자를 입시시키는 정책을 수정할 무렵에 齊의 군사가 수십만 명이 되었다면 이납 이후 이사고·이사도 시대를 지나면서 제나라가 강력한 국가로 발돋움하기 위해서 상비군의 수를 점차 늘렸을 가능성은 충분하다.

---

578) 築山治三郞, 앞의「地方官僚と政治」, 374쪽.

580

넷은 두 여인이 이사도 휘하의 군사력과 국력에서 조정과 대항하여 싸워 볼만하다고 주장하였던 사실이다. 그래서 이사도의 두 부인은 3州를 당에 바치는 것이 옳지 못하다고 반론을 폈다.579) 이때 거론된 三州는 沂·密·海州를 말한다. 위의 3주는 산동반도 남쪽 해안으로 棣州와 德州와 인접한 州로 소금이 생산되는 경제성이 큰 지역이다.580)

그러나 『嘉慶海州直隷州志一』에 기록된 것처럼 원화 13년에 이사도가 三州 를 조정에 바쳤다는 기록은581) 틀린 것이다. 그 이유는 이때 위의 三州를 조정에 바치면서 이사도가 조정과 화해하려는 방책이 생각으로 끝났기 때문 이다. 결국 이사도는 설득 당하여 조정과 화해하려는 그의 생각을 철회하였다.

이와 같은 상황으로 당에 대한 정책이 대립으로 돌아서자, 이사도는 휘하의 친당파 李公度를 죽이려 하였다. 그러나 이공도는 가직언이 풍자하였던 말로 말미암아 죽음을 면하였으나582) 이영담은 萊州로 추방되어 가는 도중에 죽임을 당하였다.583) 또 이사도 휘하에서 從事의 벼슬을 지냈던 가직언이 이사도가 조정에 대하여 不恭함에 대한 것을 極諫하다가 갇힘을 당한 것도 이즈음의 일이다.584)

이사도가 3주 할양과 장자를 입시시키겠다는 제안을 했다가 철회한 것은 그가 당에 대항해 독자적인 행보를 지향하였다는 근거라고 볼 수 있다.

---

579) 築山治三郎, 위의 「地方官僚と政治」, 378쪽.
580) 築山治三郎, 위의 「地方官僚と政治」, 377~378쪽.
581) 『嘉慶海州直隷州志一』 권3, 憲宗 元和 十三年李師道獻沂密海三州조, 55쪽(臺北 : 成文出版社).
582) 『舊唐書』 권187, 「高沐傳」 逐英曇於萊州조, 4911쪽 ; 『新唐書』 권193, 「忠義」下 附'高沐傳' 賈直言諷師道嬖奴曰조, 5557쪽 ; 『資治通鑑』 권240, 「唐紀」56 憲宗 元和 13年 4月 幕僚賈直言謂其用事奴曰조, 7750쪽.
583) 『舊唐書』 권187下, 「高沐傳」 逐英曇於萊州조, 4911쪽 ; 『資治通鑑』 권240, 「唐紀」56 憲宗 元和 13年 4月 遷李英曇於萊州조, 7750쪽.
584) 『舊唐書』 권187下, 「賈直言傳」 師道不恭朝命조, 4912쪽 ; 『新唐書』 권193, 「忠義」下 附'賈直言傳' 及師道不軌, 提刀負棺入諫曰조, 5558쪽 ; 『續通志』 권509, 「忠義傳」 唐 '賈直言' 師道怒囚之조, 6188쪽.

왜냐하면 당시 번진이 조정에 굴복할 때, 토지의 일부를 조정에 바쳤을 뿐만 아니라 자신의 아들이나 형제를 인질로 보내어 자신의 領地를 확보하였기 때문이다. 그때 조정은 번진들에게 官爵을 주어 그 영지에서 생활을 보장해 주는 방식을 취하였다.

이사도가 당에 대하여 영토를 떼어주면서 장자를 入侍하게 하려는 계획을 바꾸었다고 이사도의 정치가 완전히 실추된 것이라고 주장하는 築山治三郞의 견해는585) 그 당시 당의 실체를 제대로 모르는데서 나온 잘못된 주장이다. 司馬光도 이런 잘못된 주장을 하였는데,586) 그는 당에 대항한 세력을 모두 '筆誅'하는데 주저하지 않았던 인물이다. 築山治三郞의 논리는『신·구당서』의 찬자들이 이사도를 폄하하기 위해 썼던 내용에 대한 무조건적인 동조에 불과하다. 이런 주장은 이사도의 국가가 패망했다는 결과론을 바탕에 두고 서술한 이야기에 불과하다. 이는 이사도의 멸망을 잘못 이해한 데서 온 결론이다. 즉 이사도의 패망이 당의 심리전 영향으로 최전방을 지휘하였던 유오에 의한 반란 등에 있다는 사실을 파악하지 못한 그런 수준의 주장에서 나온 결론이라고 할 수 있다.

이사도는 당에 대한 가족들의 논리에 설득된 후 같은 안건을 여러 장군들과 회의한 후 軍心이 3州의 할양을 동의하지 않음을 확인하였다. 그러나 이사도 휘하의 대장 崔承度는 다른 장군들과 생각이 달랐다.587) 그런데 이사도는 항복의사 번복을 조정에 알리기 위하여 최승도를 京師로 파견하였다. 이때 이사도가 최승도를 조정으로 파견한 것은 친당 성향의 인물을 보냄으로써 당에서 볼모로 잡더라도 이사도에게 손해가 없었기 때문이다. 여기서 친당파란 조정에 대한 맹목적 충성을 바치면서, 제나라가 조정과 무관하게 발전하는 데 반대하는 부류의 인물들이다.

---

585) 築山治三郞, 앞의「地方官僚と政治」, 378쪽.
586)『資治通鑑』권240,「唐紀」56 憲宗 元和 13年 4月 李師道暗弱조, 7750쪽.
587)『新唐書』권213,「李師道傳」大將崔承度獨進日조, 5994쪽.

한편 이사도의 향배와 무관하게 당은 다각도로 행동을 모색하였다. 조정은 어느 정도 자신감이 회복됨으로 말미암아 이사도에 대하여 적극적인 공세를 취하는 방향으로 가닥을 잡았다. 이때 당은 대략 두 가지를 정리한 것 같다.

하나는 당이 외교적으로 三州 할양과 장자 入侍문제를 해결하려고 시도하였던 사실이다. 이때 헌종은 左散騎常侍 李遜을 이사도에게 파견하여 전일 약속을 번복한 사실에 대한 이유를 글로 올릴 것을 요구하였다.588) 이와 관련하여 앞에서 『자치통감』의 李遜에 관한 부분을 가지고 분석하였기 때문에, 여기서는 『신당서』「이사도전」의 내용을 언급하겠다. 즉,

> 황제는 이사도가 약속을 어겼기 때문에, 左散騎常侍 李遜을 보내 뜻을 알리게 했다. 도착하자, 이사도는 군대를 시위하며 맞이하니, 李遜이 책망하며 말하길 "앞서 이미 약속했거늘, 이제 와서 배반하는 이유가 무엇인가? 이런 사실을 천자에게 아뢰기를 바란다." 이사도가 동의를 표시했지만, 나약해 스스로 결정하지는 못하였다. 노비와 여인들이 말하길 "선대 司徒의 토지를, 어찌해 일부 할양하려 하십니까? 지금 3州를 바치지 않으면, 교전밖에 없습니다. 승리하지 못하면, 그때 할양해도 늦지 않습니다." 이사도가 이에 상서하면서, 군대가 불복종하기로 하였다고 핑계하였다.589)

당이 제2차로 파견한 正使 李遜과 副使 唐敬休가 이사도의 궁궐에서 있었던 대화 내용이다. 위의 내용으로 보아 이사도가 당에 대해 신경을 썼던 것은 사실이나 당과 대립적인 관계라는 것도 읽을 수 있다. 이사도의 신하를 노비라고 표현한 것은, 당의 편파적인 분노의 감정을 드러낸 표현이라고 본다. 이런 경우는 이사도에 대해서 『신·구당서』가 똑같은 입장이었다. 이는

---

588) 『新唐書』 권213, 「李師道傳」 帝以其負約조, 5994쪽.

589) 『新唐書』 권213, 「李師道傳」, 5994쪽, "帝以其負約, 用左散騎常侍李遜喩旨. 既至, 師道嚴兵以見, 遜讓曰'前已約, 而今背之, 何也? 願得要言奏天子.' 師道許之, 然儒暗不自決. 私奴婢媼爭言'先司徒土地, 奈何一旦割之? 今不獻三州, 不過戰耳, 即不勝, 割地未晚.' 師道乃上書, 以軍不協爲解."

正史서술의 기본원칙과는 전혀 맞지 않다.

그런데 당이 제1차로 正使 張宿과 副使 唐敬休를 파견했을 때 이사도에 대해 전일 약속으로 기록했던 게 분명하다. 만일 그렇다면 張宿이 鄆州로 가는 도중 東都에서 급사하자, 副使 唐敬休에 의해 조서만 이사도의 궁궐에 전달되었다고 추측할 수 있다.

다른 하나는 조정이 군사적인 행동으로 돌입하였다는 사실이다. 이를 『구당서』「이사도전」에서 들어보면,

> 이에 조정은 各軍에 조서를 내려 이사도를 토벌하도록 하였다. (元和) 10년 12월 武寧軍절도사 李愿은 부장 王智興을 파견해 李師道의 무리 9천여 명을 격파하면서, 2천여 명을 참살하였고, 소·말 4천여 마리를 노획하였고, 이에 진군하여 平陰에 도달하였다.590)

라는 것은 당이 이사도에 대한 공격을 본격화하였다는 사실이다.『구당서』「헌종기」元和 10년 12월조는 다음과 같이 서술하였다.

> 갑신 일에, (武寧軍절도사)李愿이 李師道 무리 9천을 격파하면서, 2천명을 참수하였다.

또 『신당서』「이사도전」은 다음과 같이 기록하고 있다. 즉,

> 황제가 크게 노하여, 조서를 내려 그 관직을 삭탈하고 조서로 諸軍에게 진격하여 토벌하게 하였다. 武寧절도사 李愿이 대장 王智興을 파견하여 이사도의 무리를 깨뜨렸고, 斬首 2千 餘級, 획득한 牛馬가 4千, 빼앗은 땅이 平陰에 이르렀다.591)

---

590) 『舊唐書』 권124, 「李師道傳」, 3540쪽, "乃詔諸軍討伐. 十年十二月, 武寧軍節度使李愿遣將 王智興擊破師道之衆九千, 斬首二千餘級, 獲牛馬四千, 遂至平陰."
591) 『新唐書』 권213, 「李師道傳」, 5994쪽, "帝怒, 下詔削其官, 詔諸軍進討. 武寧節度使李愿使將

이는 앞에서 지적한 것처럼 이사도의 3州할양과 아들 入侍가 받아들여지지
않아 당이 제나라를 공격한 내용이다. 앞서 당과 이사도가 대립할 때는
부분적 전투가 진행되었으나, 이때부터는 제와 당의 전쟁 돌입시기로 분류하
여야 할 것 같다. 물론 이는 당이 원화 10년 6월 장안에서 왕승종과 모의한
재상 무원형 피살과 8월 낙양에서 승려 원정을 통한 모반 등에 대한 보복으로
이사도의 제나라에 대한 전면전이라고 볼 수 있다. 위와 같은 내용을『자치통
감』에서는 다음과 같이 기록하고 있다. 즉,

> 정유 일에, 武寧(치소는 徐州)절도사 李愿이 奏文을 올려 이사도의 무리를
> 패배시켰다고 하였다. 이때 이사도는 자주 군사를 파견하여 徐州를 공격하였
> 고, 蕭(안휘성 소현)·沛(강소성 패현) 같은 몇 縣을 패배시키니, 李愿은 보병과
> 기병을 모두 都押牙 溫縣(절강성 온주시)사람 王智興에게 위임하여 이를 쳐서
> 깨뜨리게 하였다. 12월 갑진 일에, 王智興은 또 이사도의 무리를 깨뜨리고
> 목을 벤 것이 2천여 급이었고, 북쪽으로 쫓아가서 平陰(산동성 평음현)에
> 갔다가 돌아왔다.[592]

위의 사실은 원화 10년 11월과 12월에 당의 명령을 받은 무령군이 제나라를
공격하여 얻은 빼앗은 영토와 전과에 대한 기록이다. 이를 세 사료를 세
측면으로 나누어 분석하자.

하나는 당이 이사도의 제를 토벌하기 위해 여러 軍에 조서를 내렸던 사실이
다. 그렇다면 이는 이사도가 당을 상대로 반란을 일으켰다는 뜻이다.[593]
이때 황제는 이사도를 제외한 모든 절도사들에게 이사도를 토벌하도록 하는

王智興破其衆, 斬二千級, 獲馬牛四千, 略地至平陰."

592)『資治通鑑』권239,「唐紀」55 憲宗 元和 10年 11月조, 7720쪽, "丁酉, 武寧節度使李愿奏敗李
師道之衆. 時師道數遣兵攻徐州, 敗蕭·沛數縣, 愿悉以步騎委都押牙溫人王智興, 擊破之.
十二月, 甲辰, 智興又破師道之衆, 斬首二千餘級, 逐北至平陰而還."

593) 廖日榮, 1973,「德憲二宗之寵任宦官與唐室之衰亡」,『中國學人』5. 이사도가 당에 반란한
것은 廖日榮이 주장한 818년보다 앞선 815년 말부터다.

명령을 내렸다. 물론 앞서 이사도가 화해 표시에 대한 번복으로 야기된 것이 제일차적인 이유였다. 헌종은 조서를 내려 이사도의 관직을 삭탈하였다.[594] 물론 이와 같은 상황 전개가 표면적으로는 이사도가 조정에 3주를 할양과 그 3주에 대하여 중앙에서 임용된 관료를 받아들이는 약속을 파기했기 때문에 일어났다.

그러나 내용면에서 본다면 원화 10년 6월과 8월 사건에 대한 당의 응징이라고 해석해야 옳다. 그 이유는 이미 앞서 밝힌 것처럼 재상 무원형의 피살과 배도의 자상이 이사도 측의 소행이었기 때문이다. 그뿐만이 아니다. 비록 성공은 못했으나 낙양을 불태워 당을 멸망시킬 계획을 한 것도 이사도의 용의주도한 게릴라 작전 구상이었다. 아무튼 이는 이사도가 당과 成德절도의 타협 방법과 다른 방향으로,[595] 당을 꺾겠다는 의지의 표현이 이사도와 당의 충돌이라는 전면전으로 치닫게 되었다.

둘은 원화 10년 12월에 무령군절도사 李愿의 부하장군 왕지흥이 이사도의 군대를 대파하였다는 사실이다.[596] 이때 왕지흥은 이원이 파견한 장군의 신분으로 출정하였다. 왕지흥은 오래전 서주에서 장안까지 불과 4·5일 동안에 주파한 건각으로 이름났던 인물이다.[597] 그 당시는 왕지흥이 서주자사 이유 휘하의 관리였다. 앞서 본 대로 이유는 李正己의 사촌 아우로, 이정기가 죽고 아들 이납이 집권하자 이납을 배반하고 당에 투항한 인물이다.

왕지흥은 이유가 죽은 뒤 서주절도사가 되었는데, 원화 2년에 승려가

594) 『新唐書』 권213, 「李師道傳」 帝怒, 下詔削其官조, 5994쪽.
595) Charles A. Peterson, *op. cit.*, p.170.
596) 『舊唐書』 권15, 「憲宗」下 元和 10年 12月 甲辰조, 455쪽 ; 『新唐書』 권213, 「李師道傳」武寧節度使李愿使將王智興破其衆조, 5994쪽 ; 『資治通鑑』 권239, 「唐紀」55 憲宗 元和 10年 12月, 甲辰, 智興又破師道之衆조, 7720쪽 ; 『冊府元龜』 권358, 「將帥部」 立功 11 '王智興' 王智興爲武寧軍節度李愬衙將조, 4264쪽.
597) 지배선, 앞의 「고구려인 이정기의 아들 이납의 발자취」, 217쪽 ; 『舊唐書』 권156, 「王智興傳」 智興健行, 不四五日齎表京師求援조, 4138쪽 ; 『資治通鑑』 권227, 「唐紀」43 德宗 建中 2年 11月 李洧遣牙官溫人王智興詣闕告急조, 7311쪽.

되려는 많은 사람에게 조정에서 허가하는 승려 신분증을 제멋대로 팔아 재산을 모았던 인물로 유명하다.[598] 아무튼 이때 왕지흥은 이사도를 공격하여 9천여 명을 격파하여 2천여 명을 죽이고, 소·말 4천여 마리를 노획하는 큰 전과를 올렸다.[599] 왕지흥이 이사도와의 싸움에서 승리한 대가로 이사도의 平陰을 차지하였다는 것은 시사하는 바가 크다.[600] 그 이유는 平陰縣이 평로· 치청절도사의 治所인 東平(鄆州)의 屬縣인데다가 황하에서 10리 떨어진 곳까 지[601] 당군이 밀려왔다는 사실을 알려주기 때문이다. 따라서 이와 같은 왕지흥의 승전 소식은 이사도 병사들에게 전투에 대한 불안감을 가져다 줄 정도로 당에게는 매우 중요한 전투였다.[602] 이에 대한 반격으로 이사도 휘하의 장군 王朝晏이 군사를 거느리고 서주의 沛縣을 공격하였으나 왕지흥의 반격에 밀려 퇴각하였다.[603]

셋은 무령절도사 이원에 의해 이사도 역시 패퇴하였다는 사실이다. 게다가 원화 10년 12월 전투에서는 이원의 都押牙 왕지흥에 의해 2천여 명이 참수될 정도로 제나라의 피해가 매우 컸다.

한편 원화 10년 이전 어느 때 이사도가 서주를 공격한 적이 있었다. 그때 상황을 언급하면, 왕지흥이 서주를 이사도에게 빼앗기고 난 후 조정의 군사를 거느리고 다시 서주를 탈환하고 나서 군사들이 서주에 있는 미녀를 빼앗기

---

598) 『舊唐書』 권174, 「李德裕傳」 徐州節度使王智興聚貨無厭조, 4514쪽 ; 金明姬, 앞의 「唐 末期의 諸 現像」, 169쪽 ; 龜川正信, 1942, 「會昌의 廢佛에 就いて─特に原因の考察─」, 『支那佛敎史學』 6-1, 54쪽.

599) 『續通志』 권279, 「唐列傳」 79 '李師道' 王智興破其衆斬二千級조, 4881쪽.

600) 『新唐書』 권213, 「李師道傳」 略地平陰조, 5994쪽 ; 『續通志』 권12, 「唐紀」 12 憲宗 (元和 10年) 12月 甲申, 李愿及李師道戰于平陰敗之조, 3309쪽 ; 『續通志』 권279, 「唐列傳」 79 '李師道' 略馳至平陰조, 4881쪽.

601) 嚴耕望, 1986, 「唐代盟津以東黃河流程與津渡」, 『新亞學報』 15, 105쪽.

602) 李愿의 장군 王智興이 이사도를 공격하여 대승을 거두었던 시기를 『新唐書』 권213, 「李師道傳」은 이사도가 조정에 三州할양과 아들 入侍를 번복한 후에 공격하였다고 다르게 기록하고 있다.

603) 『舊唐書』 권156, 「王智興傳」 鄆將王朝晏以兵攻沛조, 4139쪽 ; 『續通志』 권257, 「唐列傳」 57 '王智興' 智興率步騎拒賊屢破之조, 4760쪽.

위하여 쟁탈전을 벌였던 전투가 그것이다. 이때 왕지흥은 군사를 다스리기 위하여 엄한 법령으로 범법자들을 죽였다.[604] 이는 달리 말해 서주에 아름다운 고구려 여인들이 많았던 근거로 해석될 수 있는 대목이라고 볼 수 있다.

원화 10년 12월 이사도 군이 왕지흥에게 참패를 당하고 1년 동안은 당과 소강상태였다. 그러나 이듬해 4월과 5월에 李光顔과 烏重胤이 두 번의 전투에서 淮西軍의 凌雲柵을 공격해 전과는 얻었으나 凌雲柵을 빼앗지 못했다. 다음은 원화 11년 9월의 기록이다.

> 을유 일에, 李光顔과 烏重胤이 주문을 올려서 吳元濟의 陵(凌)雲柵을 뽑았다고 아뢰었다.[605]

이광안과 오중윤에 의해 능운책이 점령되었다는 사실은 이사도에게 큰 충격이었다. 그 이유는 능운책이 무너짐으로써 운주로 향하는 길이 열린 것이나 다름없는 상황이 되었기 때문이다. 이런 사실은 『자치통감』 원화 11년 11월조에 다음과 같이 전한다. 즉,

> 이사도는 凌雲柵이 뽑혔다는 소식을 듣고 두려워, 거짓으로 '충성을 보이게 해달라'고 청하였는데, 황제가 힘으로 보아서 아직 토벌할 수 없어서, 이사도에게 檢校司空을 덧붙여 주었다.[606]

여기서 고려할 사항은 당이 능운책을 장악하였기 때문에 이사도가 불안해하였다는 사실이다. 이때 이사도는 당과 상황을 타개하기 위해 일시 화해모드로 전환하였다. 그런데 오히려 당이 이사도를 토벌할 군사력이 확보되지

---

604) 『太平御覽』 권2961, 「兵部」27 法令 又曰李師道攻徐조, 1366쪽.

605) 『資治通鑑』 권239, 「唐紀」55 憲宗 元和 11年 9月조, 7725쪽, "乙酉, 李光顔·烏重胤奏拔吳元濟陵雲柵."

606) 『資治通鑑』 권239, 「唐紀」55 憲宗 元和 11年 11月조, 7725쪽, "李師道聞拔陵雲柵而懼, 詐請輸款, 上以力未能討, 加師道檢校司空."

않아서 그에게 檢校司空이라는 벼슬을 추가해 주었다. 바꾸어 말하면, 이때도 이사도의 군사력이 당과 필적할 정도로 강력하였기 때문에 당은 능운책을 점령한 여세를 몰아 운주로 향하지 못했던 것이다.

이때도 당은 강력한 군사력을 보유하지 못하였으며, 절도사들의 군사력에 의지하는 형편이었다. 때문에 당은 이사도에게 화해를 요청할 수밖에 없었다. 이와 관련된 소식이 『구당서』의 「이사도전」에서는,

(元和) 11년 11월 사도에게 司空을 추가해 주고, 給事中 柳公綽을 파견해 위로하면서, 한편으로 그들의 거동을 관찰하면서, 그를 용서해 주었다. 李師道 는 잠시 말로나마 겸손하게 귀순했으나, 오래도록 악을 저지르면서 고치려는 마음은 없었다.607)

라고 기록되어 있다. 또 이와 같은 내용을 『신당서』의 「이사도전」은,

李光顏이 凌雲柵을 탈취했다는 소식이 들리자, 비로소 크게 두려워, 사자를 보내 귀순하겠다고 하자, 황제는 兩寇에 군사를 나누어 보내는 것이 어렵기 때문에 給事中 柳公綽에게 李師道를 위무하도록 명령하면서, 檢校司空을 추가 제수하였다.608)

라고 언급하였다. 이는 당이 원화 11년 11월 전투에서 이겼어도 이사도를 통제한다는 것이 불가능하였기 때문에 위와 같이 벼슬을 주는 식으로 유화정 책을 펼쳤다. 이때 당의 사신으로 운주에 갔던 給事中 柳公綽은 京師로 돌아와 서 京兆尹으로 승진하였다.609)

---

607) 『舊唐書』 권124, 「李師道傳」, 3540쪽, "十一年十一月, 加師道司空, 仍遣給事中柳公綽往宣 慰, 且觀所爲, 欲宥容之. 師道苟以遜順爲辭, 長惡不悛."
608) 『新唐書』 권213, 「李師道傳」, 5993쪽, "及聞李光顏拔凌雲柵, 始大懼, 遣使歸順, 帝重分兵支 兩寇, 故命給事中柳公綽慰撫之, 加檢校司空."
609) 『舊唐書』 권165, 「柳公綽傳」 (元和) 11年조, 4302쪽.

『신당서』「이사도전」내용처럼 당은 오원제와 이사도가 각각 당에 대항하였기 때문에, 두 개의 전쟁을 같이 수행할 능력이 없었다. 물론 이때(원화 11년) 이사도가 조정에 따르겠다는 의사를 표시하였기 때문에 조정에서는 관리를 운주에 파견하였다.610) 이를 두 가지로 분석하면 다음과 같다.

하나는 원화 11년(816) 11월 병인 일에 조정이 이사도에게 司空이라는 벼슬을 주었다는 사실이다.611) 그런데 사공 벼슬은 그의 형 이사고도 받았다.612) 또 아버지 이납과613) 할아버지 이정기도 각각 사공 벼슬을 조정으로부터 받았다.614) 그렇다면 이정기의 4대가 모두 司空 벼슬을 역임하였던 셈이다. 결국 이는 당이 이사도의 제와 전면전을 선포하고도 이를 감당할 능력이 없어서 이사도의 비위를 맞추기 위해 최고의 벼슬을 주었다는 이야기이다. 이런 상황을 감안한다면 왕지흥이 이사도를 상대로 거두었다는 큰 전과가 과연 사실이었는가 하는 의문이 든다. 이런 억측을 하게 된 이유는 현종 때도 당이 토번과 돌궐과 싸움의 승전보가 사실이 아니라는 문제를 당시 대신들이 지적하였기 때문이다. 현종 때는 조정으로부터 변방의 절도사들이 많은 상급을 노렸기 때문에 그런 일이 벌어졌다.

다른 하나는 조정에서 給事中 柳公綽을 이사도에게 파견하였던 사실이다.615) 그런데 당이 이사도의 전일에 일으켰던 반란까지 용서하여 주는

---

610) 『舊唐書』 권165, 「柳公綽傳」 (元和 11年) 李師道歸朝조, 4302쪽.

611) 『舊唐書』 권15, 「憲宗紀」 元和 11年 10月 丙寅 鄆州李師道加檢校司空조, 457쪽. 이사도가 司空이 되었던 시기를 11월이 아닌 10월이라고 기록하였다 ; 『新唐書』 권213, 「李師道傳」 加檢校司空조, 5993쪽 ; 『資治通鑑』 권239, 「唐紀」55 憲宗 元和 11年 11月 加檢校司空조, 7725쪽 ; 『冊府元龜』 (元和 11年 11月 丙寅) 鄆州節度使李師道進位簡較司空조, 2129쪽 ; 『續通志』 권12, 「唐紀」12 憲宗 (元和 11年 11月 丙寅) 李師道請降加檢校司空조, 3309쪽 ; 『續通志』 권279, 「唐列傳」79 '李師道' 加檢校司空조, 4881쪽.

612) 『舊唐書』 권14, 「順宗」 貞元 21年 3月 李師古·劉濟兼檢校司空조, 406쪽.

613) 『舊唐書』 권124, 「李納傳」, 3536쪽, 加檢校司空, 封五百戶 ; 『新唐書』 권213, 「李納」, 5991쪽, 加檢校司空, 實封五百戶.

614) 『舊唐書』 권11, 「代宗」 (大曆 11年) 12月 丁亥조, 310쪽 ; 『資治通鑑』 권225, 「唐紀」41 代宗 大曆 11年 12月 丁亥조, 7240쪽.

615) 『新唐書』 권124, 「李師道傳」 故命給事中柳公綽慰撫之조, 5993쪽.

표시로 유공작을 보냈다는 것은 시사하는 바가 크다.616) 왜냐하면 당이
이사도에 끌려 다닐 정도로 허약하였다는 것을 암시하기 때문이다. 이를
뒷받침하는 것은 이사도가 유공작이 왔을 때는 공손한 척하다가 이내 조정에
대하여 반기를 들 정도로 불복하였다는 것이 그것일 듯싶다. 그런데 이사도가
일시 조정에 대하여 공손하였던 것은 陳許절도사 李光顔이 오원제와 싸워
처음으로 이겨 원화 11년 5월 임신 일에 凌雲柵을 重胤과 함께 탈취하였으나617)
그해 9월 을유 일에 蔡州軍이 전선을 따라서 능운책마저 함락시킨 것과
관련이 있다.618) 이와 같이 당은 이사도에 대한 포위망을 좁히면서도 그에게
벼슬을 추가로 주었다. 그렇다면 이 대목이 어딘지 모르게 석연치 않다.
만약 당이 이사도를 포위하는 우세한 상황에서 그에게 벼슬을 주었다면
이는 분병 당의 간계라고 볼 수 있다. 그러나 필자의 생각으로는 당이 이사도를
효과적으로 압박할 수 없었기 때문에 상황타개를 위해 벼슬을 주었다고
보는 것이 설득력 있다고 본다. 이와 관련된 사실을『구당서』「헌종기」
원화 11년 10월 병인 일조에서 들어보자.

> 鄆州자사 이사도에게 檢校司空 벼슬을 추가하였다. 이사도는 凌雲柵이 함락
> 되었다는 소식을 듣고, 이에 두려움이 나서 속임수로 충성하겠다고 하였는데,
> 이런 이유로 임명한 것이다.619)

이때는 당과 이사도가 서로 힘을 겨루며 상대방의 이해득실을 탐색하는

---

616)『舊唐書』권165,「柳公綽傳」(元和) 11年조, 4302쪽.
617)『舊唐書』권15,「憲宗紀」元和 11年 5月 壬申조, 456쪽 ;『新唐書』권7,「憲宗」元和
   11年 4月 庚子조, 215쪽 ;『新唐書』권171,「李光進傳」附'光顔傳'(元和) 11年, 屢困賊,
   遂拔凌雲柵조, 5185쪽 ;『新唐書』권214,「吳少誠傳」附'元濟傳'復與重胤合攻凌雲柵조,
   6006쪽.
618)『舊唐書』권15,「憲宗紀」元和 11年 9月 乙酉조, 457쪽.
619)『舊唐書』권15,「憲宗紀」元和 11年 10月 丙寅조, 457쪽, "鄆州李師道加檢校司空. 師道聞拔
   凌雲柵, 乃懼, 僞貢款誠, 故有是命."

그런 시기라고 볼 수 있다.[620] 다시 말해 치청절도사 이사도를 당이 쉽게
제거할 그런 상황도 아니었기 때문에, 이사도에게 검교사공이라는 벼슬을
준 것은 당이 시간을 벌어 보려는 계책인지도 모른다. 그렇다고 이때 당이
이사도의 제나라를 협공할 만한 그런 군사력을 확보한 것도 아니었다.『자치
통감』의 원화 11년 11월조를 보자.

> 淮西를 토벌하는 여러 군대는 9만에 가까웠는데, 황제는 諸將들이 오래도록
> 아무런 공로를 세우지 못한 것에 화를 내고, 신사 일에 知樞密 梁守謙에게
> 宣慰하도록 명령하고, 이어서 남아서 그 군대를 감독하게 하며, 空名告身
> 500통과 金帛을 주고, 죽기로 일할 것을 권고하게 하였다.[621]

이는 이사도와 뜻을 같이하여 당에 대항한 淮西에 대한 토벌전투에서
당이 아무런 전공을 올리지 못하였다는 내용이다. 이런 상황을 타개를 위한
수단으로 황제는 知樞密 梁守謙을 전장터로 파견해서 전투를 독려했다. 이때
양수겸이 가져간 '空名告身'이란 관리 임명장인데, 이름과 관직 직급 등을
공란으로 두었다가 해당하는 사람이 있으면 그 현장에서 이름을 기입하여
주는 즉석 임명장이다. 바꾸어 말하면 전투를 잘하면 그 자리에서 임명장을
수여하는 것이다. 그것도 무려 5백 통을 갖고, 副賞으로 주는 金帛까지 가져갔
다는 사실을 주목할 필요가 있다. 이는 이사도 제나라 타파라는 어려운
전투상황을 타개하려는 당의 극약처방과 같은 전투 독려 수법이다. 이는
당이 이사도에 대한 공격이 凌雲柵 하나의 함락으로 해결될 문제가 아니라는
것을 암시했다고 본다.

경우야 어떻든 당에 의한 능운책 함락은 이사도에게 위협적이었던 것은

---

620) 『舊唐書』권15,「憲宗紀」元和 11年 10月 丙寅 師道聞拔凌雲柵조, 457쪽 ;『新唐書』
　　　권213,「李師道傳」及聞李光顔拔凌雲柵조, 5993쪽.
621) 『資治通鑑』권239,「唐紀」55 元和 11年 11月조, 7727쪽, "討淮西諸軍近九萬, 上怒諸將久無
　　　功, 辛巳, 命知樞密梁守謙宣慰, 因留監其軍, 授以空名告身五百通及金帛, 以勸死事."

사실이다. 참고로 『구당서』 「헌종기」에서는 당이 凌雲柵을 점령한 시기를 원화 11년 10월이라 하였고, 『자치통감』은 원화 11년 9월이라고 기록하고 있어서 두 사서에서 한 달의 시차가 있다.

그러나 이사도는 당에 대항할 나름대로의 복안이 있었던 게 분명하다. 당처럼 시간벌기 작전으로만 일을 해결할 수 없기 때문이다. 이런 점을 간파하지 못한 조정의 관리들은 이사도를 우매한 인물이라고 평가한 것으로 만족한 모양이다. 그러나 모든 절도사들이 조정의 뜻에 따랐는데도 불구하고 유독 이사도만 거부한 것은 '제'의 독자성과 연관된 문제라고 본다. 이정기 가문의 4대에 걸친 치청절도사 직이 다른 절도사와 달리 왕위처럼 세습된 사실과 결코 무관하지 않을 것 같다. 다시 말하면 이사도의 '제'나라는 당 조정의 통제권 밖에 있었다는 이야기이다.

이사도와 왕승종이 조정에 적극 대항하자 조정은 당황하여 이에 대한 비상수단을 강구하였다. 『구당서』 「헌종기」 원화 12년 2월조의 기사를 보자.

경자 일에, 조서가 내려 京城에 사는 五家끼리 서로 책임지게 하여, 간특한 자들을 찾도록 하였다. 이때 王承宗·李師道가 군인을 사용하지 못하게 하기 위해, 사람을 보내 능묘의 창을 부러뜨리고, 쌓여있는 사료를 불태우고, 사방으로 익명의 편지를 화살로 날려 보내서, 장안을 공포에 떨게 했기 때문에, 이러한 요사한 일을 막기 위해 수색하였다. 적이 평정된 후, 淄靑의 문서를 얻고, 蒲·潼關의 관리 안이 적중되어 상을 받게 되었는데, 이로 말미암아 서 간사한 자들을 받아들이는 자가 關을 지키는 관리라는 것을 알게 되었다. 그래서 수색하는 일을 맡길 수 없었다.[622]

이는 이사도와 왕승종이 조정을 교란시킬 목적으로 장안까지 비밀리에 진출했으며, 민심교란 작전을 이미 전개했다는 사실을 확인할 수 있는 기록이

---

622) 『舊唐書』 권15, 「憲宗紀」 元和 12年 2月조, 458쪽, "庚子, 勅京城居人五家相保, 以搜姦慝. 時 王承宗·李師道欲阻用兵之勢, 遣人折陵廟之戟, 焚芻藁之積, 流矢飛書, 恐駭京國, 故搜索以 防姦. 及賊平, 復得淄靑簿領, 中有賞蒲潼關吏案, 乃知容姦者關吏也, 搜索不足以爲防."

다. 위의 두 사료를 통하여 이사도나 왕승종이 조정을 무너뜨리기 위하여
한편으로 순종하는 척하면서 다른 한편으로 조정을 없앨 계획을 꾸준히
진행했음을 알 수 있다.

이때 이사도나 왕승종 측이 장안을 드나들기 위해 浦·潼關을 지키는 자를
포섭하였기 때문에 그 당시에 '五家'를 묶는 방안까지 나왔다. 그런데 潼關은
예전에 고구려 유민 고선지에 의해서 안녹산 난을 진압했던 유명한 곳이다.[623]
고선지가 안녹산 난을 진압한 후부터는 동관이 중요시 되어 '潼關防禦'[624]라는
관직이 생긴 사실은 당시 고선지가 지형을 파악하는 전술에도 매우 탁월하였
다는 사실을 암시하여 주목할 만하다.

그러나 당과 淮西의 전쟁이 장기화됨으로 말미암아 먼저 지친 쪽은 회서였
다. 이때 상황을 사마광은 『자치통감』에서 다음과 같이 기술하였다.

> 淮西는 병화를 입은 지 몇 년이 되어, 창고를 다 비워서 전투하는 병사를
> 봉양하였고, 백성들도 대부분 먹을 것이 없어, 마른 풀과 가시, 물고기와
> 자라 그리고 새와 짐승을 잡아서 이를 먹었는데, 또한 다 없어지자, 서로서로
> 이끌어 주면서 관군에게로 귀부한 사람이 앞뒤로 5천여 호였으며, 도적들도
> 역시 그들에게 식량이 소모되는 것을 걱정하여, 다시는 금지하지 않았다.[625]

이는 회서에서 군량이 고갈되어 당에 투항하는 무리가 속출하였다는 기록
이다. 그런데 다른 대안이 없는 것이 더욱 절망적이었다. 이는 평로·치청절도
와 함께 당에 대항한 淮西 전선이 무너지기 직전 상황이었음을 의미한다.
이때는 원화 12년 2월이었다. 그 다음 달(3월) 당은 회서를 더욱 압박하였다.
이때 상황을 사마광은 다음과 같이 쓰고 있다.

---

623) 지배선, 2011, 『고구려 유민 고선지와 토번·서역사』, 혜안, 650~651쪽.
624) 『舊唐書』 권13, 「德宗紀」 貞元 16年 2月 己酉조, 392쪽.
625) 『資治通鑑』 권240, 「唐紀」56 憲宗 元和 12년 2月조, 7731쪽, "淮西被兵數年, 竭倉廩以奉戰
　　士, 民多無食, 采菱芡魚鼈鳥獸食之, 亦盡, 相帥歸官軍者前後五千餘戶, 賊亦患其耗糧食,
　　不復禁."

官軍이 淮西 군사와 濄水(사하)를 끼고서 진을 치고 있는데, 여러 군사들이 서로 바라보면서, 감히 濄水를 건너는 사람이 없었다. 陳許兵馬使 王沛가 먼저 군사 5천을 이끌고 濄水를 건너서, 要地를 점거하고 성을 쌓으니, 이에 河陽·宣武·河東·魏博 등의 군대가 서로 이어 가면서 모두 건너서, 나아가 郾城(하남성 언성현)을 압박하였다. 정해 일에, 李光顏(충무절도사)이 淮西의 군사 3만을 郾城에서 패배시키고, 그 장수 張伯良을 도망하게 하니, 士卒이 열에 두셋을 죽였다.[626]

이는 唐軍이 淮西군과 濄水에서 대치하다가 陳許병마사 王沛가 濄水를 건너자, 순식간에 각 절도사 군대가 은수를 건너 郾城까지 진격하여 회서군을 압박한 내용이다. 게다가 충무절도사 李光顏이 회서군 3만을 패배시켜 회서 장수 張伯良마저 도망하니, 이때 淮西軍 20~30%가 전사하였다. 이로 말미암아 회서군은 당의 연합군에 의해서 회서 治所까지 몰렸다.

한편 원화 12년 정월 당은 鹽鐵副使 程异를 파견하여 江·淮에서 財賦를 긁어모았다.[627] 이는 군사지원금으로 사용하기 위함이었다. 이 조치는 어느 정도 결실을 보았다. 다음은 같은 해(817)의 상황이다.

윤월(윤5월) 기해 일에 程异가 江·淮에서 돌아와서 군사들에게 錢 185만 緡을 제공하였다.[628]

위 사료는 唐軍 전투력의 대폭적 증강을 의미한다. 반면 淮西軍은 먹을 것조차 없는 상황이라서 당에 투항하는 자가 속출하였다. 그러나 이런 과정

---

626) 『資治通鑑』 권240, 「唐紀」56 憲宗 元和 12년 3月조, 7733쪽, "官軍與淮西兵夾濄水而軍, 諸軍相顧望, 無敢渡濄水者. 陳許兵馬使王沛先引兵五千渡濄水, 據要地為城, 於是河陽·宣武·河東·魏博等軍相繼皆渡, 進逼郾城. 丁亥, 李光顏敗淮西兵三萬於郾城. 走其將張伯良, 殺士卒什二三."

627) 『資治通鑑』 권240, 「唐紀」56 憲宗 元和 12년 正月, 遣鹽鐵副使程异조, 7730쪽.

628) 『資治通鑑』 권240, 「唐紀」56 憲宗 元和 12년 5月조, 7736쪽, "閏月, 己亥, 程异還自江·淮, 得供軍錢百八十五萬緡."

속에서 백성들의 고통은 이만저만한 것이 아니었다. 같은 해 7월에 헌종은 오랜 기간 동안에도 전쟁이 끝나지 않아 걱정하였다. 즉,

　　여러 군대가 淮西와 蔡州를 토벌하는데 4년이 되어도 이기지 못하자, 군량을 운반하는 일로 피폐하여져서, 백성들은 나귀로 밭을 가는 사람이 있었다. 황제는 역시 이를 병으로 생각하여, 이를 재상에게 물었다. 李逢吉등은 다투어 군사는 늙고 재물마저 고갈되었다고 말하면서, 속으로는 군사를 철폐하자고 한 것이었으나, 裴度만 홀로 아무 말이 없으니, 황제가 그에게 묻자, 대답하였다. "신이 청컨대 직접 가서 전쟁을 감독하게 해주십시오."[629]

이는 당이 여러 방책을 사용하여도 전쟁이 장기화하여 백성이 고통을 겪었다는 내용이다. 전쟁을 시작한 지 4년이 되었다는 것은 잘못된 표현이다. 이때 전쟁이 4년이라는 주장은 오원제가 절도사 직을 이어받은 후부터이며, 당이 토벌을 시작한 지 불과 7개월이 경과된 시점이었다. 또 전쟁물자를 운반하느라고 지치고 죽어서 밭을 가는 소가 없어 나귀가 밭을 갈았다. 위에서 당의 主戰論者가 재상 裴度라는 사실을 주목할 필요가 있다. 왜냐하면 배도는 무원형이 피살될 때 자상을 입었던 인물이었기 때문이다.

　이사도는 당시 배도가 절도사 토벌전쟁을 주장하였기 때문에 그를 죽이려고 하였다. 이는 이사도가 당시 조정의 인물들의 동향에 대해 정통하였다는 뜻과 일맥상통한다.

　다음 달(8월) 배도가 회서로 출전할 때, 헌종은 장안성의 通化門까지 가서 그를 전송하였다.[630] 배도는 張茂和를 都押牙로 삼았으나 병들었다고 사양하자, 高崇文의 아들 高承簡을 도압아로 바꾸었다.[631] 그런데 여기서 주목해야

---

629) 『資治通鑑』 권240, 「唐紀」56 憲宗 元和 12년 7月조, 7737쪽, "諸軍討淮·蔡, 四年不克, 饋運疲弊, 民至有以驢耕者. 上亦病之, 以問宰相. 李逢吉等競言師老財竭, 意欲罷兵, 裴度獨無言, 上問之, 對曰, '臣請自往督戰'."
630) 『資治通鑑』 권240, 「唐紀」56 憲宗 元和 12년 8月 庚申조, 7738쪽.
631) 『資治通鑑』 권240, 「唐紀」56 憲宗 元和 12년 8月 以嘉王조, 7738쪽.

할 점은 앞에서 거론한 것처럼 劉闢 반란을 진압했던 고구려 유민 출신 고숭문의 아들이 바로 高承簡이란 사실이다. 그렇다면 고승간도 고구려 유민의 후예다.

이런 상황에서 檢校散騎常侍 李愬의 기습작전으로[632] 이사도와 뜻을 같이 했던 오원제가 생포되었다. 『구당서』「헌종기」의 원화 12년 10월조에,

기묘 일에, 隨唐절도사 李愬가 군사를 거느리고 蔡州로 들어가, 吳元濟를 사로잡아 바치자, 淮西가 평정되었다.[633]

라는 것이 그것으로, 당과 대항하여 싸운 오원제의 멸망과 관련되었던 기록이다. 그런데 隨唐절도사 李愬가 오원제 토벌작전에 가담하기 시작한 것은 원화 11년부터였다.[634] 따라서 원화 12년 10월 오원제를 생포한 것에서 2년 동안이나 당이 오원제를 추격한 것을 알 수 있다. 오원제는 장안으로 압송되어져 다음달(11월)에 廟社에 바쳐진 후 獨柳樹 아래서 참수되어 생을 마감하였다.[635]

이와 같이 수당절도사 이소에 의해서 회서가 평정되자,[636] 조정은 그 여세를 몰아 치청절도사 이사도를 없앨 수 있겠다는 자신감을 얻게 된 것 같다. 앞에 언급한 것과 같이 이사도에게 불리한 상황 전개로 조정은 이사도를 안심시키면서, 한편으로 시간을 벌기 위해 위장 심리전을 펼쳤다.

즉 조정은 이사도의 반격을 무마시킬 목적으로 이사도에게 사신을 파견하였다. 이에 관한 소식은 『구당서』의 「헌종기」에 원화 13년 정월 조에,[637]

---

632) 『資治通鑑』 권240, 「唐紀」56 憲宗 元和 12년 10月 甲子조, 7740쪽.
633) 『舊唐書』 권15, 「憲宗」下 元和 12年 10月조, 461쪽, "己卯, 隨唐節度使李愬率師入蔡州, 執吳元濟以獻, 淮西平."
634) 『舊唐書』 권133, 「李晟傳」 附'李愬傳' 元和十一年, 用兵討蔡州吳元濟조, 3678쪽.
635) 『舊唐書』 권15, 「憲宗」下 元和 12年 11月 以吳元濟徇兩市조, 461쪽 ; 『資治通鑑』 권240, 「唐紀」56 憲宗 元和 12년 11月조, 7744~7745쪽.
636) 楊西雲, 앞의 「唐中後期中央對藩鎭的鬪爭政策」, 10쪽.

경인 일에, 조서를 내려 李師道가 여러 번 글을 올려 자신의 정성과 간구를 알리자, 諫議大夫 張宿으로 하여금 가서 그들을 위로하도록 하였다.[638]

라는 것으로, 이사도가 옛날에 조정에 글을 올려 자주 충성된 신하로 살겠다는 식으로 약속한[639] 사실을 주목하고 싶다. 이와 관련된 내용이 『신당서』 「이사도전」에 자세하다. 즉,

蔡州가 평정된 후, 조정은 또 比部員外郎 張宿을 파견하여 이사도에게 땅을 할양하고 아들을 질자로 보낼 것을 권고하였다. 張宿이 이사도에게 말하길 "公이 지금 국가에 귀순해 宗姓이 되면, 이로서 尊卑를 논하게 되고, 황제가 숙부가 되오니, 이는 굽히지 않는 첫째입니다. 12州로 3百餘 州의 天子를 섬기며, 北面하고 藩臣으로 칭하면, 이는 굽히지 않는 둘째입니다. 50여 년동안 작위를 서로 전하니, 신하가 2백 년의 천자에 복종하는 것이니, 이는 굽히지 않는 셋째입니다. 지금 그대의 반란은 이미 폭로가 되었는데도 불구하고, 황제께서 그대의 자기 성찰을 윤허하셨으니, 그대는 아들을 파견해 입조시키 며 宿衛하고, 땅을 할양하여 속죄를 하여야 마땅하오." 이사도가 3州를 헌상하 고, 아들 李弘方을 파견하여 입조해 侍衛하겠다고 하였다.[640]

이는 당이 오원제를 멸망시킨 후, 비부원외랑 張宿을 이사도에게 파견하였 던 내용이다. 이때 당은 이사도의 아들 李弘方의 入侍와 三州 할양을 요구하였 다. 위의 사실대로라면 이사도는 채주 평정으로 매우 당황했던 모양이다. 당의 장숙에게 아들 이홍방 입시와 3주 할양을 약속했기 때문이다.

---

637) 『冊府元龜』 권136, 「帝王部」 慰勞 (元和) 13年 正月 庚寅조, 1648쪽.
638) 『舊唐書』 권15, 「憲宗紀」 元和 13年 正月조, 462쪽, "庚寅, 勅李師道頻獻表章, 披露懇誠, 宜令諫議大夫張宿往彼宣慰."
639) 『舊唐書』 권155, 「李遜傳」 (元和)十三年, 李師道効順조, 4124쪽.
640) 『新唐書』 권213, 「李師道傳」, 5993쪽, "蔡平, 又比部員外郎張宿諷令割地質子. 宿謂曰'公今 歸國爲宗姓, 以尊卑論之, 上叔父矣, 不屈一也. 以十二州事三百餘州天子, 北面稱藩, 不屈二 也. 以五十年傳爵, 臣二百年天子, 不屈三也. 今反狀已暴, 上猶許內省, 宜遣子入宿衛, 割地 以贖罪.' 師道乃納三州, 遣子弘方入侍."

　그런데 위에서는 장숙이 이사도와 만나 이야기했던 것으로 기록되어있는
데, 이는 문제가 있다. 왜냐하면『冊府元龜』에 의하면 장숙은 이사도를 만나기
전 東都에서 급사했기 때문이다.[641] 또『책부원구』는 1005~1013년에 편찬되
었고, 그 후『신당서』는 1044~1060년에 편찬되었다. 여기서『冊府元龜』의
사실과 다르게 歐陽修 등이『신당서』를 편찬하면서 장숙이 이사도에게 황제명
령을 전했다고 한 이유가 무엇인가 하는 의문이 제기된다. 그 이유는 간단하다.
채주가 평정된 뒤 이사도에 대해 당이 위압적인 상황에 있었다는 사실을
과장되게 표현하기 위해서 임의로 조작한 기록이다. 물론 장숙이 죽자, 급히
左常侍 李遜을 正使, 唐敬休가 副使로 이사도에게 가서 황제 명령을 전했을
가능성까지 무시하는 것은 아니다.

　또한 여기서 조정이 채주 다음의 공격 목표로 이사도를 겨냥했음을 알
수 있다. 이때는 조정이 치청을 없애야 조정이 안정될 수 있겠다는 자신감을
갖게 된 시기라고 본다. 이를 구체화시키기 위하여 조정은 諫議大夫 張宿과
起居舍人 唐敬休를 副使로 삼아서 이사도에게 파견하였다.[642]

　그런데 장숙이 東都에서 별안간 죽자,[643] 장숙 대신 左散騎常侍 李遜과
起居舍人 唐敬休를 副使로 삼아 동평으로 가서[644] 이사도와 만나게 했다.
여기서 말하는 東平은 바로 鄆州로 이사도의 도읍지이다.

　이사도가 3州를 바치면서 당과 화해를 모색한 것은 이사도 정권 내부의
구상이었다. 이런 사실에 대해서는 이미 앞에서 밝혔다. 여기서『신당서』
「이사도전」에 나오는 당에 대한 이사도의 토지할양 정책에 대한 기록을
보자.

---

641)『冊府元龜』권136,「帝王部」慰勞 (元和 13年 正月 庚寅) 宿至東都暴卒조, 1646쪽.
642)『冊府元龜』권136,「帝王部」慰勞 (元和 13年正月庚寅) 以起居舍人唐敬休爲副조, 1648쪽.
643)『冊府元龜』권136,「帝王部」慰勞 (元和 13年 正月 庚寅) 宿至東都暴卒조, 1646쪽.
644)『舊唐書』권155,「李遜傳」師道得詔意動조, 4124쪽 ;『冊府元龜』권136,「帝王部」慰勞
　　(元和 13年 正月) 仍依前以唐敬休副之조, 1648쪽.

張宿이 돌아간 후, 이사도는 중도에 후회하여, 諸將회의를 소집해 회의하니, 모두 말하길 "蔡州가 여러 州를 갖고 있는데도, 3~4년간 싸워 이겼는데, 공께서는 현재 12州를 갖고 계신데, 무엇이 걱정되십니까?" 유독 大將 崔承度가 아뢰길 "공께서는 처음부터 장군들을 신뢰하지 않는데 지금 군사를 모두 맡기시니, 이들은 다 이익을 탐내는 자들 입니다. 조정은 一漿十餠을 사용해 그들을 유인하는 것입니다." 이로 인해 이사도는 그들에게 화를 내면서, 崔承度를 京師로 파견하면서, 候吏에게 그가 돌아올 때 죽이라고 했다. 崔承度는 客省待命에 있으며, 감히 돌아오지 못했다.[645]

위는 장숙이 이사도와 세 가지를 예로 들면서 이야기한 후 당으로 돌아간 뒤의 상황이다. 그러나 필자가 앞에서 밝힌 것처럼 장숙은 이사도를 만나기 전에 급사하였다. 그런 사료인데도 인용한 이유는 이사도가 무슨 이유로 3州를 당에 할양하지 않았는가를 규명하기 위함이다. 토지할양 요구에 대한 이야기를 들은 후 이사도가 후회하였던 것은 틀림없는 이야기다. 이는 오원제의 영역과 이사도 자신의 나라 규모가 근본적으로 다르다는 사실을 미처 깨닫지 못한 것이 『신당서』「이사도전」의 기록에 드러난다. 이사도는 당에 약속을 이행할 수 없음을 알리기 위해 최승도를 파견하였다. 그런데 이사도가 최승도를 죽이려고 했기 때문에 다시 鄆州로 돌아가지 못했던 것이 아니라 최승도는 그전에 이미 당에 매수되었던 것 같다. 이와 같은 추론은 뒤에 이사도의 大將 劉悟의 변절을 설명할 때 언급하겠다.

---

645) 『新唐書』 권213, 「李師道傳」, 5993~5994쪽, "宿旣還, 師道中悔, 召諸將議, 皆曰'蔡數州, 戰三四年乃克, 公今十二州, 何所虞?' 大將崔承度獨進曰'公初不示諸將腹心, 而今委異兵, 此皆嗜利者, 朝廷以一漿十餠誘之去矣.' 師道忿, 遣承度詣京師, 戒候吏時其還斬之. 承度待命客省, 不敢還."

제5장 제나라 멸망과 당 사가들의 악평

1. 당 총공세로 이사도의 제나라 전선 동요

元和 11년 12월 이사도와 왕승종이 장안에서 심리적 교란 작전을 펼친 것은 당 조정에 큰 타격을 주었다. 그러나 원화 12년 11월 오원제가 獨柳樹 아래에서 죽임을 당한 것이 이사도에게 큰 심리적인 타격을 주었던 사실 역시 앞에서 설명하였다.[1] 얼마 지나지 않아 원화 13년 3월 橫海軍절도사 程權이 滄州와 景州 2州를 들어 조정에 항복하자,[2] 왕승종의 마음이 흔들리기 시작하였다. 게다가 왕승종은 원화 12년 昭義軍절도사 郗士美와 柏鄉의 싸움에서 패배하였던 것이 큰 부담이 되었다.[3]

이 같은 상황의 변화로 橫海軍절도사가 항복한 다음달(4월) 왕승종마저 德州와 棣州 2州를 조정에 할양함으로써[4] 이사도를 둘러싼 정세는 급변하였다. 이사도가 조정과 대항하여 싸우는 데 고립무원의 상태가 된 셈이다. 그렇다고 이사도가 수세로만 몰렸던 것이 아니다. 원화 13년에 이사도가 鎭州를 평정한 것은 반격작전의 승리였다.[5] 이와 같은 상황 변화 속에서

---

1) 『舊唐書』 권15, 「憲宗」下 元和 12年 11月 丙戌朔조, 461쪽.

2) 『新唐書』 권7, 「憲宗」 元和 13年 3月 己酉조, 217쪽.

3) 『新唐書』 권7, 「憲宗」 元和 12年 8月 己未조, 216쪽.

4) 『舊唐書』 권142, 「王武俊傳」 附'承宗傳' 又獻德·棣二州圖引조, 3881쪽 ;『新唐書』 권7, 「憲宗」 元和 13年 4月 甲寅 王承宗獻德·棣二州조, 217쪽.

조정은 원화 13년 5월 이사도를 공격하기 위하여 5軍의 병사를 모두 동원하였
다.6) 이때 이사도 공격을 위하여 당이 동원가능한 절도사의 군대를 총동원하
여 총공세를 펼쳤다. 이를 뒷받침하는 사실은『구당서』「헌종기」원화 13년
7월 헌종이 조서를 내려 이사도의 관직과 작위를 빼앗은 다음 기록이다.

　　을유 일에 조서를 내려 평로·치청절도사 이사도의 관작을 삭탈하는 조서를
　내리고, 宣武·魏博·義成·武寧·橫海등의 절도사들에서 길을 나누어 토벌하도록
　하였다.7)

위의 사실을『자치통감』은『구당서』보다 자세히 전하고 있다. 즉,

　　가을 7월 초하루 계미 일에 李愬를 武寧(치소는 徐州)절도사로 삼았다. 을유
　일에 이사도의 죄상을 制書로 내리고, 宣武(치소는 汴州)·魏博(치소는 魏州)·義
　成(치소는 滑州)·武寧(치소는 徐州)·橫海(치소는 滄州)의 군사들이 공동으로
　이를 토벌하게 하고, 宣歙관찰사 王遂를 供軍使로 삼았다. 王遂는 王方慶의
　손자였다. 황제가 바야흐로 裴度에게 군사의 사용을 위임하니, 門下侍郎·同平
　章事 李夷簡은 스스로 재주가 裴度에 미치지 못한다고 여기고 내보내어 鎭守하
　는 일을 시켜달라고 요구했다. 신축 일에 李夷簡을 同平章事로서 淮南절도사에
　임명하였다.8)

이는 원화 13년 7월 을유 일에 당이 宣武·魏博·義成·武寧·橫海절도사를

---

5)『唐會要』권58,「左右丞」(元和) 13年淄靑節度使李師道平鎭州조, 1000쪽.
6)『冊府元龜』권120,「帝王部」選將2 (元和 13年 5月) 會李師道再叛조, 1433쪽.
7)『舊唐書』권15,「憲宗紀」元和 13年 7月조, 463쪽, "乙酉, 詔削奪淄靑節度使李師道在身官
　爵, 仍令宣武·魏博·義成·武寧·橫海等五鎭之師, 分路進討";『太平御覽』권114,「皇王部」
　39 憲宗章武皇帝 (元和13年) 七月詔削奪淄靑節度使李師道官爵조, 552쪽.
8)『資治通鑑』권240,「唐紀」56 憲宗 元和 13年조, 7751~7752쪽, "秋, 七月, 癸未朔, 徙李愬爲
　武寧節度使. 乙酉, 下制罪狀李師道, 令宣武·魏博·義成·武寧·橫海兵共討之, 以宣歙觀察使
　王遂爲供軍使. 遂, 方慶之孫也. 上方委裴度以用兵, 門下侍郎·同平章事李夷簡自謂才不及
　度, 求出鎭, 辛丑, 以夷簡同平章事, 充淮南節度使."

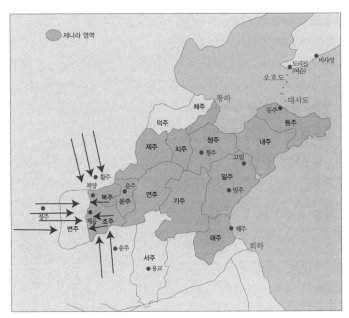

이사도의 제나라를 협공하는 선무·위박·의성·무령·횡해 절도사들

동원해 치청절도사 이사도를 여러 길로 협공하도록 명령한 조서였다.9) 여기서 주목되는 사실은 이사도를 선무·위박·의성·무령·횡해 등 5개 절도사가 포위공격하라는 당의 명령이 하달된 사실이다. 곧 이사도만 당에 대해 대립각을 세웠고 나머지 절도사들은 이때 당에 복종했던 상태였다. 이와 관련된 구체적 당의 군사작전을 『구당서』「이사도전」에서 들어보면,

13년 7월 滄州절도사 鄭權이 군사를 거느리고 齊州 福城縣에서 淄靑 賊軍을 격파했는데, 이때 5백여 급을 참살하였다. 10월 徐州절도사 李愬·兵馬使 李祐는 兗州 魚臺縣에서 적 3천여 명을 격파하였다. 魏博절도사 田弘正은 本軍을 거느리고 陽劉에서 黃河를 건너서, 鄆州에서 90여 리 떨어진 곳에 군영을 설치하고 주둔하면서, 2차로 접전해서, 賊軍(淄靑의 무리) 3만여 명을 격파하면

서 3천여 명을 생포하였고, 이때 무기는 헤아릴 수 없을 정도로 많이 노획하였
다.10)

라는 것이 그것이다. 이와 같은 내용을 『신당서』「이사도전」에서는 다음과
같이 전하고 있다.

　　橫海절도사 鄭權이 福城에서 싸워, 5百餘 級을 참수하였다. 武寧장군 李祐는
　魚臺에서 싸워, 이사도의 군대를 깨뜨렸다. 宣武절도사 韓弘이 考城을 빼앗았으
　며, 淮南절도사 李夷簡은 李聽에게 海州로 달려가게 해, 沭陽·朐山을 공격하여,
　東海까지 군사가 쳐들어가 지켰다. 魏博절도사 田弘正이 직접 병사를 거느리고
　陽劉에서 黃河를 건너, 鄆州에서 40 리 떨어진 곳에 진영을 치고, 연속적으로
　교전하여, 3萬의 무리를 깨뜨렸으며, 3千을 생포하였다. 陳許절도사 李光顔이
　濮陽을 공격하여, 斗門·杜莊의 2屯을 수복했다. 田弘正은 다시 東阿에서 싸워,
　그 병사 5萬을 소멸시켰다. 이사도가 매번 패배했다는 소리를 들었으며,
　그로 인해 자못 두려워하다가 자주 병이 나서, 李祐에게 金鄕이 탈취되자,
　감히 좌우가 이런 사실을 알리지 못했다.11)

　이는 원화 13년 7월부터 조정이 이사도의 淄靑을 공격하기 위하여 총공세를
전개하였던 내용들이다. 간단히 말해서 8세기 초에 당에 대항한 이사도를
공격하기 위한 중원 최대의 전쟁이었다. 이는 이사도만이 당과 끝까지 대결한
절도사였다는 이야기와 통하는 사실이다. 이를 몇 가지로 구분하여 분석하고

10) 『舊唐書』권124, 「李師道傳」, 3540쪽, "十三年七月, 滄州節度使鄭權破淄靑賊於齊州福城
　　縣, 斬首五百餘給. 十月, 徐州節度使李愬·兵馬使李祐於兗州魚臺縣破賊三千餘人. 魏博節
　　度使田弘正率本軍自陽劉渡河, 距鄆州九十里下營, 再接戰, 破賊三萬餘衆, 生擒三千人, 收
　　器械不可勝紀."
11) 『新唐書』권213, 「李師道傳」, 5994쪽, "橫海節度使鄭權戰福城, 斬五百級. 武寧將李祐戰魚
　　臺, 敗之. 宣武節度使韓弘拔考城. 淮南節度使李夷簡命李聽趨海州, 下沭陽·朐山, 進戍東海.
　　魏博節度使田弘正身將兵自陽劉濟河, 拒鄆四十里而營, 再接戰, 破三萬衆, 禽三千人. 陳許
　　節度使李光顔攻濮陽, 收斗門·杜莊二屯. 弘正又戰東阿, 殘其衆五萬. 師道每聞敗, 輒悸成疾,
　　及李祐取金鄕, 左右莫敢白."

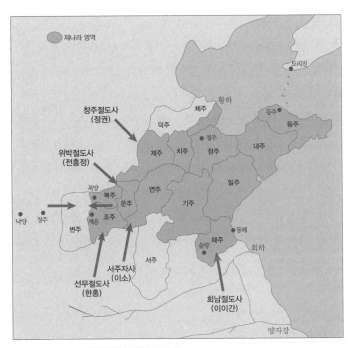

818년 제나라를 침공하는 절도사들의 공격루트

싶다.

하나는 원화 13년 7월 滄州절도사 鄭權이 齊州 福城縣을 공격하였다는 사실이다.[12] 우선 위치를 살펴보면, 齊州의 북방 170여km 떨어진 滄州에서 齊州 福城縣을 공격하였던 것이다.[13] 이때 滄州절도사 鄭權에 의해서 이사도의 병사가 500여 명이나 참수를 당하였다는 사실은 齊州 福城縣의 방어선이 무너지면서 복성현이 점령되었다는 의미이다. 그러나 제주 복성현에서 이사도의 병사가 500명이나 참수되었다는 것은 이사도의 군대가 관군에 대하여 철저하게 대항하였다는 증거이다.

둘은 徐州절도사 李愬·武寧節度使 휘하 兵馬使 李祐가 兗州 魚臺縣을 공격하

12) 『新唐書』 권213, 「李師道傳」 橫海節度使鄭權戰福城조, 5994쪽. 『新唐書』는 鄭權을 滄州 절도사라고 하지 않고 橫海절도사라고 하였다.

13) 譚其驤 主編, 앞의 『中國歷史地圖集 −隋·唐·五代十國時期−』, 38~39쪽.

였던 사실이다.[14] 이즈음 李愬는 그의 형 李愿이 오래도록 질병에 시달려서, 이원 대신 이소가 武寧軍절도사가 되었다.[15] 그렇다면 李祐가 바로 李愬 휘하의 兵馬使였다는 이야기이다. 兗州에서 남쪽으로 100여km 떨어진 徐州에서[16] 자사 이소와 휘하 병마사 이우가 魚臺縣을 공격하였던 것이다. 이때 무령군절도사·서주자사 이소와 무령군병마사 이우가 이사도 군을 3천 명이나 격파하였다는 사실은, 연주 어대현의 방어선이 제주 복성현처럼 무너졌다는 뜻이다. 실제로 제나라 어대현을 탈취한 인물은 이정기의 사촌 李洧 휘하에서 벼슬했던 당시 서주자사 王智興이었다.[17]

또한 이즈음 宣武절도사 韓弘은 曹州의 최남단 考城을 빼앗았다.[18] 참고로 徐州節度 명칭 외에 정원 21년(805) 3월 무자 일에 무령군이 賜名되었다.[19] 또한 당이 李愿을 서주자사와 무령군절도사로 임명한 때는 원화 6년(811) 10월이었다.[20]

이정기 시대(8세기 중엽) 서안에서 출토된 것으로 당 황실에서 사용한 금잔이다.

이 무렵 당 헌종이 뇌물을 바친 戶部侍郎 判度支 皇甫鏄과 衛尉卿·鹽鐵轉運 程异를 同平章事에 임명하자, 이는 부당하다고 裴度가 상소를 올렸다. 그 내용 가운데 당이 이사도 조정을 겨냥하는 일이 거론되어 소개하고자 한다. 즉,

지금 옛날의 장수와 옛날의 병사들은 모

14) 『新唐書』 권213,「李師道傳」武寧將李祐戰魚臺조, 5994쪽.
15) 『新唐書』 권1543,「李晟傳」附'愿傳' 以久疾, 用愬代之조, 4873쪽 ;『新唐書』 권154, 「李晟傳」附'愬傳' 李師道反, 詔愬代愿帥武寧軍조, 4877쪽.
16) 譚其驤 主編, 앞의 『中國歷史地圖集~隋·唐·五代十國時期一』, 38~39쪽.
17) 『舊唐書』 권156,「王智興傳」元和 13年조, 4139쪽.
18) 『新唐書』 권213,「李師道傳」宣武節度使韓弘拔考城조, 5994쪽.
19) 『舊唐書』 권14,「順宗紀」貞元 21年 3月 戊子조, 406쪽.
20) 『舊唐書』 권14,「憲宗紀」元和 6年 10月조, 437쪽.

두 淄靑을 향하다가 皇甫鎛이 재상자리에 들어갔다는 소식을 듣고 반드시
모두가 놀라고 걱정하면서 하소연할 곳이 없게 되었다는 것을 알게 될 것입니
다.[21]

이를 소개하는 이유는 당에 항복하지 않은 절도는 오직 제나라 이사도
정권뿐임을 알리기 위함이다. 당이 대적할 상대가 이사도 정권 하나만 되자
황보박과 정이가 헌종의 사치를 충족시켜 주었고, 그들은 재상반열에 올랐다.
위의 내용은 이런 사실에 대해, 오로지 당에 대한 충성으로 일관한 裴度의
반발과 관련된 상소다. 당과 이사도 조정의 싸움이 이때부터 이사도에게
불리하게 전개되었던 것은 부인할 수 없다.

818년 9월 曹州는 이사도의 영토였다.[22] 한편 황제로부터 이사도 토벌을
명령받은 淮南절도사 李夷簡은 이사도의 海州를 공격하였다.[23] 이와 관련된
소식을 『구당서』「이사도전」에서 들어보면,

淮南절도사 李夷簡이 李聽에게 海州로 달려가도록 명령하였으며, (李聽은)
沭陽과 胊山을 함락시키면서, 진격하여 東海에 주둔하였다.[24]

라는 것이다. 또 이와 연관된 사실을 『자치통감』 원화 14년조에 기록하고
있다.

봄, 정월 신사 일에 韓弘이 考城(하남성 민권현)을 빼앗고, 2천여 명을 죽였다.
병술 일에, 이사도가 임명한 沭陽(강소성 술양현) 현령 梁洞이 縣을 들어가지고

---

21) 『資治通鑑』 권240,「唐紀」56 憲宗 元和 13年 9月조, 7752쪽,"今舊將舊兵悉向淄靑,
聞鎛入相, 必盡驚憂, 知無可訴之地矣."

22) 『資治通鑑』 권240,「唐紀」56 憲宗 元和 13年 9月 自將兵擊李師道조, 7752쪽.

23) 『舊唐書』 권133,「李晟傳」附'李聽傳' 元和中, 討李師道조, 3683쪽 ;『新唐書』 권154,
「李晟傳」附'聽傳' 帝討李師道, 出聽楚州刺史조, 4879쪽.

24) 『新唐書』 권213,「李師道傳」, 5994쪽, 淮南節度使李夷簡命李聽趨海州, 下沭陽·胊山, 進戍
東海.

楚州(강소성 희안시)자사 李聽에게 항복하였다.25)

이는 평로·치청 이사도의 考城과 沭陽縣을 당이 점령하였다는 소식이다. 그런데 다음 달에도 계속해서 당군은 海州와 沂州를 공격하여 평로·치청절도를 옥죄이는 형국이었다. 이에 대한 소식을 들어보자.

　2월에, 李聽(楚州자사)이 海州(강소성 연운항시)를 습격하여 東海(연운항시 동쪽)·朐山(하주의 치소)·懷仁(강소성 감유현)등의 縣에서 승리하였다. 李愬는 平盧의 군사를 沂州(산동성 임기시)에서 패배시키고 丞縣을 빼앗았다.26)

따라서『자치통감』자료에 의하면 당군이 술양을 장악한 때는 원화 14년 정월이고, 동해·구산·회인·승현을 빼앗은 것은 그 다음 달이었다. 이때 술양현의 현령 梁洞이 楚州자사 李聽에게 항복함으로써 술양현이 당에 귀속하게 되었다.

이는 회남절도사 이이간 휘하의 초주자사 이청이 군대를 거느리고 해주를 기습공격하였던 것과 관련된 내용이다.27) 이때 이청은 해주 남방지역 술양을 공격하였고, 다음으로 동해 부근의 朐山을 점령하였다.28) 그 결과 구산에서 멀지 않은 해주 치소 東海를 이청이 장악하였다.29)

그런데 위의 沭陽縣·朐山縣·東海縣 등 三縣은 모두 海州의 屬縣이다.30) 이청의 공격으로 懷仁과 東海의 두 성이 함락됨으로 말미암아 이사도는 海州마저

---

25)『資治通鑑』권240,「唐紀」憲宗 元和 14年조, 7757쪽, "春, 正月, 辛巳, 韓弘拔考城, 殺二千餘人. 丙戌, 師道所署沭陽令梁洞以縣降于楚州刺史李聽."

26)『資治通鑑』권240,「唐紀」憲宗 元和 14年조, 7761쪽, "李聽襲海州, 克東海·朐山·懷仁等縣. 李愬敗平盧兵於沂州, 拔丞縣."

27)『冊府元龜』권694,「牧守部」武功2 '李聽' 李師道反조, 8283쪽.

28)『舊唐書』권133,「李晟傳」附'李聽傳' 破沭陽兵조, 3683쪽 ;『新唐書』권154,「李晟傳」附'聽傳' 破沭陽조, 4879쪽.

29)『新唐書』권154,「李晟傳」附'聽傳' 遂取海州조, 4879쪽.

30)『嘉慶海州直隸州志一』권2, 海州조, 44쪽.

잃었다.31) 이는 이청이 이사도의 남쪽 영역을 침공한 것으로 볼 수 있다. 그런데 해주는 이정기 가문 4대가 신라와 통교하였던 항구로 사용하였던 지역 가운데 하나였다.

셋은 위박절도사 田弘正이 강을 건너 鄆州를 공격하였던 사실이다.32) 이에 앞서 헌종으로부터 군사 동원권을 위임받은 배도에게 전홍정이 이광안과 합동작전을 하게 해 줄 것을 요청한다. 이사도의 자객에 의해 무원형이 피살되자, 이내 당 헌종은 배도를 무원형의 뒤를 이어 당의 재상으로 임명하였다. 『자치통감』의 원화 13년 11월의 기록을 보자.

　　이보다 먼저 田弘正이 스스로 黎陽(하남성 준현)에서 황하를 건너서 義成(치소는 滑州)절도사 李光顔과 만나 이사도를 토벌하게 해달라고 하니, 배도가 말하였다.33)

이는 앞서 지적한 것처럼 당과 이사도의 전투가 이사도에게 불리하게 전개되었다는 이야기와 통하는 대목이다. 전홍정이 이광안과 합동작전을 펼치게 해달라고 요청할 정도로 당은 작전의 폭을 넓혔다. 이때 배도는 평로·치청군에 대한 전술을 헌종에게 자세히 아뢰었다. 이를 들어보자.

　　魏博의 군대가 이미 渡河하였으니, 다시 물러날 수 없을 것이고, 바로 반드시 진격하여야, 바야흐로 성공할 것입니다. 이미 滑州(하남성 활현)에 도착하고 나면, 바로 度支가 지급해 주기를 우러러 볼 것이고, 다만 餉糧을 공급하는 수고로움만 갖게 되니, 관망할 수 있는 형세를 만들어내게 될 것입니다. 또 혹 李光顔과 서로 의심하고 막게 되면, 더욱 미적미적하게 될 것입니다. 그가 도하하여서 나아가지 않는 것과, 河北에서 위엄을 양성하는 것은 같지

---

31) 『舊唐書』 권133, 「李晟傳」 附'李聽傳' 懷仁·東海兩城望風乞降조, 3683쪽.
32) 『舊唐書』 권170, 「裴度傳」 及弘正軍旣濟河而南조, 4421쪽.
33) 『資治通鑑』 권240, 「唐紀」 憲宗 元和 13年 11月조, 7755쪽, "先是, 田弘正請自黎陽渡河, 會義成節度使李光顔討李師道, 裴度曰."

610

아니합니다. 의당 또 그로 하여금 말에 꼴을 먹이고 무기를 갈아 벼리게
하였다가, 서리가 내리고 水深이 떨어지기를 기다려, 陽劉(산동성 양류현)에서
도하하여, 직접 鄆州(산동성 동평현)를 가리켜, 陽穀(산동성 양곡현)에 이르러
군영을 설치할 수 있게 된다면, 군대의 형세는 스스로 강성해지니, 도적의
무리들은 마음이 동요될 것입니다.34)

　배도는 전홍정의 요청에 대해 그 거절하는 이유를 들어서 헌종에게 설명하
였다. 또 배도는 평로·치청군을 협공하기 위해 각자 진격해 나가되 상황의
추이를 보아 가면서 결정해야 한다는 것을 헌종에게 아뢰었다. 마지막으로
운주 앞 양곡에 군영을 설치하게 되면, 평로·치청군의 동요를 불러일으켜서
심리전을 유리하게 펼칠 수 있다는 사실을 언급했다. 이로 보아 이사도가
무원형을 죽일 때 왜 배도를 꼭 죽이려고 했는지와 맞물리는 이야기이기도
하다. 한마디로 배도는 이사도 정권에 대한 복수심만 있었던 것이 아니라
전투에 대한 탁월한 전략과 전술을 가진 인물이었다.
　위와 같은 배도의 이사도에 대한 포위 작전계획에 대해 헌종은 그대로
따랐다. 그 결과 위박절도사 전홍정은 앞으로 진격하여서 산동성 동북쪽
陽劉縣에서 황하를 건넜다. 즉,

　　이 달에 田弘正이 모든 군사를 거느리고 陽劉에서 渡河하였는데, 鄆州에서
　　40리 떨어진 지점에 보루를 쌓았더니, 도적들이 안에서 크게 놀랐다.35)

　전홍정은 의성절도사 이광안을 기다리지 않고 바로 진격해 운주성에서

34)『資治通鑑』권240,「唐紀」憲宗 元和 13年 11月 裴度曰조, 7755쪽, "魏博軍旣渡河,
　　不可復退, 立須進擊, 方有成功, 旣至滑州, 卽仰給度支, 徒有供餉之勞, 更生觀望之勢. 又或
　　與李光顔互相疑阻, 盆致遷延. 與其渡河而不進, 不若養威於河北. 宜且使之秣馬厲兵, 俟霜
　　降水落, 自陽劉渡河, 直指鄆州, 得至陽穀置營, 則兵勢自盛, 賊衆搖心矣."
35)『資治通鑑』권240,「唐紀」憲宗 元和 13年 11月조, 7755~7756쪽, "是月, 弘正將全師自陽劉
　　渡河, 距鄆州四十里築壘, 賊中大震."

40리 떨어진 지점에 군사보루를 쌓았다. 물론 이는 배도의 명령에 따라 작전을 수행한 결과였다. 또 배도의 예측처럼 당군이 운주 가까이 진격하자, 운주성 안에서 큰 동요마저 일어났다.

전홍정의 제나라 공격에 물꼬를 튼 인물은 史憲誠이었다. 『구당서』「사헌성전」의 기록을 보자.

옛부터 황하를 넘나드는 교통수단이었던 양가죽 배

> 元和중, 魏博절도사 田弘正이 제나라 이사도를 토벌할 때, 史憲誠에게 先鋒 4천을 거느리고 황하를 건너도록 명령하자, 그는 여러 번 이사도의 성책을 함락시켰다. 다시 史憲誠은 대군을 거느리고 진군하여, 그 기세를 타고 북으로 진격하니, 魏博의 全軍이 鄆州 아래까지 압박하게 되었다.[36]

이는 위박절도사 전홍정 휘하 해족 출신 사헌성에 의해 위박 군사가 운주성까지 진격하게 되었다는 내용이다. 당은 사헌성의 전공 대가로 그에게 中丞을 파격적으로 제수하였다.[37] 이를 소개하는 까닭은 위박절도사 전홍정이 운주로 달려갈 수 있었던 것은 그 자신의 공이 아니라 사헌성의 공이었다는 사실을 밝히기 위함이다.

배도의 전술에 따라 행동한 전홍정은 원화 14년 2월 임술 일에 淄靑兗鄆 12주를 평정하자고 상주하게 되었다.[38] 위박절도사는 자주 당에 상주하였다.

---

36) 『舊唐書』 권181, 「史憲誠傳」, 4685쪽, "元和中, 田弘正討李師道, 令憲誠以先鋒四千人濟河, 累下其城柵. 復以大軍齊進, 乘勢逐北, 魏之全師迫于鄆之城下."
37) 『舊唐書』 권181, 「史憲誠傳」 錄功조, 4685쪽.

예는 원화 14년 정월에도 田弘正이 陽穀을 平盧 군사를 패배시켰다고 상주한
것이 그 한 예이다.39) 그런데 이때 劉悟가 田弘正의 군사와 싸우지 않았기
때문에 陽穀을 전홍정이 차지하였는데도 불구하고『신당서』의 「헌종기」에서
는 이사고가 陽穀에서 田弘正과 싸워 패배하였다고 기록하였다.40) 이는『신당
서』가 이사도를 무능하다는 식으로 표현하기 위해 이와 같이 엉터리 방식으로
서술했던 많은 예 가운데 하나이다. 이때 조정은 조서를 내려 部侍郎 楊於陵을
本官겸 어사대부와 淄靑宣撫使로 임명하였다.41)

　이때 魏博절도사 田弘正이 河를 건너 鄆州를 공격한 것은 원화 14년 2월
이후였다. 그런데 전홍정이 조서를 받들기 위하여 휘하의 주력부대를 이끌고
이사도의 운주를 공격하였던 사실은 시사하는 바가 크다.42) 그 이유는 전홍정
이 직접 대부대를 이끌고 운주의 앞까지 공격하였기 때문이다. 이때 魏博節度
副使는 田弘正 자신이 천거하였던 衛州자사 崔弘禮였다.43) 또한 崔弘禮는
이사도의 병사가 낙양을 기습 공격할 때 東都留守 呂元膺 휘하에서 從事직에
있었던 인물이다.44)

　여하튼 전홍정은 陽劉에서 황하를 건넌 다음 운주를 우회하여서 다시
운주 쪽으로 50리나 진격하여 들어갔다. 그래서 전홍정 군대는 운주에서
불과 40리 떨어진 곳에 군영을 설치하였다.45) 실제로 위박절도의 치소인

38)『冊府元龜』권136,「帝王部」慰勞 (元和) 14年 2月 壬戌조, 1648쪽.
39)『新唐書』권7,「憲宗紀」元和 14年 正月 丙午조, 218쪽 ;『資治通鑑』권240,「唐紀」憲宗 元和 14年 正月 丙午조, 7760쪽.
40)『新唐書』권7,「憲宗紀」元和 14年 正月 丙午조, 218쪽.
41)『冊府元龜』권136,「帝王部」慰勞 (元和 14年 2月) 詔戶部侍郎楊於陵조, 1648쪽 ;『唐會要』권77,「觀風俗使」(元和 14年2月) 詔部侍郎楊於陵本官充淄靑等州宣撫使조, 1417쪽.
42)『舊唐書』권181,「河進滔傳」弘正奉詔討鄆州조, 4687쪽.
43)『新唐書』권164,「崔弘禮傳」田弘正請朝, 表弘禮徙衛州조, 5050쪽.
44)『舊唐書』권163,「崔弘禮傳」以弘禮爲從事조, 4265쪽.
45)『舊唐書』권141,「田弘正傳」距鄆州四十里조, 3850쪽 ;『舊唐書』권170,「裴度傳」距鄆州四十里築壘조, 4421쪽 ;『新唐書』권213,「李師道傳」拒鄆四十里而營조, 5994쪽.『新唐書』「李正己傳」은 田弘正이 鄆州에서 90리가 아니라 40리 떨어진 곳에 주둔하였다고 말하고 있다. 그런데 1리를 대략 4km로 계산한다면, 따라서『舊唐書』「田弘正傳」과

魏州에서 鄆州까지는 직선거리로 불과 110여km 정도 떨어져 있었다.[46] 전홍정의 군대가 첫 번째로 이사도 군대와 조우하였던 것은 陽劉에서 황하를 건널 때인 것 같다.

그러나 이때 전홍정 대부대의 공격에 놀라 상당수의 이사도 병사가 도망하였기 때문에 큰 전투는 없었던 모양이다. 한편 전홍정이 군영을 설치하고 난 후, 운주 가까운 곳에서의 싸움은 치열하였다. 다시 말해 이 전투에서 전홍정의 군대가 운주 부근을 지키고 있던 이사도의 병사를 3만여 명이나 물리쳤을 뿐만 아니라 생포한 자만 3천 명이라는 엄청난 전과를 올렸다.[47] 이때 전홍정의 군대가 이사도의 군사로부터 빼앗은 무기가 수가 셀 수 없을 정도로 많았다는 것은 앞의 전과와 비교하면 그 전투가 치열하였음을 알 수 있다. 그 까닭은 치청절도사 이사도의 도읍지가 운주에 있었기 때문에 그 전투가 당연히 치열할 수밖에 없었다.

구체적으로 설명하면, 운주는 이사도의 아버지 이납이 도읍지로 정하고 齊王이라 자칭하면서 백관제도를 설치하였던 곳이다. 그런 까닭에 운주는 제나라의 도읍지이자 매우 중요한 지역이라서 당은 치청절도사 외에 별도로 鄆州大都督府를 두어 특별 관리하였다. 그렇다고 당의 관리가 운주에 있었다는 이야기가 아니다. 다만 명목상의 관아로 운주대도독부라는 이름만 기록상으로 있을 뿐이다. 전홍정이 운주의 부근을 공격한 사실은, 이사도의 도읍지를 북방에서 공격하였던 것이다.

위와 같이 당군이 이사도의 제나라를 삼면에서 공격할 때 이사도는 어느 곳에서도 승리를 거두지 못하였다. 이는 이사도의 존립 기반을 뒤흔드는

『新唐書』「李正己傳」의 기록이 맞다 ;『舊唐書』권124,「李師道傳」, 3540쪽. 그런데 田弘正이 陽劉에서 黃河를 건너 鄆州에서 90리 떨어진 곳에 진을 쳤다는 기록이 문제가 있다. 그렇다면 이는 田弘正이 우회하여 鄆州를 공격하였다는 이야기이다 ; 嚴耕望, 앞의 「唐代盟津以東黃河流程與津渡」, 99쪽.

46) 譚其驤 主編, 앞의『中國歷史地圖集－隋·唐·五代十國時期－』, 38~39쪽.

47) 『新唐書』권213,「李師道傳」禽三千人조, 5994쪽.

심각한 사태였다. 그 결과 관군은 이사도의 齊州·兗州·鄆州 등 세 주의 여러 현이 관군에 점령당할 위기에 봉착하였다. 이로 말미암아 관군의 운주성에 대한 포위망도 압축되었다. 이에 관해『구당서』「이사도전」에서 들어보면,

> 陳許절도사 李光顔은 濮陽縣 경계에서 賊軍을 격파하고, 斗門城·杜莊柵을 수복하였다. 田弘正은 다시 故東阿縣 경계에서 賊軍 5만을 격파하였다. 各軍은 사면에서 회합하여, 여러 번에 걸쳐서 城柵을 공격해 점령하였다.[48]

라는 것은 황제의 명령을 따르는 절도사 군대들이 이사도의 영역을 압박하며 계속 공격해 들어갔던 것을 알리는 사료이다. 이와 같은 사실은『자치통감』원화 14년 정월 조에 전한다.

> 병신 일에, 田弘正(魏博절도사 치소는 魏州)이 주문을 올려서 東阿(산동성 양곡현 동북 아성진)에서 淄靑의 군사를 패배시키고, 1만여 명을 죽였다고 하였다.[49]

위는 위박절도사 전홍정이 평로·치청 휘하의 東阿를 탈취한 전투 보고였다.『구당서』「이사도전」과『자치통감』기록에서 평로·치청 이사도를 공격한 무리는 당 헌종의 명령을 받았던 진허절도사 이광안과 위박절도사 전홍정 군대였다. 위의 사실을 두 가지로 분석하고자 한다.

하나는 진허절도사 이광안이 濮陽縣을 공격하였다는 사실이다. 그런데 복양은 이사도의 아버지 이납이 한때 조정에 항복하려고 하였던 곳으로[50] 이사도의 영역 가운데 관군과 치열한 전투가 잦았던 곳이었다.[51] 복양현의

---

48)『舊唐書』권124,「李師道傳」, 3540쪽, "陳許節度使李光顔於濮陽縣界破賊, 收斗門城·杜莊柵. 田弘正復於故東阿縣界破賊五萬. 諸軍四合, 累下城柵."

49)『資治通鑑』권240,「唐紀」憲宗 元和 13年 12月조, 7759쪽, "丙申, 田弘正奏敗淄靑兵於東阿, 殺萬餘人."

50)『舊唐書』권124,「李納傳」後將兵於濮陽조, 3536쪽.

위치는 복주의 제일 동쪽으로 滑州·曹州와 인접한 지역이다.52) 그렇다면 이광안이 복양현을 공격한 것은 바로 濮州를 공격하였다는 뜻이다.

위에서 이때 이광안이 적을 격파한 기록은 복주의 복양현을 점령하였다는 의미로 매우 중요하다. 그 이유는 제나라 이납 재위시 복양성이 견고하여 관군이 이를 빼앗지 못하였으나, 의성군절도사 이광안은53) 이때 복양을 빼앗았기 때문에 斗門城·杜莊柵마저 점령할 수 있었다.54) 당은 이러한 기세를 몰아 이사도를 제압하기 위해 총력전을 전개하였다. 이를 알 수 있는 사실은 원화 14년 정월 초하루에 장안 동쪽에서 병사들이 이사고의 제나라를 공격하기 때문에 군사들이 야외 숙영한다는 이유로 헌종이 신년하례조차 받지 않았던 사실이다.55) 이는 매우 이례적인 일이기 때문에 주목되는데, 당이 이사도의 제나라를 멸망시키기 위해 혈안이 되었다는 증거로 볼 수 있다.

다른 하나는 전홍정이 東阿縣을 공격했다는 사실이다. 전홍정은 앞서 운주성 공격에 실패한 후, 다시 북쪽의 濟州의 옛 東阿縣 경계를 공략하여 적을 5만이나 격파하는 전과를 올렸던 것이다.56) 때는 원화 14년 정월 병신이었다.57) 또 전홍정은 며칠 뒤 丙午 일에 동아 서남쪽의 陽穀에서 이사도의 병사 만 명을 격파하는 전과를 계속적으로 거두었다.58)

宣武·魏博·義成·武寧·橫海의 다섯 절도사의 전군인 5軍이 출정하여 이사도의 영역을 전방위 공격하였다. 그 결과 이사도의 여러 성과 柵을 관군에게

---

51) 지배선, 앞의 「고구려인 이정기의 아들 이납의 발자취」, 212~214쪽.

52) 譚其驤 主編, 앞의 『中國歷史地圖集－隋·唐·五代十國時期－』, 44~45쪽.

53) 『舊唐書』 권15, 「憲宗」下 元和 13年 10月 以義成軍節度使李光顔爲許州刺史조, 464쪽 ; 『新唐書』 권213, 「李師道傳」 陳許節度使李光顔攻濮陽조, 5994쪽. 『新唐書』는 李光顔을 陳許절도사로 표기하였다.

54) 『新唐書』 권213, 「李師道傳」 收斗門·杜莊二屯조, 5994쪽.

55) 『舊唐書』 권15, 「憲宗紀」 元和 14年 正月 庚辰朔조, 465쪽.

56) 『新唐書』 권213, 「李師道傳」 弘正又戰東阿조, 5994쪽.

57) 『舊唐書』 권15, 「憲宗紀」 元和 14年 正月 丙申, 魏博軍破賊五萬於東阿조, 466쪽.

58) 『舊唐書』 권15, 「憲宗」下 元和 14年 正月 丙午 魏博軍破賊萬人於陽穀조, 466쪽 ; 『新唐書』 권7, 「憲宗」 元和 14年 正月 丙午조, 218쪽.

빼앗겼다는 소식이 연달아 운주성으로 날아들었다.[59] 또 무령절도사 휘하 병마사 이우에게 金鄕을 빼앗겼다는[60] 보고를 이사도가 들은 것도 이때였다.[61] 게다가 왕승종의 아우 王承元은 겨우 나이 16세의 監察御史로써, 형 승종에게 관군 2천기를 거느리고 이사도를 평정하려고 권고하는 그런 상황이었다.[62] 이처럼 이사도의 군대가 사방에서 포위된 형국이었다.

제나라가 다섯 절도사의 군사에 의해 몰릴 당시, 신라인 장보고는 武寧軍에 소속되었을 가능성이 있다. 즉『삼국사기』권44, 「장보고전」에 "두 사람(장보고와 鄭年)이 모두 당에 가서 武寧軍 小將이 되어 말을 타고 창을 쓰는데, 대적할 자가 없었다"[63]는 내용이 그것이다.

819년 당의 요구로 신라 장수 金雄元과 함께 제나라를 정벌하기 위해 출정하였던[64] 3만 병사 가운데 포함된 인물이 장보고와 정년일 수 있다. 그렇다면 장보고는 10년 동안이나 당에 머물렀던 셈이다. 그가 신라로 돌아와서 흥덕왕에게 "중국의 어디를 가보나, 우리 사람들을 노비로 삼고 있습니다. 淸海에 진영을 설치하고 해적들이 사람을 약취하여 서쪽으로 잡아가지 못하게 하기 바랍니다"[65]고 아뢰었던 사실은 잘 알려진 내용이다. 그렇다면 이는 당에 의해 멸망한 고구려 유민만이 당에서 노예였던 게 아니고, 제나라 멸망 후 고구려 유민은 물론 신라인마저 당에서 노예로 거래되었다는 뜻이다. 제나라 시절에 산동 해안가에 신라방과 발해관이 있을 때 신라인은 이정기 일문의 보호를 받았다는 해석이 가능하다. 그 이유는 이정기 4대가 해운육운 압신라발해양번등사라는 관직을 갖고 신라와 발해와 교역하면서 경제적인

59)『新唐書』권213, 「李師道傳」師道每聞敗조, 5994쪽.
60)『新唐書』권154, 「李晟傳」附'愬傳' 愬與賊戰金鄕, 破之조, 4877쪽.
61)『新唐書』권213, 「李師道傳」及李祐取金鄕조, 5994쪽.
62)『舊唐書』권142, 「王武俊傳」附'承元傳' 勸承宗以二千騎佐王師平李師道조, 3883쪽.
63)『三國史記』권44, 「張保皐傳」, 416쪽, "二人如唐, 爲武寧軍小將, 騎而用槍, 無能敵者."
64)『三國史記』권10, 「新羅本紀」憲德王 11년 7월조, 106쪽.
65)『三國史記』권44, 「張保皐傳」, 416쪽, "遍中國以吾人爲奴婢, 願得鎭淸海, 使賊不得掠人西去."

부국을 구가하였기 때문이다. 그러나 제나라가 망한 후 신라인에 대한 보호막
이 없어지면서 장보고는 당에 체류하는 10년 동안 신라인들이 당에서 노예로
팔리는 광경을 자주 보고 비분강개하였던 것 같다.

2. 제 도지병마사 유오의 반란

제나라 병사가 조정의 군사에게 연패 당한 것은 우선 심리적인 요인에서
비롯된 듯싶다. 정확히 말해 조정이 이사도 군대의 심리적인 동요를 만든
전술이 주효했기 때문이다. 이와 관련한 사항은 뒤에 자세히 언급하겠다.
헌종의 명령을 받은 관군과 절도사 군대가 함께 제나라 방어선을 압박하는
전술을 사용함으로써 이사도 군대에게는 매우 위급한 상황이 닥쳤다. 이때
이사도 군의 내부 사정에 대해 『구당서』「이사도전」을 보자.

> 李師道는 劉悟로 하여금 군사를 거느리고 魏博軍에 저항하게 했으나 싸움에
> 서 패배한 후, 여러 차례 명령을 내려 싸울 것을 독촉하였다. 군대가 출발하기
> 전에, 李師道는 가노를 파견해 劉悟를 불러들여 이일을 상의하도록 하였으나,
> 劉悟는 그가 자신을 죽이려고 하는 줄 알고, 병을 핑계로 나가지 않았고,
> 도리어 휘하 將吏를 불러모아 말하기를 "魏博의 병력이 강대한데다가 그들은
> 승세를 타 출격하였기 때문에, 반드시 우리를 격파할 게 분명하여서, 출전하지
> 않아도 죽을 수밖에 없는 처지다."[66]

이는 유오가 魏博軍에 패한 후부터 출전하지 않아, 당군 공격에 대한 방어를
포기한 상태였다는 내용이다. 이에 대해 『구당서』「유오전」에는 다음과
같이 기록하고 있다.

---

66) 『舊唐書』 권124, 「李師道傳」, 3540쪽, "師道使劉悟將兵當魏博軍, 旣敗, 數令促戰. 師未進,
乃使奴召悟計事. 悟知其來殺己, 乃稱病不出, 召將吏謀曰, '魏博兵强, 乘勝出戰, 必敗吾師,
不出則死.'"

元和 말년에, 憲宗이 淮西를 평정한 이후, 조서를 내려 이사도를 주살하라고
하자, 이사도는 劉悟에게 사신을 보내 魏博軍에 저항하게 하고, 또 자주 유오와
위박군이 싸울 것을 독촉하였다. 그런데도 유오가 진군하지 않자, 이사도가
또 사자를 신속하게 파견하여 그를 소환하였다.[67)

이는 이사도가 魏博軍에게 패배를 거듭하자, 이를 타개하기 위한 대책을
세우려던 것이 도리어 화가 되었던 사료의 전반부이다. 이를 두 가지로
나누어 분석하고 싶다.

하나는 이사도의 장군 도지병마사 유오가 군대를 거느리고도 위박군과
전투를 하지 않았다는 사실이다.[68) 그러나 앞서 본 것처럼 위박절도사 전홍정
은 운주에서 40리 떨어진 곳을 공격하여 이사도의 병사 3만여 명을 격파하였을
뿐만 아니라 3천 명을 사로잡는 개가를 올리면서 수많은 무기마저 빼앗았다.
이사도는 위박군과의 싸움을 역전시키기 위하여 앞으로 나아가 싸울 것을
유오에게 독촉하였지만 듣지 않았다. 이는 유오가 무능한 장군이었다는
것을 입증하는 이야기다. 그렇지 않다면 그가 이미 이사도에게 충성할 생각을
포기하였다고 본다.

사실 유오가 출세하게 된 배경은 아들 劉從諫 때문이었다. 다름 아니라
유종간이 門下別奏로서 이사도의 비밀들을 유오에게 알렸기 때문에, 이를
기회로 유오가 공을 세웠다.[69) 門下別奏는 조정에 上奏하는 일을 맡아보는
관리를 보좌하는 관직이라서 제나라 내부의 비밀사항들을 알 수 있었다.[70)
다른 하나는 이사도는 위박군과의 전황을 역전시키기 위한 계획을 세우려

67) 『舊唐書』 권161, 「劉悟傳」, 4230쪽, "元和末, 憲宗旣平淮西, 下詔誅師道, 師道遣悟將兵拒魏
博軍, 而數促悟戰. 悟未及進, 馳使召之."
68) 『舊唐書』 권161, 「劉悟傳」 師道遣悟將兵拒魏博軍조, 4230쪽 ; 『舊唐書』 권141, 「田弘正
傳」 師道遣大將劉悟率重兵以抗弘正조, 3850~3851쪽 ; 『冊府元龜』 권762, 「總錄部」 忠
義3 '劉悟' 而數促悟戰조, 9058쪽.
69) 『新唐書』 권214, 「劉悟傳」 附'劉從諫傳' 從諫與師道諸奴日戲博交通조, 6014쪽.
70) 『資治通鑑』 권241, 「唐紀」57 憲宗 元和14年 署悟子從諫門下別奏조 胡三省註, 7762쪽 ;
嚴耕望, 앞의 「唐代方鎭使府之文職僚佐」, 74~75쪽.

고 유오를 불러들이려고 사자를 위박군과 대치하고 있는 유오에게 파견하였
다는 사실이다.[71] 그런데 유오는 이를 자신의 패배를 문책하여 죽이려는
줄 알았던 게 이사도의 제나라를 멸망으로 몰고 간 결정적인 요인이 되었다.[72]

물론 유오는 위박군과 싸울 생각이 전혀 없었기 때문에 이사도가 유오와
그 부장 張暹을 함께 죽일 계획을 하였는지도 모른다.[73] 결과적으로 장섬이
이러한 사실을 유오에게 알림으로써 유오가 쿠데타를 일으켰다.[74] 이때
유오는 휘하의 장군들을 불러모아 자신들은 별수 없이 죽을 상황이라는
사실을 환기시키면서, 관군에게 투항하는 것이 좋겠다는 자신의 의견을
내비쳤다. 이 같은 상황 반전은 제나라 운명이 끝나는 결정적 계기가 되었다.
이와 관련한 사실을 『구당서』「유오전」에서 들어보자.

　劉悟에게 사자가 오는 것은 분명 자기를 죽이려 한다고 생각하여, 이에
질병이라는 구실로 나가지 않고, 都虞候에게 명령하여 가서 사자를 영접하게
하였다. 사자가 과연 都虞候에게 자세한 실정을 알리며 말하길, "나는 명령을
받들어 劉悟를 죽이고 劉悟를 대신하려고 왔다."라고 하자, 그 즉시 都虞候가
먼저 돌아가고, 劉悟가 都虞候를 납치해서 그 사실을 알게 되었다. 이에 여러
장수들을 소집해 모의해 말하길, "魏博 田弘正의 세력은 강대하고, 우리들이
출전하면 분명 패배할 것인데, 나가 싸우지 않아도 죽게 되어 있다. 지금
천자가 주살하려는 것은, 司空 이사도 한 사람뿐인데, 나 劉悟와 너희들 모두가
이사도의 협박을 받고 있다. 우리들 앞에는 죽음만이 있는데, 온 사자를
죽이는 것이 어떻겠는가, 군대를 정비해 鄆州를 빼앗아, 큰 공을 세워, 망할
상황을 富貴로 바꾸어 보자!" 무리 장수들이 모두 말하길 "좋소, 우리 모두
당신의 지휘에 복종하겠소!" 劉悟가 이에 바로 그 사자를 참살하고, 병사를
거느리고 鄆州를 공격해 빼앗고, 鄆州 내성을 포위하고, 아울러 불로 그 성문을

71) 『冊府元龜』 권762, 「總錄部」 忠義3 '劉悟' 悟未及進馳使召之조, 9058쪽.
72) 『冊府元龜』 권762, 「總錄部」 忠義3 '劉悟' 悟度使來必殺己조, 9058쪽.
73) 『新唐書』 권214, 「劉悟傳」 密語其副張暹使斬悟조, 6013쪽.
74) 『新唐書』 권214, 「劉悟傳」 悟疑之, 暹以情告조, 6013쪽.

공격했다.75)

이렇게 제나라 이사도 조정은 예기치 못한 일로 급변한 상황이 되었다. 이렇게 된 중심에는 유오가 있었다. 이후 유오가 휘하 장군들에게 계속하여 관군에 항복하는 것이 좋다고 설득하였다. 당시 유오는 당과 이미 내통하였다고 해석하는 것이 옳다. 이는 유오가 위박군과의 전투를 두려워했다는 사실 하나로 충분히 설명된다. 이와 같은 내용이『구당서』「이사도전」에도 실려 있다. 즉,

> "지금 천자가 죽이려는 것은 司空 한 사람뿐이다. 나 劉悟와 그대들은 모두 쫓기어 죽을 곳으로 몰린 형편이지만, 우리의 어려운 처지를 복으로 만들기 위해, 그가 보내서 온 사자를 죽이고, 군사를 거느리고 鄆州로 달려가 큰 공을 세워 부귀영화를 구하는 것이 어떻겠는가?"라고 말하니, 무리들 모두가 "좋은 생각입니다"라고 말하자, 그 사신을 맞아들여서 죽이고, 李師道의 문서에 대한 회답을 갖고, 군사를 거느리고 鄆州로 달려갔다.76)

위의 내용은『구당서』「유오전」과 대동소이하다. 이를 두 가지로 분석하고 싶다.

하나는 이사도의 부하 유오가 자신의 무능으로 죽을지 모른다는 두려움으로 인해 반란을 모의하였던 사실이다. 그래서 유오는 천자가 죽이고자 하는 이사도만 죽이면 우리 모두 죽음을 피할 수 있다는 논리를 부하들에게 폈던

---

75)『舊唐書』권161,「劉悟傳」, 4230쪽, "悟度使來必殺己, 乃僞疾不出, 令都虞候往迎之. 使者亦果以誠告其人云, '奉命殺悟以代悟' 都虞候卽時先還, 悟劫之得其實, 乃召諸將與謀曰'魏博田弘正兵强, 出戰必敗, 不出則死, 今天子所誅者, 司空一人而已, 悟與公等皆爲所驅迫, 使就其死. 何如殺其來使, 整戈以取鄆, 立大功, 轉危亡爲富貴耶!' 衆咸曰'善, 唯都將所命!'悟於是立斬其使, 以兵取鄆, 圍其內城, 兼以火攻其門."

76)『舊唐書』권124,「李師道傳」, 3540쪽, "'今天子所誅, 司空一人而已. 悟與公等皆被驅逐就死地, 何如轉禍爲福, 殺其來使, 以兵趣鄆州, 立大功以求富貴.' 衆皆曰, '善'. 乃迎其使而斬之, 逐膚師道追牒, 以兵趣鄆州."

것이다. 게다가 우리가 그렇게 하면 우리 모두 죽음을 면할 뿐만 아니라 천자를 위하여 큰 공을 세웠기 때문에 부귀영화를 누릴 수 있다고 유혹한 사실은 생각할 필요가 있다. 즉 이는 유오가 부하 장수들을 모아놓고 자신의 반란 계획을 소상하게 언급한 사실과 일맥상통한다. 이 같은 사실을 주목하는 이유는 유오가 당군 및 연합 세력들과 싸움에서 연이은 패배를 인지한 후부터 관군과 내통하였을지 모른다. 그런 사실을 이사도가 알고 있는지도 모르기 때문에 유오가 불안하였던 것 같다.

바꾸어 말하면, 유오는 이사도가 파견한 관리가 오기 이전부터 제나라에 대한 반란을 은밀히 추진하였을 가능성도 무시할 수 없다. 그런데 유오의 부하 가운데 별장 趙垂棘 등 30인이 이런 유오의 계획을 반대하였던 사실을 특히 주목하고 싶다.[77] 유오와 생각이 다른 자들은 유오에 의해 죽임을 당하였다는 사실은 시사하는 바가 매우 크다. 그 이유는 당의 사가들 주장처럼 이사도가 어리석은 인물이 아니라는 것을 입증하는 충분한 근거가 되기 때문이다. 반면에 당이 5군 절도사에게 이사도 공격 명령을 내리기 이전에 이미 유오를 포섭했을 가능성이 있다. 이를 뒷받침하는 것은 관군이 공격하여 오는데도 유오가 반격을 명령하지 않았다는 사실이다. 또 유오 휘하 장수 가운데 30인이나 이사도에 충성하는 인물들이 있었다. 그런데도 유오는 그들조차 동원하지 않고 위박군의 공격에 속수무책이었다. 이는 유오가 이미 당 조정과 내통하고 있다는 증거이다.

다른 하나는 이사도가 운주에 있었다는 사실이다. 이는 이사도의 입장에서 보면, 운주가 사수되어야만 淄州와 靑州가 안전할 수 있기 때문에 운주를 방어하기 위하여, 운주에서 관군과의 싸움을 독전하였던 것 같다. 그러나 이사도와 연합한 세력들이 관군에 의해서 모두 무너졌던 상황이라 유오 휘하의 군사들이 모두 유오의 반란 계획에 쉽게 동조하였을 가능성도 크다. 게다가 유오는 이사도에게 충성하는 부하 장수 30인을 죽이고 나서 운주성에

---

77) 『新唐書』 권214, 「劉悟傳」 而別將趙垂棘沮其行조, 6013쪽.

622

들어가는 사람에게 상금을 10만 전씩 주겠다고 하였을 뿐 아니라 운주성에서
재산을 마음대로 약탈해도 좋다고 사주하면서 휘하 병사들에게 반란을 부추
겼다.

여기서 유오가 휘하 병사에게 약탈을 하도록 권장하였다는 것은 유오의
그런 행동이 나오게 된 배경이 당군과 이미 내통하였기 때문에 가능하다고
본다. 따라서 이사도가 보낸 관리를 유오가 죽였던 것은 이사도를 죽이겠다는
하나의 결의로 해석하여도 무리가 없다.

제나라 都知兵馬使 유오의 반란은 이미 예정된 수순을 밟으며 진행되었다.
이와 관련된 사실을 『자치통감』에서 다음과 같이 기록하고 있다. 즉,

> 유오가 처음에 李師道를 토벌하는데 (당이) 조서를 내려 말하였다. "部將
> 가운데 능히 이사도를 죽이고 무리를 데리고 항복할 수 있는 사람이 있다면,
> 이사도의 관직과 작위를 모두 그에게 주겠다."[78]

이런 당의 조서를 알고 있는 유오의 이사도 조정에 대한 반역은 자신이
제나라 주인이 되겠다는 야망의 발로였다고 본다. 위의 조서 내용은 당이
유오의 반란음모에 대해 보증을 서준 셈이다. 이를 밝히는 것은 유오가
陽穀을 지키는 것을 포기한 것이 이사도 정치에 대한 반발도 아니고 다만
당이 약속한 것처럼 자신이 평로·치청절도사가 되려는 일념으로 쿠데타를
일으켜 운주성을 공격한 것이기 때문이다.

이 무렵 양곡에서 유오는 전홍정과 함께 운주성을 공격할 것을 모의하였다.
한마디로 이는 유오의 모반이다. 이런 소식이 『자치통감』에 전한다. 즉,

> 劉悟가 陽穀(산동성 양곡현)에서 군사를 돌려서 鄆州(산동성 동평현)로 향하
> 면서, 몰래 사람을 시켜서 그가 모의한 것을 田弘正에게 알렸다. "일이 성공하

---

78) 『資治通鑑』 권241, 「唐紀」57 元和 14年 2月조, 7765쪽, "劉悟以初討李師道詔云, '部將有能
殺師道以衆降者, 師道官爵悉以與之'."

면, 마땅히 봉화를 올려서 아뢸 것입니다. 만일에 성 안에 방비가 되어 있어서 들어갈 수 없다면, 바라건대 공께서 군사를 이끌고 도와주십시오. 성공하는 날에는, 모두 공에게 공로를 돌리겠으며, 저 유오가 감히 그것을 어찌 차지하겠습니까?"[79]

위의 내용은 양곡을 지키던 유오가 위박절도사 전홍정과 사전 모의 하에 鄆州城을 공격하려는 음모다. 앞에서 지적한 것처럼 유오는 이사도 조정을 전복하여 그 자리를 차지하려는 계획을 추진하는데 분명한 보증을 받기 위해 전홍정을 끌어들였다.

이 무렵 이사도의 제나라의 멸망을 마치 예고하는 듯한 기록이 『신당서』 「오행지」에 기록되어 있다. 더욱 흥미로운 사실은 도지병마사 유오의 반란을 구체적으로 예고한 것 같다. 또 이는 이납 시대에 전쟁이 빈번한 것을 본 까마귀들이 성을 쌓았다는[80] 이야기와 유사한 내용이다. 이를 『신당서』 「오행지」에서 옮겨보면,

> 元和 13년 봄, 淄青府署와 성안의 까마귀와 까치가 서로 병아리를 잡아 자신의 새끼에게 먹이려 하였고 서로 병아리를 잡겠다고 다투었기 때문에, 이를 말리려고 하여도 막무가내였다.[81]

라는 것이 그것이다. 이때는 이사도의 도지병마사 유오가 반란을 일으키기 1년 전이다. 이는 이사도가 유오의 반란으로 이사도조정이 멸망될 것이라는 전조로 기록한 것 같다. 이같이 「오행지」에나 기록될 법한 내용이 『자치통감』

---

79) 『資治通鑑』 권241, 「唐紀」57 元和 14年 2月條, 7746쪽, "悟之自陽穀還兵趣鄆也, 潛使人以 其謀告田弘正, '事成, 當擧燧相白, 萬一城中有備不能入, 顧公引兵爲助, 成功之日, 皆歸於 公, 悟何敢有之'."

80) 지배선, 앞의 「고구려인 이정기의 아들 이납의 발자취」, 266~268쪽.

81) 『新唐書』 권34, 「五行志」1, 890쪽, "(元和) 13年春, 淄靑府署及城中烏·鵲互取其雛, 各以哺 子, 更相搏擊, 不能禁."

에도 있어서, 이를 소개한다.

이보다 먼저, 이사도가 곧 패하게 되기 몇 달 전에, 바람이 불어 새들이
날아갔다는 소식을 듣고, 모두가 변고가 있을 것이라고 의심하여, 鄆州 사람으
로 친하게 아는 사람끼리 모여서 연회를 열거나 도로에서 만나서 말하는
것을 금지하고, 범하는 사람은 형벌을 받았다.[82]

이는 원화 13년 가을의 일이었던 것 같다. 아마도 강한 바람이 몰아쳐
새들이 일시 자취를 감추자, 이를 운주성의 변고와 연결시켰던 모양이다.
그래서 이사도 조정에서 운주에서 사람끼리 모여 연회를 베풀거나 도로에서
대화를 못하게 하였다. 이를 어긴 경우는 형벌을 받았다는 내용이다.

그러나 이는 운주를 향해 사면으로 공격하는 상황에서 민심이반이 있을
수 있기 때문에 이사도 조정에서 사람이 모이는 것을 금지시킨 그런 조치였다
고 해석된다. 이런 사실을 쓴 사마광의 의도는 제나라 멸망이 예정된 수순인양
기록하고 싶기 때문이라고 본다. 사실 이와 같은 규제를 했던 경우가 평로·치
청에만 있었던 것이 아니다. 사회적으로 불안 요인이 있을 때는 사람들이
모이는 것을 금지했던 경우는 오늘날까지도 사회에서 허다하게 많다. 당시
吳少陽과 그의 아들 吳元濟의 치세에도 이런 예가 언급되었다. 이에 관해
『자치통감』元和 12년 10월조를 보자.

裴度가 蔡州의 병졸을 아병으로 삼으니, 어떤 사람이 간하길, "채주 사람들
가운데 반대하고 기울어진 사람이 오히려 많은데, 대비하지 않으면 안 됩니
다." 배도가 웃으면서 말하였다, "나는 彰義절도사이고, 으뜸가는 악한은
이미 사로잡혔고, 채주사람들은 나의 사람들인데, 또 무엇을 의심하겠는가?"
채주 사람들이 이 소식을 듣고 감동하여 눈물을 흘렸다. 이보다 먼저 吳氏

---

82) 『資治通鑑』권241, 「唐紀」憲宗 元和 14年 2月조, 7766~7767쪽, "先是, 李師道將敗數月,
聞風動鳥飛, 皆疑有變, 禁鄆人親識宴聚及道路偶語, 犯者有刑."

父子가 군사를 막았는데, 사람들은 길에서 만나서 말을 하는 것을 금지시켰고, 밤중에는 촛불을 켜지 못하게 하였으며, 술과 밥을 지니고 따르는 자에게 먹이면 사형시켰다. 배도가 이미 일을 보게 되자, 명령을 내려서 오직 도적질하는 것만 금지시키고, 나머지는 모두 묻지 아니하였고, 왕래하는 것도 밤낮을 한정하지 않았으니, 채주 사람들은 비로소 살아가는 백성들의 즐거움을 알게 되었다.[83]

이는 배도가 채주를 평정하고 난 후 조치했던 상황에 대한 설명이다. 이때 배도가 전일 오소양과 오원제 부자의 악행으로 말미암아 그가 채주에 가서 선정했던 것처럼 들리는 대목이다. 그러나 오소양 부자가 '滅唐'을 기치로 들었다는 사실을 알게 된다면, 오씨 부자의 행위를 단순히 악행이라고만 표현하기는 어렵다. 이는 같이 '滅唐' 기치를 치켜든 제나라에서 백성을 통제하였던 것과 같은 맥락이다.

필자가 오소양과 오원제 부자의 행위에 주목하는 이유가 있다. 이사도의 제나라가 멸망한 뒤인 822년 3월의 상황을 들어보면 알 수 있다. 즉,

韓愈가 말하길, "너희 무리들이 아직도 예전의 太師를 기억할 수 있다면 훌륭하다. 대개 거역함과 순종함은 재앙이 되고 복이 된다는 것이 어찌 멀리 있겠느냐! 安祿山·史思明이래로 吳元濟·李師道에 이르기까지, 그의 자손들 가운데 지금도 오히려 벼슬을 하고 있는 사람이 있는가?…"[84]

이는 韓愈가 朱滔를 평정한 공로로 太師가 된 王武俊을 칭송하면서 安祿山·史思明·吳元濟·李師道를 반역의 무리로 분류한 사실을 주목하고 싶다. 韓愈가

---

83) 『資治通鑑』 권240, 「唐紀」56 元和 12年 10月조, 7744쪽, "裴度以蔡卒爲牙兵, 或諫曰, '蔡人反仄者尙多, 不可不備.' 度笑曰,'吾爲彰義節度使, 元惡旣擒, 蔡人則吾人也, 又何疑焉!' 蔡人聞之感泣. 先是吳氏父子阻兵, 禁人偶語於塗, 夜不然燭, 有以酒食過從者罪死. 度旣視事, 下令惟禁盜賊, 餘皆不問, 往來者不限晝夜, 蔡人始知有生民之樂."
84) 『資治通鑑』 권242, 「唐紀」58 長慶2年 3月조, 7813쪽, "愈曰, '汝曹尚能記先太師則善矣. 夫逆順之爲禍福豈遠邪! 自祿山·思明以來, 至元濟·師道, 其子孫有今尚存仕宦者乎!'…"

이사도를 반역의 무리에 포함시킨 사실에서, 이사도의 제나라의 성격이 더욱 명확해진 것으로 본다. 그 이유는 위의 네 인물 모두가 '滅唐'을 기치로 내걸었기 때문이다. 결론적으로 이정기 가문 4대에 걸친 제나라에서 백성에 대한 통제가 가혹하다고 표현할 정도로 엄격했던 것을 선악의 개념만으로 몰아갈 수는 없다는 이야기이다. 그 이유는 고구려 유민의 제나라의 태동 자체가 당이 고구려를 멸망시킨 사실에서 비롯되었기 때문이다.

한유에 대하여 사족을 붙인다면 한유는 당송 8대 문학가 중에서 으뜸으로 꼽는 인물이다. 그의 字는 退之이며, 河陽人인데, 韓氏가 昌黎의 大姓이라 한유는 자칭 창려인이라 하였다. 이런 연유로 세상 사람들은 한유를 韓昌黎라 고 불렀다.

3. 이사도의 최후 광경

유오는 이사도의 명령을 받고 양곡으로 온 관리를 죽였다. 그런데도 유오는 운주성으로 들어가기 위해 이사도에게 보내는 보고서를 갖고 있는 시늉을 하면서 성안으로 무사히 진입할 정도로 치밀한 반란을 계획하였다. 그 뒤 유오의 반란 소식은 다음과 같이 전한다. 즉『구당서』「이사도전」에 따르면,

　　밤이 되어서, 성문에 도착해, 李師道의 답신 문서를 보이자, 이에 성안에 들어가게 되었다. 士兵들과 함께 성안으로 들어가, 격구장에 이르러서 그 李師道의 內城을 포위하고 불을 사용하여 성을 공격해서, 李師道를 사로잡고 나서 그를 참수하고 魏博軍으로 보내었는데, 그때가 元和 14년 2월이었다.[85]

라는 것이 그것이다. 이는 당의 입장에서 보면, 고구려 유민출신 절도사

---

85)『舊唐書』권124,「李師道傳」, 3540쪽, "及夜, 至門, 示以師道追牒, 乃得入. 兵士繼進,
　　至毬場, 因圍其內城, 以火攻之, 擒師道而斬其首, 送于魏博軍, 元和十四年二月也."

왕조의 종언이, 이사도의 휘하 유오 때문이었다는 사실을 알리는 사료이다.[86] 이를 두 가지로 분석하고 싶다.

하나는 이사도가 유오의 반란 음모를 감지하지 못하였다는 사실이다. 이는 치밀한 반란계획으로 이사도가 속았다고 표현하는 것이 적절할 것 같다. 또 이는 오호십육국시대에 고구려인 北燕 天王 高雲(407.7~409.10)이 그의 경호대장 離班과 桃仁에 의하여 죽임을 당하였던 상황과 비교가 된다.[87] 그런데 이사도에게 반란한 유오는 이사도 휘하에서 관직이 淄靑節度都知兵馬使와 監察御史였다. 이는 이사도의 다음 서열로 제2인자라는 말과 통한다.[88]

운주성문에서 유오는 답신의 편지를 보이고서 입성할 수 있었다. 이때 잘 짜여진 각본대로 유오의 지시를 따르는 무리들이 별안간 운주의 내성으로 몰려 들어갔다. 그렇다면 이는 『신당서』 「유오전」에 나오는 기록과 모순된다. 그 이유는 「유오전」처럼 이사도가 비밀리에 사신을 보내어 유오를 죽이려고 하였다면,[89] 유오의 입성을 허락할 이유가 없을 것이다. 그러나 운주성의 수문장의 판단으로 성문이 열렸다면 「유오전」의 기록은 모순이 없을지 모른다.

그 후 운주성의 내성까지 들어온 유오 반란군 무리들이 격구장에서 대오를 갖춘 후 지체하지 않고 불로 궁궐을 공격하여 내성을 혼란의 도가니로 만든 다음 이사도와 그의 두 아들을 사로잡았다.[90] 그런데 이때 이사도가 사로잡히게 되었던 사실을 『冊府元龜』는 '功業'에서 다루었을 뿐만 아니라 마치 여러

---

86) 劉伯驥, 앞의 「藩鎭之禍」, 37쪽.

87) 池培善, 1998, 「고구려 왕족 후예 高雲의 北燕 형성과정」, 『中國 中世史 硏究 — 慕容燕과 北燕史』, 연세대학교 출판부, 311~312쪽.

88) 『舊唐書』 권15, 「憲宗」下 元和 14年 2月 壬戌 淄靑都知兵馬使劉悟조, 466쪽 ; 『舊唐書』 권161, 「劉悟傳」 奏授淄靑節度都知兵馬使조, 4230쪽 ; 『冊府元龜』 권385, 「將帥部」 褒異 11 '劉悟' 元和末悟自淄靑節度兵馬使兼監察御史조, 4582쪽 ; 『唐會要』 권14, 「獻俘」(元和14年2月) 今月9日淄靑兵馬使劉悟조, 322쪽.

89) 『新唐書』 권214, 「劉悟傳」 密語其副張暹使斬悟조, 6013쪽.

90) 『舊唐書』 권161, 「劉悟傳」 擒師道幷男二人조, 4230쪽 ; 『舊唐書』 권141, 「田弘正傳」 (元和) 十四年 三月, 劉悟以河上之衆倒戈入鄆조, 3851쪽.

628

군이 진격하여 얻은 결과인양 기록하고 있다는 사실을 주목하고 싶다.[91] 그 이유는 유오의 반란으로 이사도가 사로잡힌바 된 사실을 감추었기 때문이다.

위의 사실을 달리 생각한다면, 그 당시 이사도의 제나라 군사력이 어느 정도 강력하였는가를 간접적으로 설명한 대목으로 해석하고 싶다. 그 이유는 유오가 많은 군대를 거느렸는데도 불구하고 운주성을 공격하는 것이 불가능 하였기 때문에 간계를 사용하여 운주의 내성까지 무사히 들어갔기 때문이다. 이때 이사도와 그의 두 아들 그리고 大將 魏銑등 수십 명이 유오의 지시에 따르는 폭도에 의해 피살되었다.[92] 또 이사도 휘하의 20여 家가 반란군에 의해서 참수되었다.[93] 이때 이사도 휘하의 20여 가는 거의 고구려 유민 인 듯싶다. 때는 원화 14년 2월 9일이었다.[94]

고구려 유민 이정기의 아들 이납이 건국한 제나라 왕조는 이납의 아들 이사도 시대에 내부 반란으로 인해 종언을 고하게 되었다. 이는 중국의 여느 왕조처럼 이정기 가문의 제나라도 세습왕조와 다름없었는데, 4대째 이사도에 이르러 부하에 의해 허망하게 종말을 고하였음을 의미한다.[95] 이때의 상황에 대해『元和志』에, 원화 14년 이사도가 관군에게 멸망할 때 10만 대군을 거느렸다는 사실은 시사하는 바가 크다.[96] 그 이유는 이사도가 관군과 대항하여 끝까지 싸운 저력이 어디에 있었는가에 대한 해답을 제공하 기 때문이다. 그런데 嚴耕望은 이사도의 처 魏氏가 평로·치청절도의 경내에

91)『冊府元龜』권20,「帝王部」功業2 憲宗 元和中 諸軍進討淄靑李師道擒之조, 215쪽.
92)『新唐書』권214,「劉悟傳」殺師道并大將魏銑等數十人조, 6013쪽 ; 李樹桐, 앞의「元和中 興之硏究」, 371쪽.
93)『資治通鑑』권241,「唐紀」57 憲宗 元和 14年 2月 斬贊師道逆謀者二十餘家조, 7764쪽.
94)『舊唐書』권15,「憲宗紀」下 (元和 14年 2月) 今月九日, 淄靑都知兵馬使劉悟斬李師道조, 466쪽 ;『新唐書』권7,「憲宗紀」(元和 14年) 二月 戊午, 師道伏誅조, 218쪽 ;『續通志』 권12,「唐紀」12 憲宗 (元和 14年 2月 壬戌) 淄靑兵馬使劉悟斬李師道并男二人首請降조, 3310쪽 ;『唐會要』권14,「獻俘」(元和14年2月) 今月9日淄靑兵馬使劉悟조, 322쪽.
95) Charles A. Peterson, op. cit., p.171.
96) 嚴耕望, 1996,「"元和志"戶籍與實際戶數之比勘」,『歷史語言硏究所集刊』67-1, 4~5쪽.

수십만의 군대가 있다는 주장이[97] 과장된 말이라고 단정하였는데,[98] 이는
잘못된 판단인 것 같다. 그 이유는 이사도가 형 이사고를 세습하면서부터
조정과 대항하면서 10년 이상 싸웠다는 사실을 주목해야하기 때문이다.
이사도의 제나라가 당의 공격으로부터 방어를 위해 휘하에 수십만이나 되는
군대를 양성하였던 것은 지극히 당연한 일이 아닐까 싶다. 이렇게 추단하는
이유는 제나라가 오랜 세월동안 당과 대립하여 항시 전시체제의 연장선상에
있었기에 당연히 많은 군사를 보유할 수밖에 없다고 보기 때문이다.

　　다른 하나는 유오의 쿠데타로 이사도가 원화 14년 2월에 죽임을 당하였다는
사실이다.[99] 그렇다면 『구당서』에서 永泰 원년(765) 7월 신묘 일에, "淄靑절도
사 후희일은 副將 이회옥에 의하여 축출된 후, 당 황제는 鄭王 邀을 평로·치청절
도대사로 삼으면서, 회옥을 權知留後事로 삼았다"[100]는 사실만을 기준으로
삼는다면, 이정기 절도사 왕조의 존속기간에 대한 계산이 가능하다. 여기서
이희옥은 이정기의 본명이다. 따라서 대략 55년 동안 이정기의 절도사 왕조가
중국에서 지속되었다는 사실을 확인할 수 있다.[101]

　　이사도의 최측근 유오의 반란은 당에 의해 만들어진 각본이다. 어찌되었든
이사도가 여러 가지 상황을 종합적으로 제대로 분석하지 못해서 발생된
것이 유오의 반란이다. 유오의 반란의 결과로 이사도가 시해되면서 고구려
유민 이정기 가문 4대에 걸친 제나라는 끝내 멸망하였다.

　　한편 제나라 도지병마사 유오가 이사도를 배반하고 당에 충성하였기 때문

---

97) 『資治通鑑』 권240, 「唐紀」 56 憲宗 元和 13年 4月 今計境內之兵不下數十萬조, 7750쪽.

98) 嚴耕望, 앞의 「"元和志"戶籍與實際戶數之比勘」, 4~5쪽.

99) 『舊唐書』 권141, 「田弘正傳」 (元和 14年 3月) 斬師道首조, 3851쪽 ; 『冊府元龜』 권631,
　　「銓選部」조制3 (元和 14年 3月) 至是叛將李師道誅조, 7564쪽 ; 『資治通鑑』 권241, 「唐紀」
　　57 憲宗 元和 14年 2月 尋皆斬之조, 7764쪽 ; 그러나 『資治通鑑』은 이사도가 죽임을
　　당한 때를 元和 14년 2월이라고 기록하였다.

100) 『舊唐書』 권11, 「代宗本紀」 永泰 元年 秋7月辛卯朔조, 279쪽, "淄靑節度使侯希逸爲副將李
　　懷玉所逐. 制以鄭王邀爲平盧·淄靑節度大使, 令懷玉權知留後事."

101) 王壽南, 1968, 「論唐代河北三鎭之獨立性在文化上的原因」, 『中山學術文化集刊』 1, 593쪽.

에 당은 그를 파격적으로 대우하였다. 『구당서』 「유오전」의 내용을 옮겨보자.

　얼마 지나지 않아서, 이사도와 그의 두 아들을 사로잡아, 죽이고 그 首級을
조정에 바쳤다. 조정은 이로 인해 유오를 檢校工部尙書·兼御史大夫·義成軍절도
사로 발탁하고, 彭城郡王으로 봉하면서, 아울러 상으로 實封 五百戶를 내리고,
錢 二萬貫, 田莊·宅 一區를 주었다. 元和 15년 正月에 劉悟는 入朝하여, 또
檢校兵部尙書를 추가해서 제수 받고 기타관직은 그대로 유지하였다.[102]

　유오가 이사도를 시해하고 당에서 받은 관직이 고구려 멸망 전에 당에
투항한 연남생에게 준 관직 이상이었다는 사실은 암시하는 바가 크다. 다시
말해 이사도의 부하로 있으면서 당과 내통한 유오에게 파격적인 벼슬을
내렸다. 그 후 유오를 檢校司空·幽州節度使로, 다시 昭義軍節度使로 임명한
制가 오늘날까지 『全唐文』에 전하고 있다.[103] 이런 방법은 늘 唐이 사용하던
것이다.

　그러나 이사도의 조정이 멸망한 지 1년이나 경과한 후 원화 15년 정월에
유오가 入朝할 때야 새 관직을 준 것은, 당이 유오에게 약속사항을 그대로
지키지 않았기 때문에 만약의 사태 발생을 우려해 관망 기간이 길었던 것
같다. 이를 알 수 있는 것이 『자치통감』의 다음의 기록이다.

　속으로는 12개 주의 땅을 다 얻게 된다면, 드디어 文武의 將佐들을 보임하여
임명하고, 다시 州縣의 長吏로 바꾸려 하였는데, 그래서 그 아랫사람들에게
말하였다. "軍府의 政事란, 모든 것을 옛날 것에 따른다. 지금부터 다만 여러
공들과 더불어 아들을 안고 손자와 놀 것인데, 무릇 다시 무슨 걱정이겠는가?"
황제는 유오를 다른 鎭으로 옮기려고 하였는데, 유오가 대신할 사람을 받아들

---

102) 『舊唐書』 권161, 「劉悟傳」, 4230~4231쪽, "不數刻, 擒師道幷男二人, 並斬其首以獻. 擢拜悟
　　檢校工部尙書·兼御史大夫·義成軍節度使, 封彭城郡王,仍賜實封五百戶, 錢二萬貫, 莊, 宅各
　　一區. 十五年正月入覲, 又加檢校工部尙書, 餘如故."
103) 『全唐文』 권647, 「元稹」2 授劉悟昭義軍節度使制조, 2909쪽(上海 : 古籍出版社, 1995).

이지 않고, 다시 군사를 사용하게 될까 두려워, 비밀리 田弘正에게 조서를
내려서 이를 살피게 하였다. 전홍정은 매일 사자를 파견하여 유오에게 가게
하고 우호관계를 다진다는 말을 부탁하였지만, 실제는 그가 하는 것을 관찰하
는 것이었다. 유오는 힘이 많고, 手搏을 좋아하여, 鄆州를 얻고 나서 사흘
만에, 군대 안에서 장사들에게 수박을 가르치면서, 魏博 사자와 뜰에서 이를
관람하고, 스스로 어깨를 흔들고 팔을 물리치면서, 자리에서 일어나서 그
형세를 도왔다. 전홍정이 이 소식을 듣고, 웃으며 말하였다. "이 사람은 고쳐서
관직이 제수되었다는 소식을 들으면, 올라와서 바로 갈 것인데, 무엇을 할
수 있겠는가?" 경오 일에 유오를 義成절도사로 임명하였다. 유오는 制書가
내렸다는 소식을 듣자마자, 손과 발이 떨어져 나간 상황이지만, 다음날 드디어
떠났다. 전홍정은 이미 몇 道의 군사를 거느리고 城 서쪽 2리쯤에 이르러,
客亭에서 유오를 만났는데, 바로 旌節을 받고서 말을 달려 滑州에 이르러,
李公度·李存·郭昈·賈直言을 벽소하고 스스로 따르게 하였다.104)

당이 이사도 조정을 멸망시키면 유오에게 이사도의 모든 관직과 작위를
주겠다는 약속을 지키지 않으면서 유오에 대한 처리를 고심하였던 내용이
중심이 된 글이다. 이는 당과 유오가 밀약에 의해서 이사도 정권을 전복했다는
사실을 뒷받침한다. 유오의 반란 이유가 이사도의 관직과 작위를 그대로
승계 받기 위함이었기 때문이다. 그러나 유오는 단순한 인물이라 義成절도사
로 임명받고는 바로 임지로 달려가 버렸다.

그런데 유오에 대한 약속파기를 한 당은 중간 역할을 담당했던 위박절도사
전홍정을 통해서 旌節을 유오에게 넘겨주었다. 이런 중간 일을 맡은 전홍정도
여러 道의 군사를 거느리고 유오를 만난 사실은 암시하는 바가 크다. 즉

---

104) 『資治通鑑』 권241, 「唐紀」57 元和 14年 2月조, 7765~7766쪽, "意謂盡得十二州之地,
遂補署文武將佐, 更易州縣長吏, 謂其下曰, '軍府之政, 一切循舊. 自今但與諸公抱子弄孫,
夫復何憂!' 上欲移悟他鎭, 恐悟不受代, 復須用兵, 密詔田弘正察之. 弘正日遣使者詣悟, 託言
脩好, 實觀其所爲. 悟多力, 好手搏, 得鄆州三日, 則教軍中壯士手搏, 與魏博使者庭觀之,
自搖肩攘臂, 離坐以助其勢. 弘正聞之, 笑曰, '是聞除改, 登卽行矣, 何能爲哉!' 庚午, 以悟爲義
成節度使, 悟聞制下, 手足失墜, 明日, 遂行. 弘正已將數道, 比至城西二里, 與悟相見於客亭,
卽受旌節, 馳詣滑州, 辟李公度·李存·郭昈·賈直言以自隨."

유오의 반란 목적이 이사도의 관직과 작위였다는 것을 전홍정도 잘 알기 때문이다.

다만 유오는 의성절도사로 가면서 제나라에서 친당파 李公度·李存·郭昕·賈直言을 義成으로 데리고 가는 정도만을 당에게 요구했다.

『신·구당서』 모두 이전에 이사도가 사신을 보내서 유오를 죽이려 했다는 기록은 동일하나, 그때 정황만으로는 납득할 수 없는 상황설명이다. 만약 유오의 반란을 당의 사가들이 합리화시키기 위해 이사도가 유오를 죽이려고 했기 때문이라는 식으로 썼다면, 이는 이해할 수밖에 없다. 당의 입장에서 본다면, 당이 이사도 왕국을 제압하면 다시 중원의 패자가 될 수 있다는 열망 때문에, 그 당시 동원가능한 모든 방법을 다 사용하여 유오의 반란을 합리화시켰다고 본다. 우리가 아는 바처럼 많게는 15州 적게는 12州를 통치한 제나라 이사도 왕국을 당이 자력으로는 제압할 수 없었기 때문에 유오에게 반란을 획책하게 하는 비열한 방법을 사용하였던 것이다.

4. 『신당서』 「오행지」에 나타난 이사도 멸망과 관련된 기사

『신당서』 「오행지」에 원화 13년 봄 운주에서 까마귀와 까치가 병아리를 빼앗으려고 싸웠던 것보다 심한 비유로 이사도의 제나라 멸망과 관련된 기사가 있다. 이는 이사도의 제나라가 조정에 의해서 얼마나 처절하게 짓밟히면서 멸망하였는가를 알리는 사료인 듯싶다. 이는 이사도 왕국이 멸망된 직후의 상황인 것으로 보인다. 이사도가 죽임 당한 그달(원화 14년 2월)의 일이다. 이에 관한 것을 옮겨보면,

元和 14년 2월, 鄆州從事院 문 앞에 피가 고여 있었는데, 사방이 한자 이상이었으며, 색깔이 심히 진하게 붉은데 어디서 흘러온 것인지 알 수 없었다. 사람들은 하늘에서 떨어진 것이라고 생각하였다.[105]

라는 것이 그것이다. 이는 당에 의한 이사도 왕국의 멸망이 얼마나 잔인하게 이루어진 것인가를 알리는「오행지」의 섬뜩한 기록이다. 또한 이사도의 제나라가 당에 대하여 얼마나 강력하고 처절하게 대항하였는가를 알리는 사료로 보이기도 한다. 달리 말해 이정기의 4대가 중국사에 큰 흔적을 남겼기 때문에, 이사도 왕국의 멸망을『구당서』「오행지」에 특이한 현상으로 기록한 것이다.

이사도 왕국의 운주성 안의 관아 부근에 피가 한자나 되는 높이였다는 사실은 설명이 가능하다. 첫째 이유는 이사도의 부하 유오의 반란에 의해 이사도가 죽임을 당하였다고 하더라도 운주성에 제나라의 대군이 있었다는 사실이다. 십만에 가까운 많은 병사들이 유오의 반군은 물론이고 위박군 절도사 田弘正의 부하 장군 史憲誠의 군대와 혈전을 벌였다고 본다. 이때 많은 병사들이 운주성 안에서 떼죽음을 당하였다. 그래서 운주성의 從事院 앞에 사방 한자나 되는 피는 이때 죽은 병사들의 피가 모였던 것을 과장한 표현이다.

그렇다면 왜 운주성 관아 앞에 많은 피가 고였는가? 그때가 음력 2월초라 땅이 얼어 피가 스며들 수 없었다. 게다가 운주성이 낮은 지역인데 관아는 더 낮았기 때문에 피가 그 앞으로 몰리면서 온도차로 인한 핏빛 수증기가 얼었던 것 같다. 이를 입증하는 사실은 오늘날 운주성이 없어졌던 이유가 지진으로 인한 황하 지류의 범람으로 성이 잠겼다는 것이다. 운주성 관아에 피가 고인 것은 운주성의 치열한 전투와 관군에 의한 대학살의 증거이다.

唐代 번장 휘하에서 동족들이 활약하였다는 사실을 고려한다면, 평로·치청 절도사 이사도 휘하에 고구려 유민이 많았다는 사실을 통째로 부인하기 어렵다. 김문경 선생이 이미 靈州에 高麗州(貞觀 20년), 麗州(調露 원년)를 설치하였던 사실과 白崖城 싸움에서 고구려인 1만 4천여 명이 幽州로 끌려가

---

105)『新唐書』권34,「五行志」1, 894쪽, "元和十四年二月, 鄆州從事院門前地有血, 方尺餘, 色甚鮮赤, 不知所從來, 人以爲自空而墮也."

노예가 되었던 사실을 밝혔다.106) 서병국 선생은 突厥로 갔던 고구려 莫離支 高文簡이 唐으로 來降하여 唐의 遼西郡王에 봉해진 이유가 많은 고구려 유민을 거느렸기 때문이라는 것과 같은 지적에서도 어느 정도 그 사실에 대한 확인이 가능하다.107) 따라서 그 당시 幽州부근에서 생활한 많은 고구려 유민들이 이정기 일가의 휘하에 합류하였을 가능성이 충분하다고 본다. 이를 뒷받침하는 것은 『구당서』 권43, 「직관지」의 '秦·成·岷·渭·河·蘭 6州, 有高麗羌族'의 團結兵의 兵團 구성이 高句麗 羌族의 단위로 구성되었다는 사실도 마찬가지다.108)

그밖에 新疆省 社會科學院의 突厥등 이민족 연구자인 薛宗正씨도 고선지나 이정기 휘하의 구성원들 대부분이 고구려 유민이라 주장하였다.109) 이정기 휘하에 많은 고구려 유민들이 있었으며, 그들 도움으로 이정기 4대가 융성하였다는 사실에 대해서는 앞서 그때마다 밝힌 그대로이다.

이사도와 관련하여 『신당서』 「오행지」에 또 다른 기록이 있다. 이는 필자가 앞서 주장한 것처럼 이사도의 멸망을 당연시하고 싶은 마음으로 당의 사가들이 이사도와 관련되어 해석될 수 있는 상황을 모두 빠짐없이 기록하였던 것 같다. 그렇다면 이는 이사도의 정치가 당의 기록처럼 잘못된 것이 아니었기 때문에 당이 이사도 휘하의 백성들의 마음을 돌리기 위한 차원의 노력이 꽤나 절실하였던 모양이다.

그 『신당서』 「오행지」의 내용을 들어보자.

---

106) 김문경, 「唐代 外民의 內徙策, 특히 高句麗遺民의 徙民策을 中心으로」, 『숭전대논문집 (인문과학)』 11, 1981, 140~145쪽.

107) 서병국, 「高句麗遺民의 東突厥亡命」, 『관동사학』 1, 1982, 12~16쪽.

108) 김문경, 앞의 「唐代 外民의 內徙策-특히 高句麗遺民의 徙民策을 中心으로-」, 143~144쪽.

109) 중앙일보 창사 40주년(2005년 8월) '고선지 루트'답사 때 필자가 소설가 김주영씨와 함께 薛宗正씨의 연구실에서 고선지나 이정기와 같은 인물 휘하 군사들의 중심 구성원들이 누구냐고 두 번씩이나 물었다. 薛宗正씨는 고구려 유민이라고 대답하면서 그런 사실이 질문이 될 수 있냐는 투의 그의 어이없다는 듯한 표정이 지금도 생생하다.

元和 14년 2월, 대낮에 길이가 한 자가 넘는 물고기가 鄆州 市에 떨어져, 오래 있다가 죽었다. 물고기가 물 없는 (鄆州)시에 떨어진 것은 (이사도가) 멸망하려는 상이다.110)

이는 앞의 「오행지」처럼 이사도 왕국이 멸망된 후 나타난 자연 현상에 대한 기록이다. 당시 사가들이 이런 기록을 남겼던 것은 자연 현상을 그대로 기록하려는 노력의 일환일 수 있다. 그러나 이는 제나라가 이사도의 죽음으로 끝날 수밖에 없었다는 사실을 사가들이 확인하여 주는 그런 류의 자료이다. 곧 이사도가 부하 유오에 의해 죽기 전후해서 일어났던 자연 현상이다.

만약 위의 기록이 유오에 의해 이사도가 죽임을 당한 후였다면, 관군이 제나라의 남은 군사력을 제압하지 못한 상황에서 물고기가 운주 시에 떨어져 죽었던 사실로 제나라가 망할 것이라고 자위하였던 사실인지 모른다. 그렇지 않으면 유오가 이사도를 시해한 것은 개인적인 행동이 아니라 초자연적인 현상의 일부에 의해서 일어난 일이라는 식으로 호도하기 위함일 가능성이 매우 크다.

이정기의 4대 절도사 왕조는 이정기의 손자 이사도가 부하에게 피살됨으로써 막을 내렸다. 그런데 이사도의 마지막 상황에 대하여 『신·구당서』의 시각 차이가 있는 것 같다. 이를 규명하기 위하여 『신당서』의 「이사도전」 내용을 들어보면,

처음에, (이사도가) 대장 劉悟를 陽穀에 주둔시키면서, 魏博軍을 막도록 하였는데, 이사도는 그가 한곳에 머물며 나아가지 않는 것을 의심했기 때문에, 劉悟는 죽임을 피할 수 없을까봐 두려웠는데, 군사를 거느리고 도리어 鄆州城을 공격하였다. 이사도가 아침에 일어나 이런 소식을 듣고, 형수 裴氏에게 말하기를, "劉悟의 군대가 반란을 하였으니, 나는 백성을 구하고, 조상 무덤을

---

110) 『新唐書』 권36, 「五行志」3, 938쪽, "元和十四年二月, 晝, 有魚長尺餘, 墜於鄆州市, 良久乃死. 魚失水而墜于市, 敗滅象也."

지켜야 할 것 같습니다."라는 말을 남기고 이사도는 아들 李弘方과 함께
측간으로 숨었으나, 병사가 들이닥쳐서 그들을 사로잡았다. 이사도가 劉悟를
만나게 해줄 것을 청했으나, 허락되지 않자, 다시 京師로 보내줄 것을 요청하였
다. 劉悟가 사람을 보내 그에게 말하길, "司空은 지금 죄수의 몸인데, 무슨
재주로 천자를 만날 수 있단 말이요!"라고 하였는데도 하늘과 땅을 바라보며
간절히 말하자, 李弘方이 말하길, "그렇지 않으면 빨리 죽여라!" 이에 아울러
함께 참수하여, 그 수급을 京師로 전송하였다. 그 시체를 버렸으나, 아무도
두려워 거두어가는 사람이 없었는데, 英秀라는 선비가 그들을 城西에 매장하
였다. 馬摠이 그곳에 이르러, 사대부의 예로써 다시 장례를 치렀다.[111]

라는 것이 그것이다. 또 이와 관련한 사실이 『신당서』「유오전」에 다음과
같이 전한다.

　　田弘正의 군대가 陽穀에 주둔하자, 劉悟의 군영을 潭趙로 옮겼으며, 魏博軍은
황하를 건너서 盧縣을 공격하여 빼앗고, 阿井에 진을 쳤는데, 성중에서 馮利涉
과 劉悟는 마땅히 절도사가 되어야 한다는 말이 들렸다. 이사도는 의심이
나서, 여러 번 劉悟를 불러들였는데, 劉悟가 말하길 "지금 魏博軍과 더불어
싸워, 그 세를 이미 겨루어 보았는데, 먼저 도망가는 것이 패배입니다. 劉悟는
돌아가서, 魏博軍을 성 아래에서 따라 붙겠습니다." 좌우 사람들이 이사도에게
직언하길, "전쟁 성패는 아직 알 수 없는데, 대장을 죽인다면, 누가 재미를
보겠습니까?" 이사도도 그렇다고 생각하였다. 어떤 사람이 劉悟가 반란을
일으킬지 모른다고 하면서, 빨리 제거하는 것이 좋다고 말하자, 이사도가
두 번 사자를 보내 싸움의 책임을 물으니, 비밀히 그들에게 그 부장 張暹과
함께 劉悟를 斬殺하도록 하였다. 사자와 張暹이 몰래 상의할 때, 劉悟가 이를
의심하자, 張暹이 그 사실을 고하니, 劉悟가 이에 사자를 참살하였다. 여러

---

111)『新唐書』권213,「李師道傳」, 5994~5995쪽, "初, 遣大將劉悟屯陽穀, 當魏博軍, 疑其逗留,
悟懼不免, 引兵反攻城. 師道晨起聞之, 白其嫂裴曰, '悟兵反, 將求爲民, 守墳墓.' 卽與弘方匿
溷間, 兵就禽之. 師道請見悟, 不許, 復請送京師, 悟使謂曰, '司空今爲囚, 何面目見天子!'
猶俯仰祈哀, 弘方曰, '不若速死!' 乃幷斬之, 傳首京師. 棄其尸, 無敢收視者, 有士英秀爲殯城
左. 馬總至, 以士禮更葬."

장수를 소집하여 상의해 말하길, "魏博의 병이 강하기 때문에, 출전해도 패하고, 출전하지 않아도 죽는다. 다만 천자가 주살하려는 것은, 司空 한 사람뿐이다. 우리가 죽음으로 내몰리고 있는데, 군사를 돌려서 鄆州를 빼앗아 大功을 세운다면, 危亡을 부귀로 바꾸어 보는 것이 어떻겠는가?" 무리 모두가 시키는 대로 순종하였으나 別將 趙垂棘이 그의 행동을 저지하자, 劉悟는 이로 인해 그를 죽이고, 아울러 그를 미워하는 사람 30인을 죽여, 그 시체를 帳前에 늘어놓으니, 무리들이 두려워 복종하였다. 劉悟가 명령하여 말하길, "鄆州를 공격해 들어가면, 사람마다 상으로 錢 10만이고, 개인적으로 원수를 갚아도, 재물은 임의로 갖으나, 오직 나라의 창고는 손을 댈 수 없다. 이를 어기는 자는 참살한다." 이에 사람을 파견하여 田弘正에게 알리고, 그는 潭趙로 進兵하였다. 劉悟는 한밤중에 西門에 와서, 날이 밝아 문이 열리자 들어가, 이사도와 대장 魏銑등 수십 인을 죽였다. 그 즉시 劉悟를 義成절도사로 임명하면서, 彭城郡王으로 봉하고, 實封 五百戶를 주었다.112)

위와 같은 사실에 대해 사마광도 『자치통감』을 쓰면서 다음과 같이 기록하였다. 즉,

　　유오는 군사를 챙겨 청사에 올라가서, 이사도를 찾아 붙잡도록 하였다. 이사도와 두 아들은 측간 침상 아래에 엎드렸다가 발견되었고, 유오는 아문 밖에 있는 공터에 두게 하면서, 사람을 시켜 말하였다. "나 유오는 密詔를 받아서 사공을 호송하여 궁궐로 돌아가고자 한다. 그렇지만 사공께서는 또한 무슨 얼굴로 다시 천자를 뵈려 하시오?" 이사도는 오히려 요행으로라도

---

112) 『新唐書』 권214, 「劉悟傳」, 6013쪽, "田弘正兵屯陽穀, 悟徙營潭趙, 魏師踰河取盧縣, 壁阿井, 城中秘語以謂馮利涉與悟當爲帥. 師道內疑, 數召悟計事, 悟曰, '今與魏如角力者, 勢已交, 先退者負. 悟還, 魏踵薄城下矣.' 左右諫曰, '兵成敗未可知, 殺大將, 孰肯爲用?' 師道然之. 或言悟且亂, 不如速去, 師道遣使兩輩來責戰, 密語其副張暹使斬悟. 使者與暹屛語移時, 悟疑之, 暹以情告, 悟乃斬使者, 召諸將議曰, '魏博兵彊, 出則死, 不出則死. 且天子所誅, 司空而已. 吾屬爲驅迫就死地, 孰若還兵取鄆立大功, 轉危亡爲富貴乎?' 衆皆唯唯, 而別將趙垂棘沮其行, 悟因殺之, 并殺所惡三十人, 尸帳前, 衆畏伏. 下令曰, '入鄆, 人賞錢十萬, 聽復私怨, 財蓄恣取之, 唯完軍帑, 違者斬.' 因遣報弘正, 使進兵潭趙. 悟夜半薄西門, 黎明啓而入, 殺師道幷大將魏銑等數十人. 卽拜悟義成節度使, 封彭城郡王. 實封戶五百."

살겠다는 뜻을 가지고 있었으나, 그 아들 李弘方은 우러러 보며 말했다. "일이 이 지경에 이르렀는데, 속히 죽여주면 좋겠소." 조금 있다 그들 모두를 참수하였다. 묘시에서 오시에 이르자, 유오는 마침내 두 都虞候에게 명령하여 동네와 저자를 순행하게 하면서, 노략질하는 것을 금지하게 하니, 그 즉시 모두 안정되었다. 군사들은 毬場에 크게 불러 모아 놓고, 직접 말을 타고 순행하면서, 그들을 위안하였다. 이사도에게 찬성한 역모자 20여 집의 사람을 참수하니, 문무 장리들이 한편으로는 두려워하고 또 한편으로는 기뻐하였다. 유오는 李公度를 보자, 손을 잡고 흐느껴 울었으며, 賈直言을 감옥에서 내오게 하고, 그를 幕府에 두었다.113)

이는 이사도가 거처하는 아성을 쳐들어 와서 유오 일당이 이사도와 그의 두 아들을 죽였다는 내용이다. 이때 유오가 '密詔'를 받아왔다는 사실은 유오가 몰래 당과 내통한 것을 설명한다. 후반부에 유오의 두 都虞候에게 城民들에게 대한 노략질을 금지시키면서 질서회복을 하도록 하였는데, 이내 운주성 안이 안정되었다는 사실을 주목할 필요가 있다. 이는 운주성 안에서 그간에도 모든 것이 안정적이었기 때문에 이내 질서가 회복되었다고 본다. 다시 말해 제나라가 모든 체제나 법이 제대로 정비되었다는 방증이다.

또 이사도가 죽었는데도 뜻을 끝까지 같이 한 20여 집이나 되는 많은 사람이 유오에게 학살되었다는 사실은 이사도 조정에 죽을 때까지 충성한 인물이 많았다는 방증이다. 아울러 이때 제나라 문무관리가운데 상당수가 두려워했다는 사실도 유오의 반란을 거부했다는 뜻이다. 이런 어려운 상황이라서 유오는 갇혀있는 친당파 李公度와 賈直言의 도움이 절실히 필요했다. 그런 까닭에 유오는 친당파들이 갇힌 옥으로 달려가 그들을 만났다.

---

113) 『資治通鑑』 권241, 「唐紀」57 憲宗 元和 14年 2月조, 7764쪽, "悟勒兵升聽事, 使捕索師道. 師道與二子伏廁牀下, 索得之, 悟命置牙門外隙地, 使人謂曰, '悟奉密詔送司空歸闕, 然司空亦何顔復見天子!' 師道有幸生之意, 其子弘方仰曰, '事已至此, 速死爲幸!' 尋皆斬之. 自卯至午, 悟乃命兩都虞候巡坊市, 禁掠者, 卽時皆定. 大集兵民於毬場, 親乘馬巡繞, 慰安之. 斬贊師道逆謀者二十餘家, 文武將吏此懼且喜. 悟見李公度, 執手歔欷, 出賈直言於獄, 置之幕府."

　유오는 幕府에 이공도와 賈直言을 참가시켜서 지지세력의 구축 기반을 만들었다. 『자치통감』에서 사마광이 유오 반란군의 본부를 '幕府'라 했던 것은 이사도 조정을 幕府라고 했기 때문에 그대로 재사용한 것이라서, 그 당시 막부라는 용어는 제나라에 국한해 사용된 용어라는 사실을 음미할 필요가 있다.

　이때 유오와 사전에 내통한 전홍정이 운주성으로 달려갔다. 즉,

　　또한 田弘正으로 하여금 나아가서 자기의 영채를 점거하라고 하였다. 전홍정
　이 봉화를 보고, 성을 빼앗았다는 것을 알고, 사자를 파견해서 축하하게
　하였다. 유오는 이사도 부자 세 명의 수급을 함에 넣어 사자를 파견하여
　전홍정 영채로 호송하니, 전홍전이 크게 기뻐하며, 봉함하지 않은 편지로
　보고하였다. 淄와 靑等 12주가 모두 평정되었다.[114]

　이는 유오가 이사도 조정을 전복한 후, 그 공을 당에서 인정받지 못할까봐 위박절도사 전홍정과 이사도 조정에 대한 전복의 공로를 나눈 것과 관련된 내용이다. 유오는 이사도 정권 전복을 위해 당군이 사면으로 총력전을 펼칠 때 제나라를 지켜야 할 장군이 오히려 멸망시키는 데 앞장섰던 인물이었다. 이는 이사도가 부하 장수 유오에 대한 판단 미숙으로 제나라를 멸망시킨 사실에 대한 자세한 사료이다.

　위의 많은 사료를 모두 인용한 까닭은 당이 이사도 왕국을 멸망시키기 위해 노력한 흔적이 위의 사료에서 모두 읽을 수 있기 때문이다. 다시 말해 『구당서』「이사도전」, 『신당서』「이사도전」, 『신당서』「유오전」, 『자치통감』 의 이사도 왕국 멸망과 관련된 마지막 장면과 비교하면 그 내용에 차이를 각각 알 수 있다. 이를 몇 가지로 나누어 보겠다.

---

114) 『資治通鑑』 권241, 「唐紀」57 憲宗 元和 14年 2月조, 7764~7765쪽, "且使弘正進據己營.
　　弘正見烽, 知得城, 遣使往賀. 悟函師道父子三首遣使送弘正營, 弘正大喜, 露布以聞, 淄·靑
　　等十二州皆平."

하나는 유오가 운주성을 공격하였다는 사실이다. 한마디로 비겁한 유오가 이사도에 대하여 반기를 들었던 것이다. 그런데 새벽 미명에 유오가 운주성을 공격하였다고 기록되었지만, 실제 유오가 이사도의 부하 신분으로 입성한 뒤의 상황을 마치 유오가 운주성을 공격하여 성안으로 들어간 것처럼 표현하였다.

유오가 기습적으로 운주성에 잠입하여 반란하였던 것은 분명하다. 따라서 이때 유오가 운주성을 공격하였다고 기록하기보다는 유오가 이사도의 신하로서 아무 제지 없이 운주성에 입성한 후, 사전 각본대로 내성에서 이사도를 포위 공격하였다고 표현하는 것이 적절하다. 운주성이 유오의 공격을 받자마자, 바로 함락된 것처럼 썼던 것은 사실 왜곡이다. 그러나 『신당서』는 이사도를 배신하고 부귀영화를 누리려고 조정에 아첨한 유오를 당에 충성한 유능한 인물로 만들겠다는 욕심으로 유오가 운주성을 공격하여 함락시킨 것인양 엉터리로 기록하였다.

그런데 유오가 평소 이사도의 처 魏氏와 정을 통하였다는 사실을 주목하고 싶다.115) 그 이유는 유오가 평소부터 이사도를 죽일 생각을 하였을 근거가 될 사안이기 때문이다. 그렇다면 설혹 『신·구당서』의 기록처럼 이사도가 政事에 어두웠다 하더라도116) 이사도의 처 魏氏가 정사를 전횡하였다는 사가들의 주장은 신빙성이 결여되었다고 본다.117)

둘은 『신당서』의 「유오전」의 내용은 유오 반란의 정당화를 위해 무진 애를 썼다는 사실이다. 유오와 馮利涉에 대해 운주성 안에서 절도사가 되려한다는 소문이 퍼진 사실은 이미 유오가 반란을 획책한 근거로 해석할 수 있는 대목이다. 이사도가 유오를 죽이려 했다면, 여러 번 그를 불러 위박군과 싸우지 않는 것을 질책하였을 때 죽일 수 있었다. 위의 내용은 『신·구당서』

---

115) 『新唐書』 권213, 「李師道傳」 悟素與師道妻魏亂조, 5995쪽.
116) 築山治三郎, 앞의 「地方官僚と政治」, 378쪽.
117) 金文經, 앞의 「唐代 高句麗遺民의 藩鎭」, 44쪽. 김문경 선생은 이사도가 정치에 무능해 그의 처 魏氏가 전횡했다고 언급하였다.

모두 이사도를 '筆誅'하기 위해, 한편으로 유오의 반란을 정당화하기 위해 무던히 노력한 결과의 산물이라는 사실을 간과할 수 없다.

셋은 유오에 의한 운주성 안의 내성 공격 중에 이사도는 이사고의 처 裴氏에게 상황을 자세히 보고하였던 사실이다. 이는 결코 이사도가 어리석은 인물이 아니었음을 알리는 증거일 듯싶다. 게다가 이사도는 형수, 즉 이사고의 부인 배씨에게 백성과 조상의 무덤을 지키겠다고 말한 점으로 보아, 유오에 의한 鄆州의 내성 공격을 이사도가 심각하게 받아들였던 것 같다.

그렇다면 이는『신·구당서』의 찬자들이 이사도를 무능한 인물로 묘사하면서 모든 사실을 조작할 수 없음을 드러낸 기록이라고 본다. 여기서 주목되는 것은 裴氏가 鄧州가 아닌 鄆州에 있었다는 사실도 분석하여야할 사실이다. 그 이유는 이사고의 처 배씨는 이사도의 형수로 당 조정에서 원화 5년 5월에 배씨와 이사고의 딸 宜娘과 함께 鄧州에 살도록 조서를 내렸던 사실과 상치되기 때문이다.[118] 그렇다면 이사도는 이사고를 세습하면서부터 당의 조서를 무시했다는 이야기와 일맥상통한다. 그 뿐만 아니라 이사도는 형 이사고의 처 裴氏를 자신의 처로 삼았기 때문에 조정에서는 배씨의 관직을 낮추었다.[119]

그런 까닭에 당 헌종은 이 문제를 宰臣에게 거론하면서 이사도는 인륜을 거슬렀다고 관작을 낮추라고 명령하였다.[120] 이는 고구려에서 행하여진 수혼제가 이사도에게 그대로 계승된 것이 아닌가싶다. 정확히 말해 북아시아 유목제의 嫂婚制와 연결지어 해석할 수 있는 사항이다. 바꾸어 말하면 고구려 사회에 있던 수혼제로 말미암아 이사도가 형수 배씨를 처로 맞아들였다고 본다면 지나친 억측일까 싶다. 그렇다면 유오가 이사도의 처 위씨와 밀통하였다는 상황을 어느 정도는 짐작할 수 있겠다.

위의 사실에서 매우 중요한 대목은 이사도가 마지막 상황으로 몰릴 때

---

118)『唐會要』권39,「定格令」(元和) 5年 5月조, 711~712쪽.
119)『唐會要』권39,「定格令」上謂宰臣曰조, 712쪽.
120)『唐會要』권39,「定格令」雖曰逆人親屬조, 712쪽.

백성을 구하고 조상무덤을 지켜야 한다고 말한 사실은 의미가 매우 크다. 그 이유는 일개 절도사가 할 말이 아니라 하나의 독립된 국가 군주의 표현이라고 보아야 옳기 때문이다. 게다가 이런 사실을 漢族 사가들이 쓴 『신당서』의 「이사도전」에 실렸기 때문에 더욱 의미가 크다. 이사고나 이사도가 자신의 종족을 지키는 일을 주목했던 것은 그들의 백성 대다수가 고구려 유민이었다는 이야기와 통한다.

넷은 이사도의 아들 이홍방이 죽기를 자청하였다는 사실이다. 이는 이사도 부자가 포로가 된 상황에서 위기를 벗어나려고 노력하였던 것은 틀림없다. 그러나 구차하게 살려고 노력하는 것보다 죽는 것이 낫겠다고 판단한 이사도의 아들 이홍방이 죽기를 자청하였던 사실은 세습 왕조 왕자로서의 면모를 보여준 일화이다. 아무튼 그 결과로 이사도와 이홍방은 죽임을 당하였다. 이때는 원화 14년 2월 무오 일이었다.[121] 이로써 이정기의 아들 이납이 세운 제나라는 이날 문을 닫았다. 이런 와중에 운주성으로 이사도를 잡으려고 달려왔던 또 다른 인물은 위박군절도사 전홍정 휘하 장군 奚族출신 史憲誠이었다.[122] 이런 연유로 사헌성은 이사도의 首級을 장안으로 가져다 바치는 일을 담당하였다.[123]

다섯은 운주성에서 수급이 없어진 이사도와 그의 아들 이홍방의 시신을 선비 英秀가 거두었다는 사실이다. 이사도의 수급은 장안으로 보내진 후, 그곳에서 조정에 반기를 들면 최후가 이렇게 된다는 것을 알려줄 목적으로 나무에 시신을 걸어 놓은 상태로 방치되었다.[124] 한편 이때 유오가 반란을 일으켰던 상황에서 관군이 이사도의 영역을 사면에서 포위해 들어가는 상황

---

121) 『新唐書』 권7, 「憲宗」 元和 14年 2月 戊午, 師道伏誅조, 218쪽.
122) 『舊唐書』 권181, 「史憲誠傳」 師道窮蹙조, 4685쪽 ; 『太平御覽』 권327, 「兵部」58 獻俘 又曰元和14年魏博節度使田弘正遣使獻逆臣 李師道조, 1502~1503쪽.
123) 『新唐書』 권210, 「史憲誠傳」 師道傳首조, 5935쪽.
124) 『唐會要』 권16, 「廟議」下 (貞元) 季年臬元濟及李師道조, 335쪽 ; 『唐會要』 권18, 「雜錄」 臬師道조, 375쪽.

이었기 때문에 어느 누구도 이사도의 시신을 수습하려는 자가 없었다. 그 이유는 당에 끝까지 대항하였던 유일한 인물이 이사도라서 조정의 보복이 두려워 그의 시신을 아무도 거두지 않았기 때문이다.

그러나 이사도가 전일 형수였던 배씨에게 운주성 함락사실을 알리면서 백성과 종묘를 지키지 못한 것을 걱정했던 사실을 보면, 사가들이 말하는 것처럼 이사도가 그렇게 무지몽매한 인물이 결코 아니었다. 다만 이사도는 멸망한 제나라 군주였기 때문에 어리석은 인물로 사가들이 만든 것이다. 당의 기록을 정리하는 사가들은 당에 대항하였던 사실 하나만으로 이사도를 깎아 내리는 일에 모두가 앞장을 섰다. 이후 馬總이 운주에 와서 다시 이사도와 그 아들 이홍방의 시신을 사대부의 예로써 장사를 지냈다. 마총이 이사도 부자의 장례를 사대부의 예에 따라 거행하였다는 것은 이사도가 군주였다는 사실을 인정한 셈이다. 그런데 華州자사 마총은 이사도가 죽임을 당한 그 다음달 3월 鄆·濮·曹等州觀察等使로 임명되었던 인물이다.[125] 바꾸어 말하면, 이사도가 죽고 나서 당 조정에서 파견한 운주의 행정책임자가 마총이었다. 그렇다면 이사도의 수급이 없는 시신이 한 달 동안 방치된 것이다.

『신당서』의 경우도 이사도를 깎아내리는 일에 열심이었던 것은 『구당서』 나 마찬가지이다. 그런데 『신당서』에 기록되지 않았던 사실이 『구당서』에는 언급되어 있다. 이런 이유 때문에 『구당서』를 다시 인용하겠다. 이사도가 자신의 부하 유오에 의해서 피살되고 난 후, 헌종은 이사도를 죽인 것이 너무 감격스러워서 이사도의 수급을 가지고 장안에서 제사까지 드릴 정도로 기뻐하였다. 이와 관련된 사실을 『구당서』의 「이사도전」에서 들어보면,

> 같은 달에 弘正이 (이사도의 수급을) 경사에 바치었는데, 천자가 左右軍에게 명령하여 受馘儀로써 하게 하였으며, 먼저 太廟와 郊社에 바치었고, (그 다음에)

---

125) 『舊唐書』 권15, 「憲宗」 下 元和 14年 3月 戊子조, 466쪽 ; 『資治通鑑』 권241, 「唐紀」57 元和 14年 3月 戊子조, 7767쪽.

644

헌종이 興安門에 이르러 그것을 받았는데, 백관이 이를 축하하였다.126)

라는 것이다. 또 이와 같은 사실에 대해『구당서』「헌종기」원화 14년 2월조에
는 다음과 같이 기록하였다.

기사 일에 황제가 친히 興安門에서 田弘正이 바친 포로들을 접수하였으며,
君臣들은 樓下에서 축하하였다.127)

이는 당이 이사도의 수급을 가져왔다고 너무 좋아서 조정에서 행한 자축
행사였다. 아무튼 이를 다시 언급하면 다음과 같다.

유오에 의해 시해된 이사도의 수급을 魏博軍이 京師로 보내졌다는 사실이
다. 우선 유오 일당은 위박군절도사 전홍정의 부하 사헌성에게 이사도와
그 아들의 수급을 전달하였다. 이를 다시 사헌성이 전홍정에게 전달하였던
모양이다. 또 전홍정은 지체하지 않고 이사도의 수급을 들고 장안으로 달려갔
다. 이러한 소식을 들은 헌종은 황궁을 지키는 左右軍에게 명령하여 受馘儀로
서 이사도의 수급을 처리하도록 명령하였다.

이 受馘儀는 전쟁에서 적의 우두머리를 수급을 베어왔을 때 치르는 일종의
의식을 말한다. 또한 이 受馘儀를 행하였다는 뜻은 이정기 가문 4대가 당의
절도사가 아니라 당에 대한 적국이었음을 나타내는 의식이다. 당은 이사도의
수급을 가지고 太廟와 郊社에서 제사를 드림으로써 나라 안에다가 널리
승전보를 알리도록 하였다.128)

또 太廟는 역대 임금의 위패를 모신 종묘이며, 郊社는 장안성 밖에 나가
하늘과 땅에 이사도를 죽였다는 사실을 알리는 제천의식이다. 이는 이사도에

126)『舊唐書』권124,「李師道傳」, 3540~3541쪽, "是月, 弘正獻於京師, 天子命左右軍如受馘儀,
先獻于太廟郊社, 憲宗於興安門受之, 百僚稱賀."
127)『舊唐書』권15,「憲宗紀」元和 14年 2月조, 466쪽, "己巳, 上御興安門受田弘正所獻賊俘,
群臣賀樓下."
128)『太平御覽』권327,「兵部」58 獻俘 先獻于太廟조, 1503쪽.

의해 당이 멸망될 수도 있음을 의미한다. 이런 절차가 끝난 다음 헌종은 이사도의 수급을 전리품으로 장안성의 興安門에서 접수함으로써 치청절도사 이사도의 제나라는 완전히 멸망했다고 표현하여도 좋을 것 같다. 이때 당 조정의 백관들이 축하한 것에서 그동안 조정이 이사도의 세력을 통제할 수 없었다는 사실을 재확인할 수 있다.

이와 같이 유오에 의해 이사도가 어이없이 죽음으로써 이사도의 제나라가 운명을 다하게 된 요인이 내부적인 문제였다는 사실에 대하여는 반론을 제기하고 싶지는 않다. 그러나 이런 내부적인 요인이 바로 외부적인 요인으로 발전되었다는 사실은, 이미 앞에서 지적한바 그대로이다.

다시 말하면, 이사도와 함께 당을 타도하겠다던 吳元濟가 잡혀 죽었던 게 이사도에게 크나큰 타격이 되었다는 사실을 부인할 수는 없다. 그리고 이사도와 뜻을 같이하였던 王承宗이 元和 13년 4월에 德州와 棣州 二州를 조정에 할양하면서 항복하려고 하였던 게[129] 이사도 내부의 붕괴를 가져온 또 다른 원인이라고 해석하고 싶다. 그런데 王承宗은 후일 吳元濟와 李師道의 나라가 멸망되었을 뿐만 아니라 이사도가 梟首되었다는 소식을 듣고 그 충격에서 헤어나지 못하고 죽었다.[130]

이사도의 제나라 멸망에 대하여 그라프(David A. Graff)는 다음과 같이 언급하였다. 그의 주장을 들어보면,

> 당 헌종의 다음 정복할 곳도 비슷한 운명을 맞았다. 오늘날 산동 지역에 있는 平盧절도는 가장 크고 강력한 지역이었다. 관군이 819년 그 국경을 따라 집결하자, 평로절도사는 자신의 부하들에 의해 살해되었다. 그들은 조정에 항복하였으며, 평로는 나뉘어져 3개(상대적으로 약한) 지역으로 재편

---

129) 『新唐書』 권7, 「憲宗」 元和 13年 4月 甲寅조, 217쪽 ; Charles G. Peterson, *op. cit.*, pp.162~163.

130) 『新唐書』 권212, 「劉怦傳」 附'總傳' 及吳元濟·李師道平 承宗憂死조, 5975쪽 ; 『舊唐書』 권143, 「劉怦傳」 附'劉總傳' 及元濟就擒, 李師道梟首, 王承宗憂死조, 3902쪽.

되었다.[131]

라 하여 그라프가 이사도의 국가 멸망과 전후한 사정을 간단히 서술하였던 내용이다. 그런데 그는 이사도가 부하에 의해 살해된 사실과 이사도가 죽은 후 그 영토가 셋으로 분할된 사실만 언급하였다. 이런 사실을 그의 책에서 서술한 까닭은 안녹산의 반란이 몰고 온 파장의 일환으로 이정기 일문의 흥망을 서술한 듯싶다.

한편 棣州자사 曹華도 이사도를 협공하는데 한 몫 하였던 인물인 것 같다. 이와 같은 사실을 『구당서』「조화전」에서 들어보면,

적이 평정되자, (조정은 曹華를) 棣州자사로 임명하면서, 陳留郡王으로 책봉하였다. 그런데 棣州가 鄆州와 이웃하였기 때문에, (이사도의) 군대가 자주 (棣州를) 침입하였다. 曹華는 불량배 가운데 힘센 자들을 모집하여, 군대에 보충시키고, 그들에게 각 요새를 지키게 하였다. 그 이후 이사도의 군대가 왔을 때마다 다 격퇴하였으므로, 鄆州사람들이 棣州를 침범할 배짱이 없었다.[132]

라는 기록이 그것이다. 이는 宋州 楚丘人 曹華가[133] 이사도의 도읍지 鄆州의 북방 체주에 있으면서 이사도 군대의 북진을 저지하였다는 내용이다. 그렇다면 이사도 군대의 예봉이 북쪽의 조화가 지키는 체주를 더 이상 공격할

---

131) David A. Graff, "Consequences of the An Lushan rebellion", *Medieval Chinese Warfare 300-900*, (Routledge, London, 2002), p.237, A similar fate befell Xianzong's next target, the very large and powerful province of Pinglu in today's Shandong. As Government forces massed along its borders in 819, the military governor was killed by his own subordinates. They surrendered to the court, and Pinglu was divided to form three new(and relatively weak) provinces.

132) 『舊唐書』권162,「曹華傳」, 4243쪽, "賊平, 授棣州刺史, 封陳留郡王. 棣鄰於鄆, 賊屢侵逼, 華招募群盜之勁者, 補之軍卒, 分據要路. 其後, 賊至皆擊敗之, 鄆人不敢北顧."

133) 『舊唐書』권162,「曹華傳」曹華, 宋州楚丘人조, 4242쪽.

수 없었던 모양이다. 바꾸어 말하면 이사도의 영토 확장계획이 북쪽 체주에서 조화에 의해 차단되었다는 의미이다. 이때는 원화 13년(818) 5월경이다. 이때 滴河縣이 평로군사에 의해 함락되었을 때 채주자사 조화가 滴河縣을 다시 蔡州로 가져갔다.[134]

이 무렵 鄆州城으로 달려드는 모든 절도사 군과 싸우기 위해 이사도는 운주성 수비를 대폭 보강하였다. 때는 원화 14년 2월 전후의 일이었다. 즉,

　　이사도는 관군이 침입하여 압박한다는 소식을 듣고, 백성들을 징발하여 鄆州의 성과 해자를 수리하고, 수비시설을 고쳤는데, 노역이 부인들에게까지 미치니, 백성들은 더욱 두려워하고 또한 원망하였다.[135]

이는 운주성으로 바싹 다가온 당군과 싸우기 위해서 운주성을 대대적으로 보수한 것과 관련된 내용이다. 이때 운주성 안의 남녀노소 할 것 없이 모든 백성이 다 동원되어 힘든 노역을 하였음은 어쩔 수 없는 상황이었다. 이는 운주성으로 달려드는 당군과 결전하기 위함이었다.

그런데 이때 문제를 일으킨 인물은 치청도지병마사 유오였다. 한마디로 그는 장군직에 충실할 생각은 없고 자신도 이사도와 같은 지위에 오르는데만 관심이 집중된 인물이었다. 다시 말해 유오는 모반을 생각한 것이다. 이를 사마광이 쓴 『자치통감』을 통해 추적하고자 한다. 즉,

　　都知兵馬使 劉悟는 劉正臣의 손자인데, 이사도가 그를 시켜서 군사 1만여 명을 거느리고 陽穀(산동성 양곡현)에 주둔하고서 관군을 막게 하였다. 유오는 관대하고 은혜를 베풀어주며, 사졸들로 하여금 한 사람 한 사람이 스스로 편하게 해주어, 군대 안에서는 '劉父'라고 불렀다. 田弘正이 渡河하게 되자,

---

134) 『資治通鑑』 권240, 「唐紀」56 憲宗 元和 13年 5月조, 7751쪽.

135) 『資治通鑑』 권241, 「唐紀」憲宗 元和 14年조, 7762쪽, "李師道聞官軍侵逼, 發民治鄆州城塹, 脩守備, 逆及婦人, 民益懼且怨."

648

유오의 군대는 아무런 방비가 없이, 싸웠으나 또 자주 패배하였다. 어떤 사람이 이사도에게 말하였다. "유오는 군법을 수행하지 않고, 오로지 여러 사람들의 인심만을 얻고 있으니, 아마도 다른 뜻을 가지고 있을까 두려우니, 의당 일찍 그를 도모하십시오."이사도가 유오를 불러서 일을 계획하다가, 그를 죽이려고 하였다. 어떤 사람이 간하였다. "지금 관군은 사방으로 합쳐져 있고, 유오에게는 반역의 모습이 없는데도, 한 사람의 말을 채용하여 그를 죽이면, 제장들 가운데 누가 쓰임을 받으려고 하겠습니까? 이는 스스로 그 爪牙를 벗겨내는 것입니다." 이사도는 유오를 열흘간 머물게 하고, 다시 그를 보내며 금백을 후하게 주어 그 마음을 안심시켰다. 유오는 이를 알고, 군영으로 돌아왔고, 속으로 이에 대비하였다. 이사도는 유오가 군사를 거느리고 밖에 있어서, 유오의 아들 劉從諫을 門下別奏로 임명하였다. 유종간은 이사도의 여러 노복들과 매일 유희하면서, 자못 그의 음모를 알게 되었고, 비밀리에 글을 올려 아버지에게 알렸다.136)

이는 유오의 행적에 관한 사료인데, 정확히 말해서 일방적으로 유오를 두둔한 그런 기록이다. 다시 말해 사마광도『신·구당서』의 찬자처럼 유오를 미화하는데 급급하였다. 필자 생각으로 장군이면 장군직에 충실하여야 하는데도 그렇지 못할 뿐만 아니라, 장군 직무마저 유기한 인물인데도 불구하고 사가들이 유오를 미화한 이유는 한 가지이다. 당이 멸망시키고 싶어 하는 이사도의 제나라 장군으로서, 제나라 멸망에 앞장섰던 이유 때문이다. 사마광이나『신·구당서』의 찬자들이 그런 생각으로 역사를 기술하였다는 사실은 기막힐 노릇이다. 그런데 위의 내용으로 보아 유오는 아무런 잘못이 없는데 이사도가 그를 모함하여 죽이려고 한다는 서술은 논리상 불합리한 점이

136)『資治通鑑』권241,「唐紀」憲宗 元和 14年 2月조, 7762쪽, "都知兵馬使劉悟, 正臣之孫也, 師道使之將兵萬餘人屯陽穀以拒官軍. 悟務爲寬惠, 使士卒人人自便, 軍中號曰劉父. 及田弘正渡河, 悟軍無備, 戰又數敗. 或謂師道曰. '劉悟不脩軍法, 專收衆心, 恐有他志, 宜早圖之.' 師道召悟計事, 欲殺之. 或諫曰, '今官軍四合, 悟無逆狀, 用一人言殺之, 諸將誰肯爲用! 是自脫其爪牙也.' 師道留悟旬日, 復遣之, 厚贈金帛以安其意. 悟知之, 還營, 陰爲之備. 師道以悟將兵在外, 署悟子從諫門下別奏. 從諫與師道諸奴日遊戲, 頗得其陰謀, 密疎以白父."

한 두 가지가 아니다. 이런 시각을 바로잡기 위해 재고되어야 할 점이 많아 이를 간단히 지적하겠다.

하나는 유오가 1만여 명을 거느리고 陽穀에 주둔하면서 당군을 막는 임무가 주어졌다는 사실이다. 그러나 이때는 위박절도사 전홍정의 공세에 밀려 유오는 양곡에서 潭趙로 후퇴한 뒤였다. 그런데 이미 앞에서 밝힌 것처럼 원화 13년 11월 양곡을 위박절도사 전홍정이 점령하였고, 다음 해 정월에 이 같은 전과에 대해 전홍정은 당 조정에 上奏하였다.

위와 같은 결과는 都知兵馬使 유오가 자신의 임무를 다하지 못했다는 뜻이 내포됨은 물론이다. 이런데도 유오는 늘 부하에게 관대하여서 '劉父'라고 칭송받았다는 것은 장수로서는 완전 결격사유이다. 게다가 전홍정이 양곡으로 진격하는데도 유오가 아무 대비를 하지 않아서 패배했다는 기록 자체도 어이없다. 여기서 유오가 제나라에 대한 충성 포기뿐 아니라 당과 내통했다고 추정할 수 있다. 양곡 방위를 담당한 장수 유오가 본연의 임무를 망각한 채 인심을 얻는 일에만 혈안이 되었다는 것은 제나라를 전복하겠다는 의도 외에는 달리 해석할 방법이 없다.

둘은 이사도가 유오를 불러서 죽이려고 시도했다는 사실이다. 앞의 내용으로 보아 당군이 제나라를 멸망시키기 위해 공격하여 온 상황에서, 이를 막아야할 장수가 전투에 성실히 임한 흔적이 없는 경우는 어느 시대의 전쟁에서든 살아남을 수는 없는 노릇이다. 물론 이사도가 유오에 대한 징벌적 살해 계획은 당이 제를 사방으로 포위한 상황에서 반역의 모습이 없는 자를 죽이면 누가 충성하겠는가라는 반문을 듣고 실행하지는 않았다고 한다. 그러나 유오를 죽이는 일은 비밀스러운 일인데도 불구하고 그렇게 諫하는 자가 있었다는 것은 적지 않은 수의 사람이 유오를 마땅히 그 죄로 죽여야 한다는 분위기였음을 파악할 수 있는 내용이다.

유오는 마땅히 그의 죄과로 죽임을 당해야 하는데도, 제나라가 포위 당한 상황 덕분에 살아남아서, 도리어 제나라를 멸망시키는 선봉이 되었다. 그런 유오가 역사에 살아남게 만들려고 이사도를 나약하고 겁이 많았기 때문이라는 주장은 사마광이 꾸민 이야기에 불과하다. 그 이유는 유학자 사마광의 사고에는 당나라가 중심이고 이에 대항하는 이사도의 제나라는 제거되어야 한다는 생각이 중심이었기 때문이다. 그런 사마광이 자신을 합리화시키기 위해서 이사도를 무조건 어리석은 인물로 매도하였다고 본다.

셋은 이사도가 유오의 아들 유종간을 門下別奏로 임명했다는 사실이다. 이는 제나라에서 뿐만 아니라 당에 대항했던 節度들의 장군들이 외지에 나가 있을 때는 그 가족을 절도의 치소에 머물게 하였다는 사실을 비추어보면 조금도 이상한 일이 아니다. 이때 유오의 아들 유종간이 제나라에서 벼슬이 문하별주였다. 이런 사실도 제나라는 이정기 시대부터 백관제도를 두었던 구체적인 실례라고 본다. 아무튼 평로·치청이 하나의 국가 형태를 갖추었다는 예는 여러 가지로 확인이 가능하다. 물론 門下別奏란 절도사의 廁員牙門 아래에서 별주를 기다리는 그런 관직이다. 그런데 營門에서 업무를 담당하는 견습 직책이라는 사실을 주목할 필요가 있다. 여기서 營門은 門下로도 해석이 가능하기 때문이다.

유오를 죽일 때를 놓친 제나라 이사도는 뒤에 다시 유오를 죽일 계획을 세웠다. 이에 관한 소식을 『자치통감』에서 들어보자.

또 어떤 사람이 이사도에게 말하였다. "유오는 끝내 걱정거리가 될 것이니, 그를 제거함만 같지 못합니다." 병진 일에 이사도는 몰래 두 사자를 파견하여 帖書를 싸 들고 가서 行營兵馬副使 張暹에게 주어 유오의 머리를 잘라서 이를 바치도록 하고, 장섬을 챙겨서 임시로 行營을 관장하도록 하였다. 이때 유오는 바야흐로 높은 언덕에 자리 잡고 장막을 치고 술자리를 마련하였는데, 군영에서 2~3리 떨어진 곳이었다. 두 사자가 군영에 도착하여, 비밀리에 첩서를 장섬에게 주었다. 장섬은 평소에 유오와 잘 지내었으므로, 겉으로는 사자와 더불어 모의하여 말하였다. "유오는 使府에서 돌아오면서부터, 자못 대비를 하여서, 급하게 할 수는 없으니, 저 장섬이 청컨대 먼저 가서 그에게 알려 이르기를 '司空께서 사자를 파견하여 장사들에게 문안을 하고, 아울러 하사물건이 있으니, 청컨대 都頭께서 속히 돌아오셔서, 동시에 전하는 말씀을 들으십시오.' 하게 해주십시오, 그러면 저 사람은 의심하지 않을 것이니, 마침내 도모할 수 있을 것입니다." 사자는 그럴 것이라고 하였다. 장섬은 첩서를 품고 유오에게 가서, 사람들을 물리치고 이를 보여주었다. 유오는 가만히 사람을 파견하여 먼저 두 명의 사자를 붙잡아서, 그들을 죽였다.[137]

이는 유오를 그의 임지로 돌려보낸 후 신하의 말을 듣고 이사도는 다시 유오를 제거하기로 결심하였다. 이는 이때 이사도가 유오제거 시기를 놓친 결정적 실수였다. 이를 실행하기 위해 두 사자를 보냈을 때 벌어진 일에 대한 묘사이다. 이사도는 두 사자에서 첩서를 주어 行營兵馬副使 張暹과 함께 유오를 제거하라고 명령하였다. 여기서 '帖書'란 주군되는 우두머리가 諸將들에게 보내는 문서라는 사실을 주목할 필요가 있다. 그 이유는 帖書라는 표현을 통해서도 司馬光은 이사도 조정을 하나의 국가로 본 근거로 파악할 수 있기 때문이다. 또 司空은 평로·치청절도사 이사도를 말한다. 그 이유는 원화 11년(816) 11월에 이사도에게 당이 檢校司空이란 직함을 덧붙여 주었기 때문이다.

제나라의 두 사자가 독자적으로 장섬과 도모한 것은 아니고 운주를 떠날 때 이와 같이 처리하도록 사전 지침을 받았다. 이때 고려될 사항은 이사도 조정에서 유오에 대한 정보부재였다는 사실이다. 다시 말해 애초부터 유오는 당군과 싸울 의사는커녕 당의 환심을 얻는 일과 軍心을 잡는 데만 심혈을 기울인 사실을 이사도 조정이 알지 못한 것이 큰 실수였다.

---

137) 『資治通鑑』 권241, 「唐紀」 憲宗 元和 14年 2月조, 7762~7763쪽, "又有謂師道者曰, '劉悟終爲患, 不如早除之.' 丙辰, 師道潛遣二使齎帖授行營兵馬副使張暹, 令斬悟首獻之, 勒暹權領行營. 時悟方據高丘張幕置酒, 去營二三里. 二使至營, 密以帖授暹. 暹素與悟善, 陽與使者謀曰, '悟自使府還, 頗爲備, 不可忽忽, 暹請先往白之, 云 "司空遣使存問將士, 兼有賜物, 請都頭速歸, 同受傳語." 如此, 則彼不疑, 乃可圖也.' 使者然之, 暹懷帖走詣悟, 屛人示之, 悟潛遣人先執二使, 殺之."

　그런 상황 속에서 유오와 행영병마부사 장섬의 관계가 나쁠 수가 없었다. 그런데도 이사도 조정은 정보부재로 유오를 제거하는데 장섬과 도모하게 함으로써 두 사자만 죽었다. 그보다 더 주목되는 것은 당군이 운주성을 에워싼 상황에서 군영에서 떨어진 곳에 장막을 설치하고 술자리를 마련했다는 사실이다. 이는 유오가 이미 당군과 내통하고 있는 증거이다. 후일 유오가 당과 내통하여 제나라를 멸망시킨 후 奏文을 올려서 淄靑行營副使 장섬의 공로를 보고했기 때문에 장섬은 원화 14년 2월 戎州자사로 임명되었다.[138]

　그밖에 의심되는 사실은 유오와 장섬 관계가 아무리 좋더라도 행영병마부사 장섬이 유오 제거 후, 유오의 자리를 대신할 수 있는데도 불구하고 무슨 이유로 유오에게 첩서를 보여주었는가 하는 의문이다. 억측이 허락된다면, 이미 이때 이사도 조정이 더 이상 당군의 공격을 막을 수 없다는 판단으로 장섬도 유오처럼 당과 내통했기 때문이라는 생각을 지울 수가 없다. 참고로 都頭는 큰 부대 지휘관으로 유오의 직급을 말함이다.

　제나라에서 도두 유오를 죽이려는 계획이 실패함으로써 도리어 유오에 의한 쿠데타로 상황이 급변하였다. 그때 상황을 들어보자.

　　이때 이미 저녁이 되어 가고 있어서, 유오는 말고삐를 잡고 천천히 군영으로 돌아와서, 장막 아래에 앉아, 군사를 엄히 다루며 스스로 호위하였다. 제장들을 불러, 성이 나서 그들에게 말하였다. "나 유오는 공들과 죽는 것을 돌아보지 않고 관군에게 대항했으며, 진실로 오직 사공에게 죄를 지은 일이 없소. 지금 사공이 참소하는 말을 듣고, 와서 나 유오의 머리를 빼앗으려 하고 있소. 나 유오가 죽으면, 여러 공들이 다음 차례일 것이오. 또 천자가 주살하고자 하는 사람은 오직 사공 한 사람뿐이고, 지금 군사 세력은 날로 위축되어 가는데, 우리들이 어찌하여 그를 따라서 滅族되어야 하겠소? 여러 공들과 더불어 깃발을 말고 갑옷을 묶어가지고, 鄆州로 돌아 들어가서, 천자의 명령을 받들어 시행하고 싶은데, 어찌 다만 사망하는 것만을 면하는 것이겠소? 부귀하

---

138) 『資治通鑑』 권241, 「唐紀」 憲宗 元和 14年 2月 詔以淄靑行營副使張暹조, 7766쪽.

게 되는 것도 도모할 수 있을 것이오. 여러 공들은 어떻게 생각하시오?"
병마사 趙垂棘이 여러 사람들의 앞에 서서 오래 있다가 대답하였다. "일은
과연 해결될까요?" 유오가 소리에 응답하여 욕하며 말하였다. "네가 사공과
더불어 합쳐서 모의한 것인가?" 즉각 그를 참수하였다. 차례대로 두루 묻고,
지체하거나 의심하는 사람이 있으면 모두 참수하였으며, 아울러 군대 안에
있던 평소에 무리들이 싫어하는 사람을 참수하니, 무릇 30여 명이었는데,
시체를 장막 앞에 늘어놓았다. 나머지는 모두 다리를 떨면서, 말하였다.
"오직 都頭께서 명령하시면, 바라건대 죽을힘을 다하겠습니다." 마침내 사졸
들에게 명령하였다. "운주에 들어가면, 한 사람마다 상으로 100縜을 줄 것이고,
오직 군대의 帑庫에는 가까이 할 수 없다. 그들의 使宅과 逆黨들의 家財는
스스로 노략질하여 갖는 것은 마음대로 하고, 원수진 사람이 있으면 그에게
보복하라."139)

이는 유오가 이사도 조정에 대한 반란음모를 꾸민 상황에 대한 설명이다.
유오는 먼저 휘하 장사들을 자신의 뜻과 같게 하기 위해 자신의 머리를
베임을 당할 위기 상황을 諸將들에게 알렸다. 이런 설명을 하는 가운데 당군의
陽穀공격에 대해 최선의 방어를 다했다는 유오의 주장은 어설프기 그지없다.
이미 司馬光도 유오는 양곡에서 전투준비조차 하지 않았다고 밝혔다.
그런데도 유오는 억울하다는 식으로 제장들에게 설파한 것은 한마디로
억지술책이었다. 이때 淄靑兵馬使 趙垂棘이 반대하자, 유오는 그를 참수하였
다. 아울러 유오의 반란을 반대하는 30여 명을 죽인 사실은 자신의 행동이
반란이라는 사실을 구체적으로 입증한 것으로 본다. 이때 유오가 30여 명을

---

139) 『資治通鑑』 권241, 「唐紀」 憲宗 元和 14年 2月조, 7763쪽, "時已向暮, 悟按轡徐行還營,
    坐帳下, 嚴兵自衛. 召諸將, 屬色謂之曰, '悟與公等不顧死亡以抗官軍, 誠無負於司空. 今司空
    信讒言, 來取悟首. 悟死, 諸公其次矣. 且天子所欲誅者獨司空一人, 令軍勢日蹙, 吾曹何爲隨
    之族滅! 欲與諸公卷旗束甲, 還入鄆州, 奉行天子之命, 豈徒免危亡, 富貴可圖也. 諸公以爲何
    如?' 兵馬使趙垂棘立於衆首, 良久, 對曰, '事果濟否?' 悟應聲罵曰, '汝與司空合謀邪!' 立斬之.
    徧問其次, 有遲疑未言者, 悉斬之, 幷斬軍中素爲衆所惡者, 凡三十餘, 尸於帳前. 餘皆股栗,
    曰, '惟都頭命, 願盡死!' 乃令士卒曰, '入鄆, 入賞錢百縜, 惟不得近軍帑. 其使宅及逆黨家財,
    任自掠取, 有仇者報之'."

죽인 후, 나머지 병사들이 다리를 떨면서 유오에게 복종하겠다고 말한 것은 매우 중요한 기록이다. 그 이유는 유오가 당과 내통하면서 벌인 역모였다는 것을 구체적으로 확증할 수 있기 때문이다.

유오는 반란에 참가하면 그 대가로 상으로 錢 100縉을 주겠다고 약속하였다. 또 운주성에서 탈취하는 가재를 모두 주겠다고 했을 뿐 아니라 평소에 감정이 나쁜 사람을 죽여도 좋다는 식으로 학살을 부추겼다. 이와 같은 전쟁방법은 유목기마민족의 약탈전쟁 개념과 차이가 없는 방식이다.

그런데 주목해야 할 것은 오직 군대의 창고는 손을 대지 못하도록 유오가 명령했다는 사실이다. 이는 당의 명령대로 유오가 그대로 행동하였음을 설명하는 대목이다.

그 다음 유오는 휘하 군사들 가운데 쿠데타 음모에 대한 저항자들을 도륙하고 난 후 운주성으로 진격하였다. 그런데 놀라운 사실은 당이 절도사를 공격할 때 상황을 이처럼 장문으로 자세하게 기록을 남긴 것은 평로·치청절도의 경우가 유일무이하다. 필자 생각으로는 사마광이『자치통감』을 쓰면서 평로·치청만큼 강력한 절도가 없기 때문에 구체적으로 기록한 것 같다. 潭趙에서 출발한 유오 휘하의 반란군의 모습을 다음과 같이 기록하고 있다.

병사들로 하여금 배불리 먹고 무기를 잡게 하여, 밤중에 북소리를 듣고서 세 번 울리는 소리가 끊어지자 즉시 떠났는데, 사람들은 銜枚를 하고, 말은 입을 묶었고, 다니는 사람은 붙잡아 두어서 머물러 있게 하니, 사람들 가운데 아는 사람이 없게 하였다. 성에서 몇 리 떨어진 곳에 이르렀는데, 아직 밝지 않아, 유오는 군대를 주둔시키며, 성 위에서 탁성이 끊어지는 소리를 듣자, 10명으로 하여금 앞으로 가서, 선언하게 하였다. "劉都頭가 첩서를 받들어 성으로 들어간다." 문을 지키는 사람이 簡書를 써서 절도사에게 말할 때까지 기다려 달라고 청하니, 10명은 칼을 빼어들고 그들을 벨 듯하자, 모두가 도망하여 숨자, 유오가 대군을 이끌고 뒤이어 도착하였고, 성안에서는 시끄러운 것이 땅을 흔들었다. 도착하였을 즈음에는 子城은 이미 구멍이 뚫렸고,

오직 아성만이 막고 지켰지만, 조금 있다가 불을 놓고 그 문에 도끼질 하고 들어갔다. 牙城에 있는 군사는 불과 수백 명이어서, 처음에는 오히려 활과 화살을 꺼내는 사람이 있었으나, 잠시 후에 힘으로 지탱할 수 없다는 것을 알고, 모두 땅에다 던져 버렸다.140)

유오는 반란이 사전 누설되지 않게 하기 위해서 군사들에게 행군중 이야기를 못하게 젓가락을 입에 물렸을 뿐 아니라 말의 입마저 묶은 채로 새벽 2시 운주성으로 향하였다. 그때 사람을 만나면 이런 사실이 알려질 것을 막기 위해서 그 자리에 잡아둘 정도로 철저히 보안을 유지하였다.

유오는 새벽 5경에 운주성 앞에서 10명의 위장 척후를 먼저 보내 외성을 뚫자, 반란군이 내성 쪽으로 들이닥쳤다. 마지막 부분은 내성이 열리면서 이사도가 거처하는 牙城 앞까지 진격할 때 이를 지키던 병사들의 항복 장면까지의 기록이다.

한편 흥미로운 사실은『삼국사기』「신라본기」헌덕왕 11년(819) 7월조에 당의 요구로 신라가 이사도를 진압하기 위한 군대를 당으로 파병하였다는 대목이다. 앞에서 밝혔던 것처럼 이사도가 죽임을 당한 것이 819년 2월경이었다. 다시 말해 제나라의 멸망과 신라지원군의 출정 시차가 무려 반년이 경과한 후라는 사실이다. 우선 이를 확인하기 위하여『삼국사기』내용을 인용하면, 다음과 같다. 즉,

(헌덕왕 11년) 7월 당나라 운주절도사 이사도가 반란을 일으키므로 당 헌종은 이를 토벌하기 위하여 양주절도사 조공을 보내어, 우리의 병마를 징발하니, 헌덕왕이 황제의 명령에 따라 순천군 장군 김웅원으로 무장한

---

140)『資治通鑑』권241,「唐紀」憲宗 元和 14年 2月조, 7763~7764쪽, “使士皆飽食執兵, 夜半聽鼓三聲絶卽行, 人銜枚, 馬縛口, 遇行人, 執留之, 人無知者. 距城數里, 天未明, 悟駐軍, 使聽城上柝聲絶, 使十人前行, 宣言'劉都頭奉帖追入城.' 門者請爲寫簡白使, 十人發刃擬之, 皆躡匿, 悟引大軍繼至, 城中謨譁動地. 比至, 子城已洞開, 惟牙城拒守, 尋縱火斧其門而入. 牙中兵不過數百, 始猶有發弓矢者, 俄知力不支, 皆投於地.”

병사 3만을 거느리고 가서 당의 관군을 돕게 하였다.[141]

라는 것이 그것이다. 이는 몇 가지로 생각할 필요가 있는 문제이다. 따라서
이를 다섯 가지로 분석하고 싶다.

하나는 이사도 왕국이 이사도 부하 유오의 반란으로 무너졌던 때가 819년
2월경이었다는 사실이다.[142] 그런데 당은 유오를 회유한 것이 성공할 줄
모르는 상황에서 이사도 진압을 위한 군대를 신라에게 요구하였던 것 같다.
그렇다면 위의 내용은 유오가 반란하기 전, 당 헌종이 양주자사 조공에게
신라에 가서 병마의 지원을 요구하였던 게 틀림없다. 늦어도 819년 2월
직전에 당 헌종이 양주절도사 조공에게 신라행을 명령하였던 모양이다.

어쩌면 장안에서 819년 2월경 신라군 지원요청을 양주자사에게 명령하였
을지 모른다. 이는 당시 양주절도사 조공이 신라에 빨리 도착했어도 그해(819)
5월 정도였을 듯싶기 때문이다. 만약 이보다 빨리 도착하였는데도 7월에
신라가 군사를 파견하였다면 신라에서 당으로 군대를 파견하는 현안에 대한
의견이 분분하였을 가능성도 무시할 수 없다.

둘은 당이 신라와 관련된 일을 처리하는데 있어서 陸運海運押新羅渤海兩蕃
等使라는 관직을 활용하지 못하였다는 사실이다. 이는 이사도가 살아있는
동안 陸運海運押新羅渤海兩蕃等使이었기 때문이다. 따라서 당은 변칙적으로
楊(揚)州절도사 조공에게 임시로 陸運海運押新羅渤海兩蕃等使와 같은 기능을
담당하도록 명령하였던 것 같다.

셋은 신라가 817년 7월에 3만이나 되는 병력을 당으로 보냈다는 사실이
다.[143] 그런데 이때 당이 병사만이 아니라 병마까지 요구하였다는 사실은
시사하는 바가 매우 크다. 이는 당시 신라에 상당수의 말이 있었다는 사실을

---

141) 『三國史記』 권10, 「新羅本紀」 憲德王 11年 "七月, 唐鄆州節度使李師道叛. 憲宗將欲討平,
詔遣楊州節度使趙恭, 徵發我兵馬. 王奉勅旨, 命順天軍將軍金雄元, 率甲兵三萬以助之."
142) 張傳璽 主編, 1992, 『中國古代史綱』, 大學出版社, 80쪽.
143) 全海宗, 「韓中朝貢關係考－韓中關係史의 鳥瞰을 위한 導論－」, 『東洋史學研究』 1, 28쪽.

뒷받침하기 때문이다. 이때 신라의 3만의 병사를 이끌고 당으로 출정하였던
인물은 순천군 장군 金雄元이다. 順天軍 장군은 당나라 황제의 뜻에 의해
출정하는 장군이라는 뜻으로 급조된 장군호인 듯싶다.

이때 신라 군사가 원정을 하기 위해 빨리 당을 향해서 출정하였다고 가정하
더라도, 그 기간이 2개월 이상 소요된 듯싶다. 신라에서 당으로 출정하였던
군대가 모두 해로를 이용하였다고 보기는 어려움이 많다. 물론 수군과 일부의
보병은 楊州를 향하여 배로 이동하였을 것이다. 한편 신라의 기마군단은
육로를 통하여 당으로 들어갔다고 판단하는 것이 옳을 성싶다.

넷은 신라가 당에 3만이나 되는 군사를 파견하였다는 사실이다. 앞에서
밝힌 것처럼 당 헌종의 명령이라 신라는 어쩔 수 없이 군사를 파견하였던
것 같다. 그러나 그 당시 국제정세로 보아 신라가 당에 대하여 이러한 군사파병
을 거절할 수 있었던 상황이었다. 당의 명령을 전달받는 루트는 얼마 전까지
陸運海運押新羅渤海兩蕃等使 이사도였기 때문이다. 이는 당에서 신라의 대변
자 역할을 담당하였던 인물이 고구려 유민 이정기의 손자 이사도였다는
사실이다. 한 예를 들면 고구려 유민 이정기의 4대가 陸運海運押新羅渤海兩蕃等
使로 재위할 때 당에 宿衛와 관련된 사실로는 800년 8월 學生 梁悅과[144]
신라 왕자 김헌충을 806년 귀국시켰다는 두 기록뿐이다.[145] 그런데 위의
學生 梁悅은 당 덕종이 建中 4년(783) 10월 무신 일에 반란군 朱泚등에 쫓기어
奉天까지 도망하였을 때[146] 신라 宿衛로 당 덕종과 함께 奉天으로 갔던 인물이
다. 당 덕종이 奉天으로 도망갔기 때문에 『신당서』의 찬자는 李希烈과 함께
朱泚를 '逆臣'으로 분류하였다.[147]

144) 신형식, 2011, 「『삼국사기』본기 기사내용의 개별적 검토」, 『삼국사기의 종합적
연구』, 경인문화사, 478쪽.
145) 卞麟錫, 앞의 「唐宿衛制度에서 본 羅·唐關係－唐代外人宿衛의 一研究－」, 508쪽.
146) Bernard S. Solomon, op. cit., p.I : p.10 ; 礪波護, 1972, 「唐代使院の僚佐と辟召制」, 『神戸大學
文學部紀要』 2, 89쪽.
147) 『新唐書』 권225중, 「朱泚傳」, 6441~6450쪽.

여기서 주목하고 싶은 것은 당에서 右贊善大夫 벼슬을 받은 宿衛 梁悅을
신라가 다시 발탁하였던 사실이다.[148] 이는 그 당시 신라와 당의 관계를
가늠하는 잣대가 될 듯 같다. 고구려 유민 이사도의 역할로 당이 신라에
대하여 마음대로 요구할 수 없었던 상황을 신라가 익히 알고 있었다. 달리
표현한다면, 신라가 당의 요구에 따랐던 것은, 신라가 당의 정세변화를 어느
정도 정확히 감지한 결과라고 해석할 수 있다. 그보다는 신라의 왕위가
안정되지 못한 상황이라 당의 힘을 빌려보려는 의도도 작용하였으리라는
점도 무시할 수 없다.

다섯은 당이 요구로 출정한 신라 군사가 이사도의 군대와 직접 전투할
수 없었던 사실이다. 이는 앞서 밝혔던 것처럼 819년 2월 이미 제나라 이사도는
부하 유오의 반란으로 멸망한 뒤, 거의 반년이나 지나 신라가 출병하였던
상황이기 때문이다. 이는 당시 신라와 당으로 오고갔던 것이 쉽지도 않았을
뿐만 아니라 통신수단도 생각처럼 발달하지 못하였다는 것을 입증하는 자료
다. 그렇다면 헌덕왕 11년 7월에 출정한 신라 군대가 당에 도착하였을까
하는 의심이 제기된다. 그 이유는 신라 군대가 이사도 토벌을 위하여 당으로
출정할 명분이 소멸되었기 때문이다.[149] 물론 이러한 사건으로 말미암아
신라와 당의 관계가 전일보다 긴밀하여졌을 가능성은 매우 농후하다.[150]
그러나 안타까운 것은 이때 신라의 3만이나 되는 대군이 당에서 어떠한
일을 수행하였는지에 구체적인 사실을 찾지 못한 점이 못내 아쉽다.

반대로 신라가 이사도의 제나라가 멸망된 것을 알았기 때문에 파병하였을

---

148) 申瀅植, 1976, 「宿衛學生考－羅末麗初의 知識人의 動向에 대한 一齣－」, 『韓國史論論文選
集 Ⅱ, 古代編』, 一潮閣, 335쪽 ; 『三國史記』 권10, 「哀莊王本紀」 立王擢用之조, 102~103
쪽.

149) 韓圭哲, 1983, 「新羅와 渤海의 政治的 交涉過程－南北國의 사신파견을 중심으로－」,
『韓國史研究』 43, 148쪽 ; 申瀅植, 앞의 「統一新羅의 對唐關係」, 350쪽. 비록 신라군
3만이 당으로 건너갔더라도 이사도 반란이 이미 평정되었기 때문에 이사도 반란
討平에 조력하였다는 표현을 사용할 수 없다.

150) 韓圭哲, 1993, 「新羅와 渤海의 武力 對立關係」, 『宋甲鎬教授停年退任記念論文集』, 669쪽.

가능성이 크다. 그 이유는 중국에서 당을 중심으로 새로운 질서가 재편된 상황이라, 신라가 이를 거부할 힘이 없었기 때문이다. 그렇다면 신라가 파견한 3만 명이나 되는 많은 병사가 무엇을 했는가 하는 점이다. 신라 병사들은 이정기 일가가 60년 동안이나 통치한 제나라 영토의 해안지역에서 치안을 담당하였을 가능성이 짙다. 이는 후일 신라방이 산동에 확고하게 자리잡은 것과 관련성을 가질 수 있기 때문이다. 이와 같은 추론은 당이 제나라를 멸망시킨 후에도 제나라의 부흥을 원천 봉쇄하기 위해 제나라 사람들을 대량 학살하였던 사실과 함수관계가 있다.

위의 사실은 당 헌종이 이사도를 평정하기 위해 신라에 지원군을 요구하였기 때문에 발생된 상황에 대한 분석이었다. 그러나 당의 장안에서 신라로 향한 사신의 경우에만 초점을 맞추어도 몇 개월이나 소요된 사실을 확인하였던 것은 나름대로의 큰 소득이다.

5. 제나라 멸망 후 당의 대응책

제나라 이사도가 그의 부하 유오에 의해 잡혀 죽은 소식은 당에게는 크나큰 낭보였다.[151] 이와 같은 사실을 들은 조정은 평로·치청절도사가 다스렸던 諸州에 대한 재빠른 수습책을 발표하였다. 즉『구당서』「헌종기」원화 14년 2월조에 의하면,

을묘 일에 淄靑行營의 여러 군에 조서를 내려 말하길, 군대가 도착하여 접수하는 城邑마다, 망령되게 사람을 죽이거나 다치게 하지 않을 뿐 아니라 민간의 집이거나 관청을 불 지르지 말고, 그리고 백성의 재산을 약탈하지 말 것이며, 분묘도 파헤치는 일을 엄금한다고 하였다. 이를 범하였을 때는 의당 엄하게 다스린다고 하였더니 위법하는 일이 없었다.[152]

---

151) 李樹桐, 1967,「唐代的政教關係」,『師大學報』12, 19쪽.

라는 것이 그것이다. 이때는 물론 원화 14년 2월 을묘 일인데, 이는 이사도가
죽임을 당한 달과 같은 달이다. 다시 말해 당이 제나라 멸망에 대한 대비책을
신속하게 처리하였다는 내용이다. 한마디로 치청절도사 관할 지역으로 공격
하여 들어가는 군에게 그곳을 파괴하지 못하게 하였던 황제 명령이었다.
만약 치청으로 공격하여 들어가는 군이 약탈과 방화를 일삼게 되면, 조정에
막대한 피해가 돌아가는 것은 당연하다. 다시 말해 치청이 반세기 이상
이정기 가문의 4대에 걸친 통치를 받았던 곳이라 공격하여 들어가는 관군이
침략군으로 비쳐질 경우, 조정은 더 큰 어려움이 올 것을 예방하기 위한
대응책이 위의 내용이다.

　이때 조정은 淄靑을 다스릴만한 여러 가지 여건을 구비하였다고 생각하기
는 어렵다. 한 마디로 이는 조정이 치청을 다스리기 위한 선무공작 차원의
성격을 벗어나지 못하였던 것 같다. 당이 평로·치청의 분묘를 파헤치는
일을 엄금한다는 조치는 짚고 넘어갈 점이 있다. 평로·치청에 많은 분묘가
있겠지만 그 중 이정기·이납·이사고의 왕묘가 존재한다는 사실을 당이 염두
에 둔 것 같다. 달리 말해 그런 왕묘를 파헤치는 과정에서 많은 보물이
없어질 것과 아울러 이와 같은 보물이 다른 곳에서도 나온다는 사실이 알려지
게 되면 모든 역사분묘가 파헤쳐질 것을 우려한 조치가 당이 분묘를 파지
못하도록 한 것이다.

　앞에서 보았던 이사도의 죽음과 관련한 사실을 『舊唐書』의 「憲宗紀」에
날짜 별로 전하고 있다. 즉,

　　임술 일에 田弘正이 상주하길, 이달(2월) 9일, 淄靑都知兵馬使 劉悟가 이사도
와 그 두 아들의 머리를 베어 항복을 요청하여 왔으므로, 사도가 관할하였던
12주가 평정되었습니다. 갑자 일에 임금이 직접 宣政殿에서 축하를 받았다.
기사 일에 임금은 興安門에서 田弘正이 바친 적 포로들을 받았으며, 이때

---

152) 『舊唐書』권15, 「憲宗紀」 元和 14年 2月조, 466쪽, "乙卯, 敕淄靑行營諸軍, 所至收下城邑,
　　不得妄行傷殺, 及焚燒廬舍, 掠奪民財, 開發墳墓. 宜嚴加止絶."

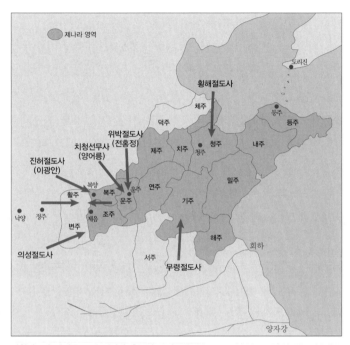

치청선무사 양어릉 등의 제나라 운주성 포위공격도

많은 신하들은 건물 밖에서 축하하였다.153)

라는 내용이다. 이런 사실은 『자치통감』에서 다음과 같이 정리되었다. 즉,

　　임술 일에 田弘正이 승리하였다는 주문이 도착하였다. 을축 일에 戶部侍郎 楊於陵에게 명령하여 淄·靑宣撫使로 임명하였다. 기사 일에 이사도의 수급을 담은 函이 도착하였다.154)

---

153) 『舊唐書』권15, 「憲宗紀」元和 14年 2月조, 466쪽, "壬戌, 田弘正奏, 今月九日, 淄靑都知兵馬 使劉悟斬李師道幷男二人首請降, 師道所管十二州平. 甲子, 上御宣政殿受賀. 己巳, 上御興 安門受田弘正所獻賊俘, 群臣賀於樓下."

154) 『資治通鑑』권241, 「唐紀」57 元和 14年 2月조, 7765쪽, "壬戌, 田弘正捷奏至. 乙丑, 命戶部侍郎楊於陵爲淄靑宣撫使. 己巳, 李師道首函至."

662

이는 두 가지로 구분하여 분석하는 것이 좋을 것 같다.

하나는 원화 14년 2월 임술 일에 위박군절도사 전홍정이 운주성 평정 사실을 상주하였다는 사실이다. 그러자 당은 지체하지 않고 3일 후에 戶部侍郞 楊於陵을 淄靑宣撫使로 임명하였다. 그런데 『구당서』의 「한홍전」에서도 이사 도가 죽임을 당한 사실을 기록하였다.[155]

위 자료는 당시의 중요한 상황을 알린 간결한 상주문이라 주목된다. 전홍정 은 그의 상주문에서 날짜를 밝혔다. 즉 원화 14년 2월 9일(임술) 淄靑都知兵馬使 유오가 이사도와 그의 두 아들의 수급을 베어 가지고[156] 와서 항복을 요청한 사실을 보고하였다. 이로 말미암아 이사도가 관할하였던 12州가 평정된 사실을 알린 게 전부였다. 그런데 여기서 주목하고 싶은 것은 사가들이 앞에서 유오를 이사도의 노비라고 표현하였던 것과 사뭇 다르다는 사실이다. 그런데 위에서 유오가 이사도 휘하에서 淄靑都知兵馬使였다고 밝혔다. 그렇 다면 이는 제나라가 관료제조차 없는 엉터리 집단인양 표현하고 싶었기에 사가들이 유오를 노비라고 쓴 것이라 볼 수밖에 없다.

다른 하나는 당 조정이 이사도를 죽이고[157] 난 후, 헌종이 宣政殿에서 축하연을 열었다는 사실이다. 이는 헌종 재위 시에 이사도를 죽였던 사실이 무엇보다 중요하였다는 것을 암시한 것 같다.

이 의식 후 헌종은 전홍정이 바친 이사도의 수급과[158] 포로를 興安門에서 접수한 사실을 「헌종기」에 자랑스럽게 기록한 것 같다. 이는 당 헌종의 이른바 '元和中興'의 완성이라고 표현할 수 있을 정도의 사건이다. 이에 대한 사실을 『구당서』「헌종기」원화 14년 2월조에서 보자.

155) 『舊唐書』권156, 「韓弘傳」(元和) 十四年, 誅李師道조, 4135쪽.

156) 『元氏長慶集』권52, 「碑銘」'沂國公魏博德政碑' (元和 14년) 2月 壬戌조, 605쪽(『欽定四庫全 書』所收 1079冊, 臺灣 : 商務印書館, 1986).

157) 王承禮, 「당 왕조의 大祚榮 책봉과 발해 정치세력의 발전」, 『발해의 역사』, 96쪽(송기호 역, 한림대학 아시아문화연구소, 1988).

158) 『新唐書』권213, 「李師道傳」師道首傳弘正營조, 5995쪽.

경오 일에 制로써 淄靑兵馬使·金紫光祿大夫·試殿中監·兼監察御使 劉悟를 檢校工部尙書·滑州刺史와 義成軍節度使로 임명하고 彭城郡王으로 봉하면서, 食邑 3천 호와 돈 2만관·莊宅을 각각 一區를 하사하였다.159)

당은 유오에 의해 이사도의 치청절도가 평정된 것이 너무 좋아 그에게 滑州자사160) 및 義成軍절도사뿐만 아니라 彭城郡王이라는 작위까지 주었다.161) 그 뿐만 아니다. 유오에게 食邑을 3천 호, 돈을 2만 관, 농장과 저택을 각각 한 구획씩 하사하였다.162) 그런데 유오가 이미 평로·치청절도사 이사도 휘하에서 淄靑兵馬使·金紫光祿大夫·試殿中監·監察御使라는 많은 관직을 받았다는 사실은 유오가 이사도의 절대적 총애를 받았다는 증좌이다. 이사도의 죽음은 유오의 정치적 반란으로 규정지을 수 있는 자료가 그의 많은 관직에서도 증명된다. 다시 말해 평로·치청절도사 이사도가 유오가 어떻게 변질될지를 제대로 파악하지 못해서 일어난 실수가 유오의 반란이다.

그 후 유오는 이사고의 아들 이명안이 朗州司戶參軍으로 임명받는데 힘을 썼다.163) 그런데 유오가 이사고의 부인과 추문이 있었던 사실에서 미루어 본다면, 이명안이 유오의 친자였을 가능성도 무시할 수 없다. 그러나 당에서 이명안은 위의 벼슬 외에 다른 벼슬을 하지 못하였다. 정확히 말해 얼마

---

159) 『舊唐書』 권15, 「憲宗紀」 元和 14년 2月조, 466쪽, "庚午, 制以淄靑兵馬使·金紫光祿大夫·試殿中監·兼監察御使劉悟檢校工部尙書·滑州刺史, 充義成軍節度使, 封彭城郡王, 食邑三千戶, 賜錢二萬貫·莊宅各一區."

160) 『李文公集』 권14, 劉悟旣除滑州조, 171쪽(『欽定四庫全書』所收 1078冊, 臺灣 : 商務印書館, 1986).

161) 『舊唐書』 권15, 「憲宗紀」 元和 14年 2月 庚午조, 466쪽.

162) 『舊唐書』 권161, 「劉悟傳」 仍賜實封五百戶조, 4230쪽 ; 『唐會要』 권90, 「食實封數」 劉悟五百戶元和14年2月勅조, 1642쪽.

163) 『新唐書』 권75下, 「宰相世系」5下 附'高麗李氏' 明安, 閬州司戶參軍조, 3448쪽 ; 『新唐書』 권213, 「李師道傳」 悟獨表師古子明安爲朗州司戶參軍조, 5995쪽 ; 『續通志』 권279, 「唐列傳」79 '李師道' 悟獨表師古子明安爲朗州司戶參軍조, 4881쪽 ; 蘇慶彬, 앞의 『兩漢迄五代入居中國之蕃人氏族硏究』, 587쪽. 蘇慶彬은 閬州와 朗州가 다른 것이라고 말하는데, 이는 같은 것이다.

후에 이명안도 당에 의해 주살된 것으로 보인다. 이를 밝히기 위해『자치통감』
長慶 2년(822년) 3월조를 옮겨보자.

　　韓愈가 말하길, " 너희 무리들이 아직도 예전의 태사를 기억할 수 있다면
　　훌륭하다. 대개 거역함과 순종함은 재앙이 되고 복이 된다는 것이 어찌
　　멀리 있겠느냐! 安祿山·史思明이래로 吳元濟·李師道에 이르기까지, 그의 자손
　　들 가운데 지금도 오히려 벼슬을 하고 있는 사람이 있는가?"…164)

이는 韓愈가 朱滔를 평정한 공로로 太師가 된 王武俊을 칭송하면서 安祿山·史
思明·吳元濟·李師道를 반역의 무리로 분류한 것이다. 한유가 이사도를 반역
무리에 포함시킨 데서 이사도의 제나라 성격이 더욱 명확해진다. 그 이유는
위의 네 인물 모두가 당나라 타도를 기치로 내걸었기 때문이다. 그렇기
때문에 이사도와 연관된 인척이 그 후에 당에서 벼슬하지 못한 것은 당연하다
는 식으로 한유는 설명하였다.

　이후 李師古나 李師道의 자손들 가운데 당에서 벼슬한 인물은 없다. 당은
고구려 유민 출신 이정기 가문의 사람들을 모두 살해하였다고 보는게 맞다.

　한편 유오가 이사도를 살해하기 전부터 내통한 전홍정에게도 당은 원화
14년 2월 같은 달에 추가 벼슬을 내렸다. 즉, "계유 일에 田弘正에게 檢校司徒와
同中書門下平章事라는 벼슬을 추가하였다." 이는 당이 宣武·魏博·義成·武寧·橫
海절도사들의 군사로 이사도를 무너뜨린 것이 아니라, 전홍정과 밀통한
반역자 유오에 의해서 이사도를 무너뜨렸다는 방증이다.

　長慶 2년(822) 정월에 서주자사 왕지흥이 이사고의 아들 이명안을 사로잡아
황제에게 바쳤다는 사실 역시 주목하고 싶다.165) 무슨 이유로 이명안을

---

164)『資治通鑑』권242,「唐紀」58 長慶2年 3月조, 7813쪽, "愈曰, '汝曹尙能記先太師則善矣.
　　夫逆順之爲禍福豈遠邪! 自祿山·思明以來, 至元濟·師道, 其子孫有今尙存仕宦者乎!'…"
165)『冊府元龜』권434,「將帥部」獻捷1 '王智興' 長慶2年 正月조, 5162~5163쪽. 여기서
　　이명안을 이사도의 아들이라고 기록하였는데, 이는 잘못된 것이다.

체포하였는가에 대하여 언급이 없지만, 모반 이외의 다른 이유가 있을 수 없다. 그런데 『冊府元龜』에서 이명안을 이사도의 아들이라고 기록하였던 사실도 흥미롭다. 이는 제나라의 마지막 절도사가 이사도였기 때문에 이명안을 이사고의 아들이 아닌 이사도의 아들로 기록한 듯싶다.

후일 당이 왕지흥을 평로군절도사로 임명하면서 그를 押新羅渤海兩蕃等使로 임명했다는 사실을 特記하고 싶다.[166] 그 이유는 당이 제나라를 멸망한 후 동아시아의 외교통상의 제반 업무를 관장하기 위해 압신라발해양번등사 관직에 다시 주목하였다는 것을 암시하기 때문이다.

이는 필자가 앞에서 말한 것처럼 이명안이 이사도를 계승하겠다는 이유로 반란을 일으킨 사실 때문인지 모른다. 朗州사호참군 이명안은 증조 이정기가 세운 강력한 절도사 나라를 다시 세우기 위해 행동하였던 모양이다. 그런데 낭주사호참군은 미관말직일 뿐만 아니라 낭주라는 지역도 생각해 볼 점이 많다. 즉 朗州는 오늘날 尙德市로 동정호의 동쪽에 있는 지역이다.[167] 다시 말해 낭주라는 곳은 평로·치청절도와 상관이 없을 정도로 먼 지역이라 이명안이 어떻게 그곳에서 거사를 계획하였는가 하는 의문이 제기된다.

그렇다면 이명안이 생포되었다는 사실은 시사하는 바가 크다. 이명안이 고구려 유민들을 규합하였을 가능성이 있고, 규합된 고구려 유민들이 이명안을 다시 절도사로 추대하였을 수도 있다. 그 이유는 이명안이 증조 이정기가 세웠던 절도사 왕국을 되찾으려는 시도가 조정에 충성하는 서주자사 왕지흥에 의해 발각되었을 게 분명하기 때문이다. 이명안이 잡혔다는 사실은 이정기 일문의 부흥을 위한 최후의 시도였던 것 같다.

한편 유오도 이사도를 죽였던 죄값을 치른 것 같다. 즉 유오가 임종이 가까워오면서 이사도에 대한 두려움으로 고통 속에서 죽었다는 사실이 그것

---

166) 『唐大詔令集』 권60, 「王智興等加官爵制」, 439쪽(『文淵閣四庫全書』 所收, 臺灣商務印書館, 1986).
167) 譚其驤 主編, 앞의 『中國歷史地圖集－隋·唐·五代十國時期－』, 38~39쪽.

일 듯싶다.168)

이처럼 당은 이사도를 죽이고 나서 그를 깎아내리기 위한 작업을 계속 진행하였다. 제나라의 이사도가 죽어야만 옳았다는 식으로 결론을 도출하기 위한 억지 노력에는 중국 사가들의 노고가 매우 컸다. 정확히 말해 제나라 이사도 멸망의 당위성을 만들어 내느라고 사가들은 이사도를 매도하기 위해 사실을 과장하거나 없는 사실도 주저하지 않고 만들어 썼다.

6. 당이 제나라를 평정하기 위해 이용한 심리전술

제나라 이사도가 죽임을 당한 것은 당군 때문이 아니었다. 필자는 이사도가 부하 유오에 의해서 죽임을 당하기 전에, 조정이 이사도만 죽이겠다는 것을 조서로 발표한 사실을 주목하고 싶다. 바꾸어 말하면 제나라 내부의 반란을 조정이 유도하였다는 말이다. 이와 관련된 사실을 우선 『구당서』「헌종기」 원화 13년 12월조에서 들어보자.

> 무인 일에, 전에 진영에서 싸우다 포로가 된 이사도의 部將 夏侯澄등 47인에 대해, 조서를 내려 사면하면서 魏博과 義成軍이 접수 관리하도록 하고, 적의 경내로 송환을 요구하는 자는, 그들에게 상황을 참작해 너그러이 돌려보내라. 황제가 宰臣을 돌아보며 말하길 "人臣이 君을 섬길 때, 다만 좋은 일만 힘써야하며, 자연히 명망을 얻게 되는데, 어찌하여 붕당을 만드는 일을 좋아하는가? 짐은 이를 심히 미워한다!" 裴度가 대답하길, "군자와 소인도 모두 누구나 붕당을 갖고 있습니다. 군자의 무리는, 즉 同心과 同德입니다. 소인의 무리들은, 바로 붕당들입니다." 황제가 말하길 "다른 사람의 주장도, 또한 경의 생각과 비슷한가, 어찌 이를 능히 쉽게 구별할 수 있겠는가?" 裴度가 아뢰길 "군자와

---

168) 『新唐書』권214, 「劉悟傳」寶曆初, 巫者妄言師道以兵屯瑠璃陂조, 6014쪽. 寶曆년간에 劉悟는 무당이 이사도가 瑠璃陂에 군사를 가지고 주둔하고 있다는 망언을 듣고 제사를 올리며 수선을 피웠다.

소인은, 다른 사람의 행위를 관찰하는데 있어서, 마땅히 저절로 드러납니다."
황제가 말하길 "무릇 좋은 일에 떠들어 대기는 쉬우나, 자신이 직접 하기는
어려운 법이다. 경들이 이미 이렇게 이야기했으니, 바로 실행하여야 하지,
빈말은 필요가 없다." 裴度 등이 사죄하며 아뢰길 "폐하가 하시는 일은, 매우
지당하시다고 말하오며, 저희들이 어찌 감히 격려할 수 있겠습니까. 그러나
천하 사람들은, 폐하가 하시는 것을 따르는 것이며, 폐하가 하시는 말을
따라하는 것이 아닙니다. 저희들은 폐하께서 매번 하시는 말씀대로 할 수
있기만 바랄 뿐입니다." 황제가 이를 매우 기쁘게 받아들였다.[169]

위의 사실은 제나라 이사도의 장군 가운데 당과 싸우다가 잡힌 夏侯澄
등 47인에 대한 처리에 대한 조서이다. 아울러 헌종이 이런 일을 하면서
당의 재상 배도와 이야기 하면서 자신이 한 일에 대해 의견을 교환한 내용이다.
그런데 이는 헌종이 이사도와는 근본적으로 차원이 다르다는 사실을 과시하
기 위해 배도를 위시한 뭇 신하들로부터 칭송받았다는 내용이다.
또 위와 같은 사실을 『舊唐書』 「이사도전」에서 다음과 같이 기록하고
있다. 즉,

처음에 東軍의 各道 行營節度가 賊軍 장수 夏侯澄등 47명을 생포하였는데,
황제가 조서를 내려 말하기를 "고구려의 흉악한 무리에 붙어 官軍에 저항했으
나, 나라에는 정해진 형벌이 있어, 응당 모두 다 죽여야 옳다. 짐은 그대들
고구려 무리 속에서 오래 살면서 나쁜 풍속에 물들은 데다, 모두 핍박으로
인해서, 출병해 토벌한 이래로, 시간이 얼마 지나지 않아서, 설사 귀순하고
싶은 마음을 품었어도, 진실로 기회가 없었기 때문에, 그 사정 또한 가련하여,

169) 『舊唐書』 권15, 「憲宗紀」 元和 13年 12月조, 465쪽, "戊寅, 軍前擒到李師道將夏侯澄等四十
七人, 詔並釋付魏博及義成軍收管, 要還賊中者, 則量事優給放還. 上顧謂宰臣曰'人臣事君,
但力行善事, 自致公望, 何乃好樹朋黨? 朕甚惡之!' 裴度對曰'君子小人, 未有無徒者. 君子之
徒, 則同心同德, 小人之徒, 是爲朋黨.' 上曰'他人之言, 亦與卿等相似, 豈易辨之哉.' 度曰'君子
小人, 觀其所行, 當自區別矣.' 上曰'凡好事口說則易, 躬行則難. 卿等既言之, 須行之, 勿空口
說.' 度等謝曰'陛下處分, 可謂至矣, 臣等敢不激勵. 然天下之人, 從陛下所行, 不從陛下所言,
臣等亦願陛下每言之則行之.' 上頗欣納."

짐은 차마 그대들을 죽일 수 없다. 하물며 三軍의 백성으로, 어느 누가 내
臣民이 아니겠는가? 조서가 반포되면, 죄를 묻는 것은 李師道에게만 국한하게
하라."170)

라는 것이 그것이다. 이는 이사도 휘하의 장군을 사로잡고 나서 헌종이
발표하였던 조서의 일부이다. 그런데 위의 조서 가운데 고구려의 흉악한
무리에 붙어 관군에 저항했다는 표현은 매우 주목해야 한다. 왜냐하면 당이
제나라 백성의 대부분을 고구려 유민으로 구성되었다고 인정한 대목이기
때문이다.

한편 당에 포로 신세가 된 이사도의 장군 하후징 등 47인을 언급하면서
유오에 대해서는『신당서』「이사도전」의 마지막 부분에 언급되었다. 즉,

당초에, 李師古가 劉悟를 보고 말하길, "그대는 장차 반드시 귀하게 될
것인데, 우리 집안을 망치게 할 인물이다." 田弘正이 黃河를 건널 때, 그
대장 夏侯澄등 47인을 사로잡자, 조서로서 그들 모두를 사면할 것을 명령하면
서, 비단과 솜을 주고, 魏博·義成軍에 예속시키게 하고, 부모가 건재한 경우는
그들의 고향으로 돌려보내도록 하니, 적병들 모두가 서로 말하길 고마워하였
으며, 이에 劉悟가 그의 음모를 시행할 수가 있었다. 이사도의 수급이 田弘正의
군영으로 전송되자, 夏侯澄을 불러 확인을 시켰으며, 夏侯澄은 이사도의 눈에
들어간 흙을 핥고 나서, 오래도록 통곡하였다. 유오는 평소에 이사도의 부인
魏氏와 음란하였으며, 그녀에게 鄭國公 魏徵의 후예라고 망언하였으며, 죽이지
는 않고 궁정에 잡아 가두고, 기타 종속은 전부 먼 곳으로 유배 보냈다.
劉悟는 유독 표를 올려 이사고의 아들 李明安을 朗州司戶參軍으로 임명하여
줄 것을 청하였다. 親將 王承慶은 王承宗의 아우로, 李師道 형의 딸을 그의
처로 삼았는데, 몰래 좌우가 함께 약속하고, 열병식을 할 때 이사도를 사로잡을

---

170)『舊唐書』권124,「李師道傳」, 3541쪽, "初, 東軍諸道行營節度擒逆賊將夏侯澄等共四十七
人, 詔曰, '附麗凶黨, 拒抗王師, 國有常刑, 悉合誅戮. 朕以久居汚俗, 皆被脅從, 況討伐以來,
時日未幾, 縱懷轉禍之計, 未有效款之由, 情似可矜, 朕不忍殺. 況三軍百姓, 孰非吾人, 詔令
頒行, 罪之師道.'"

준비를 하였는데, 때마침 劉悟가 공격하여 들어오자, 徐州로 도망하여, 조정으로 귀부하였다.[171]

위의 내용은 『신당서』「이사도전」에서 제나라 이사도의 장군 하후징 등 47인의 포로에 대해 당이 자비롭게 선대하였다는 내용이다. 그런데 위의 내용 가운데 전홍정이 이사도의 수급 확인 차원에서 제나라 장군으로 당에 포로가 된 하후징에게 확인시켰을 때 그의 태도가 매우 주목된다. 그 이유는 하후징이 이사도의 수급을 보고 눈에 들어간 흙을 핥고 나서 오래도록 통곡했다는 사실 때문이다. 이는 이사도가 평소 부하 장군들을 어떻게 대하였는지를 알 수 있는 상황이다. 다시 말해 사마광이나 『신·구당서』의 찬자들이 하나같이 이사도를 매도한 것이 잘못되었다는 것을 입증하는 자료로 볼 수 있다. 사가들이 말하는 것처럼 제나라 이사도가 어리석고 우매한 인물이었다면 당을 상대로 전쟁을 할 수도 없거니와, 당은 그런 제나라를 멸망시키기 위해 제나라 장군을 회유시키는 편법 외에 방법이 없었는지 묻고 싶다.

위와 같은 내용이 『자치통감』 원화 13년 1월조에 전한다.

무인 일에 魏博과 義成軍이 붙잡은 이사도의 都知兵馬使 夏侯澄등 47명을 호송하였는데, 황제는 모두 풀어주고 주살하지 않고, 각기 붙잡은 行營에서 부리게 하며 말하였다. "만약에 부모가 있어서 돌아가고 싶은 사람이 있으면, 넉넉하게 주어서 그를 보내주라. 짐이 죽이려는 것은 이사도 뿐 이다." 이에 도적들 가운데서 이 소식을 듣고, 항복하는 사람이 뒤를 이었다.[172]

---

171) 『新唐書』 권213, 「李師道傳」, 5994~5995쪽, "初, 師古見劉悟, 曰'後必貴, 然敗吾家者此人也.' 田弘正之度河也, 禽其將夏侯澄等四十七人, 有詔悉赦之, 給繒絮, 還隷魏博·義成軍, 父母在欲還者優道, 賊皆感慰相告, 由是悟得行其謀. 師道傳首弘正營, 召澄驗之, 澄舐目中塵, 號絶良久. 悟素與師道妻魏亂, 妄言鄭公徵之裔, 不死, 沒入掖廷, 它宗屬悉遠徙. 悟獨表師古子明安爲朗州司戶參軍. 親將王承慶, 承宗弟也, 師道以兄女妻之, 潛約左右, 欲因肄兵執師道, 會悟入, 出奔徐州, 歸朝."

172) 『資治通鑑』 권240, 「唐紀」 憲宗 元和 13年 12月조, 7756쪽, "戊寅, 魏博·義成軍送所獲李師道都知兵馬使夏侯澄等四十七人, 上皆釋弗誅, 各付所獲行營驅使, 曰'若有父母欲歸者, 優

이는 사마광이 『자치통감』을 정리하면서 제나라 이사도의 장군 하후징 등 47명의 신병처리에 대한 기록으로 『신·구당서』의 내용과 대동소이하다. 그런데 『자치통감』에서 주목되는 것은 하후징의 관직이 都知兵馬使였다는 사실을 밝힌 점이다.

당군이 사방에서 鄆州城을 향해 진격할 때 제나라 내부에서 난국 타개를 위해 對唐정책 변화를 시도하였다. 즉,

> 官軍이 사방에서 닥쳐오자, 平盧의 군사 세력은 날로 위축되었고, 將士들은 두려워하면서, 모두가 말하였다. "高沐·郭昈·李存은 사공을 위하여 충성스러운 꾀를 냈지만, 李文會는 간사하고 아첨하여 高沐을 죽이고 郭昈와 李存을 가두어 이러한 화에 이르게 하였다." 이사도는 부득이하여, 李文會를 내보내어 攝登州刺史로 삼고, 郭昈와 李存을 불러서 幕府로 돌아오게 하였다.[173]

이는 이사도 조정이 당군의 공세로 위기를 느끼자, 主戰파 李文會를 攝登州刺史로 외지로 내보내고, 감옥에 있던 主和파 郭昈와 李存을 불러들여 幕府에 참여하도록 조치한 내용이다. 그런데 이런 결정은 제나라 이사도 휘하 장군들의 절대적 영향력이 작용되었다. 이는 제나라를 둘러 싼 상황이 매우 급박했음을 의미한다. 또 위의 사료를 보면 郭昈뿐만 아니라 李存도 이사도의 對唐정책에 반기를 들어 옥에 갇혔다.

이와 같은 이사도의 특단 조치도 상황을 반전시키기에는 역부족이었다. 이사도가 곽호와 이존의 사면과 복권을 동시에 취한 그 달 관군과의 싸움에서 연전연패하였다. 즉,

> 武寧절도사 李愬는 平盧의 군사와 11번 싸워서 모두 이겼다. 을묘 일 그믐에,

給遣之. 朕所誅者, 師道而已.' 於是賊中聞之, 降者相繼."

173) 『資治通鑑』 권240, 「唐紀」憲宗 元和 13年 12月條, 7756쪽, "及官軍四臨, 平盧兵勢日蹙, 將士喧然, 皆曰, '高沐·郭昈·李存爲司空忠謀, 李文會奸佞, 殺沐, 囚昈·存, 以致此禍.'師道不得已, 出文會攝登州刺史, 召昈·存還幕府."

나아가서 金鄕(산동성 금향현)을 공격하여, 그곳을 빼앗았다. 이사도는 성품이 나약하고 겁이 많아서, 관군이 토벌하러 오면서부터, 조금 패배하거나 혹은 성읍을 잃었다는 소식을 들으면, 그때마다 걱정하다가 병이 되었으니, 이로부터 좌우에 있는 사람들이 모두 은폐하며, 사실대로 알리지 않았다. 金鄕은 兗州(산동성 연주시)의 중요한 지점인데, 이미 이를 잃고 나자, 그 刺史가 郵驛을 통해 달리게 하여 급한 상황을 알렸지만, 좌우에 있는 사람이 연락하지 못하게 하여, 이사도는 죽음에 이르러서도 알지 못하였다.[174]

　위의 자료는 원화 13년 12월에 무령절도사 李愬가 평로군과의 싸움에서 무려 11번이나 승리했다는 사실이다. 한마디로 이때 평로군에게는 돌파구가 없는 갑갑한 상황의 연속이었다. 그런데 위에서 난데없이 이사도가 성품이 나약하고 겁이 많다는 사실을 기록한 사마광의 의도를 생각할 필요가 있다. 그 이유는 달리 표현한다면 이사도가 용감했다면 당군을 격퇴할 수 있는 그런 상황이라고 해석할 수 있기 때문이다. 이는 제나라 군대가 강력한데, 이사도가 겁쟁이라서 당군을 제대로 방어하지 못했다는 뜻으로 풀이된다. 만약 司馬光의 주장이 사실이라면 이사도의 제나라는 강력한 국가였다는 이야기이다.

　물론 당군이 鄆州城을 향해 사면에서 좁혀오는 상황이라서 이사도가 대당 정책을 급선회한 사실을 주목한다면 사마광의 주장이 틀린 것만은 아니다. 그러나 이사도가 죽을 때에도 兗州의 金鄕을 탈취 당한 사실을 몰랐다면, 이는 이사도가 마지막 순간에 꽤 두려워했던 것임에 틀림없다. 또 사족을 붙인다면, 만약 이때 장보고가 무령군의 소장으로 제나라 공격에 참가하였다면 무령군절도사 이소 휘하였다. 그러나 앞에서 언급한 것처럼 장보고가 신라 장군 김웅원을 따라서 그때 당으로 파병되었다면, 이때는 시기상으로

---

174) 『資治通鑑』 권240, 「唐紀」 憲宗 元和 13年 12月條, 7757쪽, "武寧節度使李愬與平盧兵十一戰, 皆捷. 乙卯晦, 進攻金鄕, 克之. 李師道性儒怯, 自官軍致討, 聞小敗及失城邑, 輒憂悸成疾, 由是左右皆蔽匿, 不以實告. 金鄕, 兗州之要地也, 既失之, 其刺史驛騎告急, 左右不爲通, 師道至死竟不知也."

맞지 않아 장보고는 참전하지 못했다.

위의 사실에서 郵驛제도를 제나라가 실시했던 사실은 주목할 필요가 있다. 그 이유는 이사도의 제나라가 국가다운 체제를 갖추었다는 것을 확인할 수 있는 중요 근거가 되기 때문이다. 이외에도 앞에서 司馬光이 이사도 조정을 '幕府'라고 부른 것도 국가체제와 연관되는 기록이다.

필자가 앞에서 지적한 것처럼『신·구당서』·『자치통감』모두 이사도가 멸망해야만 한다는 상황 설정을 만들어 놓고 몰아가는 서술느낌을 지울 수 없다. 특히 제나라 이사도의 부분에서는 더욱 그렇다. 어쩌면 그런 시각에서 서술한 것을 무조건 잘못되었다고만 탓할 수도 없다. 그 이유는 역사란 원래 승자에 의해 기록되었기 때문이다.

그러나 앞에서 지적한 것처럼 당에 포로가 된 夏侯澄 등이 이사도의 수급을 보고 오랫동안 오열했다는 기록은 주목할 필요가 있다. 그 이유는 당이 제나라 이사도를 일방적으로 매도했으나 결코 그와 같은 인물이 아니라는 것을 반증하는 사료로 해석되기 때문이다. 하후징이 이사도의 수급을 보고 사대부의 예를 보였다는 사실은 암시하는 바가 크다. 바꾸어 말하면 당이 제나라 이사도가 어리석고 우매한 인물로 묘사한 것이 얼마나 허구인지 알 수 있다. 그 사실을 『자치통감』에서 옮겨보자.

> 田弘正은 처음에 이사도의 수급을 얻고 나서, 그것이 진짜가 아닐까 의심하여, 夏侯澄을 불러서 이를 알아보게 하였다. 夏侯澄은 그 얼굴을 익히 보더니, 길게 부르짖더니 昏絶한 것이 오래 갔고, 마침내 그 머리를 안고서, 그 눈에 들어간 먼지를 핥으며, 다시 통곡하였다. 田弘正은 그를 위하여 얼굴을 고치고, 의롭다 하여 책망하지 않았다.[175]

---

175)『資治通鑑』권241,「唐紀」57 憲宗 元和 14年 2月조, 7765쪽, "弘正初得師道首, 疑其非眞, 召夏侯澄使識之. 澄熟視其面, 長號隕絶者久之, 乃抱其首, 舐其目中塵垢, 復慟哭. 弘正爲之改容, 義而不責."

이는 제나라 이사도가 자신의 부하를 어떻게 대했는지를 가늠할 수 있는 내용이기도 하다. 이사도의 수급을 본 하후징의 그 애절하고 원통한 행동을 전홍정이 꾸짖지 않았다는 것이 더 많은 것을 생각하게 한다. 다시 말해 전홍정은 자신이 죽었을 때 저런 부하 장수가 나에게도 있을까 하는 그런 생각을 했을 것이 분명하다. 필자가 이를 강조하는 이유는 중국 사가들 모두가 제나라 이사도를 나쁜 인물로 묘사하려고 부단히 노력했지만 사료 모두를 그런 식으로 정리할 수 없었다는 것을 드러내주기 때문이다.

그런데 위의 사료들은 이사도의 제나라를 이해하는 중요한 자료이기 때문에 이를 몇 가지로 분석하고 싶다.

하나는 헌종의 명령으로 이사도를 공격한 무리를 東軍諸道行營節度라고 불렀다는 사실이다. 여기서 東軍은 낙양의 서쪽에서 이사도를 공격하는 군대 모두라는 의미로 붙여졌던 명칭이다. 그리고 諸道行營節度는 여러 절도의 군대가 여러 길로 이사도를 공격하기 위하여 이동한 특수부대라는 뜻이다. 이 東軍諸道行營節度는 제나라 이사도를 정벌하기 위해 헌종이 파견한 황제의 칙명에 의해 급조된 군대 이름이다.

둘은 동군제도행영절도가 이사도 휘하의 장군 하후징 등 47인을 사로잡았던 사실이다. 하후징 등이 잡힌 때는 원화 13년 12월의 무인 일이었다.[176] 달리 표현하면 하후징이 관군에게 잡혔던 때는 이사도가 그의 부하 유오에게 죽임을 당하기 3개월 전이었다. 이때 47명의 장수가 잡혔다는 것은 당군이 제나라를 향해 대반격을 펴는 신호탄이라고 본다. 그런데 鄆州가 宣武軍, 魏博軍과 경계에 위치하였기 때문에 兩軍이 진격하여 영토 일부를 빼앗은 것은 이사도의 운주 방어에 치명적이었다. 그러나 그후에도 전투가 지속되어 鄆州 공격의 전략적 요지를 당의 양군이 빼앗았다고 해석하기는 어렵다. 그 이유는 당의 동군제도행영절도 군사가 3개월 동안이나 치청절도사 이사도를 총공격하였으나 결판이 나지 않았기 때문이다.

셋은 조서의 첫 대목에서 고구려에 붙은 흉악한 무리가 되어 王師에 대항하였다고 언급한 사실이다. 여기서 주목되는 것은 당이 치청절도사 이사도를 개인이나 그 가문이라는 표현보다 고구려인 집단으로 지칭하였던 사실이다. 이는 사서에서 정확히 구별할 수는 없지만, 이사도가 다스린 치청절도 휘하에 상당수의 고구려 유민이 포함되지 않았을까 여겨지는 근거가 있다. 물론 고구려 멸망 후 많은 고구려 유민들을 중국 안으로 강제로 끌고 갔던 것은 익히 알려졌다. 한 예를 든다면, 당 고종 總章 2년(669)에만 고구려인 3만 8천 2백 호를 江·淮 등의 지역으로 강제 이주시켰다.[177] 필자도 고구려 멸망 후 당에서 고구려 유민을 평로·치청절도로 강제 이주시켰던 사실을 앞에서 밝혔다. 이와 같은 고구려 유민의 중국 內地 遷徙는 故이병도, 김문경, 노태돈, 서병국, 김현숙 선생의 연구 성과에서 밝혀졌다.[178]

이는 고구려 유민출신 이정기 때부터 상당수의 고구려 유민들이 이정기 휘하에서 함께 생활하였다는 뜻으로 해석 가능한 부분이다. 필자가 이러한 사실에 주목하는 까닭은 이정기 가문이 4대에 걸쳐서 절도사의 세습가문으로 유지할 수 있었던 원인 가운데 하나로 규명하고 싶기 때문이다. 제나라 이사도의 영토 안에 고구려 유민이 많이 살았다는 정황은 또 있다. 즉 사서대로 감시를 엄하게 하는 식으로 이사도가 영토 안의 백성을 다스렸다고 하더라도

---

177) 『資治通鑑』 권201, 「唐紀」17, 6358~6359쪽, "高宗 總章 2年 4月" ; 『新唐書』 권220, 「高麗傳」, 6197쪽, "總章二年, 徙高麗民三萬於江淮·山南." 『新唐書』에서는 『資治通鑑』 과 달리 삼만 명이라고 기록하였다. 그리고 『舊唐書』 권5, 「高宗」下, 92쪽, "總章 2년 5월 庚子." 당이 고구려인 강제이주 숫자를 2만 8천 2백 戶라고 기록하였다.

178) 이병도, 1964, 「高句麗의 一部遺民에 대한 唐의 抽戶政策」, 『진단학보』 25·26·27, 7~12 쪽 ; 김문경, 1981, 「唐代 外民의 內徙策, 특히 高句麗遺民의 徙民策을 中心으로」, 『숭전대 논문집(인문과학)』 11, 131~148쪽 ; 노태돈, 1981, 「고구려 유민사 연구 －요동, 당내지 및 돌궐방면의 집단을 중심으로－」, 『한우근박사 정년기념 사학논총』, 지식 산업사, 1981 ; 서병국, 1982, 「高句麗遺民의 東突厥亡命」, 『관동사학』 1, 3~18쪽 ; 김현 숙, 2001, 「中國 所在 高句麗 遺民의 동향」, 『한국고대사연구』 23, 서울 : 한국고대사학 회, 63~100쪽.

몇 집안 사람밖에 안 되는 숫자만으로는 그런 감시가 불가능하다고 본다.

넷은 위박절도사 전홍정이 운주에 들어가서 민심을 얻으려고 애썼다는 사실을 주목할 필요가 있다. 이에 관한 소식을 『자치통감』에서 들어보면, 다음과 같다.

> 전홍정이 이미 鄆州로 들어가, 가혹한 금령을 모두 없애고, 사람들을 풀어 놓아 놀며 즐기게 하여, 寒食의 일곱 주야에는 행인을 금지시키지 아니하였다. 어떤 사람이 간언하였다. "鄆州 사람은 오래도록 仇敵이었는데, 지금은 비록 평정되었으나, 사람들 마음은 아직 안정되지 않았으니, 대비하지 않으면 안 됩니다." 田弘正이 말하였다. "지금 포악한 사람은 이미 제거되었으니 의당 관대함과 은혜를 가지고 베풀어 주어야 하며, 만약에 다시 엄하게 살펴본다면, 이는 桀을 桀로 바꾼 것이니, 무슨 좋은 일이 있다는 것이오?"179)

여기서 주목해야 할 사실은 鄆州 사람들이 오래도록 '仇敵'이었다고 말한 사실이다. 이런 까닭에 운주 사람의 반란을 대비해야 한다는 간언에 전홍정이 운주 사람들에게 금령을 풀어 민심을 규합하는 것이 좋은 방책이라고 이야기 한 대목은 운주 사람들이 당에 대해 어떤 태도였는지 알 수 있는 근거가 된다.

다섯은 조서에서 '나쁜 풍속에 물든'이라는 식으로 표현하였다는 사실이다. 물론 여기서 나쁜 풍속이라 함은 고구려 풍습을 가리킨다. 이것도 앞에서 밝힌 것처럼 이사도 휘하에 많은 고구려 유민이 있었다는 사실을 당 헌종이 인정한 셈이다.

여섯은 헌종이 죄를 묻는 것을 이사도에 국한하겠다는 고도의 심리전술을 사용한 사실이다. 이는 조서에서 밝힌 것처럼 이사도의 부하로 생포된 장군

---

179) 『資治通鑑』 권241, 「唐紀」 憲宗 元和 14年 2月조, 7767쪽, "弘正旣入鄆, 悉除苛禁, 縱人遊樂, 寒食七晝夜不禁行人. 或諫曰, '鄆人久爲寇賊, 今雖平, 人心未安, 不可不備.' 弘正曰, '今爲暴者旣除, 宜施以寬惠, 若復爲嚴察, 是以桀易桀也, 庸何愈焉!'"

하후징 등 47인을 모두 살려주면서 이사도 내부의 민심동요를 유도하였다. 이와 같은 당의 책략이 널리 유포되었기 때문에 이사도의 부하 淄靑都知兵馬使 유오가 이사도를 죽이게끔 유도하는데 당이 크게 기여하였다. 이와 같은 석방 조서가 하후징 등 47인을 감금하고 있던 魏博과 義成軍절도사에게 보내졌다.180)

『구당서』의 「이사도전」에 실린 당 헌종의 조서 내용은 다음과 같다. 즉,

"짐은 도탄에서 빠져있는 무리들을 구할 뿐 아니라, 그들 모두의 생명을 보전하는 것인데, 이는 진실로 법령을 위반한 것이니, 그들 모두에게 이런 사실을 알리기를 바란다. 아울러 특별히 이들의 석방을 허락하니, 이들을 魏博 및 義成의 行營에 도착하게 후에 풀어주어서, 각기 그곳 절도에게 위임하니 관리하도록 하라. 만약 부모나 친척 가운데 여전히 賊軍 속에 있거나, 혹은 늙거나 질병으로 돌아가는 것이 절박한 자는, 그 사정을 보아 돌려보내고, 반드시 관대히 보전하게 하니, 무엇 때문에 잡아두겠는가." 라고 하였다. 夏侯澄 등이 行營에 도착할 때, 적의 정찰병들이 이를 서로 알고 전했는데, 그러자 반란군 모두가 조정 은혜에 감격했으며, 이로 말미암아 劉悟는 그의 모의를 실행할 수 있었다.181)

라는 것이 그것이다. 이는 앞서 밝힌 것처럼 夏侯澄을 석방시키라고 하는 조서의 후반부이다. 여기서도 한두 가지 사실에 대하여 주목하고 싶다.

하나는 조정에서 하후징 등 47인을 석방하는 것이 특전이라는 사실을 강조하였다는 사실이다. 이는 법을 어기면서 그들을 살리는 일을 이사도 휘하 병사들에게 두루 알리려는 목적이었다. 아무튼 당 조정은 이사도 군사력

---

180) 『舊唐書』 권15, 「憲宗」下 元和 13年 12月 詔並釋付魏博及義成軍收管조, 465쪽.

181) 『舊唐書』 권124, 「李師道傳」, 3541쪽, "方欲拯於塗炭, 是用活其性命, 誠爲屈法, 庶使知恩. 並宜特從釋放, 仍令却遞送至魏博及義成行營, 各委節度收管驅使. 如父母血屬猶在賊中, 或羸老疾病情切歸還者, 仍量事優當放去, 務相全貸, 何所疑留.' 及澄等至行營, 賊覘知傳告, 叛徒皆感朝恩, 由是劉悟得行其謀焉."

을 무력화하기 위하여 심리전을 전개하였다. 이때 조정은 魏博과 義成 두
절도사가[182) 이를 살펴 처리하기 바란다고 당부하였던 사실을 주목하고
싶다. 그 이유는 여러 절도사가 황제의 명령을 받고 제나라 이사도 정벌을
위하여 동원되었으나 조정에서 그들을 조심스럽게 예우하였기 때문이다.

다른 하나는 조정이 포로 47인에 대한 처리를 전쟁포로가 아닌 개선군처럼
예우하였다는 사실이다. 한 예를 든다면 조정과 싸우다 잡힌 夏侯澄 등 47인에
게 헌종은 비단과 솜을 주었던 것이 그것일 듯싶다.[183) 또 위의 사실처럼
아직도 이사도 휘하에 부모가 있거나 늙거나 병든 자들을 이사도의 진영으로
돌려보내라고 조정이 절도사들에게 말하였던 것이 그것이다.[184)

게다가 이사도 영내로 돌아가는 자에게 노자까지 마련하여 주라고 지시할
정도였다. 그 중에 이사도 휘하에 가족이 있는 자를 돌려보내라고 하였던
사실에 이르면, 조정의 심리전이 극에 달한다. 이는 당이 몰리고 있는 제나라
이사도 세력을 더욱 궁지로 몰아넣기 위한 고도의 심리전이다. 더 정확하게
표현한다면, 이사도 휘하에서 조정의 선정을 흠모하여 반란을 일으키도록
유도하였던 것이다.[185) 그 결과 조정의 의도대로 夏侯澄 등이 당의 은혜에
감동하였다. 이런 사실 때문에 유오 같은 자는 당의 조서의 내용을 익히
알고 있으면서 제나라 이사도를 시해하였다.[186)

이사도의 제나라는 유오와 그의 부장 張暹 같은 무리들 때문에 멸망하였다.
이런 사실은 成德절도사 王承宗의 아우 王承元에게는 매우 충격이었다. 즉
『자치통감』의 元和 15년(820년) 11월조에 의하면,

여러 公들이 先代의 연고를 가지고, 나 왕승원을 떠나게 하지 않으려하니,

---

182)『新唐書』권213,「李師道傳」還隸魏博·義成軍조, 5995쪽.
183)『新唐書』권213,「李師道傳」給繒絮조, 5995쪽.
184)『新唐書』권213,「李師道傳」父母在欲還者優遣조, 5995쪽.
185)『新唐書』권213,「李師道傳」賊皆感慰相告조, 5995쪽.
186)『新唐書』권213,「李師道傳」由是悟得行其謀조, 5995쪽.

이 뜻은 아주 두텁소. 그러나 나 왕승원으로 하여금 천자의 조서를 어기게
한다면, 그 죄는 크오. 옛날에 李師道가 아직 실패하지 않았을 적에, 조정에서
일찍이 그의 죄를 사면하였더니, 이사도는 가려고 하였으나, 제장들이 굳게
그를 만류하였소. 그 후에 李師道를 죽인 사람 역시 제장들이었소. 제장들이
나 왕승원으로 하여금 이사도가 되게 하지 않았으면, 다행이겠소.187)

라는 것이다. 위의 내용은 成德절도사 왕승종이 죽은 후, 그의 아우 王承元을
당에서 義成절도사로 임명하자, 그가 부하들에게 자신의 심정을 말했던 대목
이다. 이런 경우 成德節度留後 왕승원은 당연히 成德절도사로 임명되어야
마땅하다. 그러나 당은 절도사의 세습 고리를 끊기 위해 다른 지역 절도로
왕승원을 임명하였다. 이때 이사도의 제나라를 멸망시킨 유오는 義成절도사
에서 昭義절도사로 옮겼다. 왕승원은 조서를 받은 후, 그의 제장들이 통곡하였
다. 이런 상황에서 위의 내용은 왕승원과 관련된 이야기이다.

왕승원의 이야기 가운데 제나라 이사도가 한때 당에 항복해 공존하려
하였으나, 그의 장군들이 강력하게 반대한 상황을 자신의 제장들에게 그
이유와 아울러 결과를 설명하였다. 그런데 이사도는 당에 투항하는 것을
반대한 제장들에 의해 죽었다는 사실을 왕승원이 환기시켰다.

왕승원은 이사도처럼 나의 제장들에 의해 죽고 싶지 않다고 표현할 정도로
그 당시 유오의 반란은 충격 그 자체였다. 경우야 어떻든 제나라 이사도가
유오와 같은 무리들에 의해 죽었다는 사실은, 그 당시 절도사들 모두에게
매우 충격이었기 때문에 이런 사실이 늘 회자되었던 모양이다.

---

187) 『資治通鑑』 권241, 「唐紀」57 元和 15年 11月조, 7786쪽, "諸公以先代之故, 不欲承元去,
此意甚厚. 然使承元違天子之詔, 其罪大矣. 昔李師道之未敗也, 朝廷嘗赦其罪, 師道欲行,
諸將固留之, 其後殺師道者亦諸將也. 諸將勿使承元爲師道, 則行矣."

7. 이사도 사후 제나라에 대한 분할 지배

당의 사가들은 이사도의 정치가 무자비하였다는 식으로 혹평하였다. 그러
나 이사도가 유오의 반란으로 시해당한 후 그의 신하들의 태도를 보면 당의
사가들이 쓴 내용이지만 너무 악평만 했다는 것을 바로 알 수 있다. 여기서는
이사도의 신하 郭昈·李存이 李文會에 대한 음모에서 그 단편을 읽을 수 있다.
『자치통감』 원화 14년 2월조의 내용을 보자.

　　유오는 평소에 이문회와 잘 지냈으므로, 이미 운주를 얻고 나자, 그를
　부르게 하였는데, 아직 도착하지는 않았다. 장차 鎭을 옮긴다는 소식을 듣고,
　郭昈와 李存이 모의하여 말하였다. "李文會는 아첨하는 사람이어서, 淄·靑이라
　는 한 道를 실패하고 혼란하게 하였으며, 李 司空의 가족을 멸망시켰으니,
　만인의 공통된 원수이다. 이 기회를 틈타 그를 죽이지 않았는데, 田 相公이
　도착하여, 관대한 정무를 시행한다면, 장차 어떻게 三齊의 분함과 원통함을
　씻겠는가?" 마침내 거짓으로 유오의 帖書를 써서, 사자를 파견하여 이문회가
　있는 곳에 이르러, 그의 수급을 가지고 오게 하였다. 사자가 李文會를 豐齊驛(산
　동성 동아현 동남쪽)에서 만나서, 그를 참수하였다. 유오는 郭昈와 李存이
　이미 떠나게 되자, 復命할 곳이 없어졌고, 이문회의 두 아들 가운데, 한 아들은
　도망하였고, 한 아들은 옥에서 죽었으며, 그 집의 재산은 사람들에게 약탈되었
　으며, 田宅은 官署에 몰수되었다.[188]

이는 유오의 모반으로 이사도가 죽은 후, 유오가 그 공로로 義成절도사로
나갈 때 李文會와 관련된 이야기이다. 그런데 놀라운 사실은 反唐派 이문회와
유오의 관계가 좋았다는 사실이다. 이는 유오가 당으로부터 이사도의 관직과

---

188) 『資治通鑑』 권241, 「唐紀」57 元和 14年 2月조, 7766쪽, "悟素與李文會善, 旣得鄆州,
　　使召之, 未至. 聞將移鎭, 昈·存謀曰, '文會佞人, 敗亂淄靑一道, 滅李司空之族, 萬人所共讎也!
　　不乘此際誅之, 田相公至, 務施寬大, 將何以雪三齊之憤怨乎!' 乃詐爲悟帖, 遣使卽文會所至,
　　取其首以來. 使者遇文會於豐齊驛, 斬之. 悟及昈·存已去, 無所復命矣. 文會二子, 一亡去,
　　一死於獄, 家貲悉爲人所掠, 田宅沒官."

작위를 그대로 이어받는 조건으로 반란했다는 것에 대한 확증이다.

더욱 주목되는 것은 새로 義成절도사로 가는 마당에 유오가 郭昈·李存을 데리고 갈 때 李文會도 함께 데리고 가려 했다는 사실은, 이문회와 유오관계에서 이미 설명되었다고 본다. 그러나 곽호와 이존은 이문회의 잘못 때문에 李 司空 가족이 멸망했기 때문에 이문회는 용서받을 수 없다고 주장한 사실은 이사도 조정의 신하들의 제나라에 대한 생각을 읽을 수 있는 부분이다. 그런 생각 때문에 곽호와 이존은, 유오의 가짜 帖書를 만들어 이문회를 豐齊驛에서 참수하였다. 이는 이사도가 정치를 잘못한 것이 아닐뿐더러 친당파이든 반당파이든 모두 이사도에게 충성했다는 사실로 해석할 수 있는 내용이다. 바꾸어 말해 당의 사가들의 주장과 달리 이사도는 늘 그의 부하들로부터 존경을 받는 그런 인물이었다. 그렇다면 위의 사실을 이사도의 정치가 어떠했는지를 판가름 할 수 있는 중요 사료이다.

郭昈와 李存이 이문회의 잘못을 용서한다면 '三齊의 분함과 원통함을 씻겠는가?'라는 사실도 중요한 의미가 있다. 이는 두 사람이 '三齊'가 존속되지 못함을 분해하는 표현이다. 三齊란 戰國시대의 齊를 말하고, 項羽 때부터 이곳을 3개로 나누어 전시·전도·전안을 왕으로 임명하였는데, 이때부터 평로·치청지역에 대하여 三齊라는 명칭이 붙었다. 이는 산동성 즉 제나라 이사도의 세력 하에 있던 그 지역 모두가 망라된다. 이러한 내용도 당의 사가들이 이야기하는 것처럼 나쁜 조정이었다면 제나라가 망한 후 이사도의 신하들이, 없어진 제나라를 동경할 수는 없는 노릇이다. 한마디로 제나라가 당의 협공에 의해 멸망한 사실을 유오만 제외한다면 이사도의 부하들이 모두 원통해 하였다는 사실은 주목할 필요가 있다.

이사도가 죽임을 당한 후 그의 가족과 이사도가 통치하였던 12주를 다음과 같이 분할하였다. 이는 당에 의해 멸망한 제나라 영토가 방대하여 다시 조정에 대항하는 국가 출현을 원천적으로 봉쇄하려는 의도였다고 본다. 이와 관련된 기록을 『구당서』「이사도전」에서 들어보면,

李師道의 처 魏氏와 어린 아들을 함께 掖庭에 가두었다. (이사도의) 사촌
李師賢·李師智는 春州에 유배되었으며, 조카 李弘巽은 雷州로 유배되었다.
황제가 조서를 내려 李師道가 관할한 12州를 나누어 3개 절도사가 관장하게
하고, 이를 馬總·薛平·王遂로 하여금 나누어 절도사로 다스리게 하였다. 그리고
宰臣 崔群에게 명령하여 이사도를 평정한 공적 비문을 쓰게 하였다.[189]

라는 것이 그것이다. 이는 이사도가 부하 유오에 의해 죽임을 당하고 난
후 제나라를 완전히 소멸시키겠다는 당의 후속조치이다. 이와 같이 평로·치청
절도사의 토벌 성공으로 헌종은 조정에 대항한 藩鎭을 모두 토벌한 결과가
되었다.[190] 이를 당에 의한 藩鎭 해체라고 표현해도 좋을 성싶다. 바꾸어
말하면, 평로·치청절도사 이사도의 제나라가 당에 대한 큰 위협이었다는
것을 인정한 사실이다. 이를 몇 가지로 나누어 분석하고 싶다.

하나는 이사도의 처 魏氏와 그의 막내아들의 처리에 관한 사실이다. 앞서
이사도가 죽임을 당할 때 그의 두 아들도 같이 처형되었던 것으로 보아
여기서 이사도의 막내아들은 셋째아들인 듯싶다. 그런데 조정에서 이사도의
처 魏氏와 막내아들을 掖庭에 가두었다는 것은[191] 장안에 인질로 삼았다는
뜻이다. 이는 조정이 이사도의 제나라 휘하의 잔존 세력에 대한 반발을
우려한 조치였을지 모른다.

둘은 이사도의 堂弟 師賢·師智가[192] 春州로 유배되었다는 사실이다.[193]

---

189) 『舊唐書』권124, 「李師道傳」, 3541쪽, "師道妻魏氏及小男並配掖庭. 堂弟師賢·師智配流春
　　州, 姪弘巽配流雷州. 詔分其十二州爲三節度, 俾馬總·薛平·王遂分鎭焉. 仍命宰臣崔群撰碑
　　以紀其績."
190) 辻正博, 1987, 「唐朝の對藩鎭政策について－河南'順地'化のプロセス－」, 『東洋史硏究』
　　46-2, 115쪽 ; 王賽時, 1989, 「唐代中後期的軍亂」, 『中國史硏究』3, 97쪽.
191) 『舊唐書』권15, 「憲宗紀」元和 14年 3月 辛卯 李師道妻魏氏幷男沒入掖庭조, 467쪽 ; 『唐會
　　要』권14, 「獻俘」(元和 14年 2月) 李師道妻魏氏幷女, 沒入掖庭조, 322쪽.
192) 『新唐書』권75下, 「宰相世系」5下 '高麗李氏' 師賢. 師智조, 3449쪽 ; 蘇慶彬, 앞의 『兩漢迄
　　五代入居中國之蕃人氏族硏究』, 588쪽 ; 章羣, 앞의 「唐代蕃將表」, 569쪽.
193) 『舊唐書』권15, 「憲宗」下 元和 14年 3月 辛卯 堂弟師賢·師智조, 467쪽.

또 이때 이사도의 堂弟 師和도 春州에서 멀지 않은 嶺表로 유배되었다.194)
그런데 이사도의 堂弟 師賢·師智가 유배되었던 春州는 오늘날 광동성으로195)
이정기 가문의 재 부흥을 염려하여 당이 아주 멀리 귀양을 보냈던 것이다.
  셋은 이사도의 조카 弘巽은 雷州로 유배되었다는 사실이다.196) 아마 이홍손
은 이사고의 아들인 게 틀림없다. 따라서 이홍손이 제나라 부흥운동을 일으킬
것을 염려하였기 때문에 당은 앞의 春州보다 더 먼 雷州로 귀양을 보낸
것 같다.197) 앞의 春州와 雷州는 오늘날 광동성 안에 있는 중국 남쪽 지역이다.
그런데 雷州는 광동성의 최남단에 위치한 곳이다.
  넷은 이사도의 영역을 3개의 절도로 분할하였다는 사실이다.198) 조정에서
는 이사도의 영역을 3개 절도로 나누었다. 3월에 평로·치청절도가 너무
광대하다고 판단했는지 이를 셋으로 분할하였다. 즉『구당서』「헌종기」의
원화 14년 3월조에 의하면,

  무자 일에 華州刺史 馬總을 鄆濮曹等州觀察等使로 임명하였다. 기축 일에
  義成軍절도사 薛平을 靑州刺史와 平盧軍절도사·淄靑齊登萊等州觀察等使로 임
  명하였고, 淄靑四面行營供軍使 王遂를 沂州刺史와 沂海兗密等州都團練觀察等使
  로 임명하였고, 이사도의 12州를 三鎭으로 쪼갰다.199)

194)『唐會要』권14,「獻俘」(元和 14年 2月) 堂弟師和, 流配嶺表조, 322쪽 ; 蘇慶彬, 앞의
  『兩漢迄五代入居中國之蕃人氏族硏究』, 587~588쪽. 蘇慶彬은 이사도의 堂弟 李師和가
  있었다는 사실을 지적하지 못하였다.
195) 譚其驤 主編, 앞의『中國歷史地圖集－隋·唐·五代十國時期－』, 38~39쪽.
196)『舊唐書』권15,「憲宗」下 元和 14年 3月 辛卯 姪弘巽配流조, 467쪽.
197) 譚其驤 主編, 앞의『中國歷史地圖集－隋·唐·五代十國時期－』, 38~39쪽.
198)『舊唐書』권15,「憲宗紀」元和 14年 3月 析李師道所據十二州爲三鎭也조, 467쪽 ;『舊唐書』
  권164,「楊於陵傳」會誅李師道, 分其地爲三鎭조, 4294쪽 ; 杜牧,『燕將傳』(『中國古代軍事
  散文精選：隋唐五代』所收, 解放軍文藝出版社, 2001), 153~154쪽. 이사도를 齊人이라
  한 표기는 시사하는 바가 크다. 그 이유는 당나라 시대에 외국인을 언급하는 방법이
  2대 혹은 3대에 걸쳐 한 지역에 정착하면 그를 외국인이라 하지 않고, 그 지역
  사람으로 기록하기 때문이다. 杜牧가 李師道를 齊人이라고 부른 경우가 그것이다.
199)『舊唐書』권15,「憲宗紀」元和 14年 3月조, 466~467쪽, "戊子, 以華州刺史馬總鄆濮曹等州

라는 것으로 원화 14년 3월 무자 일에 華州자사 馬總을 鄆濮曹等州觀察等使로
임명한 것이[200] 평로·치청절도 분할의 시작이었다. 계속해서 같은 달 기축
일에 그 옛날 고구려를 침공한 薛仁貴의 증손 의성군절도사 薛平을 淄·靑·齊·
登·萊等州觀察等使로 임명하였다.[201] 마지막으로 王遂를 沂·海·兗·密等州都團
練觀察等使로 임명[202]하여 평로·치청절도 지역을 셋으로 갈랐다. 이는 이사도
의 영토였던 12州, 鄆·濮·曹·淄·靑·齊·登·萊·沂·海·兗·密州가 어떻게 분할되었
는가를 확인할 수 있는 근거가 된다.[203] 무엇보다 중요한 사실은 평로·치청절
도가 이사도 시대에 그 영역이 축소되었는데도 불구하고 절도사 가운데
경제력은 물론이고 그 크기가 매우 컸음을 확인할 수 있는 자료라고 본다.

　　그런데 『구당서』의 「목종기」에 의하면 薛平(戎)을 平盧節度使로 임명하면
서 押新羅渤海兩蕃使라는 관직과 옛날 平盧軍을 준 내용에, 원화 15년(820)
7월 을묘 일에 '평로군에게 새로이 押新羅渤海兩蕃等使를 추가하였다'[204]라고
언급되어 있다. 이와 관련해서는 『구당서』의 「설평전」에 자세히 언급하였다.
이를 인용하면,

　　　이사도가 평정되자, 조정은 東平12州를 나누어 3道로 만들면서, 淄·靑·齊·登·
　　萊의 5州를 平盧軍으로 삼으면서, 薛平으로 하여금 절도·관찰등사로 임명하면

　　觀察等使. 己丑, 以義成軍節度使薛平爲靑州刺史, 充平盧軍節度·淄靑齊登萊等州觀察等
　　使. 以淄靑四面行營供軍使王遂爲沂州刺史,沂海兗密等州都團練觀察等使, 析李師道所據
　　十二州爲三鎭也."
200) 『資治通鑑』 권241, 「唐紀」57 元和 14年 3月 戊子조, 7767쪽.
201) 『舊唐書』 권15, 「憲宗」下 元和 14年 3月 戊子조, 466~467쪽 ;『新唐書』 권111, 「薛仁貴傳」
　　附'薛平傳' 李師道平조, 4145쪽 ;『資治通鑑』 권241, 「唐紀」57 元和 14年 3月 己丑조,
　　7767쪽.
202) 『舊唐書』 권15, 「憲宗」下 (元和 14年 3月) 以淄靑四面行營供軍使王遂爲沂州刺史조, 467
　　쪽 ;『舊唐書』 권162, 「曹華傳」 王遂爲沂·兗·海觀察使조, 4243쪽. 「曹華傳」은 王遂의
　　관할지로 密州가 빠져있다 ;『資治通鑑』 권241, 「唐紀」57 元和 14年 3月 己丑조,
　　7767~7768쪽 ; 金文經, 앞의 「唐代 高句麗遺民의 藩鎭」, 45쪽.
203) 『舊唐書』 권157, 「王彦威傳」 朝廷自誅李師道, 收復淄靑十二州조, 4155쪽.
204) 『舊唐書』 권16, 「穆宗紀」 元和15年 7月 乙卯조, 479쪽, 平盧軍新加押新羅渤海兩蕃等使.

서, 또 押新羅渤海兩蕃使로 임명하였다.[205]

이는 薛嵩의 아들 설평으로 하여금 제나라 이사도 멸망 후 다시 위의 5주에 평로군을 설치하면서 압신라발해양번사로 임명했다는 내용이다. 다시 말해 그 당시 동아시아의 질서유지를 위해 압신라발해양번사를 두어 그 지역에 대한 외교 정치 경제 등의 제반문제를 설평에게 담당시켰다는 내용이다. 이는 평로·치청절도사 이정기 이후부터 압신라발해양번등사의 위치가 매우 중요하였다는 방증자료로 해석할 수 있는 사실이다.

그런데 『당회요』에는 원화 14년(819) 3월에 '兩蕃使印一面'을 주어,[206] 당의 신라와 발해무역을 관장하도록 하였다고 기록되어 있다.[207] 그렇다면 『구당서』의 「목종기」와 『당회요』와는 薛平이 押新羅渤海兩蕃等使로 임명된 시기가 차이가 있다는 것을 알 수 있다.

그 후 치청절도사의 押新羅渤海兩蕃使 겸임 시기는 長慶 원년(821) 3월경이었다.[208] 그러나 같은 해 7월 평로절도사에게 押新羅渤海兩蕃使의 印을 주었다는 사실은,[209] 이 무렵부터 조정은 淄靑절도사와 平盧절도사에게 신라와 발해 외교관계를 관장하도록 이원화시킨 모양이다. 그런데 이는 지리적으로 薛平이 관장한 淄·靑·齊·登·萊州는 신라와 발해가 중국으로 오가는 항로였다는 사실의 재확인이다.

아무튼 제나라 이사도 이후 당에서 신라·발해와 사신 왕래와 교역을 薛戎이 관장하였다. 따라서 위에 언급한 것처럼 이사도의 12州를 三鎭으로 나누었

---

205) 『舊唐書』 권124, 「薛平傳」, 3526쪽, "及平李師道, 朝廷以東平十二州析爲三道, 以淄·靑·齊·登·萊五州爲平盧軍, 以平爲節度·觀察等使·仍押新羅渤海兩蕃使."
206) 『唐會要』 권78, 「諸使中」 天平軍節度使元和14年3月條, 1433쪽.
207) 『唐會要』 권78, 「諸使中」 '節度使' (元和 14年 3月) 薛戎爲平盧軍節度, 仍加押新羅渤海兩蕃使條, 1433쪽.
208) 『冊府元龜』 권60, 「帝王部」 '立制度' 穆宗 元年 3月條, 676쪽 ; 김한규, 1999, 「渤海가 遼東을 占有한 시기의 韓中關係」, 『한중관계사 1』, 아르케, 304쪽.
209) 『冊府元龜』 권60, 「帝王部」 '立制度' 穆宗 元年 7月條, 676쪽.

다.210) 이와 같이 이사도가 지배한 영역을 셋으로 나누었던 것은, 조정이
산동지역을 셋으로 분화시킴으로써 당이 藩鎭에 대한 어느 정도의 지배권
회복과 아울러 강력한 藩鎭의 출현을 막기 위한 조치였다.211) 다시 말해
이때 당이 방대한 영역의 平盧를 平盧·兗海·天平의 세 藩鎭에 분할시켰던
사실이다.212)

　다섯은 王遂를 沂·海·兗·密等州都團練觀察等使로 임명하였다는 사실이
다.213) 그런데 王遂는 그의 부하에 의해 피살되었다. 이와 관련된 소식을
들어보면,

　　(이사도의 영역을 三鎭으로 나누면서 조정은) 王遂를 沂兗海觀察使로 임명하
　　였으나, 속이 좁고 각박하여 부하를 통솔할 수 없었다. 牙帳 王弁에게 피살되었
　　다. 그래서 조정이 曹華를 左散騎常侍, 沂州刺史, 沂海兗觀察使로 봉하였다.214)

라는 게 그것이다. 兗·海·沂·密관찰사 王遂가 부하에 의한 피살 소식을『자치통
감』에서 장문으로 전하고 있다. 이를 언급하는 이유는 兗·海·沂·密州 사람들
가운데 고구려 유민이 많았을 가능성이 매우 크기 때문이다. 실제 당은
고구려를 멸망시킨 후 고구려 유민을 兗·海·沂·密州로 강제 이주시켰다.
　이와 관련된 사실이『자치통감』의 원화 14년 7월 기록에 있다.

---

210)『舊唐書』권162,「王遂傳」時分師道所據十二州爲三鎭조, 4242쪽 ;『舊唐書』권165,「殷侑
　　傳」自元和末, 收復師道十二州爲三鎭조, 4321쪽.
211) Denis Twitchett, 앞의「唐末の藩鎭と中央財政」, 8쪽 ; 日野開三郎, 앞의「唐代藩鎭の跋扈
　　と鎭將 1」, 32쪽.
212) 愛宕元, 앞의「唐代後期の政治」, 457～458쪽 ; 日野開三郎,「唐·河陽三城節度使考」,『東
　　洋史學論集 1－唐代藩鎭の支配体制』, 334쪽.
213)『舊唐書』권15,「憲宗」下 (元和 14年 3月) 以淄靑四面行營供軍使王遂爲沂州刺史조, 467
　　쪽 ;『舊唐書』권162,「曹華傳」王遂爲沂·兗·海觀察使조, 4243쪽.「曹華傳」은 王遂의
　　관할지로 密州가 빠져있다.
214)『舊唐書』권162,「曹華傳」, 4243쪽, "王遂爲沂兗海觀察使, 褊刻不能馭衆, 爲牙帳王弁所害,
　　朝廷遂授華左散騎常侍, 沂州刺史, 沂海兗觀察使."

兗·海·沂·密관찰사 王遂는, 본래 錢穀吏였는데 성품이 급하고 멀리 보는 안식이 없었다. 이때 軍府가 처음으로 창건되어, 인심이 아직 안정되지 아니하였는데도, 드디어 오로지 엄격하고 혹독한 것으로 다스리면서, 사용하는 곤장은 常行杖보다 아주 컸는데, 매번 장졸들을 꾸짖을 적에는 번번이 '반역한 오랑캐(反虜)'라고 하였으며, 또 한 여름에 사졸들을 부려 府舍를 짓게 하면서, 독려하고 책임지우는 것을 아주 급하게 하자, 將卒들은 모두 분해하고 원망하였다. 신묘 일에 役卒 王弁이 그 무리 네 명과 함께 沂水에서 목욕을 하면서, 몰래 난을 일으키기로 모의하며 말하였다. "지금 役에 복종하다가 죄에 걸려들어도 역시 죽고, 목숨을 떨쳐 거사를 하여도 역시 죽겠지만, 거사하다가 죽는 것이 오히려 낫지 않겠는가? 내일, 常侍가 監軍·副使와 더불어 연회를 하는데, 군대의 장군들이 모두 휴가 중에 있고, 일직을 서는 군사도 대부분 휴식이니, 우리들은 이때를 타고서 그들이 뜻하지 아니한 가운데 나타나서 이들을 빼앗으면, 만전을 기할 수 있다." 네 사람은 모두 그러할 것으로 생각하고, 일이 성공하면 왕변을 留後로 삼기로 약속하였다. 임진 일에 王遂가 바야흐로 연회에서 술을 마시는데, 해가 정오를 지나자, 王弁 등 다섯 명이 갑자기 들어와서, 당직을 서는 방 앞에서 활과 칼을 빼앗고, 가로 질러 앞으로 나아가 副使 張敦實을 쏘아 죽였다. 왕수는 감군과 더불어 낭패하여 일어나서 달아나는데, 왕변이 왕수를 붙잡아, 그에게 한참 무더위에 노역을 시킨 것과, 형벌을 사용함에 있어서 각박하고 포학하게 하였던 것을 가지고 죄를 헤아려, 즉시 참수하였다. 소리를 전하여 監軍이 놀라지 못하게 하고, 왕변은 스스로 留後라 하면서, 廳堂에 올라가 호령하면서, 監軍에게 抗禮하고, 장리들을 불러 모아서 참여하여 축하하게 하니, 무리 가운데 좇지 않는 사람이 없었다. 감군은 상황을 갖추어 보고하였다.215)

---

215) 『資治通鑑』 권241, 「唐紀」57 元和 14年 7月조, 7770쪽, "兗·海·沂·密觀察使王遂, 本錢穀吏, 性狷急, 無遠識. 時軍府草創, 人情未安, 遂專以嚴酷爲治, 所用杖絶大於常行者, 每詈將卒, 輒曰 '反虜' 又盛夏役士卒營府舍, 督責峻急, 將卒憤怨. 辛卯, 役卒王弁與其徒四人浴於沂水, 密謀作亂, 曰 '今服役觸罪亦死, 舊命立事亦死, 死於立事, 不猶愈乎! 明日, 常侍與監軍, 副使有宴, 軍將皆在告, 直兵多休息, 吾屬乘此際出其不意取之, 加以萬全.' 四人皆以爲然, 約事成推弁爲留後. 壬辰, 遂方宴飲, 日過中, 弁等五人突入, 於直房前取弓刀, 徑前射副使張敦實, 殺之. 遂與監軍狼狽起走, 弁執遂, 數之以盛暑興役, 用刑刻暴, 立斬之. 傳聲勿驚監軍, 弁卽自稱留後, 升廳號令, 與監軍抗禮, 召集將吏參賀, 衆莫敢不從. 監軍具以狀聞."

이와 같이 司馬光이 장문을 쓴 이유는 간단하다. 제나라를 멸망시키고, 그곳을 셋으로 나누어 관찰사를 두었는데 다시 반란이 일어나서 당에게 엄청난 충격을 가져다 준 사건이기 때문이다. 여기서 필자가 주목하고 싶은 것은 兗·海·沂·密관찰사 王遂가 사용한 '반역한 오랑캐'라는 표현이다. 이는 분명 고구려 유민을 얕잡아 본 말이다. 사마광도 왕변과 그의 무리 네 명이, 격분해서 왕수를 죽였다고 보았다. 게다가 더 이상한 것은 왕변이 兗·海·沂·密觀察使 왕수를 죽이고 자신이 留後가 되었다는 사실이다. 이는 이사도의 조부 이정기가 平盧절도사 왕현지를 죽이고 자신의 외사촌 후희일을 세웠던 것과 매우 흡사하다.

또 중요한 사실은 제나라 정치가 혹독하였다고 司馬光이 서술하였지만 兗·海·沂·密관찰사 王遂가 더 심하였던 것은 음미할 필요가 있다. 만약 사마광이나 『신·구당서』 저자들처럼 이사도의 제나라 정치가 혹독하였다면 당군과 싸운다는 것은 매우 어렵다고 본다. 평로·치청 사람들이 당보다는 제나라 정치가 훌륭하였기 때문에 제나라에 충성하며 싸웠던 것이다. 그 결과가 兗·海·沂·密관찰사 왕수를 죽인 왕변의 행위에서 입증되었다. 물론 자신이 평로·치청절도사가 되고 싶어 한 유오의 경우는 예외이다. 위의 사실들을 정확하게 고증한 이유는 제나라에는 많은 고구려 유민들이 있었다는 사실을 다각도로 설명하기 위해서이다. 위의 왕변도 고구려 유민임이 틀림없다.

위의 『구당서』나 『자치통감』 내용을 통해서도 당이 제나라를 평정한 후 이사도 휘하에 많은 고구려 유민들이 있었던 근거 자료로 보아도 무방할 듯싶다. 바꾸어 말하면 이사도의 정치와 왕수의 통치가 너무나 대조적이어서 왕수가 자초한 죽음이라고 본다. 그 첫 반란이 三鎭 가운데 하나로 兗·沂·海·密州에서 발생하였다. 그런데 흥미로운 사실은 이사도에게 충성한 무리들이 존재했다는 사실을 사가들은 감추고 싶었다. 그래서 牙帳 王弁에 의해 죽임을 당한 연·해·기·밀관찰사 왕수를 형편없는 인물로 묘사하였다.

다시 말해 이사도의 추종세력에 의해 죽임을 당하였다는 사실이 알려지면,

당이 제나라를 평정한 것이 다시 어렵게 될 것을 우려한 당의 고육지책이
아닐까 싶다. 그렇다면 이는『구당서』를 편찬한 사가들의 잘못이 아니라
그 당시 왕수의 죽음을 이런 식으로 설명한 당의 사가들에 의한 역사 왜곡이다.

이와 같은 상황에서 죽은 왕수의 후임으로 조정이 曹華를 같은 달(7월)에
임명하였던[216] 배경은 이해가 된다. 그 까닭은 이사도와의 전투 때 운주의
북방 棣州자사였던 조화가 힘센 불량배들로 군졸을 보강한 후 이사도의
군대 공격을 받은 사실에 대하여 당이 잘 알고 있었기 때문이다.[217] 그렇다고
조화가 훌륭한 장군 역할을 수행하였기 때문에 이사도의 공격을 막은게
아니다. 이때 조화는 떼도적들 가운데 용맹한 자들에게 후한 현상금을 걸어
이사도 군대의 사기를 꺾은 게 전부였다.[218]

이때의 왕수와 조화에 대하여는『구당서』의「조화전」에 자세한 내용이
언급되어 있다. 그런데『구당서』의「왕수전」에 왕수가 피살된 상황이 정확히
언급되었다. 그 내용을 들어보면,

> (王遂의) 牙將 王弁이 민심이 분노에 차있는 것을 이용하여, (元和) 14년
> 7월 王遂가 무리를 불러 연회를 할 때, 王弁이 그때 모인 무리들에게 소리치면
> 서, 자리에 앉아 있던 王遂를 죽였고, 또 判官 張實, 李甫 등도 죽임을 당하였
> 다.[219]

라는 것이다. 이는 沂州刺史이며, 沂兗海觀察使였던 왕수가 죽임을 당하였던
장면의 묘사이다. 물론 왕변 등은 얼마 전까지 이사도의 부하였던 인물들이다.
위에서 왕수가 죽임을 당하였던 때가 원화 14년 7월이라는 사실에 초점을
맞추고 싶다. 왜냐하면 이사도가 그의 아들과 더불어 죽임을 당하였던 때는

---

216)『資治通鑑』권241,「唐紀」57 元和 14年 7月 甲辰조, 7771쪽.
217)『舊唐書』권162,「曹華傳」棣鄰於鄆조, 4243쪽.
218)『舊唐書』권162,「曹華傳」華招募群盜之勁者조, 4243쪽.
219)『舊唐書』권162,「王遂傳」, 4242쪽, "牙將王弁乘人心怨怒, 十四年七月, 遂方宴集, 弁譟集其
徒, 害遂於席, 判官張實, 李甫等遇害."

원화 14년 2월이었기 때문이다. 그렇다면 불과 5개월 전까지 왕변 등은
이사도의 부하였다. 이때 왕변의 무리에 의해 왕수만 죽임을 당했던 게
아니라, 그의 판관 張(敦)實과 李甫도 함께 피살되었다. 이는 王遂가 평소에
沂州사람을 "反虜"라고 모욕하였기 때문이라고 언급하였던 사실이다.[220]
이는 沂州 관리들이 고구려 유민으로 제나라 이사도의 부하였다는 것을
모욕적으로 표현하였던 것이 왕수 자신을 죽음으로 몰고 간 직접적인 요인으
로 해석할 수 있다.

여섯은 죽은 왕수 대신 조화가 沂海兗觀察使가 되었다는 사실이다. 위에서
언급하였던 것처럼 조화는 폭력배를 이용하여 제나라 이사도의 공격을 피하
였던 인물이다. 물론 조정도 겨우 이사도의 국가를 평정한 어려운 상황이라,
王遂를 죽인 무리를 바로 죽이려고 계획하였던 모양이다.

이와 관련된 사실을 司馬光의 『자치통감』에서 장문으로 정리하였다. 즉,

　　이보다 먼저, 鄆州의 군사를 셋으로 나누어서 三鎭(鄆, 靑, 沂)에 예속시켰는
데, 王遂가 죽자, 조정에서는 이사도의 남은 무리들의 흉악한 태도가 아직은
다 제거되지 않았다고 생각하고, 曹華에게 명령하여 棣州(산동성 혜민현)의
군사를 이끌고 鎭으로 가서 그들을 토벌하게 하였다. 沂州의 將士들 가운데
기다리며 영접하던 사람들은, 조화가 좋은 말로써 그들을 어루만져주면서,
먼저 성 안에 들어가게 하고, 그 나머지 사람들을 위로하고 편안하게 하자,
무리들 모두가 의심하지 않았다. 曹華는 사흘간 업무를 보고나서, 將士들에게
크게 향연을 베풀고, 장막 아래에 甲士 1천 명을 매복시켜 놓고서, 마침내
무리를 모아 놓고 그들에게 타일러 말하였다. "천자께서 는 鄆州 사람들이
옮기는 수고로움을 하였기 때문에, 특별히 우대하여 덧붙여 지급하라고
하였으니, 의당 鄆州 사람들은 왼쪽에 있도록 하고, 沂州 사람들은 오른쪽에
있도록 하라." 이미 정해지고 나자, 沂州 사람들로 하여금 모두 나가게 하고,
이어서 문을 잠그고, 鄆州 사람들에게 말하였다. "王常侍(죽은 王遂)는 천자의
명령으로 이곳에서 우두머리가 되었는데, 장사들이 어찌하여 갑자기 그를

220) 『舊唐書』 권162, 「王遂傳」 而遂數因公事訾詈將卒曰「反虜」조, 4242쪽.

690

해칠 수 있었는가?" 말이 아직 끝나지도 않았는데, 매복해 있던 사람들이
나와서, 둘러싸서 이들을 죽이니, 죽은 사람이 1천 200명이었고, 한 사람도
벗어난 사람은 없었다. 문과 병풍 사이에 붉은 안개가 한 丈 높이까지 피어올랐
다가, 오래 지나서야 비로소 흩어졌다.[221]

　이는 당이 鄆州 사람 1천 2백 명을 학살하였던 내용이다. 물론 이유는
兗·海·沂·密관찰사 王遂가 鄆州 사람 王弁에 의해 죽임 당한 사건에 대한
보복이다. 그런 일에 가담한 인물은 왕변과 네 사람이었다. 그런데도 당은
"이사도의 남은 무리들의 흉악한 태도가 아직은 다 제거되지 않았다"는
이유로 조화를 시켜서 鄆州城에서 대학살을 감행하였다.
　이와 같은 대학살을 당한 사람들에 대해 '鄆州 사람들이 옮기는 수고로움을
하였기 때문'이라는 사실은 고구려 유민들이라서 멀리서 이동해 왔다는
의미로 언급한 사실이 주목된다. 바꾸어 말하면 이사도와 같은 고구려 유민들
가운데 '將士'라서 앞으로도 당에 대한 도전을 우려해서 죽인 것이다. 고구려
유민들이 강인하게 살아가려하자, 당은 그들이 두려워 학살하였던 것이다.
　또 위의 『자치통감』 내용을 『구당서』의 「조화전」에서는 간단하게 기록하
고 있다. 이를 옮겨보면,

　　曹華가 鎭에 도착하여, 삼일동안 사무를 보았다. 장사들에게 술자리를 베풀
어주고 무장병사 천 명을 모집하였다. 장교들이 모여 曹華가 훈시하였다.
'내가 황제의 명을 받들고 鄆州(전일 이사도 휘하의 부하를 지칭) 장사들이
세 곳을 따로 수위하고 힘들게 다녔으므로 오늘은 황제의 하사품을 준다.
北州의 병사들에게는 후하게 줄 것이다. 鄆州 사졸들이 우측에 있고, 州兵은

---

221) 『資治通鑑』 권241, 「唐紀」57 元和 14年 9月조, 7772쪽, "先是, 三分鄆兵以隸三鎭, 及王遂死,
朝廷以爲師道餘黨凶態未除, 命曹華引棣州兵赴鎭以討之. 沂州將士迎候者, 華皆以好言撫
之, 使先入城, 慰安其餘, 衆皆不疑. 華時事三日, 大饗將士, 伏甲士千人於幕下, 乃集衆而諭
之曰, '天子以鄆人有遷徙之勞, 特加優給, 宜令鄆人處左, 沂人處右.' 旣定, 令鄆人皆出, 因闔
門, 謂鄆人曰, '王常侍以天子之命爲帥於此, 將士何得輒害之!' 語未畢, 伏者出, 圍而殺之,
死者千二百人, 無一得脫者. 門屛間赤霧高丈餘, 久之方散."

좌측으로 모여라, 그래야 구별하기가 쉽다.' 분배하자마자, 州兵들에게 밖으로 나가라는 명령을 내렸다.222)

라는 것이다. 이는 왕수 후임으로 기주에 온 조화가 조정에 반기를 든 세력을 소탕하기 위해 황제의 하사품을 나누어 줄 정도로 치밀한 위장술을 썼던 사실과 관련된 내용이다. 위에서 州兵이라 함은 조화가 棣州에서 이사도의 공격을 막는데 큰 공을 세웠던 불량배들을 말함인 듯싶다. 이 체주의 불한당은 사람 죽이는 게 걸릴게 없는 그런 무뢰한들로 그들을 기주로 데려갔던 것 같다. 그렇다면 이는 조화가 사람을 전문으로 죽이는 망나니들을 데리고 沂州에서 다시 운주로 왔다는 이야기이다.

그 다음 이야기를 계속 『구당서』의 「조화전」에서 들어보자.

　합문을 나가자, (曹華가) 鄆州 병사들에게 '천자가 鄆州 병사들의 공로를 잘 알고 계신다. 하지만 앞서 (王遂를) 살해하였던 죄를 면할 수는 없다.' 고 말했다. 이때 무장한 병사들이 나와서, 鄆州의 병사 일천 이백 명을 둘러싸고 즉시 뜰에서 살해하였다. 피가 흘러 강이 되었다. 그 당시에 문과 가리개의 사이에 붉은 안개가 높이가 장이나 될 정도였다. 이런 현상이 오래 지나서야 비로소 흩어지게 되었다. 그래서 海, 沂의 사람들이 매우 두려워 떨었을 뿐 아니라 감히 도적질하는 사람이 없었다.223)

이는 曹華가 棣州에서 데리고 온 칼잡이로 沂州에서 鄆州 사람 1,200명을 살해한 참상이 어떠했는가를 설명한 내용이다. 물론 위의 광경은 참담 그 자체였다. 물론 鄆州 사람 1,200명이 고구려의 유민이란 기록은 없다. 그러나

---

222) 『舊唐書』 권162, 「曹華傳」, 4243쪽, "華至鎭, 視事三日, 宴將吏, 伏甲士千人於幕下. 群校旣集, 華喩之曰 '吾受命廉問, 奉聖旨, 以鄆州將士分割三處, 有道途轉徙之勞. 今有頒給, 北州兵稍厚. 鄆州士卒處右, 州兵處左, 冀易以區別.' 分定, 並令州兵出外."

223) 『舊唐書』 권162, 「曹華傳」, 4243쪽, "旣出閤門, 乃謂鄆卒曰, '天子深知鄆人之勞, 然前害主帥者, 不能免罪,' 甲士自幕中出, 周環之, 凡鄆一千二百人, 立斬于庭, 血流成渠. 是日, 門屛之間, 有赤霧高丈餘, 久之方散. 自是海, 沂之人, 重足股慄, 無敢爲盜者."

내용으로 보아 제나라 이사도의 충복들이었던 사실은 분명하다. 그런데 운주 사람 1,200명이 살육 당한 후 海·沂州 사람이 무서워 도적질을 하지 않았던 게 아니라 조정에 대하여 독립하겠다는 생각을 품은 자가 없었다고 해석하여야 옳을 것 같다. 바꾸어 말하면 이사도 휘하에 있던 고구려 유민으로 추정되는 海·沂州 사람들이 당에 대항할 수 없게 되었다는 말이다.

그렇다면 王弁등이 王遂를 살해하였던 것은 이사도가 죽임을 당한 후 다시 당에 대항하겠다는 의도가 숨겨진 사건이다. 이외에『구당서』「오행지」의 기록처럼 운주성에서 대학살로 피가 한 자나 쌓였다는 사실과 아울러 운주에 있던 고구려 유민을 세 곳으로 분산시켰다는 사실을 주목하고 싶다. 운주 이외의 다른 두 곳은 사서에서 찾을 길이 없지만 당에 의해 살해된 고구려 유민은 어림잡아 10,000명 이상이었을 것 같다. 그 이유는 앞서 운주에서의 대학살 사건이후 沂州에서 고구려 유민이 1,200명이 죽었고, 다른 두 곳에서도 비슷한 수가 죽었다면 1,200×3=3,600명이 희생되었다는 계산이다. 그리고 운주성에서 대략 6,000명이상 죽었다고 가정한다면, 위의 10,000명이라는 것은 어느 정도 근거가 있다.

당이 운주의 고구려 유민들을 대학살한 사실에 대해서 사마광은 論贊형식을 빌려서 헌종의 학살조서를 힐난하였다. 사마광이 유학자라서인지 아니면『자치통감』을 써내려가다가 용서받을 수 없는 악행이라 생각했을지 모른다. 사마광이 운주의 대학살에 대한 비난 글 일부를 옮겨보자.

어찌하여 반드시 천자의 조서를 가지고 사람들을 유인하는 미끼로 삼았다는 말입니까! 또 난을 일으킨 사람은 다섯 명 뿐인데, 마침내 曹華로 하여금 속임수를 만들게 하여, 1천여 명을 도륙하였으니, 역시 함부로 한 것이 아닙니까?[224)

---

224)『資治通鑑』권241,「唐紀」57 元和 14年 9月 臣光曰조, 7772~7773쪽, "何必以天子詔書爲誘 人之餌乎! 且作亂者五人耳, 乃使曹華設詐, 屠千餘人, 不亦濫乎!"

이는 후대 司馬光의 탄식일 뿐이다. 당은 고구려를 멸망시키고 나서 고구려 유민들이 출중함을 알았을 뿐만 아니라 그들의 용맹함 때문에 전전긍긍하였다. 그런 상황에서 王逐가 죽임을 당하자 고구려 유민출신의 '將士'들을 도륙한 것이다. 덧붙인다면 당 현종이 안녹산의 반군을 막은 고구려 유민 고선지 장군에게 죄목을 씌워 죽인 것도, 고구려 유민에 대한 불안감의 반영이다. 후일 당 헌종의 고구려 유민에 대한 불안감은 이사도로 인혜 그보다 더 증폭되었을 것이 분명하다. 안·사의 난을 막으면서 승승장구한 것도 고구려 유민출신 이정기라는 사실 등에서, 고구려 유민에 대한 당의 공포감은 쉽게 떨쳐 버릴 수 있는 그런 종류의 문제가 아니다.

한편 당은 고구려 유민 왕변에 의해 兗·海·沂·密관찰사 왕수가 참수 당한 다음달(8월) 왕변을 죽이려는 음모를 꾸몄다. 이에 관한 소식을 들어보자.

조정에서 군사를 일으켜서 王弁을 토벌하는 것을 논의하였는데, 靑·鄆의 세력이 서로 선동하여 계속하여 반란을 일으킬까 두려워서, 마침내 王弁을 開州(사천성 개현)자사로 제수하면서, 中使를 파견하여 告身을 하사하였다. 종사가 그를 속여서 말하였다. "開州에서는 계산하여 이미 사람들이 길에서 영접하고 기다릴 것이니, 留後께서는 의당 속히 출발하십시오." 왕변은 그날로 沂州(산동성 임기현)를 출발하였고, 안내하고 따르는 사람은 오히려 100여 명이었으며, 徐州의 경계에 들어서자, 그곳에서 이를 덜어냈고, 그 무리들도 역시 조금씩 도망하여 흩어졌다. 드디어 刑具를 채워 당나귀에 태워서 관문으로 들어가게 하였다. 9월 무인 일에 東市에서 요참하였다.[225]

당은 왕변에 의해 이사도의 제나라가 부활할지 모른다고 우려하여 왕변을 죽이기로 결심하였다. 당의 역사에서 연고가 무관한 외지로 보낼 때는 모두

---

225) 『資治通鑑』 권241, 「唐紀」57 元和 14年 8月조, 7772쪽, "朝廷議興兵討王弁, 恐靑·鄆相扇繼 變, 乃除弁開州刺史, 遣中使賜以告身. 中使紿之曰, '開州計已有人迎候道路, 留後宜速發.' 弁卽日發沂州, 導從尙百餘人, 入徐州境, 所在減之, 其衆亦稍逃散. 遂加以杻械, 乘驢入關. 九月, 戊寅, 腰斬東市."

다 죽이기 위한 수법이다. 이때도 당은 왕변이 모르는 開州로 보내서 죽이기로 결심하였다. 그래서 왕변을 開州자사로 임명하는 속임수를 썼다. 이와 같은 경우는 당이 고구려 유민 왕모중을 죽일 때도 永州(광동성)의 관리로 임명한다고 하면서, 임지 도착 전에 그를 죽인 예가 있다.[226)

왕변도 開州가 아닌 장안의 東市라는 시장터에서 왕수를 죽인 죄와 아울러 고구려 유민이라는 사실 때문에 중인환시하는 가운데 요참되었다. 여기서 당이 고구려를 멸망시킨 지 160년이 될 때까지도 고구려 유민들과 당의 대결이 지속되었던 것이라고 보면 어떨까.

일곱은 헌종이 이정기 일문의 토벌에 대한 업적을 비석에 자세히 기록하라고 명령하였던 사실이다. 이때 이정기 가문에 대한 사실을 宰臣 崔群이 도맡아 기록하였다. 흥미로운 사실은 조정이 무엇 때문에 이정기 가문이 멸망하고 난 후 그 가문과 그 토벌에 대한 사실을 비문에 남기도록 하였는가 하는 의문이다.

이때 단순히 이정기 가문의 사실을 기록이라는 측면에서 남기라고 하였던 것은 아니다. 이는 당나라가 수모를 당하지 않기 위해서라는 차원이 아니라 당이 이사도를 죽인 후 민심 수습 차원에서 기록하였을 가능성이 크다. 다시 말해 반세기 이상 크게는 15州 작게는 12州를 통치하였기 때문에 이정기 가문에 대한 충성심을 당으로 돌려보겠다는 목적으로 비문을 작성하였다고 해석하는 게 설득력이 있다.

헌종 때 절도사들을 갈아 치우거나 살해하며 전횡했던 '驕兵'들의 제거는 해당 번진을 제대로 통치하기 위한 조치였다. 趙翼의『廿二史箚記』方鎭驕兵條에 신임 節度使들이 汴州(宣武軍), 徐州(武寧軍), 興元軍 등의 驕兵들을 제거하여 기강을 세운 예가 있다.[227) 따라서 曹華의 鄆州將士 1,200인의 대량학살도 번진을 안정시키기 위한 조치로 해석하여, 고구려 遺民 제거를 위해서라고

---

226) 지배선, 2006,『고구려·백제 유민 이야기』, 혜안, 109쪽.
227) 趙翼,『廿二史箚記』권20, 390~392쪽, 方鎭驕兵(臺灣商務印書館) 참조.

보기 어렵다는 견해를 제시할 수도 있다. 曹華가 1,200명을 학살했던 것이 위의 그런 성격과 같은 事案이었다면, 趙翼이 왜 '方鎭驕兵條' 기록에 포함시키지 않았을까하는 의문을 제시하고 싶다.

이때 당 헌종이 이사도를 죽였다는 사실이 너무 기쁜 나머지 白居易에게 '賀表'를 작성하도록 명령한 사실은 시사하는 바가 매우 크다. 그 이유는 제나라 이사도를 토벌하는 것이 당시 당의 절대절명의 과제였기 때문이다. 이때 백거이가 작성한 「賀平淄靑表」는 元和 14년 4월 9일에 완성되었다.[228] 정확히 말해서 이때는 이사도가 죽임을 당한 지 두 달 뒤였다. 한편 이정기 가문의 3대 통치자 이사고의 처이며 동시에 이사도의 처 裴氏에게는 원화 5년 5월에 내린 조서와 같게[229] 원화 14년 5월 기해 일에 이사고의 딸 宜娘과 함께 鄆州에서 살도록 헌종이 조서를 내렸다는 사실도 흥미롭다.[230] 이와 관련해서 『구당서』「憲宗紀」元和 14년 5월조를 보자.

조서를 내려서 李師古의 처 裴氏·딸 宜娘을 鄆州에 머물게 하였으며, 李宗奭의 처 韋氏를 掖庭에서 나가도록 했으며, 이로 인해 李師道의 族人들을 연좌해서 노비가 되었으나, 황제는 그 사람을 불쌍히 여겨, 너그럽게 완화시켰다. 宣歙관찰사 竇易直을 潤州자사로 임명하면서, 浙西관찰사로 충당하였다. 韓弘이 淄靑을 평정하고 명주 20만 필과 女樂伎 10인을 바쳤다. 그러나 女樂伎는 그에게 다시 돌려보냈다.[231]

---

228) 『白氏長慶集』 권61, 「奏狀」4 '賀平淄靑表' 臣某言조, 657쪽(『欽定四庫全書』 所收 1080冊, 臺灣：商務印書館, 1986).

229) 『唐會要』 권39, 「定格令」 (元和)5年조 5月勅조, 711쪽.

230) 『舊唐書』 권15, 「憲宗」下 元和 14年 5月 赦李師古妻裴氏조, 468쪽 ; 『冊府元龜』 권150, 「帝王部」 寬刑 (元和 14年 5月) 己亥詔李師古조, 1816쪽 ; 『唐會要』 권39, 「議刑輕重」 其妻裴氏及女宜娘조, 711쪽.

231) 『舊唐書』 권15, 「憲宗紀」 元和 14年 5月조, 468쪽, "赦李師古妻裴氏·女宜娘於鄆州安置, 李宗奭妻韋氏放出掖庭, 坐李師道族人籍沒, 上愍之, 宥以輕典. 以宣歙觀察使竇易直爲潤州刺史, 充浙西觀察使. 韓弘進助平淄靑絹二十萬匹, 女樂十人. 女樂還之."

　　그러면서 이사고의 처와 이사고의 딸 의낭을 등주에서 살도록 조서를
내려 조치하였던 것이 이사도가 친족을 중하게 여겼기 때문이라고 밝혔다.[232)
그렇다면 이는 고구려 유민이 당나라 사람보다 더 친족을 더 중히 여겼다는
이야기로 풀이 가능한 대목이다. 이 점에 대하여 필자가 주목하는 이유는
조정에서 고구려 유민을 깔보기 위한 표현으로 오랑캐라고 서술한 것이
크게 잘못되었다는 점이다.

　　위의 '女樂'은 중요한 의미가 있다. 궁정에서 특수한 예우를 받는 여인들로
妓館의 妓女와 다르다. '女樂'은 당나라 경우는 敎坊에 소속되어 있다. 이는
이사고의 제나라의 국가 성격에 대한 규명과도 연관된다. 韓弘이 조정에서
女樂을 받지 않았기 때문에 이들은 放還된 경우이다. 女樂이 放還되면 親族들이
맞이하며, 그들은 궁인의 예우를 받았다는 사실에서 제나라의 女樂도 궁정
제도의 일원임을 알 수 있다.[233) 다시 말해 제나라도 敎坊이 설치되었다고
본다.

　　아무튼 당은 고구려 유민들을 무서워하였다. 이 뿐만이 아니다. 또 이사도의
族人으로 연루되어 호적이 몰수되었던 것을 다시 회복시켜 준 것도 같은
맥락일 듯싶다.[234) 그런데 이사고의 처 裵氏와 이사고의 딸 宜娘을 鄧州에서
살게 하였는데, 그곳은 신라인과 발해인 집단 취락지로 알려졌던 지역이
다.[235) 다시 말해 등주는 고구려 유민들이 많이 살던 곳이다.

　　그리고 선무군절도사 한홍이 치청에서 얻은 명주 20만 필과[236) 여락기
10인을 조정에 바쳤던 것도 이때(원화 14년 6월과 7월)였다.[237) 이때(6월)
헌종은 한홍이 바친 여락기 10인을 돌려보내도록 조치하였다.[238) 이는 제나라

---

232)『冊府元龜』권150,「帝王部」寬刑 (元和 14年5月 己亥) 雖曰逆人親屬量其輕重조, 1816쪽.
233) 岸邊成雄, 1944,「唐代敎坊の組織,下」,『帝國學士院紀事』, 521~528쪽.
234)『舊唐書』권15,「憲宗」下 元和 14年 5月 坐李師道族人籍沒조, 468쪽.
235) 藍文徵, 앞의「隋唐五代之民族」, 46쪽.
236)『冊府元龜』권485,「邦計部」濟軍 '韓弘' 又(元和)14年조, 5798쪽.
237)『舊唐書』권15,「憲宗」下(元和 14年 5月) 韓弘進助平淄靑絹二十萬匹조, 468쪽.
238)『冊府元龜』권168,「帝王部」却貢獻 (元和) 14年6月 己酉조, 2027쪽.

이사도의 국가의식에서 음악이 연주되었다는 것을 알려주는 단서가 될 것 같다. 물론 女樂伎는 제나라 이사도의 평로·치청절도부의 연회에서 흥을 돋우는데 쓰였던 여인들임은 틀림없다.

그러나 이정기 일가가 당에 대해 세금을 내지 않았을 뿐만 아니라 독자적으로 관리를 임명한 상황에서 독자적 제례의식이 행하여졌기 때문에 女樂이 있었다는 견해도 제시할 수 있다. 그런데도 필자가 女樂을 太樂의 諸伎로 해석하려는 의도는 간단하다. 女樂이 이사도의 개인적인 오락을 위해 둔 무리였다면 명주 20만 필과 더불어 기록할 이유가 무엇이겠는가. 五胡十六國 시대 南燕 慕容超가 後秦에 있던 慕容超의 생모와 妻 송환을 위해 南燕의 太樂 諸伎와 맞바꿀 정도로 '伎'는 중요하였다.[239] 다시 말해 '伎'는 고대사회에서 국가의 상징이었던 것 같다.

이상의 예는 이사도의 제나라가 왕국이 아닌 제국의 형태를 유지하였음을 알려주는 근거이다. 그러나 다음달(7월)에 한홍이 바친 명주 25만 필·고운 비단 3만 필 등은 받았다.[240] 그런데 이렇게 많은 물량도 한홍이 치청에서 얻은 전부는 아니고 일부에 불과하다. 왜냐하면 한홍은 曹州의 남쪽 考城으로 진격하였기 때문에 제나라의 도읍지 운주성이나 치주와 청주의 물자는 한홍이 손도 대지 못하였기 때문이다. 이는 제나라 이사도 휘하의 평로·치청의 재정상태가 어느 정도 풍부하였는가를 가늠하는 좋은 자료가 될 듯싶다.

8. 최군이 작성한 비문에 나타난 제나라에 대한 혹평

이정기 가문 4대의 통치에 대한 사실을 헌종의 명령을 받은 崔群이 작성하였던 내용이 전하고 있다. 그 내용은 이정기 4대의 통치가 옳지 않다는 입장에서

---

239) 지배선, 1998, 「南燕 慕容超 즉위 후 대내외정책」, 『中世 中國史 硏究－慕容燕과 北燕史』, 연세대출판부, 206~208쪽.
240) 『冊府元龜』 권169, 「帝王部」 納貢獻 (元和 14年) 7月宣武軍節度使韓弘조, 2033쪽.

본 기록이다. 이를 들어보면,

    나라는 天寶 말년에 安祿山이 최초로 兩河에서 반란을 일으켰으며, 寶應
원년에 이르러서 官軍이 史朝義를 평정했다. 그의 部將 薛嵩·李懷仙·田承嗣·李
寶臣 등이 명령을 속여 州郡을 나누어 받았는데도, 조정은 전쟁을 원하지
않았기 때문에, 僕固懷恩의 주청에 따라서, 그들에게 땅과 관직과 작위를
추가해 주었다. 侯希逸이 군인들에 의해서 쫓겨나자, 李正己가 또한 옛 齊·魯의
땅을 점거하였다. 이렇게 되자 서로 관계를 긴밀하고 공고하게 하기 위하여,
서로 결탁해 통혼하면서, 조정에 대하여 세금을 바치지 않았기 때문에, 조정의
법령이 실행되지 않았는데, 이와 같은 것은 늘상 그랬다. 모두 그 아들들을
副大使로 임명하여, 아비가 죽으면 아들이 계승하여, 자주 部衆의 요구를
빌려서 조정에 알린 것이 고작이다. 또 아비가 主將에 의해 살해되면 스스로
절도사의 직위에 올랐다. 安·史의 난 이후, 貞元년간에 이르기까지, 조정은
너그럽게 용서하는 방향으로 힘을 기울였던 탓에, 매번 藩將이 멋대로 세습했
다는 소식을 들을 때마다, 그들에게 관직을 제수하였는데, 이 때문에 60여
년 동안, 兩河 지역을 일컬어 반역의 풍습이 성한 곳이라 불렸다. 헌종은
사람을 잘 알아보고 임용을 잘했기 때문에, 점차 반란이 평정되어, 兩河
일대가 다시 조정 영토가 되었다.[241]

라는 것이다. 위에서 僕固懷恩의 주청에 의해서 安史의 난을 평정한 장군들이
땅과 관직과 작위를 얻게 된 것은 사실이다. 突厥계 鐵勒部人 僕固懷恩[242]은
大曆 원년(766)에 반란으로 토번을 변경으로 불러들였던 동일인물이다.[243]

---

241) 『舊唐書』 권124, 「李師道傳」, 3541쪽, "國家自天寶末安祿山首亂兩河, 至寶應元年王師平
    史朝義, 其將薛嵩·李懷仙·田承嗣·李寶臣等受僞命分領州郡, 朝廷厭兵, 因僕固懷恩請, 就
    加官爵. 及侯希逸爲軍人逐出, 正己又據齊·魯之地, 旣而遞相膠固, 聯結姻好, 職貢不入,
    法令不加, 率以爲常. 仍皆署其子爲副大使, 父死子立, 則以三軍之請聞, 亦有爲大將所殺而
    自立者. 自安·史以後, 迄至于貞元, 朝廷多務優容, 每聞擅襲, 因而授之, 以故六十餘年, 兩河
    號爲反側之俗. 憲宗知人善任, 削平亂迹, 兩河復爲王土焉."
242) 田村實造, 앞의 「唐帝國の世界性」, 73쪽.
243) 山崎宏, 1937, 「唐の朔方管內敎授大德辯才について」, 『支那佛敎史學』 1-1, 54쪽.

간단히 말해 이는 앞에서 말한 것처럼 이정기 가문이 4대에 걸쳐 절도사를 세습하다가 멸망하였다는 내용이다.[244] 또한 이는 兩河지역에서 天寶 말년부터 元和년간까지의 절도사들의 득세에 관한 것을 요약한 것이다. 아울러 중국사상의 고향이라 할 수 있는 공자와 태산이 제나라 영역에 포함되었다는 사실을 특기하고 싶다. 그런데 위의

태산 정상 부근에는 자연석을 이용한 비문이 많다. 이 가운데는 이정기 시대의 것도 있을 것 같다.

내용 가운에 몇 가지는 중요한 것을 암시하기 때문에 이를 분석하고 싶다.

하나는 안녹산의 난을 진압한 장군들이 각각의 州郡을 점령하였다는 사실이다. 이로 말미암아 강력한 절도사로 등장하였던 薛嵩·李懷仙·田承嗣·李寶臣 등의 등장 내력을 설명하였다. 물론 이때 등장한 인물 가운데 하나가 후희일의 뒤를 이은 이정기다. 그러나 위에서 조정이 전쟁에 염증이 난 상황에서 僕固懷恩의 요청에 따라 그들 모두에게 관직과 작위를 주었다는 표현은 잘못된 기록이다.

기실 당은 안녹산의 난을 진압한 절도사들을 통제할만한 군사력이 없었기 때문에 어쩔 수없이 그들이 점거한 지역에 대해서 인정하는 형식을 취할 수밖에 다른 도리가 없었다고 기록하는 게 옳다. 그런데 위의 僕固懷恩은 大曆 원년 반란으로 토번에 의한 당의 변경 침입의 화를 자초하였던 인물과 동일인이다.[245] 위와 같은 이유로『신당서』찬자들은 복고회은을 '叛臣'으로 분류하였다.[246] 복고회은은 돌궐계 鐵勒部 출신이다.[247]

---

244) 劉伯驥, 앞의「藩鎭之禍」, 37쪽.
245) 山崎宏, 1937,「唐の朔方管內敎授大德辯才について」,『支那佛敎史學』1-1, 54쪽.

둘은 이정기의 등장을 너무 간결하게 설명하였다는 사실이다. 물론 이정기의 고종사촌 侯希逸이 이정기를 그의 관직에서 몰아내려다가 도리어 군인들의 반발로 말미암아 자신이 축출된 사실에 대해서는 의도적으로 비문에서 그런 내용을 삭제한 것 같다.248) 그런 가운데 史朝義를 토벌하기 위하여 靑州로 진출한 것이 계기가 되어 이정기가 齊州와 魯州를 장악하였다. 달리 표현하면 이정기가 옛 제나라와 노나라 영토를 차지하였다. 한편 이정기는 자신 세력기반 강화와 당에 대항할 목적으로 여러 절도사들과 혼인으로 인척관계를 형성하면서 당에 대해 자신의 위치를 확실하게 다졌다.

셋은 절도사들이 당에 대해서 공물을 바치지 않았다는 사실이다. 이로 말미암아 절도사들이 장악한 지역이 당과 무관한 영토가 되었다. 그런데 이와 같이 절도사들이 당에 공물을 바치지 않았던 것이 당시 상례화 되었다는 사실이 매우 주목된다. 그 이유는 특히 이정기의 4대가 모두 海運陸運押新羅渤海兩蕃使라는 직함을 가졌기 때문에 해외 교역을 통해 이정기 일문이 막대한 경제적인 이윤을 추구하여 그 나라의 부가 대단했다고 쉽게 짐작할 수 있다. 이는 신라나 발해, 나아가 일본과 교역하면서 얻은 수익을 이정기 4대가 모두 독차지하였다는 말로 해석이 가능하기 때문이다. 또 반대로 신라나 발해가 이정기 4대와 친선하는 가운데 교역량을 늘리는 것이 용이하였다는 사실과 맞물리는 중요한 대목이다.

그 결과 신라나 발해가 산동반도의 해안가에서 자국과의 해상 네트워크를 구축하면서 집단생활을 활발하게 영위할 수 있었다. 이러한 경제력이 바탕이 되어 이정기 가문 4대가 강력한 왕국으로 부상하면서 당이 도전할 때는 응전이라는 방법을 통해 자국의 독자성을 지켜나갔다. 물론 이사도가 이사고의 후사가 되었을 때 당에서 관직과 작위가 수여되지 않자, 이를 해결하기

---

246)『新唐書』권224상,「僕固懷恩傳」, 6365~6372쪽.

247) 田村實造, 1969,「唐帝國の世界性」,『史林』52-1, 73쪽.

248)『舊唐書』권124,「李正己傳」希逸因事解其職조, 3535쪽.

위한 방안으로 조정에 세금을 바치겠다고 한때 제안한 적이 있었다. 즉
兩稅를 바치는 일과 鹽法을 지키겠다는 것이 그것이다.[249]

그러나 이는 제나라 이사도가 집정초기에 당을 유혹하기 위한 일시적인
제스처였다. 이정기의 손자 이사도는 끝까지 당에 공물은 물론이고 당의
관리도 받아들이지 않았다. 이는 제나라 이사도 입장에서는 매우 중요한
사실이다. 왜냐하면 이정기 가문 4대가 반 독립적인 상태가 아니라 독자적으
로 국가를 경영하였던 사실과 맞물리기 때문이다. 이런 사실을 뒷받침하는
것은 당의 史官 李吉甫가 元和 2년 12월에 편찬한 『元和國計簿』에서도 평로·치
청에 대해 언급하길 '不申戶口'라고 기록한 사실에서 알 수 있기 때문이다.[250]
다시 말해 이는 이정기의 4대가 평로·치청을 관할할 때 당이 그 지역의
호구를 알지 못했다는 뜻이다. 이는 제나라가 당에게 어떤 것도 예속된
것이 없는 그런 나라였다는 이야기와 통한다.

무엇보다 중요한 것은 제나라 이정기부터 이사도까지 4대가 스스로 관리를
제수했을 뿐 아니라 당에 대해 貢賦를 바친 적이 없다는 사실을 司馬光이
그의 『資治通鑑』에서도 지적하였다. 즉,

> 廣德(대종의 연호) 이래로, 60년을 내려오면서, 번진들이 하남과 하북 30여
> 州에서 발호하면서, 스스로 관리를 제수하고, 貢賦를 보내지 않았는데, 이때에
> 이르러 모두가 조정의 약속을 준수하기로 하였다.[251]

위의 사실은 치청도지병마사 유오의 모반으로 제나라 이사도의 수급이
長安 도착 후에 변화된 상황을 사마광이 표현한 내용이다. 다시 말해 이사도의
조정이 멸망된 후부터 태산이 있는 齊·魯에서 당에 대해 貢賦를 바치면서

---

249) 『舊唐書』 권124, 「李師道傳」 乃請進兩稅조, 3538쪽.
250) 『舊唐書』 권14, 「憲宗紀」 元和 2年 12月 己卯조, 424쪽. 『元和國計簿』는 元和연간의
　　 국가 통계를 기록한 책이다.
251) 『資治通鑑』 권241, 「唐紀」 57 元和 14年 2月조, 7765쪽, "自廣德以來, 垂六十年, 藩鎭跋扈河
　　 南·北三十餘州, 自除官吏, 不供貢賦, 至是盡遵朝廷約束."

아치 모양의 세 개의 문이 있는 태산의 첫 관문 입구

당의 관리 파견이 가능하게 되었다는 이야기이다. 바꾸어 말하면 60년 동안 제나라 이정기로부터 이사도까지 제나라는 독립국가였다는 사실을 司馬光이 인정한 기록이다.

사마광은 그의 『자치통감』에서 원화 2년 조세가 징수된 지역을 따로 언급할 정도로 당의 조세는 일부지역에만 국한되었던 사항이다. 즉,

매년 조세는 浙江東·西·宣歙·淮南·江西·鄂岳·福建·湖南의 8道 49州, 1百 44萬戶에 의거하여 처리하는데 그쳤으며, 天寶년간의 稅戶에 비해 4분의 3이 줄었다. 천하의 군사 가운데 縣官에 공급해 주기를 바라보는 사람이 83萬餘 명이었으니, 天寶시기에 비해 3분의 1이 늘었고, 대략 2호가 1명의 비용을 맡았다. 수재와 한해로 피해를 입은 것은 임시로 조발한 것이어서 이 數에 넣지 않았다.252)

이는 원화 2년에 당에 대해 조세 부담하는 道가 華中 일부와 華南이었다는 것을 알 수 있다. 그렇다면 華北은 물론이고 華中의 대부분 지역이 당에 대한 조세와는 무관한 지역이었다. 이는 당의 직접 지배 지역이 얼마 되지 않았음을 밝힌 근거 자료가 된다. 바꾸어 말하면 이때에 평로·치청지역이 당의 부세와는 전혀 무관한 지역임을 확인할 수 있는 내용이다.

---

252) 『資治通鑑』 권237, 「唐紀」 憲宗 元和 2年 是歲조, 7647~7648쪽, "每歲賦稅倚辦止於浙江東·西·宣歙·淮南·江西·鄂岳·福建·湖南八道四十九州, 一百四十四萬戶, 比天寶稅戶四分減三. 天下兵仰給縣官者八十三萬餘人, 比天寶三分增一, 大率二戶資一兵. 其水旱所傷, 非時調發, 不在此數."

넷은 절도사들이 그들의 아들을 副大使로 임명하였다는 사실이다. 즉 이는 절도사가 죽으면 그 아들이 절도사를 자동 세습하였다는 뜻이다. 이때 조정은 뒤늦게 그 관직을 추인하는 일밖에 없었다. 이와 같은 일은 貞元년간까지 계속적으로 답습되었다.

다섯은 위의 비문은 제나라 이사도를 비열하게 죽임으로 말미암아 독립 절도사들을 모두 없앤 헌종을 칭송하기 위해 지어졌던 것이다. 이는 위의 사료가 이정기 가문에 대한 이야기를 언급하려는 것이 아니라 헌종의 업적을 열거함으로써 헌종의 송덕비 같은 형식을 취하였다. 다시 말해 이정기 가문이 반세기 이상 장악하였던 평로·치청 지역에 이러한 비를 세움으로써, 그 지역의 백성들에 대한 회유는 물론이고 헌종의 공덕을 기리려는 정치적인 목적이 깔린 그런 비문이었다. 정확히 말하면 평로·치정지역에 세워진 비문을 최군에게 작성시킨 의도는 당 헌종 자신의 치적을 침소봉대하기 위함이라고 해석하는 것이 제일 적절한 표현이다. 그보다 당이 학수고대했던 제나라를 멸망시킨 것이 너무 기뻐서 세운 비라고 보는 것이 맞다.

위의 내용은 헌종의 宰臣 崔群이 썼던 내용이다. 앞에서 지적한대로 비문 작성 동기는 헌종의 치적을 드러내려는 목적이었다. 한편 당시 절도사들의 성격을 확연히 설명하는 데 중요한 자료가 되었다. 그러나 55년 동안 이정기 4대가 세습하였던[253] 영역이 컸을 때는 15州, 작았을 때는 12州를 장악하였다는 사실은[254] 고구려사의 연장이라고 볼 수 있다. 게다가 고구려가 당에 의해 망한 후 고구려 유민에 의해 건국된 평로·치청지역이 산동반도를 포함한 황하 하류지역을 망라한 兩河지역이라는 사실에 주목하고 싶다.

평로·치청절도사 이사도를 멸망시켰던 사실을 상기시키려는 崔群의 비문에서 오히려 이정기의 등장을 간결하게 설명하였다. 이정기의 고종 사촌형

---

253) 『新唐書』 권214, 「劉從諫傳」 淄靑李師古四世阻命조, 6019쪽 ; 伊瀨仙太郎, 앞의 「安史の 亂後における周邊諸民族の中國進出」, 93쪽.

254) 『舊唐書』 권162, 「曹華傳」 初, 李正己盜有靑·鄆十二州, 傳襲四世, 垂五十年조, 4243쪽.

侯希逸이 이정기를 몰아내려다 도리어 군사들의 반란으로 侯希逸이 축출된 사실을 비문에서 기록하고 싶지 않았던 모양이다.[255] 당의 반기를 든 史朝義 토벌을 위하여 이정기가 靑州로 갔던 것이, 山東지역 진출의 계기가 되었다. 이때 山東지역에 당의 힘이 미치지 못하였기 때문에 그곳에서 이정기가 지휘하는 군사들이 史朝義가 이끄는 반군을 제압하였다. 그후 山東지역을 장악한 이정기는 자신의 세력기반을 안전하게 확보할 목적으로 절도사들과 제휴하기 위한 정략적인 결혼으로 인척관계를 형성하였다.

당의 절도사들이 당에 공물을 바치지 않았던 사실은 독자적인 국가 상태를 의미한다. 따라서 당의 법령이 절도사들의 관할 영역에서 준수될 리 만무하였다. 이와 같이 절도사들이 당에 공물을 바치지 않았던 것이, 이정기와 이납 시대에는 일반적이었다. 그런데 이정기 4대 모두가 海運陸運押新羅渤海兩蕃使라는 관직을 가졌던 것은, 이정기 일문이 신라와 발해를 상대로 배타적인 교역권 확보를 의미한다.[256] 이로 말미암아 이정기의 4대가 여느 절도사들보다 경제적인 부의 확대재생산을 지속적으로 만들 수 있었다.

이는 이정기 일문이 많은 절도사 중에 오랜 세월 동안 당에 대항할 수 있는 강력한 군사력을 확보할 수 있었던 사실과 맞물리는 이야기이다. 신라나 발해와 교역을 통해 얻은 많은 경제적인 수익을 이정기의 4대가 모두 독차지하였음은 물론이다. 또 이정기 일문의 4대가 원하기만 한다면 신라와 발해와 교역량을 조절할 수 있다는 해석도 가능하다. 그 결과 신라나 발해인이 산동반도의 해안에서 해상 네트워크를 활용하면서 집단 주거지를 형성하였다는 사실은 앞에서 설명하였다. 이와 같은 경제력과 이정기 가문 4대의 리더십을 바탕으로 60년 동안 독립성이 강한 절도사이자 국가로 존재하는 데 어려움이 없었다고 본다.

이정기 일가가 신라나 발해 사람들과 산동반도 해안에서 해상네트워크를

---

255) 『舊唐書』 권124, 「李正己傳」 希逸因事解其職條, 3535쪽.
256) 金文經, 앞의 「唐代 高句麗遺民의 藩鎭」, 50쪽.

구축하며 생활했던 구체적인 기록이 있다. 圓仁의『入唐求法巡禮行記』권1, 839년 정월 8일조 기사에 신라인 王請등이 揚州를 출발한 때는 유오에 의해 제나라 이사도가 시해 당한 지 20년이 지났지만, 왕청 등이 활동을 시작한 시기는 이사도 시대와 거의 중복된다고 볼 수 있다.

한편 원화 14년 3월에 당은 평로·치청 절도를 셋으로 쪼갠 후에 이사도 가족에 대한 신병을 처리한 기사가 있다.『구당서』의「헌종기」원화 14년 3월조 내용을 보자.

> 신묘 일에 이사도의 처 魏氏와 아들을 掖庭에 잡아가두었고, 사촌 李師賢과 李師智, 조카 李弘巽을 유배 보냈다.[257)

이는 819년 3월 신묘 일에 제나라 이사도 처 魏氏는 막내아들과 함께 掖庭에 갇혔다가[258) 元和 15년에 魏氏는 출가하여 비구니가 되었다는 사실로, 주목할 필요가 있다.[259) 이는 이사도가 죽임을 당한 이듬해가 되어서야 산동지역에서 지배권을 당이 되찾은 것으로 해석할 수 있기 때문이다.

한편 피터슨(Charles G. Peterson)은 절도사 이사도가 부하에 의해 피살된 후 그의 나라 평로·치청의 변화에 대하여 다음과 같이 언급하였다. 즉,

> 819년 초에 이사도는 그의 부하 중 한 사람에 의해 살해되어, 한 가계에 의한 60년간 이 지역에 대한 통치가 막을 내렸으며, 그와 더불어 번진 세력 평로 역시 종언을 고하게 되었다. 황제는 이 지역의 인구·지리·군사적 잠재성, 그리고 재원에 대해 체계적으로 조사하도록 명령하였으며, 이러한 조사를 기초로 平盧는 전혀 새로운 세 개의 번진으로 탄생되었다.[260)

---

257)『舊唐書』권15,「憲宗紀」元和 14年 3月조, 467쪽, "辛卯, 李師道妻魏氏幷男沒入掖庭, 堂弟師賢智·姪弘巽配流."

258)『舊唐書』권15,「憲宗」下 (元和 14年 3月) 辛卯, 李師道妻魏氏幷男沒入掖庭조, 467쪽.

259)『舊唐書』권124,「李師道傳」師道妻魏氏, 元和十五年出家爲尼조, 3541쪽.

260) Charles G. Peterson, *op. cit.*, pp.171~172, With the assassination of Li early in 819 by

라는 것이 그것이다. 이는 제나라 이사도의 국가가 너무 강력한 집단이라는 것을 헌종이 인정하였던 것과 관련된 이야기이다.

즉 헌종은 이사도가 시해 당한 후 그 지역을 장악하기 위하여 평로·치청에 관한 사실을 종합적으로 연구시켰던 사실을 피터슨이 주목한 대목이다. 물론 그의 주장처럼 헌종은 평로·치청에서 당에 대항하는 세력이 다시 대두될 수 없게 하기 위한 원천적인 봉쇄조치를 취한 것이 제나라 지역을 셋으로 나눈 것이었다. 이는 필자가 앞에서 지적한 것처럼 당이 제나라 이사도의 영토를 셋으로 분할하여 다스림으로 그 지역에 있던 고구려 유민의 규합을 원천적으로 봉쇄하는 제도적인 장치를 만든 셈이다.

당에 의해 제나라가 원화 14년(819)에 멸망되었으나, 당이 제나라의 淄靑등 12州의 兩稅使를 파견한 것은 10여 년이 지난 후였다. 정확히 말하면 당 文宗 太和 5년(831) 王彦威 諫議大夫로 임명하고 나서, 당이 그를 제나라 李師道 의 淄靑12州 勘定 兩稅使로 임명하였다.[261] 당은 태화 4년(830) 9월에 王涯를 左僕射로 임명하면서, 그에게 제나라 이사도의 12州에서 생산되는 銅鐵 수익 을 관리하기 위해 建中 원년 9월의 조칙에 따라 鹽鐵司를 다시 설치할 정도로 제나라 영역에 대한 실질적 지배가 매우 늦었다.[262] 한편 이는 옛 제나라가 군사적으로나 경제적으로 강력한 국가였다는 실증적 자료라고 본다.

당이 제나라를 원화 14년에 멸망시켰다고는 하지만 제나라에 대한 당의 실효적 지배는 무려 10년 후의 일이었다. 이는 제나라가 멸망한 후에도 그 근간인 고구려 유민들의 강한 결속력 때문에 당은 淄·靑등 12州를 직접 지배하기 위한 소요기간이 무려 10년 이상이나 걸렸다. 다시 말해 이는

---

one of his own lieutenants, sixty years of domination of the reign by a single family line came to an end - as did the province itself. The emperor ordered a systematic study made of its population, geography, military potential, and financial resources, on the basis of which P'ing-lu was carved up into three entirely new provinces.

261) 『舊唐書』 권157, 「王彦威傳」 朝廷自誅李師道조, 4155쪽.

262) 『舊唐書』 권169, 「王涯傳」 奏李師道前據河南十二州, 其兗, 鄆, 淄, 靑, 濮州界, 舊有銅鐵冶 조, 4404쪽.

고구려 유민의 제나라가 너무나 강력한 국가였다는 방증이다.

9. 제 멸망 후 이정기 일문에 대한 사가들의 악평

이정기 가문의 4대에 대한 평가를 위하여 그 당시 사료를 통하여 설명하는 것이 좋을 것 같다. 따라서 이정기에서 그의 손자 이사도까지 4대를 『구당서』 찬자가 어떻게 논평하였는가를 알기 위해 그 내용을 소개하려 한다.

이런 사실을 세 부분으로 나누어 분석하고 싶다. 우선 첫 부분은,

> 李師道의 할아버지·아버지와 형제는 青州·鄆州를 훔쳐 점거하고 나서, 뜻을 세워 몰래 반역을 모의하였으며, 힘을 잃게 되면 거짓으로 조정의 뜻을 받드는 척하였는데, 이와 같이 좇음과 배반을 마음대로 한 지 수십 년이 되었다.263)

라는 것이 그것이다. 이는 이정기 가문에 대한 평가의 첫 부분이다. 그러나 이는 당 중심의 역사를 썼던 사가들의 시각이라서 이정기 가문에 대한 객관적인 평가를 기대한다는 것은 무리이다. 아무튼 이를 좀 더 세분하여 분석하고 싶다.

먼저 이정기부터 青州·鄆州 등을 훔쳤다고 기록한 사실이다.264) 이는 앞에서 지적한 것처럼 그 당시 당의 역사를 편찬하였던 사가들의 기록이기 때문에 위와 같이 기술한 것은 어쩔 수 없다. 그렇다면 이는 당이 안녹산의 난에 의해서 멸망될지도 모를 상황에서 고구려 유민 이정기 등의 장군들이 조정을 구출한 사실에 대한 평가는 도외시한 기록이라는 사실을 지적하고 싶다.

---

263) 『舊唐書』 권124, 「李正己傳」 史臣曰조, 3543쪽, "師道祖父弟兄, 盜據青·鄆, 得計則潛圖兇逆, 失勢則僞奉朝旨, 向背任情, 數十年矣."

264) 王壽南, 앞의 「論唐代河北三鎭之獨立性在文化上的原因」, 593쪽.

바꾸어 말하면 이정기와 같은 인물이 없었다면 당이 지속될 수 없었다는 사실을 인정하지 않는 논리이다.

따라서 필자는 이정기의 등장이 그 시대적인 상황의 요청으로 만들어졌다는 점을 강조하고 싶다. 이와 같은 상황에서 무기력한 당나라를 제압할 수 있다는 계산이 섰을 때 누구라도 조정에 대항한 것은 극히 자연스러운 현상이라고 본다. 그것도 당에 의해 멸망된 고구려 유민에게 있어서는 더욱 그러했으리라 본다. 따라서 사가들이 역사적인 사실을 무시하면서 다만 당에 대항하였다는 사실 하나만 가지고 감정적으로 흉악무도한 이정기라고 표현한 것도 하나의 역사왜곡이라고 본다.

또 이정기가 죽고 그의 아들이 세습할 때, 당으로부터 관직과 작위를 받을 필요가 있어서 형식적으로 당을 받들었는데, 이를 거짓으로 조정을 받드는 척하였다고 이정기 가문을 비난한 모양이다. 이정기의 4대가 그런 식으로 당을 대하기를 수십 년간 하였다는 기술은 靑州와 鄆州를 중심으로 한 이정기 가문이 독자적이었다는 사실을 인정하기 싫은 표현에 불과하다. 그러나 분명한 사실은 이정기 4대가 경우에 따라 당을 위해 군사적으로 도왔던 것은 제나라의 생존을 위함이었다는 사실을 간과할 수 없다. 한마디로 당은 고구려 유민 이정기의 4대의 제나라에 대한 실체를 인정하는 것이 너무 싫었다.

고구려 유민 이정기의 4대가 독립국가로 존속될 수 있었던 또 중요한 이유는 경제문제였다. 다름 아닌 이는 이정기 시대부터 장악한 鄆州·曹州·濮州 등의 여러 州가 매우 비옥하였다는 사실이다. 이와 같은 사실은 당이 이사도의 제나라를 평정하고 나서 발표하였던 조서의 내용이 『구당서』의 「은유전」에 기록되어 있다. 즉,

　　鄆·曹·濮 등 州가, 元和년간 이래 땅이 본래 풍성하고 충실하기 때문에, 그 땅을 三道로 나누었다. 지난 15여 년 동안 조서가 반포되었으나, 끝까지

賦稅를 (조정에) 바치지 않았다.265)

라는 것이 그것이다. 위에서 부수적으로 확인할 수 있는 중요 사실은 제나라
이사도의 재임기간에 당에 대해서 부세를 바친 사실이 없다는 점이다. 다시
말해 제나라 이사고가 죽은 806년에 이사고의 이복동생 이사도가 즉위해서
그의 부하 유오에 의해 시해된 819년까지의 15년 동안 제나라가 당에 부세를
바치지 않았다. 이런 사실을 주목한 이유는 제나라 이사도가 즉위하면서
당에게 관직과 작위를 요청할 때 부세를 바치겠다고 하였으나 그 후 한번도
당에 부세를 바치지 않았다는 사실이 증명되기 때문이다. 이런 사실은 제나라
이사도와 당의 관계는 국가와 국가의 대등관계였지, 어떠한 굴욕적인 관계도
아니었다는 사실을 증명하는 결정적 자료이다.

　제나라 이사도 조정이 멸망한 후 그 제나라를 三分한 사실을『자치통감』
원화 14년 2월조에 이렇게 기록하였다.

　　황제는 楊於陵에게 명령하여 이사도의 땅을 나누게 하였는데, 楊於陵이
　圖籍에 의거하여, 땅이 먼지 가까운지를 보고, 또 병사와 말이 많은지 적은지를
　계산하며, 창고가 비어있는지 충실한지를 조사하여, 세 道로 나누고, 이로
　하여금 고르게 하였는데, 鄆·曹·濮을 하나의 도로 만들고, 淄·靑·齊·登·萊를
　하나의 道로 만들었고, 兗·海·沂·密을 한 道로 삼으니, 황제가 이를 좇았다.266)

　당이 淄·靑宣撫使로 임명한 楊於陵의 첫 임무가 제나라 이사도의 영토를
분할하는 일이었다. 양어릉은 토지 그림과 호적에 관한 것이 기록된 '圖籍'을
근거로 멸망한 제나라 영역을 三分하였다. 그런데 여기서 '圖籍'이 어떻게

265)『舊唐書』권165,「殷侑傳」詔曰조, 4321~4322쪽, "鄆·曹·濮等州, 元和已來, 地本殷實,
　　自分三道, 十五餘年, 雖頒詔書, 竟未入賦."
266)『資治通鑑』권241,「唐紀」57 元和 14年 2月조, 7765쪽, "上命楊於陵分李師道地, 於陵按圖
　　籍, 視土地遠邇, 計士馬衆寡, 校倉庫虛實, 分爲三道, 使之適均, 以鄆·曹·濮爲一道, 淄·靑·
　　齊·登·萊爲一道, 兗·海·沂·密爲一道, 上從之."

당의 수중에 있게 되었는가 하는 문제는 제나라에 대한 올바른 이해 측면에서도 매우 중요 자료이다. 이는 제나라의 반역자 유오가 운주성내를 침탈할 때 휘하 병사에게 제나라의 창고를 손대지 못하도록 한 조치로 남았던 전적들이 그대로 당에게 넘겨진 것이다. 다시 말해 유오가 반란을 일으키기 전에 당과 치밀하게 내통했기 때문에 제나라의 그런 중요 전적이 당의 수중으로 들어간 것이다. 이 역할을 담당한 인물은 유오가 아니라 田弘正이었다. 앞에서 언급한 것처럼 유오 다음으로 운주성에 들어간 전홍정은 제나라의 '簿書'를 탈취할 때 '圖籍'도 가져갔다고 본다.

이런 사실을 중시하는 까닭은 당이 제나라를 자력으로 정복할 수 없게 되자, 제나라 도지병마사 유오를 포섭한 구체적 사실을 입증하기 때문이다. 또 이는 제나라가 자체 제작한 '圖籍'을 갖고 있을 정도로 제도가 정비된 국가였다는 것을 확인할 수 있는 중요 물증이 된다. 당에서 제나라 신하들을 '奴'나 '婢'로 비하한 표현을 사용한 것은 당이 얼마나 제나라를 꺾기 위해 노심초사했는가를 간접적으로 읽을 수 있다고 본다.

제나라가 어느 정도 강력한 국가였나를 입증하는 것은 '도적'에 적힌 그대로이다. 여기에 제나라는 물산이 풍부할 뿐만 아니라 그 영토마저 광대한데다가 사람마저 많은 지역이라, 이를 셋으로 나누었다. 바꾸어 말하면 제나라가 그토록 강대하였음을 짐작할 수 있는 내용과 합치된다.

앞의 『구당서』「은유전」만 참고하더라도, 고구려 유민 이정기 가문 4대가 세습 평로·치청절도사로서 군림하는데 鄆·曹·濮 등의 州들이 경제적으로 크게 기여하였다는 것을 알 수 있다. 그런데 元和년간(806~820)부터 鄆州등의 경제사정이 좋아졌다면, 이는 이사도 재위 초부터 시작되었다는 사실이다. 이는 암시하는 바가 매우 크다. 그 이유는 제나라 이사도가 당을 전복하려고 구체적인 계획을 실행하였던 사실과 시기가 거의 일치하기 때문이다. 다시 『구당서』「이사도전」을 편찬한 역사가들의 이정기 가문에 대한 평가의 중간 부분에 해당되는 이야기를 들어보자. 즉 史臣曰조에 의하면,

어떤 사람이 "李師古 이전에, 三帥(이정기·이납·이사고)가 멸망하지 않았는데, 李師道가 세습하고, 몇 년 지나 멸망한 이유가 무엇인가?"라고 물었다. 이에 대답하기를 "李納과 李師古는 자기가 간사한 계책을 꾸미기 시작하면서부터, 직접 전쟁에 출정하였기 때문이고, 조정을 盧杞에게 맡기었으나, 사사로운 일로 공무를 그르쳐서, 李懷光의 충성심을 반역으로 만들었기 때문이고, 李納 부자 역시 근근히 세월을 보내게 되었다."[267]

라는 것이 그것이다. 이는 고구려 유민 이정기·이납·이사고까지 제나라 3대가 계속되었던 것과 이사고의 아우 이사도 때 멸망하였던 까닭에 대한 질문과 그 대답에 관한 일부이다.

여기서 주목하고 싶은 것은 이납과 그의 아들 이사고가 간사한 계책을 꾸몄다는 주장이다. 간사한 계책이란, 이납이 그의 아버지 이정기의 관직과 작위를 세습하기 위하여 이정기가 죽었는데도 이를 알리지 않았던 것과 이사고는 이납이 죽은 후에 자신이 세습 받기 위해 노력했던 사실을 말한다.

그런데 사가들이 위와 같은 식으로 쓴 이유는 이납과 이사고가 세습을 받게 되었던 것이 두 사람의 능력 때문이 아니라고 강조하고 싶었기 때문이다. 즉 당 헌종은 전쟁으로 말미암아 재상 盧杞가 조정 일을 맡았는데, 그가 일을 사리사욕에 어두워 공정하게 처리하지 못하였던 것을 이유로 삼았다. 그런데 당 헌종이 전쟁에 참가한 적은 없다. 다만 헌종은 출정하는 신하를 위해 장안성문에 올라 환송했던 것이 고작이다. 이는 사가들이 황제가 마치 전쟁의 수고로움을 직접 한 것인양 조작한 것이다. 이와 같은 중국 사가들의 역사조작은 제나라 역사 왜곡을 여러 번이나 했을 정도로 비일비재했다.

당의 내부에서 盧杞 등의 거듭된 실정으로 화가 난 李懷光이 반란하였기 때문에 조정의 혼란한 틈을 이납 부자가 이를 이용하여 세습될 수 있었다는

---

267) 『舊唐書』권124, 「李正己傳」史臣曰조, 3543쪽, "或問曰, '師古之前, 三帥而不滅. 師道繼立, 數年而亡者, 何哉?' 答曰, '納與師古, 自運姦謀, 躬臨戎事, 朝廷任盧杞, 以私妨公, 致懷光變忠爲逆, 李納父子, 宜其苟延.'"

게, 그 당시 사가들의 주장이다. 그러나 고구려 유민 이정기가 확고한 세력으로 등장한 것이나 이납이 세습한 것은 제나라 내부에서 자체적으로 국가의 기운을 그대로 계승 발전시켰다고 보아야 옳다. 이때 당은 이런 기운을 꺾을 능력을 갖지 못했다고 표현해야 옳다. 이런 이유 때문인지『신당서』의 찬자들은 노기를 '姦臣'으로 분류하였다.[268]

만약 그렇다면 이는 이납의 아버지 이정기가 더 오래 생존하였을 경우 당이 멸망했을지 모른다는 주장과 통하는 이야기이다.[269] 이정기가 당의 낙양 공격을 목전에 두고 죽었던 사실은 중국 사가들이 어떻게 평가하여야 좋은가를 묻고 싶을 정도이다. 이를 염두에 두었는지 사가들은 이정기에 대하여 평가할 만한 이유가 많았는데도 불구하고 그에 대한 언급을 회피하였다.

다음으로 계속해서 이사도가 멸망하였던 이유를 문답의 형식을 빌려 언급한『구당서』「이사도전」의 史臣曰조의 끝 부분을 들어보자.

> 헌종이 즉위하면서, 裵度를 재상으로 임용하였는데, 군신의 뜻이 서로 맞았기 때문에, 안팎으로 뜻이 통하였다. "李師道는 밖으로 여러 奴를 등용하고, 안으로 여러 婢의 말을 들었기 때문에, 군사와 백성이 두 마음을 가지고 있어서, 그 가족이 멸망하였던 것은 또한 마땅한 일이 아닌가! 몇 년을 생존하였던 것이, 오히려 길었다고 해야 할 터인데, 무슨 의문이 있겠소?"라고 하였다.[270]

이는 이사도 제나라의 멸망 원인이 인재등용이 잘못되어서 실패하였다는 주장이다. 그러나 당의 사가들이 이사도의 관리를 '奴'나 '婢'로 표현하였던 것은 습관적이었다는 사실을 이미 앞에서 설명하였다. 달리 표현하면 당의

---

268)『新唐書』권223하,「盧杞傳」, 6351～ 635470쪽.

269)『舊唐書』권124,「李正己傳」聞將築汴州조, 3535쪽.

270)『舊唐書』권124,「李師道傳」, 3543쪽, "洎憲宗當朝, 裵度爲相, 君臣都合, 中外情通, 師道外任諸奴, 內聽群婢, 軍民攜貳, 家族滅亡, 不亦宜乎! 假息數年, 猶爲多矣, 何所疑焉?"

입장에서 보면 제나라가 당의 적국이었기 때문에 제나라의 신하들을 그런
식으로 표현한 것이다. 그러나 이는 사가들이 이납 부자를 맹목적으로 공격하
였던 것보다 조금은 설득력이 있는 주장이라고 볼 수 있다. 이를 두 가지로
설명하고 싶다.

하나는 헌종이 裵度를 재상으로 등용하였다는 사실이다. 물론 사서를
통해 보면, 노기보다 배도가 당에 대해 충성하는 관리였다. 그 결과 노기는
아예 『신당서』에서 간신으로 분류하고 있을 정도였다.271) 이는 헌종의 인적
구조조정이 성공을 거두었다고 표현하면 어떨까 싶다. 앞에서 본 것처럼
배도는 제나라에 대해 강경책 일변도의 정책을 고수하였다.

당 재상 배도는 이사도를 죽여야한다고 극렬하게 상주하였던 인물이다.
즉 '이사도가 강성함을 믿고 있었던 터라, 배도는 황제에게 비밀리에 이사도를
죽여야한다고 권고하였다'272)라는 것이 그것이다. 그런데 이사도의 강성함은
그의 영역에서 풍부한 농산물 이외에 구리와 철 등의 지하자원도 많이 생산되
었던 사실과 깊은 관련성이 있다. 다시 말해 제나라가 평정된 후 조정에서는
이사도의 三道 12州를 조사한 결과 銅鐵官이라는 벼슬이 있어 1년에 治賦로
거두어들이는 것이 백만이나 되었다는 사실이 그것이다.273) 이미 5세기
초 오호십육국시대 南燕에서 철이 많이 생산되었던 곳이 위의 지역들이었
다.274)

다른 하나는 제나라 이사고가 관리등용에 실패하였다는 사실이다. 대표적
인 예가 이사도 휘하 淄靑兵馬都使 劉悟가 그 케이스이다. 유오는 제 맡은
바 직분을 감당하지 못할 정도로 큰 자리에 앉더니 도리어 이사도를 시해하고

271) 『新唐書』 권223下, 奸臣下「盧杞傳」, 6351~6354쪽.
272) 『新唐書』 권173,「裵度傳」, 5212쪽, "李師道怙彊, 度密勸帝誅之."
273) 『舊唐書』 권169,「王涯傳」奏李師道前據河南十二州, 其兗, 鄆, 淄, 靑, 濮州界, 舊有銅鐵冶
조, 4404쪽 ; 『新唐書』 권179,「王涯傳」自李師道平, 三道十二州皆有銅鐵官조, 5318쪽.
274) 池培善,「南燕의 東晉 침공과 그 시대의 사회상」, 『中世 中國史 硏究-慕容燕과 北燕史-』,
237쪽 ; 柯友根, 1984,「試論十六國時期社會經濟的緩慢發展」, 『中國社會經濟史硏究』3,
厦門大學, 96쪽.

당에 붙어살 궁리를 하였던 그런 인물이었다. 그러나 위에서 이사도 휘하의 관리들을 '奴'로 기술한 것은 그 당시 사가들이 맹목적인 당 우월주의에서 비롯된 표현이었다.

또 제나라 이사도가 조정에서 '婢'를 등용시켰다는 표현도 위의 '奴'와 마찬가지 개념이다. 사가들이 제나라 이사도의 여자 종이라고 말한 것은 蒲大姊와 袁七娘을 그리 표현한 것 같다.[275] 이들은 이사도의 총애를 받았던 애첩들이다. 여기서 주목해야 할 사실은 제나라의 멸망을 이사도 가족의 일로 축소시켰다는 사실이다. 이는 당이 제나라 멸망으로 兩河 지역에서 후유증을 우려한 나머지 제나라 이사도가 시해된 사실마저 마치 한 집안의 멸망으로 본 것이다. 그 이유는 헌종이 宰臣 崔群에게 명하여 비석의 글을 쓰라고 하였을 때, 그 내용 중에 고구려 무리라고 표현하였던 것과는 너무 대조적이다.

또 『구당서』 권124, 「이사도전」의 贊曰조에서 절도사들에 대해 평가하면서 李師道에 대해 다음과 같이 언급하였다.

贊曰 : 田神功은 용맹하여 功을 세울 수 있었고, 令狐彰은 죽음에 이르러서도 절조를 잃지 않았다. 薛平은 가족이 진흥되어 명성을 떨쳤으나, 이사도는 노비를 신임하였기 때문에 멸망하였다.[276]

제나라 이사도의 멸망이 노비 때문이라고 '贊曰'에서 언급한 대목을 주목할 필요가 있다. 이는 평로·치청절도사 이정기를 도왔던 그 무리를 이야기하는 것인데, 여기서 '노비'들은 바로 고구려 유민들이다.

이정기가 평로·치청절도사로 출발하면서 상당수의 고구려 유민들이 규합되는 과정 속에서 이정기 가문이 세습될 수 있는 초석을 다졌다는 것을

---

275) 『舊唐書』 권124, 「李師道傳」 婢有號蒲大姊·袁七娘者조, 3539쪽.
276) 『舊唐書』 권124, 「贊曰」, 3534쪽, "田神功勇能立勳, 令狐彰死不失節. 薛平振家世以懸揚, 師道任臧獲而亡滅."

어느 정도 확인하였다. 이는 고구려 유민 이정기의 4대가 많게는 15州, 적게는 12州라는 광대한 영역을 장악하면서 절도사와 아울러 왕위마저 세습할 수 있는 기반이었다.

게다가 위의 영역이 兩河를 아우른 지역이었을 뿐만 아니라 이정기 4대가 모두 海運陸運押新羅渤海兩蕃使라는 관직을 가졌던 사실로 미루어 보면, 제나라가 무슨 이유로 산동반도를 중심으로 신라나 발해가 중국과 교역을 많이 하게 되었는가를 밝힐 수 있는 중요 근거가 될 수 있다. 또 이정기는 고종사촌을 절도사로 만들 정도로 인척을 중시한 인물이기 때문에 고구려 유민은 물론이고 발해나 신라인들과 빈번한 교류를 가졌던 사실을 어렵지 않게 짐작할 수 있다.

고구려 유민 이정기의 4대가 고구려 유민 등용을 중시하였다는 사실을 뒷받침할 만한 사료가 있다. 즉 중국에서는 난을 평정하고 나면 대개 그 우두머리를 처형하는 것이 하나의 관례였다. 그런데도 불구하고 曹華가 沂州에서 제나라 이사도의 신하였던 운주 사람들을 천자가 용서할 수 없다는 죄목으로 무려 1,200명이나 재판 없이 대량 학살하였다.[277] 이를 辻正博은 이들을 죽이지 않고는 반역 藩鎭을 '順地化'할 수 없었기 때문에 일어났던 사건이었다고 해석하였는데,[278] 이는 잘못되어도 보통 잘못된 게 아니다. 왜냐하면 유독 제나라 이사도의 백성만 대학살이 있었다는 사실을 그는 알지 못했던 것 같다.

즉 다른 절도사들이 당에 의해 진압되었을 때는 절도사만 잡아다가 장안의 東市에서 참수하였다. 그런데 고구려인 포로수용소가 있던 幽州에서 내려왔던 고구려 유민 가운데 당에 대하여 반기를 든 고구려 유민이 주축이 되어서 제나라가 건국되었기 때문에 당이 이를 뿌리 채 뽑은 것이 대학살극이었다. 다시 말해 당은 제나라의 신하로 구성된 고구려 유민들을 반역의 무리로

---

277) 『舊唐書』 권162, 「曹華傳」 凡鄆一千二百人, 立斬于庭조, 4243쪽.

278) 辻正博, 앞의 「唐朝の對藩鎭政策について-河南'順地'化のプロセス-」, 117쪽.

규정하고 학살극을 벌인 것이다. 물론 여기서 당군에 희생된 자들이 고구려 유민 만이라고 단정하는 데는 한계가 있다. 즉 이정기 가문의 군사에 고구려 유민 외에도 백제와 신라 유민이 많이 포함되었기 때문이다.[279] 그 이유는 이정기 가문이 통치하였던 평로·치청 지역에는 많은 신라인이 집단생활을 하였기 때문이다.

아무튼 고구려 유민 이정기 가문의 4대가 반세기 이상 독자적으로 국가를 경영하였던 이유를 두 가지로 집약할 수 있다. 하나는 兩河의 비옥한 농경지를 장악함으로 말미암아 경제적 토대를 굳건하게 하였다는 사실이다. 다른 하나는 이정기 4대는 고구려 유민이라는 사실을 잊지 않은데다가 경제력을 바탕으로 신라나 발해와 매우 빈번하게 교류하여 교역국가로 강력하게 부상 하였다는 사실이다. 달리 표현한다면 이정기 가문이 고구려 유민이라는 사실로 말미암아 신라나 발해와 교역을 활발하게 하였던 것이 이정기 4대가 강력한 국가를 형성하게 된 또 다른 이유라고 본다.

한편 이정기의 4대가 고구려인의 기질을 잃지 않았다는 사실에 관한 기록이 있다. 즉『구당서』「조화전」에 의하면,

> 처음에, 이정기가 靑·鄆등 12州를 빼앗아서, 4대에 걸쳐 세습하여, 50년이 지났기 때문에, 사람들의 풍습이 거칠 뿐만 아니라 오만하여, 예교를 알지 못하였다. 이에 曹華가 자신의 문무 관리에게 명령하길, '鄒·魯는 유가의 고향이거늘, 중국의 법속을 잊었다는 것은 말도 안 된다.'라고 하였다.[280]

라는 사실이 그것이다. 이는 고구려 유민 이정기가 4대에 걸쳐 靑州과 鄆州등을 장악하였기 때문에 그 지역의 풍습과 달랐다는 것을 지적한 사료이다. 이는 이정기 휘하에 많은 고구려 유민이 생활하였기 때문에 한족의 전통이 아닌

---

279) 劉希爲, 앞의「唐代新羅僑民在華社會活動的考述」, 143쪽.
280)『舊唐書』권162,「曹華傳」, 4243쪽, "初, 李正己盜有靑·鄆十二州, 傳襲四世, 垂五十年, 人俗頑驁, 不知禮教. 華令將吏曰, '鄒·魯儒者之鄕, 不宜忘於禮義.'"

고구려 전통을 고수하였다는 뜻이다. 그 결과 고구려인이 만주 평원에서 말 타고 달리는 그 기개가 靑·鄆州에서 그대로 지속되었다는 것을 알리는 중요한 사료이다.

다시 말해 위의 사실은, 고구려가 멸망되기 전까지 간직했던 고구려인의 기상을 兩河 지역에서 다시 보았다는 내용이다. 고구려 유민 이정기로부터 이사도까지의 제나라가 靑州와 鄆州에서 독립 상태를 유지하면서 고구려인의 고유 풍습을 전승 발전시켰다는 것을 확인할 수 있는 대목이다. 그렇다면 曹華가 鄒·魯는 유가의 본향이라고 말하면서, 이와 같은 것이 지켜지지 않았음을 개탄한 것은 漢族의 입장이라면 지극히 당연한 이야기이다.[281]

고구려 유민 이정기에 의하여 절도사로부터 시작되어 제나라의 4대에 걸친 왕국은 4대 55년간 존속하면서 당에게는 크나큰 위협이 되었다.[282] 그렇다보니 이정기에 의한 평로·치청절도사 왕국은 신라와 발해의 발전에 직·간접적으로 크게 기여하였음은 물론이다. 따라서 위의 조화의 말대로라면, 이정기 일문의 4대가 장악한 靑州와 鄆州가 유가 법속과 상관없는 지역으로 바뀐 것은 평로·치청 절도에서 漢族이 아닌 고구려 유민들이 고구려 풍습대로 생활하였다는 것을 조화가 익히 잘 알고 있다는 사료라고 본다.

위의 자료로 평로·치청번진의 주류가 고구려 유민이라는 단정에 대해 의문을 품을 수도 있다. 그러나 『신·구당서』「이정기전」의 맨 앞에 고구려인이라고 밝힌 사실을 무시할 수 없다. 따라서 평로·치청번진의 '異俗'이 고구려의 풍습과 무관하다고 주장할 수 있는 근거도 없다. 평로군절도사는 당이 開元 7년(719) 윤7월 柳城에서 張敬忠을 임명함으로써 그런 절도사 관직이 처음 생겼다.[283] 그 후 평로절도사는 契丹·奚·同羅·突厥 등의 다양한 種族 출신의 武將으로 대체되었고, 蕃將들을 장악한 후에 안녹산이 난을 일으켰던 사실을

281) 王壽南, 앞의 「論唐代河北三鎭之獨立性在文化上的原因」, 593~594쪽.
282) 愛宕元, 앞의 「唐代後期の政治」, 457쪽. 愛宕元은 平盧가 4대 54년에 걸쳐 세습되다가 평정되었다고 주장하였다.
283) 『唐會要』 권78,「諸使中」 平盧軍節度使 開元7年閏7月조, 1430쪽.

부인하는 것은 아니다.

그런데 평로군의 일부가 山東半島로 들어오기 전에 지휘자는 王玄志에서 侯希逸로 바뀌었다는 사실은 본서의 앞에서 밝혔다. 왕현지는 청주가 아닌 평로에서 죽었다. 이정기의 고종사촌 후희일이 평로에서 청주로 향할 때 휘하 군사들 가운데 많은 고구려 유민이 포함되었다는 사실을 누구나 다 인정하는 바이다.

고구려 유민 이정기가 안·사의 난을 진압하는 과정에서 급부상한 것은 그의 개인적 역량도 크게 한 몫 하였겠지만 그보다는 그를 따르는 고구려 유민 군사들과의 일체감이 더 중요하다고 본다. 이런 사실을 뒷받침할 수 있는 사례로는, 당에 의해 고구려가 패망된 후 당이 고구려 유민들을 제대로 통제할 수 없었기 때문에 당에 볼모로 잡혀있던 보장왕을 다시 朝鮮王으로 세웠던 사실도[284] 이에 대한 해답이 될 수 있다.

처음 平盧軍의 인적 구성을 살펴본다면 고구려 유민이 왜 대다수를 차지했는가에 대한 그 근거를 제시할 수 있을 것 같다. 김현숙 박사가 밝힌 것처럼 8세기 이후 당의 고구려 유민들은 거의 무관으로 활동하였다는 사실은 필자의 견해와 매우 일치한다.[285]

이상의 사실을 종합 분석하면, 고구려 유민 이정기 의절도사 왕국 이후부터 당에서 절도사 중심의 군벌이 횡행하였다.[286] 물론 이런 이유로 말미암아 당의 藩鎭의 대두가 당의 봉건 대토지소유제를 가능하게 만들었다는 주장에는[287] 전적으로 동의하기 어렵다. 그렇다고 당의 모든 藩鎭들이 당이라는 굴레를 완전히 벗어났다는 주장은 아니다. 이와 같이 주장하는 까닭은 번진들

284) 지배선, 2006, 「연개소문의 맏아들 남생의 발자취와 고구려 멸망」, 『고구려·백제 유민 이야기』, 혜안, 223~249쪽.
285) 김현숙, 2001, 「中國 所在 高句麗 遺民의 동향」, 『한국고대사연구』 23, 한국고대사학회, .92쪽.
286) 內藤雋輔, 앞의 「唐代中國における朝鮮人の活動について」, 489쪽.
287) 楊志玖·張國剛, 1982, 「藩鎭割據與唐代的封建大土地所有制」, 『史學情報』 3, 23~24쪽.

이 자신의 세력이 강력하다고 판단되었을 때는 주저하지 않고, 당을 없애려고
시도하였다는 사실을 간과할 수 없기 때문이다.

그러나 당에 대항하였던 이사도 등을 막기 위한 노력으로 말미암아 당의
피폐는 극에 달하였다. 이는 당 헌종이 군사력 증강을 위해 양세법 등으로
조세 징수 강화와 아울러, 절도사 등의 반란을 토벌하기 위한 징집으로
당의 일반 백성의 존재가 거의 사라진 것처럼 보였다는 사실을 주목된다.
이를 확인하기 위하여『太平廣記』「東城老父傳」에서 賈昌의 말을 들어보면,

> 元和 연간에 … 동서남북을 둘러보아도, 흰옷 입은 사람이 백 명도 채
> 안되니, 천하 사람이 모두 병사가 되었단 말인가?[288]

라는 탄식이 그것이다. 이는 元和년간 제나라 이사도를 멸망시키기 위해
당이 모든 백성을 다 병사로 징집하였다는 비유다. 마치 예전에 당이 고구려를
멸망시키기 위해 총동원령을 내렸던 것과 비교될 정도로 당은 제나라를
멸망시키기 위해 오랫동안 비싼 대가를 지불하였기 때문에 모든 것이 피폐하
여졌다. 그 결과 위의 표현처럼 사방을 둘러보아도 흰옷 입은 백성이 백
명을 넘지 않을 정도로 모두 군역에 종사하였다는 내용이다. 여기서 흰옷은
그 당시 '庶人以白'이라는 개념에서 흰옷을 입은 사람은 백성이라는 뜻이다.
그 결과 元和년간에 '庶人以白'의 원칙이 무너졌다는 것은 암시하는 바가
매우 크다.[289] 아무튼 이는 당이 제나라 이사도와 싸운 대가를 당이 혹독하게
치렀던 결과이다.

평로·치청절도사 이정기의 나라는 당과 대립하면서 싸웠으나 당은 자신의
필요에 의해서 어쩔 수 없이 이정기, 이납, 이사고를 재상 반열까지 올렸다.
그렇다면 이정기의 제나라의 마지막 인물 이사도의 경우도 재상반열에 올랐

---

288)『太平廣記』권485,「東城老父傳」, 3994쪽(北京 : 中華書局, 1990), "元和中 … 東西南北視
   之, 見白衫者不滿百, 豈天下之人, 皆執兵乎."
289) 金貞姬, 1993,「唐代 商人의 法的 地位」,『宋甲鎬敎授停年退任紀念論文集』, 108~109쪽.

720

다는 기록이 있어야 마땅하다. 그런데 그렇지도 않을 뿐만 아니라 어이없게도 당 穆宗은 제나라 이사도가 아닌 그의 부하로 이사도를 시해한 유오를 재상으로 임명하였다.290) 결국 이는 당과 제나라 이사도가 어느 정도로 치열하게 대결했는가를 당이 인정한 대목이라고 본다.

제나라 이사도의 멸망은 당의 사주를 받은 유오 때문이었다. 이런 사실에 대해 당나라도 이의가 없다. 즉『구당서』의「유오전」에서 유오가 제나라 이사도와 그의 두 아들 수급을 당에 바친 후에 받은 파격적인 관작에서 짐작하고 남는다. 즉,

> 劉悟를 발탁해서 檢校工部尙書·兼御史大夫·義成軍節度使로 임명하고, 彭城郡 王으로 봉하면서, 아울러 實封 5百戶와 돈 2萬貫, 莊園, 宅을 각 一區를 하사하였다.291)

위의 사실은 제나라 도지병마사 유오가 자신의 군주 이사도를 시해하고 그 수급을 들고 京師로 달려간 자에게 당이 주었던 관작이다. 그런데 유오에 의해 제나라 이사도가 시해당한 때로부터 70여 년전 토번 공격을 막아 당을 위기에서 구한 고구려 유민 고선지 장군에게 주었던 관직 이상의 것들을 유오에게 주었다. 그때 고선지의 경우는 작위를 받지 못했고, 후일 안녹산 난 진압을 위해서 출정 직전에 겨우 密雲郡公이라는 작위를 준 것이 전부였다. 바꾸어 말하면 劉悟에게 위와 같이 많은 관직과 작위를 준 것은 유오의 모반이 아니었다면 이사도의 제나라가 결코 멸망할 수 없다는 뜻이다.

위의 사실을 뒷받침하는 내용이『구당서』「헌종기」원화 15년 정월조에 있다.

---

290)『唐會要』권1,「帝號」상 穆宗睿聖文惠孝皇帝조, 11쪽.
291)『舊唐書』권161,「劉悟傳」, 4230~4231쪽, "擢拜悟檢校工部尙書·兼御史大夫·義成軍節度使, 封彭城郡王, 仍賜實封五百戶, 錢二萬貫, 莊, 宅各一區."

　義成軍節度使 劉悟가 와서 朝見하였다. 무술 일에, 황제가 麟德殿에서 劉悟를 접견하며 이야기를 나누었다. 임금이 丹藥을 먹은 후에 건강이 나빠져서, 국정 처리하는 조회에 나가지 않아서, 민심이 흉흉했는데, 劉悟등이 와서 황제와 이야기를 나누었다는 소식을 전해 듣고서야, 京城의 인심이 점차 안정되었다.[292]

　이때 당 憲宗의 건강은 매우 나빠서 국정을 처리 못할 지경이었다. 그런데도 유오가 왔다는 소식을 들은 헌종이 유오를 만나 이야기를 나누었다는 내용이다. 그 결과 헌종의 건강에 대한 안심으로 장안 인심이 안정되었다고 한다. 여기서 주목되는 사실은 헌종의 몸 상태가 나쁜데도 그를 만났다는 대목이다. 유오가 그런 대우를 받을 만한 인물이 아닌데도 당에 대항한 제나라 이사도를 시해한 장본이라서, 헌종이 극진히 예우했다는 뜻이다.

　앞에서 지적한 것처럼 당은 내부에서 유오의 모반이 아니고는 평로·치청절도사 이사도를 멸망시킬 수 없었다는 것을 확인하였다. 그 이전에 魏博軍과의 전투에서 유오가 제대로 대처하지 않은 것은 이미 당과 내통하였기 때문이었다. 그렇다면 도지병마사 유오가 제나라 이사도에게 불려가서 죽을 것이 두려워 반란했다고 사서에 기록되어 있으나 이는 분명 유오를 감싸고 도는 그 당시 사가들의 역사 조작이었다.

　제나라 이사도가 당의 지시를 받는 많은 절도사들로부터 협공을 당하는 상황에서, 이사도 다음 위치에 있던 都知兵馬使 劉悟를 전시상태에서 그를 죽일지 모른다는 기록 자체가 논리상 모순이다. 이렇게 터무니없이 표현한 것은 역사기록이 늘 승자를 위해 존재했다는 사실이다. 이를 입증하는 것은, 위의『舊唐書』의「유오전」이나「헌종기」에서 왜 유오에게 그토록 파격 대우를 했는지에 대한 이유가 저절로 밝혀졌다고 본다. 간단히 말해 당은 수단방법을 가리지 않고 유오를 매수해서 이사도의 제나라를 멸망시키

---

292)『舊唐書』권15,「憲宗紀」元和 15年 正月조, 471쪽, "義成軍節度使劉悟來朝. 戊戌, 上對悟於麟德殿. 上自服藥不佳, 數不視朝, 人情恟懼, 及悟出道上語, 京城稍安."

려고 광분하였던 결과, 이와 같은 만행을 저질렀다고 기록하여야 역사서술 정신에 부합한 기록이라고 할 수 있다.

押新羅渤海兩蕃等使는 이정기 4대에만 존속된 당의 관직이 아니라 그 후에 도 계속 존치되었다는 사실을 주목할 필요가 있다. 會昌 5년(845) 9월에 狎新羅渤海兩藩巡官에 대한 언급으로[293] 보아도 元和 15년(820) 7월에 당이 평로절도사 薛平을 압신라발해양번등사에 임명한[294] 후에도 그와 같은 관직 이 당에 존치되었음을 확인할 수 있다. 압신라발해양번등사는 치청절도사와 겸직이었다. 이런 사실을 뒷받침하는 내용이 『冊府元龜』에 실려 있다. 즉,

(당나라 문종) 開成 원년(836년) 6월 淄靑절도사가 신라·발해가 熟銅을 가지 고 도착한 것을 금지하지 말 것을 청하여 아뢰었다.[295]

이는 836년 6월에 신라와 발해의 교역선이 熟銅을 청주로 가져와 교역하였 다는 내용이다. 앞서 지적한 것은 치청절도사가 압신라발해양번등사의 관직 을 겸직하였다는 사실에 대한 뒷받침이다.

그 후 龍紀 원년(889) 10월에 崔安潛을 평로절도관찰·押新羅渤海兩蕃等使로 임명하였다.[296] 그 후 大順 2년(891) 3월 신해 일에 靑州權知兵馬留後 王師範을 靑州자사로 임명하면서 평로군절도관찰·압신라발해양번등사로 임명하였 다.[297] 이는 당나라가 존속하는 동안에 압신라발해양번등사라는 관직이 계속 존속되었다는 사실이다.

바꾸어 말하면 신라·발해·일본이 당시 중국과 교류관계를 유지하려면

---

293) 『唐會要』 권79, 「諸使下」 '諸使雜錄下' 會昌 5年, 其年 9月조, 1450쪽.

294) 『冊府元龜』 권60, 「帝王部」 '立制度' 穆宗 元年 7月 平盧節度使조, 676쪽.

295) 『冊府元龜』 권999, 「外臣部」 '互市' 4043쪽, "開成 元年 六月, 淄靑節度使, 新羅渤海將到熟銅 請不禁"(北京 : 中華書局影印, 1989).

296) 『舊唐書』 권20상, 「昭宗紀」 龍紀 元年 10月 己未조, 738쪽.

297) 『舊唐書』 권20상, 「昭宗紀」 大順 2年 3月 辛亥조, 746쪽 ; 『渤海國志長編』 권19, 「叢考」 昭宗龍紀元年조, 958쪽.

압신라발해양번등사를 경유하지 않고는 불가능하였다는 이야기이다. 간단히 말해서 압신라발해양번등사가 당 후기의 동아시아 교류를 이해하는 필수 코드라고 본다.

압신라발해양번등사라는 관직은 당말 오대십국시대의 後梁에도 존치되었다. 즉 後梁 貞明 4년(919) 12월 계축 일에 조서를 통해 朱珪를 平盧軍節度와 淄靑登萊等州觀察處置로 임명할 때 押新羅渤海兩蕃等使라는 관직을 함께 제수하였다.[298] 이는 오대십국시대에도 압신라발해양번등사라는 관직을 통하여 신라와 발해가 後梁과 교류하였음을 확인할 수 있다.

또 『職官分紀』 권39, 「節度使」의 靑州鎭海軍조에 의하면 後漢 天福년간(947)에 平盧軍節度를 설치하면서 押新羅渤海兩蕃使를 두었다고 기록하고 있다.[299] 그런데 같은 책의 권40에서는 鎭海軍靑州조에서 北海押新羅渤海兩蕃等使라고 그 직책을 약간 다르게 기록하였다.[300] 이는 신라와 발해 외에 일본 등과의 외교·경제·군사들의 업무를 포괄적으로 다루었다는 것을 정확히 표시한 것 같다.

押新羅渤海에 대한 언급은 北宋 때도 그 중요성이 언급되었다. 胡順之가 靑州從事로 재직할 때 고려가 북송에 조공을 언급하는 과정에서 靑州는 大鎭이라서 당나라 시대의 압신라발해가 위치했던 곳으로 북송시대에도 그대로 사용되었음을 말하고 있다.[301] 이는 신라의 청해진이라는 명칭과 어느 정도 연결고리가 있는 것 같다. 다시 말해 押新羅渤海兩蕃使 관아가 靑州에 설치된 후부터 동아시아의 교류 중심지는 청주였다.[302]

이정기 가문 4대의 제나라가 멸망한 후에도, 押新羅渤海兩蕃等使가 당나라

---

298) 『舊五代史』 권9, 「末帝紀中」 貞明 4年 12月 癸丑, 詔曰조, 137쪽.

299) 『職官分紀』 권39, 「節度使」靑州鎭海軍조, 709쪽(北京 : 中華書局, 1988).

300) 『職官分紀』 권40, 「總州牧」京東節鎭의 鎭海軍靑州조, 737쪽.

301) 『宋史』 권303, 「胡順之傳」爲靑州從事조, 10045쪽 ; 『續資治通鑑長編』 권95, 「眞宗」 '壬辰詔'於是爲靑州조, 483쪽(『文淵閣四庫全書』 所收, 臺灣 : 商務印書館, 1986).

302) 『欽定續通志』 권333, 「胡順之」 爲靑州조, 232쪽(『文淵閣四庫全書』 所收, 臺灣 : 商務印書館, 1986).

는 물론이고 五代十國, 北宋까지도 계속 이어졌다는 사실은 주목된다. 왜냐하면 이는 신라·발해·일본이 당과 교류하는 데서 압신라발해양번등사라는 관직이 모든 권한을 장악한 시스템이 동아시아교류에서 매우 중요하였기에, 그 후에도 존속되었다는 것을 의미한다.

10. 결론

이정기 4대의 왕조 모두가 海運陸運押新羅渤海兩蕃使 관직을 독점적으로 가졌던 사실은 한국 고대의 외국관계 교류사에서 매우 중요하다. 다시 말해 8세기 후반에서 9세기 초에 兩河지역을 중심으로 당이 신라나 발해와 교역을 얼마나 빈번하게 추진하였는가를 밝힐 자료가 되는 관직이다.303) 이는 圓仁의 『入唐求法巡禮行記』권1, 839년 정월 8일조에 신라인 王請에 대한 기사를 보더라도 山東지역을 중심으로 신라와 발해인들의 집단거주지가 형성되었던 것은 제나라 이정기 왕조의 대외교역에서 나타난 궤적들이라고 표현해야 옳다.

이것이 산동지역을 중심으로 신라와 발해인들의 집단거주를 만들 수 있었던 까닭이었다. 게다가 고구려 유민 이정기는 혈연 및 종족관계를 매우 중시한 인물이었다. 그런 이정기 일가에 의해서 신라·발해와의 교류가 빈번할 수밖에 없었다.

신라와 당의 조공관계를 살피는 것도 해운육운압신라발해양번사라는 관직을 이해하는 데 중요한 바로미터가 될 것 같다. 신라의 존속기간이 길었던 것을 무시할 수 없지만, 당이 주변민족과의 조공관계를 『冊府元龜』·『신·구당서』·『자치통감』·『당회요』를 통해 조사한 횟수로는 신라가 64회로 최다였다. 그 다음으로 발해가 47회였다.304) 이런 수치는 오늘날 한국과 중국 관계교류

---

303) 金文經, 앞의 「唐代 高句麗遺民의 藩鎭」, 50쪽 ; 정병준, 앞의 「李正己 一家의 交易活動과 張保皐」, 536~543쪽.

에서도 그대로 인용될 것 같다. 다시 말해 동아시아 대외교류에서 한국이
차지하는 위상이 매우 높은 것은 어제오늘의 일이 아님을 입증하는 통계
수치라고 본다. 그런데 신라와 발해의 공식적인 사절은 물론이고 비공식적인
사절이 당으로 오고 갈 때는 모두 이정기의 4대가 이를 관장했다는 사실은
중요한 의미가 있다. 그 이유는 제나라가 어떻게 해서 당과 겨룰 정도로
부강한 국가로 도약하였는가를 알려주는 바로미터가 되기 때문이다.

평로·치청절도사에서 시작해서 제나라로 바뀐 이정기의 4대가 고구려
유민의 등용을 중시하였다는 사실을 뒷받침하는 사료가 있다. 중국은 반란을
평정하면 그 우두머리만 처형하는 것이 하나의 관례였다. 그러나 沂州자사
曹華는 기주로 이동한 이사도 부하들을 천자가 용서할 수 없다는 죄목으로
1,200명이나 재판 없이 대학살하였다.

대학살 내용은 다음과 같다. 고구려 유민이자 이전 기주자사 왕수의 부하였
던 이들이 왕수를 살해했는데, 조정은 그들과 직접 상관없는 1,200명을 한
곳에 가두어 모두 죽였다. 이때 당에 의해 희생된 자들이 고구려 유민들에
국한되었다고 단정할 수는 없다. 그 이유는 이정기 일가의 군사에 고구려인
외에 백제와 신라 사람들이 많이 포함되었을 가능성도 충분하기 때문이다.
그러나 많은 수의 이사도 부하를 죽이면서 중국과 풍습이 다른 자들이라
죽인다고 명분을 걸었던 사실에서 추측하면, 죽임을 당한 자들이 거의 고구려
유민이었다고 본다.

제나라가 소수의 고구려 유민들만이 세운 국가가 아니라는 사실은 당
헌종의 조서에도 극명하게 나타나 있다. 즉 "고구려의 흉악한 무리에 붙어
王師에 대항하였기 때문에, 나라에 정해진 형벌에 따라, 모두 다 誅殺되어야
마땅하다. 짐은 너희들이 고구려 무리 속에서 오래 살면서 나쁜 풍속에
물 들은 데다"라는 내용은 당이 제나라 이사도를 토벌하기 위해 夏侯澄

---

304) 李大龍, 2001, 「邊疆民族政權派往唐朝的使者」, 『唐朝和邊疆民族使者往來研究』, 흑룡강
　　교육출판사, 110~112쪽. 당에 조공사자를 세 번째로 많이 보낸 곳은 契丹으로 36회였
　　다.

등 47인의 포로들의 죄를 묻지 않는다는 조서를 발표할 때 나온 내용의
일부이다. 이는 제나라를 멸망시키고 나서 당이 운주성 이외 기주와 다른
두 곳에서 고구려 유민을 대량 학살하였던 것과 대비되는 조치였다. 조서의
내용을 통해 보더라도 당이 고구려 유민을 얼마나 적대시하였는가를 짐작할
수 있는 이야기이다.

이정기의 아들, 손자로 이어졌던 제나라의 멸망 원인에 대하여서는 일본인
학자 伊瀨仙太郎 조차 당 사가들의 주장을 수용하지 않았다. 즉, 伊瀨仙太郎은
제나라가 憲宗시대에 들어와서 철저하게 탄압을 받아서 원화 14년(819)에
이정기이래 4世 55년으로 멸망하게 되었다고 주장하였다.[305]

이사도가 부하 劉悟에 의해 시해를 당하고 고구려 유민 이정기 4대에
의한 산동 지배체제가 붕괴된 후, 그 지역 평정을 위해 당 조정은 고심하였다.
이때 동원된 신라 군사 3만 명 가운데 적지 않은 수가 그곳에 잔류하는
것을 계기로 신라방과 발해관의 역할이 더욱 증대되었다고 본다. 또한 산동지
역을 중심으로 장보고가 해상 네트워크를 장악한 단초는 그 이전 이미 60년
동안 고구려 유민 이정기 일가의 산동 지배가 낳은 결과물이었다.

---

305) 伊瀨仙太郎, 앞의 「安史の亂後における周邊諸民族の中國進出」, 93쪽.

부록 | 연표

제나라 연표

668	당 침공으로 고구려 멸망
732	이회옥(이정기) 평로(영주)에서 출생
758	이회옥 치청비장(부장)이 됨
	평로절도사 왕현지 사망
	이회옥에 의해 후희일 평로 軍帥로 추대
	이회옥의 아들 이납 출생
762	후희일 평로절도사로 임명
762	군후 이회옥이 회흘 우두머리의 오만방자한 기대를 꺾음
	이회옥 절충장군과 평로·치청 병마사가 됨
765	평로·치청병마사 이회옥이 군사들에 의해 軍帥로 추대
	이회옥 육운해운압신라발해양번등사가 됨
765.7	이회옥 이름을 이정기로 바꿈
769	이정기 아들 이납 시어사, 검교창부랑중, 총부병, 치주자사가 됨
775.2	이정기 검교상서좌복야가 됨
776.9	이정기 鄆·濮의 2주 점령
776.9	이정기 겸교사공, 동중서문하평장사, 상주국에 임명
	이정기 회양군왕이 됨
777.2	이납 청주자사, 행군사마가 됨
777.12	이정기 曹·徐·兗의 3주를 새로 영토 편입
780	이정기 청주에서 운주로 천도. 이정기 당에 도전
	이정기와 이보신을 두 황제라고 불렀음
781	이정기 당의 변주 공격을 위해 제음에 군대 집결, 이보신 사망
781	이정기 죽음
	이납 운하 와구를 봉쇄. 宋州를 장악
	서주자사 이유, 당에 투항
782.4	밀주자사 마문통, 이사진, 이장경 당에 투항

728

중국 연표

649~684	고종
684~690	중종·예종
690~705	무측천 권력장악
689	백제인 흑치상지 당에서 옥사
690~705	무측천(624~705), 국호를 周로 바꿈
693	임치왕 이융기의 노예 왕모중(고구려 유민 왕구루의 아들) 출생
705~710	중종즉위, 국호를 당으로 회복
710	황후 위씨와 안락공주가 중종 시해
	이융기, 위후를 살해하고 아버지를 예종으로 세움
710~712	예종 즉위
712~756	현종 즉위(이융기) 현종의 '개원의 치'
712~721	요숭(651~) 相에 임명
713	왕모중 내외한구사로 임명
727	토번이 公州를 함락
731	현종, 왕모중을 죽임.
741	토번이 달화현·석보성을 함락
742	안녹산, 평로절도사에 임명
744	시인 이백과 두보가 친교
745	현종, 양태진(옥환)을 양귀비로 삼음
	안녹산, 거란을 토벌
747	안서절도사 고구려 유민 고선지, 연운보와 소발률국 점령
750	고선지의 석국정벌
750	張旭(675~750) 사망
751	고선지의 군, 서역의 탈라스 하에서 사라센 군에 패배
752	양귀비의 재종오빠 양국충을 右相에 임명
755~763	안녹산과 사사명의 난
755	고선지, 당에 의해 살해됨
756	안녹산, 燕황제라 칭함
	양국충과 양귀비(719~756) 살해됨
763~765	토번이 장안을 함락
763	곽자의, 토번을 격퇴
768	토번, 靈武를 침략
768	한유 출생(768~824)
775	전승사의 난
778	유공권 출생(778~865)

779~805	덕종 재위 기간
780	양염에 상주로 양세법시행(호세와 지세)
781	곽자의 사망(679~781)
781	'대진경교유행중국비'의 건설
783	주차, 장안까지 침입(783~884)
783	당과 토번국경을 설정
783	단수실 죽음(719~783)
783.10	당 덕종 奉天으로 피난
785	안진경 사망(709~785)
786	楚의 이희열, 시해당함
798~800	오소성의 반란
730~805	지리학자 가탐, 『고금군국현도사이술, 도리기』 저술
801	杜祐가 『통전』 저술
805	順宗 즉위
805~820	憲宗 즉위
812	토번 涇州를 침공. 절도사의 세력이 강성하여짐
817	蔡州之戰
817.2	당 이사도의 게릴라부대원 색출하기 위해 五家相保를 만듦
817.10	당이 회서절도사 오원제를 죽임

신라 연표

661~681	문무왕 재위
681~692	신문왕 재위
682	국학을 세움
685	9주5경의 제도
687	문무관의 직전을 정함
692~702	효소왕 재위
702~737	성덕왕 재위
717	의박사, 산박사를 둠
722	백성에 정전을 지급
735	패수 이남을 신라 영토로 함
737~742	효성왕 재위
742~765	경덕왕 재위
742	석굴암 창건
749	천문박사를 둠

765~780	혜공왕 재위
770	대아찬 김융의 난
780	김지량의 난
780~785	선덕왕 재위
785~799	원성왕 재위
788	독서출신과를 제정
790	벽골제 수축
799~800	소성왕 재위
800~809	애장왕 재위
802	해인사 창건
809	김언승, 애장왕을 시해하고 스스로 왕위에 오름(헌덕왕)
809~826	헌덕왕 재위
815	백성의 반란 빈번
822	김헌창의 반란

발해 연표

698	대조영 발해 건국
698~719	고왕(대조영), 중경현덕부에 도읍
719~737	무왕 재위
727	발해가 왜에 사신을 파견
728	왜의 답례사신으로 전충마려가 발해도착
732~733	발해, 당과 전쟁
737~794	문왕(대흠무) 재위
739	발해 2차로 왜에 사신을 파견
	상경용천부로 천도
762	당이 대흠무를 발해국왕으로 삼음
	동경용천부로 천도
794	성왕 재위
794~809	강왕 재위
809~813	정왕 재위
813~817	희왕 재위
817~818	간왕 재위
819~831	선왕(대인수) 재위. 발해 중흥기
	5경15부제
831~857	대리진 재위

732

참고문헌

1. 사료

『晉書』(北京：中華書局, 1995).

『舊唐書』(北京：中華書局, 1975).

『新唐書』(北京中華書局, 1995).

『資治通鑑』(北京：中華書局, 1992).

『續通志』(上海：商務印書館, 1935).

『唐會要』(北京：中華書局, 1990).

『全唐文』(上海：古籍出版社, 1995).

『全唐詩』(北京：中華書局, 1996).

『酉陽雜組』(臺灣商務印書館, 1966).

『三國史記』(乙酉文化史, 1991).

『三國遺事』(솔출판사, 1999).

『通典』(北京：中華書局, 1988).

『文獻通考』(上海：商務印書館, 1936).

『冊府元龜』(北京：中華書局, 1982).

『太平御覽』(臺北：新興書局, 1959).

『白居易集』(北京：中華書局, 1979).

『白氏長慶集』(北京：文學古籍刊行出版社, 1955).

『唐大詔令集』(臺灣商務印書館, 1986).

『燕將傳』(解放軍文藝出版社, 2001).

『南部新書·丁集』(臺灣商務印書館, 1986).

『太平廣記』(北京：中華書局, 1990).

『往五天竺國傳』(通文館, 1961).

『宋史』(臺灣：商務印書館, 1986).

『玉海』(臺灣商務印書館, 1986).

『與師道詔』(北京：中華書局, 1979).

『職官分紀』(北京：中華書局, 1988).

『群書考索』(臺灣商務印書館, 1986).

『李文公集』(臺灣商務印書館, 1986).

『文苑英華』(臺灣商務印書館, 1986).

『翰苑集』(臺灣商務印書館, 1986).

『元和郡縣圖志』(長沙：商務印書館, 1937).

『藏書』(北京：中華書局, 1959).

『宣室志』(臺灣商務印書館, 1986).

『欽定續通志』(臺灣商務印書館, 1986).

『渤海國志長編』(태학사 영인, 1977).

『啓東錄』(吉林文史出版社, 1986).

『卄二史箚記』(臺灣商務印書館, 1965).

『續日本紀』(東京：岩波書店, 1998).

『茶山詩文集』(솔, 1997).

『東國李相國文集』(一潮閣, 2000).

『靑莊館全書』(민족문화추진회, 1980).

『東文選』(민족문화추진회, 1978).

『五洲衍文長箋散稿』(민족문화추진회, 1982).

『硏經齋全集』(민족문화추진회, 2001).

『類聚三代格, 後篇』(東京：吉川弘文館, 1962).

『嘉慶海州直隸州志一』(臺北：成文出版社, 1982)

『續群書類從』(東京：秀飯社, 1927).

2. 저서

지배선, 1986, 『中世東北亞史硏究』. 일조각.

지배선, 1998, 『中世 中國史 硏究－慕容燕과 北燕史－』, 연세대학교 출판부.

지배선, 2002, 『유럽문명의 아버지 고선지 평전』, 청아.

지배선, 2006, 『고구려·백제 유민 이야기』, 혜안.

지배선, 2007, 『중국 속 고구려왕국, 齊』, 서울 : 청년정신.

지배선, 2011, 『고구려 유민 고선지와 토번·서역사』, 혜안.

권덕영, 1997, 『古代韓中外交史－遣唐使硏究』, 一潮閣.

734

김명희, 1998, 『中國 隋·唐史 硏究－天子의 나라 天下의 文化－』, 國學資料院.

김문경, 1986, 『唐 高句麗遺民과 新羅僑民』, 일신사.

김문경, 1996, 『唐代의 社會와 宗敎』, 숭실대학교 출판부.

변인석, 1984, 『安史亂의 新硏究』, 형설출판사.

신형식, 1984, 『韓國古代史의 新硏究』, 일조각.

신형식, 1990, 『統一新羅史硏究』, 三知院.

신형식, 2011, 『삼국사기의 종합적 연구』, 경인문화사.

이기동, 1984, 『신라 골품제사회와 화랑도』, 일조각.

이기백, 1974, 『新羅政治社會史硏究』, 일조각.

정수일, 2001, 『씰크로드학』, 창작과비평사.

江應梁, 1990, 『中國民族史』, 北京：民族出版社.

藍文徵, 1970, 『隋唐五代史』, 臺北：商務印書館.

譚其驤 主編, 1982, 『中國歷史地圖集－隋·唐·五代十國時期』, 上海：地圖出版社.

馬大正외, 2001, 『古代中國高句麗歷史叢論』, 黑龍江敎育出版社.

傅朗云, 1983, 『東北民族史略』, 吉林人民出版社.

謝啓晃, 1987, 『中國少數民族歷史人物志』, 北京.

謝海平, 1978, 『唐代留華外國人生活考述』, 臺北：臺灣商務印書館.

上野直明, 1982, 『唐代社會經濟の構造的研究』, 東京：こだま社.

上田 雄, 2002, 『渤海史の研究, 上』, 東京：明石書店.

上田 雄, 2002, 『渤海史の研究, 下』, 東京：明石書店.

石井正敏, 2001, 『日本渤海關係史の研究』, 東京：吉川弘文館.

蘇慶彬, 1967, 『兩漢迄五代入居中國之蕃人氏族研究』, 香港：新亞研究所.

孫進己, 1987, 『東北民族源流』, 黑龍江人民出版社.

安京, 1999, 『中國古代海疆史綱』, 黑龍江敎育出版社.

楊鴻年, 1999, 『隋唐兩京坊里譜』, 上海古籍出版社.

吳承志, 1968, 『唐賈耽記邊州入四夷道里考實』, 臺北：文海出版社.

劉伯驥, 1954, 『唐代政敎史』, 臺灣中華書局.

李潔萍, 1995, 『中國歷代都城』, 黑龍江人民出版社.

李大龍, 2001, 『唐朝和邊疆民族使者往來研究』, 黑龍江敎育出版社.

張傳璽 主編, 1992, 『中國古代史綱』, 北京大學出版社.

佐伯 富, 1987, 『中國鹽政史の研究』, 京都：法律文化社.

朱國忱·魏國忠, 1996, 『渤海史』, 東京：東方書店.

靑山定雄, 1941, 『東洋史論說』, 東京 : 富山房.

築山治三郎, 1967, 『唐代政治制度の硏究』, 東京 : 創元社.

祝慈壽, 1988, 『中國古代工業史』, 上海.

David McMullen, "From 650 to 755", *State and Scholars in T'ang China*, (Cambridge University Press, 1988).

David A. Graff, "Consequences of the An Lushan rebellion", *Medieval Chinese Warfare 300-900*, (Routledge, London, 2002).

3. 논문

지배선, 1977, 「鮮卑族의 初期段階 氏族分列에 대하여」, 『白山學報』 23.

지배선, 1987, 「匈奴·鮮卑에 관한 二·三」, 『東洋史學硏究』 25.

지배선, 2000, 「고구려인 이정기의 발자취」, 『동방학지』 109.

지배선, 2000, 「고구려인 高仙芝(1)－對토번 정벌을 중심으로」, 『東方學志』 110.

지배선, 2001, 「고구려인 高仙芝(2)－對 아랍전쟁을 중심으로」, 『東方學志』 112.

지배선, 2003, 「고구려인 이정기의 아들 이납의 발자취」, 『동방학지』 119.

지배선, 2003, 「고구려 유민 이정기의 손자, 이사고의 발자취」, 『동방학지』 122.

지배선, 2003, 「이정기 일가의 산동 지역 활동」, 『이화사학연구』 30.

지배선, 2006, 「고구려 유민 이납의 아들 이사고에 대하여－陸運海運押新羅渤海兩蕃等使에서 발해 중심으로－」, 『백산학보』 74.

지배선, 2006, 「淄靑절도사 이사도에 대하여－원화 13년 4월 이전을 중심으로－」, 『동방학지』 136.

지배선, 2011, 「서역과 신라관계－충담의 '찬기파랑가'와 구마라습」, 『고구려 유민 고선지와 토번·서역사』, 혜안.

김명희, 1998, 「唐 末期의 諸 現像」, 『中國 隋·唐史 硏究－天子의 나라 天下의 文化』, 國學資料院.

김문경, 1981, 「唐代 外民의 內徙策, 특히 高句麗遺民의 徙民策을 中心으로」, 『숭전대논문집』 11.

김문경, 1995, 「唐·日에 비친 張保皐」, 『東洋史學硏究』 50.

김진궐, 1984, 「唐代 淄靑藩鎭 李師道에 대하여」, 『史學論叢』.

김한규, 1999, 「渤海가 遼東을 占有한 시기의 韓中關係」, 『한중관계사 1』, 아르케.

김현숙, 2001, 「中國 所在 高句麗 遺民의 동향」, 『한국고대사연구』 23.

노덕호, 1983, 「羅末 新羅人의 海上貿易에 관한 硏究－장보고를 중심으로」, 『史叢』 27.

노태돈, 1981, 「고구려 유민사 연구-요동, 당내지 및 돌궐방면의 집단을 중심으로」, 『한우근박사정년기념 사학논총』, 지식산업사.

박석순, 2001, 「고대 일본의 대외관계 문서」, 『東方學志』 112.

박한제, 1996, 「魏晉南北朝·隋唐史 硏究를 위한 하나의 方法」, 『동아시아사 연구논총』, 혜안.

사회과학원 역사연구소, 「발해국의 발전」, 『조선전사』 5.

서병국, 1982, 「高句麗遺民의 東突厥亡命」, 『관동사학』 1.

신형식, 1976, 「宿衛學生考-羅末麗初의 知識人의 動向에 대한 一齣-」, 『韓國史論論文選集, II, 古代編』, 一潮閣

신형식, 1989, 「한국고대의 서해교섭사」, 『국사관논총』 2, 국사편찬위원회.

이계명, 1995, 「唐 官僚制의 成立과 그 展開」, 『隋唐官僚制의 成立과 展開-山東貴族과 山東官僚를 中心으로』, 전남대학교 출판부.

이병도, 1964, 「高句麗의 一部遺民에 대한 唐의 抽戶政策」, 『진단학보』 25·26·27.

이용범, 1984, 「渤海의 成立과 그 文化」, 『한국사』 3, 국사편찬위원회.

이용범, 1989, 「渤海王國의 形成과 高句麗 遺族」, 『발해사연구논선집』, 백산.

전해종, 1966, 「韓中朝貢關係考-韓中關係史의 鳥瞰을 위한 導論」, 『東洋史學硏究』 1.

정병준, 2002, 「平盧節度使 李正己에 대해-代宗時期를 중심으로」, 『진단학보』 94.

정병준, 2003, 「李正己 一家 번진과 고목-온건파와 강경파의 내부분열과 대립」, 『역사학보』 180.

정병준, 2005, 「平盧節度使 侯希逸-安東都護府.의 군장에서 平盧淄靑節度使로-」, 『중국사연구』 39.

한규철, 1983, 「新羅와 渤海의 政治的 交涉過程-南北國의 사신파견을 중심으로-」, 『韓國史硏究』 43.

한규철, 1989, 「신라와 발해의 정치적 교섭과정」, 『발해사연구논선집』, 백산.

한규철, 1993, 「新羅와 渤海의 武力 對立關係」, 『宋甲鎬敎授停年退任記念論文集』.

柯友根, 1984, 「試論十六國時期社會經濟的緩慢發展」, 『中國社會經濟史硏究』 3.

甘家馨, 1963, 「隋唐文化東流考畧」, 『聯合書院學報』 2.

姜華昌, 1997, 「試論唐與渤海貨幣問題」, 『高句麗 渤海硏究集成, 渤海』 卷一, 哈尒濱出版社.

關穎, 1997, 「關于佛敎在渤海國的歷史作用問題」, 『高句麗 渤海硏究集成, 渤海』 卷二, 哈尒濱出版社.

邱添生, 1969, 「唐朝起用外族人士的硏究」, 『大陸雜誌』 38-4.

藍文徵, 1970, 「隋唐五代之民族」, 『隋唐五代史』, 臺北:商務印書館.

雷家驥, 1988, 「唐代'元和中興'的淮西會戰」, 『歷史』 9.

廖日榮, 1973, 「德憲二宗之寵任宦官與唐室之衰亡」, 『中國學人』 5.

孟廣耀, 1985, 「安史之亂中的奚族」, 『社會科學戰線』 3.

毛漢光, 1979,「唐末五代政治社會之研究－魏博二百年史論」,『歷史語言研究所集刊』50-2.

毛漢光, 1994,「唐代軍衛與軍府之關係」,『國立中正大學學報』5-1.

方積六, 1984,「唐代代河朔三鎭的長期割據」,『中國史研究』1.

방학봉, 1991,「발해와 당 왕조와의 관계」,『중국동북민족관계사』, 대륙연구소.

方學鳳, 1997,「渤海與日本貿易的歷史略考」,『高句麗 渤海研究集成 渤海卷一』, 哈尒濱出版社.

方學鳳, 2000,「臨江부근의 발해유적과 朝貢道」,『中國境內渤海遺蹟研究』, 서울 : 백산자료원.

方學鳳, 2000,「貞惠公主墓와 貞孝公主墓에 대하여」,『中國境內渤海遺蹟研究』, 서울 : 백산자료원.

方學鳳, 2000,「貞孝公主墓誌并序에 반영된 몇 가지 문제」,『中國境內渤海遺蹟研究』, 서울 : 백산자료원.

白沫江, 1997,「渤海國的造船業」,『高句麗 渤海研究集成, 渤海卷一』, 哈尒濱出版社.

謝啓晃, 1987,「慕容德－南燕政權的建立者」,『中國少數民族歷史人物志』, 北京.

徐達音, 1997,「渤海樂古今探微」,『高句麗 渤海研究集成, 渤海卷二』, 哈尒濱出版社.

徐琳·董振興, 1997,「論渤海與日本的使臣往來及經濟文化交流」,『高句麗 渤海研究集成 渤海卷一』, 哈尒濱出版社.

孫玉良, 1997,「唐朝對渤海的經營與管轄」,『高句麗 渤海研究集成, 渤海卷一』, 哈尒濱 : 哈尒濱出版社.

孫進己, 1987,「濊貊諸族的源流」,『東北民族源流』, 黑龍江人民出版社.

孫進己, 1997,「渤海族的經濟和社會性質」,『高句麗 渤海研究集成, 渤海卷一』, 哈尒濱 : 哈尒濱出版社.

宋德胤·王海鵬, 1997,「渤海'國書'價値論」,『高句麗 渤海研究集成, 渤海卷一』, 哈尒濱出版社.

宋衍申, 1985,「唐代的宦官與皇權－謙論中國封建社會宦官專權的原因」,『東北師大學報』5.

楊保隆, 1998,「高句驪族族源與高句驪人流向」,『民族研究』4.

楊希義, 1984,「略論唐代的漕運」,『中國史研究』2.

嚴耕望, 1954,「唐代篇」,『中國歷史地理』2, 臺北 : 中華文化出版事業.

嚴耕望, 1966,「唐代方鎭使府之文職僚佐」,『新亞學報』7-2.

嚴耕望, 1969,「新羅留唐學生與僧徒」,『唐史研究叢稿』.

嚴耕望, 1986,「唐代盟津以東黃河流程與津渡」,『新亞學報』15.

嚴耕望, 1993,「唐代海岱地區南北交通兩道」,『新亞學報 下』16.

嚴耕望, 1996,「"元和志"戶籍與實際戶數之比勘」,『歷史語言研究所集刊』67-1.

吳承志, 1968,「登州海行入高麗渤海道里考實」,『唐賈耽記邊州入四夷道里考實』, 臺北 : 文海出版社.

吳慧, 1982,「中晚唐的社會矛盾和朋黨之爭的經濟根源」,『中國古代史論叢』2.

738

王健群, 1996,「渤海國的經濟結構和社會性質」,『社會科學戰線』3.

王賽時, 1989,「唐代中後期的軍亂」,『中國史研究』3.

王壽南, 1968,「論唐代河北三鎭之獨立性在文化上的原因」,『中山學術文化集刊』1.

王壽南, 1972,「唐代宦官得勢的原因及其對當時政局的影響之研究」,『中山學術文化集刊』9.

王壽南, 1974,「唐玄宗時代的政風」,『國立政治大學學報』29.

王承禮, 1988,「당 왕조의 大祚榮 책봉과 발해 정치세력의 발전」,『발해의 역사』, 송기호역, 한림대학 아시아문화연구소.

王承禮, 1997,「渤海與日本的友好往來」,『高句麗 渤海研究集成 渤海卷一』, 哈尒濱出版社.

王周昆, 1994,「唐代新羅留學生在中朝文化交流中的作用」,『西北大學學報』2.

王俠, 1997,「唐代渤海人出訪日本的港口和航線」,『高句麗 渤海研究集成 渤海卷一』, 哈尒濱出版社.

王俠, 1997,「渤海使者訪日啓航時間考」,『高句麗 渤海研究集成, 渤海卷一』, 哈尒濱出版社.

王頲, 1992,「大氏渤海國行政地理考」,『漢學研究』10-1.

熊德基, 1982,「唐代民族政策初探」,『歷史研究』6.

魏國忠, 1997,「唐代渤海的社會經濟」,『高句麗 渤海研究集成, 渤海卷一』, 哈尒濱出版社.

魏國忠 等, 佐伯有清譯, 1996,「渤海の歷史(3)」,『渤海史』, 東京 : 東方書店.

魏存成, 1997,「高句麗, 渤海文化之發展及其關係」,『高句麗 渤海研究集成, 高句麗卷一』, 哈尒濱出版社.

劉曉東外, 1991,「渤海國貨幣經濟初探」,『歷史研究』2.

劉希爲, 1993,「唐代新羅僑民在華社會活動的考述」,『中國史研究』3.

李健超, 1998,「日本留唐學生橘逸勢史迹述略」,『西北大學學報』4.

李大龍, 1998,「從高句驪縣到安東都護府」,『民族研究』4.

李大龍, 2001,「邊疆民族政權派往唐朝的使者」,『唐朝和邊疆民族使者往來研究』, 흑룡강교육출판사.

李樹桐, 1967,「唐代的政教關係」,『師大學報』12.

李樹桐, 1992,「元和中興之研究」,『唐代研究論集』3, 臺北 : 新文豊出版.

林樹山, 1997,「唐朝對渤海國實行的民族自治政策」,『高句麗 渤海研究集成, 渤海卷 一』, 哈尒濱 : 哈尒濱出版社.

任鴻章, 1997,「渤日關係論」,『高句麗 渤海研究集成 渤海卷一』, 哈尒濱出版社.

任鴻章, 1997,「渤日交聘與八,九世紀東亞國際關係」,『高句麗 渤海研究集成 渤海卷一』, 哈尒濱出版社.

張國剛, 1983,「唐代藩鎭類型及其動亂特點」,『歷史研究』4.

張步雲, 1981,「試論唐代中日往來文」,『社會科學－上海社會科學院－』6.

張岩·徐德源, 1997,「大欽茂王時期的渤日交往史事新探探」,『高句麗 渤海研究集成, 渤海卷一』, 哈尒濱出版社.

張澤咸, 1985, 「唐代的部曲」, 『社會科學戰線』 4.

張澤咸, 1992, 「唐朝與邊境諸族的互市貿易」, 『中國史研究』 4.

章羣, 1955, 「唐代降胡安置考」, 『新亞學報』 1.

章羣, 1955, 「唐地方軍權之擴張」, 『學術季刊』 4-2.

章羣, 1986, 「唐代蕃將表」, 『唐代蕃將研究』, 臺北 : 聯經出版.

章羣, 1989, 「唐代蕃將與其部落的關係」, 『漢學研究』 7-2.

匋甫, 1997, 「唐代渤海與日本的友好」, 『高句麗 渤海研究集成 渤海卷一』, 哈尒濱出版社.

田廷柱, 1993, 「唐代外國人來華與留居述略」, 『社會科學戰線』 1.

齊勇鋒, 1983, 「"度支使"與"支度使"」, 『歷史研究』 5.

趙家驥, 1989, 「隋唐時期中日文化教育交流簡論」, 『東北師大學報』 6.

周偉洲, 1987, 「唐代黨項的內徙與分布」, 『西北歷史研究』 46, 西安 : 三秦出版社.

周偉洲, 1989, 「唐代黨項的內徙與分布」, 『西北歷史研究』, 西安 : 三秦出版社.

周宝株, 1989, 「隋唐時期的汴州與宣武軍」, 『河南大學學報』 1.

陳尚胜, 1996, 「唐代的新羅僑民社區」, 『歷史研究』 1.

陳顯昌, 1997, 「渤海國經濟試探」, 『高句麗 渤海研究集成, 渤海卷一』, 哈尒濱出版社.

陳顯昌, 1997, 「渤海國史概要, 四」, 『高句麗 渤海研究集成, 渤海卷一』, 哈尒濱出版社.

陳顯昌, 1997, 「渤海國史概要, 三」, 『高句麗 渤海研究集成, 渤海卷一』, 哈尒濱出版社.

陳顯昌, 1997, 「渤海國史概要, 六」, 『高句麗 渤海研究集成, 渤海卷一』, 哈尒濱出版社.

陳顯昌, 1997, 「渤海國史概要, 二」, 『高句麗 渤海研究集成, 渤海卷一』, 哈尒濱出版社.

崔明德, 1993, 「東突厥, 回紇與唐朝關聯再比較」, 『中央民族學院學報』 2.

韓國磐, 1994, 「南北朝隋唐與百済新羅的往來」, 『歷史研究』 2.

黃淸連, 1997, 「圓仁與唐代巡檢」, 『歷史語言研究所集刊』 68-4.

黃輝陽, 1988, 「略論唐代熊津都督府及高麗故土」, 『中國歷史學會史學集刊』 24.

古畑 徹, 1986, 「日渤交涉開始期の東アジア情勢 – 渤海對日通交開始要因の再檢討」, 『朝鮮史研究會論文集』 23.

古畑 徹, 1988, 「張九齡作'勅渤海王大武藝書'と唐渤紛爭の終結」, 『東北大學東洋史論集』 3.

古畑徹, 1986, 「唐渤紛爭の展開と國際情勢」, 『東洋學』 55.

駒井和愛, 1977, 「東京城附近」, 『中國都城·渤海研究』, 雄山閣出版.

堀敏一, 2002, 「藩鎭親衛軍の權力構造-唐から五代へ」, 『唐末五代變革期の政治と經濟』, 東京 : 汲古書院.

根本誠, 1962, 「唐代の主要物資の價格に就いて」, 『史觀』 65·66·67.

金子修一, 2001, 「中國皇帝と周邊諸國の秩序」, 『隋唐の國際秩序と東アジア』, 東京 : 名著刊行會.

740

那波利貞, 1952,「唐天寶時代の河西道邊防軍に關する經濟史料」,『京都大學文學部研究紀要』 1.

那波利貞, 1960,「唐朝政府の醫療機構と民庶の疾病に對する救濟方法に就きての小考」,『史窓』 17·18.

內藤雋輔, 1961,「唐代中國における朝鮮人の活動について」,『朝鮮史研究』, 京都大.

大隅晃弘, 1984,「渤海の首領制」,『新潟史學』 17.

大澤正昭, 1973,「唐末の藩鎭と中央權力－德宗·憲宗を中心として」,『東洋史研究』 32-2.

渡邊孝, 1995,「魏博の成德－河朔三鎭の權力構造についての再檢討－」,『東洋史研究』 54-2.

稻葉岩吉, 1936,「金靜庵氏著渤海國志長篇の讀みて」,『靑丘學叢』 23.

末松保和, 1954,「新羅中古王代考」,『新羅史の諸問題』, 東京：東洋文庫.

末松保和, 1954,「新羅下古諸王薨年存疑」,『新羅史の諸問題』, 東京：東洋文庫.

木宮泰彥, 1955,「遣唐使」,『日華文化交流史』, 京都：富山房.

濱田耕策, 1998,「渤海王國の卽位と唐の冊封」,『史淵』 135.

濱田耕策, 2000,「渤海國の完成」,『渤海國興亡史』, 東京：吉川弘文館.

山崎宏, 1937,「唐の朔方管內敎授大德辯才について」,『支那佛敎史學』 1-1.

三島一·鈴木俊, 1940,「唐室の崩壞」,『中世史, 二』, 東京：平凡社.

三島一·鈴木俊, 1940,「兵制の推移と藩鎭」,『中世史, 二』, 東京：平凡社.

三上次男, 1990,「東北アジア史上より見たる沿日本海地域の對外的特質」,『高句麗と渤海』, 吉川弘文館.

上野直明, 1982,「唐代の手工業」,『唐代社會經濟の構造的研究』, 東京：こだま社.

上田正昭, 1996,「古代日本關係史上的問題點－以隋·唐渤海的交流爲中心－」,『西北大學學報』 3.

石見淸裕, 1997,「唐代外國貿易·在留外國人をめぐる諸問題」,『魏晉南北朝隋唐時代史の基本問題』, 東京：汲古書院.

石見淸裕, 1998,「唐代外國貿易·在留外國人をめぐる諸問題」,『唐の北方問題と國際秩序』, 東京：汲古書院.

石見淸裕, 1998,「唐の國書授與儀禮について」,『東洋史研究』 57-2.

石見淸裕, 1998,「唐の朝貢規定と國際秩序」,『唐の北方問題と國際秩序』, 東京：汲古書院.

石井正敏, 1976,「渤海の日唐間における中繼的役割について」,『東方學』 51.

石井正敏, 2001,「平群廣成らの登州出航の年次をめぐって」,『日本渤海史の研究』, 東京：吉川弘文館.

辻正博, 1987,「唐朝の對藩鎭政策について－河南'順地'化のプロセス-」,『東洋史研究』 46-2.

岸邊成雄, 1944,「唐代敎坊の組織, 下」,『帝國學士院紀事』.

愛宕 元, 1996,「唐代後期の政治」,『中國史 2, 三國～唐』, 東京：山川出版社.

愛宕 元, 1999,「변진과 양세법」,『아시아 歷史와 文化』 2, 김선민 역, 신서원, 1999.

礪波護, 1972, 「唐代使院の僚佐と辟召制」, 『神戸大學文學部紀要』 2.

栗原益男, 2001, 「중앙과 번진」, 『중국의 역사－수당오대』, 임대희 역, 혜안.

伊瀨仙太郎, 1966, 「塞外系内徙民の漢人との接觸交流について(二)－特に唐代を中心として－」, 『東京學藝大學研究報告』 17-10.

伊瀨仙太郎, 1969, 「安史の亂後における周邊諸民族の中國進出」, 『東京學藝大學紀要』 21.

日野開三郎, 1939, 「唐代藩鎮の跋扈と鎮將, 2」, 『東洋學報』 27-1.

日野開三郎, 1963, 「唐·五代東亞諸國民の海上發展と佛敎」, 『佐賀龍谷學會紀要』 9·10.

日野開三郎, 1965, 「唐·五代東亞諸國民の海上發展と佛敎」, 『佐賀龍谷學會紀要』 11.

日野開三郎, 1965, 「唐代の回紇錢」, 『東方學』 30.

日野開三郎, 1980, 「唐·河陽三城節度使考」, 『東洋史學論集 1－唐代藩鎮の支配体制』.

日野開三郎, 1980, 「藩鎮の跋扈」, 『東洋史學論集1－唐代藩鎮の支配体制』, 東京：三一書房.

日野開三郎, 1982, 「藩鎮体制下における唐朝の振興と兩稅上供」, 『東洋史學論集 4－唐代兩稅法の研究－』, 東京：三一書房.

日野開三郎, 1984, 「小高句麗の建國」, 『東洋史學論集』 8, 三一書房.

田村實造, 1969, 「唐帝國の世界性」, 『史林』 52-1.

鳥山喜一, 1959, 「渤海の建國年次について」, 『白山史學』 4.

鳥山喜一, 1968, 「渤海王國と日本の交涉」, 『渤海史上の諸問題』, 東京：風間書房.

佐藤長, 1975, 「唐代靑海東邊の諸城塞について－『玉樹縣志稿』の紹介を兼ねて－」, 『士林』 58-5.

竹田龍兒, 1941, 「唐代選擧の一側面」, 『史學』 20-2.

曾我部靜雄, 1979, 「唐の防秋兵と防冬兵, 上」, 『東洋學』 42.

曾我部靜雄, 1980, 「唐の防秋兵と防冬兵, 下」, 『東洋學』 43.

曾我部靜雄, 1985, 「'唐の防秋兵と防冬兵'の補遺」, 『東洋學』 54.

池内宏, 1915, 「渤海の建國者ついて」, 『東洋學報』 5-1.

靑山定雄, 1941, 「唐代進奏院考」, 『東洋史論說』, 東京：富山房.

諏訪義讓, 1942, 「高麗出身高仙芝事蹟攷」, 『大谷大學研究年報』 1.

秋山謙藏, 1939, 「律令政治の動向と遣唐使」, 『日支交涉史研究』, 東京：岩波書店.

築山治三郎, 1967, 「地方官僚と政治」, 『唐代政治制度の研究』, 東京：創元社.

波戸岡旭, 1942, 「入唐前後の空海－その儒·道二敎觀の基礎的考察－」, 『國學院雜誌』.

荒木敏夫, 2005, 「倭國·東アジア古代日本」, 『遣唐使の見た中國と日本』, 東京：朝日新聞社.

Bernard S. Solomon, "The Shun-Tsung Shih-Lu", *The Veritable Record of The T'ang Emperor Shun-Tsung*, (Cambridge：Harvard University Press, 1955).

Charles A. Peterson, "The Restoration Completed：Emporer Hsien-tsung and the Provinces",

Perspectives on the T'ang, (New Haven : Yale Univ. Press, 1973).

Chu, Shih-Chia, "The Ch'angan of T'ang Dyansty and the Civilization of the Western regions by Hsiang Ta", *The Far Eastern Quarterly*, 7-1, 1947.

Denis Twitchett, "The Salt Commissioners After An Lu-Shan's Rebellion", *Asia Major*, 4-1, (London, 1954).

Denis Twitchett, 1965, 「唐末の藩鎭と中央財政」, 『史學雜誌』74-8.

Edward H. Schafer, "Falconry in T'ang Times", *T'oung Pao*, XLV1-3~5, 1958.

Liu Jen-Kai, "Die Kategrien chien-ch'en p'an-ch'en", *Die boshaften, unbotmäßigen und rebellischen Beamten in der Neuen offiziellen Dynastiegeschichte der T'ANG*, (Hamburg, Gesellschaft für Natur- und Völkerkunde Ostasiens e. V., 1978).

Robert Des Rotours, "Les Grands Fonctionnaires Des Provinces En Chine Sous La Dynasties Des T'ang", *T'oung Pao*, 25, 1928.

Victor Cunrui Xiong, "Residential Quarters", *Sui-Tang Chang'an*, (Ann Arbor : The University of Michigan, 2000).

Wang Gungwu, "The Middle Yangtse in T'ang Politics", *Perspectives on The T'ang*, (New Haven : Yale University Press, 1973).

ABSTRACT

Chi, the state of Goguryo wondering people and Tang, Relations among Silla, Balhae and Japan

Ji, Bae-sun*

1. The Footsteps of Li, Zheng-ji from Goguryo

Li, Zheng-ji from Goguryo established an independent state like a kingdom as a Tang Chieh-tu-shi. The fact that his Chieh-tu-shih kingdom had existed for four generations was an unprecedented event in Tang history. It was virtually an independent state because the rulers of the kingdom for the four generations did not pay taxes to the Tang Dynasty. His Chieh-tu-shi state appeared after the Rebellion of An Lu-shan.

His family was the biggest and militarily the strongest among independent *Chieh-tu-shis*. *P'ing-lu*. *Chieh-tu* which Li, Zheng-ji established and Ji which his son, Li Na, established thus have special importance. The territory of the *Chieh-tu-shi*

kingdom of Li, Zheng-ji included not only today's Shan-tung but also most of Ho-nan. It is safe to say that the kingdom was a state according to the concept of modern statehood. It is thus natural that there is an independent record on Li Zheng-ji in *Chiu T'ang Shu*. For the reasons above, *Tsai-hsiang-shih-hsi* of *T'ang Shu* also has independent section on Li of Goguryo which has detailed information on the four generations of Li Zheng-ji family.

Just like those from Goguryo and Baekjae who got ahead in Tang, Li Zheng-ji was successful as a soldier in Tang. I would like to mention the first part of Li, Zheng-ji *Ch'uan of Chiu T'ang Shu* to discuss the life of Li Zheng-ji. Li Zheng-ji is from Goguryo. His real name is Hwei-oak and he was born in P'ing-lu. Li, Zheng-ji appeared when Wang Hsuan-chih, P'ing-lu Chieh-tu-shi, died in the first year of Ch'ien-yuan(乾元). When the Emperor decided to send an emissary to pay his respect,

---

* Professor of Asia History, Department of History, Yonsei University at Wonju Campus.

Hwei-oak was afraid that the Emperor would appoint the son of Hsuan-chih as the Chieh-tu-shi, killed the son, and backed up Hou Hsi-i as *Chun-shuai* with soldiers. Hou Hsi-i's mother was Hwei-oak's aunt.

Let me first discuss the background of the birth of Li, Zheng-ji in Goguryo. Li's parents lived in P'ing-lu since many people from Goguryo who were captured and sent to Tang lived in the area. It seems like that he was born in about 732 because he died in 781 (the second year of Chien-chung) when he was 49. Li was a soldier serving Wang Hsuan-chih, P'ing-lu Chieh-tu-shi, committed a coup when Wang Hsuan-chih died, and appeared on the stage of history by erecting his cousin, Hou Hsi-i, as the successor to Wang Hsuan-chih.

Li then moved from Ch'ing-chou to Cheng-chou to suppress the Rebellion of An Lu-shan. At that time, Li's popularity even surpassed that of Hou Hsi-i, P'ing-lu Chieh-tu-shi, when he brought Uighurs under his control. In such circumstances, Hou Hsi-i dismissed Li as *Ping-ma-shih*(兵馬使) because he was afraid of Li's popularity. However, a coup by soldiers made Li as the successor to Hou Hsi-i.

Tang had to admit Li as the P'ing-lu Chieh-tu-shi because it had no other choice. Li was extremely successful in politics, administration, and military unlike the central government. The success resulted in his appointment to the P'ing-lu Tzu-Ch'ing Chieh-tu-shi and to the *Hai-yun-chia-Silla-poha-liang-fan-teng-shih*(海運押新羅渤海兩藩等使), which in turn made him control eastern diplomacy and trade. In other words, Li was in charge of diplomacy of Tang with Silla, Po-hai, and Japan. Po-hai and Silla could held Tang in check with the help of Li. It had something to do with the prosper of Po-hai. Japan used the trade ships of Po-hai in its relations with Tang because it did not have any capability to have an independent diplomatic relationship with Tang due to lack of shipbuilding and maritime skills. The fact that Japanese envoys could have diplomatic relations with Tang with the help of Po-hai means that Po-hai was a powerful empire in those days.

Li expanded his territory by taking advantage of the troubled times of Tang. It seems like that Li tried to transform his territory into an independent state by making use of his economic power he had achieved from his diplomatic relations. Li then had a powerful leadership and a military controlling 10 chou(州). It was before the 11th year of Ta-li. He also strengthened his influence in the internal affairs of Tang acting in concert with other Chieh-tu-shis. Tang tried to appease Li by giving him the title of the king of *Jao-yang-chun* and the position of T'ung-chung-shu-men-hsia-p'ing-chang-shih(同中書門下平章事). Li's territory expanded in accordance with the expansion of his influence. As a result, Li's territory now included 15 Chou (州) north and east of Huang-he such as Shan-tung and Ho-nan, ruling the largest territory among Tang Chieh-tu-shis. His territory was important because it was a productive area.

As his territory expanded, he tried to divide it. He made his son rule Ch'ing-chou and moved to Yun-chou. In doing so, Li made his trusted men serve his son, Li Na, in order for his son to rule Ch'ing-chou without any problem. The measure was meant for the preparation for future succession after his death.

His move to Yun-chou be evaluated as a more important step because it can be assessed as a preparation to attack Tang's eastern capital, Luo-yang in the future. Tang also tried to stop Li's advance into the west by establishing a fortress in Pien-chou. This led to a fight between Tang and Chieh-tu-shis including Li, Zheng-ji. Under such urgent circumstances, Li died of malignant tumor. This prevented Li from establishing an empire himself. However, His son, Li Na's succession of Chieh-tu-shi meant the hereditary right of the Li family to the position. Of course it had something to do with the loss of control of the periphery by the Tang empire in the late Tang period. It is surprising to know that after the death of L, Zheng-ji who had confronted Tang, Tang conferred Li honors posthumously as *Tai-wei* after Li's son returned to allegiance to Tang. The gesture was probably Tang's political tactic to appease Li's people.

P'ing-lu Tzu-Ch'ing Chieh-tu-shi Li Zheng-ji managed his Chieh-tu independently defying Tang's orders from the center. Ssu-ma Kuang thus described this fact in Tzu-chih T'ung-chien as such "[Li and others] were Fan-chen(藩臣)'s of China but they were virtually independent foreign states such as northern barbarians." Li acted as an virtually independent ruler around the Rebellion of An Lu-shan was suppressed. The reason why Ssu-ma Kuang mentioned that Li was a independent ruler is because Li did not pay due taxes to Tang and refused to follow the orders from Tang.

The background for the independent status of Li is the existence of many Goguryo people under Li. As many Fan-chiang(番將)'s in Tang ruled villages of same tribes, Li, Zheng-ji also had many Goguryo people under him who in turn gave full support to Li.

2. The Footsteps of Li, Na, the son of Li Zheng-ji from Goguryo

Li Na(李納) was the son of Li Zheng-ji(李正己), a wandering people from Goguryo. Due to his father's fame, Li Na could take government offices of T'ang dynasty from his early years. The first chance came when he met Tai-tsung(代宗) on the way toward Ch'ang-an along with Fang-ch'iu-ping(防秋兵), recruited to defend from possible attacks by T'u-fan(吐蕃) and Uighur during fall and winter seasons. Li Na's first post was Fēng-li-lang(奉禮郎), and soon he took the position of Tien-chung-chēng(殿中丞) and then Shih-yü-shih(侍御史). It seemed that Li Na had took the position of Fēng-li-lang probably even before he met Tai-tsung, which was a clear proof of his father's influence. Li Na then took the position of Chien-chiao-ts'ang-pu-liang-chung to manage all the belongings of his father's governing area. At the same time, he also took the post of Tsung-fu-ping(總父兵), which control his father's army.

This means that Li Zheng-ji had prepared to descend his offices and power to his son, Li Na. Li Zheng-ji recommended his son to the government as an appropriate person to take Tsung-fu-ping. As a result of Li Zheng-ji's successive efforts, Li Na became Tzŭ-chou-t'se-shih. The govenemnt, of course, acknowledged Li Zheng-ji's strong wish to descend his offices to his son, Li Na. However, the government was not able to control Fan-chiang, including Li Zheng-ji. The government could only accept their demands. Whenever the government asked Li Zheng-ji's help, he used this chance to make his son take important posts in the government. For example, when Li Zheng-ji attacked T'ien-chêng-ssŭ(田承嗣), according to the government's wish, he again recommended his son to the position of Chieh-tu-kuan-ch'a-liu-hou and Hsing-chun-ssŭ-ma, and also Ts'ao-chou-t'se-shih at the same time. Therefore, around this time, Li Na could took the position of Yü-shih-ta-fu(御史大夫) in addition to his present posts.

When Li Zheng-ji died, Li Na revolted against the government to make assure his posts safe. He began to threat the economic situation of Luo-yang and Ch'ang-an with the allies from these areas. Specifically, it was the plan by Li Na and T'ien-yüeh(田悅) to close Wo-k'ou(渦口) where commodities were transported, and to oppress the finance of Liang-ching of T'ang. Liang Ch'ung-i(梁崇義) closed Hsiang(襄) and Tēng(鄧), which resulted in an economic disaster by hindering the transportation not only of crops, supposed to be sent to Ch'ang-an, the capital of T'ang, but also of all the products that passed the area.

Finally in november, the year of Chien-chung 3 (A.D. 782), Li Na called himself as a king, and the name of his kingdom, as Ch'i(齊). At the same time, he established an independent system of bureaucracy to rule his kingdom.

The Chinese government did not allow Li Na to take his father's government positions as the latter died. But the fact that Li Na took them by himself means important in his relationship to foreign countries. Li Na took the job of ambassadors to Silla and Balhae, which had been belonged to his father. When he reentered to the Chinese government as the latter's demand, the latter gave him the position of Tai-lu-hai- yun-chia-Silla-Pohai-Liang-fan-teng-shih(帶陸海運押新羅渤海兩蕃等使) in August, the first year of Hsing-yüan(興元). This means Li Na was officially regarded as the government office as an ambassador to Silla and Balhae.

When Li Na died as a king in May, the year 8 of Chen-yüan (A.D. 792), T'ang's government stopped its duties for three days. This was for soothing the supporters for Li Na, including his armies.

Li Na challenged to T'ang's government after his father's death to take the latter's posts in the government. When Te-tsung of T'ang fled from Ch'ang-an to Fēng-t'ien(奉天), T'ang necessarily reunited with Li Na. The fact that Li Na challenged to T'ang first and then later cooperated meant, like his father, he acted as an independent power. The descendent characteristics of Li Na's kingdom could be proved with the international relationship with Silla. The reason why is that the kingdom of Li Na could be regarded more independent than Silla in the relationship with T'ang. In addition to this first fact, secondly, there was no record that Silla had ever challnged to T'ang throughout its reign. In addition, the king of Silla was accorded by T'ang. The final fact is that the king of Silla was accorded not only as the king of Silla, but also as the Chi-lin-chou-tzu-shih, the head office of administration of T'ang's province.

3. Tracing the Footsteps of Li, Shi-gu(李師古), the Grandson of Li Zheng-ji from Goguryo

Li Na(李納), the son of Li Zheng-ji from Goguryo had three sons. They were Li Cheng-wu(李承務), Li Shi-gu(李師古), Li Shih-tao(李師道). Hence, Li Shi-gun was the grandson of Li Zheng-ji. But Li Cheng-wu, Li Shi-gu's older brother, was only mentioned in name by Libarians. Li Cheing-wu was probably the illegitimate brother of Li Shi-gu. The reason to trace the activities of Li Na(Li Zheng-ji's son) and of Li Shi-gu(Li Na's son) is that in Chinese history they are the only three generations from Goguryo dedicated with independent biographies. In addition, the influence of Li Zheng-ji was important enough to T'ang'(唐)s history to have the four generations fo Li Zheng-ji recorded in the Tsai-hsiang-shih-hsi(『宰相世系』) The record of Li Shi-gu Ch'uan(「李師古傳」) in the Hsin·Chiu T'ang -shu(『新·舊唐書』) was the proof that all of them were influential in T'ang. Like his grandfather Li Zheng-ji and father Li Na. Li Shi-gu did not deliver the taxes he collected from his govering provinces to the T'ang government. That was not all. Like Li Zheng-ji and Li Na, Li Shi-gu appointed officals indepedently from the T'ang government.

Just as his grandfather Li Zheng-ji and father Li Na before him. Li Shi-gu had the offical position, known as Hasi-yun-lu-yun-chia-Silla-pohai-liang-fan-teng-shih(海運陸運押新羅渤海兩蕃等使), whereby he dominated the rights of trade and diplomacy over East Asia(namely, over areas east of Luo-Yang(洛陽). This officals position shows how Li Shi-gu's country developed economically after he succeeded Li Na. In respect to diplomatic matters, Ch'i(齊) was just as independent and sovereign as Silla(新羅).

Not only did the Ch'i(齊) not pay taxes to the T'ang(唐), they also nominated their own officals independently of the T'ang, proving the independence of the Ch'i as a country in every respect. To further support the Ch'i's autonomy, it can also be pointed out that Li Shi-gu, the young son of Li Na, successor, Li Shih-tao, a brother by a different mother, succeeded him with prior efficacy. In a word, this article traces Li Shi-gu and his achievements, after succeeding Li Na from Goguryo who founded Ch'i.

4. Li Shih-tao, the Son of Li, Na from Goguryo : Lu-yun-hai-yun-chia-Silla-Pohai-Liang-fan-teng-shih (陸運海運押新羅渤海兩蕃等使) in Balhae

Li, Shih-tao became P'ing-lu-zi-qing-Chieh-tu-shih(平盧淄靑節度使) after his older brother Li, Shi-gu. It was decided by the will of Li, Shi-gu. Li, Shih-tao had been Mi-chou-tzu-shih(密州刺史) under the command of Li, Shi-gu.

After the death of Li, Shi-gu, Tang hesitated to appoint Li Shih-tao as

P'ing-lu-zi-qing-Chieh-tu-shih. Li Shih-tao groped even a military action to struggle against Tang. Li Shih-tao then promised, in a letter, to offer Liang-shuei(兩稅), which Tang had wanted, and obey the law of Yen-fa(鹽法) in the hope of getting the position. But he did not keep those promises.

In October, the first year of Yuan-he(元和), Tang offered Li, Shih-tao the position of Lu-yun-hai-yun-chia-Silla-Pohai-Liang-fan-teng-shih. It meant that he grasped the right of foreign policy and trade between Silla and Balhae.

During the years when Li, Shih-tao was in that position(806-820), Balhae sent envoys sixteen times. The fact that Silla and Balhae sent envoys to Tang more often than the times of Li, Na and Li, Shi-gu was influenced by Tang's political circumstances.

By synthesizing those facts, when Li, Shih-tao took the position, Tang became stronger than ever before. Li, Shih-tao did not have any other option beside to cooperate with Tang.

In November, the 7th year of Yuan-he(812), Li, Shih-tao independently tried to solve the matter of wei-po-Chieh-tu-shih(魏博節度使) in He-pei(河北) without the intervention of Tang. This meant Li, Shih-tao wanted to follow the footstep of Li, Zheng-ji, his grand father and Li, Na, his father who had tried to intervene with military force in the succession of wei-po-Chieh-tu-shih. After all, this meant that Li Shih-tao proved his wish not to cooperate with Tang. This proves that Li Shih-tao showed his will to attack Tang from the 7th year of Yuan-he.

5. Study of Li Shih-tao after 818

T'ang's opposition to Li Shih-tao began with his succession to Zi-qing-chieh-tu-shih formerly occupied by his half brother Li Shi-gu. T'ang didn't acknowledge this accession, so Li Shih-tao sent an assassin to kill Wu Yuan-heng, T'ang's prime minister.

Li attempted to occupy Luo-yang by stationing his troops in his private residence. However, after Tsai-chou Wu Yuan-chi was killed by T'ang, Li Shih-tao temporarily abandoned his confrontation : He promised to cede three Chous from his territory and send his son to T'ang. This change of plan was because all of Chieh-tu-shihs who had opposed T'ang either surrendered to or was killed by T'ang.

Li Shih-tao retracted his decision to surrender during a council in the royal presence. This is a declaration of war against T'ang by Zi-qing-chieh-tu-shih Li Shih-tao. In short, Li possessed enough soldiers to fight against T'ang.

The purpose of this study is to reveal Li Shih-tao's considerable independence from T'ang as a chieh-tu-shih through the diversified analysis of his fall by T'ang. The fact that four generations of Li Zheng-ji all took the position of Hai-yun-lu-yun-chia-Silla-Pohai-liang-fan-shih clearly shows that there was an active trade between T'ang and Shilla or T'ang and Balhae around Shan-tung Peninsula from the late eighth century to the early ninth century.

Li's Family attached great importance to engage migrants of Goguryo to government service. Generally, in T'ang Dynasty only the head of rebellion was executed. However, 1,200 soldiers of Li were massacred by I-chou-tsu-shih Tsao-hua without a trial under the pretext of unforgivable offense.

It was manifested in Hsien-tsung's royal evict concerning the suppression of Li Shih-tao that Zi-qing-chieh-tu-shih had not not established by Goguryo migrants. However, according to this evict, "They deserves the death sentence because they fought against T'ang with the abominable people of Goguryo." This shows how T'ang was antagonistic to Goguryo migrants.

찾아보기

752

근대 한국학 총서를 내면서

새 천년이 시작된 지도 벌써 몇 해가 지났다. 식민지와 분단국가로 지낸 20세기 한국 역사의 와중에서 근대 민족국가 수립과 민족문화 정립에 애써 온 우리 한국학계는 세계사 속의 근대 한국을 학술적으로 미처 정립하지 못한 채, 세계화와 지방화라는 또 다른 과제를 안게 되었다. 국가보다 개인, 지방, 동아시아가 새로운 한국학의 주요 연구대상이 된 작금의 현실에서 우리가 겪어온 근대성을 다시 한 번 정리하고 21세기에 맞는 새로운 모습으로 탈바꿈시키는 것은 어느 과제보다 앞서 우리 학계가 정리해야 할 숙제이다. 20세기 초 전근대 한국학을 재구성하지 못한 채 맞은 지난 세기 조선학·한국학 이 겪은 어려움을 상기해 보면, 새로운 세기를 맞아 한국 역사의 근대성을 정리하는 일의 시급성은 아무리 강조해도 지나치지 않다.

우리 '근대한국학연구소'는 오랜 전통이 있는 연세대학교 조선학·한국학 연구 전통을 원주에서 창조적으로 계승하고자 하는 목표에서 설립되었다. 1928년 위당·동암·용재가 조선 유학과 마르크스주의, 그리고 서학이라는 상이한 학문적 기반에도 불구하고 조선학·한국학 정립을 목표로 힘을 합친 전통은 매우 중요한 경험이었다. 이에 외솔과 한결이 힘을 더함으로써 그 내포가 풍부해졌음은 두말할 나위가 없다. 연세대학교 원주캠퍼스에서 20년의 역사를 지닌 '매지학술연구소'를 모체로 삼아, 여러 학자들이 힘을 합쳐 근대한국학연구소를 탄생시킨 것은 이러한 선배학자들의 노력을 교훈으로 삼은 것이다.

이에 우리 연구소는 한국의 근대성을 밝히는 것을 주 과제로 삼고자 한다. 문학 부문에서는 개항을 전후로 한 근대 계몽기 문학의 특성을 밝히는 데 주력할 것이다. 역사부분에서는 새로운 사회경제사를 재확립하고 지역학 활성화를 위한 원주학 연구에 경진할 것이다. 철학 부문에서는 근대 학문의 체계화를 이끌고 사회과학 분야에서는 학제간 연구를 활성화시키며 근대성 연구에 역량을 축적해 온 국내외 학자들과 학술교류를 추진할 것이다. 이러한 연구들은 일방성보다는 상호 이해와 소통을 중시하는 통합적인 결과물의 산출로 이어질 것이다.

근대한국학총서는 이런 연구 결과물을 집약적으로 정리하기 위해 마련하였다. 여러 한국학 연구 분야 가운데 우리 연구소가 맡아야 할 특성화된 분야의 기초 자료를 수집·출판하고 연구 성과를 기획·발간할 수 있다면, 우리 시대 연구자들뿐만 아니라 학문 후속세대들에게도 편리함과 유용함을 줄 수 있을 것이다. 새롭게 시작한 근대 한국학 총서가 맡은 바 역할을 충분히 할 수 있도록 주변의 관심과 협조를 기대하는 바이다.

연세대학교 원주캠퍼스 근대한국학연구소

지은이 **지배선**

연세대학교 사학과와 동 대학원을 졸업하였다. 1986년『모용연의 중국화정책과 대외관계』로 박사학위를 받았다. 한성대학교 사학과 전임강사·조교수·부교수·교수를 거쳐(1980~1992년), 1992년 이후 현재에 이르기까지 연세대학교 인문예술대학 역사문화학과 교수로 있으며 학생들을 가르치고 있다. 도쿄 대학 동양문화연구소 객원교수(1990~1991년)와 인디애나 대학교 동아시아연구소 객원교수(1999~2000년)를 지냈다. 저서로는『중세동북아사연구―모용왕국사』,『중세중국사연구―모용연과 북연사』,『유럽문명의 아버지 고선지 평전』,『고구려·백제 유민 이야기』,『중국속 고구려왕국, 제』,『고구려유민 고선지와 토번·서역사』가 있으며, 논문으로는「고구려인 이정기의 발자취」,「고구려인 고선지(1)―대 토번 정벌을 중심으로」,「고구려인 고선지(2)―대 아랍전쟁을 중심으로」,「사마르칸트(康國)와 고구려 관계에 대하여―고구려 사신의 康國 방문 이유」등이 있다.

연세근대한국학총서 50 (H-010)

고구려 유민의 나라 제와 당, 그리고 신라·발해·일본 교류사

지 배 선 지음

2012년 6월 30일 초판 1쇄 발행

펴낸이 | 오일주
펴낸곳 | 도서출판 혜안

등록번호 | 제22-471호
등록일자 | 1993년 7월 30일

주소 | ⊕ 121-836 서울시 마포구 서교동 326-26번지 102호
전화 | 3141-3711~2 / 팩시밀리 | 3141-3710
E-Mail hyeanpub@hanmail.net

ISBN 978-89-8494-456-5 93910

값 45,000 원